U0883746

北京经济普查年鉴 2004

Beijing Economic Census Yearbook

第二产业卷

北京市第一次全国经济普查领导小组办公室
北京市统计局
编

中国统计出版社
China Statistics Press

第二产业卷目录

第一篇 工业

第二篇 建筑业

工业

《北京经济普查年鉴—2004》

第二产业卷

1-1 工业企业法人单位地理位置分布情况

	单位数（个）	三环以内	三环至四环	四环至五环	五环以外
总　　计	**31671**	**2206**	**2411**	**5107**	**21947**
一、按登记注册类型分					
内资	28842	1851	2077	4683	20231
国有	1328	263	167	271	627
集体	4770	248	264	663	3595
股份合作	3559	213	168	502	2676
国有联营	23	4	2	5	12
集体联营	41		1	5	35
国有与集体联营	78	8	3	16	51
其他联营	15	2	2	5	6
国有独资公司	77	20	2	13	42
其他有限责任公司	4836	354	464	754	3264
股份有限公司	662	46	54	96	466
私营独资	1686	29	28	128	1501
私营合伙	494	21	11	103	359
私营有限责任公司	10294	612	823	1984	6875
私营股份有限公司	914	31	85	129	669
其他	65		3	9	53
港澳台商投资	852	137	101	129	485
与港澳台商合资经营	505	86	56	70	293
与港澳台商合作经营	30	1	5	4	20
港澳台商独资	309	50	40	54	165
港澳台商投资股份有限公司	8			1	7
外商投资	1977	218	233	295	1231
中外合资经营	1046	120	112	169	645
中外合作经营	99	8	13	14	64
外资企业	815	89	102	109	515
外商投资股份有限公司	17	1	6	3	7
二、按隶属关系分					
中央	869	198	139	208	324
地方	7188	434	448	931	5375
其他	23614	1574	1824	3968	16248
三、按控股情况分					
国有绝对控股	2341	423	300	511	1107
国有相对控股	617	76	75	113	353
其他	28691	1703	2035	4482	20471
四、按企业规模分					
大型企业	44	8	3	7	26
中型企业	452	47	40	79	286
小型企业	31175	2151	2368	5021	21635
五、按轻重工业分					
轻工业	13172	994	946	2069	9163
重工业	18499	1212	1465	3038	12784

1-2 工业企业经营情况

计量单位：千元

	单位数（个）	工业总产值（当年价格）	工业销售产值（当年价格）	出口交货值
总 计	**31671**	**597480653**	**584111893**	**70160453**
一、按登记注册类型分				
内资	28842	368604546	361599948	13287392
国有	1328	37104423	36233095	793393
集体	4770	13972276	13418161	476630
股份合作	3559	8237129	7893546	742821
国有联营	23	319759	316401	32433
集体联营	41	70245	66009	
国有与集体联营	78	421490	417648	36247
其他联营	15	39756	38466	
国有独资公司	77	77565255	77811211	2330184
其他有限责任公司	4836	87381580	85737519	2419414
股份有限公司	662	98548750	96940982	4125571
私营独资	1686	1435940	1373140	9406
私营合伙	494	514584	479977	12048
私营有限责任公司	10294	39449291	37777400	2122313
私营股份有限公司	914	3496439	3048988	186782
其他	65	47629	47405	150
港澳台商投资	852	51824464	50564381	6689512
与港澳台商合资经营	505	20596212	20274775	5315840
与港澳台商合作经营	30	1639806	1499692	280964
港澳台商独资	309	28571453	27710771	904230
港澳台商投资股份有限公司	8	1016993	1079143	188478
外商投资	1977	177051643	171947564	50183549
中外合资经营	1046	124211492	120428386	37036099
中外合作经营	99	3350818	3395662	477622
外资企业	815	45198351	43960087	12469012
外商投资股份有限公司	17	4290982	4163429	200816

1-2 续表

计量单位：千元

	单位数（个）	工业总产值（当年价格）	工业销售产值（当年价格）	
				出口交货值
二、按隶属关系分				
中央	869	141706565	141022441	5235387
地方	7188	226068006	221532799	29466706
其他	23614	229706082	221556653	35458360
三、按控股情况分				
国有绝对控股	2341	267589465	264848833	7498081
国有相对控股	617	56818117	55453601	8641494
其他	28691	272748568	263463513	54020878
四、按企业规模分				
大型企业	44	253357412	250268481	21822291
中型企业	452	155375326	150033486	33315486
小型企业	31175	188747915	183809926	15022676
五、按轻重工业分				
轻工业	13172	113598569	110439104	16420041
重工业	18499	483882084	473672789	53740412
六、按地区分				
东城区	303	13624724	13576387	3314627
西城区	416	30185200	30120685	166235
崇文区	284	3673515	3657944	186895
宣武区	373	20064501	20189000	62772
朝阳区	4417	73146686	71651697	8566965
丰台区	2802	26530626	25724215	972461
石景山区	744	55825946	55751127	3002735
海淀区	4465	77332516	74530968	6033103
门头沟区	739	4588658	4514533	827094
房山区	2030	51567542	51126131	978556
通州区	3182	20906240	20320879	2238432
顺义区	2151	67353670	64979312	17950001
昌平区	2493	50914062	50340345	1721241
大兴区	3942	20166446	19405380	1584325
怀柔区	759	11008531	10758535	674915
平谷区	973	7255860	6973536	939854
密云县	838	8163763	7913104	1047914
延庆县	418	1770444	1635825	179006
北京经济技术开发区	341	53391023	50932501	19713322
外埠	1	10700	9789	

1-3 按行业中类分工业企业经营情况

计量单位：千元

	单位数（个）	工业总产值（当年价格）	工业销售产值（当年价格）	出口交货值
总 计	**31671**	**597480653**	**584111893**	**70160453**
采矿业	**561**	**14632470**	**14948001**	**650886**
煤炭开采和洗选业	**174**	**12317228**	**12637104**	**650196**
烟煤和无烟煤的开采洗选	173	12317198	12637074	650196
其他煤炭采选	1	30	30	
石油和天然气开采业	**12**	**752879**	**753035**	
天然原油和天然气开采	3	9603	9603	
与石油和天然气开采有关的服务活动	9	743276	743432	
黑色金属矿采选业	**20**	**1028322**	**1044198**	
铁矿采选	17	1022214	1038561	
其他黑色金属矿采选	3	6108	5637	
有色金属矿采选业	**13**	**15744**	**14749**	
常用有色金属矿采选	8	13855	12860	
贵金属矿采选	3	1388	1388	
稀有稀土金属矿采选	2	501	501	
非金属矿采选业	**337**	**517308**	**497945**	**690**
土砂石开采	303	477933	461340	690
石棉及其他非金属矿采选	34	39375	36605	
其他采矿业	**5**	**989**	**970**	
其他采矿业	5	989	970	
制造业	**30840**	**529180165**	**515541487**	**69494095**
农副食品加工业	**871**	**12522390**	**12217583**	**937185**
谷物磨制	66	1144356	1046745	
饲料加工	285	3760445	3679218	12004
植物油加工	26	206115	198418	7861
制糖	6	45701	65006	
屠宰及肉类加工	281	5810494	5639147	604687
水产品加工	26	76959	75368	6249
蔬菜、水果和坚果加工	97	596061	539211	96104
其他农副食品加工	84	882259	974470	210280
食品制造业	**1024**	**12477305**	**12336867**	**545607**
焙烤食品制造	316	2404859	2480555	108647
糖果、巧克力及蜜饯制造	86	2315221	2326598	146794
方便食品制造	146	1041137	1015509	29071
液体乳及乳制品制造	55	2741111	2706718	
罐头制造	20	91737	95535	7429
调味品、发酵制品制造	108	758172	723991	36247
其他食品制造	293	3125068	2987961	217419
饮料制造业	**410**	**9223976**	**9176431**	**373416**
酒精制造	4	75490	68038	10478
酒的制造	88	4635676	4590315	99469
软饮料制造	300	4393948	4398867	251477
精制茶加工	18	118862	119211	11992

1-3 续表 1 计量单位：千元

	单位数（个）	工业总产值（当年价格）	工业销售产值（当年价格）	出口交货值
烟草制品业	**5**	**1479112**	**1538644**	**72821**
烟叶复烤	1	1		
卷烟制造	2	1470866	1530399	72821
其他烟草制品加工	2	8245	8245	
纺织业	**807**	**6611685**	**6209177**	**1718723**
棉、化纤纺织及印染精加工	126	897930	923229	209781
毛纺织和染整精加工	46	478058	458654	183069
麻纺织	1	3000	3000	
丝绢纺织及精加工	13	307273	284132	150
纺织制成品制造	279	1200306	1161301	247142
针织品、编织品及其制品制造	342	3725118	3378861	1078581
纺织服装、鞋、帽制造业	**1663**	**8740548**	**7996036**	**3466189**
纺织服装制造	1612	8603310	7860824	3406049
纺织面料鞋的制造	28	85480	82307	49322
制帽	23	51758	52905	10818
皮革、毛皮、羽毛(绒)及其制品业	**212**	**838248**	**830193**	**459460**
皮革鞣制加工	10	39286	34281	
皮革制品制造	168	591811	592337	341084
毛皮鞣制及制品加工	30	204918	200860	118376
羽毛(绒)加工及制品制造	4	2233	2715	
木材加工及木、竹、藤、棕、草制品	**486**	**1515341**	**1430390**	**137432**
锯材、木片加工	54	150189	149777	
人造板制造	88	596537	546185	
木制品制造	336	762109	726921	133815
竹、藤、棕、草制品制造	8	6506	7507	3617
家具制造业	**1003**	**2938487**	**2847250**	**705681**
木质家具制造	771	1909498	1830380	598223
竹、藤家具制造	5	3644	3832	
金属家具制造	153	749605	757131	105161
塑料家具制造	12	13357	10088	
其他家具制造	62	262383	245819	2297
造纸及纸制品业	**810**	**4262012**	**4206153**	**107759**
纸浆制造	5	2508	3854	
造纸	209	921448	895951	12328
纸制品制造	596	3338056	3306348	95431
印刷业和记录媒介的复制	**1460**	**9096014**	**8881386**	**38589**
印刷	1180	8150734	7948436	38589
装订及其他印刷服务活动	251	412549	392874	
记录媒介的复制	29	532731	540076	
文教体育用品制造业	**327**	**1474319**	**1426940**	**623344**
文化用品制造	105	194143	192957	57685
体育用品制造	67	328968	305545	169316
乐器制造	80	638626	619426	229980
玩具制造	50	139797	138638	111754
游艺器材及娱乐用品制造	25	172785	170374	54609

1-3 续表 2

计量单位：千元

	单位数(个)	工业总产值(当年价格)	工业销售产值(当年价格)	出口交货值
石油加工、炼焦及核燃料加工业	**258**	**27694965**	**27776958**	**429255**
精炼石油产品的制造	252	25705832	25818664	166551
炼焦	5	1965900	1934959	262704
核燃料加工	1	23233	23335	
化学原料及化学制品制造业	**2345**	**41473409**	**40961962**	**1245430**
基础化学原料制造	269	10227912	10018013	53917
肥料制造	127	740498	666910	40255
农药制造	40	185013	157372	17208
涂料、油墨、颜料及类似产品制造	892	3018458	3020924	142686
合成材料制造	183	20543608	20719839	476568
专用化学产品制造	551	3512110	3355537	477190
日用化学产品制造	283	3245810	3023367	37606
医药制造业	**606**	**12407502**	**11906395**	**318307**
化学药品原药制造	35	299061	266394	69015
化学药品制剂制造	121	5987547	5678320	38212
中药饮片加工	52	935143	860589	1642
中成药制造	97	3456574	3402035	163573
兽用药品制造	48	179145	173172	276
生物、生化制品的制造	154	1337051	1296249	40192
卫生材料及医药用品制造	99	212981	229636	5397
化学纤维制造业	**46**	**294543**	**281536**	**27134**
纤维素纤维原料及纤维制造	7	17912	17343	
合成纤维制造	39	276631	264193	27134
橡胶制品业	**190**	**1956792**	**1908962**	**620780**
轮胎制造	14	691341	664023	243362
橡胶板、管、带的制造	33	131622	119613	
橡胶零件制造	83	377909	353035	12440
再生橡胶制造	5	17600	17029	
日用及医用橡胶制品制造	18	395824	397853	276244
橡胶靴鞋制造	6	30325	30328	28778
其他橡胶制品制造	31	312171	327081	59956
塑料制品业	**1329**	**6485538**	**6396498**	**362474**
塑料薄膜制造	107	903479	906411	72921
塑料板、管、型材的制造	226	1017899	986622	24976
塑料丝、绳及编织品的制造	86	498362	495878	1477
泡沫塑料制造	119	597438	590681	133
塑料人造革、合成革制造	8	236440	234601	69571
塑料包装箱及容器制造	236	1230712	1224787	29802
塑料零件制造	82	417057	432332	97398
日用塑料制造	346	1330054	1282234	34863
其他塑料制品制造	119	254097	242952	31333
非金属矿物制品业	**2569**	**20370228**	**19554215**	**585795**
水泥、石灰和石膏的制造	210	3015802	2943307	
水泥及石膏制品制造	785	9739421	9365208	317
砖瓦、石材及其他建筑材料制造	895	2638044	2493601	95798
玻璃及玻璃制品制造	355	2497147	2408424	185914
陶瓷制品制造	55	688557	641436	130283
耐火材料制品制造	129	893973	847266	73318
石墨及其他非金属矿物制品制造	140	897284	854973	100165

1-3 续表 3 计量单位：千元

	单位数（个）	工业总产值（当年价格）	工业销售产值（当年价格）	出口交货值
黑色金属冶炼及压延加工业	**265**	**50506744**	**50388881**	**2276265**
炼铁	43	403272	385546	67805
炼钢	9	33879	30541	1000
钢压延加工	205	50052398	49957661	2203314
铁合金冶炼	8	17195	15133	4146
有色金属冶炼及压延加工业	**294**	**4889489**	**4685913**	**717125**
常用有色金属冶炼	38	948915	947413	7017
贵金属冶炼	5	171461	172978	
稀有稀土金属冶炼	17	750234	739530	531909
有色金属合金制造	56	669802	633175	14430
有色金属压延加工	178	2349077	2192817	163769
金属制品业	**3238**	**13029498**	**12482650**	**1050789**
结构性金属制品制造	2137	7342523	7074722	434703
金属工具制造	191	515442	485024	106714
集装箱及金属包装容器制造	112	1978573	1880610	200216
金属丝绳及其制品的制造	53	166585	173248	
建筑、安全用金属制品制造	209	725283	687846	33259
金属表面处理及热处理加工	158	310090	302975	
搪瓷制品制造	15	48481	48194	12221
不锈钢及类似日用金属制品制造	181	877194	876691	127503
其他金属制品制造	182	1065327	953340	136173
通用设备制造业	**2265**	**20524881**	**20069545**	**2808570**
锅炉及原动机制造	175	2249492	2229909	34550
金属加工机械制造	353	2419055	2336461	150364
起重运输设备制造	84	1275796	1287899	31857
泵、阀门、压缩机及类似机械的制造	346	4427790	4323076	1064165
轴承、齿轮、传动和驱动部件的制造	77	812902	804056	70361
烘炉、熔炉及电炉制造	44	319917	306793	
风机、衡器、包装设备等通用设备制造	516	6255174	6144622	493970
通用零部件制造及机械修理	396	984189	940975	293426
金属铸、锻加工	274	1780566	1695754	669877
专用设备制造业	**2064**	**20723947**	**19814711**	**2546537**
矿山、冶金、建筑专用设备制造	219	2678209	2466677	88676
化工、木材、非金属加工专用设备制造	243	1394423	1287076	18995
食品、饮料、烟草及饲料生产专用设备	83	386718	372784	21412
印刷、制药、日化生产专用设备制造	150	1844965	1693246	41787
纺织、服装和皮革工业专用设备制造	58	2259316	2293028	250232
电子和电工机械专用设备制造	262	2279533	2115922	161012
农、林、牧、渔专用机械制造	69	258246	246692	18337
医疗仪器设备及器械制造	423	4619844	4532964	1351520
环保、社会公共安全及其他专用设备制造	557	5002693	4806322	594566
交通运输设备制造业	**1247**	**75720164**	**72882170**	**702968**
铁路运输设备制造	134	3251419	3042163	18072
汽车制造	1018	68538521	66023851	659027
摩托车制造	1	14400	1561	
自行车制造	19	33935	34118	5505
船舶及浮动装置制造	12	25749	30169	779
航空航天器制造	36	3735540	3645879	19585
交通器材及其他交通运输设备制造	27	120600	104429	

1-3 续表 4 计量单位：千元

	单位数（个）	工业总产值（当年价格）	工业销售产值（当年价格）	出口交货值
电气机械及器材制造业	**1598**	**21015688**	**20394528**	**1807237**
电机制造	91	2637063	2576729	150460
输配电及控制设备制造	812	11977778	11602338	445569
电线、电缆、光缆及电工器材制造	177	1461504	1340786	29058
电池制造	49	1196996	1096873	536089
家用电力器具制造	128	1374992	1460955	35603
非电力家用器具制造	82	493072	507916	21987
照明器具制造	189	1313832	1287686	569318
其他电气机械及器材制造	70	560451	521245	19153
通信设备、计算机及其他电子设备制造	**1516**	**124618505**	**120982192**	**42682941**
通信设备制造	372	57470692	55483499	26338484
雷达及配套设备制造	14	1027193	1043188	56299
广播电视设备制造	99	1279582	1228979	155106
电子计算机制造	308	34782959	33390278	3204266
电子器件制造	213	14493790	14680549	6492901
电子元件制造	244	10286485	9937831	3835040
家用视听设备制造	27	3147121	3125964	2271322
其他电子设备制造	239	2130683	2091904	329523
仪器仪表及文化、办公用机械制造业	**1175**	**13385303**	**13136495**	**1753132**
通用仪器仪表制造	703	7584246	7550154	259700
专用仪器仪表制造	268	1361231	1306692	47370
钟表与计时仪器制造	12	193523	164063	34352
光学仪器及眼镜制造	87	1160531	1125888	55172
文化、办公用机械制造	40	2894244	2810288	1354482
其他仪器仪表的制造及修理	65	191528	179410	2056
工艺品及其他制造业	**707**	**2714331**	**2656667**	**373150**
工艺美术品制造	396	784213	785840	241812
日用杂品制造	35	161927	160776	79982
煤制品制造	117	240118	206774	10837
核辐射加工	6	40039	39861	55
其他未列明的制造业	153	1488034	1463416	40464
废弃资源和废旧材料回收加工业	**50**	**189201**	**164159**	
金属废料和碎屑的加工处理	24	129804	107615	
非金属废料和碎屑的加工处理	26	59397	56544	
电力、燃气及水的生产和供应业	**270**	**53668018**	**53622405**	**15472**
电力、热力的生产和供应业	**159**	**49372871**	**49346806**	**15472**
电力生产	45	5777664	5771059	
电力供应	17	41125229	41123028	
热力生产和供应	97	2469978	2452719	15472
燃气生产和供应业	**31**	**1672619**	**1671659**	
燃气生产和供应业	31	1672619	1671659	
水的生产和供应业	**80**	**2622528**	**2603940**	
自来水的生产和供应	40	2159291	2155502	
污水处理及其再生利用	33	457703	437055	
其他水的处理、利用与分配	7	5534	11383	

1-4 按行业大类分

	综合能源消费量(吨标准煤)	原煤(吨)	洗精煤(吨)	煤制品(吨)	焦炭(吨)	焦炉煤气(万立方米)	高炉煤气(万立方米)	天然气(万立方米)
总计	**25501354**	**18628310**	**5059525**	**12687**	**4560251**	**134111**	**1249755**	**35089**
采矿业	**256375**	**146021**		**19**	**7**			
煤炭开采和洗选业	86259	39143						
石油和天然气开采业	374							
黑色金属矿采选业	113127	70508						
有色金属矿采选业	280	2			7			
非金属矿采选业	56303	36353		19				
其他采矿业	32	15						
制造业	**22364005**	**6792177**	**5059525**	**12290**	**4560244**	**127281**	**1066336**	**17838**
农副食品加工业	259114	146115	381	1411	3			91
食品制造业	298300	144394		199	652			576
饮料制造业	426209	375469		211				19
烟草制品业	6050							504
纺织业	169498	117762		846				72
纺织服装、鞋、帽制造业	178779	136267	320	784		41		5
皮革、毛皮、羽毛(绒)及其制品业	8292	4934		16				123
木材加工及木、竹、藤、棕、草制品	56557	16898		80				273
家具制造业	79896	25816		655	160			68
造纸及纸制品业	134408	105695		303	214	3		168
印刷业和记录媒介的复制	218290	45055		359	10			1335
文教体育用品制造业	21533	15660		118	10			35
石油加工、炼焦及核燃料加工业	2049255	68046	2566713	20	141	46621		606
化学原料及化学制品制造业	6028200	496706		653	226	3282		1403
医药制造业	190988	141612		444	10	2		511
化学纤维制造业	11971	3252		41				135
橡胶制品业	148906	115663		92				
塑料制品业	187800	70396	2034	893		94		20
非金属矿物制品业	2978603	2585059	385	1403	55075	1539		3657
黑色金属冶炼及压延加工业	6770700	1262164	2482703	183	4445932	74669	1066326	2181
有色金属冶炼及压延加工业	67951	13636		141	5183			42
金属制品业	208500	69420	60	1105	5104	718		99
通用设备制造业	275572	94117	4030	524	38940	4		388
专用设备制造业	191142	98312		403	3172	61	10	345
交通运输设备制造业	659000	363852	2899	437	4551	204		2427
电气机械及器材制造业	184331	46665		400	204			614
通信设备、计算机及其他电子设备制造	342657	15651		211	10			1932
仪器仪表及文化、办公用机械制造业	36818	10941		100	145	43		132
工艺品及其他制造业	162864	199590		166	502			75
废弃资源和废旧材料回收加工业	11821	3030		92				1
电力、燃气及水的生产和供应业	**2880974**	**11690112**		**378**		**6830**	**183419**	**17252**
电力、热力的生产和供应业	2684655	11686994				6829	183419	16839
燃气生产和供应业	67000	87				1		164
水的生产和供应业	129319	3031		378				249

工业企业能源消费情况

原　油 (吨)	汽　油 (吨)	煤　油 (吨)	柴　油 (吨)	燃料油 (吨)	液　化 石油气 (吨)	炼厂 干气 (吨)	其　他 石油制品 (吨)	热　力 (百万千焦)	电　力 (万千瓦时)	其他燃料 (吨标准煤)
7833538	**174398**	**4201**	**303547**	**678026**	**47858**	**183908**	**3774036**	**52192300**	**2390298**	**350299**
	3049	**6**	**16714**	**7730**	**3**			**7215**	**34298**	
	1995	1	2308	79					15659	
	75		12					7215		
	531		7056	7651					13597	
	23		37						41	
	421	5	7301		3				4995	
	4								6	
7833538	**160385**	**4192**	**275072**	**347936**	**47765**	**176831**	**3740467**	**48358421**	**1622001**	**95086**
	7504	16	5026	215	682			178592	23552	35
	8009	21	9077	7090	4788			728396	33912	43
	5367	166	3529		24			152213	29843	1392
	53		1						1123	
	3991	37	7324	19	247			534798	25332	20
	6016	29	2285	86	132			67545	15179	59
	675	8	92		10			11514	2158	
	1189	10	532		5			511278	8116	
	3919	4	2384	2	36		20	12013	9058	25
	4157	28	4494	856	101			71187	13187	
	10088	226	2820	30	917		10	471679	34274	18
	1659	12	433	171	27			82756	2312	20
7833538	2647	39	4316	85664	7	176831	874057	4934930	74770	41850
	11512	273	10941	175449	30312		2764189	30278864	271785	137
	3469	11	3002	3	38			381725	20653	2
	139	5	102		1		647	144	2146	
	1674	14	262		27		554	421156	12706	48
	5502	67	4970	11	158		68	56518	33254	7
	14363	178	95827	49282	2360		56913	126016	205731	50986
	4907	40	40876	17123	253		42409	4941118	475698	38
	1284	30	897	2280	284			105524	14845	
	12609	378	4612	27	4025		50	76957	34998	46
	9722	250	8314	87	1281		109	587955	44585	19
	8581	118	4079	5	78		343	341905	27918	140
	14150	2093	52317	2673	673		301	1209310	76101	198
	7448	17	2208	87	598		736	408666	24538	1
	4476	16	2736	6701	452		2	1186946	86979	
	3354	23	203	45	94		12	165620	7739	2
	1735	83	1107	30	155		47	301335	7774	
	186		306					11761	1735	
	10964	**3**	**11761**	**322360**	**90**	**7077**	**33569**	**3826664**	**733999**	**255213**
	7880	3	10145	322360	59	7077	33569	3651580	691537	255213
	2142		414					149348	4889	
	942		1202		31			25736	37573	

1-5 工业企业能源购进、消费与库存情况

	计量单位	年初库存量	购进量	消费量合计	工业生产消费	用于原材料消费	非工业生产消费	#运输工具消费	年末库存量
原煤	吨	1335844	19222571	18628310	18193390	168648	434920	18557	1414945
洗精煤	吨	119077	5355136	5059525	5059324		201		213286
其他洗煤	吨	14	82450	81486	81316		170		978
型煤	吨	754	13237	12687	7110		5575		1149
焦炭	吨	79596	3198860	4560251	4559914	7259	336		132230
其他焦化产品	吨	5062	24250	78001	78001	77901			
焦炉煤气	万立方米		12820	134111	133970		140		
高炉煤气	万立方米		183429	1249755	1249755				
其他煤气	万立方米		811	811	811				
天然气	万立方米		40662	35089	32800		2300	11	
原油	吨	107727	8067658	7833538	7833538				346983
汽油	吨	3742	173226	174398	89744	12193	84656	162483	4196
煤油	吨	230	4358	4201	4060	349	141	20	146
柴油	吨	10375	301429	303547	236301	3302	67099	138652	12731
燃料油	吨	59574	624065	678026	654573	36464	23452	232	88455
液化石油气	吨	4314	18099	47858	45500	1064	2100	38	4464
炼厂干气	吨		7077	183908	183908				
其他石油制品	吨	188605	4136417	3774036	3773998	2944395	38		93101
热力	百万千焦		21986515	52192300	49853292		2339007		
电力	万千瓦时		1956855	2390298	2333000		56792		
其他燃料	吨标准煤	4652	309884	350299	347060	6	3238		6995

1-6 工业企业能源加工转换情况

	计量单位	火力发电		供热		炼焦	
		投入量	产出量	投入量	产出量	投入量	产出量
原煤	吨	8291904		3897876		14417	
洗精煤	吨					5019998	
其他洗煤	吨	64807		14274			
型煤	吨						
焦炭	吨						3678921
其他焦化产品	吨						177992
焦炉煤气	万立方米	5472		16901			155535
高炉煤气	万立方米	177430		175139			
其他煤气	万立方米						
天然气	万立方米	5600		18128			
原油	吨						
汽油	吨						
煤油	吨						
柴油	吨	3870		1957			
燃料油	吨	146596		323166			
液化石油气	吨						
炼厂干气	吨			30331			
其他石油制品	吨			194139			
热力	百万千焦				110801600		
电力	万千瓦时		2023000				
其他燃料	吨标准煤	94090		199952			

1-6 续表

	计量单位	炼油		制气		型煤加工	
		投入量	产出量	投入量	产出量	投入量	产出量
原煤	吨					31847	
洗精煤	吨						
其他洗煤	吨						
型煤	吨						34057
焦炭	吨			1465977			
其他焦化产品	吨						
焦炉煤气	万立方米						
高炉煤气	万立方米				1249745		
其他煤气	万立方米						
天然气	万立方米						
原油	吨	7833538					
汽油	吨		1697700				
煤油	吨		81100				
柴油	吨		1807200				
燃料油	吨		681800				
液化石油气	吨		433200				
炼厂干气	吨		183900				
其他石油制品	吨	392861	3013900				
热力	百万千焦						
电力	万千瓦时						
其他燃料	吨标准煤						

1-7 按行业大类分

	用水总量	重复用水量	封闭系统内的循环水量
总 计	**6446264685**	**5244750502**	**2817192622**
采矿业	**16637256**	**10130722**	**633000**
煤炭开采和洗选业	1427390		
石油和天然气开采业	6907		
黑色金属矿采选业	13314345	9946352	630000
有色金属矿采选业	5484		
非金属矿采选业	1882350	184370	3000
其他采矿业	780		
制造业	**3566247982**	**3314309482**	**1790787950**
农副食品加工业	10940218	3893216	3272609
食品制造业	18640736	10555339	6826332
饮料制造业	49588255	35666397	7518593
烟草制品业	132550	50000	50000
纺织业	28092855	20738806	7919012
纺织服装、鞋、帽制造业	4082624	5552	5072
皮革、毛皮、羽毛(绒)及其制品业	508869	50	50
木材加工及木、竹、藤、棕、草制品	5178762	4356572	4318723
家具制造业	1396679	35054	8
造纸及纸制品业	8969456	5414190	823210
印刷业和记录媒介的复制	17743528	12606017	1699318
文教体育用品制造业	701783	167407	151027
石油加工、炼焦及核燃料加工业	321758240	314513555	313372888
化学原料及化学制品制造业	1380188743	1347476766	1198063333
医药制造业	25847774	18491265	11832932
化学纤维制造业	229457	18600	15600
橡胶制品业	12156453	9398858	3590299
塑料制品业	4407015	1907566	1374604
非金属矿物制品业	58611548	38847233	12174237
黑色金属冶炼及压延加工业	1398520721	1326339358	73932054
有色金属冶炼及压延加工业	7648618	6192705	4532728
金属制品业	5641558	997850	16766
通用设备制造业	11455944	5019799	2016073
专用设备制造业	16389481	8588978	2609476
交通运输设备制造业	54276251	38979443	36471164
电气机械及器材制造业	8202651	5042843	4816647
通信设备、计算机及其他电子设备制造	106999857	95435681	91207323
仪器仪表及文化、办公用机械制造业	4608886	2300136	2139187
工艺品及其他制造业	2748145	1267148	37686
废弃资源和废旧材料回收加工业	580324	3100	1000
电力、燃气及水的生产和供应业	**2863379448**	**1920310298**	**1025771672**
电力、热力的生产和供应业	2032241684	1891346135	1017309815
燃气生产和供应业	9413739	8461857	8461857
水的生产和供应业	821724025	20502306	

工业企业水消费情况

计量单位：立方米

取水总量	地表水	地下水	自来水	其他水
1201514184	**522311334**	**577947992**	**79146028**	**22108829**
6506534	**1374017**	**5012941**	**98895**	**20681**
1427390	1054201	361053	10176	1960
6907			6907	
3367993	217510	3150045	438	
5484		4360	1124	
1697980	102306	1497203	79750	18721
780		280	500	
251938500	**46210039**	**134983472**	**65587577**	**5157413**
7047003	86923	5542983	1408062	9035
8085397	98095	4052935	3924667	9700
13921858	54000	11336544	2522355	8960
82550		82500		50
7354049	4581	4869386	2327462	152621
4077072	142469	1984118	1919800	30685
508819	35043	133547	340011	218
822190	8805	160644	648589	4152
1361625	19748	724893	614072	2912
3555266	87206	2934900	521159	12000
5137511	53849	2392302	2650425	40935
534376	64208	296569	173369	229
7244685	1955499	3178449	140366	1970371
32711977	6526875	16723206	7690158	1771738
7356509	12055	4177002	3148583	18870
210857	310	163968	46579	
2757595	4206	2639668	113130	591
2499450	8470	1415102	1051985	23892
19764315	1168327	14208615	4322721	64652
72181363	34124443	37814160	212142	30618
1455913	4810	935537	515321	246
4643709	81877	2849000	1700437	12396
6436145	614328	2638979	3151979	30859
7800503	669717	3432285	3609228	89273
15296808	46178	6187080	9043631	19918
3159809	45220	1155823	1923655	35111
11564177	209305	2066104	9181702	107066
2308750	7035	339687	1802239	159789
1480997	76458	528792	872427	3320
577224		18695	11324	547205
943069150	**474727278**	**437951579**	**13459556**	**16930736**
140895549	80576816	36684936	11781360	11852437
951882	114604	257866	579092	320
801221719	394035858	401008777	1099105	5077979

1-8 工业企业主要原材料购进、消费与库存情况

	计量单位	年初库存量	本年购进量	本年消费量		年末库存量
					工业生产消费	
生铁	吨	74195	1411166	9212362	9062339	57689
钢材	吨	1326773	8242173	5700954	4707271	1921125
钢材重复轧制	吨	20057	313745	303249	262176	114329
钢丝	吨	89711	384419	460035	458004	14088
铜	吨	2826	68166	71786	63382	2624
铝	吨	4436	61896	61381	60381	5071
铅	吨	685	9269	9471	9383	482
锌	吨	576	8713	8582	8325	707
铜材	吨	5395	55239	54801	45446	5933
铝材	吨	37393	217566	207599	191755	48331
润滑油	吨	15195	119955	118102	99901	16738
硫酸(折100%)	吨	6616	65722	64829	58404	6591
盐酸（含量31%以上）	吨	6658	57887	58576	58142	4981
浓硝酸（折100%）	吨	161	6142	6159	6120	133
氢氧化钠（折100%）	吨	5147	100651	100069	99678	4706
碳酸钠（折100%）	吨	6448	119135	121873	85537	2680
乙烯	吨	10034	205157	203512	198705	11876
合成橡胶	吨	862	25414	24442	23905	1644
水泥	吨	378711	7842661	8098706	7783186	346080
平板玻璃	重量箱	416327	4699504	4616464	4420963	647614
	平方米	1606446	18056851	17749541	16801221	3156285
原木	立方米	94366	1278136	1643745	1616418	80401
直接消费	立方米			1533731	1518546	
加工锯材消费	立方米			110014	97872	
锯材	立方米	53627	238120	241086	208076	54773
纱	吨	5985	100256	99331	99128	3579
布	米	54132861	335528566	332523588	331606761	56883323

1-9　按行业大类分工业企业主要原材料消费情况

	生　铁 (吨)	钢　材 (吨)	铜 (吨)	铝 (吨)	铅 (吨)	锌 (吨)	铜　材 (吨)
总　　计	**9212362**	**5700954**	**71786**	**61381**	**9471**	**8582**	**54801**
采矿业	**13016**	**3574**	**4**	**240**	**227**		**147**
煤炭开采和洗选业	12543	3280	2				55
黑色金属矿采选业	473	66			1		
有色金属矿采选业				240	226		92
非金属矿采选业		228	2				
其他采矿业							
制造业	**9198975**	**5685689**	**71747**	**61118**	**9244**	**8567**	**54600**
农副食品加工业	105	33	10			4	
食品制造业		2389		1			
饮料制造业		2489					1
纺织业	26	371	1	2			
纺织服装、鞋、帽制造业		99					
皮革、毛皮、羽毛(绒)及其制品业		145		2			6
木材加工及木、竹、藤、棕、草制品	11	3110		885			357
家具制造业	3945	12018		418	1		48
造纸及纸制品业	44	561	1	86			
印刷业和记录媒介的复制	5	616	39	4	5		254
文教体育用品制造业	856	12916	49	62		16	139
石油加工、炼焦及核燃料加工业		6189					1
化学原料及化学制品制造业	1305	15900	36	215	13	431	166
医药制造业		1097					
化学纤维制造业		88					
橡胶制品业	42	3033	6	2	14		4
塑料制品业	12163	23441		271	9		2331
非金属矿物制品业	14371	136308	22	428	41	4	67
黑色金属冶炼及压延加工业	8692609	309088	84	2216	50	324	66
有色金属冶炼及压延加工业	5410	5614	47522	33892	3242	3386	6189
金属制品业	172035	952562	795	13949	178	1953	2734
通用设备制造业	216087	2907492	2828	3560	32	363	5983
专用设备制造业	32221	311088	684	1149	353	142	1612
交通运输设备制造业	26329	555476	695	720	74	23	1393
电气机械及器材制造业	9378	114605	13762	2328	1244	1763	23725
通信设备、计算机及其他电子设备制造	6193	154344	804	309	3906	29	8656
仪器仪表及文化、办公用机械制造业	2866	121203	3913	330	75	2	702
工艺品及其他制造业	2973	11082	308	68	7	128	166
废弃资源和废旧材料回收加工业		22332	187	223			
电力、燃气及水的生产和供应业	**371**	**11691**	**35**	**23**	**1**	**15**	**54**
电力、热力的生产和供应业	189	11530	35	23		15	54
燃气生产和供应业	2	120					
水的生产和供应业	181	41					

1-9 续表

	铝材(吨)	润滑油(吨)	乙烯(吨)	合成橡胶(吨)	水泥(吨)	平板玻璃(平方米)	原木(立方米)	锯材(立方米)
总计	**207599**	**118102**	**203512**	**24442**	**8098706**	**17749541**	**1643745**	**241086**
采矿业	**36**	**362**		**10**	**14993**	**580**	**144582**	
煤炭开采和洗选业		75			13793	415	134251	
黑色金属矿采选业		213			46	164	50	
有色金属矿采选业	36						30	
非金属矿采选业		74		10	1154		10071	
其他采矿业							180	
制造业	**206851**	**117650**	**203512**	**24432**	**8054034**	**17747361**	**1498187**	**240966**
农副食品加工业		1			163	15	32	
食品制造业	6	14			394	22		
饮料制造业		264	27		146	523	55	
纺织业	15	24	133		142	1245		30
纺织服装、鞋、帽制造业			73		120			
皮革、毛皮、羽毛(绒)及其制品业	7			27	161	5		
木材加工及木、竹、藤、棕、草制品	250	43		10	1770	24219	182546	74140
家具制造业	211	6	83	27	1195	398680	416951	120298
造纸及纸制品业	17	16	9444	17	354	15	1205	730
印刷业和记录媒介的复制	1118	69	1374	5	739	91	48	2
文教体育用品制造业	142	97	417	13	128	872	12833	3588
石油加工、炼焦及核燃料加工业	829	87629	200	120	483			
化学原料及化学制品制造业	109	10384	94032	1008	14778	5975	44	3265
医药制造业	4		6		1333	1633	10	9
化学纤维制造业		1	197	96				
橡胶制品业	200	696	340	14085	550	576	16	
塑料制品业	118997	18	88127	1058	2910	2942614	2233	1066
非金属矿物制品业	287	892	1380	4541	7580358	10093541	19916	9535
黑色金属冶炼及压延加工业	384	6364			22755	25667	286	3127
有色金属冶炼及压延加工业	3889	19			1221	23531	114	
金属制品业	47191	398	1235	270	11732	3459523	7376	14899
通用设备制造业	4121	1604	48	600	9667	34215	713	5443
专用设备制造业	5741	1183	1363	67	393665	94913	847956	2568
交通运输设备制造业	11074	7072	667	2284	429	99389	1700	312
电气机械及器材制造业	3870	417	3452	173	1352	9830	2386	702
通信设备、计算机及其他电子设备制造	6693	37	231	1	510	972	106	32
仪器仪表及文化、办公用机械制造业	710	26	48	14	419	986	381	52
工艺品及其他制造业	986	374	637	2	6560	528309	1281	1166
废弃资源和废旧材料回收加工业		2		15				
电力、燃气及水的生产和供应业	**711**	**89**			**29679**	**1601**	**976**	**120**
电力、热力的生产和供应业	711	84			29309	1601	976	120
燃气生产和供应业					21			
水的生产和供应业		6			349			

1-10 工业主要产品产量

产品名称	计量单位	本年生产量	产品名称	计量单位	本年生产量
原煤	吨	10679486	复合地板	平方米	9193966
铁矿石原矿	吨	16575937	家具	件	5676440
小麦粉(面粉)	吨	319208	机制纸及纸板	吨	195697
大米	吨	12401	纸制品	吨	564834
配混合饲料	吨	813129	汽油	吨	1697713
精制食用植物油	吨	39700	煤油	吨	81055
糕点	吨	48475	柴油	吨	1807411
饼干	吨	33862	燃料油	吨	733594
方便面	吨	44589	润滑油	吨	748881
乳制品	吨	564422	液化石油气	吨	434291
冷冻饮品	吨	97242	焦炭	吨	3620449
饮料酒	千升	1480032	硫酸（折100%）	吨	55716
白酒(折96度)	千升	72916	烧碱（折100%）	吨	187547
啤酒	千升	1384561	乙烯	吨	982136
葡萄酒	千升	17020	纯苯	吨	164845
软饮料	吨	1760787	农用氮、磷、钾化学肥料总计(折纯)	吨	17077
碳酸饮料	吨	470425	化学农药原药（折有效成分100%）	吨	23
果汁及果汁饮料	吨	373594	涂料（油漆）	吨	60908
卷烟	万支	1239445	建筑涂料	吨	118715
纱	吨	24559	颜料	吨	8802
布	万米	4081	染料	吨	3513
印染布	万米	4234	初级形态的塑料	吨	1356000
服装	万件	21078	合成橡胶	吨	259600
针织服装	万件	5718	合成洗涤剂	吨	54591
梭织服装	万件	15360	化学药品原药	吨	4673
皮鞋	万双	254	中成药	吨	25751
皮革服装	件	792304	化学纤维	吨	28485
人造板	立方米	156368	人造纤维	吨	72
人造板表面装饰板	平方米	2523772	合成纤维	吨	28413

1-10 续表 1

产品名称	计量单位	本年生产量	产品名称	计量单位	本年生产量
橡胶轮胎外胎	条	2779078	内燃机	千瓦	249243
塑料制品	吨	448047	电站用汽轮机	千瓦	3732000
塑料包装箱及容器	吨	77856	金属切削机床	台	7542
水泥熟料	吨	8491685	数控机床	台	1024
水泥	吨	12141900	起重设备	吨	12003
商品混凝土	立方米	18765001	起重机械	吨	7678
石膏板	平方米	42725500	叉车	台	9501
平板玻璃	重量箱	6585130	泵（液体泵）	台	218006
钢化玻璃	平方米	2969399	气体压缩机	台	2292914
夹层玻璃	平方米	802704	阀门	吨	20056
中空玻璃	平方米	1757943	液压元件	件	1387623
日用玻璃制品	吨	10335	滚动轴承	万套	689
卫生陶瓷制品	件	1648750	风机	台	98723
日用陶瓷制品	万件	1	制冷空调设备	台(套)	352377
耐火材料制品	吨	289710	非家用空调设备	台	283068
生铁	吨	8018970	包装专用设备	台	32083
粗钢	吨	8274848	减速机	台	12992
钢材（未扣除外购国产钢材用量）	吨	8682570	采矿设备	台	9615
钢筋	吨	2590338	挖掘、铲土运输机械	台	1474
线材（盘条）	吨	3633740	水泥专用设备	吨	98
铁合金	吨	9820	金属冶炼设备	吨	8013
十种有色金属	吨	3061	金属轧制设备	吨	9756
铜材	吨	27978	炼油、化工专用设备	吨	8183
铝材	吨	25260	塑料加工设备	吨	985
手工工具	万把	1930	烟草加工机械	台(套、条)	398
搪瓷制品	吨	3543	造纸专用设备	台	687
日用不锈钢制品	吨	11947	印刷机	台	1721
电站锅炉	蒸发量吨	10863	农业运输机械	辆	92891
工业锅炉	蒸发量吨	5063	环境保护专用设备	台(套)	8995

1-10 续表 2

产品名称	计量单位	本年生产量	产品名称	计量单位	本年生产量
铁路机车	千瓦	238380	程控交换机	线	32247880
汽车	辆	539043	数字式程控交换机	线	32247739
汽车整车	辆	539043	电话单机	台	84369
基本型乘用车(轿车)	辆	150158	移动通信手持机（手机）	台	39988200
排气量1.0-1.6升	辆	74041	微型电子计算机	台	5327288
排气量1.6-2.5升	辆	74020	笔记本计算机	台	165298
排气量2.5升以上	辆	2097	显示器	台	4036682
公路客车	辆	11850	打印机	台	418331
大型客车	辆	131	彩色显像管	只	10508194
中型客车	辆	20	半导体器件	万只	72922
轻型客车	辆	11699	集成电路	万块	111363
载货汽车	辆	327371	录放像一体机	台	1580243
汽车发动机	台	245218	激光视盘机	台	279464
改装汽车	辆	9847	收录放音组合机	台	123659
摩托车	辆	107954	自动化仪表及系统	台(套)	1571056
发电机组	千瓦	3913404	电工仪器仪表	台	757452
交流电动机	千瓦	2793830	分析仪器及装置	台	44983
变压器	千伏安	3246748	环境监测专用仪器仪表	台	87463
高压开关板	面	47487	汽车仪器仪表	台	77719
低压开关板	面(台)	179189	表	只	1175307
通信及电子网络用电缆	对千米	282741	眼镜成镜	副	360934
电力电缆	千米	15655	照相机	台	1167932
光缆	芯千米	832364	数码照相机	台	204419
蓄电池	只	2040576	复印和胶版复印设备	台	2755
家用电冰箱(家用冷冻冷藏箱)	台	631257	伞	把	167767
家用洗衣机	台	91201	发电量	万千瓦小时	2038933
电光源	万只	2852	火电	万千瓦小时	1980726
灯具及照明装置	套(台、个)	6478434	水电	万千瓦小时	39604
微波通信设备	台(套)	13101	煤气生产量	万立方米	1457454
光通信设备	台	628444			

1-11 工业企业

	单位数（个）	亏损企业	年初存货	流动资产合计	#短期投资	应收帐款（净额）	存货
总计	**31671**	**12847**	**90683225**	**402197303**	**4305086**	**85152269**	**109833238**
一、按登记注册类型分							
内资	28842	11453	64767470	273304212	3037416	51242283	75731958
国有	1328	579	10724141	48812970	832303	7803292	11738319
集体	4770	1458	4482190	13404612	65591	2859060	4980711
股份合作	3559	1260	2128373	6001533	27243	1626452	2567452
国有联营	23	11	115238	504396		108376	132634
集体联营	41	11	41756	181027	4	29010	45291
国有与集体联营	78	28	343748	1133990	5899	236152	315179
其他联营	15	4	27701	72392		28440	25623
国有独资公司	77	28	8400341	47806926	1174754	6873414	7649028
其他有限责任公司	4836	2052	15510589	70119463	498270	14903876	18736348
股份有限公司	662	243	13302346	47095437	207992	8778488	16366928
私营独资	1686	502	313743	847107	4004	174939	409262
私营合伙	494	199	99543	354728	25614	78735	133798
私营有限责任公司	10294	4655	8418288	33736008	165572	7080163	11384611
私营股份有限公司	914	401	794254	3089921	30055	646995	1193382
其他	65	22	65219	143702	115	14891	53392
港澳台商投资	852	464	6978469	30759741	1096127	8797084	7216636
与港澳台商合资经营	505	261	3591900	13691402	84173	3853769	4164446
与港澳台商合作经营	30	16	234371	756609		254559	278651
港澳台商独资	309	185	2200262	13499045	1011954	4385282	2049758
港澳台商投资股份有限公司	8	2	951936	2812685		303474	723781
外商投资	1977	930	18937286	98133350	171543	25112902	26884644
中外合资经营	1046	481	12611816	60509228	130090	15199535	17443381
中外合作经营	99	48	525258	2318384	3896	530116	714892
外资企业	815	398	5422945	26763505	17788	8216204	8262507
外商投资股份有限公司	17	3	377267	8542233	19769	1167047	463864
二、按隶属关系分							
中央	869	344	15807946	73347167	869277	12449969	16638698
地方	7188	2492	35132500	149630104	1636777	29321980	43303300
其他	23614	10011	39742779	179220032	1799032	43380320	49891240

主要财务状况

计量单位：千元

产成品	一年内到期的长期债权投资	流动资产年平均余额	长期投资合计	#长期股权投资	长期债权投资	固定资产合计	#固定资产原价	生产经营用
39342289	**724843**	**386503814**	**541768714**	**520730615**	**7657771**	**336111802**	**419906593**	**378410679**
27214811	608256	266071019	524072300	510442920	7466462	266839643	333395822	303942877
3988050	65800	48339210	400893244	399449871	701068	58971862	62760517	56472123
2420575	10470	12852032	1351062	778309	204843	7247801	9744752	7780194
1103053	16646	5705902	317208	163858	51636	2934882	3828881	3126381
60058		533309	117617	63164	8461	357789	520999	312076
26236	559	170032	2647	910	1002	66974	82978	57727
167493	195	1301585	645539	615906	1882	1169556	1435012	630041
10588		68815	46658	200	46458	70566	50096	47043
1590238	187	49295681	84311233	77050479	5108326	86240991	112320713	105316590
7447367	412966	66974163	10021009	9135490	320782	62790860	77633956	71627521
5349429	46686	45736809	23915766	21106722	875663	29087951	46207334	43015630
202880	2159	799486	17316	12580	3342	503999	607814	526185
51517	133	336813	826	426		139703	190311	168843
4330802	45169	31026663	2336201	2007259	134728	15231325	15727099	13029772
428727	7246	2780473	94948	57086	8241	1994285	2249003	1802551
37798	40	150046	1026	660	30	31099	36357	30200
2918576	33376	30526841	1885361	1847407	15688	14987006	21547107	19553227
1529199	33092	13490161	354571	328407	15431	11619606	16847156	15494469
152723		710862	179		179	328392	444433	387090
833476	284	13310278	201265	189860	78	2451600	3082742	2548958
403178		3015540	1329346	1329140		587408	1172776	1122710
9208902	83211	89905954	15811053	8440288	175621	54285153	64963664	54914575
5733767	70754	56347070	801061	750437	20002	29624168	38252980	32777708
239199		2364586	58218	58218		1402221	1927668	1761037
3091408	12457	22715552	796495	604523	155619	18055501	18311473	14774165
144528		8478746	14155279	7027110		5203263	6471543	5601665
3791691	415500	76429264	463615721	455471582	5566805	124181040	159689052	154336685
16933119	91200	141785262	46317832	42501972	851509	129655748	173465575	151447235
18617479	218143	168289288	31835161	22757061	1239457	82275014	86751966	72626759

1-11 续表 1

	单位数(个)	亏损企业	年初存货	流动资产合计	#短期投资	应收帐款(净额)	存货
三、按控股情况分							
国有绝对控股	2341	949	39060721	180037556	2462851	29923033	44250367
国有相对控股	617	230	8153305	35133644	90084	6507392	9381440
其他	28691	11659	43464614	186671402	1746241	48642836	56178228
四、按企业规模分							
大型企业	44	3	20396622	100896845	1906887	15266541	27036749
中型企业	452	81	25484785	111928078	661036	28461798	29730306
小型企业	31175	12763	44801818	189372380	1737163	41423930	53066183
五、按轻重工业分							
轻工业	13172	5770	24550712	88360816	689617	16826746	28747053
重工业	18499	7077	66132513	313836487	3615469	68325523	81086185
六、按地区分							
东城区	303	154	804845	8772344	640920	3048498	1041105
西城区	416	194	1171605	20847050	186522	2774178	1602842
崇文区	284	113	1333633	5715583	251639	853505	1373628
宣武区	373	173	794903	20586179	33407	4174648	865146
朝阳区	4417	1789	15894693	62268348	914459	13981820	18704581
丰台区	2802	1253	6525215	25774473	157872	6419879	7914969
石景山区	744	337	7439120	31607410	131950	3512268	8826672
海淀区	4465	1752	16428019	71734008	1459576	15127965	18642584
门头沟区	739	259	800632	4213025	10552	849531	1004198
房山区	2030	754	4694745	15388460	62340	2673451	6324896
通州区	3182	1119	4105019	14060952	32934	3544248	5479328
顺义区	2151	739	5882316	28065426	28624	6740689	9013400
昌平区	2493	1004	8906350	23055529	43271	5675043	8080831
大兴区	3942	1870	4741860	17033714	57761	3493649	6219897
怀柔区	759	284	1526763	6660783	22678	1531808	1986549
平谷区	973	431	1295963	4866599	12825	1397401	1893911
密云县	838	324	1403873	5629279	34261	1478791	1563781
延庆县	418	161	417299	1438866	1524	355114	569138
北京经济技术开发区	341	136	6513049	34472148	221971	7519783	8719024
外埠	1	1	3323	7127			6758

计量单位：千元

产成品	一年内到期的长期债权投资	流动资产年平均余额	长期投资合计	#长期股权投资	长期债权投资	固定资产合计	#固定资产原价	生产经营用
13367746	474051	178758475	514245398	495835363	6174275	226870442	292848459	271956742
3446628	45526	34475570	12302074	11640401	612825	19276077	20644776	17565310
22527915	205266	172925298	15221040	13254649	870671	89422120	105887869	88403435
7676573		97643809	70821622	64382936	4589526	135460986	193842540	183424921
11131373	77031	109585076	400323072	399530860	296342	107618118	125055865	111934991
20534343	647812	179274929	70624020	56816819	2771903	93032698	101008188	83050767
12349608	129904	84853333	18493535	17336371	499887	67190556	85774755	70193334
26992681	594939	301650481	523275179	503394244	7157884	268921246	334131838	308217345
391970		9939935	663046	492460	16096	2692400	2229655	1741761
507085		21475426	406695390	403536206	1199052	71604008	76501945	73010477
558034	1627	6224229	3073172	3027971	37694	10798629	8307153	7525974
303352	570	24559172	63103701	51167900	4518262	29297236	38248940	37353735
6418478	63245	61596126	22594693	21940618	142962	50929837	72699265	64706998
2679645	5128	24187551	1884678	1508781	118129	11529741	15711049	13695620
1666186	1159	28661340	8416719	8359495	34626	26803214	44664961	42096554
5887546	445771	67434607	15359356	11941723	762186	23236437	28540863	23079255
462087	1271	3984190	2232765	2202543	13496	3019777	4275262	3313248
2115478	5098	13028152	1251144	1203677	23314	18047391	33480696	31850506
2311787	15932	13355022	769545	408619	254776	10783219	12846604	10918004
3636585	41853	25298011	4404221	4319584	14737	16917696	20234617	16690762
4009026	22694	21870962	2120821	1778530	262711	13439486	15469092	13738557
2532605	39946	15721714	774229	647341	86644	9824188	11103547	8813122
957474	1645	6416544	507340	483096	15377	4855414	6232850	5161321
856140	3656	4508204	131737	47906	68714	3652573	4241435	3736740
703573	2455	5287838	453793	380811	58868	3983288	4391198	3735750
297065	64532	1351506	85356	70926	8924	1059021	1086267	966263
3044462	8261	31598028	7247008	7212428	21203	23638142	19641075	16275913
3711		5257				105	119	119

1-11 续表 2

	累计折旧	本年折旧	在建工程	固定资产净值年平均余额	无形资产	资产总计	流动负债合计
总　计	**145581068**	**23198966**	**58408198**	**257502649**	**20591389**	**1345185893**	**346112180**
一、按登记注册类型分							
内资	112885832	17851127	42942665	207364649	15395296	1120975347	245763115
国有	18790152	3304700	13636691	41976313	697682	543912991	48600463
集体	3723602	433786	1012955	6032604	475996	23050875	14014234
股份合作	1276169	204296	328589	2560402	460810	9832077	5331169
国有联营	217619	24934	51639	301948	20145	1004563	442928
集体联营	30632	1991	13408	53593	932	268849	175596
国有与集体联营	448763	27623	96235	1052219	18115	2992071	1296225
其他联营	17855	3187	38325	33608	6915	196984	74729
国有独资公司	39905760	5776300	13193875	68817642	1766646	220496199	44925994
其他有限责任公司	23394307	4401537	7717857	47786552	6302066	152176236	61823783
股份有限公司	20969253	2537940	3901304	24533771	2301627	103647221	37595654
私营独资	143306	35113	29708	462000	7695	1387877	714950
私营合伙	56323	11095	3516	134636	6011	504545	246698
私营有限责任公司	3394568	931287	2674157	11869439	2914747	55592937	27897603
私营股份有限公司	503685	155397	236464	1726806	413325	5729001	2433282
其他	13838	1941	7942	23116	2584	182921	189807
港澳台商投资	7890372	1061674	1303849	13664582	891822	49468493	24715740
与港澳台商合资经营	6113375	753423	841586	10863380	570975	26622490	11885447
与港澳台商合作经营	146646	28405	29897	294509	87074	1201082	606919
港澳台商独资	1050599	229442	411425	1953852	126442	16571351	10001517
港澳台商投资股份有限公司	579752	50404	20941	552841	107331	5073570	2221857
外商投资	24804864	4286165	14161684	36473418	4304271	174742053	75633325
中外合资经营	16453768	2497995	7920678	19867896	2688949	94659618	47816457
中外合作经营	777639	141365	257168	1172378	134067	4049905	1917751
外资企业	5511184	1300978	5231431	11449790	1076710	47574457	23352061
外商投资股份有限公司	2062273	345827	752407	3983354	404545	28458073	2547056
二、按隶属关系分							
中央	54287830	9976284	16854486	97242632	2777698	698645849	65457576
地方	66817268	7880809	21972411	102493283	6329646	335499451	139108081
其他	24475970	5341873	19581301	57766734	11484045	311040593	141546523

计量单位：千元

		长期负债				所有者权益		
#短期借款	应付账款	合　计	#长期借款	应付债券	负债合计	合　计	#实收资本	国家资本
84343941	**96324290**	**123666967**	**63109202**	**10168878**	**469781339**	**875404554**	**532898546**	**266267645**
61044065	57645035	105687121	47712111	8851418	351452428	769522919	448136365	261904171
12326192	7097798	51910329	14396183	6481181	100510792	443402199	232065733	221008832
3434649	3410422	1759472	1368918	10930	15773706	7277169	5326304	41140
1128701	1807656	405809	251378	11041	5736978	4095099	3022594	19627
167669	50662	239838	180063		682766	321797	318364	166188
32690	38940	6394	6135		181990	86859	77041	
145154	219287	259177	246967		1555402	1436669	1006150	46167
22506	11663	5158	5158		79887	117097	114164	45070
13836174	8769445	25737210	19447836	2011391	70665396	149830803	107310493	33723531
9899102	16389933	16190955	5970188	196909	78014738	74161498	52039046	4710384
13724836	10142970	6550695	4039401	127739	44146349	59500872	24845028	2121824
187280	242877	47052	40117	273	762002	625875	475328	135
41934	85075	20023	6064	1274	266721	237824	197884	729
5519722	8533753	2303918	1624797	9864	30201521	25391416	19405712	8693
471815	807924	229436	125605	816	2662718	3066283	1893873	11151
105641	36630	21655	3301		211462	-28541	38651	700
4096344	8547121	6572079	6269000	1920	31287819	18180674	14545298	839873
3000484	3737449	6155887	5969375		18041334	8581156	10371026	780643
124604	274975	14468	14468		621387	579695	385257	
415175	4150753	286397	247357	1920	10287914	6283437	2975246	
556081	383944	115327	37800		2337184	2736386	813769	59230
19203532	30132134	11407767	9128091	1315540	87041092	87700961	70216883	3523601
12189625	18395411	2862258	2315361	69	50678715	43980903	37218888	2589560
328991	814028	116950	94060	6082	2034701	2015204	1981189	99293
6114562	10518925	3183595	2928819	33477	26535656	21038801	22370383	
570354	403770	5244964	3789851	1275912	7792020	20666053	8646423	834748
11702514	14226501	74912241	30562530	6253759	140372009	558273840	316943026	232872200
39522655	35071033	31793538	20917033	2253132	170901619	164597832	103073590	31091022
33118772	47026756	16961188	11629639	1661987	158507711	152532882	112881930	2304423

1-11 续表 3

	累计折旧	本年折旧	在建工程	固定资产净值年平均余额	无形资产	资产总计	流动负债合计
三、按控股情况分							
国有绝对控股	104535586	15524532	35762615	176773100	7574597	966472850	160235856
国有相对控股	8074294	1104540	6803828	10726850	1215640	68547896	29328350
其他	32847339	6544739	15700529	69601531	11801152	309244193	156190301
四、按企业规模分							
大型企业	74911099	10890520	15866811	109650640	3645041	313418592	96800066
中型企业	40724116	6878901	21916997	78393893	5284064	654530128	93685965
小型企业	29945853	5429545	20624390	69458116	11662284	377237173	155626149
五、按轻重工业分							
轻工业	28492789	4539938	9280511	54916740	6433705	184918952	80406016
重工业	117088279	18659028	49127687	202585909	14157684	1160266941	265706164
六、按地区分							
东城区	793434	126719	1255393	1487816	137955	12470689	4129944
西城区	18766396	4509217	12296060	50835600	256224	531913900	20665814
崇文区	1223521	252886	3683161	6469624	572554	20747490	4311215
宣武区	12120396	2868694	2790010	24945054	460671	114310899	15499354
朝阳区	27214483	3529145	5171047	42712749	3188731	142231507	57342738
丰台区	6286351	802232	1909996	8921848	1181565	41243464	20301795
石景山区	23966889	1933291	5900850	20985711	1010722	68111393	29904127
海淀区	9969734	1688402	4354766	18117094	3752659	115743869	55465390
门头沟区	1416074	195605	140300	2640907	373820	9954875	3506587
房山区	16353074	1734493	901037	17335270	1084631	36000737	13546979
通州区	3378599	746461	1231512	9072904	942789	27131932	13278869
顺义区	5785206	1165084	2452052	13083716	1093703	50877154	24948597
昌平区	4696904	842077	2551728	10247338	2272556	41536249	21023406
大兴区	2987881	585624	1490032	7986422	942580	29126424	16007001
怀柔区	1891630	336196	477091	4228353	748338	12987243	7279927
平谷区	1089375	258032	484773	3085500	256091	8989185	5019644
密云县	1171139	213144	725779	3243378	565536	10906433	5687088
延庆县	377715	63116	343632	710746	121527	2758892	1724466
北京经济技术开发区	6092253	1348537	10248979	11392430	1628737	68136326	26462288
外埠	14	11		189		7232	6951

计量单位：千元

		长期负债			负债合计	所有者权益		
#短期借款	应付账款	合　　计	#长期借款	应付债券		合　　计	#实收资本	国家资本
41264786	32821845	104015379	48526541	10077253	264253427	702219423	396687392	263345301
9318511	8485594	3689303	2331769	2924	33017653	35530243	22581007	1426929
33740299	54818912	15936564	12234911	88701	172126865	137117328	113342989	1351828
21388822	28554087	32766574	19868802	2643489	129566640	183851952	112046699	19814781
30071793	24762340	61962445	25385409	5555677	155650602	498879526	267014888	213297790
32883326	43007863	28937948	17854991	1969712	184564097	192673076	153836959	33155074
22343927	19001361	11872632	7578577	652434	92278648	92640304	71330514	11574799
62000014	77322929	111794335	55530625	9516444	377502691	782764250	461568032	254692846
456421	801707	385398	298420	310	4515342	7955347	3915671	333925
5891339	3231297	51176471	13124153	5847497	71842285	460071615	242227774	232101095
1023059	771602	3977888	898279	501	8291295	12456195	6341637	4826916
460150	3971460	18375580	12496784	1687912	33874934	80435965	63130020	846182
16479897	13044009	16048019	13229588	9387	73390757	68840750	44906086	9816888
3401577	5970500	3422551	2292665	4164	23724346	17519118	14999526	1629841
10289586	6004631	7599602	5183646	1599961	37503729	30607664	16335643	6514464
13002991	15117080	6502498	4821356	136134	61967888	53775981	34652347	3752665
758158	931867	886790	398824	267	4393377	5561498	3561507	1751917
2910555	3772922	2082512	1643780	3152	15629491	20371246	9894713	298461
3171938	4073754	1742549	1159139	39261	15021418	12110514	9856517	321846
5457068	11254200	2600945	1488348	628596	27549542	23327612	15142774	822020
3642687	7996048	2168709	1473520	9557	23192115	18344134	14399361	877036
3893306	3960618	1639595	1119338	2107	17646596	11479828	10510998	486962
2941421	1551281	938752	797237	6271	8218679	4768564	4857403	439188
1353377	1777360	767137	646588	2096	5786781	3202404	3028316	64589
1265867	1870728	828624	467155	189242	6515712	4390721	3946672	465660
373454	443416	101076	69783	50	1825542	933350	897339	117373
7571090	9773382	2422271	1500599	2413	28884559	39251767	30293742	800617
	6428				6951	281	500	

1-11 续表 4

	集体资本	法人资本	#国家法人	集体法人	个人资本	港澳台资本	外商资本
总　　计	**7652017**	**167080499**	**132571378**	**13063825**	**32871484**	**10661243**	**48365658**
一、按登记注册类型分							
内资	6785323	144197217	118931731	10676553	31486073	1808618	1954963
国有	117869	10726933	10386828	2800	209766	1349	984
集体	4185728	1015583	31155	678488	83853		
股份合作	392300	639440	20842	248126	1967333	3404	490
国有联营	21907	130249	126121	4128	20		
集体联营	32952	43989	40	43579	100		
国有与集体联营	125210	834773	727767	84361			
其他联营	2042	59340	56430	1402	7712		
国有独资公司	1200	73231139	73211999	18640	354623		
其他有限责任公司	1649191	37186597	22224537	6946113	8346405	52897	93572
股份有限公司	186518	15451000	12093775	1102953	3610014	1682336	1793336
私营独资	2874	75333		18112	396017	332	637
私营合伙	1294	32566	25	7636	162995	300	
私营有限责任公司	44505	4272243	47597	1333051	14966456	51077	62738
私营股份有限公司	15949	491008	3245	186016	1372065	3200	500
其他	5784	7024	1370	1148	8714	13723	2706
港澳台商投资	239182	4220730	2623043	735867	633039	8545724	66750
与港澳台商合资经营	230194	3885194	2374197	705824	426246	4981999	66750
与港澳台商合作经营	8988	40503	23918	7543	2849	332917	
港澳台商独资						2975246	
港澳台商投资股份有限公司		295033	224928	22500	203944	255562	
外商投资	627512	18662552	11016604	1651405	752372	306901	46343945
中外合资经营	544908	14340051	7136499	1544603	579229	300265	18864875
中外合作经营	61604	263608	23002	98022	20658	6636	1529390
外资企业					1245		22369138
外商投资股份有限公司	21000	4058893	3857103	8780	151240		3580542
二、按隶属关系分							
中央	153848	79027849	78320355	330055	530828	639471	3718830
地方	5143012	48626453	40313340	2732582	4125883	2119716	11967504
其他	2355157	39426197	13937683	10001188	28214773	7902056	32679324

计量单位：千元

主营业务收入	直接出口产品销售收入	主营业务成本	营业费用	主营业务税金及附加	其他业务收入	其他业务利润	管理费用	#税金
622530749	**66437521**	**524453786**	**25852286**	**4885413**	**18366358**	**4295393**	**40666256**	**855236**
395545721	10577779	337534055	12795015	3644877	14960647	3375206	28436735	619473
41815616	495797	34180652	1418618	1018318	3961188	1264798	5920566	117899
13740819	244935	11641921	467037	81497	540838	282420	1439767	39312
7892211	390173	6740099	362921	34360	150862	58983	675067	18640
318828	32433	170094	59452	2110	30350	19429	73988	1911
66484	92	44163	2045	822	406	395	9690	419
695336	9222	621509	23705	2461	66647	41480	151636	6511
48035	43	38845	1793	332	1286	1113	7926	161
95422848	2275020	85663538	742988	398468	2843188	267755	4394537	142914
88099458	1906095	74706313	3622329	503473	3965451	949335	6662900	125584
103356361	3395519	87641392	3478568	1388321	2449514	191796	4946898	92490
1396222	5304	1191130	54945	10864	17679	3884	83833	3730
512593	8966	437165	24465	1977	2736	2236	40503	841
39051761	1620716	31926488	2341744	185987	864660	273756	3726161	63710
3081206	193464	2489518	191616	15628	64085	18847	295182	5288
47943		41228	2789	259	1757	-1021	8081	63
53686930	6290153	44913631	4086907	29692	1129184	206527	2445008	44951
21016134	5029682	17494444	1204121	20405	571949	108441	1283983	28779
1430908	299138	925220	355660	2177	848	132	125591	1652
28588081	816036	24128895	2458679	5155	150251	80159	863326	10028
2651807	145297	2365072	68447	1955	406136	17795	172108	4492
173298098	49569589	142006100	8970364	1210844	2276527	713660	9784513	190812
121287917	36004978	100539604	5183656	1167950	1273896	365048	5989674	118839
3320103	435339	2206624	583043	97	242034	21301	311943	6416
44569478	12928512	36332359	2977443	30016	664082	294519	3181694	58639
4120600	200760	2927513	226222	12781	96515	32792	301202	6918
167222190	4634446	146858785	2108966	1929461	3034154	725098	7154425	142130
223988247	28195051	188068708	8764676	2345938	10432947	2083256	16459311	426494
231320312	33608024	189526293	14978644	610014	4899257	1487039	17052520	286612

1-11 续表 5

	集体资本	法人资本	#国家法人	集体法人	个人资本	港澳台资本	外商资本
三、按控股情况分							
国有绝对控股	167391	124213958	122375111	564608	2662886	1143612	5154244
国有相对控股	617123	10974567	4521037	1021742	1633181	1291076	6638131
其他	6776941	31838965	5622336	11477475	28575417	8226555	36573283
四、按企业规模分							
大型企业	267	85344832	84044900	5408	1516800	405835	4964184
中型企业	695346	28561172	20628481	1342248	4215289	2499747	17745544
小型企业	6956404	53174495	27897997	11716169	27139395	7755661	25655930
五、按轻重工业分							
轻工业	2911685	25527126	13049999	5115721	12055357	3877661	15383886
重工业	4740332	141553373	119521379	7948104	20816127	6783582	32981772
六、按地区分							
东城区	90900	2721365	2549011	148154	127839	267782	373860
西城区	91109	9406265	9193866	65748	395845	116775	116685
崇文区	57519	856345	689347	131841	271223	50848	278786
宣武区	125115	59877327	59640872	93849	153985	84171	2043240
朝阳区	1086602	21440558	17582906	1468790	3902736	1699987	6959315
丰台区	1013809	7681691	4422461	683165	2201047	607393	1865745
石景山区	118575	6950142	6713442	193872	926872	71268	1754322
海淀区	1051773	16500189	8752292	4048307	7640536	1276670	4430514
门头沟区	266324	1008312	641083	78915	292855	66468	175631
房山区	636118	5881019	5192383	371909	1401947	161924	1515244
通州区	471050	4030732	1875561	897871	2486013	308516	2238360
顺义区	847294	5987353	3495775	721619	1757229	661547	5067331
昌平区	588563	7672143	4864561	1335618	2957237	680914	1623468
大兴区	413829	3214878	1313992	901903	3879408	655663	1860258
怀柔区	186950	1115919	336676	267008	1002168	476341	1636837
平谷区	252657	590293	54455	176002	880653	105038	1135086
密云县	153063	1456541	292188	474348	948143	401269	521996
延庆县	45967	396364	37778	60337	307953	7527	22155
北京经济技术开发区	154800	10292663	4922329	944569	1337695	2961142	14746825
外埠		400	400		100		

计量单位：千元

主营业务收入	直接出口产品销售收入	主营业务成本	营业费用	主营业务税金及附加	其他业务收入	其他业务利润	管理费用	#税金
295315283	6076760	254783562	6674974	3296082	12186949	2342276	18434157	442425
57469138	8454068	46740773	2754926	814425	899904	241960	3217354	61600
269371107	51906693	222577234	16410781	774221	5278345	1710384	18972455	350939
273640641	21084547	240311535	5678644	2880747	6538885	423463	9297570	253755
156429265	31743364	125895750	9474584	1333169	4140673	1189018	12360502	236918
192460843	13609610	158246501	10699058	671497	7686800	2682912	19008184	364563
112134945	14403043	84586527	10944849	1607463	4216446	1315625	11779531	255283
510395804	52034478	439867259	14907437	3277950	14149912	2979768	28886725	599953
15397421	3409483	13482308	567512	7646	182795	101927	673111	7418
32912959	162874	31079277	164167	165233	812481	236748	994172	36019
3981868	195327	2631175	509515	26818	107196	66829	604059	14708
42854115	59415	40177147	280021	151463	362087	202992	749784	14236
78753778	7598887	63730087	3986720	1055311	3800567	1130835	7992416	182646
27346196	998739	22349451	1334807	81291	914073	273223	2875210	48368
46057081	3031325	38284657	540388	237809	2507314	109565	3667156	98957
81221753	5824704	66693173	5746600	298024	2812356	991660	6540081	99617
4714641	828582	3404445	344511	29313	191549	-5696	722351	11569
53150434	371559	44706520	790844	970007	898312	37745	2063405	55790
20502431	2041564	17670154	802627	58734	518791	103577	1529617	41044
64808705	17498558	55636627	2258016	1066244	1081923	207880	2556527	56135
51023148	1330683	44464917	2287812	159615	2019582	287511	2623239	51007
19651949	1451017	16168340	1326811	75438	561990	180326	1779458	39505
10480351	533522	7548109	1341594	199484	163284	19703	947959	13807
6781962	634053	5721081	325727	26796	151818	27217	470308	11196
7681345	723094	6333876	435841	81188	528343	68097	645076	11848
1672482	157870	1381900	77582	9591	18491	4840	151423	3715
53529763	19586265	42982446	2731191	185401	732593	250301	3080529	57649
8367		8096		7	813	113	375	2

1-11 续表 6

	财产保险费	差旅费	工会经费	办公费	职工教育费	排污费	财务费用
总　计	**378721**	**1220873**	**352557**	**1799469**	**334690**	**86102**	**6197598**
一、按登记注册类型分							
内资	286455	778963	266493	1231964	220826	66391	4591997
国有	32004	83920	59821	154804	46510	16725	1113165
集体	12150	39623	8338	88272	9022	3978	156963
股份合作	6550	32916	4141	62397	4318	1406	62314
国有联营	613	927	694	1549	385	16	590
集体联营	52	284	12	347	11	30	1928
国有与集体联营	1663	2324	1146	4321	942	373	8097
其他联营	27	109	49	541	35	2	987
国有独资公司	18479	40810	52343	75543	46090	15506	1325317
其他有限责任公司	32923	222404	63575	358811	47474	12588	857386
股份有限公司	151988	94953	60106	121019	44738	11441	765130
私营独资	1201	6968	528	9143	298	122	6686
私营合伙	158	2298	116	3799	89	18	724
私营有限责任公司	24741	235728	13914	330298	19118	3823	251126
私营股份有限公司	3845	15434	1705	20635	1734	348	30108
其他	61	265	5	485	62	15	11476
港澳台商投资	15528	99280	19925	171205	15911	4587	467576
与港澳台商合资经营	9728	40432	10272	116574	10199	3192	432081
与港澳台商合作经营	1280	9667	173	4707	301	75	12033
港澳台商独资	3497	43373	6679	41389	4008	378	15423
港澳台商投资股份有限公司	1023	5808	2801	8535	1403	942	8039
外商投资	76738	342630	66139	396300	97953	15124	1138025
中外合资经营	37643	195605	49194	196197	80815	10858	629566
中外合作经营	2610	14776	2097	11235	2087	229	53583
外资企业	34021	127210	10855	181995	12390	1436	316844
外商投资股份有限公司	2464	5039	3993	6873	2661	2601	138032
二、按隶属关系分							
中央	102996	123121	78400	167861	62965	21304	2001799
地方	155114	315794	176730	516396	183918	47153	2530208
其他	120611	781958	97427	1115212	87807	17645	1665591

计量单位：千元

利息支出（净额）	营业利润	投资收益	补贴收入	营业外收入	营业外支出	利润总额	应交所得税	可供分配利润
5340625	**24769424**	**11733179**	**2518132**	**3431517**	**3190966**	**38984655**	**6794106**	**43325880**
4164782	11916869	10181981	2353041	2715152	2436476	24519467	5186818	25108661
1029739	-570905	5970320	614710	1213167	1114966	6145586	639892	5852074
121265	236054	93092	98483	136925	97718	493279	185830	253184
49496	76433	6016	77195	31465	22990	166106	61717	168889
513	32023	-432	805	5392	3096	34705	14307	27267
1919	8231		1842	876	380	10950	4364	9277
6614	-70592	61464	1341	35994	4506	25522	1842	129421
986	-735			52	10	-692	442	2387
1263359	3165755	1838349	739040	531711	614106	5635423	1055416	3545383
769425	2696392	554408	469163	518042	233327	3850240	836806	4115271
679615	5326469	1494223	189605	119411	263069	6850798	2047825	9490471
5247	52648	21	6083	771	989	57145	11047	70638
-2	9995	59	687	1546	498	11231	2942	13173
198190	894011	163774	144321	115974	77580	1159997	296713	1328986
26956	78001	687	9720	3730	3145	96113	27401	163317
11460	-16911		46	96	96	-16936	274	-61077
408527	1950643	202558	55729	173658	131547	2256785	263796	4502659
391297	689541	24377	24604	78364	73221	745446	122675	661574
4474	10359		5538	2359	3430	14849	7947	28692
5264	1196762	56031	25587	89860	51903	1320066	124122	3265814
7492	53981	122150		3075	2993	176424	9052	546579
767316	10901912	1348640	109362	542707	622943	12208403	1343492	13714560
436134	8142515	67152	85189	318582	472061	8201388	1018499	9568112
26633	186114	4539	1840	13653	28898	161045	28280	126943
185418	2025641	7894	22333	201865	96702	2143629	185318	2257440
119131	547642	1269055		8607	25282	1702341	111395	1762065
1874140	7893852	7983414	241929	533722	912318	15700643	2793379	14027373
2241806	7901283	1679701	1592387	2064321	1552677	11681986	2318867	13328684
1224679	8974289	2070064	683816	833474	725971	11602026	1681860	15969823

1-11 续表 7

	财产保险费	差旅费	工会经费	办公费	职工教育费	排污费	财务费用
三、按控股情况分							
国有绝对控股	217383	270132	209425	447741	162627	49973	3892669
国有相对控股	17830	68014	31404	150240	19022	10601	412349
其他	143458	882263	111306	1200724	152670	25058	1892261
四、按企业规模分							
大型企业	175145	96619	121143	140018	85116	22414	1922048
中型企业	73045	319255	113376	388958	141042	32379	2457133
小型企业	130531	804999	118038	1270493	108532	31309	1818417
五、按轻重工业分							
轻工业	88685	365103	88292	610310	69991	27446	1137507
重工业	290036	855770	264265	1189159	264699	58656	5060091
六、按地区分							
东城区	2593	16659	7059	30470	4312	308	20979
西城区	4161	14453	8029	32560	7517	1403	901350
崇文区	2760	16701	5231	18542	2921	515	37583
宣武区	3755	22671	6277	25529	4587	454	401882
朝阳区	51770	241200	65272	302147	111089	14462	1408118
丰台区	21053	86743	26483	147247	21085	5798	223715
石景山区	7638	48857	45190	71451	33865	14831	784013
海淀区	26655	230903	55812	344145	45417	10538	683196
门头沟区	2195	12507	9273	26633	6853	2224	41498
房山区	79548	35538	23732	57155	17995	8738	292881
通州区	15088	63329	11740	108947	10947	2473	177146
顺义区	17563	75582	21909	92276	9558	5643	233602
昌平区	83621	82137	22599	113544	20217	2610	140015
大兴区	11627	75405	8629	124185	9693	5607	221187
怀柔区	16310	44958	4331	57109	3697	1435	153240
平谷区	3336	25691	1936	24333	2913	3465	91689
密云县	3272	43851	5203	28538	4435	1093	77478
延庆县	1078	8611	1113	10426	894	917	26703
北京经济技术开发区	24698	75047	22705	184213	16670	3588	281323
外埠		30	34	19	25		

计量单位：千元

利息支出（净额）	营业利润	投资收益	补贴收入	营业外收入	营业外支出	利润总额	应交所得税	可供分配利润
3643469	10574736	10123348	1643924	2369167	2201224	22516180	4238175	21642685
328324	3771271	948116	111468	119921	220619	4698345	382735	6636255
1369031	10454539	661913	762740	942168	768834	11798662	2172645	15046460
1766626	13973560	1736724	734244	579854	914764	16130179	3441430	14971877
2144284	6095766	7691070	890373	1320796	1059012	14727283	1492778	15910108
1429715	4700098	2305385	893515	1530867	1217190	8127193	1859898	12443895
899444	3394693	958261	642599	1133375	759761	5278739	1238523	8988733
4441181	21374731	10774918	1875533	2298142	2431205	33705916	5555583	34337147
14657	747792	34316	7048	90737	72248	806840	114757	2977928
874399	-154492	6021167	307932	228752	278179	6136406	363986	6309259
35341	239547	421665	16152	52833	59373	676188	82965	1524956
374633	1296810	1961658	52977	52017	201688	3185687	352397	2460320
1270245	1710582	1717605	625279	1080998	728625	4430702	965062	4130761
178332	754945	144535	144681	360029	272775	1057228	212276	116785
738763	2652623	-421083	22645	270283	241050	2189959	733905	1467910
541584	2252339	979767	505531	334870	294599	3651833	600399	5921069
34808	166827	183363	182753	24430	21819	531828	143293	605300
263722	4364522	167317	127382	78520	250607	4486895	1508336	3114704
117656	367730	30451	58265	162136	130227	500320	146489	599971
148555	3265569	116740	68674	151165	166126	3434188	323559	4189136
126859	1635061	15968	151750	116912	81721	1817246	321558	2157084
192617	261041	34524	55154	153950	97493	412405	157701	676957
129874	309668	49230	49396	125554	62270	439207	112140	-296181
80463	173578	1628	35626	35681	9309	240959	38206	246866
59808	175983	54544	44435	13455	22016	260739	132666	423347
23187	30123	2951	15191	1628	2673	49170	18119	568
135122	4519174	216833	47261	97567	197926	4677095	466292	6699140
	2				242	-240		

1-11 续表 8

	广告费	劳动、失业保险费	养老保险和医疗保险	住房公积金和住房补贴	本年应付工资总额(贷方累计发生额)	主营业务应付工资总额	本年应付福利费总额(贷方累计发生额)	主营业务应付福利费总额
总计	**2934341**	**1567667**	**4428303**	**1724565**	**34401982**	**32264639**	**4316219**	**3945558**
一、按登记注册类型分								
内资	1109139	1431225	3269195	1316160	25197441	23542819	3060527	2768795
国有	179961	550722	961375	428436	4446111	4087834	644934	564326
集体	6100	26022	103383	18731	1692584	1608933	176661	156771
股份合作	21071	5858	43048	4945	824292	784121	83317	72628
国有联营	238	680	5520	1274	40060	38329	5457	5211
集体联营	36	12	266	13	8709	8317	597	547
国有与集体联营	1263	13885	17543	5714	100031	95689	12671	11926
其他联营		308	354	50	6745	6745	725	725
国有独资公司	20084	454239	704542	369449	4612766	4359838	457980	419397
其他有限责任公司	265286	178572	733708	278363	5918644	5501997	765264	705031
股份有限公司	472012	170948	550147	193509	3697851	3416707	506553	466534
私营独资	426	100	2239	31	180648	174968	10385	9310
私营合伙	648	107	1147	118	65003	62849	4600	3891
私营有限责任公司	137418	28623	135077	14702	3324446	3133013	362580	327610
私营股份有限公司	4543	1068	10644	543	270929	255158	28412	24514
其他	53	81	202	282	8622	8321	391	374
港澳台商投资	323846	26519	269220	89460	2235701	2165166	296051	290417
与港澳台商合资经营	254287	12941	135493	40231	1070859	1024594	152497	147756
与港澳台商合作经营	228	508	2944	261	123603	123392	14467	14467
港澳台商独资	66481	7130	108195	41756	892792	868733	114065	113172
港澳台商投资股份有限公司	2850	5940	22588	7212	148447	148447	15022	15022
外商投资	1501356	109923	889888	318945	6968840	6556654	959641	886346
中外合资经营	904649	52920	544426	195739	4100710	3946506	574995	545542
中外合作经营	189475	7236	30616	11903	274806	268367	40394	39933
外资企业	392165	21136	257598	93266	2236831	1992712	295986	257292
外商投资股份有限公司	15067	28631	57248	18037	356493	349069	48266	43579
二、按隶属关系分								
中央	101679	592155	1160571	565016	7613342	6937587	951974	833308
地方	1300361	773162	2056129	822310	12933282	12364385	1747165	1644075
其他	1532301	202350	1211603	337239	13855358	12962667	1617080	1468175

计量单位：千元

本年应交增值税(不含期初未抵扣税)	本年进项税额	本年销项税额	本年实缴关税	工业中间投入合计	工业增加值	经营活动产生的现金流量净额	投资活动产生的现金流量净额	筹资活动产生的现金流量净额	全部从业人员平均人数(人)
19904254	**79766121**	**95618152**	**3144212**	**458395424**	**159619814**	**62683852**	**-55964283**	**19897931**	**1580833**
13847553	54141911	66643087	392761	273443742	109281599	44102706	-37123301	14885027	1282044
2004802	4121003	5998530	70126	26437896	12708142	3398752	-6328225	3915013	171451
613893	1339313	1897649	17295	10333112	4255472	1647684	-165229	206583	156203
317026	1010066	1296299	8950	6329839	2237316	613883	-48492	75774	82083
24120	27401	47470		173225	170654	31282	-51537	11747	1433
4709	5067	9228	37	39649	35305	10026	172	13264	1020
25047	75102	96956	486	281329	165438	9395	6043	-22902	7094
2929	5010	7877		36749	5936	802	-322	-308	545
3237699	16011328	19136250	10318	49704610	31099246	15235530	-16656392	5096656	112333
3306301	10585784	13483668	183704	66970135	23765807	11994027	-6544777	1466789	282109
2909249	15914334	18477467	16203	80069429	21533788	7381820	-6950829	1801175	134264
38555	217114	247827	2834	1135062	339498	127674	-5734	6302	23268
15038	55482	68050	478	383045	146615	42764	13181	16562	6556
1259422	4437619	5477038	78195	29160429	11574206	3461319	-363930	2023280	280142
86373	333359	393128	4120	2346278	1237112	136955	-27216	274637	22537
2390	3929	5650	15	42955	7064	10793	-14	455	1006
1764483	6559769	8030768	193762	43235585	10411913	3645645	-1767988	-2696	83465
755198	2117808	2652933	109480	16689496	4717196	1738681	-661397	-465516	50948
78533	118944	178640	31217	1374279	344184	55998	-57093	-30993	4168
842709	3874367	4663516	52921	24346863	5070444	2031362	-1091768	211185	23011
88043	448650	535679	144	824947	280089	-180396	42270	282628	5338
4292218	19064441	20944297	2557689	141716097	39926302	14935501	-17072994	5015600	215324
2879184	13464980	14493671	1636868	99577384	27691484	12945493	-8837095	2686033	124356
177490	370538	513637	27796	2604194	932789	295180	-306015	-11437	8282
935651	4879314	5442339	857983	36552824	9692070	1177554	-1979864	2644667	72577
299893	349609	494650	35042	2981695	1609959	517274	-5950020	-303663	10109
6002879	20948620	26330604	105044	109149662	38718304	22711734	-23336709	2845072	172592
7112210	31583453	37492877	1490470	170349221	63047255	21107383	-14141317	3614005	613148
6789165	27234048	31794671	1548698	178896541	57854255	18864735	-18486257	13438854	795093

1-11 续表 9

	广告费	劳动、失业保险费	养老保险和医疗保险	住房公积金和住房补贴	本年应付工资总额（贷方累计发生额）	主营业务应付工资总额	本年应付福利费总额（贷方累计发生额）	主营业务应付福利费总额
三、按控股情况分								
国有绝对控股	884101	1314222	2762733	1259680	15900597	14851150	2085344	1905085
国有相对控股	408229	57772	291596	99637	2042144	1891214	290596	267354
其他	1642011	194886	1361410	359702	16414536	15479253	1935180	1768202
四、按企业规模分								
大型企业	922958	600182	1471737	673867	9840983	9402689	1236967	1162856
中型企业	1336709	592350	1520058	566764	9194522	8589728	1391292	1276557
小型企业	674674	375135	1436508	483934	15366477	14272222	1687960	1506145
五、按轻重工业分								
轻工业	1678838	356166	1167526	352514	9715025	9094596	1181251	1065620
重工业	1255503	1211501	3260777	1372051	24686957	23170043	3134968	2879938
六、按地区分								
东城区	35735	27238	74526	55165	466714	444224	88818	85537
西城区	7917	73764	263611	189297	1827827	1640700	236017	221485
崇文区	102795	62575	104091	32951	416121	393196	63892	60235
宣武区	23800	177199	230167	120026	1997646	1937343	151559	139619
朝阳区	359200	263448	902620	350942	5621945	5375497	799125	767250
丰台区	36257	181513	368842	93643	2338884	2209324	296100	243214
石景山区	13235	163311	500768	272161	2875539	2807022	351353	335977
海淀区	266365	195029	586322	187758	4921889	4623717	600385	536874
门头沟区	2278	110678	107195	34896	635893	514129	76354	59378
房山区	93004	103652	223911	62423	1834279	1555081	223107	185225
通州区	36562	35940	113866	26889	1573946	1451344	158156	139852
顺义区	506091	19820	180311	44700	2063153	1969819	264232	242723
昌平区	299503	72480	191914	80581	2055265	1961337	261626	243919
大兴区	192515	22823	119899	27361	1568441	1494552	174294	167934
怀柔区	378048	6439	55219	18607	717479	597711	70975	60288
平谷区	33906	2990	27835	2278	602411	571671	41780	37963
密云县	25786	6629	46142	4884	707564	687513	71747	69895
延庆县	3664	1585	14287	3808	163787	156713	18334	17223
北京经济技术开发区	517680	40438	316628	116187	2009317	1870499	368125	330794
外埠		116	149	8	3882	3247	240	173

计量单位：千元

本年应交增值税（不含期初未抵扣税）	本年进项税额	本年销项税额	本年实缴关税	工业中间投入合计	工业增加值	经营活动产生的现金流量净额	投资活动产生的现金流量净额	筹资活动产生的现金流量净额	全部从业人员平均人数（人）
10499386	43014568	52768911	575969	198509857	79809652	34132825	-38354929	7432061	497452
1712361	7003884	8114749	683111	44015146	14570485	5485145	-9908222	6608812	70479
7686623	29742799	34723836	1885132	215624888	65154823	23058024	-7699033	5855581	1011035
7959797	41019574	48447501	1056547	196285873	65139457	32046067	-21294588	-1442490	250413
5596446	16595926	20049262	887495	119207232	41999689	12692267	-18724895	11323250	323778
6348011	22150621	27121389	1200170	142902319	52480668	17945518	-15944800	10017171	1006642
4946294	11845987	15683131	536023	82669985	36052482	10011318	-3555197	3167002	602857
14957960	67920134	79935021	2608189	375725439	123567332	52672534	-52409086	16730929	977976
306431	1747686	1883575	7943	10951018	2983917	1007781	-266898	-178699	14704
1817537	3582145	5412500	4206	22367170	9638503	8016948	-12773450	5659631	36743
272885	395801	644161	27995	2472457	1474385	526108	-543332	168911	15550
1324688	5807631	7127545	4730	13438387	7959233	7962050	-14616430	732918	32976
2718645	8893651	11113858	624687	56920016	19159600	7257875	-6155804	1121906	215933
929094	3112911	3704931	110755	19454711	8034563	1366535	-1169528	1846900	121849
1974178	9729614	11419268	26865	34136501	23693966	7242832	-3870615	530428	88563
2321913	10005056	11999736	229435	59673395	20029473	5553894	-3819875	2332278	185178
240965	394836	588533	7444	2885528	1944983	968185	-45926	-101110	39861
1794032	7370584	9010743	19802	42144028	11224604	3554092	-743040	-1579669	99680
521808	2613838	2866857	277041	16010130	5462318	1367308	-844552	926605	126704
1515617	6904480	7978152	895599	56481866	12471979	4373972	-996521	-1192462	133029
978868	8045245	8868965	177493	42985874	8948899	2452847	-2058387	1383758	125467
633852	2425100	2926515	72195	15600570	5215356	1827694	-339065	640834	122682
537363	1088512	1583999	110066	8333783	3215827	631465	-306557	368974	38008
206153	742851	925292	52570	5683391	1789078	496029	-559336	558995	54139
308678	863922	1123745	36004	6063517	2416447	1128179	80897	196926	62187
78930	182341	243921	613	1372893	476962	138910	-46532	-2622	14922
1422479	5858633	6194434	458769	41416979	13472093	6810887	-6889332	6483429	52086
138	1284	1422		3210	7628	261			572

1-12 按行业中类分

	单位数（个）	亏损企业	年初存货	流动资产合计	#短期投资	应收帐款（净额）
总　计	**31671**	**12847**	**90683225**	**402197303**	**4305086**	**85152269**
采矿业	**561**	**107**	**2882536**	**4061329**	**22680**	**1405839**
煤炭开采和洗选业	**174**	**18**	**2687807**	**2208290**	**1976**	**797462**
烟煤和无烟煤的开采洗选	173	18	2687807	2208230	1976	797432
其他煤炭采选	1			60		30
石油和天然气开采业	**12**	**6**	**52003**	**754126**		**329627**
天然原油和天然气开采	3	1	697	17993		5624
与石油和天然气开采有关的服务活动	9	5	51306	736133		324003
黑色金属矿采选业	**20**	**2**	**73575**	**611034**	**20150**	**123352**
铁矿采选	17	2	72772	608323	20150	123209
其他黑色金属矿采选	3		803	2711		143
有色金属矿采选业	**13**	**4**	**1945**	**60023**		**2460**
常用有色金属矿采选	8	3	1842	59135		2046
贵金属矿采选	3			365		28
稀有稀土金属矿采选	2	1	103	523		386
非金属矿采选业	**337**	**75**	**66077**	**426415**	**554**	**152884**
土砂石开采	303	65	61385	324520	537	143772
石棉及其他非金属矿采选	34	10	4692	101895	17	9112
其他采矿业	**5**	**2**	**1129**	**1441**		**54**
其他采矿业	5	2	1129	1441		54
制造业	**30840**	**12619**	**87147210**	**353918440**	**3730658**	**76788951**
农副食品加工业	**871**	**353**	**1454722**	**5650204**	**39142**	**1119299**
谷物磨制	66	20	237623	625680	308	59356
饲料加工	285	107	326321	1715497	34725	355096
植物油加工	26	6	65211	198990		38837
制糖	6	2	6222	38960		3955
屠宰及肉类加工	281	123	575899	1894091	1984	439280
水产品加工	26	11	21170	96971	229	14287
蔬菜、水果和坚果加工	97	45	122865	447600	1107	103577
其他农副食品加工	84	39	99411	632415	789	104911
食品制造业	**1024**	**476**	**1689649**	**7706539**	**75901**	**1604819**
焙烤食品制造	316	138	257495	1669786	708	338289
糖果、巧克力及蜜饯制造	86	31	311544	809806	58	225575
方便食品制造	146	79	151349	582771	479	168668
液体乳及乳制品制造	55	25	240796	1449802	370	356161
罐头制造	20	4	28775	78180		26757
调味品、发酵制品制造	108	49	143776	386343	242	100240
其他食品制造	293	150	555914	2729851	74044	389129
饮料制造业	**410**	**233**	**1821480**	**7014273**	**27826**	**886875**
酒精制造	4	1	9290	66716		10892
酒的制造	88	50	1057278	3329782	5850	280059
软饮料制造	300	173	737529	3557096	21976	584425
精制茶加工	18	9	17383	60679		11499

工业企业主要财务状况

计量单位：千元

存货		一年内到期的长期债权投资	流动资产年平均余额	长期投资			固定资产		
存货	产成品			合计	#长期股权投资	长期债权投资	合计	#固定资产原价	生产经营用
109833238	**39342289**	**724843**	**386503814**	**541768714**	**520730615**	**7657771**	**336111802**	**419906593**	**378410679**
740612	**264396**	**1125**	**3707041**	**192661**	**179569**	**4365**	**2313029**	**3791743**	**3291455**
482412	**163197**	**29**	**1977061**	**131772**	**121932**	**4043**	**983181**	**1598833**	**1228359**
482412	163197	29	1977006	131772	121932	4043	983152	1598803	1228329
			55				29	30	30
73512	**4364**		**810489**	**3419**	**3419**		**802281**	**1273305**	**1273283**
540	329		12114				2986	3294	3294
72972	4035		798375	3419	3419		799295	1270011	1269989
89010	**50220**		**450890**	**10120**	**7620**		**273796**	**532550**	**440071**
87751	49355		448735	10120	7620		273186	531892	439738
1259	865		2155				610	658	333
2905	**316**		**57723**				**1203**	**1670**	**1106**
2542	316		56764				540	801	731
294			415				595	819	325
69			544				68	50	50
91658	**45550**	**1096**	**409478**	**47350**	**46598**	**322**	**251859**	**384474**	**348153**
85920	43456	805	309978	14809	14057	322	245215	374424	339288
5738	2094	291	99500	32541	32541		6644	10050	8865
1115	**749**		**1400**				**709**	**911**	**483**
1115	749		1400				709	911	483
108106820	**39040928**	**723628**	**334588399**	**67978033**	**61960507**	**2020504**	**201287541**	**263519681**	**227979237**
1794299	**626226**	**12344**	**5128624**	**311595**	**250036**	**39627**	**3838041**	**4420011**	**3783743**
309497	47107	52	515992	49014	43647		255386	340275	246647
362129	73655	10954	1562397	86449	55239	21027	473381	641778	527177
56063	45021		198987	6800	1000	5800	111370	185029	91257
14946	2368		35867				6736	9982	5578
685028	307759	1320	1751736	74421	65483	4144	2013108	2129878	1945884
24000	13411		100903	3587	2117		54873	66155	58048
200181	89314	17	395708	34164	25487	8626	488070	464242	388960
142455	47591	1	567034	57160	57063	30	435117	582672	520192
2104967	**856758**	**1825**	**7470938**	**874644**	**761247**	**31254**	**8679399**	**10818921**	**9567074**
337696	70688	4	1535967	34203	25415	3886	1235462	1720170	1556523
376801	168951	364	823981	3180	3171	9	801043	1101187	923207
177760	64491	863	610447	60831	35010	3100	407995	716281	628604
316159	85770	539	1343497	366820	356882	9938	3999392	4310913	3983353
40613	9327		104393	40	40		73626	93129	86315
182298	93088	55	380273	12426	51	620	322030	394901	362156
673640	364443		2672380	397144	340678	13701	1839851	2482340	2026916
2046774	**582622**	**1457**	**7045198**	**4346182**	**4343364**	**436**	**6485942**	**8735192**	**6861474**
8766	1293		63269				44080	81238	74952
1201212	293429		3420889	3667945	3667623		3730092	5352201	4338849
813381	279689	1457	3497557	675358	673293	5	2676921	3261657	2412724
23415	8211		63483	2879	2448	431	34849	40096	34949

1-12 续表 1

	单位数（个）	亏损企业	年初存货	流动资产合计	#短期投资	应收帐款（净额）
烟草制品业	**5**		**412847**	**872021**		**157563**
烟叶复烤	1			41		
卷烟制造	2		412798	867976		156989
其他烟草制品加工	2		49	4004		574
纺织业	**807**	**335**	**2497422**	**6230574**	**7942**	**1173324**
棉、化纤纺织及印染精加工	126	59	324264	1338223	1171	168944
毛纺织和染整精加工	46	18	315452	693881		147103
麻纺织	1		160	998		642
丝绢纺织及精加工	13	4	35035	126279	870	53633
纺织制成品制造	279	101	282145	1087600	5260	274727
针织品、编织品及其制品制造	342	153	1540366	2983593	641	528275
纺织服装、鞋、帽制造业	**1663**	**758**	**2524761**	**6322104**	**20412**	**1040302**
纺织服装制造	1612	736	2466171	6194580	15410	1025244
纺织面料鞋的制造	28	13	39348	78762	2	8555
制帽	23	9	19242	48762	5000	6503
皮革、毛皮、羽毛(绒)及其制品业	**212**	**90**	**262362**	**972751**	**7013**	**187790**
皮革鞣制加工	10	4	15261	86614		38366
皮革制品制造	168	75	210460	780565	7013	124820
毛皮鞣制及制品加工	30	11	35604	101762		22917
羽毛(绒)加工及制品制造	4		1037	3810		1687
木材加工及木、竹、藤、棕、草制品	**486**	**217**	**614882**	**1574189**	**2610**	**197994**
锯材、木片加工	54	27	52727	282272	75	18361
人造板制造	88	47	143140	449145	999	59679
木制品制造	336	139	415369	837520	1536	119606
竹、藤、棕、草制品制造	8	4	3646	5252		348
家具制造业	**1003**	**416**	**1091512**	**2851850**	**709**	**418453**
木质家具制造	771	329	785536	1968781	581	180331
竹、藤家具制造	5	2	943	3617	50	891
金属家具制造	153	54	162882	720366	7	221102
塑料家具制造	12	6	2388	9275	50	2022
其他家具制造	62	25	139763	149811	21	14107
造纸及纸制品业	**810**	**337**	**799250**	**3333977**	**13638**	**727741**
纸浆制造	5	3	2101	39627		365
造纸	209	102	295461	1161813	857	238783
纸制品制造	596	232	501688	2132537	12781	488593
印刷业和记录媒介的复制	**1460**	**581**	**1598544**	**7562815**	**13562**	**1481360**
印刷	1180	461	1394605	6550266	10717	1318924
装订及其他印刷服务活动	251	105	88911	505716	1393	68405
记录媒介的复制	29	15	115028	506833	1452	94031
文教体育用品制造业	**327**	**150**	**662616**	**1660292**	**1488**	**331671**
文化用品制造	105	48	173106	435094	1162	50687
体育用品制造	67	31	116961	326716	85	76045
乐器制造	80	32	227406	577697	241	132403
玩具制造	50	28	31911	121464		38316
游艺器材及娱乐用品制造	25	11	113232	199321		34220

计量单位：千元

存货	产成品	一年内到期的长期债权投资	流动资产年平均余额	长期投资合计	#长期股权投资	长期债权投资	固定资产合计	#固定资产原价	生产经营用
482836	**12345**		**845471**	**34001**	**34001**		**325231**	**564084**	**558686**
			44				4	4	4
482051	12345		843274	34001	34001		325015	561454	556056
785			2153				212	2626	2626
2795650	**1737973**	**568**	**5834915**	**1071869**	**878942**	**10759**	**3046427**	**4612185**	**3698125**
287495	156579	84	1273158	518213	339419		1062260	1795842	1446966
353572	176603		664092	102492	100515	226	353387	645014	481869
160			998				177	246	246
29616	25644		116992	29492	29492		31013	67392	47576
382628	202916		1012475	25481	23761	722	493895	720060	662175
1742179	1176231	484	2767200	396191	385755	9811	1105695	1383631	1059293
2915804	**1480682**	**7302**	**5977368**	**240321**	**203774**	**24560**	**2856435**	**3527684**	**2899906**
2845245	1445891	7302	5845832	240140	203763	24556	2782338	3428243	2806256
45611	23064		82936	170		4	44597	60118	58340
24948	11727		48600	11	11		29500	39323	35310
304970	**167894**		**938677**	**161228**	**107149**	**30**	**460019**	**618155**	**502012**
13345	6638		65226	5349	5349		80887	122607	116887
240211	139152		756672	152823	98744	30	344696	453008	346851
50291	21566		113003	3056	3056		30076	35677	31447
1123	538		3776				4360	6863	6827
718017	**233876**	**1558**	**1485439**	**63208**	**20216**	**1802**	**1541059**	**1777542**	**1432924**
58810	19530	112	261931	4757	2654	280	62298	80165	69222
171641	50018		408755	40309		1030	583806	543704	516193
484225	163706	1446	808653	18142	17562	492	894174	1152192	846229
3341	622		6100				781	1481	1280
1297779	**533962**	**1410**	**2585500**	**117452**	**89251**	**13796**	**1428565**	**1756632**	**1408295**
999670	402094	1141	1803017	104666	77715	13786	1071972	1272930	961418
1941	383		3601				923	690	599
198298	87333	3	620047	10901	9651	10	274305	379298	362889
5190	2653	232	7802				3011	2987	2907
92680	41499	34	151033	1885	1885		78354	100727	80482
1092424	**497657**	**3184**	**3148021**	**120351**	**45484**	**52137**	**2230261**	**2710125**	**2310028**
690	373		40295	3403			18400	19850	7287
351841	189999	2273	1094067	94113	29351	51371	614876	565348	431694
739893	307285	911	2013659	22835	16133	766	1596985	2124927	1871047
2014935	**698318**	**17986**	**7184063**	**886206**	**763823**	**55001**	**9199271**	**12772306**	**11105934**
1764882	585577	17889	6240048	739703	652941	54471	8196274	11358250	9839161
96635	29060	97	480804	72006	67561	30	305064	487845	456515
153418	83681		463211	74497	43321	500	697933	926211	810258
743586	**322510**		**1777875**	**314590**	**296162**	**7630**	**854310**	**910795**	**836536**
181397	113887		532713	242345	231308	810	182080	139034	107400
132335	49066		322646	19476	18905		83838	103895	96111
260198	114308		587531	37515	37515		459688	497600	481999
47177	11337		126191	12040	7974	4066	47135	70783	54864
122479	33912		208794	3214	460	2754	81569	99483	96162

1-12 续表 2

	单位数（个）	亏损企业	年初存货	流动资产合计	#短期投资	应收帐款（净额）
石油加工、炼焦及核燃料加工业	**258**	**120**	**1505893**	**6715305**	**601672**	**857645**
精炼石油产品的制造	252	118	1380502	5652529	601672	622972
炼焦	5	2	112921	1045473		231811
核燃料加工	1		12470	17303		2862
化学原料及化学制品制造业	**2345**	**947**	**4700424**	**17896618**	**242087**	**2986128**
基础化学原料制造	269	80	1114725	3962671	18202	672397
肥料制造	127	64	152152	844982	275	112527
农药制造	40	20	76476	210864		41278
涂料、油墨、颜料及类似产品制造	892	374	609703	2233157	23234	583236
合成材料制造	183	72	1375410	4432402	3651	456994
专用化学产品制造	551	216	813884	3398658	14184	658084
日用化学产品制造	283	121	558074	2813884	182541	461612
医药制造业	**606**	**287**	**2906730**	**11580077**	**23835**	**2103505**
化学药品原药制造	35	17	65748	340102	3642	76929
化学药品制剂制造	121	56	837020	4727698	12093	947342
中药饮片加工	52	20	143405	532590		212157
中成药制造	97	56	1387649	3062991	5772	403349
兽用药品制造	48	19	73918	192630		26964
生物、生化制品的制造	154	70	330593	2430019	2021	341439
卫生材料及医药用品制造	99	49	68397	294047	307	95325
化学纤维制造业	**46**	**16**	**81580**	**333465**	**13**	**42959**
纤维素纤维原料及纤维制造	7	4	3977	16781		5410
合成纤维制造	39	12	77603	316684	13	37549
橡胶制品业	**190**	**76**	**398044**	**1553268**	**30027**	**566977**
轮胎制造	14	6	167165	492397	159	235897
橡胶板、管、带的制造	33	20	24634	143339	5000	27635
橡胶零件制造	83	23	98600	488103	24868	201363
再生橡胶制造	5	1	752	9180		7774
日用及医用橡胶制品制造	18	9	62688	147859		29878
橡胶靴鞋制造	6	3	1066	97379		10931
其他橡胶制品制造	31	14	43139	175011		53499
塑料制品业	**1329**	**548**	**1608154**	**5058689**	**12734**	**1214018**
塑料薄膜制造	107	37	162172	645260	1250	126479
塑料板、管、型材的制造	226	100	297494	957078	6406	247471
塑料丝、绳及编织品的制造	86	37	91392	255813	1736	81670
泡沫塑料制造	119	44	176708	476576	542	105228
塑料人造革、合成革制造	8	5	42405	102465		36327
塑料包装箱及容器制造	236	93	173934	764927	2411	277022
塑料零件制造	82	29	74294	326567	1	89160
日用塑料制造	346	162	549353	1264361	118	212586
其他塑料制品制造	119	41	40402	265642	270	38075
非金属矿物制品业	**2569**	**945**	**5224630**	**20790835**	**23198**	**8009156**
水泥、石灰和石膏的制造	210	77	720275	3605247	5250	1244884
水泥及石膏制品制造	785	275	2366330	10631767	8982	4878645
砖瓦、石材及其他建筑材料制造	895	326	788947	2594929	2241	705098
玻璃及玻璃制品制造	355	143	815617	2179330	1419	546216
陶瓷制品制造	55	25	193364	402142	81	92621
耐火材料制品制造	129	46	152639	642223	3820	257759
石墨及其他非金属矿物制品制造	140	53	187458	735197	1405	283933

计量单位：千元

存货		一年内到期的长期债权投资	流动资产年平均余额	长期投资合计			固定资产合计		
	产成品				#长期股权投资	长期债权投资		#固定资产原价	生产经营用
2520679	**384112**		**6780109**	**547957**	**546076**	**1881**	**6066687**	**10114185**	**9731246**
2314458	316018		5230550	248249	246368	1881	5415518	8140783	7818523
194871	63850		1532636	299408	299408		650671	1972225	1911546
11350	4244		16923	300	300		498	1177	1177
5938449	**2163241**	**32146**	**16361458**	**3682372**	**3428581**	**96647**	**18593824**	**33836990**	**32508126**
1352991	478370	1652	3674135	1049026	963475	2685	5761038	10165707	10037816
339287	126737	804	767273	87287	82897	3666	463013	487627	401929
93083	51083		223582	5261	3161	100	78185	99729	76145
771848	296319	4582	2187993	532619	504019	8047	1220235	1576995	1315000
1657216	374145		3594949	159188	153559	1133	7313804	16575943	16332485
1021484	445637	25091	3279647	914587	862868	20758	2570976	3256704	2850610
702540	390950	17	2633879	934404	858602	60258	1186573	1674285	1494141
3289181	**1383120**	**65815**	**11563690**	**5776700**	**5709553**	**18990**	**8355409**	**8471436**	**6881263**
88272	43665		336123	3266	2866		210518	264517	219780
936693	391089	63910	4496337	2331343	2330643	700	3876425	4191345	3465667
219324	133158	1469	475811	26562	26515		244591	178976	141291
1550603	619878		3527765	2369566	2334566	17000	2363533	2301409	1699471
73347	45061	229	177507	27798	22848	390	118386	108692	101051
349030	108163	207	2270953	996450	973501	900	1322475	1259701	1110023
71912	42106		279194	21715	18614		219481	166796	143980
130658	**74000**		**331738**	**17700**	**17700**		**270506**	**310029**	**286784**
8685	2821		15537				9353	9940	9227
121973	71179		316201	17700	17700		261153	300089	277557
429307	**199038**	**77**	**1562521**	**381884**	**344303**	**1917**	**1127384**	**1694851**	**1381830**
166612	109489		521655	162026	150089		591662	892359	671303
49966	15371		139747	15113	15113		36760	41369	37489
91644	28877		481615	139950	136263	1587	143280	211037	185669
918	249		7440				2312	2508	2366
68660	29806		143498	9430	9130	300	137040	262603	246510
3941	342		95993	793	793		30733	16234	16124
47566	14904	77	172573	54572	32915	30	185597	268741	222369
1856428	**924438**	**7953**	**4839618**	**409394**	**301639**	**19429**	**3132591**	**4372959**	**3760286**
194225	76282		595180	95385	19948		491415	624850	521956
376784	255810	929	939247	133177	131463	1340	680189	899731	796609
96807	49046		243455	24795	24793		100196	163777	130354
228201	98696		461337	73491	73491		220647	284014	178006
41499	11704		97640	8920		8920	156821	238362	232921
233616	92260	100	713305	28021	21583	5000	558642	836016	789284
91879	35994		300421	1660	525	450	189407	286515	252817
532334	284420	6924	1228043	33101	29436	3413	626492	889171	728744
61083	20226		260990	10844	400	306	108782	150523	129595
6064367	**3110563**	**352528**	**19888226**	**2553339**	**2198431**	**128805**	**15610742**	**19764085**	**17328469**
863921	487350	347203	3267839	635736	628399	2913	3365785	4747942	4073290
2834559	1455102	3670	10147353	1044022	953423	56308	5460705	6914615	5950042
944856	512379	385	2502170	176112	110723	17532	2126157	2586349	2265167
786476	343703	1132	2231098	517923	412283	2000	2104695	2393156	2129172
221216	125375	45	412576	103609	56831	46498	1853219	2265947	2200633
199578	89462	25	605938	24445	20279	3215	376987	433736	344282
213761	97192	68	721252	51492	16493	339	323194	422340	365883

1-12 续表 3

	单位数（个）	亏损企业	年初存货	流动资产合计	#短期投资	应收帐款（净额）
黑色金属冶炼及压延加工业	**265**	**93**	**5620627**	**25987778**	**138395**	**2711303**
炼铁	43	14	56891	166493		38468
炼钢	9	2	4685	11769		3563
钢压延加工	205	72	5556101	25799660	138395	2666706
铁合金冶炼	8	5	2950	9856		2566
有色金属冶炼及压延加工业	**294**	**92**	**585417**	**2623566**	**57989**	**730165**
常用有色金属冶炼	38	14	112572	551909	55115	102494
贵金属冶炼	5	4	5292	56952		10576
稀有稀土金属冶炼	17	7	42684	465153		154815
有色金属合金制造	56	16	61351	286550	385	84061
有色金属压延加工	178	51	363518	1263002	2489	378219
金属制品业	**3238**	**1235**	**3266738**	**13088857**	**39686**	**2323755**
结构性金属制品制造	2137	799	2049578	7293230	11470	1307730
金属工具制造	191	65	121434	412359	48	111528
集装箱及金属包装容器制造	112	44	361423	1645293	17	353579
金属丝绳及其制品的制造	53	26	31145	141929		23222
建筑、安全用金属制品制造	209	90	273999	1082222	563	221876
金属表面处理及热处理加工	158	56	37396	191437	1996	29877
搪瓷制品制造	15	6	13025	59223	10	25604
不锈钢及类似日用金属制品制造	181	87	122742	447293	25026	74120
其他金属制品制造	182	62	255996	1815871	556	176219
通用设备制造业	**2265**	**833**	**5667952**	**22176105**	**704913**	**5008922**
锅炉及原动机制造	175	70	1078730	4177267	11972	560868
金属加工机械制造	353	132	843290	3431052	653080	454386
起重运输设备制造	84	36	597579	2096035		490443
泵、阀门、压缩机及类似机械的制造	346	143	1074572	3916476	11914	1027683
轴承、齿轮、传动和驱动部件的制造	77	29	169776	809464	1317	309230
烘炉、熔炉及电炉制造	44	20	72902	224294	170	76387
风机、衡器、包装设备等通用设备制造	516	194	1318291	5438310	24266	1477435
通用零部件制造及机械修理	396	132	191158	831279	1510	219067
金属铸、锻加工	274	77	321654	1251928	684	393423
专用设备制造业	**2064**	**875**	**6273153**	**27950946**	**216532**	**5046124**
矿山、冶金、建筑专用设备制造	219	80	558009	4040596	10585	767832
化工、木材、非金属加工专用设备制造	243	102	425496	1624672	1215	233741
食品、饮料、烟草及饲料生产专用设备	83	29	120866	413512	20	87562
印刷、制药、日化生产专用设备制造	150	63	785976	2186625	2142	470363
纺织、服装和皮革工业专用设备制造	58	19	1243380	4442711	60704	603522
电子和电工机械专用设备制造	262	108	408586	3148140	7182	481623
农、林、牧、渔专用机械制造	69	26	192729	540839	143	65511
医疗仪器设备及器械制造	423	200	1185017	4751287	34809	1032633
环保、社会公共安全及其他专用设备制造	557	248	1353094	6802564	99732	1303337
交通运输设备制造业	**1247**	**489**	**9294467**	**38539818**	**62725**	**7311977**
铁路运输设备制造	134	36	696759	2486815	300	720474
汽车制造	1018	420	6541823	29018219	62423	5850611
摩托车制造	1	1	14978	55258		1656
自行车制造	19	9	17168	46211		6617
船舶及浮动装置制造	12	3	11868	111505	2	8004
航空航天器制造	36	11	1992832	6690808		714208
交通器材及其他交通运输设备制造	27	9	19039	131002		10407

计量单位：千元

存　货	产成品	一年内到期的长期债权投资	流动资产年平均余额	长期投资合计	#长期股权投资	长期债权投资	固定资产合计	#固定资产原价	生产经营用
7619947	**1449899**	**529**	**23810879**	**7940815**	**7901168**	**32524**	**21793193**	**34727970**	**33203985**
83607	38039	32	145238	766	165	101	42740	60842	50896
5613	3745		10926				6735	5846	4690
7524701	1405970	497	23645131	7940049	7901003	32423	21727831	34641961	33139587
6026	2145		9584				15887	19321	8812
710021	**375624**	**1795**	**2569197**	**759454**	**91357**	**601356**	**1139949**	**1322146**	**1097845**
107031	21744		537365	79437	21780		71403	84433	74512
4139	2141		60537	1402	1402		9722	12661	11394
54661	22512		504418	604848	4272	600576	156975	173847	162834
122246	83133	1004	239688	11958	9743	15	111726	158293	141594
421944	246094	791	1227189	61809	54160	765	790123	892912	707511
4477392	**1685056**	**14520**	**12086450**	**1019788**	**791022**	**53402**	**7104166**	**7851850**	**6475919**
2891018	993389	5703	6560475	377930	208928	26276	3456414	3847801	3200019
134879	71073	1659	399442	48450	36870	10181	209353	275198	221774
418813	158016	223	1528736	219704	189593	9560	920645	1509636	1364420
46932	14014		140974	28170	27002		161323	174640	102468
361056	196213	6245	1056454	20409	13292	4764	694251	656250	476483
76784	28430	222	218372	2831	2831		546421	322004	242815
16380	3390		54945	2745	110		74145	124344	105429
197673	93019	102	437623	5500	3500	2000	189426	274211	201097
333857	127512	366	1689429	314049	308896	621	852188	667766	561414
6406051	**2222487**	**43125**	**21101561**	**1995509**	**1894813**	**26880**	**9299341**	**11018650**	**9208892**
756536	217258	4613	3733322	278768	259701	6582	1603452	1776581	1504420
953022	286994	2898	3398164	889162	874667	3233	1755293	1781721	1584584
650433	278591		2113788	26879	21101	600	914824	791118	603442
1414141	504842	32979	3620095	187304	181849	1498	1814379	2140214	1986585
251555	104438		760951	823	773		175490	361307	319344
54842	15610		248376	4752	3694		69980	55983	52796
1655806	511604	583	5255298	418611	377857	12096	1921044	2638431	1987566
221712	84681	824	789155	43992	40751	1765	365250	500666	432240
448004	218469	1228	1182412	145218	134420	1106	679629	972629	737915
7529716	**2811017**	**17874**	**25876086**	**6852271**	**6588308**	**172220**	**8680990**	**10589589**	**8892577**
938855	232351	34	3591227	2219239	2205445	1050	1109948	1552878	1157049
595610	198088	162	1478313	48728	29246	10340	830781	1044185	1002125
136173	50174	36	423661	20338	18549	1167	116571	160354	139597
924365	376966		2178478	1308829	1246081	20948	1114066	1458515	1227387
1143635	433996	1025	4743861	1328550	1327994	500	637921	1188354	1174011
521261	118251	326	2782196	779510	761157	10510	1623910	1665235	1390390
226422	70488	263	507389	144763	143307		538664	436391	370178
1361127	573787	3565	4324354	273070	232286	38356	1607453	1658029	1282601
1682268	756916	12463	5846607	729244	624243	89349	1101676	1425648	1149239
13805314	**5428330**	**4365**	**34607428**	**6499296**	**6101352**	**320998**	**18786715**	**22682271**	**20027915**
887271	259581	959	2304298	295227	254381	33155	1120432	1701044	1369571
10367730	4885536	3064	25651006	1877493	1526180	283373	14914456	16585351	14452957
28038	22415		46847	900	900		7357	8191	8191
21986	9036		41022				29947	36095	31886
22639	1565		95319				5628	7270	6643
2449548	233207	110	6370858	4252895	4252895		2654827	4283547	4107479
28102	16990	232	98078	72781	66996	4470	54068	60773	51188

1-12 续表 4

	单位数（个）	亏损企业	年初存货	流动资产合计	#短期投资	应收帐款（净额）
电气机械及器材制造业	**1598**	**656**	**5193317**	**18968041**	**106909**	**5675055**
电机制造	91	34	951291	3270130	15929	699768
输配电及控制设备制造	812	295	2389333	10070592	42070	3673403
电线、电缆、光缆及电工器材制造	177	75	330679	1318769	1078	352620
电池制造	49	26	160930	693998	17000	133417
家用电力器具制造	128	67	867785	1702418	2281	352435
非电力家用器具制造	82	42	146582	382217	3028	65779
照明器具制造	189	91	275265	989025	25523	257016
其他电气机械及器材制造	70	26	71452	540892		140617
通信设备、计算机及其他电子设备制造	**1516**	**701**	**15688590**	**72389733**	**1165197**	**19254801**
通信设备制造	372	198	6141849	28018383	50530	8946719
雷达及配套设备制造	14	6	197542	658238		100225
广播电视设备制造	99	37	566608	2103894	1300	511458
电子计算机制造	308	143	4553609	21448307	1067298	4454165
电子器件制造	213	100	1968979	11417007	42492	2625631
电子元件制造	244	92	1340861	5446640	295	1993834
家用视听设备制造	27	10	324178	1331512		215598
其他电子设备制造	239	115	594964	1965752	3282	407171
仪器仪表及文化、办公用机械制造业	**1175**	**438**	**2811862**	**13182361**	**86616**	**3063978**
通用仪器仪表制造	703	230	1662014	8072719	74498	1752840
专用仪器仪表制造	268	122	408310	1720292	12118	365551
钟表与计时仪器制造	12	5	64495	111115		22015
光学仪器及眼镜制造	87	43	149253	1280172		288906
文化、办公用机械制造	40	14	464259	1782340		590993
其他仪器仪表的制造及修理	65	24	63531	215723		43673
工艺品及其他制造业	**707**	**303**	**870655**	**3006151**	**7887**	**523295**
工艺美术品制造	396	189	379912	973349	5784	147116
日用杂品制造	35	16	29490	82819		22368
煤制品制造	117	33	25228	184871	1052	30555
核辐射加工	6		1551	53092		5396
其他未列明的制造业	153	65	434474	1712020	1051	317860
废弃资源和废旧材料回收加工业	**50**	**19**	**18930**	**325238**		**31997**
金属废料和碎屑的加工处理	24	7	13701	88658		21789
非金属废料和碎屑的加工处理	26	12	5229	236580		10208
电力、燃气及水的生产和供应业	**270**	**121**	**653479**	**44217534**	**551748**	**6957479**
电力、热力的生产和供应业	**159**	**68**	**455789**	**37339338**	**154542**	**6255109**
电力生产	45	13	179072	9589333	22541	1326488
电力供应	17	6	115111	23530109	61068	4215806
热力生产和供应	97	49	161606	4219896	70933	712815
燃气生产和供应业	**31**	**11**	**167586**	**2294787**		**236228**
燃气生产和供应业	31	11	167586	2294787		236228
水的生产和供应业	**80**	**42**	**30104**	**4583409**	**397206**	**466142**
自来水的生产和供应	40	21	16095	2468682	133945	405634
污水处理及其再生利用	33	17	12980	2101747	263261	60213
其他水的处理、利用与分配	7	4	1029	12980		295

计量单位：千元

存货		一年内到期的长期债权投资	流动资产年平均余额	长期投资			固定资产		
	产成品			合计	#长期股权投资	长期债权投资	合计	#固定资产原价	生产经营用
5883833	**2173608**	**10191**	**17262569**	**1477091**	**1233654**	**136401**	**6183818**	**7649579**	**5821545**
879623	162116		2797367	113869	112519	500	805173	1108925	872336
3027084	1071807	757	9271538	770281	630910	112278	2408795	2457484	1947328
444934	269282	107	1287920	27717	5465	21002	553736	808037	733246
278251	81381		346247	66369	54368	1976	662700	727090	670499
623376	368629		1716631	289969	226952	500	958922	1269628	437037
186655	67017	1431	369310	20640	17529		124551	177611	147506
312648	117170	312	975300	83878	81843	145	424850	854593	802323
131262	36206	7584	498256	104368	104068		245091	246211	211270
18341762	**5502187**	**110836**	**70693497**	**17927170**	**15857602**	**42652**	**29504661**	**29803953**	**21417716**
8082623	2231421	66804	29800088	4243037	4220677	8836	4911931	6971761	3991007
264316	4452		615228	166410	164110	2300	691615	831289	496722
656974	124255		1910658	300193	299163	1030	739450	458908	328555
4365517	1448054	44032	20715987	10992236	9074808	3258	9115508	4626648	4270719
2233938	745818		9341135	1138503	1085167	4602	9013140	9857539	6818387
1619446	527361		5002745	618058	565131	18504	2684654	4375624	4016364
436286	190481		1459054	276176	276176		1279695	1699089	760796
682662	230345		1848602	192557	172370	4122	1068668	983095	735166
3610401	**1005190**	**13270**	**12727589**	**1474160**	**1084534**	**106492**	**2858749**	**3808532**	**2945182**
2244704	523299	12873	7725153	824368	493534	56358	1552792	1904670	1608562
537475	153659	397	1714235	168921	151364	14929	574934	709069	453337
61898	33469		112700	385	30		79530	136868	98528
193688	74129		1048199	369754	364882	1370	423003	689637	486133
482632	204164		1931798	81845	46212	33460	202207	313084	247804
90004	16470		195504	28887	28512	375	26283	55204	50818
1129560	**367633**	**970**	**2858452**	**94209**	**69671**	**19378**	**1651120**	**2101661**	**1891778**
496286	277678	970	918201	30658	25281	1599	494008	701146	564371
34408	9671		82896	4062		3200	63077	88322	79166
44461	16330		169406	27220	12700	14500	49754	74815	57030
3807	2625		38388				1747	2858	2448
550598	61329		1649561	32269	31690	79	1042534	1234520	1188763
51713	**30562**		**245242**	**27277**	**7294**	**3500**	**182736**	**175313**	**153142**
30984	22584		69837	3500		3500	117190	120697	110176
20729	7978		175405	23777	7294		65546	54616	42966
985806	**36965**	**90**	**48208374**	**473598020**	**458590539**	**5632902**	**132511232**	**152595169**	**147139987**
795426	**18543**	**90**	**41155209**	**469499909**	**454520701**	**5605767**	**106567387**	**125087241**	**122555960**
215997	9469	90	9592176	18978038	11352529	134614	11860516	17629899	16643182
388343	1581		27946632	449860142	442519616	5470149	82269520	92247270	91493730
191086	7493		3616401	661729	648556	1004	12437351	15210072	14419048
131015	**16753**		**2542154**	**2891924**	**2891849**		**8743048**	**10484309**	**10158248**
131015	16753		2542154	2891924	2891849		8743048	10484309	10158248
59365	**1669**		**4511011**	**1206187**	**1177989**	**27135**	**17200797**	**17023619**	**14425779**
33898	433		2285636	1175911	1148641	26370	7653864	10328573	7755700
21164	1228		2217734	29511	29348		9545607	6693013	6668046
4303	8		7641	765		765	1326	2033	2033

1-12 续表 5

	累计折旧	本年折旧	在建工程	固定资产净值年平均余额	无形资产	资产总计
总计	**145581068**	**23198966**	**58408198**	**257502649**	**20591389**	**1.345E+09**
采矿业	**1544116**	**229021**	**66076**	**2063082**	**307041**	**6895289**
煤炭开采和洗选业	**651747**	**79360**	**37164**	**900835**	**296116**	**3625378**
烟煤和无烟煤的开采洗选	651746	79359	37164	900813	296116	3625288
其他煤炭采选	1	1		22		90
石油和天然气开采业	**482888**	**96116**	**11859**	**660028**	**1134**	**1562654**
天然原油和天然气开采	308	218		2304	831	23232
与石油和天然气开采有关的服务活动	482580	95898	11859	657724	303	1539422
黑色金属矿采选业	**264831**	**36393**	**6070**	**260117**	**354**	**896632**
铁矿采选	264776	36373	6070	259513	270	893227
其他黑色金属矿采选	55	20		604	84	3405
有色金属矿采选业	**517**	**90**		**1140**	**35**	**64004**
常用有色金属矿采选	261	51		538	35	59710
贵金属矿采选	224	31		585		3703
稀有稀土金属矿采选	32	8		17		591
非金属矿采选业	**143922**	**17035**	**10983**	**240256**	**9402**	**744471**
土砂石开采	140030	16420	10557	233971	8439	601943
石棉及其他非金属矿采选	3892	615	426	6285	963	142528
其他采矿业	**211**	**27**		**706**		**2150**
其他采矿业	211	27		706		2150
制造业	**101864669**	**14158541**	**38097992**	**155096906**	**18955395**	**653114764**
农副食品加工业	**1344286**	**201015**	**693988**	**2933628**	**239127**	**10153614**
谷物磨制	112423	12372	26417	238115	29933	981510
饲料加工	237292	40141	19602	409325	76163	2393063
植物油加工	87608	5160	13949	97939	6565	328193
制糖	3253	971	6	7035		45698
屠宰及肉类加工	587777	84718	457781	1399124	70447	4070233
水产品加工	16143	2045	3988	49472	3154	159461
蔬菜、水果和坚果加工	100537	20669	121334	365433	32940	1007004
其他农副食品加工	199253	34939	50911	367185	19925	1168452
食品制造业	**3036221**	**521125**	**893919**	**6669274**	**763683**	**18326109**
焙烤食品制造	769378	119767	277550	988963	118261	3108582
糖果、巧克力及蜜饯制造	379895	63022	87720	648363	28005	1646810
方便食品制造	328798	35015	16248	405932	24710	1099794
液体乳及乳制品制造	539489	129416	227863	2594863	157498	6058608
罐头制造	20514	5706	1002	74128	2997	176607
调味品、发酵制品制造	165952	21107	91328	236185	42721	790061
其他食品制造	832195	147092	192208	1720840	389491	5445647
饮料制造业	**2871382**	**468030**	**613082**	**5725216**	**809476**	**18747667**
酒精制造	37630	6408	472	44627	6517	117873
酒的制造	1861289	267175	242104	3480314	306486	11064114
软饮料制造	959146	192354	362436	2176543	494470	7460820
精制茶加工	13317	2093	8070	23732	2003	104860

计量单位：千元

流动负债			长期负债			负债合计	所有者权益		
合　计	#短期借款	应付账款	合　计	#长期借款	应付债券		合　计	#实收资本	国家资本
346112180	**84343941**	**96324290**	**123666967**	**63109202**	**10168878**	**469781339**	**875404554**	**532898546**	**266267645**
2806601	**318083**	**1072177**	**200918**	**88744**	**267**	**3007519**	**3887770**	**2101433**	**319474**
1553401	**194914**	**528244**	**126702**	**26359**		**1680103**	**1945275**	**752617**	**243376**
1553340	194914	528220	126702	26359		1680042	1945246	752587	243376
61		24				61	29	30	
437718		**328097**	**50**			**437768**	**1124886**	**866700**	
10845		2099				10845	12387	7600	
426873		325998	50			426923	1112499	859100	
390235	**90544**	**78215**	**55312**	**46289**		**445547**	**451085**	**169895**	**74762**
387902	90384	77658	55312	46289		443214	450013	169670	74762
2333	160	557				2333	1072	225	
7822		**3158**				**7822**	**56182**	**54910**	
6956		2814				6956	52754	51430	
794		294				794	2909	3401	
72		50				72	519	79	
416243	**32395**	**133694**	**18854**	**16096**	**267**	**435097**	**309374**	**256158**	**1336**
315243	21035	123193	18585	16096		333828	268115	213457	1336
101000	11360	10501	269		267	101269	41259	42701	
1182	**230**	**769**				**1182**	**968**	**1153**	
1182	230	769				1182	968	1153	
305813241	**76067255**	**88101164**	**42278715**	**28634688**	**2450012**	**348094148**	**305020616**	**210089482**	**23977917**
5155129	**1458753**	**1458534**	**715124**	**548169**	**1354**	**5870253**	**4283361**	**3641350**	**179838**
507884	114237	182123	26613	8204		534497	447013	517504	63396
1126480	302337	406172	117011	91384	23	1243491	1149572	649058	24678
198516	60311	37751	4859	4144		203375	124818	209920	32339
29124	120	9775				29124	16574	6650	
2343713	726646	576101	392455	298155	1331	2736168	1334065	1205951	41824
49927	6390	12141	20873	5138		70800	88661	84043	6087
446015	124870	145070	39438	38900		485453	521551	503423	1661
453470	123842	89401	113875	102244		567345	601107	464801	9853
8766194	**2777074**	**1694895**	**1391799**	**1136489**	**1330**	**10157993**	**8168116**	**8674754**	**161572**
1662743	315515	392962	102670	86474		1765413	1343169	1561297	6791
1061884	407211	212599	490068	483886		1551952	94858	1273473	100
604939	119554	194731	21672	20926		626611	473183	427029	50044
1736975	501654	304879	476990	328478		2213965	3844643	1644814	17783
87543	52840	17949	707	707		88250	88357	90451	
356072	76772	135506	29553	19065		385625	404436	417724	26579
3256038	1303528	436269	270139	196953	1330	3526177	1919470	3259966	60275
8238172	**3825455**	**1067883**	**1117469**	**426216**	**625100**	**9355641**	**9392026**	**6359393**	**651627**
5746		2453	101	101		5847	112026	130710	10400
4269577	2098218	427889	808833	150226	625100	5078410	5985704	3751202	570474
3902892	1724215	618078	308535	275889		4211427	3249393	2419867	69567
59957	3022	19463				59957	44903	57614	1186

1-12 续表 6

	累计折旧	本年折旧	在建工程	固定资产净值年平均余额	无形资产	资产总计
烟草制品业	**242022**	**35940**	**3168**	**301891**	**9677**	**1240945**
烟叶复烤	1	1		3		45
卷烟制造	239607	35840	3168	301676	9677	1236669
其他烟草制品加工	2414	99		212		4231
纺织业	**2018175**	**211114**	**296645**	**2673092**	**301913**	**10892479**
棉、化纤纺织及印染精加工	912076	68221	35831	985190	56080	3043051
毛纺织和染整精加工	325508	25566	33739	326702	7058	1167748
麻纺织	69	35		177		1175
丝绢纺织及精加工	36530	3810	141	32287	631	187424
纺织制成品制造	272175	41841	39246	421309	129845	1766759
针织品、编织品及其制品制造	471817	71641	187688	907427	108299	4726322
纺织服装、鞋、帽制造业	**1081464**	**195458**	**368085**	**2376918**	**229497**	**9845930**
纺织服装制造	1050707	192139	363272	2309251	227693	9640321
纺织面料鞋的制造	17460	1738	1831	41493	1785	125393
制帽	13297	1581	2982	26174	19	80216
皮革、毛皮、羽毛(绒)及其制品业	**192183**	**30351**	**30558**	**432521**	**98107**	**1720925**
皮革鞣制加工	41833	5400	111	80444	8469	187054
皮革制品制造	141088	22258	29502	320568	85182	1373093
毛皮鞣制及制品加工	6587	2606	773	27244	4456	152608
羽毛(绒)加工及制品制造	2675	87	172	4265		8170
木材加工及木、竹、藤、棕、草制品	**448291**	**92866**	**207272**	**1327814**	**189631**	**3398358**
锯材、木片加工	19525	2544	1514	58782	1857	351760
人造板制造	131202	35994	171121	422179	4690	1093508
木制品制造	296783	54218	34637	846158	183084	1946557
竹、藤、棕、草制品制造	781	110		695		6533
家具制造业	**532991**	**87705**	**186979**	**1197866**	**126403**	**4606344**
木质家具制造	341808	61873	129894	911398	113866	3335034
竹、藤家具制造	261	99		614		4540
金属家具制造	155496	17199	47366	217400	1518	1012112
塑料家具制造	358	113	382	3566		12351
其他家具制造	35068	8421	9337	64888	11019	242307
造纸及纸制品业	**809986**	**132263**	**311691**	**2006236**	**188441**	**6039106**
纸浆制造	3019	264	1569	12574	9	61442
造纸	179989	23113	225074	492380	68822	2014510
纸制品制造	626978	108886	85048	1501282	119610	3963154
印刷业和记录媒介的复制	**4804185**	**819256**	**1088861**	**7528648**	**233485**	**18294347**
印刷	4261306	727516	970930	6665454	224132	16060668
装订及其他印刷服务活动	200537	32918	13413	295152	7239	905373
记录媒介的复制	342342	58822	104518	568042	2114	1328306
文教体育用品制造业	**318891**	**40612**	**184939**	**559421**	**86561**	**3014834**
文化用品制造	54634	5242	91100	88277	2203	892123
体育用品制造	39825	5207	12210	64947	26426	467283
乐器制造	170407	22156	69859	286623	44189	1125746
玩具制造	26105	3170	1821	44364	6809	191874
游艺器材及娱乐用品制造	27920	4837	9949	75210	6934	337808

计量单位：千元

流动负债 合计	#短期借款	应付账款	长期负债 合计	#长期借款	应付债券	负债合计	所有者权益 合计	#实收资本	国家资本
329360	**280000**	**5963**	**7331**			**336691**	**904254**	**479300**	**980**
1						1	44	40	
328840	280000	5726	7331			336171	900498	475680	
519		237				519	3712	3580	980
6054289	**2160216**	**1459861**	**711254**	**284847**		**6765543**	**4126936**	**4106555**	**490122**
1382800	533070	132244	436071	95151		1818871	1224180	1174859	305389
899866	450790	86387	74821	66843		974687	193061	505908	51877
667	538	37				667	508	508	
121427	48542	4958	2400	2400		123827	63597	47145	
911002	237131	262816	62551	37134		973553	793206	902730	88372
2738527	890145	973419	135411	83319		2873938	1852384	1475405	44484
5730096	**1429429**	**1656167**	**439522**	**209116**	**1035**	**6169618**	**3676312**	**3134902**	**114557**
5573165	1376872	1614472	435774	205411	1035	6008939	3631382	3070552	107158
103694	31242	27202	3152	3152		106846	18547	38652	7393
53237	21315	14493	596	553		53833	26383	25698	6
1063711	**171325**	**183686**	**83210**	**62668**	**52**	**1146921**	**574004**	**686035**	**3431**
107295	6000	24191	18484	18484		125779	61275	86522	800
861340	153011	136225	56286	42053	51	917626	455467	534554	831
81297	12294	17613	8440	2131	1	89737	62871	62004	1800
13779	20	5657				13779	-5609	2955	
1632448	**337058**	**414178**	**304138**	**285098**	**421**	**1936586**	**1461772**	**1286802**	**127119**
296329	6643	43894	4733	4733		301062	50698	147077	100613
431528	94130	175619	56245	38245		487773	605735	400504	
898098	236285	191570	243102	242062	421	1141200	805357	736205	26506
6493		3095	58	58		6551	-18	3016	
2733412	**578801**	**599410**	**173407**	**125778**	**9622**	**2906819**	**1699525**	**1666317**	**13113**
1980609	347395	405996	151415	108667	6172	2132024	1203010	1292756	10583
1620	85	302				1620	2920	3250	
614941	195854	164059	17732	16311		632673	379439	257397	730
9615	603	4647				9615	2736	8131	300
126627	34864	24406	4260	800	3450	130887	111420	104783	1500
3382949	**565587**	**861538**	**335954**	**221022**	**206**	**3718903**	**2320203**	**2012933**	**31689**
58320	109		368	368		58688	2754	4340	556
1226531	258702	231106	193929	86096		1420460	594050	603373	7250
2098098	306776	630432	141657	134558	206	2239755	1723399	1405220	23883
6998097	**1269780**	**1655909**	**1951770**	**972263**	**4536**	**8949867**	**9344480**	**7128057**	**2161649**
6075641	1130281	1399972	1653050	778952	2440	7728691	8331977	6161783	1909713
426047	45129	163501	28202	21863	2096	454249	451124	413766	18330
496409	94370	92436	270518	171448		766927	561379	552508	233606
1694366	**380629**	**328489**	**159028**	**154412**		**1853394**	**1161440**	**748625**	**38497**
501581	60504	61882	38285	38047		539866	352257	133970	6795
227679	33466	80336	12909	10545		240588	226695	183350	1294
675843	260947	127101	43821	43543		719664	406082	260540	19735
103911	12999	20252	20679	18957		124590	67284	111762	10673
185352	12713	38918	43334	43320		228686	109122	59003	

1-12 续表 7

	累计折旧	本年折旧	在建工程	固定资产净值年平均余额	无形资产	资产总计
石油加工、炼焦及核燃料加工业	**5089420**	**481641**	**1308282**	**4693375**	**82517**	**13462484**
精炼石油产品的制造	3905463	418766	1178717	3944430	80609	11446512
炼焦	1183278	62715	129565	748443	1908	1997871
核燃料加工	679	160		502		18101
化学原料及化学制品制造业	**16606736**	**2133521**	**1236909**	**17715544**	**2903681**	**44698019**
基础化学原料制造	4983095	716869	517038	5361979	1226835	13145675
肥料制造	111703	16942	86071	377034	199331	1614967
农药制造	33695	6755	10053	67180	40472	337855
涂料、油墨、颜料及类似产品制造	493034	94296	118456	1062766	156739	4377828
合成材料制造	9477310	980743	219886	7522452	909730	12903962
专用化学产品制造	942958	210899	215139	2181038	111023	7060605
日用化学产品制造	564941	107017	70266	1143095	259551	5257127
医药制造业	**2312501**	**482744**	**2324683**	**5656695**	**1638140**	**28713941**
化学药品原药制造	76137	14686	21477	192034	47225	629589
化学药品制剂制造	1048628	244260	876391	2739367	577784	12028527
中药饮片加工	32759	8864	96534	132192	86126	903089
中成药制造	684965	122519	739957	1515539	333337	8741805
兽用药品制造	33022	5990	42093	41030	10632	364463
生物、生化制品的制造	388943	74623	447662	918475	397015	5299303
卫生材料及医药用品制造	48047	11802	100569	118058	186021	747165
化学纤维制造业	**49990**	**11998**	**10172**	**241887**	**20734**	**736373**
纤维素纤维原料及纤维制造	1446	299	750	9014	12201	39269
合成纤维制造	48544	11699	9422	232873	8533	697104
橡胶制品业	**736341**	**83164**	**107428**	**960136**	**206827**	**3329860**
轮胎制造	411509	38952	78726	483791	97191	1393643
橡胶板、管、带的制造	8204	2122	2156	33355	6776	203670
橡胶零件制造	83216	12931	6936	123599	22278	801246
再生橡胶制造	480	74	84	2265		11509
日用及医用橡胶制品制造	129137	10590	3574	132328		295033
橡胶靴鞋制造	4611	352		11906	6985	135917
其他橡胶制品制造	99184	18143	15952	172892	73597	488842
塑料制品业	**1530400**	**255606**	**246588**	**2867405**	**145104**	**8966928**
塑料薄膜制造	212283	35627	54060	417356	55314	1292912
塑料板、管、型材的制造	277894	53604	54866	660236	28620	1826421
塑料丝、绳及编织品的制造	72267	9431	6593	93542	1873	385749
泡沫塑料制造	91296	11923	25850	181287	819	789817
塑料人造革、合成革制造	85235	11458	3694	144615	214	305887
塑料包装箱及容器制造	329962	56122	50671	504066	27034	1440662
塑料零件制造	103731	20605	6567	181256	7440	530283
日用塑料制造	308024	49960	38069	582384	22534	1996025
其他塑料制品制造	49708	6876	6218	102663	1256	399172
非金属矿物制品业	**6266604**	**1100079**	**1982806**	**13257437**	**1864260**	**41338084**
水泥、石灰和石膏的制造	1689248	226339	282376	3073666	573562	8276585
水泥及石膏制品制造	2331472	511851	833505	4422036	271109	17663228
砖瓦、石材及其他建筑材料制造	713483	111823	241728	1857469	553781	5515120
玻璃及玻璃制品制造	797360	120979	460980	1518389	275144	5123686
陶瓷制品制造	461549	80515	48199	1828395	132442	2507616
耐火材料制品制造	129771	21808	72867	273760	14429	1089886
石墨及其他非金属矿物制品制造	143721	26764	43151	283722	43793	1161963

计量单位：千元

流动负债			长期负债			负债合计	所有者权益		
合计	#短期借款	应付账款	合计	#长期借款	应付债券		合计	#实收资本	国家资本
5397098	**1111357**	**1626248**	**633803**	**299629**		**6030901**	**7431583**	**3762639**	**393502**
4658740	596567	1453743	367844	119911		5026584	6419928	3182720	393502
731657	514790	172303	265959	179718		997616	1000255	575919	
6701		202				6701	11400	4000	
12756725	**2933346**	**2771682**	**2528972**	**2047892**	**3582**	**15285697**	**29412322**	**18151737**	**1091263**
3732540	1126566	729187	936222	882969	2924	4668762	8476913	6872689	287205
953769	147758	196109	116814	104940		1070583	544384	856112	213324
192918	60260	29987	4614	2126		197532	140323	121227	22719
1806653	370668	675730	253092	90397	162	2059745	2318083	2264247	62856
1542602	170984	293402	790475	736866		2333077	10570885	4314168	84285
2862770	709688	480466	336594	185667	10	3199364	3861241	1911703	295961
1665473	347422	366801	91161	44927	486	1756634	3500493	1811591	124913
9966964	**2963230**	**2016538**	**1566863**	**1139037**	**5839**	**11533827**	**17180114**	**8928798**	**691679**
294879	66196	36449	30228	27469	2759	325107	304482	257885	2700
4106341	1303096	749548	704532	607799	667	4810873	7217654	4259945	248324
549059	108668	286863	36357	31211		585416	317673	262210	1400
2964245	1115799	693411	345954	259361	2413	3310199	5431606	1901936	242114
203354	10547	44611	5190	2500		208544	155919	81107	9951
1612903	333265	165043	440655	207446		2053558	3245745	1721654	167725
236183	25659	40613	3947	3251		240130	507035	444061	19465
267540	**80536**	**33003**	**98539**	**17000**		**366079**	**370294**	**249165**	**2715**
17160		9964				17160	22109	19579	
250380	80536	23039	98539	17000		348919	348185	229586	2715
1782774	**237992**	**330856**	**429930**	**376687**	**1062**	**2212704**	**1117156**	**842946**	**53898**
897000	128302	122759	233821	233793		1130821	262822	176732	
110189	2598	25789	1042	52		111231	92439	120387	500
414849	39588	102442	11155	8400	1062	426004	375242	323177	2115
3662		2808	120	120		3782	7727	1428	1108
143989	13451	33516	82820	36578		226809	68224	63609	1911
60275	6368	12675	74642	74642		134917	1000	15230	
152810	47685	30867	26330	23102		179140	309702	142383	48264
4972679	**1334170**	**1298406**	**469586**	**320855**	**800**	**5442265**	**3524663**	**3437490**	**264562**
620360	243062	135820	31051	11445		651411	641501	527207	7858
908006	201903	272268	195138	167478		1103144	723277	789875	130175
229119	65299	66468	2537	2103		231656	154093	125202	1303
486577	127129	122529	6361	3589	44	492938	296879	238629	16641
159162	40462	34655	39295	39293		198457	107430	166298	27419
732761	221731	241285	75703	9587	756	808464	632198	557623	25051
277217	86238	83025	29015	20056		306232	224051	157662	2200
1319363	329748	272111	57451	36126		1376814	619211	715019	37860
240114	18598	70245	33035	31178		273149	126023	159975	16055
20235398	**4553143**	**7529055**	**4571935**	**3928196**	**2592**	**24807333**	**16530751**	**14235879**	**1013533**
3903963	1667393	952847	1059358	957554		4963321	3313264	3000915	32258
9717505	1442036	4784278	1155989	901750	1176	10873494	6789734	5005762	577399
2258827	444194	664081	320127	174314	1116	2578954	2936166	2732030	39624
2599454	691499	475599	261436	160251		2860890	2262796	1991873	306892
537060	140509	128773	1707216	1707216		2244276	263340	788821	18764
531875	133680	167332	18118	9700		549993	539893	329165	12515
686714	33832	356145	49691	17411	300	736405	425558	387313	26081

1-12 续表 8

	累计折旧	本年折旧	在建工程	固定资产净值年平均余额	无形资产	资产总计
黑色金属冶炼及压延加工业	**17572962**	**1341921**	**4489349**	**17217114**	**863853**	**56744954**
炼铁	19581	4603	1444	39830	2183	214297
炼钢	1728	336	2615	4164		18642
钢压延加工	17548168	1336822	4485247	17158162	861419	56484613
铁合金冶炼	3485	160	43	14958	251	27402
有色金属冶炼及压延加工业	**389826**	**74383**	**187433**	**942291**	**187838**	**4916327**
常用有色金属冶炼	16988	4998	3885	57424	2981	706276
贵金属冶炼	3867	868	928	9498	1534	70025
稀有稀土金属冶炼	48473	12824	31198	110650	37333	1268684
有色金属合金制造	56552	9347	9185	101501	54624	465269
有色金属压延加工	263946	46346	142237	663218	91366	2406073
金属制品业	**2286741**	**408372**	**1400824**	**5415934**	**636472**	**22160643**
结构性金属制品制造	977760	204634	511169	2809922	375513	11698165
金属工具制造	83282	10819	14748	188167	37858	712058
集装箱及金属包装容器制造	657019	89441	32982	870468	67143	2873853
金属丝绳及其制品的制造	45494	6428	31028	138991	34508	366191
建筑、安全用金属制品制造	165071	36636	193615	491562	91529	1921990
金属表面处理及热处理加工	56049	18797	279071	250680	2005	747997
搪瓷制品制造	52046	10242	1846	72552	9217	146001
不锈钢及类似日用金属制品制造	99513	14368	12755	179331	10220	657492
其他金属制品制造	150507	17007	323610	414261	8479	3036896
通用设备制造业	**3835090**	**559376**	**1972513**	**7036249**	**872752**	**34879161**
锅炉及原动机制造	549834	53054	361183	1194066	75692	6221381
金属加工机械制造	617890	79963	578516	1103872	62056	6236934
起重运输设备制造	207563	28304	306090	605889	145077	3208067
泵、阀门、压缩机及类似机械的制造	774981	154802	410260	1306135	233361	6189089
轴承、齿轮、传动和驱动部件的制造	195814	24682	8802	174918	26283	1025209
烘炉、熔炉及电炉制造	14267	3529	28150	37338	1430	301279
风机、衡器、包装设备等通用设备制造	950108	132576	193399	1727026	288411	8293257
通用零部件制造及机械修理	169785	32800	29191	323765	16243	1271743
金属铸、锻加工	354848	49666	56922	563240	24199	2132202
专用设备制造业	**3377308**	**481002**	**1327697**	**6826488**	**1477200**	**45769758**
矿山、冶金、建筑专用设备制造	518468	63207	70449	846208	173517	7665864
化工、木材、非金属加工专用设备制造	288437	34922	82272	671849	106757	2640501
食品、饮料、烟草及饲料生产专用设备	49984	9238	6060	106577	17438	590902
印刷、制药、日化生产专用设备制造	472447	69009	150438	933517	74482	4712378
纺织、服装和皮革工业专用设备制造	554845	63818	30595	574529	121075	6777615
电子和电工机械专用设备制造	448376	75641	400942	1137875	95571	5700123
农、林、牧、渔专用机械制造	71613	9043	6521	417700	60169	1286364
医疗仪器设备及器械制造	458973	74211	395150	1225677	406883	7268726
环保、社会公共安全及其他专用设备制造	514165	81913	185270	912556	421308	9127285
交通运输设备制造业	**7470537**	**1161942**	**3406392**	**13778394**	**1051977**	**65457719**
铁路运输设备制造	739161	79192	125580	904386	82753	4011390
汽车制造	4784279	815817	2980962	10538953	937718	47266289
摩托车制造	834	671		5957		63692
自行车制造	7779	1362	1236	25422	865	80019
船舶及浮动装置制造	1868	389	226	5268	3050	121365
航空航天器制造	1926141	261317	294844	2248105	26503	13651397
交通器材及其他交通运输设备制造	10475	3194	3544	50303	1088	263567

计量单位：千元

流动负债			长期负债			负债合计	所有者权益		
合　计	#短期借款	应付账款	合　计	#长期借款	应付债券		合　计	#实收资本	国家资本
24131391	**9410295**	**5197623**	**7181955**	**4669901**	**1600468**	**31313346**	**25431608**	**11903753**	**7035499**
144429	10906	59404	2317	1003	1077	146746	67551	51912	150
13605	6158	5816	431	431		14036	4606	3762	1006
23967884	9393231	5131290	7178534	4668467	1599391	31146418	25338195	11826442	7034343
5473		1113	673			6146	21256	21637	
2154998	**563714**	**627816**	**248758**	**187475**		**2403756**	**2512571**	**2070820**	**298089**
419139	105709	82597	10825	1607		429964	276312	235634	475
18657	3445	9677	7060	7060		25717	44308	46983	
328093	126934	147494	69488	59123		397581	871103	638437	200764
234993	21282	93654	8469	4492		243462	221807	159827	11499
1154116	306344	294394	152916	115193		1307032	1099041	989939	85351
11988646	**2741906**	**2731659**	**1180017**	**967330**	**6465**	**13168663**	**8991980**	**7486267**	**263719**
6693499	1434214	1528292	580402	465576	2217	7273901	4424264	3921828	130877
461918	52727	90917	7246	6151		469164	242894	199493	7966
1291166	437030	276180	397741	378121		1688907	1184946	1069657	110767
234390	48461	90690	37933	35058		272323	93868	129186	260
1159439	229646	220827	17407	15858	1059	1176846	745144	633235	276
380202	27908	35991	24053	2486		404255	343742	366161	56
58434	6665	12218				58434	87567	101987	
293481	18799	148194	33149	23030	1767	326630	330862	387630	2917
1416117	486456	328350	82086	41050	1422	1498203	1538693	677090	10600
19357106	**3271857**	**4714198**	**1943615**	**1503362**	**3648**	**21300721**	**13578440**	**11122185**	**841632**
5478191	1134012	676627	929171	890725		6407362	-185981	962448	209722
2814311	409835	430967	421133	269013	1045	3235444	3001490	1843231	133076
2131965	514463	319472	28798	19839	524	2160763	1047304	932113	127438
2307150	243390	1234110	255636	99965		2562786	3626303	2932195	68341
561374	99710	210589	16457	16457		577831	447378	410452	24960
198817	28088	53247	218	108		199035	102244	63525	300
4029905	575180	1178209	141582	121590	558	4171487	4121770	2848325	221520
594548	27078	214689	48166	22070	1003	642714	629029	486141	46837
1240845	240101	396288	102454	63595	518	1343299	788903	643755	9438
21268581	**3508802**	**4820115**	**2171426**	**1019749**	**30853**	**23440007**	**22329751**	**12920253**	**2294229**
3079527	216683	694211	541775	201432	26	3621302	4044562	2140235	1451203
1724450	281287	225845	57937	49434		1782387	858114	584523	78323
312163	35385	101311	40460	36349		352623	238279	206222	30118
1605406	292455	311378	17860	13035		1623266	3089112	1166746	228112
3239755	608592	632641	113829	22322		3353584	3424031	1326829	
2727861	556550	421762	692362	208221	29795	3420223	2279900	1728417	148405
447092	183446	106229	30630	26752		477722	808642	254681	54632
3039959	501375	1032600	443951	311297		3483910	3784816	2548156	66198
5092368	833029	1294138	232622	150907	1032	5324990	3802295	2964444	237238
34564773	**7069850**	**13224164**	**4189501**	**2906926**	**7126**	**38754274**	**26703445**	**19552590**	**2569706**
2344804	448241	1024016	83498	56028	51	2428302	1583088	1301508	77340
27409544	5834437	11646881	3019935	2636096	7075	30429479	16836810	11982909	1740643
5804		147	47900	47900		53704	9988	15000	
41352	20513	11845	1194	291		42546	37473	48583	
17691	3260	1899				17691	103674	70861	140
4603862	752889	518093	1035502	166610		5639364	8012033	6075734	751583
141716	10510	21283	1472	1		143188	120379	57995	

1-12 续表 9

	累计折旧	本年折旧	在建工程	固定资产净值年平均余额	无形资产	资产总计
电气机械及器材制造业	**2957344**	**540341**	**1374604**	**4727077**	**1205638**	**28505297**
电机制造	544622	55470	239834	568763	74161	4292718
输配电及控制设备制造	960043	165681	877814	1481622	458581	14010532
电线、电缆、光缆及电工器材制造	282986	143498	25801	529030	67476	1998610
电池制造	139785	53416	70388	545411	177076	1647680
家用电力器具制造	415778	35626	36090	918556	125898	3262921
非电力家用器具制造	67503	10467	11187	117234	19637	560266
照明器具制造	463783	62489	31822	404977	233920	1773787
其他电气机械及器材制造	82844	13694	81668	161484	48889	958783
通信设备、计算机及其他电子设备制造	**11688622**	**1879021**	**11333211**	**16209864**	**1778298**	**123238774**
通信设备制造	2687762	504002	609757	3993778	507630	38142514
雷达及配套设备制造	169955	35945	30249	650711	10334	1536327
广播电视设备制造	128991	25962	407609	329171	88235	3249415
电子计算机制造	1116608	287590	5611591	2451995	323611	42291082
电子器件制造	5016362	580032	4148912	4437569	496238	22447670
电子元件制造	1845236	332449	159679	2403567	143577	9167180
家用视听设备制造	512719	64218	69812	1228785	23592	2927178
其他电子设备制造	210989	48823	295602	714288	185081	3477408
仪器仪表及文化、办公用机械制造业	**1345599**	**210832**	**354654**	**2321451**	**605907**	**18359367**
通用仪器仪表制造	621379	110400	242793	1209998	301903	10854862
专用仪器仪表制造	202049	30465	66711	494048	235403	2769651
钟表与计时仪器制造	70065	4308	4504	68079	7182	198341
光学仪器及眼镜制造	305520	34131	38531	307469	11522	2110446
文化、办公用机械制造	117026	27181	1908	216317	44066	2144927
其他仪器仪表的制造及修理	29560	4347	207	25540	5831	281140
工艺品及其他制造业	**625122**	**107876**	**125044**	**1383110**	**133995**	**5014482**
工艺美术品制造	256892	26999	44206	450805	53675	1606007
日用杂品制造	27589	4054	1853	56023	3179	153667
煤制品制造	27800	3311	2346	46100	797	263098
核辐射加工	1368	127		1281	1267	58158
其他未列明的制造业	311473	73385	76639	828901	75077	2933552
废弃资源和废旧材料回收加工业	**23449**	**8987**	**30216**	**113930**	**4201**	**541935**
金属废料和碎屑的加工处理	10053	6958	5890	70772	1576	211707
非金属废料和碎屑的加工处理	13396	2029	24326	43158	2625	330228
电力、燃气及水的生产和供应业	**42172283**	**8811404**	**20244130**	**100342661**	**1328953**	**685175840**
电力、热力的生产和供应业	**35025170**	**7664126**	**14667397**	**81450047**	**640159**	**647430534**
电力生产	7613978	782636	1807683	9927962	500025	41882347
电力供应	23318793	6187792	11576440	61752346	79306	588117905
热力生产和供应	4092399	693698	1283274	9769739	60828	17430282
燃气生产和供应业	**2944647**	**489184**	**1200331**	**6833377**	**32431**	**14005456**
燃气生产和供应业	2944647	489184	1200331	6833377	32431	14005456
水的生产和供应业	**4202466**	**658094**	**4376402**	**12059237**	**656363**	**23739850**
自来水的生产和供应	3834110	490245	1158117	6448055	22090	11409553
污水处理及其再生利用	367649	167742	3218285	5609930	629782	12310683
其他水的处理、利用与分配	707	107		1252	4491	19614

计量单位：千元

流动负债			长期负债			负债合计	所有者权益		
合计	#短期借款	应付账款	合计	#长期借款	应付债券		合计	#实收资本	国家资本
14724869	**2719986**	**4503236**	**1365097**	**662102**	**12116**	**16089966**	**12415331**	**9064002**	**748381**
2847334	323230	322927	89312	38354	5757	2936646	1356072	1261435	19910
7585282	1489541	2811590	798156	219120	5305	8383438	5627094	3270365	118288
894683	209921	280035	74764	49458	395	969447	1029163	671723	87186
721167	268001	225408	115405	86475		836572	811108	821115	13182
1407364	230801	408046	192084	183231	89	1599448	1663473	1596492	162661
310811	43025	94308	7136	5336		317947	242319	178308	87698
610752	125765	204951	34103	27283		644855	1128932	891404	210868
347476	29702	155971	54137	52845	570	401613	557170	373160	48588
58828524	**16933500**	**21953832**	**5030990**	**3249144**	**125111**	**63859514**	**59379260**	**38701697**	**1580990**
21567009	5992190	8406411	651800	530071		22218809	15923705	9230799	473431
424928	40000	34270	29612	23155		454540	1081787	199412	127666
1519658	475494	270245	399272	267918	124303	1918930	1330485	1067070	48109
21308078	7513940	6931021	2320385	1422352		23628463	18662619	10687381	178863
7545395	1947153	3594039	1080261	661748	808	8625656	13822014	10452324	536066
3968097	714376	1782577	373798	311090		4341895	4825285	3456108	134786
930426	152094	462254	82247	2147		1012673	1914505	2066990	
1564933	98253	473015	93615	30663		1658548	1818860	1541613	82069
8904240	**1017328**	**2494048**	**696660**	**469022**	**6594**	**9603092**	**8756275**	**5411068**	**573619**
5437204	570390	1356529	357740	281333	6590	5794944	5059918	3165639	359070
1328368	176375	301625	144762	109291		1473130	1296521	1045946	108498
107453	500	16215	3106			110559	87782	93979	35362
819251	135758	195876	169771	73363	4	991214	1119232	444700	18652
1111867	117531	588380	15551	2469		1127418	1017509	565192	45729
100097	16774	35423	5730	2566		105827	175313	95612	6308
2602843	**352945**	**799029**	**407205**	**288203**	**100**	**3010048**	**2004434**	**2105715**	**273218**
943996	140325	295235	116962	83591	100	1060958	545049	523369	30754
78543	16286	35637	9891	6789		88434	65233	100034	4848
160454	12852	41375	25286	25006		185740	77358	72100	12592
34423	200	767				34423	23735	18200	
1385427	183282	426015	255066	172817		1640493	1293059	1392012	225024
129869	**29191**	**43143**	**173857**	**156100**		**303726**	**238209**	**217455**	**13489**
81231	24992	23078	30016	15822		111247	100460	93330	3969
48638	4199	20065	143841	140278		192479	137749	124125	9520
37492338	**7958603**	**7150949**	**81187334**	**34385770**	**7718599**	**118679672**	**566496168**	**320707631**	**241970254**
33488122	**6803518**	**6805204**	**76020084**	**32325556**	**7710677**	**109508206**	**537922328**	**300097868**	**231543321**
2560324	537532	314903	13657356	8229913	1275991	16217680	25664667	11288251	837099
27098892	4843720	5810441	59703817	21838874	6253670	86802709	501315196	283488322	226415652
3828906	1422266	679860	2658911	2256769	181016	6487817	10942465	5321295	4290570
1247483	**3900**	**127786**	**133362**	**73215**	**7922**	**1380845**	**12624611**	**9347950**	**8727**
1247483	3900	127786	133362	73215	7922	1380845	12624611	9347950	8727
2756733	**1151185**	**217959**	**5033888**	**1986999**		**7790621**	**15949229**	**11261813**	**10418206**
2077808	1116310	165231	1180917	1063646		3258725	8150828	6097664	5838005
670410	34875	50330	3852971	923353		4523381	7787302	5152647	4579901
8515		2398				8515	11099	11502	300

1-12 续表 10

	集体资本	法人资本	#国家法人	集体法人	个人资本	港澳台资本
总 计	**7652017**	**167080499**	**132571378**	**13063825**	**32871484**	**10661243**
采矿业	**156434**	**1482451**	**1338703**	**97939**	**131695**	
煤炭开采和洗选业	**118548**	**352710**	**304495**	**19787**	**37983**	
烟煤和无烟煤的开采洗选	118548	352680	304495	19787	37983	
其他煤炭采选		30				
石油和天然气开采业		**856500**	**850000**	**5700**	**10200**	
天然原油和天然气开采					7600	
与石油和天然气开采有关的服务活动		856500	850000	5700	2600	
黑色金属矿采选业	**9145**	**56268**	**55678**	**60**	**29720**	
铁矿采选	9120	56268	55678	60	29520	
其他黑色金属矿采选	25				200	
有色金属矿采选业	**475**	**54130**		**53000**	**305**	
常用有色金属矿采选	440	50710		50000	280	
贵金属矿采选	35	3366		3000		
稀有稀土金属矿采选		54			25	
非金属矿采选业	**28046**	**161910**	**128530**	**18892**	**53487**	
土砂石开采	25494	126026	95094	18262	49222	
石棉及其他非金属矿采选	2552	35884	33436	630	4265	
其他采矿业	**220**	**933**		**500**		
其他采矿业	220	933		500		
制造业	**7298013**	**91086149**	**57336431**	**12683358**	**32400079**	**10145073**
农副食品加工业	**88984**	**1517105**	**736065**	**340930**	**853431**	**262145**
谷物磨制	14204	155973	78268	50425	153495	71462
饲料加工	6260	246565	91177	81963	290264	56792
植物油加工	2154	80962	71027	1500	4300	54756
制糖	500	4850	4700		1300	
屠宰及肉类加工	45165	571207	254865	91795	252126	21188
水产品加工	1893	57396	15640	800	12632	2257
蔬菜、水果和坚果加工	15658	153039	40661	56435	76510	50680
其他农副食品加工	3150	247113	179727	58012	62804	5010
食品制造业	**110168**	**1706432**	**611005**	**412809**	**1140084**	**609686**
焙烤食品制造	17017	209352	159138	17557	126957	169492
糖果、巧克力及蜜饯制造	16455	53578	15293	14659	27525	6634
方便食品制造	28216	130381	109263	9198	102195	76903
液体乳及乳制品制造	4350	494784	118019	149925	261347	118529
罐头制造	667	2350			20050	445
调味品、发酵制品制造	22395	76052	56648	3550	78034	5883
其他食品制造	21068	739935	152644	217920	523976	231800
饮料制造业	**149149**	**3163808**	**1647530**	**417050**	**660556**	**419579**
酒精制造		500		500	210	
酒的制造	94865	2076780	1478266	80592	226148	210911
软饮料制造	50484	1057617	145828	330483	420285	207434
精制茶加工	3800	28911	23436	5475	13913	1234

计量单位：千元

外商资本	主营业务收入	直接出口产品销售收入	主营业务成本	营业费用	主营业务税金及附加	其他业务收入	其他业务利润	管理费用	#税金
48365658	**622530749**	**66437521**	**524453786**	**25852286**	**4885413**	**18366358**	**4295393**	**40666256**	**855236**
11379	**15273535**	**647279**	**12347974**	**566489**	**82183**	**70457**	**38607**	**617026**	**8511**
	12948788	**645548**	**10859881**	**487173**	**45316**	**33645**	**12991**	**356682**	**6476**
	12948758	645548	10859871	487168	45316	33645	12991	356681	6476
	30		10	5				1	
	753979		**477644**	**6669**	**7737**	**2393**	**1058**	**84766**	**415**
	9602		4235	1195	66	1984	649	1034	4
	744377		473409	5474	7671	409	409	83732	411
	1019464		**570928**	**46972**	**21869**	**20096**	**16388**	**108644**	**798**
	1014333		567390	46871	21814	20092	16384	108250	798
	5131		3538	101	55	4	4	394	
	54141		**49530**	**486**	**209**			**1554**	**56**
	52252		48089	282	196			1436	54
	1388		1071	106	11			118	2
	501		370	98	2				
11379	**496175**	**1731**	**389162**	**25119**	**7012**	**14323**	**8170**	**65312**	**759**
11379	459434	1731	362612	22206	6494	14323	8170	57982	698
	36741		26550	2913	518			7330	61
	988		**829**	**70**	**40**			**68**	**7**
	988		829	70	40			68	7
45182251	**525950870**	**65788741**	**435504080**	**25163917**	**4456722**	**17271258**	**3902111**	**38442067**	**770704**
739847	**12552580**	**855510**	**11111615**	**642800**	**17284**	**144543**	**49241**	**548333**	**13460**
58974	1064679	6	877253	46912	415	6833	3894	77064	962
24499	3636530	14705	3091517	247518	3322	84423	6535	170855	2732
35409	540675	10748	505700	13214	111	176	55	13577	229
	77742		67904	4054	2988			3287	43
274441	5649435	604164	5248034	203905	4614	17204	12484	162833	4917
3778	76208	6249	64078	6916	71	1594	1482	7612	155
205875	529445	86358	418275	48222	1757	6459	3343	47844	1612
136871	977866	133280	838854	72059	4006	27854	21448	65261	2810
4946812	**12243102**	**519895**	**8172097**	**2753953**	**19686**	**353284**	**80973**	**1302932**	**31182**
1031688	2502599	115261	1779662	467642	4003	71337	4817	203155	6488
1169181	2197785	148045	1135406	834733	765	17057	1505	303911	8842
39290	1028430	30983	812034	100470	1463	51305	8221	98007	2289
748021	2556231		2074663	371045	3958	102720	11789	190159	4281
66939	93973	4492	83829	6400	219	1625	747.	6736	298
208781	710326	33073	543141	71565	1173	2023	1230	69173	1537
1682912	3153758	188041	1743362	902098	8105	107217	52664	431791	7447
1314674	**8934573**	**292800**	**6025940**	**1220449**	**592883**	**756642**	**86165**	**751203**	**14173**
119600	68038	10478	50459	4683	1355	26	22	6370	199
572024	4468261	39913	3126321	345129	586792	611941	67088	408361	7689
614480	4277436	228322	2767097	836462	4566	144394	19001	328538	6253
8570	120838	14087	82063	34175	170	281	54	7934	32

1-12 续表 11

	集体资本	法人资本	#国家法人	集体法人	个人资本	港澳台资本
烟草制品业	**910**	**474570**	**472880**		**2840**	
烟叶复烤					40	
卷烟制造		472880	472880		2800	
其他烟草制品加工	910	1690				
纺织业	**248247**	**1911700**	**1296901**	**501932**	**506597**	**227424**
棉、化纤纺织及印染精加工	82818	629027	516901	69423	84968	14627
毛纺织和染整精加工	32380	242817	212948	25939	13183	64218
麻纺织					508	
丝绢纺织及精加工	1658	39651	39422	100	5836	
纺织制成品制造	35446	220797	78784	116660	126613	43891
针织品、编织品及其制品制造	95945	779408	448846	289810	275489	104688
纺织服装、鞋、帽制造业	**355132**	**688814**	**87901**	**262562**	**1206536**	**277086**
纺织服装制造	349630	678735	85000	262032	1174757	276403
纺织面料鞋的制造	162	8829	2901	480	14820	
制帽	5340	1250		50	16959	683
皮革、毛皮、羽毛(绒)及其制品业	**68524**	**378563**	**62267**	**254687**	**158778**	**30396**
皮革鞣制加工		72012	60000	2000	12710	1000
皮革制品制造	56599	304359	1410	251816	105541	27078
毛皮鞣制及制品加工	11727	1335		871	38627	2318
羽毛(绒)加工及制品制造	198	857	857		1900	
木材加工及木、竹、藤、棕、草制品	**35922**	**390221**	**237794**	**68108**	**295349**	**318240**
锯材、木片加工	8548	14672	11014	1314	21245	1999
人造板制造	13423	118704	98766	14931	45568	215664
木制品制造	13851	256845	128014	51863	227321	100577
竹、藤、棕、草制品制造	100				1215	
家具制造业	**111474**	**506361**	**169765**	**109930**	**763682**	**83420**
木质家具制造	78870	353250	86165	74505	602001	82148
竹、藤家具制造	100				3150	
金属家具制造	16575	130584	83000	29384	100423	
塑料家具制造	2140	3000			2691	
其他家具制造	13789	19527	600	6041	55417	1272
造纸及纸制品业	**165771**	**717133**	**262730**	**227799**	**413948**	**124568**
纸浆制造	300	3474		413	10	
造纸	33272	312593	123741	143422	78221	77545
纸制品制造	132199	401066	138989	83964	335717	47023
印刷业和记录媒介的复制	**403582**	**2234623**	**1086593**	**452644**	**1370367**	**370702**
印刷	358737	1769688	836262	317600	1217712	344450
装订及其他印刷服务活动	40213	210093	165718	26444	114885	20312
记录媒介的复制	4632	254842	84613	108600	37770	5940
文教体育用品制造业	**123202**	**325402**	**197742**	**87027**	**133042**	**32087**
文化用品制造	8920	70328	26799	38761	30333	8045
体育用品制造	50808	40438		26281	41179	2409
乐器制造	12254	171637	155967	11628	19623	17061
玩具制造	25503	33113	14976	9707	24534	828
游艺器材及娱乐用品制造	25717	9886		650	17373	3744

计量单位：千元

外商资本	主营业务收入	直接出口产品销售收入	主营业务成本	营业费用	主营业务税金及附加	其他业务收入	其他业务利润	管理费用	#税金
	1529429	**63525**	**603586**	**54364**	**569713**	**715**	**653**	**144730**	**1405**
	308		62	212	16			18	
	1520876	63525	599286	54053	569601	712	640	143049	1395
	8245		4238	99	96	3	13	1663	10
722465	**6355498**	**1273211**	**5522518**	**347126**	**14005**	**269287**	**157734**	**678432**	**20429**
58030	997547	33729	1052263	20437	3189	131393	92343	234924	9462
101433	461637	97770	413950	13747	572	31843	16427	70681	2340
	3000		2500	382	110			110	110
	249233		231323	7491	482	910	718	5474	275
387611	1235745	238662	1018343	67549	2613	32686	13310	105926	1729
175391	3408336	903050	2804139	237520	7039	72455	34936	261317	6513
492777	**7886145**	**2307997**	**6524706**	**591609**	**23928**	**226056**	**108857**	**834281**	**14409**
483869	7744324	2251287	6412826	576553	22230	219669	103945	814274	13764
7448	89115	46002	70366	11598	1224	6242	4891	14258	493
1460	52706	10708	41514	3458	474	145	21	5749	152
46343	**861135**	**422049**	**762959**	**30992**	**1486**	**59012**	**36137**	**120341**	**3151**
	38410		40316	820	31	3373	2758	14648	279
40146	609461	304771	529473	27125	1301	53753	31592	90518	2566
6197	210548	117278	191162	3008	103	1862	1765	14432	275
	2716		2008	39	51	24	22	743	31
119951	**1470259**	**142192**	**1334513**	**59189**	**3638**	**41556**	**20207**	**111987**	**3680**
	152088	1081	151624	2776	521	439	434	7729	173
7145	555741	284	495034	21789	682	15842	8825	27844	916
111105	754869	137210	682044	34209	2378	25275	10948	74527	2539
1701	7561	3617	5811	415	57			1887	52
188267	**3007828**	**711380**	**2449134**	**284921**	**10700**	**65259**	**31228**	**282259**	**7837**
165904	1876052	594933	1518553	194965	6805	31997	19325	200718	6036
	3172		2192	273	24	3	2	596	19
9085	890272	105264	728983	68575	2922	24698	4711	63780	1167
	9970	1069	8869	541	16	176	100	1069	8
13278	228362	10114	190537	20567	933	8385	7090	16096	607
559824	**4266579**	**37684**	**3507409**	**178976**	**9436**	**124796**	**41311**	**294042**	**7579**
	3957		3573	352	33	1701	402	1812	25
94492	934129	16118	845994	29493	3673	53896	4147	64400	1973
465332	3328493	21566	2657842	149131	5730	69199	36762	227830	5581
587134	**9452180**	**32290**	**7290588**	**263536**	**54180**	**494497**	**217298**	**1373215**	**30683**
561483	8490230	30569	6523823	196893	48667	452739	194563	1225017	27572
9933	424841	1721	315183	38577	3399	10916	3279	62152	1074
15718	537109		451582	28066	2114	30842	19456	86046	2037
96395	**1517096**	**596797**	**1235700**	**77046**	**4337**	**95080**	**25735**	**205785**	**4530**
9549	187971	57766	153284	9760	702	8637	4463	41946	749
47222	346172	161939	279395	15614	901	2891	1385	38619	628
20230	685111	221337	552458	34097	2093	75915	16272	93707	2271
17111	135245	108629	114189	7282	152	5197	2565	20329	430
2283	162597	47126	136374	10293	489	2440	1050	11184	452

1-12 续表 12

	集体资本	法人资本	#国家法人	集体法人	个人资本	港澳台资本
石油加工、炼焦及核燃料加工业	**19520**	**3000202**	**2927975**	**44626**	**260984**	**59248**
精炼石油产品的制造	19355	2427993	2355766	44626	255439	59248
炼焦	165	570209	570209		5545	
核燃料加工		2000	2000			
化学原料及化学制品制造业	**337777**	**11487317**	**9567623**	**766484**	**2210594**	**375704**
基础化学原料制造	68328	5985487	5861601	87572	193006	41032
肥料制造	15288	150015	63362	47699	354559	26747
农药制造	6208	44355	15000	26805	44425	193
涂料、油墨、颜料及类似产品制造	56444	970217	70231	147280	594606	169085
合成材料制造	37764	2793721	2657220	61111	232872	14395
专用化学产品制造	100903	678780	278459	215428	631451	86310
日用化学产品制造	52842	864742	621750	180589	159675	37942
医药制造业	**310087**	**3956642**	**1775243**	**562696**	**1939183**	**427780**
化学药品原药制造	6303	150960	62481	2688	49600	763
化学药品制剂制造	153437	1821703	1007330	203116	653093	186728
中药饮片加工	9948	77729	100	6423	156911	16222
中成药制造	56061	853138	556900	135628	588533	90293
兽用药品制造		42348	10615	12784	23476	4526
生物、生化制品的制造	29815	858107	122817	127154	316126	113547
卫生材料及医药用品制造	54523	152657	15000	74903	151444	15701
化学纤维制造业	**1708**	**171624**	**102656**	**3965**	**62340**	
纤维素纤维原料及纤维制造	600	1500			15000	
合成纤维制造	1108	170124	102656	3965	47340	
橡胶制品业	**31582**	**504038**	**437852**	**30935**	**76960**	**185**
轮胎制造	185	143417	123317	100	9520	
橡胶板、管、带的制造	4282	37587	24093	11835	9494	185
橡胶零件制造	8454	257808	238876	15176	34131	
再生橡胶制造	170				150	
日用及医用橡胶制品制造	11874	43943	42080	500	3591	
橡胶靴鞋制造	3748	10887	9246	1641	48	
其他橡胶制品制造	2869	10396	240	1683	20026	
塑料制品业	**339755**	**1099900**	**294320**	**461296**	**745725**	**221041**
塑料薄膜制造	59756	216297	105236	84585	49582	58529
塑料板、管、型材的制造	105639	248180	27297	73235	175602	14427
塑料丝、绳及编织品的制造	38142	37045	111	29471	35805	9508
泡沫塑料制造	4693	136439	87600	25449	49673	18005
塑料人造革、合成革制造	6452	25429		15311	2700	15936
塑料包装箱及容器制造	40495	186295	17725	145157	104117	63541
塑料零件制造	25904	20358	730	5443	34678	14737
日用塑料制造	50530	162742	40864	40012	234939	25241
其他塑料制品制造	8144	67115	14757	42633	58629	1117
非金属矿物制品业	**945171**	**6391048**	**4170126**	**779881**	**3512007**	**503124**
水泥、石灰和石膏的制造	154089	2182062	2016392	134586	195651	
水泥及石膏制品制造	389275	1726127	766714	269767	1724850	111912
砖瓦、石材及其他建筑材料制造	229774	1332773	650484	216512	859336	89821
玻璃及玻璃制品制造	119649	707141	455749	88924	444218	58021
陶瓷制品制造	27949	211794	194425	9492	24267	228990
耐火材料制品制造	15498	84458	53876	18821	133958	4673
石墨及其他非金属矿物制品制造	8937	146693	32486	41779	129727	9707

计量单位：千元

外商资本	主营业务收入	直接出口产品销售收入	主营业务成本	营业费用	主营业务税金及附加	其他业务收入	其他业务利润	管理费用	#税金
29183	**28048887**	**132127**	**25898620**	**559716**	**799105**	**861291**	**-24042**	**651547**	**12506**
27183	25921351	10795	24155446	537328	786490	859318	-9849	477626	8019
	2104201	121332	1729227	21035	12615	556	-14644	172612	4481
2000	23335		13947	1353		1417	451	1309	6
2649082	**41025586**	**802909**	**30011749**	**1563323**	**341397**	**642151**	**116094**	**2597082**	**48715**
297631	9284986	23907	7127181	285388	41049	210757	59367	659538	13454
96179	668476	32172	612537	30947	383	13878	3463	52493	1128
3327	181317	14154	120144	30437	524	2160	870	28132	396
411039	3151872	133430	2541670	173987	7888	95848	15029	306141	7749
1151131	21048383	99584	15304899	171794	114141	124709	2258	818398	14800
118298	3432033	467866	2622529	215579	15468	163469	27667	377585	5607
571477	3258519	31796	1682789	655191	161944	31330	7440	354795	5581
1603427	**11863862**	**399328**	**6259171**	**2519489**	**67377**	**245785**	**148499**	**1723836**	**32929**
47559	272544	76510	186980	39316	543	3221	394	43807	519
1196660	5596894	97901	2414138	1595212	24103	58350	41846	746792	13472
	841623		761721	24407	903	29746	227	44807	462
71797	3423055	180625	1925882	608750	33946	43448	35193	460943	11223
806	173854	6100	102499	14030	1059	983	724	29462	537
236334	1316601	37319	728823	148976	5976	26286	19393	341125	5719
50271	239291	873	139128	88798	847	83751	50722	56900	997
10778	**282947**	**11392**	**245692**	**7571**	**819**	**3657**	**2218**	**24343**	**435**
2479	19251	9	17851	414	47			1605	21
8299	263696	11383	227841	7157	772	3657	2218	22738	414
176283	**1981636**	**567370**	**1651092**	**71841**	**20835**	**67331**	**19368**	**198701**	**3347**
23610	703604	243362	603545	24723	17784	33181	5900	47701	822
68339	137132	1473	127839	2189	581	925	284	10700	151
20669	360068	18603	285287	12692	1791	12709	9053	70541	966
	17008		15029	61	139	546	546	834	27
2290	399106	219233	341827	17376	265	17617	2102	31761	887
547	30454	18348	26897	1272	35	428	306	4349	44
60828	334264	66351	250668	13528	240	1925	1177	32815	450
766507	**6575724**	**220677**	**5737491**	**211317**	**14748**	**338476**	**65254**	**534989**	**12101**
135185	919593	65313	804508	30346	1296	59438	11076	74691	2053
115852	1061751	20513	932217	50103	2479	64935	17760	113910	2640
3399	539352	1654	501179	4865	1044	70604	1662	30899	539
13178	660216		594960	19520	1452	21506	1847	40545	1270
88362	193884	1250	184142	6418	30	9326	5237	12726	183
138124	1232088	29560	1100746	28680	2245	39656	4506	66562	1881
59785	439040	33919	341200	7279	906	10571	5121	40666	772
203707	1275912	35842	1079051	49514	4405	37279	8240	118895	2043
8915	253888	32626	199488	14592	891	25161	9805	36095	720
1870996	**19720058**	**500388**	**16316415**	**829632**	**79718**	**441204**	**161669**	**1934556**	**43803**
436855	2855925		2283303	105265	14151	49705	20929	348229	10860
476199	9457027	24863	8201725	352455	34207	225377	68583	734050	13222
180702	2621558	63736	2076107	180791	17923	51406	24130	325903	6662
355952	2417423	131499	1966296	99607	7622	69186	24662	282446	4615
277057	635964	130464	409033	17514	523	12763	10734	83120	5594
78063	858527	72911	668206	44178	2869	12608	4032	75773	1682
66168	873634	76915	711745	29822	2423	20159	8599	85035	1168

1-12 续表 13

	集体资本	法人资本	#国家法人	集体法人	个人资本	港澳台资本
黑色金属冶炼及压延加工业	**96300**	**3911660**	**3836854**	**42393**	**630661**	**1166**
炼铁	7874	14031	1136	4260	24998	
炼钢	175	1000		500	1581	
钢压延加工	73276	3895329	3835718	37633	602521	1166
铁合金冶炼	14975	1300			1561	
有色金属冶炼及压延加工业	**57302**	**1220455**	**743807**	**201920**	**428639**	**6196**
常用有色金属冶炼	4922	206945	117079	49193	20469	548
贵金属冶炼	3383	43000		43000	600	
稀有稀土金属冶炼	3900	137776	50000	2400	263950	4152
有色金属合金制造	9322	117802	100831	2822	16886	710
有色金属压延加工	35775	714932	475897	104505	126734	786
金属制品业	**667063**	**2474040**	**921349**	**611318**	**2370672**	**653613**
结构性金属制品制造	299366	1463620	360964	446236	1549117	41552
金属工具制造	40363	49954	4997	22847	64528	1089
集装箱及金属包装容器制造	48667	136072	12322	29126	161474	409565
金属丝绳及其制品的制造	22179	46789	32000	13875	57045	430
建筑、安全用金属制品制造	113123	173657	78872	40007	129892	17413
金属表面处理及热处理加工	22055	236106	214094	4675	36709	655
搪瓷制品制造	1330	22902	19663		33100	1800
不锈钢及类似日用金属制品制造	21199	70691	6000	38236	124583	140702
其他金属制品制造	98781	274249	192437	16316	214224	40407
通用设备制造业	**583066**	**3853798**	**2596378**	**385384**	**2112816**	**185072**
锅炉及原动机制造	177062	185081	129339	29176	133965	8187
金属加工机械制造	64699	1228227	1098819	35400	150009	10188
起重运输设备制造	34471	448238	419753	10005	146028	9244
泵、阀门、压缩机及类似机械的制造	71682	600465	52433	33277	354079	71772
轴承、齿轮、传动和驱动部件的制造	9689	192650	147631	11019	35377	63
烘炉、熔炉及电炉制造	9825	6850	2000	2600	42563	
风机、衡器、包装设备等通用设备制造	140492	772142	534450	156810	971611	70714
通用零部件制造及机械修理	34619	102528	12268	37385	145915	4824
金属铸、锻加工	40527	317617	199685	69712	133269	10080
专用设备制造业	**213068**	**5683375**	**3190533**	**1287287**	**2696401**	**620395**
矿山、冶金、建筑专用设备制造	21860	389485	287230	43912	178824	33788
化工、木材、非金属加工专用设备制造	21131	316877	219095	60314	121602	27492
食品、饮料、烟草及饲料生产专用设备	5293	27198	4785	12335	71883	11438
印刷、制药、日化生产专用设备制造	11995	465942	405728	22925	409204	14642
纺织、服装和皮革工业专用设备制造	3418	879803	363954	5980	235072	184989
电子和电工机械专用设备制造	14925	1024844	711664	227144	215889	66241
农、林、牧、渔专用机械制造	3701	134586	66775	57229	38588	1714
医疗仪器设备及器械制造	21701	1216601	552438	508930	685364	138322
环保、社会公共安全及其他专用设备制造	109044	1228039	578864	348518	739975	141769
交通运输设备制造业	**558495**	**9125469**	**7475878**	**689588**	**1062921**	**1869623**
铁路运输设备制造	31465	965213	914917	33801	164463	6731
汽车制造	521123	4620353	3103945	616332	855707	181342
摩托车制造		15000		15000		
自行车制造	3367	38317	15300	21905	5424	
船舶及浮动装置制造		62810	54100	210	3960	210
航空航天器制造	440	3411436	3382956		4765	1679800
交通器材及其他交通运输设备制造	2100	12340	4660	2340	28602	1540

计量单位：千元

外商资本	主营业务收入	直接出口产品销售收入	主营业务成本	营业费用	主营业务税金及附加	其他业务收入	其他业务利润	管理费用	#税金
228467	**40625574**	**2290368**	**34111948**	**392529**	**192028**	**2308971**	**44700**	**3100326**	**78752**
4859	374408	24482	346052	3644	1218	1674	1613	11028	283
	30044	500	28602	70	89	99	59	601	35
219807	40206091	2261240	33724237	388642	190502	2307198	43028	3087283	78395
3801	15031	4146	13057	173	219			1414	39
60139	**5306435**	**709440**	**4848854**	**96470**	**10834**	**205703**	**23306**	**225505**	**3408**
2275	1577152	57107	1509943	26821	2412	13683	6485	26404	369
	186977		185625	716	30	46	46	2314	77
27895	755825	487937	613788	27023	562	1119	598	38107	460
3608	524302	13706	457751	8055	1602	113909	10922	34900	688
26361	2262179	150690	2081747	33855	6228	76946	5255	123780	1814
1057160	**13414922**	**837860**	**11351003**	**568538**	**56356**	**697048**	**150424**	**1146415**	**24680**
437296	7296537	366013	6164931	325076	42017	280794	84173	669574	14170
35593	493427	102414	407129	15979	2538	10700	7928	65219	1467
203112	2081817	169675	1748099	77598	1193	271777	9031	135071	2294
2483	175470	1	159349	4075	470	3681	1842	13884	859
198874	742992	2934	595171	59510	3014	35623	25038	83158	2061
70580	300788		281028	7669	1583	55782	3703	45178	1254
42855	47296	12343	46300	2782	110	8023	5113	8434	269
27538	881846	137476	775992	30357	1083	13135	5056	39262	1465
38829	1394749	47004	1173004	45492	4348	17533	8540	86635	841
3545801	**20426376**	**2591073**	**16561381**	**1064434**	**60013**	**1089250**	**366794**	**2236775**	**50273**
248431	2151017	34550	1810570	57359	4669	284697	106754	357861	10117
257032	2392673	105385	1972361	108586	11088	133295	53393	381956	6744
166694	1453600	940	1322402	50542	3568	87202	50695	213244	4942
1765856	4410250	1047085	3391720	251401	6580	108176	37452	356219	11427
147713	805699	70446	610198	47158	1799	14485	4224	87069	701
3987	308337		244708	29315	3890	6092	3306	32094	184
671846	6159990	493107	4850281	420539	18337	387414	77861	566545	9848
151418	1061218	312619	877977	46259	6063	44343	20043	130522	2110
132824	1683592	526941	1481164	53275	4019	23546	13066	111265	4200
1412785	**22636676**	**2379629**	**17325537**	**1144304**	**81709**	**1289306**	**286102**	**3269179**	**52165**
65075	2637259	27583	2122365	115466	10595	353725	34260	491263	7400
19098	1299352	54726	1054819	47713	3926	34372	15772	160534	2023
60292	390264	21981	302127	19140	3207	10649	5575	62991	888
36851	1809693	37482	1334206	118807	11225	62772	28440	254238	6049
23547	3912005	169732	3371262	113947	6144	412103	19222	324788	4484
258113	2283554	128110	1861415	70999	6006	65255	37608	327441	6680
21460	329697	18338	236592	24540	55	8504	6949	60719	2954
419970	4643097	1329525	2904350	304953	9747	140447	38768	944511	7471
508379	5331755	592152	4138401	328739	30804	201479	99508	642694	14216
4366376	**78209998**	**634629**	**67030553**	**2657085**	**1159390**	**2673520**	**372931**	**3985441**	**83738**
56296	3114077	5950	2465371	80783	14334	186192	31272	458450	5155
4063741	71283136	622508	61833094	2555398	1116668	2345764	262907	2737478	57792
	1561		1392	652				4548	2
1475	34176	5162	29722	1898	39			4659	36
3741	36926	779	24384	1486	323	2042	1267	3776	34
227710	3625965	230	2598422	15320	27090	131402	74644	762876	20582
13413	114157		78168	1548	936	8120	2841	13654	137

1-12 续表 14

	集体资本	法人资本			个人资本	港澳台资本
			#国家法人	集体法人		
电气机械及器材制造业	**513525**	**3842001**	**2152180**	**732818**	**1914591**	**182611**
电机制造	10569	1002871	900424	53865	80445	19638
输配电及控制设备制造	269845	1235214	302759	506152	1125048	13493
电线、电缆、光缆及电工器材制造	36329	174576	13214	25653	161473	4922
电池制造	59894	210076	50553	43609	161800	9648
家用电力器具制造	64942	1011282	864621	46150	159981	106310
非电力家用器具制造	9025	25112	4480	3901	46079	1267
照明器具制造	60769	121756	2940	37294	105282	25980
其他电气机械及器材制造	2152	61114	13189	16194	74483	1353
通信设备、计算机及其他电子设备制造	**307433**	**17378089**	**8723282**	**2428608**	**3343535**	**1690224**
通信设备制造	109725	4385318	2365613	1418068	1316216	380970
雷达及配套设备制造		14510	13128	1382	38315	1656
广播电视设备制造	4934	552721	120035	46716	307290	12093
电子计算机制造	62114	6270716	1882297	284864	756589	885455
电子器件制造	47501	2558042	1155060	446548	392385	28415
电子元件制造	64902	1361185	1099068	99609	256912	202876
家用视听设备制造	5147	1524479	1496779	17000	9861	
其他电子设备制造	13110	711118	591302	114421	265967	178759
仪器仪表及文化、办公用机械制造业	**238992**	**2092620**	**1022161**	**384858**	**1207614**	**533048**
通用仪器仪表制造	215056	1357779	629463	275299	721464	204260
专用仪器仪表制造	3276	326328	119036	37922	386318	91740
钟表与计时仪器制造	339	5917		4417	1600	
光学仪器及眼镜制造	11150	241428	194382	33422	28706	11689
文化、办公用机械制造	150	127656	66983	16501	28950	223119
其他仪器仪表的制造及修理	9021	33512	12297	17297	40576	2240
工艺品及其他制造业	**174515**	**774325**	**496041**	**120070**	**300849**	**60710**
工艺美术品制造	98135	158429	41540	36180	128606	34940
日用杂品制造	8449	18067	903	15129	27389	4688
煤制品制造	4058	16858	5074	3821	35279	2563
核辐射加工		16350	15650		1850	
其他未列明的制造业	63873	564621	432874	64940	107725	18519
废弃资源和废旧材料回收加工业	**41589**	**104814**	**33000**	**13753**	**18377**	
金属废料和碎屑的加工处理	20476	38802	33000	1132	10083	
非金属废料和碎屑的加工处理	21113	66012		12621	8294	
电力、燃气及水的生产和供应业	**197570**	**74511899**	**73896244**	**282528**	**339710**	**516170**
电力、热力的生产和供应业	**78763**	**64781682**	**64486631**	**208190**	**189288**	**471457**
电力生产	21607	6832608	6746911	83295	110545	471457
电力供应	378	57060609	57058018	2476	6504	
热力生产和供应	56778	888465	681702	122419	72239	
燃气生产和供应业	**13729**	**9129874**	**9123694**	**2510**	**29416**	**41672**
燃气生产和供应业	13729	9129874	9123694	2510	29416	41672
水的生产和供应业	**105078**	**600343**	**285919**	**71828**	**121006**	**3041**
自来水的生产和供应	97727	154286	35850	38678	5850	1796
污水处理及其再生利用	7000	445981	250069	33150	105626	
其他水的处理、利用与分配	351	76			9530	1245

计量单位：千元

外商资本	主营业务收入	直接出口产品销售收入	主营业务成本	营业费用	主营业务税金及附加	其他业务收入	其他业务利润	管理费用	#税金
1862893	**21135382**	**1827699**	**16630590**	**1167574**	**51689**	**551634**	**191504**	**1832586**	**42942**
128002	2715115	151121	2362381	68799	9294	52129	32307	205417	4792
508477	11986998	478038	8791333	774108	31540	191258	73507	1006790	16904
207237	1324688	27172	1162865	68870	2073	110276	6070	114856	2284
366515	1085017	532054	1032355	14272	318	15849	3376	60440	2517
91316	1566860	32179	1334765	92378	4218	76214	25557	160901	10692
9127	562254	21068	443279	54599	1525	20694	2146	43278	697
366749	1351944	565973	1087405	67507	1530	42949	28217	158677	2391
185470	542506	20094	416207	27041	1191	42265	20324	82227	2665
14401426	**127924191**	**42642427**	**114097914**	**4819789**	**138215**	**2690228**	**793305**	**6187642**	**97688**
2565139	58082223	26004408	53252824	1486892	29285	373394	82772	2343134	24304
17265	1023050	49088	825273	6116	341	49164	21996	144349	1267
141923	1520885	150531	1138857	114745	7418	39759	31454	170869	1487
2533644	36456289	3167183	32507764	2429824	65605	877059	222733	1270902	26540
6889915	15611432	6603035	13430989	380570	18835	225365	143578	921897	23230
1435447	9989482	4115470	8462067	151141	10754	439683	221379	832471	12019
527503	3138875	2261138	2896685	89734	1537	604733	37100	215702	5451
290590	2101955	291574	1583455	160767	4440	81071	32293	288318	3390
765175	**13671900**	**1712155**	**10421954**	**880166**	**48536**	**418697**	**249216**	**1611346**	**23120**
308010	7944974	234387	5977945	466992	38011	240419	155070	957479	12761
129786	1463234	46423	1029943	118708	7263	111281	56627	297909	3454
50761	159562	43384	110324	35484	270	8938	8199	24000	634
133075	1054647	39905	619850	153610	1294	27743	16171	174712	3745
139588	2865428	1346854	2562822	85661	176	27846	10732	118221	2323
3955	184055	1202	121070	19711	1522	2470	2417	39025	203
522098	**2856770**	**273867**	**2313338**	**100374**	**11875**	**113642**	**78739**	**512957**	**7411**
72505	844144	155370	694926	52316	3771	71409	51799	204420	4455
36593	165316	79776	148592	6089	628	322	189	15669	513
750	238661	10837	213380	10988	1832	6024	1303	16380	252
	42287		28932	2203	654	5913	1450	6731	23
412250	1566362	27884	1227508	28778	4990	29974	23998	269757	2168
39186	**167542**	**73**	**150013**	**4804**	**802**	**2637**	**491**	**21301**	**173**
20000	109229		96855	3955	632	114	109	10939	84
19186	58313	73	53158	849	170	2523	382	10362	89
3172028	**81306344**	**1501**	**76601732**	**121880**	**346508**	**1024643**	**354675**	**1607163**	**76021**
3033357	**74082580**	**1**	**70048394**	**74027**	**309241**	**515178**	**245981**	**1013340**	**52116**
3014935	5737962	1	4191877	4282	30380	128717	79778	466846	20810
5179	65172329		62563124	1071	264131	169298	62856	196835	17113
13243	3172289		3293393	68674	14730	217163	103347	349659	14193
124532	**4640120**	**1500**	**3992366**	**23552**	**26874**	**438064**	**61847**	**307519**	**11136**
124532	4640120	1500	3992366	23552	26874	438064	61847	307519	11136
14139	**2583644**		**2560972**	**24301**	**10393**	**71401**	**46847**	**286304**	**12769**
	2046038		2106060	17962	9569	69796	45250	196000	12141
14139	526224		448288	4547	765	763	755	85993	598
	11382		6624	1792	59	842	842	4311	30

1-12 续表 15

	财产保险费	差旅费	工会经费	办公费	职工教育费	排污费
总计	**378721**	**1220873**	**352557**	**1799469**	**334690**	**86102**
采矿业	**1702**	**11830**	**7856**	**20424**	**6965**	**3737**
煤炭开采和洗选业	**908**	**7774**	**6070**	**14219**	**5429**	**3412**
烟煤和无烟煤的开采洗选	908	7774	6070	14218	5429	3412
其他煤炭采选				1		
石油和天然气开采业	**117**	**1969**	**1021**	**479**	**804**	
天然原油和天然气开采		10		37	1	
与石油和天然气开采有关的服务活动	117	1959	1021	442	803	
黑色金属矿采选业	**421**	**710**	**544**	**1923**	**370**	**75**
铁矿采选	421	710	544	1922	369	75
其他黑色金属矿采选				1	1	
有色金属矿采选业		**96**		**225**	**1**	
常用有色金属矿采选		96		222	1	
贵金属矿采选				3		
稀有稀土金属矿采选						
非金属矿采选业	**256**	**1281**	**221**	**3578**	**361**	**250**
土砂石开采	250	1022	211	3437	324	240
石棉及其他非金属矿采选	6	259	10	141	37	10
其他采矿业						
其他采矿业						
制造业	**358864**	**1182836**	**323879**	**1733057**	**303954**	**71323**
农副食品加工业	**3928**	**27542**	**5068**	**29176**	**4130**	**1514**
谷物磨制	167	3292	707	1817	638	95
饲料加工	797	13922	757	12788	2100	255
植物油加工	132	450	98	990	40	19
制糖		363		424		
屠宰及肉类加工	1689	3948	2580	6941	753	805
水产品加工	29	583	14	375	25	70
蔬菜、水果和坚果加工	498	3638	245	3103	225	92
其他农副食品加工	616	1346	667	2738	349	178
食品制造业	**15845**	**49579**	**9011**	**53784**	**7581**	**3676**
焙烤食品制造	1786	5693	1222	7124	1089	195
糖果、巧克力及蜜饯制造	4321	16002	695	11489	518	26
方便食品制造	1811	2543	2039	5015	1316	201
液体乳及乳制品制造	1130	3322	2239	6673	2211	112
罐头制造	66	220	2	162	66	12
调味品、发酵制品制造	598	2031	810	2413	208	1985
其他食品制造	6133	19768	2004	20908	2173	1145
饮料制造业	**4284**	**17518**	**6813**	**29180**	**4379**	**1606**
酒精制造	96	203	54	114	40	20
酒的制造	2731	6706	5105	12976	2935	1257
软饮料制造	1409	10348	1643	14647	1392	315
精制茶加工	48	261	11	1443	12	14

计量单位：千元

财务费用	利息支出（净额）	营业利润	投资收益	补贴收入	营业外收入	营业外支出	利润总额	应交所得税	可供分配利润
6197598	**5340625**	**24769424**	**11733179**	**2518132**	**3431517**	**3190966**	**38984655**	**6794106**	**43325880**
9448	**14616**	**1689022**	**-546**	**8940**	**8724**	**23772**	**1683630**	**278190**	**1462054**
8424	**7869**	**1204303**	**1291**	**3029**	**3748**	**12425**	**1201943**	**164952**	**1088088**
8424	7869	1204289	1291	3029	3748	12425	1201929	164952	1088074
		14					14		14
-9419	**-2293**	**187640**	**1530**	**3**	**3499**	**233**	**192440**	**16328**	**246284**
-6	-7	3727			2	15	3714	559	3170
-9413	-2286	183913	1530	3	3497	218	188726	15769	243114
8818	**8582**	**278621**	**-34**	**1490**	**942**	**7097**	**273910**	**89501**	**102319**
8824	8588	277568	-34	1490	942	7097	272857	89485	101827
-6	-6	1053					1053	16	492
-374	**-378**	**2736**		**16**	**35**	**69**	**2750**	**939**	**309**
-375	-378	2624		16	35	69	2603	918	126
1		81					116	12	102
		31					31	9	81
1999	**836**	**15741**	**-3333**	**4402**	**500**	**3948**	**12607**	**6466**	**25021**
2009	848	16301	-3333	4291	495	3835	12766	6162	24104
-10	-12	-560		111	5	113	-159	304	917
		-19					**-20**	**4**	**33**
		-19					-20	4	33
4506249	**3713217**	**21778567**	**3078630**	**1635342**	**3234825**	**2653349**	**26873836**	**5750398**	**32518605**
72527	**64007**	**209262**	**38892**	**146660**	**21449**	**32651**	**320098**	**63652**	**338161**
2151	2106	64778	56	133	463	933	65998	6025	59191
14704	13037	115149	34067	98064	6634	6249	181534	23437	115375
3950	3916	4178	329	25	110	46	4616	786	2713
565	12	-1056			4	2	49	40	
35788	33874	6745	26	43762	11057	22513	38261	25089	107173
455	-8	-1442		367	3	411	-571	81	516
7047	5743	9643	2	226	352	2050	8002	3227	26447
7867	5327	11267	4412	4083	2826	447	22209	4967	26746
117852	**99485**	**-42445**	**-18236**	**15817**	**77302**	**81118**	**-41439**	**105255**	**178676**
11637	7124	41317	-13	2618	21204	8010	60460	24527	108481
10543	8763	-86068			15016	17481	-88659	6959	-51167
5606	5326	19071			2357	3325	19149	16752	-3003
28689	21319	-100494	-9777	2386	6259	7659	-108480	6600	-50923
2139	2053	-4603	6	1100	239	55	-3302	363	1216
5841	5413	20663	232	719	1210	2561	20556	3206	19431
53397	49487	67669	-8684	8994	31017	42027	58837	46848	154641
175709	**126003**	**254554**	**159776**	**23313**	**169113**	**79030**	**484958**	**94907**	**693916**
-299	-299	5492				114	5686	10	294
52940	12455	15806	102099	18980	116472	67216	189701	39892	355826
122644	113677	237130	57566	4333	52047	11355	293122	54823	337616
424	170	-3874	111		594	345	-3551	182	180

1-12 续表 16

	财产保险费	差旅费	工会经费	办公费	职工教育费	排污费
烟草制品业	**2620**	**1880**	**1176**	**4283**	**774**	**357**
烟叶复烤						
卷烟制造	2620	1863	1148	4207	759	357
其他烟草制品加工		17	28	76	15	
纺织业	**5104**	**20833**	**5888**	**25951**	**4431**	**7297**
棉、化纤纺织及印染精加工	1101	2966	2270	4473	1112	1376
毛纺织和染整精加工	555	1211	261	2824	1022	1648
麻纺织						
丝绢纺织及精加工	42	205	72	150	81	
纺织制成品制造	1231	4327	703	6606	581	115
针织品、编织品及其制品制造	2175	12124	2582	11898	1635	4158
纺织服装、鞋、帽制造业	**6990**	**40170**	**7778**	**60206**	**5623**	**3250**
纺织服装制造	6840	39113	7633	59192	5549	3168
纺织面料鞋的制造	115	730	99	683	71	60
制帽	35	327	46	331	3	22
皮革、毛皮、羽毛(绒)及其制品业	**741**	**3561**	**459**	**4640**	**477**	**244**
皮革鞣制加工	96	87	39	213	69	5
皮革制品制造	529	2465	388	3373	338	213
毛皮鞣制及制品加工	116	983	32	982	70	26
羽毛(绒)加工及制品制造		26		72		
木材加工及木、竹、藤、棕、草制品	**1430**	**3540**	**830**	**6615**	**972**	**345**
锯材、木片加工	426	346	17	607	60	1
人造板制造	479	932	257	1067	202	102
木制品制造	525	2193	555	4941	710	242
竹、藤、棕、草制品制造		69	1			
家具制造业	**2733**	**12562**	**1728**	**17436**	**1063**	**408**
木质家具制造	1817	8296	767	12961	802	384
竹、藤家具制造		93		26		
金属家具制造	503	3186	722	3186	194	14
塑料家具制造	19	66		133	3	
其他家具制造	394	921	239	1130	64	10
造纸及纸制品业	**6781**	**15053**	**1945**	**16836**	**1823**	**1018**
纸浆制造	16	22		31	6	3
造纸	683	3851	282	5200	221	804
纸制品制造	6082	11180	1663	11605	1596	211
印刷业和记录媒介的复制	**11318**	**23788**	**12499**	**63658**	**12449**	**2156**
印刷	10420	20512	11287	47694	9793	2016
装订及其他印刷服务活动	246	1338	472	5198	478	99
记录媒介的复制	652	1938	740	10766	2178	41
文教体育用品制造业	**1197**	**9247**	**2099**	**9935**	**748**	**161**
文化用品制造	557	1749	183	2463	147	45
体育用品制造	195	4090	640	2694	104	20
乐器制造	218	1724	1095	2243	345	91
玩具制造	128	913	178	1475	137	
游艺器材及娱乐用品制造	99	771	3	1060	15	5

计量单位：千元

财务费用	利息支出(净额)	营业利润	投资收益	补贴收入	营业外收入	营业外支出	利润总额	应交所得税	可供分配利润
10990	**10976**	**146699**	**73**	**1662**	**44**	**13116**	**135362**	**46608**	**88785**
10976	10976	144551	73	1662	44	13116	133214	45889	87325
14		2148					2148	719	1460
113248	**105639**	**-162097**	**48664**	**7616**	**292558**	**102631**	**87231**	**28081**	**121294**
19354	18356	-240277	12492	2231	198489	42428	-68879	3155	-229687
32480	30733	-53366		134	3789	9563	-58929	653	816
		-102					8	2	
4051	3960	1130	173	230		201	1048	255	452
10924	10209	43700	988	3013	15547	1244	62868	10272	27558
46439	42381	86818	35011	2008	74733	49195	151115	13744	322155
95217	**73258**	**-74739**	**52595**	**7143**	**29119**	**20706**	**-737**	**43952**	**116638**
94453	72614	-72067	52554	6892	29023	20615	1599	43579	113264
399	284	-3839	41	64	46	45	-3707	146	2000
365	360	1167		187	50	46	1371	227	1374
3729	**2263**	**-22235**	**379**	**1422**	**26231**	**4517**	**719**	**6900**	**13361**
481	478	-15128	89		8481	2140	-8699	71	-4150
2361	1011	-9725	289	1328	14201	2164	3412	4863	13338
736	623	2872	1	80	2819	168	5561	1951	4162
151	151	-254		14	730	45	445	15	11
19988	**15537**	**-38849**	**1384**	**14663**	**17792**	**6697**	**-9060**	**10818**	**42957**
448	434	-10576	271	399	9110	97	1111	749	1473
2289	295	16928	1059	13941	154	543	31291	7776	97128
17247	14805	-44588	54	323	8528	6057	-40903	2275	-55680
4	3	-613					-559	18	36
30246	**26724**	**-18204**	**10402**	**7842**	**5855**	**4059**	**-295**	**20138**	**93892**
18319	15722	-43983	5847	3201	4707	1729	-32957	8326	24808
2		87			27	8	123	44	39
9084	8374	21639	4555	4604	994	807	32094	11082	71232
-13	-13	-412			1	1178	-1403	3	-33
2854	2641	4465		37	126	337	1848	683	-2154
33348	**27144**	**284679**	**8731**	**20192**	**29209**	**19118**	**331710**	**98323**	**477988**
-15	-15	-1396			1152	297	-631	34	
10180	9510	-15464	-811	10766	13717	15954	-535	6190	-10025
23183	17649	301539	9542	9426	14340	2867	332876	92099	488013
68278	**55576**	**619681**	**15513**	**19250**	**95039**	**58642**	**716299**	**174602**	**649360**
57693	45508	632700	13990	10892	93189	53192	721218	165324	619591
3240	2948	5569	1838	3590	1018	3624	10091	5619	16257
7345	7120	-18588	-315	4768	832	1826	-15010	3659	13512
23982	**21361**	**-4019**	**53528**	**1031**	**31116**	**10707**	**71241**	**10662**	**230818**
1952	1860	-15210	49821	513	5190	4609	35922	1641	167369
1181	828	11847	75		86	1099	10945	2778	11844
17623	16019	1405	3453	30	22147	3866	23177	3678	39420
1109	871	-5251	177	51	3611	524	-1937	157	9145
2117	1783	3190	2	437	82	609	3134	2408	3040

1-12 续表 17

	财产保险费	差旅费	工会经费	办公费	职工教育费	排污费
石油加工、炼焦及核燃料加工业	**26758**	**10016**	**6709**	**14060**	**4804**	**473**
精炼石油产品的制造	23144	8439	4306	11441	3003	397
炼焦	3614	1545	2390	2396	1792	76
核燃料加工		32	13	223	9	
化学原料及化学制品制造业	**55902**	**54295**	**22825**	**95866**	**17394**	**10628**
基础化学原料制造	5627	7767	5533	13862	4753	2780
肥料制造	441	3782	199	3800	247	95
农药制造	220	1452	60	1930	209	2
涂料、油墨、颜料及类似产品制造	2397	13109	1541	21384	1465	680
合成材料制造	42970	8584	9969	14777	7879	6307
专用化学产品制造	2457	13610	2071	25216	2008	437
日用化学产品制造	1790	5991	3452	14897	833	327
医药制造业	**10503**	**50577**	**12866**	**84690**	**10516**	**1781**
化学药品原药制造	201	1531	325	2280	285	44
化学药品制剂制造	6032	25210	5210	29960	6240	407
中药饮片加工	252	1427	204	2477	251	14
中成药制造	2457	8942	4694	20724	1842	953
兽用药品制造	129	1329	277	1847	180	20
生物、生化制品的制造	739	9554	1916	24186	1475	342
卫生材料及医药用品制造	693	2584	240	3216	243	1
化学纤维制造业	**153**	**572**	**169**	**1950**	**97**	**19**
纤维素纤维原料及纤维制造		37		285		
合成纤维制造	153	535	169	1665	97	19
橡胶制品业	**1394**	**6152**	**1174**	**6620**	**1086**	**229**
轮胎制造	295	237	312	256	52	122
橡胶板、管、带的制造	23	438	14	715	205	10
橡胶零件制造	302	2627	398	3127	331	48
再生橡胶制造	6	1		38		
日用及医用橡胶制品制造	299	897	118	1143	224	34
橡胶靴鞋制造	16	71	17	206	24	3
其他橡胶制品制造	453	1881	315	1135	250	12
塑料制品业	**4701**	**22945**	**3456**	**42350**	**2949**	**1169**
塑料薄膜制造	477	1997	421	3596	389	245
塑料板、管、型材的制造	580	3815	741	5627	392	144
塑料丝、绳及编织品的制造	352	795	685	2522	469	42
泡沫塑料制造	364	1359	122	4601	218	173
塑料人造革、合成革制造	290	452	82	794	64	26
塑料包装箱及容器制造	1026	3358	346	4872	349	126
塑料零件制造	338	2184	223	2019	203	244
日用塑料制造	1172	6430	688	13934	639	139
其他塑料制品制造	102	2555	148	4385	226	30
非金属矿物制品业	**16243**	**61720**	**17546**	**103722**	**13727**	**4802**
水泥、石灰和石膏的制造	1431	5681	2673	5081	2274	1834
水泥及石膏制品制造	11024	24592	5759	50995	5361	1115
砖瓦、石材及其他建筑材料制造	1514	13498	4523	17655	1835	348
玻璃及玻璃制品制造	1426	7945	2467	14722	2585	1241
陶瓷制品制造	422	1984	1170	2295	595	74
耐火材料制品制造	170	4313	512	6608	631	110
石墨及其他非金属矿物制品制造	256	3707	442	6366	446	80

计量单位：千元

财务费用	利息支出（净额）	营业利润	投资收益	补贴收入	营业外收入	营业外支出	利润总额	应交所得税	可供分配利润
108591	**95599**	**7266**	**72322**	**139973**	**17716**	**79697**	**157887**	**15846**	**56748**
68934	65324	-114322	19030	225	13911	70806	-151654	2961	195855
39669	30297	114399	53292	139660	3805	8891	302264	11139	-144638
-12	-22	7189		88			7277	1746	5531
299480	**252647**	**6328649**	**190746**	**47908**	**272481**	**265614**	**6570920**	**1931357**	**5477565**
121352	116939	1109845	71533	2741	18664	38465	1168270	305804	816868
10642	9965	-35063	707	15652	50197	45469	-11615	3205	-116001
2926	2416	24	10	1101	350	217	331	3097	7035
28070	14898	109145	4196	8316	96772	16626	203741	23742	-62687
101045	79063	4540364	-641	4107	38535	103351	4473574	1441853	3415999
27774	25560	200765	15719	10083	60561	49377	231777	63268	254618
7671	3806	403569	99222	5908	7402	12109	504842	90388	1161733
193481	**152547**	**1249007**	**394943**	**22823**	**40640**	**169766**	**1517075**	**243734**	**3270751**
6169	5894	-3877	1200	4543	1417	214	1765	2173	-9505
111836	78729	746659	34575	2631	19108	116339	665651	128635	1390065
4485	4193	5527	363	6530	298	296	13571	3685	19556
58532	55842	370195	327547	7653	13517	47162	674645	74302	1550882
715	700	26813	3153	5	285	54	30429	2664	44766
10882	6448	100212	28094	1347	3307	2789	129221	26839	257738
862	741	3478	11	114	2708	2912	1793	5436	17249
12486	**12074**	**-5746**		**71**	**2404**	**321**	**-1484**	**1091**	**6870**
-2	-2	-664			3	7	-606	64	70
12488	12076	-5082		71	2401	314	-878	1027	6800
38892	**36023**	**19643**	**86835**	**3542**	**8542**	**15880**	**102251**	**17286**	**-20785**
25831	25810	-10080	7204	986	6363	46	4108	2075	8411
185	-99	-4078	9	9	1	195	-4295	212	11564
1424	1290	-2614	78845	2341	787	14487	64873	7938	-15318
6	6	1485					1484	34	-228
4436	3352	5543	776		423	450	6255	1843	3438
4038	3914	-5831		25	184	6	-5643	36	-22008
2972	1750	35218	1	181	784	696	35469	5148	-6644
50740	**45529**	**91693**	**14705**	**14446**	**53351**	**24843**	**147771**	**43548**	**65531**
8705	7970	11123	-1035	3844	18729	6712	26058	3401	16656
13118	12690	-32316	10885	1211	3438	614	-15183	6753	-3240
1117	594	1910	4027	1071	969	1689	6273	2113	14521
3079	2698	2507	3368	1029	16849	7377	16144	5331	29212
1680	947	-5875			270	1005	-6617	19	-387
9620	8536	28741	-9	2693	1994	1589	31441	10596	71104
3749	3242	50361	281	1353	3501	552	51674	3247	49052
10462	9739	21825	189	2963	4386	2028	27032	7679	-124377
-790	-887	13417	-3001	282	3215	3277	10949	4409	12990
370158	**279555**	**351248**	**77296**	**489373**	**94749**	**123103**	**866809**	**163701**	**1028301**
132092	115932	-6186	38697	146669	4168	40455	142435	6765	160865
82934	33668	120239	31192	272583	35387	36443	409208	75181	473602
27606	25319	17358	-1773	51690	10443	12405	60225	22823	91065
26031	20278	60083	8996	8407	34465	19099	91981	11403	141298
89509	74405	46999	109	42	708	9908	38186	18834	60771
5544	3994	65989	58	3069	1937	3261	66384	11234	43548
6442	5959	46766	17	6913	7641	1532	58390	17461	57152

1-12 续表 18

	财产保险费	差旅费	工会经费	办公费	职工教育费	排污费
黑色金属冶炼及压延加工业	**3290**	**30689**	**37845**	**48956**	**28401**	**7184**
炼铁	194	347	107	463	104	84
炼钢	37	3	3	147	3	
钢压延加工	2911	30274	37735	48125	28287	7100
铁合金冶炼	148	65		221	7	
有色金属冶炼及压延加工业	**1134**	**8616**	**1711**	**11774**	**1327**	**539**
常用有色金属冶炼	111	768	147	971	128	
贵金属冶炼	8	361	6	98	5	
稀有稀土金属冶炼	102	1569	430	1842	316	
有色金属合金制造	87	2082	253	3155	153	183
有色金属压延加工	826	3836	875	5708	725	356
金属制品业	**9361**	**44800**	**6800**	**82594**	**8235**	**1240**
结构性金属制品制造	4828	26617	3892	44438	5722	600
金属工具制造	990	2610	254	6122	339	67
集装箱及金属包装容器制造	1701	5031	1118	9346	698	202
金属丝绳及其制品的制造	41	850	56	1683	125	6
建筑、安全用金属制品制造	824	2960	396	7095	325	128
金属表面处理及热处理加工	130	877	216	1943	276	154
搪瓷制品制造	35	101	38	209		8
不锈钢及类似日用金属制品制造	587	1781	70	5750	130	40
其他金属制品制造	225	3973	760	6008	620	35
通用设备制造业	**13730**	**84945**	**18718**	**119153**	**11668**	**2876**
锅炉及原动机制造	1007	10889	2920	11830	692	77
金属加工机械制造	1773	14819	3938	15026	2573	1085
起重运输设备制造	700	5821	1750	10854	856	304
泵、阀门、压缩机及类似机械的制造	4238	17846	2871	28637	1887	382
轴承、齿轮、传动和驱动部件的制造	978	2298	1059	2361	606	95
烘炉、熔炉及电炉制造	124	1738	12	3251	66	3
风机、衡器、包装设备等通用设备制造	3326	22718	3443	31046	3105	495
通用零部件制造及机械修理	461	4929	642	6678	799	245
金属铸、锻加工	1123	3887	2083	9470	1084	190
专用设备制造业	**11635**	**117573**	**22954**	**163439**	**20091**	**4527**
矿山、冶金、建筑专用设备制造	2296	18349	3045	23595	3378	1744
化工、木材、非金属加工专用设备制造	802	8324	1413	10311	1500	177
食品、饮料、烟草及饲料生产专用设备	256	3417	491	4730	363	25
印刷、制药、日化生产专用设备制造	1390	7628	2977	9177	2234	112
纺织、服装和皮革工业专用设备制造	1529	9679	3593	8230	2135	1236
电子和电工机械专用设备制造	1571	17083	3229	17354	3548	406
农、林、牧、渔专用机械制造	219	3129	409	9211	325	32
医疗仪器设备及器械制造	1731	21538	3309	36469	1633	287
环保、社会公共安全及其他专用设备制造	1841	28426	4488	44362	4975	508
交通运输设备制造业	**88185**	**94938**	**45053**	**117654**	**30051**	**6094**
铁路运输设备制造	1447	28175	4944	14841	3451	332
汽车制造	85099	54253	25773	85360	14787	3224
摩托车制造	62	218	3	133	8	6
自行车制造	34	84	5	56	4	6
船舶及浮动装置制造	10	255	10	542	30	
航空航天器制造	1479	11323	14304	16177	11727	2508
交通器材及其他交通运输设备制造	54	630	14	545	44	18

计量单位：千元

财务费用	利息支出（净额）	营业利润	投资收益	补贴收入	营业外收入	营业外支出	利润总额	应交所得税	可供分配利润
703999	**678509**	**2169444**	**-521532**	**8111**	**173673**	**243912**	**1552083**	**558732**	**1257498**
1330	983	12749	1	2921	351	28	16491	3463	10390
148	148	593				10	581	155	428
702531	677388	2155924	-521533	5190	173220	243624	1534833	554951	1247336
-10	-10	178			102	250	178	163	-656
43606	**32999**	**104472**	**24850**	**10513**	**6410**	**2781**	**155943**	**24494**	**168774**
11458	8687	6599	7510	5530	1312	287	30409	1930	11656
102	99	-1764	-1891		48	8	-3814	30	
7153	6936	69790	30549	66	33	365	100096	7959	94168
3027	2020	29889	-2903	2779	2225	352	31625	3930	35963
21866	15257	-42	-8415	2138	2792	1769	-2373	10645	26987
140395	**90500**	**302639**	**38245**	**14948**	**48890**	**65248**	**336492**	**95247**	**565570**
69638	42400	109474	2617	10515	24326	21506	122596	48867	189371
1653	1414	8837	1	465	4208	3323	10333	7835	8446
31133	22843	97754	3006	1940	13848	9751	109165	11795	125188
3955	3877	-4421	208	29	1072	2563	-5556	275	-1185
15283	3341	11894	25	932	1207	2133	10956	4447	58398
6397	6245	-37364	850	437	341	849	-36897	2949	8008
504	443	-5721			9	59	-5746	99	161
486	-48	39722	283	197	1390	1042	39023	1930	-5330
11346	9985	82464	31255	433	2489	24022	92618	17050	182513
362679	**310735**	**507888**	**107891**	**59547**	**473300**	**381782**	**755823**	**195405**	**-705489**
239530	237535	-212218	22680	220	10493	8756	-184214	32166	-1447685
21122	5710	-49047	66542	41363	111512	98939	62867	14075	88773
29264	22675	-114725	-8180	7	50538	30577	-102220	2030	-115154
12289	5848	429493	730	1930	104303	69771	461765	58275	389682
6568	3883	57131	535		230	1389	56022	11392	37280
1161	992	475	276	330	1706	339	2537	806	8638
40480	22845	341669	22921	4187	118283	127878	358130	55666	280100
1662	2400	18778	1945	4732	69323	37963	54798	8167	-1372
10603	8847	36332	442	6778	6912	6170	46138	12828	54249
132561	**98551**	**969488**	**385656**	**214783**	**331866**	**184101**	**1752095**	**302329**	**2470380**
18757	15999	-86927	187598	140045	32051	15896	269287	19832	158349
13681	11170	34451	108	2578	8792	2162	44811	12330	30789
-336	661	8710	-347		11784	373	19707	3234	34061
12012	10306	107645	63828	3003	75215	75083	176354	26189	398278
1376	538	113710	127433	5513	7692	3806	250835	16467	750435
40972	33183	14329	8136	10914	36498	14574	65175	98906	49499
2444	-255	12296	2522	107	6292	3275	18130	5995	-35712
22420	9653	495884	9955	32174	7575	17627	517348	65657	828677
21235	17296	269390	-13577	20449	145967	51305	390448	53719	256004
261845	**226714**	**3488615**	**139682**	**86358**	**438905**	**301281**	**3868329**	**355386**	**4092969**
14464	13382	111947	14557	7808	5730	12808	130198	34673	22914
228037	195813	3075368	159020	47029	356045	256193	3396653	273850	3649378
-15	-15	-5016		1	3		-5012		
45	44	-2187		5	10	4	-2235	61	190
170	-12	8054	961	238	66	2	8449	274	2118
18856	17348	278045	-52939	31277	76632	32273	299674	38765	357670
288	154	22404	18083		419	1	40602	7763	60699

1-12 续表 19

	财产保险费	差旅费	工会经费	办公费	职工教育费	排污费
电气机械及器材制造业	**10139**	**66098**	**20393**	**100544**	**11342**	**2429**
电机制造	960	5928	2690	6298	1820	78
输配电及控制设备制造	5507	41506	13642	64937	6720	1134
电线、电缆、光缆及电工器材制造	434	3306	649	8688	352	388
电池制造	126	1034	859	2598	232	85
家用电力器具制造	1654	4180	787	4105	776	182
非电力家用器具制造	466	2775	287	1857	209	192
照明器具制造	618	5114	1101	9096	825	131
其他电气机械及器材制造	374	2255	378	2965	408	239
通信设备、计算机及其他电子设备制造	**34510**	**224474**	**37642**	**263252**	**85090**	**3074**
通信设备制造	14836	106604	16104	74382	65335	658
雷达及配套设备制造	350	1311	124	5058	1439	
广播电视设备制造	322	9927	871	13374	1037	139
电子计算机制造	3961	46713	6649	54538	7002	246
电子器件制造	6970	19597	6812	30520	4694	404
电子元件制造	6525	26436	4963	62282	3269	820
家用视听设备制造	974	3801	1347	3578	785	161
其他电子设备制造	572	10085	772	19520	1529	646
仪器仪表及文化、办公用机械制造业	**5480**	**64983**	**9514**	**129986**	**9159**	**1401**
通用仪器仪表制造	3038	43775	5070	52882	4583	465
专用仪器仪表制造	912	12951	1494	15744	1630	627
钟表与计时仪器制造	415	260	303	465	48	14
光学仪器及眼镜制造	587	3448	1366	4852	1026	275
文化、办公用机械制造	90	2967	1047	52297	1719	7
其他仪器仪表的制造及修理	438	1582	234	3746	153	13
工艺品及其他制造业	**2751**	**13380**	**3102**	**23839**	**3478**	**825**
工艺美术品制造	1267	5486	1002	10522	969	334
日用杂品制造	120	890	106	809	118	28
煤制品制造	45	391	158	467	117	13
核辐射加工		396	26	815	21	
其他未列明的制造业	1319	6217	1810	11226	2253	450
废弃资源和废旧材料回收加工业	**24**	**790**	**108**	**908**	**89**	**1**
金属废料和碎屑的加工处理		59	67	476	50	
非金属废料和碎屑的加工处理	24	731	41	432	39	1
电力、燃气及水的生产和供应业	**18155**	**26207**	**20822**	**45988**	**23771**	**11042**
电力、热力的生产和供应业	**16035**	**19983**	**15224**	**29559**	**17366**	**10420**
电力生产	1379	14750	6534	12705	5188	8975
电力供应	11396	1616	3499	3922	2613	
热力生产和供应	3260	3617	5191	12932	9565	1445
燃气生产和供应业	**1635**	**2242**	**3551**	**4100**	**2815**	**110**
燃气生产和供应业	1635	2242	3551	4100	2815	110
水的生产和供应业	**485**	**3982**	**2047**	**12329**	**3590**	**512**
自来水的生产和供应	175	1290	1074	4750	2324	504
污水处理及其再生利用	310	2678	971	7307	1252	6
其他水的处理、利用与分配		14	2	272	14	2

计量单位：千元

财务费用	利息支出（净额）	营业利润	投资收益	补贴收入	营业外收入	营业外支出	利润总额	应交所得税	可供分配利润
130040	**93927**	**1513028**	**33279**	**35498**	**114454**	**73649**	**1626388**	**263484**	**1365127**
20108	17375	80044	2023	2345	6177	1508	88886	16921	1610
65765	45133	1390969	33696	19030	16203	12313	1458092	217468	1267717
13431	5729	-31337	9404	3012	8995	2740	-11713	4524	-4139
12235	10240	-31227	1097	1481	37871	39290	-32372	243	-72373
9389	9193	-9234	37	6457	33484	2008	26480	11057	67696
55	-294	21664	232	2311	201	2017	21158	4907	22498
6855	5569	58187	1338	751	6685	12567	54611	4898	73847
2202	982	33962	-14548	111	4838	1206	21246	3466	8271
820043	**642569**	**2653893**	**1540482**	**140642**	**279212**	**220478**	**4306927**	**654797**	**8806799**
429688	357513	623172	858291	17918	56593	75020	1468393	389505	3591466
-319	-77	69286	22977	3787	1167	9251	87673	2711	196771
21147	19528	99303	5242	29793	9682	2786	112871	13054	169101
252440	187652	152487	571774	22660	90464	68676	708469	58528	2022785
54817	44367	947902	6032	58260	95747	31338	1096064	119616	1843776
50559	25509	703869	51306	1942	13182	15806	749314	58819	719013
7252	5315	-34935	18199	2750	1229	6653	-19607	7296	23429
4459	2762	92809	6661	3532	11148	10948	103750	5268	240458
40429	**22210**	**918685**	**119361**	**60893**	**15325**	**41041**	**1040840**	**161485**	**1631330**
22438	13949	637179	79053	34405	6342	11290	747102	106771	866036
17475	10477	48563	-7135	2774	2649	6618	5372	11415	37785
1102	625	-3419		365	1086	403	-2352	1230	3532
-1365	-2062	122717	43700	22192	3457	19011	172548	27813	280435
423	-1089	108857	3719	91	1532	2462	112739	12609	438364
356	310	4788	24	1066	259	1257	5431	1647	5178
28331	**13303**	**-31366**	**2056**	**14629**	**67955**	**26767**	**29157**	**17469**	**-74453**
9026	7518	-68516	885	3743	66531	23852	-21169	5044	-36851
1148	540	-6621	100	62	14	992	-7571	486	272
-71	-319	-2545	1383	3791	408	898	2166	1387	-1499
-77	-79	5294				3	5329	77	5812
18305	5643	41022	-312	7033	1002	1022	50402	10475	-42187
3379	**1253**	**-12266**	**112**	**4673**	**125**	**93**	**-7557**	**1109**	**9273**
1762	1532	-4805	100	3237	86	73	-1576	620	1556
1617	-279	-7461	12	1436	39	20	-5981	489	7717
1681901	**1612792**	**1301835**	**8655095**	**873850**	**187968**	**513845**	**10427189**	**765518**	**9345221**
1602344	**1542922**	**1281215**	**8237849**	**381405**	**148011**	**497795**	**9473968**	**543916**	**8492345**
359379	337846	764976	1453269	7906	12891	22165	2165638	153452	2094673
1184241	1147192	1025783	6752244	21531	120604	470678	7428516	383934	6434063
58724	57884	-509544	32336	351968	14516	4952	-120186	6530	-36391
37093	**35357**	**314563**	**390388**	**204721**	**36332**	**11682**	**934060**	**207064**	**748030**
37093	35357	314563	390388	204721	36332	11682	934060	207064	748030
42464	**34513**	**-293943**	**26858**	**287724**	**3625**	**4368**	**19161**	**14538**	**104846**
42156	34310	-280459	20078	281968	3504	3210	20543	11576	108119
288	203	-12902	6778	5756	121	1158	-410	2885	-3282
20		-582	2				-972	77	9

1-12 续表 20

	广告费	劳动、失业保险费	养老保险和医疗保险	住房公积金和住房补贴	本年应付工资总额（贷方累计发生额）	主营业务应付工资总额	本年应付福利费总额（贷方累计发生额）
总计	**2934341**	**1567667**	**4428303**	**1724565**	**34401982**	**32264639**	**4316219**
采矿业	**136**	**13637**	**69042**	**46332**	**698950**	**630381**	**79566**
煤炭开采和洗选业	**30**	**12273**	**55619**	**32706**	**515520**	**449396**	**57619**
烟煤和无烟煤的开采洗选	30	12273	55619	32706	515505	449381	57619
其他煤炭采选					15	15	
石油和天然气开采业	**80**	**441**	**3737**	**12214**	**61007**	**60936**	**8502**
天然原油和天然气开采					874	874	120
与石油和天然气开采有关的服务活动	80	441	3737	12214	60133	60062	8382
黑色金属矿采选业		**460**	**4738**	**649**	**59135**	**58942**	**7392**
铁矿采选		460	4738	649	58906	58713	7386
其他黑色金属矿采选					229	229	6
有色金属矿采选业					**1185**	**1131**	**40**
常用有色金属矿采选					784	730	38
贵金属矿采选					360	360	
稀有稀土金属矿采选					41	41	2
非金属矿采选业	**26**	**463**	**4948**	**763**	**61837**	**59710**	**6006**
土砂石开采	21	458	4852	744	55850	53740	5356
石棉及其他非金属矿采选	5	5	96	19	5987	5970	650
其他采矿业					**266**	**266**	**7**
其他采矿业					266	266	7
制造业	**2926812**	**1293059**	**3841669**	**1359442**	**29680198**	**27957627**	**3815191**
农副食品加工业	**14266**	**20039**	**57011**	**14152**	**460832**	**431926**	**56616**
谷物磨制	1916	773	6280	449	41544	41038	6191
饲料加工	4131	724	7102	1776	126064	113500	17581
植物油加工	2338	86	1384	370	8483	8398	813
制糖	15	1	22		1591	1046	218
屠宰及肉类加工	3155	2820	13864	1984	143067	136009	12110
水产品加工	29	37	171	103	5823	5089	633
蔬菜、水果和坚果加工	1099	459	3692	1143	44602	43519	5801
其他农副食品加工	1583	15139	24496	8327	89658	83327	13269
食品制造业	**370648**	**22651**	**128417**	**51155**	**1055967**	**906470**	**132125**
焙烤食品制造	56676	4356	27630	10639	202715	182831	25361
糖果、巧克力及蜜饯制造	152701	1261	20189	14515	259577	157317	19682
方便食品制造	13880	2293	16873	7229	119874	116459	31080
液体乳及乳制品制造	43632	11002	22157	6157	167926	161881	19754
罐头制造	143	18	316	58	8757	5810	1110
调味品、发酵制品制造	1547	610	7285	2339	57688	54136	6021
其他食品制造	102069	3111	33967	10218	239430	228036	29117
饮料制造业	**459413**	**8260**	**90425**	**16231**	**491253**	**470761**	**75236**
酒精制造	20	170	507	49	2779	2779	182
酒的制造	118215	5253	63095	8725	287684	276342	41252
软饮料制造	317021	2801	26576	7412	194509	187271	33541
精制茶加工	24157	36	247	45	6281	4369	261

计量单位：千元

主营业务应付福利费总额	本年应交增值税(不含期初未抵扣税)	本年进项税额	本年销项税额	本年实缴关税	工业中间投入合计	工业增加值	经营活动产生的现金流量净额	投资活动产生的现金流量净额	筹资活动产生的现金流量净额	全部从业人员平均人数(人)
3945558	**19904254**	**79766121**	**95618152**	**3144212**	**458395424**	**159619814**	**62683852**	**-55964283**	**19897931**	**1580833**
71318	**377009**	**1373004**	**1746052**	**927**	**11137010**	**3878520**	**1215654**	**-385172**	**-66356**	**41012**
49930	**276984**	**1297763**	**1582031**	**271**	**9806790**	**2793443**	**828237**	**-151042**	**-161750**	**29813**
49930	276984	1297763	1582031	271	9806770	2793433	828207	-151042	-161750	29810
					20	10	30			3
8502	**1169**	**4816**	**2261**		**326781**	**427267**	**77925**	**-207541**	**43817**	**985**
120	708	553	1138		4233	6078	1116	-172		30
8382	461	4263	1123		322548	421189	76809	-207369	43817	955
7358	**80907**	**52719**	**133020**		**612857**	**496372**	**263639**	**-43219**	**-2853**	**3239**
7352	80653	52714	132785		611124	491743	262073	-43603	-2995	3202
6	254	5	235		1733	4629	1566	384	142	37
21	**916**	**7629**	**8572**		**32933**	**-16273**	**13338**	**-111**	**50352**	**164**
21	886	7460	8373		10757	3984	13333	-111	50352	103
	8	109	117		762	634	5			43
	22	60	82		21414	-20891				18
5507	**17007**	**10047**	**20123**	**645**	**357010**	**177335**	**32262**	**16491**	**4078**	**6775**
4911	14808	8554	15466	645	337535	155236	24422	14480	20340	6179
596	2199	1493	4657		19475	22099	7840	2011	-16262	596
	26	**30**	**45**	**11**	**639**	**376**	**253**	**250**		**36**
	26	30	45	11	639	376	253	250		36
3494992	**15866391**	**68888726**	**80967110**	**3141098**	**409323222**	**136327910**	**42900707**	**-26257988**	**14049521**	**1475546**
53725	**98933**	**1316272**	**1117587**	**47483**	**10272533**	**2387743**	**633600**	**-143977**	**375230**	**34686**
6051	8340	85150	82522	13	874471	278226	73342	83527	31233	1586
16826	6327	11488	13848	1076	3018371	748401	307385	-2546	-26271	8661
808	2414	68720	69686	1274	160908	47621	-10760	1433	10155	511
138	1147	13213	13204		40199	6649	-7039	-475		177
11286	28817	970797	742494	44274	5012730	864099	183449	-158308	240599	14263
581	617	8922	9059	10	65347	12564	1201	-4882	10296	522
5466	18141	52094	57908	333	425751	188616	55	-13708	68307	4014
12569	33130	105888	128866	503	674756	241567	85967	-49018	40911	4952
104495	**698111**	**1598581**	**2149474**	**65215**	**9525544**	**3659374**	**413941**	**-621715**	**463490**	**50028**
17895	154235	308857	384236	5661	1902134	656982	152989	-182911	677	14095
15324	184283	283104	466725	31598	1821769	677772	-33462	134567	-97532	4945
30719	39483	103187	141639	9261	782337	299008	78226	-20972	-28823	6222
19091	79777	343565	421435	11826	2176917	651176	153402	-355892	319263	7876
421	2842	12205	15149	243	84121	10471	-23728	188	28938	873
5020	36941	81078	110800	1769	578523	216598	38669	-38442	22661	4131
16025	200550	466585	609490	4857	2179743	1147367	47845	-158253	218306	11886
68699	**574913**	**911669**	**1450898**	**19246**	**6575431**	**3225362**	**903267**	**361998**	**492632**	**27549**
182	6097	7036	10321	293	63857	17730	16830	56	2994	130
36009	291570	446356	730154	9793	3046061	1882492	338558	615071	333101	15751
32273	269900	445486	692177	9157	3352114	1312331	545915	-244685	146209	11204
235	7346	12791	18246	3	113399	12809	1964	-8444	10328	464

1-12 续表 21

	广告费	劳动、失业保险费	养老保险和医疗保险	住房公积金和住房补贴	本年应付工资总额(贷方累计发生额)	主营业务应付工资总额	本年应付福利费总额(贷方累计发生额)
烟草制品业	**8976**	**11027**	**26254**	**6731**	**59182**	**59182**	**8279**
烟叶复烤					44	44	
卷烟制造	8976	11004	25971	6612	57677	57677	8075
其他烟草制品加工		23	283	119	1461	1461	204
纺织业	**39812**	**30519**	**108954**	**26792**	**739093**	**693608**	**94053**
棉、化纤纺织及印染精加工	42	22935	49014	13743	182186	163114	23331
毛纺织和染整精加工	29	1841	13268	2336	93124	89957	21864
麻纺织					600	600	50
丝绢纺织及精加工	9	147	2341	2	6436	6436	838
纺织制成品制造	859	1649	12632	4125	111123	104193	13218
针织品、编织品及其制品制造	38873	3947	31699	6586	345624	329308	34752
纺织服装、鞋、帽制造业	**41488**	**5853**	**59206**	**6739**	**1216540**	**1166423**	**98346**
纺织服装制造	41355	5791	57521	6675	1194826	1146836	96377
纺织面料鞋的制造	5	58	1633	64	13557	13364	1373
制帽	128	4	52		8157	6223	596
皮革、毛皮、羽毛(绒)及其制品业	**1028**	**4618**	**10644**	**1334**	**92644**	**87919**	**8620**
皮革鞣制加工	22	319	1601	98	6545	6372	589
皮革制品制造	1006	3256	7863	1069	74224	70325	6602
毛皮鞣制及制品加工		1041	1155	167	11313	10663	1372
羽毛(绒)加工及制品制造		2	25		562	559	57
木材加工及木、竹、藤、棕、草制品	**4615**	**6692**	**11445**	**2848**	**132865**	**120742**	**10126**
锯材、木片加工		872	276	46	13186	12582	1547
人造板制造	1166	542	2428	651	31204	30700	1790
木制品制造	3449	5274	8619	2151	86286	75271	6522
竹、藤、棕、草制品制造		4	122		2189	2189	267
家具制造业	**25265**	**1631**	**21362**	**2396**	**354231**	**339003**	**31259**
木质家具制造	23121	830	12256	1420	253374	241983	20360
竹、藤家具制造			9		1214	965	24
金属家具制造	889	485	8187	848	75215	72982	9140
塑料家具制造	8		7		1699	1380	229
其他家具制造	1247	316	903	128	22729	21693	1506
造纸及纸制品业	**26872**	**3303**	**21110**	**5314**	**282645**	**264499**	**27937**
纸浆制造		4	87		701	377	62
造纸	91	1097	6102	1548	66025	61074	6747
纸制品制造	26781	2202	14921	3766	215919	203048	21128
印刷业和记录媒介的复制	**2031**	**54789**	**158339**	**62169**	**1181968**	**1067843**	**153854**
印刷	1957	53465	145072	57335	1047871	944100	140155
装订及其他印刷服务活动	66	577	4824	1508	76117	73038	7246
记录媒介的复制	8	747	8443	3326	57980	50705	6453
文教体育用品制造业	**6447**	**29947**	**27400**	**10464**	**202584**	**197202**	**22216**
文化用品制造	371	2579	4859	1622	33313	32161	4105
体育用品制造	1138	1173	1710	39	34068	32533	4513
乐器制造	3793	24568	16806	8340	99586	97462	11518
玩具制造	32	1543	2877	362	19824	19253	1335
游艺器材及娱乐用品制造	1113	84	1148	101	15793	15793	745

计量单位：千元

主营业务应付福利费总额	本年应交增值税(不含期初未抵扣税)	本年进项税额	本年销项税额	本年实缴关税	工业中间投入合计	工业增加值	经营活动产生的现金流量净额	投资活动产生的现金流量净额	筹资活动产生的现金流量净额	全部从业人员平均人数(人)
8032	**159900**	**97933**	**249089**	**328**	**627598**	**1011414**	**70921**	**-51325**	**-72603**	**859**
						1	-3			7
8032	158577	97321	247756		623553	1005890	70924	-51325	-72603	826
	1323	612	1333	328	4045	5523				26
83368	**172625**	**832373**	**944936**	**18192**	**5006793**	**1799477**	**-50593**	**256337**	**156179**	**56166**
17030	31492	141283	168126	174	812962	117296	-191153	350280	-59242	13738
21382	13517	67194	74803	115	389264	102366	-17061	-8173	36538	5086
50	102	333	435		2763	339	800			50
821	5905	43583	49383		221404	91774	5637	1684	-12623	574
11336	32436	145424	163452	13946	912020	324780	75824	611	122531	9044
32749	89173	434556	488737	3957	2668380	1162922	75360	-88065	68975	27674
92487	**250155**	**865165**	**1020933**	**9283**	**6032474**	**2979177**	**735496**	**-97505**	**106121**	**115434**
90602	245396	849442	1004766	9075	5931859	2937792	727770	-97978	104190	113075
1307	2186	10307	8787	208	61308	26361	6960	480	1881	1463
578	2573	5416	7380		39307	15024	766	-7	50	896
7675	**12364**	**109789**	**81982**	**1392**	**695155**	**165194**	**-4920**	**-13287**	**36113**	**8400**
570	-537	7070	6559		36301	3288	-23662	-7801	30121	377
5797	9836	75675	59485	741	481607	128937	33976	-3040	-4984	6761
1251	2953	26797	15620	651	175453	32418	-15486	-2386	11130	1165
57	112	247	318		1794	551	252	-60	-154	97
8460	**39947**	**189266**	**204663**	**2501**	**1235786**	**320213**	**41930**	**-24280**	**17231**	**10285**
1459	4357	20767	25039		116965	37581	32215	-563	-293	925
1658	16871	74570	89969	108	503472	110444	19052	-26229	-15083	2295
5076	18657	93331	89146	2393	610791	170178	-9608	2512	32607	6870
267	62	598	509		4558	2010	271			195
28932	**81098**	**342797**	**366226**	**3477**	**2359726**	**661445**	**118662**	**-112766**	**81548**	**29047**
18664	52154	193335	186286	2590	1567576	395662	70106	-94390	86428	21598
21	125				1248	2521	667			92
8649	21879	119043	142813	396	593705	177779	34939	-15938	-775	5068
203	66	1897	1814		9186	4237	2255	-628		189
1395	6874	28522	35313	491	188011	81246	10695	-1810	-4105	2100
24237	**187564**	**560110**	**758916**	**29784**	**3257064**	**1194983**	**350466**	**-360669**	**150662**	**24789**
	411	412	756		1714	1223	1072	203	-490	84
6120	32445	150007	182574	8236	762717	191482	-3058	55521	11722	6500
18117	154708	409691	575586	21548	2492633	1002278	352452	-416393	139430	18205
134266	**576137**	**1001776**	**1560496**	**35003**	**5810932**	**3861610**	**1407998**	**-722986**	**182866**	**72848**
121777	515496	906183	1403390	31247	5133242	3533378	1294451	-680583	182348	63307
6724	30820	37625	65086	1131	267521	175849	74287	186	-26783	7132
5765	29821	57968	92020	2625	410169	152383	39260	-42589	27301	2409
20784	**48791**	**180077**	**186717**	**3075**	**1133485**	**391811**	**98223**	**66653**	**-33209**	**14313**
3927	6349	20212	24468	1028	155129	46706	11400	9850	-10587	2492
3813	8338	17198	25780		246516	90802	17146	-4499	12209	2399
11371	29532	109782	113650	947	485581	183300	87047	62455	-62029	6374
928	1341	16220	5189	718	116684	24562	-701	6110	141	1911
745	3231	16665	17630	382	129575	46441	-16669	-7263	27057	1137

1-12 续表 22

	广告费	劳动、失业保险费	养老保险和医疗保险	住房公积金和住房补贴	本年应付工资总额(贷方累计发生额)	主营业务应付工资总额	本年应付福利费总额(贷方累计发生额)
石油加工、炼焦及核燃料加工业	**164963**	**18012**	**64438**	**27300**	**440544**	**301516**	**58395**
精炼石油产品的制造	164930	8044	40957	13131	319687	180674	41542
炼焦	4	9961	23379	14140	119850	119835	16765
核燃料加工	29	7	102	29	1007	1007	88
化学原料及化学制品制造业	**140645**	**60248**	**267399**	**83878**	**1709027**	**1650652**	**244960**
基础化学原料制造	1101	7756	75195	25908	356532	348486	46257
肥料制造	1340	3445	4562	3785	44646	42125	4822
农药制造	1766	128	1412	143	24459	22650	2763
涂料、油墨、颜料及类似产品制造	5918	3537	21431	5101	218218	203445	24528
合成材料制造	530	29622	94290	25707	549366	545017	76666
专用化学产品制造	2541	6660	24303	5743	253205	229802	37892
日用化学产品制造	127449	9100	46206	17491	262601	259127	52032
医药制造业	**392555**	**65860**	**159264**	**54105**	**1299839**	**1231209**	**172645**
化学药品原药制造	864	904	1396	257	32257	31639	9515
化学药品制剂制造	288319	11604	63526	23262	642261	607378	87140
中药饮片加工	1589	326	1975	130	34671	31494	3422
中成药制造	71589	46727	72249	18252	370752	348080	49695
兽用药品制造	659	1478	1961	794	21106	20259	3382
生物、生化制品的制造	5190	4331	13942	8019	145313	142702	16556
卫生材料及医药用品制造	24345	490	4215	3391	53479	49657	2935
化学纤维制造业	**148**	**100**	**2084**	**251**	**18151**	**17303**	**2524**
纤维素纤维原料及纤维制造	1	4	49		661	547	68
合成纤维制造	147	96	2035	251	17490	16756	2456
橡胶制品业	**346**	**6546**	**25348**	**5128**	**171828**	**168117**	**19440**
轮胎制造	41	598	5438	2152	39619	38957	5477
橡胶板、管、带的制造	17	27	484	82	11919	11878	1359
橡胶零件制造	173	809	6826	1145	43774	42035	5201
再生橡胶制造		9	149	17	837	504	91
日用及医用橡胶制品制造	88	4604	7054	921	42622	42622	3964
橡胶靴鞋制造		192	1661	59	6926	6926	197
其他橡胶制品制造	27	307	3736	752	26131	25195	3151
塑料制品业	**2945**	**17491**	**49895**	**9161**	**504795**	**478807**	**57010**
塑料薄膜制造	251	3732	8971	1091	66299	64001	8733
塑料板、管、型材的制造	1071	2253	9158	3031	79980	72847	13731
塑料丝、绳及编织品的制造	216	1048	3947	864	37266	35633	3674
泡沫塑料制造	614	1246	5250	123	41970	40221	3462
塑料人造革、合成革制造		170	2199	372	11049	11049	913
塑料包装箱及容器制造	345	889	4617	672	70252	67683	8137
塑料零件制造	5	854	3577	514	53721	53514	3084
日用塑料制造	209	5685	9276	1753	112972	103290	12122
其他塑料制品制造	234	1614	2900	741	31286	30569	3154
非金属矿物制品业	**15330**	**61535**	**173061**	**49973**	**1642706**	**1541502**	**188586**
水泥、石灰和石膏的制造	1781	20197	34155	11990	194538	179532	19558
水泥及石膏制品制造	5592	23988	66904	20391	647857	602212	75530
砖瓦、石材及其他建筑材料制造	6273	7174	16125	3999	344574	325761	36671
玻璃及玻璃制品制造	772	5499	35339	7924	259800	243493	30342
陶瓷制品制造	125	2197	10519	2396	87103	86144	13870
耐火材料制品制造	531	272	4016	1351	49578	46344	5918
石墨及其他非金属矿物制品制造	256	2208	6003	1922	59256	58016	6697

计量单位：千元

主营业务应付福利费总额	本年应交增值税(不含期初未抵扣税)	本年进项税额	本年销项税额	本年实缴关税	工业中间投入合计	工业增加值	经营活动产生的现金流量净额	投资活动产生的现金流量净额	筹资活动产生的现金流量净额	全部从业人员平均人数(人)
39450	**546089**	**4788947**	**5242876**	**4497**	**26224448**	**2017065**	**-356207**	**-640083**	**819493**	**15385**
22597	419594	4564544	4903271	4036	24637711	1488174	-605095	-497626	1076369	11493
16765	124569	222362	335638		1575689	514780	246039	-142157	-255204	3872
88	1926	2041	3967	461	11048	14111	2849	-300	-1672	20
234987	**2218631**	**4803380**	**6945559**	**123132**	**29065018**	**14634293**	**6514032**	**-1362780**	**-3193437**	**74758**
44632	537119	1269550	1793681	36026	7510389	3255652	1789761	-535984	-894667	16228
4510	7292	5472	5277	37	648131	100476	115687	-6652	32200	3272
2310	7504	15209	22032	1332	129907	62611	-2655	-12439	6877	1422
21695	127001	449070	559615	23110	2285736	860600	427919	-114457	-4293	14887
75681	1136685	2388132	3500260	5346	13974614	7706716	3694992	-384479	-2460732	14970
35087	143246	385083	519651	14099	2503275	1155520	238989	-313293	214765	13658
51072	259784	290864	545043	43182	2012966	1492718	249339	4524	-87587	10321
161841	**970172**	**1023886**	**1949785**	**44310**	**8773326**	**4607606**	**1627051**	**-978922**	**254257**	**42747**
9417	18567	26624	44143	1009	228618	89506	10190	-6560	-5903	2018
82412	546352	325310	857879	37327	4251454	2283532	773420	-616517	-215077	15114
2989	18252	114477	129070	2271	754348	199187	106238	35675	2585	2807
45689	294041	488352	763835	704	2379873	1371723	572774	-532951	156802	13306
3285	10041	12546	21944	102	108377	80809	6459	-20701	15482	1346
15702	64260	33262	91490	815	896142	505184	145902	173682	307728	5678
2347	18659	23315	41424	2082	154514	77665	12068	-11550	-7360	2478
2454	**8963**	**36387**	**49715**	**1811**	**230750**	**73098**	**15852**	**-37921**	**43761**	**1391**
68	628	2556	3078		15802	2738	-30		500	65
2386	8335	33831	46637	1811	214948	70360	15882	-37921	43261	1326
18675	**58100**	**209145**	**244539**	**7533**	**1550980**	**464424**	**98114**	**-42568**	**84523**	**11847**
5384	4127	82281	81396	89	587245	108228	-14227	-13781	33819	2201
1267	3240	19768	22599	1	120268	15002	-4092	-12091	56796	986
4995	23360	39386	60717	560	230003	171365	18625	22092	-16826	3063
41	1634	1283	2841		12287	6947	796			109
3896	3866	35363	30098	1589	326445	73245	19821	-8839	-6184	3279
197	297	2665	1950	6	24696	5926	-764	235	2222	482
2895	21576	28399	44938	5288	250036	83711	77955	-30184	14696	1727
52759	**193784**	**905978**	**1072790**	**52616**	**5019563**	**1661212**	**445273**	**-88365**	**111923**	**40557**
8322	21111	123561	138943	32898	708836	215778	9152	-13930	11854	4287
12618	26741	151579	175305	11060	794506	250712	69508	-7061	-728	5768
3384	12805	78318	91397	83	421896	89271	54870	-6754	1152	3662
3283	15848	101063	117339	598	480875	132424	-749	-7273	23024	3164
832	1852	29324	22503	67	161393	76899	16369	7194	22860	697
7407	38321	184055	222171	1602	975844	293459	142667	-23049	22441	6681
2948	21833	42263	62896	517	265176	173714	24904	-20400	14021	3834
10948	41726	166961	201370	4190	1033898	338383	70551	-13714	12930	9770
3017	13547	28854	40866	1601	177139	90572	58001	-3378	4369	2694
172490	**779967**	**1191567**	**1890121**	**114819**	**15327593**	**5825983**	**1549858**	**-1272754**	**596254**	**120246**
17932	230343	247753	474254	559	2243390	1002770	176382	-199682	-22689	13981
68661	221786	261759	449033	101679	7552811	2408734	469321	-599231	554394	42821
32533	92117	172360	251226	2910	1952950	777300	304058	-77257	30386	32424
27699	116671	298571	401805	2359	1814811	799601	348799	-337186	172079	20012
13817	52247	36473	83208	4797	390544	350260	193215	-32604	-175289	3571
5444	37853	89890	127148	1176	688863	242993	41100	-25009	30837	3645
6404	28950	84761	103447	1339	684224	244325	16983	-1785	6536	3792

1-12 续表 23

	广告费	劳动、失业保险费	养老保险和医疗保险	住房公积金和住房补贴	本年应付工资总额(贷方累计发生额)	主营业务应付工资总额	本年应付福利费总额(贷方累计发生额)
黑色金属冶炼及压延加工业	**13157**	**123815**	**404635**	**243568**	**2302647**	**2276279**	**262552**
炼铁		119	1900	722	23752	21828	2511
炼钢		7	34		4160	4145	254
钢压延加工	13157	123681	402543	242846	2272238	2247854	259503
铁合金冶炼		8	158		2497	2452	284
有色金属冶炼及压延加工业	**1134**	**3017**	**17498**	**3214**	**168633**	**153976**	**17473**
常用有色金属冶炼		129	1155	262	16624	13770	2671
贵金属冶炼		12	260	90	1106	1060	77
稀有稀土金属冶炼	42	140	3456	575	31690	27905	3632
有色金属合金制造	15	211	3796	692	24792	22602	3034
有色金属压延加工	1077	2525	8831	1595	94421	88639	8059
金属制品业	**26113**	**15228**	**85075**	**19953**	**1134222**	**1052721**	**128568**
结构性金属制品制造	9090	6268	45145	10274	708449	662369	75805
金属工具制造	58	2111	4918	900	47039	44255	5197
集装箱及金属包装容器制造	1826	2221	15164	4700	100688	90064	15475
金属丝绳及其制品的制造	91	77	1089	44	9239	8766	892
建筑、安全用金属制品制造	7974	1015	5477	1173	80525	73111	8131
金属表面处理及热处理加工	397	478	1982	520	49574	43905	4479
搪瓷制品制造		39	784	120	8396	8247	782
不锈钢及类似日用金属制品制造	4644	243	3727	529	48826	47892	8144
其他金属制品制造	2033	2776	6789	1693	81486	74112	9663
通用设备制造业	**35994**	**76515**	**256872**	**76456**	**1836536**	**1732869**	**246403**
锅炉及原动机制造	3588	12025	47710	12414	226174	216484	27925
金属加工机械制造	2488	29107	52377	15438	300323	282634	37856
起重运输设备制造	3275	8121	21211	10864	118891	116246	12447
泵、阀门、压缩机及类似机械的制造	3901	8423	51668	18395	331025	325457	69092
轴承、齿轮、传动和驱动部件的制造	134	1991	15967	3906	90366	83880	10292
烘炉、熔炉及电炉制造	788	390	1615	2281	25710	20464	3341
风机、衡器、包装设备等通用设备制造	21531	7060	46361	8559	453281	411926	53455
通用零部件制造及机械修理	266	3902	10307	2798	119650	113034	13966
金属铸、锻加工	23	5496	9656	1801	171116	162744	18029
专用设备制造业	**37380**	**157158**	**274019**	**87599**	**1978422**	**1830543**	**271579**
矿山、冶金、建筑专用设备制造	1397	92505	41657	12239	279561	211312	47231
化工、木材、非金属加工专用设备制造	1564	3223	25471	7222	156346	148220	17837
食品、饮料、烟草及饲料生产专用设备	698	4360	7689	3976	48087	44063	7658
印刷、制药、日化生产专用设备制造	7320	7043	35511	17225	197307	195536	43982
纺织、服装和皮革工业专用设备制造	3518	6248	28468	11485	224700	220204	25098
电子和电工机械专用设备制造	1721	17552	51337	9548	250230	222787	31964
农、林、牧、渔专用机械制造	896	7184	5467	918	32335	31567	3242
医疗仪器设备及器械制造	15207	3742	31276	9152	290314	272418	38035
环保、社会公共安全及其他专用设备制造	5059	15301	47143	15834	499542	484436	56532
交通运输设备制造业	**712970**	**220931**	**407174**	**136445**	**3044946**	**2961409**	**408656**
铁路运输设备制造	8264	16934	59409	15143	406609	387135	65913
汽车制造	675640	77835	189004	81829	1843601	1795937	229393
摩托车制造	65	7	175		2171	2171	378
自行车制造	526	9	125	17	5258	5112	547
船舶及浮动装置制造		6	125		3935	3619	290
航空航天器制造	28475	126122	157712	39289	777204	761350	111534
交通器材及其他交通运输设备制造		18	624	167	6168	6085	601

计量单位：千元

主营业务应付福利费总额	本年应交增值税(不含期初未抵扣税)	本年进项税额	本年销项税额	本年实缴关税	工业中间投入合计	工业增加值	经营活动产生的现金流量净额	投资活动产生的现金流量净额	筹资活动产生的现金流量净额	全部从业人员平均人数(人)
260054	**1587196**	**9443215**	**10913647**	**20837**	**30901637**	**21196052**	**5260838**	**-3049739**	**924854**	**69516**
2248	18244	42767	56900		334348	87168	20821	-3785	3578	1888
207	1265	3944	5192		25979	9165	2107	2633	3445	484
257362	1567149	9394792	10849177	20837	30531016	21092268	5236417	-3048116	916828	66900
237	538	1712	2378		10294	7451	1493	-471	1003	244
15250	**64450**	**701619**	**741803**	**4843**	**3900475**	**1060057**	**245789**	**-308226**	**301166**	**11101**
1954	15477	211435	225251	3428	871356	94840	21574	-19573	46199	1107
73	505	11806	12305		159460	12506	1721	-2024	-3015	93
3338	4554	48032	45124	484	584428	170539	55060	-246192	244685	1092
2686	14126	91668	102886	2	479146	204790	30030	-7639	-6932	1740
7199	29788	338678	356237	929	1806085	577382	137404	-32798	20229	7069
114127	**347193**	**1786359**	**2034733**	**82470**	**10243456**	**3146077**	**1261186**	**-781603**	**620242**	**90325**
67436	190604	873837	1007827	33512	5726648	1811128	481550	-493518	459311	58593
4338	13518	58535	59712	3602	357510	172487	118676	-2894	10817	4288
13839	54431	327189	375709	29492	1562071	471472	136524	-46969	-5325	5358
704	4761	20966	27876		152291	19116	52055	-39000	2843	874
6455	27563	140969	164410	5053	553155	199838	109993	-35723	15426	6415
4320	11031	49879	59537	112	247651	76774	64229	-60433	7330	4722
763	1555	5664	5549	4	36194	13842	-3134	-1253	275	452
7831	15565	121964	127078	8141	711525	182121	244170	35273	1589	4238
8441	28165	187356	207035	2554	896411	199299	57123	-137086	127976	5385
226839	**650760**	**2661315**	**3022167**	**198520**	**14967632**	**6234259**	**1215682**	**-419299**	**607007**	**93626**
27191	22137	316761	333800	17654	1617293	669959	163339	224069	4236	10209
35273	73939	314695	366473	8607	1810110	684422	82227	1108	93465	14823
11834	37333	296350	217209	27865	995251	322533	-259938	-255068	417855	6263
67392	141343	478798	580777	69553	3319878	1250150	521595	-174155	109551	13042
9763	41628	90431	125000	5199	620529	234001	69808	4424	-62468	3658
2782	9385	31107	40054	10	192233	137089	9594	-18825	17277	1312
43658	239827	828079	1041295	67025	4269617	2226298	236581	-150899	31836	21984
11933	29608	97781	102072	1304	785557	230085	306837	-6285	15806	8923
17013	55560	207313	215487	1303	1357164	479722	85639	-43668	-20551	13412
240018	**800866**	**2580542**	**3279459**	**55799**	**14241214**	**7325799**	**2592825**	**-586233**	**1437182**	**83573**
37943	76383	376849	448886	4720	2029926	727429	686248	-13366	6149	12964
17012	46126	171392	216858	5651	1000059	443682	130807	-147619	132690	7882
6449	19013	40768	78119	1477	274333	131869	27891	-6349	-6430	2189
43292	95370	211605	305144	757	1249039	692956	82527	-70815	-17719	8659
24919	124973	648147	758429	7951	1827644	562597	-178451	-945	278532	7787
27350	42137	153277	184427	1075	1643125	690729	225846	-231266	244707	11142
3132	6050	29119	34113	354	186275	78240	31864	-24667	8054	1895
27566	196011	408271	548815	21275	2159881	2668399	758287	-2970	534850	13607
52355	194803	541114	704668	12539	3870932	1329898	827806	-88236	256349	17448
367458	**1588236**	**12532235**	**14000293**	**1369170**	**62680388**	**14698509**	**4062472**	**-3849466**	**2382901**	**126119**
63259	150565	349515	484242	455	2321057	1081620	46423	-105405	115213	19709
220245	1410256	12003515	13336658	1352518	58059441	11957916	2134795	-3665079	2194380	89127
378	-707	972	265		5131	9269	160		1670	57
505	663	4780	5033		29026	5572	-3157	-1172	13182	539
261	736	3304	3405	11	16678	10147	-7453	-2591	21910	177
82238	21224	159402	154863	16186	2183407	1573534	1877543	-60048	28090	16037
572	5499	10747	15827		65648	60451	14161	-15171	8456	473

1-12 续表 24

	广告费	劳动、失业保险费	养老保险和医疗保险	住房公积金和住房补贴	本年应付工资总额(贷方累计发生额)	主营业务应付工资总额	本年应付福利费总额(贷方累计发生额)
电气机械及器材制造业	**35351**	**40324**	**170152**	**50819**	**1332758**	**1261262**	**176185**
电机制造	578	6563	30398	11232	203967	201127	30360
输配电及控制设备制造	9506	22074	86269	25729	683484	638615	84228
电线、电缆、光缆及电工器材制造	1072	2817	8821	2487	78733	74257	10622
电池制造	129	669	7158	1248	67185	63818	4395
家用电力器具制造	12426	2444	15370	2787	96256	91476	9631
非电力家用器具制造	8913	202	3685	837	38420	36913	5568
照明器具制造	2334	2701	12559	2632	114695	111655	26266
其他电气机械及器材制造	393	2854	5892	3867	50018	43401	5115
通信设备、计算机及其他电子设备制造	**229813**	**134697**	**556183**	**235445**	**4355923**	**4091780**	**665733**
通信设备制造	92463	49840	174563	63732	1399343	1300302	252701
雷达及配套设备制造	148	17385	17753	33732	109814	109814	13746
广播电视设备制造	3606	2607	16542	5907	144044	136681	20652
电子计算机制造	108212	22224	143468	45985	1145329	1106364	128258
电子器件制造	4428	14581	94132	42282	781006	708323	134108
电子元件制造	2800	20867	77161	32755	500102	470118	92687
家用视听设备制造	12919	5233	16064	8047	118273	112752	6835
其他电子设备制造	5237	1960	16500	3005	158012	147426	16746
仪器仪表及文化、办公用机械制造业	**111920**	**50396**	**148148**	**50812**	**1056348**	**1005076**	**132563**
通用仪器仪表制造	13351	15353	78350	28669	596915	572061	69181
专用仪器仪表制造	3874	13433	23983	7674	175899	156451	21232
钟表与计时仪器制造	24231	3013	3573	808	14830	11983	1753
光学仪器及眼镜制造	69081	13365	24841	7726	114197	112925	21647
文化、办公用机械制造	630	5025	13656	5082	115966	114625	16007
其他仪器仪表的制造及修理	753	207	3745	853	38541	37031	2743
工艺品及其他制造业	**5058**	**41792**	**58620**	**18657**	**398080**	**382245**	**41978**
工艺美术品制造	4210	7654	21671	4036	153067	143412	11565
日用杂品制造	65	54	1093	108	17016	16358	1258
煤制品制造		228	2094	685	23991	21568	2006
核辐射加工	213	18	306	65	2808	2565	285
其他未列明的制造业	570	33838	33456	13763	201198	198342	26864
废弃资源和废旧材料回收加工业	**129**	**65**	**1237**	**353**	**14989**	**14783**	**1274**
金属废料和碎屑的加工处理	1	37	700	203	9223	9186	747
非金属废料和碎屑的加工处理	128	28	537	150	5766	5597	527
电力、燃气及水的生产和供应业	**7393**	**260971**	**517592**	**318791**	**4022834**	**3676631**	**421462**
电力、热力的生产和供应业	**6603**	**231959**	**432968**	**278486**	**3602898**	**3278935**	**366474**
电力生产	2828	26540	68746	48751	443642	401603	72105
电力供应	3710	181491	296552	201855	2810189	2538728	248861
热力生产和供应	65	23928	67670	27880	349067	338604	45508
燃气生产和供应业	**735**	**21644**	**48185**	**18832**	**208666**	**195616**	**27810**
燃气生产和供应业	735	21644	48185	18832	208666	195616	27810
水的生产和供应业	**55**	**7368**	**36439**	**21473**	**211270**	**202080**	**27178**
自来水的生产和供应	1	6645	22399	13910	142542	133618	19496
污水处理及其再生利用	54	709	13939	7555	66860	66682	7482
其他水的处理、利用与分配		14	101	8	1868	1780	200

计量单位：千元

主营业务应付福利费总额	本年应交增值税(不含期初未抵扣税)	本年进项税额	本年销项税额	本年实缴关税	工业中间投入合计	工业增加值	经营活动产生的现金流量净额	投资活动产生的现金流量净额	筹资活动产生的现金流量净额	全部从业人员平均人数(人)
158745	**861718**	**2484861**	**3203943**	**210249**	**15034558**	**6849367**	**1833663**	**-559782**	**32408**	**66936**
29050	111341	341440	438132	7579	1905928	843138	600721	-115876	-43221	8103
71758	575971	1397690	1918521	141215	8419726	4138036	1141445	-219510	-231136	33616
9950	38309	189744	210360	4648	1067080	432842	-26454	-16819	51694	5405
3805	3688	97204	85223	26063	1064709	137012	-106285	-35777	117188	4084
8833	52451	183950	230763	676	800836	627268	2069	-11638	103582	4825
5421	17248	77216	90340	3805	325806	184520	21738	-2157	11593	2571
25953	39877	128748	140713	14916	1016011	337729	115677	-21863	-47418	6047
3975	22833	68869	89891	11347	434462	148822	84752	-136142	70126	2285
631080	**1637052**	**13905413**	**13938655**	**468374**	**1.07E+08**	**20021155**	**10292458**	**-10276211**	**6907806**	**117744**
243081	575839	6012719	5386937	189021	49985708	8216132	6285946	933453	-3082203	33129
13746	5813	18510	22398	1910	753622	280251	-17230	4930	25048	2183
18759	73921	222981	207769	5248	988988	364649	243500	-81662	92760	3975
121157	540824	4951297	5372511	63198	30524383	4851834	1030853	-10105984	9493750	24536
124304	285084	1334412	1537649	108579	11724754	3060582	939103	-116738	422729	19313
88804	99106	902240	940222	63030	8179125	2243243	901503	-714876	-49772	21260
6829	-13346	206942	149186	25228	2877836	288838	755465	-182957	-53782	4615
14400	69811	256312	321983	12160	1488121	715626	153318	-12377	59276	8733
122774	**578631**	**1570300**	**2058442**	**141634**	**9841285**	**4129443**	**1420656**	**-227534**	**-93200**	**42126**
63727	364082	1068537	1385926	51501	5562398	2389195	1081697	-181840	-178249	23155
18410	64811	178316	237258	11168	935905	493234	-13727	8897	241002	7956
1066	9466	10614	20044	3707	130518	72517	-434	2094	-2000	764
21405	83200	51270	125074	26418	666688	577065	135351	-31825	5532	4681
15812	45216	246138	264204	48722	2410049	529773	204024	-20617	-161976	4252
2354	11856	15425	25936	118	135727	67659	13745	-4243	2491	1318
39562	**70115**	**245316**	**270438**	**5505**	**2117188**	**680722**	**122979**	**-286452**	**178383**	**21917**
10437	18587	102080	111781	4004	616648	197692	42151	18607	359	11922
1121	1999	21520	21258	694	126999	38274	2713	-1844	102	1628
1650	11153	12103	22159		179862	71409	27932	-417	9042	1374
217	2028	890	1527		19921	22146	642	213	-1000	140
26137	36348	108723	113713	807	1173758	351201	49541	-303011	169880	6853
1269	**3930**	**12453**	**16228**		**148653**	**44986**	**-20805**	**-26528**	**77738**	**1228**
743	1672	8659	10173		104807	27177	-2329	-23713	47227	824
526	2258	3794	6055		43846	17809	-18476	-2815	30511	404
379248	**3660854**	**9504391**	**12904990**	**2187**	**37935192**	**19413384**	**18567491**	**-29321123**	**5914766**	**64275**
327096	**3322776**	**9074812**	**12146373**	**34**	**35244699**	**17459642**	**17003489**	**-28641282**	**5978558**	**49604**
59711	709645	317244	796311	13	3240961	3246889	2019226	-6654263	-1192248	7810
223403	2501592	8530129	11025184	21	30325910	13300911	13921843	-20226670	5939928	27782
43982	111539	227439	324878		1677828	911842	1062420	-1760349	1230878	14012
26008	**241518**	**387214**	**628011**	**1862**	**769220**	**1155927**	**930563**	**-297505**	**-360538**	**7449**
26008	241518	387214	628011	1862	769220	1155927	930563	-297505	-360538	7449
26144	**96560**	**42365**	**130606**	**291**	**1921273**	**797815**	**633439**	**-382336**	**296746**	**7222**
18497	94812	34688	122898	2	1592608	661495	475036	-407776	364345	5085
7466	1378	6279	5963	289	326221	132860	161856	25630	-71099	2017
181	370	1398	1745		2444	3460	-3453	-190	3500	120

1-13 限额以上工业企业法人单位地理位置分布情况

计量单位：个

	单位数	三环以内	三环至四环	四环至五环	五环以外
总　计	**6872**	**673**	**654**	**1203**	**4342**
一、按登记注册类型分					
内资	5532	533	525	1001	3473
国有	1328	263	167	271	627
集体	532	20	40	94	378
股份合作	281	13	17	42	209
国有联营	7	1	1		5
集体联营	3			1	2
国有与集体联营	29	3	2	7	17
其他联营	2			1	1
国有独资公司	46	14	1	9	22
其他有限责任公司	1407	115	139	254	899
股份有限公司	191	19	23	39	110
私营独资	35		1	2	32
私营合伙	19	1	1	4	13
私营有限责任公司	1551	80	124	265	1082
私营股份有限公司	101	4	9	12	76
港澳台商投资	372	48	36	59	229
与港澳台商合资经营	248	31	24	35	158
与港澳台商合作经营	12		1	1	10
港澳台商独资	107	17	11	22	57
港澳台商投资股份有限公司	5			1	4
外商投资	968	92	93	143	640
中外合资经营	541	57	45	95	344
中外合作经营	50	2	6	7	35
外资企业	367	33	40	38	256
外商投资股份有限公司	10		2	3	5
二、按隶属关系分					
中央	656	154	104	162	236
地方	2080	210	183	332	1355
其他	4136	309	367	709	2751
三、按控股情况分					
国有绝对控股	1855	341	233	394	887
国有相对控股	290	27	37	69	157
其他	4707	301	383	739	3284
四、按企业规模分					
大型企业	44	8	3	7	26
中型企业	452	47	40	79	286
小型企业	6376	618	611	1117	4030
五、按轻重工业分					
轻工业	2658	293	215	392	1758
重工业	4214	380	439	811	2584

1-14 限额以上工业企业经营情况

计量单位：千元

	单位数（个）	工业总产值（当年价格）	工业销售产值（当年价格）	出口交货值
总　计	**6872**	**573336112**	**561617742**	**69559964**
一、按登记注册类型分				
内资	5532	346427418	340931296	12970429
国有	1328	37104423	36233095	793393
集体	532	9928061	9572319	414167
股份合作	281	5735424	5482782	725439
国有联营	7	304135	300183	32433
集体联营	3	29974	28009	
国有与集体联营	29	358637	358481	32990
其他联营	2	27063	25330	
国有独资公司	46	77526937	77785003	2330184
其他有限责任公司	1407	83278987	82078983	2341281
股份有限公司	191	98056708	96512800	4119698
私营独资	35	534287	530263	
私营合伙	19	212242	185776	8079
私营有限责任公司	1551	30574811	29463523	1995871
私营股份有限公司	101	2755729	2374749	176894
港澳台商投资	372	51223065	50007692	6640236
与港澳台商合资经营	248	20253565	19961226	5287119
与港澳台商合作经营	12	1620639	1483113	280964
港澳台商独资	107	28333095	27485437	883675
港澳台商投资股份有限公司	5	1015766	1077916	188478
外商投资	968	175685629	170678754	49949299
中外合资经营	541	123468422	119742612	36938452
中外合作经营	50	3282228	3330762	471033
外资企业	367	44644903	43442857	12339200
外商投资股份有限公司	10	4290076	4162523	200614
二、按隶属关系分				
中央	656	141364910	140745049	5233917
地方	2080	220597546	216403635	29342761
其他	4136	211373656	204469058	34983286

1-14 续表 计量单位：千元

	单位数（个）	工业总产值（当年价格）	工业销售产值（当年价格）	出口交货值
三、按控股情况分				
国有绝对控股	1855	266908037	264278858	7474882
国有相对控股	290	56301290	54965814	8636715
其他	4707	249802792	242027634	53448367
四、按企业规模分				
大型企业	44	253357412	250268481	21822291
中型企业	452	155375326	150033486	33315486
小型企业	6376	164603374	161315775	14422187
五、按轻重工业分				
轻工业	2658	103968126	101453142	16004578
重工业	4214	469367986	460164600	53555386
六、按地区分				
东城区	93	13429020	13382142	3297426
西城区	145	29920731	29853731	162397
崇文区	61	3502764	3487653	184801
宣武区	101	19831193	19958042	58889
朝阳区	1044	70063595	68697690	8503589
丰台区	642	24522697	23846556	930536
石景山区	153	55372996	55303420	3000758
海淀区	1211	74044246	71513880	5980349
门头沟区	111	3966232	3934387	814028
房山区	307	50016785	49660326	956576
通州区	556	18349210	17944695	2167817
顺义区	474	65654743	63394157	17881767
昌平区	486	49063269	48638287	1692223
大兴区	670	16959936	16407409	1519604
怀柔区	223	10283587	10101173	654002
平谷区	168	6290577	6109991	874941
密云县	183	7339717	7200069	1003557
延庆县	72	1475315	1371084	167065
北京经济技术开发区	171	53238799	50803261	19709639
外埠	1	10700	9789	

1-15 按行业中类分限额以上工业企业经营情况

计量单位：千元

	单位数（个）	工业总产值（当年价格）	工业销售产值（当年价格）	出口交货值
总　　计	**6872**	**573336112**	**561617742**	**69559964**
采矿业	**67**	**14128892**	**14466990**	**649396**
煤炭开采和洗选业	**34**	**12078198**	**12402879**	**649396**
烟煤和无烟煤的开采洗选	34	12078198	12402879	649396
石油和天然气开采业	**2**	**740285**	**740285**	
与石油和天然气开采有关的服务活动	2	740285	740285	
黑色金属矿采选业	**10**	**1004899**	**1022281**	
铁矿采选	10	1004899	1022281	
有色金属矿采选业	**1**	**606**		
常用有色金属矿采选	1	606		
非金属矿采选业	**20**	**304904**	**301545**	
土砂石开采	18	296002	292643	
石棉及其他非金属矿采选	2	8902	8902	
制造业	**6681**	**505713803**	**493670862**	**68895096**
农副食品加工业	**254**	**11866953**	**11591998**	**916637**
谷物磨制	18	1113740	1016352	
饲料加工	93	3557138	3486310	8220
植物油加工	7	192366	185100	7861
制糖	2	43331	62664	
屠宰及肉类加工	89	5591538	5425300	604660
水产品加工	6	56458	54058	6249
蔬菜、水果和坚果加工	23	495194	449762	82452
其他农副食品加工	16	817188	912452	207195
食品制造业	**219**	**11616457**	**11512825**	**526875**
焙烤食品制造	65	2148890	2229925	108647
糖果、巧克力及蜜饯制造	15	2239984	2259672	145794
方便食品制造	24	935362	913590	28436
液体乳及乳制品制造	21	2614093	2585619	
罐头制造	3	72667	77699	
调味品、发酵制品制造	22	671346	641977	29930
其他食品制造	69	2934115	2804343	214068
饮料制造业	**86**	**9006981**	**8992243**	**367365**
酒精制造	2	71156	63704	10478
酒的制造	26	4592878	4561851	99469
软饮料制造	54	4235582	4256927	245477
精制茶加工	4	107365	109761	11941
烟草制品业	**4**	**1479111**	**1538644**	**72821**
卷烟制造	2	1470866	1530399	72821
其他烟草制品加工	2	8245	8245	
纺织业	**181**	**5942247**	**5569521**	**1624889**
棉、化纤纺织及印染精加工	29	810408	837485	209781
毛纺织和染整精加工	14	446476	426355	180362
丝绢纺织及精加工	1	298495	274926	
纺织制成品制造	47	959450	928149	231116
针织品、编织品及其制品制造	90	3427418	3102606	1003630

1-15 续表 1 计量单位：千元

	单位数（个）	工业总产值（当年价格）	工业销售产值（当年价格）	出口交货值
纺织服装、鞋、帽制造业	**285**	**7527438**	**6844289**	**3379023**
纺织服装制造	275	7432398	6750681	3324565
纺织面料鞋的制造	7	59824	58490	45458
制帽	3	35216	35118	9000
皮革、毛皮、羽毛(绒)及其制品业	**46**	**715967**	**703449**	**435247**
皮革鞣制加工	3	39227	31092	
皮革制品制造	32	479918	480874	320806
毛皮鞣制及制品加工	10	196822	191483	114441
羽毛(绒)加工及制品制造	1			
木材加工及木、竹、藤、棕、草制品	**43**	**1200042**	**1130636**	**127463**
锯材、木片加工	9	116403	116095	
人造板制造	11	539051	491961	
木制品制造	23	544588	522580	127463
家具制造业	**111**	**2311975**	**2281126**	**687733**
木质家具制造	79	1459943	1433916	580275
金属家具制造	19	618277	627677	105161
塑料家具制造	1			
其他家具制造	12	233755	219533	2297
造纸及纸制品业	**131**	**3548094**	**3508751**	**102467**
纸浆制造	1			
造纸	37	750140	729063	9998
纸制品制造	93	2797954	2779688	92469
印刷业和记录媒介的复制	**415**	**7863763**	**7700990**	**34001**
印刷	359	7110492	6949502	34001
装订及其他印刷服务活动	36	232751	223623	
记录媒介的复制	20	520520	527865	
文教体育用品制造业	**54**	**1244147**	**1207794**	**594678**
文化用品制造	13	114281	112179	57111
体育用品制造	13	280579	267334	166632
乐器制造	19	596157	578762	222889
玩具制造	6	101984	102366	93437
游艺器材及娱乐用品制造	3	151146	147153	54609
石油加工、炼焦及核燃料加工业	**56**	**27456600**	**27546404**	**428687**
精炼石油产品的制造	52	25467832	25588430	165983
炼焦	3	1965535	1934639	262704
核燃料加工	1	23233	23335	
化学原料及化学制品制造业	**458**	**39897173**	**39467517**	**1227291**
基础化学原料制造	70	9970859	9772288	49176
肥料制造	30	692554	623429	37959
农药制造	14	171097	143959	17208
涂料、油墨、颜料及类似产品制造	111	2448823	2491709	138234
合成材料制造	54	20397555	20581902	474721
专用化学产品制造	132	3113913	2967484	475125
日用化学产品制造	47	3102372	2886746	34868

1-15 续表 2

计量单位：千元

	单位数(个)	工业总产值(当年价格)	工业销售产值(当年价格)	出口交货值
医药制造业	**196**	**11971983**	**11600528**	**307545**
化学药品原药制造	9	268070	243910	68806
化学药品制剂制造	60	5879006	5634387	38212
中药饮片加工	23	899032	828682	1642
中成药制造	42	3369693	3349984	163573
兽用药品制造	16	151413	146671	276
生物、生化制品的制造	34	1245599	1226435	30613
卫生材料及医药用品制造	12	159170	170459	4423
化学纤维制造业	**14**	**241582**	**233630**	**24811**
纤维素纤维原料及纤维制造	2	11507	11112	
合成纤维制造	12	230075	222518	24811
橡胶制品业	**42**	**1816811**	**1771346**	**615462**
轮胎制造	4	686802	659544	243362
橡胶板、管、带的制造	7	112495	101323	
橡胶零件制造	18	301633	279825	9567
再生橡胶制造	2	16386	15790	
日用及医用橡胶制品制造	5	380613	380532	273799
橡胶靴鞋制造	2	29103	29103	28778
其他橡胶制品制造	4	289779	305229	59956
塑料制品业	**265**	**5264215**	**5247367**	**353349**
塑料薄膜制造	30	801835	807254	72921
塑料板、管、型材的制造	37	803528	788204	24976
塑料丝、绳及编织品的制造	20	398927	396850	
泡沫塑料制造	29	510061	506674	133
塑料人造革、合成革制造	4	235639	233754	69571
塑料包装箱及容器制造	57	1003952	1005677	29188
塑料零件制造	16	334843	354515	96742
日用塑料制造	58	1047205	1024313	34861
其他塑料制品制造	14	128225	130126	24957
非金属矿物制品业	**492**	**18446461**	**17864765**	**558937**
水泥、石灰和石膏的制造	41	2877448	2815971	
水泥及石膏制品制造	193	9187004	8929706	
砖瓦、石材及其他建筑材料制造	107	1936327	1868291	84526
玻璃及玻璃制品制造	75	2215640	2136182	175402
陶瓷制品制造	10	661749	615009	128559
耐火材料制品制造	29	793680	749375	73318
石墨及其他非金属矿物制品制造	37	774613	750231	97132
黑色金属冶炼及压延加工业	**65**	**50289740**	**50166114**	**2269579**
炼铁	12	365881	347472	66465
炼钢	3	25051	22849	
钢压延加工	49	49891379	49789443	2203114
铁合金冶炼	1	7429	6350	

1-15 续表 3

计量单位：千元

	单位数 (个)	工业总产值 (当年价格)	工业销售产值 (当年价格)	出口交货值
有色金属冶炼及压延加工业	**95**	**4656872**	**4466364**	**713069**
常用有色金属冶炼	13	906467	909440	3554
贵金属冶炼	2	170011	172343	
稀有稀土金属冶炼	9	748149	736211	531909
有色金属合金制造	16	624487	591223	14325
有色金属压延加工	55	2207758	2057147	163281
金属制品业	**440**	**10544446**	**10162697**	**1023973**
结构性金属制品制造	299	5713033	5572959	417749
金属工具制造	24	362436	342808	103559
集装箱及金属包装容器制造	30	1889611	1791297	200160
金属丝绳及其制品的制造	3	131174	139416	
建筑、安全用金属制品制造	27	574545	542027	32858
金属表面处理及热处理加工	10	171401	171281	
搪瓷制品制造	2	29676	29767	12221
不锈钢及类似日用金属制品制造	13	753134	758819	126956
其他金属制品制造	32	919436	814323	130470
通用设备制造业	**483**	**18669851**	**18312975**	**2784077**
锅炉及原动机制造	36	2116682	2103001	34550
金属加工机械制造	67	2143777	2079331	145585
起重运输设备制造	28	1218710	1239642	31857
泵、阀门、压缩机及类似机械的制造	86	4099806	4005478	1057472
轴承、齿轮、传动和驱动部件的制造	15	747576	739041	70361
烘炉、熔炉及电炉制造	10	282547	271144	
风机、衡器、包装设备等通用设备制造	125	5866196	5774879	492221
通用零部件制造及机械修理	57	696947	670197	288289
金属铸、锻加工	59	1497610	1430262	663742
专用设备制造业	**463**	**18983268**	**18247926**	**2524449**
矿山、冶金、建筑专用设备制造	70	2509987	2318032	85669
化工、木材、非金属加工专用设备制造	49	1166857	1081524	15807
食品、饮料、烟草及饲料生产专用设备	15	307916	300787	17450
印刷、制药、日化生产专用设备制造	35	1672145	1545921	41716
纺织、服装和皮革工业专用设备制造	16	2211579	2246640	250232
电子和电工机械专用设备制造	57	2082215	1927569	159970
农、林、牧、渔专用机械制造	14	211945	206625	17113
医疗仪器设备及器械制造	88	4264913	4228937	1346908
环保、社会公共安全及其他专用设备制造	119	4555711	4391891	589584
交通运输设备制造业	**399**	**74891630**	**72117480**	**691111**
铁路运输设备制造	65	3169337	2964574	18072
汽车制造	309	67855204	65384556	647949
自行车制造	3	26800	26495	5505
船舶及浮动装置制造	2	12956	18196	
航空航天器制造	15	3718329	3628578	19585
交通器材及其他交通运输设备制造	5	109004	95081	

1-15 续表 4

计量单位：千元

	单位数（个）	工业总产值（当年价格）	工业销售产值（当年价格）	出口交货值
电气机械及器材制造业	**417**	**19753456**	**19205384**	**1799494**
电机制造	31	2590440	2530729	149695
输配电及控制设备制造	238	11218235	10900501	442252
电线、电缆、光缆及电工器材制造	48	1296722	1181005	28858
电池制造	14	1171969	1076066	536039
家用电力器具制造	24	1309276	1395747	35111
非电力家用器具制造	15	453280	467834	21987
照明器具制造	31	1202035	1179137	566399
其他电气机械及器材制造	16	511499	474365	19153
通信设备、计算机及其他电子设备制造	**498**	**123558102**	**119997165**	**42651105**
通信设备制造	134	57181967	55232105	26336377
雷达及配套设备制造	5	1019235	1035400	56299
广播电视设备制造	36	1207530	1161896	153117
电子计算机制造	116	34569477	33181353	3199346
电子器件制造	76	14378649	14568208	6485119
电子元件制造	72	10099662	9760494	3826104
家用视听设备制造	12	3134146	3114843	2271322
其他电子设备制造	47	1967436	1942866	323421
仪器仪表及文化、办公用机械制造业	**347**	**12438294**	**12240740**	**1738263**
通用仪器仪表制造	220	6965940	6966779	258297
专用仪器仪表制造	76	1177918	1138474	43855
钟表与计时仪器制造	2	189909	157409	34352
光学仪器及眼镜制造	20	1092541	1061358	46218
文化、办公用机械制造	20	2885181	2801836	1353559
其他仪器仪表的制造及修理	9	126805	114884	1982
工艺品及其他制造业	**111**	**2354704**	**2304162**	**314695**
工艺美术品制造	46	594341	595221	188874
日用杂品制造	14	155154	154297	79982
煤制品制造	15	184184	154395	8012
核辐射加工	3	33117	32939	55
其他未列明的制造业	33	1387908	1367310	37772
废弃资源和废旧材料回收加工业	**11**	**155440**	**136032**	
金属废料和碎屑的加工处理	6	103825	86021	
非金属废料和碎屑的加工处理	5	51615	50011	
电力、燃气及水的生产和供应业	**124**	**53493417**	**53479890**	**15472**
电力、热力的生产和供应业	**81**	**49279888**	**49271217**	**15472**
电力生产	13	5765909	5760916	
电力供应	9	41118575	41118575	
热力生产和供应	59	2395404	2391726	15472
燃气生产和供应业	**15**	**1648300**	**1648510**	
燃气生产和供应业	15	1648300	1648510	
水的生产和供应业	**28**	**2565229**	**2560163**	
自来水的生产和供应	17	2139928	2140626	
污水处理及其再生利用	9	420275	408668	
其他水的处理、利用与分配	2	5026	10869	

1-16 限额以上工业

	单位数（个）	亏损企业	年初存货	流动资产合计	#短期投资	应收帐款（净额）
总计	**6872**	**1889**	**78568638**	**343520072**	**3364704**	**77338746**
一、按登记注册类型分						
内资	5532	1479	54891658	230564956	2149990	44902223
国有	1328	579	10724141	48812970	832303	7803292
集体	532	113	2418534	6821937	29076	1424535
股份合作	281	55	1136559	3340587	9557	1064475
国有联营	7	2	104482	444844		86873
集体联营	3		1742	18274		15168
国有与集体联营	29	8	205548	832859	5796	197560
其他联营	2		6810	22684		8184
国有独资公司	46	12	8379138	45576290	536696	6826450
其他有限责任公司	1407	324	13273428	57240364	410201	13322623
股份有限公司	191	38	13056934	44474720	194819	8635352
私营独资	35	10	109477	240313		35857
私营合伙	19	4	30724	83424	24	22302
私营有限责任公司	1551	316	5015419	20560261	107873	4963234
私营股份有限公司	101	18	428722	2095429	23645	496318
港澳台商投资	372	112	5951396	27616772	1068788	8402314
与港澳台商合资经营	248	78	2932770	11666209	74425	3618892
与港澳台商合作经营	12	1	214676	657086		246031
港澳台商独资	107	32	1852921	12498561	994363	4234042
港澳台商投资股份有限公司	5	1	951029	2794916		303349
外商投资	968	298	17725584	85338344	145926	24034209
中外合资经营	541	158	11883775	57652001	108000	14904043
中外合作经营	50	19	480411	2084725	3896	497892
外资企业	367	120	4986097	24057017	14261	8059372
外商投资股份有限公司	10	1	375301	1544601	19769	572902
二、按隶属关系分						
中央	656	224	15592961	69178839	206728	12305559
地方	2080	652	31615615	138633297	1587479	27227093
其他	4136	1013	31360062	135707936	1570497	37806094

企业主要财务状况

计量单位：千元

存货	产成品	一年内到期的长期债权投资	流动资产年平均余额	长期投资合计	#长期股权投资	长期债权投资	固定资产合计	#固定资产原价	生产经营用
94574938	**33429388**	**210316**	**330257946**	**500556858**	**490339819**	**6528745**	**304519881**	**392218374**	**357614139**
63140864	22168224	169669	224871878	495143919	485167328	6346874	244771639	311369670	286828491
11738319	3988050	65800	48339210	400893244	399449871	701068	58971862	62760517	56472123
2623066	1344868	1476	6566367	690286	483786	62876	3433944	5019823	4042684
1345031	611766	2743	3175079	194614	85790	33434	1664757	2184899	1772799
124601	56012		473523	42382	350	8461	325718	482191	280560
2352	387		31123	1			18259	19212	12984
180862	77399		922048	404540	375764	1780	908573	1200166	480126
6830	1520		22874	200	200		10597	15655	15651
7623661	1578552		46783993	65285456	60641111	4362326	85210138	112140981	105166950
15764544	6241912	36040	54691009	6040876	5541242	234780	55240558	70486836	66479825
16006392	5194376	45281	42988581	19877662	17076734	875663	28454217	45586509	42551016
136445	92557		232862	9427	8038	1389	123160	147939	131048
37937	19275		81626				44990	56406	53136
6817284	2727320	11877	18730243	1647072	1460880	57901	9037305	9739833	8130662
733540	234230	6452	1833340	58159	43562	7196	1327561	1528703	1238927
6109779	2503408	24831	27462864	1772499	1746327	15383	13625668	19918790	18363747
3499602	1300475	24831	11493320	254116	228257	15126	10706718	15790733	14713935
250016	149985		628684	179		179	262022	360048	332564
1637079	649770		12344660	189008	188930	78	2070481	2596542	2195847
723082	403178		2996200	1329196	1329140		586447	1171467	1121401
25324295	8757756	15816	77923204	3640440	3426164	166488	46122574	60929914	52421901
16568506	5441895	3359	53855654	682803	655061	11454	27966849	36411981	31356297
654511	216823		2144920	56718	56718		1063311	1650318	1512670
7641120	2954510	12457	20445650	741106	557572	155034	12268820	16576990	14131952
460158	144528		1476980	2159813	2156813		4823594	6290625	5420982
16401595	3733030	65197	71984868	442598353	437265217	4815464	122941584	159098115	153950924
39359433	15053320	73665	131300460	44756275	41363756	646463	121840832	164495951	145005183
38813910	14643038	71454	126972618	13202230	11710846	1066818	59737465	68624308	58658032

1-16 续表 1

	单位数(个)	亏损企业	年初存货	流动资产合计	#短期投资	应收帐款(净额)
三、按控股情况分						
国有绝对控股	1855	683	38277295	165912421	1781322	28786737
国有相对控股	290	72	7620715	33758265	87228	6273725
其他	4707	1126	32666043	143494783	1490244	42199374
四、按企业规模分						
大型企业	44	3	20396622	100896845	1906887	15266541
中型企业	452	81	25484785	111928078	661036	28461798
小型企业	6376	1805	32687231	130695149	796781	33610407
五、按轻重工业分						
轻工业	2658	860	19278119	71202402	565595	14218868
重工业	4214	1029	59290519	272317670	2799109	63119878
六、按地区分						
东城区	93	33	687860	6725705	15000	2985806
西城区	145	51	1025231	19738576	146190	2628979
崇文区	61	12	1109455	4783488	250000	752236
宣武区	101	43	626962	13013023	26782	3480691
朝阳区	1044	262	13788612	55704379	883159	13053718
丰台区	642	179	5332504	21788115	138688	5586169
石景山区	153	44	7208134	30457677	131830	3368179
海淀区	1211	297	14340915	61514240	1350535	13891949
门头沟区	111	29	559808	3394017	8360	618588
房山区	307	97	4057944	13398025	58020	2279058
通州区	556	124	3035694	11144650	16957	3044590
顺义区	474	143	5159052	25527140	23116	6377784
昌平区	486	121	8212613	19534075	31482	5087509
大兴区	670	189	3350042	12146264	36298	2712036
怀柔区	223	46	1237564	5569734	17938	1361553
平谷区	168	78	1003065	3866339	5500	1161688
密云县	183	69	1148057	4180567	27934	1232540
延庆县	72	30	311787	1046846		264624
北京经济技术开发区	171	41	6370016	29980085	196915	7451049
外埠	1	1	3323	7127		

计量单位：千元

存货	产成品	一年内到期的长期债权投资	流动资产年平均余额	长期投资合计	#长期股权投资	长期债权投资	固定资产合计	#固定资产原价	生产经营用
43379999	13019677	123610	164477808	480571207	472176760	5376219	222673012	289891770	270290508
8837052	3215406	45235	33072301	11934835	11276407	611568	18371423	19534978	16706662
42334684	17194305	41471	132363464	8050614	6886450	540958	62934913	82268767	70134407
27036749	7676573		97643809	70821622	64382936	4589526	135460986	193842540	183424921
29730306	11131373	77031	109585076	400323072	399530860	296342	107618118	125055865	111934991
37807883	14621442	133285	123029061	29412164	26426023	1642877	61440777	73319969	62254227
22496580	9714938	78575	68175238	16113733	15369667	300362	55147702	73143012	60589248
72078358	23714450	131741	262082708	484443125	474970152	6228383	249372179	319075362	297024891
903254	336637		7714496	530873	380470	14065	1701040	1981493	1531267
1423817	426207		20316571	387686727	387152799	451065	71284883	76098721	72643733
1138937	428392	400	5211362	2779057	2770971	6286	10166904	7958279	7255252
685497	233505		16986423	51075366	46273865	4513604	28694768	37773001	36983147
16360701	5575454	51370	55245168	21783316	21318310	115039	47551447	68263779	61697607
6493070	2151865	2047	20470444	1330330	1115973	35725	9484768	13466960	11776079
8540907	1576061		27553750	8342149	8292105	28322	26408668	44267952	41845734
16029394	5031570	9484	57933723	12188761	9028593	714709	20485926	25537385	21127649
695760	323027		3193812	2207509	2190740	5859	2442983	3607948	2741956
5509257	1699326	1956	11152065	1176056	1153076	3860	16478348	31516022	30273404
4243020	1864718	4578	10645598	553281	293158	243426	8493071	10405448	8959246
8101038	3187789	37654	22914298	4329051	4276626	11921	15111453	18253646	14986266
7091413	3611389	1290	18509074	1896143	1596543	245443	11116646	13483881	12257457
4299260	1877682	35352	11053864	670568	583874	61099	7259818	8437607	6482670
1570244	717856	1018	5338954	469873	453633	15120	4090061	5421768	4563900
1453785	647411	505	3554336	64642	22353	40182	2853584	3441258	3057925
1156384	505934	752	4045528	373471	365103	2596	2749951	3337543	2830325
433750	224026	63910	985789	72611	67259		693828	766206	691753
8438692	3006828		27427434	3027074	3004368	20424	17451629	18199358	15908650
6758	3711		5257				105	119	119

1-16 续表 2

	累计折旧	本年折旧	在建工程	固定资产净值年平均余额	无形资产	资产总计
总计	**138340843**	**21954866**	**47729167**	**237708400**	**14564981**	**1204950940**
一、按登记注册类型分						
内资	107268755	16860465	37719786	191106503	10435266	1020415648
国有	18790152	3304700	13636691	41976313	697682	543912991
集体	1994541	245258	360578	3034323	252218	11455244
股份合作	751850	120422	208201	1436807	400511	5634521
国有联营	197012	22421	37917	284324	20122	837646
集体联营	3306	674	2222	16027		51121
国有与集体联营	376311	22415	17600	883633	12889	2165891
其他联营	5058	640		10726	3299	36780
国有独资公司	39854156	5766294	12292151	68690497	1751060	198171059
其他有限责任公司	21845190	4131521	5861820	42256230	4146446	125068715
股份有限公司	20834071	2512793	3767212	24056809	2131156	96117503
私营独资	36279	9909	11477	107596	864	373802
私营合伙	13471	3730	2054	42515	1256	129670
私营有限责任公司	2226958	611679	1384648	7129378	963274	32830923
私营股份有限公司	340400	108009	137215	1181325	54489	3629782
港澳台商投资	7284396	990586	987937	12637332	609788	44338733
与港澳台商合资经营	5696382	714529	585389	10191399	399780	23297552
与港澳台商合作经营	126528	24348	28502	239454	16303	944224
港澳台商独资	882082	201352	353105	1654622	87396	15043289
港澳台商投资股份有限公司	579404	50357	20941	551857	106309	5053668
外商投资	23787692	4103815	9021444	33964565	3519927	140196559
中外合资经营	15793073	2417981	7447746	18703110	2290556	89393582
中外合作经营	718886	124524	129640	957069	86550	3408445
外资企业	5257204	1225462	934146	10452754	1003519	38574470
外商投资股份有限公司	2018529	335848	509912	3851632	139302	8820062
二、按隶属关系分						
中央	54075823	9939529	15986253	96866792	2743252	672197977
地方	63907417	7577988	20455762	96567227	5758648	314070157
其他	20357603	4437349	11287152	44274381	6063081	218682806

计量单位：千元

流动负债			长期负债			负债合计	所有者权益		
合计	#短期借款	应付账款	合计	#长期借款	应付债券		合计	#实收资本	国家资本
301479982	**74970537**	**86063272**	**112825756**	**55469194**	**8848581**	**414307930**	**790643010**	**459976296**	**253352952**
210805402	53847998	49812333	99171712	42935700	8809022	309979306	710436342	395008385	249330305
48600463	12326192	7097798	51910329	14396183	6481181	100510792	443402199	232065733	221008832
6535504	1646248	1815115	804197	646398	4781	7339701	4115543	1980509	23152
3059620	733138	1056133	275213	161475		3334833	2299688	1422241	7427
368116	142140	44893	184123	149708		552239	285407	256150	146660
9954	868	2094	780	780		10734	40387	3750	
903232	68980	161388	172614	162884		1075846	1090045	814549	13408
13597		4085				13597	23183	21550	21000
44149380	13810693	8744779	24080057	17807635	2011391	68231629	129939430	93059633	21702258
51418565	7583402	14603110	14312924	4610972	186638	65731489	59337226	36804529	4313577
36747931	13530178	9979380	5901919	3931706	124980	42649850	53467653	19142455	2080603
235526	80347	59294	13873	10828		249399	124403	82193	
67662	9732	23257	950	300		68612	61058	50401	500
17262993	3643178	5666025	1350144	971129		18613137	14217786	8449800	1943
1432859	272902	554982	164589	85702	51	1597448	2032334	854892	10945
21444566	3302929	8003951	6282589	6024084		27727155	16611578	11564454	744715
9695612	2298704	3359701	5989550	5824189		15685162	7612390	8407400	685950
502181	108167	268161	14468	14468		516649	427575	275357	
9043412	339977	3992185	163344	147727		9206756	5836533	2071962	
2203361	556081	383904	115227	37700		2318588	2735080	809735	58765
69230014	17819610	28246988	7371455	6509410	39559	76601469	63595090	53403457	3277932
45283837	11528407	17953285	2592780	2067977		47876617	41516965	32856054	2347209
1673342	314060	728965	76171	67750	6082	1749513	1658932	1427289	95975
20315047	5406789	9161898	3041482	2798832	33477	23356529	15217941	15656058	
1957788	570354	402840	1661022	1574851		3618810	5201252	3464056	834748
63976771	11312227	14114790	72965153	28679926	6253670	136944116	535253861	301146259	220706506
127457365	36790697	32481372	30165358	19581737	2247281	157622723	156447434	92979168	30724801
110045846	26867613	39467110	9695245	7207531	347630	119741091	98941715	65850869	1921645

1-16 续表 3

	累计折旧	本年折旧	在建工程	固定资产净值年平均余额	无形资产	资产总计
三、按控股情况分						
国有绝对控股	103755001	15444557	33778915	174720275	7177685	914045792
国有相对控股	7683697	1066346	6630073	10035762	1015346	65625848
其他	26778296	5418808	7178953	52553825	6371950	224361074
四、按企业规模分						
大型企业	74911099	10890520	15866811	109650640	3645041	313418592
中型企业	40724116	6878901	21916997	78393893	5284064	654530128
小型企业	22705628	4185445	9945359	49663867	5635876	237002220
五、按轻重工业分						
轻工业	25047030	3994593	6640691	45685136	3748669	149246354
重工业	113293813	17960273	41088476	192023264	10816312	1055704586
六、按地区分						
东城区	714077	115125	427577	1322820	53988	9075763
西城区	18655556	4486034	12269898	50558353	59678	511269332
崇文区	1115171	241717	3300699	6241410	566674	18855291
宣武区	11965304	2846583	2509337	24631356	129720	93760391
朝阳区	25830065	3361604	4926820	39690262	2512845	130419836
丰台区	5542845	701063	1397474	7540563	785637	34007956
石景山区	23860425	1912607	5800737	20717534	979551	66434593
海淀区	8913406	1512497	3636438	16098672	2169034	97364874
门头沟区	1251691	169751	87160	2147281	334780	8470587
房山区	15824507	1653053	774891	15896667	1000952	32229585
通州区	2877892	631607	937671	7248542	769297	21423472
顺义区	5285308	1078548	2180117	11595579	783186	46068330
昌平区	4276327	746128	1837624	8661106	1511927	34514654
大兴区	2356293	466844	986738	5942084	581241	21043269
怀柔区	1693392	299660	338052	3616151	637204	10892981
平谷区	905846	220044	313886	2472898	133995	6961717
密云县	1011707	169488	401387	2384245	361300	7846828
延庆县	290215	50721	217696	476341	60767	1904145
北京经济技术开发区	5970802	1291781	5384965	10466347	1133205	52400104
外埠	14	11		189		7232

计量单位：千元

流动负债 合计	#短期借款	应付账款	长期负债 合计	#长期借款	应付债券	负债合计	所有者权益 合计	#实收资本	国家资本
155580238	40370032	32405285	98023233	44112725	8801341	253605663	660440129	371892219	250812740
27816833	9042693	8148885	3493140	2159633		31309973	34315875	20812838	1317522
117725438	25537667	45311163	11283662	9180855	47240	129009100	95351974	66985711	1079103
96800066	21388822	28554087	32766574	19868802	2643489	129566640	183851952	112046699	19814781
93685965	30071793	24762340	61962445	25385409	5555677	155650602	498879526	267014888	213297790
110993951	23509922	32746845	18096737	10214983	649415	129090688	107911532	80914709	20240381
62831207	18830376	15230824	9649201	5989693	640175	72480408	76765946	52431088	11245268
238648775	56140161	70832448	103176555	49479501	8208406	341827522	713877064	407545208	242107684
3390311	430924	742098	217458	163634		3607769	5467994	1459275	317815
20032535	5778069	3138444	49636255	11586972	5847497	69668790	441600542	229706148	220095690
3128139	948964	663071	3894889	817188		7025220	11830071	5801859	4799362
14347590	404661	3840061	14704733	10225688	412000	29052323	64708068	57548290	828345
52015112	15665874	11857437	15548901	12894367	8584	67564013	62855823	38049003	9727383
16905828	2801796	5121736	2637000	1642421	1062	19542828	14465128	11083147	1515305
29101081	10047756	5857493	7529047	5136768	1599391	36630128	29804465	15494327	6501252
47537162	11082940	13896481	5538236	4188114	126194	53075398	44289476	24955188	3492460
2591891	622776	644493	765688	312267		3357579	5113008	3018786	1730462
11403021	2372960	3219592	1878966	1492153	1767	13281987	18947598	8142966	250941
10596032	2558539	3263224	1528001	980693	34979	12124033	9299439	7092598	283791
22498091	4761079	10666145	2172448	1084260	628560	24670539	21397791	12901578	796530
17757477	3208692	7310379	1774412	1225132	6082	19531889	14982765	10445155	842385
11381371	2730459	2776573	1245612	777827		12626983	8416286	6712039	452208
6173005	2632173	1306673	835911	717645	1260	7008916	3884065	3888876	433881
3877699	1043703	1376383	729685	623723		4607384	2354333	2098741	63477
4346765	947309	1495038	558010	235519	181205	4904775	2942053	2453931	440517
1335214	251356	308512	61689	38412		1396903	507242	538575	111908
23054707	6680507	8573011	1568815	1326411		24623522	27776582	18585314	669240
6951		6428				6951	281	500	

1-16 续表 4

	集体资本	法人资本	#国家法人	集体法人	个人资本	港澳台资本
总　计	**3847240**	**140916886**	**118627146**	**6552154**	**17411884**	**6878911**
一、按登记注册类型分						
内资	3218137	124103062	109497650	5192717	16378630	59469
国有	117869	10726933	10386828	2800	209766	1349
集体	1588575	335694	12185	203324	33088	
股份合作	200366	272018	13601	59044	940698	1242
国有联营	21907	87583	83455	4128		
集体联营	3000	750		750		
国有与集体联营	64579	736562	678721	36424		
其他联营		500		500	50	
国有独资公司	1200	71001852	70983212	18640	354323	
其他有限责任公司	1114648	26966865	18199496	3289321	4317144	18598
股份有限公司	69464	11979233	9110468	958710	3220161	
私营独资		13897		1390	68296	
私营合伙		14315		1000	35586	
私营有限责任公司	20635	1777772	26684	512326	6560553	38280
私营股份有限公司	15894	189088	3000	104360	638965	
港澳台商投资	152660	3456028	2348242	407602	508522	6638343
与港澳台商合资经营	145225	3137323	2108426	377559	303238	4071478
与港澳台商合作经营	7435	23672	14888	7543	2284	241966
港澳台商独资						2071962
港澳台商投资股份有限公司		295033	224928	22500	203000	252937
外商投资	476443	13357796	6781254	951835	524732	181099
中外合资经营	434013	12878278	6645413	930813	369705	174463
中外合作经营	21430	152805	10918	12242	5027	6636
外资企业						
外商投资股份有限公司	21000	326713	124923	8780	150000	
二、按隶属关系分						
中央	111061	75677217	75187711	277410	496804	610080
地方	2520581	43712863	37327580	1470799	3193127	1803334
其他	1215598	21526806	6111855	4803945	13721953	4465497

计量单位：千元

外商资本	主营业务收入	直接出口产品销售收入	主营业务成本	营业费用	主营业务税金及附加	其他业务收入	其他业务利润	管理费用	#税金
37568423	**599265638**	**65857310**	**505193567**	**24263519**	**4717859**	**15778417**	**3510024**	**35462788**	**755548**
1918782	374126633	10246232	319746384	11448020	3482399	12973886	2740945	24158826	531189
984	41815616	495797	34180652	1418618	1018318	3961188	1264798	5920566	117899
	9815705	193320	8357576	309328	42928	270022	94098	689915	18459
490	5431200	364751	4694749	235881	15418	51885	24741	370442	9805
	302300	32433	157510	58853	2019	29684	18799	68306	1888
	26596		12600	1005	11			2786	9
	638349	5411	572918	20940	1973	60061	38746	116598	5173
	34762		27138	910	207			3736	121
	95393235	2275003	85443144	739476	398259	2829052	263267	4367574	142065
73697	84265194	1839199	71599786	3303457	472679	2827059	720205	5401303	103674
1792994	102909199	3386352	87270140	3448481	1385075	2431380	182025	4792304	90192
	532648		469365	19594	2109	4205	2308	18996	773
	206844	6468	181830	11330	415	200	200	8359	114
50617	30367100	1469582	24873375	1736802	132231	459164	117828	2209318	37482
	2387885	177916	1905601	143345	10757	49986	13930	188623	3535
64186	53097174	6247453	44423322	4016188	27944	932732	156489	2158887	41249
64186	20674802	5003927	17206287	1165205	19821	424713	102514	1139024	26898
	1412936	299138	911204	354711	2068	771	101	100803	1523
	28358856	799091	23941491	2427841	4100	101112	36079	747469	8344
	2650580	145297	2364340	68431	1955	406136	17795	171591	4484
35585455	172041831	49363625	141023861	8799311	1207516	1871799	612590	9145075	183110
16652386	120649712	35915505	100028033	5108784	1165719	1136617	306517	5693842	115621
1145416	3256246	424090	2152086	573527	-60	239186	19587	276778	5846
15656058	44016283	12823472	35916624	2891714	29162	403015	256328	2875140	54733
2131595	4119590	200558	2927118	225286	12695	92981	30158	299315	6910
3544591	166899605	4632239	146404524	2075467	1926844	2833383	694679	7019879	140072
11024462	218828262	28084487	183758262	8491757	2299980	9224908	1779574	15296342	393762
22999370	213537771	33140584	175030781	13696295	491035	3720126	1035771	13146567	221714

1-16 续表 5

	集体资本	法人资本	#国家法人	集体法人	个人资本	港澳台资本
三、按控股情况分						
国有绝对控股	127662	113692347	111943330	480817	2566881	1072851
国有相对控股	367277	10200287	4300806	755421	1489524	1051501
其他	3263369	16971243	2330116	5315916	13355479	4754559
四、按企业规模分						
大型企业	267	85344832	84044900	5408	1516800	405835
中型企业	695346	28561172	20628481	1342248	4215289	2499747
小型企业	3151627	27010882	13953765	5204498	11679795	3973329
五、按轻重工业分						
轻工业	1249322	18175752	10765440	2700713	5658671	2782247
重工业	2597918	122741134	107861706	3851441	11753213	4096664
六、按地区分						
东城区	39585	598889	512764	72209	27188	167008
西城区	18329	9219531	9066225	30271	209877	81222
崇文区	2198	539722	481830	35958	171589	28246
宣武区	83500	56038321	55899448	47779	31116	64122
朝阳区	453179	18186202	15754516	726237	2190889	1328561
丰台区	510313	5595623	3683803	327459	1262141	469253
石景山区	42218	6615584	6464484	123722	575517	58086
海淀区	613700	11779026	7294796	1595656	4608012	964262
门头沟区	93072	850055	624691	45740	135565	48767
房山区	354373	5516356	5136128	216204	534478	77215
通州区	262616	3155417	1858508	614386	1121932	216123
顺义区	540858	5359637	3430382	472519	959151	601481
昌平区	257924	6541429	4703600	904115	1214871	484519
大兴区	144465	2347094	1277406	394699	1837297	380494
怀柔区	85690	821427	320495	191122	626699	433318
平谷区	139657	333977	34174	78040	420798	98647
密云县	49595	940267	249938	217564	346406	357469
延庆县	9468	234036	7428	8565	171383	1242
北京经济技术开发区	146500	6243893	1826130	449909	966875	1018876
外埠		400	400		100	

计量单位：千元

外商资本	主营业务收入	直接出口产品销售收入	主营业务成本	营业费用	主营业务税金及附加	其他业务收入	其他业务利润	管理费用	#税金
3619738	294680622	6056913	254071581	6621687	3291528	11199177	2256002	18056874	435276
6386727	56972839	8448545	46340575	2713895	810207	828256	199794	3023662	58066
27561958	247237466	51351852	204429944	14916352	615446	3749824	1053455	14339965	261934
4964184	273640641	21084547	240311535	5678644	2880747	6538885	423463	9297570	253755
17745544	156429265	31743364	125895750	9474584	1333169	4140673	1189018	12360502	236918
14858695	169195732	13029399	138986282	9110291	503943	5098859	1897543	13804716	264875
13319828	102972848	14048015	77005896	10253525	1546472	3019377	986919	9629010	209269
24248595	496292790	51809295	428187671	14009994	3171387	12759040	2523105	25833778	546279
308790	15200164	3391491	13324816	552723	6587	148690	86408	589639	6540
81499	32619251	159102	30662580	135602	162774	748402	190494	806511	34582
260742	3801579	193584	2492554	495737	25555	84730	50786	509135	12543
502886	42607964	55520	39975683	261571	150095	306632	160198	664734	12077
6162789	75620890	7554293	61184062	3753283	1037577	2826977	970661	7169989	165091
1730512	25278236	951196	20680823	1185589	67435	780284	194180	2344230	39661
1701670	45584941	3028403	37903746	502214	233817	2452499	90295	3548932	96946
3497728	77908837	5766900	64196342	5410167	271864	2245442	784830	5457906	87805
160865	4130247	809027	2922859	304875	22833	158406	-12301	644221	9169
1409603	51662616	351007	43454275	714032	956038	838744	19311	1870047	50276
2052719	18117591	1974127	15636459	698394	45100	452580	75899	1209802	30722
4643921	63228757	17444039	54298142	2165369	1050768	1019711	183187	2301024	48570
1104027	49326616	1289746	43097629	2168743	147008	1908079	212492	2264202	43266
1550481	16648753	1368946	13609848	1148671	61888	475609	146051	1324378	32119
1487861	9823230	502391	6997359	1309797	194028	157914	18602	839957	11348
1042185	5930863	598822	4966715	289566	20851	142996	24390	378243	8479
319677	6952419	689380	5718023	392282	73980	291934	64839	531183	9299
10538	1417866	146715	1177937	66023	5341	13842	3371	111881	2169
9539930	53396451	19582621	42885619	2708881	184313	724133	246218	2896399	54884
	8367		8096		7	813	113	375	2

1-16 续表 6

	财产保险费	差旅费	工会经费	办公费	职工教育费	排污费
总计	**345082**	**976409**	**330786**	**1392281**	**311415**	**78803**
一、按登记注册类型分						
内资	257008	584796	247945	890717	201394	59630
国有	32004	83920	59821	154804	46510	16725
集体	4160	20716	5279	41661	4750	1597
股份合作	3339	17622	2216	32442	2596	870
国有联营	613	883	679	1340	374	16
集体联营		91	6	66	5	
国有与集体联营	1301	1974	1015	3465	825	331
其他联营	19	1	46	86	35	2
国有独资公司	18273	40089	52103	73903	45945	15477
其他有限责任公司	26550	174380	57202	276124	41723	11010
股份有限公司	151450	90268	59505	113045	44093	11349
私营独资	140	1376	64	1454	83	18
私营合伙	21	299	19	678	19	4
私营有限责任公司	15861	143177	8679	182224	13067	2012
私营股份有限公司	3277	10000	1311	9425	1369	219
港澳台商投资	14317	86239	18862	148746	13910	4290
与港澳台商合资经营	9069	34216	9924	105128	9226	3128
与港澳台商合作经营	1222	8466	172	4144	288	52
港澳台商独资	3003	37751	5965	30945	2996	168
港澳台商投资股份有限公司	1023	5806	2801	8529	1400	942
外商投资	73757	305374	63979	352818	96111	14883
中外合资经营	36131	178916	47939	177119	79887	10727
中外合作经营	2544	12847	2039	9811	2008	229
外资企业	32618	108641	10008	159085	11579	1326
外商投资股份有限公司	2464	4970	3993	6803	2637	2601
二、按隶属关系分						
中央	102185	119154	77910	161432	62413	21282
地方	147006	280309	171798	448074	177348	44319
其他	95891	576946	81078	782775	71654	13202

计量单位：千元

财务费用	利息支出（净额）	营业利润	投资收益	补贴收入	营业外收入	营业外支出	利润总额	应交所得税	可供分配利润
5844874	**5064579**	**27291676**	**10209379**	**2426464**	**3061631**	**2919054**	**39740759**	**6640100**	**42621813**
4319923	3958113	13710647	9528005	2263563	2377084	2255076	25363348	5039428	25207292
1113165	1029739	-570905	5970320	614710	1213167	1114966	6145586	639892	5852074
80437	62216	429619	32452	64979	35075	31859	546817	142827	413802
49372	39525	90079	1846	67729	21513	12242	164431	44492	139329
539	527	33872		759	5294	1637	38300	14094	29221
6	-2	10188		1842		22	12019	3964	8055
4960	3514	-40294	11844	1293	31793	2716	3382	1404	5698
-28	-28	2799			17	7	2809	431	2322
1287415	1228636	3420634	1550094	737175	500087	599658	5582811	1055266	3482169
804487	739928	3403687	328443	442824	363739	193978	4175970	809535	4318365
763817	679264	5430028	1491169	188338	115715	250933	6957266	2045442	9507854
4092	3879	20800		3875	228	151	24766	3495	33626
246	94	4864		30	12	298	4608	655	6570
189573	151145	1343629	141171	132491	89164	44368	1563693	254147	1249832
21842	19676	131647	666	7518	1280	2241	140890	23784	158375
451639	393813	2175683	193011	54567	162437	89250	2500257	260951	4519099
418966	379344	828013	14830	24446	69153	34766	905269	120843	647718
11392	3838	32859		5538	2113	3328	37216	7611	24187
13241	3138	1260793	56031	24583	88096	48264	1381422	123445	3300615
8040	7493	54018	122150		3075	2892	176350	9052	546579
1073312	712653	11405346	488363	108334	522110	574728	11877154	1339721	12895422
590500	400629	8369351	66361	84355	309963	433001	8451313	1016379	9594684
52743	26477	220759	4298	1840	12134	26138	196634	27917	128804
292029	166408	2267942	7836	22139	191406	90309	2386394	184040	2269309
138040	119139	547294	409868		8607	25280	842813	111385	902625
1949808	1839805	8217762	7498658	240946	523396	901675	15536133	2789832	13751602
2414490	2149907	8345626	1608246	1549911	1898409	1433964	11957471	2267583	13523993
1480576	1074867	10728288	1102475	635607	639826	583415	12247155	1582685	15346218

1-16 续表 7

	财产保险费	差旅费	工会经费	办公费	职工教育费	排污费
三、按控股情况分						
国有绝对控股	215872	260591	207618	431004	161202	49782
国有相对控股	16763	63840	29324	140664	18046	10390
其他	112397	651514	93422	819849	131796	18161
四、按企业规模分						
大型企业	175145	96619	121143	140018	85116	22414
中型企业	73045	319255	113376	388958	141042	32379
小型企业	96892	560535	96267	863305	85257	24010
五、按轻重工业分						
轻工业	72022	280436	77196	449228	60992	23198
重工业	273060	695973	253590	943053	250423	55605
六、按地区分						
东城区	2100	13796	6729	24217	4062	259
西城区	3712	10725	7372	24501	7164	1263
崇文区	2340	14591	4750	14116	2692	364
宣武区	3362	19765	5846	19084	4259	311
朝阳区	46628	206377	61369	238399	107910	12511
丰台区	18962	68575	24991	108266	18510	5140
石景山区	6288	41011	44925	62448	33391	14700
海淀区	20111	176030	51869	257181	41433	10141
门头沟区	1617	9992	8932	22034	6176	1685
房山区	78271	25773	22911	39781	16719	8392
通州区	12389	46384	9320	80801	8384	1923
顺义区	15092	61457	20461	71222	8183	5041
昌平区	81389	59990	21303	79785	17908	2329
大兴区	8738	51666	7440	84736	8236	5091
怀柔区	15031	39174	3416	46637	3246	1052
平谷区	2079	20715	1471	17658	2270	3344
密云县	2322	35403	4446	21351	3936	855
延庆县	651	5408	973	6568	588	908
北京经济技术开发区	24000	69547	22228	173477	16323	3494
外埠		30	34	19	25	

计量单位：千元

财务费用	利息支出（净额）	营业利润	投资收益	补贴收入	营业外收入	营业外支出	利润总额	应交所得税	可供分配利润
3839228	3609236	11054347	8771954	1637049	2305470	2175513	21604436	4230687	20669499
391322	308631	3892972	877897	109094	111664	175238	4784683	377915	6419058
1614005	1146911	12375209	559726	680321	644236	568014	13379902	2030947	15532776
1922048	1766626	13973560	1736724	734244	579854	914764	16130179	3441430	14971877
2457133	2144284	6095766	7691070	890373	1320796	1059012	14727283	1492778	15910108
1465693	1153669	7222350	781585	801847	1160981	945278	8883297	1705892	11739828
995369	782003	4529495	837525	607486	887149	620643	6130940	1186688	9642930
4849505	4282576	22762181	9371854	1818978	2174482	2298411	33609819	5453412	32978883
21962	15919	790845	34479	6418	85412	71792	844346	113404	2965239
850890	826011	191388	5673708	306192	193915	270794	6105940	360495	6232255
35695	33520	293689	383021	14712	18667	54825	655945	81905	1353550
401156	374475	1314923	1098870	52738	46737	175752	2361490	350453	1672527
1379276	1251856	2065985	1681088	621254	1044443	686686	4760271	944761	4364552
209762	166461	984577	132303	137896	205104	224274	1159093	201988	525752
783955	738927	2702572	-421531	21750	265996	231933	2240201	731465	1481091
638500	518399	2718888	774285	492618	310116	258527	3889296	579725	5585984
37223	31929	185935	183403	170487	21138	19461	539113	138219	652769
269312	241778	4418223	166422	121321	72477	242298	4535616	1495946	3099588
157439	102894	446296	12684	55549	151781	124369	543992	128963	547910
208493	127381	3388148	119712	58473	140994	155579	3548064	312128	4212269
120773	110114	1740753	14705	142008	95888	62080	1903976	308461	2132887
155651	135006	494368	34250	46058	140586	83991	634423	142463	732780
134831	117729	365860	46302	46573	124131	58086	493085	106409	-296106
80453	72842	219425	1060	34098	35251	6060	283707	34820	234205
63017	48553	238773	54748	41167	13025	18996	325349	126497	403843
22137	19839	37918	2912	10570	1205	1889	52431	15687	-9503
274349	130946	4693108	216958	46582	94765	171420	4864661	466311	6730221
		2				242	-240		

1-16 续表 8

	广告费	劳动、失业保险费	养老保险和医疗保险	住房公积金和住房补贴	本年应付工资总额(贷方累计发生额)	主营业务应付工资总额	本年应付福利费总额(贷方累计发生额)
总计	**2864140**	**1519962**	**4176641**	**1676332**	**29565125**	**27798482**	**3895084**
一、按登记注册类型分							
内资	1044837	1387605	3069799	1281542	20996553	19625997	2678305
国有	179961	550722	961375	428436	4446111	4087834	644934
集体	4307	12919	51783	12478	856790	813943	101354
股份合作	18769	4246	25381	3508	378892	365811	46322
国有联营	237	660	5240	1185	36394	34787	5091
集体联营	18	5	43	13	1735	1623	163
国有与集体联营	732	11852	15233	3204	81674	78816	10912
其他联营		277	256	30	3753	3753	528
国有独资公司	18411	452551	692618	367266	4544824	4312868	452067
其他有限责任公司	254433	161380	667421	260302	4974044	4644485	669521
股份有限公司	443999	170513	545993	192963	3601507	3327214	497131
私营独资	36	1	1029		23947	22897	1947
私营合伙	321	21	184		22425	21260	1520
私营有限责任公司	119875	21910	94829	11837	1881941	1777314	228748
私营股份有限公司	3738	548	8414	320	142516	133392	18067
港澳台商投资	321780	25376	252416	84977	2068145	2016455	286692
与港澳台商合资经营	252689	12069	122595	36694	976373	939760	146491
与港澳台商合作经营	159	486	2554	112	116632	116602	14441
港澳台商独资	66082	6883	104695	40960	826950	811903	110761
港澳台商投资股份有限公司	2850	5938	22572	7211	148190	148190	14999
外商投资	1497523	106981	854426	309813	6500427	6156030	930087
中外合资经营	903356	51467	528104	191556	3912300	3772477	564746
中外合作经营	189425	7177	29723	11770	254771	248997	39654
外资企业	389675	19958	242281	89770	2015226	1823795	285219
外商投资股份有限公司	15067	28379	54318	16717	318130	310761	40468
二、按隶属关系分							
中央	98941	590177	1141781	561589	7473173	6827857	938126
地方	1296420	745898	1970789	800973	11743875	11256470	1642847
其他	1468779	183887	1064071	313770	10348077	9714155	1314111

计量单位：千元

主营业务应付福利费总额	本年应交增值税(不含期初未抵扣税)	本年进项税额	本年销项税额	本年实缴关税	工业中间投入合计	工业增加值	经营活动产生的现金流量净额	投资活动产生的现金流量净额	筹资活动产生的现金流量净额	全部从业人员平均人数(人)
3597520	**18961205**	**77105436**	**92248319**	**3038621**	**4.4E+08**	**1.52E+08**	**58985282**	**-45617920**	**12962909**	**1135947**
2452166	12970507	51722240	63541909	343365	2.57E+08	1.03E+08	40335004	-32929394	8933531	869230
564326	2004802	4121003	5998530	70126	26437896	12708142	3398752	-6328225	3915013	171451
93944	399294	988840	1366249	6238	7485474	2842800	1120780	-100887	91648	67589
42117	209778	752082	949569	3809	4480049	1477910	345114	-55108	24637	32933
4866	23164	26264	45407		163060	164239	30032	-44762	8525	1197
157	2857	1672	4525		11738	21093	7776	-236	9866	189
10442	21877	69067	88564	481	231421	149302	10147	-4350	-17415	5549
528	2202	3707	5906		21472	7793	-91	-309	700	212
416705	3236977	16008201	19132176	10318	49677898	31086736	15182916	-13085669	1810940	110798
627718	3136696	10130730	12897614	177011	63917056	22539433	11608329	-5559509	-212572	207424
458838	2893119	15862577	18414153	14929	79710459	21383147	6287612	-7035215	1779819	124626
1786	9935	77929	88010	1033	442547	101675	31884	-9998	-3030	2651
1478	4502	22752	26689	91	165339	51405	10053	30	6444	1470
212973	962459	3401564	4224786	57188	22583138	8970853	2159972	-691977	1305311	133968
16288	62845	255852	299731	2141	1811790	1006818	141728	-13179	213645	9173
283525	1737305	6494152	7945946	184007	42734851	10280454	3730285	-1709748	-153287	72678
143645	738858	2079197	2601668	100772	16396453	4648980	1767963	-620922	-511700	44615
14441	77918	116994	176421	31153	1362752	335920	68392	-41380	-62609	3756
110440	832556	3849336	4632210	51938	24151667	5015794	2074519	-1089733	138394	18984
14999	87973	448625	535647	144	823979	279760	-180589	42287	282628	5323
861829	4253393	18889044	20760464	2511249	1.41E+08	39673307	14919993	-10978778	4182665	194039
537329	2858750	13377994	14399021	1632664	98926049	27565714	12927756	-8703547	2339605	113664
39213	173974	362098	502858	27305	2553253	910962	300511	-193483	-124824	7225
249395	920250	4800290	5364357	816238	36079499	9587690	1175914	-1897242	2231354	63368
35892	300419	348662	494228	35042	2981554	1608941	515812	-184506	-263470	9782
825032	5986152	20892794	26260186	104471	1.09E+08	38619237	22476854	-19522795	-462327	167740
1558403	6849113	31099577	36797488	1466638	1.66E+08	61292651	20432535	-13712750	2963123	495404
1214085	6125940	25113065	29190645	1467512	1.65E+08	52553219	16075893	-12382375	10462113	472803

1-16 续表 9

	广告费	劳动、失业保险费	养老保险和医疗保险	住房公积金和住房补贴	本年应付工资总额(贷方累计发生额)	主营业务应付工资总额	本年应付福利费总额(贷方累计发生额)
三、按控股情况分							
国有绝对控股	880364	1302426	2720127	1242236	15598345	14595097	2051357
国有相对控股	407667	53770	277502	94675	1906189	1770269	276764
其他	1576109	162979	1166448	333875	12015947	11390155	1561864
四、按企业规模分							
大型企业	922958	600182	1471737	673867	9840983	9402689	1236967
中型企业	1336709	592350	1520058	566764	9194522	8589728	1391292
小型企业	604473	327430	1184846	435701	10529620	9806065	1266825
五、按轻重工业分							
轻工业	1658539	331906	1062273	330746	7801601	7308783	1022913
重工业	1205601	1188056	3114368	1345586	21763524	20489699	2872171
六、按地区分							
东城区	33503	25358	64699	53411	407406	406174	82752
西城区	7494	71206	247924	187552	1731581	1548422	228506
崇文区	102445	59571	94674	29478	368113	348597	58792
宣武区	22581	173351	217936	117432	1908534	1850453	138165
朝阳区	353291	254328	850210	337694	4950609	4747214	741412
丰台区	32818	170728	342515	88998	1921466	1823019	258295
石景山区	12559	162520	492943	271249	2786252	2725959	342826
海淀区	254587	189195	539349	177316	4159729	3918407	522290
门头沟区	1802	109465	102452	34646	517019	401952	65790
房山区	92081	102974	215168	61621	1543042	1278508	198818
通州区	34641	35300	106880	25640	1117920	1034052	125617
顺义区	504638	18514	173477	43498	1747653	1669228	238541
昌平区	295369	71088	179743	79120	1702965	1635835	230796
大兴区	188921	20273	107185	26241	1093732	1046787	136186
怀柔区	377337	5675	51015	18226	607219	492658	60491
平谷区	33215	2692	25788	2137	427041	403341	29986
密云县	24991	6369	43549	4417	549706	531650	60349
延庆县	3369	1445	13679	3662	111137	106127	13980
北京经济技术开发区	488498	39794	307306	113986	1910119	1826852	361252
外埠		116	149	8	3882	3247	240

计量单位：千元

主营业务应付福利费总额	本年应交增值税(不含期初未抵扣税)	本年进项税额	本年销项税额	本年实缴关税	工业中间投入合计	工业增加值	经营活动产生的现金流量净额	投资活动产生的现金流量净额	筹资活动产生的现金流量净额	全部从业人员平均人数(人)
1880166	10467395	42926143	52655904	574674	1.98E+08	79627416	34029387	-28211435	3402474	485206
255644	1681182	6963099	8047711	674874	43618256	14418757	5463663	-9821447	6461641	61664
1456793	6806744	27211324	31534048	1789073	1.99E+08	58334140	19484374	-7582939	3097317	587219
1162856	7959797	41019574	48447501	1056547	1.96E+08	65139457	32046067	-21294588	-1442490	250413
1276557	5596446	16595926	20049262	887495	1.19E+08	41999689	12692267	-18724895	11323250	323778
1158107	5404962	19489936	23751556	1094579	1.25E+08	45325961	14246948	-5598437	3082149	561756
933592	4583554	10788747	14349707	500053	75446543	33264074	9176643	-3386840	2030836	406924
2663928	14377651	66316689	77898612	2538568	3.65E+08	1.19E+08	49808639	-42231080	10932073	729023
82550	296638	1723397	1849711	7824	10811604	2917142	1008989	-167130	-259195	11483
214159	1803209	3552488	5371392	3843	22157811	9568556	7859748	-9409955	2361258	32679
55796	262412	378684	619315	27447	2346491	1419071	543085	-321915	-25008	11963
126914	1312875	5779926	7090222	4369	13257181	7894237	7953559	-8853133	768814	28875
713291	2573665	8546494	10653928	611537	54633087	18216539	7002421	-6035805	928209	164744
216250	846898	2890574	3416516	105321	17942692	7453831	1259528	-930613	1291514	84643
329507	1952423	9676771	11347794	26536	33753984	23601592	7217950	-3855735	510615	80560
475627	2181473	9622591	11515998	218196	57222111	19043649	4853356	-3628963	1675883	135793
50753	205994	354741	524658	6159	2447067	1725989	908592	-38562	-137073	27434
164539	1734111	7169403	8763190	17679	41051329	10703330	3490901	-765939	-1662403	64424
114627	429157	2333420	2522444	264665	14168095	4653903	1073340	-752292	754837	76371
222215	1444449	6739172	7747965	890245	55252169	11930061	4258387	-1099092	-1383615	96351
219430	911573	7863113	8640962	173298	41611770	8392222	2249246	-1755089	906608	90568
131894	540905	2041485	2473849	64088	13082581	4429542	1360403	-217016	400985	69280
51646	513836	1013256	1491942	109442	7759292	3040219	598910	-250798	217105	26306
27099	181668	641251	807783	48866	4970002	1512670	425245	-552889	525271	32493
58798	284877	777294	1021179	33335	5481893	2148426	1022204	-191920	-47371	43930
13660	63974	162723	213447	500	1184331	355228	101737	-48741	-9759	8266
328592	1420930	5837369	6174602	425271	41277843	13451272	5797420	-6742333	6146234	49212
173	138	1284	1422		3210	7628	261			572

1-17 按行业中类分限额

	单位数（个）	亏损企业	年初存货	流动资产合计	#短期投资	应收帐款（净额）
总 计	**6872**	**1889**	**78568638**	**343520072**	**3364704**	**77338746**
采矿业	**67**	**8**	**2828040**	**3777096**	**20547**	**1331469**
煤炭开采和洗选业	**34**	**3**	**2673964**	**2124261**	**397**	**782676**
烟煤和无烟煤的开采洗选	34	3	2673964	2124261	397	782676
石油和天然气开采业	**2**		**51131**	**727338**		**322594**
与石油和天然气开采有关的服务活动	2		51131	727338		322594
黑色金属矿采选业	**10**	**1**	**71727**	**602286**	**20150**	**121686**
铁矿采选	10	1	71727	602286	20150	121686
有色金属矿采选业	**1**			**53007**		**110**
常用有色金属矿采选	1			53007		110
非金属矿采选业	**20**	**4**	**31218**	**270204**		**104403**
土砂石开采	18	3	30168	187484		104097
石棉及其他非金属矿采选	2	1	1050	82720		306
制造业	**6681**	**1832**	**75165360**	**304287636**	**2834082**	**69740308**
农副食品加工业	**254**	**81**	**1298388**	**4897893**	**38227**	**924964**
谷物磨制	18	7	232738	581923	302	51344
饲料加工	93	28	288974	1492893	34193	282811
植物油加工	7		60310	135647		26616
制糖	2	1	5951	37823		3955
屠宰及肉类加工	89	33	514907	1671437	1836	382989
水产品加工	6	1	7676	60361		9277
蔬菜、水果和坚果加工	23	7	105885	363706	1107	85526
其他农副食品加工	16	4	81947	554103	789	82446
食品制造业	**219**	**70**	**1277921**	**6201663**	**67659**	**1447509**
焙烤食品制造	65	23	187305	1416553	200	305792
糖果、巧克力及蜜饯制造	15	3	275514	738832	58	212526
方便食品制造	24	6	97531	417501		153359
液体乳及乳制品制造	21	10	208677	1327320	320	348314
罐头制造	3	1	15871	45542		20524
调味品、发酵制品制造	22	8	119517	308465		81587
其他食品制造	69	19	373506	1947450	67081	325407
饮料制造业	**86**	**38**	**1689571**	**6503972**	**20000**	**825574**
酒精制造	2		8275	65020		10585
酒的制造	26	14	1006182	3185331		254518
软饮料制造	54	23	664262	3214613	20000	551117
精制茶加工	4	1	10852	39008		9354
烟草制品业	**4**		**412847**	**871980**		**157563**
卷烟制造	2		412798	867976		156989
其他烟草制品加工	2		49	4004		574
纺织业	**181**	**52**	**2108101**	**5263256**		**1004758**
棉、化纤纺织及印染精加工	29	11	270375	1196157		132743
毛纺织和染整精加工	14	6	287684	581841		130110
丝绢纺织及精加工	1		31832	111948		52785
纺织制成品制造	47	10	148665	789449		231619
针织品、编织品及其制品制造	90	25	1369545	2583861		457501

以上工业企业主要财务状况

计量单位：千元

存货	产成品	一年内到期的长期债权投资	流动资产年平均余额	长期投资合计	#长期股权投资	长期债权投资	固定资产合计	#固定资产原价	生产经营用
94574938	**33429388**	**210316**	**330257946**	**500556858**	**490339819**	**6528745**	**304519881**	**392218374**	**357614139**
649134	**212878**		**3441701**	**190337**	**178074**	**4043**	**2059846**	**3482346**	**3034007**
462670	**152889**		**1897166**	**131693**	**121930**	**4043**	**845485**	**1435192**	**1098360**
462670	152889		1897166	131693	121930	4043	845485	1435192	1098360
72291	**3867**		**790238**	**3419**	**3419**		**798564**	**1269933**	**1269933**
72291	3867		790238	3419	3419		798564	1269933	1269933
84889	**47210**		**442878**	**10120**	**7620**		**263748**	**519285**	**427371**
84889	47210		442878	10120	7620		263748	519285	427371
79			**51300**				**94**	**102**	**102**
79			51300				94	102	102
29205	**8912**		**260119**	**45105**	**45105**		**151955**	**257834**	**238241**
28946	8662		177399	12705	12705		151752	257592	238166
259	250		82720	32400	32400		203	242	75
93040036	**33183941**	**210316**	**287472571**	**59015196**	**53984747**	**1644001**	**171489266**	**237037913**	**208266240**
1565600	**566710**	**2783**	**4415370**	**228552**	**202610**	**6922**	**3129761**	**3685582**	**3231274**
301705	43797		474838	48896	43646		218157	295397	208593
315956	64814	1462	1345339	45414	34606	2908	357951	493624	390094
49504	43221		135867	1000	1000		70961	97641	84507
14625	2350		34636				4584	6927	4823
595111	282598	1320	1551807	71794	63567	3944	1742248	1879696	1744260
9005	6864		64428	3587	2117		37344	46933	41027
171271	81447		312806	1237	1117	70	330852	343029	288550
108423	41619	1	495649	56624	56557		367664	522335	469420
1588309	**660178**		**5981498**	**760985**	**704036**	**20381**	**7498567**	**9746457**	**8722499**
222940	46769		1298450	31984	23435	3647	994117	1607405	1458900
335331	153173		750973	3171	3171		768019	1057080	887462
109787	42244		448279	36736	32457	3100	295372	591801	526412
280191	67308		1226506	366815	356882	9933	3792343	4113095	3815196
22102	374		72250	40	40		60438	79825	74604
145062	81605		305310	50	50		268501	331321	319615
472896	268705		1879730	322189	288001	3701	1319777	1965930	1640310
1873763	**515247**	**20**	**6558721**	**4294645**	**4292261**	**324**	**5901736**	**8144987**	**6408839**
7692	1293		61784				44005	81032	74746
1138030	258423		3283823	3618423	3618423		3544505	5184483	4253018
712416	249944	20	3170508	674711	672651		2289045	2852218	2056732
15625	5587		42606	1511	1187	324	24181	27254	24343
482836	**12345**		**845427**	**34001**	**34001**		**325227**	**564080**	**558682**
482051	12345		843274	34001	34001		325015	561454	556056
785			2153				212	2626	2626
2341910	**1509732**		**4877352**	**954320**	**766511**	**8226**	**2501969**	**3921616**	**3142141**
234792	133449		1134529	501618	322942		930641	1636449	1330874
327516	160002		547294	31349	30874	226	277799	565767	424938
21737	20800		103131	29225	29225		24513	57416	39004
224438	117172		727112	2736	2078		396223	583470	547034
1533427	1078309		2365286	389392	381392	8000	872793	1078514	800291

1-17 续表 1

	单位数（个）	亏损企业	年初存货	流动资产合计	#短期投资	应收帐款（净额）
纺织服装、鞋、帽制造业	**285**	**110**	**1641169**	**4557956**	**10987**	**768325**
纺织服装制造	275	108	1610790	4486260	5985	761065
纺织面料鞋的制造	7	2	26805	49584	2	2730
制帽	3		3574	22112	5000	4530
皮革、毛皮、羽毛(绒)及其制品业	**46**	**12**	**134087**	**384156**	**6876**	**64543**
皮革鞣制加工	3	2	13466	36554		6718
皮革制品制造	32	9	101023	282547	6876	44973
毛皮鞣制及制品加工	10	1	18979	62672		11531
羽毛(绒)加工及制品制造	1		619	2383		1321
木材加工及木、竹、藤、棕、草制品	**43**	**9**	**436130**	**1133405**		**130252**
锯材、木片加工	9	2	39276	248416		11319
人造板制造	11	3	125328	380024		47762
木制品制造	23	4	271526	504965		71171
家具制造业	**111**	**24**	**593829**	**1683661**		**335585**
木质家具制造	79	21	353107	987808		119205
金属家具制造	19	3	109013	572410		204919
塑料家具制造	1			340		
其他家具制造	12		131709	123103		11461
造纸及纸制品业	**131**	**42**	**577278**	**2402256**	**10669**	**552470**
纸浆制造	1	1		4620		289
造纸	37	11	227250	786339		195206
纸制品制造	93	30	350028	1611297	10669	356975
印刷业和记录媒介的复制	**415**	**142**	**1301307**	**6250992**	**7221**	**1238400**
印刷	359	117	1133054	5407166	5769	1110248
装订及其他印刷服务活动	36	13	56595	365337		39606
记录媒介的复制	20	12	111658	478489	1452	88546
文教体育用品制造业	**54**	**19**	**404975**	**999065**		**216636**
文化用品制造	13	8	53697	146137		31692
体育用品制造	13	5	78325	213392		67188
乐器制造	19	4	200103	493498		97878
玩具制造	6	2	5399	31201		5061
游艺器材及娱乐用品制造	3		67451	114837		14817
石油加工、炼焦及核燃料加工业	**56**	**19**	**1394258**	**4803329**	**201**	**805951**
精炼石油产品的制造	52	19	1269293	3741659	201	571660
炼焦	3		112495	1044367		231429
核燃料加工	1		12470	17303		2862
化学原料及化学制品制造业	**458**	**109**	**4012455**	**15548220**	**231408**	**2577746**
基础化学原料制造	70	14	1036715	3707760	15139	628079
肥料制造	30	14	104087	647281		89006
农药制造	14	3	57662	161136		36381
涂料、油墨、颜料及类似产品制造	111	23	374922	1481884	20635	444943
合成材料制造	54	12	1324045	4273283	2816	412579
专用化学产品制造	132	30	670961	2744230	11263	542713
日用化学产品制造	47	13	444063	2532646	181555	424045

计量单位：千元

存货	产成品	一年内到期的长期债权投资	流动资产年平均余额	长期投资合计	#长期股权投资	长期债权投资	固定资产合计	#固定资产原价	生产经营用
2108906	**1114539**	**5700**	**4252435**	**174626**	**150565**	**22843**	**1884934**	**2395034**	**1876821**
2071543	1093163	5700	4175271	174626	150565	22843	1834885	2325387	1811041
31358	17308		54276				28600	39857	39342
6005	4068		22888				21449	29790	26438
162864	**83896**		**391594**	**5623**	**4413**		**129984**	**169827**	**141675**
12236	6162		38251				50078	58608	58395
118467	66393		277474	4123	2913		63450	90586	64560
31542	11223		73380	1500	1500		16191	19247	17334
619	118		2489				265	1386	1386
503967	**157018**	**1298**	**1063261**	**12013**	**9060**	**1030**	**1102757**	**1311203**	**1114059**
43330	15094		230196	4477	2654		31945	47926	39738
146071	41172		342865	1130		1030	507780	488045	477504
314566	100752	1298	490200	6406	6406		563032	775232	596817
682165	**257793**	**426**	**1489249**	**67447**	**65877**	**1550**	**777810**	**991552**	**805764**
471475	156943	426	881328	56524	54954	1550	520003	617132	453613
130342	62368		482335	9038	9038		201683	300063	292690
281			340				80	80	
80067	38482		125246	1885	1885		56044	74277	59461
802165	**388889**	**910**	**2247602**	**110757**	**40189**	**51809**	**1692980**	**2091809**	**1836567**
			4620				4426	4305	4305
264504	165207		727377	93483	29351	51309	419515	378708	311695
537661	223682	910	1515605	17274	10838	500	1269039	1708796	1520567
1602481	**575627**	**1085**	**5967500**	**750167**	**651474**	**40460**	**7737772**	**10972025**	**9541090**
1401223	482459	1085	5173280	618855	551338	39960	6921098	9810431	8504688
51452	10230		354094	58315	58315		146269	269771	259534
149806	82938		440126	72997	41821	500	670405	891823	776868
434867	**192658**		**1037730**	**61444**	**53780**	**2754**	**612013**	**676213**	**643173**
51621	26466		157661	4970	60		43722	39800	27600
66755	26986		213257	18905	18905		54951	81137	79364
229711	106544		509225	34005	34005		440887	472575	459991
14997	556		32703	500	500		10526	16861	12224
71783	32106		124884	3064	310	2754	61927	65840	63994
2380417	**349215**		**4686854**	**455114**	**453484**	**1630**	**5021925**	**9886926**	**9588654**
2174544	281344		3138470	155406	153776	1630	4372657	7915664	7675976
194523	63627		1531461	299408	299408		648770	1970085	1911501
11350	4244		16923	300	300		498	1177	1177
5062536	**1814000**	**30018**	**14068405**	**3234452**	**3060744**	**72951**	**17243917**	**32485143**	**31376767**
1249729	437706	1233	3438346	1039347	961390	254	5437046	9998087	9895847
270139	103832	504	572319	81040	77362	3666	346607	367324	319116
71477	45672		174290	2229	2229		57435	73793	51722
471494	171695	3190	1438242	225870	215594	5860	860765	1141437	945248
1595858	345312		3437645	152918	151807	890	7187611	16467982	16251734
835288	369919	25091	2633791	833124	817454	2265	2304092	2919367	2559039
568551	339864		2373772	899924	834908	60016	1050361	1517153	1354061

1-17 续表 2

	单位数(个)	亏损企业	年初存货	流动资产合计	#短期投资	应收帐款(净额)
医药制造业	**196**	**57**	**2623994**	**9870940**	**8813**	**1866527**
化学药品原药制造	9	2	47642	194698		50502
化学药品制剂制造	60	21	788604	4428137	8813	868885
中药饮片加工	23	4	133672	470951		201775
中成药制造	42	18	1297806	2699711		341472
兽用药品制造	16	4	51627	140915		20146
生物、生化制品的制造	34	5	275273	1790382		316099
卫生材料及医药用品制造	12	3	29370	146146		67648
化学纤维制造业	**14**	**5**	**66875**	**202589**		**32185**
纤维素纤维原料及纤维制造	2	1	1177	3984		2068
合成纤维制造	12	4	65698	198605		30117
橡胶制品业	**42**	**10**	**355564**	**1409278**	**29868**	**529440**
轮胎制造	4	1	166436	485643		235181
橡胶板、管、带的制造	7	4	17454	121567	5000	23640
橡胶零件制造	18	1	78552	419842	24868	181624
再生橡胶制造	2		273	8136		7340
日用及医用橡胶制品制造	5	1	56700	134734		26472
橡胶靴鞋制造	2	1		94992		9702
其他橡胶制品制造	4	2	36149	144364		45481
塑料制品业	**265**	**78**	**1087528**	**3458282**	**6096**	**897496**
塑料薄膜制造	30	8	139507	501268	1250	106966
塑料板、管、型材的制造	37	7	170659	553071	4301	145648
塑料丝、绳及编织品的制造	20	5	46451	158338		61194
泡沫塑料制造	29	4	140757	383749		87133
塑料人造革、合成革制造	4	3	42134	93481		36096
塑料包装箱及容器制造	57	20	114996	573632	545	231163
塑料零件制造	16	4	48705	245980		63316
日用塑料制造	58	24	370908	846650		151113
其他塑料制品制造	14	3	13411	102113		14867
非金属矿物制品业	**492**	**134**	**4260837**	**17133997**	**10624**	**7430158**
水泥、石灰和石膏的制造	41	23	662124	2952463		1160150
水泥及石膏制品制造	193	41	1979828	9488416	7224	4729492
砖瓦、石材及其他建筑材料制造	107	26	465620	1533277		523513
玻璃及玻璃制品制造	75	28	708452	1700490		479000
陶瓷制品制造	10	5	171195	326518		65987
耐火材料制品制造	29	5	124664	529546	3400	222907
石墨及其他非金属矿物制品制造	37	6	148954	603287		249109
黑色金属冶炼及压延加工业	**65**	**14**	**5542943**	**25321210**	**132974**	**2629722**
炼铁	12	4	35624	119235		31715
炼钢	3		3088	7015		1907
钢压延加工	49	10	5504231	25193319	132974	2594575
铁合金冶炼	1			1641		1525

计量单位：千元

存货	产成品	一年内到期的长期债权投资	流动资产年平均余额	长期投资合计	#长期股权投资	长期债权投资	固定资产合计	#固定资产原价	生产经营用
2969020	**1249619**	**64169**	**9921626**	**5193818**	**5150072**	**1990**	**6725427**	**7590813**	**6180633**
62853	37725		191560	801	801		138852	199597	182731
883904	371572	63910	4190100	2329943	2329243	700	3483278	3988181	3286627
198600	120687	30	423929	26562	26515		157368	107760	94956
1458363	566708		3162906	2338826	2320826		1997904	2125726	1552923
61462	40343	229	122275	26398	21448	390	64425	50333	46016
276692	93931		1689361	469488	449539	900	797433	1015752	931019
27146	18653		141495	1800	1700		86167	103464	86361
106428	**61541**		**194111**	**4700**	**4700**		**228365**	**259393**	**254463**
1313	573		3340				1379	2305	2305
105115	60968		190771	4700	4700		226986	257088	252158
377607	**173035**		**1424279**	**344701**	**311388**	**748**	**966050**	**1512173**	**1260083**
165300	109312		514951	162026	150089		550512	851702	632810
38661	11274		119505	15113	15113		21084	25764	22815
67549	15372		415328	138131	136263	748	101579	150321	139192
335	112		6518				1670	1834	1692
62945	26206		129888	9130	9130		134468	258498	242545
3191			93445	793	793		25931	10376	10376
39626	10759		144644	19508			130806	213678	210653
1199695	**627571**	**80**	**3277014**	**243117**	**228791**	**14226**	**2269187**	**3347332**	**2886266**
165105	67454		454968	19868	19868		383465	546781	479719
213687	155099		524385	65412	65412		431080	616104	543095
50698	34165		144970	22817	22817		66678	109350	82564
183929	79733		369350	73489	73489		173463	228645	130221
41074	11394		88712	8920		8920	151705	227007	223701
162313	60369	80	538517	25719	20719	5000	449879	685281	656282
59652	19917		224814	525	525		143625	222585	195860
307895	196473		836309	25661	25561		436816	658911	536469
15342	2967		94989	706	400	306	32476	52668	38355
4751569	**2377093**		**16460521**	**1785536**	**1627271**	**52346**	**13016946**	**16972755**	**14999719**
788318	445972		2794402	103656	98752	480	3123624	4571065	3946012
2275407	1125077		9033727	1015845	936566	46344	4572717	5942508	5146051
518823	269084		1490907	134597	102025	1856	1106952	1489131	1302005
652027	278625		1701346	404519	400764	571	1894860	2147304	1964329
192474	114325		343845	56781	56781		1768880	2172054	2110812
163519	75367		500157	23290	20219	3070	328096	366846	293114
161001	68643		596137	46848	12164	25	221817	283847	237396
7519433	**1410188**		**23201733**	**7873352**	**7835109**	**31422**	**21435238**	**34367289**	**32875583**
53963	24537		98935	665	165		22803	33048	27259
3462	2281		6371				4723	3372	2760
7462008	1383370		23095027	7872687	7834944	31422	21396664	34317269	32842364
			1400				11048	13600	3200

1-17 续表 3

	单位数（个）	亏损企业	年初存货	流动资产合计	#短期投资	应收帐款（净额）
有色金属冶炼及压延加工业	**95**	**18**	**508242**	**2344871**	**56099**	**655442**
常用有色金属冶炼	13	3	101286	500181	55105	82670
贵金属冶炼	2	1	3588	46487		2022
稀有稀土金属冶炼	9	1	39960	453342		154227
有色金属合金制造	16	3	39627	239463		73717
有色金属压延加工	55	10	323781	1105398	994	342806
金属制品业	**440**	**125**	**2206117**	**9140300**	**9250**	**1741657**
结构性金属制品制造	299	84	1363495	4985438	8129	950279
金属工具制造	24	7	45551	217967		73581
集装箱及金属包装容器制造	30	9	326395	1482165		315325
金属丝绳及其制品的制造	3		8954	29513		7060
建筑、安全用金属制品制造	27	8	198320	766103		183822
金属表面处理及热处理加工	10	2	15982	101510	1121	10048
搪瓷制品制造	2	2	7814	19162		11265
不锈钢及类似日用金属制品制造	13	6	45455	211498		46967
其他金属制品制造	32	7	194151	1326944		143310
通用设备制造业	**483**	**129**	**4843953**	**19005020**	**666478**	**4501288**
锅炉及原动机制造	36	12	959231	3824287	2020	527626
金属加工机械制造	67	19	742875	3090660	652784	393767
起重运输设备制造	28	12	573911	1663657		473917
泵、阀门、压缩机及类似机械的制造	86	23	928524	3494754	9047	935722
轴承、齿轮、传动和驱动部件的制造	15	4	131274	698411	779	288575
烘炉、熔炉及电炉制造	10	4	60320	177748		63770
风机、衡器、包装设备等通用设备制造	125	28	1092473	4582415	625	1346631
通用零部件制造及机械修理	57	16	124119	580309	1100	159605
金属铸、锻加工	59	11	231226	892779	123	311675
专用设备制造业	**463**	**96**	**5340859**	**23354327**	**172692**	**4398623**
矿山、冶金、建筑专用设备制造	70	15	489952	3698402	4297	685052
化工、木材、非金属加工专用设备制造	49	12	308098	1278062	3	174607
食品、饮料、烟草及饲料生产专用设备	15	3	61321	249366		57807
印刷、制药、日化生产专用设备制造	35	10	713891	1866577	13	438778
纺织、服装和皮革工业专用设备制造	16	1	1223153	4387089	60054	595345
电子和电工机械专用设备制造	57	12	315426	2296526	7013	393371
农、林、牧、渔专用机械制造	14	3	156625	441169		44800
医疗仪器设备及器械制造	88	20	945356	3863538	29207	864632
环保、社会公共安全及其他专用设备制造	119	21	1127037	5273598	72105	1144231
交通运输设备制造业	**399**	**113**	**8959595**	**35057671**	**53734**	**6894925**
铁路运输设备制造	65	11	679407	2330626		680791
汽车制造	309	99	6268751	27659839	53734	5492934
自行车制造	3	2	12428	33653		2305
船舶及浮动装置制造	2		4690	34800		4036
航空航天器制造	15	1	1981841	4913799		710028
交通器材及其他交通运输设备制造	5		12478	84954		4831

计量单位：千元

存货	产成品	一年内到期的长期债权投资	流动资产年平均余额	长期投资合计	#长期股权投资	长期债权投资	固定资产合计	#固定资产原价	生产经营用
617797	**340132**		**2300431**	**735364**	**76620**	**600587**	**1013028**	**1196553**	**998005**
93568	17384		488745	77937	21780		59837	69501	61503
2615	1569		50655	1400	1400		2063	4339	3072
53101	22147		492950	604848	4272	600576	149558	165248	158597
97772	72987		196082	11708	9708		93728	137524	127023
370741	226045		1071999	39471	39460	11	707842	819941	647810
3040256	**1176430**	**3287**	**8360493**	**801319**	**618544**	**22380**	**5200439**	**5609357**	**4724730**
1944236	706991	2921	4421541	275546	126231	10619	2244821	2507770	2099214
50747	30502		207966	20478	9906	10160	107306	149480	130040
373270	136945		1367357	196283	175237	505	819376	1363386	1224848
14014	5880		29017	5000	5000		92227	70038	55870
256298	137423		752006	13650	12630	1020	562338	511991	389435
44779	17572		133253	1033	1033		476643	228285	161155
5632	2373		20077	510			49081	91004	91004
96781	49568		207580				102508	165849	125806
254499	89176	366	1221696	288819	288507	76	746139	521554	447358
5354236	**1830175**	**33682**	**17785745**	**1854903**	**1787836**	**14780**	**7924776**	**9702536**	**8221356**
614518	146168	300	3419497	271106	255166	5660	1462590	1618593	1393524
840518	252948		3072708	885426	874215	38	1572483	1620482	1446393
616657	269204		1680255	26878	21101	600	501345	615943	455911
1230266	444851	32979	3232744	185428	180481	1250	1689991	1979300	1859957
191680	68302		650622	761	761		133738	310445	277038
37771	13365		206856	3210	2342		59339	41719	40109
1369375	415949		4126072	314682	291977	5801	1739489	2396017	1843214
141175	65100		552693	40576	39951	525	271421	370583	321116
312276	154288	403	844298	126836	121842	906	494380	749454	584094
6237530	**2404407**	**12457**	**21922612**	**6485813**	**6288834**	**120998**	**7512085**	**9421398**	**7921765**
822619	195301		3273877	2205533	2194169		1008399	1433517	1052859
456578	130892		1177610	36202	24186	4096	710833	910830	887904
57517	22036		269096	13231	12609		52471	80525	70912
818027	351207		1874580	1235595	1175414	20948	1039145	1380136	1161065
1115621	426448		4693453	1327840	1327784		625750	1167594	1155923
373067	90779		2048016	657471	651169	5400	1446530	1516910	1258447
179357	48086		409935	144263	143307		501459	388867	325559
1050530	456623		3409143	194724	191539	2316	1223973	1321611	1018418
1364214	683035	12457	4766902	670954	568657	88238	903525	1221408	990678
13392115	**5280595**	**1997**	**31234872**	**2317214**	**1971709**	**291993**	**17961087**	**21660878**	**19205270**
865289	250555		2164094	269127	235206	33105	1070955	1666615	1339236
10046050	4777408	1997	24533547	1779932	1474133	254418	14246302	15734876	13765333
15864	6361		29209				25547	29199	27068
14523	424		22100				3358	4594	4127
2430185	232632		4427927	262370	262370		2601150	4205116	4058177
20204	13215		57995	5785		4470	13775	20478	11329

1-17 续表 4

	单位数(个)	亏损企业	年初存货	流动资产合计	#短期投资	应收帐款(净额)
电气机械及器材制造业	**417**	**92**	**4547580**	**16391386**	**79347**	**5250953**
电机制造	31	5	931468	3180243	14584	679653
输配电及控制设备制造	238	41	2081382	8598778	36297	3429547
电线、电缆、光缆及电工器材制造	48	14	245350	1059389	350	302498
电池制造	14	6	122701	570410		113218
家用电力器具制造	24	6	793427	1452648		328809
非电力家用器具制造	15	5	115445	283473	3028	37778
照明器具制造	31	12	208412	804958	25088	230633
其他电气机械及器材制造	16	3	49395	441487		128817
通信设备、计算机及其他电子设备制造	**498**	**125**	**14505422**	**66466587**	**1142788**	**18636983**
通信设备制造	134	43	5738552	26104455	39692	8808815
雷达及配套设备制造	5	1	196058	614210		98854
广播电视设备制造	36	5	525993	1985504	1300	500456
电子计算机制造	116	35	4299257	20556434	1062959	4325788
电子器件制造	76	17	1884216	9907384	38694	2578844
电子元件制造	72	10	1180140	4980750	141	1846693
家用视听设备制造	12	3	243974	946565		179267
其他电子设备制造	47	11	437232	1371285	2	298266
仪器仪表及文化、办公用机械制造业	**347**	**66**	**2394462**	**11260973**	**67864**	**2737149**
通用仪器仪表制造	220	39	1442035	6895216	56070	1533057
专用仪器仪表制造	76	18	313585	1330743	11794	302877
钟表与计时仪器制造	2	1	54453	94725		19935
光学仪器及眼镜制造	20	4	123725	1177338		274909
文化、办公用机械制造	20	3	418883	1655532		581193
其他仪器仪表的制造及修理	9	1	41781	107419		25178
工艺品及其他制造业	**111**	**40**	**623812**	**2246204**	**4207**	**458548**
工艺美术品制造	46	16	185892	611127	2704	116699
日用杂品制造	14	6	26898	75511		20877
煤制品制造	15	8	14257	124940	878	25383
核辐射加工	3		1551	19213		3462
其他未列明的制造业	33	10	395214	1415413	625	292127
废弃资源和废旧材料回收加工业	**11**	**3**	**15261**	**122197**		**28936**
金属废料和碎屑的加工处理	6	2	10863	73889		20470
非金属废料和碎屑的加工处理	5	1	4398	48308		8466
电力、燃气及水的生产和供应业	**124**	**49**	**575238**	**35455340**	**510075**	**6266969**
电力、热力的生产和供应业	**81**	**36**	**450215**	**29103552**	**116011**	**5586017**
电力生产	13	3	178248	1950409	22071	702015
电力供应	9	3	113846	23057583	23010	4212831
热力生产和供应	59	30	158121	4095560	70930	671171
燃气生产和供应业	**15**	**5**	**102869**	**2124252**		**223918**
燃气生产和供应业	15	5	102869	2124252		223918
水的生产和供应业	**28**	**8**	**22154**	**4227536**	**394064**	**457034**
自来水的生产和供应	17	6	15162	2406019	130878	404342
污水处理及其再生利用	9	1	6445	1812830	263186	52662
其他水的处理、利用与分配	2	1	547	8687		30

计量单位：千元

存货	产成品	一年内到期的长期债权投资	流动资产年平均余额	长期投资合计	#长期股权投资	长期债权投资	固定资产合计	#固定资产原价	生产经营用
5040572	**1888087**	**7975**	**14829926**	**1352970**	**1156489**	**110658**	**5431469**	**6821392**	**5164269**
842600	149341		2711652	108339	107769	500	762577	1063808	835645
2610797	939976	530	7868506	693056	561619	110113	2075657	2052974	1637788
331699	223122	107	1037847	6024	5424		478873	718556	660409
238056	76396		218477	54368	54368		525457	633428	589744
533616	319644		1491775	289179	226952		898372	1200638	381326
150433	55674		280595	15608	15458		85958	131996	114239
233634	93570	212	803492	82628	81131	45	370190	788859	745339
99737	30364	7126	417582	103768	103768		234385	231133	199779
16902516	**5060747**	**44032**	**65495261**	**17416459**	**15371780**	**26487**	**22448911**	**26537855**	**20347024**
7620160	2139949		28062744	4150477	4131982	8695	4331678	6371262	3531833
257604	2966		566437	164910	164110	800	684750	819236	490484
595484	106486		1799634	300153	299123	1030	721007	434981	310718
4061170	1290536	44032	19924204	10952254	9036820	3000	9031342	4505720	4195236
2043354	719734		8222833	1067576	1014740	4102	4024362	8711818	6652452
1457059	487737		4544190	534122	492949	7030	2573381	4239903	3926779
342681	119891		1076520	76406	76406		398103	639832	628899
525004	193448		1298699	170561	155650	1830	684288	815103	610623
3044644	**851940**	**397**	**10935100**	**1373764**	**999557**	**105906**	**2395244**	**3221661**	**2600340**
1928224	436485		6633755	794381	474294	55872	1384590	1712792	1458516
424762	130546	397	1362208	102822	86335	14929	375922	472401	369747
53050	29018		95642	355			67670	118501	80672
152932	62639		955584	365586	364216	1370	393385	635999	437949
437161	185732		1789779	81845	46212	33460	157009	241464	215229
48515	7520		98132	28775	28500	275	16668	40504	38227
855195	**227719**		**2141390**	**78281**	**60803**	**15100**	**1289150**	**1643800**	**1517031**
303971	167876		555227	24097	22001	600	283869	419269	342051
31948	8559		74512	862			58356	78140	70470
19513	5851		115797	27220	12700	14500	22530	41265	29055
3805	2625		16313				1623	2654	2246
495958	42808		1379541	26102	26102		922772	1102472	1073209
38637	**26815**		**104459**	**9739**	**6239**	**3500**	**110512**	**130274**	**121698**
26645	19389		57389	3500		3500	92656	100046	95769
11992	7426		47070	6239	6239		17856	30228	25929
885768	**32569**		**39343674**	**441351325**	**436176998**	**4880701**	**130970769**	**151698115**	**146313892**
773572	**16862**		**32797798**	**437312537**	**432160875**	**4858936**	**105532888**	**124647878**	**122178623**
203507	9369		1884218	5626051	5211711	133783	11098032	17344728	16403831
386260			27405592	431028411	426304262	4724149	82234062	92203087	91449857
183805	7493		3507988	658075	644902	1004	12200794	15100063	14324935
62152	**15696**		**2338627**	**2852185**	**2852185**		**8692101**	**10425639**	**10100658**
62152	15696		2338627	2852185	2852185		8692101	10425639	10100658
50044	**11**		**4207249**	**1186603**	**1163938**	**21765**	**16745780**	**16624598**	**14034611**
32514	11		2225928	1157290	1135390	21000	7551306	10278971	7713005
14402			1977814	28548	28548		9194021	6345021	6321000
3128			3507	765		765	453	606	606

1-17 续表 5

	累计折旧	本年折旧	在建工程	固定资产净值年平均余额	无形资产	资产总计
总计	**138340843**	**21954866**	**47729167**	**237708400**	**14564981**	**1204950940**
采矿业	**1472525**	**215227**	**51711**	**1824301**	**300444**	**6332500**
煤炭开采和洗选业	**618315**	**74119**	**30295**	**770978**	**293042**	**3395910**
烟煤和无烟煤的开采洗选	618315	74119	30295	770978	293042	3395910
石油和天然气开采业	**482564**	**95892**	**11195**	**657656**		**1529321**
与石油和天然气开采有关的服务活动	482564	95892	11195	657656		1529321
黑色金属矿采选业	**261502**	**35217**	**5965**	**248266**	**270**	**877224**
铁矿采选	261502	35217	5965	248266	270	877224
有色金属矿采选业	**8**	**8**		**94**	**8**	**53109**
常用有色金属矿采选	8	8		94	8	53109
非金属矿采选业	**110136**	**9991**	**4256**	**147307**	**7124**	**476936**
土砂石开采	110097	9971	4256	147104	7124	361606
石棉及其他非金属矿采选	39	20		203		115330
制造业	**94830799**	**12963430**	**28207689**	**136111990**	**13433536**	**556507473**
农副食品加工业	**1182278**	**177105**	**562818**	**2355979**	**179459**	**8478400**
谷物磨制	103790	11458	25586	201900	25335	876841
饲料加工	200172	34398	16639	298043	67877	1978360
植物油加工	39683	3430	13003	57664	558	212478
制糖	2343	93		4826		42408
屠宰及肉类加工	541514	77052	392921	1190773	58944	3553820
水产品加工	10563	1391	117	35717	1954	103634
蔬菜、水果和坚果加工	89578	16378	75215	255969	16208	714045
其他农副食品加工	194635	32905	39337	311087	8583	996814
食品制造业	**2745498**	**465030**	**506414**	**5885146**	**513053**	**15194179**
焙烤食品制造	738222	114461	123411	909508	112958	2594418
糖果、巧克力及蜜饯制造	366351	60954	86169	618277	27545	1537976
方便食品制造	304111	30967	3757	303384	7298	760772
液体乳及乳制品制造	486235	118841	165393	2447792	134252	5696186
罐头制造	19417	5452	30	61961	2995	130778
调味品、发酵制品制造	143825	19410	79393	194425	38280	625970
其他食品制造	687337	114945	48261	1349799	189725	3848079
饮料制造业	**2740878**	**448397**	**499551**	**5261860**	**715117**	**17474662**
酒精制造	37499	6386	472	44542	6517	116101
酒的制造	1816662	262400	179710	3359988	226718	10597682
软饮料制造	875818	178355	311543	1842596	479949	6690131
精制茶加工	10899	1256	7826	14734	1933	70748
烟草制品业	**242021**	**35939**	**3168**	**301888**	**9677**	**1240900**
卷烟制造	239607	35840	3168	301676	9677	1236669
其他烟草制品加工	2414	99		212		4231
纺织业	**1774447**	**183632**	**244359**	**2237384**	**213359**	**8986744**
棉、化纤纺织及印染精加工	841627	62022	29059	891964	53716	2689417
毛纺织和染整精加工	297740	23613	9735	274060	2842	899447
丝绢纺织及精加工	32903	3589		25937	631	166317
纺织制成品制造	224750	35271	36775	331606	61179	1274076
针织品、编织品及其制品制造	377427	59137	168790	713817	94991	3957487

计量单位：千元

流动负债			长期负债			负债合计	所有者权益		
合　　计	#短期借款	应付账款	合　　计	#长期借款	应付债券		合　　计	#实收资本	国家资本
301479982	**74970537**	**86063272**	**112825756**	**55469194**	**8848581**	**414307930**	**790643010**	**459976296**	**253352952**
2545487	**277268**	**985891**	**173265**	**63509**		**2718752**	**3613748**	**1872696**	**318138**
1482455	**178660**	**514965**	**117037**	**18120**		**1599492**	**1796418**	**638445**	**243376**
1482455	178660	514965	117037	18120		1599492	1796418	638445	243376
424531		**325720**	**50**			**424581**	**1104740**	**850000**	
424531		325720	50			424581	1104740	850000	
373430	**80688**	**77536**	**54412**	**45389**		**427842**	**449382**	**165970**	**74762**
373430	80688	77536	54412	45389		427842	449382	165970	74762
1348						**1348**	**51761**	**50000**	
1348						1348	51761	50000	
263723	**17920**	**67670**	**1766**			**265489**	**211447**	**168281**	
180872	7920	64970	1766			182638	178968	134345	
82851	10000	2700				82851	32479	33936	
262678370	**66790704**	**78071846**	**36935918**	**25108230**	**2413895**	**299616480**	**256890993**	**156040989**	**23080627**
4428000	**1293835**	**1220730**	**565108**	**445093**	**1331**	**4993108**	**3485292**	**2623738**	**150038**
477879	107601	176150	10109	7509		487988	388853	344851	48206
941803	261896	352798	113144	88755		1054947	923413	402000	16957
94198	38510	16991	3482	2767		97680	114798	96648	32339
28894		9754				28894	13514	5000	
2109477	689239	487818	309851	234288	1331	2419328	1134492	1008749	35298
26005	3200	2626	15497	3975		41502	62132	56810	6086
370859	93541	121794	24564	24384		395423	318622	313986	1656
378885	99848	52799	88461	83415		467346	529468	395694	9496
6806239	**2408671**	**1325516**	**1271585**	**1043423**	**1330**	**8077824**	**7116355**	**6847476**	**149872**
1279821	298138	311644	88204	72069		1368025	1226393	1399982	6791
1000597	396557	184782	479479	479479		1480076	57900	1223658	
354518	61995	138719	17697	17497		372215	388557	284422	50044
1576097	438073	274597	456844	319078		2032941	3663245	1063186	17783
58700	49000	5399	171	171		58871	71907	77439	
263539	65542	110605	24959	16659		288498	337472	359989	26579
2272967	1099366	299770	204231	138470	1330	2477198	1370881	2438800	48675
7581146	**3686011**	**874596**	**1030152**	**340873**	**625100**	**8611298**	**8863364**	**5413735**	**604489**
4590		2104				4590	111511	130180	10400
3987971	2013525	323290	775342	116776	625100	4763313	5834369	3419655	531283
3546716	1670486	538950	254810	224097		3801526	2888605	1824427	62806
41869	2000	10252				41869	28879	39473	
329359	**280000**	**5963**	**7331**			**336690**	**904210**	**479260**	**980**
328840	280000	5726	7331			336171	900498	475680	
519		237				519	3712	3580	980
5070847	**1915336**	**1273483**	**541678**	**187299**		**5612525**	**3374219**	**3286388**	**487188**
1191532	464120	102937	324477	48820		1516009	1173408	1034775	304127
771351	424345	81798	51455	44707		822806	76641	353587	51410
112054	44780	2730				112054	54263	41497	
672603	204287	215533	53924	32662		726527	547549	681296	88167
2323307	777804	870485	111822	61110		2435129	1522358	1175233	43484

1-17 续表 6

	累计折旧		在建工程	固定资产净值年平均余额	无形资产	资产总计
		本年折旧				
纺织服装、鞋、帽制造业	**786122**	**141965**	**251488**	**1568026**	**113395**	**6868748**
纺织服装制造	765782	139694	250746	1519515	111690	6743666
纺织面料鞋的制造	11880	1247	623	27043	1705	79946
制帽	8460	1024	119	21468		45136
皮革、毛皮、羽毛(绒)及其制品业	**52146**	**10521**	**12298**	**121138**	**13053**	**553130**
皮革鞣制加工	8530	3889		51623	8469	100821
皮革制品制造	38773	5215	11632	53042	3078	354545
毛皮鞣制及制品加工	3722	1387	666	16195	1506	95116
羽毛(绒)加工及制品制造	1121	30		278		2648
木材加工及木、竹、藤、棕、草制品	**361306**	**76068**	**152888**	**947388**	**166870**	**2431079**
锯材、木片加工	15981	1162		31866	20	285197
人造板制造	119138	33442	139017	375073	3016	900615
木制品制造	226187	41464	13871	540449	163834	1245267
家具制造业	**356166**	**55457**	**132577**	**620730**	**50117**	**2608700**
木质家具制造	187904	34855	85544	418695	40195	1631344
金属家具制造	138326	13536	38688	155229	585	785709
塑料家具制造				80		420
其他家具制造	29936	7066	8345	46726	9337	191227
造纸及纸制品业	**611478**	**105802**	**204895**	**1516918**	**117460**	**4447342**
纸浆制造	1448		1569	2857		9046
造纸	113585	16152	154304	298935	24865	1395177
纸制品制造	496445	89650	49022	1215126	92595	3043119
印刷业和记录媒介的复制	**4307624**	**725693**	**941793**	**6296975**	**134357**	**15073392**
印刷	3844078	646994	834886	5606685	127057	13228751
装订及其他印刷服务活动	126108	20776	2389	152272	5686	577444
记录媒介的复制	337438	57923	104518	538018	1614	1267197
文教体育用品制造业	**228030**	**31692**	**100260**	**411158**	**55307**	**1786965**
文化用品制造	14645	1921	18518	24747	658	209764
体育用品制造	32257	4273	4722	49344	7968	302605
乐器制造	160599	20878	66776	271580	42994	1016965
玩具制造	8098	1242	1763	8541	7	44343
游艺器材及娱乐用品制造	12431	3378	8481	56946	3680	213288
石油加工、炼焦及核燃料加工业	**5043459**	**474907**	**445610**	**4512232**	**64067**	**10348494**
精炼石油产品的制造	3859741	412199	316045	3765267	64067	8337848
炼焦	1183039	62548	129565	746463		1992545
核燃料加工	679	160		502		18101
化学原料及化学制品制造业	**16188044**	**2067278**	**836412**	**16735061**	**2577606**	**39980244**
基础化学原料制造	4925583	707954	304428	5254005	1208426	12509370
肥料制造	90279	11860	68566	283254	45238	1125024
农药制造	27906	5471	9463	46748	13203	234324
涂料、油墨、颜料及类似产品制造	337926	73002	46344	763392	103308	2752451
合成材料制造	9454106	974381	180424	7404877	891921	12581744
专用化学产品制造	839216	194552	183909	1959338	77560	6002442
日用化学产品制造	513028	100058	43278	1023447	237950	4774889

计量单位：千元

流动负债			长期负债			负债合计	所有者权益		
合　计	#短期借款	应付账款	合　计	#长期借款	应付债券		合　计	#实收资本	国家资本
3993849	**959414**	**1230359**	**349403**	**125677**	**138**	**4343252**	**2525496**	**1851218**	**105052**
3906992	932773	1209578	349403	125677	138	4256395	2487271	1810431	97659
68504	20901	16267				68504	11442	27863	7393
18353	5740	4514				18353	26783	12924	
316083	**45453**	**79658**	**32051**	**29500**		**348134**	**204996**	**239108**	**2600**
38404	6000	11786	16834	16834		55238	45583	71880	800
212669	33953	51771	15196	12645		227865	126680	131497	
58179	5500	15042	21	21		58200	36916	34874	1800
6831		1059				6831	-4183	857	
1068193	**153935**	**300047**	**273874**	**273874**		**1342067**	**1089012**	**811690**	**109670**
266196	2239	28906	3250	3250		269446	15751	111198	93534
298992	45300	160801	36450	36450		335442	565173	332578	
503005	106396	110340	234174	234174		737179	508088	367914	16136
1599076	**439507**	**385056**	**82557**	**47096**	**9532**	**1681633**	**927067**	**752201**	**9348**
999687	223345	230513	64107	32096	6082	1063794	567550	535191	6818
487445	182396	133123	15000	15000		502445	283264	154080	730
532	376	1				532	-112	300	300
111412	33390	21419	3450		3450	114862	76365	62630	1500
2486445	**334596**	**648617**	**253667**	**150567**		**2740112**	**1707230**	**1304907**	**30342**
8453						8453	593	280	280
870460	118537	164588	144288	41226		1014748	380429	305131	6518
1607532	216059	484029	109379	109341		1716911	1326208	999496	23544
5646777	**950308**	**1272871**	**1676859**	**739535**	**300**	**7323636**	**7749756**	**5376407**	**2127425**
4864825	832417	1057259	1398159	561640	300	6262984	6965767	4665064	1881761
292639	23521	127059	8182	6447		300821	276623	214746	17158
489313	94370	88553	270518	171448		759831	507366	496597	228506
1109215	**311660**	**226116**	**93412**	**91931**		**1202627**	**584338**	**402404**	**26817**
203679	22479	15160	6181	6181		209860	-96	20281	6795
149481	20758	51080	1461	105		150942	151663	111766	
635633	256573	119755	42310	42185		677943	339022	222941	19722
14445		5829	140	140		14585	29758	23936	300
105977	11850	34292	43320	43320		149297	63991	23480	
4659064	**970523**	**1559917**	**511922**	**194463**		**5170986**	**5177508**	**1480508**	**392694**
3923161	456373	1387648	245963	14745		4169124	4168724	906219	392694
729202	514150	172067	265959	179718		995161	997384	570289	
6701		202				6701	11400	4000	
10526189	**2416716**	**2191356**	**2243317**	**1890737**	**10**	**12769506**	**27210738**	**15300164**	**1059801**
3430364	1040571	621511	882698	834488		4313062	8196308	6569064	286186
780080	114365	178277	106688	97160		886768	238256	432482	210359
140452	46772	25135	1532			141984	92340	81913	20046
1100231	242502	500348	103252	40033	10	1203483	1548968	1241886	55901
1386454	147126	227351	762818	726559		2149272	10432472	4149981	83740
2357730	616295	338696	307724	158391		2665454	3336988	1315766	278661
1330878	209085	300038	78605	34106		1409483	3365406	1509072	124908

1-17 续表 7

	累计折旧	本年折旧	在建工程	固定资产净值年平均余额	无形资产	资产总计
医药制造业	**2133409**	**440357**	**1406748**	**4927954**	**779125**	**23762859**
化学药品原药制造	67784	13534	6379	135964	7553	345810
化学药品制剂制造	1007379	237123	651179	2585603	403980	11115885
中药饮片加工	21295	6540	69068	77321	9162	673980
中成药制造	652656	114342	522137	1390858	129018	7737649
兽用药品制造	25847	3965	39479	24741	712	233483
生物、生化制品的制造	331796	57067	109151	637948	209878	3392880
卫生材料及医药用品制造	26652	7786	9355	75519	18822	263172
化学纤维制造业	**38931**	**9443**	**7730**	**201092**	**223**	**528674**
纤维素纤维原料及纤维制造	926	162		1334		5372
合成纤维制造	38005	9281	7730	199758	223	523302
橡胶制品业	**699681**	**76985**	**93186**	**813590**	**121499**	**2894644**
轮胎制造	410178	38429	76923	443605	96565	1341613
橡胶板、管、带的制造	5347	1552	36	20472	1372	160338
橡胶零件制造	61842	9524	4821	85364	16008	680606
再生橡胶制造	364	45		1611		9806
日用及医用橡胶制品制造	127539	10368	3509	129943		278333
橡胶靴鞋制造	3555	312		6860	6985	128701
其他橡胶制品制造	90856	16755	7897	125735	569	295247
塑料制品业	**1226695**	**204755**	**136677**	**2118865**	**103312**	**6236974**
塑料薄膜制造	192588	32156	24286	359351	51868	961536
塑料板、管、型材的制造	199637	38415	13936	423254	2774	1067153
塑料丝、绳及编织品的制造	50644	7102	5905	59096	1036	248876
泡沫塑料制造	73042	9405	17860	144832	152	648031
塑料人造革、合成革制造	78994	11419	3692	139501	198	291771
塑料包装箱及容器制造	281371	48479	44954	406928	24943	1132648
塑料零件制造	84397	17305	5405	136225	7311	399398
日用塑料制造	243760	36515	20116	416797	14984	1352048
其他塑料制品制造	22262	3959	523	32881	46	135513
非金属矿物制品业	**5594639**	**967445**	**1548528**	**11170844**	**1578171**	**33965802**
水泥、石灰和石膏的制造	1629088	218763	172286	2958660	553617	6863395
水泥及石膏制品制造	2066797	450635	662503	3731922	207400	15504901
砖瓦、石材及其他建筑材料制造	513027	73337	125450	960730	409206	3208691
玻璃及玻璃制品制造	731935	108403	439974	1347689	248383	4282318
陶瓷制品制造	451817	78791	48165	1747519	122995	2287362
耐火材料制品制造	108408	18687	69658	227926	13167	920102
石墨及其他非金属矿物制品制造	93567	18829	30492	196398	23403	899033
黑色金属冶炼及压延加工业	**17515242**	**1333547**	**4460854**	**16916169**	**810355**	**55584812**
炼铁	11230	2695	983	19913	709	144212
炼钢	1178	228	2527	2224		11861
钢压延加工	17500282	1330624	4457344	16884032	809646	55416050
铁合金冶炼	2552			10000		12689

计量单位：千元

流动负债			长期负债			负债合计	所有者权益		
合　计	#短期借款	应付账款	合　计	#长期借款	应付债券		合　计	#实收资本	国家资本
7717473	**2544627**	**1746429**	**1076563**	**803515**	**667**	**8794036**	**14968823**	**6506330**	**602476**
209530	52705	30232	10000	10000		219530	126280	113543	2700
3720189	1184722	723212	681695	590241	667	4401884	6714001	3648181	204887
489691	103500	268610	6211	5751		495902	178078	141156	1400
2460625	1031080	573345	212958	130513		2673583	5064066	1403836	228616
126598	9251	24601	1700	1700		128298	105185	28366	9951
620036	149865	109609	162460	64311		782496	2610384	1041247	153471
90804	13504	16820	1539	999		92343	170829	130001	1451
184773	**75232**	**17083**	**97500**	**17000**		**282273**	**246401**	**131985**	**2715**
3886		3173				3886	1486	2000	
180887	75232	13910	97500	17000		278387	244915	129985	2715
1651871	**228051**	**290248**	**403092**	**352187**	**1062**	**2054963**	**839681**	**683615**	**49774**
884249	127731	119948	233821	233793		1118070	223543	138074	
96899		23309	990			97889	62449	88417	500
353537	34958	78260	8304	7194	1062	361841	318765	274588	1615
2932		2086	120	120		3052	6754	1228	1108
133161	12220	29429	82690	36448		215851	62482	57288	1911
57275	5754	11039	74557	74557		131832	-3131	11434	
123818	47388	26177	2610	75		126428	168819	112586	44640
3406541	**993513**	**941633**	**247391**	**134570**		**3653932**	**2583042**	**2243586**	**217729**
446037	213268	105751	27760	8342		473797	487739	437862	2758
490999	96889	198728	36285	33224		527284	539869	440088	129630
125944	25849	47576	988	715		126932	121944	68114	1000
400706	108594	91202	3474	1297		404180	243851	178883	12191
149714	40312	34440	39295	39293		189009	102762	158846	27419
547247	174140	186229	68430	5033		615677	516971	433068	23391
212322	71500	62475	21101	16432		233423	165975	103048	2200
955146	262051	178503	46040	26231		1001186	350862	406134	18608
78426	910	36729	4018	4003		82444	53069	17543	532
16757529	**3632771**	**6468253**	**4170121**	**3684025**		**20927650**	**13038152**	**10440079**	**993686**
3180641	1279320	838325	1018404	924952		4199045	2664350	2395528	30885
8730282	1266569	4434035	1014825	781509		9745107	5759794	3917339	573891
1203068	203010	354066	183748	138732		1386816	1821875	1497729	34294
2240363	611919	385201	214498	140065		2454861	1827457	1499201	297369
439080	122137	75430	1688577	1688577		2127657	159705	676156	18664
452804	126926	138142	10357	2458		463161	456941	267920	12502
511291	22890	243054	39712	7732		551003	348030	186206	26081
23594602	**9173243**	**5128386**	**7049862**	**4540478**	**1599391**	**30644464**	**24940348**	**11453645**	**7034159**
101232	6840	38685				101232	42980	26791	150
9292	5256	3980	431	431		9723	2138	2006	1006
23484078	9161147	5085721	7049431	4540047	1599391	30533509	24882541	11409893	7033003
							12689	14955	

1-17 续表 8

	累计折旧	本年折旧	在建工程	固定资产净值年平均余额	无形资产	资产总计
有色金属冶炼及压延加工业	**356074**	**66961**	**154937**	**849142**	**165492**	**4450427**
常用有色金属冶炼	12196	4090	2531	47017	2420	640541
贵金属冶炼	2856	676	580	2039	1234	51184
稀有稀土金属冶炼	47286	11875	31193	103257	37333	1249452
有色金属合金制造	49148	8132	5104	88066	51603	396611
有色金属压延加工	244588	42188	115529	608763	72902	2112639
金属制品业	**1659096**	**305655**	**1158869**	**3772820**	**442124**	**15758923**
结构性金属制品制造	652953	146248	348565	1783133	240481	7879562
金属工具制造	46027	4260	2953	104969	36243	382004
集装箱及金属包装容器制造	605492	82910	26828	777248	63377	2579198
金属丝绳及其制品的制造	5777	4652	27411	79913	610	127350
建筑、安全用金属制品制造	111195	29336	153008	401454	83010	1443001
金属表面处理及热处理加工	24139	14511	272497	188145	111	580645
搪瓷制品制造	43769	3089	1846	47562	2917	71697
不锈钢及类似日用金属制品制造	72398	10163	8977	96646	8411	323053
其他金属制品制造	97346	10486	316784	293750	6964	2372413
通用设备制造业	**3436400**	**499934**	**1535904**	**6137373**	**639250**	**29823626**
锅炉及原动机制造	483703	47771	313668	1099808	27661	5655500
金属加工机械制造	554555	70190	504358	1009107	53206	5693000
起重运输设备制造	196645	26432	51564	444652	99055	2307643
泵、阀门、压缩机及类似机械的制造	720565	145507	393919	1196863	219566	5598769
轴承、齿轮、传动和驱动部件的制造	179448	20527	2726	139806	17008	855031
烘炉、熔炉及电炉制造	8806	2518	26426	28504	1104	241578
风机、衡器、包装设备等通用设备制造	874090	120127	184423	1561086	190505	7001438
通用零部件制造及机械修理	125433	25880	23487	239482	13141	916721
金属铸、锻加工	293155	40982	35333	418065	18004	1553946
专用设备制造业	**3023311**	**410924**	**991402**	**6012463**	**854615**	**38837580**
矿山、冶金、建筑专用设备制造	484739	58909	56427	760740	136494	7167558
化工、木材、非金属加工专用设备制造	242082	26438	51611	587881	70114	2116749
食品、饮料、烟草及饲料生产专用设备	28109	6232		48983	4803	324489
印刷、制药、日化生产专用设备制造	444497	61694	128183	886296	68360	4227079
纺织、服装和皮革工业专用设备制造	546040	62514	30561	562038	121016	6708367
电子和电工机械专用设备制造	415731	65074	343675	1013360	22277	4462858
农、林、牧、渔专用机械制造	57485	7208	4052	383325	14017	1101259
医疗仪器设备及器械制造	346925	54827	238715	988730	166735	5598085
环保、社会公共安全及其他专用设备制造	457703	68028	138178	781110	250799	7131136
交通运输设备制造业	**7152288**	**1108560**	**3297758**	**13078116**	**895997**	**56714892**
铁路运输设备制造	724328	76665	96452	884665	25087	3708681
汽车制造	4513207	770494	2904985	9945793	852810	44985756
自行车制造	5130	828	1146	21010	865	62926
船舶及浮动装置制造	1236	164		3202	2450	40608
航空航天器制造	1901173	258809	294665	2210031	14207	7811318
交通器材及其他交通运输设备制造	7214	1600	510	13415	578	105603

计量单位：千元

流动负债			长期负债			负债合计	所有者权益		
合　计	#短期借款	应付账款	合　计	#长期借款	应付债券		合　计	#实收资本	国家资本
1929557	**521462**	**536882**	**217249**	**172966**		**2146806**	**2303621**	**1863790**	**297839**
377221	103032	61219	9334	116		386555	253986	221601	475
3855	100					3855	47329	46187	
322693	126934	147396	69488	59123		392181	857271	621987	200764
195710	12374	77148	6027	2050		201737	194874	132253	11249
1030078	279022	251119	132400	111677		1162478	950161	841762	85351
8475688	**1810086**	**1942591**	**876303**	**709418**	**1767**	**9351991**	**6406932**	**4681547**	**252002**
4722119	1031918	1023406	363117	276767		5085236	2794326	2295319	121978
258104	17039	34460	2856	2856		260960	121044	78091	7557
1150416	408381	254764	387596	369421		1538012	1041186	928575	110747
71480	1340	58971	30000	30000		101480	25870	20700	200
884450	118035	169557	8344	8283		892794	550207	438618	229
289557	8148	10057	21615	58		311172	269473	300949	50
21341	600	6591				21341	50356	64917	
162220	13350	105779	20747	18980	1767	182967	140086	174123	2330
916001	211275	279006	42028	3053		958029	1414384	380255	8911
16424377	**2855435**	**4082254**	**1786217**	**1380784**	**524**	**18210594**	**11613032**	**9000023**	**748002**
5203665	1054351	614588	917514	880138		6121179	-465679	721144	198845
2549342	384431	350453	412210	261693		2961552	2731448	1524331	130631
1508473	493174	300406	22812	14063	524	1531285	776358	640850	122276
2019998	209804	1137727	209868	62325		2229866	3368903	2598711	66506
462494	88920	179543	14870	14870		477364	377667	335573	23656
167918	25723	42517	96			168014	73564	41127	
3248182	468080	1046557	118678	102367		3366860	3634578	2327340	156161
406104	14443	150838	32977	13300		439081	477640	320712	44289
858201	116509	259625	57192	32028		915393	638553	490235	5638
17950033	**2985587**	**4236115**	**1809504**	**818226**	**29795**	**19759537**	**19078043**	**9428821**	**2211137**
2875844	195366	624278	535470	196116		3411314	3756244	1884074	1451203
1401617	238400	177000	37922	30894		1439539	677210	422402	71732
189497	20783	79911	3076	3076		192573	131916	96547	17165
1404041	251882	268062	5033	2250		1409074	2818005	912790	224660
3197917	602669	615550	112741	21288		3310658	3397709	1297731	
2148246	384773	370321	536071	161611	29795	2684317	1778541	1126616	113383
343640	140317	72336	29640	25788		373280	727979	140628	33934
2335461	431157	906747	345546	243931		2681007	2917078	1559484	65624
4053770	720240	1121910	204005	133272		4257775	2873361	1988549	233436
33224438	**6856204**	**12845525**	**3448738**	**2720902**	**7049**	**36673176**	**20041716**	**13235575**	**2524917**
2234606	445122	994899	79033	55258	51	2313639	1395042	1118220	76874
26336449	5639400	11335120	2866641	2499144	6998	29203090	15782666	10711284	1704929
30176	17000	6427				30176	32750	38680	
321		132				321	40287	11450	140
4556306	752108	500303	503064	166500		5059370	2751948	1343881	742974
66580	2574	8644				66580	39023	12060	

1-17 续表 9

	累计折旧	本年折旧	在建工程	固定资产净值年平均余额	无形资产	资产总计
电气机械及器材制造业	**2716464**	**493148**	**1222791**	**4156968**	**540868**	**24265911**
电机制造	533568	52191	232368	534247	32749	4096903
输配电及控制设备制造	823559	144575	819938	1218278	319761	11930145
电线、电缆、光缆及电工器材制造	258700	138265	17532	461260	55314	1626914
电池制造	121043	45492	8073	483642	16425	1201445
家用电力器具制造	399155	31041	29225	867917	83727	2894749
非电力家用器具制造	54569	9273	6674	83065	8828	405258
照明器具制造	448027	59482	27886	356447	20643	1308294
其他电气机械及器材制造	77843	12829	81095	152112	3421	802203
通信设备、计算机及其他电子设备制造	**10981954**	**1772342**	**6873875**	**14133893**	**1233021**	**108759320**
通信设备制造	2510669	479630	469935	3611898	352659	35334684
雷达及配套设备制造	164766	35333	30249	643490	10053	1474542
广播电视设备制造	118628	23846	403203	315128	83901	3102314
电子计算机制造	1072760	277129	5605943	2380169	262019	41171347
电子器件制造	4917881	536786	207606	3850885	279964	15444745
电子元件制造	1787590	325475	120281	2324983	141144	8449556
家用视听设备制造	254295	55171	12566	401283	22374	1444450
其他电子设备制造	155365	38972	24092	606057	80907	2337682
仪器仪表及文化、办公用机械制造业	**1168997**	**178617**	**320560**	**1918705**	**279874**	**15467252**
通用仪器仪表制造	559516	97422	222787	1082066	190151	9334062
专用仪器仪表制造	150076	23264	52723	314517	33571	1901916
钟表与计时仪器制造	63558	3580	4504	55671	6849	169627
光学仪器及眼镜制造	281183	28255	38531	278833	10070	1965635
文化、办公用机械制造	90504	23220	1808	170672	39233	1943005
其他仪器仪表的制造及修理	24160	2876	207	16946		153007
工艺品及其他制造业	**487585**	**87092**	**102565**	**1062897**	**66713**	**3739077**
工艺美术品制造	161945	15719	26197	259653	29666	976354
日用杂品制造	21965	3735	1704	50597	3113	138343
煤制品制造	20012	1397	1277	20029	602	175407
核辐射加工	1288	97		1196		20836
其他未列明的制造业	282375	66144	73387	731422	33332	2428137
废弃资源和废旧材料回收加工业	**20536**	**8179**	**774**	**69216**		**243721**
金属废料和碎屑的加工处理	8164	6792	774	51877		170742
非金属废料和碎屑的加工处理	12372	1387		17339		72979
电力、燃气及水的生产和供应业	**42037519**	**8776209**	**19469767**	**99772109**	**831001**	**642110967**
电力、热力的生产和供应业	**34923933**	**7638028**	**13971438**	**81118948**	**250315**	**605567452**
电力生产	7541236	768934	1258021	9719282	130360	19749677
电力供应	23309657	6181879	11576030	61719026	72713	568771365
热力生产和供应	4073040	687215	1137387	9680640	47242	17046410
燃气生产和供应业	**2929057**	**486466**	**1195507**	**6793140**	**10001**	**13721038**
燃气生产和供应业	2929057	486466	1195507	6793140	10001	13721038
水的生产和供应业	**4184529**	**651715**	**4302822**	**11860021**	**570685**	**22822477**
自来水的生产和供应	3826534	487733	1097933	6404981	22023	11224773
污水处理及其再生利用	357842	163902	3204889	5454666	544661	11583747
其他水的处理、利用与分配	153	80		374	4001	13957

计量单位：千元

流动负债			长期负债			负债合计	所有者权益		
合计	#短期借款	应付账款	合计	#长期借款	应付债券		合计	#实收资本	国家资本
12689431	**2265299**	**3979718**	**1211384**	**553487**	**11336**	**13900815**	**10365096**	**7057702**	**714746**
2750010	313156	291725	86473	35595	5757	2836483	1260420	1162822	300
6434270	1144977	2554179	720323	145346	5184	7154593	4775552	2405113	112534
733985	188060	205474	52358	45029	395	786343	840571	494191	86986
613575	265336	216162	97181	85881		710756	490689	513576	9000
1149297	188300	319096	189290	180526		1338587	1556162	1397941	162661
229359	28718	78552				229359	175899	117518	87698
481947	115552	167358	28283	24275		510230	798064	676051	206979
296988	21200	147172	37476	36835		334464	467739	290490	48588
53515343	**15546499**	**20359747**	**4642468**	**2999688**	**124303**	**58157811**	**50601509**	**27710620**	**1434315**
19876711	5419559	8219303	586205	482947		20462916	14871768	6621644	454857
400963	40000	33861	28874	23155		429837	1044705	156036	124761
1430056	467921	246563	399272	267918	124303	1829328	1272986	990434	48109
20823522	7423188	6845051	2192312	1325939		23015834	18155513	10005947	175769
5919739	1559696	2569343	997369	595737		6917108	8527637	4967800	481732
3549280	549100	1692043	345441	287450		3894721	4554835	3167023	122712
691119	18000	414150	47798			738917	705533	750862	
823953	69035	339433	45197	16542		869150	1468532	1050874	26375
7553584	**861510**	**2217996**	**610614**	**412910**	**260**	**8166390**	**7300862**	**3887583**	**465723**
4626776	483574	1181790	320995	255277	260	4947771	4386291	2382871	272436
1038320	125274	254889	103001	80468		1141321	760595	592592	104390
90895	500	9372	900			91795	77832	78862	35362
746694	128046	179896	168043	73136		916929	1048706	363505	13302
1011397	114936	575011	13051	2469		1024448	918557	435121	34428
39502	9180	17038	4624	1560		44126	108881	34632	5805
1879493	**246060**	**649026**	**322477**	**232244**		**2201970**	**1537107**	**1462736**	**265051**
583311	84692	190293	67350	62630		650661	325693	215572	30225
68575	16109	34548	9729	6719		78304	60039	81551	4848
112817	9000	29315	25056	24796		137873	37534	32347	12592
6567	200	739				6567	14269	9000	
1108223	136059	394131	220342	138099		1328565	1099572	1124266	217386
103155	**29160**	**35675**	**33519**	**15762**		**136674**	**107047**	**84148**	**10040**
69418	24992	21949	29956	15762		99374	71368	61084	520
33737	4168	13726	3563			37300	35679	23064	9520
36256125	**7902565**	**7005535**	**75716573**	**30297455**	**6434686**	**111972698**	**530138269**	**302062611**	**229954187**
32619701	**6781365**	**6721733**	**70733564**	**28413560**	**6434686**	**103353265**	**502214187**	**282055596**	**219542570**
1902320	535830	308391	9899635	5845833		11801955	7947722	5442198	836348
27038544	4841220	5806632	58185776	20320833	6253670	85224320	483547045	271475674	214415652
3678837	1404315	606710	2648153	2246894	181016	6326990	10719420	5137724	4290570
1085167		**77833**	**122762**	**70537**		**1207929**	**12513109**	**9256285**	**8570**
1085167		77833	122762	70537		1207929	12513109	9256285	8570
2551257	**1121200**	**205969**	**4860247**	**1813358**		**7411504**	**15410973**	**10750730**	**10403047**
2038025	1114000	155652	1179383	1062112		3217408	8007365	5993649	5822846
508769	7200	47991	3680864	751246		4189633	7394114	4748281	4579901
4463		2326				4463	9494	8800	300

1-17 续表 10

	集体资本	法人资本	#国家法人	集体法人	个人资本	港澳台资本
总　　计	**3847240**	**140916886**	**118627146**	**6552154**	**17411884**	**6878911**
采矿业	**56980**	**1433521**	**1337943**	**73818**	**55137**	
煤炭开采和洗选业	**46357**	**340465**	**304495**	**14740**	**8247**	
烟煤和无烟煤的开采洗选	46357	340465	304495	14740	8247	
石油和天然气开采业		**850000**	**850000**			
与石油和天然气开采有关的服务活动		850000	850000			
黑色金属矿采选业	**8500**	**56208**	**55678**		**26500**	
铁矿采选	8500	56208	55678		26500	
有色金属矿采选业		**50000**		**50000**		
常用有色金属矿采选		50000		50000		
非金属矿采选业	**2123**	**136848**	**127770**	**9078**	**20390**	
土砂石开采	2123	103412	94334	9078	19890	
石棉及其他非金属矿采选		33436	33436		500	
制造业	**3646894**	**69766052**	**47816555**	**6453347**	**17190905**	**6445147**
农副食品加工业	**35173**	**1169665**	**626229**	**239580**	**536719**	**66888**
谷物磨制		104699	30229	50000	132972	
饲料加工	1902	171858	84307	39123	140931	46267
植物油加工		28400	27400	1000	500	
制糖		4700	4700		300	
屠宰及肉类加工	30121	475659	254365	66830	197859	9265
水产品加工		43434	4840		3500	996
蔬菜、水果和坚果加工	3150	121448	40661	48921	33057	5350
其他农副食品加工		219467	179727	33706	27600	5010
食品制造业	**52417**	**1205256**	**539032**	**270876**	**532486**	**432699**
焙烤食品制造	1800	171197	155561	9117	48913	157943
糖果、巧克力及蜜饯制造	12656	37533	15293	10000	8923	
方便食品制造	17240	100942	96793	761	30244	65765
液体乳及乳制品制造	1300	438109	118019	105400	200253	14000
罐头制造					10500	
调味品、发酵制品制造	17637	67633	56325	3000	39880	5883
其他食品制造	1784	389842	97041	142598	193773	189108
饮料制造业	**64720**	**2810115**	**1524132**	**278342**	**466637**	**395324**
酒精制造					180	
酒的制造	52420	1926581	1396306	37100	181323	210911
软饮料制造	9500	855123	104390	236267	281011	184413
精制茶加工	2800	28411	23436	4975	4123	
烟草制品业	**910**	**474570**	**472880**		**2800**	
卷烟制造		472880	472880		2800	
其他烟草制品加工	910	1690				
纺织业	**75058**	**1609218**	**1175603**	**361435**	**267253**	**171997**
棉、化纤纺织及印染精加工	6879	613202	516901	61606	54918	11440
毛纺织和染整精加工	16634	135715	130012	2600	5507	52388
丝绢纺织及精加工		39422	39422		2075	
纺织制成品制造	9844	132764	66947	52888	39930	34647
针织品、编织品及其制品制造	41701	688115	422321	244341	164823	73522

计量单位：千元

外商资本	主营业务收入	直接出口产品销售收入	主营业务成本	营业费用	主营业务税金及附加	其他业务收入	其他业务利润	管理费用	#税金
37568423	**599265638**	**65857310**	**505193567**	**24263519**	**4717859**	**15778417**	**3510024**	**35462788**	**755548**
8920	**14785907**	**644848**	**11979021**	**549094**	**74202**	**65195**	**37867**	**568342**	**7200**
	12712174	**644848**	**10685738**	**483410**	**41518**	**33631**	**13055**	**332117**	**5726**
	12712174	644848	10685738	483410	41518	33631	13055	332117	5726
	740285		**470044**	**4830**	**7652**	**409**	**409**	**83039**	**405**
	740285		470044	4830	7652	409	409	83039	405
	995718		**551862**	**46569**	**21723**	**20087**	**16384**	**107033**	**779**
	995718		551862	46569	21723	20087	16384	107033	779
	39487		**36196**	**88**	**55**			**891**	**51**
	39487		36196	88	55			891	51
8920	**298243**		**235181**	**14197**	**3254**	**11068**	**8019**	**45262**	**239**
8920	289159		228302	12430	3170	11068	8019	44310	239
	9084		6879	1767	84			952	
35911364	**503323495**	**65212462**	**416915466**	**23608210**	**4299087**	**14843625**	**3135331**	**33377487**	**673490**
665255	**11910663**	**827430**	**10547297**	**596588**	**15245**	**136607**	**43647**	**473999**	**11952**
58974	1034848		851439	45052	262	6269	3347	72742	873
24085	3431541	8220	2916728	231267	2833	81930	4704	145998	2466
35409	526509	10748	494323	12888	58	160	62	10084	151
	75400		65740	4054	2973			3116	42
260547	5432059	599854	5048469	191031	3988	14084	9557	143116	4176
2794	54911	6249	47111	5192	48	1498	1420	3734	121
149325	441019	72688	342245	38425	1375	6409	3304	35656	1410
134121	914376	129671	781242	68679	3708	26257	21253	59553	2713
4474746	**11478440**	**495717**	**7534548**	**2674004**	**15945**	**306067**	**55420**	**1147491**	**27784**
1013338	2247020	108647	1556456	447039	3121	62338	2526	177824	6135
1164546	2131999	148043	1078985	830747	562	16142	679	296757	8683
20187	924176	27763	719515	89416	852	48698	7432	82125	1885
391741	2508876		2028679	366016	3851	101470	11052	179205	3308
66939	77472		70185	5883	181	1581	715	5159	289
202377	630159	28180	476023	65933	776	1504	711	59181	1264
1615618	2958738	183084	1604705	868970	6602	74334	32305	347240	6220
1072450	**8755894**	**288787**	**5896603**	**1183196**	**589413**	**749931**	**82954**	**693400**	**12496**
119600	63704	10478	46413	4309	1320			6092	194
517137	4438400	39913	3103943	341597	584353	608938	65521	394572	6981
431574	4142000	224364	2670458	804973	3591	140993	17433	286711	5298
4139	111790	14032	75789	32317	149			6025	23
	1529121	**63525**	**603524**	**54152**	**569697**	**715**	**653**	**144712**	**1405**
	1520876	63525	599286	54053	569601	712	640	143049	1395
	8245		4238	99	96	3	13	1663	10
675674	**5708795**	**1230159**	**4959964**	**313942**	**10397**	**233961**	**132941**	**561454**	**17538**
44209	911213	32497	972146	18231	2574	124578	87196	205142	8889
91933	428379	95974	384308	11785	203	10181	1169	56016	1588
	237419		222443	6469	426	681	681	4257	153
375944	1001438	235737	817625	54230	1668	30463	12468	76488	1072
163588	3130346	865951	2563442	223227	5526	68058	31427	219551	5836

1-17 续表 11

	集体资本	法人资本	#国家法人	集体法人	个人资本	港澳台资本
纺织服装、鞋、帽制造业	**179300**	**461561**	**66917**	**173501**	**543001**	**232157**
纺织服装制造	179300	458660	64016	173501	519590	232157
纺织面料鞋的制造		2901	2901		10947	
制帽					12464	
皮革、毛皮、羽毛(绒)及其制品业	**18126**	**100020**	**60857**	**4593**	**85214**	**11044**
皮革鞣制加工		62000	60000	2000	9080	
皮革制品制造	16926	35828		1722	48634	8726
毛皮鞣制及制品加工	1200	1335		871	27500	2318
羽毛(绒)加工及制品制造		857	857			
木材加工及木、竹、藤、棕、草制品	**618**	**286318**	**232633**	**5450**	**47324**	**299451**
锯材、木片加工		11684	11014	70	5980	
人造板制造		103596	98216	5380	16442	212540
木制品制造	618	171038	123403		24902	86911
家具制造业	**23561**	**250517**	**132016**	**22744**	**321190**	**14651**
木质家具制造	11542	134289	48416	4456	252376	14651
金属家具制造	2097	108628	83000	13898	34360	
塑料家具制造						
其他家具制造	9922	7600	600	4390	34454	
造纸及纸制品业	**82062**	**392440**	**240689**	**67995**	**210936**	**67902**
纸浆制造						
造纸	15552	143313	107609	20447	27138	38280
纸制品制造	66510	249127	133080	47548	183798	29622
印刷业和记录媒介的复制	**146705**	**1635546**	**921077**	**230696**	**700929**	**296713**
印刷	138075	1249169	685360	107715	656544	278765
装订及其他印刷服务活动	5630	171485	151104	14381	8465	12008
记录媒介的复制	3000	214892	84613	108600	35920	5940
文教体育用品制造业	**53861**	**190798**	**157015**	**21860**	**35950**	**20363**
文化用品制造	500	2230	1600		2000	4282
体育用品制造	37300	11685		10000	18206	
乐器制造	6344	166492	155415	10205	7744	11509
玩具制造	4000	1655		1655	3000	828
游艺器材及娱乐用品制造	5717	8736			5000	3744
石油加工、炼焦及核燃料加工业	**9992**	**946744**	**927011**	**13773**	**99633**	**22238**
精炼石油产品的制造	9957	374535	354802	13773	99588	22238
炼焦	35	570209	570209		45	
核燃料加工		2000	2000			
化学原料及化学制品制造业	**123923**	**10433067**	**9501098**	**469685**	**1161845**	**286967**
基础化学原料制造	21602	5918229	5857466	40195	139121	34718
肥料制造	2000	76248	29750	26009	137898	
农药制造		36672	15000	21672	24002	193
涂料、油墨、颜料及类似产品制造	8984	409364	58369	72527	246959	157952
合成材料制造	29148	2753926	2657130	42447	152606	9096
专用化学产品制造	49439	424838	263203	125775	397475	70561
日用化学产品制造	12750	813790	620180	141060	63784	14447

计量单位：千元

外商资本	主营业务收入	直接出口产品销售收入	主营业务成本	营业费用	主营业务税金及附加	其他业务收入	其他业务利润	管理费用	#税金
330147	**6710458**	**2254881**	**5522467**	**518077**	**17670**	**131734**	**54562**	**577998**	**9727**
323065	6605305	2199989	5439655	506279	16488	127240	51110	564328	9392
6622	70145	46002	54885	9193	1093	4402	3443	10910	257
460	35008	8890	27927	2605	89	92	9	2760	78
22104	**730988**	**401148**	**655341**	**24762**	**636**	**3917**	**1165**	**45465**	**498**
	35186		37144	807	20	220	182	5512	12
21383	495105	286707	435054	21169	568	3673	961	31721	394
721	200697	114441	183143	2786	48			8105	61
						24	22	127	31
68309	**1168820**	**132020**	**1076310**	**42681**	**1354**	**25322**	**8782**	**71318**	**2483**
	116188		119175	2023	311	34	29	4266	10
	501492		447626	19011	283	7025	326	19870	844
68309	551140	132020	509509	21647	760	18263	8427	47182	1629
132934	**2430382**	**689249**	**1982103**	**239244**	**5724**	**43725**	**16555**	**164751**	**4445**
115515	1468901	576403	1195371	158159	2953	15502	9047	104621	3187
8265	759334	105161	617139	61751	2103	23425	3703	49408	891
9154	202147	7685	169593	19334	668	4798	3805	10722	367
521225	**3566652**	**31265**	**2888868**	**146867**	**4600**	**99333**	**26336**	**204690**	**5455**
								75	10
74330	760095	15802	688496	22144	987	50815	3234	38381	1428
446895	2806557	15463	2200372	124723	3613	48518	23102	166234	4017
469089	**8239750**	**24390**	**6253799**	**214731**	**46459**	**464070**	**201831**	**1206539**	**27655**
460750	7470048	24390	5643672	158557	42594	427547	181764	1088074	25108
	244403		167243	28844	1837	7258	2112	35430	518
8339	525299		442884	27330	2028	29265	17955	83035	2029
74615	**1295167**	**566386**	**1051767**	**62241**	**2876**	**78831**	**18416**	**146938**	**3267**
4474	107949	57110	88607	5274	238	1493	1374	14714	204
44575	305072	158393	248236	13197	560	987	719	29016	515
11130	640214	210382	515213	32058	1881	75796	16216	86538	2154
14153	102366	93437	84014	3910	3			8115	140
283	139566	47064	115697	7802	194	555	107	8555	254
9207	**27808691**	**131445**	**25685928**	**548510**	**798419**	**854146**	**-29639**	**623662**	**12138**
7207	25681548	10113	23943061	526209	785808	852193	-15427	450892	7652
	2103808	121332	1728920	20948	12611	536	-14663	171461	4480
2000	23335		13947	1353		1417	451	1309	6
2234561	**39458565**	**783611**	**28755100**	**1444931**	**330186**	**541287**	**90311**	**2279331**	**43471**
169208	9030917	19500	6916254	270012	39929	192447	54914	616971	12589
5977	621988	29943	576018	23714	173	11406	1396	27086	932
1000	161328	14154	105530	26648	414	1795	522	21571	284
362726	2617872	129511	2109703	134764	4849	66882	12985	200222	5877
1121465	20898418	96165	15176057	165184	112925	115593	-573	796076	14528
94792	3017579	465781	2296589	186842	12811	131009	15118	300909	4389
479393	3110463	28557	1574949	637767	159085	22155	5949	316496	4872

1-17 续表 12

	集体资本	法人资本	#国家法人	集体法人	个人资本	港澳台资本
医药制造业	**186146**	**3078875**	**1654860**	**295485**	**1016750**	**236683**
化学药品原药制造		54126	53481	645	17200	348
化学药品制剂制造	149284	1587041	983296	156216	520926	98612
中药饮片加工	6651	73991	100	5305	42892	16222
中成药制造	27211	700018	556900	36284	311344	81007
兽用药品制造		11260	3615	900	4233	2922
生物、生化制品的制造	3000	556549	42468	35745	117155	37572
卫生材料及医药用品制造		95890	15000	60390	3000	
化学纤维制造业		**96379**	**35656**	**1800**	**24592**	
纤维素纤维原料及纤维制造		1000			1000	
合成纤维制造		95379	35656	1800	23592	
橡胶制品业	**16800**	**455454**	**416689**	**14280**	**27779**	
轮胎制造	185	132889	112889		5000	
橡胶板、管、带的制造	3406	15597	14093	500	575	
橡胶零件制造	1409	251020	238381	12139	17084	
再生橡胶制造					120	
日用及医用橡胶制品制造	11800	42943	42080			
橡胶靴鞋制造		10887	9246	1641		
其他橡胶制品制造		2118			5000	
塑料制品业	**137964**	**765859**	**245722**	**338960**	**271018**	**196407**
塑料薄膜制造	21517	195252	103636	69050	25282	57868
塑料板、管、型材的制造	44442	132355	9626	52097	48884	5644
塑料丝、绳及编织品的制造	16821	27787	111	25566	16498	6008
泡沫塑料制造	1228	119365	87600	17492	23390	14944
塑料人造革、合成革制造		25129		15311	2000	15936
塑料包装箱及容器制造	17326	163264	11476	138419	45090	58170
塑料零件制造	11621	12355	730	300	4984	14737
日用塑料制造	24309	81622	31363	15975	100197	23100
其他塑料制品制造	700	8730	1180	4750	4693	
非金属矿物制品业	**578249**	**4684940**	**3457111**	**431731**	**2235526**	**400948**
水泥、石灰和石膏的制造	116301	1713489	1598683	99306	98345	
水泥及石膏制品制造	252678	1440551	746208	176443	1233197	97215
砖瓦、石材及其他建筑材料制造	95652	811169	629925	84060	406667	24958
玻璃及玻璃制品制造	103433	405427	243341	34758	320824	41855
陶瓷制品制造	1000	164318	159220		10600	228990
耐火材料制品制造	6596	65286	53876	5000	101130	4343
石墨及其他非金属矿物制品制造	2589	84700	25858	32164	64763	3587
黑色金属冶炼及压延加工业	**84753**	**3674528**	**3641004**	**26014**	**448766**	
炼铁	5244	4838	1136	3702	11700	
炼钢		1000		500		
钢压延加工	64554	3668690	3639868	21812	437066	
铁合金冶炼	14955					

计量单位：千元

外商资本	主营业务收入	直接出口产品销售收入	主营业务成本	营业费用	主营业务税金及附加	其他业务收入	其他业务利润	管理费用	#税金
1385400	**11524414**	**387668**	**6040771**	**2456230**	**63848**	**220328**	**140743**	**1482341**	**29351**
39169	244000	76301	168625	37886	296	3008	250	34187	394
1087431	5539914	97901	2381150	1580907	23311	56099	41155	698212	12963
	806414		734986	22553	737	29614	495	32112	382
55640	3375230	178185	1892965	590478	33469	36611	31286	420128	10392
	147291	6099	84112	10928	771	257	73	21839	382
173500	1232698	28827	683684	130466	4909	24840	19087	246510	4073
29660	178867	355	95249	83012	355	69899	48397	29353	765
8299	**231259**	**9060**	**200781**	**5230**	**674**	**3625**	**2189**	**15747**	**114**
	11109		10549	91	9			580	2
8299	220150	9060	190232	5139	665	3625	2189	15167	112
133808	**1838825**	**559835**	**1534764**	**63552**	**19896**	**64965**	**17763**	**172886**	**2652**
	698993	243362	599781	24404	17762	33181	5900	44889	760
68339	117552		111412	1285	464	720	237	7400	89
3460	285663	14986	227489	8289	1314	12148	8605	58894	770
	15789		13985	50	127	546	546	801	27
634	381432	216788	327264	15912	197	17617	2102	30031	884
547	29229	18348	25808	1246		428	306	4243	43
60828	310167	66351	229025	12366	32	325	67	26628	79
654609	**5392514**	**204081**	**4697732**	**157557**	**8194**	**260474**	**38597**	**365143**	**7663**
135185	820454	63866	715373	26945	677	48915	5297	60062	1317
79133	855875	19620	749764	40125	1409	45651	9001	67560	1944
	439983		407743	3381	759	68960	1163	21353	341
7765	572960		516713	15470	1083	1759	767	32862	971
88362	192870	1250	183346	6311	16	8521	4432	11449	113
125827	1010289	28915	900620	22720	1264	36134	2567	47592	1121
57151	360283	30588	277345	4820	390	6714	4691	28813	509
158298	1002763	34885	848776	28917	2095	27156	3267	76212	1141
2888	137037	24957	98052	8868	501	16664	7412	19240	206
1546730	**17989339**	**462159**	**14884084**	**721817**	**61251**	**365869**	**133311**	**1630548**	**35895**
436508	2726230		2168996	101524	12473	41828	15200	328966	10230
319807	9008135	19428	7821378	312819	27764	183171	56202	648489	10588
124989	1989407	50778	1562190	143689	10554	39249	18274	218064	3512
330293	2135617	121595	1727808	86945	6224	66153	23019	235366	3889
252584	609785	128634	390124	15915	353	12730	10701	75708	5455
78063	760423	67859	595831	37443	1994	5378	3032	63390	1315
4486	759742	73865	617757	23482	1889	17360	6883	60565	906
211439	**40406396**	**2281118**	**33917064**	**386414**	**190428**	**2299046**	**41125**	**3073254**	**77914**
4859	338494	21048	312356	3328	1072	1332	1332	7910	187
	22849		22084		59			341	30
206580	40038703	2260070	33577079	383086	189276	2297714	39793	3064813	77677
	6350		5545		21			190	20

1-17 续表 13

	集体资本	法人资本	#国家法人	集体法人	个人资本	港澳台资本
有色金属冶炼及压延加工业	**27356**	**1163202**	**732191**	**187732**	**320461**	**5410**
常用有色金属冶炼	3600	205345	117079	49193	10600	548
贵金属冶炼	3187	43000		43000		
稀有稀土金属冶炼	100	135376	50000		253700	4152
有色金属合金制造	2615	112375	99626	600	3649	710
有色金属压延加工	17854	667106	465486	94939	52512	
金属制品业	**234930**	**1659891**	**834772**	**294230**	**1039231**	**582856**
结构性金属制品制造	113011	957854	321450	228342	723928	30673
金属工具制造	15238	18617	4597	12520	15310	
集装箱及金属包装容器制造	14921	114703	2322	21363	91103	396037
金属丝绳及其制品的制造		20000	20000		500	
建筑、安全用金属制品制造	81139	114072	78472	22500	58080	12513
金属表面处理及热处理加工		221049	214019	1550	9850	
搪瓷制品制造		22062	19663			
不锈钢及类似日用金属制品制造		4680	3000		7500	139876
其他金属制品制造	10621	186854	171249	7955	132960	3757
通用设备制造业	**314330**	**3243234**	**2409291**	**236088**	**1218902**	**131454**
锅炉及原动机制造	113679	135042	128339	5000	36503	
金属加工机械制造	40040	1158497	1091951	14952	63518	3461
起重运输设备制造	33049	290437	285236	2201	34730	
泵、阀门、压缩机及类似机械的制造	19020	487439	47051	16871	213032	66755
轴承、齿轮、传动和驱动部件的制造	3956	165712	134751	5961	800	
烘炉、熔炉及电炉制造	7144	2500	2000		30445	
风机、衡器、包装设备等通用设备制造	75370	655523	513748	110824	729103	61238
通用零部件制造及机械修理	8644	66944	9900	18844	51676	
金属铸、锻加工	13428	281140	196315	61435	59095	
专用设备制造业	**114324**	**4296964**	**2946460**	**428349**	**1240949**	**442195**
矿山、冶金、建筑专用设备制造	800	302431	249894	11420	50072	29873
化工、木材、非金属加工专用设备制造	4940	264124	209274	34350	46983	22866
食品、饮料、烟草及饲料生产专用设备		8006	4785		25060	1628
印刷、制药、日化生产专用设备制造	3480	324715	303776	12029	335670	
纺织、服装和皮革工业专用设备制造	420	874943	362054	4030	217130	184989
电子和电工机械专用设备制造		725285	650756	58122	58947	2000
农、林、牧、渔专用机械制造		68788	64675	3568	25225	
医疗仪器设备及器械制造	6200	826311	541822	175760	234718	98824
环保、社会公共安全及其他专用设备制造	98484	902361	559424	129070	247144	102015
交通运输设备制造业	**300273**	**5486721**	**4414841**	**341725**	**698302**	**180704**
铁路运输设备制造	27969	951184	910417	27800	52162	5899
汽车制造	270464	4069084	3058876	293020	634960	173055
自行车制造		36205	15300	20905	1000	
船舶及浮动装置制造		11100	11100			210
航空航天器制造		419148	419148		1500	
交通器材及其他交通运输设备制造	1840				8680	1540

计量单位：千元

外商资本	主营业务收入	直接出口产品销售收入	主营业务成本	营业费用	主营业务税金及附加	其他业务收入	其他业务利润	管理费用	#税金
49522	**5080407**	**702641**	**4649472**	**89086**	**9991**	**194452**	**17181**	**193269**	**2863**
1033	1537421	53629	1474029	24551	2229	7810	2021	22809	353
	186046		184431	710	23	46	46	1466	55
27895	752507	487937	611144	27010	536	567	567	36069	460
1655	479767	12748	420835	6282	1428	113588	10845	29921	573
18939	2124666	148327	1959033	30533	5775	72441	3702	103004	1422
912637	**11052752**	**801282**	**9336829**	**464876**	**39633**	**569555**	**81764**	**774961**	**14284**
347875	5772302	341901	4853269	260203	30136	221017	55797	449999	8602
21369	345435	98546	285997	10624	1568	3663	2885	32722	660
201064	1995802	169619	1669970	73488	847	268256	6069	119357	1872
	139416		129914	2782	237	716	3	4218	508
172585	596915	2533	474924	51341	2059	12735	6520	52306	1291
70000	164789		170000	808	390	39093	2541	30151	549
42855	30314	12343	30892	2697	49	1786	456	2844	55
19737	756110	134368	668617	24812	628	10928	3261	19632	425
37152	1251669	41972	1053246	38121	3719	11361	4232	63732	322
3344101	**18581787**	**2571623**	**15034318**	**961718**	**48474**	**848500**	**317458**	**1923844**	**43592**
237075	2022541	34550	1705947	49330	3813	279312	104138	331659	9674
128184	2116375	101768	1747326	91354	9277	123557	47997	334323	5460
160358	1405985	940	1281578	45845	3237	71973	44935	191891	4533
1745959	4064224	1042386	3106845	232297	5001	96625	31124	305377	10102
141449	737199	70239	552698	44761	1547	14263	4121	75235	612
1038	272152		215957	26541	3692	5677	2894	26270	74
649945	5776723	491803	4546506	392556	15496	207043	58292	480314	8369
149159	763646	306662	629724	32890	3595	35265	16644	89553	1356
130934	1422942	523275	1247737	46144	2816	14785	7313	89222	3412
1123252	**20994921**	**2352459**	**16101272**	**995837**	**69461**	**1018544**	**165994**	**2774902**	**44962**
49695	2479915	24357	2003879	106443	9158	344321	29400	458531	6227
11757	1092788	52478	889956	36850	2862	8815	2498	118618	1427
44688	314617	17937	245125	13118	2044	8844	4929	35904	401
24265	1659356	37091	1215936	107207	10270	58447	26176	222069	5719
20249	3858296	169732	3326040	111932	5884	411194	18642	317575	4442
227001	2084389	126765	1697446	57481	4568	52983	34193	274167	5745
12681	290846	17114	203935	21901	-194	7031	5972	52255	2786
327807	4318603	1320359	2699370	253391	7506	46892	20051	798332	5339
405109	4896111	586626	3819585	287514	27363	80017	24133	497451	12876
4044658	**77383987**	**610077**	**66372776**	**2588372**	**1151524**	**2616937**	**344061**	**3729922**	**78960**
4132	3029886	5950	2402113	77185	13822	183929	30316	441764	5017
3858792	70601383	598735	61286153	2495450	1109653	2303730	241135	2564050	53450
1475	26277	5162	22592	1750	25			3771	2
	23444		15087	691	215	3	3	1645	10
180259	3607916	230	2584311	12212	26980	129002	72364	709806	20417
	95081		62520	1084	829	273	243	8886	64

1-17 续表 14

	集体资本	法人资本	#国家法人	集体法人	个人资本	港澳台资本
电气机械及器材制造业	**335044**	**3153278**	**2128781**	**487345**	**943421**	**139531**
电机制造	5150	982184	895524	45540	49114	
输配电及控制设备制造	182503	923007	292076	358044	696825	7750
电线、电缆、光缆及电工器材制造	21881	89634	13114	9198	94565	4921
电池制造	50000	95783	48094	30679	6410	588
家用电力器具制造	46668	967004	862072	13356	51080	102142
非电力家用器具制造	3506	11675	3007	468	8404	
照明器具制造	25254	36168	2200	21543	28883	22867
其他电气机械及器材制造	82	47823	12694	8517	8140	1263
通信设备、计算机及其他电子设备制造	**240298**	**13719895**	**6859622**	**925946**	**2087580**	**1356775**
通信设备制造	83287	2942133	2046719	427446	767650	220069
雷达及配套设备制造		14010	13128	882		
广播电视设备制造	2644	528122	111426	35016	278914	9608
电子计算机制造	55017	6079085	1837196	223093	522575	792242
电子器件制造	36127	2107432	1096306	119042	215873	13498
电子元件制造	54102	1256941	1023510	76667	173010	161492
家用视听设备制造	3055	260119	244119	16000	2000	
其他电子设备制造	6066	532053	487218	27800	127558	159866
仪器仪表及文化、办公用机械制造业	**176844**	**1683227**	**949084**	**225083**	**524476**	**424402**
通用仪器仪表制造	176844	1105309	577231	152390	385558	195829
专用仪器仪表制造		219607	105952	19770	106143	38967
钟表与计时仪器制造						
光学仪器及眼镜制造		220848	188336	32122	10011	1134
文化、办公用机械制造		119307	66483	15001	15205	188472
其他仪器仪表的制造及修理		18156	11082	5800	7559	
工艺品及其他制造业	**31825**	**605538**	**482882**	**56217**	**72734**	**29388**
工艺美术品制造	5543	103548	37626	4398	25983	19518
日用杂品制造	3306	8499		8499	25817	2488
煤制品制造	1587	6173	4732	531	8682	2563
核辐射加工		7650	7650		1350	
其他未列明的制造业	21389	479668	432874	42789	10902	4819
废弃资源和废旧材料回收加工业	**1332**	**32232**	**30400**	**1832**	**8501**	
金属废料和碎屑的加工处理	1332	31232	30400	832	8000	
非金属废料和碎屑的加工处理		1000		1000	501	
电力、燃气及水的生产和供应业	**143366**	**69717313**	**69472648**	**24989**	**165842**	**433764**
电力、热力的生产和供应业	**49914**	**60356654**	**60254204**	**21169**	**132692**	**400000**
电力生产		2531956	2531084		100128	400000
电力供应		57060022	57058018	1889		
热力生产和供应	49914	764676	665102	19280	32564	
燃气生产和供应业	**10357**	**9116359**	**9114694**	**1170**	**21000**	**33764**
燃气生产和供应业	10357	9116359	9114694	1170	21000	33764
水的生产和供应业	**83095**	**244300**	**103750**	**2650**	**12150**	
自来水的生产和供应	83095	86708	23850	1000	1000	
污水处理及其再生利用		157592	79900	1650	2650	
其他水的处理、利用与分配					8500	

计量单位：千元

外商资本	主营业务收入	直接出口产品销售收入	主营业务成本	营业费用	主营业务税金及附加	其他业务收入	其他业务利润	管理费用	#税金
1771682	**19907037**	**1814972**	**15633884**	**1084182**	**45373**	**503228**	**165416**	**1540190**	**39058**
126074	2665897	150515	2326987	65575	8993	50511	30976	182409	4632
482494	11269285	469642	8208889	728778	27793	155880	55146	849131	15032
196204	1157604	26811	1013856	62262	1607	109712	5726	90946	2208
351795	1064010	532025	1012323	13403	212	15829	3370	44610	2461
68386	1495879	31688	1281576	79972	3804	73188	23642	137598	9595
6235	519693	21068	408418	52694	1366	19886	2097	34135	450
355900	1238476	563129	996758	58662	836	38075	25183	132914	2044
184594	496193	20094	385077	22836	762	40147	19276	68447	2636
8871757	**126833884**	**42614187**	**113260252**	**4695903**	**130612**	**1799816**	**715692**	**5641052**	**90989**
2153648	57792267	26001923	53036677	1435526	27097	331071	68500	2153838	23216
17265	1014870	49088	821855	3591	269	48775	21643	140081	1192
123037	1452270	150471	1086916	108892	6990	34425	27700	151217	1451
2381259	36229422	3165735	32337787	2403404	63565	657853	208596	1178752	25310
2113138	15489088	6594161	13334187	370913	17877	214418	135549	855767	22856
1398766	9796529	4106733	8304583	142608	9775	429382	215918	794694	11703
485688	3128346	2261138	2888450	88585	1498	19508	12011	163721	3008
198956	1931092	284938	1449797	142384	3541	64384	25775	202982	2253
612911	**12689556**	**1701519**	**9694058**	**797926**	**42511**	**360717**	**224002**	**1362267**	**19620**
246895	7317028	230480	5509603	417043	34198	212531	139832	819620	11334
123485	1271806	44295	889289	100539	6073	97119	50934	235717	2452
43500	152899	43384	104992	34927	197	5898	5312	18004	490
118210	984805	36707	567701	149679	902	24543	15457	158328	3482
77709	2851918	1345451	2551307	83118	73	18730	10572	109096	1846
3112	111100	1202	71166	12620	1068	1896	1895	21502	16
458200	**2486817**	**219768**	**2017414**	**73098**	**8271**	**45914**	**25637**	**342421**	**5152**
30755	651366	106876	535768	38775	2028	31950	21027	88312	3051
36593	158668	79776	143091	5695	576	322	189	13303	490
750	179400	8012	162413	8243	1239	3909	1369	12740	120
	35365		24658	2203	531	5913	1450	5953	23
390102	1462018	25104	1151484	18182	3897	3820	1602	222113	1468
32043	**137214**		**126376**	**2486**	**325**	**2009**	**464**	**12992**	**107**
20000	87200		79929	2332	236	114	109	8607	29
12043	50014		46447	154	89	1895	355	4385	78
1648139	**81156236**		**76299080**	**106215**	**344570**	**869597**	**336826**	**1516959**	**74858**
1573766	**74008644**		**69796560**	**68467**	**308211**	**499151**	**235756**	**960967**	**51437**
1573766	5728389		4186107	3136	29873	124894	76176	429996	20302
	65166609		62366184	115	264096	167653	61491	193977	17111
	3113646		3244269	65216	14242	206604	98089	336994	14024
66235	**4620151**		**3982154**	**18100**	**26731**	**300285**	**55368**	**295020**	**11026**
66235	4620151		3982154	18100	26731	300285	55368	295020	11026
8138	**2527441**		**2520366**	**19648**	**9628**	**70161**	**45702**	**260972**	**12395**
	2025326		2092844	15299	9291	69312	44853	188513	11992
8138	491246		421045	2557	284	413	413	69517	397
	10869		6477	1792	53	436	436	2942	6

1-17 续表 15

	财产保险费	差旅费	工会经费	办公费	职工教育费	排污费
总　　计	**345082**	**976409**	**330786**	**1392281**	**311415**	**78803**
采矿业	**1210**	**9826**	**7730**	**16660**	**6092**	**3368**
煤炭开采和洗选业	**737**	**6996**	**5994**	**12778**	**4799**	**3232**
烟煤和无烟煤的开采洗选	737	6996	5994	12778	4799	3232
石油和天然气开采业	**117**	**1914**	**1018**	**362**	**764**	
与石油和天然气开采有关的服务活动	117	1914	1018	362	764	
黑色金属矿采选业	**349**	**510**	**540**	**1820**	**367**	**75**
铁矿采选	349	510	540	1820	367	75
有色金属矿采选业		**90**		**215**		
常用有色金属矿采选		90		215		
非金属矿采选业	**7**	**316**	**178**	**1485**	**162**	**61**
土砂石开采	7	254	169	1470	155	61
石棉及其他非金属矿采选		62	9	15	7	
制造业	**326094**	**943348**	**302552**	**1334481**	**281828**	**64436**
农副食品加工业	**3579**	**22343**	**4591**	**22631**	**3895**	**1322**
谷物磨制	137	3125	704	1331	635	94
饲料加工	679	11824	417	10772	1992	248
植物油加工	119	366	86	306	31	19
制糖		361		420		
屠宰及肉类加工	1603	3259	2539	5312	718	725
水产品加工	29	316	14	174	22	70
蔬菜、水果和坚果加工	411	1913	177	2135	159	8
其他农副食品加工	601	1179	654	2181	338	158
食品制造业	**15130**	**43927**	**8080**	**43195**	**6972**	**3306**
焙烤食品制造	1679	4738	1162	5701	1015	168
糖果、巧克力及蜜饯制造	4289	15813	639	11232	509	26
方便食品制造	1667	2253	1983	3588	1292	72
液体乳及乳制品制造	1079	2925	2152	6289	2133	58
罐头制造	54	89	1	61	52	
调味品、发酵制品制造	575	1523	432	1510	170	1978
其他食品制造	5787	16586	1711	14814	1801	1004
饮料制造业	**3984**	**14932**	**6540**	**24549**	**4181**	**1479**
酒精制造	96	202	47	91	35	20
酒的制造	2684	6226	5058	12414	2913	1216
软饮料制造	1179	8315	1433	10871	1231	229
精制茶加工	25	189	2	1173	2	14
烟草制品业	**2620**	**1880**	**1176**	**4283**	**774**	**357**
卷烟制造	2620	1863	1148	4207	759	357
其他烟草制品加工		17	28	76	15	
纺织业	**4080**	**17070**	**5308**	**18401**	**3433**	**6741**
棉、化纤纺织及印染精加工	1061	2534	2237	3376	1074	994
毛纺织和染整精加工	280	973	225	2258	369	1543
丝绢纺织及精加工	42	205	72	115	72	
纺织制成品制造	874	3419	551	4507	496	100
针织品、编织品及其制品制造	1823	9939	2223	8145	1422	4104

计量单位：千元

财务费用	利息支出（净额）	营业利润	投资收益	补贴收入	营业外收入	营业外支出	利润总额	应交所得税	可供分配利润
5844874	**5064579**	**27291676**	**10209379**	**2426464**	**3061631**	**2919054**	**39740759**	**6640100**	**42621813**
8329	**13857**	**1644786**	**-795**	**7865**	**8261**	**21172**	**1638876**	**271566**	**1418413**
7745	**7243**	**1174701**	**1129**	**2947**	**3584**	**10826**	**1171539**	**161384**	**1060538**
7745	7243	1174701	1129	2947	3584	10826	1171539	161384	1060538
-9411	**-2282**	**184540**	**1511**		**3497**	**218**	**189330**	**15764**	**243080**
-9411	-2282	184540	1511		3497	218	189330	15764	243080
8783	**8547**	**276132**	**-34**	**1490**	**942**	**6757**	**271761**	**89295**	**101858**
8783	8547	276132	-34	1490	942	6757	271761	89295	101858
-373	**-373**	**2630**					**2628**	**867**	
-373	-373	2630					2628	867	
1585	**722**	**6783**	**-3401**	**3428**	**238**	**3371**	**3618**	**4256**	**12937**
1597	734	7369	-3401	3428	238	3371	4204	4256	12937
-12	-12	-586					-586		
4188743	**3463424**	**24068454**	**2849494**	**1547283**	**2870804**	**2390563**	**28692067**	**5605637**	**33010242**
63603	**55789**	**257578**	**38358**	**140789**	**17689**	**28600**	**361350**	**61785**	**360788**
2068	2043	66632	-19	133	98	906	67381	5742	58438
11667	10255	127752	33955	95758	3552	3853	190966	22937	132078
2760	2726	6458			67	39	6485	709	5396
553		-1036			4	1	70	34	
32616	30873	22396	10	40815	10942	21459	50893	24537	107513
477	15	-231		317	3	376	593	34	395
6029	4959	20593		26	312	1584	19368	2938	28822
7433	4918	15014	4412	3740	2711	382	25594	4854	28146
100180	**83033**	**61692**	**-8028**	**13263**	**51136**	**47662**	**74587**	**101624**	**213443**
10909	6506	54197	-17	2191	20788	7873	71138	23561	114076
10137	8408	-84510			14894	17208	-86849	6755	-52388
4276	4323	35424			2061	2922	35087	16519	-3274
25131	17766	-82954	-9777	1386	6245	6179	-91227	6363	-28121
1920	1905	-5141	6	1015	239	54	-3933	195	756
5283	5105	23674	136	40	846	2417	22476	2610	22074
42524	39020	121002	1624	8631	6063	11009	127895	45621	160320
169275	**120493**	**306961**	**159089**	**22567**	**166349**	**75847**	**539093**	**93016**	**703419**
-299	-299	5869				114	6063	10	294
49295	9421	30161	101831	18884	116463	66959	203879	39642	356413
119863	111207	273837	57232	3683	49584	8438	332065	53225	346641
416	164	-2906	26		302	336	-2914	139	71
10990	**10976**	**146699**	**73**	**1662**	**44**	**13116**	**135362**	**46608**	**88785**
10976	10976	144551	73	1662	44	13116	133214	45889	87325
14		2148					2148	719	1460
101510	**95911**	**-105531**	**47839**	**5294**	**284798**	**89431**	**143741**	**25257**	**215308**
14783	14010	-214467	12429	1914	197678	36511	-38942	2812	-133341
31019	30385	-53783		23	1207	6691	-59243	469	-1057
4017	3964	488	173	230		198	693	114	
8326	7912	55569	241	2135	14117	978	71057	9477	26138
43365	39640	106662	34996	992	71796	45053	170176	12385	323568

1-17 续表 16

	财产保险费	差旅费	工会经费	办公费	职工教育费	排污费
纺织服装、鞋、帽制造业	**5228**	**30572**	**6037**	**43223**	**4414**	**2288**
纺织服装制造	5110	29629	5909	42465	4347	2267
纺织面料鞋的制造	86	704	85	575	67	
制帽	32	239	43	183		21
皮革、毛皮、羽毛(绒)及其制品业	**206**	**2275**	**170**	**2541**	**208**	**22**
皮革鞣制加工		79	28	70	26	5
皮革制品制造	171	1527	142	1795	145	17
毛皮鞣制及制品加工	35	669		676	37	
羽毛(绒)加工及制品制造						
木材加工及木、竹、藤、棕、草制品	**636**	**1720**	**551**	**3352**	**744**	**274**
锯材、木片加工	20	47	15	197	51	
人造板制造	443	626	215	678	185	100
木制品制造	173	1047	321	2477	508	174
家具制造业	**1617**	**8530**	**1241**	**9270**	**579**	**227**
木质家具制造	997	5259	413	6555	355	213
金属家具制造	301	2621	607	1879	165	9
塑料家具制造						
其他家具制造	319	650	221	836	59	5
造纸及纸制品业	**5961**	**11229**	**1631**	**9483**	**1335**	**789**
纸浆制造						
造纸	555	2704	191	2794	93	659
纸制品制造	5406	8525	1440	6689	1242	130
印刷业和记录媒介的复制	**9872**	**18162**	**11683**	**47863**	**11438**	**1864**
印刷	9204	15664	10557	34989	8938	1760
装订及其他印刷服务活动	57	597	399	2337	339	63
记录媒介的复制	611	1901	727	10537	2161	41
文教体育用品制造业	**662**	**6499**	**1495**	**5362**	**568**	**138**
文化用品制造	239	969	78	1303	63	27
体育用品制造	103	3165	286	1654	99	19
乐器制造	199	1113	1082	1257	316	91
玩具制造	31	639	49	479	82	
游艺器材及娱乐用品制造	90	613		669	8	1
石油加工、炼焦及核燃料加工业	**26555**	**8846**	**6658**	**12181**	**4741**	**468**
精炼石油产品的制造	22941	7295	4255	9693	2940	392
炼焦	3614	1519	2390	2265	1792	76
核燃料加工		32	13	223	9	
化学原料及化学制品制造业	**53837**	**39385**	**21935**	**65044**	**16058**	**10221**
基础化学原料制造	5372	6474	5358	11272	4559	2743
肥料制造	312	2592	182	2170	216	79
农药制造	170	1146	43	1573	176	
涂料、油墨、颜料及类似产品制造	1361	8644	1270	10882	1072	471
合成材料制造	42829	6903	9887	11938	7600	6270
专用化学产品制造	2214	9747	1886	17226	1677	343
日用化学产品制造	1579	3879	3309	9983	758	315

计量单位：千元

财务费用	利息支出（净额）	营业利润	投资收益	补贴收入	营业外收入	营业外支出	利润总额	应交所得税	可供分配利润
66519	**46220**	**62289**	**2020**	**3608**	**24478**	**9344**	**81083**	**39713**	**190452**
66081	45887	63584	1979	3544	24401	9318	82211	39416	187195
379	274	-2872	41	64	37	26	-2750	80	1853
59	59	1577			40		1622	217	1404
3261	**1969**	**2688**	**6**	**953**	**3191**	**475**	**6053**	**5032**	**8922**
520	517	-8635				22	-8657	41	-4216
2035	858	5519	6	873	2386	407	8067	3070	8860
552	440	6063		80	75	6	6212	1921	4278
154	154	-259			730	40	431		
11484	**7530**	**-25545**	**309**	**13963**	**16189**	**6027**	**1322**	**6328**	**31029**
39	26	-9597	271	318	8816	10	1801	602	1228
1698	-122	13330	22	13645	122	219	26636	4852	86024
9747	7626	-29278	16		7251	5798	-27115	874	-56223
24344	**22207**	**30771**	**7025**	**7071**	**3881**	**2001**	**47859**	**17033**	**97645**
12814	11339	4030	2565	2454	3012	1029	10312	6230	30319
8693	8236	23943	4460	4580	743	698	34239	10297	69369
2837	2632	2798		37	126	274	3308	506	-2043
26402	**20787**	**321561**	**8692**	**16594**	**26025**	**14426**	**364483**	**94037**	**479777**
-14	-14	-61				69	-130		
5485	4845	7836	-815	9225	12708	12442	22176	5294	-7136
20931	15956	313786	9507	7369	13317	1915	342437	88743	486913
60187	**49257**	**659866**	**12601**	**16624**	**89136**	**49848**	**751154**	**166599**	**671852**
51577	40913	667338	11079	8525	87725	44807	752869	158343	638856
1217	1175	11944	1837	3331	579	3215	14151	4600	17457
7393	7169	-19416	-315	4768	832	1826	-15866	3656	15539
20934	**18706**	**28827**	**3656**	**518**	**27730**	**8781**	**52064**	**9064**	**58477**
485	416	5	129		4429	3788	776	1020	-3413
882	542	13900	75		67	757	13352	2554	12057
17585	15987	3155	3452	30	22145	3842	24986	3328	38163
76	-36	6248		51	1013	372	6940	20	9090
1906	1797	5519		437	76	22	6010	2142	2580
101315	**88350**	**21218**	**72320**	**139748**	**17511**	**79460**	**171359**	**14575**	**53441**
61665	58082	-101514	19028		13706	70571	-139328	1695	192548
39662	30290	115543	53292	139660	3805	8889	303410	11134	-144638
-12	-22	7189		88			7277	1746	5531
285993	**242550**	**6453335**	**185061**	**41318**	**169889**	**249544**	**6594229**	**1921041**	**5779929**
118403	114869	1124262	71510	935	17733	38182	1179256	303931	809140
9542	9003	-13149	706	14959	42494	42046	4541	3040	-116491
2282	1842	5405	10	835	35	135	7968	2965	7350
24871	12203	156448	-1433	6865	7342	8071	161516	20837	263780
100228	78533	4547375	-642	3350	38157	103227	4479065	1441060	3415095
24954	23068	210592	15688	9155	57727	47171	239219	59713	240116
5713	3032	422402	99222	5219	6401	10712	522664	89495	1160939

1-17 续表 17

	财产保险费	差旅费	工会经费	办公费	职工教育费	排污费
医药制造业	**6987**	**43045**	**11953**	**65904**	**9763**	**1515**
化学药品原药制造	201	1407	319	1857	269	43
化学药品制剂制造	3182	24083	5152	26213	6075	361
中药饮片加工	199	1017	143	1533	176	2
中成药制造	2306	7542	4617	15818	1639	863
兽用药品制造	61	1010	261	1127	166	20
生物、生化制品的制造	414	6650	1439	17719	1256	226
卫生材料及医药用品制造	624	1336	22	1637	182	
化学纤维制造业	**126**	**361**	**113**	**1454**	**77**	**17**
纤维素纤维原料及纤维制造		17		83		
合成纤维制造	126	344	113	1371	77	17
橡胶制品业	**1207**	**5009**	**936**	**4910**	**963**	**215**
轮胎制造	275	146	167	243	50	122
橡胶板、管、带的制造	13	319		392	180	10
橡胶零件制造	227	2065	356	2168	278	45
再生橡胶制造	6	1		14		
日用及医用橡胶制品制造	292	681	102	922	206	34
橡胶靴鞋制造	16	71	17	203	24	3
其他橡胶制品制造	378	1726	294	968	225	1
塑料制品业	**3376**	**15242**	**2682**	**29204**	**2316**	**934**
塑料薄膜制造	324	1517	352	2319	341	214
塑料板、管、型材的制造	378	1605	566	3262	275	14
塑料丝、绳及编织品的制造	280	557	617	1080	425	38
泡沫塑料制造	320	1111	97	3554	185	169
塑料人造革、合成革制造	290	449	75	778	58	26
塑料包装箱及容器制造	896	2318	272	3684	272	92
塑料零件制造	174	1589	117	1121	141	237
日用塑料制造	666	4082	493	10790	481	129
其他塑料制品制造	48	2014	93	2616	138	15
非金属矿物制品业	**14018**	**46220**	**16484**	**80225**	**11686**	**4311**
水泥、石灰和石膏的制造	1300	4739	2581	4202	1405	1647
水泥及石膏制品制造	9902	19908	5348	44010	4964	969
砖瓦、石材及其他建筑材料制造	954	8043	4134	9834	1470	251
玻璃及玻璃制品制造	1144	5691	2413	9987	2315	1239
陶瓷制品制造	414	1900	1165	1722	582	17
耐火材料制品制造	69	3412	466	5467	589	109
石墨及其他非金属矿物制品制造	235	2527	377	5003	361	79
黑色金属冶炼及压延加工业	**2860**	**29586**	**37655**	**46680**	**28297**	**7171**
炼铁	142	235	107	312	99	84
炼钢	34	3	3	114	3	
钢压延加工	2684	29347	37545	46085	28195	7087
铁合金冶炼		1		169		

计量单位：千元

财务费用	利息支出（净额）	营业利润	投资收益	补贴收入	营业外收入	营业外支出	利润总额	应交所得税	可供分配利润
181447	**142619**	**1440520**	**392283**	**20735**	**33378**	**156314**	**1706555**	**240657**	**3308059**
5649	5385	-2393	1200	4543	1359	163	4485	1741	-9409
109617	76548	787872	34575	2470	12726	112117	704013	128570	1440414
4489	4200	12032	363	6529	246	253	19183	3363	17271
54824	52197	414652	327767	6904	13469	38680	724253	74160	1551331
688	680	29026	3294	5	109	26	32519	2632	43558
5988	3527	180228	25073	170	2823	2247	203057	25794	254682
192	82	19103	11	114	2646	2828	19045	4397	10212
11486	**11099**	**-470**		**58**	**2339**	**321**	**1600**	**721**	**8606**
-1	-1	-119				7	-126	4	19
11487	11100	-351		58	2339	314	1726	717	8587
38413	**35820**	**27077**	**86834**	**3167**	**8333**	**15526**	**109858**	**16398**	**-23169**
25832	25811	-7775	7204	986	6363	46	6637	2059	8342
-29	-91	-2743	9	9	1	140	-2910	116	11531
1224	1121	-2942	78845	2070	664	14296	64467	7294	-18265
		1372					1372	14	37
4419	3340	5711	776		419	348	6561	1802	3578
4030	3908	-5792		25	184	6	-5604	35	-22010
2937	1731	39246		77	702	690	39335	5078	-6382
42360	**38293**	**160125**	**5936**	**11082**	**42644**	**18250**	**196241**	**37617**	**51334**
8285	7605	14409	-770	3213	13477	6499	23030	2726	13264
9814	9517	-3796	2761	808	3178	479	2351	5931	-3935
812	339	7098	238	483	379	168	8019	1813	12034
2725	2518	4874	3368	974	16046	5630	19361	4981	28782
1677	947	-5497			270	1005	-6230		
7376	6427	33284		2074	926	1423	34798	9728	68224
3328	2951	50278	280	1137	3401	367	51416	2595	45787
8559	8222	41471	59	2393	3803	1262	45375	6192	-123009
-216	-233	18004			1164	1417	18121	3651	10187
340408	**261872**	**484542**	**36912**	**470174**	**87253**	**109839**	**942909**	**151106**	**1029145**
121513	114026	7958	256	145942	4007	39689	118221	5623	156927
78623	30828	175264	31224	268416	31589	34410	455384	71420	480926
19993	18572	53191	-1783	39010	9058	5069	87745	18775	98120
24003	18764	78290	7047	7190	32711	17104	107966	9179	137435
88893	74212	49493	103	1	707	9529	40774	18579	59635
5439	3912	59358	58	2959	1598	2907	60451	10620	40625
1944	1558	60988	7	6656	7583	1131	72368	16910	55477
701889	**677081**	**2178472**	**-521533**	**7667**	**173494**	**243513**	**1559538**	**557210**	**1255900**
1256	910	13904		2727	351	24	17456	3231	9635
130	130	235				10	223	76	147
700503	676041	2163739	-521533	4940	173041	243229	1541265	553765	1246860
		594			102	250	594	138	-742

1-17 续表 18

	财产保险费	差旅费	工会经费	办公费	职工教育费	排污费
有色金属冶炼及压延加工业	**947**	**7809**	**1518**	**9826**	**1185**	**510**
常用有色金属冶炼	74	725	146	758	122	
贵金属冶炼		355	6	91	5	
稀有稀土金属冶炼	90	1525	430	1789	315	
有色金属合金制造	67	1853	234	2594	148	183
有色金属压延加工	716	3351	702	4594	595	327
金属制品业	**6455**	**30690**	**5386**	**52766**	**6420**	**661**
结构性金属制品制造	2774	18324	2981	25743	4673	270
金属工具制造	845	1271	145	3963	102	31
集装箱及金属包装容器制造	1606	4719	1062	8242	671	196
金属丝绳及其制品的制造		289	40	615		
建筑、安全用金属制品制造	630	1860	295	5170	250	116
金属表面处理及热处理加工	50	277	151	1114	197	32
搪瓷制品制造		10	12	27		
不锈钢及类似日用金属制品制造	509	686	8	3269	15	13
其他金属制品制造	41	3254	692	4623	512	3
通用设备制造业	**11848**	**64367**	**17287**	**88434**	**10371**	**2502**
锅炉及原动机制造	831	8665	2847	9571	483	52
金属加工机械制造	1595	11628	3623	10838	2331	997
起重运输设备制造	634	4685	1670	9959	810	300
泵、阀门、压缩机及类似机械的制造	3947	14579	2664	24450	1658	315
轴承、齿轮、传动和驱动部件的制造	938	1376	1043	1733	582	76
烘炉、熔炉及电炉制造	108	1269	1	2696	38	
风机、衡器、包装设备等通用设备制造	2804	16442	3028	19388	2881	359
通用零部件制造及机械修理	196	3284	511	3838	580	224
金属铸、锻加工	795	2439	1900	5961	1008	179
专用设备制造业	**9345**	**81204**	**19923**	**115810**	**18141**	**4390**
矿山、冶金、建筑专用设备制造	2139	14156	2929	19171	3243	1744
化工、木材、非金属加工专用设备制造	388	5683	875	6048	1358	156
食品、饮料、烟草及饲料生产专用设备	212	1416	461	2756	317	21
印刷、制药、日化生产专用设备制造	1172	5286	2930	5396	2145	98
纺织、服装和皮革工业专用设备制造	1508	9211	3582	7849	2112	1236
电子和电工机械专用设备制造	1229	12984	3092	12913	3361	385
农、林、牧、渔专用机械制造	148	2327	337	8761	305	32
医疗仪器设备及器械制造	1351	11640	1505	23853	999	238
环保、社会公共安全及其他专用设备制造	1198	18501	4212	29063	4301	480
交通运输设备制造业	**87118**	**84183**	**44265**	**101180**	**28614**	**5687**
铁路运输设备制造	1341	27019	4909	13463	3396	332
汽车制造	84248	46637	25097	72694	13579	2830
自行车制造	30	81				
船舶及浮动装置制造		210	10	31	8	
航空航天器制造	1445	10019	14249	14734	11597	2508
交通器材及其他交通运输设备制造	54	217		258	34	17

计量单位：千元

财务费用	利息支出（净额）	营业利润	投资收益	补贴收入	营业外收入	营业外支出	利润总额	应交所得税	可供分配利润
42941	**32480**	**112829**	**24710**	**8992**	**5550**	**2392**	**160429**	**22970**	**162830**
11256	8505	4568	7510	5270	1215	282	26594	1193	7943
73	70	-611	-1891		48	6	-2659	30	
7164	6947	71151	30547	66	33	365	101455	7959	94168
2855	1868	29291	-2903	2779	1981	230	30921	3757	35583
21593	15090	8430	-8553	877	2273	1509	4118	10031	25136
109795	**67606**	**408422**	**37640**	**6830**	**28966**	**26777**	**450624**	**81420**	**549364**
51346	30251	183146	2562	5867	13173	14907	186679	41048	181270
1100	997	16309	1		2022	2181	16284	6813	13787
29857	22224	108352	2963	751	11854	5405	119356	11336	119629
1669	1665	599				1	598	30	
12477	923	10328		92	507	1637	7848	2989	51289
5478	5467	-39497	772		52	359	-39031	1615	3762
18	-43	-5730			2		-5728	2	-51
870	439	44812	283		253	1004	44282	1455	
6980	5683	90103	31059	120	1103	1283	120336	16132	179678
340013	**291543**	**590878**	**102353**	**56793**	**465363**	**368202**	**841783**	**182713**	**-726483**
238559	236791	-202629	22679	199	10235	8642	-174719	30930	-1449771
19505	5200	-37413	66477	40751	109689	98455	80823	12405	85162
29242	22693	-100873	-8180		50538	30573	-89101	1813	-115727
8007	1782	437821	730	1695	103365	68076	469674	56439	389411
5914	3659	61165	35		118	1151	59311	11002	36021
1057	925	1529	15	103	1636	262	3021	698	6855
29251	11896	370892	19401	3868	116089	119039	387619	52401	274742
613	1478	23915	756	4118	67159	36396	59388	6357	-3354
7865	7119	36471	440	6059	6534	5608	45767	10668	50178
115432	**85842**	**1104011**	**383626**	**211617**	**303018**	**169175**	**1852998**	**289673**	**2441678**
18738	16657	-87434	187597	138887	31941	15718	266913	18060	151982
11765	9337	35235	83	2054	4685	1594	42157	10369	16755
-637	381	23992	111		750	128	24631	2890	29293
10132	8705	119918	62741	2495	75085	72579	187609	25173	397908
1391	577	114116	127433	5513	7608	3625	251046	16147	750258
34930	28351	49990	7274	10859	27475	5699	95792	97509	52147
1149	-503	17772	2522	61	5838	3105	23466	5673	-36063
20412	8140	559643	9455	31686	6031	16639	579491	63888	826731
17552	14197	270779	-13590	20062	143605	50088	381893	49964	252667
264702	**230969**	**3620752**	**117331**	**83257**	**432220**	**292062**	**3971183**	**348372**	**4072922**
14422	13385	110896	13793	7435	5578	12760	124888	33521	22022
221057	190156	3166155	156702	44877	350176	248013	3483111	268929	3667736
9	9	-1870			6	4	-1928	39	117
180		5629				2	5627		
28860	27378	318111	-53164	30945	76459	31283	337558	38643	357802
174	41	21831			1		21927	7240	25245

1-17 续表 19

	财产保险费	差旅费	工会经费	办公费	职工教育费	排污费
电气机械及器材制造业	**7729**	**52097**	**19578**	**77705**	**10347**	**2196**
电机制造	931	4931	2607	4808	1770	70
输配电及控制设备制造	4438	32865	13213	51080	6055	1061
电线、电缆、光缆及电工器材制造	382	2748	588	6827	315	307
电池制造	51	805	810	2311	194	83
家用电力器具制造	868	3180	721	2772	746	158
非电力家用器具制造	338	2455	262	1503	197	190
照明器具制造	357	3207	1010	6176	721	92
其他电气机械及器材制造	364	1906	367	2228	349	235
通信设备、计算机及其他电子设备制造	**33448**	**202355**	**36435**	**230995**	**83360**	**2998**
通信设备制造	14677	99182	15762	64788	64817	652
雷达及配套设备制造	331	704	113	4232	1431	
广播电视设备制造	315	8707	835	12266	976	139
电子计算机制造	3755	42295	6174	47131	6791	243
电子器件制造	6793	17046	6699	25507	4469	384
电子元件制造	6279	24748	4832	60069	3123	785
家用视听设备制造	974	3368	1347	2416	702	161
其他电子设备制造	324	6305	673	14586	1051	634
仪器仪表及文化、办公用机械制造业	**4528**	**45896**	**8618**	**104718**	**8005**	**1336**
通用仪器仪表制造	2572	31229	4533	37588	4053	460
专用仪器仪表制造	718	9256	1349	10825	1231	600
钟表与计时仪器制造	364	123	205	250	32	10
光学仪器及眼镜制造	515	2461	1303	3181	922	251
文化、办公用机械制造	69	2530	1036	51318	1698	7
其他仪器仪表的制造及修理	290	297	192	1556	69	8
工艺品及其他制造业	**2111**	**7842**	**2526**	**12725**	**2876**	**497**
工艺美术品制造	750	3212	617	3868	744	122
日用杂品制造	114	859	91	689	106	24
煤制品制造	22	290	117	191	91	13
核辐射加工		396	21	456	17	
其他未列明的制造业	1225	3085	1680	7521	1918	338
废弃资源和废旧材料回收加工业	**24**	**72**	**97**	**567**	**67**	
金属废料和碎屑的加工处理		30	58	359	44	
非金属废料和碎屑的加工处理	24	42	39	208	23	
电力、燃气及水的生产和供应业	**17778**	**23235**	**20504**	**41140**	**23495**	**10999**
电力、热力的生产和供应业	**15819**	**18246**	**15063**	**27714**	**17250**	**10385**
电力生产	1200	13344	6445	12224	5138	8975
电力供应	11396	1452	3499	3284	2606	
热力生产和供应	3223	3450	5119	12206	9506	1410
燃气生产和供应业	**1539**	**2023**	**3478**	**3329**	**2782**	**110**
燃气生产和供应业	1539	2023	3478	3329	2782	110
水的生产和供应业	**420**	**2966**	**1963**	**10097**	**3463**	**504**
自来水的生产和供应	159	1169	1037	3878	2274	504
污水处理及其再生利用	261	1792	924	5996	1175	
其他水的处理、利用与分配		5	2	223	14	

计量单位：千元

财务费用	利息支出（净额）	营业利润	投资收益	补贴收入	营业外收入	营业外支出	利润总额	应交所得税	可供分配利润
116240	**83906**	**1651205**	**30126**	**33645**	**102277**	**69946**	**1747318**	**257558**	**1358740**
19479	16763	92051	2023	2328	6160	1383	100819	16755	577
60653	42054	1449187	31267	18087	11676	9912	1504604	213811	1251800
11413	4384	-16754	9133	2865	2363	2417	-4638	4000	1022
12123	10147	-15291	753	1281	37849	39178	-14588	188	-68707
5141	5021	11430	21	6206	32757	1629	46626	10629	70257
-270	-285	25447	141	2235	185	1956	26096	4834	22765
5822	5160	68667	1336	545	6575	12323	64743	4365	73001
1879	662	36468	-14548	98	4712	1148	23656	2976	8025
779514	**606477**	**3042243**	**1494868**	**136864**	**266173**	**201696**	**4655991**	**647404**	**8892949**
402470	334066	805159	836492	16905	46373	67740	1622554	387082	3588961
-467	-216	71184	22977	3780	1158	9246	89880	2650	195722
21087	19481	104868	5242	29404	9385	2185	118442	12289	166809
251725	187092	202785	572151	22105	89887	68463	756114	58220	2007006
50071	39670	995822	6030	57837	95109	22268	1154545	118809	1847667
49453	24565	711334	41415	1646	12529	15399	751567	57224	711940
1793	-119	-3690	3695	2750	1167	5784	-2084	7260	108407
3382	1938	154781	6866	2437	10565	10611	164973	3870	266437
37391	**21476**	**979405**	**127865**	**57923**	**10531**	**35964**	**1104224**	**154906**	**1627160**
18723	12347	657673	88055	33205	4359	10451	771241	103422	851270
17535	10744	73587	-7553	2067	1841	5898	29397	9888	54069
1116	639	-1025			258	253	-1021	1116	3260
-1392	-2120	125044	43623	21789	2629	18403	174394	27659	277111
1019	-482	117877	3719	91	1404	792	123299	12056	438227
390	348	6249	21	771	40	167	6914	765	3223
18958	**11131**	**52292**	**1422**	**10512**	**11136**	**6004**	**69175**	**14618**	**39713**
6799	5604	711	641	999	9835	4197	7706	3715	4899
1162	554	-4970		62	14	66	-5134	469	185
-236	-237	-3630	1296	2743	360	898	-105	909	-3441
-63	-65	3533				3	3530	77	5812
11296	5275	56648	-515	6708	927	840	63178	9448	32258
1757	**1432**	**-6258**	**100**	**3995**	**83**	**20**	**-2098**	**582**	**8227**
1755	1525	-5550	100	3191	46	16	-2227	313	964
2	-93	-708		804	37	4	129	269	7263
1647802	**1587298**	**1578436**	**7360680**	**871316**	**182566**	**507319**	**9409816**	**762897**	**8193158**
1567716	**1516696**	**1542479**	**6942955**	**380627**	**145261**	**491514**	**8445233**	**543339**	**7349941**
361496	346299	793957	458409	7549	10705	18847	1200700	153346	1025552
1147886	1112816	1255842	6453318	21531	120604	467908	7361782	383929	6366261
58334	57581	-507320	31228	351547	13952	4759	-117249	6064	-41872
37490	**35806**	**316024**	**391117**	**204721**	**33684**	**11530**	**933211**	**205545**	**739321**
37490	35806	316024	391117	204721	33684	11530	933211	205545	739321
42596	**34796**	**-280067**	**26608**	**285968**	**3621**	**4275**	**31372**	**14013**	**103896**
42262	34495	-278030	19828	281968	3503	3167	22631	11479	107682
314	301	-2058	6778	4000	118	1108	9109	2459	-3786
20		21	2				-368	75	

1-17 续表 20

	广告费	劳动、失业保险费	养老保险和医疗保险	住房公积金和住房补贴	本年应付工资总额（贷方累计发生额）	主营业务应付工资总额	本年应付福利费总额（贷方累计发生额）
总计	**2864140**	**1519962**	**4176641**	**1676332**	**29565125**	**27798482**	**3895084**
采矿业	**110**	**13254**	**68756**	**46302**	**591199**	**524551**	**72789**
煤炭开采和洗选业	**30**	**12003**	**55513**	**32693**	**449099**	**383779**	**54103**
烟煤和无烟煤的开采洗选	30	12003	55513	32693	449099	383779	54103
石油和天然气开采业	**80**	**440**	**3731**	**12214**	**59086**	**59050**	**8267**
与石油和天然气开采有关的服务活动	80	440	3731	12214	59086	59050	8267
黑色金属矿采选业		**460**	**4718**	**649**	**57883**	**57710**	**7271**
铁矿采选		460	4718	649	57883	57710	7271
有色金属矿采选业					**29**	**29**	
常用有色金属矿采选					29	29	
非金属矿采选业		**351**	**4794**	**746**	**25102**	**23983**	**3148**
土砂石开采		346	4700	727	24218	23099	3033
石棉及其他非金属矿采选		5	94	19	884	884	115
制造业	**2856756**	**1247343**	**3603405**	**1313916**	**25075613**	**23715138**	**3414131**
农副食品加工业	**13243**	**19771**	**54767**	**13916**	**391066**	**367791**	**51459**
谷物磨制	1864	770	6189	439	38581	38287	5913
饲料加工	3714	618	6447	1713	107243	95882	16209
植物油加工	2333	73	1123	322	6737	6737	556
制糖	15	1	22		1413	896	212
屠宰及肉类加工	3076	2750	13003	1937	119494	115612	10772
水产品加工	5	34	79	100	3359	3050	418
蔬菜、水果和坚果加工	661	429	3473	1139	31364	30537	4593
其他农副食品加工	1575	15096	24431	8266	82875	76790	12786
食品制造业	**367932**	**21651**	**121480**	**49866**	**929687**	**791916**	**120611**
焙烤食品制造	56410	4260	26698	10532	168471	150181	23157
糖果、巧克力及蜜饯制造	152698	1249	19893	14469	250204	148242	18732
方便食品制造	13646	2199	16021	7109	104520	101950	29630
液体乳及乳制品制造	43255	10887	20990	5722	156622	153491	18637
罐头制造	131	13	316	58	6224	3277	864
调味品、发酵制品制造	1491	540	6741	2336	48577	45686	5463
其他食品制造	100301	2503	30821	9640	195069	189089	24128
饮料制造业	**458479**	**7560**	**87247**	**15882**	**445958**	**429424**	**71923**
酒精制造	20	167	442	49	2419	2419	134
酒的制造	118130	5152	61821	8633	279553	270399	40571
软饮料制造	316179	2211	24873	7200	158974	153316	31068
精制茶加工	24150	30	111		5012	3290	150
烟草制品业	**8976**	**11027**	**26254**	**6731**	**59138**	**59138**	**8279**
卷烟制造	8976	11004	25971	6612	57677	57677	8075
其他烟草制品加工		23	283	119	1461	1461	204
纺织业	**39650**	**29770**	**100485**	**24138**	**591441**	**551508**	**81142**
棉、化纤纺织及印染精加工	35	22843	47012	13629	159412	140803	21668
毛纺织和染整精加工	3	1562	11982	2218	81142	78175	20654
丝绢纺织及精加工		147	2341	2	4819	4819	677
纺织制成品制造	800	1473	10359	1793	77845	72252	9265
针织品、编织品及其制品制造	38812	3745	28791	6496	268223	255459	28878

计量单位：千元

主营业务应付福利费总额	本年应交增值税(不含期初未抵扣税)	本年进项税额	本年销项税额	本年实缴关税	工业中间投入合计	工业增加值	经营活动产生的现金流量净额	投资活动产生的现金流量净额	筹资活动产生的现金流量净额	全部从业人员平均人数(人)
3597520	**18961205**	**77105436**	**92248319**	**3038621**	**4.4E+08**	**1.52E+08**	**58985282**	**-45617920**	**12962909**	**1135947**
65083	**353574**	**1360289**	**1715670**		**10822385**	**3666102**	**1128009**	**-412584**	**-75074**	**29108**
46653	**265322**	**1294814**	**1569220**		**9682230**	**2667311**	**793913**	**-157531**	**-163977**	**23028**
46653	265322	1294814	1569220		9682230	2667311	793913	-157531	-163977	23028
8267	**284**	**3799**	**518**		**320497**	**420072**	**76908**	**-207369**	**43817**	**843**
8267	284	3799	518		320497	420072	76908	-207369	43817	843
7237	**79837**	**51916**	**131178**		**598825**	**485911**	**254791**	**-43603**	**-2995**	**3058**
7237	79837	51916	131178		598825	485911	254791	-43603	-2995	3058
	558	**6154**	**6712**		**606**	**558**	**2555**	**-111**	**50352**	**2**
	558	6154	6712		606	558	2555	-111	50352	2
2926	**7573**	**3606**	**8042**		**220227**	**92250**	**-158**	**-3970**	**-2271**	**2177**
2865	7480	3544	6519		219826	83656	-451	-3925	13913	2145
61	93	62	1523		401	8594	293	-45	-16184	32
3165115	**14949883**	**66246956**	**77636131**	**3036655**	**3.92E+08**	**1.29E+08**	**39379515**	**-25619557**	**10730672**	**1045546**
49466	**88009**	**1263913**	**1056772**	**46123**	**9751968**	**2241389**	**550454**	**-126587**	**297354**	**26734**
5792	7759	82245	79063	13	849984	271515	69820	83537	30847	1233
15682	4981	10322	12263	1075	2867850	694269	272886	-10759	-30952	6662
556	2005	67442	68061	1104	151445	42926	-7344	-2635	10015	331
133	1108	12865	12817		38393	6046	-7245	-475		140
10296	23348	943422	710006	43158	4826664	825485	172027	-147880	194582	11526
376	307	7077	6986	10	47370	9730	-1389	217	2926	334
4487	16450	42998	47945	283	351860	159784	-11795	807	51542	2480
12144	32051	97542	119631	480	618402	231634	63494	-49399	38394	4028
95812	**677329**	**1499049**	**2035540**	**60242**	**8852124**	**3443579**	**466361**	**-465817**	**364998**	**37109**
15825	146616	273090	342014	5541	1702179	593327	124782	-75969	-47416	10003
14440	182719	273971	456367	31048	1765593	657110	-36830	135182	-98895	3781
29335	35780	91235	127120	5977	698673	273176	73141	-17980	-37556	4334
18218	85155	330573	413843	11826	2071201	628047	133788	-354167	318931	7010
215	2618	10683	13329	89	62812	12473	-28455	-1294	29040	518
4615	33867	71844	100069	1152	517653	187560	35175	-39176	16518	3145
13164	190574	447653	582798	4609	2034013	1091886	164760	-112413	184376	8318
65857	**566825**	**896924**	**1429767**	**18903**	**6419052**	**3155997**	**795424**	**439083**	**439009**	**22945**
134	6009	6396	9593	293	59781	17384	16646	56	2994	110
35581	290104	444437	726957	9632	3015914	1868311	334698	623286	324038	14800
29992	263680	434537	676522	8978	3237714	1261548	443868	-175825	101693	7709
150	7032	11554	16695		105643	8754	212	-8434	10284	326
8032	**159900**	**97933**	**249089**	**328**	**627598**	**1011413**	**70924**	**-51325**	**-72603**	**852**
8032	158577	97321	247756		623553	1005890	70924	-51325	-72603	826
	1323	612	1333	328	4045	5523				26
72827	**142767**	**747056**	**833998**	**16157**	**4515608**	**1589839**	**-104425**	**256904**	**124088**	**39443**
15379	28555	130918	155244	6	745056	94021	-183601	351078	-74197	11644
20555	9674	56184	60050	95	364396	91809	-18402	-5284	27436	3938
677	5321	42388	47707		214394	89422	2353	1682	-12923	384
8484	24722	115231	126495	13394	730856	256848	49905	2924	118202	5088
27732	74495	402335	444502	2662	2460906	1057739	45320	-93496	65570	18389

1-17 续表 21

	广告费	劳动、失业保险费	养老保险和医疗保险	住房公积金和住房补贴	本年应付工资总额(贷方累计发生额)	主营业务应付工资总额	本年应付福利费总额(贷方累计发生额)
纺织服装、鞋、帽制造业	**40076**	**4702**	**47634**	**5332**	**922947**	**884130**	**77979**
纺织服装制造	39943	4664	46268	5268	908707	871510	76633
纺织面料鞋的制造	5	38	1366	64	9377	9377	918
制帽	128				4863	3243	428
皮革、毛皮、羽毛(绒)及其制品业	**856**	**258**	**3374**	**366**	**52508**	**51871**	**4871**
皮革鞣制加工		17	329	98	3132	2960	274
皮革制品制造	856	168	2776	213	42381	41942	3646
毛皮鞣制及制品加工		73	269	55	6966	6940	947
羽毛(绒)加工及制品制造					29	29	4
木材加工及木、竹、藤、棕、草制品	**4396**	**6564**	**10300**	**2742**	**75950**	**67100**	**6553**
锯材、木片加工		868	214	36	9482	9482	1217
人造板制造	1163	536	2306	651	21944	21834	1254
木制品制造	3233	5160	7780	2055	44524	35784	4082
家具制造业	**24648**	**1405**	**17009**	**1687**	**212308**	**206710**	**21897**
木质家具制造	22584	693	9791	783	140775	136767	13311
金属家具制造	853	401	6476	781	53674	52449	7439
塑料家具制造							
其他家具制造	1211	311	742	123	17859	17494	1147
造纸及纸制品业	**26697**	**2715**	**18058**	**5073**	**181829**	**171264**	**19237**
纸浆制造							
造纸	35	1062	5193	1517	40750	37130	4474
纸制品制造	26662	1653	12865	3556	141079	134134	14763
印刷业和记录媒介的复制	**1408**	**52778**	**147565**	**60748**	**953311**	**854713**	**134654**
印刷	1385	51622	136004	56187	863646	773710	124153
装订及其他印刷服务活动	23	430	3269	1281	33410	31868	4183
记录媒介的复制		726	8292	3280	56255	49135	6318
文教体育用品制造业	**5471**	**26747**	**21221**	**8812**	**146213**	**142261**	**17330**
文化用品制造	162	979	2659	368	13497	12733	2450
体育用品制造	445	1149	1267	28	26500	25137	3612
乐器制造	3767	24510	16200	8339	87356	85531	10796
玩具制造	32	52	181		7357	7357	162
游艺器材及娱乐用品制造	1065	57	914	77	11503	11503	310
石油加工、炼焦及核燃料加工业	**163307**	**17722**	**61244**	**26362**	**402399**	**282187**	**53895**
精炼石油产品的制造	163274	7754	37763	12193	281842	161645	37078
炼焦	4	9961	23379	14140	119550	119535	16729
核燃料加工	29	7	102	29	1007	1007	88
化学原料及化学制品制造业	**138849**	**58496**	**256976**	**82358**	**1455776**	**1415606**	**219512**
基础化学原料制造	1018	7632	73150	25705	324305	319857	42814
肥料制造	1174	3366	4136	3685	31129	29601	3838
农药制造	1746	100	1021	143	18503	16794	2114
涂料、油墨、颜料及类似产品制造	5336	2362	18470	4341	137693	129546	15871
合成材料制造	370	29591	93785	25701	519476	516207	73008
专用化学产品制造	2177	6448	21483	5516	190660	171630	32325
日用化学产品制造	127028	8997	44931	17267	234010	231971	49542

计量单位：千元

主营业务应付福利费总额	本年应交增值税（不含期初未抵扣税）	本年进项税额	本年销项税额	本年实缴关税	工业中间投入合计	工业增加值	经营活动产生的现金流量净额	投资活动产生的现金流量净额	筹资活动产生的现金流量净额	全部从业人员平均人数（人）
74423	**204428**	**712444**	**833402**	**5502**	**5144725**	**2606210**	**574404**	**-119216**	**43386**	**78322**
73077	201507	701139	823234	5486	5075233	2577738	569376	-119716	41915	76965
918	1427	7808	5636	16	42361	18893	4286	500	1941	852
428	1494	3497	4532		27131	9579	742		-470	505
4606	**8074**	**90786**	**61469**	**1336**	**602077**	**131079**	**-9385**	**-11773**	**14330**	**4735**
255	-662	6654	6019		36254	3151	-19573	-533	9911	193
3409	6451	58146	40628	685	395885	98759	16260	-8746	-5356	3828
938	2285	25986	14822	651	169938	29169	-6321	-2434	9929	713
4							249	-60	-154	1
5462	**29517**	**158337**	**166914**	**2097**	**994031**	**236221**	**-11779**	**-12189**	**8228**	**4369**
1217	3444	16326	19753		94485	25362	23564	-418	-357	434
1184	14526	68742	82572	84	456392	97693	-948	-9460	-15080	1209
3061	11547	73269	64589	2013	443154	113166	-34395	-2311	23665	2726
20861	**60305**	**290861**	**304635**	**2744**	**1845134**	**528282**	**74711**	**-110597**	**44587**	**14865**
12618	37146	159470	146343	2141	1181452	316773	41503	-91870	53268	10659
7146	17057	104449	125173	112	497337	137997	23898	-16254	-3621	2712
										1
1097	6102	26942	33119	491	166345	73512	9310	-2473	-5060	1493
17482	**163338**	**469044**	**643205**	**29055**	**2703855**	**1009644**	**294107**	**-387347**	**153476**	**11877**
	22					22				1
4332	25818	127725	151117	8212	622170	153788	-18091	36057	33398	3371
13150	137498	341319	492088	20843	2081685	855834	312198	-423404	120078	8505
117937	**519807**	**857295**	**1371646**	**24658**	**4929679**	**3454108**	**1251167**	**-640543**	**96724**	**48286**
108361	470108	781045	1242179	21008	4389754	3191063	1167137	-593602	102929	43926
3924	20914	19099	39011	1031	137347	116318	41960	-4357	-30297	2044
5652	28785	57151	90456	2619	402578	146727	42070	-42584	24092	2316
16662	**36544**	**157976**	**154890**	**2252**	**964012**	**318766**	**80826**	**51651**	**-28294**	**8820**
2358	2786	12245	13648	710	95428	22968	7661	-2148	-2905	931
3048	5108	12495	17984		216865	68822	9342	-4210	11276	1658
10784	26378	105084	105775	920	456046	167151	76680	64269	-62664	4953
162	229	12896	2124	278	81592	20717	3719	909	-393	557
310	2043	15256	15359	344	114081	39108	-16576	-7169	26392	721
37664	**541578**	**4751531**	**5201664**	**3411**	**26026542**	**1971831**	**-350459**	**-539134**	**752059**	**12765**
20847	415137	4527145	4862113	2950	24440114	1443050	-599627	-396677	1009205	8886
16729	124515	222345	335584		1575380	514670	246319	-142157	-255474	3859
88	1926	2041	3967	461	11048	14111	2849	-300	-1672	20
214565	**2154773**	**4614071**	**6706424**	**85555**	**27876819**	**14179245**	**6343158**	**-1334830**	**-3373213**	**51942**
42083	525921	1234810	1749934	4082	7325123	3171740	1754905	-480308	-949871	13211
3693	6041	4693	3843	14	594273	105139	106278	-5956	18675	2110
1869	6559	14036	20331	1332	121750	55907	-2109	-10477	6795	1017
14734	106965	387212	480868	21014	1869472	686697	375953	-146217	-60772	6848
72519	1132079	2366782	3474679	3622	13851918	7678291	3693147	-384921	-2477205	13223
30685	125214	334445	456303	13056	2211817	1029571	198125	-313929	196933	8258
48982	251994	272093	520466	42435	1902466	1451900	216859	6978	-107768	7275

1-17 续表 22

	广告费	劳动、失业保险费	养老保险和医疗保险	住房公积金和住房补贴	本年应付工资总额（贷方累计发生额）	主营业务应付工资总额	本年应付福利费总额（贷方累计发生额）
医药制造业	**386799**	**65354**	**152463**	**53163**	**1179330**	**1119427**	**161042**
化学药品原药制造	745	882	933	144	26120	26120	9022
化学药品制剂制造	287099	11503	61814	23004	619208	586356	84870
中药饮片加工	1589	314	1851	114	27241	24385	2501
中成药制造	69538	46580	71520	18205	345661	325724	47252
兽用药品制造	598	1455	1679	786	16314	15618	2939
生物、生化制品的制造	3022	4150	10982	7543	108165	107289	13077
卫生材料及医药用品制造	24208	470	3684	3367	36621	33935	1381
化学纤维制造业	**72**	**73**	**1858**	**199**	**11896**	**11588**	**1851**
纤维素纤维原料及纤维制造			1		231	231	32
合成纤维制造	72	73	1857	199	11665	11357	1819
橡胶制品业	**296**	**6456**	**23910**	**4949**	**145770**	**143772**	**16782**
轮胎制造	41	594	5411	2151	38804	38154	5385
橡胶板、管、带的制造		17	279	52	8899	8899	1053
橡胶零件制造	171	747	5893	1071	29720	29545	3763
再生橡胶制造		9	149	17	604	271	80
日用及医用橡胶制品制造	84	4602	7006	921	40515	40515	3763
橡胶靴鞋制造		192	1661	59	6613	6613	197
其他橡胶制品制造		295	3511	678	20615	19775	2541
塑料制品业	**2398**	**13630**	**40525**	**7652**	**337537**	**324549**	**40576**
塑料薄膜制造	213	2718	7798	971	54842	53843	6762
塑料板、管、型材的制造	955	1551	7279	2756	49656	44988	11073
塑料丝、绳及编织品的制造	216	908	2327	563	24370	23383	2675
泡沫塑料制造	599	1181	4928	117	31651	30709	2839
塑料人造革、合成革制造		119	2127	372	10537	10537	851
塑料包装箱及容器制造	245	831	3610	562	44349	43567	4871
塑料零件制造		282	2725	350	41079	41079	1803
日用塑料制造	82	5638	8410	1731	64909	60299	7930
其他塑料制品制造	88	402	1321	230	16144	16144	1772
非金属矿物制品业	**14579**	**60482**	**163176**	**48575**	**1245038**	**1175699**	**157704**
水泥、石灰和石膏的制造	1781	20124	32395	11828	165774	153552	17305
水泥及石膏制品制造	5405	23679	63783	19805	526444	495986	65793
砖瓦、石材及其他建筑材料制造	5922	6859	14105	3794	182883	170888	25589
玻璃及玻璃制品制造	607	5326	33362	7619	211810	200271	26024
陶瓷制品制造	107	2179	10398	2396	79503	79383	13328
耐火材料制品制造	526	210	3710	1328	36321	33885	4605
石墨及其他非金属矿物制品制造	231	2105	5423	1805	42303	41734	5060
黑色金属冶炼及压延加工业	**12782**	**123690**	**403562**	**243480**	**2271538**	**2246678**	**260009**
炼铁		113	1824	667	19036	17376	2089
炼钢		7	34		2931	2931	83
钢压延加工	12782	123570	401695	242813	2248782	2225582	257837
铁合金冶炼			9		789	789	

计量单位：千元

主营业务应付福利费总额	本年应交增值税(不含期初未抵扣税)	本年进项税额	本年销项税额	本年实缴关税	工业中间投入合计	工业增加值	经营活动产生的现金流量净额	投资活动产生的现金流量净额	筹资活动产生的现金流量净额	全部从业人员平均人数(人)
152390	**949614**	**994817**	**1902816**	**43148**	**8454233**	**4470217**	**1635838**	**-1052890**	**-76151**	**34871**
9017	16972	25142	41213	1009	213559	71979	7607	-6169	-6801	1605
80507	542444	321656	850782	37318	4163297	2259178	784217	-548046	-285025	13787
2175	17074	111430	125244	2271	725266	190840	77772	31289	-17199	2013
44081	289826	482394	753470		2317794	1342689	558028	-459358	72226	11487
2854	8662	10888	19218	102	86366	73709	10774	-6257	3108	980
12760	59679	29594	84227	684	828992	476286	179816	-57866	173404	3992
996	14957	13713	28662	1764	118959	55536	17624	-6483	-15864	1007
1808	**7305**	**30611**	**42692**	**1811**	**195486**	**53743**	**11797**	**-36334**	**44066**	**811**
32	162	1726	1888		10778	891	214		500	29
1776	7143	28885	40804	1811	184708	52852	11583	-36334	43566	782
16583	**50799**	**194459**	**223668**	**7045**	**1445595**	**422522**	**79470**	**-39219**	**74451**	**9065**
5294	3971	81799	80785	89	584093	106680	-14272	-14060	33769	2079
1053	2324	17486	19834		106183	9044	-9543	-15692	56446	630
3725	18548	32382	49360	314	175961	144319	7191	29694	-26692	1698
30	1583	1103	2686		11287	6682	222			76
3763	3491	33420	27789	1586	312378	71726	19531	-8921	-6294	3009
197	244	2640	1880	6	24065	5282	-784	235	2222	428
2521	20638	25629	41334	5050	231628	78789	77125	-30475	15000	1145
39025	**152138**	**746213**	**878650**	**45286**	**4084583**	**1332128**	**319822**	**-82911**	**80342**	**22489**
6600	17893	110480	123749	32843	631229	188514	1329	-6538	10215	3180
10574	20222	125321	143662	6859	631779	192014	59115	-11152	-2909	2654
2542	8650	65416	74488	70	344136	63441	38501	-5284	-2231	2016
2767	13047	83621	97621	364	414575	108533	-5621	-7474	22724	1869
821	1806	29236	22373	67	161124	76321	16354	7194	22846	658
4660	30469	148487	176669	1554	793214	241435	131263	-17988	11847	3784
1803	18343	32308	50025	418	208205	144981	19349	-20930	13963	2341
7486	31169	139020	167103	1851	815883	262563	39299	-18359	5585	4950
1772	10539	12324	22960	1260	84438	54326	20233	-2380	-1698	1037
147463	**711147**	**1081227**	**1737578**	**112470**	**13957706**	**5201857**	**1189660**	**-1020417**	**327220**	**76713**
16019	225159	241964	465954	339	2148702	953905	166108	-111803	-86726	10913
61596	202784	241068	416684	101425	7145485	2244522	319326	-587477	485659	30472
23204	69380	146293	213346	2467	1461644	544115	237556	-41703	-37431	13427
24077	104627	266714	360389	2168	1612481	708355	227438	-220265	114469	14853
13328	50931	33858	79882	4796	371368	341312	189168	-32053	-177117	2666
4252	32884	80627	113473	1010	622876	203688	32724	-25395	30501	2142
4987	25382	70703	87850	265	595150	205960	17340	-1721	-2135	2240
257818	**1579067**	**9415060**	**10879986**	**20742**	**30741358**	**21131176**	**5272248**	**-3051230**	**858377**	**66242**
1880	16973	38524	51535		307330	75524	17230	-2226	720	1287
83	915	2969	3884		19826	6140	810	2633	3445	350
255855	1560849	9372818	10823488	20742	30408812	21047143	5254208	-3051637	854212	64518
	330	749	1079		5390	2369				87

1-17 续表 23

	广告费	劳动、失业保险费	养老保险和医疗保险	住房公积金和住房补贴	本年应付工资总额（贷方累计发生额）	主营业务应付工资总额	本年应付福利费总额（贷方累计发生额）
有色金属冶炼及压延加工业	**1075**	**2904**	**16590**	**3049**	**138270**	**125136**	**14178**
常用有色金属冶炼		129	1143	262	12965	10256	2124
贵金属冶炼		12	260	90	865	839	74
稀有稀土金属冶炼	41	140	3456	575	30715	26970	3538
有色金属合金制造		196	3577	664	18183	16529	2374
有色金属压延加工	1034	2427	8154	1458	75542	70542	6068
金属制品业	**23932**	**12462**	**66640**	**17950**	**684277**	**629701**	**89401**
结构性金属制品制造	7250	4868	35143	9275	419881	392134	50785
金属工具制造		1888	1949	467	17405	16089	2441
集装箱及金属包装容器制造	1732	2088	14827	4673	86166	75829	14160
金属丝绳及其制品的制造	79	38	515	17	2291	2242	282
建筑、安全用金属制品制造	7931	878	3708	909	51114	46106	5370
金属表面处理及热处理加工	345	152	1526	476	20722	16749	2188
搪瓷制品制造		35	683	120	3940	3940	399
不锈钢及类似日用金属制品制造	4589	129	2712	439	26166	25737	6457
其他金属制品制造	2006	2386	5577	1574	56592	50875	7319
通用设备制造业	**33543**	**74072**	**242092**	**74239**	**1501822**	**1418065**	**213630**
锅炉及原动机制造	3125	11943	46462	12401	199511	191654	25157
金属加工机械制造	2139	28398	48933	15013	245604	231361	32561
起重运输设备制造	3219	8090	20838	10762	107705	105589	11685
泵、阀门、压缩机及类似机械的制造	3482	8155	49330	17963	283259	281316	64227
轴承、齿轮、传动和驱动部件的制造	35	1983	15878	3901	76264	70948	9287
烘炉、熔炉及电炉制造	679	370	1249	2281	18821	13772	2663
风机、衡器、包装设备等通用设备制造	20625	6325	42235	7859	377374	340952	45765
通用零部件制造及机械修理	216	3391	8157	2416	61335	57082	7404
金属铸、锻加工	23	5417	9010	1643	131949	125391	14881
专用设备制造业	**31589**	**152492**	**255669**	**82953**	**1601145**	**1478021**	**236332**
矿山、冶金、建筑专用设备制造	1152	92407	40147	11795	246040	180707	43754
化工、木材、非金属加工专用设备制造	957	2634	23164	6878	113985	108380	13449
食品、饮料、烟草及饲料生产专用设备	32	2434	6612	2771	34681	31641	6789
印刷、制药、日化生产专用设备制造	6977	6844	34319	16984	173893	172926	41653
纺织、服装和皮革工业专用设备制造	3476	6215	27947	11422	216463	212382	24313
电子和电工机械专用设备制造	1272	16698	49282	8455	198675	174331	26945
农、林、牧、渔专用机械制造	792	7172	5086	797	24479	24220	2868
医疗仪器设备及器械制造	13075	3176	25615	8564	201139	189416	29390
环保、社会公共安全及其他专用设备制造	3856	14912	43497	15287	391790	384018	47171
交通运输设备制造业	**684847**	**219465**	**393820**	**134808**	**2863543**	**2791419**	**390693**
铁路运输设备制造	8112	16860	58726	14869	392407	373341	64099
汽车制造	675076	76489	178486	80753	1693282	1656220	214772
自行车制造	526	1	23	8	4069	3989	430
船舶及浮动装置制造		4	79		889	760	162
航空航天器制造	1133	126093	155967	39016	769271	753528	110823
交通器材及其他交通运输设备制造		18	539	162	3625	3581	407

计量单位：千元

主营业务应付福利费总额	本年应交增值税（不含期初未抵扣税）	本年进项税额	本年销项税额	本年实缴关税	工业中间投入合计	工业增加值	经营活动产生的现金流量净额	投资活动产生的现金流量净额	筹资活动产生的现金流量净额	全部从业人员平均人数（人）
12447	**56766**	**672449**	**705848**	**4749**	**3725879**	**993870**	**225831**	**-309854**	**278905**	**7889**
1433	13795	205517	218124	3363	839844	82222	18144	-20873	46199	693
70	411	11771	12182		158337	12085	2123	-2024	-3015	47
3250	4312	47672	44537	484	582849	169791	55187	-246192	244469	996
2131	12387	87068	96561		448223	188651	28544	-7442	-8362	1039
5563	25861	320421	334444	902	1696626	541121	121833	-33323	-386	5114
81390	**255050**	**1471365**	**1648193**	**75055**	**8392043**	**2417333**	**1058560**	**-802724**	**398300**	**43387**
46940	134421	714005	806173	26991	4504134	1345797	375386	-509707	279853	28641
1846	6721	44185	39529	3320	244804	125387	105064	-2417	4964	1237
12577	52424	311178	357054	29342	1492719	449316	145065	-49575	-15199	3819
282	3440	16469	22255		123428	11186	37436	-32835	-1674	106
4282	21375	69976	87962	4802	445571	150452	61989	-30183	8321	3324
2166	1231	34180	35259	2	156047	19889	48689	-57113	101	1365
399	771	3199	3217	4	23587	6860	-3375	-1347	263	206
6447	12010	106002	108669	8094	617872	148070	244175	30499	1186	1851
6451	22657	172171	188075	2500	783881	160376	44131	-150046	120485	2838
199400	**568092**	**2420182**	**2716209**	**192507**	**13616458**	**5646042**	**1054905**	**-230996**	**284563**	**63934**
24887	16983	295223	307807	17276	1519841	629440	138439	224892	-7512	7742
30786	60348	287332	328017	6640	1620747	584668	59394	-65792	6489	10177
11217	34612	289580	208928	27784	945216	312665	-258748	-20291	248000	5314
63452	128162	436981	529190	67999	3083709	1144410	491509	-172455	94955	8797
8869	37877	82220	114184	5145	572273	213180	62383	3607	-64970	2617
2143	7437	26836	34514		164083	125910	3733	-19394	17640	775
37038	223324	759758	959031	66157	3983763	2106219	203619	-138636	9779	15609
6686	15232	68826	62439	752	576361	137618	285916	-4341	11695	3736
14322	44117	173426	172099	754	1150465	391932	68660	-38586	-31513	9167
211172	**726359**	**2388556**	**3031725**	**52339**	**12979641**	**6765994**	**2373317**	**-558480**	**1095508**	**56521**
34805	70065	356994	424660	4604	1912837	668939	669003	-13588	-31525	10458
13229	36595	148792	186198	5360	840521	365987	118488	-136471	128891	4453
5745	15235	33239	67874	1470	225095	98061	20434	-5626	-11623	999
41507	88830	186795	272654	548	1129606	632498	80460	-70333	-30526	6598
24257	122224	642137	749701	7685	1791778	547886	-177035	107	276850	7018
23329	34652	130445	156883	779	1505642	622271	229035	-229095	135000	7827
2832	4998	24278	29169	341	154749	62413	27759	-21710	-8446	1131
20426	176268	370754	497455	20409	1928756	2524092	735976	10215	512371	7721
45042	177492	495122	647131	11143	3490657	1243847	669197	-91979	124516	10316
353028	**1547003**	**12451438**	**13888979**	**1366530**	**62083141**	**14424395**	**2968222**	**-3969632**	**2254460**	**109633**
61966	145164	341749	471443	455	2260385	1054626	33259	-110333	122769	18310
208547	1376504	11937285	13245792	1349926	57559567	11740357	2117540	-3680291	2047995	74958
430	472	3495	3590		23855	3417	-3177	-1172	13150	369
144	332	1796	2129		6374	6914	-6684	-2511	21910	51
81541	19780	158016	152186	16149	2175704	1562582	822102	-175185	48601	15689
400	4751	9097	13839		57256	56499	5182	-140	35	256

1-17 续表 24

	广告费	劳动、失业保险费	养老保险和医疗保险	住房公积金和住房补贴	本年应付工资总额(贷方累计发生额)	主营业务应付工资总额	本年应付福利费总额(贷方累计发生额)
电气机械及器材制造业	**32625**	**37791**	**157452**	**49510**	**1114150**	**1059759**	**154653**
电机制造	380	6417	29723	11209	192155	189920	29006
输配电及控制设备制造	8071	20487	78459	24904	559109	523436	71321
电线、电缆、光缆及电工器材制造	934	2713	8194	2393	60292	58124	8888
电池制造	46	629	6619	1178	58589	57226	3467
家用电力器具制造	12001	1901	14255	2761	79597	75546	8293
非电力家用器具制造	8852	184	3208	773	30258	29938	5039
照明器具制造	2002	2627	11513	2470	92543	90315	24511
其他电气机械及器材制造	339	2833	5481	3822	41607	35254	4128
通信设备、计算机及其他电子设备制造	**226166**	**128998**	**525089**	**222785**	**3992836**	**3798126**	**639904**
通信设备制造	91145	48974	166597	60314	1287931	1196984	243974
雷达及配套设备制造	33	17377	17665	33724	106579	106579	13457
广播电视设备制造	3119	2529	15570	5705	129233	122718	19548
电子计算机制造	107492	21897	140422	45387	1094584	1058176	124325
电子器件制造	4222	13454	85958	39875	700981	669781	130897
电子元件制造	2655	20442	72922	32293	456234	433237	88270
家用视听设备制造	12865	3082	11930	2921	97832	97832	6618
其他电子设备制造	4635	1243	14025	2566	119462	112819	12815
仪器仪表及文化、办公用机械制造业	**107550**	**49226**	**136120**	**49331**	**870026**	**828530**	**113243**
通用仪器仪表制造	11484	14926	72974	27821	499178	480230	58781
专用仪器仪表制造	2303	12919	21139	7368	133727	116166	16264
钟表与计时仪器制造	24229	2953	2508	758	12015	9240	1622
光学仪器及眼镜制造	68437	13316	23833	7655	100005	99242	20139
文化、办公用机械制造	592	4991	13133	5061	108903	107983	15026
其他仪器仪表的制造及修理	505	121	2533	668	16198	15669	1411
工艺品及其他制造业	**4515**	**39021**	**49667**	**16929**	**288881**	**280043**	**33817**
工艺美术品制造	4066	6588	15463	3251	81534	76698	6973
日用杂品制造	65	44	838	80	15665	15135	1049
煤制品制造		166	1523	428	16667	14640	1470
核辐射加工	213	12	269	58	1910	1667	211
其他未列明的制造业	171	32211	31574	13112	173105	171903	24114
废弃资源和废旧材料回收加工业		**61**	**1158**	**331**	**9023**	**9006**	**974**
金属废料和碎屑的加工处理		34	661	182	6483	6466	654
非金属废料和碎屑的加工处理		27	497	149	2540	2540	320
电力、燃气及水的生产和供应业	**7274**	**259365**	**504480**	**316114**	**3898313**	**3558793**	**408164**
电力、热力的生产和供应业	**6491**	**230890**	**421278**	**276275**	**3507342**	**3189089**	**355241**
电力生产	2761	26251	64928	47194	395853	355043	63448
电力供应	3665	181274	290479	201855	2774895	2503755	247255
热力生产和供应	65	23365	65871	27226	336594	330291	44538
燃气生产和供应业	**730**	**21621**	**47798**	**18769**	**201769**	**189124**	**27085**
燃气生产和供应业	730	21621	47798	18769	201769	189124	27085
水的生产和供应业	**53**	**6854**	**35404**	**21070**	**189202**	**180580**	**25838**
自来水的生产和供应		6202	21722	13715	137067	128485	18899
污水处理及其再生利用	53	640	13612	7355	50846	50806	6759
其他水的处理、利用与分配		12	70		1289	1289	180

计量单位：千元

主营业务应付福利费总额	本年应交增值税(不含期初未抵扣税)	本年进项税额	本年销项税额	本年实缴关税	工业中间投入合计	工业增加值	经营活动产生的现金流量净额	投资活动产生的现金流量净额	筹资活动产生的现金流量净额	全部从业人员平均人数(人)
141276	**812020**	**2328677**	**3010107**	**208664**	**14064508**	**6505213**	**1710156**	**-565242**	**-92107**	**47387**
27869	109436	331919	426646	7472	1867467	832874	599118	-115740	-44997	7043
61221	544881	1304283	1801972	140204	7839462	3926802	1053622	-223864	-275280	22854
8597	33722	167699	184849	4603	936890	393646	-44975	-19843	36410	3661
3265	3304	94091	82139	26040	1040089	135724	-103301	-17431	79885	3308
7696	49606	175238	220182	636	748737	610145	12860	-23137	89340	3411
5039	15600	72361	84332	3606	299031	169849	15272	-2177	8685	1655
24350	34682	119269	126827	14759	933712	303005	102033	-25516	-54756	3806
3239	20789	63817	83160	11344	399120	133168	75527	-137534	68606	1649
609285	**1594371**	**13760113**	**13766220**	**465134**	**1.06E+08**	**19750032**	**10386717**	**-10281520**	**6423192**	**100221**
235757	566177	5971351	5339054	188355	49744736	8154549	6379541	936762	-3378371	28840
13457	5241	18423	21746	1910	747060	278283	-18606	3372	25045	2074
17794	70712	214792	197123	5101	938042	340200	248641	-80621	89383	3147
117633	533310	4914297	5331147	62742	30337776	4816923	1014589	-10086572	9467078	22110
121741	283415	1319029	1521817	106901	11632532	3031853	932587	-127344	345334	16559
85226	88655	882058	910309	62808	8044466	2180620	895123	-731036	-47731	17310
6618	-14222	200782	146053	25228	2870231	282592	786793	-196398	-90446	3985
11059	61083	239381	298971	12089	1366684	665012	148049	317	12900	6196
106663	**531490**	**1456947**	**1911673**	**138044**	**9143940**	**3830295**	**977418**	**-271635**	**-242794**	**29969**
55215	334485	991210	1287783	50328	5102556	2200137	665710	-170642	-235310	16245
14255	57390	157222	211137	10887	804877	432252	-32929	-46942	161989	5128
961	8903	10003	18907	3507	128449	70363	1011	2094	-2000	639
20046	78678	44533	115023	26122	616150	555069	135008	-28044	-266	3528
14832	43951	245139	262004	47140	2398087	531407	202838	-23699	-167543	3812
1354	8083	8840	16819	60	93821	41067	5780	-4402	336	617
32738	**53018**	**216401**	**228631**	**4768**	**1836674**	**584128**	**102990**	**-278227**	**104360**	**12782**
6595	9277	87825	90090	3380	463564	151388	47882	2210	-9609	5572
942	1746	20090	19627	694	121776	36471	2931	-1747	26	1465
1214	8814	8346	16895		138887	54111	18938	-1217	7513	609
143	1735	890	1527		18954	15898	642	213	-1000	115
23844	31446	99250	100492	694	1093493	326260	32597	-277686	107430	5021
973	**2450**	**11221**	**13741**		**122190**	**36208**	**-12924**	**-16526**	**53851**	**568**
653	596	8109	8801		88272	16657	-5880	-14752	38417	431
320	1854	3112	4940		33918	19551	-7044	-1774	15434	137
367322	**3657748**	**9498191**	**12896518**	**1966**	**37813972**	**19356249**	**18477758**	**-19585779**	**2307311**	**61293**
317120	**3321335**	**9071340**	**12141750**		**35173705**	**17435586**	**16901202**	**-18941323**	**2432114**	**47879**
51769	709481	316463	795436		3233851	3241539	1995712	-530982	-1348355	7145
221842	2501447	8529409	11024340		30321704	13298318	13851196	-16758032	2669572	27487
43509	110407	225468	321974		1618150	895729	1054294	-1652309	1110897	13247
25352	**241078**	**385793**	**626213**	**1862**	**754893**	**1145473**	**968959**	**-281547**	**-358987**	**7036**
25352	241078	385793	626213	1862	754893	1145473	968959	-281547	-358987	7036
24850	**95335**	**41058**	**128555**	**104**	**1885374**	**775190**	**607597**	**-362909**	**234184**	**6378**
17916	94278	34688	122549		1581644	652562	472214	-415408	326880	4737
6754	710	4972	4261	104	301381	119604	138898	52689	-96196	1573
180	347	1398	1745		2349	3024	-3515	-190	3500	68

1-18 限额以上工业企业主要工业产品生产能力

产品名称	计量单位	年末生产能力	产品名称	计量单位	年末生产能力
原煤（按核定能力填报）	万吨	1262	柴油内燃机	千瓦	148000
精制食用植物油	吨	97759	汽轮机	千瓦	3732107
白酒	千升	103554	起重机械	台	2605
啤酒	千升	1787518	叉车	台	10021
葡萄酒	千升	38000	拖拉机	台	170000
碳酸饮料	吨	901195	铁路机车（标准轨距）	辆	196
瓶(罐)装饮用水	吨	454352	汽车	辆	886391
卷烟	万支	1477385	基本型乘用车(轿车)	辆	150158
机制纸及纸板	吨	379727	公路客车	辆	50800
单色印刷	令	85057339	载货汽车	辆	560433
多色印刷	对开色令	422911368	汽车发动机	千瓦	28004100
蒸馏装置	万吨	853	汽油发动机	千瓦	21484200
裂化装置	万吨	533	柴油发动机	千瓦	6519900
催化裂化	万吨	400	发电机（不包括发电机组）	台	859903
加氢裂化	万吨	133	发电机组	万千瓦	2040
催化重整装置	万吨	75	汽轮发电机组	万千瓦	214
加氢精制装置	万吨	10034	直流电动机	台	900341
硫酸（折100%）	吨	59200	交流电动机	台	318007
烧碱（折100%）	吨	205000	家用电冰箱(家用冷冻冷藏箱)	万台	65
乙烯	吨	774987	家用洗衣机	万台	12
纯苯	吨	114135	移动通信手持机（手机）	万台	6612
涂料（油漆）	吨	109787	移动通信基站设备	信道	50850
染料	吨	5350	移动交换设备	万门	331157
初级形态的塑料	吨	1246567	电话单机	万台	9
合成橡胶	吨	381131	程控交换机	万线	3336
合成纤维单体	吨	139279	台式微型计算机	万台	838
合成纤维聚合物	吨	35196	服务器	万台	6257
合成洗涤剂	吨	253891	笔记本计算机	万台	24
人造纤维	吨	800	打印机	万台	58
合成纤维	吨	50435	显示器	万台	956
橡胶轮胎外胎	万条	280	家用摄像机	万台	21
水泥	万吨	1452	录放像一体机	万台	236
平板玻璃	重量箱	6970000	激光视盘机	万台	93
浮法平板玻璃	重量箱	5560000	显像管	万只	28625
垂直引上平板玻璃	重量箱	450000	集成电路	万块	205668
耐火材料制品	吨	698389	表	万只	114
生铁	万吨	813	照相机	台	4421033
粗钢	万吨	706	数码照相机	台	527837
钢材	万吨	777	发电设备容量总计	万千瓦	490
电站锅炉	蒸发量吨	10960	火力发电设备容量	万千瓦	368
工业锅炉	蒸发量吨	6609	水力发电设备容量	万千瓦	120
内燃机（不包括汽车发动机）	千瓦	372000	蒸汽	吨/小时	6279
汽油内燃机	千瓦	224000	热水	兆瓦	6198

1-19 限额以上工业企业主要经济分析指标

计量单位：%

	资产负债率	流动资产周转率（次）	成本费用利润率	全员劳动生产率（元/人）	产品销售率	企业亏损面	销售收入利润率
总计	**34.38**	**1.81**	**6.96**	**134219**	**97.96**	**27.49**	**6.63**
一、按登记注册类型分							
内资	30.38	1.66	7.05	117934	98.41	26.74	6.78
国有	18.48	0.87	14.42	74121	97.65	43.60	14.70
集体	64.07	1.49	5.79	42060	96.42	21.24	5.57
股份合作	59.19	1.71	3.07	44876	95.60	19.57	3.03
国有联营	65.93	0.64	13.43	137209	98.70	28.57	12.67
集体联营	21.00	0.85	73.30	111603	93.44		45.19
国有与集体联营	49.67	0.69	0.47	26906	99.96	27.59	0.53
其他联营	36.97	1.52	8.85	36759	93.60		8.08
国有独资公司	34.43	2.04	6.08	280571	100.33	26.09	5.85
其他有限责任公司	52.56	1.54	5.15	108664	98.56	23.03	4.96
股份有限公司	44.37	2.39	7.23	171579	98.43	19.90	6.76
私营独资	66.72	2.29	4.84	38353	99.25	28.57	4.65
私营合伙	52.91	2.53	2.28	34969	87.53	21.05	2.23
私营有限责任公司	56.69	1.62	5.39	66963	96.37	20.37	5.15
私营股份有限公司	44.01	1.30	6.24	109759	86.17	17.82	5.90
港澳台商投资	62.53	1.93	4.90	141452	97.63	30.11	4.71
与港澳台商合资经营	67.33	1.80	4.54	104202	98.56	31.45	4.38
与港澳台商合作经营	54.72	2.25	2.70	89436	91.51	8.33	2.63
港澳台商独资	61.20	2.30	5.09	264212	97.01	29.91	4.87
港澳台商投资股份有限公司	45.88	0.88	6.75	52557	106.12	20.00	6.65
外商投资	54.64	2.21	7.42	204460	97.15	30.79	6.90
中外合资经营	53.56	2.24	7.59	242519	96.98	29.21	7.00
中外合作经营	51.33	1.52	6.44	126085	101.48	38.00	6.04
外资企业	60.55	2.15	5.69	151302	97.31	32.70	5.42
外商投资股份有限公司	41.03	2.79	23.48	164480	97.03	10.00	20.46
二、按隶属关系分							
中央	20.37	2.32	9.87	230233	99.56	34.15	9.31
地方	50.19	1.67	5.70	123723	98.10	31.35	5.46
其他	54.76	1.68	6.02	111152	96.73	24.49	5.74
三、按企业规模分							
大型企业	41.34	2.80	6.27	260128	98.78	6.82	5.89
中型企业	23.78	1.43	9.81	129718	96.56	17.92	9.41
小型企业	54.47	1.38	5.44	80686	98.00	28.31	5.25
四、按轻重工业分							
轻工业	48.56	1.51	6.26	81745	97.58	32.36	5.95
重工业	32.38	1.89	7.11	163508	98.04	24.42	6.77

1-20 限额以上股份制

	单位数（个）	亏损企业	年初存货	流动资产合计	#短期投资	应收帐款（净额）	存货
总计	**3296**	**708**	**40153641**	**169947064**	**1273234**	**34243977**	**46945421**
一、按隶属关系分							
中央	135	28	8714930	37204013	165405	7002040	8153237
地方	490	111	15304130	69269599	730994	10989665	19031163
其他	2671	569	16134581	63473452	376835	16252272	19761021
二、按控股情况分							
国有绝对控股	398	68	24035841	104771537	912385	17879937	26892354
国有相对控股	156	38	3120505	10637903	87039	2205741	3319648
其他	2742	602	12997295	54537624	273810	14158299	16733419
三、按企业规模分							
大型企业	20	1	12147123	63446882	312551	8919051	16280517
中型企业	195	21	12125605	46697293	603257	9683322	13107343
小型企业	3081	686	15880913	59802889	357426	15641604	17557561
四、按轻重工业分							
轻工业	1239	326	8575272	30813116	427015	5659692	10216467
重工业	2057	382	31578369	139133948	846219	28584285	36728954
五、按地区分							
东城区	21	3	112289	637774	5000	213933	133935
西城区	43	7	463425	9216476	145190	1497370	762262
崇文区	24	3	899228	3542150	250000	506128	884475
宣武区	29	10	158086	10378896		2955065	170987
朝阳区	443	79	4993594	21320777	70959	4415727	5557892
丰台区	309	61	1727644	9097974	113312	2438484	2353269
石景山区	65	16	6103123	26107958	131008	2728007	7788433
海淀区	598	103	8221319	35722748	275731	7565342	9563457
门头沟区	44	10	257388	2254121	2456	320331	345794
房山区	141	37	2690842	9326348	45191	1229746	3866772
通州区	333	60	1627389	5767164	16606	1531953	2138103
顺义区	195	54	1235183	4602606	7722	1110629	1517130
昌平区	273	51	6538540	14043484	22998	3493354	5246215
大兴区	378	92	1882820	5961323	12524	1254092	2459427
怀柔区	115	10	489124	1849534	1138	464915	646117
平谷区	79	39	468095	1413871		307915	687020
密云县	105	42	461398	1789470	6484	428736	469651
延庆县	38	11	172381	581881		127266	241597
北京经济技术开发区	62	19	1648450	6325382	166915	1654984	2106127
外埠	1	1	3323	7127			6758

工业企业主要财务状况

计量单位：千元

产成品	一年内到期的长期债权投资	流动资产年平均余额	长期投资合计	#长期股权投资	长期债权投资	固定资产合计	#固定资产原价	生产经营用
15976390	**99650**	**165027166**	**92909225**	**84763529**	**5537866**	**179269779**	**239482862**	**223567380**
1991060	653	40289704	52770298	48339716	4360536	72204798	104741683	102970775
6493976	46104	65045057	30933412	28358413	303563	78849960	104101589	94433801
7491354	52893	59692405	9205515	8065400	873767	28215021	30639590	26162804
7838844	32979	104192617	77202008	70332952	4655615	150905104	207901028	196880044
1010337	44705	10857291	10577025	9927749	611419	3791300	5091848	4047216
7127209	21966	49977258	5130192	4502828	270832	24573375	26489986	22640120
4012803		63383908	64429620	57991013	4589503	118771561	169961022	163692248
5140376	77031	46288041	21723740	21279375	152263	35644157	41911672	35969468
6823211	22619	55355217	6755865	5493141	796100	24854061	27610168	23905664
4710390	10018	29062167	7281899	6914626	55409	26484208	31736469	25849590
11266000	89632	135964999	85627326	77848903	5482457	152785571	207746393	197717790
66110		496556	19042	19042		195905	335475	332531
223824		9978495	4603071	4571661	23577	40219569	50258318	47270144
317817		4050375	2534520	2533120		9898172	7401821	6834178
47573		14434963	47577322	43263781	4313323	25962756	34248127	33807509
2112970	51370	21097176	13485040	13241649	49413	23932811	33077597	30442610
662314	1412	8318319	435124	329536	15341	2866755	4036005	3635767
1365559		23860389	8124116	8088775	28022	22893626	37718063	36092143
2937348	6782	33695119	9626471	6736896	673939	11909886	12825263	10534214
148664		2125650	2164284	2160935	1010	1754135	2593030	1903336
836786	1324	7319374	863057	854865	2378	13860281	27736935	27079279
885864	1264	5423710	294461	164426	126721	4789914	5447262	4615940
537278	366	4253357	426836	394157	5981	3542023	4090647	3369832
2894702	380	13215040	1399973	1120435	241409	7534747	8603634	7911238
1120076	34987	5413720	322869	297419	17940	3386648	3483434	2862196
241755	509	1753834	199434	195314	3000	1012042	1388398	1262463
335133	504	1401513	22479	9410	13022	824641	918155	808942
263425	752	1733378	135603	131205	2396	1490026	1481816	1259717
116631		537155	59333	57333		372450	517609	475209
858850		5913786	616190	593570	20394	2823287	3321154	3070013
3711		5257				105	119	119

1-20 续表 1

	累计折旧	本年折旧	在建工程	固定资产净值年平均余额	无形资产	资产总计	流动负债合计
总计	**85100775**	**13130296**	**23443046**	**143314239**	**9046425**	**455817982**	**151011728**
一、按隶属关系分							
中央	38257725	6808991	4920951	60439962	2487682	165964223	36438578
地方	39744027	4502395	14106404	61283338	3475410	183744163	63593546
其他	7099023	1818910	4415691	21590939	3083333	106109596	50979604
二、按控股情况分							
国有绝对控股	77297997	11303359	19065650	121383235	5907839	341721707	95982777
国有相对控股	1892806	219262	626710	3178548	433338	25612725	9445747
其他	5909972	1607675	3750686	18752456	2705248	88483550	45583204
三、按企业规模分							
大型企业	64840503	9581161	12731417	97459532	3246931	251962762	63837529
中型企业	12904716	1888899	6457833	26226600	2889900	107698072	38492009
小型企业	7355556	1660236	4253796	19628107	2909594	96157148	48682190
四、按轻重工业分							
轻工业	9226476	1587854	3687339	20618912	1657268	67966762	26361609
重工业	75874299	11542442	19755707	122695327	7389157	387851220	124650119
五、按地区分							
东城区	166330	17182	26759	171001	831	859995	476818
西城区	14361042	2787807	3915501	30474431	29703	54171494	10970836
崇文区	807992	211814	3295419	5982619	547477	17062399	2262462
宣武区	10275298	2649189	1613570	22858923	51936	83974187	12296968
朝阳区	11285848	1775507	1983029	19427435	1810279	62070106	20625172
丰台区	1551575	227993	349104	2339275	248121	12878861	6055658
石景山区	19991434	1566543	4977561	17859489	843503	58089268	24877250
海淀区	3665060	642386	2651541	8731297	1576276	59420615	25460521
门头沟区	870059	122112	33487	1526799	293036	6514942	1579599
房山区	14382625	1459228	499838	13547302	964908	25095863	6985584
通州区	1321797	333977	643939	3991069	364512	11588551	5965855
顺义区	1152238	190542	598807	2826591	211131	8943267	5005903
昌平区	2362317	503802	1258473	5759614	1062036	24377464	12678013
大兴区	733475	215394	594985	2609387	332231	10230116	5586457
怀柔区	447135	82632	48340	939182	101447	3189252	1725804
平谷区	195648	46871	100255	616052	62995	2333957	1345674
密云县	307289	71517	294109	1190149	250357	3819771	2195272
延庆县	212422	36515	67263	303029	43510	1076728	638328
北京经济技术开发区	1011177	189274	491066	2160406	252136	10113914	4272603
外埠	14	11		189	–	7232	6951

计量单位：千元

#短期借款	应付账款	长期负债 合计	#长期借款	应付债券	负债合计	所有者权益 合计	#实收资本	国家资本
38840353	**39548276**	**45809633**	**27407144**	**2323060**	**196823553**	**258994429**	**158311309**	**28109326**
3421346	9453747	20825970	12057384	412000	57266740	108697483	75230819	3945877
22365503	14400135	19909250	12055329	1604575	83502796	100241367	55614086	22863762
13053504	15694394	5074413	3294431	306485	56054017	50055579	27466404	1299687
24390237	23273773	39139211	23078943	2316710	135124180	206597527	128892252	27038779
5015634	1457676	2639278	1549964		12085025	13527700	6258567	931531
9434482	14816827	4031144	2778237	6350	49614348	38869202	23160490	139016
15631526	15781261	29863952	18689472	2011391	93701481	158261281	99956477	17934653
13567379	8628980	10592151	4859065		49086352	58611720	28243379	8401479
9641448	15138035	5353530	3858607	311669	54035720	42121428	30111453	1773194
8468534	6609950	4226036	2870585	1115	30587645	37379117	21374505	6559411
30371819	32938326	41583597	24536559	2321945	166235908	221615312	136936804	21549915
159800	115137	48199	20799		525017	334978	207403	1000
1431765	2065918	9605225	1141765		20576061	33595433	16862704	7856988
866354	455409	3833785	756209		6098439	10963960	5307728	4769918
73727	3415705	10040417	10019854	412000	22337385	61636802	55695927	
8198521	4694520	4673995	3238463	667	25299167	36770939	19456014	4111617
879353	2190204	742200	575732		6797858	6081003	3971533	188540
9331483	5196488	7122628	4806702	1599391	31999878	26089390	12187232	6379703
7694377	6310727	3511800	3070659	124603	28972321	30448294	14337275	1939260
256687	393285	625357	188981		2204956	4309986	2338212	1581568
1197762	1991259	1187064	895024		8172648	16923215	6321426	137707
1364093	1625073	880653	483414	5184	6846508	4742043	3441711	111722
1085994	1146542	626229	435080	10	5632132	3311135	2717235	42614
2255133	5503960	1193320	833347		13871333	10506131	6580581	122405
1281817	1492424	879437	502627		6465894	3764222	2779067	91356
548415	602522	86022	82233		1811826	1377426	872231	240979
402959	419225	222630	178165		1568304	765653	573171	14831
490714	621869	400840	111759	181205	2596112	1223659	1054466	170495
140799	141765	36416	13831		674744	401984	364869	30638
1180600	1159816	93416	52500		4366019	5747895	3242024	317985
	6428				6951	281	500	

1-20 续表 2

	集体资本	法人资本	#国家法人	集体法人	个人资本	港澳台资本	外商资本
总　计	**1221841**	**111914810**	**98322860**	**4883357**	**15091146**	**56878**	**1917308**
一、按隶属关系分							
中央	57880	69705068	69305313	235211	495694		1026300
地方	457060	28855270	25691526	894972	2613164	12000	812830
其他	706901	13354472	3326021	3753174	11982288	44878	78178
二、按控股情况分							
国有绝对控股	59019	98392277	97102956	413960	2345235	6010	1050932
国有相对控股	242750	3051520	953519	633244	1268066	12000	752700
其他	920072	10471013	266385	3836153	11477845	38868	113676
三、按企业规模分							
大型企业		80013311	79911877	5408	996513		1012000
中型企业	141196	15199153	11541101	1090644	3681851	6010	813690
小型企业	1080645	16702346	6869882	3787305	10412782	50868	91618
四、按轻重工业分							
轻工业	356462	9871085	4702621	1929680	4500385	4368	82794
重工业	865379	102043725	93620239	2953677	10590761	52510	1834514
五、按地区分							
东城区	38085	145682	123934	21748	22636		
西城区		8801819	8693405	6315	203867		30
崇文区		376759	346492	17987	161051		
宣武区	9823	55665301	55600869	47779	20803		
朝阳区	63254	12466125	11349662	538022	2040974		774044
丰台区	163965	2710558	1284587	252101	908470		
石景山区	8375	5244118	5101499	115241	555036		
海淀区	214986	7744872	3649153	1515536	4363174	21790	53193
门头沟区	720	634041	510641	3257	121883		
房山区	105769	4594254	4306269	170278	471696		1012000
通州区	120653	2170503	1185996	482102	1004545		34288
顺义区	74975	1822833	890069	148823	741123		35690
昌平区	152195	5221796	3630956	756926	1074185	10000	
大兴区	35201	1033179	387568	256289	1617331		2000
怀柔区	12275	216885	7550	23820	401747		345
平谷区	57293	183053	8397	49125	317994		
密云县	11734	579491	163803	135632	287160	4500	1086
延庆县	6038	201330	5200	1550	126863		
北京经济技术开发区	146500	2101811	1076410	340826	650508	20588	4632
外埠		400	400		100		

计量单位：千元

主营业务收入	直接出口产品销售收入	主营业务成本	营业费用	主营业务税金及附加	其他业务收入	其他业务利润	管理费用	#税金
315322613	**9148052**	**271092046**	**9371561**	**2399001**	**8596641**	**1297255**	**16959122**	**376948**
127970221	180072	115166248	1221190	1202635	1211995	244126	3159422	60441
107733634	4947721	90982346	3484452	794637	5301107	557090	8052387	209602
79618758	4020259	64943452	4665919	401729	2083539	496039	5747313	106905
235205441	5187543	206030480	4479160	1968616	6551160	810476	10744343	261786
9001933	737168	7245598	546292	75802	156298	91224	998155	16696
71115239	3223341	57815968	4346109	354583	1889183	395555	5216624	98466
186078840	3274386	165137496	2046334	1504120	4664931	250520	6277547	171531
47788014	2964800	38499604	3141606	550168	1618242	437658	4862936	95298
81455759	2908866	67454946	4183621	344713	2313468	609077	5818639	110119
42093608	2406509	33268755	3249996	472438	898983	286872	3421573	90795
273229005	6741543	237823291	6121565	1926563	7697658	1010383	13537549	286153
759115	58796	600666	59804	2933	33504	12937	71381	1165
26760242	143975	25685344	49857	105336	514058	119116	442969	23999
2464081	133160	1677255	277908	22473	59263	41567	345319	9650
39922362	6099	37967890	52083	132896	147757	107725	81520	2402
26308495	636540	21631933	1374221	156828	870603	230794	2846751	57598
10075939	377972	8434996	455182	44466	185844	58287	771553	12409
40550489	2188592	33794270	395002	214082	2236849	35161	3196722	83206
37585350	2205996	30286991	2342859	196504	1211814	396353	2830768	40351
2949999	687052	2026007	223302	18766	139157	-16299	524270	7249
45968222	47910	38828358	435344	936324	659245	-10028	1426048	38327
9824944	879453	8587441	383714	31721	260452	25982	619763	16679
6322832	237119	5351747	357168	57891	94359	24844	403499	9641
41591541	384281	36821998	1507052	138581	1659712	142522	1510867	30893
8571857	440195	7416328	375461	36648	201721	50232	575936	11713
3664987	113160	2973056	95077	186142	28189	10181	235574	3442
2208124	94608	1859303	156244	5006	20289	9060	144621	3003
3158620	360346	2711395	215608	18722	146493	10779	220195	5800
758026	63094	598169	45427	4139	9075	848	69667	1596
5869021	89704	3830803	570248	89536	117444	47081	641324	17823
8367		8096		7	813	113	375	2

1-20 续表 3

	财产保险费	差旅费	工会经费	办公费	职工教育费	排污费	财务费用
总　计	**215411**	**457914**	**178800**	**654721**	**146197**	**40067**	**3067134**
一、按隶属关系分							
中央	81330	50112	34950	61934	26514	11744	907184
地方	96091	114098	101307	188018	81807	20861	1380821
其他	37990	293704	42543	404769	37876	7462	779129
二、按控股情况分							
国有绝对控股	174741	149037	129890	229104	103388	29699	2249388
国有相对控股	3932	26933	10654	44175	8327	1465	262100
其他	36738	281944	38256	381442	34482	8903	555646
三、按企业规模分							
大型企业	156144	56212	83116	87873	67640	16692	1775943
中型企业	20785	126950	48940	119976	37237	13299	689958
小型企业	38482	274752	46744	446872	41320	10076	601233
四、按轻重工业分							
轻工业	20464	117063	29683	180165	22782	11304	453296
重工业	194947	340851	149117	474556	123415	28763	2613838
五、按地区分							
东城区	478	1714	1000	2925	611	30	7696
西城区	1966	5148	4388	13106	4718	602	339423
崇文区	1642	8251	3648	10149	2259	221	37616
宣武区	407	2605	617	2418	380	116	396190
朝阳区	13079	64477	24092	102639	23749	3793	421353
丰台区	11395	32720	7243	59110	5773	1429	66597
石景山区	3729	32171	41199	49867	31727	6954	712070
海淀区	8591	110986	29524	149701	23237	5259	432293
门头沟区	799	6545	7568	18045	5605	1593	15830
房山区	75733	14280	17871	24696	13215	6065	156604
通州区	7126	30413	5452	41830	4145	1162	82479
顺义区	2603	18894	3841	20761	3628	2860	70695
昌平区	75956	38818	16305	48517	12643	1262	72804
大兴区	2935	26614	3169	42709	3512	4273	91339
怀柔区	3457	8130	1664	14780	2024	707	31474
平谷区	1087	11524	793	10488	1089	812	29980
密云县	905	28770	1868	12084	2234	708	33202
延庆县	491	3460	693	3757	480	868	13619
北京经济技术开发区	3032	12364	7831	27120	5143	1353	55870
外埠		30	34	19	25		

计量单位：千元

利息支出（净额）	营业利润	投资收益	补贴收入	营业外收入	营业外支出	利润总额	应交所得税	可供分配利润
2818649	**13729625**	**3511543**	**1508346**	**1069985**	**1091178**	**18420630**	**4188174**	**18716595**
846895	6557668	1749929	101857	233184	521579	8092954	2129064	6520687
1311393	3594702	993975	907080	617141	411840	5664760	1380425	6622886
660361	3577255	767639	499409	219660	157759	4662916	678685	5573022
2114865	10542551	2453211	976018	887663	951971	13822069	3458418	13343156
238960	-34790	748583	54266	18086	18472	741802	110616	1421849
464824	3221864	309749	478062	164236	120735	3856759	619140	3951590
1689539	9587920	1414277	580039	355036	666077	11251526	2998499	9289809
628871	480021	1765693	473742	433074	282783	2766002	467051	4551643
500239	3661684	331573	454565	281875	142318	4403102	722624	4875143
402239	1514422	521236	475698	348859	130275	2598387	414691	4036461
2416410	12215203	2990307	1032648	721126	960903	15822243	3773483	14680134
7579	29572	4430	3948	880	554	38381	12343	73323
323879	256429	419331	285006	79930	9881	1030629	213250	823735
36923	145077	341283	13210	13658	48279	465358	48013	1027347
371123	1399508	1072915	4502	11683	162276	2304586	258528	1530630
385033	106824	1038962	438512	217661	120314	1668060	469367	1965242
56994	361432	58809	64091	22421	9859	462079	70297	540943
688670	2273504	-519261	3257	177631	218770	1716114	611082	1329722
382159	1892288	626274	207955	50829	66744	2545929	284426	3943634
13173	125525	183035	156610	18953	14060	468716	120373	574443
134318	4175516	165937	38613	57724	198466	4237928	1470743	2928192
64385	145808	1803	47765	119322	98945	218663	64541	180266
66061	106676	2681	30447	98653	29673	201577	42221	268478
72019	1682761	35152	114185	56962	35754	1831591	262716	1949134
78902	126377	33305	20640	81718	50453	211491	73139	199256
25979	153845	45209	39211	44852	2475	237533	49947	146784
28716	22030	602	18683	1451	1218	41874	9919	30804
24535	-29723	-5522	12449	3823	4278	-24758	22093	53988
11569	27853	1529	7039	730	782	36613	8161	-4608
46632	728321	5069	2223	11104	18155	728506	97015	1155282
	2				242	-240		

1-20 续表 4

	广告费	劳动、失业保险费	养老保险和医疗保险	住房公积金和住房补贴	本年应付工资总额（贷方累计发生额）	主营业务应付工资总额	本年应付福利费总额（贷方累计发生额）
总计	**840456**	**806902**	**2009275**	**832688**	**15144832**	**14195273**	**1865534**
一、按隶属关系分							
中央	43709	243847	532144	260860	4171158	3752245	444538
地方	469078	461016	1071351	484613	6183679	5949450	816650
其他	327669	102039	405780	87215	4789995	4493578	604346
二、按控股情况分							
国有绝对控股	531467	730229	1603976	750924	10059594	9428927	1233626
国有相对控股	19851	19680	103412	25865	700580	641704	88600
其他	289138	56993	301887	55899	4384658	4124642	543308
三、按企业规模分							
大型企业	294295	448868	1011721	517579	6939194	6539035	791154
中型企业	321449	278426	595288	210657	3589867	3350785	490818
小型企业	224712	79608	402266	104452	4615771	4305453	583562
四、按轻重工业分							
轻工业	423788	138526	360093	88980	3015029	2860798	395386
重工业	416668	668376	1649182	743708	12129803	11334475	1470148
五、按地区分							
东城区	484	710	11042	2670	66688	65898	8806
西城区	1256	19932	154868	92549	1143341	1015940	147206
崇文区	33865	53481	70853	21050	264909	245465	36913
宣武区	3313	143405	138834	59929	1566271	1557365	89428
朝阳区	82721	106006	290756	111661	1666190	1577769	220986
丰台区	9947	17090	78264	18707	621145	588777	79492
石景山区	10745	130050	423454	250041	2407938	2399138	285790
海淀区	149126	46981	224847	72708	2041289	1884000	267687
门头沟区	1003	107753	83883	30561	418002	308290	55689
房山区	67158	83620	165321	48096	1031842	791764	140751
通州区	21366	16366	50690	9782	603778	560964	75901
顺义区	12345	5437	41612	5902	388301	376279	52797
昌平区	277866	48066	90319	53703	1104951	1075736	155578
大兴区	22013	7627	40319	9818	543426	522449	63388
怀柔区	17342	1996	13573	2701	195034	187980	25904
平谷区	2659	1433	10822	232	186361	168930	16719
密云县	18889	4146	20260	1427	287783	273577	32297
延庆县	1401	728	10254	3118	80982	76889	10043
北京经济技术开发区	106957	11959	89155	38025	522719	514816	99919
外埠		116	149	8	3882	3247	240

计量单位：千元

主营业务应付福利费总额	本年应交增值税(不含期初未抵扣税)	本年进项税额	本年销项税额	本年实缴关税	工业中间投入合计	经营活动产生的现金流量净额	投资活动产生的现金流量净额	筹资活动产生的现金流量净额	全部从业人员平均人数(人)
1732522	**10292096**	**45658924**	**54968460**	**261587**	**217700341**	**35380557**	**-26385549**	**4897143**	**585989**
395190	4027048	17487279	21399276	13877	82159312	17502879	-12758611	-2357413	73035
780214	3764779	18761883	22171175	111722	78646635	11547658	-10970321	4654674	242159
557118	2500269	9409762	11398009	135988	56894394	6330020	-2656617	2599882	270795
1146389	7740047	36633282	43884129	121417	158435221	29240244	-21042388	-365427	287106
82347	267014	989945	1187383	8008	6493208	473088	-3440449	2988767	26869
503786	2285035	8035697	9896948	132162	52771912	5667225	-1902712	2273803	272014
748785	6275892	30939542	36883645	6702	124240827	26204603	-18798283	-959804	170490
446950	1621199	5445437	6928171	129971	33283160	2741986	-5257858	3385507	143703
536787	2395005	9273945	11156644	124914	60176354	6433968	-2329408	2471440	271796
370622	1681754	4679696	6038086	25910	31364740	3491687	-2016291	1885924	183940
1361900	8610342	40979228	48930374	235677	186335601	31888870	-24369258	3011219	402049
8696	26068	97877	127069	33	456961	52354	-10963	-9571	2949
140786	1211302	3179328	4409555	38	19100674	6522501	-3679574	-693186	20726
33978	151258	280564	417007	1432	1631115	409750	-321832	50442	8339
88512	1141573	5507919	6649116	365	11613338	7563651	-8187233	541004	18401
206304	1005040	2926402	3835731	10679	20446484	3229708	-4505267	2534440	72195
74343	318132	1195857	1400549	12054	6757163	256669	-441477	914583	29102
284374	1774073	9226156	10890448	3401	30219099	6114537	-3550037	561378	69094
237280	1046730	4518343	5362228	91882	22673836	3430494	-1983633	502876	64945
41539	147996	248993	375382	194	1565258	753744	-21711	-186166	20973
107821	1502602	6584466	7970639	7059	36681204	2788685	-631162	-1531419	33043
69534	245651	1296848	1389222	5789	7789525	713762	-491812	640516	43562
49514	189293	780766	952170	829	5261003	368355	-427882	355544	28749
150355	638361	6960871	7531379	113207	35104761	1476611	-1402392	761393	60672
60686	223810	1065575	1238634	6884	6671286	621188	-49515	239278	40052
23971	131331	322987	436816	3705	2851788	256028	-68592	78434	13668
15628	36140	224729	260421	284	2040328	140473	-49583	100094	13989
31005	111993	375924	480203	1892	2626704	185130	-94624	1497	23982
9772	41991	79072	114482	406	582410	94776	-45539	-14820	6106
98251	348614	784963	1125987	1454	3624194	401880	-422721	50826	14870
173	138	1284	1422		3210	261			572

1-21 按行业中类分限额以上

	单位数(个)	亏损企业	年初存货	流动资产合计	#短期投资	应收帐款(净额)
总计	**3296**	**708**	**40153641**	**169947064**	**1273234**	**34243977**
采矿业	**19**	**2**	**2732257**	**2827834**		**1143763**
煤炭开采和洗选业	**7**	**2**	**2656226**	**1904223**		**755923**
烟煤和无烟煤的开采洗选	7	2	2656226	1904223		755923
石油和天然气开采业	**1**		**51131**	**727338**		**322594**
与石油和天然气开采有关的服务活动	1		51131	727338		322594
黑色金属矿采选业	**3**		**6607**	**20226**		**3285**
铁矿采选	3		6607	20226		3285
有色金属矿采选业	**1**			**53007**		**110**
常用有色金属矿采选	1			53007		110
非金属矿采选业	**7**		**18293**	**123040**		**61851**
土砂石开采	6		17243	117610		61545
石棉及其他非金属矿采选	1		1050	5430		306
制造业	**3229**	**695**	**37149501**	**143269086**	**869346**	**28325585**
农副食品加工业	**145**	**39**	**757522**	**2941072**	**36971**	**478469**
谷物磨制	9	3	210525	500018	302	26541
饲料加工	70	19	224432	1238653	33993	233228
植物油加工	3		34329	72634		15600
制糖	1		1968	26750		2572
屠宰及肉类加工	43	13	212886	698384	969	119244
水产品加工	2		2080	5962		1734
蔬菜、水果和坚果加工	12	3	32763	154985	1107	44943
其他农副食品加工	5	1	38539	243686	600	34607
食品制造业	**109**	**29**	**538574**	**2567331**	**6359**	**550913**
焙烤食品制造	29	9	38181	187615	200	60061
糖果、巧克力及蜜饯制造	8		50962	131597	58	25908
方便食品制造	8	1	41780	116021		33001
液体乳及乳制品制造	11	4	94853	843014	320	192728
罐头制造	2		12527	40025		20026
调味品、发酵制品制造	10	6	56647	103126		14303
其他食品制造	41	9	243624	1145933	5781	204886
饮料制造业	**31**	**8**	**508951**	**1968063**	**20000**	**291101**
酒的制造	9	2	319904	929805		97342
软饮料制造	20	6	182719	1027471	20000	191400
精制茶加工	2		6328	10787		2359
烟草制品业	**2**		**10**	**7185**		**2546**
卷烟制造	1			3221		1972
其他烟草制品加工	1		10	3964		574

股份制工业企业主要财务状况

计量单位：千元

存货	#产成品	一年内到期的长期债权投资	流动资产年平均余额	长期投资合计	#长期股权投资	长期债权投资	固定资产合计	#固定资产原价	#生产经营用
46945421	**15976390**	**99650**	**165027166**	**92909225**	**84763529**	**5537866**	**179269779**	**239482862**	**223567380**
535254	**156215**		**2681175**	**52557**	**52557**		**1514062**	**2578531**	**2373687**
433902	**141303**		**1702386**	**43343**	**43343**		**587190**	**1106579**	**903815**
433902	141303		1702386	43343	43343		587190	1106579	903815
72291	**3867**		**790238**	**3419**	**3419**		**798564**	**1269933**	**1269933**
72291	3867		790238	3419	3419		798564	1269933	1269933
8259	**6319**		**21682**	**2480**	**2480**		**28577**	**31370**	**31203**
8259	6319		21682	2480	2480		28577	31370	31203
79			**51300**				**94**	**102**	**102**
79			51300				94	102	102
20723	**4726**		**115569**	**3315**	**3315**		**99637**	**170547**	**168634**
20464	4476		110139	3315	3315		99562	170472	168559
259	250		5430				75	75	75
45861353	**15789397**	**99650**	**134357619**	**39561138**	**35759627**	**1201797**	**87867746**	**125565645**	**114311307**
964825	**330268**	**2782**	**2626671**	**127350**	**109392**	**4958**	**1750337**	**1592866**	**1382085**
280178	37584		398448	13350	8100		129502	133632	81005
256178	47427	1462	1070106	33510	22902	2908	241131	298363	231625
23483	19297		67144	1000	1000		9845	13120	4348
9835	1300		24802				216	266	27
291319	175553	1320	692258	25196	23216	1980	1021630	816582	755949
2694	1483		5912				725	1101	806
62305	21303		140560	735	615	70	179903	116169	98948
38833	26321		227441	53559	53559		167385	213633	209377
718453	**292001**		**2405393**	**353362**	**304518**	**13455**	**3911077**	**4127866**	**3915294**
62583	9244		173747	5612	710		136187	128053	112652
65539	15958		103419	50	50		36775	42872	42430
52951	14928		113615	12	12		54610	95713	94543
156975	37504		728895	26499	16566	9933	3141556	3146938	3067632
18734	212		66301	40	40		40062	54538	50343
69689	42153		107404	50	50		93698	110088	104792
291982	172002		1112012	321099	287090	3522	408189	549664	442902
657214	**199983**	**20**	**1874907**	**361698**	**361374**	**324**	**1030624**	**1260093**	**886999**
424754	120772		883697	34575	34575		388833	512693	348911
227276	76175	20	981290	326799	326799		638319	742872	534223
5184	3036		9920	324		324	3472	4528	3865
1246	**110**		**5405**				**2675**	**2843**	**2843**
501	110		3312				2467	2593	2593
745			2093				208	250	250

1-21 续表 1

	单位数(个)	亏损企业	年初存货	流动资产合计	#短期投资	应收帐款(净额)
纺织业	**96**	**18**	**1406248**	**2967724**		**545980**
棉、化纤纺织及印染精加工	18	4	209552	674330		76418
毛纺织和染整精加工	1		2093	13860		6169
丝绢纺织及精加工	1		31832	111948		52785
纺织制成品制造	27	2	74675	313992		82778
针织品、编织品及其制品制造	49	12	1088096	1853594		327830
纺织服装、鞋、帽制造业	**149**	**56**	**821363**	**2037975**	**4866**	**368514**
纺织服装制造	146	55	816729	2023668	4864	368189
纺织面料鞋的制造	3	1	4634	14307	2	325
皮革、毛皮、羽毛(绒)及其制品业	**24**	**7**	**72025**	**186838**	**2123**	**27341**
皮革鞣制加工	3	2	13466	36554		6718
皮革制品制造	15	5	43449	107174	2123	14723
毛皮鞣制及制品加工	6		15110	43110		5900
木材加工及木、竹、藤、棕、草制品	**22**	**4**	**156692**	**301526**		**61381**
锯材、木片加工	3	1	26051	29862		2954
人造板制造	7	1	77920	143685		16001
木制品制造	12	2	52721	127979		42426
家具制造业	**54**	**11**	**256117**	**1105325**		**229900**
木质家具制造	37	9	151027	543262		34610
金属家具制造	10	2	86980	522040		189915
其他家具制造	7		18110	40023		5375
造纸及纸制品业	**52**	**13**	**122163**	**395806**		**101803**
造纸	14	4	52272	144673		25267
纸制品制造	38	9	69891	251133		76536
印刷业和记录媒介的复制	**143**	**37**	**417309**	**1999641**	**6751**	**486949**
印刷	125	28	352423	1680062	5299	416575
装订及其他印刷服务活动	5	1	1545	32725		7666
记录媒介的复制	13	8	63341	286854	1452	62708
文教体育用品制造业	**17**	**4**	**188378**	**521152**		**106450**
文化用品制造	1		2171	7909		2533
体育用品制造	7	2	28607	127695		42117
乐器制造	7	2	145229	350803		56244
玩具制造	1		1	4015		956
游艺器材及娱乐用品制造	1		12370	30730		4600
石油加工、炼焦及核燃料加工业	**22**	**9**	**952624**	**2516271**		**400618**
精炼石油产品的制造	22	9	952624	2516271		400618
化学原料及化学制品制造业	**226**	**36**	**2893549**	**10528317**	**163668**	**1268544**
基础化学原料制造	33	4	907779	2995756	108	312440
肥料制造	15	5	64793	358432		52875
农药制造	6	1	17312	85406		30486
涂料、油墨、颜料及类似产品制造	56	9	103213	455909	130	126842
合成材料制造	29	3	1237077	3940577	2803	263823
专用化学产品制造	70	12	375675	1685166	9087	362962
日用化学产品制造	17	2	187700	1007071	151540	119116

计量单位：千元

			流动资产年平均余额	长期投资			固定资产		
存货	产成品	一年内到期的长期债权投资		合计	#长期股权投资	长期债权投资	合计	#固定资产原价	生产经营用
1540058	**1067786**		**2713500**	**485777**	**307101**		**1225992**	**2030500**	**1613447**
187707	109656		592475	228076	49400		595581	1160300	992924
4952	3671		8932				6232	20740	20270
21737	20800		103131	29225	29225		24513	57416	39004
125495	59368		296680	1249	1249		132814	175110	162415
1200167	874291		1712282	227227	227227		466852	616934	398834
1045319	**581474**	**5700**	**1869279**	**66391**	**62171**	**4060**	**790465**	**885054**	**726728**
1035933	574465	5700	1851528	66391	62171	4060	782310	876451	718450
9386	7009		17751				8155	8603	8278
89571	**41244**		**187998**	**4468**	**4113**		**94191**	**98926**	**95683**
12236	6162		38251				50078	58608	58395
52546	28192		99409	3268	2913		35473	30639	29100
24789	6890		50338	1200	1200		8640	9679	8188
185464	**44604**	**1298**	**312561**	**2030**	**1000**	**1030**	**236101**	**326005**	**290879**
26065	3538		29318				14261	14439	6251
95291	26759		151933	1030		1030	126167	150903	145253
64108	14307	1298	131310	1000	1000		95673	160663	139375
383024	**149795**		**928505**	**39585**	**39585**		**500393**	**564141**	**467138**
249700	85651		450519	30947	30947		306089	283529	192475
108594	53710		435843	8638	8638		158325	245355	241658
24730	10434		42143				35979	35257	33005
171571	**73818**		**383002**	**4104**	**4104**		**245324**	**315752**	**289308**
64664	29559		136521	111	111		77881	92741	79175
106907	44259		246481	3993	3993		167443	223011	210133
547929	**222655**	**685**	**1842838**	**209495**	**167116**	**3112**	**2633903**	**3385237**	**2981760**
463822	171575	685	1541808	167571	155816	2712	2181190	2695282	2375512
1588	20		30193				17346	40601	36486
82519	51060		270837	41924	11300	400	435367	649354	569762
211837	**92904**		**538557**	**51625**	**51625**		**504721**	**530778**	**520301**
3232	2150		9205	30	30		7037	8197	8197
30530	8844		124014	16780	16780		26384	30476	29424
164805	73905		370414	34005	34005		421814	441150	432345
1050	505		3424	500	500		2706	2095	1475
12220	7500		31500	310	310		46780	48860	48860
1714981	**163143**		**2087964**	**77285**	**77285**		**3731106**	**6980792**	**6921448**
1714981	163143		2087964	77285	77285		3731106	6980792	6921448
3657196	**1100999**	**2246**	**9190757**	**1716312**	**1690308**	**7366**	**14226388**	**28233145**	**27670876**
1115828	358743	1233	2770346	945336	945336		4899008	9099750	9068026
202753	64315	504	369564	9963	6485	3466	137619	148114	119452
24271	15855		93085	2229	2229		22509	25521	21370
153493	58777	509	392131	183503	180493	3010	181895	198555	154536
1483314	279101		3087972	82106	80995	890	7031277	16193512	16036379
458692	195735		1582098	405537	392132		1590822	2122034	1910094
218845	128473		895561	87638	82638		363258	445659	361019

1-21 续表 2

	单位数（个）	亏损企业	年初存货	流动资产合计	#短期投资	应收帐款（净额）
医药制造业	**100**	**25**	**1775670**	**5809523**	**8813**	**985211**
化学药品原药制造	3		20184	84253		8585
化学药品制剂制造	35	12	281840	1921549	8813	415375
中药饮片加工	13	4	89822	198609		71855
中成药制造	22	8	1163849	2183552		283176
兽用药品制造	8		27656	83211		13905
生物、生化制品的制造	15		187318	1280884		175257
卫生材料及医药用品制造	4	1	5001	57465		17058
化学纤维制造业	**11**	**2**	**57394**	**170401**		**24532**
纤维素纤维原料及纤维制造	2	1	1177	3984		2068
合成纤维制造	9	1	56217	166417		22464
橡胶制品业	**16**	**2**	**219317**	**668779**	**24868**	**266170**
轮胎制造	2		154867	453611		222573
橡胶板、管、带的制造	2	1	751	3717		1298
橡胶零件制造	9		9459	87122	24868	21318
日用及医用橡胶制品制造	2		52487	118576		20981
其他橡胶制品制造	1	1	1753	5753		
塑料制品业	**138**	**42**	**497491**	**1589505**	**4846**	**380187**
塑料薄膜制造	15	5	56624	182999		44590
塑料板、管、型材的制造	20	4	109923	351269	4301	93936
塑料丝、绳及编织品的制造	11	2	34816	115159		40186
泡沫塑料制造	19	2	78521	224543		51930
塑料人造革、合成革制造	1	1	17229	19382		3247
塑料包装箱及容器制造	30	12	41686	185630	545	83542
塑料零件制造	4	2	6631	25802		2069
日用塑料制造	33	13	151237	455526		54178
其他塑料制品制造	5	1	824	29195		6509
非金属矿物制品业	**231**	**45**	**1733953**	**8969843**	**10414**	**4277059**
水泥、石灰和石膏的制造	10	5	111615	638439		191304
水泥及石膏制品制造	113	19	1083259	6660298	7224	3547230
砖瓦、石材及其他建筑材料制造	40	8	194536	597422		217713
玻璃及玻璃制品制造	35	8	179496	508844		97521
陶瓷制品制造	2		1496	11725		5068
耐火材料制品制造	13		66037	283807	3190	129168
石墨及其他非金属矿物制品制造	18	5	97514	269308		89055
黑色金属冶炼及压延加工业	**34**	**9**	**5193185**	**23126338**	**132950**	**1976719**
炼铁	4	2	15893	58603		11115
炼钢	1		497	1270		25
钢压延加工	29	7	5176795	23066465	132950	1965579

计量单位：千元

存货		一年内到期的长期债权投资	流动资产年平均余额	长期投资			固定资产		
	产成品			合计	#长期股权投资	长期债权投资	合计	#固定资产原价	生产经营用
1961118	**754339**	**30**	**5963999**	**3695443**	**3668557**	**390**	**4213464**	**4423916**	**3390518**
34538	12365		76795	801	801		53399	65209	57103
305164	123027		1704768	1295089	1295089		1954214	1910518	1420647
77790	47840	30	189383	26172	26125		77589	68496	59237
1310632	469615		2669209	2327626	2315606		1512314	1586280	1094830
37659	24459		66623	4388	3998	390	15355	20173	17475
189796	72701		1204229	39667	25238		543293	713155	693983
5539	4332		52992	1700	1700		57300	60085	47243
91131	**51149**		**168495**	**4700**	**4700**		**223225**	**250567**	**245915**
1313	573		3340				1379	2305	2305
89818	50576		165155	4700	4700		221846	248262	243610
236135	**136939**		**698588**	**173034**	**159229**	**748**	**696851**	**1103250**	**868895**
159356	106245		486783	162026	150089		539957	832692	613822
1574	572		3373				808	925	883
11539	4250		87322	1878	10	748	31639	28257	19673
59271	22791		114483	9130	9130		123107	240036	233545
4395	3081		6627				1340	1340	972
625282	**358230**	**80**	**1438217**	**112723**	**107623**	**5000**	**836827**	**1105025**	**890132**
65739	34794		162544	19153	19153		100045	149666	104868
127904	104298		332123	61526	61526		276811	378869	321331
43158	31347		108287	22320	22320		30895	48978	39105
110613	42654		197438	864	864		114989	141396	76662
10834	879		16226				36341	40576	37782
59375	26255	80	177799	5200	200	5000	103810	128437	118966
14941	234		22851				4287	3102	3102
190722	117550		396406	3260	3160		157199	196698	177962
1996	219		24543	400	400		12450	17303	10354
2139066	**1015773**		**8417277**	**1034933**	**994856**	**37368**	**5670033**	**7205174**	**6168308**
160006	86243		626483	69	19		872056	1315439	1043689
1352340	629734		6233668	913770	876901	34588	3371340	4204244	3616714
209968	111166		581967	38436	38426	10	563808	790472	755677
211036	94754		454063	65722	65344		632988	607615	510206
5371	4230		8304				10421	10975	10975
101825	51830		250618	4772	2002	2770	126851	159900	120652
98520	37816		262174	12164	12164		92569	116529	110395
7004954	**1227019**		**21176758**	**7668624**	**7631375**	**31022**	**20394792**	**33005862**	**31655805**
28222	21286		43494				7335	9271	7791
24			1608				3508	1252	1084
6976708	1205733		21131656	7668624	7631375	31022	20383949	32995339	31646930

1-21 续表 3

	单位数(个)	亏损企业	年初存货	流动资产合计	#短期投资	应收帐款(净额)
有色金属冶炼及压延加工业	**56**	**9**	**348167**	**1740984**	**56099**	**461399**
常用有色金属冶炼	6	1	79815	424644	55105	67889
贵金属冶炼	1	1	2735	42935		1845
稀有稀土金属冶炼	5		30423	391156		131107
有色金属合金制造	7	1	27783	150254		31092
有色金属压延加工	37	6	207411	731995	994	229466
金属制品业	**241**	**56**	**1056980**	**5340582**	**7760**	**947882**
结构性金属制品制造	177	41	762879	3363689	6639	667091
金属工具制造	12	3	15362	121685		49555
集装箱及金属包装容器制造	10	4	42098	187078		41481
金属丝绳及其制品的制造	1		8643	24212		6190
建筑、安全用金属制品制造	14	4	58230	422787		73696
金属表面处理及热处理加工	4		9921	23632	1121	7894
搪瓷制品制造	1	1	1532	2155		966
不锈钢及类似日用金属制品制造	5	1	5257	42342		1941
其他金属制品制造	17	2	153058	1153002		99068
通用设备制造业	**209**	**34**	**1464972**	**6021582**	**11966**	**1596497**
锅炉及原动机制造	12		70865	384957		148854
金属加工机械制造	29	4	268249	1257659	1515	240039
起重运输设备制造	7		67568	213031		38352
泵、阀门、压缩机及类似机械的制造	38	8	240590	907729	9047	319493
轴承、齿轮、传动和驱动部件的制造	3	1	21797	55766	779	10533
烘炉、熔炉及电炉制造	7	3	47967	155655		61281
风机、衡器、包装设备等通用设备制造	62	13	568022	2362169	625	545482
通用零部件制造及机械修理	16	2	18844	96206		24031
金属铸、锻加工	35	3	161070	588410		208432
专用设备制造业	**226**	**29**	**2033344**	**9720963**	**95881**	**1941789**
矿山、冶金、建筑专用设备制造	37	5	157410	1787782		290290
化工、木材、非金属加工专用设备制造	22	6	119946	628189		88500
食品、饮料、烟草及饲料生产专用设备	4	1	7637	57643		4898
印刷、制药、日化生产专用设备制造	21	4	524679	1304087		363363
纺织、服装和皮革工业专用设备制造	10		306192	1475321	60054	261723
电子和电工机械专用设备制造	25		140502	593892	5513	149757
农、林、牧、渔专用机械制造	6		35651	112784		21083
医疗仪器设备及器械制造	41	6	411515	1618816	29207	260239
环保、社会公共安全及其他专用设备制造	60	7	329812	2142449	1107	501936
交通运输设备制造业	**154**	**35**	**3358887**	**10021933**	**22686**	**1633181**
铁路运输设备制造	20		85579	453989		153386
汽车制造	121	32	2764188	7854490	22686	1334724
自行车制造	2	2	11104	31365		1777
船舶及浮动装置制造	1		1882	31339		3590
航空航天器制造	7	1	492994	1637616		136980
交通器材及其他交通运输设备制造	3		3140	13134		2724

计量单位：千元

存货	产成品	一年内到期的长期债权投资	流动资产年平均余额	长期投资合计	#长期股权投资	长期债权投资	固定资产合计	#固定资产原价	生产经营用
397953	**206570**		**1734584**	**708358**	**49625**	**600576**	**653083**	**716573**	**589559**
60053	3411		432652	77857	21700		34067	38983	37501
1572	1566		45205	1400	1400		594	1147	499
42577	19261		433226	604848	4272	600576	91830	85074	82129
74962	61888		109526	2000			70207	82983	77080
218789	120444		713975	22253	22253		456385	508386	392350
1556878	**671156**	**401**	**4705554**	**616695**	**501880**	**9234**	**2689236**	**2312489**	**1906693**
1101884	444540	35	2924400	210870	96952	9159	1403141	1404037	1221512
22600	12960		105661	9382	9000	70	32336	43350	39744
48688	23813		162941	90014	90009	5	112982	125141	111076
11234	5800		24194	5000	5000		91192	68917	54760
130230	87689		355807	12411	12411		329429	195334	82035
2696			21033	1	1		13616	12740	5997
847	16		3773	510			5078	3855	3855
31917	22038		41080				10789	10054	6923
206782	74300	366	1066665	288507	288507		690673	449061	380791
1799377	**524139**	**33279**	**5862180**	**601511**	**590313**	**3355**	**2970886**	**3546209**	**2968355**
108692	28651	300	376878	55812	54977	825	90218	142185	107720
314139	58093		1198257	176716	175726		674374	758003	684335
99111	24783		202816	3718	2600	600	63576	64077	47897
297686	82785	32979	930305	143000	140763		588664	594352	538927
31400	14517		50961				10247	16143	16084
22136	3640		185805	520	520		35849	14848	13636
687574	205600		2277995	203764	202740	1024	1087798	1410498	1072145
26080	7829		89820	4221	4221		85079	91544	84726
212559	98241		549343	13760	8766	906	335081	454559	402885
2588108	**945317**		**9169681**	**2947463**	**2866265**	**57628**	**2957916**	**3530531**	**2989264**
319566	116096		1659414	2168158	2159833		566184	789631	519310
201283	30302		643741	12416	400	4096	278524	308737	306805
7660	5214		54945	8060	8060		13370	17381	16651
611883	308992		1321860	238957	218763	20194	833487	1099874	1005219
358866	31085		1522953	35427	35427		139167	199143	190509
164131	64916		544778	81182	75782	5400	195168	221921	213561
40197	18963		103772	67976	67476		27356	46333	46333
483632	205910		1482276	186933	186883		518672	444238	324505
400890	163839		1835942	148354	113641	27938	385988	403273	366371
4370157	**2180140**	**1362**	**9027811**	**877388**	**621100**	**239932**	**5517640**	**6502770**	**6122338**
81800	14336		392449	33708	13040	20668	129626	127144	113659
3645263	1975355	1362	7227664	614077	378457	219264	4842872	5606520	5250842
14532	6030		27493				23825	24469	23368
11932			18298				871	1019	552
613458	184321		1350135	229603	229603		515541	736621	728958
3172	98		11772				4905	6997	4959

1-21 续表 4

	单位数（个）	亏损企业	年初存货	流动资产合计	#短期投资	应收帐款（净额）
电气机械及器材制造业	**231**	**41**	**2505580**	**8746366**	**66696**	**2947356**
电机制造	18	3	742369	2710433	2000	601269
输配电及控制设备制造	145	22	1190388	4760939	36230	2055030
电线、电缆、光缆及电工器材制造	19	2	64381	284844	350	91197
电池制造	9	4	23662	115767		15299
家用电力器具制造	10	2	404876	455762		112207
非电力家用器具制造	11	4	45808	189847	3028	27496
照明器具制造	14	4	27445	196698	25088	29223
其他电气机械及器材制造	5		6651	32076		15635
通信设备、计算机及其他电子设备制造	**270**	**58**	**6779211**	**25123094**	**139063**	**4436764**
通信设备制造	69	19	2951019	7584611	32000	1696403
雷达及配套设备制造	1		3333	23058		
广播电视设备制造	23	3	369209	1478056	1300	299111
电子计算机制造	72	20	2249496	9919368	91393	1567963
电子器件制造	41	7	554195	3506858	14229	323167
电子元件制造	30	3	438213	1705629	141	391883
家用视听设备制造	6	1	20801	177126		13601
其他电子设备制造	28	5	192945	728388		144636
仪器仪表及文化、办公用机械制造业	**172**	**26**	**900698**	**5310758**	**45850**	**1346597**
通用仪器仪表制造	124	18	688073	4068458	35174	982587
专用仪器仪表制造	30	6	121974	591740	10676	152218
光学仪器及眼镜制造	8	1	57876	538112		182546
文化、办公用机械制造	5	1	16817	61173		13061
其他仪器仪表的制造及修理	5		15958	51275		16185
工艺品及其他制造业	**46**	**10**	**132805**	**849379**	**716**	**183551**
工艺美术品制造	15	5	51302	207342	101	62708
日用杂品制造	6		10595	28644		8725
煤制品制造	6	1	8313	53129		13415
核辐射加工	2		1130	12997		830
其他未列明的制造业	17	4	61465	547267	615	97873
废弃资源和废旧材料回收加工业	**2**	**1**	**322**	**14830**		**182**
金属废料和碎屑的加工处理	1	1	259	14404		182
非金属废料和碎屑的加工处理	1		63	426		
电力、燃气及水的生产和供应业	**48**	**11**	**271883**	**23850144**	**403888**	**4774629**
电力、热力的生产和供应业	**29**	**6**	**178480**	**18067623**	**23010**	**4136780**
电力生产	5		59686	563231		207202
电力供应	4		71301	14674597	23010	3477491
热力生产和供应	20	6	47493	2829795		452087
燃气生产和供应业	**6**	**1**	**77739**	**1822098**		**205243**
燃气生产和供应业	6	1	77739	1822098		205243
水的生产和供应业	**13**	**4**	**15664**	**3960423**	**380878**	**432606**
自来水的生产和供应	7	2	9763	2160284	130878	384170
污水处理及其再生利用	5	1	5438	1792141	250000	48436
其他水的处理、利用与分配	1	1	463	7998		

计量单位：千元

存货	产成品	一年内到期的长期债权投资	流动资产年平均余额	长期投资合计	#长期股权投资	长期债权投资	固定资产合计	#固定资产原价	生产经营用
2630577	**858490**	**7338**	**7730533**	**683930**	**562809**	**102215**	**2060175**	**2567494**	**2018606**
664332	114136		2251339	23990	23420	500	619698	825669	608922
1527958	543483		4260053	495781	387681	101715	949860	1105609	848864
82927	60356		268861	1397	1397		129394	149712	127935
58596	25544		116054	52850	52850		99082	103039	83487
174799	69436		424169	16851	4900		118793	188497	169202
80031	30492		187196	14958	14958		69461	116661	105940
36961	14988	212	197896	77353	76853		66412	67391	63353
4973	55	7126	24965	750	750		7475	10916	10903
7032596	**2059542**	**44032**	**25480507**	**16058043**	**14110077**	**16207**	**6327999**	**6843732**	**4823927**
3085492	945259		8731300	3573659	3563664	195	1969055	2363576	796887
3006	2		29121				11811	15123	1407
406987	67074		1305862	299987	298957	1030	631797	309745	218432
2341880	591026	44032	9618662	10688746	8773312	3000	1976411	1686793	1568285
440358	106790		3267551	785646	781050	4002	640090	876681	807831
492374	250561		1616098	473162	467012	6150	619736	1028783	973801
15358	10105		203257	73368	73368		134524	152793	148145
247141	88725		708656	163475	152714	1830	344575	410238	309139
1310201	**351658**	**397**	**4959739**	**856756**	**689591**	**63717**	**1240137**	**1455215**	**1284941**
1014328	254828		3932003	528471	377169	48812	830023	889636	841880
166506	44740	397	566106	64480	48617	14905	105808	140319	125946
84915	33885		352448	263804	263804		293586	405773	300029
25096	12803		66507	1	1		5331	9467	7412
19356	5402		42675				5389	10020	9674
226812	**87865**		**843432**	**22055**	**21935**	**100**	**527350**	**657335**	**617757**
68157	41830		199945	8926	8826	100	129646	191376	168143
12174	3534		26550				12588	14388	12769
12209	3791		43716	129	109		5487	6395	6110
3252	2625		10414				1431	1507	1328
131020	36085		562807	13000	13000		378198	443669	429407
2320	**287**		**12927**				**4835**	**5505**	**5505**
2033			12530				4419	5004	5004
287	287		397				416	501	501
548814	**30778**		**27988372**	**53295530**	**48951345**	**4336069**	**89887971**	**111338686**	**106882386**
466391	**15082**		**22091003**	**49339075**	**45017555**	**4314304**	**65959475**	**86248406**	**84556034**
59255	9369		547450	437757	436863		2071492	4233415	3979661
339577			19069859	48408354	44095031	4313323	52862182	68682457	67935173
67559	5713		2473694	492964	485661	981	11025801	13332534	12641200
54343	**15696**		**1970854**	**2773611**	**2773611**		**8132708**	**9505328**	**9265292**
54343	15696		1970854	2773611	2773611		8132708	9505328	9265292
28080			**3926515**	**1182844**	**1160179**	**21765**	**15795788**	**15584952**	**13061060**
10744			1971434	1153531	1131631	21000	6849993	9369262	6851964
14355			1952074	28548	28548		8945447	6215265	6208671
2981			3007	765		765	348	425	425

1-21 续表 5

	累计折旧	本年折旧	在建工程	固定资产净值年平均余额	无形资产	资产总计
总　计	**85100775**	**13130296**	**23443046**	**143314239**	**9046425**	**455817982**
采矿业	**1082545**	**162475**	**20502**	**1307593**	**299821**	**4695815**
煤炭开采和洗选业	**520285**	**57915**	**3322**	**526860**	**292632**	**2828436**
烟煤和无烟煤的开采洗选	520285	57915	3322	526860	292632	2828436
石油和天然气开采业	**482564**	**95892**	**11195**	**657656**		**1529321**
与石油和天然气开采有关的服务活动	482564	95892	11195	657656		1529321
黑色金属矿采选业	**4850**	**2133**	**2057**	**26975**	**270**	**51905**
铁矿采选	4850	2133	2057	26975	270	51905
有色金属矿采选业	**8**	**8**		**94**	**8**	**53109**
常用有色金属矿采选	8	8		94	8	53109
非金属矿采选业	**74838**	**6527**	**3928**	**96008**	**6911**	**233044**
土砂石开采	74838	6527	3928	95933	6911	227539
石棉及其他非金属矿采选				75		5505
制造业	**51688714**	**6453400**	**13382842**	**71291375**	**8085483**	**283323802**
农副食品加工业	**327751**	**71186**	**450473**	**1120085**	**114324**	**4947458**
谷物磨制	28989	9075	24858	113657	19200	663059
饲料加工	105123	22076	15070	192174	55746	1579766
植物油加工	3510	914	235	8817		83524
制糖	50	45		227		26966
屠宰及肉类加工	117354	23583	321504	555777	35902	1782792
水产品加工	376	90		727		7048
蔬菜、水果和坚果加工	12045	5030	75078	104353	2730	338923
其他农副食品加工	60304	10373	13728	144353	746	465380
食品制造业	**422349**	**123381**	**202956**	**2533424**	**239563**	**7209415**
焙烤食品制造	34518	9756	42432	94184	11044	354206
糖果、巧克力及蜜饯制造	8536	3687	1208	31136	5575	174008
方便食品制造	41476	6134	373	56917	2104	174387
液体乳及乳制品制造	125699	61801	120316	1850664	82906	4158795
罐头制造	14506	3956	30	41692	2995	102021
调味品、发酵制品制造	27909	6420	11296	86540	13410	213915
其他食品制造	169705	31627	27301	372291	121529	2032083
饮料制造业	**316365**	**63829**	**92189**	**912685**	**91123**	**3476801**
酒的制造	154568	22840	36837	359262	29590	1387230
软饮料制造	160741	40579	55352	550314	60508	2073961
精制茶加工	1056	410		3109	1025	15610
烟草制品业	**168**	**161**		**1539**		**9875**
卷烟制造	126	119		1333		5688
其他烟草制品加工	42	42		206		4187

计量单位：千元

流动负债			长期负债			负债合计	所有者权益		
合　　计	#短期借款	应付账款	合　　计	#长期借款	应付债券		合　　计	#实收资本	
									国家资本
151011728	**38840353**	**39548276**	**45809633**	**27407144**	**2323060**	**196823553**	**258994429**	**158311309**	**28109326**
1893156	**178530**	**877921**	**104036**	**5069**		**1997192**	**2698623**	**1577520**	**237911**
1331657	**161128**	**509739**	**98917**			**1430574**	**1397862**	**553264**	**237911**
1331657	161128	509739	98917			1430574	1397862	553264	237911
424531		**325720**	**50**			**424581**	**1104740**	**850000**	
424531		325720	50			424581	1104740	850000	
41930	**11140**	**4120**	**5069**	**5069**		**46999**	**4906**	**27000**	
41930	11140	4120	5069	5069		46999	4906	27000	
1348						**1348**	**51761**	**50000**	
1348						1348	51761	50000	
93690	**6262**	**38342**				**93690**	**139354**	**97256**	
89734	6262	35642				89734	137805	96756	
3956		2700				3956	1549	500	
122954120	**35423523**	**33000518**	**19621004**	**13146631**	**1730044**	**142577316**	**140746486**	**73037283**	**11531448**
2499948	**644154**	**724724**	**388612**	**307599**		**2888560**	**2058898**	**1092979**	**6240**
384704	96451	130587	8609	7509		393313	269746	201099	1000
800466	219046	304326	106563	84053		907029	672737	236650	4080
49301	20600	10126	2767	2767		52068	31456	28400	
13895						13895	13071	4700	
860720	220327	171806	227538	172200		1088258	694534	381770	160
3427		1688				3427	3621	3500	
190581	29230	85090	12500	12500		203081	135842	71633	
196854	58500	21101	30635	28570		227489	237891	165227	1000
2589896	**746490**	**579474**	**515427**	**344349**		**3105323**	**4104092**	**1072742**	**42233**
219490	60194	78216	5700	5700		225190	129016	55623	883
120240	38532	48001				120240	53768	46252	
86356	23585	46994	1422	1422		87778	86609	58532	35364
1062815	285723	182047	372151	252480		1434966	2723829	333490	
55016	49000	4894	171	171		55187	46834	10500	
140904	27797	49796	13900	6100		154804	59111	88023	
905075	261659	169526	122083	78476		1027158	1004925	480322	5986
1628291	**504580**	**278816**	**109726**	**54106**		**1738017**	**1738784**	**983764**	**118900**
774075	205510	119985	55904	27968		829979	557251	211664	117900
847249	299070	154335	53822	26138		901071	1172890	763720	1000
6967		4496				6967	8643	8380	
2835		**1092**				**2835**	**7040**	**5400**	
2316		855				2316	3372	2800	
519		237				519	3668	2600	

1-21 续表 6

	累计折旧	本年折旧	在建工程	固定资产净值年平均余额	无形资产	资产总计
纺织业	**962664**	**102020**	**55700**	**1170513**	**108593**	**4819160**
棉、化纤纺织及印染精加工	688214	49628	22711	577247	43794	1542774
毛纺织和染整精加工	14508	1118		6232	2	20094
丝绢纺织及精加工	32903	3589		25937	631	166317
纺织制成品制造	54207	9014	11556	123149	14191	478339
针织品、编织品及其制品制造	172832	38671	21433	437948	49975	2611636
纺织服装、鞋、帽制造业	**243816**	**56716**	**145183**	**629854**	**51605**	**3043671**
纺织服装制造	243368	56491	145183	623165	51605	3021209
纺织面料鞋的制造	448	225		6689		22462
皮革、毛皮、羽毛(绒)及其制品业	**16947**	**6753**	**12208**	**84273**	**12425**	**317231**
皮革鞣制加工	8530	3889		51623	8469	100821
皮革制品制造	6712	2253	11542	23990	2450	148735
毛皮鞣制及制品加工	1705	611	666	8660	1506	67675
木材加工及木、竹、藤、棕、草制品	**94505**	**16877**	**4600**	**238849**	**4222**	**558562**
锯材、木片加工	178	74		14289		44123
人造板制造	25508	12680	771	129384	2364	281285
木制品制造	68819	4123	3829	95176	1858	233154
家具制造业	**188773**	**29435**	**120387**	**358247**	**38447**	**1704595**
木质家具制造	52894	15637	74163	213847	28778	929535
金属家具制造	124944	10732	37913	119152	332	689688
其他家具制造	10935	3066	8311	25248	9337	85372
造纸及纸制品业	**84938**	**16135**	**14404**	**260060**	**25901**	**681434**
造纸	21915	3977	7052	99819	16968	239945
纸制品制造	63023	12158	7352	160241	8933	441489
印刷业和记录媒介的复制	**1018442**	**228435**	**234329**	**2221092**	**50158**	**5052834**
印刷	760563	180331	213987	1805189	48522	4194234
装订及其他印刷服务活动	23319	3841		20796	22	50231
记录媒介的复制	234560	44263	20342	395107	1614	808369
文教体育用品制造业	**161771**	**22998**	**72240**	**330504**	**53669**	**1142181**
文化用品制造	1160	432		6104		14976
体育用品制造	5431	2082		24110	7856	185423
乐器制造	147616	18235	66145	253722	42133	852641
玩具制造	594	379	1205	1268		7221
游艺器材及娱乐用品制造	6970	1870	4890	45300	3680	81920
石油加工、炼焦及核燃料加工业	**3506690**	**363544**	**256944**	**3226993**	**59898**	**6386055**
精炼石油产品的制造	3506690	363544	256944	3226993	59898	6386055
化学原料及化学制品制造业	**14615822**	**1825630**	**617412**	**14124967**	**2389132**	**30091481**
基础化学原料制造	4483007	660575	279979	4792842	1196482	11147793
肥料制造	26248	8386	14758	121560	43795	549986
农药制造	9006	2675	3954	17876	12098	122547
涂料、油墨、颜料及类似产品制造	49237	13719	32516	136278	83755	916922
合成材料制造	9322643	959466	167958	7266358	879937	12009720
专用化学产品制造	623585	153105	100599	1448560	55291	3754016
日用化学产品制造	102096	27704	17648	341493	117774	1590497

计量单位: 千元

流动负债			长期负债			负债合计	所有者权益		
合　计	#短期借款	应付账款	合　计	#长期借款	应付债券		合　计	#实收资本	国家资本
2684173	**1000648**	**886516**	**259589**	**54788**		**2943762**	**1875398**	**1540942**	**80502**
718865	378535	78047	169288	31815		888153	654621	644831	68362
12572	9900	1427				12572	7522	7185	
112054	44780	2730				112054	54263	41497	
275887	79472	67918	17158	192		293045	185294	150247	
1564795	487961	736394	73143	22781		1637938	973698	697182	12140
1895463	**528449**	**536272**	**67290**	**52614**	**138**	**1962753**	**1080918**	**713598**	**12636**
1875599	523378	532889	67290	52614	138	1942889	1078320	702651	12636
19864	5071	3383				19864	2598	10947	
155045	**26100**	**37455**	**19694**	**17848**		**174739**	**142492**	**165315**	**2600**
38404	6000	11786	16834	16834		55238	45583	71880	800
73847	17100	16367	2839	993		76686	72049	72935	
42794	3000	9302	21	21		42815	24860	20500	1800
220370	**64195**	**79631**	**18256**	**18256**		**238626**	**319936**	**134755**	**650**
23606	2039	18648				23606	20517	6100	
70690	45300	19269	18000	18000		88690	192595	23910	
126074	16856	41714	256	256		126330	106824	104745	650
1012762	**344168**	**227393**	**60764**	**34835**		**1073526**	**631069**	**484993**	
530436	176589	100673	45764	19835		576200	353335	311914	
439431	167579	118779	15000	15000		454431	235257	131498	
42895		7941				42895	42477	41581	
445311	**88017**	**165767**	**37299**	**37215**		**482610**	**198824**	**245743**	
144223	45488	37103	5046	5000		149269	90676	91121	
301088	42529	128664	32253	32215		333341	108148	154622	
2250620	**442772**	**669549**	**553967**	**250689**	**300**	**2804587**	**2248247**	**1697621**	**210642**
1879433	353992	604738	432825	148289	300	2312258	1881976	1300215	68949
26697		2087	1323			28020	22211	13880	300
344490	88780	62724	119819	102400		464309	344060	383526	141393
690779	**265781**	**136019**	**63185**	**63185**		**753964**	**388217**	**241690**	
12665		1275				12665	2311	1500	
94392	15088	43988				94392	91031	60190	
552294	249893	80504	41185	41185		593479	259162	172000	
3768		1382				3768	3453	3000	
27660	800	8870	22000	22000		49660	32260	5000	
3024563	**44960**	**1155952**	**41009**	**9451**		**3065572**	**3320483**	**342614**	
3024563	44960	1155952	41009	9451		3065572	3320483	342614	
6121676	**1838446**	**1203485**	**1884396**	**1690360**	**10**	**8006072**	**22085409**	**12093873**	**284487**
2621818	986146	454917	857262	827792		3479080	7668713	6087551	79218
327741	99653	109156	29402	29402		357143	192843	197518	
59522	25058	9135				59522	63025	53002	15000
395006	101820	162799	15516	13795	10	410522	506400	377890	15000
1179424	117716	134077	750940	719255		1930364	10079356	3936674	59581
1080106	468733	197166	203816	72656		1283922	2470094	712692	81335
458059	39320	136235	27460	27460		485519	1104978	728546	34353

1-21 续表 7

	累计折旧	本年折旧	在建工程	固定资产净值年平均余额	无形资产	资产总计
医药制造业	**1116577**	**247095**	**893607**	**2925862**	**419590**	**14877974**
化学药品原药制造	12663	3549	852	50594	5873	145454
化学药品制剂制造	327563	104770	367050	1263110	219234	5467580
中药饮片加工	11209	4055	18494	50646	6302	312741
中成药制造	523715	89859	447052	1059486	67246	6643982
兽用药品制造	5587	1969	315	14970	283	104191
生物、生化制品的制造	227160	40116	53949	439881	112505	2079413
卫生材料及医药用品制造	8680	2777	5895	47175	8147	124613
化学纤维制造业	**34233**	**8996**	**6891**	**197854**	**206**	**491283**
纤维素纤维原料及纤维制造	926	162		1334		5372
合成纤维制造	33307	8834	6891	196520	206	485911
橡胶制品业	**527680**	**50344**	**81437**	**574298**	**91318**	**1679934**
轮胎制造	399937	37868	75445	433157	90749	1291478
橡胶板、管、带的制造	153	76	36	812		4525
橡胶零件制造	7241	2661	2623	19784	569	126024
日用及医用橡胶制品制造	120262	9652	3333	119695		250814
其他橡胶制品制造	87	87		850		7093
塑料制品业	**331234**	**62810**	**52826**	**750443**	**50567**	**2618000**
塑料薄膜制造	56096	8365	1916	92968	34553	336757
塑料板、管、型材的制造	112205	21167	9641	272058	1024	691080
塑料丝、绳及编织品的制造	25686	3587	5664	21700	1036	169417
泡沫塑料制造	29479	6106	3072	100829	35	342469
塑料人造革、合成革制造	4369	4369	134	25389		55724
塑料包装箱及容器制造	42094	7494	16569	84443	1962	317248
塑料零件制造	735	433	1920	2329		30863
日用塑料制造	54125	10069	13864	139915	11957	632397
其他塑料制品制造	6445	1220	46	10812		42045
非金属矿物制品业	**2293506**	**508391**	**742102**	**4740241**	**745505**	**16614900**
水泥、石灰和石膏的制造	457243	71703	8875	887247	427368	1944260
水泥及石膏制品制造	1338343	339921	499634	2716882	133995	11248472
砖瓦、石材及其他建筑材料制造	243799	38883	17024	529509	150525	1352341
玻璃及玻璃制品制造	176806	40010	197860	420345	13088	1227492
陶瓷制品制造	554	468		5537		22358
耐火材料制品制造	38737	7911	5688	97898		424258
石墨及其他非金属矿物制品制造	38024	9495	13021	82823	20529	395719
黑色金属冶炼及压延加工业	**16994192**	**1292611**	**4271289**	**16066295**	**705299**	**51986377**
炼铁	2506	843	568	6672	250	66263
炼钢	128	91	2384	1098		4811
钢压延加工	16991558	1291677	4268337	16058525	705049	51915303

计量单位：千元

流动负债			长期负债			负债合计	所有者权益		
合计	#短期借款	应付账款	合计	#长期借款	应付债券		合计	#实收资本	国家资本
4374696	**1778105**	**894365**	**574222**	**414673**	**667**	**4948918**	**9929056**	**3612607**	**340651**
84466	25955	11157	10000	10000		94466	50988	32100	
1602318	672352	256419	359866	305680	667	1962184	3505396	1762367	132167
215649	54540	81390	2830	2370		218479	94262	74403	300
2100454	949500	463486	111211	55263		2211665	4432317	1032979	206924
48165	3308	17036				48165	56026	6630	1260
303765	69500	57913	89955	41000		393720	1685693	631628	
19879	2950	6964	360	360		20239	104374	72500	
159476	**69550**	**13709**	**97500**	**17000**		**256976**	**234307**	**121880**	
3886		3173				3886	1486	2000	
155590	69550	10536	97500	17000		253090	232821	119880	
1041862	**137754**	**148528**	**318677**	**272435**		**1360539**	**319395**	**205956**	**406**
852641	117896	116682	233793	233793		1086434	205044	120538	
3971		1623				3971	554	1075	
76480	9858	11907	2194	2194		78674	47350	25757	406
105535	10000	17127	82690	36448		188225	62589	53586	
3235		1189				3235	3858	5000	
1536398	**281145**	**498354**	**74277**	**41824**		**1610675**	**1007325**	**791516**	**114656**
165847	54632	51176	20925	1507		186772	149985	131793	833
304777	47114	143451	32845	32845		337622	353458	276494	100000
90297	12230	43319	623	610		90920	78497	39054	
211940	47523	64970	1800	372		213740	128729	104444	5691
40414		9172				40414	15310	2000	
217436	61090	85280	4821	4821		222257	94991	76563	
24102		8613				24102	6761	5330	1800
464283	58296	87076	13263	1669		477546	154851	149645	6332
17302	260	5297				17302	24743	6193	
8356440	**1260289**	**3994034**	**1133559**	**992607**		**9489999**	**7124901**	**5142604**	**599822**
509508	77740	139971	265249	257696		774757	1169503	1064616	
6283369	981457	3366737	763591	676421		7046960	4201512	2578491	438000
481305	59056	155117	47289	41296		528594	823747	703335	3793
597163	86055	121230	46380	12144		643543	583949	569333	158029
11455		8095				11455	10903	10600	
220972	50481	84015	7500	1500		228472	195786	121536	
252668	5500	118869	3550	3550		256218	139501	94693	
22020702	**8912410**	**4656398**	**6605028**	**4327745**	**1599391**	**28625730**	**23360647**	**10359387**	**6357461**
46659	3000	29340				46659	19604	12141	
4221	3466	716				4221	590	500	
21969822	8905944	4626342	6605028	4327745	1599391	28574850	23340453	10346746	6357461

1-21 续表 8

	累计折旧	本年折旧	在建工程	固定资产净值年平均余额	无形资产	资产总计
有色金属冶炼及压延加工业	**179930**	**37741**	**115269**	**541066**	**102510**	**3396484**
常用有色金属冶炼	6924	2490	2008	24318	831	537564
贵金属冶炼	553	220		749	1000	45929
稀有稀土金属冶炼	21197	6849	27551	49694	34717	1126922
有色金属合金制造	16561	5302	3779	63535	6468	228929
有色金属压延加工	134695	22880	81931	402770	59494	1457140
金属制品业	**471002**	**104671**	**756242**	**1697876**	**190925**	**8908859**
结构性金属制品制造	297936	73297	252596	1076286	158879	5192980
金属工具制造	11279	2148	265	32112		163404
集装箱及金属包装容器制造	50569	4914	3758	77457	150	391647
金属丝绳及其制品的制造	5691	4632	27411	78870	610	121014
建筑、安全用金属制品制造	22444	11035	148005	168240	30768	806158
金属表面处理及热处理加工	3089	1093	3965	11682		37249
搪瓷制品制造	406	27	1629	2186		7744
不锈钢及类似日用金属制品制造	5031	907	5686	5365		53524
其他金属制品制造	74557	6618	312927	245678	518	2135139
通用设备制造业	**1090689**	**170936**	**467528**	**2423230**	**307389**	**9932839**
锅炉及原动机制造	55729	6706	2716	83787	4771	535794
金属加工机械制造	166043	32710	80414	562417	30118	2140423
起重运输设备制造	20338	6594	19834	62187	2803	283381
泵、阀门、压缩机及类似机械的制造	231138	30765	191105	375348	98614	1744718
轴承、齿轮、传动和驱动部件的制造	5896	1101		9961	12271	82074
烘炉、熔炉及电炉制造	5425	1952	26426	9481	1104	193304
风机、衡器、包装设备等通用设备制造	437700	55261	106272	994125	136223	3800042
通用零部件制造及机械修理	24107	10716	17642	61472	9283	202658
金属铸、锻加工	144313	25131	23119	264452	12202	950445
专用设备制造业	**1078413**	**183506**	**537283**	**2198361**	**505989**	**16384367**
矿山、冶金、建筑专用设备制造	232156	33370	8698	421443	132033	4763280
化工、木材、非金属加工专用设备制造	65918	11785	32819	159888	56386	975844
食品、饮料、烟草及饲料生产专用设备	4046	1154		12817		79208
印刷、制药、日化生产专用设备制造	367320	48676	125924	691442	47879	2437727
纺织、服装和皮革工业专用设备制造	68766	21625	8598	110967	35994	1704157
电子和电工机械专用设备制造	81758	12981	57361	142711	15063	916447
农、林、牧、渔专用机械制造	19715	2843	737	25169	12231	220458
医疗仪器设备及器械制造	147108	23158	229267	338564	69497	2464747
环保、社会公共安全及其他专用设备制造	91626	27914	73879	295360	136906	2822499
交通运输设备制造业	**1960032**	**262862**	**973010**	**4265871**	**478303**	**17146379**
铁路运输设备制造	18248	6559	20727	104564	22387	650609
汽车制造	1621535	220495	856335	3716386	446690	13995483
自行车制造	2122	567	1146	19304		58051
船舶及浮动装置制造	148	119		714	2178	34388
航空航天器制造	315886	34555	94802	420010	7048	2389809
交通器材及其他交通运输设备制造	2093	567		4893		18039

计量单位：千元

流动负债合计	#短期借款	应付账款	长期负债合计	#长期借款	应付债券	负债合计	所有者权益合计	#实收资本	国家资本
1397039	**372663**	**407344**	**146811**	**130968**		**1543850**	**1852634**	**1488063**	**203424**
330172	94830	50945	1098			331270	206294	181186	
3044						3044	42885	43000	
266786	121934	108460	67790	57425		334576	792346	584500	195424
146171	10281	59593	3977			150148	78781	50980	
650866	145618	188346	73946	73543		724812	732328	628397	8000
5023128	**1223507**	**1035573**	**347113**	**252918**		**5370241**	**3538618**	**2118591**	**71999**
3146437	879812	603186	230177	183020		3376614	1816366	1484993	60860
77396	1324	26103	1252	1252		78648	84756	32160	2200
230149	31824	45362	21012	13010		251161	140486	107147	8299
69329		58718	30000	30000		99329	21685	20000	
649711	91387	78881	4986	4925		654697	151461	155880	
15041	7100	2400				15041	22208	14680	
5436	600	2039				5436	2308	2399	
22992	1375	4676	18980	18980		41972	11552	7500	
806637	210085	214208	40706	1731		847343	1287796	293832	640
4135246	**510157**	**1205149**	**619580**	**335021**		**4754826**	**5178013**	**3312658**	**86052**
270020	40100	98363	7431	7431		277451	258343	136210	4700
814710	139444	156462	311384	188283		1126094	1014329	776239	1000
166872	37000	36932	8767	8767		175639	107742	110300	12299
675653	96629	307332	143443	2246		819096	925622	699264	64687
40092		11995	12470	12470		52562	29512	27100	1600
125853	25595	37118	96			125949	67355	30400	
1392261	124635	377210	103227	92076		1495488	2304554	1175563	1766
112930	1600	34922	530	530		113460	89198	76396	
536855	45154	144815	32232	23218		569087	381358	281186	
6412793	**1098733**	**1640598**	**816524**	**335207**		**7229317**	**9155050**	**5133001**	**1479565**
1034720	168767	287090	477210	157489		1511930	3251350	1444901	1351307
688813	112358	76403	5957			694770	281074	288052	
37321		4779				37321	41887	28295	1180
882536	207782	206649	1743	1500		884279	1553448	625558	17778
911839	72756	203253	14240			926079	778078	665043	
347719	49199	95154	56077	9344		403796	512651	269455	54320
75817	16790	27646	713	321		76530	143928	65770	
879542	329668	234028	177284	96401		1056826	1407921	963629	15580
1554486	141413	505596	83300	70152		1637786	1184713	782298	39400
10795604	**1884552**	**4372343**	**957037**	**764131**	**51**	**11752641**	**5393738**	**3330650**	**564859**
412684	70112	245359	2309	2258	51	414993	235616	123588	
9014921	1762666	4029048	924252	734789		9939173	4056310	2709905	173982
28811	17000	6427				28811	29240	35000	
189						189	34199	11100	
1330259	33000	85678	30476	27084		1360735	1029074	442377	390877
8740	1774	5831				8740	9299	8680	

1-21 续表 9

	累计折旧	本年折旧	在建工程	固定资产净值年平均余额	无形资产	资产总计
电气机械及器材制造业	**1007853**	**153189**	**468613**	**1539448**	**412777**	**12084107**
电机制造	434251	40371	228280	390383	13804	3380653
输配电及控制设备制造	386978	69266	205297	709063	258204	6493613
电线、电缆、光缆及电工器材制造	34120	9209	13801	113188	41344	461331
电池制造	16568	8455	7596	80633	16425	308269
家用电力器具制造	75245	13774	5573	112931	74701	745248
非电力家用器具制造	47505	7410	305	74913	7598	292931
照明器具制造	9745	4008	7761	52099	701	348018
其他电气机械及器材制造	3441	696		6238		54044
通信设备、计算机及其他电子设备制造	**2031539**	**330783**	**1507435**	**4869531**	**618336**	**48641884**
通信设备制造	674148	84280	274040	1722464	129320	13409073
雷达及配套设备制造	3312	1073		11163		35197
广播电视设备制造	81602	16008	402203	223071	79978	2497193
电子计算机制造	420353	104775	719662	1309442	202037	23033453
电子器件制造	276319	53313	29341	591598	113112	5123033
电子元件制造	484345	50833	75072	546203	25826	2835143
家用视听设备制造	18354	6922	85	142849	1015	386034
其他电子设备制造	73106	13579	7032	322741	67048	1322758
仪器仪表及文化、办公用机械制造业	**429114**	**73249**	**209092**	**855676**	**181487**	**7630733**
通用仪器仪表制造	227048	47828	162528	570972	154748	5613555
专用仪器仪表制造	53793	8809	19281	84252	20296	786082
光学仪器及眼镜制造	139185	13842	26962	189775	1560	1099921
文化、办公用机械制造	4250	806	114	5334	4883	74366
其他仪器仪表的制造及修理	4838	1964	207	5343		56809
工艺品及其他制造业	**180709**	**38149**	**20853**	**429461**	**36222**	**1469264**
工艺美术品制造	76951	4692	15045	114818	7261	356941
日用杂品制造	3393	601	1118	10728	1274	43007
煤制品制造	1420	410	512	4472		58745
核辐射加工	333	89		1031		14428
其他未列明的制造业	98612	32357	4178	298412	27687	996143
废弃资源和废旧材料回收加工业	**1010**	**967**	**340**	**2777**		**19665**
金属废料和碎屑的加工处理	925	925	340	2340		18823
非金属废料和碎屑的加工处理	85	42		437		842
电力、燃气及水的生产和供应业	**32329516**	**6514421**	**10039702**	**70715271**	**661121**	**167798365**
电力、热力的生产和供应业	**25896397**	**5478516**	**4769314**	**53374473**	**92100**	**133478081**
电力生产	2632584	237981	434143	1680428	9	3077398
电力供应	19963757	4622679	3365770	43053200	62479	116007612
热力生产和供应	3300056	617856	969401	8640845	29612	14393071
燃气生产和供应业	**2532399**	**436930**	**1159769**	**6224513**	**1451**	**12730341**
燃气生产和供应业	2532399	436930	1159769	6224513	1451	12730341
水的生产和供应业	**3900720**	**598975**	**4110619**	**11116285**	**567570**	**21589943**
自来水的生产和供应	3547543	436507	1027338	5787035	18908	10265983
污水处理及其再生利用	353100	162398	3083281	5328981	544661	11310798
其他水的处理、利用与分配	77	70		269	4001	13162

计量单位：千元

流动负债			长期负债			负债合计	所有者权益		
合　计	#短期借款	应付账款	合　计	#长期借款	应付债券		合　计	#实收资本	国家资本
7283424	**1508169**	**2179880**	**291181**	**150671**	**5184**	**7574605**	**4509502**	**3206209**	**196198**
2336766	237806	192964	71672	34467		2408438	972215	980493	
3953853	993284	1645569	169403	85418	5184	4123256	2370357	1435061	
246343	88800	81328	13781	9769		260124	201207	119800	
99652	45450	14205	28638	17338		128290	179979	148950	9000
337477	53400	162839				337477	407771	244366	
136133	24113	31808				136133	156798	109185	87198
152470	64316	37545	7687	3679		160157	187861	157604	100000
20730	1000	13622				20730	33314	10750	
21037922	**9251096**	**3895349**	**3171148**	**1885710**	**124303**	**24209070**	**24432814**	**10911866**	**661145**
7120462	3430334	1088613	548722	460652		7669184	5739889	2931167	250588
20664		3832	5586	5586		26250	8947	1800	
1084951	400698	114279	379823	248920	124303	1464774	1032419	786790	46674
9838556	4822030	1783312	1899238	1041569		11737794	11295659	4160321	160080
1329680	427990	414110	203268	53387		1532948	3590085	1156578	185570
1048815	128672	315318	89955	61694		1138770	1696373	1089111	12000
134251	18000	21938	4100			138351	247683	131633	
460543	23372	153947	40456	13902		500999	821759	654466	6233
3480671	**559444**	**962056**	**405588**	**253997**		**3888451**	**3742282**	**1847198**	**68955**
2676991	366161	712796	161712	133460		2838703	2774852	1384374	38873
293351	44671	104980	65939	45841		359290	426792	282538	17780
455863	121076	131560	168043	73136		626098	473823	140103	12302
37537	25356	5303	5270			42807	31559	25550	
16929	2180	7417	4624	1560		21553	35256	14633	
659444	**37159**	**413094**	**43545**	**36429**		**702989**	**766275**	**630567**	**27365**
192512	34340	99639	40835	36429		233347	123594	74452	
24572	719	15256	2710			27282	15725	15885	
45603		17051				45603	13142	9600	
2120	200	582				2120	12308	7000	
394637	1900	280566				394637	601506	523630	27365
17543	**30**	**1599**				**17543**	**2122**	**8501**	
17202		1550				17202	1621	8000	
341	30	49				341	501	501	
26164452	**3238300**	**5669837**	**26084593**	**14255444**	**593016**	**52249045**	**115549320**	**83696506**	**16339967**
23142217	**2117300**	**5553789**	**21218690**	**12481314**	**593016**	**44360907**	**89117174**	**64971015**	**6313699**
529145	120000	132277	359630	331263		888775	2188623	1245761	
20146045	790300	5154401	18377709	9995543	412000	38523754	77483858	59475059	2415152
2467027	1207000	267111	2481351	2154508	181016	4948378	9444693	4250195	3898547
807633		**56248**	**118581**	**69537**		**926214**	**11804127**	**8461695**	
807633		56248	118581	69537		926214	11804127	8461695	
2214602	**1121000**	**59800**	**4747322**	**1704593**		**6961924**	**14628019**	**10263796**	**10026268**
1809297	1114000	15283	1114223	1001112		2923520	7342463	5541595	5449367
400857	7000	42194	3633099	703481		4033956	7276842	4713701	4576901
4448		2323				4448	8714	8500	

1-21 续表 10

	集体资本	法人资本	#国家法人	集体法人	个人资本	港澳台资本
总计	**1221841**	**111914810**	**98322860**	**4883357**	**15091146**	**56878**
采矿业	**5150**	**1287161**	**1226332**	**55629**	**47298**	
煤炭开采和洗选业	**5150**	**309195**	**304495**		**1008**	
烟煤和无烟煤的开采洗选	5150	309195	304495		1008	
石油和天然气开采业		**850000**	**850000**			
与石油和天然气开采有关的服务活动		850000	850000			
黑色金属矿采选业		**500**			**26500**	
铁矿采选		500			26500	
有色金属矿采选业		**50000**		**50000**		
常用有色金属矿采选		50000		50000		
非金属矿采选业		**77466**	**71837**	**5629**	**19790**	
土砂石开采		77466	71837	5629	19290	
石棉及其他非金属矿采选					500	
制造业	**1200771**	**43452872**	**30140914**	**4804189**	**14878006**	**56878**
农副食品加工业	**4202**	**573027**	**159765**	**212504**	**509510**	
谷物磨制		68127	7597	50000	131972	
饲料加工	1802	91137	6454	38775	139631	
植物油加工		27900	26900	1000	500	
制糖		4700	4700			
屠宰及肉类加工	2400	195910		65600	183300	
水产品加工					3500	
蔬菜、水果和坚果加工		44576	766	29800	27057	
其他农副食品加工		140677	113348	27329	23550	
食品制造业	**4690**	**707059**	**122391**	**259975**	**318760**	
焙烤食品制造	900	8427		3777	45413	
糖果、巧克力及蜜饯制造	3006	34323	15093	10000	8923	
方便食品制造		568			22600	
液体乳及乳制品制造		295069	4079	105400	38421	
罐头制造					10500	
调味品、发酵制品制造		48143	41533		39880	
其他食品制造	784	320529	61686	140798	153023	
饮料制造业	**7980**	**639705**	**118428**	**137617**	**217179**	
酒的制造		79728	45028	24500	14036	
软饮料制造	5180	558520	73400	111660	199020	
精制茶加工	2800	1457		1457	4123	
烟草制品业	**910**	**1690**			**2800**	
卷烟制造					2800	
其他烟草制品加工	910	1690				

计量单位：千元

外商资本	主营业务收入	直接出口产品销售收入	主营业务成本	营业费用	主营业务税金及附加	其他业务收入	其他业务利润	管理费用	#税金
1917308	**315322613**	**9148052**	**271092046**	**9371561**	**2399001**	**8596641**	**1297255**	**16959122**	**376948**
	12708761	**644848**	**10632773**	**496338**	**44469**	**40472**	**19332**	**395003**	**5208**
	11681684	**644848**	**9958833**	**457331**	**34356**	**33621**	**13579**	**283487**	**4563**
	11681684	644848	9958833	457331	34356	33621	13579	283487	4563
	740285		**470044**	**4830**	**7652**	**409**	**409**	**83039**	**405**
	740285		470044	4830	7652	409	409	83039	405
	50342		**19368**	**22364**	**496**			**1928**	**49**
	50342		19368	22364	496			1928	49
	39487		**36196**	**88**	**55**			**891**	**51**
	39487		36196	88	55			891	51
	196963		**148332**	**11725**	**1910**	**6442**	**5344**	**25658**	**140**
	188061		141546	10004	1827	6442	5344	25555	140
	8902		6786	1721	83			103	
1917308	**231571668**	**8503204**	**192696967**	**8849106**	**2078550**	**7982745**	**1033123**	**15641789**	**315367**
	7637721	**87730**	**6773350**	**369549**	**11788**	**100991**	**21458**	**256889**	**3607**
	921814		753421	40456	262	2187	749	62765	342
	2724090	8220	2307174	192371	2808	81515	4306	112449	658
	326459	10748	308112	7915	46	1	1	5018	62
	59932		53768	2995	2931			695	
	2868718	61647	2713395	78240	1398	3374	2531	47369	1232
	36924		31909	4523	46			362	4
	201516	7115	158726	7996	1230	435	392	10044	95
	498268		446845	35053	3067	13479	13479	18187	1214
	3601296	**86461**	**2845218**	**408258**	**11800**	**137602**	**18105**	**246076**	**5984**
	431580		364247	34175	1489	2229	1520	26428	884
	191620		162067	17444	346	1765	298	6077	47
	153011	16002	133317	5366	557	3	3	11329	219
	1481833		1251827	161553	3301	81719	1827	50505	1260
	72471		65255	2481	181	1581	715	3632	180
	172859	14586	135532	15014	607	126	126	15840	517
	1097922	55873	732973	172225	5319	50179	13616	132265	2877
	2065533	**250369**	**1342111**	**229515**	**244766**	**29294**	**8775**	**171730**	**3635**
	1030149	16286	606003	52882	241123	18273	7173	102556	2214
	1004315	220051	710306	174275	3494	11021	1602	66750	1412
	31069	14032	25802	2358	149			2424	9
	18490		**14350**	**1013**	**57**			**1110**	**10**
	13020		11267	914	25			254	
	5470		3083	99	32			856	10

1-21 续表 11

	集体资本	法人资本	#国家法人	集体法人	个人资本	港澳台资本
纺织业	**6472**	**1191331**	**840024**	**292142**	**242038**	
棉、化纤纺织及印染精加工		521551	467344	22512	54918	
毛纺织和染整精加工	2155				5030	
丝绢纺织及精加工		39422	39422		2075	
纺织制成品制造	2857	110545	55760	42685	36246	
针织品、编织品及其制品制造	1460	519813	277498	226945	143769	
纺织服装、鞋、帽制造业	**19524**	**233187**	**15262**	**75840**	**444513**	
纺织服装制造	19524	233187	15262	75840	433566	
纺织面料鞋的制造					10947	
皮革、毛皮、羽毛(绒)及其制品业	**1200**	**87501**	**60000**	**2000**	**74014**	
皮革鞣制加工		62000	60000	2000	9080	
皮革制品制造		25501			47434	
毛皮鞣制及制品加工	1200				17500	
木材加工及木、竹、藤、棕、草制品	**100**	**88573**	**72193**	**5380**	**45432**	
锯材、木片加工		600			5500	
人造板制造		8880	3500	5380	15030	
木制品制造	100	79093	68693		24902	
家具制造业	**6570**	**174261**	**83000**	**17981**	**301672**	
木质家具制造		74973		1693	234451	
金属家具制造	1000	96898	83000	13898	33600	
其他家具制造	5570	2390		2390	33621	
造纸及纸制品业	**3030**	**170702**	**131398**	**4980**	**72011**	
造纸	530	64677	60450	2000	25914	
纸制品制造	2500	106025	70948	2980	46097	
印刷业和记录媒介的复制	**15300**	**879745**	**326119**	**157641**	**591934**	
印刷	12270	667452	241506	48961	551544	
装订及其他印刷服务活动	3030	6080		80	4470	
记录媒介的复制		206213	84613	108600	35920	
文教体育用品制造业	**6344**	**168212**	**152304**	**15908**	**31444**	
文化用品制造					1500	
体育用品制造		10000		10000	14500	
乐器制造	6344	158212	152304	5908	7444	
玩具制造					3000	
游艺器材及娱乐用品制造					5000	
石油加工、炼焦及核燃料加工业	**510**	**306314**	**297654**	**3500**	**35790**	
精炼石油产品的制造	510	306314	297654	3500	35790	
化学原料及化学制品制造业	**44364**	**9735125**	**9049050**	**388046**	**1017552**	
基础化学原料制造	15238	5862047	5818790	30952	131048	
肥料制造		60200	25750	23250	137318	
农药制造		18000	15000	3000	20002	
涂料、油墨、颜料及类似产品制造	200	221883	15115	62833	140462	
合成材料制造	24906	2691536	2607610	40297	148651	
专用化学产品制造	4020	245411	96519	113732	381926	
日用化学产品制造		636048	470266	113982	58145	

计量单位：千元

外商资本	主营业务收入	直接出口产品销售收入	主营业务成本	营业费用	主营业务税金及附加	其他业务收入	其他业务利润	管理费用	#税金
20599	**3551597**	**322486**	**3107082**	**191049**	**8982**	**109723**	**41912**	**281866**	**9131**
	689837	3469	751859	12874	2234	32190	11955	100030	5161
	30229	844	27525	269	5	40	-9	1745	1
	237419		222443	6469	426	681	681	4257	153
599	443612	30319	347730	25169	1438	17939	3802	40613	160
20000	2150500	287854	1757525	146268	4879	58873	25483	135221	3656
3738	**2795451**	**591673**	**2309766**	**222255**	**12446**	**42668**	**13511**	**219707**	**3489**
3738	2766752	576216	2285440	219453	12411	42300	13511	217148	3474
	28699	15457	24326	2802	35	368		2559	15
	441673	**243749**	**408783**	**10972**	**393**	**1750**	**392**	**22276**	**248**
	35186		37144	807	20	220	182	5512	12
	253840	135354	230120	9033	325	1530	210	12611	183
	152647	108395	141519	1132	48			4153	53
	431181	**6369**	**399442**	**15631**	**676**	**10567**	**1757**	**26650**	**1232**
	40595		48220	882	26			505	4
	249313		228933	9150	270	6751	73	10745	514
	141273	6369	122289	5599	380	3816	1684	15400	714
2490	**1349512**	**92207**	**1066036**	**157922**	**4046**	**31803**	**7756**	**97135**	**1970**
2490	597804	31479	452675	91930	1608	4991	1540	49385	1082
	642964	58796	528300	50283	1842	23374	3703	40881	634
	108744	1932	85061	15709	596	3438	2513	6869	254
	671787		**610297**	**16853**	**1484**	**3876**	**2723**	**36767**	**976**
	220227		209176	3930	295	1168	185	7562	259
	451560		401121	12923	1189	2708	2538	29205	717
	3135693		**2567810**	**85321**	**18039**	**105975**	**34639**	**310786**	**7506**
	2748944		2228759	66270	16176	99507	33496	260204	6561
	39267		31076	1553	218	11		4859	2
	347482		307975	17498	1645	6457	1143	45723	943
35690	**729767**	**261017**	**587100**	**35694**	**2382**	**72483**	**14890**	**91243**	**2159**
	18105		13941	716	122	1355	1252	3752	93
35690	227411	131197	182938	8178	374	221	209	21757	137
	429127	115926	347122	24352	1703	70907	13429	61533	1710
	9324	8894	7799	488	3			971	4
	45800	5000	35300	1960	180			3230	215
	21676870		**20700162**	**84573**	**780664**	**460772**	**-26184**	**315678**	**4548**
	21676870		20700162	84573	780664	460772	-26184	315678	4548
1012345	**32794547**	**427504**	**24140138**	**672705**	**226587**	**368385**	**55814**	**1682168**	**34508**
	7959100	5262	6052437	203783	39010	171041	49224	538138	11805
	448358	16725	415007	16768	104	1393	1037	18611	823
	100483	9350	63627	14594	335	518	46	12606	9
345	1072903	17397	942680	37955	3162	6126	2784	67148	3698
1012000	20208241	60313	14580475	128467	112486	98929	-3218	759815	13383
	1787668	314222	1368426	80705	7613	83588	5346	172824	2334
	1217794	4235	717486	190433	63877	6790	595	113026	2456

1-21 续表 12

	集体资本	法人资本	#国家法人	集体法人	个人资本	港澳台资本
医药制造业	**158093**	**2194870**	**971977**	**265031**	**918993**	
化学药品原药制造		15000	15000		17100	
化学药品制剂制造	142530	1030534	497158	153216	457136	
中药饮片加工	1563	55800	100	4000	16740	
中成药制造	12500	509563	417619	29470	303992	
兽用药品制造		1200	500		4170	
生物、生化制品的制造	1500	513273	41600	29345	116855	
卫生材料及医药用品制造		69500		49000	3000	
化学纤维制造业		**92656**	**35656**		**24592**	
纤维素纤维原料及纤维制造		1000			1000	
合成纤维制造		91656	35656		23592	
橡胶制品业	**10850**	**168247**	**137768**	**9323**	**26453**	
轮胎制造		115538	95538		5000	
橡胶板、管、带的制造		500		500	575	
橡胶零件制造		9473	150	8823	15878	
日用及医用橡胶制品制造	10850	42736	42080			
其他橡胶制品制造					5000	
塑料制品业	**58073**	**387942**	**141177**	**128795**	**230845**	
塑料薄膜制造	6727	109801	85985	1250	14432	
塑料板、管、型材的制造	43274	90963		52000	42257	
塑料丝、绳及编织品的制造		27676		25566	11378	
泡沫塑料制造		75363	49072	17324	23390	
塑料人造革、合成革制造					2000	
塑料包装箱及容器制造	5072	37380	6120	23380	34111	
塑料零件制造		2700			830	
日用塑料制造	3000	42559		8275	97754	
其他塑料制品制造		1500		1000	4693	
非金属矿物制品业	**70480**	**2687895**	**1767179**	**311748**	**1773321**	**10000**
水泥、石灰和石膏的制造	300	1018269	963463	54306	46047	
水泥及石膏制品制造	49200	861247	267990	131153	1218958	10000
砖瓦、石材及其他建筑材料制造	9270	597063	494534	76235	93209	
玻璃及玻璃制品制造	11710	113856	1652	19054	285738	
陶瓷制品制造					10600	
耐火材料制品制造		35000	28590		86536	
石墨及其他非金属矿物制品制造		62460	10950	31000	32233	
黑色金属冶炼及压延加工业	**29596**	**3530522**	**3498992**	**24520**	**441083**	
炼铁	1736	4136	1136	3000	5544	
炼钢		500		500		
钢压延加工	27860	3525886	3497856	21020	435539	

计量单位：千元

外商资本	主营业务收入	直接出口产品销售收入	主营业务成本	营业费用	主营业务税金及附加	其他业务收入	其他业务利润	管理费用	#税金
	6336084	**278096**	**3409794**	**993913**	**58271**	**57762**	**36639**	**870219**	**19396**
	107876	62063	83251	6052	81			11908	81
	2022697	42911	817038	415922	21602	17263	4983	341893	7165
	254222		215057	14760	274	247	-81	19207	210
	2864134	165457	1688969	454507	30967	35010	29713	320902	8726
	103080	6099	58530	6956	533	257	73	11095	168
	935487	1566	522978	90233	4536	2294	1830	157366	2366
	48588		23971	5483	278	2691	121	7848	680
4632	**185254**	**9060**	**157589**	**4511**	**674**	**3625**	**2189**	**12578**	**114**
	11109		10549	91	9			580	2
4632	174145	9060	147040	4420	665	3625	2189	11998	112
	1104817	**408654**	**947036**	**38055**	**18229**	**51872**	**8526**	**77126**	**1809**
	649596	243362	551726	24223	17668	33056	5781	42498	656
	10837		10587	111	20	384	124	374	15
	131958		114363	2581	327	1636	1295	8741	345
	294259	165292	253638	10487	184	16796	1326	23969	786
	18167		16722	653	30			1544	7
	2620516	**39722**	**2342813**	**74138**	**5730**	**152553**	**8404**	**151854**	**2934**
	383898	8806	349682	13073	512	35995	2695	22570	336
	485125	438	435188	18089	1294	37904	2668	29931	836
	294376		273220	3148	702	64322	-1045	12340	90
	385130		344955	9158	888	1165	337	17555	794
	57750	757	54827	811	14	243		1955	
	382906	8400	348040	9209	575	318	143	14612	262
	83373		76485	2739	64	7	7	3368	1
	487006		417314	14449	1327	9059	1076	42034	486
	60952	21321	43102	3462	354	3540	2523	7489	129
1086	**9830479**	**93957**	**8413554**	**398402**	**40687**	**152162**	**46655**	**700051**	**12044**
	550526		463039	18722	3640	8372	682	58051	1630
1086	6550715		5709166	227248	22636	107074	34486	420796	5759
	896895	4241	717965	77896	6951	19661	7151	80103	2130
	988849	24136	840938	38608	4616	8653	1568	85002	1668
	18843		16243	706	248	110	76	1387	23
	375962	30086	297061	20255	1054	3677	1586	29170	431
	448689	35494	369142	14967	1542	4615	1106	25542	403
725	**37555528**	**2191788**	**31291399**	**366284**	**188690**	**2130608**	**6421**	**2962871**	**71371**
725	106139	2262	95131	1246	728	1242	1242	3986	71
	12689		12345		27			146	18
	37436700	2189526	31183923	365038	187935	2129366	5179	2958739	71282

1-21 续表 13

	集体资本	法人资本	#国家法人	集体法人	个人资本	港澳台资本
有色金属冶炼及压延加工业	**500**	**968215**	**618126**	**150784**	**315924**	
常用有色金属冶炼		171380	117079	16795	9806	
贵金属冶炼		43000		43000		
稀有稀土金属冶炼		135376	50000		253700	
有色金属合金制造		49480	38880	600	1500	
有色金属压延加工	500	568979	412167	90389	50918	
金属制品业	**129627**	**889975**	**309742**	**208394**	**998510**	**12000**
结构性金属制品制造	59917	640752	134758	169734	694984	12000
金属工具制造	780	14020		12520	15160	
集装箱及金属包装容器制造		13550		1620	85298	
金属丝绳及其制品的制造		20000	20000			
建筑、安全用金属制品制造	68930	29800		22500	57150	
金属表面处理及热处理加工		5480			9200	
搪瓷制品制造		2399				
不锈钢及类似日用金属制品制造					7500	
其他金属制品制造		163974	154984	2020	129218	
通用设备制造业	**26793**	**2040021**	**1337800**	**162369**	**1139792**	**20000**
锅炉及原动机制造	2340	102800	96300	5000	26370	
金属加工机械制造	6000	712274	657087	9180	56965	
起重运输设备制造		72071	66870	2201	25930	
泵、阀门、压缩机及类似机械的制造	1000	426045	2760	6397	207532	
轴承、齿轮、传动和驱动部件的制造		25000			500	
烘炉、熔炉及电炉制造	95	2500	2000		27805	
风机、衡器、包装设备等通用设备制造	9933	440220	338553	72800	703644	20000
通用零部件制造及机械修理		24720	6304	13016	51676	
金属铸、锻加工	7425	234391	167926	53775	39370	
专用设备制造业	**70500**	**2611877**	**1430495**	**367219**	**964118**	**3780**
矿山、冶金、建筑专用设备制造		48059	11690	11420	45535	
化工、木材、非金属加工专用设备制造		239988	185788	33700	46903	
食品、饮料、烟草及饲料生产专用设备		2355	355		24760	
印刷、制药、日化生产专用设备制造		276370	263240	9550	329410	
纺织、服装和皮革工业专用设备制造		650913	142054		14130	
电子和电工机械专用设备制造		163667	90368	57799	51468	
农、林、牧、渔专用机械制造		40545	36432	3568	25225	
医疗仪器设备及器械制造	5500	723244	481127	146032	215525	3780
环保、社会公共安全及其他专用设备制造	65000	466736	219441	105150	211162	
交通运输设备制造业	**111144**	**1981041**	**1360526**	**228178**	**630814**	
铁路运输设备制造		72153	37286	27400	51435	
汽车制造	111144	1813788	1246840	182078	568199	
自行车制造		34000	15300	18700	1000	
船舶及浮动装置制造		11100	11100			
航空航天器制造		50000	50000		1500	
交通器材及其他交通运输设备制造					8680	

计量单位：千元

外商资本	主营业务收入	直接出口产品销售收入	主营业务成本	营业费用	主营业务税金及附加	其他业务收入	其他业务利润	管理费用	#税金
	3798598	**597835**	**3478483**	**71420**	**4584**	**173176**	**5313**	**125915**	**1528**
	1293199	53574	1239046	21052	1453	7282	1993	16976	296
	114385		113880	330				776	
	635161	414787	512667	23007	532	144	144	25142	355
	320270	12748	285773	3944	723	102968	1357	14418	272
	1435583	116726	1327117	23087	1876	62782	1819	68603	605
16480	**5626428**	**392796**	**4779862**	**223933**	**31006**	**153459**	**36760**	**396834**	**6049**
16480	3638684	295569	3061976	170659	25035	130604	29456	281984	4537
	288074	93546	244538	6777	552	34	34	16312	24
	294804		274677	5180	438	2248	68	16423	279
	129884		120897	2775	232	716	3	3912	363
	161492		136822	12906	610	9152	3925	19802	624
	77995		68104	410	280	430	403	5494	55
	8600		8003	17	49	49	48	589	
	66354		52516	2192	607	3507	156	6980	59
	960541	3681	812329	23017	3203	6719	2667	45338	108
	6788605	**484061**	**5345839**	**450337**	**33090**	**207558**	**49797**	**623519**	**10807**
	373469		273328	17792	2592	11033	2855	55802	531
	1179810	4489	955838	65270	5603	45153	15979	119428	1222
	182085		142079	6844	647	3045	2125	25227	419
	840894	8628	706509	35873	3536	14120	5436	82921	1822
	67460		50200	3199	205	200	150	10055	76
	248462		194986	25866	3589	5677	2894	23128	68
	2845512	211369	2113628	262661	13371	113016	13411	240326	3579
	178346	971	148316	5384	1485	4318	2786	14114	376
	872567	258604	760955	27448	2062	10996	4161	52518	2714
3161	**8224689**	**554820**	**6147522**	**463343**	**49140**	**235197**	**11302**	**1122882**	**22896**
	1230828	3150	972978	35722	6740	106114	-35511	286564	4063
1161	398434	1821	310831	16486	1451	3847	1232	50260	282
	74089	3773	58120	517	380	15		6320	27
2000	1322409	22968	918000	85685	9868	34484	11167	162752	4574
	1058276	12182	795795	48232	3274	11233	3509	151378	739
	693849	4759	525110	35492	3289	22624	12279	77335	1567
	195911		140594	12074	-795	1335	1139	19315	383
	1068622	29300	730411	112811	6379	28346	9899	156189	3420
	2182271	476867	1695683	116324	18554	27199	7588	212769	7841
42792	**29785760**	**200062**	**26855770**	**1006057**	**133542**	**1596582**	**130404**	**1224604**	**19998**
	613912		455306	26841	4855	5260	2541	82543	378
42792	28174948	199832	25695941	967233	126929	1502166	56302	1003947	18556
	21115		18568	1440	25			3091	2
	10918		4012	212	215	3	3	695	
	937487	230	658195	9567	1053	89153	71558	132759	1050
	27380		23748	764	465			1569	12

1-21 续表 14

	集体资本	法人资本	#国家法人	集体法人	个人资本	港澳台资本
电气机械及器材制造业	**133350**	**2015577**	**1165801**	**430185**	**845166**	**588**
电机制造	5150	927729	857920	35509	47614	
输配电及控制设备制造	58583	749968	180474	349293	626480	
电线、电缆、光缆及电工器材制造	1000	48723	600	1323	70077	
电池制造	50000	83490	35980	30500	5872	588
家用电力器具制造	15000	178286	85710	1000	51080	
非电力家用器具制造	3117	11267	3007	60	7603	
照明器具制造	500	13504		12500	28300	
其他电气机械及器材制造		2610	2110		8140	
通信设备、计算机及其他电子设备制造	**142274**	**7268542**	**4938343**	**772647**	**2077165**	**4500**
通信设备制造	60940	1840148	1287792	381648	764951	
雷达及配套设备制造		1800	918	882		
广播电视设备制造	984	460718	87388	6000	278414	
电子计算机制造	44245	2690184	1761706	195440	517612	4500
电子器件制造	24550	730638	360741	117410	215820	
电子元件制造	4500	900801	856380	27467	171810	
家用视听设备制造	3055	127078	111078	16000	1500	
其他电子设备制造	4000	517175	472340	27800	127058	
仪器仪表及文化、办公用机械制造业	**118102**	**1137924**	**573202**	**127337**	**516207**	**6010**
通用仪器仪表制造	118102	837931	370943	112237	383458	6010
专用仪器仪表制造		159115	75995	2150	105643	
光学仪器及眼镜制造		118204	116264	1550	9597	
文化、办公用机械制造		15600	10000	5600	9950	
其他仪器仪表的制造及修理		7074		5800	7559	
工艺品及其他制造业	**20193**	**521136**	**426542**	**44145**	**61873**	
工艺美术品制造		48469	1200	825	25983	
日用杂品制造					15885	
煤制品制造		1418	887	531	8182	
核辐射加工		5650	5650		1350	
其他未列明的制造业	20193	465599	418805	42789	10473	
废弃资源和废旧材料回收加工业					**8501**	
金属废料和碎屑的加工处理					8000	
非金属废料和碎屑的加工处理					501	
电力、燃气及水的生产和供应业	**15920**	**67174777**	**66955614**	**23539**	**165842**	
电力、热力的生产和供应业	**11400**	**58513224**	**58411419**	**20639**	**132692**	
电力生产		1145633	1144761		100128	
电力供应		57059907	57058018	1889		
热力生产和供应	11400	307684	208640	18750	32564	
燃气生产和供应业		**8440695**	**8440445**	**250**	**21000**	
燃气生产和供应业		8440695	8440445	250	21000	
水的生产和供应业	**4520**	**220858**	**103750**	**2650**	**12150**	
自来水的生产和供应	4520	86708	23850	1000	1000	
污水处理及其再生利用		134150	79900	1650	2650	
其他水的处理、利用与分配					8500	

计量单位：千元

外商资本	主营业务收入	直接出口产品销售收入	主营业务成本	营业费用	主营业务税金及附加	其他业务收入	其他业务利润	管理费用	#税金
15330	**9511203**	**223472**	**7844900**	**504015**	**40179**	**286158**	**51915**	**708406**	**16597**
	1954050	121597	1734301	51561	8961	21260	6001	131531	2720
30	5071254	49547	3992082	336139	24281	101662	33732	435154	6791
	537654	14608	475905	19799	1055	101967	1921	22477	425
	120825	16016	113198	5126	181	14211	2571	20211	217
	1143110		1000818	32931	3209	26491	5176	49823	5897
	440257	11852	346806	45198	1359	19886	2097	27983	413
15300	189077	9852	135181	11079	669	681	417	16703	132
	54976		46609	2182	464			4524	2
758240	**23516250**	**544815**	**20597810**	**1432188**	**110433**	**1153633**	**344103**	**2189674**	**38409**
14540	5049904	103690	4858616	622946	19125	72492	24055	835353	12435
	41873		33554	95	28			5505	88
	863032	28261	605906	78507	5888	32886	26295	90128	656
743700	12493674	55022	11181701	564170	57260	530536	152726	607417	15919
	2446135	169447	1832466	57559	15284	98833	70045	308184	3139
	1697183	184714	1355056	46829	8211	375644	48859	243211	3951
	350053		281731	13918	1337	10898	6498	21948	886
	574396	3681	448780	48164	3300	32344	15625	77928	1335
	4981416	**85609**	**3555445**	**291614**	**35154**	**134032**	**91493**	**609404**	**9355**
	3750286	40589	2683864	217040	30105	103188	70596	399156	6056
	560622	19218	348756	46665	3693	8802	5335	94868	442
	448683	3626	349693	11632	816	21862	15385	91801	2833
	144835	22052	123821	5302	34	143	141	10770	21
	76990	124	49311	10975	506	37	36	12809	3
	777195	**28892**	**628023**	**29157**	**5019**	**18473**	**7648**	**104983**	**3057**
	251417	14272	216398	14280	707	10314	5324	30459	1974
	77348	14620	69953	1322	554	8	8	4079	230
	75746		63770	6914	642	775	-75	5261	39
	21768		15976	1064	261	5913	1450	2641	23
	350916		261926	5577	2855	1463	941	62543	791
	27728		**29483**	**429**	**12**	**6**	**6**	**788**	
	22175		24126	429	9	6	6	784	
	5553		5357		3			4	
	71042184		**67762306**	**26117**	**275982**	**573424**	**244800**	**922330**	**56373**
	64663880		**62061888**	**14058**	**242655**	**252371**	**152029**	**556665**	**35961**
	1569580		1242835	3136	17322	79919	37318	125386	8421
	60949092		58667343	105	212557	135578	82320	193673	17100
	2145208		2151710	10817	12776	36874	32391	237606	10440
	4164255		**3402544**	**6814**	**25152**	**268273**	**49068**	**170905**	**9161**
	4164255		3402544	6814	25152	268273	49068	170905	9161
	2214049		**2297874**	**5245**	**8175**	**52780**	**43703**	**194760**	**11251**
	1735857		1889731	1332	7848	52385	43308	124623	11054
	468602		402292	2557	284	395	395	67235	191
	9590		5851	1356	43			2902	6

1-21 续表 15

	财产保险费	差旅费	工会经费	办公费	职工教育费	排污费
总　　计	**215411**	**457914**	**178800**	**654721**	**146197**	**40067**
采矿业	**453**	**7823**	**6658**	**9046**	**4905**	**3364**
煤炭开采和洗选业	**220**	**5491**	**5594**	**7451**	**4045**	**3232**
烟煤和无烟煤的开采洗选	220	5491	5594	7451	4045	3232
石油和天然气开采业	**117**	**1914**	**1018**	**362**	**764**	
与石油和天然气开采有关的服务活动	117	1914	1018	362	764	
黑色金属矿采选业	**116**	**108**		**115**	**5**	**75**
铁矿采选	116	108		115	5	75
有色金属矿采选业		**90**		**215**		
常用有色金属矿采选		90		215		
非金属矿采选业		**220**	**46**	**903**	**91**	**57**
土砂石开采		183	46	903	91	57
石棉及其他非金属矿采选		37				
制造业	**199969**	**442018**	**158700**	**618315**	**123297**	**35776**
农副食品加工业	**1586**	**13978**	**1490**	**13216**	**2972**	**587**
谷物磨制	137	2971	623	1164	593	85
饲料加工	504	8128	284	8889	1942	236
植物油加工	42	244	36	182	27	19
制糖						
屠宰及肉类加工	673	1821	382	1506	341	154
水产品加工		25		50	8	
蔬菜、水果和坚果加工	61	472	48	1146	8	8
其他农副食品加工	169	317	117	279	53	85
食品制造业	**1175**	**13853**	**2147**	**17517**	**2456**	**988**
焙烤食品制造	96	1725	51	2443	50	9
糖果、巧克力及蜜饯制造	119	255	114	466	82	2
方便食品制造	82	321	93	1703	329	15
液体乳及乳制品制造	106	1544	555	3198	1163	
罐头制造	23	89	1	28	50	
调味品、发酵制品制造	252	831	83	704	124	121
其他食品制造	497	9088	1250	8975	658	841
饮料制造业	**1242**	**4492**	**1681**	**6311**	**1329**	**531**
酒的制造	1000	1035	1224	3573	878	312
软饮料制造	242	3448	455	1830	449	205
精制茶加工		9	2	908	2	14
烟草制品业			**8**	**102**		
卷烟制造				35		
其他烟草制品加工			8	67		

计量单位：千元

财务费用	利息支出（净额）	营业利润	投资收益	补贴收入	营业外收入	营业外支出	利润总额	应交所得税	可供分配利润
3067134	**2818649**	**13729625**	**3511543**	**1508346**	**1069985**	**1091178**	**18420630**	**4188174**	**18716595**
-3467	**2493**	**1162977**	**-761**	**3010**	**6574**	**10067**	**1161735**	**165393**	**1113262**
4163	**3665**	**957093**	**1129**	**2533**	**3073**	**9448**	**954384**	**145121**	**860535**
4163	3665	957093	1129	2533	3073	9448	954384	145121	860535
-9411	**-2282**	**184540**	**1511**		**3497**	**218**	**189330**	**15764**	**243080**
-9411	-2282	184540	1511		3497	218	189330	15764	243080
964	**964**	**5222**				**276**	**4946**	**1364**	**2772**
964	964	5222				276	4946	1364	2772
-373	**-373**	**2630**					**2628**	**867**	
-373	-373	2630					2628	867	
1190	**519**	**13492**	**-3401**	**477**	**4**	**125**	**10447**	**2277**	**6875**
1190	519	13283	-3401	477	4	125	10238	2277	6875
		209					209		
2268844	**2055203**	**11068156**	**1837586**	**928675**	**980652**	**842363**	**13689310**	**3491757**	**15677062**
31922	**26014**	**215681**	**38371**	**118992**	**6879**	**4927**	**309783**	**33170**	**247436**
1701	1680	63958	-19	91	71	905	64078	5310	58160
8424	7309	105170	33955	95555	3224	2977	169243	16672	67477
1683	1655	3686			22		3708	2	3705
553		-1010					96	31	
13752	10535	17095		23339	3526	928	41379	6880	87960
-4	-4	88				8	80	24	56
2615	1942	21297		7	35	2	21373	2070	21348
3198	2897	5397	4435		1	107	9826	2181	8730
42590	**35120**	**65459**	**775**	**3525**	**5800**	**8161**	**69294**	**19594**	**47701**
2474	2219	4287		723	618	4713	1014	2596	8124
1677	1159	4307			6	22	4267	553	1198
1120	993	1325			244	116	1496	478	1690
18423	12092	-1949	21	1386	682	893	-713	4924	-17630
1915	1910	-278	6	1015	239	54	930	195	756
2862	2862	3130	3	30	42	319	3083	1337	6944
14119	13885	54637	745	371	3969	2044	59217	9511	46619
27216	**25844**	**58970**	**59597**	**17693**	**45661**	**3477**	**134609**	**19536**	**219560**
7890	7811	26868	2038	17287	1514	985	46719	14685	83746
19378	18086	31714	57559	406	44145	2451	87541	4712	135743
-52	-53	388			2	41	349	139	71
55	**41**	**1905**					**1905**	**276**	**1657**
41	41	519					519	171	348
14		1386					1386	105	1309

1-21 续表 16

	财产保险费	差旅费	工会经费	办公费	职工教育费	排污费
纺织业	**1491**	**8263**	**3505**	**8688**	**2021**	**4165**
棉、化纤纺织及印染精加工	376	1151	1745	1758	552	626
毛纺织和染整精加工	15	20		30		8
丝绢纺织及精加工	42	205	72	115	72	
纺织制成品制造	540	1063	355	1657	251	54
针织品、编织品及其制品制造	518	5824	1333	5128	1146	3477
纺织服装、鞋、帽制造业	**3025**	**12993**	**1653**	**16311**	**1305**	**2044**
纺织服装制造	3025	12830	1653	16052	1303	2044
纺织面料鞋的制造		163		259	2	
皮革、毛皮、羽毛(绒)及其制品业	**57**	**1108**	**88**	**928**	**146**	**7**
皮革鞣制加工		79	28	70	26	5
皮革制品制造	43	806	60	457	83	2
毛皮鞣制及制品加工	14	223		401	37	
木材加工及木、竹、藤、棕、草制品	**385**	**829**	**116**	**1656**	**157**	**191**
锯材、木片加工	15	6		5	40	
人造板制造	315	399	83	375	86	100
木制品制造	55	424	33	1276	31	91
家具制造业	**577**	**5645**	**733**	**4537**	**328**	**147**
木质家具制造	239	2845	37	2806	157	142
金属家具制造	201	2183	581	1377	135	5
其他家具制造	137	617	115	354	36	
造纸及纸制品业	**419**	**862**	**140**	**2433**	**114**	**122**
造纸	140	213	36	591	4	102
纸制品制造	279	649	104	1842	110	20
印刷业和记录媒介的复制	**3492**	**7353**	**2849**	**23316**	**2427**	**628**
印刷	3174	5625	2411	13125	2079	620
装订及其他印刷服务活动	46	208	26	604	29	8
记录媒介的复制	272	1520	412	9587	319	
文教体育用品制造业	**193**	**3825**	**1147**	**3174**	**337**	**74**
文化用品制造	58	184	74	381	58	27
体育用品制造	43	2908	207	1417	29	
乐器制造	72	269	866	706	242	47
玩具制造		275		137		
游艺器材及娱乐用品制造	20	189		533	8	
石油加工、炼焦及核燃料加工业	**19946**	**2190**	**3381**	**2315**	**2213**	**30**
精炼石油产品的制造	19946	2190	3381	2315	2213	30
化学原料及化学制品制造业	**50222**	**24931**	**17267**	**42117**	**13057**	**8950**
基础化学原料制造	5187	5716	5134	9223	3894	2734
肥料制造	243	2165	106	1842	149	51
农药制造	124	40		1076	135	
涂料、油墨、颜料及类似产品制造	314	5053	270	5872	235	69
合成材料制造	42691	4887	9725	10360	7312	5790
专用化学产品制造	1469	5794	976	9411	870	144
日用化学产品制造	194	1276	1056	4333	462	162

计量单位：千元

财务费用	利息支出(净额)	营业利润	投资收益	补贴收入	营业外收入	营业外支出	利润总额	应交所得税	可供分配利润
49428	**48241**	**-44898**	**36852**	**2619**	**177466**	**13920**	**158929**	**17128**	**135579**
13097	12785	-178302	3576	1604	153761	10274	-29636	1419	-145165
330		346			1	12	335	90	245
4017	3964	488	173	230		198	693	114	
4460	4309	28004	241	31	13438	669	41019	9123	31027
27524	27183	104566	32862	754	10266	2767	146518	6382	249472
29012	**23393**	**15776**	**246**	**2173**	**1343**	**3070**	**15913**	**19514**	**41812**
29007	23388	16804	246	2173	1343	3070	16939	19506	41796
5	5	-1028					-1026	8	16
2401	**1957**	**-2760**	**6**	**627**	**786**	**84**	**-1445**	**3424**	**2101**
520	517	-8635				22	-8657	41	-4216
1511	1180	450	6	577	711	62	1662	1574	2718
370	260	5425		50	75		5550	1809	3599
2497	**672**	**-11958**	**35**	**201**	**8988**	**336**	**-2734**	**1853**	**308**
13		-9051		201	8654	1	-198	10	22
2003	200	-1715	22		89	206	-2037	1380	773
481	472	-1192	13		245	129	-499	463	-487
17268	**15865**	**14861**	**6712**	**5421**	**3140**	**1128**	**31369**	**12828**	**59374**
8680	7902	-4934	2252	1325	2389	591	1815	3103	6082
7987	7562	17374	4460	4059	675	323	27188	9365	55652
601	401	2421		37	76	214	2366	360	-2360
5883	**4014**	**3226**		**2719**	**1525**	**442**	**7980**	**2373**	**628**
1204	1190	-1755		268	114	34	-1401	550	-1967
4679	2824	4981		2451	1411	408	9381	1823	2595
34724	**27982**	**153652**	**2501**	**7148**	**39458**	**16538**	**174327**	**32020**	**269628**
27642	21103	183389	3199	2275	39131	15399	201052	29739	265187
154	153	1407		456		245	1174	65	778
6928	6726	-31144	-698	4417	327	894	-27899	2216	3663
17840	**17400**	**10398**	**3464**		**21812**	**4502**	**31203**	**5680**	**42404**
9	9	817				57	760	367	393
299	112	14074	12		32	719	13462	2483	11892
16021	15768	-8175	3452		21778	3726	13297	1620	27246
-9	-9	72			2		74	20	453
1520	1520	3610					3610	1190	2420
32924	**31506**	**-263315**	**17869**		**11535**	**67075**	**-301028**	**515**	**894**
32924	31506	-263315	17869		11535	67075	-301028	515	894
249746	**224440**	**5879017**	**85102**	**27502**	**62258**	**141585**	**5908358**	**1828670**	**4523813**
114659	113247	1060297	68762	664	15868	35947	1111783	295802	812483
8825	8713	-9920		14632	206	216	6279	2169	5829
1666	1256	7701		835	31	118	8459	2597	6440
5846	4473	18896	-161	2860	1629	704	22669	10904	22418
99096	78067	4524684	-4881	674	36276	102966	4453797	1436854	3368925
17690	16989	145756	17785	7152	8126	-3167	173984	38678	179466
1964	1695	131603	3597	685	122	4801	131387	41666	128252

1-21 续表 17

	财产保险费	差旅费	工会经费	办公费	职工教育费	排污费
医药制造业	**3374**	**17656**	**8460**	**37184**	**4231**	**1035**
化学药品原药制造	1	1146	82	747	75	15
化学药品制剂制造	811	5847	3050	12028	1768	124
中药饮片加工	132	593	101	900	137	
中成药制造	2058	5501	4113	8970	1225	695
兽用药品制造	27	538	75	518	50	20
生物、生化制品的制造	300	3636	1039	13426	939	181
卫生材料及医药用品制造	45	395		595	37	
化学纤维制造业	**126**	**291**	**107**	**1267**	**73**	**17**
纤维素纤维原料及纤维制造		17		83		
合成纤维制造	126	274	107	1184	73	17
橡胶制品业	**709**	**1612**	**301**	**1757**	**333**	**211**
轮胎制造	202	60	152	236	39	122
橡胶板、管、带的制造	11	137		101	73	10
橡胶零件制造	208	890	52	699	37	45
日用及医用橡胶制品制造	288	380	97	647	180	34
其他橡胶制品制造		145		74	4	
塑料制品业	**1429**	**6843**	**1401**	**15898**	**1308**	**234**
塑料薄膜制造	146	433	258	1224	233	55
塑料板、管、型材的制造	172	889	437	1711	208	11
塑料丝、绳及编织品的制造	162	479	343	869	408	38
泡沫塑料制造	259	909	22	3101	118	64
塑料人造革、合成革制造	34	79		52		
塑料包装箱及容器制造	287	556	65	1811	84	9
塑料零件制造	15	74	51	159	45	6
日用塑料制造	329	1905	192	6375	134	36
其他塑料制品制造	25	1519	33	596	78	15
非金属矿物制品业	**10318**	**27782**	**6722**	**46347**	**6607**	**1520**
水泥、石灰和石膏的制造	186	457	595	939	243	177
水泥及石膏制品制造	8837	15314	3787	32732	3731	343
砖瓦、石材及其他建筑材料制造	323	4293	564	4117	501	167
玻璃及玻璃制品制造	830	3724	1318	4612	1452	830
陶瓷制品制造	7	344		74	30	
耐火材料制品制造	26	2183	337	1811	482	3
石墨及其他非金属矿物制品制造	109	1467	121	2062	168	
黑色金属冶炼及压延加工业	**2233**	**26986**	**36184**	**44607**	**27174**	**7103**
炼铁	122	170	107	187	53	84
炼钢	25			99		
钢压延加工	2086	26816	36077	44321	27121	7019

计量单位：千元

财务费用	利息支出（净额）	营业利润	投资收益	补贴收入	营业外收入	营业外支出	利润总额	应交所得税	可供分配利润
104163	**98088**	**936363**	**333879**	**9829**	**14107**	**46570**	**1246042**	**149388**	**2285670**
2920	2675	3664		4543	2	15	8084	1353	2585
46931	44749	384294	7624	50	982	7524	378929	65956	696867
3098	2926	1745	361	4150	125	187	6254	657	12927
47371	45168	351131	327767	1054	12337	37423	654350	54586	1368342
293	291	25746	3294	5	40	9	29186	1568	37465
3331	2060	158873	-5167		621	1332	158382	23383	159604
219	219	10910		27		80	10857	1885	7880
11283	**10951**	**808**		**56**	**2339**	**285**	**2912**	**721**	**8606**
-1	-1	-119				7	-126	4	19
11284	10952	927		56	2339	278	3038	717	8587
29565	**28687**	**3332**	**7980**	**1410**	**6748**	**240**	**19266**	**6234**	**16629**
25325	25304	-6063	7204		6363	38	7370	2045	8306
-2	-2	-129				1	-130	16	
170	165	7071		1410	2		8613	2890	5765
4071	3219	3236	776		383	201	4196	1283	2558
1	1	-783					-783		
14849	**13317**	**39536**	**3051**	**2406**	**3686**	**1557**	**47008**	**18001**	**52747**
655	338	101	75	1047	223	276	1172	232	2449
7403	7394	-4112	2761	237	1955	393	452	4306	12481
646	199	3275	215		253	59	3686	742	8816
2103	1923	10808		781	99	38	11378	3326	8664
173	173	-30					-30		
2412	2067	8201		341	376	186	8617	3829	1299
32	7	692			2	1	693	232	794
1522	1314	11436			506	583	11625	4268	13144
-97	-98	9165			272	21	9415	1066	5100
91004	**42069**	**233436**	**33682**	**306490**	**36054**	**14240**	**577262**	**85844**	**545181**
16486	15147	-8730		39522	210	1236	29375	249	-13915
54138	8551	151217	33459	240465	17136	9545	419377	57130	443620
8730	8380	12401	170	19224	2633	290	31091	8529	22039
8425	7324	12828		6953	15783	1802	34038	4535	42789
47	45	288					288	91	198
2607	2269	27401	46	226	6	1151	26528	3590	21587
571	353	38031	7	100	286	216	36565	11720	28863
683060	**659877**	**2069645**	**-520914**	**4203**	**171090**	**213252**	**1511460**	**541671**	**1228759**
82	71	6208		247	309	17	7244	2305	4543
18	18	153					152	59	93
682960	659788	2063284	-520914	3956	170781	213235	1504064	539307	1224123

1-21 续表 18

	财 产 保险费	差旅费	工会经费	办公费	职 工 教育费	排污费
有色金属冶炼及压延加工业	**548**	**4709**	**1030**	**5503**	**865**	**180**
常用有色金属冶炼	25	619	146	650	115	
贵金属冶炼		355		31		
稀有稀土金属冶炼	42	532	285	1008	282	
有色金属合金制造	19	1082	133	1125	101	
有色金属压延加工	462	2121	466	2689	367	180
金属制品业	**3101**	**15718**	**2662**	**27540**	**4481**	**156**
结构性金属制品制造	1706	10833	1862	15240	3823	70
金属工具制造	693	1139	62	2515	44	
集装箱及金属包装容器制造	236	647	75	885	33	77
金属丝绳及其制品的制造		289	38	597		
建筑、安全用金属制品制造	96	804	3	1804	47	
金属表面处理及热处理加工	47	172		506	108	
搪瓷制品制造		7		24		
不锈钢及类似日用金属制品制造	306	130		2412		9
其他金属制品制造	17	1697	622	3557	426	
通用设备制造业	**2226**	**28445**	**5664**	**37285**	**3997**	**615**
锅炉及原动机制造	214	2212	491	2177	140	6
金属加工机械制造	351	8512	1615	4756	1113	136
起重运输设备制造	277	1871	348	1492	140	16
泵、阀门、压缩机及类似机械的制造	293	5422	714	8089	717	227
轴承、齿轮、传动和驱动部件的制造	10	134	45	564	34	4
烘炉、熔炉及电炉制造	101	1269	1	2630	28	
风机、衡器、包装设备等通用设备制造	801	6628	1908	11707	1374	100
通用零部件制造及机械修理	4	817	91	1639	82	
金属铸、锻加工	175	1580	451	4231	369	126
专用设备制造业	**4257**	**36453**	**10542**	**54944**	**9319**	**2065**
矿山、冶金、建筑专用设备制造	1235	6447	1693	10052	1709	1418
化工、木材、非金属加工专用设备制造	104	4027	657	2994	594	60
食品、饮料、烟草及饲料生产专用设备		73	127	154	94	
印刷、制药、日化生产专用设备制造	957	3717	2256	3826	1678	46
纺织、服装和皮革工业专用设备制造	658	3522	1030	2919	774	305
电子和电工机械专用设备制造	311	4075	1032	5359	703	15
农、林、牧、渔专用机械制造	59	781	223	7368	211	
医疗仪器设备及器械制造	515	6213	1112	9034	563	129
环保、社会公共安全及其他专用设备制造	418	7598	2412	13238	2993	92
交通运输设备制造业	**74059**	**44302**	**14834**	**38301**	**12482**	**1398**
铁路运输设备制造	117	22271	272	4777	135	33
汽车制造	73681	20357	11733	29490	9089	1159
自行车制造	30	81				
船舶及浮动装置制造						
航空航天器制造	195	1376	2829	3874	3247	206
交通器材及其他交通运输设备制造	36	217		160	11	

计量单位：千元

财务费用	利息支出（净额）	营业利润	投资收益	补贴收入	营业外收入	营业外支出	利润总额	应交所得税	可供分配利润
34310	**25302**	**89199**	**27613**	**1571**	**2367**	**1814**	**119799**	**15372**	**136265**
10932	8181	5733	7500	379	528	178	13783	799	6702
		-601	-1891				-2691		
6843	6783	67114	30510		17	268	97422	7293	87363
1917	1894	14852		508	8	28	15344	2164	18180
14618	8444	2101	-8506	684	1814	1340	-4059	5116	24020
38377	**28347**	**193176**	**33633**	**665**	**8392**	**6665**	**225040**	**47676**	**306723**
27748	18619	100738	2972	575	3457	3840	101297	24799	119737
36	-62	19893	1		35	93	19972	5781	14844
1246	1242	-3092	-139		3925	195	-349	919	1965
1644	1640	427					427		
1599	1117	-6322		22	138	1540	-7850	437	374
257	256	3853			3	357	3499	1119	3162
39		-49					-49	2	-51
107	47	4108			43		4151	1455	
5701	5488	73620	30799	68	791	640	103942	13164	166692
23278	**20794**	**362339**	**4434**	**23761**	**164496**	**155312**	**403771**	**75373**	**305010**
3147	3085	23663	9581	199	553	297	34973	8624	46998
7177	7068	42473	-6088	15153	12968	1397	63166	6711	66248
1562	1536	7851				27	7823	1191	3710
-724	-1099	18215	16	1226	46549	51016	15358	5532	9920
		3951					3951	754	4571
1039	908	2748		103	12	207	2656	610	6875
5658	4330	223279	217	2134	100468	100027	226832	41793	120848
712	633	11121	271	238	1353	908	11860	2327	10224
4707	4333	29038	437	4708	2593	1433	37152	7831	35616
29917	**22413**	**423187**	**219108**	**165931**	**30282**	**33908**	**812319**	**94810**	**1161965**
8348	7517	-115035	187645	138836	9151	7089	224430	9192	317899
6569	6284	14069	42	1673	1965	1172	15677	5508	14848
104	58	8648				6	8561	158	8799
8082	6881	149189	-1103	1072	3434	4556	148828	23679	216391
-3576	-3795	66682	3900	5499	5847	615	81312	3514	141513
3699	3226	61203	12867	1205	507	1743	79742	10759	118743
1347	277	24515	2413	61	627	127	27569	2210	25302
10139	8272	62592	9521	5314	2871	15892	53837	8030	163220
-4795	-6307	151324	3823	12271	5880	2708	172363	31760	155250
80180	**75501**	**616011**	**20964**	**61368**	**111113**	**29717**	**747822**	**194547**	**930675**
1366	777	45542	869	4323	119	1108	49822	7325	74185
74582	70874	362618	74885	39919	109456	24499	533349	171476	638910
17	17	-2026			6	4	-2084		
180		5607					5607		
3912	3835	203559	-54790	17126	1532	4106	160417	15372	217243
123	-2	711					711	374	337

1-21 续表 19

	财产保险费	差旅费	工会经费	办公费	职工教育费	排污费
电气机械及器材制造业	**3338**	**31122**	**14071**	**43935**	**5581**	**1291**
电机制造	664	1952	2343	2180	1437	64
输配电及控制设备制造	1922	22005	10616	32045	3269	919
电线、电缆、光缆及电工器材制造	142	1531	237	3041	157	31
电池制造	23	476	88	986	106	
家用电力器具制造	143	2160	321	1102	359	90
非电力家用器具制造	326	2297	244	1272	172	185
照明器具制造	106	544	168	2883	63	
其他电气机械及器材制造	12	157	54	426	18	2
通信设备、计算机及其他电子设备制造	**7068**	**69241**	**15134**	**84579**	**13003**	**761**
通信设备制造	3686	23108	4638	23519	3933	169
雷达及配套设备制造	14		74	231	56	
广播电视设备制造	77	6551	658	10003	767	
电子计算机制造	1297	29146	5297	29632	4643	200
电子器件制造	576	5023	2455	10547	1647	231
电子元件制造	1325	2935	1509	5920	1655	134
家用视听设备制造	6	399	75	838	16	1
其他电子设备制造	87	2079	428	3889	286	26
仪器仪表及文化、办公用机械制造业	**2340**	**27841**	**4515**	**32153**	**4046**	**518**
通用仪器仪表制造	1213	21401	2714	24115	2585	298
专用仪器仪表制造	455	4069	694	5216	653	84
光学仪器及眼镜制造	382	1591	1030	1886	729	136
文化、办公用机械制造	3	566	23	355	39	
其他仪器仪表的制造及修理	287	214	54	581	40	
工艺品及其他制造业	**1033**	**2695**	**868**	**4394**	**935**	**208**
工艺美术品制造	234	690	323	1847	359	108
日用杂品制造	5	347	1	191	100	7
煤制品制造	8	30	95	54	72	13
核辐射加工		81	21	318	15	
其他未列明的制造业	786	1547	428	1984	389	80
废弃资源和废旧材料回收加工业						
金属废料和碎屑的加工处理						
非金属废料和碎屑的加工处理						
电力、燃气及水的生产和供应业	**14989**	**8073**	**13442**	**27360**	**17995**	**927**
电力、热力的生产和供应业	**13681**	**4676**	**9586**	**16885**	**13115**	**794**
电力生产	687	1001	2805	4435	2099	122
电力供应	11396	1452	3499	3279	2606	
热力生产和供应	1598	2223	3282	9171	8410	672
燃气生产和供应业	**1095**	**1385**	**2453**	**2293**	**1922**	**87**
燃气生产和供应业	1095	1385	2453	2293	1922	87
水的生产和供应业	**213**	**2012**	**1403**	**8182**	**2958**	**46**
自来水的生产和供应		269	505	2200	1796	46
污水处理及其再生利用	213	1743	898	5785	1150	
其他水的处理、利用与分配				197	12	

计量单位：千元

财务费用	利息支出（净额）	营业利润	投资收益	补贴收入	营业外收入	营业外支出	利润总额	应交所得税	可供分配利润
76435	**73233**	**387804**	**13748**	**24100**	**13764**	**11082**	**428837**	**74295**	**343590**
15698	15224	16620	118	1635	2460	1250	19617	6902	-45165
45360	42857	271970	11345	14552	6740	6743	302052	49359	267819
5424	4686	14915		1146	1405	801	16768	2386	4435
2838	2674	-18158	750	50	365	68	-17062	33	868
2616	3314	58889	21	4725	1013	906	59926	9483	69325
-360	-361	21368	141	1436	164	977	22134	4834	21093
4826	4807	21036	1373	539	1591	337	24192	1077	24166
33	32	1164		17	26		1210	221	1049
477082	**447239**	**-946834**	**1348909**	**80418**	**24225**	**46761**	**372017**	**121320**	**2146645**
248339	240519	-1510420	784285	10972	5137	13492	-737580	32041	-626304
207	203	2484			2	79	2407	383	2024
19546	18447	89352	4928	28883	3887	1029	96897	9665	149695
198315	171032	37537	507429	21731	4150	21774	485950	24225	1537261
-3054	5897	305741	2466	15713	9604	3163	347360	35305	804887
12093	9684	80642	39219	682	1066	732	120776	14980	96892
61	61	37556	3572		26	48	41105	1909	82395
1575	1396	10274	7010	2437	353	6444	15102	2812	99795
30862	**26455**	**550430**	**59923**	**54763**	**2872**	**15401**	**618631**	**66358**	**587056**
14939	12574	475778	51853	30507	1296	3054	557222	55779	532285
11120	9496	60855	-91	1727	195	154	27773	4811	25425
4181	3899	5945	8056	21758	1345	12187	24915	4590	23002
490	396	4559	105		28	6	4649	556	3557
132	90	3293		771	8		4072	622	2787
970	**441**	**16691**	**46**	**3084**	**2466**	**312**	**21644**	**3510**	**28513**
2779	2313	-7882	13		2302	34	-5655	1765	1992
2	-1	1446				6	1343	432	301
-422	-422	-494	33	2636	5	75	2102	708	1040
-44	-46	3320				3	3317	77	5812
-1345	-1403	20301		448	159	194	20537	528	19368
3		**-2981**				**2**	**-2983**	**56**	**133**
3		-3170				2	-3172		
		189					189	56	133
801757	**760953**	**1498492**	**1674718**	**576661**	**82759**	**238748**	**3569585**	**531024**	**1926271**
720458	**689127**	**1220185**	**1262960**	**290693**	**48633**	**232551**	**2565789**	**318679**	**1119679**
10709	10413	207510	256	7549	6210	6134	215389	61225	155099
653370	622384	1304364	1228830	3917	41333	224348	2332491	252505	919552
56379	56330	-291689	33874	279227	1090	2069	17909	4949	45028
37633	**35962**	**570275**	**385110**		**32290**	**3623**	**984059**	**204563**	**714443**
37633	35962	570275	385110		32290	3623	984059	204563	714443
43666	**35864**	**-291968**	**26648**	**285968**	**1836**	**2574**	**19737**	**7782**	**92149**
43351	35584	-287720	19868	281968	1722	1466	14200	5529	100567
298	280	-3669	6778	4000	114	1108	6114	2253	-8418
17		-579	2				-577		

1-21 续表 20

	广告费	劳动、失业保险费	养老保险和医疗保险	住房公积金和住房补贴	本年应付工资总额(贷方累计发生额)	主营业务应付工资总额
总计	**840456**	**806902**	**2009275**	**832688**	**15144832**	**14195273**
采矿业	**110**	**12710**	**61685**	**45316**	**365868**	**302423**
煤炭开采和洗选业	**30**	**11929**	**55403**	**32693**	**288548**	**225967**
烟煤和无烟煤的开采洗选	30	11929	55403	32693	288548	225967
石油和天然气开采业	**80**	**440**	**3731**	**12214**	**59050**	**59050**
与石油和天然气开采有关的服务活动	80	440	3731	12214	59050	59050
黑色金属矿采选业		**96**	**41**		**3625**	**3625**
铁矿采选		96	41		3625	3625
有色金属矿采选业					**29**	**29**
常用有色金属矿采选					29	29
非金属矿采选业		**245**	**2510**	**409**	**14616**	**13752**
土砂石开采		245	2510	409	14232	13368
石棉及其他非金属矿采选					384	384
制造业	**836355**	**591483**	**1592106**	**606190**	**11749146**	**11111220**
农副食品加工业	**8139**	**15238**	**27252**	**7298**	**238689**	**219142**
谷物磨制	1861	308	4743		32499	32378
饲料加工	3176	449	3210	206	82704	71673
植物油加工	2148	32	469	131	3414	3414
制糖					379	379
屠宰及肉类加工	920	1165	2930	503	55715	53852
水产品加工		25			2126	2017
蔬菜、水果和坚果加工	5	36	350	60	10417	10079
其他农副食品加工	29	13223	15550	6398	51435	45350
食品制造业	**58362**	**3261**	**20723**	**2996**	**249048**	**237114**
焙烤食品制造	5900	183	711	93	30601	28393
糖果、巧克力及蜜饯制造	31	28	423		15474	15178
方便食品制造	107	18	280		7929	6807
液体乳及乳制品制造	18167	1641	5340	321	75057	73571
罐头制造					4362	2736
调味品、发酵制品制造	21	180	1398	108	16327	14592
其他食品制造	34136	1211	12571	2474	99298	95837
饮料制造业	**35583**	**1274**	**20596**	**3021**	**109009**	**104827**
酒的制造	10785	719	18320	2664	68690	68690
软饮料制造	23750	529	2238	357	39249	35067
精制茶加工	1048	26	38		1070	1070
烟草制品业		**2**	**20**	**8**	**757**	**757**
卷烟制造		2	20	8	305	305
其他烟草制品加工					452	452

计量单位：千元

本年应付福利费总额（贷方累计发生额）	主营业务应付福利费总额	本年应交增值税（不含期初未抵扣税）	本年进项税额	本年销项税额	本年实缴关税	工业中间投入合计	经营活动产生的现金流量净额	投资活动产生的现金流量净额	筹资活动产生的现金流量净额	全部从业人员平均人数（人）
1865534	**1732522**	**10292096**	**45658924**	**54968460**	**261587**	**2.18E+08**	**35380557**	**-26385549**	**4897143**	**585989**
49553	**41978**	**243895**	**1273564**	**1529648**		**9604108**	**572517**	**-366121**	**-71054**	**15884**
38682	**31282**	**237102**	**1258334**	**1511124**		**9095252**	**480648**	**-156943**	**-163520**	**13360**
38682	31282	237102	1258334	1511124		9095252	480648	-156943	-163520	13360
8267	**8267**	**284**	**3799**	**518**		**320497**	**76908**	**-207369**	**43817**	**840**
8267	8267	284	3799	518		320497	76908	-207369	43817	840
508	**508**	**2649**	**3958**	**6607**		**37318**	**6632**	**-1764**	**-429**	**333**
508	508	2649	3958	6607		37318	6632	-1764	-429	333
		558	**6154**	**6712**		**606**	**2555**	**-111**	**50352**	**2**
		558	6154	6712		606	2555	-111	50352	2
2096	**1921**	**3302**	**1319**	**4687**		**150435**	**5774**	**66**	**-1274**	**1349**
2042	1921	3219	1257	3174		150034	5774	66	-1274	1325
54		83	62	1513		401				24
1533504	**1430371**	**7455585**	**35455680**	**41940810**	**259621**	**1.76E+08**	**19287095**	**-12645348**	**4742867**	**524128**
33011	**31688**	**44602**	**595408**	**614468**	**2666**	**6198030**	**329660**	**-70393**	**211938**	**15893**
4552	4439	5270	70226	65081		759174	65299	83141	26463	903
13972	13548	4698	7959	9707	1037	2235459	233233	-6060	-9089	5616
501	501	1055	41199	41898	706	37919	-3548	-2164	12580	174
54	54	578	10766	10188		24501	-7245	-475		58
5971	5842	2503	384960	377231	923	2671551	29858	-141740	181308	5652
263	254	504	5009	5513		31640	658	271	225	228
758	682	6589	14868	21408		159294	20303	8581		1082
6940	6368	23405	60421	83442		278492	-8898	-11947	451	2180
28877	**27131**	**111643**	**540157**	**578052**	**1475**	**2868740**	**131236**	**-309060**	**424298**	**16128**
3107	2951	16159	125024	71769		331908	1431	-13321	20652	2884
2305	2265	4320	36113	40210	926	155655	8757			1434
1064	960	3112	18432	21460		121155	2339	980	8396	814
8176	8019	40236	216319	255576	374	1244424	91229	-269699	279373	3726
444	215	2175	10276	12479	89	56832	-28455	-1294	29040	436
2229	1664	4877	21308	25228		146916	15836	-15995	10349	1436
11552	11057	40764	112685	151330	86	811850	40099	-9731	76488	5398
14764	**13892**	**119447**	**241696**	**327101**	**852**	**1384781**	**29807**	**-124146**	**322997**	**6312**
9723	9723	74332	128661	198980	419	652291	384	-30740	41289	3410
4891	4019	43371	109992	125225	433	709604	27915	-92184	281708	2815
150	150	1744	3043	2896		22886	1508	-1222		87
106		**1278**	**2467**	**3143**	**328**	**13186**				**36**
43		348	1865	2213		9391				26
63		930	602	930	328	3795				10

1-21 续表 21

	广告费	劳动、失业保险费	养老保险和医疗保险	住房公积金和住房补贴	本年应付工资总额(贷方累计发生额)	主营业务应付工资总额
纺织业	**36441**	**11255**	**57294**	**8210**	**313272**	**289952**
棉、化纤纺织及印染精加工	35	9347	35250	5012	114234	104338
毛纺织和染整精加工		99			1588	1588
丝绢纺织及精加工		147	2341	2	4819	4819
纺织制成品制造	384	1088	4481	497	43082	40608
针织品、编织品及其制品制造	36022	574	15222	2699	149549	138599
纺织服装、鞋、帽制造业	**29598**	**1781**	**13170**	**1380**	**338523**	**325864**
纺织服装制造	29598	1781	12830	1380	336691	324032
纺织面料鞋的制造			340		1832	1832
皮革、毛皮、羽毛(绒)及其制品业	**335**	**72**	**1017**	**98**	**24936**	**24471**
皮革鞣制加工		17	329	98	3132	2960
皮革制品制造	335	47	612		17115	16848
毛皮鞣制及制品加工		8	76		4689	4663
木材加工及木、竹、藤、棕、草制品	**1251**	**2951**	**4126**	**736**	**31594**	**29758**
锯材、木片加工					898	898
人造板制造	610	427	96		12780	12670
木制品制造	641	2524	4030	736	17916	16190
家具制造业	**16063**	**877**	**9129**	**570**	**109980**	**106288**
木质家具制造	15136	221	3149	12	55724	53196
金属家具制造		370	5690	486	46478	45679
其他家具制造	927	286	290	72	7778	7413
造纸及纸制品业	**70**	**399**	**2969**	**515**	**36476**	**33884**
造纸	30	35	601	113	8940	8240
纸制品制造	40	364	2368	402	27536	25644
印刷业和记录媒介的复制	**859**	**9755**	**30445**	**7916**	**297482**	**275321**
印刷	839	9314	26280	7199	259399	241055
装订及其他印刷服务活动	20	37	389	159	3723	2448
记录媒介的复制		404	3776	558	34360	31818
文教体育用品制造业	**3659**	**24050**	**13817**	**6721**	**78303**	**77435**
文化用品制造	20	222	871	259	3861	3861
体育用品制造	49	26	573		15537	15537
乐器制造	3483	23750	12165	6462	55643	54775
玩具制造	2	42	8		1052	1052
游艺器材及娱乐用品制造	105	10	200		2210	2210
石油加工、炼焦及核燃料加工业	**1496**	**2231**	**29000**	**11086**	**205723**	**90934**
精炼石油产品的制造	1496	2231	29000	11086	205723	90934
化学原料及化学制品制造业	**59075**	**39144**	**175219**	**54656**	**1010758**	**993612**
基础化学原料制造	653	5486	61228	22290	262198	259501
肥料制造	1174	24	300	49	14829	13704
农药制造	290	30	567		12584	11815
涂料、油墨、颜料及类似产品制造	3899	365	2044	306	46836	44591
合成材料制造	295	27044	90028	25243	495557	494520
专用化学产品制造	1461	2937	11176	3030	102419	94482
日用化学产品制造	51303	3258	9876	3738	76335	74999

计量单位：千元

本年应付福利费总额（贷方累计发生额）	主营业务应付福利费总额	本年应交增值税（不含期初未抵扣税）	本年进项税额	本年销项税额	本年实缴关税	工业中间投入合计	经营活动产生的现金流量净额	投资活动产生的现金流量净额	筹资活动产生的现金流量净额	全部从业人员平均人数（人）
42271	**36041**	**103455**	**513000**	**602322**	**775**	**2892705**	**-77342**	**198671**	**16606**	**23780**
15420	10417	24195	96696	120311		621822	-181969	260451	-3579	9849
222	222	247	4994	4747	8	23042	1378	450		140
677	677	5321	42388	47707		214394	2353	1682	-12923	384
4630	4318	14198	54890	67919	67	299593	-359	-4949	28001	2769
21322	20407	59494	314032	361638	700	1733854	101255	-58963	5107	10638
36376	**35489**	**91517**	**347031**	**417082**	**2406**	**2159954**	**239627**	**-31159**	**20099**	**32155**
35925	35038	91103	343033	413347	2390	2140647	236760	-31510	20099	31884
451	451	414	3998	3735	16	19307	2867	351		271
2984	**2926**	**8153**	**60900**	**37746**	**165**	**393699**	**-11463**	**-6601**	**12352**	**2312**
274	255	-662	6654	6019		36254	-19573	-533	9911	193
2037	2007	7691	35413	24044	31	222890	10367	-4447	-1970	1643
673	664	1124	18833	7683	134	134555	-2257	-1621	4411	476
3128	**2929**	**6460**	**62673**	**68847**		**391275**	**27196**	**-247**	**-11937**	**2329**
36	36	420	6480	6900		32207	22809			72
1007	937	2489	37412	39687		247671	6050	340	-15080	975
2085	1956	3551	18781	22260		111397	-1663	-587	3143	1282
13501	**13039**	**35871**	**179724**	**217432**	**202**	**969683**	**12827**	**-88336**	**37994**	**7730**
6150	5841	16437	74437	88666	202	478932	-4850	-77759	44093	4935
6502	6399	15175	92467	111592		403698	12925	-9422	-4228	2148
849	799	4259	12820	17174		87053	4752	-1155	-1871	647
4689	**3996**	**25515**	**97953**	**120931**	**262**	**560366**	**-6454**	**-4002**	**37261**	**3545**
916	782	3643	35827	39934		156414	-24533	-295	24980	1099
3773	3214	21872	62126	80997	262	403952	18079	-3707	12281	2446
38752	**34780**	**159558**	**360883**	**525057**	**2859**	**2018954**	**442588**	**-206192**	**115189**	**17941**
34094	30773	139209	321908	458765	1919	1723935	415277	-192603	97518	16286
460	306	2317	3761	6092	940	25274	-712	1761	-1159	255
4198	3701	18032	35214	60200		269745	28023	-15350	18830	1400
10245	**9949**	**25268**	**100284**	**106495**	**226**	**523291**	**73855**	**47605**	**-45100**	**4479**
518	518	1234	1894	3078		12834	-503	-862	-503	192
2171	1875	2429	7301	9355		162800	-17	-8141	13150	906
7122	7122	19488	84007	85586	226	306858	70554	59328	-60747	3104
124	124	287	1132	696		6149	1401	1470		97
310	310	1830	5950	7780		34650	2420	-4190	3000	180
28646	**12603**	**288524**	**3900869**	**4117201**	**175**	**20801263**	**-492567**	**-320077**	**801672**	**5612**
28646	12603	288524	3900869	4117201	175	20801263	-492567	-320077	801672	5612
161436	**158503**	**1798390**	**3821843**	**5571437**	**13357**	**23415011**	**5526040**	**-1005959**	**-3248193**	**35197**
36299	35975	477018	1104616	1570748	216	6531736	1656397	-465474	-1008417	10548
1930	1785	5497	1245	1772	14	431388	-5123	4233	17782	1215
1452	1347	3894	9258	12962		72850	-1549	-2360	7196	534
4974	4465	29810	141091	155786	1634	863806	31235	-18826	46909	3254
69582	69442	1117846	2276504	3372627	715	13458365	3661012	-369288	-2498602	12308
23082	21932	74330	185312	265773	8657	1244574	140313	-136471	188173	4522
24117	23557	89995	103817	191769	2121	812292	43755	-17773	-1234	2816

1-21 续表 22

	广告费	劳动、失业保险费	养老保险和医疗保险	住房公积金和住房补贴	本年应付工资总额(贷方累计发生额)	主营业务应付工资总额
医药制造业	**144624**	**50041**	**97631**	**28437**	**617972**	**588274**
化学药品原药制造	200	160	656	144	6864	6864
化学药品制剂制造	85051	2524	25128	6396	231160	222309
中药饮片加工	1545	241	592	62	11547	11241
中成药制造	55331	45873	66357	16350	289155	272256
兽用药品制造	463	42	894	358	6965	6463
生物、生化制品的制造	1986	1185	3868	5127	67294	66760
卫生材料及医药用品制造	48	16	136		4987	2381
化学纤维制造业	**35**	**47**	**1778**	**192**	**10624**	**10316**
纤维素纤维原料及纤维制造			1		231	231
合成纤维制造	35	47	1777	192	10393	10085
橡胶制品业	**90**	**5119**	**11184**	**3117**	**78506**	**78432**
轮胎制造		533	5068	2151	37684	37684
橡胶板、管、带的制造					779	779
橡胶零件制造	6	89	759	150	7404	7330
日用及医用橡胶制品制造	84	4497	5357	816	31816	31816
其他橡胶制品制造					823	823
塑料制品业	**1193**	**7266**	**14509**	**2798**	**145057**	**139711**
塑料薄膜制造	130	243	3173	362	22625	22563
塑料板、管、型材的制造	184	147	3207	1018	23759	21546
塑料丝、绳及编织品的制造	216	766	1099	496	16423	15969
泡沫塑料制造	521	344	1620	70	19676	18734
塑料人造革、合成革制造		24	55		3736	3736
塑料包装箱及容器制造	37	113	943	134	16921	16193
塑料零件制造		6	393	35	3847	3847
日用塑料制造	57	5368	3601	606	32234	31287
其他塑料制品制造	48	255	418	77	5836	5836
非金属矿物制品业	**8870**	**21224**	**73643**	**19975**	**576108**	**535525**
水泥、石灰和石膏的制造	288	3750	5323	838	33123	33008
水泥及石膏制品制造	5154	13835	42354	12793	336825	310397
砖瓦、石材及其他建筑材料制造	2902	2181	5641	1829	68898	59189
玻璃及玻璃制品制造	319	1120	18176	3919	98976	96927
陶瓷制品制造			4		2541	2541
耐火材料制品制造	115	87	1282	534	15776	13588
石墨及其他非金属矿物制品制造	92	251	863	62	19969	19875
黑色金属冶炼及压延加工业	**12411**	**117966**	**374897**	**234188**	**2165992**	**2151994**
炼铁		109	1641	658	9983	8323
炼钢					1458	1458
钢压延加工	12411	117857	373256	233530	2154551	2142213

计量单位：千元

本年应付福利费总额（贷方累计发生额）	主营业务应付福利费总额	本年应交增值税（不含期初未抵扣税）	本年进项税额	本年销项税额	本年实缴关税	工业中间投入合计	经营活动产生的现金流量净额	投资活动产生的现金流量净额	筹资活动产生的现金流量净额	全部从业人员平均人数（人）
84617	**79962**	**535408**	**619004**	**1115282**	**1111**	**4313307**	**1130518**	**-695613**	**126226**	**21430**
1045	1045	6245	13123	20052	1009	94946	8071	-5254	2679	484
29224	28010	227562	93695	308092		1328220	382451	-256262	-42165	7915
1501	1415	7396	27227	31952		204978	65925	33260	-24937	986
41601	38752	238528	451946	671684		1983603	472790	-408650	38350	8678
1457	1396	6327	9272	15223	102	61314	4857	-267	203	501
9283	9212	45808	20961	61956		622077	190593	-48787	152681	2522
506	132	3542	2780	6323		18169	5831	-9653	-585	344
1613	**1570**	**7041**	**24144**	**31135**	**1811**	**170757**	**10222**	**-36334**	**44066**	**728**
32	32	162	1726	1888		10778	214		500	29
1581	1538	6879	22418	29247	1811	159979	10008	-36334	43566	699
9524	**9505**	**11044**	**122787**	**121947**	**398**	**907569**	**49749**	**-14023**	**25774**	**5312**
5229	5229	2876	74788	72388	89	536510	-17234	-14655	33032	2001
91	91	201	1706	1907		9747	656			102
505	486	5018	17907	22925		109027	25015	6451	160	661
3583	3583	2784	25416	21697	309	237796	18935	-6974	-7418	2496
116	116	165	2970	3030		14489	22377	1155		52
16332	**15522**	**52048**	**400300**	**451362**	**1672**	**1997515**	**163696**	**-7979**	**53584**	**11076**
2248	2126	4928	59849	61402		354011	-8385	-3162	4076	1377
2808	2586	8550	77761	86648		356224	51361	-8033	-20023	1667
2154	2080	6487	53950	60801		215896	29390	-5261	-1278	1428
2010	1938	8121	55529	64407		258531	9060	-10500	19357	1169
30		179	9345	9724		48364	18837	5023	23221	356
1642	1498	8012	54402	62861	393	311361	47179	16909	4239	1749
485	485	684	13533	14173	29	36392	-345			337
4086	3940	11036	69551	80816	194	379400	7791	-1280	23992	2504
869	869	4051	6380	10530	1056	37336	8808	-1675		489
70697	**66047**	**275849**	**475700**	**708517**	**101231**	**7706407**	**384830**	**-650940**	**472944**	**35239**
3072	2930	43518	49785	92280		440154	25661	-42014	3769	2229
41784	39024	131778	137747	242993	100811	5174932	117880	-529021	456726	18556
8330	7200	25438	72484	93067		631604	100259	3111	-7595	4728
12394	12051	45018	111186	150091	406	754634	88463	-59265	14086	7015
354	354	523	1510	2032		12890	-5			204
1915	1653	12345	49392	59977		327751	26935	-23461	5958	1172
2848	2835	17229	53596	68077	14	364442	25637	-290		1335
248672	**247998**	**1532781**	**8961236**	**10389296**	**3151**	**28262722**	**5195735**	**-3017109**	**680860**	**61559**
887	682	4461	14631	17882		104578	10666	-1726	720	597
59	59	510	1647	2157		11760	602	2633	3445	170
247726	247257	1527810	8944958	10369257	3151	28146384	5184467	-3018016	676695	60792

1-21 续表 23

	广告费	劳动、失业保险费	养老保险和医疗保险	住房公积金和住房补贴	本年应付工资总额(贷方累计发生额)	主营业务应付工资总额
有色金属冶炼及压延加工业	**332**	**883**	**9281**	**2102**	**87309**	**80954**
常用有色金属冶炼		113	783	242	10179	7618
贵金属冶炼		2	39		221	195
稀有稀土金属冶炼	32	65	2191	443	20428	20103
有色金属合金制造		60	1180	307	7322	5670
有色金属压延加工	300	643	5088	1110	49159	47368
金属制品业	**6467**	**5394**	**24407**	**5838**	**385947**	**357865**
结构性金属制品制造	5149	2674	16920	4737	277494	261484
金属工具制造		25	665	61	9518	8753
集装箱及金属包装容器制造	135	180	1506	14	12887	11009
金属丝绳及其制品的制造	79	38	484		1908	1908
建筑、安全用金属制品制造	131	158	293		24423	19658
金属表面处理及热处理加工	275	3			10867	10628
搪瓷制品制造		11	202		1177	1177
不锈钢及类似日用金属制品制造	28	33	278	5	3472	3372
其他金属制品制造	670	2272	4059	1021	44201	39876
通用设备制造业	**22214**	**13581**	**68266**	**15676**	**590891**	**554408**
锅炉及原动机制造	2832	518	5700	1347	33513	29736
金属加工机械制造	1063	3231	18909	5854	113190	110165
起重运输设备制造	183	281	2754	931	16191	15496
泵、阀门、压缩机及类似机械的制造	764	3135	13162	4391	81483	80300
轴承、齿轮、传动和驱动部件的制造		48	534		8251	4306
烘炉、熔炉及电炉制造	679	36	467	31	15803	10754
风机、衡器、包装设备等通用设备制造	16666	1489	21464	2465	225707	208260
通用零部件制造及机械修理	27	36	509	31	11050	10901
金属铸、锻加工		4807	4767	626	85703	84490
专用设备制造业	**15481**	**105150**	**99881**	**40552**	**754438**	**679665**
矿山、冶金、建筑专用设备制造	262	91148	20502	7400	118361	61173
化工、木材、非金属加工专用设备制造	701	429	5129	1646	43270	43026
食品、饮料、烟草及饲料生产专用设备		24	1559	551	7343	7244
印刷、制药、日化生产专用设备制造	2802	4073	26503	13000	142042	141102
纺织、服装和皮革工业专用设备制造	580	458	6982	4832	70544	70514
电子和电工机械专用设备制造	1130	784	9532	2079	59847	55070
农、林、牧、渔专用机械制造	338	100	1454	425	13348	13348
医疗仪器设备及器械制造	8901	917	10703	4231	104041	96645
环保、社会公共安全及其他专用设备制造	767	7217	17517	6388	195642	191543
交通运输设备制造业	**214460**	**54867**	**100650**	**41661**	**918469**	**904947**
铁路运输设备制造	7956	286	2906	697	40976	40123
汽车制造	205655	50453	69394	29368	708443	698270
自行车制造	526	1	23	8	2892	2812
船舶及浮动装置制造		1	28		625	496
航空航天器制造	323	4125	28277	11588	164661	162418
交通器材及其他交通运输设备制造		1	22		872	828

计量单位：千元

本年应付福利费总额(贷方累计发生额)	主营业务应付福利费总额	本年应交增值税(不含期初未抵扣税)	本年进项税额	本年销项税额	本年实缴关税	工业中间投入合计	经营活动产生的现金流量净额	投资活动产生的现金流量净额	筹资活动产生的现金流量净额	全部从业人员平均人数(人)
10758	**9577**	**32414**	**491550**	**507099**	**4738**	**2705654**	**154093**	**-284958**	**295275**	**4624**
1697	1026	2344	175524	176699	3363	590962	13499	-18321	39704	472
31	27					101745	1081	-1806		16
2940	2940	3832	35092	37025	473	496875	39911	-234505	250226	579
1275	1032	8287	63854	69295		299658	18737	-4395	-3210	371
4815	4552	17951	217080	224080	902	1216414	80865	-25931	8555	3186
47224	**42704**	**110690**	**746697**	**810923**	**4149**	**4195680**	**535688**	**-577335**	**435877**	**27271**
33237	30822	70734	469860	506006	582	2817610	279212	-372150	299816	20217
1265	1150	4549	39985	33219	3317	209527	102365	-2527	321	677
1783	1428	5668	44803	50432		201091	11103	-1252	6823	1086
267	267	3387	16469	22202		114736	36609	-32775	-1674	57
2972	1953	3378	24473	25821		178899	51659	-24527	32551	1876
1250	1232	3298	10045	13302		58803	11915	-4230	4015	776
162	162	428	933	1361		4986	501	-1348	263	110
360	350	1247	10326	10924		50989	1742	93	80	293
5928	5340	18001	129803	147656	250	559039	40582	-138619	93682	2179
78246	**70258**	**255593**	**775209**	**993591**	**30054**	**4567658**	**287417**	**-173869**	**23644**	**26916**
5483	5380	15997	56539	72753	597	183860	95175	22375	-18075	1859
16236	15835	34255	159160	183942	2049	952796	119275	-78069	36500	4401
2225	2127	6586	22601	28120	97	140900	-17722	-4594	15677	736
10010	9799	34035	107110	140523	372	627546	26769	-17566	1388	3899
895	620	2215	9265	11480		52510	-1219	-703	642	257
1984	1464	6672	23577	30540		145399	2858	-19382	17640	553
29388	23184	122161	277980	385483	26186	1635849	4088	-55692	12187	8470
1705	1585	5555	18425	23737	211	132826	27419	4038	-702	787
10320	10264	28117	100552	117013	542	695972	30774	-24276	-41613	5954
118619	**106770**	**343081**	**929932**	**1230185**	**4868**	**5941516**	**1378337**	**-413957**	**325471**	**25857**
17042	8694	32711	164131	197655	1254	983794	404697	80175	-25321	5546
5711	5677	12464	57482	69470	15	284480	25652	-115942	141319	1845
741	735	3642	8776	11951		53313	5161	-2658	-113	249
35976	35830	81821	140988	220771	14	938291	134142	-120823	-17778	4926
11960	11956	32406	158965	179630	468	984616	6718	-43554	41299	1812
8397	7610	32158	80196	107886	42	410885	68648	-41289	-21641	2232
1662	1662	3160	16247	19604	41	59783	25115	-13392	-4006	600
11005	9893	55607	120732	172748	2682	675348	301095	-18190	123018	3873
26125	24713	89112	182415	250470	352	1551006	407109	-138284	88694	4774
128494	**122885**	**398779**	**5744958**	**6086504**	**9247**	**25553363**	**1178700**	**-951485**	**640653**	**47742**
5308	5160	44973	56064	97091	94	403991	-22029	-2871	15399	2089
97174	95137	346567	5673269	5967636	9153	24498525	587185	-879803	597654	40989
		472	3118	3590		20542	-3532	-4879	9150	317
87	69					4431	-6684	-2511	21910	16
25766	22367	6405	10501	15828		603665	621381	-61421	-3460	4225
159	152	362	2006	2359		22209	2379			106

1-21 续表 24

	广告费	劳动、失业保险费	养老保险和医疗保险	住房公积金和住房补贴	本年应付工资总额（贷方累计发生额）	主营业务应付工资总额
电气机械及器材制造业	**24127**	**15378**	**76989**	**21986**	**603491**	**587988**
电机制造	380	4039	23866	7595	158045	157471
输配电及控制设备制造	2747	10529	41458	11650	338846	325654
电线、电缆、光缆及电工器材制造	297	53	1800	81	18643	18372
电池制造	42	50	928	105	16847	16844
家用电力器具制造	10621	496	4923	1594	29650	28567
非电力家用器具制造	8715	139	2743	608	23873	23553
照明器具制造	1129	32	504	197	12939	12879
其他电气机械及器材制造	196	40	767	156	4648	4648
通信设备、计算机及其他电子设备制造	**127000**	**60233**	**168896**	**60239**	**1286841**	**1165297**
通信设备制造	39166	24265	47810	15603	400505	317813
雷达及配套设备制造		34	726	269	4050	4050
广播电视设备制造	2719	458	8663	1741	89027	88370
电子计算机制造	76682	11754	58400	15102	429701	415585
电子器件制造	833	4770	18556	10455	167772	167241
电子元件制造	703	17696	29513	16325	123822	102882
家用视听设备制造	4289	881	993	15	14073	14073
其他电子设备制造	2608	375	4235	729	57891	55283
仪器仪表及文化、办公用机械制造业	**7800**	**19087**	**55860**	**20831**	**404343**	**393524**
通用仪器仪表制造	6367	5324	36642	14892	277254	270914
专用仪器仪表制造	510	3157	5242	2154	55132	52766
光学仪器及眼镜制造	462	10514	12614	3647	56844	56180
文化、办公用机械制造	18	64	823	52	6113	5193
其他仪器仪表的制造及修理	443	28	539	86	9000	8471
工艺品及其他制造业	**320**	**2957**	**9457**	**3387**	**77003**	**71356**
工艺美术品制造	73	2706	5528	1152	31521	28632
日用杂品制造		5	154		5709	5709
煤制品制造		68	1130	366	5698	4000
核辐射加工	213	12	269	58	1424	1181
其他未列明的制造业	34	166	2376	1811	32651	31834
废弃资源和废旧材料回收加工业					**1605**	**1605**
金属废料和碎屑的加工处理					1550	1550
非金属废料和碎屑的加工处理					55	55
电力、燃气及水的生产和供应业	**3991**	**202709**	**355484**	**181182**	**3029818**	**2781630**
电力、热力的生产和供应业	**3283**	**191129**	**306022**	**155692**	**2745063**	**2510103**
电力生产	43	7925	23041	11095	123827	115378
电力供应	3216	171959	250473	127313	2435054	2209413
热力生产和供应	24	11245	32508	17284	186182	185312
燃气生产和供应业	**655**	**5754**	**27578**	**11811**	**144532**	**133204**
燃气生产和供应业	655	5754	27578	11811	144532	133204
水的生产和供应业	**53**	**5826**	**21884**	**13679**	**140223**	**138323**
自来水的生产和供应		5201	8554	6552	92497	90597
污水处理及其再生利用	53	625	13271	7127	46544	46544
其他水的处理、利用与分配			59		1182	1182

计量单位：千元

本年应付福利费总额(贷方累计发生额)	主营业务应付福利费总额	本年应交增值税(不含期初未抵扣税)	本年进项税额	本年销项税额	本年实缴关税	工业中间投入合计	经营活动产生的现金流量净额	投资活动产生的现金流量净额	筹资活动产生的现金流量净额	全部从业人员平均人数(人)
73712	**70219**	**371979**	**1177704**	**1508134**	**6026**	**6635782**	**900720**	**-309694**	**356187**	**27522**
21705	20947	85138	233781	310111	909	1358632	499771	-114642	11614	6043
38043	35470	205305	631814	817917	3739	3664500	272291	-141591	250046	14641
2521	2486	13984	77091	87395	242	503979	-9132	-19178	40594	1524
2297	2297	3120	20604	18525	197	116357	33419	-11240	-113	1046
3705	3587	37440	128902	162229	197	551311	44997	-9837	47635	1727
4002	4002	14171	60276	72518	465	268259	13046	-816	10227	1282
945	936	11389	18852	31233	277	133483	42430	-12763	-3653	967
494	494	1432	6384	8206		39261	3898	373	-163	292
166447	**146968**	**415446**	**3397838**	**3669782**	**57866**	**14522456**	**1178537**	**-3267640**	**2654647**	**36175**
47254	39804	1468	819772	795834	1518	3595380	389699	701750	-874034	9005
567	567	263				15856	3148	-2003	-503	116
12905	12760	29815	138467	112120	124	450915	137413	-86898	52135	2194
52121	45751	154112	1777951	1893066	47017	7672856	284813	-3720884	3246287	9361
22864	20765	143334	248166	390271	62	894567	170821	-76483	109683	5088
18367	15325	50174	261206	294526	240	1258564	93902	-66873	147566	5848
1941	1941	14451	44384	58826	14	254171	79164	-24422	-38500	823
10428	10055	21829	107892	125139	8891	380147	19577	8173	12013	3740
51932	**50217**	**256072**	**629024**	**869563**	**6811**	**3215850**	**450912**	**-147577**	**-94463**	**14409**
34631	33530	215770	525287	735072	4196	2348295	396462	-110376	-251998	9326
8106	7743	25867	60383	86771	1019	332183	14385	-635	71341	2555
7599	7506	8293	14612	15393	822	346336	40941	-35933	80696	1924
658	557	121	21677	19240	714	118605	-1603	-163	3628	276
938	881	6021	7065	13087	60	70431	727	-470	1870	328
7606	**6978**	**37528**	**130008**	**135324**	**740**	**616496**	**48433**	**-176939**	**6897**	**4688**
1963	1767	8654	33375	39604		208513	130	-2196	106	2253
383	329	2246	10840	12814	46	55756	-1631	-420		655
791	553	4766	4491	9352		52797	22341	-403	-810	303
143	143	1247	890	1527		10796	647	213	-1000	79
4326	4186	20615	80412	72027	694	288634	26946	-174133	8601	1398
225	**225**	**151**	**4701**	**4852**		**25060**	**14498**		**49**	**131**
217	217	115	3791	3906		20623	14404			123
8	8	36	910	946		4437	94		49	8
282477	**260173**	**2592616**	**8929680**	**11498002**	**1966**	**32167503**	**15520945**	**-13374080**	**225330**	**45977**
244138	**223543**	**2268106**	**8573384**	**10819616**		**30152226**	**14007419**	**-12796483**	**405404**	**36567**
19198	17722	172538	88975	259144		955265	327834	-118717	-206652	3303
199786	180801	1985743	8332260	10311487		28445631	12634907	-11079426	-385539	25863
25154	25020	109825	152149	248985		751330	1044678	-1598340	997595	7401
19370	**17739**	**244432**	**318036**	**563264**	**1862**	**260446**	**934376**	**-229676**	**-423347**	**4800**
19370	17739	244432	318036	563264	1862	260446	934376	-229676	-423347	4800
18969	**18891**	**80078**	**38260**	**115122**	**104**	**1754831**	**579150**	**-347921**	**243273**	**4610**
12305	12227	79125	32003	109333		1458099	446434	-397616	335969	3167
6499	6499	710	4972	4261	104	294947	136132	49885	-96196	1385
165	165	243	1285	1528		1785	-3416	-190	3500	58

1-22 限额以上国有

	单位数(个)	亏损企业	年初存货	流动资产合计	#短期投资	应收帐款(净额)
总 计	**1328**	**579**	**10724141**	**48812970**	**832303**	**7803292**
一、按隶属关系分						
中央	436	178	4861269	24211572	41323	3107236
地方	764	339	5363243	22995647	788482	4287199
其他	128	62	499629	1605751	2498	408857
二、按控股情况分						
国有绝对控股	1308	571	10719556	48458367	826393	7724382
国有相对控股						
其他						
三、按企业规模分						
大型企业	10	1	2459131	8225205	650473	652435
中型企业	74	14	4446871	22935060	23000	4019268
小型企业	1244	564	3818139	17652705	158830	3131589
四、按轻重工业分						
轻工业	526	248	3115206	11444402	32206	1673103
重工业	802	331	7608935	37368568	800097	6130189
五、按地区分						
东城区	48	26	343359	1324502		232494
西城区	63	26	322840	9663662	1000	882994
崇文区	10	3	31978	194892		5577
宣武区	48	24	277880	1509325	22086	314058
朝阳区	258	103	3163623	13278074	693346	2243166
丰台区	149	65	1812579	5636089	25332	735670
石景山区	43	19	195981	841700	822	109679
海淀区	315	125	2100968	7291664	16492	1407666
门头沟区	22	14	75478	286059	4898	73446
房山区	41	19	713631	2067532		573894
通州区	40	17	183007	657398		75042
顺义区	48	23	583540	2196958		248169
昌平区	77	29	437115	1636404	2207	394391
大兴区	101	48	257290	942838	2084	252123
怀柔区	15	8	22590	99260	13186	21273
平谷区	15	10	13703	64404		12674
密云县	15	5	148755	631902	20850	154924
延庆县	18	14	36942	151425		25307
北京经济技术开发区	2	1	2882	338882	30000	40745

工业企业主要财务状况

计量单位：千元

存 货	产成品	一年内到期的长期债权投资	流动资产年平均余额	长期投资合计	#长期股权投资	长期债权投资	固定资产合计	#固定资产原价	生产经营用
11738319	**3988050**	**65800**	**48339210**	**400893244**	**399449871**	**701068**	**58971862**	**62760517**	**56472123**
5800401	1375056	64544	23472911	387861068	386967836	454363	40312175	38386971	35962074
5510868	2427045	1254	23223660	12637700	12094655	246405	18104647	23627491	19882143
427050	185949	2	1642639	394476	387380	300	555040	746055	627906
11715116	3988050	65800	47994837	400893042	399449669	701068	58431329	62237658	55989561
2901148	728511		8451658	4314919	4314896	23	6774959	9937609	8700998
5291413	1703833		22839260	375767197	375645638	78077	39078290	38619943	36705375
3545758	1555706	65800	17048292	20811128	19489337	622968	13118613	14202965	11065750
3213618	1053494	64762	11332762	7406546	7283170	77048	10494082	14189755	11872732
8524701	2934556	1038	37006448	393486698	392166701	624020	48477780	48570762	44599391
409655	91882		1295945	493466	355428	11118	1188182	1187890	773364
358659	114714		9557763	383046873	382580138	426946	30970734	25659081	25234663
33766	15968	400	163449	114681	114281		68420	102896	68220
273621	96959		1422535	3410957	2991490	140181	2165558	2635134	2306653
3385777	1256553		13978259	5984073	5861719	31316	8314658	10433072	8996663
2001759	546532	635	5270741	737497	712673	16034	3696650	4936442	4158727
159933	59973		677870	215615	201212		654973	899182	806363
2450593	547939		7155765	1585984	1423403	15659	3698089	5701920	4764010
94184	51411		284271	11713	3142	500	163343	284195	212421
840517	464740	632	1958162	188107	180383	497	1079715	1804316	1525044
207425	144175		649013	153257	95407	51309	600060	813555	695650
597298	114341		2349125	3653188	3652544		2844578	3903422	3259617
470806	227792		1533751	403005	396113	1770	1332391	1802936	1514448
289942	175068	222	877623	27264	26272	962	829596	962715	746581
20161	7635		99129	126	100	26	232253	223320	208524
14182	9071	1	61894	13601	8851	4750	120611	135286	121384
85982	44805		542652	187247	183477		309920	586957	473361
41484	18492	63910	151020	4677	1325		225086	119637	99148
2575			310243	661913	661913		477045	568561	507282

1-22 续表 1

	累计折旧	本年折旧	在建工程	固定资产净值年平均余额	无形资产	资产总计
总计	**18790152**	**3304700**	**13636691**	**41976313**	**697682**	**543912991**
一、按隶属关系分						
中央	9600812	2382364	10396151	26858576	79273	485725382
地方	8879370	881315	3158786	14668843	592972	55498107
其他	309970	41021	81754	448894	25437	2689502
二、按控股情况分						
国有绝对控股	18666303	3279545	13495465	41577775	697682	542994765
国有相对控股						
其他						
三、按企业规模分						
大型企业	4441642	460472	1513210	4973867	41286	19442260
中型企业	9525842	2308675	8906115	27544749	261348	466075129
小型企业	4822668	535553	3217366	9457697	395048	58395602
四、按轻重工业分						
轻工业	5481206	755632	1630624	8388629	326632	30213256
重工业	13308946	2549068	12006067	33587684	371050	513699735
五、按地区分						
东城区	344897	49940	339148	860819	37752	3062360
西城区	4195300	1685873	8342038	19999623	24832	456090312
崇文区	43618	3160	330	60053	547	390285
宣武区	1280119	141686	809513	1300506	1133	7924422
朝阳区	4129124	367044	2087949	6141559	230211	28474936
丰台区	1953581	202660	641483	2709441	117013	10408015
石景山区	324643	30103	71345	551000	4524	1794479
海淀区	2428984	332058	338814	3277862	40922	12684005
门头沟区	128671	10669	6096	169018	7654	500459
房山区	759290	65722	33913	1049236	1419	3407871
通州区	253813	33405	40263	549264	6765	1460949
顺义区	1318619	198129	258138	2497472	101288	8816185
昌平区	784150	68279	283226	946929	10166	3396981
大兴区	320297	37208	143075	674808	19846	1876180
怀柔区	39551	2695	44354	189377	9076	344286
平谷区	33900	4185	19085	101355	3362	204407
密云县	281764	32247	3938	343817	5141	1135184
延庆县	40576	6586	145885	80101	1447	389250
北京经济技术开发区	129255	33051	28098	474073	74584	1552425

计量单位：千元

流动负债			长期负债			负债合计	所有者权益		
合　计	#短期借款	应付账款	合　计	#长期借款	应付债券		合　计	#实收资本	国家资本
48600463	**12326192**	**7097798**	**51910329**	**14396183**	**6481181**	**100510792**	**443402199**	**232065733**	**221008832**
22059701	6583125	3222669	46348637	11060052	5841670	68408338	417317044	219223284	215637539
25196300	5623055	3441106	5327669	3257602	637925	30523969	24974138	11867771	5186499
1344462	120012	434023	234023	78529	1586	1578485	1111017	974678	184794
48242990	12306047	6899859	51884608	14380202	6481181	100127598	442867167	231780205	220865245
7935053	2206547	1168533	2014710	476721	632098	9949763	9492497	3732001	1119739
19952413	4921108	3192609	42030315	11783204	5525882	61982728	404092401	207078977	202833163
20712997	5198537	2736656	7865304	2136258	323201	28578301	29817301	21254755	17055930
10713644	2707397	1158953	2569775	790471	625170	13283419	16929837	7549127	3595814
37886819	9618795	5938845	49340554	13605712	5856011	87227373	426472362	224516606	217413018
1413296	192329	136984	60642	55981		1473938	1588422	478968	218263
8335741	4258100	780457	39994807	10433902	5847497	48330548	407759764	212578803	212236816
90060	21470	15524	9150	9150		99210	291075	44821	10897
1261008	277220	236325	4637012	179185		5898020	2026402	987271	731629
14845115	3270760	1621467	2950337	1870842	7522	17795452	10679484	5716600	3597967
5699387	747375	1167381	1204833	567635	1062	6904220	3503795	2882393	956915
836287	88502	176322	46946	24159		883233	911246	456532	68557
6717976	933042	1190082	1058605	350686		7776581	4907424	3713272	1250216
315984	91544	79246	69243	66438		385227	115232	151473	74960
2213746	496729	543792	409434	344451		2623180	784691	764959	77999
660415	149148	110261	181595	123926		842010	618939	386602	152042
2327976	1222285	248433	739542	29226	625100	3067518	5748667	1667563	465985
1716120	278577	382413	219407	80102		1935527	1461454	1099971	408249
1048881	129728	209948	167059	146533		1215940	660240	539058	277090
136169	58562	28418	48038	48010		184207	160079	96045	66015
79502	12131	14960	14456	14060		93958	110449	49382	46755
398483	78313	112370	52286	41497		450769	684415	307394	226079
411520	20377	41241	692			412212	-22962	60266	58038
92797		2174	46245	10400		139042	1413383	84360	84360

1-22 续表 2

	集体资本	法人资本	#国家法人	集体法人	个人资本	港澳台资本
总计	**117869**	**10726933**	**10386828**	**2800**	**209766**	**1349**
一、按隶属关系分						
中央	267	3585478	3585478			
地方	104891	6366943	6027078	2800	208454	
其他	12711	774512	774272		1312	1349
二、按控股情况分						
国有绝对控股	28937	10673924	10333934	2800	209766	1349
国有相对控股						
其他						
三、按企业规模分						
大型企业	267	2444708	2112964		167287	
中型企业	78575	4127222	4127222		40017	
小型企业	39027	4155003	4146642	2800	2462	1349
四、按轻重工业分						
轻工业	90157	3654243	3322379	80	207929	
重工业	27712	7072690	7064449	2720	1837	1349
五、按地区分						
东城区		260705	256399			
西城区	950	341037	341037			
崇文区		33924	33924			
宣武区	267	254975	254975		400	
朝阳区	3353	2074576	2073676		39720	
丰台区	9461	1914932	1914764	168	1085	
石景山区	644	387131	387131		200	
海淀区	6456	2455131	2455051	80	120	1349
门头沟区		76216	76216		297	
房山区		686960	686845			
通州区	450	234058	234058		52	
顺义区	88932	945204	613460		167442	
昌平区	3600	687722	685170	2552	400	
大兴区	3460	258508	258268			
怀柔区		29980	29980		50	
平谷区	296	2331	2331			
密云县		81315	81315			
延庆县		2228	2228			
北京经济技术开发区						

计量单位：千元

外商资本	主营业务收入	直接出口产品销售收入	主营业务成本	营业费用	主营业务税金及附加	其他业务收入	其他业务利润	管理费用	#税金
984	**41815616**	**495797**	**34180652**	**1418618**	**1018318**	**3961188**	**1264798**	**5920566**	**117899**
	20713090	115422	16304034	621332	679427	1387059	361494	2769749	40452
984	20056702	364907	16950422	765369	332823	2528394	876035	2982694	75324
	1045824	15468	926196	31917	6068	45735	27269	168123	2123
984	41440905	495797	33829185	1407033	1017640	3960028	1264025	5878279	117627
	14231301	140328	11817478	282137	286213	1128463	85819	1193981	21704
	18774378	238637	14466975	654374	671593	1458717	398434	2412673	42186
984	8809937	116832	7896199	482107	60512	1374008	780545	2313912	54009
984	10934053	162726	7424425	547497	862244	1371096	472018	1953153	39070
	30881563	333071	26756227	871121	156074	2590092	792780	3967413	78829
	1116251	176	953038	13436	2375	88101	48693	191301	3419
	5007148	6889	4281896	23817	56557	227226	65505	277541	9259
	69472	4606	50681	7556	490	9644	5175	25799	1644
	1673055		1289991	55000	13758	125599	42394	463277	7204
984	12368424	276676	10199587	345573	601613	1245577	483272	1663630	35712
	5302684	9402	4505182	90458	15496	270137	91090	817657	11103
	533787	170	433574	26895	4532	140080	52861	107561	3169
	5869096	103819	4862728	343158	23423	755139	236608	1125583	20672
	218401	1082	162233	12273	1595	16269	3494	50408	564
	2204612		1786315	133765	8488	143190	16670	223348	7277
	404518		343100	25812	2112	72955	26590	86604	2640
	3194005	13046	2335975	208247	255569	632415	89649	282533	4832
	1719229	75257	1517268	25940	4719	83930	38323	201096	5173
	844134	4146	532980	70756	6877	84627	29970	197263	2500
	135754	200	120387	5429	217	427	347	12627	295
	51809		44551	902	400	3952	2796	11278	183
	921337	328	568863	25043	19495	55607	26798	150043	811
	86898		83125	4357	393	629	594	11360	148
	95002		109178	201	209	5684	3969	21657	1294

1-22 续表 3

	财产保险费	差旅费	工会经费	办公费	职工教育费	排污费
总　　计	**32004**	**83920**	**59821**	**154804**	**46510**	**16725**
一、按隶属关系分						
中央	13030	47709	30359	67409	25872	6342
地方	18325	32919	27735	80664	19627	10205
其他	649	3292	1727	6731	1011	178
二、按控股情况分						
国有绝对控股	31954	83456	59399	154040	46139	16255
国有相对控股						
其他						
三、按企业规模分						
大型企业	9075	12894	17783	22940	12715	3218
中型企业	12262	28626	23613	52567	20448	5095
小型企业	10667	42400	18425	79297	13347	8412
四、按轻重工业分						
轻工业	13018	22070	17762	53796	14816	5842
重工业	18986	61850	42059	101008	31694	10883
五、按地区分						
东城区	859	1355	592	7275	1719	123
西城区	1263	1890	2493	6251	1890	637
崇文区	298	733	195	434	64	91
宣武区	2316	13067	4150	10754	2900	112
朝阳区	12715	17413	15874	39273	11373	4708
丰台区	2692	10771	10725	18960	8298	2260
石景山区	905	1722	734	4212	668	793
海淀区	5224	20414	11689	31677	11187	3813
门头沟区	270	834	725	763	166	44
房山区	864	2517	3583	2557	1914	1505
通州区	699	746	737	2360	452	394
顺义区	1504	5649	3631	13580	2129	823
昌平区	1217	3084	2203	6522	1770	572
大兴区	483	2180	1330	6859	1323	234
怀柔区	183	220	81	904	39	
平谷区	46	239	122	129	22	470
密云县	234	605	730	1731	436	26
延庆县	39	347	74	451	45	5
北京经济技术开发区	193	134	153	112	115	115

计量单位：千元

财务费用	利息支出（净额）	营业利润	投资收益	补贴收入	营业外收入	营业外支出	利润总额	应交所得税	可供分配利润
1113165	**1029739**	**-570905**	**5970320**	**614710**	**1213167**	**1114966**	**6145586**	**639892**	**5852074**
632551	618344	67491	5313261	98245	204144	350569	5391964	426954	5565868
476226	407194	-574797	572330	513637	989988	738779	736871	210228	337048
4388	4201	-63599	84729	2828	19035	25618	16751	2710	-50842
1112846	1029938	-540053	5970518	614710	1212906	1114677	6173848	639341	5851594
102081	49599	635230	168148	153552	72948	103566	929224	116878	895569
797975	783741	169222	5471117	337386	448414	486673	5948468	337056	4326534
213109	196399	-1375357	331055	123772	691805	524727	-732106	185958	629971
100538	62493	518214	305773	36534	260064	200605	934399	228237	2302686
1012627	967246	-1089119	5664547	578176	953103	914361	5211187	411655	3549388
1369	1296	3425	24619	2245	78784	67605	40348	1444	233020
503526	495702	-70684	5254377	20701	112349	258403	5069639	142990	5400222
-1055	-1067	-8824	35648	381	1169	50	28501	381	157589
5829	5815	-112406	25578	48086	27495	11928	22186	77141	126591
363785	342793	-322492	294784	156850	676015	497675	307696	116534	-971925
61687	55733	-96706	68620	27730	164679	165661	-36462	11245	-640716
3495	3434	10591	1066	17880	15603	1602	43543	2169	-60489
56013	49196	-305201	19544	222945	76788	45015	-26665	127152	238359
5296	4498	-9910	175	4372	1335	4091	-6444	887	-6602
53070	50911	16296	973	49880	5655	16061	57678	4260	-98510
3922	3813	-30442	5655	6070	16074	6983	-9915	3929	12636
28816	-7345	172514	112212	2832	6019	7195	289169	25211	904991
10697	10531	-2168	-20911	7371	24073	11013	-1084	16320	-69123
7074	5614	59154	437	1623	4528	7581	60047	31168	53006
1949	1869	-4508		1774	269	721	-3049	129	-1033
275	274	-2801	388	261	573	478	-2577	610	470
6257	5520	178434	57906	24138	1543	10240	251780	78241	87931
1597	1595	-13340		440	28	207	-13079	81	-18583
-437	-443	-31837	89249	19131	188	2457	74274		504240

1-22 续表 4

	广告费	劳动、失业保险费	养老保险和医疗保险	住房公积金和住房补贴	本年应付工资总额（贷方累计发生额）	主营业务应付工资总额	本年应付福利费总额（贷方累计发生额）
总计	**179961**	**550722**	**961375**	**428436**	**4446111**	**4087834**	**644934**
一、按隶属关系分							
中央	49829	321344	474367	264395	2423249	2217538	359227
地方	128376	218046	466108	155951	1891624	1749960	268996
其他	1756	11332	20900	8090	131238	120336	16711
二、按控股情况分							
国有绝对控股	179961	549935	948811	422890	4401467	4044873	639835
国有相对控股							
其他							
三、按企业规模分							
大型企业	88124	115564	213503	61919	979107	942617	157523
中型企业	80526	247262	414224	171185	1837513	1719351	268846
小型企业	11311	187896	333648	195332	1629491	1425866	218565
四、按轻重工业分							
轻工业	121618	139545	293178	107710	1317400	1211007	191006
重工业	58343	411177	668197	320726	3128711	2876827	453928
五、按地区分							
东城区	59	23880	30270	36378	151069	150627	19647
西城区	1873	50602	83305	92357	512825	457177	72717
崇文区	2	2846	4581	985	17408	17408	2406
宣武区	2821	25326	55285	45744	241603	193213	37141
朝阳区	58747	114655	265900	101531	1021660	938031	140844
丰台区	4351	141428	181240	51152	766176	727753	115041
石景山区	27	6375	17321	4391	66356	57772	8637
海淀区	35235	121793	152835	51236	792688	727111	124543
门头沟区		848	10028	1728	38570	34926	5328
房山区	88	17501	33018	9562	181331	178347	26373
通州区	1536	11691	13475	5664	63544	55799	8969
顺义区	74466	5790	38544	7961	214508	203331	30845
昌平区	313	18651	40846	12279	166439	143958	21913
大兴区	313	6412	18353	4815	114888	108551	14957
怀柔区	60	154	2104	203	8982	6669	1032
平谷区		126	2214	267	10151	10089	1298
密云县		510	8490	1608	59305	58464	8605
延庆县	29	217	2233	196	10211	10211	1268
北京经济技术开发区	41	1917	1333	379	8397	8397	3370

计量单位：千元

主营业务应付福利费总额	本年应交增值税(不含期初未抵扣税)	本年进项税额	本年销项税额	本年实缴关税	工业中间投入合计	经营活动产生的现金流量净额	投资活动产生的现金流量净额	筹资活动产生的现金流量净额	全部从业人员平均人数(人)
564326	**2004802**	**4121003**	**5998530**	**70126**	**26437896**	**3398752**	**-6328225**	**3915013**	**171451**
302465	1159614	1704435	2812713	7568	13608539	2134019	-6759693	3858539	77431
246895	808401	2358607	3094624	61715	12102248	1250571	406149	48341	87535
14966	36787	57961	91193	843	727109	14162	25319	8133	6485
559409	1998918	4116133	5987874	70126	26192813	3390894	-6326126	3913536	169593
126012	528245	1674518	2176419	16156	7068839	1457693	133345	-91508	37231
251753	1074100	1595551	2623852	6059	13024711	1399584	-6224165	3760286	57403
186561	402457	850934	1198259	47911	6344346	541475	-237405	246235	76817
173150	684359	838978	1474862	53912	6678621	1049192	331133	175795	57289
391176	1320443	3282025	4523668	16214	19759275	2349560	-6659358	3739218	114162
19555	7405	41873	47320	16	847006	-143809	25066	66198	4853
64790	557775	263255	819405	642	2338535	1308538	-5710020	3066057	9572
2372	5002	4445	8469		33501	-4621	32055	-670	961
26872	112641	169212	281544		980354	278809	-518738	187852	6831
130137	500223	1527467	1985013	9269	5759577	457646	-222978	-257746	37761
85845	109752	433674	514493	445	3981168	347624	-372345	437948	30837
7382	23093	40149	60849		360637	41558	-78690	48645	3101
113274	165457	646732	788032	2619	4586761	9054	-147185	271456	30115
4657	10842	18940	29295		161107	1329	-2306	-4413	2463
26023	108196	278000	384770	4839	1908813	189613	-6788	-96928	8274
7699	22558	48235	67818		336360	-3510	9272	-16563	5181
27575	208411	285771	482579	9465	2179154	453320	782844	117938	11315
18982	46386	195363	235581		1422825	116947	-95893	83133	9561
13998	52096	86717	137848	240	601112	95684	12978	-14579	5183
742	1922	16038	18050	42550	131278	3955	-2676	18307	682
1298	914	1355	2235		37118	9619	7229	4700	928
8487	66742	48787	114930		619166	216338	-40421	-863	2877
1268	3380	7265	10595	41	70720	4577	-2123	-324	723
3370	2007	7725	9704		82704	16081	2494	4865	233

1-23 按行业中类分限额以上

	单位数(个)	亏损企业	年初存货	流动资产合计	#短期投资	应收帐款(净额)
总　　计	**1328**	**579**	**10724141**	**48812970**	**832303**	**7803292**
采矿业	**11**	**4**	**69840**	**603932**	**20150**	**100155**
煤炭开采和洗选业	**1**	**1**	**23**	**4122**		**254**
烟煤和无烟煤的开采洗选	1	1	23	4122		254
石油和天然气开采业	**1**					
与石油和天然气开采有关的服务活动	1					
黑色金属矿采选业	**4**		**64882**	**504045**	**20150**	**90276**
铁矿采选	4		64882	504045	20150	90276
非金属矿采选业	**5**	**3**	**4935**	**95765**		**9625**
土砂石开采	4	2	4935	18475		9625
石棉及其他非金属矿采选	1	1		77290		
制造业	**1255**	**542**	**10476327**	**37642482**	**727480**	**6716570**
农副食品加工业	**46**	**21**	**62985**	**460084**	**100**	**129573**
谷物磨制	5	2	7693	24235		8410
饲料加工	12	6	8224	80930		12039
植物油加工	3		263	9228		363
屠宰及肉类加工	16	8	35644	255605	100	84814
水产品加工	2	1	5093	13904		4396
蔬菜、水果和坚果加工	2	2	1888	3327		263
其他农副食品加工	6	2	4180	72855		19288
食品制造业	**38**	**16**	**33054**	**188195**		**35063**
焙烤食品制造	14	5	8867	46401		10908
糖果、巧克力及蜜饯制造	1			887		138
方便食品制造	6	3	7663	29485		4223
液体乳及乳制品制造	4	3	2323	64305		17800
调味品、发酵制品制造	2		3415	5315		96
其他食品制造	11	5	10786	41802		1898
饮料制造业	**26**	**13**	**485137**	**1821376**		**125754**
酒的制造	9	5	482278	1800333		117604
软饮料制造	16	8	2859	9150		1361
精制茶加工	1			11893		6789
烟草制品业	**2**		**412837**	**864795**		**155017**
卷烟制造	1		412798	864755		155017
其他烟草制品加工	1		39	40		
纺织业	**13**	**7**	**150468**	**759680**		**127101**
棉、化纤纺织及印染精加工	3	1	8779	307411		3291
毛纺织和染整精加工	3	3	114060	282087		78887
纺织制成品制造	3	1	3669	13674		1282
针织品、编织品及其制品制造	4	2	23960	156508		43641

国有工业企业主要财务状况

计量单位：千元

存货	#产成品	一年内到期的长期债权投资	流动资产年平均余额	长期投资合计	#长期股权投资	长期债权投资	固定资产合计	#固定资产原价	生产经营用
11738319	**3988050**	**65800**	**48339210**	**400893244**	**399449871**	**701068**	**58971862**	**62760517**	**56472123**
71917	**40264**		**466386**	**48414**	**46414**		**245531**	**509865**	**389719**
2593	**514**		**4176**				**10618**	**17707**	**655**
2593	514		4176				10618	17707	655
68747	**39440**		**365073**	**7140**	**5140**		**211799**	**441322**	**354851**
68747	39440		365073	7140	5140		211799	441322	354851
577	**310**		**97137**	**41274**	**41274**		**23114**	**50836**	**34213**
577	310		19847	8874	8874		22986	50669	34213
			77290	32400	32400		128	167	
11486339	**3947050**	**65800**	**37627608**	**14716660**	**14105406**	**156459**	**26204256**	**34788739**	**28877026**
59519	**30837**	**1**	**453511**	**91185**	**89398**	**250**	**427786**	**460217**	**374576**
6095	1323		23488	35546	35546		28492	42005	19844
7913	1050		85991	10304	10304		44229	44661	36392
137	130		8829				13386	933	328
33002	21850		245838	40501	40251	250	233748	226002	194928
5241	4613		13205	3587	2117		29012	36402	34017
1324	120		3514				4837	6254	4150
5807	1751	1	72646	1247	1180		74082	103960	84917
38256	**17791**		**186300**	**49990**	**48811**		**200429**	**203014**	**79451**
11684	2698		47260	45	45		59046	30835	21814
705	60		964				139	251	251
7702	5381		30727	1179			53974	75844	20187
2744	1402		61330	48055	48055		27582	15606	10045
3430	3058		5702				3851	6703	6703
11991	5192		40317	711	711		55837	73775	20451
486683	**79080**		**1964179**	**3579083**	**3579083**		**2195986**	**3204099**	**2690794**
483692	78900		1937731	3577896	3577896		2176242	3172089	2661464
2991	180		9075				10111	13592	10912
			17373	1187	1187		9633	18418	18418
481590	**12235**		**840022**	**34001**	**34001**		**322552**	**561237**	**555839**
481550	12235		839962	34001	34001		322548	558861	553463
40			60				4	2376	2376
160601	**89351**		**740489**	**411148**	**410141**	**100**	**527918**	**691595**	**517940**
8718	2314		287065	237008	237008		184422	244320	163557
116736	64210		274174	26442	26093	100	117253	278344	191595
3464	1662		13568	658			14624	21054	21054
31683	21165		165682	147040	147040		211619	147877	141734

1-23 续表 1

	单位数(个)	亏损企业	年初存货	流动资产合计	#短期投资	应收帐款(净额)
纺织服装、鞋、帽制造业	**14**	**3**	**41637**	**269382**		**19606**
纺织服装制造	12	2	36682	259570		18956
纺织面料鞋的制造	2	1	4955	9812		650
皮革、毛皮、羽毛(绒)及其制品业	**1**		**619**	**2383**		**1321**
羽毛(绒)加工及制品制造	1		619	2383		1321
木材加工及木、竹、藤、棕、草制品	**12**	**2**	**56317**	**311357**		**21978**
锯材、木片加工	4		9921	212071		8169
人造板制造	1	1	14763	15918		138
木制品制造	7	1	31633	83368		13671
家具制造业	**16**	**5**	**17583**	**51034**		**10457**
木质家具制造	12	4	15099	44447		8056
金属家具制造	2	1	1371	1005		24
塑料家具制造	1			340		
其他家具制造	1		1113	5242		2377
造纸及纸制品业	**21**	**14**	**117286**	**411204**		**82960**
纸浆制造	1	1		4620		289
造纸	6	3	102103	370814		72563
纸制品制造	14	10	15183	35770		10108
印刷业和记录媒介的复制	**173**	**83**	**515730**	**2234322**		**324801**
印刷	146	71	445487	1935599		303183
装订及其他印刷服务活动	23	9	42090	187596		11295
记录媒介的复制	4	3	28153	111127		10323
文教体育用品制造业	**9**	**5**	**32627**	**109732**		**28415**
文化用品制造	6	5	24407	86387		16748
乐器制造	2		8220	23119		11667
玩具制造	1			226		
石油加工、炼焦及核燃料加工业	**14**	**3**	**352508**	**1680633**		**294804**
精炼石油产品的制造	12	3	240398	638169		64565
炼焦	2		112110	1042464		230239
化学原料及化学制品制造业	**87**	**35**	**216368**	**1720404**	**32675**	**360972**
基础化学原料制造	11	7	22617	342264		208600
肥料制造	8	5	5323	187086		30081
农药制造	3		1366	6314		150
涂料、油墨、颜料及类似产品制造	17	5	43294	110605	484	37765
合成材料制造	7	3	28257	78062		26476
专用化学产品制造	28	11	103913	492353	2176	44042
日用化学产品制造	13	4	11598	503720	30015	13858

计量单位：千元

存货	产成品	一年内到期的长期债权投资	流动资产年平均余额	长期投资合计	#长期股权投资	长期债权投资	固定资产合计	#固定资产原价	生产经营用
36638	**19943**		**220812**	**43818**	**43818**		**115249**	**158791**	**54568**
31473	14819		210854	43818	43818		102211	138305	34082
5165	5124		9958				13038	20486	20486
619	**118**		**2489**				**265**	**1386**	**1386**
619	118		2489				265	1386	1386
57876	**34372**		**294920**	**9973**	**8050**		**142534**	**204704**	**90039**
11930	11556		194676	4477	2654		17658	33392	33392
14763			16037	100			2344	4891	
31183	22816		84207	5396	5396		122532	166421	56647
21286	**9650**	**222**	**51220**	**22746**	**22726**		**62000**	**86873**	**61174**
18787	9408	222	44044	22146	22126		60958	84124	58520
443	242		988				728	1715	1700
281			340				80	80	
1775			5848	600	600		234	954	954
139473	**109210**		**364374**	**94588**	**29240**	**51309**	**227339**	**112015**	**66512**
			4620				4426	4305	4305
125002	104247		325273	90995	29240	51309	182284	58494	30609
14471	4963		34481	3593			40629	49216	31598
563472	**194537**	**400**	**2226871**	**432768**	**402140**	**19868**	**3308649**	**4845832**	**4092402**
493454	177987	400	1940083	389709	359631	19768	3155583	4597606	3872201
35362	8537		186689	26138	26138		67173	112669	111748
34656	8013		100099	16921	16371	100	85893	135557	108453
28649	**16560**		**115937**	**4940**	**30**		**33051**	**27369**	**16530**
20098	16560		94924	4940	30		23557	11763	949
8551			20795				9295	15342	15317
			218				199	264	264
538384	**157712**		**2116880**	**375749**	**375749**		**1144392**	**2733307**	**2561335**
344276	94314		587322	76341	76341		495839	763507	650119
194108	63398		1529558	299408	299408		648553	1969800	1911216
211440	**118416**		**1636334**	**1405621**	**1322790**	**712**	**841494**	**1043279**	**814604**
19557	12215		322855	90931	12974	254	105874	120305	110035
3898	1058		123330	71076	70876	200	178004	182602	168430
1486	835		5628				1062	1984	1784
28515	17607		108963	39717	35101	200	112386	160796	148040
28925	18381		81473	70812	70812		50653	82130	36570
122168	66692		490406	384855	384797	58	247505	286937	217906
6891	1628		503679	748230	748230		146010	208525	131839

1-23 续表 2

	单位数(个)	亏损企业	年初存货	流动资产合计	#短期投资	应收帐款(净额)
医药制造业	**38**	**18**	**163895**	**1040432**		**148710**
化学药品原药制造	3	1	4029	12344		6359
化学药品制剂制造	10	5	79591	663425		92831
中药饮片加工	1		1292	4866		2105
中成药制造	9	5	48139	214282		19208
兽用药品制造	5	3	8002	30948		664
生物、生化制品的制造	6	3	17421	92947		22404
卫生材料及医药用品制造	4	1	5421	21620		5139
化学纤维制造业	**1**	**1**	**1800**	**2614**		
合成纤维制造	1	1	1800	2614		
橡胶制品业	**10**	**6**	**84924**	**457190**	**5000**	**173580**
轮胎制造	1	1	10140	29990		12584
橡胶板、管、带的制造	2	1	7142	47581	5000	5676
橡胶零件制造	3	1	66429	276381		141688
再生橡胶制造	1			7722		7264
日用及医用橡胶制品制造	1	1	632	2127		56
橡胶靴鞋制造	1	1		87596		6312
其他橡胶制品制造	1	1	581	5793		
塑料制品业	**29**	**12**	**209340**	**280186**		**54667**
塑料薄膜制造	4	1	10444	15238		1993
塑料板、管、型材的制造	2		866	25594		760
塑料丝、绳及编织品的制造	2	1	1263	1802		6
泡沫塑料制造	2	1	32365	63659		11045
塑料人造革、合成革制造	1		6639	15423		8069
塑料包装箱及容器制造	3	1	6367	22911		2445
塑料零件制造	3	1	1893	3986		612
日用塑料制造	9	5	147424	128109		29587
其他塑料制品制造	3	2	2079	3464		150
非金属矿物制品业	**90**	**39**	**730232**	**2454745**	**210**	**949463**
水泥、石灰和石膏的制造	9	4	149290	739324		347673
水泥及石膏制品制造	28	10	342482	961175		377873
砖瓦、石材及其他建筑材料制造	23	10	71785	195759		61507
玻璃及玻璃制品制造	14	11	101518	388759		116485
陶瓷制品制造	2	1	8792	18748		3635
耐火材料制品制造	6	3	19471	55044	210	14072
石墨及其他非金属矿物制品制造	8		36894	95936		28218

计量单位：千元

存货	产成品	一年内到期的长期债权投资	流动资产年平均余额	长期投资合计	#长期股权投资	长期债权投资	固定资产合计	#固定资产原价	生产经营用
210827	**91600**	**64139**	**1000480**	**1460995**	**1456335**		**932151**	**1078271**	**1012001**
3829	2464		14939				20745	23036	20661
110355	38527	63910	624493	1034034	1034034		564496	622105	616384
1609			9478				863	1439	1439
61772	33091		200121				209024	277083	244495
9725	3880	229	29519	4560			36714	19492	18586
16208	8184		101679	422301	422301		91145	120895	97079
7329	5454		20251	100			9164	14221	13357
2448	**877**		**2345**				**819**	**3016**	**2920**
2448	877		2345				819	3016	2920
75869	**11683**		**451779**	**171667**	**152159**		**97542**	**136377**	**122948**
3964	3052		26168				10492	18893	18893
20472	277		47289	15113	15113		3084	5574	3974
50861	8031		276402	136253	136253		50148	92203	91107
			5944				1236	1400	1258
572	323		1789				5909	9662	200
			86334	793	793		24234	5782	5782
			7853	19508			2439	2863	1734
100367	**49355**		**336679**	**97581**	**88355**	**9226**	**193755**	**269984**	**215977**
11888	5637		23891				38307	48287	48287
2077	1271		19959	3886	3886		6049	12919	10936
1629	778		1916				244	547	547
30748	12919		72891	71210	71210		36972	41424	13714
5151	3075		15423	8920		8920	52325	69204	69204
7332	4513		21091	285	285		20966	42703	40886
1234	259		4435	200	200		1239	2045	2045
38193	19178		173560	12774	12774		36456	47958	26000
2115	1725		3513	306		306	1197	4897	4358
691821	**359992**		**2455822**	**530337**	**522404**	**25**	**2188875**	**2839415**	**2442450**
171648	91441		688709	102613	98598		902313	1443434	1307448
278808	113799		973807	49920	49920		511446	673873	602555
66425	46442		192043	33455	32914		247556	254699	145247
109747	69266		386825	269333	266874		347715	255324	234646
7233	7177		54147	56781	56781		87641	80447	61339
12811	4692		57685	17317	17317		18229	36007	24507
45149	27175		102606	918		25	73975	95631	66708

1-23 续表 3

	单位数(个)	亏损企业	年初存货	流动资产合计	#短期投资	应收帐款(净额)
黑色金属冶炼及压延加工业	**9**	**2**	**182653**	**1132772**		**213006**
炼铁	1	1	192	425		286
炼钢	1		886	2009		1007
钢压延加工	7	1	181575	1130338		211713
有色金属冶炼及压延加工业	**9**	**3**	**29522**	**156448**		**44791**
有色金属合金制造	4	1	8028	40529		13004
有色金属压延加工	5	2	21494	115919		31787
金属制品业	**71**	**36**	**205776**	**787967**	**1**	**101915**
结构性金属制品制造	48	24	169873	389854	1	70778
金属工具制造	6	3	12963	55498		16989
集装箱及金属包装容器制造	4	2	1449	287810		1414
金属丝绳及其制品的制造	1		201	876		315
建筑、安全用金属制品制造	2	1	7556	17853		10893
金属表面处理及热处理加工	3	1	450	5628		918
不锈钢及类似日用金属制品制造	3	3	5513	8179		417
其他金属制品制造	4	2	7771	22269		191
通用设备制造业	**97**	**48**	**1005252**	**3587452**	**650493**	**636996**
锅炉及原动机制造	5	4	199966	1047780	20	236292
金属加工机械制造	20	10	368935	1395841	650473	67356
起重运输设备制造	8	6	198610	453473		165629
泵、阀门、压缩机及类似机械的制造	13	6	60563	161135		49094
轴承、齿轮、传动和驱动部件的制造	6	3	53981	151016		72321
风机、衡器、包装设备等通用设备制造	17	6	51804	198113		28893
通用零部件制造及机械修理	24	10	61288	137514		14164
金属铸、锻加工	4	3	10105	42580		3247
专用设备制造业	**106**	**42**	**1381472**	**5106528**	**4286**	**767143**
矿山、冶金、建筑专用设备制造	14	4	214031	889369	2620	295157
化工、木材、非金属加工专用设备制造	15	5	160588	464342	3	42857
食品、饮料、烟草及饲料生产专用设备	5	1	32274	92837		26502
印刷、制药、日化生产专用设备制造	6	4	73092	381407	13	48736
电子和电工机械专用设备制造	23	9	147330	1519168	1500	181926
农、林、牧、渔专用机械制造	6	2	110958	300002		16540
医疗仪器设备及器械制造	16	8	103338	193923		24101
环保、社会公共安全及其他专用设备制造	21	9	539861	1265480	150	131324
交通运输设备制造业	**111**	**47**	**2410483**	**6761550**	**24771**	**1045103**
铁路运输设备制造	31	10	545535	1619239		420686
汽车制造	73	37	879568	2912503	24771	493062
航空航天器制造	7		985380	2229808		131355

计量单位：千元

存货	产成品	一年内到期的长期债权投资	流动资产年平均余额	长期投资合计	#长期股权投资	长期债权投资	固定资产合计	#固定资产原价	生产经营用
235216	**118369**		**957545**	**179739**	**179339**	**400**	**532465**	**891738**	**820121**
92	92		472				30	155	155
674	395		1560				460	862	676
234450	117882		955513	179739	179339	400	531975	890721	819290
54583	**30942**		**146978**	**26915**	**26915**		**118928**	**125428**	**122388**
12858	8308		41720	9708	9708		13700	35405	35405
41725	22634		105258	17207	17207		105228	90023	86983
196572	**44526**		**790827**	**80419**	**22459**	**11525**	**359770**	**501895**	**353842**
169986	34670		381591	52577	21553	1435	253133	334203	200442
9726	4994		56514	10996	906	10090	53951	80201	78742
890	15		295263	16846			15920	36822	34926
470	80		718				135	171	160
2765	1190		20605				13298	20004	20004
557			5999				6788	12282	4965
4411	3507		7854				6263	8813	5204
7767	70		22283				10282	9399	9399
946700	**380937**	**403**	**3839750**	**1005490**	**971254**	**5340**	**2157229**	**2221857**	**1974427**
190445	53888		1189301	199188	199188		911964	851570	851468
358809	143592		1472782	524580	516609	38	690966	655438	559271
168561	79710		480048	20335	16376		293211	403312	300424
64293	10051		154326	10088	10088		71971	16105	15026
66998	50425		148291	560	560		65664	129287	101027
26762	6519		188131	101949	80268	4777	42065	56521	46547
57315	26000		146198	36255	35630	525	68895	93117	84590
13517	10752	403	60673	112535	112535		12493	16507	16074
1530985	**682682**		**4661333**	**1889088**	**1835919**	**1054**	**2722280**	**3192973**	**2534961**
242956	67825		852784	32303	29264		313414	484375	386290
198900	93858		375280	21512	21512		374745	518348	502018
22181	7521		113972	5171	4549		7993	17255	15037
93993	36067		369513	990329	950342	754	179705	236693	112375
165452	10838		1293650	576289	575387		1057505	1032787	785596
129067	28317		280421	76287	75831		464088	327675	265190
76367	13153		203634	4575	3756		105479	133250	83175
602069	425103		1172079	182622	175278	300	219351	442590	385280
2969085	**745487**	**635**	**6393200**	**1212058**	**1176926**	**32513**	**3933666**	**5454369**	**4658037**
710654	201074		1529847	226441	215742	10699	855961	1403156	1099174
969551	496102	635	2751672	952850	928417	21814	1736706	1987556	1575377
1288880	48311		2111681	32767	32767		1340999	2063657	1983486

1-23 续表 4

	单位数(个)	亏损企业	年初存货	流动资产合计	#短期投资	应收帐款(净额)
电气机械及器材制造业	**56**	**24**	**336019**	**933840**	**67**	**143166**
电机制造	2		13724	60825		13402
输配电及控制设备制造	25	10	49843	215047	67	24105
电线、电缆、光缆及电工器材制造	9	4	42159	125388		33756
电池制造	3	1	7757	54185		1730
家用电力器具制造	3	1	177867	268708		16144
非电力家用器具制造	1		78	898		23
照明器具制造	9	6	43754	153824		49524
其他电气机械及器材制造	4	2	837	54965		4482
通信设备、计算机及其他电子设备制造	**51**	**21**	**591766**	**2099612**	**652**	**425145**
通信设备制造	12	7	125238	576565	600	68793
雷达及配套设备制造	2	1	160652	382100		56781
广播电视设备制造	3	1	43663	86511		32405
电子计算机制造	7	2	26627	193580	50	28420
电子器件制造	11	4	77599	410884		194688
电子元件制造	9	4	69633	173608		32839
家用视听设备制造	1		69741	204959		8631
其他电子设备制造	6	2	18613	71405	2	2588
仪器仪表及文化、办公用机械制造业	**75**	**22**	**313179**	**1085641**	**7618**	**128443**
通用仪器仪表制造	39	11	198609	539180	6500	74390
专用仪器仪表制造	26	8	43749	234488	1118	26253
钟表与计时仪器制造	1	1	33670	46647		13900
光学仪器及眼镜制造	3		6786	146231		5981
文化、办公用机械制造	3	1	14708	83708		5217
其他仪器仪表的制造及修理	3	1	15657	35387		2702
工艺品及其他制造业	**26**	**14**	**334224**	**851371**	**1607**	**163912**
工艺美术品制造	15	8	29032	115681	1597	16588
日用杂品制造	2	2	1326	3988		746
煤制品制造	2	1	1830	38729		3437
核辐射加工	1		421	6216		2632
其他未列明的制造业	6	3	301615	686757	10	140509
废弃资源和废旧材料回收加工业	**4**		**634**	**19553**		**2708**
金属废料和碎屑的加工处理	2		634	6748		
非金属废料和碎屑的加工处理	2			12805		2708
电力、燃气及水的生产和供应业	**62**	**33**	**177974**	**10566556**	**84673**	**986567**
电力、热力的生产和供应业	**44**	**27**	**151098**	**10083282**	**71487**	**965187**
电力生产	4	3	366	489552	22071	15118
电力供应	5	3	42545	8382986		735340
热力生产和供应	35	21	108187	1210744	49416	214729
燃气生产和供应业	**4**	**2**	**20425**	**221011**		**368**
燃气生产和供应业	4	2	20425	221011		368
水的生产和供应业	**14**	**4**	**6451**	**262263**	**13186**	**21012**
自来水的生产和供应	10	4	5399	245735		20172
污水处理及其再生利用	3		968	15839	13186	810
其他水的处理、利用与分配	1		84	689		30

计量单位：千元

存 货	产成品	一年内到期的长期债权投资	流动资产年平均余额	长期投资合计	#长期股权投资	长期债权投资	固定资产合计	#固定资产原价	生产经营用
330911	**247235**		**1080222**	**368752**	**356790**	**6383**	**934575**	**618651**	**484664**
13724	5333		68253	84349	84349		93312	147955	147955
53344	20240		369772	171081	159884	6368	665122	164015	93025
51579	40131		116839	2152	1552		39000	91952	90473
3564	146		39758	1518	1518		9466	11707	1440
165005	151507		278636	12676	12676		39243	59511	42370
25			665	150			40	47	47
39374	28935		151821	4293	4278	15	35755	52197	40715
4296	943		54478	92533	92533		52637	91267	68639
620021	**161505**		**2336585**	**648078**	**629503**	**800**	**1405051**	**1644324**	**997498**
112095	28528		838586	187814	187814		246251	191919	130629
194047	2964		362711	164910	164110	800	664655	789143	474107
27261	10232		113054	166	166		31661	47558	27250
21957	10241		192915	27323	27323		77651	102991	102991
79037	40459		402206	244975	231350		263056	349199	119468
64902	5803		175766	15702	15702		29520	55837	55731
96574	56781		185329	3038	3038		68468	77070	70785
24148	6497		66018	4150			23789	30607	16537
314646	**112053**		**1135703**	**448944**	**288987**	**8454**	**494384**	**736042**	**488683**
185814	62463		575157	232601	77166	7060	176638	302630	203007
54752	22463		277238	37322	36698	24	196786	236686	170011
30615	17638		47535	355			57132	96946	59117
6824	2341		123219	101782	100412	1370	23146	38106	3961
16068	5810		77730	48384	46211		32523	42072	34034
20573	1338		34824	28500	28500		8159	19602	18553
379578	**18865**		**806990**	**37487**	**32084**	**5000**	**573840**	**721726**	**654772**
28714	13201		115929	12956	12053	500	96812	131799	94022
1233	809		4022				3322	4970	953
3781	1270		38210	13011	8511	4500	12853	22135	11081
553			5899				192	1147	918
345297	3585		642930	11520	11520		460661	561675	547798
2224	**1130**		**17032**	**3500**		**3500**	**9282**	**18955**	**14187**
1804	710		6153	3500		3500	872	1861	1392
420	420		10879				8410	17094	12795
180063	**736**		**10245216**	**386128170**	**385298051**	**544609**	**32522075**	**27461913**	**27205378**
157182	**725**		**9696646**	**386109737**	**385279618**	**544609**	**31177683**	**25654118**	**25534141**
62			372705	3324602	2911156	133783	660224	393153	362516
46683			8335733	382620057	382209231	410826	29371880	23520630	23514684
110437	725		988208	165078	159231		1145579	1740335	1656941
956			**274684**	**14674**	**14674**		**422317**	**796066**	**720003**
956			274684	14674	14674		422317	796066	720003
21925	**11**		**273886**	**3759**	**3759**		**922075**	**1011729**	**951234**
21770	11		254494	3759	3759		701313	909709	861041
8			18892				220657	101839	90012
147			500				105	181	181

1-23 续表 5

	累计折旧	本年折旧	在建工程	固定资产净值年平均余额	无形资产	资产总计
总　　计	**18790152**	**3304700**	**13636691**	**41976313**	**697682**	**543912991**
采矿业	**268419**	**29075**	**4085**	**232366**	**213**	**898543**
煤炭开采和洗选业	**7266**		**177**	**10419**		**14740**
烟煤和无烟煤的开采洗选	7266		177	10419		14740
石油和天然气开采业						
与石油和天然气开采有关的服务活动						
黑色金属矿采选业	**233431**	**27246**	**3908**	**198218**		**723430**
铁矿采选	233431	27246	3908	198218		723430
非金属矿采选业	**27722**	**1829**		**23729**	**213**	**160373**
土砂石开采	27683	1809		23601	213	50548
石棉及其他非金属矿采选	39	20		128		109825
制造业	**13678753**	**1540698**	**4728816**	**20560686**	**666317**	**80526497**
农副食品加工业	**140800**	**17932**	**81666**	**316484**	**5782**	**995400**
谷物磨制	15204	594	728	27592		89091
饲料加工	16877	1785	1413	29858		138398
植物油加工	315	8	12768	618	415	24492
屠宰及肉类加工	67143	7371	65294	158763	5194	540393
水产品加工	8264	693	90	28195	144	46647
蔬菜、水果和坚果加工	1467	1118		4473		8164
其他农副食品加工	31530	6363	1373	66985	29	148215
食品制造业	**72924**	**8340**	**65010**	**134204**	**3434**	**450246**
焙烤食品制造	17062	2145	44162	12892	2089	112387
糖果、巧克力及蜜饯制造	112	29		139		1026
方便食品制造	25712	3810		50517	2	84686
液体乳及乳制品制造	4736	1111	16623	9888		141092
调味品、发酵制品制造	3237	102	385	3466		10117
其他食品制造	22065	1143	3840	57302	1343	100938
饮料制造业	**1146222**	**164349**	**134742**	**1988883**	**41250**	**7657284**
酒的制造	1133295	162912	134346	1971158	40923	7613528
软饮料制造	3746	954		8488	327	21042
精制茶加工	9181	483	396	9237		22714
烟草制品业	**241853**	**35778**	**3168**	**300349**	**9677**	**1231025**
卷烟制造	239481	35721	3168	300343	9677	1230981
其他烟草制品加工	2372	57		6		44
纺织业	**293484**	**16569**	**129341**	**421414**	**39743**	**1739432**
棉、化纤纺织及印染精加工	65178	5903	5152	177657	3362	732203
毛纺织和染整精加工	162036	6809	908	119835	284	426066
纺织制成品制造	6700	595	8	14616		28957
针织品、编织品及其制品制造	59570	3262	123273	109306	36097	552206

计量单位：千元

流动负债			长期负债			负债合计	所有者权益		
	#短期借款	应付账款		#长期借款	应付债券			#实收资本	
合　计			合　计				合　计		国家资本
48600463	**12326192**	**7097798**	**51910329**	**14396183**	**6481181**	**100510792**	**443402199**	**232065733**	**221008832**
396189	**60144**	**74952**	**50789**	**40000**		**446978**	**451565**	**191838**	**80227**
3723						**3723**	**11017**	**5465**	**5465**
3723						3723	11017	5465	5465
274882	**49288**	**64753**	**49023**	**40000**		**323905**	**399525**	**130440**	**74762**
274882	49288	64753	49023	40000		323905	399525	130440	74762
117584	**10856**	**10199**	**1766**			**119350**	**41023**	**55933**	
38689	856	10199	1766			40455	10093	22497	
78895	10000					78895	30930	33436	
39353656	**7896783**	**5881466**	**7587021**	**3673452**	**639511**	**46940677**	**33585820**	**17819285**	**8152103**
565723	**143249**	**94225**	**71047**	**34110**		**636770**	**358630**	**323309**	**83288**
53589	3150	40913	1500			55089	34002	39086	16454
40923	19730	2777	4209	2330		45132	93266	58613	12877
24053	1910	6248				24053	439	3868	3368
333638	112339	32049	43641	24766		377279	163114	166625	34351
13751		227	15497	3975		29248	17399	10926	6086
3653	2320	116	180			3833	4331	1656	1656
96116	3800	11895	6020	3039		102136	46079	42535	8496
316510	**15749**	**30137**	**25376**	**16408**	**70**	**341886**	**108360**	**126883**	**42014**
105302	1736	9153	183	183		105485	6902	14143	5908
879		161				879	147	200	
55703	8310	4958	16075	16075		71778	12908	50397	13460
103953		8393				103953	37139	23873	17783
6939	2510	2149	500			7439	2678	1352	600
43734	3193	5323	8618	150	70	52352	48586	36918	4263
1668456	**1086105**	**53027**	**659787**	**28267**	**625100**	**2328243**	**5329041**	**1458063**	**376599**
1654573	1086105	51739	658170	27540	625100	2312743	5300785	1426329	372404
10428		1288	1617	727		12045	8997	8298	4195
3455						3455	19259	23436	
326524	**280000**	**4871**	**7331**			**333855**	**897170**	**473860**	**980**
326524	280000	4871	7331			333855	897126	472880	
							44	980	980
1007239	**408039**	**24311**	**180051**	**33899**		**1187290**	**552142**	**521517**	**266195**
250293	45700	7948	136791	160		387084	345119	224605	224605
451197	267520	12345	40487	33739		491684	-65618	118990	4593
8967	3990	664	2773			11740	17217	14393	14393
296782	90829	3354				296782	255424	163529	22604

1-23 续表 6

	累计折旧	本年折旧	在建工程	固定资产净值年平均余额	无形资产	资产总计
纺织服装、鞋、帽制造业	**48563**	**4864**	**4611**	**111839**	**402**	**434917**
纺织服装制造	40492	4385	3988	99342	402	412011
纺织面料鞋的制造	8071	479	623	12497		22906
皮革、毛皮、羽毛(绒)及其制品业	**1121**	**30**		**278**		**2648**
羽毛(绒)加工及制品制造	1121	30		278		2648
木材加工及木、竹、藤、棕、草制品	**68055**	**6665**	**5769**	**141031**	**576**	**465485**
锯材、木片加工	15734	1083		17550	20	234565
人造板制造	2548	40		2344	556	19544
木制品制造	49773	5542	5769	121137		211376
家具制造业	**31562**	**3007**	**6434**	**56254**		**135794**
木质家具制造	29843	2765	6434	55205		127565
金属家具制造	987	175		728		1733
塑料家具制造				80		420
其他家具制造	732	67		241		6076
造纸及纸制品业	**31799**	**2515**	**147038**	**79008**	**152**	**810939**
纸浆制造	1448		1569	2857		9046
造纸	15917	1468	139622	42379		712454
纸制品制造	14434	1047	5847	33772	152	89439
印刷业和记录媒介的复制	**2229027**	**312882**	**605724**	**2492327**	**14179**	**6006753**
印刷	2119860	301684	603141	2351964	9059	5505895
装订及其他印刷服务活动	46865	7765	1216	67467	5120	286701
记录媒介的复制	62302	3433	1367	72896		214157
文教体育用品制造业	**12913**	**951**	**18546**	**15377**		**162001**
文化用品制造	6761	217	18506	5613		129161
乐器制造	6087	733	40	9565		32414
玩具制造	65	1		199		426
石油加工、炼焦及核燃料加工业	**1487390**	**99952**	**166315**	**1171263**	**24**	**3202603**
精炼石油产品的制造	304434	37425	36765	425017	24	1212178
炼焦	1182956	62527	129550	746246		1990425
化学原料及化学制品制造业	**398045**	**43151**	**98202**	**659665**	**84739**	**4080377**
基础化学原料制造	71213	2094	584	52292	1016	543271
肥料制造	56027	1992	51429	134535	873	437039
农药制造	922	109		1111		7376
涂料、油墨、颜料及类似产品制造	50092	6163	1411	111050	3960	288565
合成材料制造	35311	2770	3027	47178	197	199724
专用化学产品制造	100649	18692	21345	184507	18923	1146003
日用化学产品制造	83831	11331	20406	128992	59770	1458399

计量单位：千元

流动负债			长期负债			负债合计	所有者权益		
合计	#短期借款	应付账款	合计	#长期借款	应付债券		合计	#实收资本	国家资本
157706	**30148**	**14457**	**120105**	**20789**		**277811**	**157106**	**112479**	**90751**
136039	21818	9348	120105	20789		256144	155867	102185	83358
21667	8330	5109				21667	1239	10294	7393
6831		**1059**				**6831**	**-4183**	**857**	
6831		1059				6831	-4183	857	
357561	**2800**	**24536**	**21798**	**21798**		**379359**	**86126**	**178744**	**109020**
236704		6959	3250	3250		239954	-5389	104548	93534
4987		2841	18450	18450		23437	-3893	4000	
115870	2800	14736	98	98		115968	95408	70196	15486
93619	**23076**	**16504**				**93619**	**42175**	**30642**	**6061**
87258	22160	15069				87258	40307	29012	5031
848	540	76				848	885	730	730
532	376	1				532	-112	300	300
4981		1358				4981	1095	600	
620146	**57017**	**52435**	**124712**	**21696**		**744858**	**66081**	**51256**	**15218**
8453						8453	593	280	280
556066	49181	38561	124512	21496		680578	31876	23447	3375
55627	7836	13874	200	200		55827	33612	27529	11563
2035648	**172668**	**270088**	**705373**	**229941**		**2741021**	**3265732**	**2020127**	**1548046**
1812901	167072	147938	703730	228710		2516631	2989264	1785167	1447135
126616	6	113979	1643	1231		128259	158442	150907	16858
96131	5590	8171				96131	118026	84053	84053
177569	**29159**	**22707**	**6321**	**6321**		**183890**	**-21889**	**17691**	**15971**
155856	22479	7855	6181	6181		162037	-32876	8395	6795
21529	6680	14849				21529	10885	8996	8876
184		3	140	140		324	102	300	300
1219276	**680204**	**351669**	**465918**	**180166**		**1685194**	**1517409**	**1011631**	**384274**
490499	166104	179977	201574	2063		692073	520105	441422	384274
728777	514100	171692	264344	178103		993121	997304	570209	
1903646	**90892**	**153072**	**229163**	**177079**		**2132809**	**1947568**	**727064**	**488699**
485743	26625	29380	14190	5396		499933	43338	100645	99445
333311	4980	32488	71273	64580		404584	32455	210359	210359
1337		280	592			1929	5447	4546	4546
173615	41718	35157	29408	20142		203023	85542	61767	40901
33063		6778	6654	5654		39717	160007	51269	24159
773078	9791	43651	86016	76615		859094	286909	151990	52036
103499	7778	5338	21030	4692		124529	1333870	146488	57253

1-23 续表 7

	累计折旧	本年折旧	在建工程	固定资产净值年平均余额	无形资产	资产总计
医药制造业	**339117**	**55607**	**194331**	**709534**	**131364**	**3800179**
化学药品原药制造	5542	2126	3251	17514	634	36501
化学药品制剂制造	202372	37258	146702	431172	103726	2590405
中药饮片加工	576	206		610	2860	8589
中成药制造	69250	10204	1191	166835	9853	433161
兽用药品制造	14901	845	32117	4821	429	72730
生物、生化制品的制造	41419	3877	11070	79144	13862	622047
卫生材料及医药用品制造	5057	1091		9438		36746
化学纤维制造业	**2197**	**313**		**1030**	**17**	**3496**
合成纤维制造	2197	313		1030	17	3496
橡胶制品业	**62345**	**5449**	**3892**	**78696**	**28765**	**757092**
轮胎制造	10187	560	1478	10338	5816	47997
橡胶板、管、带的制造	2490	291		2938	1	65779
橡胶零件制造	43995	4246	1940	47902	15394	478405
再生橡胶制造	364	45		1177		8958
日用及医用橡胶制品制造	3753	48		5995		8036
橡胶靴鞋制造	658	52		5152	6985	119608
其他橡胶制品制造	898	207	474	5194	569	28309
塑料制品业	**100737**	**6339**	**24095**	**168246**	**1000**	**626639**
塑料薄膜制造	16689	763	6651	31875		54975
塑料板、管、型材的制造	7795	674	925	4545	1000	37595
塑料丝、绳及编织品的制造	431	34		153		2046
泡沫塑料制造	17142	176	12690	24316		186857
塑料人造革、合成革制造	18167	1	1288	51037		112828
塑料包装箱及容器制造	22139	2616	285	20176		44244
塑料零件制造	806	177		1140		5425
日用塑料制造	13868	1662	2256	33798		177702
其他塑料制品制造	3700	236		1206		4967
非金属矿物制品业	**1086322**	**105138**	**377576**	**1684932**	**16306**	**5348898**
水泥、石灰和石膏的制造	578589	49412	37101	865567	5044	1866410
水泥及石膏制品制造	303105	36584	118340	370788	7095	1553272
砖瓦、石材及其他建筑材料制造	65814	5349	58238	192544	1434	484933
玻璃及玻璃制品制造	54902	6100	112226	123269	50	1014444
陶瓷制品制造	26952	2628	34146	57593		163200
耐火材料制品制造	24446	1379	6668	12372		90674
石墨及其他非金属矿物制品制造	32514	3686	10857	62799	2683	175965

计量单位：千元

流动负债			长期负债			负债合计	所有者权益		
合　计	#短期借款	应付账款	合　计	#长期借款	应付债券		合　计	#实收资本	国家资本
1018142	**148420**	**118485**	**188798**	**106492**		**1206940**	**2593239**	**796775**	**177297**
32140		7892				32140	4361	2700	2700
779558	128077	65307	126303	90163		905861	1684544	532934	35692
6711		5218				6711	1878	1100	1100
83263	13200	32038	37440	12440		120703	312458	123505	19284
42028	1143	2561	1700	1700		43728	29002	10086	7071
59335		4717	22176	1550		81511	540536	109999	109999
15107	6000	752	1179	639		16286	20460	16451	1451
1096	**720**	**162**				**1096**	**2400**	**2715**	**2715**
1096	720	162				1096	2400	2715	2715
429051	**41704**	**71076**	**83305**	**79632**	**1062**	**512356**	**244736**	**288289**	**9368**
30157	9240	3266	28			30185	17812	17351	
66738		4086				66738	-959	14593	500
249516	24100	54878	6110	5000	1062	255626	222779	239440	1209
2393		1954				2393	6565	1108	1108
11526		21				11526	-3490	1911	1911
53027	5754	6791	74557	74557		127584	-7976	9246	
15694	2610	80	2610	75		18304	10005	4640	4640
392014	**127264**	**56540**	**52425**	**49201**		**444439**	**182200**	**164365**	**66101**
40875	29670	6906	1006	1006		41881	13094	19226	1575
30444		797	2893	379		33337	4258	9626	
427		156				427	1619	1111	1000
123320	53891	11715	780	70		124100	62757	36519	2000
55663	30727	4782	39293	39293		94956	17872	27419	27419
6567		1776				6567	37677	24375	20899
3896		1448				3896	1529	1130	400
127398	12676	28931	5350	5350		132748	44954	43639	12276
3424	300	29	3103	3103		6527	-1560	1320	532
2987933	**534960**	**876361**	**726793**	**534955**		**3714726**	**1634172**	**1135196**	**360692**
804743	290630	264724	433442	403408		1238185	628225	443673	30885
1095590	62086	431166	118597	13020		1214187	339085	356374	132385
208852	18499	58948	55259	37181		264111	220822	84843	30501
691538	136525	70779	46186	41539		737724	276720	166337	139340
64974	15530	2591	39807	39807		104781	58419	16900	
46137	1000	8009	1522			47659	43015	26786	1500
76099	10690	40144	31980			108079	67886	40283	26081

1-23 续表 8

	累计折旧	本年折旧	在建工程	固定资产净值年平均余额	无形资产	资产总计
黑色金属冶炼及压延加工业	**400191**	**18857**	**30569**	**485506**		**1897193**
炼铁	125	50		30		580
炼钢	402	73		504		2559
钢压延加工	399664	18734	30569	484972		1894054
有色金属冶炼及压延加工业	**46747**	**3584**	**24050**	**84072**	**49104**	**351404**
有色金属合金制造	22100	1192	395	14681	45135	109080
有色金属压延加工	24647	2392	23655	69391	3969	242324
金属制品业	**183927**	**26879**	**33220**	**343460**	**46759**	**1332949**
结构性金属制品制造	117941	23289	28455	233347	10488	759498
金属工具制造	28974	313	2658	52193	36140	156593
集装箱及金属包装容器制造	20903	1831		22638		324086
金属丝绳及其制品的制造	36	18		146		1011
建筑、安全用金属制品制造	6706	830		13495		31151
金属表面处理及热处理加工	6406	348	912	5518	111	13597
不锈钢及类似日用金属制品制造	2733	102	183	6848		14442
其他金属制品制造	228	148	1012	9275	20	32571
通用设备制造业	**799364**	**57947**	**726358**	**1411411**	**76298**	**6990323**
锅炉及原动机制造	206153	10272	266547	631321	2308	2223043
金属加工机械制造	322823	22687	358203	306556	4916	2705076
起重运输设备制造	134969	11756	20997	280147	67875	840728
泵、阀门、压缩机及类似机械的制造	11686	355	67551	3649		243196
轴承、齿轮、传动和驱动部件的制造	64174	5637	538	71501	182	217711
风机、衡器、包装设备等通用设备制造	23708	2768	7662	33019	1017	347573
通用零部件制造及机械修理	31377	4091	4400	66960		245388
金属铸、锻加工	4474	381	460	18258		167608
专用设备制造业	**1005382**	**98872**	**355212**	**2125934**	**29588**	**9761925**
矿山、冶金、建筑专用设备制造	218857	15133	44937	231259	77	1235444
化工、木材、非金属加工专用设备制造	149750	6890	18559	380833	4591	865673
食品、饮料、烟草及饲料生产专用设备	9282	1650		7835	10	107987
印刷、制药、日化生产专用设备制造	58990	9832	2002	170543	14383	1569909
电子和电工机械专用设备制造	263716	35360	284402	677602	2916	3158560
农、林、牧、渔专用机械制造	32894	3013	3283	348380	35	840645
医疗仪器设备及器械制造	45524	8888	75	69993	7116	313714
环保、社会公共安全及其他专用设备制造	226369	18106	1954	239489	460	1669993
交通运输设备制造业	**2210051**	**303424**	**603247**	**3056728**	**42019**	**12008198**
铁路运输设备制造	653386	63711	73978	693257	2666	2705184
汽车制造	645732	75797	343532	1337320	32194	5680869
航空航天器制造	910933	163916	185737	1026151	7159	3622145

计量单位：千元

流动负债			长期负债			负债合计	所有者权益		
合　计	#短期借款	应付账款	合　计	#长期借款	应付债券		合　计	#实收资本	国家资本
696573	**13845**	**298368**	**107697**	**12662**		**804270**	**1092923**	**477237**	**335225**
210		150				210	370	150	150
1492	850	625	51	51		1543	1016	1006	1006
694871	12995	297593	107646	12611		802517	1091537	476081	334069
128327	**9099**	**25654**	**24660**	**4340**		**152987**	**198417**	**200417**	**87168**
18007		9818	2050	2050		20057	89023	69497	9817
110320	9099	15836	22610	2290		132930	109394	130920	77351
786735	**63165**	**85354**	**326802**	**325412**		**1113537**	**219412**	**215116**	**84667**
573633	43551	73537	23991	22601		597624	161874	160417	58968
144477	10100	1153	1604	1604		146081	10512	9904	5357
6441		1260	299007	299007		305448	18638	19575	17253
811		253				811	200	200	200
22494	6204	7056	2200	2200		24694	6457	5041	229
8557		298				8557	5040	4069	50
9073	3310	1505				9073	5369	5330	2330
21249		292				21249	11322	10580	280
5088476	**941406**	**500322**	**987789**	**890491**	**524**	**6076265**	**914058**	**1082836**	**490011**
2466531	613227	239867	909862	872486		3376393	-1153350	158214	126175
1340801	105195	101880	23947	300		1364748	1340328	513697	129631
577236	80400	35498	7972	1500	524	585208	255520	131352	37141
147215	21881	4287	2674	2135		149889	93307	20151	1819
199747	66310	59159	2400	2400		202147	15564	34316	22056
151087	20284	18268	11288	6140		162375	185198	143485	123553
117602	2843	25053	23686	5530		141288	104100	47885	44289
88257	31266	16310	5960			94217	73391	33736	5347
5239535	**867753**	**861784**	**636734**	**235304**		**5876269**	**3885656**	**1772260**	**680850**
863721	21721	196048	38768	19489		902489	332955	330310	94346
542976	84312	36511	24771	23714		567747	297926	89715	71732
96767	13300	42034	3076	3076		99843	8144	9302	6872
402216	10000	13541	3290	750		405506	1164403	196785	185882
1695827	320379	228068	450199	152267		2146026	1012534	613309	59063
245293	123527	26785	28927	25467		274220	566425	62177	33934
192188	48461	24082	22824	2447		215012	98702	64251	47484
1200547	246053	294715	64879	8094		1265426	404567	406411	181537
7432202	**1306317**	**1360004**	**751069**	**289153**	**6998**	**8183271**	**3824927**	**2505897**	**1217273**
1647409	369860	655513	76724	53000		1724133	981051	935792	74529
3620861	783337	428323	230913	125893	6998	3851774	1829095	1119248	790647
2163932	153120	276168	443432	110260		2607364	1014781	450857	352097

1-23 续表 9

	累计折旧	本年折旧	在建工程	固定资产净值年平均余额	无形资产	资产总计
电气机械及器材制造业	**265046**	**19958**	**580530**	**369679**	**2007**	**2508473**
电机制造	57841	3665	3198	91677	474	238960
输配电及控制设备制造	68145	6240	570169	96961	529	1210585
电线、电缆、光缆及电工器材制造	53207	3564	252	39788	74	189118
电池制造	2241	631		18896		74959
家用电力器具制造	21718	1574	96	35251	45	390867
非电力家用器具制造	7	7		47		1112
照明器具制造	16943	2331	501	40129	685	202537
其他电气机械及器材制造	44944	1946	6314	46930	200	200335
通信设备、计算机及其他电子设备制造	**448108**	**64585**	**196056**	**1219613**	**28862**	**4196286**
通信设备制造	80497	13930	134794	135702	6568	1017246
雷达及配套设备制造	154737	32725	30249	623838	1384	1213340
广播电视设备制造	15897	1241		34803		118338
电子计算机制造	32730	1356	7377	71545	29	308681
电子器件制造	105720	4978	7046	244748	760	923007
电子元件制造	30421	2845	3904	26453	19607	238505
家用视听设备制造	21083	6213	12481	58731	369	276834
其他电子设备制造	7023	1297	205	23793	145	100335
仪器仪表及文化、办公用机械制造业	**296459**	**23984**	**42011**	**463438**	**8748**	**2055581**
通用仪器仪表制造	135853	10730	9856	179128	179	952067
专用仪器仪表制造	66252	7093	26031	171331	8569	477876
钟表与计时仪器制造	52541	2462	4504	45133		104134
光学仪器及眼镜制造	15290	1098	330	23207		282492
文化、办公用机械制造	15080	2067	1290	36021		166966
其他仪器仪表的制造及修理	11443	534		8618		72046
工艺品及其他制造业	**219329**	**31892**	**71103**	**460368**	**5522**	**1479925**
工艺美术品制造	43502	5297	8502	90085	4402	241453
日用杂品制造	1650	127		3376		7310
煤制品制造	9962	436	680	12072		64679
核辐射加工	955	8		165		6408
其他未列明的制造业	163260	26024	61921	354670	1120	1160075
废弃资源和废旧材料回收加工业	**9673**	**885**		**9663**		**33032**
金属废料和碎屑的加工处理	989	135		871		11817
非金属废料和碎屑的加工处理	8684	750		8792		21215
电力、燃气及水的生产和供应业	**4842980**	**1734927**	**8903790**	**21183261**	**31152**	**462487951**
电力、热力的生产和供应业	**4178155**	**1638162**	**8702368**	**20003152**	**28037**	**460632747**
电力生产	66461	10848	333532	314813	173	5300123
电力供应	3345900	1559200	8210260	18665826	10234	452763753
热力生产和供应	765794	68114	158576	1022513	17630	2568871
燃气生产和供应业	**385758**	**45529**	**12009**	**460340**		**659122**
燃气生产和供应业	385758	45529	12009	460340		659122
水的生产和供应业	**279067**	**51236**	**189413**	**719769**	**3115**	**1196082**
自来水的生产和供应	278991	51226	70595	617946	3115	958790
污水处理及其再生利用			118818	101718		236497
其他水的处理、利用与分配	76	10		105		795

计量单位：千元

流动负债			长期负债			负债合计	所有者权益		
合计	#短期借款	应付账款	合计	#长期借款	应付债券		合计	#实收资本	国家资本
866236	**124708**	**158703**	**593328**	**97835**	**5757**	**1459564**	**1048909**	**591923**	**238240**
129198	65750	13876	7890	1028	5757	137088	101872	36745	300
255679	34312	33700	479988	700		735667	474918	129662	74521
134333	4650	33221	7231	4485		141564	47554	20441	7877
54695	1430	9181	42891	42891		97586	-22627	12114	
157053		58574	40181	34225		197234	193633	236331	500
665		395				665	447	500	500
87760	18366	8937	13506	13506		101266	101271	107979	106979
46853	200	819	1641	1000		48494	151841	48151	47563
1912627	**505537**	**149214**	**235421**	**135919**		**2148048**	**2048238**	**836260**	**564630**
652507	290371	26433	5407			657914	359332	231603	104360
239211	40000	19168	23288	17569		262499	950841	124761	124761
50442		14082	18998	18998		69440	48898	18738	1435
235844	68049	10841	22333	20680		258177	50504	32310	15689
340514	102271	36519	117117	76032		457631	465376	301959	236321
147702	3340	18641				147702	90803	83401	62564
188453		8999	43698			232151	44683	18737	
57954	1506	14531	4580	2640		62534	37801	24751	19500
1043844	**84721**	**101338**	**78262**	**46979**		**1122106**	**933475**	**423578**	**173919**
508619	55884	63538	44120	21200		552739	399328	193435	39516
357855	26757	18423	25735	23550		383590	94286	98299	82243
78850	500	1666	900			79750	24384	35362	35362
33848		6158				33848	248644	18103	1000
52998	1580	3812	7507	2229		60505	106461	67097	15598
11674		7741				11674	60372	11282	200
860866	**108058**	**98469**	**176956**	**94603**		**1037822**	**442103**	**261858**	**226791**
197405	16265	16251	4933	4933		202338	39115	60630	28363
8871	3700	1304				8871	-1561	4848	4848
41314	7000	1561	110			41424	23255	12592	12592
4447		157				4447	1961	2000	
608829	81093	79196	171913	89670		780742	379333	181788	180988
13545		**6534**				**13545**	**19487**	**10440**	**10040**
3426		1291				3426	8391	920	520
10119		5243				10119	11096	9520	9520
8850618	**4369265**	**1141380**	**44272519**	**10682731**	**5841670**	**53123137**	**409364814**	**214054610**	**212776502**
8433362	**4369065**	**985633**	**44155594**	**10572966**	**5841670**	**52588956**	**408043791**	**212909050**	**212394123**
376452	120830	5997	4181083	155648		4557535	742588	59950	1600
6892499	4050920	652231	39808067	10325290	5841670	46700566	406063187	212000615	212000500
1164411	197315	327405	166444	92028		1330855	1238016	848485	392023
80840		**9586**	**4000**	**1000**		**84840**	**574282**	**690206**	**5600**
80840		9586	4000	1000		84840	574282	690206	5600
336416	**200**	**146161**	**112925**	**108765**		**449341**	**746741**	**455354**	**376779**
228728		140369	65160	61000		293888	664902	452054	373479
107673	200	5789	47765	47765		155438	81059	3000	3000
15		3				15	780	300	300

1-23 续表 10

	集体资本	法人资本	#国家法人	集体法人	个人资本	港澳台资本
总　计	**117869**	**10726933**	**10386828**	**2800**	**209766**	**1349**
采矿业		**111611**	**111611**			
煤炭开采和洗选业						
烟煤和无烟煤的开采洗选						
石油和天然气开采业						
与石油和天然气开采有关的服务活动						
黑色金属矿采选业		**55678**	**55678**			
铁矿采选		55678	55678			
非金属矿采选业		**55933**	**55933**			
土砂石开采		22497	22497			
石棉及其他非金属矿采选		33436	33436			
制造业	**28937**	**9426146**	**9086156**	**2800**	**209766**	**1349**
农副食品加工业		**240021**	**240021**			
谷物磨制		22632	22632			
饲料加工		45736	45736			
植物油加工		500	500			
屠宰及肉类加工		132274	132274			
水产品加工		4840	4840			
蔬菜、水果和坚果加工						
其他农副食品加工		34039	34039			
食品制造业		**84869**	**84869**			
焙烤食品制造		8235	8235			
糖果、巧克力及蜜饯制造		200	200			
方便食品制造		36937	36937			
液体乳及乳制品制造		6090	6090			
调味品、发酵制品制造		752	752			
其他食品制造		32655	32655			
饮料制造业		**914177**	**582433**		**167287**	
酒的制造		886638	554894		167287	
软饮料制造		4103	4103			
精制茶加工		23436	23436			
烟草制品业		**472880**	**472880**			
卷烟制造		472880	472880			
其他烟草制品加工						
纺织业		**255322**	**255322**			
棉、化纤纺织及印染精加工						
毛纺织和染整精加工		114397	114397			
纺织制成品制造						
针织品、编织品及其制品制造		140925	140925			

计量单位：千元

外商资本	主营业务收入	直接出口产品销售收入	主营业务成本	营业费用	主营业务税金及附加	其他业务收入	其他业务利润	管理费用	#税金
984	**41815616**	**495797**	**34180652**	**1418618**	**1018318**	**3961188**	**1264798**	**5920566**	**117899**
	846082		**467228**	**24920**	**18562**	**23636**	**18477**	**113908**	**733**
	154		**132**		**1**			**32**	**2**
	154		132		1			32	2
	820007		**447195**	**23157**	**18311**	**19557**	**16247**	**100861**	**653**
	820007		447195	23157	18311	19557	16247	100861	653
	25921		**19901**	**1763**	**250**	**4079**	**2230**	**13015**	**78**
	25739		19808	1717	249	4079	2230	12166	78
	182		93	46	1			849	
984	**35139433**	**495797**	**28094651**	**1316390**	**944374**	**3681988**	**1183365**	**5387237**	**110896**
	629541		**567688**	**37486**	**1209**	**25243**	**16330**	**48841**	**1369**
	9816		8834	19		2461	2461	3853	51
	70014		59886	4664	25	64	48	5124	85
	8379		7990	289	12			77	
	453618		418678	18058	723	7305	4453	25555	675
	407		195		2	1498	1420	1832	77
	921		693	47	5	2956	915	1150	
	86386		71412	14409	442	10959	7033	11250	481
	136885	**8552**	**98870**	**19881**	**971**	**18314**	**13496**	**36015**	**974**
	58881		40892	12826	434	2104	620	8410	178
	1222		924	23	7			268	8
	26041	8529	20871	1501	98	4036	3881	9942	241
	21629		17604	2197	252	83	78	4059	54
	9124		5801	1584	55	132	132	1536	28
	19988	23	12778	1750	125	11959	8785	11800	465
	2738593	**13329**	**1978009**	**162722**	**253458**	**576265**	**53534**	**201215**	**2435**
	2731759	13329	1973471	161792	253401	576179	53602	200172	2431
	6834		4538	930	57	86	-68	1043	4
	1510631	**63525**	**589174**	**53139**	**569640**	**715**	**653**	**143602**	**1395**
	1507856	63525	588019	53139	569576	712	640	142795	1395
	2775		1155		64	3	13	807	
	144895	**57973**	**137983**	**4176**	**356**	**97521**	**73701**	**124851**	**4137**
	11852		13290	163		76815	62011	64976	2233
	86425	57973	78284	2023	198	9199	1639	33338	781
	5274		4960	525	77	4486	4187	5236	169
	41344		41449	1465	81	7021	5864	21301	954

1-23 续表 11

	集体资本	法人资本	#国家法人	集体法人	个人资本	港澳台资本
纺织服装、鞋、帽制造业		**21728**	**21648**	**80**		
纺织服装制造		18827	18747	80		
纺织面料鞋的制造		2901	2901			
皮革、毛皮、羽毛(绒)及其制品业		**857**	**857**			
羽毛(绒)加工及制品制造		857	857			
木材加工及木、竹、藤、棕、草制品		**69724**	**69724**			
锯材、木片加工		11014	11014			
人造板制造		4000	4000			
木制品制造		54710	54710			
家具制造业		**24581**	**24581**			
木质家具制造		23981	23981			
金属家具制造						
塑料家具制造						
其他家具制造		600	600			
造纸及纸制品业		**36038**	**36038**			
纸浆制造						
造纸		20072	20072			
纸制品制造		15966	15966			
印刷业和记录媒介的复制	**267**	**470610**	**470570**		**220**	
印刷	267	336561	336521		220	
装订及其他印刷服务活动		134049	134049			
记录媒介的复制						
文教体育用品制造业		**1720**	**1720**			
文化用品制造		1600	1600			
乐器制造		120	120			
玩具制造						
石油加工、炼焦及核燃料加工业		**627357**	**627357**			
精炼石油产品的制造		57148	57148			
炼焦		570209	570209			
化学原料及化学制品制造业	**3460**	**233254**	**233254**		**302**	**1349**
基础化学原料制造		1200	1200			
肥料制造						
农药制造						
涂料、油墨、颜料及类似产品制造		20616	20616		250	
合成材料制造		27110	27110			
专用化学产品制造	3460	95145	95145			1349
日用化学产品制造		89183	89183		52	

计量单位：千元

外商资本	主营业务收入	直接出口产品销售收入	主营业务成本	营业费用	主营业务税金及附加	其他业务收入	其他业务利润	管理费用	#税金
	75693		**67333**	**4333**	**298**	**41889**	**20925**	**38546**	**730**
	65599		60422	915	200	37954	17474	33380	526
	10094		6911	3418	98	3935	3451	5166	204
						24	**22**	**127**	**31**
						24	22	127	31
	157496		**143061**	**2984**	**655**	**14434**	**6725**	**20784**	**503**
	60282		56638		277	34	29	3754	3
	202		127	104				148	1
	97012		86296	2880	378	14400	6696	16882	499
	75784		**56106**	**11363**	**847**	**9806**	**7311**	**14682**	**330**
	60756		42230	11233	789	9806	7311	13299	327
	4734		4514	130	38			575	
	10294		9362		20			808	3
	153301		**136570**	**5534**	**230**	**43061**	**581**	**20533**	**643**
								75	10
	117925		107537	5260	81	41843	121	13019	562
	35376		29033	274	149	1218	460	7439	71
984	**2752203**	**4022**	**1901364**	**54991**	**23763**	**334621**	**154734**	**656362**	**15798**
984	2574905	4022	1783254	32229	22305	306939	135972	608564	14550
	105000		59222	20908	1117	5183	2239	19632	218
	72298		58888	1854	341	22499	16523	28166	1030
	31927		**27914**	**1436**	**255**	**2387**	**2247**	**7868**	**192**
	7159		7911	346	87	138	122	2752	82
	24644		19975	1002	168	2249	2125	5108	110
	124		28	88				8	
	4075700	**131445**	**3378691**	**221420**	**17539**	**391142**	**-4309**	**272692**	**7068**
	1982675	10113	1661011	200472	4928	390606	10354	101773	2588
	2093025	121332	1717680	20948	12611	536	-14663	170919	4480
	522309	**8740**	**416511**	**27265**	**5318**	**60986**	**20092**	**120200**	**2370**
	40971		31811	3287	297	414	185	10365	21
	2368		2103	67	1	8836	-223	1668	10
	2933		1296	196	29	205	193	1165	6
	92295		71509	7513	929	21936	11360	28526	321
	69356		62155	4038	194	2597	765	8311	41
	270161	8740	220973	10484	3150	21292	3811	37638	741
	44225		26664	1680	718	5706	4001	32527	1230

1-23 续表 12

	集体资本	法人资本	#国家法人	集体法人	个人资本	港澳台资本
医药制造业	**754**	**578604**	**578604**		**40120**	
化学药品原药制造						
化学药品制剂制造	754	456768	456768		39720	
中药饮片加工						
中成药制造		103821	103821		400	
兽用药品制造		3015	3015			
生物、生化制品的制造						
卫生材料及医药用品制造		15000	15000			
化学纤维制造业						
合成纤维制造						
橡胶制品业		**278921**	**278921**			
轮胎制造		17351	17351			
橡胶板、管、带的制造		14093	14093			
橡胶零件制造		238231	238231			
再生橡胶制造						
日用及医用橡胶制品制造						
橡胶靴鞋制造		9246	9246			
其他橡胶制品制造						
塑料制品业		**98264**	**98096**	**168**		
塑料薄膜制造		17651	17651			
塑料板、管、型材的制造		9626	9626			
塑料丝、绳及编织品的制造		111	111			
泡沫塑料制造		34519	34351	168		
塑料人造革、合成革制造						
塑料包装箱及容器制造		3476	3476			
塑料零件制造		730	730			
日用塑料制造		31363	31363			
其他塑料制品制造		788	788			
非金属矿物制品业	**1939**	**772410**	**771510**		**155**	
水泥、石灰和石膏的制造		412788	412788			
水泥及石膏制品制造	350	223639	223639			
砖瓦、石材及其他建筑材料制造		54187	53287		155	
玻璃及玻璃制品制造		26997	26997			
陶瓷制品制造		16900	16900			
耐火材料制品制造		25286	25286			
石墨及其他非金属矿物制品制造	1589	12613	12613			

计量单位：千元

外商资本	主营业务收入	直接出口产品销售收入	主营业务成本	营业费用	主营业务税金及附加	其他业务收入	其他业务利润	管理费用	#税金
	803499	**9509**	**381978**	**136094**	**4257**	**49535**	**40163**	**190733**	**3976**
	22446		13540	7163	197	2024	48	4892	17
	482090	6890	210890	96201	1617	26483	24304	93058	1969
	18241		15006	2973	26			487	
	207180		104630	15872	1975	439	436	43482	838
	22689		11953	2860	126			5839	101
	35890	2619	20334	6556	239	20568	15354	38391	1005
	14963		5625	4469	77	21	21	4584	46
	583		**383**	**145**				**452**	
	583		383	145				452	
	167074		**143893**	**3712**	**1268**	**12233**	**8980**	**56467**	**644**
	42524		41409	181	62	125	119	2246	104
	28374		23188	475	272			3804	31
	85875		70755	2940	815	10495	7293	44490	348
	9825		8109	50	117	546	546	774	27
	34		29			821	776	757	83
						246	246	2185	21
	442		403	66	2			2211	30
	187706		**159748**	**7762**	**966**	**23401**	**11377**	**46583**	**554**
	15183		13211	555	41	1158	867	9628	91
	5790		4078	265	12	5846	5051	7350	111
	7300		6062	3	19			1196	
	17692		18640	489	63	478	314	8941	80
	2178		2161	99	2	5848	3948	3866	51
	67502		54785	3562	362	325	307	4138	65
	9912		8486	217	66	312	295	1579	3
	61454		51275	2572	397	9399	595	8795	151
	695		1050		4	35		1090	2
	2047054		**1643954**	**96380**	**11688**	**132092**	**64105**	**351926**	**9927**
	821655		584252	56975	6627	27086	9313	146226	6161
	805734		720821	16963	3070	26189	17763	91858	1907
	162549		133885	13108	502	14471	10585	27124	420
	102179		76128	5868	521	39712	9984	48878	513
	12731		9848	482	91	11162	10208	11994	333
	87471		70379	1250	620	909	654	12753	132
	54735		48641	1734	257	12563	5598	13093	461

1-23 续表 13

	集体资本	法人资本	#国家法人	集体法人	个人资本	港澳台资本
黑色金属冶炼及压延加工业		**142012**	**142012**			
炼铁						
炼钢						
钢压延加工		142012	142012			
有色金属冶炼及压延加工业		**112999**	**112999**		**250**	
有色金属合金制造		59680	59680			
有色金属压延加工		53319	53319		250	
金属制品业	**363**	**129639**	**129439**		**447**	
结构性金属制品制造	363	100789	100589		297	
金属工具制造		4397	4397		150	
集装箱及金属包装容器制造		2322	2322			
金属丝绳及其制品的制造						
建筑、安全用金属制品制造		4812	4812			
金属表面处理及热处理加工		4019	4019			
不锈钢及类似日用金属制品制造		3000	3000			
其他金属制品制造		10300	10300			
通用设备制造业		**592825**	**590273**	**2552**		
锅炉及原动机制造		32039	32039			
金属加工机械制造		384066	381514	2552		
起重运输设备制造		94211	94211			
泵、阀门、压缩机及类似机械的制造		18332	18332			
轴承、齿轮、传动和驱动部件的制造		12260	12260			
风机、衡器、包装设备等通用设备制造		19932	19932			
通用零部件制造及机械修理		3596	3596			
金属铸、锻加工		28389	28389			
专用设备制造业	**450**	**1090960**	**1090960**			
矿山、冶金、建筑专用设备制造		235964	235964			
化工、木材、非金属加工专用设备制造	450	17533	17533			
食品、饮料、烟草及饲料生产专用设备		2430	2430			
印刷、制药、日化生产专用设备制造		10903	10903			
电子和电工机械专用设备制造		554246	554246			
农、林、牧、渔专用机械制造		28243	28243			
医疗仪器设备及器械制造		16767	16767			
环保、社会公共安全及其他专用设备制造		224874	224874			
交通运输设备制造业	**3250**	**1284539**	**1280233**		**835**	
铁路运输设备制造		861263	861263			
汽车制造	3250	324516	320210		835	
航空航天器制造		98760	98760			

计量单位：千元

外商资本	主营业务收入	直接出口产品销售收入	主营业务成本	营业费用	主营业务税金及附加	其他业务收入	其他业务利润	管理费用	#税金
	1015267	**31754**	**945697**	**7478**	**1093**	**77059**	**35698**	**44354**	**3856**
	87		57	36					
	4115		3943		10			98	6
	1011065	31754	941697	7442	1083	77059	35698	44256	3850
	154436	**31601**	**129727**	**4312**	**347**	**13873**	**9966**	**23520**	**463**
	62703		53610	1202	183	10620	9495	10876	280
	91733	31601	76117	3110	164	3253	471	12644	183
	326770		**285183**	**10967**	**3555**	**59966**	**27921**	**75528**	**1771**
	227283		199568	3735	2931	54501	23141	55168	1393
	7156		7704	382	153	3628	2984	9476	113
	6897		6954	98	22	90	87	1494	31
	882		707	7	5			161	
	46197		43461	281	105	978	978	3062	126
	5453		4608		45	727	689	2593	2
	5104		4502	387	21	42	42	944	41
	27798		17679	6077	273			2630	65
	1323664	**2837**	**1124669**	**40684**	**8990**	**418407**	**184642**	**519166**	**7457**
	99091		92746	2526	329	242926	92047	165168	598
	500546	2222	432029	7769	2784	64414	20625	150525	3604
	200716		198452	11963	971	58994	40088	89243	1804
	177659		131197	837	1135	6790	6399	19703	259
	150968		109018	9393	1257	6782	2378	29169	121
	96751	615	75526	5360	1174	18773	12926	29676	801
	86741		77021	2689	1319	19318	10186	31504	262
	11192		8680	147	21	410	-7	4178	8
	3915440	**45963**	**3314328**	**158021**	**9852**	**236630**	**63085**	**528777**	**11974**
	702325	4034	590471	24312	1897	141546	15990	88672	1255
	392718		344670	2610	1299	4968	1266	45853	881
	134682		107001	4955	823	5424	3375	20172	196
	167081	5299	163619	11876	114	21671	14501	38364	821
	1190457	23681	1024302	17229	1229	29330	21457	168760	3497
	65732		42851	7336	601	5351	4488	26963	2399
	114947		80796	11223	856	11833	8012	25951	434
	1147498	12949	960618	78480	3033	16507	-6004	114042	2491
	8901432	**66617**	**7744942**	**141221**	**16580**	**591534**	**95165**	**997728**	**14882**
	2088333	5950	1688408	42208	7347	142290	18115	325160	4012
	5650902	60667	5268870	96368	8912	424708	71528	344221	8749
	1162197		787664	2645	321	24536	5522	328347	2121

1-23 续表 14

	集体资本	法人资本	#国家法人	集体法人	个人资本	港澳台资本
电气机械及器材制造业	**9838**	**343795**	**343795**		**50**	
电机制造		36445	36445			
输配电及控制设备制造	377	54764	54764			
电线、电缆、光缆及电工器材制造		12514	12514		50	
电池制造		12114	12114			
家用电力器具制造	9461	226370	226370			
非电力家用器具制造						
照明器具制造		1000	1000			
其他电气机械及器材制造		588	588			
通信设备、计算机及其他电子设备制造	**7516**	**264114**	**264114**			
通信设备制造		127243	127243			
雷达及配套设备制造						
广播电视设备制造	709	16594	16594			
电子计算机制造		16621	16621			
电子器件制造	6807	58831	58831			
电子元件制造		20837	20837			
家用视听设备制造		18737	18737			
其他电子设备制造		5251	5251			
仪器仪表及文化、办公用机械制造业		**249559**	**249559**		**100**	
通用仪器仪表制造		153819	153819		100	
专用仪器仪表制造		16056	16056			
钟表与计时仪器制造						
光学仪器及眼镜制造		17103	17103			
文化、办公用机械制造		51499	51499			
其他仪器仪表的制造及修理		11082	11082			
工艺品及其他制造业	**1100**	**33967**	**33967**			
工艺美术品制造	1100	31167	31167			
日用杂品制造						
煤制品制造						
核辐射加工		2000	2000			
其他未列明的制造业		800	800			
废弃资源和废旧材料回收加工业		**400**	**400**			
金属废料和碎屑的加工处理		400	400			
非金属废料和碎屑的加工处理						
电力、燃气及水的生产和供应业	**88932**	**1189176**	**1189061**			
电力、热力的生产和供应业		**514927**	**514812**			
电力生产		58350	58350			
电力供应		115				
热力生产和供应		456462	456462			
燃气生产和供应业	**10357**	**674249**	**674249**			
燃气生产和供应业	10357	674249	674249			
水的生产和供应业	**78575**					
自来水的生产和供应	78575					
污水处理及其再生利用						
其他水的处理、利用与分配						

计量单位：千元

外商资本	主营业务收入	直接出口产品销售收入	主营业务成本	营业费用	主营业务税金及附加	其他业务收入	其他业务利润	管理费用	#税金
	345510	**9067**	**292851**	**19738**	**1618**	**105745**	**70636**	**141480**	**5967**
	7795	6889	6235	898	4	18876	16599	14453	1320
	146215		114128	8762	836	14963	10683	55768	2022
	123430	2178	105181	7012	356	6281	2634	17711	576
	19898		16410	695	31	1301	491	8090	287
	17151		24805	12	131	7084	2994	11182	168
	1211		834		7			370	
	12943		11044	2097	110	29116	20308	15543	534
	16867		14214	262	143	28124	16927	18363	1060
	1355286	**4097**	**1115847**	**55164**	**4011**	**122302**	**78956**	**317353**	**5352**
	109350	2887	90216	43325	356	20542	17364	83255	948
	798572	176	666928		241	48050	21276	117238	1023
	118180		96669	850	1076	1242	1075	16483	310
	17220		15767	1298	39	19235	17235	18118	418
	130713	1034	111586	3172	836	21091	14539	39180	2193
	68636		59547	1715	1177	453	450	8336	322
	62124		33933	1151	77	7856	4809	27887	121
	50491		41201	3653	209	3833	2208	6856	17
	520927	**5556**	**431835**	**18279**	**3939**	**195848**	**108897**	**201074**	**4728**
	342105		288677	12292	2025	83240	49113	98828	1968
	103185	950	79463	4547	1030	84565	42854	64684	1630
	22217		20763	390	197	5357	4886	10196	368
	18640	4606	14918	171	86	2432	-73	11460	308
	15922		14815	703	39	18439	10302	11209	442
	18858		13199	176	562	1815	1815	4697	12
	1025207	**1210**	**840029**	**8901**	**1358**	**26860**	**17642**	**182048**	**1357**
	53517	1210	47462	2686	423	21435	15560	33494	554
	3096		2343	135	22	303	181	1341	59
	6741		3088	363	219	3106	1425	4181	74
	13597		8682	1139	270			3312	
	948256		778454	4578	424	2016	476	139720	670
	44620		**40313**	**802**	**313**	**95**	**90**	**3730**	**13**
	33437		31033	802	227	95	90	2392	2
	11183		9280		86			1338	11
	5830101		**5618773**	**77308**	**55382**	**255564**	**62956**	**419421**	**6270**
	5163895		**4887793**	**54409**	**53125**	**207359**	**54760**	**240792**	**3615**
	24599		142850		148	13670	13597	146664	152
	4217517		3698841	10	51539	32075	-20829	304	11
	921779		1046102	54399	1438	161614	61992	93824	3452
	360013		**512394**	**8496**	**804**	**30826**	**6199**	**112987**	**1717**
	360013		512394	8496	804	30826	6199	112987	1717
	306193		**218586**	**14403**	**1453**	**17379**	**1997**	**65642**	**938**
	289469		203113	13967	1443	16927	1545	63890	938
	15445		14847			16	16	1712	
	1279		626	436	10	436	436	40	

1-23 续表 15

	财产保险费	差旅费	工会经费	办公费	职工教育费	排污费
总　　计	**32004**	**83920**	**59821**	**154804**	**46510**	**16725**
采矿业	**179**	**372**	**495**	**1831**	**348**	
煤炭开采和洗选业						
烟煤和无烟煤的开采洗选						
石油和天然气开采业						
与石油和天然气开采有关的服务活动						
黑色金属矿采选业	**179**	**328**	**439**	**1550**	**296**	
铁矿采选	179	328	439	1550	296	
非金属矿采选业		**44**	**56**	**281**	**52**	
土砂石开采		19	47	266	45	
石棉及其他非金属矿采选		25	9	15	7	
制造业	**29500**	**70965**	**54762**	**141617**	**42980**	**15487**
农副食品加工业	**569**	**501**	**557**	**3193**	**233**	**226**
谷物磨制			29	25	3	
饲料加工	66	197	52	152	26	2
植物油加工		28		5		
屠宰及肉类加工	326	45	287	2278	182	94
水产品加工	29	24	14	38	11	67
蔬菜、水果和坚果加工		28	3	233		
其他农副食品加工	148	179	172	462	11	63
食品制造业	**285**	**858**	**223**	**619**	**226**	**188**
焙烤食品制造	107	120	17	57	106	33
糖果、巧克力及蜜饯制造				14		
方便食品制造	71	128	103	59	75	27
液体乳及乳制品制造	32	106	41	182	30	
调味品、发酵制品制造	10		27	30	2	
其他食品制造	65	504	35	277	13	128
饮料制造业	**1293**	**4217**	**2870**	**6231**	**1504**	**736**
酒的制造	1293	4204	2870	6167	1500	736
软饮料制造		13		64	4	
精制茶加工						
烟草制品业	**2620**	**1880**	**1168**	**4181**	**774**	**357**
卷烟制造	2620	1863	1148	4172	759	357
其他烟草制品加工		17	20	9	15	
纺织业	**766**	**707**	**359**	**1673**	**727**	**1367**
棉、化纤纺织及印染精加工	322	354	307	924	350	315
毛纺织和染整精加工	122	100	15	285	322	1027
纺织制成品制造	44	87	37	161	28	24
针织品、编织品及其制品制造	278	166		303	27	1

计量单位：千元

财务费用	利息支出（净额）	营业利润	投资收益	补贴收入	营业外收入	营业外支出	利润总额	应交所得税	可供分配利润
1113165	**1029739**	**-570905**	**5970320**	**614710**	**1213167**	**1114966**	**6145586**	**639892**	**5852074**
5727	**5540**	**234214**	**-34**	**960**	**1176**	**9418**	**226936**	**78913**	**84105**
		-11					**-11**		
		-11					-11		
5548	**5383**	**241182**	**-34**		**942**	**6183**	**235907**	**77885**	**82100**
5548	5383	241182	-34		942	6183	235907	77885	82100
179	**157**	**-6957**		**960**	**234**	**3235**	**-8960**	**1028**	**2005**
191	169	-6162		960	234	3235	-8165	1028	2005
-12	-12	-795					-795		
610778	**532338**	**-30632**	**710054**	**319572**	**1116308**	**843911**	**1259802**	**421862**	**400116**
5430	**5407**	**-14783**	**-3**	**9725**	**7111**	**6240**	**-4183**	**1826**	**-8087**
-26	-26	-403		42	1		208	137	278
1024	1023	-661		203	27	99	-1077	51	14
-2	-2	13					12	2	10
3935	3919	-8878	7	9360	5066	6066	-523	1273	4983
-6	-7	-196			3	41	-234		3
178	178	-237			79	12	-170		
327	322	-4421	-10	120	1935	22	-2399	363	-13375
1406	**1688**	**-6762**	**1411**	**613**	**1939**	**391**	**-3157**	**2029**	**-4261**
14		-3075		613	158	63	-2370	274	-1
1213	1576	-3703			242	273	-3734	94	344
-118	-118	-2287	1439		21	10	-825	46	-4141
249	249	31					31	8	
48	-19	2272	-28		1518	45	3741	1607	-463
20020	**-16031**	**176703**	**99530**	**893**	**2936**	**1838**	**281726**	**22188**	**896415**
20033	-16018	176492	99504	893	2936	1833	281493	21976	896670
-13	-13	211				5	207	212	-255
			26				26		
10935	**10935**	**144794**	**73**	**1662**	**44**	**13116**	**133457**	**46332**	**87128**
10935	10935	144032	73	1662	44	13116	132695	45718	86977
		762					762	614	151
25332	**25226**	**-74102**	**5606**	**1543**	**90687**	**70528**	**-46795**	**1255**	**67465**
1549	1549	-6115	3472		29425	22501	4280	1255	13092
21121	21119	-46900			1066	6468	-52301		
27	27	-1364		1449	1	64	21		-119
2635	2531	-19723	2134	94	60195	41495	1205		54492

1-23 续表 16

	财产保险费	差旅费	工会经费	办公费	职工教育费	排污费
纺织服装、鞋、帽制造业	**330**	**325**	**244**	**2056**	**83**	**85**
纺织服装制造	281	279	227	2011	70	85
纺织面料鞋的制造	49	46	17	45	13	
皮革、毛皮、羽毛(绒)及其制品业						
羽毛(绒)加工及制品制造						
木材加工及木、竹、藤、棕、草制品	**109**	**310**	**197**	**432**	**130**	**27**
锯材、木片加工	5	41	15	190	11	
人造板制造		13		51		
木制品制造	104	256	182	191	119	27
家具制造业	**115**	**748**	**109**	**425**	**63**	**4**
木质家具制造	88	716	85	370	45	
金属家具制造						
塑料家具制造						
其他家具制造	27	32	24	55	18	4
造纸及纸制品业	**215**	**306**	**103**	**967**	**101**	**467**
纸浆制造						
造纸	169	163	28	715	27	457
纸制品制造	46	143	75	252	74	10
印刷业和记录媒介的复制	**3785**	**4768**	**6860**	**13167**	**6385**	**906**
印刷	3644	4270	6406	11643	4411	865
装订及其他印刷服务活动	8	236	182	1197	139	
记录媒介的复制	133	262	272	327	1835	41
文教体育用品制造业	**72**	**11**	**29**	**256**	**14**	
文化用品制造	13	11	4	212	3	
乐器制造	59		25	38	11	
玩具制造				6		
石油加工、炼焦及核燃料加工业	**5944**	**3912**	**3232**	**3504**	**2316**	**422**
精炼石油产品的制造	2330	2393	842	1239	524	346
炼焦	3614	1519	2390	2265	1792	76
化学原料及化学制品制造业	**307**	**1820**	**752**	**3573**	**637**	**683**
基础化学原料制造		101	17	345	23	
肥料制造	2	9	13	27	1	22
农药制造		68	4	56		
涂料、油墨、颜料及类似产品制造	33	319	224	1308	171	102
合成材料制造	32	227	45	184	56	395
专用化学产品制造	40	1070	361	1338	328	149
日用化学产品制造	200	26	88	315	58	15

计量单位：千元

财务费用	利息支出（净额）	营业利润	投资收益	补贴收入	营业外收入	营业外支出	利润总额	应交所得税	可供分配利润
1235	**891**	**-15127**	**1555**		**10511**	**1023**	**-4132**	**917**	**14034**
1227	895	-13071	1555		10491	1007	-2082	902	14034
8	-4	-2056			20	16	-2050	15	
154	**154**	**-259**			**730**	**40**	**431**		
154	154	-259			730	40	431		
532	**527**	**-3795**	**273**		**7130**	**5612**	**130**	**972**	**3946**
12	12	-370	271		162		2067	592	1206
		-177					-177		
520	515	-3248	2		6968	5612	-1760	380	2740
1188	**1154**	**-1091**	**213**		**9**	**118**	**-970**	**150**	**1656**
1175	1141	-659	213		9	7	-426	128	1596
17	17	-540				81	-622	1	3
-4	-4	108				30	78	21	57
1537	**1536**	**-10522**	**-1087**	**878**	**12282**	**11988**	**-10573**	**312**	**-32917**
-14	-14	-61				69	-130		
1584	1584	-9435	-815		12110	11896	-10037	2	-35364
-33	-34	-1026	-272	878	172	23	-406	310	2447
9107	**8570**	**261350**	**7354**	**571**	**45862**	**26894**	**299680**	**94704**	**164753**
9055	8520	255470	6891	481	44921	26301	292782	93267	158278
-70	-72	6430	80	89	561	151	7128	1229	6475
122	122	-550	383	1	380	442	-230	208	
587	**227**	**-3886**	**129**		**651**	**23**	**-3128**	**49**	**-5885**
73	73	-3888	129		588		-3170	31	-5908
515	155	1			63	23	41	18	23
-1	-1	1					1		
57512	**46342**	**123537**	**54336**	**138450**	**5955**	**10862**	**311411**	**12022**	**-106176**
17850	16052	6995	1044		2150	1973	8212	888	38673
39662	30290	116542	53292	138450	3805	8889	303199	11134	-144849
4391	**4037**	**-31284**	**98448**	**5298**	**93203**	**94126**	**72125**	**2144**	**366010**
186	181	-4790	470		47	1275	-4856	161	-58597
-198	-198	-1496	706	2	42287	41809	-308		-118920
-11	-11	451	10				449	72	314
4412	4401	-9234	-1274	1760	348	457	-8864	174	2275
73	108	-4650	4239	38	538	48	116	53	229
239	-121	1488	-1312		47430	46429	1143	1501	2170
-310	-323	-13053	95609	3498	2553	4108	84445	183	538539

1-23 续表 17

	财产保险费	差旅费	工会经费	办公费	职工教育费	排污费
医药制造业	**965**	**2620**	**1703**	**7547**	**1504**	**201**
化学药品原药制造	24	85	129	367	63	13
化学药品制剂制造	847	972	915	3152	861	62
中药饮片加工						
中成药制造	45	536	257	2365	196	81
兽用药品制造	13	182	92	179	69	
生物、生化制品的制造	36	586	298	1114	224	45
卫生材料及医药用品制造		259	12	370	91	
化学纤维制造业		**15**	**6**	**5**	**4**	
合成纤维制造		15	6	5	4	
橡胶制品业	**102**	**1216**	**341**	**980**	**325**	**3**
轮胎制造	73	86	15	7	11	
橡胶板、管、带的制造		6		130	46	
橡胶零件制造	19	1110	282	756	224	
再生橡胶制造	6	1		14		
日用及医用橡胶制品制造	4	2	2	3	1	
橡胶靴鞋制造		6	17	46	24	3
其他橡胶制品制造		5	25	24	19	
塑料制品业	**187**	**944**	**299**	**2652**	**230**	**190**
塑料薄膜制造	13	34	9	84	10	22
塑料板、管、型材的制造	63	100	68	127		
塑料丝、绳及编织品的制造		2	5	42		
泡沫塑料制造	22	63		159	8	102
塑料人造革、合成革制造		81		193	20	26
塑料包装箱及容器制造	27	67	83	321	63	
塑料零件制造	3	42	24	147	20	
日用塑料制造	59	555	110	1332	109	40
其他塑料制品制造				247		
非金属矿物制品业	**828**	**4196**	**3354**	**9207**	**1710**	**1961**
水泥、石灰和石膏的制造	232	559	1299	1686	772	1124
水泥及石膏制品制造	265	1907	1047	4353	606	566
砖瓦、石材及其他建筑材料制造	122	563	443	988	81	9
玻璃及玻璃制品制造	36	296	345	983	149	114
陶瓷制品制造	93	21	24	280	19	17
耐火材料制品制造	2	605	75	719	52	100
石墨及其他非金属矿物制品制造	78	245	121	198	31	31

计量单位：千元

财务费用		营业利润	投资收益	补贴收入	营业外收入	营业外支出	利润总额	应交所得税	可供分配利润
	利息支出（净额）								
9467	**8665**	**121133**	**57759**	**2890**	**5827**	**6047**	**182805**	**40696**	**571613**
22	22	-3320			60	10	-3270	159	615
9973	9246	94655	27508	2420	2673	5583	122053	24479	491224
1		-252			94	34	13	2	740
-236	-310	41893		300	846	213	43486	14674	26041
-27	-27	1938			65	14	1989	729	4252
5	5	-14281	30240	170	2082	193	18017	544	48122
-271	-271	500	11		7		517	109	619
-1	**-1**	**-396**		**2**			**-394**		
-1	-1	-396		2			-394		
5589	**5430**	**-34875**	**78854**	**1673**	**919**	**14463**	**32093**	**101**	**-59951**
507	507	-1762		986		8	-783		
-61	-61	696	9		1	63	643	100	11531
1104	1075	-26936	78845	610	662	14296	38883		-41952
		1321					1321		
-3	-3	27			12	76	-36	1	
3912	3912	-5851			125	6	-5747		-22272
130		-2370		77	119	14	-2188		-7258
177	**160**	**-16153**	**3353**	**337**	**29840**	**11800**	**4866**	**917**	**-24251**
-11	-11	-7374		251	12947	5941	-118	23	-135
-133	-133	-731			759		28	1	5
-3	-3	23					24	5	
-14	-14	-10113	3353		15094	5520	2814	1	13437
		-2							
-45	-47	5007		86	22		5115	820	7497
-7	-7	-134			179	73	-28	3	4
391	376	-1381			40	240	-2300	64	-45059
-1	-1	-1448			799	26	-669		
51342	**49472**	**-44131**	**4735**	**71164**	**35903**	**15651**	**51657**	**4438**	**28602**
33956	32252	2932	1	62144	654	9519	56333	-134	47259
11186	11063	-20401	-2527	4276	9829	2860	-11549	1498	-25030
569	559	-2054	385	4686	4156	946	6227	1181	20615
3930	3909	-23162	6261		13643	1165	-4424	28	-19187
1190	1189	-666	603		223	289	-130	431	1422
-86	-86	3209	12	58	167	327	2504	518	2238
597	586	-3989			7231	545	2696	916	1285

1-23 续表 18

	财产保险费	差旅费	工会经费	办公费	职工教育费	排污费
黑色金属冶炼及压延加工业	**129**	**499**	**998**	**814**	**747**	**68**
炼铁						
炼钢	5	3	3	11		
钢压延加工	124	496	995	803	747	68
有色金属冶炼及压延加工业	**90**	**383**	**252**	**1307**	**266**	**314**
有色金属合金制造	36	48	98	663	47	183
有色金属压延加工	54	335	154	644	219	131
金属制品业	**335**	**1340**	**428**	**2634**	**297**	**216**
结构性金属制品制造	211	992	331	2009	214	156
金属工具制造	124	47	42	163	23	
集装箱及金属包装容器制造		20	22	44	2	
金属丝绳及其制品的制造			2	18		
建筑、安全用金属制品制造		184		189	33	60
金属表面处理及热处理加工		42	18	90	12	
不锈钢及类似日用金属制品制造		54		6		
其他金属制品制造		1	13	115	13	
通用设备制造业	**1816**	**7049**	**4904**	**15053**	**2110**	**1273**
锅炉及原动机制造	315	1320	743	2759	244	13
金属加工机械制造	668	1260	1609	2598	985	809
起重运输设备制造	165	1597	879	6905	380	259
泵、阀门、压缩机及类似机械的制造	20	1074	193	480	211	50
轴承、齿轮、传动和驱动部件的制造	148	698	567	547	81	11
风机、衡器、包装设备等通用设备制造	74	547	122	610	126	69
通用零部件制造及机械修理		358	92	953	71	62
金属铸、锻加工	426	195	699	201	12	
专用设备制造业	**1560**	**11592**	**5243**	**14911**	**5378**	**1244**
矿山、冶金、建筑专用设备制造	226	2290	1169	2291	947	316
化工、木材、非金属加工专用设备制造	166	871	83	1529	514	26
食品、饮料、烟草及饲料生产专用设备	158	971	266	190	178	18
印刷、制药、日化生产专用设备制造	101	958	452	807	301	32
电子和电工机械专用设备制造	595	3409	1971	4391	2493	370
农、林、牧、渔专用机械制造	86	688	98	1158	74	32
医疗仪器设备及器械制造	132	595	158	2223	132	100
环保、社会公共安全及其他专用设备制造	96	1810	1046	2322	739	350
交通运输设备制造业	**4420**	**12820**	**15261**	**22578**	**11713**	**2125**
铁路运输设备制造	1035	3459	4058	6831	2924	299
汽车制造	2937	4174	4324	9731	3593	660
航空航天器制造	448	5187	6879	6016	5196	1166

计量单位：千元

财务费用	利息支出（净额）	营业利润	投资收益	补贴收入	营业外收入	营业外支出	利润总额	应交所得税	可供分配利润
-873	**-952**	**53216**	**-619**		**384**	**9552**	**11953**	**10436**	**1469**
		-6					-6	1	
24	24	40				10	29	5	24
-897	-976	53182	-619		384	9542	11930	10430	1445
1195	**864**	**5301**	**-2950**	**2271**	**2230**	**340**	**7914**	**282**	**8969**
-67	-78	6394	-2903	2271	1973	202	7532	3	11393
1262	942	-1093	-47		257	138	382	279	-2424
8248	**7122**	**-28790**	**-17**	**3737**	**9815**	**9814**	**-25000**	**2230**	**-44363**
6784	5667	-17762	-789	3690	7626	9099	-16267	2102	-37316
998	998	-8573			617	281	-8236	68	-3406
-38	-38	-1546		47	1344	361	-517		-1005
		2				1	1		
133	126	133					133	58	-2163
-6	-6	-1098	772		49	2	-278	2	-473
54	54	-762			179	65	-648		
323	321	816				5	812		
225585	**223653**	**-410788**	**69447**	**24163**	**224704**	**178839**	**-271522**	**9377**	**-1639261**
212812	212562	-282443	8023		5233	707	-269894	17	-1497038
-2246	-2300	-69690	60092	24115	96572	96632	14628	2653	-4064
6625	6608	-66450	-8182		45063	29988	-59568	373	-98573
1164	1136	30022	64		2408	1768	31126	5075	26366
4472	4472	37	35		41	1117	-1729	124	632
1435	-139	-3494	8927	48	9217	11672	3032	700	-4370
562	555	-16168	485		62756	33286	13737	434	-52572
761	759	-2602	3		3414	3669	-2854	1	-9642
54093	**48010**	**-86546**	**34028**	**16572**	**263430**	**129354**	**100184**	**101365**	**-231266**
10939	10590	2024	-48		21813	8272	15011	4638	-186845
3188	3173	-3636	44	381	1548	303	756	514	-27684
-147	-147	5253	111		739	122	5968	2255	-1530
-22	-32	-32369	63634	1423	71591	67945	35493	1	169740
30135	24524	-29741	-5593	9342	26931	3771	-2649	84820	-75971
19	7	-7550	109		5094	2974	-5023	2923	-65005
619	685	3514	-66	1908	528	77	5821	2216	-14014
9362	9210	-24041	-24163	3518	135186	45890	44807	3998	-29957
64084	**62605**	**32042**	**93579**	**16376**	**180510**	**150697**	**171342**	**39132**	**26098**
13001	12736	30324	12722	1042	5082	8857	40265	13788	-60294
51132	49996	-47073	79257	1515	170133	121844	82173	20509	55634
-49	-127	48791	1600	13819	5295	19996	48904	4835	30758

1-23 续表 19

	财产保险费	差旅费	工会经费	办公费	职工教育费	排污费
电气机械及器材制造业	**360**	**1036**	**836**	**5060**	**388**	**320**
电机制造	22	90	196	420	57	
输配电及控制设备制造	76	590	197	2860	132	55
电线、电缆、光缆及电工器材制造	36	90	279	582	62	4
电池制造		26	13	372	38	
家用电力器具制造	41	54	30	24	23	18
非电力家用器具制造		90		40	2	
照明器具制造	31	27	17	560	30	10
其他电气机械及器材制造	154	69	104	202	44	233
通信设备、计算机及其他电子设备制造	**1020**	**2587**	**1605**	**8067**	**2485**	**1034**
通信设备制造	115	1091	553	1748	420	94
雷达及配套设备制造	317	652	25	3854	1358	
广播电视设备制造	38	94	137	296	104	139
电子计算机制造	39	37	72	217	42	43
电子器件制造	172	303	322	877	137	35
电子元件制造	16	122	94	281	64	32
家用视听设备制造	323	139	364	410	273	117
其他电子设备制造		149	38	384	87	574
仪器仪表及文化、办公用机械制造业	**644**	**2458**	**1396**	**6690**	**888**	**785**
通用仪器仪表制造	237	1247	524	2912	427	161
专用仪器仪表制造	68	914	447	2049	362	515
钟表与计时仪器制造	243	85	162	10	29	10
光学仪器及眼镜制造	67	58	81	438	46	91
文化、办公用机械制造	26	86	90	416	24	
其他仪器仪表的制造及修理	3	68	92	865		8
工艺品及其他制造业	**634**	**1837**	**1380**	**3585**	**1711**	**285**
工艺美术品制造	275	663	164	594	218	10
日用杂品制造	25	17	23	60	6	17
煤制品制造	12	191	22	21	16	
核辐射加工		315		138	2	
其他未列明的制造业	322	651	1171	2772	1469	258
废弃资源和废旧材料回收加工业		**10**	**53**	**250**	**31**	
金属废料和碎屑的加工处理		10	41	193	31	
非金属废料和碎屑的加工处理			12	57		
电力、燃气及水的生产和供应业	**2325**	**12583**	**4564**	**11356**	**3182**	**1238**
电力、热力的生产和供应业	**1775**	**11460**	**3056**	**8699**	**1878**	**759**
电力生产	182	10597	1251	5882	796	73
电力供应				5		
热力生产和供应	1593	863	1805	2812	1082	686
燃气生产和供应业	**367**	**169**	**948**	**780**	**799**	**21**
燃气生产和供应业	367	169	948	780	799	21
水的生产和供应业	**183**	**954**	**560**	**1877**	**505**	**458**
自来水的生产和供应	159	900	532	1678	478	458
污水处理及其再生利用	24	49	26	173	25	
其他水的处理、利用与分配		5	2	26	2	

计量单位：千元

财务费用	利息支出（净额）	营业利润	投资收益	补贴收入	营业外收入	营业外支出	利润总额	应交所得税	可供分配利润
13642	**5402**	**-53183**	**15502**	**528**	**48266**	**46375**	**-35845**	**9892**	**-91165**
4595	923	-1791	1905		568	44	638	9	15324
633	1173	-23229	19050	8	90	887	-4224	9363	-27188
5367	264	-9563	9129	23	489	494	-414	298	-10569
3779	3779	-8616	3	491	37200	33898	-4821	155	-69575
-21	-21	-15964			9094	178	-7049	6	
-2	-2	2					2		
-302	-306	4759	-37	6	813	10810	-5317	5	-2216
-407	-408	1219	-14548		12	64	-14660	56	3059
32583	**25818**	**-90716**	**27863**	**8637**	**24392**	**16677**	**-44162**	**6822**	**225447**
23582	24184	-114020	2394	3657	4846	2060	-105214	334	-17056
103	165	35338	22883	2230	622	9149	51951		173292
-173	-173	4350	314		306	199	4771	1651	9361
5001	993	-5768	-119		5355	106	-717	6	-3393
3993	796	-13515	2281		12566	4697	-630	1711	62161
-55	-78	-1634	-13		219	263	-1547	684	1274
37	29	3848	123	2750	15	181	6556	2041	
95	-98	685			463	22	668	395	-192
909	**210**	**-26212**	**60691**	**2537**	**3105**	**7017**	**30792**	**4623**	**185726**
-451	-1140	-10153	28972	2507	873	1239	18279	3217	20722
1134	1128	-4819	-7462	30	1089	5336	-16765	1359	-2324
966	964	-5409			258	245	-5397		
-1244	-1244	-6824	35567		881	179	29446	21	153467
526	524	-1068	3614			18	3165		13855
-22	-22	2061			4		2064	26	6
5392	**5338**	**5121**	**-109**	**7258**	**7889**	**4472**	**15601**	**6165**	**-2053**
709	703	-15697	628	998	7249	3066	-9878	643	863
327	279	-891			14		-965		
138	138	177	388		355	811	109	171	278
-19	-19	213					213		
4237	4237	21319	-1125	6260	271	595	26122	5351	-3194
-20	**-121**	**-428**	**100**	**1794**	**44**	**14**	**1496**	**486**	**421**
33	-68	-960	100	1794	44	14	964	313	61
-53	-53	532					532	173	360
496660	**491861**	**-774487**	**5260300**	**294178**	**95683**	**261637**	**4658848**	**139117**	**5367853**
499593	**494805**	**-517057**	**5258840**	**89457**	**92773**	**252062**	**4718148**	**132404**	**5359889**
3084	3084	-254550	36998		812	5812	-176982		
494516	490432	-48522	5224488	17614	79271	243560	5029291	131424	5446709
1993	1289	-213985	-2646	71843	12690	2690	-134161	980	-86820
-1868	**-1876**	**-266601**	**1500**	**204721**	**1125**	**7874**	**-67940**	**688**	**849**
-1868	-1876	-266601	1500	204721	1125	7874	-67940	688	849
-1065	**-1068**	**9171**	**-40**		**1785**	**1701**	**8640**	**6025**	**7115**
-1089	-1089	9690	-40		1781	1701	8431	5950	7115
21	21	-1119			4				
3		600					209	75	

1-23 续表 20

	广告费	劳动、失业保险费	养老保险和医疗保险	住房公积金和住房补贴	本年应付工资总额（贷方累计发生额）	主营业务应付工资总额	本年应付福利费总额（贷方累计发生额）
总　计	**179961**	**550722**	**961375**	**428436**	**4446111**	**4087834**	**644934**
采矿业		**410**	**5719**	**837**	**48700**	**48339**	**6569**
煤炭开采和洗选业		**3**	**79**		**356**	**293**	**8**
烟煤和无烟煤的开采洗选		3	79		356	293	8
石油和天然气开采业					**36**		
与石油和天然气开采有关的服务活动					36		
黑色金属矿采选业		**334**	**4055**	**649**	**44088**	**43915**	**5976**
铁矿采选		334	4055	649	44088	43915	5976
非金属矿采选业		**73**	**1585**	**188**	**4220**	**4131**	**585**
土砂石开采		68	1491	169	3720	3631	524
石棉及其他非金属矿采选		5	94	19	500	500	61
制造业	**176713**	**510462**	**839924**	**307430**	**3755799**	**3476166**	**546936**
农副食品加工业	**2556**	**2779**	**9169**	**1937**	**34359**	**33129**	**4310**
谷物磨制		411	475	166	1895	1722	212
饲料加工	70	70	873	371	5164	5164	580
植物油加工				4	450	450	55
屠宰及肉类加工	1148	998	5677	869	16790	15733	2035
水产品加工	5	8	79	100	750	750	122
蔬菜、水果和坚果加工		14	121		567	567	22
其他农副食品加工	1333	1278	1944	427	8743	8743	1284
食品制造业	**1407**	**1875**	**6337**	**1032**	**30260**	**27770**	**3918**
焙烤食品制造	1390	999	2414	159	11169	10426	1510
糖果、巧克力及蜜饯制造		3	57	15	262	262	22
方便食品制造	6	553	1882	435	5992	5239	845
液体乳及乳制品制造	11	235	842	271	4997	4997	624
调味品、发酵制品制造		22			1410	1410	136
其他食品制造		63	1142	152	6430	5436	781
饮料制造业	**72488**	**3632**	**29870**	**3828**	**157948**	**150239**	**22900**
酒的制造	72483	3621	29775	3817	155693	148025	22682
软饮料制造	5	11	95	11	2255	2214	218
精制茶加工							
烟草制品业	**8976**	**11025**	**26234**	**6723**	**58381**	**58381**	**8173**
卷烟制造	8976	11002	25951	6604	57372	57372	8032
其他烟草制品加工		23	283	119	1009	1009	141
纺织业	**3**	**12341**	**17782**	**9645**	**90551**	**80485**	**22025**
棉、化纤纺织及印染精加工		8792	7203	7468	28386	20078	3707
毛纺织和染整精加工	3	1237	7472	1558	51298	50727	16884
纺织制成品制造		28	641	166	2395	1208	345
针织品、编织品及其制品制造		2284	2466	453	8472	8472	1089

计量单位：千元

主营业务应付福利费总额	本年应交增值税（不含期初未抵扣税）	本年进项税额	本年销项税额	本年实缴关税	工业中间投入合计	经营活动产生的现金流量净额	投资活动产生的现金流量净额	筹资活动产生的现金流量净额	全部从业人员平均人数（人）
564326	**2004802**	**4121003**	**5998530**	**70126**	**26437896**	**3398752**	**-6328225**	**3915013**	**171451**
6515	**67651**	**44293**	**110200**		**510552**	**210021**	**-41412**	**-15703**	**2551**
5	**9**		**9**		**520**	**18**			**46**
5	9		9		520	18			46
									3
									3
5942	**66137**	**43286**	**108848**		**490419**	**215057**	**-41328**	**-2656**	**2195**
5942	66137	43286	108848		490419	215057	-41328	-2656	2195
568	**1505**	**1007**	**1343**		**19613**	**-5054**	**-84**	**-13047**	**307**
507	1495	1007	1333		19613	-5347	-39	3137	299
61	10		10			293	-45	-16184	8
480621	**1407120**	**3735460**	**5024294**	**70126**	**22630884**	**1797939**	**-217716**	**604233**	**157399**
4008	**18718**	**41828**	**50673**	**42171**	**594767**	**19790**	**-18489**	**1406**	**2822**
204	255	863	1118		8549	-745	142	5237	102
477					56437	1615	-1347	105	345
55	122	1964	1056		7679	434		27	20
1929	12996	28966	33244	42171	438839	5191	-7261	-571	1546
122	24				378	575	-25	1	59
7	6	92	98		513	-476		-197	65
1214	5315	9943	15157		82372	13196	-9998	-3196	685
3359	**7545**	**12647**	**19817**		**88489**	**17221**	**-13551**	**-5167**	**2068**
1400	4484	6147	10573		39353	6016	-195	-1442	838
22	76	132	208		923	28			26
740	493	2332	3311		18374	3108	-1468	-3812	458
593	483	2313	2785		14023	7703	-11440		235
136	662	1071	1733		7757	-168	-10	-20	154
468	1347	652	1207		8059	534	-438	107	357
19969	**176926**	**244860**	**419080**	**9085**	**1841083**	**410507**	**784960**	**120814**	**8242**
19826	176303	244613	418399	9070	1837908	410348	784909	120814	8038
143	623	247	681	15	3175	231	-55		203
						-72	106		1
8032	**158622**	**95466**	**245946**		**614412**	**70924**	**-51325**	**-72603**	**816**
8032	158229	95456	245543		614162	70924	-51325	-72603	800
	393	10	403		250				16
20596	**3060**	**24606**	**27466**		**122404**	**-94254**	**62347**	**-8286**	**3373**
2544	-50	4098	3829		11576	-20965	68577	-47668	1140
16809	2644	12927	15565		83272	-3088	-399	2812	1577
154	769	128	897		7174	1346	84	-1580	143
1089	-303	7453	7175		20382	-71547	-5915	38150	513

1-23 续表 21

	广告费	劳动、失业保险费	养老保险和医疗保险	住房公积金和住房补贴	本年应付工资总额(贷方累计发生额)	主营业务应付工资总额	本年应付福利费总额(贷方累计发生额)
纺织服装、鞋、帽制造业		**837**	**6998**	**1747**	**31327**	**24942**	**4268**
纺织服装制造		802	6019	1683	28101	21716	3801
纺织面料鞋的制造		35	979	64	3226	3226	467
皮革、毛皮、羽毛(绒)及其制品业					**29**	**29**	**4**
羽毛(绒)加工及制品制造					29	29	4
木材加工及木、竹、藤、棕、草制品	**88**	**3455**	**2832**	**1010**	**20122**	**13741**	**2733**
锯材、木片加工		868	214	36	8420	8420	1178
人造板制造					31	31	4
木制品制造	88	2587	2618	974	11671	5290	1551
家具制造业	**10**	**104**	**1170**	**239**	**14070**	**13270**	**1543**
木质家具制造		101	1123	228	12366	11566	1321
金属家具制造					488	488	52
塑料家具制造							
其他家具制造	10	3	47	11	1216	1216	170
造纸及纸制品业		**1257**	**3893**	**1218**	**16456**	**15937**	**2309**
纸浆制造							
造纸		895	2543	1011	11718	11718	1626
纸制品制造		362	1350	207	4738	4219	683
印刷业和记录媒介的复制	**234**	**40672**	**85882**	**43797**	**420805**	**366701**	**57936**
印刷	231	40102	81607	41905	393564	339934	54326
装订及其他印刷服务活动	3	288	513	453	13155	13000	1724
记录媒介的复制		282	3762	1439	14086	13767	1886
文教体育用品制造业		**784**	**2172**	**808**	**7396**	**7088**	**677**
文化用品制造		703	843	46	1640	1332	215
乐器制造		81	1329	762	5756	5756	462
玩具制造							
石油加工、炼焦及核燃料加工业	**33764**	**15204**	**30766**	**15206**	**167432**	**167432**	**23521**
精炼石油产品的制造	33760	5243	7387	1066	47942	47942	6792
炼焦	4	9961	23379	14140	119490	119490	16729
化学原料及化学制品制造业	**743**	**11936**	**17979**	**7293**	**78268**	**70310**	**11441**
基础化学原料制造		468	1050	60	6404	4653	846
肥料制造		3224	3563	3465	10181	10137	1233
农药制造	27				992	992	138
涂料、油墨、颜料及类似产品制造	232	615	4769	832	16901	13448	1917
合成材料制造	32	682	1233	198	5878	3987	794
专用化学产品制造	57	2986	4473	1131	30586	29807	3562
日用化学产品制造	395	3961	2891	1607	7326	7286	2951

计量单位：千元

主营业务应付福利费总额	本年应交增值税(不含期初未抵扣税)	本年进项税额	本年销项税额	本年实缴关税	工业中间投入合计	经营活动产生的现金流量净额	投资活动产生的现金流量净额	筹资活动产生的现金流量净额	全部从业人员平均人数(人)
3254	**3819**	**7497**	**10748**		**52702**	**67076**	**6778**	**-3753**	**1954**
2787	2815	6785	9032		52702	67229	6780	-3753	1803
467	1004	712	1716			-153	-2		151
4						**249**	**-60**	**-154**	**1**
4						249	-60	-154	1
1902	**6691**	**18818**	**21261**		**89149**	**-6390**	**-373**	**-6157**	**880**
1178	2767	7500	10250		47297	653	-418	-387	342
4		44				46			2
720	3924	11274	11011		41852	-7089	45	-5770	536
1431	**413**	**9791**	**10090**	**414**	**44284**	**2242**	**-3429**	**1214**	**696**
1209	-81	7751	7596		30805	2209	-3429	1214	549
52	239	525	744	19	3293	3			49
									1
170	255	1515	1750	395	10186	30			97
2199	**3355**	**30686**	**33005**		**143714**	**-32407**	**39927**	**3768**	**1179**
	22								1
1626	1415	26690	27060		121776	-33616	39257	3767	819
573	1918	3996	5945		21938	1209	670	1	359
49666	**210837**	**251120**	**456792**	**1177**	**1400412**	**441753**	**-291752**	**12131**	**18493**
46191	198126	232581	426096	1177	1295613	395100	-281920	30660	17197
1619	9660	8140	17289		44399	37745	-3512	-24029	668
1856	3051	10399	13407		60400	8908	-6320	5500	628
612	**2465**	**2822**	**5249**	**642**	**29671**	**1124**	**203**	**-387**	**470**
150	784	325	1109	642	6837	1941	203	-1867	134
462	1677	2497	4136		22742	-833		1480	330
	4		4		92	16			6
23521	**179484**	**574558**	**735072**		**3401376**	**208520**	**-183851**	**-194073**	**5168**
6792	56078	352724	401108		1835496	-36849	-41694	61401	1322
16729	123406	221834	333964		1565880	245369	-142157	-255474	3846
10269	**22358**	**65745**	**87268**		**356256**	**90854**	**-119989**	**-15636**	**4396**
482	1950	5324	7269		22831	-1124	-5118	8381	428
1233	-196	1362	1150		864	97253	-9013	66	504
138	302	90	318		1088	-185			42
1483	6201	6751	12419		59248	1302	-1931	490	904
534	1435	10535	11720		44793	-4316	-1555	6286	228
3448	10837	38930	50047		204196	13955	-117473	-30266	1770
2951	1829	2753	4345		23236	-16031	15101	-593	520

1-23 续表 22

	广告费	劳动、失业保险费	养老保险和医疗保险	住房公积金和住房补贴	本年应付工资总额(贷方累计发生额)	主营业务应付工资总额	本年应付福利费总额(贷方累计发生额)
医药制造业	**34942**	**6067**	**19428**	**7569**	**113986**	**113430**	**15530**
化学药品原药制造	77	82	259		7607	7607	1026
化学药品制剂制造	33198	1503	12987	4665	65743	65743	8535
中药饮片加工		1	111		983	983	136
中成药制造	1350	377	1752	1044	19393	19373	2387
兽用药品制造	135	1390	404	404	5009	4815	663
生物、生化制品的制造		2705	3605	1424	12034	11692	2415
卫生材料及医药用品制造	182	9	310	32	3217	3217	368
化学纤维制造业	**37**	**1**	**32**	**7**	**318**	**318**	**45**
合成纤维制造	37	1	32	7	318	318	45
橡胶制品业	**185**	**1037**	**6955**	**943**	**26001**	**24188**	**3573**
轮胎制造	41	61	343		1038	388	145
橡胶板、管、带的制造		1	41	5	3622	3622	507
橡胶零件制造	144	647	4808	921	17307	17307	2080
再生橡胶制造		9	149	17	544	221	80
日用及医用橡胶制品制造		7	113		322	322	45
橡胶靴鞋制造		168	1362		1737	1737	197
其他橡胶制品制造		144	139		1431	591	519
塑料制品业	**19**	**4182**	**8356**	**1557**	**35074**	**32619**	**4582**
塑料薄膜制造	12	1889	284	14	3662	3662	405
塑料板、管、型材的制造		1144	1612	269	4288	4288	766
塑料丝、绳及编织品的制造		6	362	35	835	417	116
泡沫塑料制造		649	2458		5224	5224	675
塑料人造革、合成革制造		50	1219		1886	1886	8
塑料包装箱及容器制造		269	320	198	5194	5194	746
塑料零件制造		4	418	165	1493	1493	208
日用塑料制造	7	157	1374	830	11490	9453	1565
其他塑料制品制造		14	309	46	1002	1002	93
非金属矿物制品业	**495**	**34640**	**45852**	**17293**	**200139**	**191914**	**27556**
水泥、石灰和石膏的制造		15257	14033	7815	52555	47233	7285
水泥及石膏制品制造	17	8353	15828	5364	78426	76974	10830
砖瓦、石材及其他建筑材料制造		4160	4921	1053	29800	29132	4369
玻璃及玻璃制品制造	72	3707	6288	1675	21383	21107	2850
陶瓷制品制造		1762	1292	265	4898	4898	512
耐火材料制品制造	389	27	454	127	4175	4075	536
石墨及其他非金属矿物制品制造	17	1374	3036	994	8902	8495	1174

计量单位：千元

主营业务应付福利费总额	本年应交增值税(不含期初未抵扣税)	本年进项税额	本年销项税额	本年实缴关税	工业中间投入合计	经营活动产生的现金流量净额	投资活动产生的现金流量净额	筹资活动产生的现金流量净额	全部从业人员平均人数(人)
15458	**43545**	**46379**	**79132**	**1**	**513446**	**111850**	**-73721**	**-11246**	**4038**
1021	3513	1527	3996		23287	253	-57	-24	353
8535	20093	21338	32198	1	299870	90023	-57529	-27760	1877
136	676	1788	2382		3649	368			69
2385	14612	21075	35664		135778	25565	-37278	45276	682
639	1358	34	1388		9367	2158	-5783	180	216
2374	2457	69	2151		32674	6439	24816	-28037	581
368	836	548	1353		8821	-78	2110	-881	260
45	**-23**	**122**	**99**		**481**	**87**			**18**
45	-23	122	99		481	87			18
3432	**13288**	**17777**	**29938**		**100853**	**-29290**	**17937**	**-250**	**1235**
54	775	6163	7229		40760	2944	595	737	65
507	1807	2745	4552		20106	3739	-5429	-1810	194
2080	9211	8565	16358		32356	-35504	22681	-1396	691
30	1455	217	1672		6584	219			68
45	19	12	31		17	39	90	-3	8
197						-944		2222	23
519	21	75	96		1030	217			186
4375	**8964**	**25226**	**34251**	**29**	**129135**	**-14940**	**18435**	**-5669**	**1960**
405	636	2036	2459		9276	-12855	17166	-6598	176
766	106	901	1007		2755	1185	-678		146
58	241	948	1241		6012	61	-6	-53	68
675	569	3196	4397		12489	-7602	332	4389	236
8	47	576	631		1299	-2640	2640		82
731	3551	7937	11474		32711	5350	-802		238
208	679	1178	1629		6621	731	-441	-6	95
1431	3095	8374	11295		57313	563	224	-3401	871
93	40	80	118	29	659	267			48
26304	**112816**	**123356**	**232843**	**810**	**1458029**	**106602**	**-47288**	**-26729**	**10717**
6771	78845	62754	142733	270	607948	40945	8642	-41812	2332
10667	16844	21011	36522	420	551359	20814	-23877	27007	3885
3961	5056	5095	7688		107281	15117	-7228	-1178	2138
2812	4556	19168	23382	19	84721	27560	-22366	-5251	1526
512	910	1409	2255		10348	2326	-110	-846	275
467	3573	9462	13725	101	50771	-3685	-1575	-27	159
1114	3032	4457	6538		45601	3525	-774	-4622	402

1-23 续表 23

	广告费	劳动、失业保险费	养老保险和医疗保险	住房公积金和住房补贴	本年应付工资总额(贷方累计发生额)	主营业务应付工资总额	本年应付福利费总额(贷方累计发生额)
黑色金属冶炼及压延加工业	**3**	**5355**	**22213**	**7549**	**55858**	**45218**	**7301**
炼铁					34	34	
炼钢		7	34		386	386	24
钢压延加工	3	5348	22179	7549	55438	44798	7277
有色金属冶炼及压延加工业		**1857**	**4518**	**676**	**14165**	**12186**	**1692**
有色金属合金制造		131	2239	328	6353	6351	774
有色金属压延加工		1726	2279	348	7812	5835	918
金属制品业	**1107**	**2590**	**11398**	**2073**	**51091**	**42957**	**6522**
结构性金属制品制造		1440	9006	1538	40199	33674	5247
金属工具制造		584	349	53	3032	2581	364
集装箱及金属包装容器制造		21	382	46	1609	500	225
金属丝绳及其制品的制造			31	17	159	110	
建筑、安全用金属制品制造		424	940	252	2942	2942	415
金属表面处理及热处理加工	70	78	316	91	1096	1096	123
不锈钢及类似日用金属制品制造		11	246	76	1187	1187	30
其他金属制品制造	1037	32	128		867	867	118
通用设备制造业	**903**	**41301**	**72969**	**25701**	**277750**	**262721**	**36517**
锅炉及原动机制造	4	1110	21297	7114	50264	50044	5801
金属加工机械制造	375	24763	25308	7732	93373	83159	12610
起重运输设备制造	301	7396	11272	7586	50236	50207	6558
泵、阀门、压缩机及类似机械的制造	123	2499	3242	456	18553	18110	2779
轴承、齿轮、传动和驱动部件的制造		1245	7612	1545	29962	28964	4092
风机、衡器、包装设备等通用设备制造	45	1990	1646	295	17976	15606	2482
通用零部件制造及机械修理	55	1977	2294	918	14561	13994	1824
金属铸、锻加工		321	298	55	2825	2637	371
专用设备制造业	**1670**	**34462**	**94126**	**23422**	**381256**	**343910**	**56870**
矿山、冶金、建筑专用设备制造	37	1054	16987	4174	76039	69019	17870
化工、木材、非金属加工专用设备制造	20	2031	14382	4681	45806	40445	5768
食品、饮料、烟草及饲料生产专用设备		1949	3426	1202	14765	14477	2401
印刷、制药、日化生产专用设备制造	971	2338	4435	3004	14777	14750	4130
电子和电工机械专用设备制造	29	14602	32585	4253	107063	87496	14435
农、林、牧、渔专用机械制造	454	6941	2919	228	8652	8393	1205
医疗仪器设备及器械制造	71	990	6578	2157	21821	19820	2839
环保、社会公共安全及其他专用设备制造	88	4557	12814	3723	92333	89510	8222
交通运输设备制造业	**15827**	**148315**	**186561**	**52761**	**904760**	**854371**	**144842**
铁路运输设备制造	148	15640	51827	13694	306765	291433	52725
汽车制造	15679	13290	51827	13974	264922	243365	36580
航空航天器制造		119385	82907	25093	333073	319573	55537

计量单位：千元

主营业务应付福利费总额	本年应交增值税（不含期初未抵扣税）	本年进项税额	本年销项税额	本年实缴关税	工业中间投入合计	经营活动产生的现金流量净额	投资活动产生的现金流量净额	筹资活动产生的现金流量净额	全部从业人员平均人数（人）
5810	**13853**	**164755**	**174599**		**883136**	**133270**	**-7216**	**51572**	**1907**
	5								5
24	134	565	699		3358	208			33
5786	13714	164190	173900		879778	133062	-7216	51572	1869
1472	**4170**	**23019**	**26757**		**144435**	**27797**	**-4349**	**-5785**	**800**
774	1830	9030	10812		55000	3774	-2371	-4595	292
698	2340	13989	15945		89435	24023	-1978	-1190	508
5414	**6450**	**38302**	**43014**	**63**	**274319**	**40310**	**22366**	**40415**	**3776**
4427	6135	21718	26902	63	194346	53949	30908	6386	2889
329	456	899	1293		4612	-2639	141	4643	218
62	281	791	1209		6239	35	156		130
	53		53		631	77	-60		9
415	1070	6796	7866		35899	1080	-345	-923	273
123	423	453	811		6048	3958	1504	450	104
30	130	823	199		4324	51			96
28	-2098	6822	4681		22220	-16201	-9938	29859	57
34196	**64901**	**166171**	**224789**	**69**	**1201700**	**-245198**	**266064**	**-41351**	**12930**
5751	4462	21070	23711		294133	-162079	208029	23928	1381
11255	18100	64994	82874	69	397731	-66220	53873	-42246	4440
6421	14657	26714	35377		147421	-37538	-1550	-4627	2700
2742	10877	17363	29831		139439	14046	-1000	-16132	741
4026	10146	15068	25203		110466	4094	-481	-4489	1466
1916	3102	11126	15594		69890	-3282	8612	2666	916
1718	3175	8212	10287		35224	-2522	-788	-72	917
367	382	1624	1912		7396	8303	-631	-379	369
52254	**87532**	**416981**	**501755**	**7097**	**3338244**	**330207**	**-127789**	**156667**	**15761**
17269	21167	118421	137569	1081	620854	8172	-16706	-8290	3769
5594	12876	54135	67512	257	351277	67955	-4863	-10400	1783
2318	8192	14770	22959		98967	318	-1682	-435	500
4130	-501	26122	25411		76435	-65482	52169	-12941	1033
11606	602	35173	35732	58	984604	213488	-144783	185099	4461
1169	1162	6005	6973	70	79450	-3599	-5324	-5892	452
2451	8069	9398	17349		68909	36450	-520	10983	867
7717	35965	152957	188250	5631	1057748	72905	-6080	-1457	2896
113177	**180944**	**1157591**	**1317287**	**7155**	**3383087**	**201116**	**-510246**	**568608**	**32719**
50892	77883	248440	320947	119	1615589	16979	-94507	109901	14181
32631	97240	899365	989320	7036	1091515	71345	-356662	346004	10515
29654	5821	9786	7020		675983	112792	-59077	112703	8023

1-23 续表 24

	广告费	劳动、失业保险费	养老保险和医疗保险	住房公积金和住房补贴	本年应付工资总额(贷方累计发生额)	主营业务应付工资总额	本年应付福利费总额(贷方累计发生额)
电气机械及器材制造业	**53**	**13983**	**16542**	**7337**	**69419**	**52366**	**8724**
电机制造		2128	987	1205	4172	3025	554
输配电及控制设备制造	42	4789	5004	1032	25107	20056	3145
电线、电缆、光缆及电工器材制造	7	2434	2768	1135	10820	9334	1491
电池制造	4	219	1358	302	4734	3374	716
家用电力器具制造		160	2694	524	6639	5019	929
非电力家用器具制造					255	255	15
照明器具制造		1675	2078	79	7870	7834	548
其他电气机械及器材制造		2578	1653	3060	9822	3469	1326
通信设备、计算机及其他电子设备制造	**492**	**47575**	**41421**	**42977**	**212037**	**200333**	**29248**
通信设备制造	368	18137	8546	3997	36054	33300	5902
雷达及配套设备制造		17290	15814	32638	91731	91731	12571
广播电视设备制造	6	1833	4026	1993	13676	13345	1912
电子计算机制造		4376	1409	738	5553	4449	1073
电子器件制造		3897	4902	1946	20544	14709	2834
电子元件制造	115	193	2071	341	16812	16699	1249
家用视听设备制造	3	1792	4030	1092	19252	19252	2548
其他电子设备制造		57	623	232	8415	6848	1159
仪器仪表及文化、办公用机械制造业	**525**	**27415**	**33970**	**10962**	**124864**	**110726**	**16744**
通用仪器仪表制造	349	8040	13129	4666	60674	53061	8013
专用仪器仪表制造	171	9515	12398	4219	34618	30868	5039
钟表与计时仪器制造	5	2926	2003	622	9248	6473	1295
光学仪器及眼镜制造		2421	1976	421	5700	5700	855
文化、办公用机械制造		4444	2950	575	9692	9692	1386
其他仪器仪表的制造及修理		69	1514	459	4932	4932	156
工艺品及其他制造业	**186**	**35754**	**34020**	**12000**	**159020**	**156798**	**21044**
工艺美术品制造	79	3668	6067	1416	21322	19375	2597
日用杂品制造		14	221		775	775	110
煤制品制造		96	355	62	9527	9527	640
核辐射加工					486	486	68
其他未列明的制造业	107	31976	27377	10522	126910	126635	17629
废弃资源和废旧材料回收加工业		**27**	**479**	**120**	**2657**	**2657**	**388**
金属废料和碎屑的加工处理		18	322	95	2064	2064	306
非金属废料和碎屑的加工处理		9	157	25	593	593	82
电力、燃气及水的生产和供应业	**3248**	**39850**	**115732**	**120169**	**641612**	**563329**	**91429**
电力、热力的生产和供应业	**3208**	**23275**	**82366**	**106121**	**541631**	**470050**	**77480**
电力生产	2718	1867	9223	21703	56078	35429	11167
电力供应	449	9315	40006	74542	339841	294342	47469
热力生产和供应	41	12093	33137	9876	145712	140279	18844
燃气生产和供应业	**40**	**15550**	**19911**	**6669**	**51321**	**51301**	**7096**
燃气生产和供应业	40	15550	19911	6669	51321	51301	7096
水的生产和供应业		**1025**	**13455**	**7379**	**48660**	**41978**	**6853**
自来水的生产和供应		1001	13168	7163	44570	37888	6594
污水处理及其再生利用		12	276	216	3983	3983	244
其他水的处理、利用与分配		12	11		107	107	15

计量单位：千元

主营业务应付福利费总额	本年应交增值税（不含期初未抵扣税）	本年进项税额	本年销项税额	本年实缴关税	工业中间投入合计	经营活动产生的现金流量净额	投资活动产生的现金流量净额	筹资活动产生的现金流量净额	全部从业人员平均人数（人）
6147	**14441**	**41163**	**53919**	**35**	**262090**	**-9339**	**41749**	**17049**	**3443**
331	-141	1503	449	35	12056	4025	-1189	-925	154
2319	7187	15481	22414		108324	6626	48424	12581	1241
1287	3508	17189	20560		111835	-6584	-201	-6335	815
514	255	598	385		10448	-500	268	134	159
702	1304	2194	3373		1867	-10372	388	10080	185
15	72		82		832	442		2	18
542	1149	1436	2568		4239	-1675	-2528	1362	441
437	1107	2762	4088		12489	-1301	3413	150	430
27025	**25950**	**57568**	**81258**	**12**	**1034390**	**-21192**	**66725**	**-123306**	**6697**
5517	5673	9747	14657		101068	67196	45313	-140658	1149
12571	-508	3451	1587	2	605498	-63015	5555	29192	1835
1912	10758	9335	20091		97466	-30481	7765		152
916	321	2596	2743		18620	-13283	-3427	-7068	514
1913	4393	17130	22629		89531	2605	45317	-13734	1120
1247	2833	6063	8092	10	28369	-2876	-523	-52	773
2548	662	5251	5624		50964	14681	-33070	9014	596
401	1818	3995	5835		42874	3981	-205		558
15409	**25415**	**60311**	**76758**	**992**	**343778**	**-14902**	**1744**	**35469**	**5947**
7344	12318	39265	43832	9	220328	27505	245	-4769	2922
4762	8491	14770	22460	983	71291	-44138	-22318	35453	1468
906	2513	1446	3959		9368	185			533
855	667	2086	2451		13919	-5234	32144	433	318
1386	850	1953	2741		14811	4454	-4638	4352	489
156	576	791	1315		14061	2326	-3689		217
20893	**8974**	**14989**	**22541**	**374**	**747861**	**-16567**	**-93613**	**115904**	**4696**
2524	4108	4740	8759	374	23292	4070	8466	-3802	1225
110	217	363	556		2905	-177		131	78
640	146	523	309		2178	-8673	-1398	8623	147
	488				8158	-5			36
17619	4015	9363	12917		711328	-11782	-100681	110952	3210
388	**1607**	**1306**	**2887**		**37181**	**919**	**90**	**-232**	**197**
306	641	421	1062		30100	918	90	-232	166
82	966	885	1825		7081	1			31
77190	**530031**	**341250**	**864036**		**3296460**	**1390792**	**-6069097**	**3326483**	**11501**
64240	**520142**	**278195**	**797192**		**2731506**	**1352020**	**-6032097**	**3308613**	**7774**
5250	4826	10251	14844		21928	129755	-303965	140200	549
41041	515704	197149	712853		1876073	1216289	-5678606	3055111	1624
17949	-388	70795	69495		833505	5976	-49526	113302	5601
7002	**-5368**	**60257**	**53411**		**434855**	**13195**	**-19208**	**26959**	**1977**
7002	-5368	60257	53411		434855	13195	-19208	26959	1977
5948	**15257**	**2798**	**13433**		**130099**	**25577**	**-17792**	**-9089**	**1750**
5689	15153	2685	13216		123545	25780	-17792	-9089	1570
244					5990	-104			170
15	104	113	217		564	-99			10

1-24 限额以上外商及港澳台商

	单位数(个)	亏损企业	年初存货	流动资产合计	#短期投资	应收帐款(净额)
总 计	**1340**	**410**	**23676980**	**112955116**	**1214714**	**32436523**
一、按登记注册类型分						
港澳台商投资	372	112	5951396	27616772	1068788	8402314
与港澳台商合资经营	248	78	2932770	11666209	74425	3618892
与港澳台商合作经营	12	1	214676	657086		246031
港澳台商独资	107	32	1852921	12498561	994363	4234042
港澳台商投资股份有限公司	5	1	951029	2794916		303349
外商投资	968	298	17725584	85338344	145926	24034209
中外合资经营	541	158	11883775	57652001	108000	14904043
中外合作经营	50	19	480411	2084725	3896	497892
外资企业	367	120	4986097	24057017	14261	8059372
外资企业	10	1	375301	1544601	19769	572902
二、按隶属关系分						
中央	56	12	1881085	7126789		1965706
地方	308	92	8099686	38876384	33537	10295613
其他	976	306	13696209	66951943	1181177	20175204
三、按控股情况分						
国有绝对控股	118	36	3139175	11326222	42544	2850106
国有相对控股	110	26	4421986	22843363	189	3970810
其他	1112	348	16115819	78785531	1171981	25615607
四、按企业规模分						
大型企业	14	1	5790368	29224758	943863	5695055
中型企业	154	41	7984647	39541751	34779	14048649
小型企业	1172	368	9901965	44188607	236072	12692819
五、按轻重工业分						
轻工业	585	212	6267594	24746018	99099	5972857
重工业	755	198	17409386	88209098	1115615	26463666
六、按地区分						
东城区	20	3	219575	4525918	10000	2533554
西城区	29	15	211801	779958		228782
崇文区	18	4	130587	758560		204245
宣武区	16	7	134641	819210		175039
朝阳区	229	67	5103888	19563784	99210	6092074
丰台区	87	25	1268584	5641760	31	1955001
石景山区	29	6	887248	3408820		504833
海淀区	193	55	3642849	17136767	1053550	4601216
门头沟区	15	3	152046	620883		156560
房山区	30	11	276294	913561	11300	261517
通州区	107	37	940117	3960136	351	1238066
顺义区	141	44	2897400	17723834	15271	4806033
昌平区	76	23	772741	3059833	3901	1006360
大兴区	100	33	849134	4007058	20000	883473
怀柔区	57	23	645039	3321756		829778
平谷区	41	16	368687	1837570	500	602329
密云县	41	17	450380	1502224	600	582310
延庆县	4		7285	57663		20033
北京经济技术开发区	107	21	4718684	23315821		5755320

投资工业企业主要财务状况

计量单位：千元

存货	产成品	一年内到期的长期债权投资	流动资产年平均余额	长期投资合计	#长期股权投资	长期债权投资	固定资产合计	#固定资产原价	生产经营用
31434074	**11261164**	**40647**	**105386068**	**5412939**	**5172491**	**181871**	**59748242**	**80848704**	**70785648**
6109779	2503408	24831	27462864	1772499	1746327	15383	13625668	19918790	18363747
3499602	1300475	24831	11493320	254116	228257	15126	10706718	15790733	14713935
250016	149985		628684	179		179	262022	360048	332564
1637079	649770		12344660	189008	188930	78	2070481	2596542	2195847
723082	403178		2996200	1329196	1329140		586447	1171467	1121401
25324295	8757756	15816	77923204	3640440	3426164	166488	46122574	60929914	52421901
16568506	5441895	3359	53855654	682803	655061	11454	27966849	36411981	31356297
654511	216823		2144920	56718	56718		1063311	1650318	1512670
7641120	2954510	12457	20445650	741106	557572	155034	12268820	16576990	14131952
460158	144528		1476980	2159813	2156813		4823594	6290625	5420982
2264314	287831		7614123	1936554	1936012	542	10237500	15730966	14822102
11834547	4492442	24831	35610194	304165	268313	11508	20108924	29950429	25851670
17335213	6480891	15816	62161751	3172220	2968166	169821	29401818	35167309	30111876
4477103	1073614	24831	10850415	2044102	2024409	10275	12222558	18283274	16851731
5414311	2150397		21946369	1349167	1346536	126	14416172	14199811	12432580
21542660	8037153	15816	72589284	2019670	1801546	171470	33109512	48365619	41501337
7855084	2935259		25808243	2077083	2077027		9914466	13943909	11031675
10441901	3872684		37752899	2248811	2186051	45883	30897159	41663815	37428315
13137089	4453221	40647	41824926	1087045	909413	135988	18936617	25240980	22325658
7652858	3317989	509	23722510	936723	803212	119713	15447431	23525872	20428190
23781216	7943175	40138	81663558	4476216	4369279	62158	44300811	57322832	50357458
336433	168849		5788980	9918		500	308754	419069	390613
269845	71979		707567	2640	800	542	63181	131249	121031
149145	56841		722657	400	400		130797	362979	291502
164518	63315		827727	70485	10485	60000	394485	595729	581101
6818014	1954685		18631396	2180424	2152724	500	14484486	23568990	21257613
1535352	638949		5491687	56352	50507	1530	2304321	3496704	3268101
563202	135688		2919809	1221	1221		2803092	5554672	4868770
3626554	1409057		15745397	661972	648471	11301	4284207	6292686	5380561
175676	71527		560207	26163	26163		407580	626090	533368
391092	196935		856164	1072	881	191	937413	1028024	965189
1549498	630865	2850	3823242	90315	29426	60027	2686852	3594670	3196229
5502968	2245313	37288	15327100	191283	181387	78	8060570	9280974	7566019
961538	312478		2878332	5000	5000		1668555	2264718	2079045
1152329	396407		3520952	56569	18547	36672	1904435	2634735	2304563
823731	421164	509	3199929	257598	255098	2500	2671916	3600664	2933143
566576	195529		1586742	12355	2295	8000	1686800	2069646	1821252
499283	132341		1553042	40201	40201		789711	1005475	885710
18330	11264		41733				9790	11987	10483
6329990	2147978		21203405	1748971	1748885	30	14151297	14309643	12331355

1-24 续表 1

	累计折旧	本年折旧	在建工程	固定资产净值年平均余额	无形资产	资产总计
总计	**31072088**	**5094401**	**10009381**	**46601897**	**4129715**	**184535292**
一、按登记注册类型分						
港澳台商投资	7284396	990586	987937	12637332	609788	44338733
与港澳台商合资经营	5696382	714529	585389	10191399	399780	23297552
与港澳台商合作经营	126528	24348	28502	239454	16303	944224
港澳台商独资	882082	201352	353105	1654622	87396	15043289
港澳台商投资股份有限公司	579404	50357	20941	551857	106309	5053668
外商投资	23787692	4103815	9021444	33964565	3519927	140196559
中外合资经营	15793073	2417981	7447746	18703110	2290556	89393582
中外合作经营	718886	124524	129640	957069	86550	3408445
外资企业	5257204	1225462	934146	10452754	1003519	38574470
外资企业	2018529	335848	509912	3851632	139302	8820062
二、按隶属关系分						
中央	6123875	731839	630178	9421519	162315	19637701
地方	12704119	1908485	2783285	16299523	1380219	61127469
其他	12244094	2454077	6595918	20880855	2587181	103770122
三、按控股情况分						
国有绝对控股	7298549	819695	1151097	10723750	547551	26392086
国有相对控股	5708324	834265	6000184	6699161	572679	39551759
其他	18065215	3440441	2858100	29178986	3009485	118591447
四、按企业规模分						
大型企业	5628954	848887	1622184	7217241	356824	42013570
中型企业	17224053	2576527	6414306	22804810	1651877	74927222
小型企业	8219081	1668987	1972891	16579846	2121014	67594500
五、按轻重工业分						
轻工业	9062848	1472540	1088014	14212460	1647638	43506284
重工业	22009240	3621861	8921367	32389437	2482077	141029008
六、按地区分						
东城区	170169	41696	59850	259054	6247	4890093
西城区	68608	9901	428	64186	4905	857559
崇文区	236762	23886	2832	133801	18424	912589
宣武区	274463	42232	73047	330401	71059	1360545
朝阳区	9998140	1163243	823282	13371388	463723	37328763
丰台区	1602846	226794	359539	1929969	164356	8320991
石景山区	3504365	309652	751543	2255831	130787	6387292
海淀区	2560167	497490	543651	3581081	540680	22813655
门头沟区	227419	31167	8903	374388	31924	1096686
房山区	286777	81392	192474	756201	32071	1897696
通州区	1099948	229820	189704	2364804	365211	7142772
顺义区	2465359	642550	1288533	5635253	463194	26558216
昌平区	811979	149579	211189	1479880	204749	5021305
大兴区	923861	166142	153986	1622676	175352	6236710
怀柔区	1137174	202998	214232	2351946	522125	6859056
平谷区	557009	154119	172224	1551041	54610	3620379
密云县	313318	51484	97006	699834	72244	2428132
延庆县	3354	800	1157	8295	1569	69088
北京经济技术开发区	4830370	1069456	4865801	7831868	806485	40733765

计量单位：千元

流动负债			长期负债			负债合计	所有者权益		
合计	#短期借款	应付账款	合计	#长期借款	应付债券		合计	#实收资本	国家资本
90674580	**21122539**	**36250939**	**13654044**	**12533494**	**39559**	**104328624**	**80206668**	**64967911**	**4022647**
21444566	3302929	8003951	6282589	6024084		27727155	16611578	11564454	744715
9695612	2298704	3359701	5989550	5824189		15685162	7612390	8407400	685950
502181	108167	268161	14468	14468		516649	427575	275357	
9043412	339977	3992185	163344	147727		9206756	5836533	2071962	
2203361	556081	383904	115227	37700		2318588	2735080	809735	58765
69230014	17819610	28246988	7371455	6509410	39559	76601469	63595090	53403457	3277932
45283837	11528407	17953285	2592780	2067977		47876617	41516965	32856054	2347209
1673342	314060	728965	76171	67750	6082	1749513	1658932	1427289	95975
20315047	5406789	9161898	3041482	2798832	33477	23356529	15217941	15656058	
1957788	570354	402840	1661022	1574851		3618810	5201252	3464056	834748
4965704	1286356	1201446	5754967	5532591		10720671	8917030	6568910	1117890
31253332	6881500	12711298	3785001	3364804		35038333	26089136	22376621	2498922
54455544	12954683	22338195	4114076	3636099	39559	58569620	45200502	36022380	405835
10050017	3478148	1983029	6711712	6413104		16761729	9630357	10197567	2733249
18122024	3996520	6600270	779935	540995		18901959	20649800	14460345	377106
62502539	13647871	27667640	6162397	5579395	39559	68664936	49926511	40309999	912292
25027484	3550749	11604293	887912	702609		25915396	16098174	8358221	760389
32577615	10819734	12349137	8879502	8437933	29795	41457117	33470105	30255464	2063148
33069481	6752056	12297509	3886630	3392952	9764	36956111	30638389	26354226	1199110
21766226	6639958	6325409	2435395	2012241	9109	24201621	19304663	21570954	937307
68908354	14482581	29925530	11218649	10521253	30450	80127003	60902005	43396957	3085340
1341542	25700	477164	107703	85954		1449245	3440848	770104	98252
640560	75766	273976	8090	5395		648650	208909	240656	1886
455389	54000	125329	212	87		455601	456988	396801	18547
529198	48466	164160				529198	831347	774863	96716
15150744	4001670	5092396	7751625	7650018	395	22902369	14426394	12382101	2014200
4024838	951909	1433791	456303	298637		4481141	3839850	3524255	365913
3320147	616180	466556	350761	299895		3670908	2716384	2803097	50500
14084624	2159208	6082159	837880	650505	260	14922504	7891151	6505087	292102
512787	262130	103532	48770	34610		561557	535129	437440	73774
1013696	355264	334944	151460	146846	1767	1165156	732540	752359	34386
3296440	874509	1285993	429326	347711	29795	3725766	3417006	2932731	6320
14139944	2045121	9007659	679195	504228		14819139	11739077	8102172	284401
2427832	381341	1093965	165485	149860	6082	2593317	2427988	2515586	308932
3620785	1094930	800646	119613	113435		3740398	2496312	2508810	63157
4041748	1933854	621510	626984	547203	1260	4668732	2190324	2699275	1827
1855741	425414	789507	433458	389971		2289199	1331180	1325109	1730
1502050	317170	680991	54025	41628		1556075	872057	1019495	40979
27208		5640	4000	4000		31208	37880	19040	2130
18689307	5499907	7411021	1429154	1263511		20118461	20615304	15258930	266895

1-24 续表 2

	集体资本	法人资本	#国家法人	集体法人	个人资本	港澳台资本
总　　计	**629103**	**16813824**	**9129496**	**1359437**	**1033254**	**6819442**
一、按登记注册类型分						
港澳台商投资	152660	3456028	2348242	407602	508522	6638343
与港澳台商合资经营	145225	3137323	2108426	377559	303238	4071478
与港澳台商合作经营	7435	23672	14888	7543	2284	241966
港澳台商独资						2071962
港澳台商投资股份有限公司		295033	224928	22500	203000	252937
外商投资	476443	13357796	6781254	951835	524732	181099
中外合资经营	434013	12878278	6645413	930813	369705	174463
中外合作经营	21430	152805	10918	12242	5027	6636
外资企业						
外资企业	21000	326713	124923	8780	150000	
二、按隶属关系分						
中央	22699	2298840	2219520	31768	1110	610080
地方	371537	7365694	4898692	346152	138486	1791334
其他	234867	7149290	2011284	981517	893658	4418028
三、按控股情况分						
国有绝对控股		3819174	3737765	25760	11830	1065492
国有相对控股	64989	7129570	3339545	112722	215152	1039501
其他	564114	5865080	2052186	1220955	806272	4714449
四、按企业规模分						
大型企业		2886813	2020059		353000	405835
中型企业	146058	8493878	4297209	201634	126789	2493737
小型企业	483045	5433133	2812228	1157803	553465	3919870
五、按轻重工业分						
轻工业	309507	3668547	2118411	614225	642906	2776637
重工业	319596	13145277	7011085	745212	390348	4042805
六、按地区分						
东城区		191502	132431	50461	4552	167008
西城区	2509	72453	29961	21556	1117	81222
崇文区		89266	70831	17971		28246
宣武区		111139	36698			64122
朝阳区	48698	3543738	2271141	153732	59143	1328561
丰台区	73708	871062	429821	52644	13807	469253
石景山区	4559	981532	975676	5856	6750	58086
海淀区	102918	1550951	1183192	63847	173458	941123
门头沟区	27581	126453	37834	36838		48767
房山区	51449	189906	142413	23694	1800	77215
通州区	58269	602759	362054	116346	32561	214881
顺义区	143921	2458297	1920853	259122	5841	601481
昌平区	15224	562491	385594	103073	50393	474519
大兴区	18023	409061	93213	113771	89594	380494
怀柔区	14301	538667	282965	137612	223646	433318
平谷区	43154	121302	20279	17791	18091	98647
密云县	24789	246033	4820	73143	36134	352969
延庆县		5130		2897		1242
北京经济技术开发区		4142082	749720	109083	316367	998288

计量单位：千元

外商资本	主营业务收入	直接出口产品销售收入	主营业务成本	营业费用	主营业务税金及附加	其他业务收入	其他业务利润	管理费用	#税金
35649641	**225139005**	**55611078**	**185447183**	**12815499**	**1235460**	**2804531**	**769079**	**11303962**	**224359**
64186	53097174	6247453	44423322	4016188	27944	932732	156489	2158887	41249
64186	20674802	5003927	17206287	1165205	19821	424713	102514	1139024	26898
	1412936	299138	911204	354711	2068	771	101	100803	1523
	28358856	799091	23941491	2427841	4100	101112	36079	747469	8344
	2650580	145297	2364340	68431	1955	406136	17795	171591	4484
35585455	172041831	49363625	141023861	8799311	1207516	1871799	612590	9145075	183110
16652386	120649712	35915505	100028033	5108784	1165719	1136617	306517	5693842	115621
1145416	3256246	424090	2152086	573527	-60	239186	19587	276778	5846
15656058	44016283	12823472	35916624	2891714	29162	403015	256328	2875140	54733
2131595	4119590	200558	2927118	225286	12695	92981	30158	299315	6910
2518291	17468791	4304312	14417620	158032	40566	218517	83143	1000269	37681
10210648	81230051	22382790	67381206	3956443	1132161	1113234	211682	3505844	82646
22920702	126440163	28923976	103648357	8701024	62733	1472780	474254	6797849	104032
2567822	17035685	335741	13414829	661236	301173	606466	130802	1265961	50038
5634027	47637834	7711377	38848178	2118513	732735	666206	104067	1984904	40063
27447792	160465486	47563960	133184176	10035750	201552	1531859	534210	8053097	134258
3952184	73330500	17669833	63356561	3350173	1090414	745491	87124	1826042	60520
16931854	86815707	28364613	70566250	5509299	98038	980147	303280	4741098	92027
14765603	64992798	9576632	51524372	3956027	47008	1078893	378675	4736822	71812
13236050	43993754	11092496	31181516	6164471	191428	599349	162996	3830660	66174
22413591	181145251	44518582	154265667	6651028	1044032	2205182	606083	7473302	158185
308790	12999679	3332519	11549036	431485	53	26985	24683	312761	1367
81469	737053	8238	609303	48177	274	3268	2493	69788	1079
260742	976217	55818	519071	202492	1880	7377	-3336	112918	748
502886	797750	49421	574201	146590	1462	26772	4748	72208	1559
5387761	34902052	6631985	27594511	1935103	274676	620233	222650	2477272	65354
1730512	7919638	550490	6024793	579119	3157	227036	19163	565882	10337
1701670	4305746	839641	3513182	68426	14205	72975	87	227727	10016
3444535	32876542	3394595	27694575	2666603	44216	182842	101954	1344329	22628
160865	550925	115503	404970	38636	493	2949	709	53246	1085
397603	1506319	299423	1221085	96835	155	19454	3515	97339	1522
2017941	6333051	1022612	5412817	209300	5393	91594	14963	409242	8848
4608231	52346501	16982239	45389659	1583245	730213	277279	62808	1538780	30803
1104027	4804558	785973	3706323	572298	635	151209	19587	458417	5719
1548481	5703330	912591	4334297	637619	13824	158232	53676	432930	13698
1487516	5440115	379965	3387685	1193670	5651	128061	6869	561631	7266
1042185	3014796	356113	2456506	120789	13098	115369	10523	192503	4502
318591	2393612	327196	2040721	141792	31507	87991	26896	133941	1994
10538	98693	73839	68810	4888		3900	1923	9630	67
9535298	47432428	19492917	38945638	2138432	94568	601005	195168	2233418	35767

1-24 续表 3

	财产保险费	差旅费	工会经费	办公费	职工教育费	排污费
总计	**88074**	**391613**	**82841**	**501564**	**110021**	**19173**
一、按登记注册类型分						
港澳台商投资	14317	86239	18862	148746	13910	4290
与港澳台商合资经营	9069	34216	9924	105128	9226	3128
与港澳台商合作经营	1222	8466	172	4144	288	52
港澳台商独资	3003	37751	5965	30945	2996	168
港澳台商投资股份有限公司	1023	5806	2801	8529	1400	942
外商投资	73757	305374	63979	352818	96111	14883
中外合资经营	36131	178916	47939	177119	79887	10727
中外合作经营	2544	12847	2039	9811	2008	229
外资企业	32618	108641	10008	159085	11579	1326
外资企业	2464	4970	3993	6803	2637	2601
二、按隶属关系分						
中央	7282	18473	11671	28614	9382	3180
地方	25937	113329	36585	136664	71187	11132
其他	54855	259811	34585	336286	29452	4861
三、按控股情况分						
国有绝对控股	7823	24807	17152	42584	10857	3676
国有相对控股	12314	35789	18286	94680	9401	8758
其他	67937	331017	47403	364300	89763	6739
四、按企业规模分						
大型企业	9926	27513	20244	29205	4761	2504
中型企业	38230	157691	38792	201285	81099	13424
小型企业	39918	206409	23805	271074	24161	3245
五、按轻重工业分						
轻工业	34495	128198	26890	191564	20506	4996
重工业	53579	263415	55951	310000	89515	14177
六、按地区分						
东城区	661	10526	4902	13206	1566	
西城区	427	3292	355	4020	467	1
崇文区	224	4865	770	2849	268	33
宣武区	460	2885	843	4129	395	
朝阳区	19797	119032	20158	86500	71834	3644
丰台区	3991	19425	5626	19789	3548	1256
石景山区	1395	6456	2916	7236	941	6901
海淀区	5119	38130	9843	65396	6183	510
门头沟区	462	1348	505	2254	301	22
房山区	755	4918	492	3735	381	775
通州区	3854	12483	2321	30283	2486	176
顺义区	9331	33759	12058	32577	1905	1226
昌平区	3963	15402	2568	17233	3126	316
大兴区	4171	19595	2443	24211	2958	294
怀柔区	11077	29570	1160	28832	786	327
平谷区	601	7210	391	5965	1082	1586
密云县	961	5284	1113	6095	722	80
延庆县	50	384	133	1009	7	
北京经济技术开发区	20775	57049	14244	146245	11065	2026

计量单位：千元

财务费用	利息支出（净额）	营业利润	投资收益	补贴收入	营业外收入	营业外支出	利润总额	应交所得税	可供分配利润
1524951	**1106466**	**13581029**	**681374**	**162901**	**684547**	**663978**	**14377411**	**1600672**	**17414521**
451639	393813	2175683	193011	54567	162437	89250	2500257	260951	4519099
418966	379344	828013	14830	24446	69153	34766	905269	120843	647718
11392	3838	32859		5538	2113	3328	37216	7611	24187
13241	3138	1260793	56031	24583	88096	48264	1381422	123445	3300615
8040	7493	54018	122150		3075	2892	176350	9052	546579
1073312	712653	11405346	488363	108334	522110	574728	11877154	1339721	12895422
590500	400629	8369351	66361	84355	309963	433001	8451313	1016379	9594684
52743	26477	220759	4298	1840	12134	26138	196634	27917	128804
292029	166408	2267942	7836	22139	191406	90309	2386394	184040	2269309
138040	119139	547294	409868		8607	25280	842813	111385	902625
408788	373336	1526659	435457	37842	85238	27029	1983939	209847	1582554
459843	346465	5006236	9614	46998	209704	248943	5061210	560217	6164280
656320	386665	7048134	236303	78061	389605	388006	7332262	830608	9667687
474476	463494	1048812	336494	44073	168316	104190	1558001	116540	1420731
125721	66261	3931850	129303	42155	90280	155655	4032811	263187	4974098
924754	576711	8600367	215577	76673	425951	404133	8786599	1220945	11019692
44024	27488	3750410	154299	653	151870	145121	3949429	326053	4786499
945347	710343	5258955	444853	47863	396771	279291	5750685	622380	6863572
535580	368635	4571664	82222	114385	135906	239566	4677297	652239	5764450
399083	281045	2389592	3671	40221	221802	274825	2387691	475613	3171257
1125868	825421	11191437	677703	122680	462745	389153	11989720	1125059	14243264
13007	7154	718020	5430		5618	3347	725721	86924	2657347
7685	6228	4319		485	1417	1953	4685	3483	4477
-1224	-2678	137744			3409	6469	134685	25690	132840
117	-1483	7920	69	150	691	1057	8133	5531	24721
583548	513970	2259592	336864	17132	131313	61266	2726336	340232	3347142
72534	46421	693316	5257	21446	6713	40040	680392	95938	592603
67466	46246	414827	96641	89	71427	11137	475651	115955	204639
131342	79671	1097431	103229	51950	173842	141380	1300549	150596	1326282
14709	12923	39580		916	544	1086	39954	8075	59135
38807	35831	55613	-899	20216	2249	17002	60029	2237	76566
62833	32168	248429	5185	1526	14669	14955	254292	36541	296842
91808	55631	3075604	4169	6025	31968	116084	2999762	229521	2990516
24337	15545	62135	-325	5617	12872	11370	61917	18122	221084
46202	40877	292134	-242	2565	28673	24550	298475	22561	425930
97151	85919	201196	1093	4284	77471	54200	232916	51872	-456881
37236	32558	205187		1658	32487	3719	234884	20241	192590
18254	14584	54293	2263	3614	5281	3230	59992	14047	237726
223	144	17065			430	325	17157	3810	10263
218916	84757	3996624	122640	25228	83473	150808	4061881	369296	5070699

1-24 续表 4

	广告费	劳动、失业保险费	养老保险和医疗保险	住房公积金和住房补贴	本年应付工资总额(贷方累计发生额)	主营业务应付工资总额	本年应付福利费总额(贷方累计发生额)
总计	**1819303**	**132357**	**1106842**	**394790**	**8568572**	**8172485**	**1216779**
一、按登记注册类型分							
港澳台商投资	321780	25376	252416	84977	2068145	2016455	286692
与港澳台商合资经营	252689	12069	122595	36694	976373	939760	146491
与港澳台商合作经营	159	486	2554	112	116632	116602	14441
港澳台商独资	66082	6883	104695	40960	826950	811903	110761
港澳台商投资股份有限公司	2850	5938	22572	7211	148190	148190	14999
外商投资	1497523	106981	854426	309813	6500427	6156030	930087
中外合资经营	903356	51467	528104	191556	3912300	3772477	564746
中外合作经营	189425	7177	29723	11770	254771	248997	39654
外资企业	389675	19958	242281	89770	2015226	1823795	285219
外资企业	15067	28379	54318	16717	318130	310761	40468
二、按隶属关系分							
中央	5133	22998	126942	34568	811314	794913	125657
地方	693743	42493	374938	149717	2753716	2677167	448034
其他	1120427	66866	604962	210505	5003542	4700405	643088
三、按控股情况分							
国有绝对控股	168077	12783	149210	64210	1047951	1035469	166301
国有相对控股	381423	29732	168082	65454	1168182	1094710	182286
其他	1269803	89842	789550	265126	6352439	6042306	868192
四、按企业规模分							
大型企业	540539	35750	246513	94369	1922682	1921037	288290
中型企业	929878	58166	485086	179758	3490444	3248480	593110
小型企业	348886	38441	375243	120663	3155446	3002968	335379
五、按轻重工业分							
轻工业	1095058	43699	371423	127496	2991343	2779949	379742
重工业	724245	88658	735419	267294	5577229	5392536	837037
六、按地区分							
东城区	32075	694	22424	14273	173618	173618	52501
西城区	604	411	7861	2081	62422	62312	6827
崇文区	68111	1098	15996	5561	76055	75983	18261
宣武区	16368	1093	13650	6136	56223	56223	3961
朝阳区	204071	22030	276859	120863	2116597	2092550	358585
丰台区	16005	8359	69617	17532	400411	375246	47257
石景山区	1490	25734	49636	16665	295185	252276	46348
海淀区	69035	18408	148966	51242	1195514	1185038	114089
门头沟区	385	744	7993	2357	34966	33699	1688
房山区	23779	744	6348	2343	81628	76424	6249
通州区	11653	6980	37828	8991	337203	310661	27087
顺义区	417296	7064	92318	29519	993659	944594	138272
昌平区	16396	3145	43746	12158	350807	341541	43917
大兴区	163873	4772	40362	10865	336063	320346	45532
怀柔区	359935	3340	33864	15322	370662	267820	29452
平谷区	30514	605	9824	1600	164955	159455	4723
密云县	6019	1030	11813	1382	134294	132325	12444
延庆县	194	188	919	318	9307	8735	1623
北京经济技术开发区	381500	25918	216818	75582	1379003	1303639	257963

计量单位：千元

主营业务应付福利费总额	本年应交增值税（不含期初未抵扣税）	本年进项税额	本年销项税额	本年实缴关税	工业中间投入合计	经营活动产生的现金流量净额	投资活动产生的现金流量净额	筹资活动产生的现金流量净额	全部从业人员平均人数（人）
1145354	**5990698**	**25383196**	**28706410**	**2695256**	**183275206**	**18650278**	**-12688526**	**4029378**	**266717**
283525	1737305	6494152	7945946	184007	42734851	3730285	-1709748	-153287	72678
143645	738858	2079197	2601668	100772	16396453	1767963	-620922	-511700	44615
14441	77918	116994	176421	31153	1362752	68392	-41380	-62609	3756
110440	832556	3849336	4632210	51938	24151667	2074519	-1089733	138394	18984
14999	87973	448625	535647	144	823979	-180589	42287	282628	5323
861829	4253393	18889044	20760464	2511249	140540355	14919993	-10978778	4182665	194039
537329	2858750	13377994	14399021	1632664	98926049	12927756	-8703547	2339605	113664
39213	173974	362098	502858	27305	2553253	300511	-193483	-124824	7225
249395	920250	4800290	5364357	816238	36079499	1175914	-1897242	2231354	63368
35892	300419	348662	494228	35042	2981554	515812	-184506	-263470	9782
119493	754528	1622672	1931606	83020	12574686	2798802	49759	-2002860	14609
431299	1856210	8880091	10042065	1288651	68179239	6684168	-3107177	-1768432	87907
594562	3379960	14880433	16732739	1323585	102521281	9167308	-9631108	7800670	164201
163411	686792	2067853	2639624	383131	12861573	1357094	-794670	-161298	24893
168258	1393665	5941096	6809838	665579	36859484	4971122	-6371260	3471156	31836
813685	3910241	17374247	19256948	1646546	133554149	12322062	-5522596	719520	209988
288059	1155660	8405514	9387437	1033689	64976207	4383771	-2629650	-391178	42692
542369	2772845	9307024	10117148	751465	70759249	8422435	-7111066	4183612	104540
314926	2062193	7670658	9201825	910102	47539750	5844072	-2947810	236944	119485
338154	1997847	4555952	5915171	412908	32848309	4233251	-1607893	-69048	124727
807200	3992851	20827244	22791239	2282348	150426897	14417027	-11080633	4098426	141990
52501	248976	1567746	1645232	7775	9261659	1076946	-148020	-311092	2594
6827	28242	96231	122862	3163	631198	32490	-16787	-14567	1610
18261	100040	65292	160373	26015	592270	132073	-31405	-84101	2293
3961	39225	85171	122603	4004	539261	101483	-133167	43879	1937
357238	995877	3850708	4514628	590111	26891194	3265386	-1306948	-1327692	44806
40511	353473	1064471	1237335	92653	5722602	494913	-85156	-87287	15182
35763	144736	383639	359067	23135	3009064	1058865	-227028	-100274	7135
110891	869635	4165682	4978760	120911	28870367	1170419	-1483897	873468	31372
1542	26223	55052	70312	5848	388669	82349	-11628	43277	1735
5982	55118	163393	203903	4264	1131007	173299	-133329	-27529	5322
25037	97576	804984	831247	257515	4833795	179243	-211971	136097	18594
130602	984819	5506826	6090632	876964	46654583	3282756	-1443392	-1868798	39582
41793	191495	549526	683757	59340	4081823	520292	-234976	46231	12889
45444	219438	690353	857054	56638	4563951	584824	-160769	121698	16060
23350	355877	624362	963253	63025	4288290	278826	-181121	123856	9436
4613	122434	344517	453587	48582	2326513	274691	-502117	417797	10668
12444	78689	310321	360756	31443	1836406	561952	-54709	-46107	10922
1623	8516	10241	12138	53	81609	12		-21	471
226971	1070309	5044681	5038911	423817	37570945	5379459	-6322106	6090543	34109

1-25 按行业中类分限额以上外商及

	单位数（个）	亏损企业	年初存货	流动资产合计	#短期投资	应收帐款（净额）
总计	**1340**	**410**	**23676980**	**112955116**	**1214714**	**32436523**
采矿业	**1**	**1**	**1933**	**12454**		**8267**
非金属矿采选业	**1**	**1**	**1933**	**12454**		**8267**
土砂石开采	1	1	1933	12454		8267
制造业	**1329**	**407**	**23552107**	**111959043**	**1214714**	**31926838**
农副食品加工业	**37**	**13**	**372952**	**1245294**	**389**	**273773**
谷物磨制	3	1	14520	53523		15176
饲料加工	8	3	54490	171478	200	36831
植物油加工	1		25718	53785		10653
屠宰及肉类加工	10	6	176499	511887		139095
水产品加工	2		503	40495		3147
蔬菜、水果和坚果加工	9	2	71234	205394		40320
其他农副食品加工	4	1	29988	208732	189	28551
食品制造业	**59**	**21**	**664878**	**3115062**	**61300**	**848922**
焙烤食品制造	19	8	132874	956415		233717
糖果、巧克力及蜜饯制造	4	2	212285	573288		185930
方便食品制造	7	1	30869	219797		110326
液体乳及乳制品制造	4	2	109832	412881		133745
罐头制造	1	1	3344	5517		498
调味品、发酵制品制造	10	2	59455	200024		67188
其他食品制造	14	5	116219	747140	61300	117518
饮料制造业	**25**	**15**	**672690**	**2672087**		**396139**
酒精制造	1		8138	63749		9320
酒的制造	7	6	186799	425543		29189
软饮料制造	16	8	473229	2166467		357424
精制茶加工	1	1	4524	16328		206
纺织业	**52**	**21**	**451218**	**1216502**		**272127**
棉、化纤纺织及印染精加工	4	4	24421	50146		11254
毛纺织和染整精加工	10	3	171531	285894		45054
纺织制成品制造	11	5	61494	434896		141296
针织品、编织品及其制品制造	27	9	193772	445566		74523
纺织服装、鞋、帽制造业	**82**	**38**	**566913**	**1716945**	**1110**	**272598**
纺织服装制造	79	38	549514	1687964	1110	270079
纺织面料鞋的制造	2		17216	25465		1755
制帽	1		183	3516		764
皮革、毛皮、羽毛(绒)及其制品业	**16**	**4**	**42993**	**127970**	**4753**	**22740**
皮革制品制造	13	4	39340	113332	4753	19665
毛皮鞣制及制品加工	3		3653	14638		3075
木材加工及木、竹、藤、棕、草制品	**5**	**1**	**218309**	**511205**		**46517**
人造板制造	2		31827	218707		31477
木制品制造	3	1	186482	292498		15040
家具制造业	**30**	**8**	**212688**	**450163**		**72105**
木质家具制造	24	8	154184	352287		66326
金属家具制造	4		16484	32329		3553
其他家具制造	2		42020	65547		2226

港澳台商投资工业企业主要财务状况

计量单位：千元

存货	产成品	一年内到期的长期债权投资	流动资产年平均余额	长期投资合计	#长期股权投资	长期债权投资	固定资产合计	#固定资产原价	生产经营用
31434074	**11261164**	**40647**	**105386068**	**5412939**	**5172491**	**181871**	**59748242**	**80848704**	**70785648**
3655	**3311**		**13297**				**11623**	**13785**	**13541**
3655	**3311**		**13297**				**11623**	**13785**	**13541**
3655	3311		13297				11623	13785	13541
31279337	**11257853**	**40647**	**104308771**	**3485347**	**3244899**	**181871**	**51205310**	**67964597**	**58572773**
418808	**181663**		**1083225**	**6099**	**3700**		**807418**	**1446130**	**1303823**
14768	4226		50117				59315	118836	106820
51213	16191		187360	1400	1400		68119	144435	116539
25884	23794		59894				47730	83588	79831
169538	70743		399309	2399			373928	682433	651791
1070	768		45311				7607	9430	6204
107642	60024		168732	502	502		146112	220606	185452
48693	5917		172502	1798	1798		104607	186802	157186
778550	**325999**		**3169256**	**343265**	**341386**	**1879**	**3305091**	**5272150**	**4593653**
132708	28346		956325	17880	16680	1200	792949	1413495	1290824
256865	132543		614276				724144	1000610	831535
31066	10375		255435	32945	32445	500	157936	380240	377393
119199	28180		427976	292261	292261		615079	936701	724183
3368	162		5949				20376	25287	24261
71943	36394		192204				170952	214530	208120
163401	89999		717091	179		179	823655	1301287	1137337
705000	**220473**		**2678299**	**353864**	**351804**		**2654168**	**3645248**	**2797933**
7692	1293		60672				43359	80260	73974
213720	46690		433813	5952	5952		975273	1484858	1227800
473147	169939		2168501	347912	345852		1624460	2075822	1494099
10441	2551		15313				11076	4308	2060
527980	**261962**		**1086029**	**13736**	**5610**	**8126**	**600220**	**992332**	**868414**
12625	5676		54936				40617	95279	81509
205828	92121		264188	4907	4781	126	154314	266683	213073
86485	50204		392108	829	829		240624	365654	347621
223042	113961		374797	8000		8000	164665	264716	226211
765274	**359978**		**1639872**	**13126**	**11990**	**78**	**726880**	**1020431**	**828213**
748122	354803		1609023	13126	11990	78	717006	1006004	813976
16807	5175		26567				7407	10768	10578
345			4282				2467	3659	3659
52472	**30030**		**129517**	**300**	**300**		**13823**	**37400**	**28293**
47119	26218		115827				12293	34276	25591
5353	3812		13690	300	300		1530	3124	2702
253135	**76641**		**446732**				**723630**	**779300**	**732064**
34616	13662		173447				379062	331967	331967
218519	62979		273285				344568	447333	400097
229375	**71489**		**433953**	**190**	**190**		**173880**	**285769**	**234892**
167822	42647		341197	190	190		140845	234420	190622
17609	8060		29123				22791	27303	25578
43944	20782		63633				10244	24046	18692

1-25 续表 1

	单位数（个）	亏损企业	年初存货	流动资产合计	#短期投资	应收帐款（净额）
造纸及纸制品业	**26**	**8**	**262080**	**1246185**	**10669**	**264778**
造纸	6	2	42093	151970		50666
纸制品制造	20	6	219987	1094215	10669	214112
印刷业和记录媒介的复制	**39**	**14**	**232163**	**1359645**		**315550**
印刷	34	11	206217	1162945		285142
装订及其他印刷服务活动	3	2	8552	121390		14893
记录媒介的复制	2	1	17394	75310		15515
文教体育用品制造业	**23**	**8**	**136413**	**291737**		**62045**
文化用品制造	4	2	24194	44464		9724
体育用品制造	3	2	5086	16630		8032
乐器制造	10	2	46654	119576		29967
玩具制造	4	2	5398	26960		4105
游艺器材及娱乐用品制造	2		55081	84107		10217
石油加工、炼焦及核燃料加工业	**8**	**4**	**67045**	**565894**		**101462**
精炼石油产品的制造	7	4	54575	548591		98600
核燃料加工	1		12470	17303		2862
化学原料及化学制品制造业	**79**	**22**	**670802**	**2632654**	**35000**	**804450**
基础化学原料制造	11	2	66031	254841	15000	82696
肥料制造	4	2	22172	71668		3659
农药制造	2	1	973	8745		386
涂料、油墨、颜料及类似产品制造	26	6	196390	792914	20000	242694
合成材料制造	7	2	41377	201904		109187
专用化学产品制造	15	4	118224	327045		77094
日用化学产品制造	14	5	225635	975537		288734
医药制造业	**36**	**10**	**564445**	**2628861**		**609785**
化学药品原药制造	2	1	22619	96084		35558
化学药品制剂制造	13	4	397475	1767529		354449
中药饮片加工	1		21030	121321		46474
中成药制造	5	1	28145	176267		18365
兽用药品制造	1	1	8299	9425		121
生物、生化制品的制造	11	2	68129	393564		111067
卫生材料及医药用品制造	3	1	18748	64671		43751
化学纤维制造业	**2**	**2**	**7681**	**29574**		**7653**
合成纤维制造	2	2	7681	29574		7653
橡胶制品业	**9**	**1**	**41248**	**246731**		**75769**
橡胶板、管、带的制造	2	1	2797	62574		16484
橡胶零件制造	3		1372	30878		5327
日用及医用橡胶制品制造	1		3264	13065		5087
橡胶靴鞋制造	1			7396		3390
其他橡胶制品制造	2		33815	132818		45481
塑料制品业	**49**	**15**	**265686**	**1076661**		**357822**
塑料薄膜制造	6	1	44647	243244		55417
塑料板、管、型材的制造	9	3	40902	126412		34258
塑料丝、绳及编织品的制造	1		8484	19530		11058
泡沫塑料制造	5	1	26265	70642		11977
塑料人造革、合成革制造	2	2	18266	58676		24780
塑料包装箱及容器制造	11	4	48197	234252		117261
塑料零件制造	6		26231	145800		57956
日用塑料制造	6	4	42763	157160		42603
其他塑料制品制造	3		9931	20945		2512

计量单位：千元

存货	产成品	一年内到期的长期债权投资	流动资产年平均余额	长期投资合计	#长期股权投资	长期债权投资	固定资产合计	#固定资产原价	生产经营用
392654	**164409**		**1180725**	**100**	**100**		**940731**	**1251595**	**1173289**
39779	14938		158699				91947	137881	123321
352875	149471		1022026	100	100		848784	1113714	1049968
312274	**100337**		**1271563**	**54756**	**47337**		**1225735**	**1878389**	**1746019**
272051	77008		1093871	8427	1010		1034486	1680927	1561511
9025			114474	32177	32177		44429	93536	88841
31198	23329		63218	14152	14150		146820	103926	95667
158632	**66530**		**304528**	**2754**		**2754**	**50966**	**74461**	**63399**
24662	7521		46626				12505	18888	17520
4105	1713		17441				5915	8008	7931
56355	32639		118016				9778	16083	12329
13947	51		29061				7621	14502	10485
59563	24606		93384	2754		2754	15147	16980	15134
106663	**19169**		**439701**	**1780**	**450**	**1330**	**133783**	**145181**	**80619**
95313	14925		422778	1480	150	1330	133285	144004	79442
11350	4244		16923	300	300		498	1177	1177
888738	**428895**	**25340**	**2583327**	**88409**	**26393**	**62016**	**1877466**	**2821619**	**2608293**
64781	32851		242263	551	551		363024	670852	637638
39758	19070		55740				15591	16281	14681
7553	3193		7343				4009	5568	2694
250447	81898	509	815268	2000		2000	550375	749710	615250
59596	33410		217290				95315	176561	164536
149136	51273	24831	315477	21975	21975		311194	344215	315410
317467	207200		929946	63883	3867	60016	537958	858432	858084
650441	**334319**		**2566276**	**8220**	**7320**	**900**	**1315663**	**1878445**	**1586890**
23125	22140		97627				63100	109563	103178
440932	199609		1787672	100	100		902835	1378468	1179856
70334	65413		79174				6783	7509	5892
26769	19267		166766	5220	5220		160912	183041	142356
8968	8213		8919				7117	4537	4537
66155	10880		360256	2900	2000	900	156003	167809	126950
14158	8797		65862				18913	27518	24121
12849	**9515**		**23271**				**4321**	**5810**	**5628**
12849	9515		23271				4321	5810	5628
54609	**19073**		**240448**				**165510**	**262458**	**260013**
10577	7332		60788				16623	17734	16889
2839	1292		29644				14989	22089	22017
2771	2771		12741				5174	8566	8566
3191			7111				1697	4594	4594
35231	7678		130164				127027	209475	207947
336732	**141486**		**996751**	**22004**	**22004**		**1011250**	**1648958**	**1502319**
59877	8338		205656				196944	291547	280753
63542	35841		115832				123912	179855	170705
3375	866		18950				18496	41947	32755
37718	22688		74989	280	280		16257	34326	30346
25089	7440		57063				63039	117227	116715
60332	16429		218138	18234	18234		275985	443748	428909
29029	12826		128530				119722	174637	148122
49157	36615		158457	3490	3490		187295	351819	286277
8613	443		19136				9600	13852	7737

1-25 续表 2

	单位数（个）	亏损企业	年初存货	流动资产合计	#短期投资	应收帐款（净额）
非金属矿物制品业	**74**	**21**	**778313**	**3533744**		**1603865**
水泥、石灰和石膏的制造	6	3	149151	870466		390274
水泥及石膏制品制造	21	7	139113	1009023		630280
砖瓦、石材及其他建筑材料制造	16	3	133673	500198		164226
玻璃及玻璃制品制造	16	5	152132	525237		200845
陶瓷制品制造	5	3	159536	291941		55809
耐火材料制品制造	2		32078	118182		37517
石墨及其他非金属矿物制品制造	8		12630	218697		124914
黑色金属冶炼及压延加工业	**6**	**2**	**118303**	**898132**		**394141**
炼铁	1		437	3385		124
钢压延加工	5	2	117866	894747		394017
有色金属冶炼及压延加工业	**8**	**2**	**100891**	**313742**		**98068**
常用有色金属冶炼	2	1	6604	22512		5049
稀有稀土金属冶炼	3	1	9334	60996		22922
有色金属合金制造	2		347	14809		5922
有色金属压延加工	1		84606	215425		64175
金属制品业	**58**	**20**	**740925**	**2469080**		**601898**
结构性金属制品制造	27	10	313084	871685		154733
金属工具制造	2		3178	14321		
集装箱及金属包装容器制造	7	1	245198	928178		257617
建筑、安全用金属制品制造	7	2	104697	283590		96352
金属表面处理及热处理加工	1	1	4201	66255		82
搪瓷制品制造	1	1	6282	17007		10299
不锈钢及类似日用金属制品制造	5	2	34685	160977		44609
其他金属制品制造	8	3	29600	127067		38206
通用设备制造业	**95**	**27**	**1961524**	**8397253**	**651**	**2052342**
锅炉及原动机制造	8	4	609617	2263451		121285
金属加工机械制造	8	4	60956	243425	651	58277
起重运输设备制造	6	5	229153	833557		266130
泵、阀门、压缩机及类似机械的制造	26	6	587551	2310904		529252
轴承、齿轮、传动和驱动部件的制造	4		53808	485777		201837
烘炉、熔炉及电炉制造	1		3839	9004		1410
风机、衡器、包装设备等通用设备制造	30	5	366555	1843851		731260
通用零部件制造及机械修理	7	1	34448	256525		66467
金属铸、锻加工	5	2	15597	150759		76424
专用设备制造业	**103**	**23**	**1798915**	**8118837**	**71458**	**1615528**
矿山、冶金、建筑专用设备制造	14	5	97757	967498	1677	81565
化工、木材、非金属加工专用设备制造	10	1	25362	177306		41373
食品、饮料、烟草及饲料生产专用设备	5	1	21355	97134		25218
印刷、制药、日化生产专用设备制造	5	2	87566	141570		26063
纺织、服装和皮革工业专用设备制造	4		913194	2889464		327490
电子和电工机械专用设备制造	8	2	27232	181023		59780
农、林、牧、渔专用机械制造	2	1	10016	28383		7177
医疗仪器设备及器械制造	26	6	413436	2020102		576276
环保、社会公共安全及其他专用设备制造	29	5	202997	1616357	69781	470586

计量单位：千元

存货		一年内到期的长期债权投资	流动资产年平均余额	长期投资合计			固定资产合计		
存货	产成品			长期投资合计	#长期股权投资	长期债权投资	固定资产合计	#固定资产原价	生产经营用
910659	**392354**		**3396101**	**38624**	**38612**	**12**	**3981156**	**5019685**	**4708753**
200743	96876		834931	113	101	12	1040300	1220531	1083765
145888	62416		994151	4895	4895		333759	525532	476600
159328	48774		496374	30615	30615		126602	247257	238556
170016	66272		477803	2101	2101		626976	768383	718394
177502	101744		277688				1668913	2076220	2034086
41638	13820		107574	900	900		151985	132344	116269
15544	2452		207580				32621	49418	41083
211147	**42380**		**917754**				**392525**	**336192**	**318343**
2183	571		3385				1199	2264	165
208964	41809		914369				391326	333928	318178
120786	**82748**		**306658**	**91**	**80**	**11**	**199069**	**296108**	**238765**
14406	4035		18744	80	80		3968	5564	3419
10087	2872		58846				57329	79785	76079
3896	1588		15135				1704	4066	4066
92397	74253		213933	11		11	136068	206693	155201
994955	**330264**	**2850**	**2291396**	**84481**	**83981**	**500**	**1948814**	**2501718**	**2263663**
447375	131128	2850	751410	5764	5764		474544	608060	555554
5771	1516		12932				1935	2865	2865
302275	99867		831370	78504	78004	500	650737	1137671	1043194
96253	39001		308211	213	213		200763	265305	263408
39804	17572		100331				452901	198629	146659
4785	2357		16304				44003	87149	87149
60453	24023		158646				85456	146982	113679
38239	14800		112192				38475	55057	51155
2195089	**733771**		**7049130**	**44069**	**42769**		**2216749**	**3226678**	**2810514**
228525	30824		1729048	1300			228183	350655	325786
128942	37783		208686	11444	11444		139935	175095	174089
287858	137320		825129				85091	89078	63446
821689	322941		2035992	25334	25334		976894	1295096	1239171
91599	1949		444273	201	201		54474	157273	152236
6942	4503		7846				250	603	205
554759	161461		1437749	5790	5790		541140	825527	652461
50329	27637		235651				100469	144362	111383
24446	9353		124756				90313	188989	91737
1970982	**740615**	**12457**	**7680868**	**1516281**	**1455485**	**60500**	**1719767**	**2575025**	**2299140**
241038	9277		716047	5072	5072		117052	145744	133492
52340	3772		150909	2274	2274		52995	77677	74573
27374	9301		98753				30997	45739	39089
83923	4779		141276	3259	3259		14448	26272	26203
750727	392937		3149330	1292413	1292357		483394	965751	962714
43215	15025		206715				193853	262041	259129
10093	806		25742				10015	14859	14036
466317	231066		1697853	1100	600	500	595471	737335	604284
295955	73652	12457	1494243	212163	151923	60000	221542	299607	185620

1-25 续表 3

	单位数(个)	亏损企业	年初存货	流动资产合计	#短期投资	应收帐款(净额)
交通运输设备制造业	**73**	**17**	**3005733**	**17619519**	**3901**	**4009473**
铁路运输设备制造	3		9716	65002		15340
汽车制造	66	17	2486602	16495777	3901	3549359
自行车制造	1		1324	2288		528
船舶及浮动装置制造	1		2808	3461		446
航空航天器制造	1		503467	1046375		441693
交通器材及其他交通运输设备制造	1		1816	6616		2107
电气机械及器材制造业	**68**	**16**	**1287303**	**5529222**	**12584**	**1854694**
电机制造	9	1	174608	402124	12584	61115
输配电及控制设备制造	30	5	631250	3102546		1243362
电线、电缆、光缆及电工器材制造	7	3	67370	473796		127917
电池制造	1		90926	399481		95903
家用电力器具制造	7	3	97636	289643		66767
非电力家用器具制造	3	1	69559	92728		10259
照明器具制造	5	2	114298	419097		144971
其他电气机械及器材制造	6	1	41656	349807		104400
通信设备、计算机及其他电子设备制造	**153**	**45**	**7078656**	**38927652**	**997625**	**13676848**
通信设备制造	48	17	2649036	17849862	7092	7010783
雷达及配套设备制造	2		32073	209052		42073
广播电视设备制造	8	1	104804	409577		168046
电子计算机制造	34	13	2015591	10339467	970764	2702699
电子器件制造	21	6	1246938	5950926	19769	2047800
电子元件制造	25	2	653874	3045862		1400312
家用视听设备制造	4	2	152872	557795		156323
其他电子设备制造	11	4	223468	565111		148812
仪器仪表及文化、办公用机械制造业	**85**	**17**	**1137345**	**4540517**	**14396**	**1127920**
通用仪器仪表制造	43	9	513153	1967207	14396	342742
专用仪器仪表制造	19	4	146822	500829		123555
钟表与计时仪器制造	1		20783	48078		6035
光学仪器及眼镜制造	9	3	59063	492995		86382
文化、办公用机械制造	12	1	387358	1510651		562915
其他仪器仪表的制造及修理	1		10166	20757		6291
工艺品及其他制造业	**27**	**10**	**93984**	**432579**	**878**	**72966**
工艺美术品制造	11	2	66481	231803		35664
日用杂品制造	6	4	14977	42879		11406
煤制品制造	2	2	1657	14105	878	404
其他未列明的制造业	8	2	10869	143792		25492
废弃资源和废旧材料回收加工业	**2**	**2**	**11**	**45596**		**14860**
金属废料和碎屑的加工处理	1	1	11	28244		12708
非金属废料和碎屑的加工处理	1	1		17352		2152
电力、燃气及水的生产和供应业	**10**	**2**	**122940**	**983619**		**501418**
电力、热力的生产和供应业	**4**		**118196**	**897626**		**479695**
电力生产	4		118196	897626		479695
燃气生产和供应业	**5**	**2**	**4705**	**81143**		**18307**
燃气生产和供应业	5	2	4705	81143		18307
水的生产和供应业	**1**		**39**	**4850**		**3416**
污水处理及其再生利用	1		39	4850		3416

计量单位：千元

存货	产成品	一年内到期的长期债权投资	流动资产年平均余额	长期投资合计	#长期股权投资	长期债权投资	固定资产合计	#固定资产原价	生产经营用
5819354	**2245048**		**15195991**	**150440**	**146125**		**8084573**	**9077624**	**7862047**
15774	5584		57317				25415	35039	34744
5269039	2237415		14160420	149125	146125		7308671	7626590	6472905
1332	331		1716				1722	4730	3700
2591	424		3802				2487	3575	3575
527847			966111				744610	1404838	1345733
2771	1294		6625	1315			1668	2852	1390
1644177	**553594**		**4829139**	**25497**	**23267**	**30**	**1448544**	**2293300**	**2173096**
163430	29661		386747				48125	89584	78168
779208	242711		2750517	12217	9987	30	290344	500501	473353
103997	45185		480157	2295	2295		192572	333643	319616
175217	50706		61665				416909	518682	504817
126717	87119		303409				56646	63360	50775
70377	25182		92734	500	500		16457	15288	8252
134827	43664		419270				253879	644015	618601
90404	29366		334640	10485	10485		173612	128227	119514
9190900	**2815451**		**37389996**	**635633**	**608433**		**14636881**	**17906494**	**14417437**
4404977	1155185		18410256	380336	380336		2080977	3755488	2561304
60551			174605				8284	14970	14970
151931	28490		369783				55635	73969	61327
1693193	687807		10019753	212926	212926		6974749	2711339	2519758
1516734	570240		4515596	29200	2000		3104728	7447862	5687077
881856	223065		2699759	10235	10235		1902388	3120737	2880114
230182	52438		682179				194653	408458	408458
251476	98226		518065	2936	2936		315467	373671	284429
1358219	**380504**		**4558762**	**63982**	**20779**	**33735**	**597616**	**962186**	**764497**
668049	111531		1849747	29227	19759		315446	452932	352034
201959	63281		514816	1020	1020		72704	94772	73166
22435	11380		48107				10538	21555	21555
61193	26413		479917				76653	192120	133959
395997	167119		1645542	33460		33460	119155	189925	173783
8586	780		20633	275		275	3120	10882	10000
203221	**113961**		**387785**	**17646**	**6784**	**10000**	**157476**	**226234**	**208895**
164157	106152		186079	1122	1122		46554	75130	60752
18541	4216		43940	862			42446	58782	56748
2225	455		21207	14080	4080	10000	2861	10797	10306
18298	3138		136559	1582	1582		65615	81525	81089
15662	**15195**		**31718**				**91605**	**97677**	**93869**
10655	10188		14718				86263	92178	88370
5007	5007		17000				5342	5499	5499
151082			**1064000**	**1927592**	**1927592**		**8531309**	**12870322**	**12199334**
144190			**964063**	**1863692**	**1863692**		**8366316**	**12718160**	**12061654**
144190			964063	1863692	1863692		8366316	12718160	12061654
6853			**93089**	**63900**	**63900**		**137076**	**124245**	**115363**
6853			93089	63900	63900		137076	124245	115363
39			**6848**				**27917**	**27917**	**22317**
39			6848				27917	27917	22317

1-25 续表 4

	累计折旧	本年折旧	在建工程	固定资产净值年平均余额	无形资产	资产总计
总计	**31072088**	**5094401**	**10009381**	**46601897**	**4129715**	**184535292**
采矿业	**2162**	**3**		**11801**		**24077**
非金属矿采选业	**2162**	**3**		**11801**		**24077**
土砂石开采	2162	3		11801		24077
制造业	**26212093**	**4568782**	**9492516**	**38733801**	**3990987**	**172771032**
农副食品加工业	**660574**	**76182**	**20347**	**794202**	**59033**	**2134764**
谷物磨制	59521	1713		59795	6135	119696
饲料加工	76478	10111	155	71547	12131	253692
植物油加工	35858	2508		48229	143	104462
屠宰及肉类加工	310967	36083	2462	375734	17658	907368
水产品加工	1923	608	27	6795	1810	49939
蔬菜、水果和坚果加工	76066	10230	137	147143	13478	366958
其他农副食品加工	99761	14929	17566	84959	7678	332649
食品制造业	**2185561**	**321838**	**235242**	**3110820**	**247295**	**7084305**
焙烤食品制造	657554	96439	36817	770976	90963	1878425
糖果、巧克力及蜜饯制造	351317	56306	84961	578450	21970	1319796
方便食品制造	222960	19904	573	170086	876	413733
液体乳及乳制品制造	350076	55303	28454	579077	51346	1381053
罐头制造	4911	1496		20269		28757
调味品、发酵制品制造	112679	12888	67712	104419	24870	401938
其他食品制造	486064	79502	16725	887543	57270	1660603
饮料制造业	**1263690**	**218545**	**272608**	**2338753**	**578842**	**6273271**
酒精制造	37373	6347	472	44150	6517	114184
酒的制造	518101	75945	8515	1025115	156205	1563117
软饮料制造	707554	135890	256191	1267100	415212	4563546
精制茶加工	662	363	7430	2388	908	32424
纺织业	**457679**	**56859**	**58157**	**506901**	**62788**	**1911037**
棉、化纤纺织及印染精加工	61706	2184	1196	34963	6406	102222
毛纺织和染整精加工	121196	15686	8827	147993	2556	453287
纺织制成品制造	150223	24626	25191	185789	45051	727016
针织品、编织品及其制品制造	124554	14363	22943	138156	8775	628512
纺织服装、鞋、帽制造业	**382416**	**62368**	**68785**	**613919**	**45885**	**2536916**
纺织服装制造	377744	61715	68666	603657	44180	2494780
纺织面料鞋的制造	3361	543		7857	1705	34578
制帽	1311	110	119	2405		7558
皮革、毛皮、羽毛(绒)及其制品业	**23598**	**2312**	**20**	**13848**	**628**	**143417**
皮革制品制造	22004	1959	20	12334	628	126921
毛皮鞣制及制品加工	1594	353		1514		16496
木材加工及木、竹、藤、棕、草制品	**198043**	**52429**	**142519**	**567017**	**162072**	**1397213**
人造板制造	91005	20696	138246	243169	96	597865
木制品制造	107038	31733	4273	323848	161976	799348
家具制造业	**119439**	**19938**	**2798**	**165217**	**11670**	**642954**
木质家具制造	99899	15822	2627	137530	11417	511029
金属家具制造	5738	1901	171	16108	253	55962
其他家具制造	13802	2215		11579		75963

计量单位：千元

流动负债			长期负债			负债合计	所有者权益		
合计	#短期借款	应付账款	合计	#长期借款	应付债券		合计	#实收资本	国家资本
90674580	**21122539**	**36250939**	**13654044**	**12533494**	**39559**	**104328624**	**80206668**	**64967911**	**4022647**
8376		**1952**				**8376**	**15701**	**8920**	
8376		**1952**				**8376**	**15701**	**8920**	
8376		1952				8376	15701	8920	
89472548	**20827539**	**36066863**	**8294941**	**7174572**	**39559**	**97767489**	**75003543**	**60686540**	**3184929**
1112267	**407548**	**320527**	**101369**	**100654**		**1213636**	**921128**	**1150638**	**60010**
38872	8000	4650				38872	80824	103166	30252
98476	23000	44574	1572	1572		100048	153644	103817	
20844	16000	617	715			21559	82903	64380	28971
701058	264469	217114	35392	35392		736450	170918	412312	787
8827	3200	711				8827	41112	42384	
176625	61991	36588	11884	11884		188509	178449	240697	
67565	30888	16273	51806	51806		119371	213278	183882	
3637702	**1567610**	**658495**	**730582**	**682666**	**1260**	**4368284**	**2716021**	**5602449**	**64625**
803806	184208	212541	82321	66186		886127	992298	1325816	
846370	341125	132377	479479	479479		1325849	-6053	1167556	
183517	23800	81230				183517	230216	150109	1220
399865	150000	80043	84693	66598		484558	896495	702455	
3684		505				3684	25073	66939	
115696	35235	58660	10559	10559		126255	275683	270614	25979
1284764	833242	93139	73530	59844	1260	1358294	302309	1918960	37426
4201660	**2066886**	**511208**	**259339**	**257200**		**4460999**	**1812272**	**2962590**	**107548**
3603		2104				3603	110581	130000	10400
1505189	706766	128006	59968	59968		1565157	-2040	1777242	40979
2661421	1358120	375342	199371	197232		2860792	1702754	1047691	56169
31447	2000	5756				31447	977	7657	
1054820	**422921**	**323858**	**90012**	**89662**		**1144832**	**766205**	**1099828**	**140461**
45374	18485	3933	15845	15845		61219	41003	85616	11160
307582	146925	68026	10968	10968		318550	134737	227412	46817
360111	120075	140385	27520	27520		387631	339385	507079	73774
341753	137436	111514	35679	35329		377432	251080	279721	8710
1431250	**289823**	**477414**	**114996**	**42513**		**1546246**	**990670**	**807459**	**940**
1403264	282323	468626	114996	42513		1518260	976520	799877	940
26973	7500	7775				26973	7605	6622	
1013		1013				1013	6545	960	
93209	**4303**	**33839**	**7482**	**7482**		**100691**	**42726**	**52144**	
83325	1803	33491	7482	7482		90807	36114	47770	
9884	2500	348				9884	6612	4374	
482604	**86740**	**191199**	**233820**	**233820**		**716424**	**680789**	**496746**	
222173		137681				222173	375692	304291	
260431	86740	53518	233820	233820		494251	305097	192455	
422815	**55756**	**124568**	**17843**	**11761**	**6082**	**440658**	**202296**	**207704**	**1787**
336516	21666	106467	17843	11761	6082	354359	156670	184625	1787
27767	900	9704				27767	28195	9315	
58532	33190	8397				58532	17431	13764	

1-25 续表 5

	累计折旧	本年折旧	在建工程	固定资产净值年平均余额	无形资产	资产总计
造纸及纸制品业	**344049**	**62302**	**26446**	**916056**	**68208**	**2290304**
造纸	47775	5843	1841	94150	4891	251109
纸制品制造	296274	56459	24605	821906	63317	2039195
印刷业和记录媒介的复制	**753861**	**134423**	**91606**	**1046823**	**49769**	**2709017**
印刷	664378	116988	8336	931442	49225	2272569
装订及其他印刷服务活动	49568	7484	461	47319	544	199300
记录媒介的复制	39915	9951	82809	68062		237148
文教体育用品制造业	**30606**	**6003**	**7074**	**43032**	**1526**	**380827**
文化用品制造	6395	1172	12	12407	658	57627
体育用品制造	4415	551	2322	3612		23226
乐器制造	6896	1910	591	8293	861	131910
玩具制造	7439	862	558	7074	7	36696
游艺器材及娱乐用品制造	5461	1508	3591	11646		131368
石油加工、炼焦及核燃料加工业	**32680**	**9833**	**21186**	**102786**	**4145**	**706190**
精炼石油产品的制造	32001	9673	21186	102284	4145	688089
核燃料加工	679	160		502		18101
化学原料及化学制品制造业	**1015734**	**175097**	**53557**	**1730542**	**99578**	**4802035**
基础化学原料制造	320355	40310	10329	351863	10248	630366
肥料制造	2981	1279	2290	13651		87260
农药制造	1709	1124	105	3797	885	13640
涂料、油墨、颜料及类似产品制造	221135	50381	11972	498727	14409	1405625
合成材料制造	90548	11147	9302	82116	11787	309194
专用化学产品制造	53307	10117	14335	230171	1843	679584
日用化学产品制造	325699	60739	5224	550217	60406	1676366
医药制造业	**616040**	**123784**	**203194**	**1148203**	**209065**	**4365727**
化学药品原药制造	49223	7754	2101	66243	1046	160230
化学药品制剂制造	458755	90280	134095	840133	79676	2918469
中药饮片加工	726	691		4550		128153
中成药制造	37536	9024	15407	103314	36917	389639
兽用药品制造	1419	359	3999	2759		16542
生物、生化制品的制造	56316	11768	44132	113088	80751	654061
卫生材料及医药用品制造	12065	3908	3460	18116	10675	98633
化学纤维制造业	**2501**	**134**	**839**	**2208**		**33895**
合成纤维制造	2501	134	839	2208		33895
橡胶制品业	**105097**	**20193**	**7549**	**154999**	**1400**	**414844**
橡胶板、管、带的制造	1711	1104		16297	1371	81770
橡胶零件制造	7226	1730	126	13201	29	45897
日用及医用橡胶制品制造	3392	638		4102		18239
橡胶靴鞋制造	2897	260		1708		9093
其他橡胶制品制造	89871	16461	7423	119691		259845
塑料制品业	**682546**	**111243**	**44436**	**991211**	**47739**	**2229096**
塑料薄膜制造	110679	20396	15707	187235	14987	458699
塑料板、管、型材的制造	59313	12471	3370	122086		260212
塑料丝、绳及编织品的制造	23451	2757		19860		38026
泡沫塑料制造	19846	1651	1777	14720		87303
塑料人造革、合成革制造	56458	7049	2270	63075	198	123219
塑料包装箱及容器制造	185530	31069	17767	263527	22208	587610
塑料零件制造	57491	12580	2544	116629	7311	273570
日用塑料制造	165074	22282	550	192334	3027	369737
其他塑料制品制造	4704	988	451	11745	8	30720

计量单位：千元

流动负债			长期负债			负债合计	所有者权益		
合计	#短期借款	应付账款	合计	#长期借款	应付债券		合计	#实收资本	国家资本
1076219	**97384**	**320978**	**72610**	**72610**		**1148829**	**1141475**	**864545**	**11413**
83288	5352	53859	4869	4869		88157	162952	139697	
992931	92032	267119	67741	67741		1060672	978523	724848	11413
756056	**168643**	**216943**	**320175**	**203451**		**1076231**	**1632786**	**1277576**	**234327**
590876	148343	193182	168235	133162		759111	1513458	1208194	231267
119113	20300	7652	1241	1241		120354	78946	43364	
46067		16109	150699	69048		196766	40382	26018	3060
193002	**14550**	**61409**	**22445**	**22320**		**215447**	**165380**	**102403**	**10846**
28324		4480				28324	29303	9386	
14058	3500	2661				14058	9168	11956	
61810		24402	1125	1000		62935	68975	41945	10846
10493		4444				10493	26203	20636	
78317	11050	25422	21320	21320		99637	31731	18480	
390293	**242149**	**43088**	**2500**	**2500**		**392793**	**313397**	**109983**	**4460**
383592	242149	42886	2500	2500		386092	301997	105983	4460
6701		202				6701	11400	4000	
1963228	**413477**	**657081**	**95870**	**9879**		**2059098**	**2742937**	**2256968**	**285051**
208847	16200	99845	1200	1200		210047	420319	349736	106863
83472		21541				83472	3788	12557	
11700		2032				11700	1940	6605	
450461	98964	252707	49963	3005		500424	905201	776164	
130842	22654	67820	3574			134416	174778	150393	
336978	115952	68366	13680	5674		350658	328926	333364	145188
740928	159707	144770	27453			768381	907985	628149	33000
1852286	**498962**	**522582**	**241684**	**213009**		**2093970**	**2271757**	**1965492**	**78520**
90161	26750	11183				90161	70069	78643	
1266228	369293	381813	194505	194398		1460733	1457736	1324880	37028
90710	18000	66222				90710	37443	33108	
90639	3000	10515				90639	299000	199281	
16900		3864				16900	-358	3300	1620
243590	77365	41131	47179	18611		290769	363292	286620	39872
54058	4554	7854				54058	44575	39660	
24201	**4962**	**3212**				**24201**	**9694**	**7390**	
24201	4962	3212				24201	9694	7390	
148233	**46678**	**53441**				**148233**	**266611**	**183670**	**40000**
14867		8213				14867	66903	69343	
9107		4060				9107	36790	7609	
15122	1900	12012				15122	3117	1584	
4248		4248				4248	4845	2188	
104889	44778	24908				104889	154956	102946	40000
1023190	**475704**	**272473**	**99265**	**23791**		**1122455**	**1106641**	**1155275**	**14130**
160638	89966	37783	5829	5829		166467	292232	254303	
124617	48775	51811				124617	135595	125279	9630
14826		631				14826	23200	20027	
50313	6400	8953	39			50352	36951	36692	4500
53637	9585	20486	2			53639	69580	129427	
216940	82767	70714	62897			279837	307773	307376	
123390	58500	30154	21069	16400		144459	129111	82388	
260403	179711	47762	9414	1562		269817	99920	192753	
18426		4179	15			18441	12279	7030	

1-25 续表 6

	累计折旧	本年折旧	在建工程	固定资产净值年平均余额	无形资产	资产总计
非金属矿物制品业	**1402734**	**273665**	**350507**	**3676421**	**357028**	**7971654**
水泥、石灰和石膏的制造	294116	73690	110299	921827	113623	2029710
水泥及石膏制品制造	228218	38756	30557	303048	52450	1409893
砖瓦、石材及其他建筑材料制造	138467	17742	14081	112203	21903	694929
玻璃及玻璃制品制造	268152	55970	126730	531866	32851	1205698
陶瓷制品制造	421804	75382	14019	1682458	122995	2095795
耐火材料制品制造	33893	7522	53534	90921	13167	284234
石墨及其他非金属矿物制品制造	18084	4603	1287	34098	39	251395
黑色金属冶炼及压延加工业	**89044**	**17655**	**145377**	**259169**	**99625**	**1391365**
炼铁	1065	350		1199		5151
钢压延加工	87979	17305	145377	257970	99625	1386214
有色金属冶炼及压延加工业	**110358**	**22194**	**13276**	**184707**	**13642**	**526544**
常用有色金属冶炼	1852	532	256	2902	1587	28147
稀有稀土金属冶炼	26080	5017	3623	53188	2616	120941
有色金属合金制造	2404	258		1663		16513
有色金属压延加工	80022	16387	9397	126954	9439	360943
金属制品业	**894906**	**160371**	**350817**	**1546934**	**182035**	**4726848**
结构性金属制品制造	174149	41986	52088	372107	68671	1442958
金属工具制造	1764	854		1278	80	16336
集装箱及金属包装容器制造	509492	72973	22558	639104	62945	1733233
建筑、安全用金属制品制造	69405	16333	4863	201279	32585	523058
金属表面处理及热处理加工	13073	12769	267345	168229		519156
搪瓷制品制造	43363	3062	217	45376	2917	63953
不锈钢及类似日用金属制品制造	64634	9154	3108	84433	8411	255087
其他金属制品制造	19026	3240	638	35128	6426	173067
通用设备制造业	**1288492**	**242956**	**266016**	**1796477**	**240756**	**10928593**
锅炉及原动机制造	165636	21760	43164	176602	20482	2521433
金属加工机械制造	49073	12962	13913	125801	18172	413616
起重运输设备制造	11602	6338	834	75299	28377	957386
泵、阀门、压缩机及类似机械的制造	455793	110271	134600	767382	113401	3428849
轴承、齿轮、传动和驱动部件的制造	104989	13546	2188	55089	4555	545101
烘炉、熔炉及电炉制造	353	37		140		9254
风机、衡器、包装设备等通用设备制造	354825	57166	67666	412438	47466	2443784
通用零部件制造及机械修理	44977	8796	1083	94368	3858	361196
金属铸、锻加工	101244	12080	2568	89358	4445	247974
专用设备制造业	**904842**	**123619**	**74982**	**1597173**	**299179**	**12012621**
矿山、冶金、建筑专用设备制造	30990	9891	2074	98835	4384	1103331
化工、木材、非金属加工专用设备制造	24882	7162	200	42626	9137	262438
食品、饮料、烟草及饲料生产专用设备	14742	3416		28225	4793	135324
印刷、制药、日化生产专用设备制造	12395	2327	257	12647	2799	162076
纺织、服装和皮革工业专用设备制造	476577	40539	20777	447891	85022	4978717
电子和电工机械专用设备制造	70100	16728	1912	193043	4298	385403
农、林、牧、渔专用机械制造	4876	1352	32	9776	1751	40156
医疗仪器设备及器械制造	151822	22329	9339	575863	90122	2782377
环保、社会公共安全及其他专用设备制造	118458	19875	40391	188267	96873	2162799

计量单位：千元

流动负债			长期负债			负债合计	所有者权益		
合　　计	#短期借款	应付账款	合　　计	#长期借款	应付债券		合　　计	#实收资本	国家资本
3216481	**1108725**	**907511**	**1893544**	**1869120**		**5110025**	**2861629**	**3213184**	**29511**
1044645	578636	219697	152867	135730		1197512	832198	748940	
607448	80418	305885	71263	71263		678711	731182	727054	
393531	103740	93463	10987	10970		404518	290411	305812	
502052	163120	120488	9657	2387		511709	693989	679317	
360777	106607	63836	1648770	1648770		2009547	86248	643558	18664
148712	75004	27003				148712	135522	93253	10847
159316	1200	77139				159316	92079	15250	
681704	**188538**	**133708**	**335163**	**199691**		**1016867**	**374498**	**552979**	**341473**
1302		687				1302	3849	4134	
680402	188538	133021	335163	199691		1015565	370649	548845	341473
310471	**129000**	**74975**	**32698**	**32698**		**343169**	**183375**	**147386**	**5340**
13168	1000	6552				13168	14979	32725	
55045	5000	38936	1698	1698		56743	64198	37387	5340
9302		4353				9302	7211	3431	
232956	123000	25134	31000	31000		263956	96987	73843	
2164069	**465121**	**722829**	**158371**	**96363**	**1767**	**2322440**	**2404408**	**2212091**	**93556**
649688	64842	279100	82846	53535		732534	710424	567624	1390
9355		1583				9355	6981	21369	
833674	372840	191307	51373	42000		885047	848186	781127	85195
190513	17584	76214	828	828		191341	331717	264147	
261388		7329	21557			282945	236211	280000	
15905		4552				15905	48048	62518	
130155	8665	99598	1767		1767	131922	123165	161293	
73391	1190	63146				73391	99676	74013	6971
6183251	**1169850**	**2164473**	**66652**	**55489**		**6249903**	**4678690**	**4257928**	**171648**
2351830	355300	256392				2351830	169603	305045	67970
186061	27303	80263	2031	1780		188092	225524	212526	
595516	352564	207000				595516	361870	357349	72836
1114204	67264	805735	52934	50294		1167138	2261711	1855491	
217147	22000	105971				217147	327954	269901	
10491		3176				10491	-1237	1038	
1494668	320669	603364	3415	3415		1498083	945701	928855	30842
109275	10000	50722	1371			110646	250550	182259	
104059	14750	51850	6901			110960	137014	145464	
5872570	**992723**	**1583675**	**299286**	**191555**	**29795**	**6171856**	**5840765**	**2406450**	**29106**
933291	1490	124681	19492	19138		952783	150548	103036	5550
162277	39922	58343	7194	7180		169471	92967	40065	
53743	7483	32851				53743	81581	58650	9113
95161	34100	30172				95161	66915	59707	
2266361	520913	403727	98501	21288		2364862	2613855	630668	
102327	15195	45569	29795		29795	132122	253281	243752	
22530		17905				22530	17626	12681	
1239573	52051	636282	144304	143949		1383877	1398500	523472	1944
997307	321569	234145				997307	1165492	734419	12499

1-25 续表 7

	累计折旧	本年折旧	在建工程	固定资产净值年平均余额	无形资产	资产总计
交通运输设备制造业	**2737525**	**516417**	**1680899**	**5376167**	**367649**	**26383819**
铁路运输设备制造	9709	1824	85	25386	34	90452
汽车制造	2047672	453691	1666178	4581482	365900	24472220
自行车制造	3008	261		1706	865	4875
船舶及浮动装置制造	1088	45		2488	272	6220
航空航天器制造	674354	60338	14126	763870		1799364
交通器材及其他交通运输设备制造	1694	258	510	1235	578	10688
电气机械及器材制造业	**982899**	**286832**	**134139**	**1304952**	**88694**	**7168721**
电机制造	41428	8136		51894	18471	468986
输配电及控制设备制造	235799	52176	25066	262199	32920	3471179
电线、电缆、光缆及电工器材制造	143770	122088	1548	192712	11799	680757
电池制造	102234	36406	477	384113		817217
家用电力器具制造	13658	4125	6944	56976	1796	369570
非电力家用器具制造	7057	1856	6369	8105	1230	111215
照明器具制造	409557	51898	18954	250563	19257	707273
其他电气机械及器材制造	29396	10147	74781	98390	3221	542524
通信设备、计算机及其他电子设备制造	**8423047**	**1371780**	**5155586**	**7980046**	**579273**	**55433309**
通信设备制造	1729951	378952	59912	1719335	210255	20761540
雷达及配套设备制造	6717	1535		8489	8669	226005
广播电视设备制造	19334	6423	1000	55265	3903	473463
电子计算机制造	617240	170909	4878533	997010	59953	17696400
电子器件制造	4512882	477888	169847	2999352	166092	9335746
电子元件制造	1248059	270200	29439	1742246	95697	5257967
家用视听设备制造	213805	41836		199237	20990	774439
其他电子设备制造	75059	24037	16855	259112	13714	907749
仪器仪表及文化、办公用机械制造业	**425981**	**79599**	**61233**	**562083**	**89056**	**5389097**
通用仪器仪表制造	179668	37139	42179	294586	34641	2380909
专用仪器仪表制造	29535	7302	7411	58806	4706	633648
钟表与计时仪器制造	11017	1118		10538	6849	65493
光学仪器及眼镜制造	126708	13315	11239	65851	8510	583222
文化、办公用机械制造	71174	20347	404	129317	34350	1701673
其他仪器仪表的制造及修理	7879	378		2985		24152
工艺品及其他制造业	**72079**	**14380**	**3321**	**149737**	**24407**	**644872**
工艺美术品制造	31226	4246	2650	43723	17441	309146
日用杂品制造	16922	3007	586	36493	1839	88026
煤制品制造	8021	481	85	2210	602	31677
其他未列明的制造业	15910	6646		67311	4525	216023
废弃资源和废旧材料回收加工业	**6072**	**5831**		**53398**		**137777**
金属废料和碎屑的加工处理	5915	5674		47998		114507
非金属废料和碎屑的加工处理	157	157		5400		23270
电力、燃气及水的生产和供应业	**4857833**	**525616**	**516865**	**7856295**	**138728**	**11740183**
电力、热力的生产和供应业	**4842191**	**520105**	**490346**	**7724041**	**130178**	**11372156**
电力生产	4842191	520105	490346	7724041	130178	11372156
燃气生产和供应业	**10900**	**4007**	**23729**	**108287**	**8550**	**331575**
燃气生产和供应业	10900	4007	23729	108287	8550	331575
水的生产和供应业	**4742**	**1504**	**2790**	**23967**		**36452**
污水处理及其再生利用	4742	1504	2790	23967		36452

计量单位：千元

流动负债			长期负债			负债合计	所有者权益		
合　计	#短期借款	应付账款	合　计	#长期借款	应付债券		合　计	#实收资本	国家资本
14372686	**3551956**	**6903407**	**1592798**	**1530906**		**15965484**	**10418335**	**7119948**	**739485**
38991	2000	11521				38991	51461	28744	1345
13263611	2983168	6750484	1563642	1501750		14827253	9644967	6633447	738000
1365						1365	3510	3680	
132		132				132	6088	350	140
1062115	565988	138457	29156	29156		1091271	708093	450647	
6472	800	2813				6472	4216	3080	
3437437	**336337**	**1363844**	**113831**	**95620**	**395**	**3551268**	**3617453**	**2403311**	**280308**
276965	9600	81625	6811			283776	185210	144084	
1775676	19741	696793	10829			1786505	1684674	654100	38013
174351	19380	51590	571		395	174922	505835	290507	79109
458853	218141	192776	25652	25652		484505	332712	351795	
222345	16000	59018	27043	27043		249388	120182	332689	162161
92561	4605	46349				92561	18654	7833	
211429	28870	107110	7090	7090		218519	488754	390796	
225257	20000	128583	35835	35835		261092	281432	231507	1025
30295980	**5712767**	**16246404**	**1161279**	**926407**		**31457259**	**23976050**	**15881252**	**206640**
12040654	1673564	7090465	13136	3445		12053790	8707750	3420408	99909
141088		10861				141088	84917	29475	
282612	66630	115103	451			283063	190400	183455	
10636796	2483141	5017856	265190	258139		10901986	6794414	5802544	
4236803	1029435	2116490	654401	444390		4891204	4444542	3500595	59841
2292232	417088	1346438	227940	220433		2520172	2737795	1974126	46248
366237		381880				366237	408202	599992	
299558	42909	167311	161			299719	608030	370657	642
2764593	**207909**	**1080331**	**96822**	**87271**	**260**	**2861415**	**2527682**	**1589708**	**222849**
1179198	52093	332173	86291	76774	260	1265489	1115420	778463	194047
384606	53846	130498	10257	10257		394863	238785	211255	4367
12045		7706				12045	53448	43500	
256983	6970	42178				256983	326239	205299	
920862	88000	565896	274	240		921136	780537	342474	18830
10899	7000	1880				10899	13253	8717	5605
264520	**72829**	**83921**	**100986**	**100372**		**365506**	**279366**	**537400**	**10895**
151256	26573	47575	21242	20928		172498	136648	64291	1862
35132	11690	17988	7019	6719		42151	45875	60818	
13903	1500	1146	24296	24296		38199	-6522	8068	
64229	33066	17212	48429	48429		112658	103365	404223	9033
45751	**27688**	**9470**	**33519**	**15762**		**79270**	**58507**	**62043**	
37302	23550	9390	29956	15762		67258	47249	50000	
8449	4138	80	3563			12012	11258	12043	
1193656	**295000**	**182124**	**5359103**	**5358922**		**6552759**	**5187424**	**4272451**	**837718**
996723	**295000**	**170117**	**5358922**	**5358922**		**6355645**	**5016511**	**4136487**	**834748**
996723	295000	170117	5358922	5358922		6355645	5016511	4136487	834748
196694		**11999**	**181**			**196875**	**134700**	**104384**	**2970**
196694		11999	181			196875	134700	104384	2970
239		**8**				**239**	**36213**	**31580**	
239		8				239	36213	31580	

1-25 续表 8

	集体资本	法人资本	#国家法人	集体法人	个人资本	港澳台资本
总　计	**629103**	**16813824**	**9129496**	**1359437**	**1033254**	**6819442**
采矿业						
非金属矿采选业						
土砂石开采						
制造业	**629103**	**15460994**	**7801523**	**1358517**	**1033254**	**6385678**
农副食品加工业	**15948**	**334537**	**226443**	**25846**	**8000**	**66888**
谷物磨制		13940				
饲料加工		32465	32117	348	1000	46267
植物油加工						
屠宰及肉类加工	12798	127915	122091		1000	9265
水产品加工		38594				996
蔬菜、水果和坚果加工	3150	76872	39895	19121	6000	5350
其他农副食品加工		44751	32340	6377		5010
食品制造业	**17637**	**412828**	**331772**	**10401**	**199914**	**432699**
焙烤食品制造		154535	147326	5340		157943
糖果、巧克力及蜜饯制造		3010				
方便食品制造		62937	59856	261		65765
液体乳及乳制品制造		136950	107850		159764	14000
罐头制造						
调味品、发酵制品制造	17637	18738	14040	3000		5883
其他食品制造		36658	2700	1800	40150	189108
饮料制造业	**49044**	**1256233**	**823271**	**140725**	**81991**	**395324**
酒精制造						
酒的制造	48000	960215	796384	12600		210911
软饮料制造	1044	292500	26887	124607	81991	184413
精制茶加工		3518		3518		
纺织业	**40936**	**87553**	**30522**	**47516**	**3806**	**171997**
棉、化纤纺织及印染精加工		18807		18807		11440
毛纺织和染整精加工	14479	21318	15615	2600	477	52388
纺织制成品制造		20829	11187	8813	2484	34647
针织品、编织品及其制品制造	26457	26599	3720	17296	845	73522
纺织服装、鞋、帽制造业	**79072**	**136271**	**30007**	**78346**	**32610**	**232157**
纺织服装制造	79072	136271	30007	78346	32110	232157
纺织面料鞋的制造						
制帽					500	
皮革、毛皮、羽毛(绒)及其制品业	**7750**	**10496**		**2593**	**750**	**11044**
皮革制品制造	7750	9161		1722	750	8726
毛皮鞣制及制品加工		1335		871		2318
木材加工及木、竹、藤、棕、草制品		**127951**	**90716**		**1035**	**299451**
人造板制造		90716	90716		1035	212540
木制品制造		37235				86911
家具制造业	**8091**	**36739**	**24435**	**4763**	**15992**	**14651**
木质家具制造	8091	31579	24435	2763	15492	14651
金属家具制造		550			500	
其他家具制造		4610		2000		

计量单位：千元

外商资本	主营业务收入	直接出口产品销售收入	主营业务成本	营业费用	主营业务税金及附加	其他业务收入	其他业务利润	管理费用	#税金
35649641	**225139005**	**55611078**	**185447183**	**12815499**	**1235460**	**2804531**	**769079**	**11303962**	**224359**
8920	**8941**		**7921**	**240**		**258**	**258**	**3299**	**18**
8920	**8941**		**7921**	**240**		**258**	**258**	**3299**	**18**
8920	8941		7921	240		258	258	3299	18
33992582	**220892772**	**55611078**	**182567718**	**12812469**	**1222282**	**2771780**	**743457**	**11131019**	**212258**
665255	**3187533**	**739514**	**2831160**	**148356**	**547**	**8093**	**3210**	**145045**	**6142**
58974	91916		78306	3717		1621	137	6124	480
24085	581312		498007	31876		350	350	26680	1723
35409	191671		178221	4684		159	61	4989	89
260547	1788080	538021	1652538	58161	388	1126	-76	54364	1577
2794	17580	6249	15007	669				1540	40
149325	238582	65573	182826	30382	140	3018	1997	24462	1315
134121	278392	129671	226255	18867	19	1819	741	26886	918
4474746	**7229801**	**400704**	**4222687**	**2175987**	**1197**	**147558**	**21348**	**837190**	**19804**
1013338	1443539	108647	940266	352181		57905	291	130920	4493
1164546	1863291	148043	852451	804742		14377	381	284585	8558
20187	698156	3232	523042	77930		42166	1172	56597	1268
391741	982051		741107	198616	292	19668	9147	123856	1972
66939	5001		4930	3402				1527	109
202377	448176	13594	334690	49335	114	1246	453	41805	719
1615618	1789587	127188	826201	689781	791	12196	9904	197900	2685
1072450	**3885451**	**25089**	**2514628**	**789763**	**91103**	**144155**	**20432**	**317633**	**6397**
119600	43656	10478	27323	3784	1305			5979	194
517137	669042	10298	518652	126754	89798	14486	4746	90050	2336
431574	3092032	4313	1918666	629266		129669	15686	218003	3853
4139	80721		49987	29959				3601	14
655075	**1681440**	**812338**	**1414239**	**106807**		**12974**	**4357**	**111881**	**2774**
44209	73506	22108	73957	2883		1830	259	7132	492
91933	311725	37157	278499	9493		942	-461	20933	806
375345	495307	205418	419905	24559		8038	4479	25678	580
143588	800902	547655	641878	69872		2164	80	58138	896
326409	**2669596**	**1394932**	**2082167**	**253343**	**1054**	**40124**	**18964**	**265194**	**4309**
319327	2629354	1355497	2052044	249623	93	40025	18972	261294	4271
6622	31352	30545	23648	2973	960	99	-8	3185	38
460	8890	8890	6475	747	1			715	
22104	**229767**	**128093**	**195205**	**9809**	**70**	**1675**	**283**	**18939**	**121**
21383	189697	122047	160154	8911	70	1675	283	15751	113
721	40070	6046	35051	898				3188	8
68309	**549745**	**125651**	**505134**	**22848**		**280**	**274**	**23332**	**739**
	246939		213746	9680		233	227	8851	329
68309	302806	125651	291388	13168		47	47	14481	410
130444	**924096**	**591643**	**794746**	**65185**	**206**	**9**	**3**	**45689**	**1012**
113025	758972	544924	663090	50498	206	9	3	36633	857
8265	92450	46365	67948	11136				6661	121
9154	72674	354	63708	3551				2395	34

1-25 续表 9

	集体资本	法人资本	#国家法人	集体法人	个人资本	港澳台资本
造纸及纸制品业	**5000**	**132343**	**73253**	**26318**	**126662**	**67902**
造纸		27087	27087			38280
纸制品制造	5000	105256	46166	26318	126662	29622
印刷业和记录媒介的复制	**8741**	**234818**	**122566**	**51300**	**34872**	**296713**
印刷	8741	194783	105511	36999	34872	278765
装订及其他印刷服务活动		31356	17055	14301		12008
记录媒介的复制		8679				5940
文教体育用品制造业	**9717**	**20866**	**2991**	**5952**	**1686**	**20363**
文化用品制造		630				4282
体育用品制造		1685			1386	
乐器制造		8160	2991	4297	300	11509
玩具制造	4000	1655		1655		828
游艺器材及娱乐用品制造	5717	8736				3744
石油加工、炼焦及核燃料加工业	**4480**	**6600**	**2000**	**4600**	**62998**	**22238**
精炼石油产品的制造	4480	4600		4600	62998	22238
核燃料加工		2000	2000			
化学原料及化学制品制造业	**29174**	**337089**	**147574**	**47095**	**97820**	**285618**
基础化学原料制造		38947	33456	2378		34718
肥料制造		6000	4000	2000	580	
农药制造		5412		5412		193
涂料、油墨、颜料及类似产品制造	4984	155910	18838	5634	94937	157952
合成材料制造		29529	22410		2303	9096
专用化学产品制造	11440	12732	8139	4593		69212
日用化学产品制造	12750	88559	60731	27078		14447
医药制造业		**261061**	**104179**	**13459**	**5070**	**235441**
化学药品原药制造		39126	38481	645		348
化学药品制剂制造		96739	29370		5070	98612
中药饮片加工		16886				16222
中成药制造		62634	35460	2814		81007
兽用药品制造						1680
生物、生化制品的制造		35676	868			37572
卫生材料及医药用品制造		10000		10000		
化学纤维制造业		**3723**		**1800**		
合成纤维制造		3723		1800		
橡胶制品业	**950**	**7706**		**4584**	**1206**	
橡胶板、管、带的制造		1004				
橡胶零件制造		2943		2943	1206	
日用及医用橡胶制品制造	950					
橡胶靴鞋制造		1641		1641		
其他橡胶制品制造		2118				
塑料制品业	**42894**	**234583**	**4569**	**179420**	**12652**	**196407**
塑料薄膜制造	11450	49800		49800		57868
塑料板、管、型材的制造		26845			4027	5644
塑料丝、绳及编织品的制造	14019					6008
泡沫塑料制造		9483	4177			14944
塑料人造革、合成革制造		25129		15311		15936
塑料包装箱及容器制造	6300	110329		110329	6750	58170
塑料零件制造		8625			1875	14737
日用塑料制造	11125	230		230		23100
其他塑料制品制造		4142	392	3750		

计量单位：千元

外商资本	主营业务收入	直接出口产品销售收入	主营业务成本	营业费用	主营业务税金及附加	其他业务收入	其他业务利润	管理费用	#税金
521225	**2106708**	**30955**	**1564520**	**110228**	**1645**	**39755**	**11283**	**111923**	**2376**
74330	193668	15802	159698	7057		7804	2928	13725	343
446895	1913040	15153	1404822	103171	1645	31951	8355	98198	2033
468105	**1584093**	**20368**	**1170221**	**53609**	**12**	**14506**	**5212**	**161001**	**3132**
459766	1429843	20368	1051533	42845	12	12133	5050	146132	2788
	55699		47133	2786		2064	-127	7261	289
8339	98551		71555	7978		309	289	7608	55
38925	**472895**	**294308**	**387080**	**19740**	**24**	**3195**	**769**	**41976**	**639**
4474	66585	47291	51917	3685				7579	23
8885	33183	25954	30463	175				2039	107
11130	186443	94456	148116	6704	10	2640	662	19897	334
14153	92918	84543	76187	3334				7136	136
283	93766	42064	80397	5842	14	555	107	5325	39
9207	**1932820**		**1499643**	**232022**		**2230**	**852**	**30294**	**454**
7207	1909485		1485696	230669		813	401	28985	448
2000	23335		13947	1353		1417	451	1309	6
1222216	**4919539**	**299004**	**3229522**	**636076**	**94392**	**56277**	**6028**	**383731**	**4784**
169208	733297	955	559236	50559	24	17816	4155	54644	477
5977	117146	13218	107673	5996		1177	582	5530	61
1000	11383	4804	9202	1322		75	-48	574	
362381	1226868	112114	892801	83082		13104	-2368	91989	1724
109465	481843	35852	407226	24864		12999	1262	23557	678
94792	539540	107739	454479	29045		1458	1092	39475	666
479393	1809462	24322	798905	441208	94368	9648	1353	167962	1178
1385400	**3770506**	**92928**	**1727542**	**1279201**		**82751**	**62862**	**379903**	**5474**
39169	102598	14238	61466	24671		591	198	16933	296
1087431	2959278	48100	1293118	1064355		12217	11753	254348	3765
	128322		111591	3783				6554	
55640	215213	5593	60820	81292		778	753	35588	662
	6853		6361	65				1252	18
173500	250146	24642	135523	31975		1978	1903	48437	694
29660	108096	355	58663	73060		67187	48255	16791	39
3667	**45422**		**42809**	**574**				**2717**	
3667	45422		42809	574				2717	
133808	**500069**	**145762**	**384121**	**19304**		**821**	**218**	**35575**	**185**
68339	65666		62549	326		314	91	2848	42
3460	33585	9567	15703	1277				2950	64
634	80031	51496	68161	4808				4846	15
547	29229	18348	25808	1246		182	60	2058	22
60828	291558	66351	211900	11647		325	67	22873	42
654609	**1652362**	**160685**	**1338930**	**63398**		**64390**	**11038**	**125983**	**3636**
135185	339894	55060	280031	11055		1815	392	21898	757
79133	225758	19182	179632	19280		499	331	25136	945
	35991		34807			2134	20	1084	152
7765	120065		106855	5167		31	31	4592	85
88362	132942	493	126358	5401		2430	484	5628	62
125827	329468	20515	289620	7065		35453	2188	19861	745
57151	217118	30588	149151	1591		4044	2293	20444	373
158298	210139	31211	146810	9929		4895	410	18135	464
2888	40987	3636	25666	3910		13089	4889	9205	53

1-25 续表 10

	集体资本	法人资本			个人资本	港澳台资本
			#国家法人	集体法人		
非金属矿物制品业	**78158**	**1149953**	**917821**	**83976**	**18970**	**390948**
水泥、石灰和石膏的制造	30000	282432	222432	45000		
水泥及石膏制品制造	22349	298769	253978	16591		87215
砖瓦、石材及其他建筑材料制造		154931	82104	5517	934	24958
玻璃及玻璃制品制造	24809	264574	214692	15704	17786	41855
陶瓷制品制造	1000	142320	142320			228990
耐火材料制品制造						4343
石墨及其他非金属矿物制品制造		6927	2295	1164	250	3587
黑色金属冶炼及压延加工业		**792**		**792**		
炼铁						
钢压延加工		792		792		
有色金属冶炼及压延加工业	**16404**	**70710**	**1066**	**29577**		**5410**
常用有色金属冶炼		31144		29577		548
稀有稀土金属冶炼						4152
有色金属合金制造		1066	1066			710
有色金属压延加工	16404	38500				
金属制品业	**23396**	**609361**	**392491**	**81898**	**18765**	**570856**
结构性金属制品制造	8726	193247	83203	56520	14193	18673
金属工具制造						
集装箱及金属包装容器制造		98831		19743		396037
建筑、安全用金属制品制造	4559	73660	73660		830	12513
金属表面处理及热处理加工		210000	210000			
搪瓷制品制造		19663	19663			
不锈钢及类似日用金属制品制造		1680				139876
其他金属制品制造	10111	12280	5965	5635	3742	3757
通用设备制造业	**30135**	**589427**	**476451**	**58869**	**11163**	**111454**
锅炉及原动机制造						
金属加工机械制造	16960	62057	53350	3120	1864	3461
起重运输设备制造		124155	124155			
泵、阀门、压缩机及类似机械的制造	436	42341	25959	9753		66755
轴承、齿轮、传动和驱动部件的制造		128452	122491	5961		
烘炉、熔炉及电炉制造						
风机、衡器、包装设备等通用设备制造	12739	184792	150496	32705	9299	41238
通用零部件制造及机械修理		33100		500		
金属铸、锻加工		14530		6830		
专用设备制造业	**28293**	**557820**	**393922**	**57606**	**232725**	**438415**
矿山、冶金、建筑专用设备制造		16808	2240		1110	29873
化工、木材、非金属加工专用设备制造		6603	5953	650		22866
食品、饮料、烟草及饲料生产专用设备		3221	2000			1628
印刷、制药、日化生产专用设备制造		37442	29633	2479		
纺织、服装和皮革工业专用设备制造		222430	220000	2430	203000	184989
电子和电工机械专用设备制造		7272	6142	323	7479	2000
农、林、牧、渔专用机械制造						
医疗仪器设备及器械制造		84799	43428	28727	13878	95044
环保、社会公共安全及其他专用设备制造	28293	179245	84526	22997	7258	102015

计量单位：千元

外商资本	主营业务收入	直接出口产品销售收入	主营业务成本	营业费用	主营业务税金及附加	其他业务收入	其他业务利润	管理费用	#税金
1545644	**4020847**	**338290**	**3014710**	**166520**	**75**	**44304**	**6017**	**395616**	**10487**
436508	869856		652483	19285		1185	897	91401	1364
318721	819409		676895	42020	75	32896	1998	80264	1537
124989	569258	46537	434404	35756		3210	-45	60517	266
330293	772161	97459	569200	35926		5373	2571	65913	1503
252584	566266	123540	354455	13643		1458	417	61056	5081
78063	202489	37773	158929	13982				14987	701
4486	221408	32981	168344	5908		182	179	21478	35
210714	**1420383**	**27112**	**1304668**	**8595**		**87858**	**-2274**	**57733**	**2207**
4134	11258		9152	671				1162	78
206580	1409125	27112	1295516	7924		87858	-2274	56571	2129
49522	**628870**	**73205**	**565992**	**8013**	**3597**	**6926**	**1425**	**31501**	**345**
1033	28577	55	26822	242		528	28	1606	17
27895	111644	73150	93421	3952		82	82	10483	85
1655	22120		16444	470			-7	1421	7
18939	466529		429305	3349	3597	6316	1322	17991	236
896157	**4037270**	**408486**	**3301067**	**216615**	**2391**	**323294**	**12598**	**246947**	**4284**
331395	1104626	46332	841932	76540	818	8800	2253	83178	1601
21369	18969	5000	13716	1907	388			1175	
201064	1592369	169619	1297171	67214		262190	3052	91115	1266
172585	313474	2533	225741	37090	1185	2563	1575	24207	421
70000	61062		79905	143		37936	1449	21099	480
42855	21714	12343	22889	2680		1737	408	2255	55
19737	684652	134368	611599	22233		7379	3063	11708	325
37152	240404	38291	208114	8808		2689	798	12210	136
3344101	**9426890**	**2032659**	**7669258**	**427356**	**1603**	**169164**	**45196**	**646364**	**20527**
237075	1424185	31504	1229976	16946	22	9202	571	91834	6049
128184	238519	80456	182012	13524	3	1895	266	46007	317
160358	946529	940	875766	25624	1439	7802	1848	64923	2021
1745959	2913184	1033441	2161624	189866	2	74975	19199	188650	7886
141449	505319	70239	381395	31999		7248	1560	35321	414
1038	7306		6203	254				531	6
649945	2662953	279819	2211729	117448	137	55942	17314	174261	3061
149159	404850	305691	335411	18400		10562	3120	26999	306
130934	324045	230569	285142	13295		1538	1318	17838	467
1120091	**8276096**	**1751676**	**6143964**	**348033**	**8909**	**535499**	**82734**	**1074997**	**9540**
49695	424725	17173	342268	37746	145	96651	48921	76438	901
10596	279089	50657	213232	17584	78			22440	263
44688	100021	14164	74917	7646	825	3405	1554	8689	178
22265	114366	8824	88855	9606		1792	164	12564	179
20249	2773459	157550	2508299	62635	2547	399961	15133	164614	3686
227001	193756	98325	141974	4760	41	1029	457	27702	680
12681	29203	17114	20490	2491		345	345	5977	4
327807	3097331	1291059	1860418	124608	112	6713	2140	612446	1461
405109	1264146	96810	893511	80957	5161	25603	14020	144127	2188

1-25 续表 11

	集体资本	法人资本	#国家法人	集体法人	个人资本	港澳台资本
交通运输设备制造业	**10647**	**2162460**	**1726526**	**108137**	**25276**	**180704**
铁路运输设备制造		17368	11868			5899
汽车制造	9107	1872499	1444270	105932	25276	173055
自行车制造		2205		2205		
船舶及浮动装置制造						210
航空航天器制造		270388	270388			
交通器材及其他交通运输设备制造	1540					1540
电气机械及器材制造业	**27931**	**182949**	**64671**	**34982**	**16828**	**138943**
电机制造		18010	1159	10031		
输配电及控制设备制造	840	109006	53516	5126	16027	7750
电线、电缆、光缆及电工器材制造	2398	7875		7875		4921
电池制造						
家用电力器具制造						102142
非电力家用器具制造	389	408		408	801	
照明器具制造	24304	3025		3025		22867
其他电气机械及器材制造		44625	9996	8517		1263
通信设备、计算机及其他电子设备制造	**35143**	**6166815**	**1653581**	**153099**	**6862**	**1352275**
通信设备制造	1000	958423	631684	45798	1899	220069
雷达及配套设备制造		12210	12210			
广播电视设备制造		50810	7444	29016		9608
电子计算机制造		3372280	58869	27653	4963	787742
电子器件制造		1314118	673150	1632		13498
电子元件制造	32577	335043	146293	49000		161492
家用视听设备制造		114304	114304			
其他电子设备制造	1566	9627	9627			159866
仪器仪表及文化、办公用机械制造业	**51843**	**278044**	**121323**	**95536**	**5669**	**418392**
通用仪器仪表制造	51843	95859	47469	37943		189819
专用仪器仪表制造		44436	13901	17620		38967
钟表与计时仪器制造						
光学仪器及眼镜制造		85541	54969	30572	414	1134
文化、办公用机械制造		52208	4984	9401	5255	188472
其他仪器仪表的制造及修理						
工艺品及其他制造业	**7719**	**21266**	**9373**	**9327**	**9932**	**29388**
工艺美术品制造	4413	7743	5259	828		19518
日用杂品制造	3306	8499		8499	9932	2488
煤制品制造		4755	3845			2563
其他未列明的制造业		269	269			4819
废弃资源和废旧材料回收加工业		**30000**	**30000**			
金属废料和碎屑的加工处理		30000	30000			
非金属废料和碎屑的加工处理						
电力、燃气及水的生产和供应业		**1352830**	**1327973**	**920**		**433764**
电力、热力的生产和供应业		**1327973**	**1327973**			**400000**
电力生产		1327973	1327973			400000
燃气生产和供应业		**1415**		**920**		**33764**
燃气生产和供应业		1415		920		33764
水的生产和供应业		**23442**				
污水处理及其再生利用		23442				

计量单位：千元

外商资本	主营业务收入	直接出口产品销售收入	主营业务成本	营业费用	主营业务税金及附加	其他业务收入	其他业务利润	管理费用	#税金
4001376	**37681217**	**298054**	**30949518**	**1412299**	**996536**	**407352**	**108379**	**1392192**	**41512**
4132	54364		39390	5320		33053	9068	9015	120
3815510	36090303	292892	29749563	1405870	970930	358713	103784	1129767	24136
1475	5162	5162	4024	310				680	
	12526		11075	479				950	10
180259	1508232		1138452		25606	15313	-4716	248700	17246
	10630		7014	320		273	243	3080	
1756352	**8957942**	**1578786**	**6538318**	**535695**	**1030**	**67509**	**18993**	**559552**	**9064**
126074	689957	22029	573406	12708		10375	8376	35822	592
482464	5354786	420095	3498102	371111	861	35528	8179	295636	2628
196204	274485	10025	235105	29191		476	419	35574	880
351795	918021	516009	877580	7582		317	308	15954	1957
68386	217607	31688	150208	42258	78	526	-5104	27041	39
6235	78225	9216	60778	7496				5782	37
340600	1006101	549630	822748	44957		8264	4466	99006	1358
184594	418760	20094	320391	20392	91	12023	2349	44737	1573
8113517	**101698764**	**42055650**	**91325623**	**3196151**	**14838**	**483268**	**281652**	**3106301**	**46734**
2139108	52562495	25886571	48033245	764481	6981	201266	19025	1227220	9675
17265	174425	48912	121373	3496		725	367	17338	81
123037	457240	122210	373134	29040	3	272	325	42602	473
1637559	23678004	3110713	21101791	1837298	6156	107352	38569	552071	8949
2113138	12884174	6423680	11365563	309493	1698	91609	48239	502865	17358
1398766	7962503	3921169	6834936	89696		53083	166481	534973	7303
485688	2699122	2261138	2559806	72777		754	704	111647	1994
198956	1280801	281257	935775	89870		28207	7942	117585	901
612911	**6862272**	**1610354**	**5432319**	**474667**	**2041**	**27245**	**21244**	**525685**	**4841**
246895	2905677	189891	2267351	174873	715	22511	17755	296127	2615
123485	602018	24127	456322	48799	1326	3752	2745	75570	379
43500	130682	43384	84229	34537		541	426	7808	122
118210	517482	28475	203090	137876		249	145	55067	341
77709	2691161	1323399	2412671	77113		148	129	87117	1383
3112	15252	1078	8656	1469		44	44	3996	1
458200	**504861**	**174832**	**386429**	**31216**	**1012**	**555**	**347**	**50484**	**651**
30755	298020	76560	230357	18417	569	201	143	22155	441
36593	78224	65156	70795	4238		11		7883	201
750	16428	8012	15295	633		2	19	2390	2
390102	112189	25104	69982	7928	443	341	185	18056	7
32043	**35517**		**31498**	**1059**		**13**	**13**	**5641**	**88**
20000	15000		10773	905		13	13	4514	27
12043	20517		20725	154				1127	61
1648139	**4237292**		**2871544**	**2790**	**13178**	**32493**	**25364**	**169644**	**12083**
1573766	**4134210**		**2800422**		**12403**	**31305**	**25261**	**157946**	**11729**
1573766	4134210		2800422		12403	31305	25261	157946	11729
66235	**95883**		**67216**	**2790**	**775**	**1186**	**101**	**11128**	**148**
66235	95883		67216	2790	775	1186	101	11128	148
8138	**7199**		**3906**			**2**	**2**	**570**	**206**
8138	7199		3906			2	2	570	206

1-25 续表 12

	财产保险费	差旅费	工会经费	办公费	职工教育费	排污费
总　　计	**88074**	**391613**	**82841**	**501564**	**110021**	**19173**
采矿业		**26**	**51**	**43**		
非金属矿采选业		**26**	**51**	**43**		
土砂石开采		26	51	43		
制造业	**87642**	**389372**	**80324**	**499320**	**107717**	**10391**
农副食品加工业	**1314**	**6757**	**2500**	**4882**	**672**	**310**
谷物磨制		154	52	142	39	9
饲料加工	104	3177	81	1683	24	10
植物油加工	77	94	50	119	4	
屠宰及肉类加工	499	969	1826	656	177	281
水产品加工		267		86	3	3
蔬菜、水果和坚果加工	350	1413	126	756	151	
其他农副食品加工	284	683	365	1440	274	7
食品制造业	**13445**	**28828**	**5189**	**24048**	**4087**	**1981**
焙烤食品制造	1391	2802	893	2634	708	20
糖果、巧克力及蜜饯制造	4131	15520	464	10710	381	24
方便食品制造	1462	1723	1578	1684	888	4
液体乳及乳制品制造	901	1255	1545	2889	940	48
罐头制造	31			33	2	
调味品、发酵制品制造	313	692	322	776	44	1857
其他食品制造	5216	6836	387	5322	1124	28
饮料制造业	**1449**	**6136**	**1989**	**11866**	**1348**	**199**
酒精制造	96	130	47	50	35	20
酒的制造	391	972	964	2673	535	168
软饮料制造	937	4854	978	8878	778	11
精制茶加工	25	180		265		
纺织业	**1313**	**7390**	**1247**	**6984**	**516**	**1147**
棉、化纤纺织及印染精加工	144	635	73	222	29	1
毛纺织和染整精加工	143	853	210	1943	47	508
纺织制成品制造	260	2125	108	2573	215	21
针织品、编织品及其制品制造	766	3777	856	2246	225	617
纺织服装、鞋、帽制造业	**1393**	**14164**	**4004**	**21199**	**2522**	**74**
纺织服装制造	1356	13526	3893	20788	2470	74
纺织面料鞋的制造	37	495	68	271	52	
制帽		143	43	140		
皮革、毛皮、羽毛(绒)及其制品业	**66**	**1066**	**49**	**1206**	**50**	
皮革制品制造	45	620	49	931	50	
毛皮鞣制及制品加工	21	446		275		
木材加工及木、竹、藤、棕、草制品	**140**	**580**	**238**	**1232**	**448**	**56**
人造板制造	128	214	132	233	99	
木制品制造	12	366	106	999	349	56
家具制造业	**744**	**1655**	**303**	**3737**	**125**	**40**
木质家具制造	529	1482	208	3077	103	39
金属家具制造	90	172	13	256	20	
其他家具制造	125	1	82	404	2	1

计量单位：千元

财务费用		营业利润	投资收益	补贴收入	营业外收入	营业外支出	利润总额	应交所得税	可供分配利润
	利息支出（净额）								
1524951	**1106466**	**13581029**	**681374**	**162901**	**684547**	**663978**	**14377411**	**1600672**	**17414521**
		-2261		**8**		**11**	**-2361**		**1176**
		-2261		**8**		**11**	**-2361**		**1176**
		-2261		8		11	-2361		1176
1175528	**771944**	**12727213**	**255712**	**162893**	**680595**	**657033**	**13197392**	**1508051**	**16514231**
20362	**18831**	**45273**	**-13**	**336**	**3226**	**16491**	**33318**	**22239**	**90549**
391	387	3515			26	1	3533	295	
2052	1818	23047			301	777	22571	6186	64536
1079	1073	2759			45	39	2765	705	1681
9399	11179	13154			1881	13614	1550	13245	9251
487	26	-123		317		327	747	10	336
3236	2839	-467		19	198	1570	-1835	868	7474
3718	1509	3388	-13		775	163	3987	930	7271
55323	**45546**	**-41235**	**-10403**	**7909**	**42045**	**38149**	**-38055**	**65034**	**161889**
8677	4556	11786	-17	386	19995	2856	31051	7768	104637
7880	6675	-85986			14867	17096	-88216	6192	-53618
1642	1455	40117			303	2296	38125	15947	-5308
6707	5712	-79380	-11426		5520	5274	-90560	1093	-6959
5	-5	-4863					-4863		
2172	1994	20513	133	10	804	2098	19362	1265	15130
28240	25159	56578	907	7513	556	8529	57046	32769	108007
121210	**109852**	**71546**	**-38**	**3981**	**117668**	**70276**	**123188**	**51064**	**-412819**
-300	-300	5565				114	5759		
21144	17401	-172610	289	704	111963	64085	-123738	2981	-624003
99898	92534	241885	-327	3277	5405	5782	244456	48083	211184
468	217	-3294			300	295	-3289		
24469	**20315**	**28401**		**167**	**1300**	**3206**	**26459**	**5187**	**11597**
1422	1018	-11629				2108	-13737		3859
9568	9266	-7229		23	140	211	-7277	379	-1302
3584	3340	26060			80	229	25911	71	-8821
9895	6691	21199		144	1080	658	21562	4737	17861
30503	**16854**	**56299**	**163**	**114**	**11195**	**3488**	**63523**	**14954**	**119265**
30148	16592	55124	122	50	11178	3478	62234	14897	116465
366	273	212	41	64	17	10	326	57	1837
-11	-11	963					963		963
466	**13**	**5561**		**48**	**162**	**346**	**5425**	**1087**	**5741**
330	-122	4764		48	162	340	4634	975	5062
136	135	797				6	791	112	679
8436	**6312**	**-9731**		**13645**	**71**	**68**	**3918**	**3444**	**26523**
-304	-321	15193		13645	33	11	28861	3434	85251
8740	6633	-24924			38	57	-24943	10	-58728
4488	**3816**	**13785**		**177**	**698**	**208**	**14656**	**3598**	**34666**
2044	1406	6504			580	95	6981	2665	21377
216	187	6489		177	68	106	6840	816	13029
2228	2223	792			50	7	835	117	260

1-25 续表 13

	财产保险费	差旅费	工会经费	办公费	职工教育费	排污费
造纸及纸制品业	**4662**	**9572**	**1095**	**5224**	**844**	**60**
造纸	143	2246	100	1361	54	
纸制品制造	4519	7326	995	3863	790	60
印刷业和记录媒介的复制	**2022**	**3685**	**1425**	**6185**	**1796**	**169**
印刷	1825	3510	1289	5411	1746	114
装订及其他印刷服务活动	2	86	101	177	49	55
记录媒介的复制	195	89	35	597	1	
文教体育用品制造业	**312**	**2467**	**240**	**1741**	**146**	**45**
文化用品制造	143	678		673		
体育用品制造		157		83	1	
乐器制造	68	844	191	513	63	44
玩具制造	31	364	49	336	82	
游艺器材及娱乐用品制造	70	424		136		1
石油加工、炼焦及核燃料加工业	**660**	**2563**	**13**	**5680**	**180**	**16**
精炼石油产品的制造	660	2531		5457	171	16
核燃料加工		32	13	223	9	
化学原料及化学制品制造业	**2604**	**9070**	**3255**	**14039**	**1577**	**464**
基础化学原料制造	165	512	185	947	535	
肥料制造		359	53	226	54	6
农药制造						
涂料、油墨、颜料及类似产品制造	883	2810	704	3125	486	279
合成材料制造	73	1427	31	974	114	5
专用化学产品制造	323	1428	180	3508	150	36
日用化学产品制造	1160	2534	2102	5259	238	138
医药制造业	**2467**	**21012**	**1518**	**17715**	**3834**	**203**
化学药品原药制造	176	176	108	732	131	15
化学药品制剂制造	1492	17073	1118	10312	3393	175
中药饮片加工		312		455	7	
中成药制造	137	732	190	3129	177	13
兽用药品制造	21	183		115		
生物、生化制品的制造	62	1864	102	2400	82	
卫生材料及医药用品制造	579	672		572	44	
化学纤维制造业		**55**		**182**		
合成纤维制造		55		182		
橡胶制品业	**396**	**1969**	**294**	**1805**	**280**	**1**
橡胶板、管、带的制造	2	176		157	61	
橡胶零件制造		43	22	377	17	
日用及医用橡胶制品制造		109	3	244		
橡胶靴鞋制造	16	65		157		
其他橡胶制品制造	378	1576	269	870	202	1
塑料制品业	**1363**	**6719**	**562**	**8310**	**558**	**150**
塑料薄膜制造	108	1021	18	543	45	
塑料板、管、型材的制造	76	530	12	1117	63	
塑料丝、绳及编织品的制造	71	1	43	37	5	
泡沫塑料制造	13	134	63	230	50	1
塑料人造革、合成革制造	256	289	75	533	38	
塑料包装箱及容器制造	526	1352	114	629	105	83
塑料零件制造	43	1429	10	771	28	34
日用塑料制造	257	1541	167	2732	178	32
其他塑料制品制造	13	422	60	1718	46	

计量单位：千元

财务费用	利息支出（净额）	营业利润	投资收益	补贴收入	营业外收入	营业外支出	利润总额	应交所得税	可供分配利润
13615	**11385**	**316060**	**9779**	**80**	**3052**	**1016**	**333588**	**83317**	**492160**
810	330	15306		80	199	349	20218	2529	19643
12805	11055	300754	9779		2853	667	313370	80788	472517
12180	**9011**	**192282**	**1757**	**680**	**1825**	**4910**	**213997**	**20901**	**197923**
10676	7534	183695		330	1693	1602	206478	19554	181235
1148	1143	-2756	1757		10	2818	-3806	461	5404
356	334	11343		350	122	490	11325	886	11284
2348	**934**	**22496**		**518**	**5232**	**4255**	**24069**	**3272**	**21724**
416	347	2988			3841	3731	3098	596	2033
411	272	95				37	58	34	
1049	64	11329		30	304	93	11648	1690	10894
86	-26	6175		51	1011	372	6865		8637
386	277	1909		437	76	22	2400	952	160
10749	**10383**	**160964**	**111**	**88**	**2**	**1392**	**159843**	**1746**	**156988**
10761	10405	153775	111		2	1392	152566		151457
-12	-22	7189		88			7277	1746	5531
27959	**10914**	**553887**	**-781**	**241**	**12086**	**7624**	**553413**	**69629**	**849911**
2930	893	70059			338	497	70074	7404	54192
494	427	-1965		3	1	21	-1984		-3097
26		211				17	193	259	526
14131	2928	142497	2	20	5127	2435	145434	8150	233690
853	168	26605			1327	115	21818	3397	45844
5584	4923	12049	-799		1589	2749	11294	3017	24608
3941	1575	304431	16	218	3704	1790	306584	47402	494148
57653	**25985**	**389069**	**640**	**87**	**12923**	**103296**	**275701**	**47712**	**444640**
2714	2695	-2988	1200		1297	138	-580	146	-12777
51700	21557	307510	-560		8683	98993	201244	37549	252323
858	848	5536				17	5519	1821	
-531	-721	38797			273	682	38388	4358	157194
6		-831				2	-832		
2662	1472	33452			31	716	24391	1435	46287
244	134	7593		87	2639	2748	7571	2403	1613
204	**149**	**-882**				**36**	**-918**		
204	149	-882				36	-918		
3181	**1659**	**58106**		**84**	**659**	**783**	**58020**	**9107**	**18662**
35	-26	-1		9		48	-86		
-129	-165	13784		50			13834	3524	16504
351	124	1865			17	59	1823	470	1020
118	-4	59		25	59		143	35	262
2806	1730	42399			583	676	42306	5078	876
22258	**19871**	**112831**	**-845**	**3639**	**3366**	**3922**	**112933**	**8861**	**15034**
4738	4397	22564	-845	1884	302	281	22823	1964	14607
2554	2266	-513			455	86	-268	1108	-17282
		120				37	83	99	-16
628	612	2854		193	853	67	3834	910	6533
1504	774	-5465			270	1005	-6200		
3321	2756	11789		357	520	872	11793	2423	54762
3358	3009	44867		1137	841	138	45497	742	41162
6161	6075	29514		68	57	71	29569	215	-87536
-6	-18	7101			68	1365	5802	1400	2804

1-25 续表 14

	财产保险费	差旅费	工会经费	办公费	职工教育费	排污费
非金属矿物制品业	**2231**	**12114**	**5681**	**15130**	**2722**	**452**
水泥、石灰和石膏的制造	750	3419	384	813	322	182
水泥及石膏制品制造	642	1755	440	3531	446	1
砖瓦、石材及其他建筑材料制造	269	2718	2948	3371	569	66
玻璃及玻璃制品制造	195	1467	579	2878	644	155
陶瓷制品制造	314	1501	1141	1227	524	
耐火材料制品制造	13	465	54	667	55	
石墨及其他非金属矿物制品制造	48	789	135	2643	162	48
黑色金属冶炼及压延加工业	**26**	**852**	**463**	**592**	**278**	
炼铁	20	57		2	4	
钢压延加工	6	795	463	590	274	
有色金属冶炼及压延加工业	**246**	**1178**	**222**	**1543**	**40**	**15**
常用有色金属冶炼		16		80	7	
稀有稀土金属冶炼	48	978	145	778	33	
有色金属合金制造	7	27		40		
有色金属压延加工	191	157	77	645		15
金属制品业	**2723**	**10003**	**1813**	**18907**	**1299**	**211**
结构性金属制品制造	750	4443	557	7210	451	39
金属工具制造	10	60		39	9	
集装箱及金属包装容器制造	1239	3590	867	6337	565	109
建筑、安全用金属制品制造	497	693	219	3103	115	56
金属表面处理及热处理加工		57	98	514	74	
搪瓷制品制造		3	12	3		
不锈钢及类似日用金属制品制造	203	502	8	851	15	4
其他金属制品制造	24	655	52	850	70	3
通用设备制造业	**6950**	**24189**	**5390**	**26166**	**3338**	**428**
锅炉及原动机制造	32	3952	1387	3081	77	24
金属加工机械制造	371	851	319	2369	189	16
起重运输设备制造	87	983	355	917	219	15
泵、阀门、压缩机及类似机械的制造	3596	7528	1688	12054	695	3
轴承、齿轮、传动和驱动部件的制造	780	484	431	534	464	61
烘炉、熔炉及电炉制造	7			66	10	
风机、衡器、包装设备等通用设备制造	1832	8398	801	5808	1224	106
通用零部件制造及机械修理	155	1662	238	912	247	161
金属铸、锻加工	90	331	171	425	213	42
专用设备制造业	**3336**	**30111**	**3868**	**43278**	**3235**	**1078**
矿山、冶金、建筑专用设备制造	678	5207	67	6760	546	10
化工、木材、非金属加工专用设备制造	118	780	135	1521	250	70
食品、饮料、烟草及饲料生产专用设备	54	354	68	2328	45	3
印刷、制药、日化生产专用设备制造	46	514	143	495	105	18
纺织、服装和皮革工业专用设备制造	848	5485	2529	4840	1326	931
电子和电工机械专用设备制造	323	5428	89	3132	165	
农、林、牧、渔专用机械制造	3	858	16	235	20	
医疗仪器设备及器械制造	694	4418	231	12448	300	9
环保、社会公共安全及其他专用设备制造	572	7067	590	11519	478	37

计量单位：千元

财务费用	利息支出（净额）	营业利润	投资收益	补贴收入	营业外收入	营业外支出	利润总额	应交所得税	可供分配利润
165174	**140949**	**284769**	**-2555**	**45735**	**8376**	**67153**	**263024**	**35180**	**381521**
52456	48432	55128	1	22438	1075	21845	56796	1560	122507
4225	2778	17928	282	17055	1501	19775	14623	1934	43641
7597	6915	30939	-2338	831	1887	1540	26163	5079	30093
10577	8278	93116		8	1961	13346	81667	4463	106017
87632	72954	49897	-500	1	483	9238	40643	18057	58015
2537	1596	12054			1424	1039	12439	235	1332
150	-4	25707		5402	45	370	30693	3852	19916
13542	**13366**	**33571**			**1075**	**19304**	**10842**	**13**	**11162**
-4	-4	277					277	13	264
13546	13370	33294			1075	19304	10565		10898
5993	**5819**	**15199**	**47**	**69**	**186**	**112**	**15364**	**5427**	**13482**
27	27	-92	10	3	150	1	71	92	601
321	164	3549	37	66	16	92	3550	666	6322
13	-2	3765					3765	163	3087
5632	5630	7977			20	19	7978	4506	3472
58180	**28600**	**224668**	**3593**	**848**	**7835**	**7571**	**227408**	**20877**	**271391**
13267	3856	91144	306	92	1531	1565	90981	7815	93635
-1	-6	1784					1784	100	435
27649	20028	112272	3004	704	6144	4428	117687	9489	116205
10476	-589	16350			-129	97	14830	2114	53055
5183	5175	-43819					-43819		
-21	-43	-5681			2		-5679		
709	338	41466	283		31	939	40779		
918	-159	11152		52	256	542	10845	1359	8061
70694	**38141**	**656811**	**6104**	**1657**	**62175**	**28855**	**688091**	**88380**	**591703**
18980	17567	66998			1679	6279	64559	22031	
3346	-116	-6107	1474	1183	53	414	-5009	1887	15180
19309	12815	-38684			828	236	-38093		
6325	583	385916		469	53950	15244	418462	43855	348407
1407	-844	56757			24	34	56747	10013	30808
1		317					317		
21972	7878	154720	4630	4	4823	6105	153836	8327	152815
-607	371	27767		1	667	428	28107	1853	24265
-39	-113	9127			151	115	9165	414	20228
30868	**15067**	**752059**	**122807**	**28388**	**8937**	**5653**	**915419**	**87580**	**1492126**
-731	-1443	17780		51	977	270	18277	1128	19921
1979	-149	23776	-3		1162	119	24688	4254	28645
-590	474	10088			11		10099	476	22022
2098	1882	1407			31	14	1422	938	10382
4823	4228	45674	122150	14	1761	3010	166591	11873	605614
1096	601	18640		312	37	185	18811	1805	9612
-217	-787	807			117	4	920	540	3640
9680	-789	492207		23825	2589	669	517949	53110	676143
12730	11050	141680	660	4186	2252	1382	156662	13456	116147

1-25 续表 15

	财产保险费	差旅费	工会经费	办公费	职工教育费	排污费
交通运输设备制造业	**7538**	**23733**	**13156**	**34327**	**3681**	**1910**
铁路运输设备制造		570	104	1033	88	
汽车制造	6736	19497	8501	28419	431	774
自行车制造						
船舶及浮动装置制造		210	10	31	8	
航空航天器制造	802	3456	4541	4844	3154	1136
交通器材及其他交通运输设备制造						
电气机械及器材制造业	**3146**	**17189**	**3734**	**19466**	**3453**	**192**
电机制造	245	2818	68	2156	276	6
输配电及控制设备制造	2236	8322	1940	9338	1940	14
电线、电缆、光缆及电工器材制造	159	741	30	1658	69	2
电池制造	28	303	644	953	50	83
家用电力器具制造	65	706		1040	194	
非电力家用器具制造	12	68	18	191	23	5
照明器具制造	210	2609	825	2540	618	82
其他电气机械及器材制造	191	1622	209	1590	283	
通信设备、计算机及其他电子设备制造	**25193**	**129648**	**19197**	**136336**	**67558**	**1158**
通信设备制造	10821	74868	10205	38933	60190	388
雷达及配套设备制造		52	14	147	17	
广播电视设备制造	200	1800	30	1713	105	
电子计算机制造	2419	13004	805	17217	2100	
电子器件制造	5945	11541	3849	13838	2661	76
电子元件制造	4932	21602	3192	53525	1404	617
家用视听设备制造	639	2704	895	899	403	43
其他电子设备制造	237	4077	207	10064	678	34
仪器仪表及文化、办公用机械制造业	**1488**	**13719**	**2601**	**64524**	**2948**	**32**
通用仪器仪表制造	1066	6708	1189	9376	918	
专用仪器仪表制造	195	4268	208	3394	216	1
钟表与计时仪器制造	121	38	43	240	3	
光学仪器及眼镜制造	66	812	192	857	147	24
文化、办公用机械制造	40	1878	923	50547	1635	7
其他仪器仪表的制造及修理		15	46	110	29	
工艺品及其他制造业	**400**	**2905**	**278**	**2835**	**179**	
工艺美术品制造	197	1601	130	1195	116	
日用杂品制造	84	495	67	438		
煤制品制造	2	56		97	3	
其他未列明的制造业	117	753	81	1105	60	
废弃资源和废旧材料回收加工业	**15**	**43**		**181**	**3**	
金属废料和碎屑的加工处理		15		100		
非金属废料和碎屑的加工处理	15	28		81	3	
电力、燃气及水的生产和供应业	**432**	**2215**	**2466**	**2201**	**2304**	**8782**
电力、热力的生产和供应业	**331**	**1746**	**2389**	**1907**	**2243**	**8780**
电力生产	331	1746	2389	1907	2243	8780
燃气生产和供应业	**77**	**469**	**77**	**256**	**61**	**2**
燃气生产和供应业	77	469	77	256	61	2
水的生产和供应业	**24**			**38**		
污水处理及其再生利用	24			38		

计量单位：千元

财务费用	利息支出（净额）	营业利润	投资收益	补贴收入	营业外收入	营业外支出	利润总额	应交所得税	可供分配利润
111005	**84142**	**2928046**	**44**	**2248**	**137231**	**106051**	**3000525**	**92890**	**3071717**
-4	-49	9711			248	169	9707	2546	6208
85969	60486	2851988	18	2248	67350	98699	2861996	71869	2955591
-8	-8	156					156	39	117
		22				2	20		
24997	23670	65761	26		69632	7181	128237	18436	109801
51	43	408			1		409		
20149	**713**	**1322191**	**861**	**2856**	**17174**	**10513**	**1331502**	**166163**	**1108947**
-815	616	77212		693	3132	89	80554	9816	30418
13460	-3150	1183795	861	396	2748	1545	1186234	149228	1004767
-3499	-3356	-21467		234	314	101	-21019	802	8343
5506	3694	11707		653	284	5212	7432		
2002	1132	-9084			2264	344	-7209	811	6487
92	78	4077		799	21	979	3960		1672
1150	661	42706			3737	1159	45284	3084	53906
2253	1038	33245		81	4674	1084	36266	2422	3354
267918	**133026**	**4069585**	**116785**	**47809**	**217315**	**137648**	**4316356**	**516791**	**6504428**
128556	68909	2421037	49785	2276	36236	51976	2456787	353383	4225045
-777	-584	33362	94	1550	534	18	35522	2267	20406
1714	1207	11072		521	5192	957	16680	945	7697
48404	15060	170853	64841	374	80382	46583	270718	33935	473039
49168	33013	703626		42124	72925	14379	805977	81666	975727
37395	14939	631984	2209	964	11173	14282	632046	40750	612808
1744	-160	-46148			1124	5308	-50554	3186	22876
1714	642	143799	-144		9749	4145	149180	659	166830
4296	**-6508**	**444508**	**6171**	**623**	**4072**	**13484**	**442622**	**81597**	**823485**
2957	-362	181409	6150	191	1708	6096	183601	42115	267393
5235	76	17511		310	557	408	18349	3701	30945
150	-325	4384				8	4376	1116	3260
-4329	-4775	125923		31	403	6037	120033	23048	100642
3	-1402	114386		91	1376	768	115485	11500	420815
280	280	895	21		28	167	778	117	430
10598	**5206**	**25469**	**1485**	**62**	**707**	**1219**	**26734**	**2001**	**9816**
2856	2470	23809			211	1097	22706	585	1810
833	276	-5525		62		60	-5512	37	-116
52	51	-1923	875			11	-1058	30	-3619
6857	2409	9108	610		496	51	10598	1349	11741
1707	**1593**	**-4375**		**804**	**2**	**4**	**-3573**		
1612	1593	-2791			2		-2789		
95		-1584		804		4	-784		
349423	**334522**	**856077**	**425662**		**3952**	**6934**	**1182380**	**92621**	**899114**
347703	**332802**	**840997**	**421155**		**3683**	**6901**	**1162293**	**92121**	**870453**
347703	332802	840997	421155		3683	6901	1162293	92121	870453
1725	**1720**	**12350**	**4507**		**269**	**33**	**17092**	**294**	**24029**
1725	1720	12350	4507		269	33	17092	294	24029
-5		**2730**					**2995**	**206**	**4632**
-5		2730					2995	206	4632

1-25 续表 16

	广告费	劳动、失业保险费	养老保险和医疗保险	住房公积金和住房补贴	本年应付工资总额（贷方累计发生额）	主营业务应付工资总额	本年应付福利费总额（贷方累计发生额）
总计	**1819303**	**132357**	**1106842**	**394790**	**8568572**	**8172485**	**1216779**
采矿业		**29**	**637**	**149**	**2301**	**2301**	
非金属矿采选业		**29**	**637**	**149**	**2301**	**2301**	
土砂石开采		29	637	149	2301	2301	
制造业	**1819268**	**115549**	**1073167**	**379944**	**8344088**	**7961050**	**1183061**
农副食品加工业	**2416**	**1702**	**16331**	**4681**	**101860**	**100600**	**12178**
谷物磨制	3	51	971	273	4090	4090	1149
饲料加工	426	99	2364	1136	18582	18252	1563
植物油加工	185	41	654	187	2873	2873	
屠宰及肉类加工	933	536	3358	565	34701	34460	1329
水产品加工		1			483	283	33
蔬菜、水果和坚果加工	656	379	3002	1079	20380	19891	3813
其他农副食品加工	213	595	5982	1441	20751	20751	4291
食品制造业	**303517**	**16166**	**91821**	**45625**	**621102**	**497755**	**84485**
焙烤食品制造	48235	3016	22783	10190	113280	97941	17089
糖果、巧克力及蜜饯制造	152667	1183	18729	14454	227837	126171	15479
方便食品制造	13533	1405	13215	6674	85923	85228	27299
液体乳及乳制品制造	25077	9011	14808	5130	74577	72932	9709
罐头制造	131	13	316	58	1862	541	420
调味品、发酵制品制造	1470	338	5343	2228	30840	29684	3098
其他食品制造	62404	1200	16627	6891	86783	85258	11391
饮料制造业	**350393**	**2641**	**36466**	**9033**	**176192**	**171549**	**34031**
酒精制造	20	167	442	49	2335	2335	122
酒的制造	34862	812	13726	2152	54521	53035	8075
软饮料制造	292409	1658	22225	6832	115394	113959	25834
精制茶加工	23102	4	73		3942	2220	
纺织业	**2519**	**1400**	**19998**	**5194**	**148945**	**145137**	**11672**
棉、化纤纺织及印染精加工		57	581	176	4945	4874	1007
毛纺织和染整精加工		226	4510	660	28256	25860	3548
纺织制成品制造	403	314	4598	1130	26463	26178	3597
针织品、编织品及其制品制造	2116	803	10309	3228	89281	88225	3520
纺织服装、鞋、帽制造业	**8183**	**1842**	**24675**	**2029**	**420819**	**401907**	**25640**
纺织服装制造	8178	1839	24628	2029	414700	397408	25640
纺织面料鞋的制造	5	3	47		4319	4319	
制帽					1800	180	
皮革、毛皮、羽毛(绒)及其制品业	**521**	**164**	**1947**	**268**	**22796**	**22724**	**1127**
皮革制品制造	521	99	1754	213	21291	21219	919
毛皮鞣制及制品加工		65	193	55	1505	1505	208
木材加工及木、竹、藤、棕、草制品	**3057**	**151**	**3234**	**996**	**23015**	**22463**	**491**
人造板制造	553	102	2112	651	8700	8700	182
木制品制造	2504	49	1122	345	14315	13763	309
家具制造业	**8481**	**379**	**5354**	**770**	**79883**	**79483**	**5828**
木质家具制造	7354	337	4671	435	68591	68191	5331
金属家具制造	853	31	506	295	4524	4524	497
其他家具制造	274	11	177	40	6768	6768	

计量单位：千元

主营业务应付福利费总额	本年应交增值税(不含期初未抵扣税)	本年进项税额	本年销项税额	本年实缴关税	工业中间投入合计	经营活动产生的现金流量净额	投资活动产生的现金流量净额	筹资活动产生的现金流量净额	全部从业人员平均人数(人)
1145354	**5990698**	**25383196**	**28706410**	**2695256**	**183275206**	**18650278**	**-12688526**	**4029378**	**266717**
	156	**1005**	**747**		**2374**	**210**			**125**
	156	**1005**	**747**		**2374**	**210**			**125**
	156	1005	747		2374	210			125
1115935	**5456411**	**25157454**	**28174677**	**2695256**	**180956138**	**17087687**	**-12550367**	**5273880**	**263022**
12130	**7375**	**578997**	**326672**	**1286**	**2606005**	**95933**	**-36451**	**74074**	**6180**
1149	2227	9652	11395	13	79497	5266	254	-853	210
1563	280	2363	2556	38	528423	37813	-3352	-21968	637
	828	24279	25107	398	105847	-4230	-471	-2592	137
1329	-6623	491844	247396	64	1449553	39432	-3734	5449	2869
	-221	2068	1473	10	15352	-2622	-29	2700	47
3798	9855	28038	26439	283	192053	-31622	-7774	51739	1333
4291	1029	20753	12306	480	235280	51896	-21345	39599	947
62018	**534856**	**906643**	**1375831**	**58767**	**5532298**	**289728**	**-110071**	**-48959**	**17084**
10050	112059	127275	232143	5541	1096638	93949	-29240	-61869	5430
11227	175699	226332	401963	30122	1579334	-46862	135339	-97863	2096
27213	30001	64773	94458	5977	517366	66671	-18044	-42140	2628
9478	43977	108675	151757	11452	791294	33652	-72978	39643	2841
	443	407	850		5980				82
2815	28328	49465	73108	1152	362980	19507	-23171	6189	1555
1235	144349	329716	421552	4523	1178706	122811	-101977	107081	2452
31768	**269090**	**400353**	**672336**	**8966**	**3134366**	**350904**	**-221021**	**-3728**	**7993**
122	5789	3167	6144	293	40416	16461	56	2994	102
5941	38844	70467	108384	143	523225	-79143	-130173	163134	3230
25705	219169	318208	544009	8530	2487968	414810	-83586	-180140	4423
	5288	8511	13799		82757	-1224	-7318	10284	238
11559	**22114**	**167133**	**150197**	**14670**	**1278160**	**68490**	**-24405**	**144384**	**9030**
1007	2043	8050	9161	6	50462	18397	101	13540	96
3524	6783	38263	39738	87	258082	-16692	-5335	24624	2221
3508	6754	53391	47947	12615	391002	48626	7518	91692	1578
3520	6534	67429	53351	1962	578614	18159	-26689	14528	5135
25633	**81033**	**204119**	**227606**	**2809**	**2009449**	**254926**	**-98919**	**11191**	**31129**
25633	81020	200566	227421	2809	1980489	252280	-99070	9720	30549
	9	3098	185		23054	1572	151	1941	430
	4	455			5906	1074		-470	150
1127	**-2606**	**26144**	**17493**	**1150**	**160734**	**4195**	**-2199**	**-5**	**1887**
919	-3521	20101	11710	653	132017	2817	-1386	887	1791
208	915	6043	5783	497	28717	1378	-813	-892	96
491	**15744**	**72271**	**71632**	**2097**	**486889**	**-32544**	**-11462**	**26292**	**1055**
182	11911	30526	42022	84	204092	-6956	-9713		201
309	3833	41745	29610	2013	282797	-25588	-1749	26292	854
5595	**21713**	**93234**	**66519**	**2011**	**772472**	**43222**	**-20420**	**6888**	**5468**
5099	19199	72136	43362	1822	634521	29896	-12171	7395	4738
496	1452	9738	10735	93	77423	9217	-6944	2670	276
	1062	11360	12422	96	60528	4109	-1305	-3177	454

1-25 续表 17

	广告费	劳动、失业保险费	养老保险和医疗保险	住房公积金和住房补贴	本年应付工资总额（贷方累计发生额）	主营业务应付工资总额	本年应付福利费总额（贷方累计发生额）
造纸及纸制品业	**26257**	**931**	**9067**	**3083**	**96013**	**89809**	**8492**
造纸	5	128	1907	393	12518	9908	1528
纸制品制造	26252	803	7160	2690	83495	79901	6964
印刷业和记录媒介的复制	**113**	**1272**	**22442**	**5878**	**134112**	**115257**	**23727**
印刷	113	1132	19584	3985	117919	103435	22549
装订及其他印刷服务活动		105	2143	632	8658	8546	982
记录媒介的复制		35	715	1261	7535	3276	196
文教体育用品制造业	**1416**	**793**	**4593**	**1255**	**53619**	**52080**	**5528**
文化用品制造	142	52	934	63	7139	6877	1609
体育用品制造		5	66		4925	4605	669
乐器制造	284	679	2706	1115	25957	25000	3212
玩具制造	30	10	173		6305	6305	38
游艺器材及娱乐用品制造	960	47	714	77	9293	9293	
石油加工、炼焦及核燃料加工业	**127976**	**228**	**1209**	**53**	**25226**	**20013**	**1238**
精炼石油产品的制造	127947	221	1107	24	24219	19006	1150
核燃料加工	29	7	102	29	1007	1007	88
化学原料及化学制品制造业	**77102**	**6517**	**58174**	**18862**	**294273**	**291360**	**38570**
基础化学原料制造	365	1526	9253	3013	40106	40106	3929
肥料制造		118	273	171	4920	4920	578
农药制造					534	534	2
涂料、油墨、颜料及类似产品制造	1068	1186	11185	2900	65469	64806	7897
合成材料制造	43	1855	2292	155	14459	14175	2194
专用化学产品制造	296	133	3455	765	20933	19630	1834
日用化学产品制造	75330	1699	31716	11858	147852	147189	22136
医药制造业	**198595**	**8453**	**33086**	**16908**	**416846**	**391773**	**56558**
化学药品原药制造	468	640	18		11345	11345	6920
化学药品制剂制造	168585	6914	23338	11943	318551	294740	46555
中药饮片加工	44	36	802	39	6317	6317	
中成药制造	4484	141	1922	575	24781	23519	1397
兽用药品制造		17	259	24	861	861	336
生物、生化制品的制造	1036	260	3509	992	26984	26984	900
卫生材料及医药用品制造	23978	445	3238	3335	28007	28007	450
化学纤维制造业		**25**	**48**		**954**	**954**	**193**
合成纤维制造		25	48		954	954	193
橡胶制品业		**292**	**5592**	**889**	**36295**	**36295**	**3155**
橡胶板、管、带的制造		16	238	47	2095	2095	119
橡胶零件制造		3	147		3113	3113	995
日用及医用橡胶制品制造		98	1536	105	7850	7850	135
橡胶靴鞋制造		24	299	59	4876	4876	
其他橡胶制品制造		151	3372	678	18361	18361	1906
塑料制品业	**1032**	**1771**	**13367**	**2642**	**116523**	**112209**	**14544**
塑料薄膜制造	71	518	2929	331	23523	22586	3423
塑料板、管、型材的制造	710	234	1962	1357	16468	14047	6720
塑料丝、绳及编织品的制造		58	332	32	2762	2762	
泡沫塑料制造	78	187	829	42	5524	5524	55
塑料人造革、合成革制造		45	853	372	4915	4915	813
塑料包装箱及容器制造	115	429	1893	182	12695	12695	1387
塑料零件制造		73	1289	17	30892	30892	418
日用塑料制造	18	94	2769	202	13003	12047	1349
其他塑料制品制造	40	133	511	107	6741	6741	379

计量单位：千元

主营业务应付福利费总额	本年应交增值税(不含期初未抵扣税)	本年进项税额	本年销项税额	本年实缴关税	工业中间投入合计	经营活动产生的现金流量净额	投资活动产生的现金流量净额	筹资活动产生的现金流量净额	全部从业人员平均人数(人)
7615	**110780**	**243243**	**369393**	**26347**	**1471917**	**288216**	**-409954**	**99107**	**3787**
1528	10573	22950	31712	6026	144860	15158	-1618	690	474
6087	100207	220293	337681	20321	1327057	273058	-408336	98417	3313
19953	**102596**	**168169**	**267590**	**18443**	**1000416**	**298057**	**-110616**	**-39025**	**4832**
18876	90510	152396	242174	15733	891128	288481	-88203	-37105	4173
982	4804	5000	9752	91	40748	5487	-1374	-1682	389
95	7282	10773	15664	2619	68540	4089	-21039	-238	270
5516	**6469**	**48204**	**33658**	**1384**	**369474**	**-865**	**-1191**	**18073**	**3414**
1609	331	7455	6729	68	61477	5541	-1489	-535	507
669	774	1099	1873		26769	3329	-1103	-994	393
3200	5213	18580	16053	694	126446	6959	4941	-3397	1519
38	-62	11764	1424	278	75351	2302	-561	-393	454
	213	9306	7579	344	79431	-18996	-2979	23392	541
1100	**70166**	**258849**	**328681**	**3236**	**1718908**	**-67807**	**-35483**	**144106**	**1597**
1012	68240	256808	324714	2775	1707860	-70656	-35183	145778	1577
88	1926	2041	3967	461	11048	2849	-300	-1672	20
38050	**283863**	**580501**	**856895**	**70516**	**3172081**	**617246**	**-151014**	**-121808**	**8298**
3887	39805	87608	127513	3665	532557	93172	-7943	52862	918
578	-420	2086	921		122853	5908	-1969	109	248
2	14	846	860		5342	565	-138		47
7707	65653	203983	271468	19380	767432	308224	-120564	-105913	2207
2175	8742	60109	66526	2758	242545	29446	-15223	11169	354
1565	11116	66298	71873	4399	470764	3023	-14827	25906	823
22136	158953	159571	317734	40314	1030588	176908	9650	-105941	3701
53230	**350591**	**254889**	**614042**	**40820**	**3089927**	**356556**	**-268026**	**-204853**	**6743**
6920	6843	8913	15215		86202	-256	-858	-9456	728
43432	291593	203069	503582	37317	2496483	306675	-224854	-220015	3653
	2978	18866	21815	1055	126107	-9440	-6336	13552	178
1397	27364	5273	32392		120338	58355	-7536	-18700	1095
336	195	922	1165		6748	-2973	-127	2704	47
695	11169	8564	20120	684	168640	-6676	-29375	41460	744
450	10449	9282	19753	1764	85409	10871	1060	-14398	298
193	**287**	**6345**	**11458**		**24248**	**1488**			**65**
193	287	6345	11458		24248	1488			65
3135	**23661**	**45329**	**60414**	**6647**	**388793**	**51301**	**-46657**	**43393**	**2121**
119	105	11088	11217		64072	-13327	-10053	57266	159
995	2341	2064	4256	314	15852	9380	-3172	-30000	230
135	519	6953	4853	1277	68695	557	-2037	1127	420
	244	2640	1880	6	24065	160	235		405
1886	20452	22584	38208	5050	216109	54531	-31630	15000	907
14307	**66873**	**204192**	**252679**	**43024**	**1181141**	**112184**	**-84888**	**33476**	**5916**
3423	11012	38794	49019	32843	201769	19507	-18425	11987	1165
6483	8210	29627	35619	6368	157890	4847	-2441	17114	480
	1076	5405	6481		31529	495	-40		216
55	2694	18055	20419	364	101901	-9303	2679	-629	354
813	1580	19315	12018	67	111461	157	-469	-375	220
1387	13242	55027	65695	1161	263265	65615	-34419	4967	804
418	13049	13077	25716	389	130872	5561	-16496	15540	1474
1349	12793	21645	31248	1657	154041	22647	-14878	-13430	923
379	3217	3247	6464	175	28413	2658	-399	-1698	280

1-25 续表 18

	广告费	劳动、失业保险费	养老保险和医疗保险	住房公积金和住房补贴	本年应付工资总额（贷方累计发生额）	主营业务应付工资总额	本年应付福利费总额（贷方累计发生额）
非金属矿物制品业	**3272**	**3474**	**38265**	**10765**	**278219**	**266611**	**36919**
水泥、石灰和石膏的制造	1455	576	8835	2891	41659	38547	2404
水泥及石膏制品制造	214	1197	4982	1405	49322	49101	5985
砖瓦、石材及其他建筑材料制造	1308	223	3492	897	32910	32289	7095
玻璃及玻璃制品制造	116	498	8552	2025	61973	54439	6994
陶瓷制品制造	57	413	9036	2131	69845	69725	12118
耐火材料制品制造		87	1844	667	9823	9823	1375
石墨及其他非金属矿物制品制造	122	480	1524	749	12687	12687	948
黑色金属冶炼及压延加工业	**149**	**367**	**6126**	**1645**	**34269**	**34179**	**2067**
炼铁		4	78	9	1227	1227	36
钢压延加工	149	363	6048	1636	33042	32952	2031
有色金属冶炼及压延加工业	**443**	**124**	**2209**	**181**	**26985**	**22247**	**599**
常用有色金属冶炼		5	122	20	666	518	30
稀有稀土金属冶炼	9	75	1265	132	10038	6618	569
有色金属合金制造		5	71	29	887	887	
有色金属压延加工	434	39	751		15394	14224	
金属制品业	**16140**	**2718**	**27834**	**9592**	**185854**	**170946**	**28639**
结构性金属制品制造	2034	530	8022	2906	61592	58776	8378
金属工具制造			222		1204	1204	22
集装箱及金属包装容器制造	1558	1807	11896	4613	64571	57490	11125
建筑、安全用金属制品制造	7800	121	2475	657	18426	18183	1238
金属表面处理及热处理加工		71	1210	385	5612	1914	413
搪瓷制品制造		24	481	120	2763	2763	237
不锈钢及类似日用金属制品制造	4561	85	2188	358	21507	21178	6067
其他金属制品制造	187	80	1340	553	10179	9438	1159
通用设备制造业	**10197**	**15520**	**85327**	**28198**	**510928**	**489107**	**83706**
锅炉及原动机制造	289	10231	16107	3830	94316	93781	11884
金属加工机械制造	493	200	3549	1300	26110	25858	2252
起重运输设备制造	2734	187	4546	1764	26468	26260	1304
泵、阀门、压缩机及类似机械的制造	2579	1900	32736	13116	173060	172743	50032
轴承、齿轮、传动和驱动部件的制造	35	660	7324	2356	36351	35978	4044
烘炉、熔炉及电炉制造		1	20		256	256	35
风机、衡器、包装设备等通用设备制造	3914	1730	16343	4645	110979	95334	10919
通用零部件制造及机械修理	134	481	2761	861	20044	20044	2209
金属铸、锻加工	19	130	1941	326	23344	18853	1027
专用设备制造业	**13902**	**10293**	**55610**	**16813**	**431034**	**420391**	**56692**
矿山、冶金、建筑专用设备制造	853	139	2041	219	45166	44041	8104
化工、木材、非金属加工专用设备制造	236	174	3653	551	23177	23177	1968
食品、饮料、烟草及饲料生产专用设备	32	459	1608	1008	12354	9722	3616
印刷、制药、日化生产专用设备制造	3174	101	1935	752	11253	11253	807
纺织、服装和皮革工业专用设备制造	2896	5750	20830	6536	144793	140903	12245
电子和电工机械专用设备制造	113	1312	7165	2123	31673	31673	4113
农、林、牧、渔专用机械制造		131	713	144	2479	2479	1
医疗仪器设备及器械制造	4064	1246	7851	2060	72129	69803	15143
环保、社会公共安全及其他专用设备制造	2534	981	9814	3420	88010	87340	10695

计量单位：千元

主营业务应付福利费总额	本年应交增值税（不含期初未抵扣税）	本年进项税额	本年销项税额	本年实缴关税	工业中间投入合计	经营活动产生的现金流量净额	投资活动产生的现金流量净额	筹资活动产生的现金流量净额	全部从业人员平均人数（人）
35922	**224949**	**319806**	**530925**	**10188**	**2932431**	**473184**	**-296534**	**-140282**	**10993**
2212	71464	77196	148748	69	641527	98954	-74638	-30076	2026
5985	23648	29778	52245	45	650199	41978	-22587	-12826	1835
7095	27798	55386	83172	2375	458639	59130	-32953	-26251	1282
6189	39838	105564	140798	1743	510126	100183	-133756	100135	3100
12118	49344	29790	74431	4796	343804	186847	-31943	-176271	2087
1375	9293	13383	23707	909	174069	129		13790	245
948	3564	8709	7824	251	154067	-14037	-657	-8783	418
2067	**16399**	**236740**	**249139**	**17591**	**1197232**	**-81835**	**-16565**	**128640**	**1411**
36	1	1446	110		9517	457			55
2031	16398	235294	249029	17591	1187715	-82292	-16565	128640	1356
291	**2617**	**97471**	**94519**	**11**	**436227**	**30626**	**-16523**	**-14992**	**1568**
10	363	4562	4906		31471	16	10		49
281	118	11975	6543	11	81988	15169	-11687	-5757	397
	569	3191	3760		15288	3856	-36	-650	53
	1567	77743	79310		307480	11585	-4810	-8585	1069
27161	**111636**	**571676**	**655186**	**70843**	**3089493**	**368776**	**-244783**	**-67941**	**7448**
8063	42552	139543	177278	26346	849755	-28305	-167117	-17601	2498
22				3	12783	1875	5		53
10098	41848	252300	287498	29342	1194642	119473	-48131	-20749	1944
1204	14516	28310	41468	4802	179637	-3943	-5311	-23307	713
413	-3105	20850	17699	2	76880	26666	-55339	-4824	172
237	343	2266	1856	4	18601	-3876	1		96
6067	10633	94853	97546	8094	562559	242382	30406	1106	1462
1057	4849	33554	31841	2250	194636	14504	703	-2566	510
81044	**173264**	**1247030**	**1195535**	**161903**	**7155686**	**966843**	**-338953**	**296562**	**14148**
11884	-7754	183042	173007	16679	947569	202742	-6813	-13423	2849
2252	2851	32731	27093	4522	170869	2881	-41094	12916	543
1304	11125	230451	133185	27687	607699	-201361	-13276	233294	916
49607	78439	295659	337765	67146	2230460	441627	-155850	109399	3308
3967	24619	56493	75209	5145	398646	58893	4917	-61047	775
35	-9	1251	1242		8842	-112	-12		17
9174	58026	367743	414999	39971	2178390	192794	-107077	-7968	3807
2209	721	34790	16485	541	345307	259836	-6073	12465	798
612	5246	44870	16550	212	267904	9543	-13675	10926	1135
48078	**279355**	**980811**	**1223733**	**40029**	**3376889**	**658332**	**-10853**	**597642**	**13008**
8104	10968	62094	71869	2269	214015	251669	-77057	1933	712
1958	10722	33875	45383	5088	188598	20381	-15666	-2147	689
2664	3314	8852	32036	1470	67728	14966	-1265	-11075	231
807	4480	13267	17012	534	73585	12761	-1738	206	375
12216	89276	479198	565555	7217	781101	-178385	43653	233551	5138
4113	1871	14990	13158	679	109657	-53278	-43023	-28458	1124
1	676	2026	2592	230	15516	6243	-2994	1452	79
7679	111108	237055	302003	17382	1160718	398327	28925	378370	2723
10536	46940	129454	174125	5160	765971	185648	58312	23810	1937

1-25 续表 19

	广告费	劳动、失业保险费	养老保险和医疗保险	住房公积金和住房补贴	本年应付工资总额（贷方累计发生额）	主营业务应付工资总额	本年应付福利费总额（贷方累计发生额）
交通运输设备制造业	**454147**	**10060**	**96162**	**38941**	**932512**	**925188**	**101992**
铁路运输设备制造		75	1170	378	10489	7969	1039
汽车制造	453337	7399	49981	36228	647829	643025	70895
自行车制造					1177	1177	430
船舶及浮动装置制造		3	51		264	264	75
航空航天器制造	810	2583	44783	2335	271537	271537	29520
交通器材及其他交通运输设备制造			177		1216	1216	33
电气机械及器材制造业	**8150**	**4700**	**51513**	**18544**	**366725**	**349629**	**61706**
电机制造		248	4849	2409	29413	28904	6701
输配电及控制设备制造	5155	2616	26027	11255	153197	137985	24158
电线、电缆、光缆及电工器材制造	499	208	3089	1106	23196	23196	3463
电池制造		360	4333	771	36889	36889	438
家用电力器具制造	1343	104	1139	127	23268	23160	954
非电力家用器具制造	137	45	465	165	6130	6130	1022
照明器具制造	873	913	8737	2105	68281	67014	22772
其他电气机械及器材制造	143	206	2874	606	26351	26351	2198
通信设备、计算机及其他电子设备制造	**98201**	**20682**	**311965**	**118275**	**2446385**	**2386172**	**437452**
通信设备制造	51611	6557	109373	39932	826262	821780	186939
雷达及配套设备制造	33	53	1125	817	10798	10798	319
广播电视设备制造	258	237	2857	1971	25095	19568	4657
电子计算机制造	30730	5762	80501	29524	658494	637306	71121
电子器件制造	3372	4402	61283	27419	508823	484075	104898
电子元件制造	1837	2455	40822	15193	300668	298868	66356
家用视听设备制造	8333	405	6837	1814	63839	63839	2016
其他电子设备制造	2027	811	9167	1605	52406	49938	1146
仪器仪表及文化、办公用机械制造业	**99084**	**2584**	**44573**	**17249**	**317406**	**300883**	**41964**
通用仪器仪表制造	4627	1423	21513	7974	138525	133546	13630
专用仪器仪表制造	1622	246	3472	995	43289	31844	3023
钟表与计时仪器制造	24224	27	505	136	2767	2767	327
光学仪器及眼镜制造	67975	381	9243	3587	37461	37362	11685
文化、办公用机械制造	574	483	9360	4434	93098	93098	12982
其他仪器仪表的制造及修理	62	24	480	123	2266	2266	317
工艺品及其他制造业	**4005**	**284**	**5840**	**1488**	**42901**	**41932**	**3868**
工艺美术品制造	3910	201	3719	683	21043	21043	1416
日用杂品制造	65	25	463	80	9181	8651	556
煤制品制造		2	36		986	657	18
其他未列明的制造业	30	56	1622	725	11691	11581	1878
废弃资源和废旧材料回收加工业		**16**	**339**	**87**	**2397**	**2397**	
金属废料和碎屑的加工处理		16	339	87	1881	1881	
非金属废料和碎屑的加工处理					516	516	
电力、燃气及水的生产和供应业	**35**	**16779**	**33038**	**14697**	**222183**	**209134**	**33718**
电力、热力的生产和供应业		**16459**	**32664**	**14396**	**215948**	**204236**	**33083**
电力生产		16459	32664	14396	215948	204236	33083
燃气生产和供应业	**35**	**317**	**309**	**289**	**5916**	**4619**	**619**
燃气生产和供应业	35	317	309	289	5916	4619	619
水的生产和供应业		**3**	**65**	**12**	**319**	**279**	**16**
污水处理及其再生利用		3	65	12	319	279	16

计量单位：千元

主营业务应付福利费总额	本年应交增值税(不含期初未抵扣税)	本年进项税额	本年销项税额	本年实缴关税	工业中间投入合计	经营活动产生的现金流量净额	投资活动产生的现金流量净额	筹资活动产生的现金流量净额	全部从业人员平均人数(人)
101767	**922717**	**5426574**	**6324643**	**1350128**	**32420484**	**1528508**	**-2497338**	**1041716**	**22157**
962	3730	5871	9601	242	33947	17141	-4861	-1570	268
70747	910354	5279770	6181797	1333737	31476238	1423178	-2441563	1099893	18311
430		377			3313	355	3707	4000	52
75	332	1796	2129		1943				35
29520	7554	137729	129338	16149	896056	87929	-54687	-60642	3441
33	747	1031	1778		8987	-95	66	35	50
55136	**388906**	**954339**	**1261458**	**201618**	**6296258**	**780575**	**-270281**	**-479283**	**11212**
6556	24166	94588	113766	6528	487227	95322	91	-55686	801
17958	306812	560436	842826	135480	3496750	733503	-122953	-528424	3669
3463	11083	40332	40251	4361	107544	-27852	-143	-9331	581
438	-158	72081	62334	25843	908597	-141170	-6459	79864	2088
875	7337	25234	32344	439	151891	-13456	5487	18776	738
1022	1357	12085	11732	3141	29940	1784	-1361	-1544	355
22626	20699	95222	88289	14482	770201	59746	-10217	-51557	2138
2198	17610	54361	69916	11344	344108	72698	-134726	68619	842
428696	**1137312**	**10269771**	**9964772**	**407250**	**89925893**	**9069427**	**-7080003**	**3891762**	**53561**
186706	550906	5131791	4510986	186837	45994665	5769040	189736	-2363749	16500
319	5486	14972	20159	1908	125706	41261	-180	-3644	123
3048	29600	65175	62558	4977	378671	141709	-1488	37248	681
70956	378662	3127576	3428529	15719	22611012	742847	-6362261	6227859	12196
98774	134890	1049585	1104019	106839	10629798	760264	-98230	249385	10177
66356	30857	608058	596137	62558	6704553	798952	-660511	-195264	9483
2016	-30170	149084	78705	25214	2550637	690908	-139418	-60960	2558
521	37081	123530	163679	3198	930851	124446	-7651	887	1843
38707	**236812**	**726559**	**911326**	**129868**	**5339828**	**530486**	**-123446**	**-199365**	**8529**
12107	93444	386403	455870	45750	2291477	229352	-58155	6809	2955
1654	22794	81271	100889	8885	399375	-1707	-23989	54278	1063
55	6390	8557	14948	3507	119081	826	2094	-2000	106
11685	69718	27835	97179	25300	255895	99301	-24255	-81395	1286
12889	42980	221509	240023	46426	2264671	199987	-18898	-175523	3047
317	1486	984	2417		9329	2727	-243	-1534	72
3646	**-1653**	**65003**	**57794**	**3654**	**344559**	**64277**	**-7706**	**-17219**	**2282**
1307	-6409	46092	36783	3006	195213	43622	-4060	-5832	1154
503	-717	8887	6257	648	63115	4739	-1327	-105	732
	266	1889	2155		9390	-75	532	-300	98
1836	5207	8135	12599		76841	15991	-2851	-10982	298
	-508	**3059**	**2551**		**43880**	**-32742**	**-14605**	**54034**	**106**
	-508	3059	2551		26520	-20338	-14842	38649	70
					17360	-12404	237	15385	36
29419	**534131**	**224737**	**530986**		**2316694**	**1562381**	**-138159**	**-1244502**	**3570**
28797	**532117**	**217237**	**521448**		**2256658**	**1538123**	**-108300**	**-1281903**	**3293**
28797	532117	217237	521448		2256658	1538123	-108300	-1281903	3293
611	**2014**	**7500**	**9538**		**59592**	**21388**	**-32663**	**37401**	**259**
611	2014	7500	9538		59592	21388	-32663	37401	259
11					**444**	**2870**	**2804**		**18**
11					444	2870	2804		18

1-26 限额以上私营

	单位数（个）	亏损企业	年初存货	流动资产合计	#短期投资	应收帐款（净额）	存货
总计	**1706**	**348**	**5584342**	**22979427**	**131542**	**5517711**	**7725206**
一、按企业规模分							
大型企业							
中型企业	32	6	824291	4003301	22730	802556	1042343
小型企业	1674	342	4760051	18976126	108812	4715155	6682863
二、按轻重工业分							
轻工业	701	176	2204341	7918540	37693	1641588	3110947
重工业	1005	172	3380001	15060887	93849	3876123	4614259
三、按地区分							
东城区	12	2	17772	71432		17562	28203
西城区	12	3	47764	110985		19330	54797
崇文区	4	1	2384	22227		8298	7650
宣武区	13	5	13914	77139		31632	23896
朝阳区	229	41	609347	2573687	2867	858617	834987
丰台区	129	25	373168	1915765	38174	569276	520083
石景山区	34	9	70877	280795		62089	100374
海淀区	289	37	1452638	6719056	44220	1413172	1756692
门头沟区	24	4	88476	301499	2111	61443	129777
房山区	70	19	225105	854947	21700	229541	297208
通州区	129	20	288164	1428758	3652	302101	539989
顺义区	113	32	338136	1081733	5703	299843	425936
昌平区	134	23	368493	1511468	27	411928	604253
大兴区	303	74	1044966	3388626	2949	637558	1484290
怀柔区	82	7	136809	720841	1138	155314	204302
平谷区	36	14	111173	530785		109460	247971
密云县	59	24	171632	667958	3860	168273	173473
延庆县	18	5	115466	241792		39824	136580
北京经济技术开发区	16	3	108058	479934	5141	122450	154745

工业企业主要财务状况

计量单位：千元

产成品	一年内到期的长期债权投资	流动资产年平均余额	长期投资合计	#长期股权投资	长期债权投资	固定资产合计	#固定资产原价	生产经营用
3073382	**18329**	**20878071**	**1714658**	**1512480**	**66486**	**10533016**	**11472881**	**9553773**
402879		3671588	298322	208567	5860	2726973	3200591	2634236
2670503	18329	17206483	1416336	1303913	60626	7806043	8272290	6919537
1313811	8603	7168730	534455	493796	19831	4423632	4746734	3954259
1759571	9726	13709341	1180203	1018684	46655	6109384	6726147	5599514
12674		59792	170	170		18860	18252	17307
22699		99934	13830	13630		21226	31629	29646
3936		18717				2758	4827	3837
8908		82136	309	91		37229	59827	33788
288603	7338	2370902	52447	38996	5172	878612	1057977	919475
203100	30	1703231	40665	31770	6860	358371	379649	321685
32138		253094	9944	9944		76377	99926	93689
533754	6097	6129207	947235	842223	4225	1758598	2132361	1723126
44155		277800	2339			156203	172669	150940
169014	1320	779851	112638	107628	1478	387561	499896	431604
247224	35	1317880	27244	24174	3070	1495952	1560430	1248525
181775	366	979866	41736	27346	6389	904351	932028	824411
270905	80	1344585	94113	79893	14220	759088	721277	624036
644365	1298	3001456	128891	104579	17180	2215383	2289665	1887900
84239	509	667372	144036	139916	3000	459101	520711	434887
98023	504	538153	6989	3476	3466	306035	313113	278285
82463	752	629357	28363	24935	1426	394343	368135	336046
78756		238537	11520	11520		93464	89362	70122
66651		386201	52189	52189		209504	221147	124464

1-26 续表 1

	累计折旧	本年折旧	在建工程	固定资产净值年平均余额	无形资产	资产总计	流动负债合计
总　　计	**2617108**	**733327**	**1535394**	**8460814**	**1019883**	**36964177**	**18999040**
一、按企业规模分							
大型企业							
中型企业	859742	177494	369692	2226570	162897	7340323	2814812
小型企业	1757366	555833	1165702	6234244	856986	29623854	16184228
二、按轻重工业分							
轻工业	1012990	286757	655812	3528947	444376	13749511	7170751
重工业	1604118	446570	879582	4931867	575507	23214666	11828289
三、按地区分							
东城区	6815	1668	7422	10457		94237	53539
西城区	10403	1917		21555	3043	149110	86045
崇文区	2516	604		2321		25110	24202
宣武区	22599	3696	1	37507		114679	74999
朝阳区	301739	77958	117145	741375	48217	3604400	2265315
丰台区	98659	33974	74044	280567	61864	2477018	1135568
石景山区	31521	7995	7972	68433	7082	377154	231054
海淀区	575494	111480	178996	1557728	305137	9840865	4048298
门头沟区	31969	10988	15522	123716	9906	471962	261766
房山区	175600	25703	51513	322186	9026	1371557	845289
通州区	323110	112738	249850	1139312	54251	3037074	1551234
顺义区	158136	62306	126972	723900	82291	2170095	1251763
昌平区	161325	60612	166018	549498	142949	2541225	1424458
大兴区	438211	138446	322230	1773192	161366	6090562	3265399
怀柔区	106603	28659	40234	401297	27934	1353549	697155
平谷区	38108	9496	30248	191939	2046	845857	428926
密云县	67580	20190	90713	294942	36141	1191343	752961
延庆县	28824	7087	32926	58620	12628	361029	190250
北京经济技术开发区	37896	17810	23588	162269	56002	847351	410819

计量单位：千元

#短期借款	应付账款	长期负债合计	#长期借款	应付债券	负债合计	所有者权益合计	#实收资本	国家资本
4006159	**6303558**	**1529556**	**1067959**	**51**	**20528596**	**16435581**	**9437286**	**13388**
950428	698729	351140	192584		3165952	4174371	1530673	
3055731	5604829	1178416	875375	51	17362644	12261210	7906613	13388
1719753	2497713	977696	703085		8148447	5601064	3567878	2043
2286406	3805845	551860	364874	51	12380149	10834517	5869408	11345
	27654	9799	5799		63338	30899	16700	
3500	35537	2636	2577		88681	60429	44600	
	13205				24202	908	2500	
6427	32565	7621	1263		82620	32059	25521	
418247	1028888	81888	34594		2347203	1257197	982897	350
172687	402720	36223	31233		1171791	1305227	593772	
42574	85165	21808	18907		252862	124292	96821	160
779324	1155085	226510	173178		4274808	5566057	2541264	3733
2717	140529	11158	9000		272924	199038	114022	
181728	268218	32939	28725		878228	493329	325106	300
363012	371397	95433	35882		1646667	1390407	556776	
361043	434073	134912	70904		1386675	783420	624255	
296921	560713	83130	62860		1507588	1033637	638158	400
785681	881804	569779	392152		3835178	2255384	1506683	
147516	190269	38957	35207		736112	617437	399982	
102997	167279	107307	107307		536233	309624	267032	8445
158595	323137	53188	52223	51	806149	385194	290492	
48574	62552	12919	6148		203169	157860	123792	
134616	122768	3349			414168	433183	286913	

1-26 续表 2

	集体资本	法人资本	#国家法人	集体法人	个人资本	港澳台资本	外商资本
总　计	**36529**	**1995072**	**29684**	**619076**	**7303400**	**38280**	**50617**
一、按企业规模分							
大型企业							
中型企业		203447		4900	1327226		
小型企业	36529	1791625	29684	614176	5976174	38280	50617
二、按轻重工业分							
轻工业	7427	1008803	8372	295870	2545480	3780	345
重工业	29102	986269	21312	323206	4757920	34500	50272
三、按地区分							
东城区		500		500	16200		
西城区		8690	150	1040	35910		
崇文区		500		500	2000		
宣武区		5980		200	19541		
朝阳区		283019		139389	699528		
丰台区		88765		33422	505007		
石景山区		13281		13281	83380		
海淀区	7200	520029	16821	178397	1963730	3780	42792
门头沟区	550	15277		2457	98195		
房山区		56121		21872	268685		
通州区		190689	400	72379	358607		7480
顺义区	50	197062		25905	427143		
昌平区		128062		41380	499696	10000	
大兴区	3930	226520		53635	1276233		
怀柔区	10120	79344		3999	310173		345
平谷区	11344	62600		16000	184643		
密云县	3297	64211		13920	218484	4500	
延庆县	38	27009		800	96745		
北京经济技术开发区		27413	12313		239500	20000	

计量单位：千元

主营业务收入	直接出口产品销售收入	主营业务成本	营业费用	主营业务税金及附加	其他业务收入	其他业务利润	管理费用	#税金
33494477	**1653966**	**27430171**	**1911071**	**145512**	**513555**	**134266**	**2425296**	**41904**
4979465	388905	3745225	447736	22988	98499	13868	397125	6015
28515012	1265061	23684946	1463335	122524	415056	120398	2028171	35889
13009021	1000340	10682878	816476	48935	94821	33043	858648	18923
20485456	653626	16747293	1094595	96577	418734	101223	1566648	22981
142159		113027	9489	503	294	125	12448	71
157129		133841	9720	478	7440	2917	15426	773
34899		22958	5582	285	502	502	6473	33
130206	6099	106738	5441	468	1479	1344	19057	788
3507713	49196	3019971	177218	11270	26478	8670	229889	4153
2456187	102776	1917734	171844	10793	30089	14912	180057	1536
354826	3793	300952	19008	1509	23928	1582	36417	376
8363534	398005	6245093	624303	37685	157227	40804	740748	7669
580838	8486	458987	39874	2332	12028	5449	36904	786
1459468	36016	1259683	72169	9557	44668	4423	86359	1039
2463848	258017	2198454	71636	7275	37908	4057	119381	5607
1748446	43951	1512059	79136	10790	8117	5151	107384	3050
1975311	78360	1582817	105471	8879	32430	13826	163731	1776
5148277	274936	4382602	256730	23846	104083	20923	340512	8471
1841262	63124	1566593	53003	4946	10685	716	109786	1177
1107724	17205	950467	75965	2368	3620	285	50106	349
1333807	257184	1161298	59802	7106	5284	2592	89169	2474
315950	56297	252329	29102	1103	947	-281	23721	391
372893	521	244568	45578	4319	6348	6269	57728	1385

1-26 续表 3

	财产保险费	差旅费	工会经费	办公费	职工教育费	排污费	财务费用
总　　计	**19299**	**154852**	**10073**	**193781**	**14538**	**2253**	**215753**
一、按企业规模分							
大型企业							
中型企业	3758	32232	1504	11060	2559	136	43321
小型企业	15541	122620	8569	182721	11979	2117	172432
二、按轻重工业分							
轻工业	6725	48693	3625	64782	5326	1001	106129
重工业	12574	106159	6448	128999	9212	1252	109624
三、按地区分							
东城区	6	706	19	1063	212		439
西城区	112	1198	77	3968	34	21	189
崇文区	58	132		674			-11
宣武区	79	1066	101	1223	66	30	361
朝阳区	1499	15650	609	19120	1439	150	23255
丰台区	2948	11257	1805	22668	1619	169	9043
石景山区	115	3087	54	2899	125	9	424
海淀区	2027	34246	2485	42338	3772	57	32457
门头沟区	144	1551	308	6688	270	2	817
房山区	1312	4385	574	6090	604	70	9001
通州区	3438	7198	752	11268	729	222	14605
顺义区	1057	6334	546	8819	1185	523	18639
昌平区	1435	8351	505	12405	798	73	12483
大兴区	2033	18669	847	28936	1676	341	58253
怀柔区	2256	5214	593	9930	1066	464	10654
平谷区	181	7583	273	4419	248	12	7115
密云县	403	23642	390	6849	396	68	6980
延庆县	84	1666	27	1321	88	13	4131
北京经济技术开发区	112	2917	108	3103	211	29	6918

计量单位：千元

利息支出（净额）	营业利润	投资收益	补贴收入	营业外收入	营业外支出	利润总额	应交所得税	可供分配利润
174794	**1500940**	**141837**	**143914**	**90684**	**47058**	**1733957**	**282081**	**1448403**
36387	336938	35324	29504	7509	11949	331559	50833	236235
138407	1164002	106513	114410	83175	35109	1402398	231248	1212168
85741	528998	78734	63862	63234	20544	613516	79135	474253
89053	971942	63103	80052	27450	26514	1120441	202946	974150
402	6378	21	17		175	6347	500	8776
160	392		1112	1013		2510	523	5378
-12	114			9	66	57	53	-656
357	-515			1104	155	401	1022	1201
20044	54780	2455	22396	4872	7552	78573	19345	84392
7199	181628	-128	11743	1589	2455	192308	25285	162970
226	-1902		171	939	239	-1666	1179	2388
25622	724052	62748	58147	5563	14345	784099	84964	651097
689	47373	1	4426	483	126	50379	15818	31133
8585	27122	143	3079	2992	1415	31960	9843	80050
11000	56554	17	1156	1003	2051	59485	18989	59610
14721	25589		3221	5345	3841	29459	9112	27137
9174	115756	462	8496	4190	4655	121625	14263	107347
48794	107257	32473	11258	16964	6410	161282	45052	137887
8318	96996	43238	493	43588	1152	140263	21426	35963
6945	21988		13330	303	521	34548	1633	810
6633	12044	799	2942	663	1258	15939	7764	25816
4041	5283		1338	58	164	6493	2900	5641
1896	20051	-392	589	6	478	19895	2410	21463

1-26 续表 4

	广告费	劳动、失业保险费	养老保险和医疗保险	住房公积金和住房补贴	本年应付工资总额（贷方累计发生额）	主营业务应付工资总额	本年应付福利费总额（贷方累计发生额）
总计	**123970**	**22480**	**104456**	**12157**	**2070829**	**1954863**	**250282**
一、按企业规模分							
大型企业							
中型企业	30238	5026	23451	1170	358803	351224	45947
小型企业	93732	17454	81005	10987	1712026	1603639	204335
二、按轻重工业分							
轻工业	72024	7788	36487	2407	860189	812307	97776
重工业	51946	14692	67969	9750	1210640	1142556	152506
三、按地区分							
东城区	484	100	546	10	6030	5977	633
西城区	349	50	899	130	13810	13516	1765
崇文区	346	31	590		5310	5310	431
宣武区	67	339	2250	259	12905	12852	1831
朝阳区	15113	2602	14759	1496	197523	183341	22244
丰台区	3412	419	5439	466	144256	137008	16330
石景山区	316	195	1941	105	28504	26853	3283
海淀区	52847	8830	32102	4150	458400	425166	64570
门头沟区	841	293	3496	160	40593	39904	5388
房山区	2098	2594	8647	1025	77054	72025	8389
通州区	2671	286	3736	641	146636	137751	14372
顺义区	5352	520	2695	63	129957	120914	17173
昌平区	3737	770	5329	699	136140	127478	19454
大兴区	10892	2683	12491	1806	339907	324669	39294
怀柔区	937	834	2768	42	103339	99869	13299
平谷区	407	42	306	62	49509	47318	2496
密云县	1525	906	3134	775	121853	118967	13885
延庆县	1347	65	534	55	26645	24569	2826
北京经济技术开发区	21229	921	2794	213	32458	31376	2619

计量单位：千元

主营业务应付福利费总额	本年应交增值税（不含期初未抵扣税）	本年进项税额	本年销项税额	本年实缴关税	工业中间投入合计	经营活动产生的现金流量净额	投资活动产生的现金流量净额	筹资活动产生的现金流量净额	全部从业人员平均人数（人）
232525	**1039741**	**3758097**	**4639216**	**60453**	**25002814**	**2343637**	**-715124**	**1522370**	**147262**
43505	179830	458084	631414	24473	3248126	181552	-217725	410080	20311
189020	859911	3300013	4007802	35980	21754688	2162085	-497399	1112290	126951
91191	363846	1432315	1717622	10837	10116135	1023476	-227237	498423	72496
141334	675895	2325782	2921594	49616	14886679	1320161	-487887	1023947	74766
626	5803	18067	23288	33	111216	9433	-1460	-597	469
1765	5416	20402	25817	38	140600	7630	-670	1507	802
431	2538	3430	5953		21364	-1309	-74		295
1831	4841	17392	22082	365	104961	-3012	-862	-143	756
20969	105397	359143	453640	6301	2822550	245424	-81156	108531	14357
14851	83104	274720	335764	2015	1579980	101125	-50497	270277	8474
3037	10278	50508	59924	250	302174	38498	-29158	29909	1977
59918	304677	828938	1105667	28829	5208470	481725	-113599	279546	18501
5320	21706	60548	82066	194	458296	98730	14656	36326	2449
7442	35630	190543	216662	99	1149346	65900	-20092	19584	6525
12785	55191	336483	359522	1958	2054654	145911	-144098	294553	12080
14797	53072	223912	272734	458	1350127	219887	-85970	101193	11931
18290	64910	205932	267034	10939	1424706	204781	-12027	31530	11885
37284	146039	653871	770154	5939	4273452	366352	-70161	206837	28316
11948	46238	188754	227701	1100	1501382	248788	-41552	59097	9088
2386	6624	98538	103809	58	1010618	64721	-33411	68927	4088
13737	54713	150392	203452	1145	1001404	52816	-21545	-2647	11802
2686	13877	36465	45700		269334	17052	-4427	1956	2342
2422	19687	40059	58247	732	218180	-20815	-19021	15984	1125

1-27 按行业中类分限额以上

	单位数（个）	亏损企业	年初存货	流动资产合计	#短期投资	应收帐款（净额）
总计	**1706**	**348**	**5584342**	**22979427**	**131542**	**5517711**
采矿业	**5**		**8016**	**29442**		**5939**
黑色金属矿采选业	**3**		**6607**	**20226**		**3285**
铁矿采选	3		6607	20226		3285
非金属矿采选业	**2**		**1409**	**9216**		**2654**
土砂石开采	1		359	3786		2348
石棉及其他非金属矿采选	1		1050	5430		306
制造业	**1697**	**347**	**5573793**	**22917165**	**131542**	**5506469**
农副食品加工业	**87**	**26**	**351632**	**1340407**	**3039**	**233295**
谷物磨制	5	3	133774	323423	302	6886
饲料加工	36	11	97581	570968	1030	153956
植物油加工	2		1595	5899		1723
制糖	1	1	3983	11073		1383
屠宰及肉类加工	30	8	90732	340751		60625
水产品加工	2		2080	5962		1734
蔬菜、水果和坚果加工	7	2	11724	43274	1107	4323
其他农副食品加工	4	1	10163	39057	600	2665
食品制造业	**60**	**15**	**181389**	**719369**	**5651**	**167279**
焙烤食品制造	21	7	28871	118110		24896
糖果、巧克力及蜜饯制造	4		10313	50770	58	7311
方便食品制造	5		33591	85823		20236
液体乳及乳制品制造	3	2	9108	72912	20	4109
罐头制造	1		9272	34410		20707
调味品、发酵制品制造	5	1	18708	41229		2986
其他食品制造	21	5	71526	316115	5573	87034
饮料制造业	**12**	**1**	**36084**	**278423**		**45064**
酒精制造	1		137	1271		1265
酒的制造	2	1	12841	24297		5836
软饮料制造	9		23106	252855		37963
纺织业	**48**	**9**	**130069**	**370507**		**87270**
棉、化纤纺织及印染精加工	6		22328	68100		7607
纺织制成品制造	14	1	28036	103025		34986
针织品、编织品及其制品制造	28	8	79705	199382		44677
纺织服装、鞋、帽制造业	**107**	**41**	**566748**	**1368294**	**2613**	**284373**
纺织服装制造	104	40	562114	1353987	2611	284048
纺织面料鞋的制造	3	1	4634	14307	2	325
皮革、毛皮、羽毛(绒)及其制品业	**14**	**6**	**18293**	**74339**	**2123**	**9032**
皮革制品制造	11	5	11611	55708	2123	6476
毛皮鞣制及制品加工	3	1	6682	18631		2556
木材加工及木、竹、藤、棕、草制品	**12**	**3**	**57667**	**101375**		**18601**
锯材、木片加工	2	2	25169	27719		2355
人造板制造	4		13597	34325		6536
木制品制造	6	1	18901	39331		9710

私营工业企业主要财务状况

计量单位：千元

存货	产成品	一年内到期的长期债权投资	流动资产年平均余额	长期投资合计	#长期股权投资	长期债权投资	固定资产合计	#固定资产原价	生产经营用
7725206	**3073382**	**18329**	**20878071**	**1714658**	**1512480**	**66486**	**10533016**	**11472881**	**9553773**
8790	**6841**		**30892**	**2480**	**2480**		**30844**	**33745**	**33578**
8259	**6319**		**21682**	**2480**	**2480**		**28577**	**31370**	**31203**
8259	6319		21682	2480	2480		28577	31370	31203
531	**522**		**9210**				**2267**	**2375**	**2375**
272	272		3780				2192	2300	2300
259	250		5430				75	75	75
7707071	**3066541**	**18329**	**20819486**	**1712178**	**1510000**	**66486**	**10458177**	**11382534**	**9469458**
503419	**83197**	**2072**	**1188278**	**14568**	**10199**	**4139**	**685362**	**639746**	**522048**
222321	2904		259603	8100	8100		86430	81721	48118
107692	15508	752	479138	2859	1979	700	94435	111749	82862
2520	550		4831				522	357	357
4790	1050		9834				4368	6661	4796
122730	45818	1320	356174	3469	100	3369	400054	371222	330114
2694	1483		5912				725	1101	806
23069	7970		41794	120		70	55321	27167	15227
17603	7914		30992	20	20		43507	39768	39768
271419	**113286**		**689296**	**10991**	**2567**	**3522**	**294497**	**341183**	**288120**
49358	8409		100694	5612	710		69657	87943	74422
21730	3484		34477	50	50		15254	16358	16334
44568	10021		82969	12	12		10595	16188	16009
11070	7393		72392	830	830		60264	45831	36669
12639			60681	40	40		40033	54501	50306
24212	20967		42257				29026	28544	25149
107842	63012		295826	4447	925	3522	69668	91818	69231
66607	**22356**		**237666**	**125264**	**125264**		**208704**	**213094**	**202978**
			1112				646	772	772
12817	6869		23000				9012	8231	7579
53790	15487		213554	125264	125264		199046	204091	194627
183019	**96819**		**333465**	**13410**	**13410**		**124711**	**148286**	**104060**
31922	21562		57489	1020	1020		55119	64682	33372
46659	20738		91469	160	160		29237	29964	27253
104438	54519		184507	12230	12230		40355	53640	43435
737688	**383546**	**5700**	**1215090**	**35155**	**30935**	**4060**	**493696**	**568113**	**447033**
728302	376537	5700	1197339	35155	30935	4060	485541	559510	438755
9386	7009		17751				8155	8603	8278
32530	**13466**		**67976**	**3450**	**3450**		**25250**	**21103**	**19009**
21326	8952		48662	2250	2250		11965	6742	5641
11204	4514		19314	1200	1200		13285	14361	13368
66744	**9697**	**1298**	**103715**	**1030**		**1030**	**32167**	**34888**	**25327**
24106	200		27759				13458	13489	5301
18770	6662		33108	1030		1030	14396	16095	15725
23868	2835	1298	42848				4313	5304	4301

1-27 续表 1

	单位数（个）	亏损企业	年初存货	流动资产合计	#短期投资	应收帐款（净额）
家具制造业	**39**	**7**	**143255**	**483336**		**50803**
木质家具制造	25	5	121627	382520		25664
金属家具制造	8	2	9455	72550		20471
其他家具制造	6		12173	28266		4668
造纸及纸制品业	**35**	**10**	**62209**	**209699**		**58324**
造纸	11	2	27740	73529		17372
纸制品制造	24	8	34469	136170		40952
印刷业和记录媒介的复制	**79**	**12**	**127422**	**596883**	**50**	**138460**
印刷	76	11	125856	588348	50	135016
装订及其他印刷服务活动	2	1	385	4133		1669
记录媒介的复制	1		1181	4402		1775
文教体育用品制造业	**11**	**1**	**41803**	**145212**		**31971**
文化用品制造	1		2171	7909		2533
体育用品制造	5	1	7736	64205		18093
乐器制造	3		19525	38353		5789
玩具制造	1		1	4015		956
游艺器材及娱乐用品制造	1		12370	30730		4600
石油加工、炼焦及核燃料加工业	**17**	**5**	**40700**	**94143**		**8515**
精炼石油产品的制造	17	5	40700	94143		8515
化学原料及化学制品制造业	**104**	**17**	**237395**	**1190162**	**741**	**297008**
基础化学原料制造	13	2	7649	44366	108	18775
肥料制造	7	2	41050	242473		31768
农药制造	2	1	2571	9851		2103
涂料、油墨、颜料及类似产品制造	29	4	47605	238778	130	68248
合成材料制造	12	2	18621	56286	3	12351
专用化学产品制造	33	4	108808	549022	500	149096
日用化学产品制造	8	2	11091	49386		14667
医药制造业	**33**	**6**	**132359**	**569580**	**7012**	**133496**
化学药品原药制造	1		4996	46029		6664
化学药品制剂制造	7	2	31540	206160	7012	33292
中药饮片加工	6	1	11024	46452		30672
中成药制造	5	2	48837	84979		11698
兽用药品制造	5		16044	58968		13562
生物、生化制品的制造	6		19306	77168		22194
卫生材料及医药用品制造	3	1	612	49824		15414
化学纤维制造业	**7**	**2**	**24772**	**116402**		**19824**
纤维素纤维原料及纤维制造	2	1	1177	3984		2068
合成纤维制造	5	1	23595	112418		17756
橡胶制品业	**10**	**2**	**18827**	**86071**	**20000**	**11086**
橡胶板、管、带的制造	2	1	751	3717		1298
橡胶零件制造	5		5983	60763	20000	8401
日用及医用橡胶制品制造	2		10340	15838		1387
其他橡胶制品制造	1	1	1753	5753		

计量单位：千元

存货	产成品	一年内到期的长期债权投资	流动资产年平均余额	长期投资合计	#长期股权投资	长期债权投资	固定资产合计	#固定资产原价	生产经营用
246609	**75341**		**426866**	**13947**	**13947**		**302742**	**255080**	**173202**
202902	63518		327544	13947	13947		241182	205497	129068
27179	7657		68936				29108	17853	14156
16528	4166		30386				32452	31730	29978
90657	**27855**		**209484**	**4104**	**4104**		**109742**	**139443**	**122220**
40437	11239		70395	111	111		43902	59825	46828
50220	16616		139089	3993	3993		65840	79618	75392
192070	**70151**		**561181**	**32250**	**31620**		**874241**	**994527**	**872926**
189640	70131		552939	32250	31620		866447	971024	853219
336	20		4162				7472	22973	19177
2094			4080				322	530	530
52950	**27356**		**145120**	**18160**	**18160**		**74290**	**77978**	**75157**
3232	2150		9205	30	30		7037	8197	8197
11822	7637		67152	16780	16780		6471	7195	6143
24626	9564		33839	540	540		11296	11631	10482
1050	505		3424	500	500		2706	2095	1475
12220	7500		31500	310	310		46780	48860	48860
53002	**15797**		**83351**				**75234**	**47892**	**43223**
53002	15797		83351				75234	47892	43223
385025	**149809**	**1013**	**1112264**	**236151**	**228552**	**7366**	**1120835**	**1290318**	**1032621**
12815	5419		39360				24348	29912	27389
140450	34824	504	242577	6944	3466	3466	84622	90532	72536
4734	3481		8234	700	700		1712	2467	1436
62413	22163	509	192107	176591	173581	3010	114605	111079	85868
25238	13824		52972	4379	3268	890	16564	30394	23868
123194	62980		537375	46820	46820		812459	963578	788173
16181	7118		39639	717	717		66525	62356	33351
153809	**89043**	**30**	**508705**	**30415**	**18348**		**408547**	**396378**	**284528**
6960	4749		42463				23980	29108	27300
49464	21027		165251	12307	12307		215362	204126	115784
11496	9761	30	34696	47			14692	8279	7629
41226	25113		96310	12020			56477	50838	45720
21691	13957		44430	3998	3998		6087	6472	5750
21439	13560		81592	2043	2043		53874	54059	46612
1533	876		43963				38075	43496	35733
66329	**33840**		**116345**	**4700**	**4700**		**184641**	**200920**	**199536**
1313	573		3340				1379	2305	2305
65016	33267		113005	4700	4700		183262	198615	197231
26118	**11653**		**83626**	**1868**		**748**	**23034**	**22593**	**13383**
1574	572		3373				808	925	883
8827	2956		59658	1868		748	18520	15225	11126
11322	5044		13968				2366	5103	402
4395	3081		6627				1340	1340	972

1-27 续表 2

	单位数(个)	亏损企业	年初存货	流动资产合计	#短期投资	应收帐款(净额)
塑料制品业	**86**	**26**	**152462**	**506899**	**545**	**140905**
塑料薄膜制造	8	3	7089	37161		12038
塑料板、管、型材的制造	9	1	13679	47933		14691
塑料丝、绳及编织品的制造	7		16375	45611		19340
泡沫塑料制造	13	2	13792	51460		13894
塑料包装箱及容器制造	22	10	26772	120316	545	55418
塑料零件制造	2	1	1821	9238		885
日用塑料制造	21	8	72177	172248		19185
其他塑料制品制造	4	1	757	22932		5454
非金属矿物制品业	**109**	**23**	**510377**	**2139225**	**3573**	**905592**
水泥、石灰和石膏的制造	1		1502	2237		607
水泥及石膏制品制造	46	14	345375	1542548	1903	700595
砖瓦、石材及其他建筑材料制造	27	3	58006	187668		65473
玻璃及玻璃制品制造	19	4	39899	155686		36618
耐火材料制品制造	6		2929	55452	1670	35370
石墨及其他非金属矿物制品制造	10	2	62666	195634		66929
黑色金属冶炼及压延加工业	**19**	**6**	**27872**	**116983**	**1966**	**23423**
炼钢	1		497	1270		25
钢压延加工	18	6	27375	115713	1966	23398
有色金属冶炼及压延加工业	**28**	**2**	**62383**	**279422**	**994**	**78515**
常用有色金属冶炼	1	1	1237	8039		950
稀有稀土金属冶炼	3		15262	46955		3215
有色金属合金制造	4		2692	78116		17379
有色金属压延加工	20	1	43192	146312	994	56971
金属制品业	**155**	**31**	**461167**	**2261122**	**6394**	**385499**
结构性金属制品制造	113	22	374020	1556864	5273	251788
金属工具制造	6	2	7337	42698		8004
集装箱及金属包装容器制造	7	1	23857	139433		27311
金属丝绳及其制品的制造	1		110	4425		555
建筑、安全用金属制品制造	11	3	36456	375956		69695
金属表面处理及热处理加工	2		6277	17296	1121	7823
搪瓷制品制造	1	1	1532	2155		966
不锈钢及类似日用金属制品制造	5	1	5257	42342		1941
其他金属制品制造	9	1	6321	79953		17416
通用设备制造业	**107**	**16**	**493388**	**2143811**		**474005**
锅炉及原动机制造	6		22292	69093		13446
金属加工机械制造	11	3	8562	43076		14191
起重运输设备制造	1		8295	22249		10296
泵、阀门、压缩机及类似机械的制造	23	4	101779	284127		107786
轴承、齿轮、传动和驱动部件的制造	1		3766	9123		701
烘炉、熔炉及电炉制造	4	2	5419	47092		16384
风机、衡器、包装设备等通用设备制造	41	5	308633	1556918		290621
通用零部件制造及机械修理	10	1	5283	43225		8204
金属铸、锻加工	10	1	29359	68908		12376

计量单位：千元

存货	产成品	一年内到期的长期债权投资	流动资产年平均余额	长期投资合计	#长期股权投资	长期债权投资	固定资产合计	#固定资产原价	生产经营用
207198	**129230**	**80**	**451818**	**12540**	**7540**	**5000**	**225598**	**267139**	**245924**
17071	10745		34346	1200	1200		10576	12443	10652
17377	10820		41569				34875	42331	41381
16354	13421		43009	6330	6330		14417	12105	9879
20041	14850		45931	10	10		12029	15336	14755
41629	21782	80	105048	5000		5000	49212	58942	51230
3033	234		8225				2958	1511	1511
89856	57159		155936				94859	115661	109821
1837	219		17754				6672	8810	6695
731962	**340463**		**1928122**	**37541**	**32781**	**2940**	**1019278**	**1209426**	**1095377**
1340	817		2106				1470	1686	1598
540364	266687		1380407	23664	21674	170	694873	839780	764730
70116	41147		180116	10107	10107		150367	172447	150074
51851	18562		126225	500	500		113442	110753	99140
7361	1627		51837	3270	500	2770	23892	26668	25672
60930	11623		187431				35234	58092	54163
46258	**7622**		**113004**	**3000**		**3000**	**53961**	**51597**	**41312**
24			1608				3508	1252	1084
46234	7622		111396	3000		3000	50453	50345	40228
138353	**99872**		**240309**	**1020**	**1020**		**78018**	**91419**	**74159**
5213			8039				1357	1725	532
16712	9052		48242	1000	1000		8279	9230	6285
52275	42508		45052				3122	3901	3586
64153	48312		138976	20	20		65260	76563	63756
712229	**299283**	**401**	**1936252**	**244691**	**144580**	**5280**	**1221443**	**1073356**	**867841**
533734	201874	35	1362244	143258	44039	5210	839956	857468	751492
12264	8189		38362	4382	4000	70	23423	32025	30750
27232	4661		117208	89220	89220		55939	27970	19643
2310			4105				900	950	950
89761	57548		298759	7321	7321		264251	117805	38195
			15153				7312	10188	4831
847	16		3773	510			5078	3855	3855
31917	22038		41080				10789	10054	6923
14164	4957	366	55568				13795	13041	11202
632704	**167032**		**2043085**	**254873**	**253308**	**1000**	**1034120**	**1261823**	**1043734**
30542	9202		60557	10			17614	21267	19667
9716	4331		41407				12428	15447	13294
9390			20241	518			3170	3913	3913
128590	33367		288574	63031	62994		147744	134223	114987
8159	6608		7145				425	528	469
4156	2477		35845	420	420		4343	5329	4117
396835	79989		1492049	186673	185673	1000	746806	981764	795138
7651	255		39933	4221	4221		75498	77833	72493
37665	30803		57334				26092	21519	19656

1-27 续表 3

	单位数（个）	亏损企业	年初存货	流动资产合计	#短期投资	应收帐款（净额）
专用设备制造业	**116**	**9**	**356825**	**1605389**	**12786**	**366708**
矿山、冶金、建筑专用设备制造	23	3	52745	267110		103638
化工、木材、非金属加工专用设备制造	11	3	29702	281770		23619
食品、饮料、烟草及饲料生产专用设备	1		3359	21052		1002
印刷、制药、日化生产专用设备制造	8		30912	82694		13572
纺织、服装和皮革工业专用设备制造	4		7001	28350		10835
电子和电工机械专用设备制造	13		11645	144122		46665
农、林、牧、渔专用机械制造	3		13942	29575		4515
医疗仪器设备及器械制造	21	1	106348	394074	12786	85470
环保、社会公共安全及其他专用设备制造	32	2	101171	356642		77392
交通运输设备制造业	**72**	**14**	**205339**	**896974**	**12484**	**181292**
铁路运输设备制造	8		45930	215705		52236
汽车制造	59	13	152546	652218	12484	124988
自行车制造	1	1	2458	5892		1344
航空航天器制造	1		1265	10025		
交通器材及其他交通运输设备制造	3		3140	13134		2724
电气机械及器材制造业	**119**	**18**	**487915**	**1530337**	**6608**	**410513**
电机制造	12	1	45787	251322	2000	47355
输配电及控制设备制造	72	12	358576	882626	1230	285960
电线、电缆、光缆及电工器材制造	11	1	32989	147531	350	40066
电池制造	3		4711	19030		2228
家用电力器具制造	5	1	28160	110388		2760
非电力家用器具制造	2	1		36963	3028	4557
照明器具制造	10	2	15317	60922		17870
其他电气机械及器材制造	4		2375	21555		9717
通信设备、计算机及其他电子设备制造	**104**	**21**	**458856**	**2671344**	**32438**	**644263**
通信设备制造	25	5	134171	1023831	32000	290313
广播电视设备制造	9	1	16907	69278		7904
电子计算机制造	34	9	205487	1033447	297	180619
电子器件制造	11	3	21327	110315		41951
电子元件制造	11	1	19066	140937	141	59589
家用视听设备制造	4		6913	86794		3861
其他电子设备制造	10	2	54985	206742		60026
仪器仪表及文化、办公用机械制造业	**78**	**10**	**131077**	**766665**	**11809**	**216453**
通用仪器仪表制造	54	7	87210	450633	11709	134436
专用仪器仪表制造	16	2	31979	229836	100	54194
光学仪器及眼镜制造	3		7344	25786		5151
文化、办公用机械制造	3	1	1369	30976		7921
其他仪器仪表的制造及修理	2		3175	29434		14751
工艺品及其他制造业	**27**	**7**	**55186**	**239962**	**716**	**84718**
工艺美术品制造	11	4	39378	170628	101	59691
日用杂品制造	5		7518	23072		6402
煤制品制造	3	1	4779	12819		544
其他未列明的制造业	8	2	3511	33443	615	18081
废弃资源和废旧材料回收加工业	**2**	**1**	**322**	**14830**		**182**
金属废料和碎屑的加工处理	1	1	259	14404		182
非金属废料和碎屑的加工处理	1		63	426		
电力、燃气及水的生产和供应业	**4**	**1**	**2533**	**32820**		**5303**
电力、热力的生产和供应业	**1**	**1**	**2081**	**22809**		
热力生产和供应	1	1	2081	22809		
燃气生产和供应业	**2**		**303**	**6492**		**4321**
燃气生产和供应业	2		303	6492		4321
水的生产和供应业	**1**		**149**	**3519**		**982**
自来水的生产和供应	1		149	3519		982

计量单位：千元

存货	产成品	一年内到期的长期债权投资	流动资产年平均余额	长期投资合计	#长期股权投资	长期债权投资	固定资产合计	#固定资产原价	生产经营用
484157	**165204**		**1456351**	**61349**	**49629**	**800**	**366424**	**396753**	**343759**
70669	25247		225696	3339	2039		32268	40132	29137
90472	10788		258251	7920			141468	145240	144859
2015	755		19760	7727	7727		4206	5658	4969
32849	10814		78998	2700	1900	800	16242	18969	17501
8363	790		27974	1023	1023		7839	11962	8756
22663	1253		128612	2387	2387		23268	21522	18778
15069	11195		26880	500			7039	10299	10299
110284	68152		359780	31743	31743		56140	57803	49184
131773	36210		330400	4010	2810		77954	85168	60276
250594	**76925**		**789257**	**94488**	**84253**	**9500**	**317940**	**355914**	**283081**
28594	817		169348	8100	8100		48432	35230	33599
211517	71595		596347	86388	76153	9500	262070	311119	243499
3326	1220		5840				1991	1991	890
3985	3195		5950				542	577	134
3172	98		11772				4905	6997	4959
498196	**203981**	**7338**	**1414178**	**269355**	**254200**	**7826**	**407257**	**450206**	**376778**
62690	36638		197205	5219	4719	500	57440	68379	62942
327858	106804		850794	257922	246106	7326	183753	180000	141060
34168	26805		149605				65137	81207	66563
9335	692		15656				19392	21781	20886
31220	20758		102818	2639	300		28198	36967	24783
10562	4411		25010				6191	8294	7719
21317	7818	212	58514	2825	2325		43219	49407	48667
1046	55	7126	14576	750	750		3927	4171	4158
602524	**225672**		**2450158**	**87268**	**76943**	**10175**	**446111**	**509374**	**377105**
200351	72011		892760	22495	22300	195	97127	123818	96977
28129	8432		57065	3470	2440	1030	11121	7955	6505
221825	69158		981804	50544	47544	3000	112593	91004	46760
41169	17308		109806				45773	59504	29244
30304	19247		138236	8709	2759	5950	91171	119333	91431
2701	1485		77823				32418	41185	41185
78045	38031		192664	2050	1900		55908	66575	65003
202830	**85901**	**397**	**675077**	**92064**	**92064**		**141874**	**155608**	**136952**
137453	65824		391396	65151	65151		81995	91566	84604
41461	10728	397	208164	26913	26913		54442	55976	44629
12806	5671		21704				2628	3543	3542
5688	372		32354				1156	1355	1355
5422	3306		21459				1653	3168	2822
69751	**41857**		**226520**	**8526**	**8426**	**100**	**103625**	**162872**	**152560**
44246	30255		169438	8526	8426	100	82632	138366	131040
9734	3534		20491				11831	13631	12069
6358	2417		10527				4702	4687	4549
9413	5651		26064				4460	6188	4902
2320	**287**		**12927**				**4835**	**5505**	**5505**
2033			12530				4419	5004	5004
287	287		397				416	501	501
9345			**27693**				**43995**	**56602**	**50737**
7064			**22076**				**33569**	**53592**	**47727**
7064			22076				33569	53592	47727
1405			**3133**				**10270**	**2822**	**2822**
1405			3133				10270	2822	2822
876			**2484**				**156**	**188**	**188**
876			2484				156	188	188

1-27 续表 4

	累计折旧	本年折旧	在建工程	固定资产净值年平均余额	无形资产	资产总计
总　计	**2617108**	**733327**	**1535394**	**8460814**	**1019883**	**36964177**
采矿业	**5160**	**2207**	**2259**	**29040**	**270**	**63436**
黑色金属矿采选业	**4850**	**2133**	**2057**	**26975**	**270**	**51905**
铁矿采选	4850	2133	2057	26975	270	51905
非金属矿采选业	**310**	**74**	**202**	**2065**		**11531**
土砂石开采	310	74	202	1990		6026
石棉及其他非金属矿采选				75		5505
制造业	**2589903**	**726841**	**1523697**	**8394917**	**1018647**	**36822960**
农副食品加工业	**94678**	**27408**	**122694**	**470363**	**74832**	**2119734**
谷物磨制	15239	5085	19947	79210	17474	436235
饲料加工	36307	9919	3132	73625	23929	694015
植物油加工	70	29	235	268		6466
制糖	2293	48		4599		15442
屠宰及肉类加工	34824	9417	62956	257555	29823	775049
水产品加工	376	90		727		7048
蔬菜、水果和坚果加工	2201	1259	29655	25072	2730	102015
其他农副食品加工	3368	1561	6769	29307	876	83464
食品制造业	**86100**	**22690**	**37913**	**253797**	**68197**	**1141482**
焙烤食品制造	23698	6335	5192	61297	3193	199027
糖果、巧克力及蜜饯制造	2496	1166	191	9793	5545	71630
方便食品制造	5964	900	371	10323	34	97117
液体乳及乳制品制造	8078	3456	22511	38174	6355	140453
罐头制造	14498	3948	30	41679	2995	96377
调味品、发酵制品制造	3652	1894	4054	27789	3326	76701
其他食品制造	27714	4991	5564	64742	46749	460177
饮料制造业	**23869**	**14085**	**16641**	**197889**	**15770**	**635446**
酒精制造	126	39		392		1917
酒的制造	2360	440	1077	7609		33309
软饮料制造	21383	13606	15564	189888	15770	600220
纺织业	**33840**	**10212**	**8616**	**110420**	**11266**	**525540**
棉、化纤纺织及印染精加工	10644	3281	1081	52679	8714	133932
纺织制成品制造	7381	2830	6299	21292	487	135048
针织品、编织品及其制品制造	15815	4101	1236	36449	2065	256560
纺织服装、鞋、帽制造业	**164976**	**39445**	**87836**	**395314**	**26377**	**2007044**
纺织服装制造	164528	39220	87836	388625	26377	1984582
纺织面料鞋的制造	448	225		6689		22462
皮革、毛皮、羽毛(绒)及其制品业	**3823**	**1762**	**7966**	**17524**	**3948**	**107878**
皮革制品制造	2081	826	7300	4217	2450	72570
毛皮鞣制及制品加工	1742	936	666	13307	1498	35308
木材加工及木、竹、藤、棕、草制品	**3485**	**1564**	**764**	**31342**		**141447**
锯材、木片加工	31	19		13460		41177
人造板制造	1699	1215		13926		49985
木制品制造	1755	330	764	3956		50285

计量单位：千元

流动负债			长期负债			负债合计	所有者权益		
合　　计	#短期借款	应付账款	合　　计	#长期借款	应付债券		合　　计	#实收资本	国家资本
18999040	**4006159**	**6303558**	**1529556**	**1067959**	**51**	**20528596**	**16435581**	**9437286**	**13388**
47060	**11142**	**7059**	**5069**	**5069**		**52129**	**11307**	**29957**	
41930	**11140**	**4120**	**5069**	**5069**		**46999**	**4906**	**27000**	
41930	11140	4120	5069	5069		46999	4906	27000	
5130	**2**	**2939**				**5130**	**6401**	**2957**	
1174	2	239				1174	4852	2457	
3956		2700				3956	1549	500	
18926429	**3995017**	**6282913**	**1523946**	**1062349**	**51**	**20450375**	**16372585**	**9374029**	**13388**
1023405	**303176**	**407904**	**186705**	**180887**		**1210110**	**909624**	**430969**	**660**
270647	66451	104292	1475	1160		272122	164113	108069	500
307613	80551	171530	21767	20260		329380	364635	90548	
2623	600	971	2767	2767		5390	1076	1500	
14999		9754				14999	443	300	
336756	135934	89177	146196	142200		482952	292097	179631	160
3427		1688				3427	3621	3500	
55692	8480	24989	12500	12500		68192	33823	23521	
31648	11160	5503	2000	2000		33648	49816	23900	
589509	**216291**	**210311**	**177850**	**170050**		**767359**	**374123**	**265857**	**733**
141990	35590	41717	5700	5700		147690	51337	36712	733
55691	27032	20232				55691	15939	9123	
66518	21300	41244				66518	30599	21600	
38336	2510	16992	107480	107480		145816	-5363	32500	
50105	49000					50105	46272	10000	
41743	9297	18132	7800			49543	27158	16000	
195126	71562	71994	56870	56870		251996	208181	139922	
313962	**17230**	**79014**	**49557**	**25968**		**363519**	**271927**	**203220**	**300**
987						987	930	180	
18666		10896	11324	10968		29990	3319	4890	300
294309	17230	68118	38233	15000		332542	267678	198150	
362725	**111236**	**133870**	**13904**	**4760**		**376629**	**148911**	**117833**	
72984	39131	15064	2125	2125		75109	58823	50250	
89280	22038	31369	9336	192		98616	36432	26002	
200461	50067	87437	2443	2443		202904	53656	41581	
1142044	**283314**	**363428**	**61601**	**49521**		**1203645**	**803399**	**437214**	
1122180	278243	360045	61601	49521		1183781	800801	426267	
19864	5071	3383				19864	2598	10947	
57208	**4500**	**15097**	**2839**	**993**		**60047**	**47831**	**57875**	
38542	1500	7207	2839	993		41381	31189	36875	
18666	3000	7890				18666	16642	21000	
93100	**19815**	**44496**	**256**	**256**		**93356**	**48091**	**33782**	
22712	2039	17969				22712	18465	5450	
26939	15300	9142				26939	23046	14530	
43449	2476	17385	256	256		43705	6580	13802	

1-27 续表 5

	累计折旧	本年折旧	在建工程	固定资产净值年平均余额	无形资产	资产总计
家具制造业	**50029**	**16362**	**96400**	**190100**	**38115**	**856579**
木质家具制造	39349	12227	73744	151066	28778	684736
金属家具制造	3091	1352	14345	13967		101755
其他家具制造	7589	2783	8311	25067	9337	70088
造纸及纸制品业	**37115**	**8522**	**7350**	**99623**	**2451**	**327994**
造纸	18909	3569	2983	41426	10	117864
纸制品制造	18206	4953	4367	58197	2441	210130
印刷业和记录媒介的复制	**216077**	**74879**	**95047**	**740379**	**16939**	**1588539**
印刷	200368	72495	95047	729500	16939	1572079
装订及其他印刷服务活动	15501	2284		10507		11736
记录媒介的复制	208	100		372		4724
文教体育用品制造业	**13487**	**4141**	**8460**	**67491**	**3696**	**248486**
文化用品制造	1160	432		6104		14976
体育用品制造	2063	817		4290	16	94180
乐器制造	2700	643	2365	10529		50189
玩具制造	594	379	1205	1268		7221
游艺器材及娱乐用品制造	6970	1870	4890	45300	3680	81920
石油加工、炼焦及核燃料加工业	**8701**	**3047**	**36043**	**38841**	**2171**	**173010**
精炼石油产品的制造	8701	3047	36043	38841	2171	173010
化学原料及化学制品制造业	**304747**	**101578**	**130743**	**964925**	**81368**	**2640750**
基础化学原料制造	5982	2362	243	22868	416	69950
肥料制造	15648	5318	8745	74483	1433	335472
农药制造	1011	257	256	1489	1814	14077
涂料、油墨、颜料及类似产品制造	21550	7227	25015	75868	44064	575276
合成材料制造	15132	1683	1259	16211	64	77458
专用化学产品制造	238754	80702	84427	727089	9277	1421989
日用化学产品制造	6670	4029	10798	46917	24300	146528
医药制造业	**66637**	**22737**	**75553**	**314297**	**57846**	**1073132**
化学药品原药制造	5981	1261	852	22452	1933	72519
化学药品制剂制造	24171	11454	35407	154381	43059	479996
中药饮片加工	1108	502	7345	7377	5	61222
中成药制造	12509	2561	18148	48985	7185	162563
兽用药品制造	1153	489	315	5366	217	70224
生物、生化制品的制造	14299	4607	11491	40015	2697	135959
卫生材料及医药用品制造	7416	1863	1995	35721	2750	90649
化学纤维制造业	**22135**	**5020**	**5856**	**163411**	**206**	**398700**
纤维素纤维原料及纤维制造	926	162		1334		5372
合成纤维制造	21209	4858	5856	162077	206	393328
橡胶制品业	**7858**	**2883**	**212**	**13761**		**110973**
橡胶板、管、带的制造	153	76	36	812		4525
橡胶零件制造	4705	2150		9625		81151
日用及医用橡胶制品制造	2913	570	176	2474		18204
其他橡胶制品制造	87	87		850		7093

计量单位：千元

流动负债			长期负债			负债合计	所有者权益		
合计	#短期借款	应付账款	合计	#长期借款	应付债券		合计	#实收资本	国家资本
513416	**127550**	**130404**	**45596**	**19667**		**559012**	**297567**	**260380**	
404435	119771	83320	45596	19667		450031	234705	197159	
71683	7779	40182				71683	30072	29600	
37298		6902				37298	32790	33621	
222307	**47333**	**81335**	**8288**	**8242**		**230595**	**97399**	**64630**	
89496	19488	33186	5046	5000		94542	23322	26513	
132811	27845	48149	3242	3242		136053	74077	38117	
886703	**196375**	**322911**	**120903**	**42110**		**1007606**	**580933**	**494525**	**50**
878257	195575	318012	119580	42110		997837	574242	489545	50
4423		1917	1323			5746	5990	4380	
4023	800	2982				4023	701	600	
133482	**23978**	**49171**	**22000**	**22000**		**155482**	**93004**	**37000**	
12665		1275				12665	2311	1500	
44205	6825	19183				44205	49975	23500	
45184	16353	18461				45184	5005	4000	
3768		1382				3768	3453	3000	
27660	800	8870	22000	22000		49660	32260	5000	
115823	**44060**	**21187**	**5851**	**5851**		**121674**	**51336**	**38560**	
115823	44060	21187	5851	5851		121674	51336	38560	
927364	**220793**	**323835**	**134891**	**82501**		**1062255**	**1578495**	**617500**	**400**
30415	10424	13055	7271	7271		37686	32264	23162	
230098	53071	86351	402	402		230500	104972	119738	
7982	5151	1329				7982	6095	7002	
231708	57886	108550	13265	12405		244973	330303	218871	
53256	9653	24442	2753	2753		56009	21449	15681	
302906	81458	64074	83740	32210		386646	1035343	187625	400
70999	3150	26034	27460	27460		98459	48069	45421	
484727	**97988**	**132687**	**46861**	**41373**		**531588**	**541544**	**362640**	**300**
39411	12500	942	10000	10000		49411	23108	10000	
195525	46400	45050	24188	20000		219713	260283	205610	
37258	40	23388				37258	23964	24240	300
112946	8890	40549	12313	11013		125259	37304	37420	
25501	2808	9935				25501	44723	3030	
67394	27000	8738				67394	68565	30450	
6692	350	4085	360	360		7052	83597	51890	
123314	**68800**	**13076**	**97500**	**17000**		**220814**	**177886**	**59000**	
3886		3173				3886	1486	2000	
119428	68800	9903	97500	17000		216928	176400	57000	
75235	**5688**	**12403**	**2194**	**2194**		**77429**	**33544**	**26990**	
3971		1623				3971	554	1075	
54668	5368	5626	2194	2194		56862	24289	20052	
13361	320	3965				13361	4843	863	
3235		1189				3235	3858	5000	

1-27 续表 6

	累计折旧	本年折旧	在建工程	固定资产净值年平均余额	无形资产	资产总计
塑料制品业	**65624**	**16088**	**22794**	**194496**	**10215**	**757380**
塑料薄膜制造	2718	758	134	8255	564	49505
塑料板、管、型材的制造	7569	3226	113	33967		82808
塑料丝、绳及编织品的制造	3609	349	5567	7432	1036	67396
泡沫塑料制造	3950	1454	643	11734	35	64324
塑料包装箱及容器制造	13537	4549	3589	43631	1318	176634
塑料零件制造	473	171	1920	1000		12196
日用塑料制造	31584	4750	10782	82087	7262	274913
其他塑料制品制造	2184	831	46	6390		29604
非金属矿物制品业	**255146**	**99727**	**57434**	**910206**	**32388**	**3285633**
水泥、石灰和石膏的制造	216	7		1470		3707
水泥及石膏制品制造	173125	75275	23542	644200	25563	2337878
砖瓦、石材及其他建筑材料制造	33189	10322	11109	124336	6323	355819
玻璃及玻璃制品制造	20357	6744	20229	84601	241	274383
耐火材料制品制造	5130	1275	2354	20866		82614
石墨及其他非金属矿物制品制造	23129	6104	200	34733	261	231232
黑色金属冶炼及压延加工业	**7475**	**3168**	**8239**	**44913**	**2929**	**177315**
炼钢	128	91	2384	1098		4811
钢压延加工	7347	3077	5855	43815	2929	172504
有色金属冶炼及压延加工业	**17893**	**6387**	**3348**	**73716**	**5623**	**383184**
常用有色金属冶炼	368	225		1357		9454
稀有稀土金属冶炼	1492	780	140	7459	5137	65742
有色金属合金制造	784	405		2019		81238
有色金属压延加工	15249	4977	3208	62881	486	226750
金属制品业	**174871**	**52901**	**276757**	**857032**	**108214**	**3885625**
结构性金属制品制造	135103	41967	116333	688984	87164	2670924
金属工具制造	8867	1349	265	23377		70503
集装箱及金属包装容器制造	9814	2375	3131	18760	150	284742
金属丝绳及其制品的制造	50	2		897		5325
建筑、安全用金属制品制造	9734	4342	147646	101313	20382	673119
金属表面处理及热处理加工	2876	880		7021		24608
搪瓷制品制造	406	27	1629	2186		7744
不锈钢及类似日用金属制品制造	5031	907	5686	5365		53524
其他金属制品制造	2990	1052	2067	9129	518	95136
通用设备制造业	**415573**	**58875**	**154678**	**856389**	**99090**	**3546460**
锅炉及原动机制造	5471	796	772	13893	4499	91230
金属加工机械制造	3106	1014	87	11029		56071
起重运输设备制造	2271	254	1528	1670	743	26773
泵、阀门、压缩机及类似机械的制造	29596	8025	19198	105157	33697	530884
轴承、齿轮、传动和驱动部件的制造	103	58		379		9556
烘炉、熔炉及电炉制造	1200	663	214	4089		52030
风机、衡器、包装设备等通用设备制造	346804	37352	103686	654848	52681	2546665
通用零部件制造及机械修理	19701	9300	17366	50875	7466	138242
金属铸、锻加工	7321	1413	11827	14449	4	95009

计量单位：千元

流动负债			长期负债			负债合计	所有者权益		
合　计	#短期借款	应付账款	合　计	#长期借款	应付债券		合　计	#实收资本	国家资本
476814	**108995**	**181089**	**22586**	**9942**		**499400**	**257980**	**203451**	
34249	10332	16794	1285	235		35534	13971	10050	
27763	10538	8667	2845	2845		30608	52200	30789	
36125	10738	11527				36125	31271	12410	
35920	2270	22621	372	372		36292	28032	22740	
147461	29570	73685	4821	4821		152282	24352	25571	
10786		2520				10786	1410	1000	
173044	45287	40430	13263	1669		186307	88606	97591	
11466	260	4845				11466	18138	3300	
1993884	**299226**	**1094887**	**100626**	**80034**		**2094510**	**1191123**	**857598**	
696		360	2470	2470		3166	541	500	
1510926	239619	897197	62177	42854		1573103	764775	616533	
140431	23826	45582	20279	19016		160710	195109	101465	
141780	28344	31951	12150	12144		153930	120453	93011	
44677	4437	33201				44677	37937	17736	
155374	3000	86596	3550	3550		158924	72308	28353	
94993	**30217**	**17326**	**540**	**540**		**95533**	**81782**	**61142**	
4221	3466	716				4221	590	500	
90772	26751	16610	540	540		91312	81192	60642	
253568	**28297**	**144807**	**16609**	**16573**		**270177**	**113007**	**88499**	
575		575				575	8879	3600	
38079	1934	9576				38079	27663	26900	
73501	281	50694				73501	7737	2100	
141413	26082	83962	16609	16573		158022	68728	55899	
2461803	**699031**	**375833**	**116801**	**75720**		**2578604**	**1307021**	**1076585**	**8445**
1573096	578523	249728	93646	52626		1666742	1004182	847368	8445
29154	1324	15744	158	158		29312	41191	18000	
177511	12604	37544				177511	107231	72920	
1340	1340					1340	3985	500	
593861	90080	42570	2986	2925		596847	76272	81380	
6285	3000					6285	18323	9000	
5436	600	2039				5436	2308	2399	
22992	1375	4676	18980	18980		41972	11552	7500	
52128	10185	23532	1031	1031		53159	41977	37518	
1360396	**173848**	**376645**	**10667**	**7572**		**1371063**	**2175397**	**965454**	
54370	6200	14665	67	67		54437	36793	21550	
31119	1324	15937	1649			32768	23303	15283	
11736	7000	4636				11736	15037	15000	
281827	94629	110719	2376	2246		284203	246681	139587	
4576		1007	470	470		5046	4510	500	
50262	8595	5053	96			50358	1672	8600	
777141	52625	179773	3524	2304		780665	1766000	697701	
77694	1600	19230	530	530		78224	60018	52450	
71671	1875	25625	1955	1955		73626	21383	14783	

1-27 续表 7

	累计折旧	本年折旧	在建工程	固定资产净值年平均余额	无形资产	资产总计
专用设备制造业	**72800**	**25314**	**41814**	**223582**	**94705**	**2138996**
矿山、冶金、建筑专用设备制造	15178	3590	7314	23677	68	303532
化工、木材、非金属加工专用设备制造	10001	7389	6206	50682	4237	435462
食品、饮料、烟草及饲料生产专用设备	1452	536		4267		32998
印刷、制药、日化生产专用设备制造	3565	1488	837	15380	4086	106126
纺织、服装和皮革工业专用设备制造	4313	601		7685		38244
电子和电工机械专用设备制造	4880	1798	6621	16587	6120	175897
农、林、牧、渔专用机械制造	3618	616	357	4442	4263	41487
医疗仪器设备及器械制造	10737	2881	8857	39229	38282	525766
环保、社会公共安全及其他专用设备制造	19056	6415	11622	61633	37649	479484
交通运输设备制造业	**73071**	**25210**	**34189**	**276833**	**67143**	**1407531**
铁路运输设备制造	5492	1723	18692	29766	2039	281511
汽车制造	65147	22763	15497	240190	65104	1089531
自行车制造	304	124		1692		7883
航空航天器制造	35	33		292		10567
交通器材及其他交通运输设备制造	2093	567		4893		18039
电气机械及器材制造业	**133827**	**26413**	**89045**	**304712**	**67941**	**2337383**
电机制造	24715	2547	13776	42608	578	314560
输配电及控制设备制造	62951	12651	64844	115033	41598	1368845
电线、电缆、光缆及电工器材制造	19732	4127	3662	59726	24071	238082
电池制造	3080	1094	691	17915		38446
家用电力器具制造	9935	2656	1198	27341	1633	181668
非电力家用器具制造	2103	835		6811		43154
照明器具制造	11067	2433	4874	32588	61	112653
其他电气机械及器材制造	244	70		2690		39975
通信设备、计算机及其他电子设备制造	**133062**	**42778**	**68179**	**373542**	**80799**	**3352175**
通信设备制造	31417	7280	4476	86244	38076	1230323
广播电视设备制造	3455	913	6385	4328	686	84746
电子计算机制造	23077	5969	44172	64189	12329	1211234
电子器件制造	16354	5578	2423	44677	13613	183835
电子元件制造	34304	15667	6113	90195	3672	245242
家用视听设备制造	8767	3476		32605	39	119251
其他电子设备制造	15688	3895	4610	51304	12384	277544
仪器仪表及文化、办公用机械制造业	**28748**	**9244**	**14963**	**120591**	**39817**	**1054320**
通用仪器仪表制造	20287	5753	10665	68714	17145	622842
专用仪器仪表制造	5621	2825	4087	46946	19939	334505
光学仪器及眼镜制造	915	147		2477	1560	32579
文化、办公用机械制造	219	92	20	1029	1173	33306
其他仪器仪表的制造及修理	1706	427	191	1425		31088
工艺品及其他制造业	**73246**	**3434**	**13823**	**86651**	**6601**	**380559**
工艺美术品制造	68046	1887	12137	67707	3280	268550
日用杂品制造	2918	353	1118	10383	1274	36177
煤制品制造	497	302	512	3900		17521
其他未列明的制造业	1785	892	56	4661	2047	58311
废弃资源和废旧材料回收加工业	**1010**	**967**	**340**	**2777**		**19665**
金属废料和碎屑的加工处理	925	925	340	2340		18823
非金属废料和碎屑的加工处理	85	42		437		842
电力、燃气及水的生产和供应业	**22045**	**4279**	**9438**	**36857**	**966**	**77781**
电力、热力的生产和供应业	**20237**	**3762**	**214**	**34229**	**195**	**56573**
热力生产和供应	20237	3762	214	34229	195	56573
燃气生产和供应业	**1776**	**487**	**9224**	**2536**	**771**	**17533**
燃气生产和供应业	1776	487	9224	2536	771	17533
水的生产和供应业	**32**	**30**		**92**		**3675**
自来水的生产和供应	32	30		92		3675

计量单位：千元

流动负债 合计	#短期借款	应付账款	长期负债 合计	#长期借款	应付债券	负债合计	所有者权益 合计	#实收资本	国家资本
1123227	**148491**	**311821**	**44120**	**42259**		**1167347**	**971649**	**600927**	
175224	5490	72103	2784	1453		178008	125524	52326	
316887	72358	34846				316887	118575	75991	
9130		1795				9130	23868	23600	
68711	11255	14389				68711	37415	18480	
19509	1306	6020				19509	18735	8050	
66695	10510	29258	6344	6344		73039	102858	31900	
31502	16790	9713	321	321		31823	9664	12790	
186265	10419	88013	34141	34141		220406	305360	206301	
249304	20363	55684	530			249834	229650	171489	
760703	**160933**	**352308**	**26852**	**24846**	**51**	**787555**	**619976**	**341927**	
236682	42112	138978	51		51	236733	44778	20750	
498639	117047	198517	26801	24846		525440	564091	310997	
6753		6393				6753	1130	1000	
9889		2589				9889	678	500	
8740	1774	5831				8740	9299	8680	
1228190	**297789**	**361977**	**67686**	**30004**		**1295876**	**1041507**	**473843**	
197370	14986	44003	1190	1190		198560	116000	68064	
676602	191387	207713	41340	7666		717942	650903	282731	
125686	58600	36616	9269	9269		134955	103127	52650	
19182	15500	2068	8200	8200		27382	11064	1500	
107888	7000	19831				107888	73780	18080	
32691		11490				32691	10463	5510	
56216	9316	31013	7687	3679		63903	48750	39808	
12555	1000	9243				12555	27420	5500	
1442580	**170314**	**429872**	**88033**	**57184**		**1530613**	**1821562**	**777406**	
426510	68700	137437	13019	10590		439529	790794	250566	
31301	6960	6084	2250	2250		33551	51195	28400	
599413	52475	151070	6409	6409		605822	605412	371070	
108808	6090	36794	3390	710		112198	71637	61630	
72297	13656	28644	24323	23323		96620	148622	26660	
17016		4526				17016	102235	2000	
187235	22433	65317	38642	13902		225877	51667	37080	
451185	**67602**	**167785**	**36355**	**35143**		**487540**	**566780**	**316989**	**2500**
288733	29679	104792	3561	3561		292294	330548	190300	2500
109034	17171	51223	32794	31582		141828	192677	110039	
18880	3976	3599				18880	13699	7900	
23673	16596	2901				23673	9633	6550	
10865	180	5270				10865	20223	2200	
197219	**22117**	**125835**	**16275**	**9159**		**213494**	**167065**	**93732**	
143028	20928	84196	13565	9159		156593	111957	62552	
18421	719	13747	2710			21131	15046	14885	
8377		6732				8377	9144	6390	
27393	470	21160				27393	30918	9905	
17543	**30**	**1599**				**17543**	**2122**	**8501**	
17202		1550				17202	1621	8000	
341	30	49				341	501	501	
25551		**13586**	**541**	**541**		**26092**	**51689**	**33300**	
11080		**3807**				**11080**	**45493**	**26300**	
11080		3807				11080	45493	26300	
12681		**9259**	**541**	**541**		**13222**	**4311**	**6000**	
12681		9259	541	541		13222	4311	6000	
1790		**520**				**1790**	**1885**	**1000**	
1790		520				1790	1885	1000	

1-27 续表 8

	集体资本	法人资本	#国家法人	集体法人	个人资本	港澳台资本
总　　计	**36529**	**1995072**	**29684**	**619076**	**7303400**	**38280**
采矿业		**2957**		**2457**	**27000**	
黑色金属矿采选业		**500**			**26500**	
铁矿采选		500			26500	
非金属矿采选业		**2457**		**2457**	**500**	
土砂石开采		2457		2457		
石棉及其他非金属矿采选					500	
制造业	**36529**	**1992115**	**29684**	**616619**	**7243100**	**38280**
农副食品加工业	**200**	**36733**		**13300**	**393376**	
谷物磨制		1000			106569	
饲料加工	200	21653		9500	68695	
植物油加工		1000		1000	500	
制糖					300	
屠宰及肉类加工		12730		2800	166741	
水产品加工					3500	
蔬菜、水果和坚果加工		350			23171	
其他农副食品加工					23900	
食品制造业	**900**	**81669**		**24367**	**182555**	
焙烤食品制造	900	7247		3267	27832	
糖果、巧克力及蜜饯制造		700			8423	
方便食品制造					21600	
液体乳及乳制品制造		20000		20000	12500	
罐头制造					10000	
调味品、发酵制品制造					16000	
其他食品制造		53722		1100	86200	
饮料制造业		**85380**			**117540**	
酒精制造					180	
酒的制造		700			3890	
软饮料制造		84680			113470	
纺织业		**28611**		**11181**	**89222**	
棉、化纤纺织及印染精加工		10381		10381	39869	
纺织制成品制造		7100			18902	
针织品、编织品及其制品制造		11130		800	30451	
纺织服装、鞋、帽制造业	**3297**	**100677**		**14518**	**333240**	
纺织服装制造	3297	100677		14518	322293	
纺织面料鞋的制造					10947	
皮革、毛皮、羽毛(绒)及其制品业		**3001**			**54874**	
皮革制品制造		3001			33874	
毛皮鞣制及制品加工					21000	
木材加工及木、竹、藤、棕、草制品					**33782**	
锯材、木片加工					5450	
人造板制造					14530	
木制品制造					13802	

计量单位：千元

外商资本	主营业务收入	直接出口产品销售收入	主营业务成本	营业费用	主营业务税金及附加	其他业务收入	其他业务利润	管理费用	#税金
50617	**33494477**	**1653966**	**27430171**	**1911071**	**145512**	**513555**	**134266**	**2425296**	**41904**
	64642		**29932**	**24085**	**649**			**2574**	**50**
	50342		**19368**	**22364**	**496**			**1928**	**49**
	50342		19368	22364	496			1928	49
	14300		**10564**	**1721**	**153**			**646**	**1**
	5398		3778		70			543	1
	8902		6786	1721	83			103	
50617	**33383238**	**1653966**	**27370755**	**1879323**	**144191**	**513555**	**134266**	**2415890**	**41848**
	2593077	**78592**	**2123273**	**142237**	**5316**	**14512**	**3530**	**133623**	**993**
	340547		214197	24877	203	211	211	43999	248
	944532	8220	729400	66581	2615	10824	686	49277	141
	14109	1610	13153	253	8			379	1
	15468		11972	1059	42			2421	42
	1084663	61647	998623	38032	1263	3280	2436	24959	359
	36924		31909	4523	46			362	4
	81403	7115	65891	5541	820			6675	58
	75431		58128	1371	319	197	197	5551	140
	1058053	**56911**	**780001**	**128589**	**4472**	**4585**	**2875**	**90351**	**2493**
	281270		239781	21723	1045	2044	1484	18087	416
	111625		89086	13724	222	73	73	3720	26
	92482		84172	3296	310			2381	112
	18851		21880	1595	36			1439	121
	63100		56295	2481	172	1581	715	3242	180
	88814	13850	64506	7386	443			7635	303
	401911	43061	224281	78384	2244	887	603	53847	1335
	348933		**293610**	**17492**	**3150**	**9848**	**901**	**25101**	**183**
	20048		19090	525	15			113	
	37262		30864	1142	2706	9629	957	2940	22
	291623		243656	15825	429	219	-56	22048	161
	618460	**111289**	**538823**	**27455**	**1487**	**1036**	**839**	**30203**	**556**
	124284		117429	267	157	554	536	4191	130
	178408		139334	13027	489	52	32	10708	61
	315768	111289	282060	14161	841	430	271	15304	365
	1906184	**422203**	**1589737**	**145927**	**9756**	**19781**	**3492**	**125581**	**2153**
	1877485	406746	1565411	143125	9721	19413	3492	123022	2138
	28699	15457	24326	2802	35	368		2559	15
	179556	**120878**	**166929**	**5578**	**53**			**8845**	**127**
	151660	106328	142846	4691	52			6057	74
	27896	14550	24083	887	1			2788	53
	134895	**2335**	**131987**	**6622**	**190**	**1281**	**725**	**6375**	**236**
	36010		43257	1738	22			240	
	38865		34377	1924	57	1280	700	1476	165
	60020	2335	54353	2960	111	1	25	4659	71

1-27 续表 9

	集体资本	法人资本	#国家法人	集体法人	个人资本	港澳台资本
家具制造业		**34133**		**1693**	**226247**	
木质家具制造		34133		1693	163026	
金属家具制造					29600	
其他家具制造					33621	
造纸及纸制品业		**10539**	**150**	**2980**	**54091**	
造纸		1409			25104	
纸制品制造		9130	150	2980	28987	
印刷业和记录媒介的复制	**3030**	**119924**		**15800**	**371521**	
印刷		119844		15720	369651	
装订及其他印刷服务活动	3030	80		80	1270	
记录媒介的复制					600	
文教体育用品制造业		**10500**		**10500**	**26500**	
文化用品制造					1500	
体育用品制造		10000		10000	13500	
乐器制造		500		500	3500	
玩具制造					3000	
游艺器材及娱乐用品制造					5000	
石油加工、炼焦及核燃料加工业		**5660**		**500**	**32900**	
精炼石油产品的制造		5660		500	32900	
化学原料及化学制品制造业		**182815**	**400**	**50301**	**433940**	
基础化学原料制造		3710		1685	19452	
肥料制造		26000		16000	93738	
农药制造					7002	
涂料、油墨、颜料及类似产品制造		113751		13466	104775	
合成材料制造		10379	400	1450	5302	
专用化学产品制造		27975		17700	159250	
日用化学产品制造		1000			44421	
医药制造业		**129667**	**8222**	**81745**	**232673**	
化学药品原药制造					10000	
化学药品制剂制造		69577	8222	31355	136033	
中药饮片加工		9700			14240	
中成药制造					37420	
兽用药品制造					3030	
生物、生化制品的制造					30450	
卫生材料及医药用品制造		50390		50390	1500	
化学纤维制造业		**57000**			**2000**	
纤维素纤维原料及纤维制造		1000			1000	
合成纤维制造		56000			1000	
橡胶制品业		**9735**		**8372**	**17255**	
橡胶板、管、带的制造		500		500	575	
橡胶零件制造		8372		7872	11680	
日用及医用橡胶制品制造		863				
其他橡胶制品制造					5000	

计量单位：千元

外商资本	主营业务收入	直接出口产品销售收入	主营业务成本	营业费用	主营业务税金及附加	其他业务收入	其他业务利润	管理费用	#税金
	651104	**26231**	**505814**	**94136**	**2125**	**8429**	**4053**	**51543**	**1081**
	470154	24299	354145	78808	1259	4991	1540	38028	794
	95048		82300	4088	402			8393	51
	85902	1932	69369	11240	464	3438	2513	5122	236
	404884		**363325**	**8341**	**633**	**448**	**361**	**17350**	**517**
	122628		115074	2885	195	74	32	4284	248
	282256		248251	5456	438	374	329	13066	269
	1180865		**1018276**	**38598**	**5046**	**6740**	**6593**	**77274**	**2561**
	1154797		995532	37151	4969	6740	6593	75147	2548
	18829		16419	703	65			1977	1
	7239		6325	744	12			150	12
	197379	**19215**	**152200**	**8765**	**756**	**1623**	**1339**	**20092**	**339**
	18105		13941	716	122	1355	1252	3752	93
	85199		60176	5525	360	95	83	9839	9
	38951	5321	34984	76	91	173	4	2300	18
	9324	8894	7799	488	3			971	4
	45800	5000	35300	1960	180			3230	215
	268972		**233036**	**22804**	**236**	**2682**	**170**	**9699**	**184**
	268972		233036	22804	236	2682	170	9699	184
345	**1927349**	**172201**	**1601499**	**90590**	**8768**	**39659**	**-245**	**141053**	**5033**
	195432	1550	181081	4514	321	1692	1078	8537	40
	205788		191981	8993	62	44	27	8838	720
	14661		9610	3594	46			1951	4
345	503131	17364	433671	18591	1491	246	246	33322	2911
	158538		147662	3147	351	4596	291	5275	120
	770957	153213	583558	44733	3650	32377	-2452	71065	1046
	78842	74	53936	7018	2847	704	565	12065	192
	891025	**57099**	**655237**	**69636**	**3508**	**677**	**439**	**65334**	**1375**
	59200	51000	48890	4807				3550	5
	179211		85386	28052	1177	435	418	29527	286
	95013		88180	1724	101	26	1	3900	17
	168810		138829	16069	1303			10124	152
	66527	6099	35050	4605	434	216	32	3173	10
	291751		246231	11702	387		-12	10565	298
	30513		12671	2677	106			4495	607
	135810	**9060**	**115964**	**3125**	**332**	**1880**	**524**	**5850**	**5**
	11109		10549	91	9			580	2
	124701	9060	105415	3034	323	1880	524	5270	3
	142328		**121828**	**7440**	**299**	**560**	**291**	**11793**	**108**
	10837		10587	111	20	384	124	374	15
	88766		82043	1966	236	176	167	3781	86
	24558		12476	4710	13			6094	
	18167		16722	653	30			1544	7

1-27 续表 10

	集体资本	法人资本	#国家法人	集体法人	个人资本	港澳台资本
塑料制品业		**33606**		**6600**	**169845**	
塑料薄膜制造		1100			8950	
塑料板、管、型材的制造		4232		2000	26557	
塑料丝、绳及编织品的制造		3000		3000	9410	
泡沫塑料制造		1450			21290	
塑料包装箱及容器制造		8980		1100	16591	
塑料零件制造		500			500	
日用塑料制造		13844		500	83747	
其他塑料制品制造		500			2800	
非金属矿物制品业	**9000**	**189302**	**500**	**47447**	**649296**	**10000**
水泥、石灰和石膏的制造					500	
水泥及石膏制品制造		151482	500	32522	455051	10000
砖瓦、石材及其他建筑材料制造	9000	17550		6725	74915	
玻璃及玻璃制品制造		19700		8200	73311	
耐火材料制品制造					17736	
石墨及其他非金属矿物制品制造		570			27783	
黑色金属冶炼及压延加工业		**7660**		**1500**	**53482**	
炼钢		500		500		
钢压延加工		7160		1000	53482	
有色金属冶炼及压延加工业		**26054**		**600**	**62445**	
常用有色金属冶炼					3600	
稀有稀土金属冶炼					26900	
有色金属合金制造		1600		600	500	
有色金属压延加工		24454			31445	
金属制品业	**11394**	**295140**		**59311**	**754126**	
结构性金属制品制造	11394	246539		29189	573510	
金属工具制造		9202		7702	8798	
集装箱及金属包装容器制造		2220		1620	70700	
金属丝绳及其制品的制造					500	
建筑、安全用金属制品制造		27800		20500	53580	
金属表面处理及热处理加工					9000	
搪瓷制品制造		2399				
不锈钢及类似日用金属制品制造					7500	
其他金属制品制造		6980		300	30538	
通用设备制造业	**1120**	**47898**		**13400**	**896436**	**20000**
锅炉及原动机制造		1000			20550	
金属加工机械制造		1631			13652	
起重运输设备制造					15000	
泵、阀门、压缩机及类似机械的制造		19300		2000	120287	
轴承、齿轮、传动和驱动部件的制造					500	
烘炉、熔炉及电炉制造		500			8100	
风机、衡器、包装设备等通用设备制造		10867		5000	666834	20000
通用零部件制造及机械修理		5800		400	46650	
金属铸、锻加工	1120	8800		6000	4863	

计量单位：千元

外商资本	主营业务收入	直接出口产品销售收入	主营业务成本	营业费用	主营业务税金及附加	其他业务收入	其他业务利润	管理费用	#税金
	1240569	**38527**	**1124419**	**24976**	**2238**	**42071**	**1211**	**58241**	**761**
	91841	8806	86325	479	145	831	-8	5248	15
	104492		89226	3518	381	14	13	7046	57
	104822		98117	322	152	32940	46	3896	25
	141562		128293	2973	208	349	52	4548	187
	254844	8400	238145	5882	217	3	3	8572	204
	50969		48227	1339	31			1265	1
	436197		396785	7001	785	7928	1099	23361	241
	55842	21321	39301	3462	319	6	6	4305	31
	2429540	**49527**	**2044020**	**124077**	**17786**	**4687**	**1455**	**153513**	**2709**
	8939		8732	79	16			86	1
	1296486		1129404	68298	9120	313	130	86136	1363
	331516	4241	251895	23480	5867	1750	874	20185	478
	339954	9792	287727	15655	1143	1513	59	24427	737
	92791		74585	5714	347	456	373	6960	81
	359854	35494	291677	10851	1293	655	19	15719	49
	387919	**4760**	**360747**	**9700**	**504**	**81**	**78**	**13807**	**119**
	12689		12345		27			146	18
	375230	4760	348402	9700	477	81	78	13661	101
	743324		**693956**	**11356**	**949**	**821**	**304**	**23069**	**225**
	7850		6477	110	19		3	1267	
	86420		80912	2275	145	20	20	2092	30
	105346		94960	1754	181	115	115	3481	7
	543708		511607	7217	604	686	166	16229	188
7480	**2767482**	**100690**	**2423987**	**87383**	**14112**	**32627**	**17120**	**179565**	**3426**
7480	2062421	7144	1799335	71714	12032	20606	13688	132338	2987
	125007	93546	103911	1833	172			9152	2
	231377		217118	2644	305	47		7525	57
	8650		8310					145	145
	110965		96270	6629	503	8418	3228	14937	127
	55290		48019	275	236			3406	27
	8600		8003	17	49	49	48	589	
	66354		52516	2192	607	3507	156	6980	59
	98818		90505	2079	208			4493	22
	2804096	**184688**	**2158859**	**215799**	**13110**	**82360**	**12542**	**215223**	**2941**
	50794		38310	3068	555	10924	2746	6182	73
	108824		93806	3222	665	1359	389	7862	39
	5829		5267		3	650	616	694	31
	277601	4	242778	7924	518	1734	696	17814	203
	10835		6782	425	8			725	
	50623		43536	4435	148	346	69	5803	12
	2102736	178360	1561129	187758	9912	64779	6841	161712	2161
	99624	971	83722	4623	1106	2562	1183	8010	372
	97230	5353	83529	4344	195	6	2	6421	50

1-27 续表 11

	集体资本	法人资本	#国家法人	集体法人	个人资本	港澳台资本
专用设备制造业		**167853**	**4091**	**132769**	**429294**	**3780**
矿山、冶金、建筑专用设备制造		12392		299	39934	
化工、木材、非金属加工专用设备制造		34091	4091	30000	41900	
食品、饮料、烟草及饲料生产专用设备					23600	
印刷、制药、日化生产专用设备制造					18480	
纺织、服装和皮革工业专用设备制造		500			7550	
电子和电工机械专用设备制造		6100			25800	
农、林、牧、渔专用机械制造					12790	
医疗仪器设备及器械制造		100220		100220	102301	3780
环保、社会公共安全及其他专用设备制造		14550		2250	156939	
交通运输设备制造业	**38**	**41413**	**3921**	**18600**	**257684**	
铁路运输设备制造		4500		4000	16250	
汽车制造	38	36913	3921	14600	231254	
自行车制造					1000	
航空航天器制造					500	
交通器材及其他交通运输设备制造					8680	
电气机械及器材制造业	**550**	**90556**		**23525**	**382737**	
电机制造	550	24800		500	42714	
输配电及控制设备制造		43531		19025	239200	
电线、电缆、光缆及电工器材制造					52650	
电池制造		500		500	1000	
家用电力器具制造		1300		1000	16780	
非电力家用器具制造		5000			510	
照明器具制造		14925		2500	24883	
其他电气机械及器材制造		500			5000	
通信设备、计算机及其他电子设备制造	**7000**	**100460**	**9900**	**72110**	**665446**	**4500**
通信设备制造		13150		10000	237416	
广播电视设备制造		6000		6000	22400	
电子计算机制造	3000	68900		55600	294670	4500
电子器件制造		10410	9900	510	51220	
电子元件制造					26660	
家用视听设备制造					2000	
其他电子设备制造	4000	2000			31080	
仪器仪表及文化、办公用机械制造业		**45680**	**2500**	**5500**	**268809**	
通用仪器仪表制造		9900	2500	3000	177900	
专用仪器仪表制造		34890		2000	75149	
光学仪器及眼镜制造		890		500	7010	
文化、办公用机械制造					6550	
其他仪器仪表的制造及修理					2200	
工艺品及其他制造业		**50449**			**43283**	
工艺美术品制造		46444			16108	
日用杂品制造					14885	
煤制品制造					6390	
其他未列明的制造业		4005			5900	
废弃资源和废旧材料回收加工业					**8501**	
金属废料和碎屑的加工处理					8000	
非金属废料和碎屑的加工处理					501	
电力、燃气及水的生产和供应业					**33300**	
电力、热力的生产和供应业					**26300**	
热力生产和供应					26300	
燃气生产和供应业					**6000**	
燃气生产和供应业					6000	
水的生产和供应业					**1000**	
自来水的生产和供应					1000	

计量单位：千元

外商资本	主营业务收入	直接出口产品销售收入	主营业务成本	营业费用	主营业务税金及附加	其他业务收入	其他业务利润	管理费用	#税金
	1758638	**35824**	**1288065**	**128849**	**8770**	**37205**	**13279**	**195741**	**2396**
	303873	128	226441	18979	1205	13916	-39	35526	156
	208964	1719	165177	4802	867	859	481	23211	251
	12732	3773	11575	140	59			601	1
	117675	6691	91911	9814	788	185	171	10925	167
	86445	11637	67768	3686	152	292	119	8952	142
	172964		124362	12363	853	6862	5335	13770	700
	32884		24437	2714	73	78	-118	3739	79
	373214	11512	257224	35404	2128	4622	2427	46081	517
	449887	364	319170	40947	2645	10391	4903	52936	383
42792	**1652296**	**4922**	**1322509**	**66022**	**7428**	**106174**	**17451**	**148291**	**2083**
	324373		253079	10709	2476	2092	1846	39720	115
42792	1264290	4922	1012110	53833	4423	104082	15605	105393	1938
	14950		13249	626	18			1079	1
	21303		20323	90	46			530	17
	27380		23748	764	465			1569	12
	2035439	**11613**	**1666241**	**97445**	**9545**	**40276**	**9501**	**169171**	**3261**
	211472		155196	13794	1442	2174	2174	17575	345
	1214437		972728	58346	6342	33444	4206	115468	2331
	291805	1761	266200	8967	557	58	58	12230	237
	21666		20616	85	29			819	3
	96111		80205	6037	364	4104	2607	9151	241
	41492		37027	1698	123	55	39	2249	20
	114315	9852	95257	6336	542	441	417	9334	82
	44141		39012	2182	146			2345	2
	3466170	**107854**	**2738911**	**202342**	**14835**	**41662**	**28838**	**295706**	**3110**
	774568	43178	501459	90622	5116	7299	5378	109790	584
	74643	896	53672	3934	505	6073	5052	11666	14
	1695663	42381	1485833	52885	5081	10456	8268	89068	1616
	147168	19004	114759	10747	635	2011	1826	17737	296
	285846	2395	205054	13680	1513	1081	538	27746	142
	310452		245862	11890	1185			10748	33
	177830		132272	18584	800	14742	7776	28951	425
	1084323	**10655**	**827766**	**76116**	**7210**	**8204**	**6068**	**110524**	**891**
	698689	3704	532334	47104	5398	5763	4458	68423	746
	224183	5020	165017	17182	1419	2252	1422	28967	127
	24976	484	15648	4285	51	182	182	4900	
	106582	1447	97093	2337	18	6	6	4729	17
	29893		17674	5208	324	1		3505	1
	346840	**28892**	**300253**	**17494**	**1565**	**3640**	**526**	**32184**	**1982**
	186895	14272	165777	10706	516	3632	518	18757	1714
	70769	14620	64596	620	520	8	8	3619	230
	25950		17654	4408	33			2239	23
	63226		52226	1760	496			7569	15
	27728		**29483**	**429**	**12**	**6**	**6**	**788**	
	22175		24126	429	9	6	6	784	
	5553		5357		3			4	
	46597		**29484**	**7663**	**672**			**6832**	**6**
	27006		**19535**	**769**				**6391**	
	27006		19535	769				6391	
	13731		**5915**	**6443**	**663**			**135**	**2**
	13731		5915	6443	663			135	2
	5860		**4034**	**451**	**9**			**306**	**4**
	5860		4034	451	9			306	4

1-27 续表 12

	财产保险费	差旅费	工会经费	办公费	职工教育费	排污费
总　　计	**19299**	**154852**	**10073**	**193781**	**14538**	**2253**
采矿业	**116**	**165**		**637**	**5**	**75**
黑色金属矿采选业	**116**	**108**		**115**	**5**	**75**
铁矿采选	116	108		115	5	75
非金属矿采选业		**57**		**522**		
土砂石开采		20		522		
石棉及其他非金属矿采选		37				
制造业	**19183**	**154498**	**10039**	**192979**	**14501**	**2118**
农副食品加工业	**702**	**5075**	**504**	**3780**	**1309**	**78**
谷物磨制	117	1569	377	518	410	
饲料加工	139	1739	63	1151	777	6
植物油加工	5	157		20		
制糖		361		420		
屠宰及肉类加工	406	921	43	1106	114	19
水产品加工		25		50	8	
蔬菜、水果和坚果加工	35	216		366		
其他农副食品加工		87	21	149		53
食品制造业	**386**	**8980**	**479**	**5437**	**783**	**66**
焙烤食品制造	52	836	50	566	39	9
糖果、巧克力及蜜饯制造	39	37	111	139	82	
方便食品制造	82	145	53	490	309	
液体乳及乳制品制造		6		53		
罐头制造	23	84	1	15	50	
调味品、发酵制品制造	140	480		297		57
其他食品制造	50	7392	264	3877	303	
饮料制造业	**191**	**923**	**78**	**907**	**158**	**37**
酒精制造		72		41		
酒的制造	70	135	5	108	18	3
软饮料制造	121	716	73	758	140	34
纺织业	**585**	**1604**	**9**	**2631**	**216**	**215**
棉、化纤纺织及印染精加工	29	160	1	388	25	107
纺织制成品制造	463	371	3	809	17	26
针织品、编织品及其制品制造	93	1073	5	1434	174	82
纺织服装、鞋、帽制造业	**2274**	**7662**	**727**	**10942**	**653**	**121**
纺织服装制造	2274	7499	727	10683	651	121
纺织面料鞋的制造		163		259	2	
皮革、毛皮、羽毛(绒)及其制品业	**11**	**883**	**34**	**403**	**39**	
皮革制品制造	7	746	34	353	39	
毛皮鞣制及制品加工	4	137		50		
木材加工及木、竹、藤、棕、草制品	**34**	**142**	**35**	**708**	**51**	**131**
锯材、木片加工						
人造板制造	30	82	35	114	50	93
木制品制造	4	60		594	1	38

计量单位：千元

财务费用	利息支出（净额）	营业利润	投资收益	补贴收入	营业外收入	营业外支出	利润总额	应交所得税	可供分配利润
215753	**174794**	**1500940**	**141837**	**143914**	**90684**	**47058**	**1733957**	**282081**	**1448403**
964	**964**	**6438**				**276**	**6162**	**1696**	**2772**
964	**964**	**5222**				**276**	**4946**	**1364**	**2772**
964	964	5222				276	4946	1364	2772
		1216					**1216**	**332**	
		1007					1007	332	
		209					209		
214853	**173899**	**1492492**	**141837**	**143914**	**90679**	**46236**	**1726539**	**280371**	**1444749**
16301	**14984**	**175857**	**33424**	**49127**	**1434**	**2799**	**193234**	**13945**	**157211**
741	721	56741	-19	91	67	795	56532	3541	54301
5962	5301	91383	33443	38693	677	1410	98400	1238	12691
1		315					315	2	312
		-26			4	1	-26	3	
7986	7627	16236		6716	650	481	23118	6700	60809
-4	-4	88				8	80	24	56
1071	948	1405		7	35	2	1481	1049	3509
544	391	9715		3620	1	102	13334	1388	25533
12705	**8695**	**44810**	**44**	**1856**	**1598**	**5969**	**44160**	**7447**	**-753**
1622	1378	496		723	583	4657	-2857	688	3957
1024	1024	3922			2		3900	435	875
882	762	1441				35	1406	460	1642
3964	363	-10063		22	13	67	-10095	4	-27293
1917	1912	-292	6	1015	239	52	918	170	747
428	428	8416		27		151	8489	1270	7266
2868	2828	40890	38	69	761	1007	42399	4420	12053
1622	**1543**	**8859**	**43253**	**217**	**43950**	**2022**	**52548**	**2313**	**7391**
1	1	304					304	10	294
4	4	563			102		665	318	646
1617	1538	7992	43253	217	43848	2022	51579	1985	6451
4919	**4604**	**16412**	**11**	**61**	**80**	**561**	**15918**	**1973**	**15703**
633	430	2143		17	20		2180	172	3105
1104	1041	13778	4	16	60	303	13527	1056	10861
3182	3133	491	7	28		258	211	745	1737
16754	**11269**	**21921**	**246**	**1521**	**810**	**2600**	**22666**	**9437**	**21065**
16749	11264	22949	246	1521	810	2600	23692	9429	21049
5	5	-1028					-1026	8	16
699	**551**	**-2548**		**131**	**206**		**-2221**	**486**	**601**
443	296	-2429		101	131		-2207	463	535
256	255	-119		30	75		-14	23	66
475	**259**	**-10029**		**201**	**8718**	**54**	**-443**	**432**	**-186**
13		-9260		201	8654	10	-416		
403	202	1328			63	39	1130	159	658
59	57	-2097			1	5	-1157	273	-844

1-27 续表 13

	财产保险费	差旅费	工会经费	办公费	职工教育费	排污费
家具制造业	**195**	**3244**	**128**	**2373**	**137**	**83**
木质家具制造	90	1457	8	1736	83	83
金属家具制造		1343	5	419	18	
其他家具制造	105	444	115	218	36	
造纸及纸制品业	**192**	**463**	**48**	**1382**	**64**	**2**
造纸	30	210	33	525	1	
纸制品制造	162	253	15	857	63	2
印刷业和记录媒介的复制	**670**	**2783**	**330**	**6183**	**516**	**142**
印刷	634	2596	310	5722	491	139
装订及其他印刷服务活动	36	187	11	461	18	3
记录媒介的复制			9		7	
文教体育用品制造业	**126**	**1239**	**281**	**1600**	**88**	**27**
文化用品制造	58	184	74	381	58	27
体育用品制造	43	576	207	525	22	
乐器制造	5	15		24		
玩具制造		275		137		
游艺器材及娱乐用品制造	20	189		533	8	
石油加工、炼焦及核燃料加工业	**44**	**672**		**866**	**17**	
精炼石油产品的制造	44	672		866	17	
化学原料及化学制品制造业	**1698**	**8634**	**390**	**10689**	**513**	**268**
基础化学原料制造	262	760	37	842	9	39
肥料制造	136	843	11	1071	107	51
农药制造		17		607	5	
涂料、油墨、颜料及类似产品制造	216	2459	61	2237	52	63
合成材料制造	72	319	10	301	38	40
专用化学产品制造	984	3522	264	4092	193	63
日用化学产品制造	28	714	7	1539	109	12
医药制造业	**273**	**2458**	**304**	**5016**	**376**	**49**
化学药品原药制造	1	500		300		15
化学药品制剂制造	99	329	29	1826	190	20
中药饮片加工	62	221		256	20	
中成药制造	33	320	195	1021	59	
兽用药品制造	15	128	19	230	8	7
生物、生化制品的制造	63	623	51	1074	77	7
卫生材料及医药用品制造		337	10	309	22	
化学纤维制造业	**40**	**153**	**20**	**921**	**4**	**17**
纤维素纤维原料及纤维制造		17		83		
合成纤维制造	40	136	20	838	4	17
橡胶制品业	**66**	**941**	**46**	**649**	**126**	**15**
橡胶板、管、带的制造	11	137		101	73	10
橡胶零件制造	55	270	39	64	19	5
日用及医用橡胶制品制造		389	7	410	30	
其他橡胶制品制造		145		74	4	

计量单位：千元

财务费用	利息支出（净额）	营业利润	投资收益	补贴收入	营业外收入	营业外支出	利润总额	应交所得税	可供分配利润
7284	**6441**	**-5745**	**2252**	**170**	**2496**	**733**	**747**	**2586**	**1520**
6351	6048	-6897	2252	5	2387	567	-1452	1973	3225
332	-8	-467		128	40	30	614	253	655
601	401	1619		37	69	136	1585	360	-2360
3052	**2884**	**12544**		**1**	**232**	**265**	**12516**	**883**	**-617**
993	979	-771			38	34	-761	166	-953
2059	1905	13315		1	194	231	13277	717	336
12810	**9055**	**35454**	**7**	**1192**	**2215**	**218**	**38170**	**6889**	**28988**
12817	9062	35774	7	1192	2215	218	38449	6838	28968
-7	-7	-328					-328	3	20
		8					49	48	
2732	**2725**	**14173**	**12**		**3**	**665**	**13586**	**3572**	**10913**
9	9	817				57	760	367	393
119	112	9263	12			599	8739	1867	7372
1093	1093	411			1	9	403	128	275
-9	-9	72			2		74	20	453
1520	1520	3610					3610	1190	2420
2540	**1964**	**827**	**4**		**5**	**643**	**192**	**368**	**257**
2540	1964	827	4		5	643	192	368	257
16147	**14710**	**69047**	**13905**	**9747**	**2719**	**2084**	**94749**	**27102**	**80212**
691	676	1366		69	215	24	1733	474	1145
4459	4441	-8518		7727	46	96	736	728	1561
256	256	-796		25	2	5	-774	21	121
4038	3231	12264	3	1000	1411	364	14376	6775	14465
617	592	1777	8		16	23	1777	660	7257
5404	5051	60095	13894	926	994	1422	73977	17611	52620
682	463	2859			35	150	2924	833	3043
7618	**6440**	**90131**	**-1379**	**4548**	**306**	**2281**	**91304**	**8783**	**71736**
1575	1341	378		4543	2		4923	265	380
3759	2843	31728	-4478		251	845	26532	2493	25912
38	35	1071			38		1107	364	395
339	339	2146				1381	762	106	71
92	90	23205	3294	5	15		26629	997	31486
1821	1798	21033	-195			55	20781	2790	4509
-6	-6	10570					10570	1768	8983
11347	**11024**	**-284**			**2338**	**283**	**1766**	**666**	**7473**
-1	-1	-119				7	-126	4	19
11348	11025	-165			2338	276	1892	662	7454
-172	**-172**	**1431**		**1012**	**9**	**13**	**2596**	**1197**	**1703**
-2	-2	-129				1	-130	16	
-171	-171	1078		1012			2246	730	1421
		1265			9	12	1263	451	282
1	1	-783					-783		

1-27 续表 14

	财产保险费	差旅费	工会经费	办公费	职工教育费	排污费
塑料制品业	**277**	**4458**	**157**	**10033**	**519**	**25**
塑料薄膜制造	30	149		232	33	
塑料板、管、型材的制造	13	356	15	1229	33	5
塑料丝、绳及编织品的制造		194	34	106	267	
泡沫塑料制造	28	428	13	1341	19	
塑料包装箱及容器制造	70	370	25	1142	41	
塑料零件制造	15	74		159	7	6
日用塑料制造	119	1395	60	5254	58	1
其他塑料制品制造	2	1492	10	570	61	13
非金属矿物制品业	**1973**	**7669**	**690**	**15078**	**1084**	**185**
水泥、石灰和石膏的制造		5		19		
水泥及石膏制品制造	1308	2175	347	8956	640	28
砖瓦、石材及其他建筑材料制造	156	2344	115	1860	175	152
玻璃及玻璃制品制造	417	1044	26	2287	119	5
耐火材料制品制造	26	1055	129	533	5	
石墨及其他非金属矿物制品制造	66	1046	73	1423	145	
黑色金属冶炼及压延加工业	**58**	**753**		**2069**	**56**	
炼钢	25			99		
钢压延加工	33	753		1970	56	
有色金属冶炼及压延加工业	**106**	**1519**	**42**	**1746**	**52**	**26**
常用有色金属冶炼	25	74		273	6	
稀有稀土金属冶炼		4		23	5	
有色金属合金制造	19	753		806	2	
有色金属压延加工	62	688	42	644	39	26
金属制品业	**2234**	**8748**	**291**	**13479**	**1084**	**77**
结构性金属制品制造	1012	6528	253	7890	871	62
金属工具制造	678	826	25	352	19	
集装箱及金属包装容器制造	93	384		744	10	6
金属丝绳及其制品的制造						
建筑、安全用金属制品制造	85	575		1490	40	
金属表面处理及热处理加工	47	156		240	108	
搪瓷制品制造		7		24		
不锈钢及类似日用金属制品制造	306	130		2412		9
其他金属制品制造	13	142	13	327	36	
通用设备制造业	**724**	**12108**	**1329**	**16322**	**847**	**26**
锅炉及原动机制造	22	780	24	315	34	
金属加工机械制造	55	2927	37	1460	41	2
起重运输设备制造				7		
泵、阀门、压缩机及类似机械的制造	67	2941	17	4058	32	3
轴承、齿轮、传动和驱动部件的制造		55	21	17	16	
烘炉、熔炉及电炉制造		645	1	609	14	
风机、衡器、包装设备等通用设备制造	565	3747	1207	7131	675	10
通用零部件制造及机械修理	4	674	6	991	5	
金属铸、锻加工	11	339	16	1734	30	11

计量单位：千元

财务费用	利息支出（净额）	营业利润	投资收益	补贴收入	营业外收入	营业外支出	利润总额	应交所得税	可供分配利润
2755	**1990**	**29151**	**217**		**890**	**741**	**29220**	**4726**	**23965**
43	38	-407	2		94	11	-323	79	60
248	239	4086			39	14	4111	489	4001
670	296	1711	215		181		2108	99	3664
121	110	5471				25	5176	1421	4409
817	473	1214			352	118	1428	625	1000
11	8	96				1	95	33	391
899	881	8465			2	553	7908	1235	8570
-54	-55	8515			222	19	8717	745	1870
26272	**23361**	**65327**	**973**	**34857**	**1466**	**2702**	**96110**	**25680**	**89285**
-1	-1	27					27	5	22
16518	14596	-12860	972	34022	1423	2198	18904	6453	34168
6817	6341	24146	1	446	12	44	24561	4526	16395
2063	1863	8998		63	27	104	9271	1689	7029
463	362	5095		226		153	5168	1406	2821
412	200	39921		100	4	203	38179	11601	28850
950	**918**	**2289**	**-75**		**3520**	**115**	**5770**	**1021**	**5212**
18	18	153					152	59	93
932	900	2136	-75		3520	115	5618	962	5119
2485	**1594**	**11813**	**2**	**543**	**78**	**145**	**12310**	**3387**	**4811**
-4	-4	-16					-16		
405	363	611			16		676	233	568
37	15	5048		468			5516	1022	778
2047	1220	6170	2	75	62	145	6134	2132	3465
13428	**8271**	**66127**	**2152**	**242**	**1877**	**3709**	**63343**	**23355**	**59801**
10814	6233	49876	2150	220	1752	2174	49370	15199	43044
-115	-115	10054	1		35	76	10012	4171	10728
485	485	3300	1		5	49	2412	902	1855
25	25	170					170	30	
1593	1119	-5739		22	42	1369	-7081	173	240
184	184	3170				41	3129	1081	3085
39		-49					-49	2	-51
107	47	4108			43		4151	1455	
296	293	1237					1229	342	900
3926	**3337**	**209721**	**638**	**3844**	**4070**	**11942**	**207120**	**38034**	**175369**
318	305	5107		10	320	24	5459	466	4754
205	182	3453		637	20	266	3907	766	3590
461	458	20					20	9	21
1416	1053	7847	45	1226	1061	2426	7765	2059	6843
19	19	2876					2876		2876
21	10	-3251		103		2	-3150	3	14
884	792	188182	322	1630	2570	8566	185153	33139	153557
478	399	2868	271	238	34	41	3023	919	2223
124	119	2619			65	617	2067	673	1491

1-27 续表 15

	财产保险费	差旅费	工会经费	办公费	职工教育费	排污费
专用设备制造业	**1550**	**13639**	**827**	**20846**	**1702**	**218**
矿山、冶金、建筑专用设备制造	743	2373	67	3697	166	200
化工、木材、非金属加工专用设备制造	66	3295	304	2261	295	
食品、饮料、烟草及饲料生产专用设备				10		
印刷、制药、日化生产专用设备制造	59	1087	48	1035	26	2
纺织、服装和皮革工业专用设备制造	500	566		133		12
电子和电工机械专用设备制造		1316	260	2724	11	
农、林、牧、渔专用机械制造	24	274	42	369	67	
医疗仪器设备及器械制造	70	2619	23	3585	178	4
环保、社会公共安全及其他专用设备制造	88	2109	83	7032	959	
交通运输设备制造业	**448**	**25880**	**102**	**10506**	**539**	**72**
铁路运输设备制造	96	20812	11	897	21	3
汽车制造	316	4824	91	9404	507	69
自行车制造						
航空航天器制造		27		45		
交通器材及其他交通运输设备制造	36	217		160	11	
电气机械及器材制造业	**648**	**10134**	**1000**	**17331**	**1067**	**110**
电机制造	3	605	96	606	166	31
输配电及控制设备制造	457	6794	490	12026	644	37
电线、电缆、光缆及电工器材制造	97	821	184	1226	117	31
电池制造		124		45		
家用电力器具制造	33	271	41	500	79	11
非电力家用器具制造		1127	20	347	12	
照明器具制造	58	384	154	2275	37	
其他电气机械及器材制造		8	15	306	12	
通信设备、计算机及其他电子设备制造	**2851**	**11806**	**1314**	**18340**	**1339**	**39**
通信设备制造	2465	2907	597	4628	537	9
广播电视设备制造	30	1084	34	1997	13	
电子计算机制造	79	5668	28	6601	223	4
电子器件制造	119	780	259	1930	191	
电子元件制造	132	400	218	1449	231	
家用视听设备制造	12	230	13	725	15	
其他电子设备制造	14	737	165	1010	129	26
仪器仪表及文化、办公用机械制造业	**664**	**10635**	**628**	**10586**	**842**	**38**
通用仪器仪表制造	337	7362	413	7523	609	35
专用仪器仪表制造	47	2325	192	2260	215	3
光学仪器及眼镜制造	2	502		126		
文化、办公用机械制造	3	384	23	304	18	
其他仪器仪表的制造及修理	275	62		373		
工艺品及其他制造业	**163**	**1293**	**246**	**2156**	**320**	**51**
工艺美术品制造	158	437	229	1481	165	24
日用杂品制造	5	347	1	191	100	7
煤制品制造		13	2	16	3	
其他未列明的制造业		496	14	468	52	20
废弃资源和废旧材料回收加工业						
金属废料和碎屑的加工处理						
非金属废料和碎屑的加工处理						
电力、燃气及水的生产和供应业		**189**	**34**	**165**	**32**	**60**
电力、热力的生产和供应业			**33**	**49**	**29**	**60**
热力生产和供应			33	49	29	60
燃气生产和供应业			**1**	**6**		
燃气生产和供应业			1	6		
水的生产和供应业		**189**		**110**	**3**	
自来水的生产和供应		189		110	3	

计量单位：千元

财务费用	利息支出（净额）	营业利润	投资收益	补贴收入	营业外收入	营业外支出	利润总额	应交所得税	可供分配利润
3594	**1123**	**146898**	**909**	**8317**	**2456**	**1620**	**167299**	**21554**	**120957**
-1	-67	21684		14	165	93	32708	2795	26055
1041	763	14347	15	433	104	112	13811	4717	8289
95	51	262					182	89	93
406	-80	4002		324	4	191	4138	919	2611
172	132	5834		30	31		5895	1082	2815
-36	-259	26987		909	29	48	27902	5866	36462
953	110	850				2	928	312	559
-104	-94	34908	858	3924	1802	322	41512	2633	30052
1068	567	38024	36	2683	321	852	40223	3141	14021
6497	**5346**	**119000**	**46239**	**927**	**2542**	**1403**	**166383**	**21436**	**150993**
55	-251	20180	303	537	77	99	21047	1908	12148
6323	5603	97813	45936	390	2457	1302	144323	19044	138329
-4	-4	-18			6	2	-14		
		314			2		316	110	179
123	-2	711					711	374	337
13055	**10911**	**89483**	**-4141**	**5338**	**3738**	**802**	**94709**	**14498**	**84685**
623	657	25016		1635	78	117	26613	1324	21205
6907	6115	58852	-4141	2992	1432	374	59533	9729	55502
4136	3535	-227		580	875	75	1219	687	974
-8	-8	125					125	33	26
816	195	2145		114	1	9	2510	1292	3025
-25	-25	459			18	6	471	590	159
568	405	2695			1334	221	3800	622	3517
38	37	418		17			438	221	277
14113	**10486**	**229101**	**3188**	**13077**	**490**	**1482**	**234204**	**30100**	**284895**
7232	6719	65727	6437	6909	30	574	69088	9169	85442
-21	-63	9939			1	10	9866	1326	8756
2498	953	68566	-2680	721	234	456	65831	12460	66639
421	117	4695		2667	15	47	7305	847	11164
3460	2269	34931	-569	626	144	93	34949	3606	29181
-662	-662	41429			25	281	41173	1232	81175
1185	1153	3814		2154	41	21	5992	1460	2538
9723	**8847**	**59052**	**-47**	**6985**	**118**	**282**	**74904**	**6397**	**38901**
1109	907	48779	-47	5401	33	257	55317	4679	23701
8546	8006	4474		1430	26	25	13577	1093	8206
68	-5	206		154	59		417	114	1622
-5	-60	2416					2416		2706
5	-1	3177					3177	511	2666
1219	**739**	**-5349**	**3**		**2315**	**101**	**-3338**	**2048**	**2525**
1182	716	-9525	3		2302	25	-7357	945	1216
	-1	1422				6	1319	430	279
		1616				70	1546	541	-30
37	24	1138			13		1154	132	1060
3		**-2981**				**2**	**-2983**	**56**	**133**
3		-3170				2	-3172		
		189					189	56	133
-64	**-69**	**2010**			**5**	**546**	**1256**	**14**	**882**
-105	**-105**	**416**				**456**	**-40**		
-105	-105	416				456	-40		
39	**36**	**536**			**5**	**90**	**452**	**14**	**38**
39	36	536			5	90	452	14	38
2		**1058**					**844**		**844**
2		1058					844		844

1-27 续表 16

	广告费	劳动、失业保险费	养老保险和医疗保险	住房公积金和住房补贴	本年应付工资总额(贷方累计发生额)	主营业务应付工资总额	本年应付福利费总额(贷方累计发生额)
总计	**123970**	**22480**	**104456**	**12157**	**2070829**	**1954863**	**250282**
采矿业		**96**	**43**		**4156**	**4156**	**596**
黑色金属矿采选业		**96**	**41**		**3625**	**3625**	**508**
铁矿采选		96	41		3625	3625	508
非金属矿采选业			**2**		**531**	**531**	**88**
土砂石开采			2		147	147	34
石棉及其他非金属矿采选					384	384	54
制造业	**123970**	**22384**	**103974**	**12124**	**2064000**	**1948656**	**249289**
农副食品加工业	**1300**	**269**	**3526**	**57**	**87358**	**85163**	**13889**
谷物磨制	22	122	1434		20107	20078	2781
饲料加工	988	92	756	57	31756	31011	7651
植物油加工		2			357	357	31
制糖	15	1	22		1034	517	158
屠宰及肉类加工	254	20	340		24845	24154	2286
水产品加工		25			2126	2017	263
蔬菜、水果和坚果加工	5	7	19		3526	3422	230
其他农副食品加工	16		955		3607	3607	489
食品制造业	**7236**	**236**	**1461**	**116**	**69388**	**63487**	**6391**
焙烤食品制造	866	179	594	93	21567	19393	2186
糖果、巧克力及蜜饯制造		7	178		7625	7415	1035
方便食品制造	107	3	30		3577	3008	497
液体乳及乳制品制造					3028	2485	242
罐头制造					3368	1742	444
调味品、发酵制品制造		4	73	15	5634	5351	596
其他食品制造	6263	43	586	8	24589	24093	1391
饮料制造业	**3928**	**195**	**394**		**14307**	**12097**	**1800**
酒精制造					84	84	12
酒的制造	1220	5	51		1976	1976	278
软饮料制造	2708	190	343		12247	10037	1510
纺织业	**830**	**115**	**1003**		**57299**	**55107**	**4741**
棉、化纤纺织及印染精加工		55	26		5426	5143	713
纺织制成品制造	123	38	58		14836	13878	1071
针织品、编织品及其制品制造	707	22	919		37037	36086	2957
纺织服装、鞋、帽制造业	**18365**	**1272**	**7013**	**17**	**231688**	**224060**	**23626**
纺织服装制造	18365	1272	6673	17	229856	222228	23175
纺织面料鞋的制造			340		1832	1832	451
皮革、毛皮、羽毛(绒)及其制品业	**26**	**18**	**88**		**11580**	**11313**	**1338**
皮革制品制造	26	16	43		9499	9232	1072
毛皮鞣制及制品加工		2	45		2081	2081	266
木材加工及木、竹、藤、棕、草制品	**269**	**50**	**120**		**9183**	**8489**	**743**
锯材、木片加工					470	470	3
人造板制造	269	20	40		3909	3799	300
木制品制造		30	80		4804	4220	440

计量单位：千元

主营业务应付福利费总额	本年应交增值税(不含期初未抵扣税)	本年进项税额	本年销项税额	本年实缴关税	工业中间投入合计	经营活动产生的现金流量净额	投资活动产生的现金流量净额	筹资活动产生的现金流量净额	全部从业人员平均人数(人)
232525	**1039741**	**3758097**	**4639216**	**60453**	**25002814**	**2343637**	**-715124**	**1522370**	**147262**
542	**3447**	**4227**	**9044**		**42040**	**8970**	**-1332**	**-429**	**375**
508	**2649**	**3958**	**6607**		**37318**	**6632**	**-1764**	**-429**	**333**
508	2649	3958	6607		37318	6632	-1764	-429	333
34	**798**	**269**	**2437**		**4722**	**2338**	**432**		**42**
34	715	207	924		4321	2338	432		18
	83	62	1513		401				24
231675	**1035744**	**3753111**	**4629321**	**60453**	**24937670**	**2332099**	**-707125**	**1522186**	**146744**
13466	**23028**	**162331**	**177041**	**75**	**2121765**	**188492**	**8497**	**67010**	**6979**
2781	619	4156	4614		255119	79453	83687	-4	264
7393	777		448	17	745629	67660	-6286	6183	2817
31	129	2003	2026		11729	5600			48
79	530	2099	2629		13892				82
2209	16054	133574	141913	58	954999	15173	-47055	55214	2745
254	504	5009	5513		31640	658	271	225	228
230	1543	6644	8181		63748	12369	284		383
489	2872	8846	11717		45009	7579	-22404	5392	412
5738	**28875**	**113929**	**136621**	**992**	**785275**	**25516**	**-9013**	**46694**	**5737**
2048	9763	37836	46180		229576	17395	-7241	4956	2045
1007	2738	15192	17542	908	92729	6580			578
393	2100	12237	14216		78366	1184	980	8396	367
241	471	2703	3174		22445	59			379
215	2165	8772	10886		50275	-28455	-1294	29040	348
555	2949	9212	11503		69681	9204	-6408	3651	395
1279	8689	27977	33120	84	242203	19549	4950	651	1625
1492	**6962**	**31850**	**38970**		**319226**	**25608**	**-33520**	**46562**	**1001**
12	220	3229	3449		19365	185			8
278	1493	6474	7967		33154	3852			267
1202	5249	22147	27554		266707	21571	-33520	46562	726
4444	**20052**	**87681**	**103580**	**767**	**464160**	**24056**	**-21117**	**29073**	**4874**
656	1992	19011	21003		119157	1742	-21654	22066	608
926	5215	22633	27553	67	114277	3636	853	3105	849
2862	12845	46037	55024	700	230726	18678	-316	3902	3417
23207	**58159**	**253039**	**294504**	**2158**	**1440567**	**204639**	**-33547**	**15266**	**21681**
22756	57745	249041	290769	2142	1421260	201772	-33898	15266	21410
451	414	3998	3735	16	19307	2867	351		271
1308	**4458**	**24510**	**9150**	**84**	**162643**	**-1824**	**-2565**	**10136**	**1244**
1042	4173	21669	6883		134798	8353	-1377	-2605	962
266	285	2841	2267	84	27845	-10177	-1188	12741	282
654	**2084**	**18323**	**20148**		**121935**	**39782**	**84**	**363**	**927**
3	432	5689	6121		33362	22809			35
230	405	3677	3878		32480	13218			486
421	1247	8957	10149		56093	3755	84	363	406

1-27 续表 17

	广告费	劳动、失业保险费	养老保险和医疗保险	住房公积金和住房补贴	本年应付工资总额(贷方累计发生额)	主营业务应付工资总额	本年应付福利费总额(贷方累计发生额)
家具制造业	**15712**	**220**	**3465**	**1**	**51752**	**49448**	**6001**
木质家具制造	15093	194	3031		38371	36494	4376
金属家具制造		4	144		6440	6378	893
其他家具制造	619	22	290	1	6941	6576	732
造纸及纸制品业	**43**	**163**	**696**	**95**	**20942**	**19489**	**2398**
造纸	30	7	82		7123	6423	663
纸制品制造	13	156	614	95	13819	13066	1735
印刷业和记录媒介的复制	**665**	**1769**	**2673**	**308**	**103254**	**96391**	**13987**
印刷	645	1750	2592	231	100986	94678	13666
装订及其他印刷服务活动	20	19	81	77	1801	1246	255
记录媒介的复制					467	467	66
文教体育用品制造业	**176**	**284**	**1340**	**259**	**22360**	**21492**	**2536**
文化用品制造	20	222	871	259	3861	3861	518
体育用品制造	49	10	261		7530	7530	1098
乐器制造					7707	6839	486
玩具制造	2	42	8		1052	1052	124
游艺器材及娱乐用品制造	105	10	200		2210	2210	310
石油加工、炼焦及核燃料加工业	**1166**	**8**	**91**		**6804**	**6318**	**807**
精炼石油产品的制造	1166	8	91		6804	6318	807
化学原料及化学制品制造业	**5922**	**684**	**2930**	**247**	**83753**	**78211**	**17987**
基础化学原料制造	20	343	494	49	5212	4633	657
肥料制造	496	18	136	18	7425	6866	884
农药制造	198		42		1464	1437	183
涂料、油墨、颜料及类似产品制造	814	254	903	170	23115	22033	2461
合成材料制造		7	74		4147	4147	423
专用化学产品制造	1112	36	632	10	37555	35596	12947
日用化学产品制造	3282	26	649		4835	3499	432
医药制造业	**3956**	**319**	**1952**	**122**	**36595**	**30956**	**5277**
化学药品原药制造	200	10	235		2688	2688	377
化学药品制剂制造	2827	64	988	77	13796	10227	1845
中药饮片加工	6				2662	2504	300
中成药制造	666	13	403	45	6154	5955	822
兽用药品制造	203		39		2307	1805	863
生物、生化制品的制造	54	232	276		6385	5851	897
卫生材料及医药用品制造			11		2603	1926	173
化学纤维制造业	**35**	**17**	**1086**	**57**	**5692**	**5692**	**998**
纤维素纤维原料及纤维制造			1		231	231	32
合成纤维制造	35	17	1085	57	5461	5461	966
橡胶制品业	**16**	**33**	**739**	**150**	**10269**	**10269**	**291**
橡胶板、管、带的制造					779	779	91
橡胶零件制造	6	29	614	150	4464	4464	38
日用及医用橡胶制品制造	10	4	125		4203	4203	46
其他橡胶制品制造					823	823	116

计量单位：千元

主营业务应付福利费总额	本年应交增值税（不含期初未抵扣税）	本年进项税额	本年销项税额	本年实缴关税	工业中间投入合计	经营活动产生的现金流量净额	投资活动产生的现金流量净额	筹资活动产生的现金流量净额	全部从业人员平均人数（人）
5654	**18465**	**82568**	**99856**	**22**	**538181**	**5278**	**-51930**	**69787**	**4615**
4079	13140	58503	70438	22	392799	-5422	-49924	69141	3420
893	2271	13889	16093		76500	5948	-851	2517	620
682	3054	10176	13325		68882	4752	-1155	-1871	575
2187	**17009**	**60013**	**76015**	**262**	**362955**	**17905**	**-2649**	**8556**	**2371**
553	2414	20299	23177		106011	2382	-220	-3112	885
1634	14595	39714	52838	262	256944	15523	-2429	11668	1486
12410	**47808**	**148970**	**196175**	**1768**	**859481**	**230751**	**-10214**	**10433**	**8217**
12172	46920	146012	192329	1768	845593	232325	-11975	11772	8063
172	772	1844	2616		13888	-1574	1761	-1339	122
66	116	1114	1230						32
2536	**6728**	**19519**	**24783**		**137149**	**26976**	**-14565**	**23574**	**1641**
518	1234	1894	3078		12834	-503	-862	-503	192
1098	2126	5732	7483		48329	-1564	-8141	13150	436
486	1251	4811	5746		35187	25222	-2842	7927	736
124	287	1132	696		6149	1401	1470		97
310	1830	5950	7780		34650	2420	-4190	3000	180
746	**3163**	**38909**	**40919**		**235594**	**27194**	**-15734**	**23110**	**731**
746	3163	38909	40919		235594	27194	-15734	23110	731
17078	**63948**	**209535**	**260377**	**8622**	**1517805**	**151942**	**-61145**	**83504**	**5578**
593	3606	29626	33124	216	163014	17674	-187	1647	422
809	777				201637	-6791	7998	9648	658
183	66	1146	1207		7021	-3168	-1372	4949	89
2410	13154	57552	65139	151	408337	31877	-18682	38892	1585
423	2833	25022	27815	149	111168	7927	1	-184	396
12420	38001	88177	119817	8106	564387	91963	-47940	23882	2124
240	5511	8012	13275		62241	12460	-963	4670	304
4009	**39326**	**70736**	**103039**	**102**	**611096**	**73659**	**-17075**	**18091**	**2676**
377	4600	7308	11957		54591	5194	-2894	1949	130
1174	14173	18219	27218		98885	16876	-25335	-467	872
249	1381	11020	12356		79649	25949	44241	-1387	281
513	6403	21331	26103		109566	12882	-20250	9782	508
802	4699	5455	9892	102	32998	7297	-52		227
826	6123	6098	12260		224348	5201	-12766	8214	402
68	1947	1305	3253		11059	260	-19		256
998	**4251**	**19206**	**23407**	**1811**	**143670**	**-3698**	**-29021**	**32061**	**492**
32	162	1726	1888		10778	214		500	29
966	4089	17480	21519	1811	132892	-3912	-29021	31561	463
291	**3071**	**18777**	**21743**		**110211**	**35117**	**1155**	**160**	**856**
91	201	1706	1907		9747	656			102
38	2536	13062	15598		75557	14976		160	387
46	169	1039	1208		10418	-2892			315
116	165	2970	3030		14489	22377	1155		52

1-27 续表 18

	广告费	劳动、失业保险费	养老保险和医疗保险	住房公积金和住房补贴	本年应付工资总额（贷方累计发生额）	主营业务应付工资总额	本年应付福利费总额（贷方累计发生额）
塑料制品业	**118**	**134**	**2411**	**21**	**55102**	**52123**	**6099**
塑料薄膜制造		2	166		3192	3130	423
塑料板、管、型材的制造	29	8	17		4943	4478	482
塑料丝、绳及编织品的制造	11	21	238	7	4853	4527	426
泡沫塑料制造	7	10	81	11	9314	8547	603
塑料包装箱及容器制造	23	65	246		9236	8508	967
塑料零件制造					866	866	93
日用塑料制造		28	1577	3	18024	17393	2399
其他塑料制品制造	48		86		4674	4674	706
非金属矿物制品业	**2126**	**594**	**4081**	**297**	**131006**	**122528**	**16698**
水泥、石灰和石膏的制造					691	576	96
水泥及石膏制品制造	87	326	1971	160	66245	61341	8839
砖瓦、石材及其他建筑材料制造	1532	52	782	6	23667	22568	3068
玻璃及玻璃制品制造	300	157	623	69	26539	24621	2898
耐火材料制品制造	115		179		4062	3684	382
石墨及其他非金属矿物制品制造	92	59	526	62	9802	9738	1415
黑色金属冶炼及压延加工业	**2670**	**87**	**172**		**10295**	**10171**	**1007**
炼钢					1458	1458	59
钢压延加工	2670	87	172		8837	8713	948
有色金属冶炼及压延加工业	**30**	**43**	**149**	**1**	**17069**	**16078**	**1808**
常用有色金属冶炼					393	393	60
稀有稀土金属冶炼	26	21	23		3249	2924	567
有色金属合金制造		2	22		873	831	135
有色金属压延加工	4	20	104	1	12554	11930	1046
金属制品业	**4627**	**1438**	**5770**	**1742**	**200533**	**190172**	**22667**
结构性金属制品制造	3879	1242	4514	1737	149971	145716	16810
金属工具制造		4	113		5318	4615	736
集装箱及金属包装容器制造	102	23	329		4721	4721	619
金属丝绳及其制品的制造					224	224	15
建筑、安全用金属制品制造	91	111	224		18978	14445	1991
金属表面处理及热处理加工	275	3			9731	9492	1091
搪瓷制品制造		11	202		1177	1177	162
不锈钢及类似日用金属制品制造	28	33	278	5	3472	3372	360
其他金属制品制造	252	11	110		6941	6410	883
通用设备制造业	**15756**	**1215**	**12345**	**541**	**192976**	**183226**	**24157**
锅炉及原动机制造	115	28	318	11	4524	3959	686
金属加工机械制造		98	390		6875	6594	778
起重运输设备制造		2	41		199	199	
泵、阀门、压缩机及类似机械的制造	175	86	938	158	11842	11008	1405
轴承、齿轮、传动和驱动部件的制造					1097	1097	275
烘炉、熔炉及电炉制造	135	11	73		2607	2173	285
风机、衡器、包装设备等通用设备制造	15304	909	10316	215	152857	146294	18987
通用零部件制造及机械修理	27	25	183		4873	4724	981
金属铸、锻加工		56	86	157	8102	7178	760

计量单位：千元

主营业务应付福利费总额	本年应交增值税(不含期初未抵扣税)	本年进项税额	本年销项税额	本年实缴关税	工业中间投入合计	经营活动产生的现金流量净额	投资活动产生的现金流量净额	筹资活动产生的现金流量净额	全部从业人员平均人数(人)
5657	**21896**	**190374**	**212786**	**1279**	**976084**	**56232**	**6953**	**28747**	**4988**
301	795	11596	12311		82762	-8939	75	5540	339
482	2649	14520	16939		75191	13154	-11135	8354	498
399	2349	21067	23417		78670	4535		-1278	549
555	2452	21521	24067		102403	12775	-260	-1414	512
823	3513	36695	40628		214299	31475	19307	3034	1037
93	285	8379	8664	29	8219	-345			79
2298	6150	70905	77267	194	381555	-4410	-1034	14511	1558
706	3703	5691	9493	1056	32985	7987			416
15423	**66700**	**133280**	**187840**	**157**	**2076992**	**197900**	**-67419**	**104354**	**10544**
81	192	1358	1520		7137	289			60
8070	33564	10164	36050	143	1179907	91878	-62372	65003	4802
2841	7260	27276	33126		241424	63973	5854	13502	2437
2644	7294	42403	49407		270871	26199	-4987	25849	2343
381	4546	11249	15773		80781	6595	-5635		304
1406	13844	40830	51964	14	296872	8966	-279		598
1000	**3907**	**60906**	**64895**		**333229**	**10933**	**7675**	**17847**	**945**
59	510	1647	2157		11760	602	2633	3445	170
941	3397	59259	62738		321469	10331	5042	14402	775
1615	**10400**	**115709**	**125771**	**260**	**675233**	**17298**	**-8873**	**3476**	**1450**
60	19	1316	1335		6914	1604			34
567	1641	12182	14690		83426	1014			276
123	1761	16136	17908		126314	2479			87
865	6979	86075	91838	260	458579	12201	-8873	3476	1053
20669	**63584**	**367803**	**409439**	**764**	**2172476**	**194382**	**-49320**	**133107**	**15481**
16060	49667	268333	310049	514	1644072	13504	-28535	97663	11466
629	455	16353	5499		95769	102550	-2527	-176	373
525	4131	35226	39358		142393	20171	-1631	-441	474
15					8061	750			40
1022	2380	16868	17208		115477	48625	-21052	32551	1459
1073	2861	6538	9399		39809	3372	-265		675
162	428	933	1361		4986	501	-1348	263	110
350	1247	10326	10924		50989	1742	93	80	293
833	2415	13226	15641	250	70920	3167	5945	3167	591
21967	**106690**	**288439**	**394602**	**26666**	**1643763**	**55923**	**-34560**	**22256**	**8252**
583	1197	10275	12591		34996	3281	-811	70	400
758	3354	15338	18664		89046	23366	-895	1037	492
	73	918	991		5178				20
1244	7006	38672	45531	269	232279	12405	-2603	-155	959
275	107	1735	1842		9536	222		452	81
225	1560	6755	8606		48530	2891	420		181
17286	88602	192315	279750	26186	1082624	-14299	-35392	18486	5128
861	1936	10514	12385	211	68401	21220	4707	2280	342
735	2855	11917	14242		73173	6837	14	86	649

1-27 续表 19

	广告费	劳动、失业保险费	养老保险和医疗保险	住房公积金和住房补贴	本年应付工资总额(贷方累计发生额)	主营业务应付工资总额	本年应付福利费总额(贷方累计发生额)
专用设备制造业	**9285**	**851**	**9219**	**845**	**134707**	**128372**	**17183**
矿山、冶金、建筑专用设备制造	255	84	1872	31	19213	18258	2863
化工、木材、非金属加工专用设备制造	568	206	1843	540	23807	23563	2976
食品、饮料、烟草及饲料生产专用设备		1	24	2	342	323	35
印刷、制药、日化生产专用设备制造	919	46	1082	23	12469	11887	1844
纺织、服装和皮革工业专用设备制造	48	4	183	58	3645	3645	507
电子和电工机械专用设备制造	282	164	646	15	11302	10542	1637
农、林、牧、渔专用机械制造		15	316	14	2413	2413	141
医疗仪器设备及器械制造	7037	228	1545	131	21727	18570	2332
环保、社会公共安全及其他专用设备制造	176	103	1708	31	39789	39171	4848
交通运输设备制造业	**2802**	**271**	**3386**	**152**	**83688**	**78874**	**10715**
铁路运输设备制造	43	14	491		13840	13178	1817
汽车制造	2237	256	2873	152	67476	63368	8646
自行车制造	522				838	838	
航空航天器制造					662	662	93
交通器材及其他交通运输设备制造		1	22		872	828	159
电气机械及器材制造业	**4957**	**7135**	**10065**	**2041**	**125986**	**123416**	**14304**
电机制造		649	1410	74	10657	10083	1165
输配电及控制设备制造	1399	6383	6684	1776	86346	85235	9708
电线、电缆、光缆及电工器材制造	18	41	910		10976	10956	1501
电池制造					1289	1289	156
家用电力器具制造	2448	44	765	117	3624	3624	478
非电力家用器具制造					2138	2138	301
照明器具制造	896	7	113	33	8989	8124	775
其他电气机械及器材制造	196	11	183	41	1967	1967	220
通信设备、计算机及其他电子设备制造	**19194**	**2374**	**17862**	**3600**	**182052**	**162534**	**21146**
通信设备制造	1564	454	7640	1472	74567	57820	6777
广播电视设备制造	449	13	368		5153	4869	692
电子计算机制造	11801	1610	5444	1683	44396	43204	3420
电子器件制造	70	61	938	28	12846	12823	1360
电子元件制造	257	160	2130	417	21554	21386	2952
家用视听设备制造	4529	19	401		5553	5553	893
其他电子设备制造	524	57	941		17983	16879	5052
仪器仪表及文化、办公用机械制造业	**2653**	**400**	**5061**	**539**	**70319**	**67600**	**8345**
通用仪器仪表制造	2282	126	2109	210	41528	40488	4780
专用仪器仪表制造	95	229	1952	266	21129	19979	2868
光学仪器及眼镜制造	145	14	422		2591	2591	192
文化、办公用机械制造	18	17	333		2501	2501	247
其他仪器仪表的制造及修理	113	14	245	63	2570	2041	258
工艺品及其他制造业	**107**	**2190**	**4876**	**916**	**36438**	**33975**	**2125**
工艺美术品制造	73	2171	4432	841	24640	22953	999
日用杂品制造		5	154		5598	5598	368
煤制品制造			45		955	955	129
其他未列明的制造业	34	14	245	75	5245	4469	629
废弃资源和废旧材料回收加工业					**1605**	**1605**	**225**
金属废料和碎屑的加工处理					1550	1550	217
非金属废料和碎屑的加工处理					55	55	8
电力、燃气及水的生产和供应业			**439**	**33**	**2673**	**2051**	**397**
电力、热力的生产和供应业			**410**		**1672**	**1050**	**229**
热力生产和供应			410		1672	1050	229
燃气生产和供应业			**11**	**33**	**676**	**676**	**140**
燃气生产和供应业			11	33	676	676	140
水的生产和供应业			**18**		**325**	**325**	**28**
自来水的生产和供应			18		325	325	28

计量单位：千元

主营业务应付福利费总额	本年应交增值税（不含期初未抵扣税）	本年进项税额	本年销项税额	本年实缴关税	工业中间投入合计	经营活动产生的现金流量净额	投资活动产生的现金流量净额	筹资活动产生的现金流量净额	全部从业人员平均人数（人）
15489	**76208**	**206955**	**277816**	**1512**	**1267590**	**59031**	**-119319**	**213657**	**6521**
2637	12533	37120	50278	550	231713	39269	11326	2173	1045
2942	2165	33987	36980	2	184611	-23314	-112115	145178	925
33	492	1500	1523		8718	5874	-1599	-148	23
1730	6038	11840	18886	14	89430	12284	-1251		624
507	760	11981	12741	339	66147	-3068		500	238
1465	7932	20746	27748	14	98025	4851	-832	2577	465
141	551	4122	4682		24428	512	-2834		173
1986	22166	38834	58713	304	226204	21016	-3120	51404	1106
4048	23571	46825	66265	289	338314	1607	-8894	11973	1922
9505	**78376**	**216158**	**284639**	**4565**	**1215046**	**150435**	**-2302**	**50084**	**6071**
1817	24337	28345	52199	31	205327	676	124	386	899
7443	53168	180153	223918	4534	953083	145269	-2426	49698	4910
	228	2314	2542		14165	-14			91
93	281	3340	3621		20262	2125			65
152	362	2006	2359		22209	2379			106
14002	**87286**	**234993**	**311918**	**2041**	**1406190**	**189829**	**-55618**	**178937**	**8438**
1112	8541	23924	31175		115129	9935	-1567	13354	756
9460	60773	142147	196919	1761	819458	120151	-47757	150530	5244
1501	8400	40233	46041	242	269777	6774	-5683	8011	963
156	342	3542	3682		19265	10652	637		152
478	2301	5149	7450	38	24505	6643	300	7000	267
301	1040	2618	3594		32403	1146	742		147
774	4574	11520	15553		89792	30927	-3179	42	767
220	1315	5860	7504		35861	3601	889		142
20216	**121628**	**395746**	**506606**	**1872**	**2202298**	**211315**	**-80230**	**233460**	**8284**
6353	40252	81942	119586		384932	97382	-27583	213841	2166
599	3022	7202	9633		42725	9907	2332	6802	230
3228	34919	197906	227843	1613	1140232	-21969	-12710	-4704	1377
1334	5405	16836	22195	19	102548	3975	-1861	16485	719
2930	17889	30334	48167	240	181422	67395	-24783	-1797	1620
893	12146	40640	52777		245624	40810	-2419	-3750	207
4879	7995	20886	26405		104815	13815	-13206	6583	1965
7771	**39917**	**133825**	**168209**	**3934**	**746830**	**100237**	**-9553**	**49065**	**3213**
4457	25009	88024	108533	1720	468828	57700	-31074	7146	1909
2674	11012	23229	34269	1019	132637	37521	22141	39117	982
192	319	3932	4242	822	19162	969	-339	2844	120
247	258	16877	16083	313	90263	1865			86
201	3319	1763	5082	60	35940	2182	-281	-42	116
1918	**11614**	**44326**	**53620**	**740**	**265166**	**2693**	**-2200**	**2767**	**2806**
971	6446	24289	28350		156266	-837	-1837	2767	1678
314	1910	10151	12031	46	50005	-1631	-420		643
129	439	3063	3597		14500	491			102
504	2819	6823	9642	694	44395	4670	57		383
225	**151**	**4701**	**4852**		**25060**	**14498**		**49**	**131**
217	115	3791	3906		20623	14404			123
8	36	910	946		4437	94		49	8
308	**550**	**759**	**851**		**23104**	**2568**	**-6667**	**613**	**143**
140					**20478**	**-1244**	**-2379**	**105**	**93**
140					20478	-1244	-2379	105	93
140	**458**				**2624**	**3812**	**-4288**	**508**	**32**
140	458				2624	3812	-4288	508	32
28	**92**	**759**	**851**		**2**				**18**
28	92	759	851		2				18

建筑业

《北京经济普查年鉴—2004》

第二产业卷

2-1 建筑业

	单位数 (个)	有工作量的企业	签订合同额 (千元)	上年结转合同额	本年新签合同额	直接从建设单位承揽工程产值 (千元)
总 计	**5790**	**5363**	**342261852**	**128631010**	**213630842**	**176303001**
一、按登记注册类型分						
内资	5640	5224	334835396	126304595	208530801	171777758
国有	402	372	103352457	39522299	63830158	47819274
集体	704	653	13504382	4939212	8565170	10070361
股份合作	243	226	5528040	2124085	3403955	4132962
国有联营	3	3	1408320	185600	1222720	226368
集体联营	4	4	117842	6104	111738	113188
国有与集体联营	4	3	37886	2360	35526	55063
其他联营	1	1	16880		16880	16880
国有独资公司	30	27	31308078	8152714	23155364	10302021
其他有限责任公司	1266	1209	145535689	57430621	88105068	77395080
股份有限公司	80	74	12871153	6992523	5878630	7178661
私营独资	71	66	78959	9933	69026	53934
私营合伙	26	21	86887	24770	62117	86146
私营有限责任公司	2613	2392	19932538	6641787	13290751	13521758
私营股份有限公司	188	168	1044125	272429	771696	795722
其他	5	5	12160	158	12002	10340
港澳台商投资	76	70	2371778	572450	1799328	1586886
与港澳台商合资经营	72	66	2130760	572450	1558310	1506361
港澳台商独资	4	4	241018		241018	80525
外商投资	74	69	5054678	1753965	3300713	2938357
中外合资经营	63	60	4921879	1730097	3191782	2857149
中外合作经营	4	3	35524	6114	29410	29560
外资企业	7	6	97275	17754	79521	51648
二、按隶属关系分						
中央	289	273	137788621	53003018	84785603	61675934
地方	1155	1077	132347673	47849808	84497865	68859872
其他	4346	4013	72125558	27778184	44347374	45767195
三、按行业小类分						
房屋和土木工程建筑业	1328	1252	283999988	110343505	173656483	139589920
房屋工程建筑	757	712	205771688	82564044	123207644	104675605
土木工程建筑	571	540	78228300	27779461	50448839	34914315
铁路、道路、隧道和桥梁工程建筑	180	175	62215250	22568992	39646258	24250252
水利和港口工程建筑	45	42	6043644	2491257	3552387	3469469
工矿工程建筑	19	17	1842339	1162747	679592	629602
架线和管道工程建筑	203	193	6374915	1077040	5297875	4916584
其他土木工程建筑	124	113	1752152	479425	1272727	1648408
建筑安装业	1384	1314	34487908	11611376	22876532	20228892
建筑装饰业	2569	2354	16590178	4441858	12148320	12657821
其他建筑业	509	443	7183778	2234271	4949507	3826368
工程准备	193	165	2053733	904053	1149680	1001023
提供施工设备服务	52	42	1043385	357860	685525	531390
其他未列明的建筑业活动	264	236	4086660	972358	3114302	2293955

注：本表不包括劳务分包建筑业企业情况(下同)。

企业生产情况

自行完成施工产值	分包出去工程产值	从建设单位以外承揽工程产值（千元）	建筑业总产值（千元）	建筑工程产值	安装工程产值	其他产值	#装修装饰产值	装饰产值
167863711	**8439290**	**9732312**	**177596023**	**150352829**	**21992236**	**5250958**	**32192706**	**14033689**
163766789	8010969	8898006	172664795	146818550	20703460	5142785	29377658	12098310
45125752	2693522	2384693	47510445	39830852	6407203	1272390	5012801	1589479
9946916	123445	559636	10506552	7270806	2934757	300989	1122888	444121
3890875	242087	181718	4072593	3249412	727516	95665	646041	238859
31795	194573	4689	36484	31781		4703		
113188		176	113364	86	113102	176	86	86
55063			55063	6630	44044	4389	11019	11019
16880			16880	16880			16880	16880
10232226	69795	146570	10378796	10153214	172629	52953	1865806	195239
73025298	4369782	3300529	76325827	69104385	5019592	2201850	13840355	5515150
7087069	91592	192104	7279173	6485666	789721	3786	1388239	215901
53183	751	21809	74992	44464	25728	4800	28690	25796
86146		3831	89977	56326	24938	8713	17414	15588
13299034	222724	1992849	15291883	9980662	4176197	1135024	5213053	3711231
793024	2698	109402	902426	577946	267133	57347	205206	109781
10340			10340	9440	900		9180	9180
1533347	53539	237281	1770628	1145229	570662	54737	1030892	764588
1458086	48275	237281	1695367	1128422	512392	54553	1017548	764317
75261	5264		75261	16807	58270	184	13344	271
2563575	374782	597025	3160600	2389050	718114	53436	1784156	1170791
2491367	365782	534014	3025381	2321248	651177	52956	1764480	1164749
29560		17673	47233	33599	13634		18273	4639
42648	9000	45338	87986	34203	53303	480	1403	1403
57837586	3838348	1560283	59397869	51861583	6295864	1240422	6391833	2613144
66166782	2693090	3572938	69739720	62847950	5133427	1758343	12425471	3157731
43859343	1907852	4599091	48458434	35643296	10562945	2252193	13375402	8262814
132326892	7263028	4061098	136387990	127088932	6404451	2894607	17529153	2783395
100783948	3891657	2111673	102895621	98388501	2726626	1780494	17385013	2741505
31542944	3371371	1949425	33492369	28700431	3677825	1114113	144140	41890
22090616	2159636	1036080	23126696	22483625	406504	236567	84541	28935
2550172	919297	125027	2675199	2530426	9887	134886	4489	3730
628602	1000	362272	990874	369513	251812	369549	11214	627
4685090	231494	187188	4872278	1800994	2872390	198894	4802	3200
1588464	59944	238858	1827322	1515873	137232	174217	39094	5398
19460739	768153	3197331	22658070	7414406	14439113	804551	1301602	368989
12376346	281475	1338032	13714378	12582091	325389	806898	13100044	10846109
3699734	126634	1135851	4835585	3267400	823283	744902	261907	35196
972149	28874	483621	1455770	1143163	19834	292773	5345	405
495690	35700	66432	562122	390781	126341	45000	13716	556
2231895	62060	585798	2817693	1733456	677108	407129	242846	34235

2-1 续表 1

	单位数（个）	有工作量的企业	签订合同额（千元）	上年结转合同额	本年新签合同额	直接从建设单位承揽工程产值（千元）
四、按控股情况分						
国有绝对控股	612	572	189992733	69334332	120658401	85319200
国有相对控股	142	140	35790124	15738356	20051768	16906017
其他	5036	4651	116478995	43558322	72920673	74077784
五、按企业资质等级分						
施工总承包	748	734	290236350	113481872	176754478	140332247
特　级	24	23	100230724	34929076	65301648	38240127
一　级	178	175	154807349	63825361	90981988	78997045
二　级	222	220	23549821	9851464	13698357	15659271
三　级	324	316	11648456	4875971	6772485	7435804
专业承包	1875	1812	38941441	11207846	27733595	25921543
一　级	183	180	19861071	7208862	12652209	11987354
二　级	529	513	9608708	2222917	7385791	6232920
三　级	1149	1105	9219235	1736753	7482482	7555589
特种专业或不分等级	14	14	252427	39314	213113	145680
六、按企业集团分						
集团母公司	78	76	94548483	33794998	60753485	42975830
成员企业	200	191	90991959	33518453	57473506	41937386
七、按地区分						
东城区	229	213	14171655	3724081	10447574	6650105
西城区	245	230	24831720	9939867	14891853	10449784
崇文区	135	128	5774190	1433090	4341100	3271439
宣武区	221	208	18497934	6553543	11944391	9099790
朝阳区	1088	1011	65316781	27447962	37868819	33225487
丰台区	642	588	49022996	20235846	28787150	23020669
石景山区	138	128	5706067	1607452	4098615	3843471
海淀区	983	916	82795125	26339862	56455263	37585268
门头沟区	82	78	2792108	1162091	1630017	1523219
房山区	198	177	17940830	6109810	11831020	11803903
通州区	322	306	10252875	4682378	5570497	5885442
顺义区	268	252	9348588	3741956	5606632	6322459
昌平区	299	271	11535393	6785598	4749795	7252838
大兴区	403	363	9926884	3365552	6561332	7013043
怀柔区	169	156	5122296	1525179	3597117	2777874
平谷区	140	128	2511763	1135484	1376279	1610472
密云县	128	119	2776575	981800	1794775	2305376
延庆县	71	63	3033375	1498689	1534686	1953737
北京经济技术开发区	28	27	591836	360770	231066	395764
外埠	1	1	312861		312861	312861

自行完成施工产值	分包出去工程产值	从建设单位以外承揽工程产值（千元）	建筑业总产值（千元）	建筑工程产值	安装工程产值	其他产值	#装修装饰产值	装饰产值
79857013	5462187	3834834	83691847	74026885	7780890	1884072	10461586	2853996
16635928	270089	562439	17198367	15875350	732808	590209	4147063	1832149
71370770	2707014	5335039	76705809	60450594	13478538	2776677	17584057	9347544
132579353	7752894	4277966	136857319	125500290	8890366	2466663	17487987	2732897
34853258	3386869	307803	35161061	34030286	855354	275421	4304465	689713
75296750	3700295	2624333	77921083	70171699	6228426	1520958	10265238	1546772
15134514	524757	749699	15884213	14443150	1058467	382596	1910810	389606
7294831	140973	596131	7890962	6855155	748119	287688	1007474	106806
25482035	439508	3643581	29125616	18302492	9309345	1513779	12206155	9389218
11732521	254833	1536291	13268812	10106400	2895672	266740	6538789	5233593
6175787	57133	1227488	7403275	4908877	2062079	432319	3340641	2671036
7428867	126722	781652	8210519	3125788	4321023	763708	2314225	1472089
144860	820	98150	243010	161427	30571	51012	12500	12500
40386630	2589200	424368	40810998	39330792	915986	564220	6942492	1641761
40215525	1721861	2513882	42729407	38893730	3420546	415131	5880862	2242476
6540016	110089	120305	6660321	5903285	401067	355969	1892901	1251505
8777616	1672168	1720792	10498408	8236578	1646197	615633	1947991	620956
3000501	270938	147723	3148224	2248505	800056	99663	1041041	414414
9095613	4177	424871	9520484	8283191	1156788	80505	2059987	906494
31386137	1839350	2057764	33443901	28377403	4154128	912370	7073062	3165634
21742791	1277878	1020121	22762912	19296396	3135641	330875	3824661	1529762
3813026	30445	178586	3991612	3352383	392895	246334	272677	233225
35933307	1651961	2068524	38001831	33166969	3913907	920955	6077219	3128314
1520389	2830	49849	1570238	1413005	142616	14617	270863	166263
11174700	629203	130440	11305140	8877436	1950760	476944	1430025	319552
5491393	394049	423100	5914493	5609918	182770	121805	816837	204401
6218482	103977	107672	6326154	5681978	472546	171630	1482051	891651
7068023	184815	254889	7322912	6254890	713711	354311	882824	110690
6831256	181787	413371	7244627	5669352	1569260	6015	1848852	458820
2770736	7138	88729	2859465	2482759	245273	131433	220380	116547
1608722	1750	242597	1851319	1340361	503498	7460	386408	184176
2281979	23397	243953	2525932	2235812	242614	47506	185816	129239
1953737		36165	1989902	1704030	241781	44091	378486	122945
368262	27502	2861	371123	218578	120978	31567	100625	79101
287025	25836		287025		5750	281275		

2-1 续表 2

	在外省完成产值	竣工产值（千元）	单位工程施工个数（个）	#本年新开工个数	#实行投标承包个数
总　计	**37728536**	**114533347**	**59554**	**44815**	**18612**
一、按登记注册类型分					
内资	36897902	111359631	58265	44041	18278
国有	16740126	26850597	11388	8592	4020
集体	69971	8713547	9282	7284	1840
股份合作	19684	3373099	4715	4191	577
国有联营		80	9	8	2
集体联营		41142	151	109	
国有与集体联营	1997	50674	2	2	2
其他联营		16880			
国有独资公司	2683758	5892001	1564	790	1250
其他有限责任公司	14854901	51191844	16485	11529	7655
股份有限公司	2142980	4125580	1999	1242	611
私营独资		44690	184	123	62
私营合伙		41411	14	12	
私营有限责任公司	354283	10386391	11501	9324	2003
私营股份有限公司	30202	621355	965	829	256
其他		10340	6	6	
港澳台商投资	187595	1363160	773	473	183
与港澳台商合资经营	184135	1362769	762	462	172
港澳台商独资	3460	391	11	11	11
外商投资	643039	1810556	516	301	151
中外合资经营	626665	1737353	328	242	100
中外合作经营	16374	15670	96	43	39
外资企业		57533	92	16	12
二、按隶属关系分					
中央	28607916	30507318	7282	4222	4955
地方	6648422	50396671	23308	17685	7399
其他	2472198	33629358	28964	22908	6258
三、按行业小类分					
房屋和土木工程建筑业	31718729	88751067	26284	17893	12951
房屋工程建筑	19370843	71150274	12338	6985	8924
土木工程建筑	12347886	17600793	13946	10908	4027
铁路、道路、隧道和桥梁工程建筑	11269815	10792538	4942	3236	2263
水利和港口工程建筑	271448	1255194	488	392	267
工矿工程建筑	583512	114961	302	223	29
架线和管道工程建筑	90165	3854438	7048	6099	1161
其他土木工程建筑	132946	1583662	1166	958	307
建筑安装业	4701398	15148906	28523	22919	4429
建筑装饰业	1071621	7937821	155	135	21
其他建筑业	236788	2695553	4592	3868	1211
工程准备	45409	997229	1240	1083	306
提供施工设备服务	3144	398232	352	246	120
其他未列明的建筑业活动	188235	1300092	3000	2539	785

本年新开工	单位工程竣工个数（个）	一次交验合格个数	房屋建筑施工面积（平方米）	#本年新开工面积	#实行招标承包面积	本年新开工	房屋建筑竣工面积（平方米）	一次交验合格面积
11230	**40804**	**36570**	**147394935**	**64429109**	**126559346**	**57851764**	**54092663**	**52894585**
10968	40008	36051	146309310	63963260	125925698	57387765	53710020	52534092
2278	8049	7858	37986375	17539216	34025903	16860190	12046591	11978429
1021	7380	5833	8974394	4034111	5262101	2384924	4743811	4198809
414	3628	3417	3591824	1428087	3073144	1179966	1996295	1960366
1	6							
	138							
	2	2						
505	588	588	11575377	5454513	11503061	5397231	3423029	3423029
4657	9720	8967	73557192	30672636	63117894	27603251	27229802	26856044
277	1181	990	5743854	2095611	5661483	2074411	2092276	2090914
62	178	125	9115	8415	1000	1000	8415	8415
	14	14	41257	19200			41257	
1533	8466	7680	3925338	1949837	2583832	1304495	1903563	1793105
220	653	572	904584	761634	697280	582297	224981	224981
	5	5						
167	465	198	538120	243973	242123	242123	185924	184074
156	464	197	522635	228488	226638	226638	185924	184074
11	1	1	15485	15485	15485	15485		
95	331	321	547505	221876	391525	221876	196719	176419
72	220	214	545505	221876	389525	221876	196719	176419
12	80	80						
11	31	27	2000		2000			
2666	3217	3114	49345448	21466397	46029304	20878943	13773240	13727330
4189	17116	15233	72657366	30561990	61775617	27811216	28369100	27741656
4375	20471	18223	25392121	12400722	18754425	9161605	11950323	11425599
7031	16337	14881	143730474	62652365	123856321	56610102	52656002	51547890
4689	6442	6185	141781800	61656474	122262264	55733725	51795211	50727514
2342	9895	8696	1948674	995891	1594057	876377	860791	820376
1352	2653	2561	869571	512038	748800	450913	225116	206841
204	330	311	138789	98789	138289	98289	1001	1001
20	247	211	88020	29242	88020	29242	43313	43313
539	5715	4749	12527	2927			2927	2927
227	950	864	839767	352895	618948	297933	588434	566294
3188	20920	18714	2730838	1253576	2066265	869444	950322	929006
10	141	132	256482	31290	253134	29830	19397	19397
1001	3406	2843	677141	491878	383626	342388	466942	398292
250	985	782	41546	27298	11095	6000	16745	16545
106	249	232	416547	317508	317508	317508	290638	290638
645	2172	1829	219048	147072	55023	18880	159559	91109

2-1 续表 3

	在外省完成产值	竣工产值（千元）	单位工程施工个数（个）	#本年新开工个数	#实行投标承包个数
四、按控股情况分					
国有绝对控股	26948905	51429163	16969	11819	7809
国有相对控股	4231564	8628293	3512	2446	1230
其他	6548067	54475891	39073	30550	9573
五、按企业资质等级分					
施工总承包	34638270	88220455	25019	16857	12264
特　级	15422801	18483983	2354	1024	2194
一　级	18746584	52628298	13953	9490	7295
二　级	371838	11609527	5085	3485	1731
三　级	97047	5498647	3627	2858	1044
专业承包	2688379	19123318	20774	16790	4624
一　级	2135753	7649670	6409	5338	1722
二　级	314931	4885588	4224	3264	976
三　级	213485	6426959	9473	7611	1625
特种专业或不分等级	24210	161101	668	577	301
六、按企业集团分					
集团母公司	12352393	26516627	3792	1753	3139
成员企业	15039718	25218478	6835	4074	4063
七、按地区分					
东城区	294687	3759778	1480	1174	542
西城区	1538019	7840124	4503	2997	1612
崇文区	26524	2708438	4905	4669	310
宣武区	2184997	6489181	2530	1658	1003
朝阳区	6837040	24877096	9984	7120	2894
丰台区	5789416	14017687	9118	7156	2348
石景山区	1520416	2329161	860	623	269
海淀区	11698279	17701946	9167	6638	3500
门头沟区	486439	1093304	1025	806	164
房山区	4325716	6876569	2671	2067	1203
通州区	22447	5227787	2089	1667	652
顺义区	589773	3694896	1983	1394	1014
昌平区	1015799	5020841	1860	1152	438
大兴区	601465	5545187	2974	2411	1491
怀柔区	680801	1632041	1085	812	263
平谷区	106176	1718646	821	581	250
密云县	333	1558863	1674	1315	407
延庆县	1000	1901098	571	385	170
北京经济技术开发区	9209	253679	187	123	77
外埠		287025	67	67	5

本年新开工	单位工程竣工个数（个）	一次交验合格个数	房屋建筑施工面积（平方米）	#本年新开工面积	#实行招标承包面积	本年新开工	房屋建筑竣工面积（平方米）	一次交验合格面积
4204	10778	10352	73516129	31778480	68283945	30808615	23691854	23609767
775	2014	1672	14851587	5481138	13196134	5158765	4036067	3896307
6251	28012	24546	59027219	27169491	45079267	21884384	26364742	25388511
6772	15114	14278	141181798	61353907	122456624	55781761	52010266	51123687
944	855	849	38426559	17141177	34795565	16741851	11071662	11062687
3951	8377	8127	79384013	33523394	70297463	30549617	30318940	30279940
1098	3223	2855	16532317	6610472	13077768	5660156	7360273	6793536
779	2659	2447	6838909	4078864	4285828	2830137	3259391	2987524
3358	14671	13255	3061710	1375415	2350873	1039300	566639	547739
1455	4161	4018	2299220	862322	2153115	848709	131542	131542
786	2720	2499	205141	165631	145363	144196	172502	170102
879	7207	6158	544849	340962	39895	39895	256595	240095
238	583	580	12500	6500	12500	6500	6000	6000
1384	1676	1660	53446118	22701588	48171004	20986443	17405442	17395316
2337	3116	3019	30554822	12315041	27718528	12153486	10427897	10385802
411	888	870	3798618	1367954	3063965	1204171	1367247	1366550
994	3056	2428	6436422	2699773	6295189	2673531	2450269	2441294
235	4569	4481	3137427	1853140	2197165	1746243	1195532	1170227
513	1592	1517	10595864	4576848	10111723	4390221	3391538	3381538
1710	7092	6001	25232982	9570376	21559367	7962661	9564442	9365873
1422	6188	5503	21281639	8185191	18968029	7852849	6119515	6115509
139	561	519	2179868	779062	1998315	757477	917485	917485
2398	4697	4627	33990100	16466770	29121611	15601020	8724332	8704498
111	791	785	981411	497577	716775	436754	395807	395807
542	2055	2009	12002514	5092228	11708145	4889356	4436288	4433474
389	1591	1547	4757974	1897920	4459189	1760216	2419844	2279138
646	1274	972	4658037	2413121	3122275	1856428	2762434	2383048
296	1252	1160	5117253	2765213	2534389	1380825	3888994	3835668
708	2093	1321	5203893	2485649	4224462	2291126	2363768	2127443
174	742	713	1523234	722616	1146843	659925	568124	555894
154	542	507	1711390	795302	1320667	615893	1033670	1033575
225	1166	1022	2386275	1319880	1879582	920888	1187952	1092042
101	466	424	2082642	785346	1853163	702037	1100942	1093442
57	122	97	317392	155143	278492	150143	204480	202080
5	67	67						

2-1 续表 4

	自有施工机械设备净值（千元）	自有施工机械设备总台数（台）	自有施工机械设备总功率（千瓦）	施工机械总功率	计算劳动生产率的平均人数（人）	管理人员（人）	工程技术人员（人）	持有一级证书的项目经理（人）
总计	**8464882**	**329256**	**5313181**	**3814779**	**1225697**	**154250**	**135769**	**13076**
一、按登记注册类型分								
内资	8343176	316680	5263833	3781845	1196164	150379	132410	12608
国有	2250389	45346	1358300	889021	292644	32266	27510	3626
集体	499362	25424	355470	262480	85397	11121	11269	524
股份合作	229124	13705	140917	107630	31917	5095	4544	208
国有联营	16	1	110		196	35	69	26
集体联营					273	43	56	4
国有与集体联营	762	52	345	283	264	15	35	5
其他联营					325	55	25	5
国有独资公司	373825	4144	178493	113845	65941	6923	4538	428
其他有限责任公司	3310348	155765	2185631	1563404	513545	64779	52800	5381
股份有限公司	377389	12521	189905	139600	44675	4199	5263	355
私营独资	5412	141	14876	14851	904	216	157	18
私营合伙	4265	353	2049	1512	982	158	188	4
私营有限责任公司	1228818	55849	776708	638559	149628	23937	24520	1920
私营股份有限公司	63455	3366	60824	50460	9391	1502	1421	103
其他	11	13	205	200	82	35	15	1
港澳台商投资	41028	5643	23630	16731	12791	1821	1453	215
与港澳台商合资经营	40792	5605	23085	16701	11929	1739	1281	201
港澳台商独资	236	38	545	30	862	82	172	14
外商投资	80678	6933	25718	16203	16742	2050	1906	253
中外合资经营	77118	5985	22235	14582	15467	1921	1802	238
中外合作经营	2012	895	2080	1343	550	86	55	8
外资企业	1548	53	1403	278	725	43	49	7
二、按隶属关系分								
中央	2652095	48354	1378231	936971	333891	33468	29988	4749
地方	3082553	158124	2174882	1480713	478787	62910	47697	3623
其他	2730234	122778	1760068	1397095	413019	57872	58084	4704
三、按行业小类分								
房屋和土木工程建筑业	6300915	212958	4093552	2912948	931568	107054	89000	8721
房屋工程建筑	3550062	177936	2667527	1928930	754237	84942	66340	6592
土木工程建筑	2750853	35022	1426025	984018	177331	22112	22660	2129
铁路、道路、隧道和桥梁工程建筑	2095777	16548	943183	590515	115684	13511	13350	1329
水利和港口工程建筑	192006	5159	150891	119867	15280	1917	2394	229
工矿工程建筑	30960	1535	62141	61599	7788	656	686	80
架线和管道工程建筑	240800	7186	153351	107754	26768	4211	4633	316
其他土木工程建筑	191310	4594	116459	104283	11811	1817	1597	175
建筑安装业	964176	45530	580111	394494	138119	21482	23593	2046
建筑装饰业	429182	55696	304369	227385	119123	20051	17723	1833
其他建筑业	770609	15072	335149	279952	36887	5663	5453	476
工程准备	356695	5157	175858	156710	11654	1756	1810	194
提供施工设备服务	149945	641	39484	32233	6771	522	509	23
其他未列明的建筑业活动	263969	9274	119807	91009	18462	3385	3134	259

现场施工		主要建筑材料消耗量						企业	企业		在境外
工人（人）	持证上岗人员	钢材（吨）	木材（立方米）	水泥（吨）	平板玻璃（重量箱）	平板玻璃（平方米）	铝材（吨）	总产值（千元）	营业额（千元）	在境外完成营业额	完成的施工产值（千元）
302071	**164957**	**7788004**	**2013379**	**15117448**	**2326815**	**7671854**	**95623**	**189678148**	**218367002**	**28688854**	**27590959**
297143	162814	7740328	1890943	14913361	2268602	7476080	92539	184561660	213227165	28665505	27559333
51677	38527	1923854	359307	3936755	226268	941016	15640	51086711	76381845	25295134	24407056
34369	13218	709771	168749	911632	652492	491689	4409	11498853	11498853		
14489	6243	162805	121371	525188	40840	348818	383	4092021	4117851	25830	
81								231001	231001		
119	96	1	2	3				113364	113364		
181	82	203		55			10	55063	55063		
240		200	1300	620	780	5200	200	16880	16880		
4737	3446	512698	97694	854168	16660	75751	2146	13052203	13563904	511701	511701
103947	58169	3741802	876497	6887736	782189	3252304	29134	79711725	81867606	2155881	2008642
17583	12500	281610	40339	931853	61365	269272	3252	7984585	8619875	635290	626341
882	281	820	812	8660	1026	5116	11	76640	76640		
197	133	805	533	1652	1878	12834	21	90006	90006		
64593	28083	380225	199578	789594	473799	2040103	36979	15620548	15662214	41666	5592
4021	2018	25496	24756	65310	11305	33977	349	920641	920644	3	1
27	18	38	5	135			5	11419	11419		
2840	1070	19311	106610	58269	19316	79694	971	1789717	1813056	23339	31626
2578	953	16648	105648	52719	19189	69586	969	1709192	1732531	23339	24101
262	117	2663	962	5550	127	10108	2	80525	80525		7525
2088	1073	28365	15826	145818	38897	116080	2113	3326771	3326781	10	
1818	838	26921	15787	145328	38892	115949	2111	3177908	3177908		
237	219	1084	4	409	1	1	1	47752	47752		
33	16	360	35	81	4	130	1	101111	101121	10	
53833	39422	2662120	424347	5594728	345499	1354874	15808	62661868	90351852	27689984	26804757
110835	61433	3721545	988671	5743479	1089200	2361653	18068	76197166	77114633	917467	767452
137403	64102	1404339	600361	3779241	892116	3955327	61747	50819114	50900517	81403	18750
198221	115439	7018033	1545980	13626718	1392919	3883317	34307	146007563	170259844	24252281	23273421
146522	88094	6129258	1435966	9959626	1377317	3817138	31699	110329918	125341652	15011734	14066092
51699	27345	888775	110014	3667092	15602	66179	2608	35677645	44918192	9240547	9207329
28906	16821	737218	71754	3229195	9041	17154	491	24192149	27609985	3417836	3409828
3665	1765	58587	13007	154868			124	3298893	8064709	4765816	4765816
3590	77	14279	6224	36971	560	2986	1768	1221133	2221143	1000010	990320
11359	6282	30766	3958	78780	239	1164	68	5087504	5144389	56885	41365
4179	2400	47925	15071	167278	5762	44875	157	1877966	1877966		
47041	26490	519397	56835	534164	74694	437421	7019	24620469	28891478	4271009	4249613
42805	15931	100238	346491	518649	671828	2597120	47117	13961340	13971438	10098	11086
14004	7097	150336	64073	437917	187374	753996	7180	5088776	5244242	155466	56839
4716	2123	47644	7163	168388	315	1525	72	1460061	1568521	108460	56700
1277	703	14979	16812	109981	140342	561368	220	594309	613547	19238	
8011	4271	87713	40098	159548	46717	191103	6888	3034406	3062174	27768	139

2-1 续表 5

	自有施工机械设备净值（千元）	自有施工机械设备总台数（台）	自有施工机械设备总功率（千瓦）	施工机械总功率	计算劳动生产率的平均人数（人）	管理人员（人）	工程技术人员（人）	持有一级证书的项目经理（人）
四、按控股情况分								
国有绝对控股	3551820	71436	1967011	1296718	521862	63756	48222	6317
国有相对控股	566773	18258	343587	261584	112839	11155	9211	914
其他	4346289	239562	3002583	2256477	590996	79339	78336	5845
五、按企业资质等级分								
施工总承包	6050038	215422	3992370	2804395	920011	105288	86178	8620
特　级	1827607	39982	1134909	686141	183341	15387	11647	1562
一　级	2871410	76802	1721542	1305508	504992	62698	46622	5439
二　级	883819	37714	709981	575030	140609	18280	18113	1309
三　级	467202	60924	425938	237716	91069	8923	9796	310
专业承包	1565513	87120	848602	638005	201524	29379	32193	3070
一　级	610718	31661	267321	201177	71150	9057	9618	1510
二　级	456490	25193	271135	207126	59418	8815	9475	859
三　级	484926	27876	301163	222707	68696	11235	12832	672
特种专业或不分等级	13379	2390	8983	6995	2260	272	268	29
六、按企业集团分								
集团母公司	1873806	53233	1362685	866803	249159	24525	19064	2369
成员企业	1699070	35606	801195	600649	278916	33081	25423	3193
七、按地区分								
东城区	463802	11758	348759	132073	52959	7078	5655	597
西城区	411876	15800	204058	117375	78173	12175	8794	1004
崇文区	69202	4454	43148	33002	24526	3529	2911	274
宣武区	225684	11905	176777	93364	66932	6515	5450	489
朝阳区	1255356	51540	815166	580561	227140	30508	24053	2527
丰台区	1061071	29480	464104	354671	153113	18882	17961	1993
石景山区	374685	3952	123630	100750	24784	3741	2951	292
海淀区	1568107	62069	1269281	976404	255473	29422	26264	2738
门头沟区	90732	2300	39534	37117	10892	1676	1199	104
房山区	544113	19044	317564	251541	57021	7999	6036	539
通州区	566559	55477	366293	199141	51740	6347	7119	575
顺义区	326867	16021	204730	165084	41230	5808	6157	247
昌平区	422521	11586	287881	222294	54166	4472	4296	406
大兴区	423958	10054	243154	167936	48633	5316	6237	598
怀柔区	243165	6901	169284	162330	24256	3474	3017	228
平谷区	115559	8426	83108	78203	17141	2349	2140	155
密云县	181386	3715	78843	71998	20207	2493	2664	217
延庆县	108715	4219	72988	66234	13437	1773	2286	77
北京经济技术开发区	10620	550	4872	4701	2711	510	486	16
外埠	904	5	7		1163	183	93	

现场施工工人（人）	持证上岗人员	主要建筑材料消耗量 钢材（吨）	木材（立方米）	水泥（吨）	平板玻璃（重量箱）	平板玻璃（平方米）	铝材（吨）	企业总产值（千元）	企业营业额（千元）	在境外完成营业额	在境外完成的施工产值（千元）
81656	59100	3765374	713952	6964813	317983	1260121	22009	91130936	118897522	27766586	26757479
14401	7510	891014	207337	1856156	241844	887473	5399	18071421	18099659	28238	29000
206014	98347	3131616	1092090	6296479	1766988	5524260	68215	80475791	81369821	894030	804480
175761	103575	7136776	1530516	13324112	1515807	4388783	35594	146830248	173070946	26240698	25267593
15156	12285	1924915	265374	2608271	198039	830270	3453	38648263	55392931	16744668	16411098
94325	64887	4088575	877138	7925011	959089	2039671	15432	83755786	93106313	9350527	8795295
41332	18094	810869	254305	1732477	148410	674500	9814	16167565	16241169	73604	61200
24948	8309	312417	133699	1058353	210269	844342	6895	8258634	8330533	71899	
71014	38223	403677	327365	984255	678286	2581436	51433	30651190	30717211	66021	23420
25015	16170	201550	166055	483083	495813	1788900	39395	14418984	14441642	22658	3420
17970	8688	111384	88121	250521	123928	539618	4026	7558648	7558862	214	20000
27503	12976	85169	73008	244206	58545	252918	7963	8404477	8419997	15520	
526	389	5574	181	6445			49	269081	296710	27629	
42699	26999	2489953	448905	3649779	1096196	2122046	15743	45108019	63194048	18086029	17236735
37095	27639	1878828	315529	3962760	78477	501098	3590	44976731	46092448	1115717	988198
10585	6782	220635	222333	632256	91852	308634	3106	7648622	15990524	8341902	8341534
10028	6673	331480	67935	515353	52631	349827	7734	11298235	13584152	2285917	2285917
4082	2799	140271	48179	199671	31638	160889	1136	3198010	3198010		7525
6105	3406	376127	81080	666503	59307	296061	1460	11827873	15418147	3590274	3590274
43591	22063	1786264	319248	2938241	763790	761347	15939	34500101	41057440	6557339	6492510
39804	24087	1025091	122577	1189806	267372	1070664	20430	23249457	24483586	1234129	1250139
6718	4586	263266	23311	321950	14780	59126	2248	4286430	4286430		
53866	34466	1846586	392399	3096590	233153	1049422	14080	41053646	47488420	6434774	5467686
3825	1682	62005	21204	141101	9699	31417	573	1594181	1594181		
27824	19508	482355	163249	1105479	52405	249307	1240	12273551	12423471	149920	149920
21185	6732	193435	53766	956788	74772	415372	2885	6367795	6393647	25852	
22462	6105	230946	92761	454973	311638	1001517	13836	6344061	6390143	46082	1
10419	5581	254519	120389	976155	162296	937708	2736	7712523	7729727	17204	
13737	6523	251483	75958	715103	135128	582297	3558	8268381	8268389	8	
6433	4203	62088	19626	226782	3945	94479	1127	2925521	2925521		
6371	3109	89310	111017	248337	25136	157333	1877	1853685	1853685		
9457	3784	78461	54477	478142	20447	72692	968	2527932	2527932		
3985	2173	78397	19874	220940	15516	70557	641	1992666	1992666		
806	695	15285	3996	33278	1310	3205	49	468453	473906	5453	5453
788								287025	287025		

2-2 建筑业企业

	房屋建筑竣工面积	厂房、仓库	住　宅	办公用房
总　计	**54092663**	**5599210**	**34794274**	**5482145**
一、按登记注册类型分				
内资	53710020	5530129	34727841	5371703
国有	12046591	966546	7143140	1736936
集体	4743811	541540	3552893	290166
股份合作	1996295	191633	1467686	85888
国有联营				
集体联营				
国有与集体联营				
其他联营				
国有独资公司	3423029	106272	2067062	233593
其他有限责任公司	27229802	3089375	17547491	2776624
股份有限公司	2092276	105147	1650832	136587
私营独资	8415		5000	2415
私营合伙	41257	3000	36127	1700
私营有限责任公司	1903563	478058	1119152	106294
私营股份有限公司	224981	48558	138458	1500
其他				
港澳台商投资	185924	13909	66433	105582
与港澳台商合资经营	185924	13909	66433	105582
港澳台商独资				
外商投资	196719	55172		4860
中外合资经营	196719	55172		4860
中外合作经营				
外资企业				
二、按隶属关系分				
中央	13773240	1570007	7419215	2071053
地方	28369100	2512523	19171439	2656995
其他	11950323	1516680	8203620	754097
三、按行业小类分				
房屋和土木工程建筑业	52656002	4991651	34132960	5421696
房屋工程建筑	51795211	4816514	33722336	5333828
土木工程建筑	860791	175137	410624	87868
铁路、道路、隧道和桥梁工程建筑	225116	18875	98190	42801
水利和港口工程建筑	1001			1001
工矿工程建筑	43313	19958		
架线和管道工程建筑	2927	1327	253	273
其他土木工程建筑	588434	134977	312181	43793
建筑安装业	950322	221899	589751	49101
建筑装饰业	19397	900	11438	6499
其他建筑业	466942	384760	60125	4849
工程准备	16745	500	15745	300
提供施工设备服务	290638	282420		2549
其他未列明的建筑业活动	159559	101840	44380	2000

房屋建筑完成情况

计量单位：平方米

批发和零售用房	住宿和餐饮用房	居民服务业用房	教育用房	文化、体育和娱乐用房	卫生医疗用房	科研用房	其他用房
1339374	**361233**	**597231**	**1985231**	**606327**	**499509**	**347922**	**2480207**
1339374	361233	597231	1985231	596636	398350	346422	2455870
232500	92838	148332	465410	289650	269842	110596	590801
31504	10979	28503	104878	31367	11694	4258	136029
	7850	43373	85308	5025	750		108782
537937	103299	63	139521	28691	5551	8364	192676
484612	126728	341600	1057408	223173	42419	203906	1336466
29978	5166	4501	81671	14830	32086	17671	13807
							1000
							430
9354	14273	29059	42956	3900	23011	1627	75879
13489	100	1800	8079		12997		
				9691	101159	1500	24337
				9691	101159	1500	24337
384681	126232	99994	847395	196417	278109	122291	657846
842684	173019	402185	700089	297500	113762	173609	1325295
112009	61982	95052	437747	112410	107638	52022	497066
1325494	335056	597231	1978890	603027	496367	347522	2426108
1317929	308654	591781	1908250	567012	489734	347522	2391651
7565	26402	5450	70640	36015	6633		34457
	1350	1430	20557	9568			32345
			23355				
					1074		
7565	25052	4020	26728	26447	5559		2112
13880	22517		1672	300	2842	400	47960
	560						
	3100		4669	3000	300		6139
	100						100
			2669				3000
	3000		2000	3000	300		3039

2-2 续表 1

	房屋建筑竣工面积	厂房、仓库	住宅	办公用房
四、按控股情况分				
国有绝对控股	23691854	2137323	13952149	2876525
国有相对控股	4036067	149792	2912868	559589
其他	26364742	3312095	17929257	2046031
五、按企业资质等级分				
施工总承包	52010266	4858450	33947474	5285513
特　级	11071662	821911	5882822	1932231
一　级	30318940	2450509	20747857	2746604
二　级	7360273	822808	5199910	459200
三　级	3259391	763222	2116885	147478
专业承包	566639	255610	151625	47737
一　级	131542		18998	22895
二　级	172502	165947	4235	500
三　级	256595	89663	128392	24342
特种专业或不分等级	6000			
六、按企业集团分				
集团母公司	17405442	1471423	10319880	2115120
成员企业	10427897	835784	6763703	1275050
七、按地区分				
东城区	1367247	79157	1005933	109915
西城区	2450269	86765	1801296	252644
崇文区	1195532	70846	907555	25056
宣武区	3391538	229931	1849211	489383
朝阳区	9564442	431109	6525136	832546
丰台区	6119515	747766	3606209	475809
石景山区	917485	364207	491733	49132
海淀区	8724332	383919	5126915	1762950
门头沟区	395807	56210	252730	44357
房山区	4436288	628327	2703539	460665
通州区	2419844	247866	1842321	128736
顺义区	2762434	735711	1586545	271306
昌平区	3888994	676116	2818161	150762
大兴区	2363768	307663	1641982	217788
怀柔区	568124	195805	277614	64954
平谷区	1033670	57720	811521	35162
密云县	1187952	119977	864641	78332
延庆县	1100942	83610	628426	32148
北京经济技术开发区	204480	96505	52806	500
外埠				

计量单位：平方米

批发和零售用房	住宿和餐饮用房	居民服务业用房	教育用房	文化、体育和娱乐用房	卫生医疗用房	科研用房	其他用房
1041757	210481	216054	1041905	353654	340061	194286	1327659
86200	29657	11367	52478	13970	47200	80513	92433
211417	121095	369810	890848	238703	112248	73123	1060115
1302884	350446	575674	1964754	546985	422796	346022	2409268
695686	171759	89410	411756	255605	113758	36452	660272
510862	69683	368738	1197321	227131	255609	285369	1459257
91968	84028	104131	314382	43035	44744	15616	180451
4368	24976	13395	41295	21214	8685	8585	109288
	3300	9539	1329	40211	47560	1900	7828
		2039	1129	36581	47200	1500	1200
	300		200	420		400	500
		7500		210	360		6128
	3000			3000			
846448	152537	169853	875637	320825	67640	63842	1002237
116913	76696	214897	370178	75963	108894	108597	481222
11843	13724	10000	59269	1488		14503	61415
60655	2100	19385	65377	35861		4258	121928
4328		7088	34731	4283	540		141105
166925	103272	15961	22514	28691		13124	472526
669325	34365	125003	252613	31043	60584	97587	505131
201195	25855	45489	498224	51225	131098	42611	294034
3500	2126	1088	3181				2518
37737	48397	104452	482310	321277	216498	62980	176897
7144			3080	5433	2280	23036	1537
29978	36000	157351	93920	12881	30940	59259	223428
3424	16695	42336	76860	8760	750		52096
17808	16348	100	45716	10754	2179		75967
47381	25792	509	69228	18398	13331	17943	51373
	13453	29531	77185	39499	5140	12221	19306
	3160	3920	8052	400	5000		9219
8100			28780	4000	842		87545
29520	9001	24083	29673	12000	14300		6425
40511	10645	10935	134318	20034	16027		124288
	300		200	300		400	53469

2-2 续表 2

	房屋建筑竣工造价	厂房、仓库	住　宅	办公用房
总　计	**68087518**	**6929973**	**39479942**	**9067596**
一、按登记注册类型分				
内资	67312078	6775551	39369047	8867618
国有	16448609	1452206	8670351	3064919
集体	4998756	494392	3665224	375167
股份合作	1990414	184665	1422769	113251
国有联营				
集体联营				
国有与集体联营				
其他联营				
国有独资公司	4690090	239041	2491899	369676
其他有限责任公司	34255473	3979823	19626182	4552087
股份有限公司	2804575	117400	2107473	270940
私营独资	7159		5000	1859
私营合伙	37220	3000	30260	3400
私营有限责任公司	1829115	269343	1177261	113895
私营股份有限公司	250667	35681	172628	2424
其他				
港澳台商投资	322473	25820	110895	185758
与港澳台商合资经营	322473	25820	110895	185758
港澳台商独资				
外商投资	452967	128602		14220
中外合资经营	452967	128602		14220
中外合作经营				
外资企业				
二、按隶属关系分				
中央	19229337	2500846	9253143	3442794
地方	35651682	3258314	21856183	4386055
其他	13206499	1170813	8370616	1238747
三、按行业小类分				
房屋和土木工程建筑业	66706128	6518259	38780223	8987512
房屋工程建筑	65587762	6318644	38313327	8879180
土木工程建筑	1118366	199615	466896	108332
铁路、道路、隧道和桥梁工程建筑	320499	19499	121791	71980
水利和港口工程建筑	2732			2732
工矿工程建筑	55601	33201		
架线和管道工程建筑	3110	650	380	380
其他土木工程建筑	736424	146265	344725	33240
建筑安装业	968392	160358	633427	61518
建筑装饰业	22295	320	8650	12460
其他建筑业	390703	251036	57642	6106
工程准备	23698	970	21964	534
提供施工设备服务	262363	208346		3518
其他未列明的建筑业活动	104642	41720	35678	2054

计量单位：千元

批发和零售用　　房	住宿和餐饮用　　房	居民服务业用　　房	教育用房	文化、体育和娱乐用房	卫生医疗用　　房	科研用房	其他用房
1796073	**612924**	**764291**	**3298830**	**1122598**	**877958**	**535369**	**3601964**
1796073	612924	764291	3298830	1107138	595868	533869	3590869
368966	133283	187146	803601	508741	387913	122750	748733
37937	13540	59352	121853	64479	13411	4020	149381
	6933	42670	89800	8619	600		121107
740806	206706	110	228331	94410	11096	11773	296242
592662	229494	421090	1854507	393198	63604	361226	2181600
35140	550	5131	114672	24991	81140	32193	14945
							300
							560
10850	22228	46452	73214	12700	23264	1907	78001
9712	190	2340	12852		14840		
				15460	282090	1500	11095
				15460	282090	1500	11095
513526	200388	107852	1492706	295018	401443	189505	832116
1152422	327821	526844	1029622	522751	337191	198425	2056054
130125	84715	129595	776502	304829	139324	147439	713794
1772830	575546	764291	3280729	1112436	877278	535153	3501871
1759091	526853	758331	3189025	1008946	866260	535153	3432952
13739	48693	5960	91704	103490	11018		68919
	2424	1620	19752	18490			64943
			22400				
					1700		
13739	46269	4340	49552	85000	9318		3976
23243	25823		12318	162	470	216	50857
	865						
	10690		5783	10000	210		49236
	190						40
			3683				46816
	10500		2100	10000	210		2380

2-2 续表 3

	房屋建筑竣工造价	厂房、仓库	住　　宅	办公用房
四、按控股情况分				
国有绝对控股	33052703	3901423	16807225	4789153
国有相对控股	5277425	199383	3676156	829149
其他	29757390	2829167	18996561	3449294
五、按企业资质等级分				
施工总承包	66182787	6442104	38743611	8834555
特　级	15355202	1235549	7288963	3442557
一　　级	39493292	3754660	23834944	4629471
二　　级	8086639	769734	5563345	599557
三　　级	3247654	682161	2056359	162970
专业承包	503679	83993	159206	58831
一　　级	226462		16967	39369
二　　级	57896	53528	2850	270
三　　级	198821	30465	139389	19192
特种专业或不分等级	20500			
六、按企业集团分				
集团母公司	23788489	2389615	12459370	3810785
成员企业	13666890	1489695	7617885	2020181
七、按地区分				
东城区	1793727	135381	1110564	201887
西城区	2878889	101664	1845680	411238
崇文区	1558371	85018	1068171	58669
宣武区	4527580	337562	2469544	604273
朝阳区	12948681	522252	8001109	1507728
丰台区	8712991	1299998	4534922	730809
石景山区	1580713	878833	621552	57226
海淀区	12719717	707627	5990836	3666674
门头沟区	465349	81239	279718	45500
房山区	4873385	664410	2943483	468776
通州区	2440213	196759	1885171	147127
顺义区	2603655	594850	1444595	334874
昌平区	3898142	506315	2843188	165074
大兴区	2825808	298964	1877708	337473
怀柔区	623849	227445	268272	90989
平谷区	1050852	60276	782320	45846
密云县	1081108	112448	719187	86015
延庆县	1371068	63025	736770	107148
北京经济技术开发区	133420	55907	57152	270
外埠				

计量单位：千元

批发和零售用房	住宿和餐饮用房	居民服务业用房	教育用房	文化、体育和娱乐用房	卫生医疗用房	科研用房	其他用房
1462205	366842	286844	1844872	650473	630959	301220	2011487
91940	75770	22318	86937	23175	66360	69683	136554
241928	170312	455129	1367021	448950	180639	164466	1453923
1751109	592098	746181	3270060	959241	782682	533653	3527493
959433	288795	101857	688956	325543	120206	55968	847375
695737	123591	464963	2105808	530721	591609	427294	2334494
92116	147449	164521	402825	65723	60608	39390	181371
3823	32263	14840	72471	37254	10259	11001	164253
	10662	4118	1349	109024	66792	1716	7988
		2243	1241	98282	66360	1500	500
	162		108	492		216	270
		1875		250	432		7218
	10500			10000			
1122146	277963	221814	1546067	487305	140776	168956	1163692
136638	136522	252146	632391	130914	98244	178591	973683
19960	23563	21708	132800	5700		22044	120120
77385	3824	19552	104282	116277		5430	193557
5190		14172	62853	8700	1300		254298
260141	205352	24063	37803	94410		27463	466969
946651	66776	178320	409210	54880	228526	140442	892787
208069	63526	65318	900217	95417	169423	73098	572194
1930	2210	1600	11584				5778
46072	73110	115740	822906	466902	322904	162108	344838
10600			5302	9150	1813	28941	3086
35140	44429	197839	124221	31930	80272	47580	235305
2950	15870	42270	77563	10741	600		61162
26433	33882	120	75855	15752	3500		73794
70399	47867	770	112494	42867	21674	11797	75697
	13630	50875	120161	84882	6370	16250	19495
	4600	4220	12580	118	4800		10825
9000			44700	5800	210		102700
29570	7843	21929	36491	39480	19916		8229
46583	6280	5795	207700	39430	16650		141687
	162		108	162		216	19443

2-3 建筑业企业

	单位数(个)	年初存货	流动资产合计	#现金	短期投资
总计	**5790**	**42256828**	**214403759**	**9321686**	**875334**
一、按登记注册类型分					
内资	5640	40111631	209243016	9199695	866263
国有	402	9835684	63536575	3667097	107584
集体	704	5744199	12580315	479661	149550
股份合作	243	961796	3422307	318964	13783
国有联营	3	6130	369629	631	
集体联营	4	143755	294413	117	1
国有与集体联营	4	2527	17140	60	34
其他联营	1	1578	5754		
国有独资公司	30	3599070	24214436	1982292	13133
其他有限责任公司	1266	15266376	79478616	1728373	423715
股份有限公司	80	1464589	10107039	457040	3470
私营独资	71	4704	42123	6298	273
私营合伙	26	4659	54488	1994	
私营有限责任公司	2613	2994330	14348862	509264	146945
私营股份有限公司	188	82234	762220	46824	7775
其他	5		9099	1080	
港澳台商投资	76	295581	2183320	5414	7044
与港澳台商合资经营	72	295581	2038663	5341	7044
港澳台商独资	4		144657	73	
外商投资	74	1849616	2977423	116577	2027
中外合资经营	63	555922	2710375	114841	2027
中外合作经营	4	1286661	42711	1563	
外资企业	7	7033	224337	173	
二、按隶属关系分					
中央	289	10161179	74949192	4226662	215752
地方	1155	19630771	88559733	3095873	267015
其他	4346	12464878	50894834	1999151	392567
三、按行业小类分					
房屋和土木工程建筑业	1328	29167766	169760809	7481516	403986
房屋工程建筑	757	22583637	127020593	5659076	280957
土木工程建筑	571	6584129	42740216	1822440	123029
铁路、道路、隧道和桥梁工程建筑	180	3853176	26712046	992865	92487
水利和港口工程建筑	45	477048	4460715	125927	8350
工矿工程建筑	19	47687	3086653	93386	2090
架线和管道工程建筑	203	1824271	6975601	558834	11254
其他土木工程建筑	124	381947	1505201	51428	8848
建筑安装业	1384	8148765	27207759	808311	295494
建筑装饰业	2569	4036552	12187205	600290	107778
其他建筑业	509	903745	5247986	431569	68076
工程准备	193	174033	1279950	139749	3596
提供施工设备服务	52	314863	1027492	26869	909
其他未列明的建筑业活动	264	414849	2940544	264951	63571

主要财务状况

计量单位：千元

应收帐款(净额)	存货	一年内到期的长期债权投资	长期投资合计	#长期股权投资	长期债权投资	固定资产合计	#固定资产原价	生产经营用
60364346	**51174764**	**259316**	**70089201**	**63828338**	**1800340**	**29150391**	**39652621**	**29541281**
58958887	50083915	257194	69889872	63645234	1790805	28667067	38910297	29070834
18036457	11399756	912	49484978	45700605	50588	9572622	13949155	10472751
1013449	5989682	180675	488333	274500	112485	2077686	2603457	1837829
676418	1087207	16	144255	62909	26517	634140	862169	652649
216804	2230		117673	117673		20711	23184	22435
4231	202207		1000		1000	10395	29263	3077
5482	744		115			2371	6282	762
73	940					33	245	
5282670	5009689		10785947	10676234	99712	2629814	3070673	2299499
27698292	20347154	40521	6116491	5065680	728926	8795226	12455018	9317198
3282131	2007870		1867125	1115436	647550	1155635	1513062	1206577
15559	8535	30	315	15	300	32095	25946	20911
4789	12390	18				15168	22027	9261
2593718	3826397	33951	848358	601857	118840	3466789	4098455	3079056
121625	189114	1071	35282	30325	4887	253919	250877	148517
7189						463	484	312
592413	452155	2122	12065	6223	5842	173468	318741	229246
574236	449887	2122	12065	6223	5842	170078	315236	227098
18177	2268					3390	3505	2148
813046	638694		187264	176881	3693	309856	423583	241201
751634	618684		183892	176881	321	292287	389300	217324
6584	11843		1351		1351	13685	28810	20403
54828	8167		2021		2021	3884	5473	3474
22449673	12927336	629	54413789	50049887	690904	10151159	14780283	11186483
25985167	24818973	186697	12625142	11363834	854480	10535262	14230628	11000442
11929506	13428455	71990	3050270	2414617	254956	8463970	10641710	7354356
51163759	37863109	204086	67475647	61744949	1612726	21286971	29464827	22370703
41255045	28844024	8105	31792289	30516606	886539	14877803	19606852	14551203
9908714	9019085	195981	35683358	31228343	726187	6409168	9857975	7819500
6480054	6213124		19712036	15489164	561253	4021727	6642550	5823624
1062959	605356	490	11019301	10903596	96203	1002910	1235456	715928
1090540	205754		4071305	4071305		298669	374096	136116
898027	1680354	195321	747434	635007	66446	736267	1147601	814962
377134	314497	170	133282	129271	2285	349595	458272	328870
6131108	8587214	25105	1307483	968209	86916	4151423	5575945	3881332
2019653	3384872	27979	715660	572924	73659	2192885	2575859	1700892
1049826	1339569	2146	590411	542256	27039	1519112	2035990	1588354
316949	198673		313376	295228	10408	688307	894476	700484
101360	471412	304	131191	130311	480	212430	341777	295063
631517	669484	1842	145844	116717	16151	618375	799737	592807

2-3 续表 1

	单位数（个）	年初存货	流动资产合计	#现金	短期投资
四、按控股情况分					
国有绝对控股	612	18161517	116861428	6358113	128743
国有相对控股	142	3473936	17092566	727977	2559
其他	5036	20621375	80449765	2235596	744032
五、按企业资质等级分					
施工总承包	748	29992002	167790597	6988782	406064
特　级	24	6042023	57082237	4128957	166231
一　级	178	17252017	86540618	2376354	182598
二　级	222	4662114	17106345	228253	48936
三　级	324	2035848	7061397	255218	8299
专业承包	1875	7813421	29840623	1589048	335751
一　级	183	2589169	11154797	492524	46459
二　级	529	2149286	8195247	355452	86691
三　级	1149	3053373	10285297	735702	202601
特种专业或不分等级	14	21593	205282	5370	
六、按企业集团分					
集团母公司	78	8784398	69212321	4394492	205685
成员企业	200	9348628	46930421	1632992	20785
七、按地区分					
东城区	229	3040855	12393949	45779	25175
西城区	245	2823747	13822312	26707	33259
崇文区	135	812655	4039444	9726	88345
宣武区	221	4952570	21076165	1255635	6522
朝阳区	1088	8818896	37418456	260263	126111
丰台区	642	3188549	24614721	238750	102756
石景山区	138	1216046	4232598	74165	737
海淀区	983	7105835	53492854	5762450	104801
门头沟区	82	318743	1398910	6740	3706
房山区	198	1579894	8413937	31680	127385
通州区	322	1157784	5236073	643343	22433
顺义区	268	1552873	5547645	108849	190583
昌平区	299	1536908	6957914	351896	5457
大兴区	403	1662959	5642753	24865	24762
怀柔区	169	687455	2893067	324051	5194
平谷区	140	494456	1962022	23315	5834
密云县	128	763432	2304600	114601	1271
延庆县	71	435822	2229694	11039	713
北京经济技术开发区	28	83676	620017	7825	290
外埠	1	23673	106628	7	

计量单位：千元

应收帐款（净额）	存货	一年内到期的长期债权投资	长期投资合计	#长期股权投资	长期债权投资	固定资产合计	#固定资产原价	生产经营用
35085040	22556825	912	63911015	59401137	710025	14614747	20824979	16032580
5556922	4128688		1791211	1110523	649012	1872101	2721298	2117303
19722384	24489251	258404	4386975	3316678	441303	12663543	16106344	11391398
52282399	37912070	37318	66677400	60910555	1564262	20566624	28887781	21865425
14093535	9269982		46641455	42355538	555321	7006315	8808493	7195530
33832316	20566642	9153	18778916	17636176	872529	9505831	14912663	11261980
3337449	5574661	10	971284	734853	91048	2777125	3617790	2240527
1019099	2500785	28155	285745	183988	45364	1277353	1548835	1167388
4848257	9556907	214493	1680313	1385970	142473	4807807	6278700	4730481
2292249	3321583	16006	964247	910119	16456	1898281	2591428	2036435
1548975	2693547	12667	447817	352280	49024	1362639	1735495	1267626
956443	3490892	185820	266848	123521	75642	1526450	1906319	1385860
50590	50885		1401	50	1351	20437	45458	40560
20735201	11125272	1093	46423876	41300116	1351629	8194008	10415149	8517814
16188855	13430376	321	3080995	2884268	129253	4678817	7684953	6076484
3832598	2975708	460	8661894	4972042	2564	1935815	2855445	2268738
4358440	3473462	790	2866725	2825615	6065	1503906	2205764	1584418
1227489	1056887		215031	186827	2142	392990	597373	421237
4192167	6344209	2122	9401528	9348074	38704	1266680	1761038	1445189
12007198	9520611	2387	3310637	3134198	64839	3836980	5840897	4590999
6909044	4119924	820	17434064	16580879	706317	3530176	4524722	3215061
930704	1547051		355739	354396	654	708254	1041270	883243
13883680	9788863	29936	26073594	25144247	743590	7654119	9828898	7157864
300107	558643	6557	101250	83047	2774	240780	302548	215896
3989978	1549634	9742	302575	282790	12014	1555602	2186222	1446874
1136711	1696212	5695	113466	67095	33634	1243456	1644575	1384610
1318793	2259367	765	288307	147642	72559	1038003	1261346	983456
2258002	1878223	1034	244836	196203	3372	980017	1345275	1048918
957780	1689227	176094	375455	295943	2275	1399967	1785746	1115612
794445	688677	21297	158898	65927	85963	684656	997468	677114
582138	480076	68	35840	23691	12049	334702	456744	336398
595169	845097	1322	32071	17673	453	458393	541130	438758
831848	620273	227	102588	98346	372	250038	349699	245646
188221	82421		14703	3703	10000	128376	113515	68304
69834	199					7481	12946	12946

2-3 续表 2

	累计折旧	本年折旧	在建工程	无形资产	递延资产
总　　计	**14089815**	**2393881**	**3072626**	**2141653**	**900839**
一、按登记注册类型分					
内资	13773968	2347752	3018989	2009323	886921
国有	5432578	885274	914713	337584	230562
集体	894983	126672	328716	64682	26632
股份合作	299086	45512	61317	66239	10268
国有联营	12979	1971	10506	589	
集体联营	18868	3680			
国有与集体联营	3911	56			
其他联营	212	48			
国有独资公司	799425	110197	334131	187647	409603
其他有限责任公司	4578269	756287	747609	1047800	139581
股份有限公司	488714	100232	128110	95167	9833
私营独资	7142	2575	12883		43
私营合伙	7898	590	992	2083	85
私营有限责任公司	1178317	300659	430334	205210	54109
私营股份有限公司	51547	13969	49670	2322	6205
其他	39	30	8		
港澳台商投资	158719	20818	12899	130509	3902
与港澳台商合资经营	158604	20713	12899	130509	3802
港澳台商独资	115	105			100
外商投资	157128	25311	40738	1821	10016
中外合资经营	140405	22633	40729	1333	8991
中外合作经营	15125	2327		23	812
外资企业	1598	351	9	465	213
二、按隶属关系分					
中央	5750291	953615	1007727	590294	584606
地方	4808758	718238	932519	927126	177460
其他	3530766	722028	1132380	624233	138773
三、按行业小类分					
房屋和土木工程建筑业	10592539	1693618	2099422	1440521	719170
房屋工程建筑	6589582	1005153	1633472	890065	194334
土木工程建筑	4002957	688465	465950	550456	524836
铁路、道路、隧道和桥梁工程建筑	2911052	501952	218113	268100	42829
水利和港口工程建筑	424076	56165	180817	231696	419736
工矿工程建筑	81015	17076	4603	9890	28519
架线和管道工程建筑	461452	84744	45911	35574	28076
其他土木工程建筑	125362	28528	16506	5196	5676
建筑安装业	2058067	390229	531600	423854	92097
建筑装饰业	776271	157974	328590	200325	71351
其他建筑业	662938	152060	113014	76953	18221
工程准备	307679	69141	77025	16096	5372
提供施工设备服务	134112	27307	2424	6586	199
其他未列明的建筑业活动	221147	55612	33565	54271	12650

计量单位：千元

其他长期资产	资产总计	流动负债合计	#短期借款	应付账款	长期负债合计	#长期借款	应付债券	负债合计
1297460	**317983303**	**182400274**	**31724543**	**59388535**	**20438397**	**13049831**	**12123**	**202838671**
1284686	311980885	178688234	30866639	58334144	20391796	13028944	11466	199080030
566547	123728868	54554373	9624904	16531608	14039505	9615138		68593878
78354	15316002	11132588	1055950	1708775	125374	74763		11257962
12726	4289935	2545516	246531	692898	25479	11438	11345	2570995
3425	512027	375602		211886	16764	16764		392366
	305808	270314	18	3746				270314
	19626	12023		3926	338	305		12361
	5787	4848		1797				4848
70205	38297652	24588474	7149231	4277674	2123803	1697730		26712277
461583	96039297	67754277	9909034	29313736	3271690	956852		71025967
30780	13265579	7887119	1763581	2913961	612223	536533		8499342
2045	76621	25866	638	9077	446	323	113	26312
	71824	12471	363	576	200	200		12671
58400	18981728	9068275	1038996	2520831	174069	118722		9242344
621	1060569	453606	75761	142403	1905	176	8	455511
	9562	2882	1632	1250				2882
5011	2508275	1387542	256377	344314	22427	19192		1409969
5011	2360128	1353417	256377	320818	22427	19192		1375844
	148147	34125		23496				34125
7763	3494143	2324498	601527	710077	24174	1695	657	2348672
7763	3204641	2124955	597782	647312	23279	957	657	2148234
	58582	15730		4434	738	738		16468
	230920	183813	3745	58331	157			183970
572674	141261714	63392527	10318793	21274549	16154626	11273261		79547153
447007	113271730	81678532	16731744	25450611	3665175	1481379		85343707
277779	63449859	37329215	4674006	12663375	618596	295191	12123	37947811
1165893	261849011	147840509	28161132	50977601	19007050	11919715	11455	166847559
1006480	175781564	111025365	23244555	39430827	11775154	7614880	11455	122800519
159413	86067447	36815144	4916577	11546774	7231896	4304835		44047040
87493	50844231	22658272	3352245	7976776	3246388	2256302		25904660
13394	17147752	5534819	689774	1622992	2343054	516160		7877873
1069	7496105	1552255	241549	367452	1556734	1523884		3108989
49606	8572558	5921109	402508	1184051	78132	3449		5999241
7851	2006801	1148689	230501	395503	7588	5040		1156277
89456	33272072	22554869	1998497	5751641	1054056	866009	8	23608925
29233	15396659	7970576	1172559	1772691	232255	162138	660	8202831
12878	7465561	4034320	392355	886602	145036	101969		4179356
1249	2304350	814095	116782	171021	101438	86865		915533
2281	1380179	1124566	131353	152721	26157	3047		1150723
9348	3781032	2095659	144220	562860	17441	12057		2113100

2-3 续表 3

	累计折旧	本年折旧	在建工程	无形资产	递延资产
四、按控股情况分					
国有绝对控股	7816173	1241557	1366869	851992	699598
国有相对控股	1049925	163654	190902	318396	22874
其他	5223717	988670	1514855	971265	178367
五、按企业资质等级分					
施工总承包	10635891	1716874	2036151	1600756	747416
特　级	2932560	489246	1052114	221679	104035
一　级	6004321	942945	482535	998085	578213
二　级	1212930	184325	330165	334169	40970
三　级	486080	100358	171337	46823	24198
专业承包	2175892	422308	618728	400376	83750
一　级	948557	164347	236045	213293	29815
二　级	603194	121663	180580	92714	27754
三　级	599120	132597	202103	94314	25752
特种专业或不分等级	25021	3701		55	429
六、按企业集团分					
集团母公司	3418523	597214	1102884	389436	200027
成员企业	3397625	522822	274296	638241	442040
七、按地区分					
东城区	1011049	199238	32120	199056	43704
西城区	834607	125155	96456	195141	51131
崇文区	207630	37797	3228	36955	1888
宣武区	681100	122342	103492	15887	89367
朝阳区	2446820	400624	362393	549875	50923
丰台区	1535907	251140	499816	186527	377348
石景山区	428701	69133	80263	6167	33995
海淀区	3295388	535785	1054324	388824	144165
门头沟区	98921	20858	35021	23900	17175
房山区	849178	106396	213737	72278	44282
通州区	549991	106910	125740	55722	1992
顺义区	337579	62839	103373	76894	7349
昌平区	463847	90779	76848	101257	7584
大兴区	568165	117709	148344	113324	20519
怀柔区	324461	61340	10640	20958	3509
平谷区	145228	29737	17914	61336	504
密云县	159278	33657	51313	20032	682
延庆县	125811	14122	26137	9022	997
北京经济技术开发区	20689	5460	31467	8498	3725
外埠	5465	2860			

计量单位：千元

其他长期资产	资产总计	流动负债合计	#短期借款	应付账款	长期负债合计	#长期借款	应付债券	负债合计
855712	197794492	105111486	20163053	32741820	18104525	12068472		123216011
85329	21182477	15107531	2624782	5755134	1016224	244563		16123755
356419	99006334	62181257	8936708	20891581	1317648	736796	12123	63498905
1130620	258513413	147416296	28004286	51395768	19335327	12254812		166751623
114289	111170010	50004819	12372173	13329102	10878306	8474720		60883125
849834	117251497	78464351	13387139	32713503	8143768	3659923		86608119
139399	21369292	13504555	1770724	4048550	230097	75872		13734652
27098	8722614	5442571	474250	1304613	83156	44297		5525727
79028	36891897	23007552	1616567	5113595	417574	223285		23425126
8541	14268974	9684546	1137207	2519804	312419	160095		9996965
25012	10151183	5586784	320479	1473254	73478	45185		5660262
45359	12244020	7592311	158641	1077226	31521	18099		7623832
116	227720	143911	240	43311	156	-94		144067
133789	124553457	61926741	15915604	16947061	15121270	10679161		77048011
497641	56268155	41133631	5352352	16801458	2636996	1289151		43770627
49117	23283535	10077399	2525102	2886139	3845855	2878687		13923254
250334	18689549	12039498	1964068	3593366	1188680	634255		13228178
42733	4729041	3535810	254860	1621344	96156	33493		3631966
85603	31935230	20863781	4498907	3614799	2052299	307390		22916080
247498	45414369	32290480	4354107	14045782	1021654	236518	657	33312134
116039	46258875	22762671	3135525	8300199	968708	504308		23731379
33773	5370526	3195103	373399	1116662	304346	82000		3499449
292571	88046127	42061494	8898495	11468937	10318981	7960369	3	52380475
969	1782984	1356464	114896	446709	24384	20419		1380848
13724	10402398	7709745	1881089	3333005	151800	106750		7861545
20009	6670718	3840771	424695	1386750	127237	113885		3968008
5776	6963974	4593638	666655	1414290	97538	60522		4691176
28484	8320092	5934675	640149	2221951	92583	63395		6027258
32234	7584252	4535060	537192	1390351	63097	11296		4598157
6647	3767735	2405241	493218	871987	16782	10127		2422023
46675	2441079	1251069	358546	306528	24601	14909		1275670
6512	2822290	1800547	226635	672889	36419	5862	11350	1836966
18411	2610750	1712546	365060	463775	5381	5268	113	1717927
251	775570	345664	11945	164913	1896	378		347560
100	114209	88618		68159				88618

2-3　续表 4

	所有者权益					
	合　　计	#实收资本	国家资本	集体资本	法人资本	国家法人
总　　计	**115127690**	**80571529**	**39251052**	**3508928**	**23277107**	**12115060**
一、按登记注册类型分						
内资	112883913	78312091	39178139	3457797	22344746	11693859
国有	55134990	38135732	33902615		4233117	4225273
集体	4058040	2806405		2159735	646670	33289
股份合作	1718940	1318372	3464	110484	423414	31960
国有联营	119661	101795	1200		100595	100295
集体联营	35494	22800		22800		
国有与集体联营	7265	7600	799	4501	2300	1500
其他联营	939	1288		288	1000	
国有独资公司	11566990	4197669	3629387		568282	568282
其他有限责任公司	25013330	19415735	1609472	1115996	12512143	5843065
股份有限公司	4766237	2571767	31202	43475	1779332	834360
私营独资	50309	41030			8135	
私营合伙	59153	41962			5184	
私营有限责任公司	9740827	9095162			1952069	45835
私营股份有限公司	605058	550152			109095	10000
其他	6680	4622		518	3410	
港澳台商投资	1098306	1129193	30303	14246	493810	184616
与港澳台商合资经营	984284	1009574	30303	14246	493810	184616
港澳台商独资	114022	119619				
外商投资	1145471	1130245	42610	36885	438551	236585
中外合资经营	1056407	1038014	42610	30660	428271	228305
中外合作经营	42114	44441		6225	10280	8280
外资企业	46950	47790				
二、按隶属关系分						
中央	61714561	42032316	33252909	290111	7905682	7412739
地方	27909638	16517195	5632328	2073300	6942340	3305474
其他	25503491	22022018	365815	1145517	8429085	1396847
三、按行业小类分						
房屋和土木工程建筑业	94984510	62542277	37404200	2358584	16623719	9731123
房屋工程建筑	52962660	31543591	15055889	1794629	11056437	5718984
土木工程建筑	42021850	30998686	22348311	563955	5567282	4012139
铁路、道路、隧道和桥梁工程建筑	24941014	18965798	14094646	228499	3553758	2797940
水利和港口工程建筑	9269879	6254096	5631386	1167	544573	317825
工矿工程建筑	4387116	3060062	2386512	10199	316631	255735
架线和管道工程建筑	2573317	1953932	161211	260097	860949	557336
其他土木工程建筑	850524	764798	74556	63993	291371	83303
建筑安装业	9663147	8055460	863514	716001	3364387	1685205
建筑装饰业	7193828	7060795	335980	305771	2370603	358862
其他建筑业	3286205	2912997	647358	128572	918398	339870
工程准备	1388817	1253180	475961	40660	288127	50525
提供施工设备服务	229456	275996	40747	5118	120031	53464
其他未列明的建筑业活动	1667932	1383821	130650	82794	510240	235881

计量单位：千元

集体法人	个人资本	港澳台资本	外商资本	主营业务收入	主营业务成本	营业费用	主营业务税金及附加	主营业务利润
5253573	**13301311**	**608261**	**624870**	**206874291**	**183776797**	**1600521**	**5768395**	**15728578**
4958685	13289769	5600	36040	201201034	178747087	1553292	5621199	15279456
6390				68888260	62938630	136104	1686993	4126533
483530				10577721	9057792	116320	327431	1076178
177111	780980		30	4276581	3687138	37763	135697	415983
				231790	207374	1	8171	16244
				155196	115839	2255	4094	33008
				54497	49725	64	1466	3242
				19827	18054	115	481	1177
				12057922	10705349	53278	343916	955379
3227626	4136514	5600	36010	80885466	71817958	650292	2367062	6050154
427862	717758			7603711	6676822	135220	247186	544483
530	32895			84267	52839	11963	2952	16513
4884	36778			83203	61385	5439	2959	13420
575482	7143093			15387691	12615209	367872	463528	1941082
51860	441057			883478	733203	36499	28837	84939
3410	694			11424	9770	107	426	1121
239782	3105	587729		1898986	1710616	20112	54809	113449
239782	3105	468110		1837658	1652296	19423	53235	112704
		119619		61328	58320	689	1574	745
55106	8437	14932	588830	3774271	3319094	27117	92387	335673
55106	8437	14932	513104	3423296	3024352	24148	81767	293029
			27936	48188	41234	118	1466	5370
			47790	302787	253508	2851	9154	37274
372163	458365	92449	32800	84930284	77731738	216219	2111432	4870895
1994662	1508622	143616	216989	73532403	64953213	522778	2188612	5867800
2886748	11334324	372196	375081	48411604	41091846	861524	1468351	4989883
3335371	5791833	148888	215053	159055848	142889675	923622	4557918	10684633
2650361	3299774	132846	204016	114256269	102606413	538686	3454601	7656569
685010	2492059	16042	11037	44799579	40283262	384936	1103317	3028064
244564	1083145		5750	29543543	26707706	220710	771232	1843895
181361	57760	15465	3745	6903645	6416673	43859	97744	345369
2296	346720			1073882	988282	21468	6120	58012
137003	671098	577		5514580	4629928	85085	175446	624121
119786	333336		1542	1763929	1540673	13814	52775	156667
904543	2876725	119497	115336	29249453	25382240	312173	668113	2886927
795622	3524151	287149	237141	13461857	11363439	241399	389215	1467804
218037	1108602	52727	57340	5107133	4141443	123327	153149	689214
49780	410151	38281		1460184	1185539	48963	47150	178532
38798	79875	4464	25761	729734	619482	10247	22547	77458
129459	618576	9982	31579	2917215	2336422	64117	83452	433224

2-3 续表 5

	所有者权益合计	#实收资本	国家资本	集体资本	法人资本	国家法人
四、按控股情况分						
国有绝对控股	74560096	48901096	39107423	386148	9131607	8788061
国有相对控股	5058722	3506855	84262	121919	2513940	1120995
其他	35508872	28163578	59367	3000861	11631560	2206004
五、按企业资质等级分						
施工总承包	91743405	60750290	37024226	1863980	16591229	10010549
特　级	50268500	29280704	25010626	82845	3987593	3375711
一　级	30643378	21852759	10183020	580657	9527436	5759110
二　级	7634640	6842450	1442302	763375	2324582	752588
三　级	3196887	2774377	388278	437103	751618	123140
专业承包	13466771	11972121	1206814	878946	4147966	1344197
一　级	4272009	3580890	682072	205897	1494201	720795
二　级	4490921	4298368	325032	236753	1492643	471624
三　级	4620188	4037305	198710	430071	1150784	146150
特种专业或不分等级	83653	55558	1000	6225	10338	5628
六、按企业集团分						
集团母公司	47487061	25328615	18858337	394902	5443023	3118462
成员企业	12497528	8251511	1742326	278423	5461932	4717897
七、按地区分						
东城区	9360281	6375085	4661045	86081	956151	541385
西城区	5461371	4252118	1866425	216469	1599967	912900
崇文区	1097075	1025544	211283	35231	382899	110627
宣武区	9019150	4708278	2858857	109680	1386349	976725
朝阳区	12083850	9807644	1829899	804393	4524721	2570124
丰台区	22527496	18276933	13152288	451647	3093067	2124166
石景山区	1871077	1192783	507110	42274	441889	345235
海淀区	35667095	20884021	12382803	486258	5307476	2956785
门头沟区	402136	380817	102509	55677	141438	134781
房山区	2540853	2120100	132891	128834	1420311	601418
通州区	2702710	2154844	247413	168351	944489	373483
顺义区	2272798	1557865	250662	354716	467007	69574
昌平区	2292834	1549180	201341	110976	724475	95636
大兴区	2986095	2605841	372370	130257	825143	106231
怀柔区	1345712	1267589	328254	142547	217226	83483
平谷区	1165409	940071	2158	61669	352486	10800
密云县	985324	722917	87585	101012	329524	80285
延庆县	892823	584302	32019	22856	107029	3000
北京经济技术开发区	428010	142957	1500		55460	18422
外埠	25591	22640	22640			

计量单位：千元

				主营业务收入	主营业务成本	营业费用	主营业务税金及附加	主营业务利润
集体法人	个人资本	港澳台资本	外商资本					
174256	148131	23370	104417	111244515	100666101	535076	2888983	7154355
553745	461044	177231	148459	17288592	15667811	75217	535995	1009569
4525572	12692136	407660	371994	78341184	67442885	990228	2343417	7564654
3353873	4855700	222744	192411	163786379	147717617	804095	4545831	10718836
574922	199640			47969730	43833429	114403	1203334	2818564
1826073	1307163	153183	101300	91944867	82888311	499163	2593898	5963495
726595	2186378	69561	56252	15527425	13732649	142748	491876	1160152
226283	1162519		34859	8344357	7263228	47781	256723	776625
1245179	5156030	313857	268508	29814424	25248972	430926	847362	3287164
422021	919084	132537	147099	13286101	11681324	93871	358155	1152751
463967	1988320	157227	98393	7485787	6183927	152091	217084	932685
355481	2224838	22803	10099	8752189	7175008	173116	263278	1140787
3710	23788	1290	12917	290347	208713	11848	8845	60941
1185827	593914	5000	33439	61440043	55726806	198686	1481961	4032590
364976	664207	51638	52985	47324376	42483986	369745	1403087	3067558
360703	556883	94808	20117	15997826	14893936	47273	197011	859606
271899	496497	43603	29157	13227862	11760234	239102	326582	901944
44957	241150	138546	16435	3335287	2913896	50941	107259	263191
118797	342438	3550	7404	12575542	11129601	56244	353800	1035897
543358	2215388	124277	308966	37883844	33645045	178689	1131977	2928133
507668	1384144	116373	79414	24780100	22241321	216736	679879	1642164
52287	191910		9600	4111674	3561676	116718	123604	309676
1448541	2559559	63807	84118	45844645	40955512	215325	1357388	3316420
2430	81193			1311987	1128480	8967	41408	133132
648248	434534	3500	30	12458386	11275573	28829	364766	789218
189587	770039		24552	6477033	5599788	129626	197859	549760
188402	479818	5173	489	6116082	5130066	66930	175169	743917
178536	505002	1290	6096	6333509	5432969	35559	203737	661244
344262	1276647	462	962	6809836	5950876	80351	213728	564881
35462	566284		13278	3004092	2657078	43003	93968	210043
144940	520633	3125		1726370	1358475	20989	52938	293968
141833	185644	4147	15005	2631727	2258036	32007	82467	259217
8225	422398			1478390	1209141	30828	46326	192095
23438	71150	5600	9247	503146	421627	2404	15105	64010
				266953	253467		3424	10062

2-3 续表 6

	其他业务收入	其他业务利润	管理费用	#税金	财产保险费	差旅费
总计	**6414253**	**1191317**	**12872593**	**157490**	**49537**	**522892**
一、按登记注册类型分						
内资	6387132	1183168	12417222	154256	48001	496227
国有	2433841	321857	3719329	41666	11336	148703
集体	101837	43985	670540	11774	5070	15523
股份合作	16024	5794	226158	2556	1557	8362
国有联营	1000	945	16574	10	49	1124
集体联营	3185	6	24430	254	125	852
国有与集体联营	14	13	3292	4		176
其他联营	655	448	1343	51		
国有独资公司	257375	98408	960543	13148	1825	28541
其他有限责任公司	2069039	413758	4537993	59271	17991	218135
股份有限公司	1125727	174517	471734	5626	2731	16488
私营独资	819	736	10473	481	50	603
私营合伙	172	171	7931	38	35	385
私营有限责任公司	357690	114408	1694923	18193	6916	54962
私营股份有限公司	19754	8122	71404	792	246	2347
其他			555	392	70	26
港澳台商投资	10316	1880	148527	1274	651	8175
与港澳台商合资经营	10255	1829	141316	1209	642	7929
港澳台商独资	61	51	7211	65	9	246
外商投资	16805	6269	306844	1960	885	18490
中外合资经营	15557	5629	267847	1842	850	17159
中外合作经营	519	44	8057	89	23	321
外资企业	729	596	30940	29	12	1010
二、按隶属关系分						
中央	3137296	412978	4156313	46792	11074	202116
地方	2236007	483377	4680433	57506	20256	178454
其他	1040950	294962	4035847	53192	18207	142322
三、按行业小类分						
房屋和土木工程建筑业	5111344	911965	8679513	102416	34453	360105
房屋工程建筑	3164105	565736	6053735	74441	25228	249809
土木工程建筑	1947239	346229	2625778	27975	9225	110296
铁路、道路、隧道和桥梁工程建筑	442972	102965	1558994	16312	4747	73390
水利和港口工程建筑	593116	27454	306661	2721	1126	14624
工矿工程建筑	655986	142886	180483	917	113	7046
架线和管道工程建筑	233576	64275	445949	6858	2042	11430
其他土木工程建筑	21589	8649	133691	1167	1197	3806
建筑安装业	994471	184379	2312416	37764	6569	83784
建筑装饰业	135355	62688	1356940	13001	5884	53560
其他建筑业	173083	32285	523724	4309	2631	25443
工程准备	28250	1802	134829	1429	1726	5493
提供施工设备服务	3033	2545	46042	588	66	1446
其他未列明的建筑业活动	141800	27938	342853	2292	839	18504

计量单位：千元

工会经费	排污费	财务费用	利息支出(净额)	营业利润	投资收益	补贴收入	营业外收入	营业外支出	利润总额
97054	**10726**	**1443976**	**1198147**	**2603326**	**1708804**	**148533**	**355220**	**291547**	**4625692**
95050	10503	1429072	1185251	2616330	1705197	147784	344102	284960	4650709
34304	4061	547707	419522	181354	929803	67840	137553	65766	1248545
4501	604	26670	5876	422953	15912	4231	32963	23341	440649
1481	151	9909	7692	185710	681	225	4116	3923	157552
63		-316	-316	931	8061		213	232	8973
198		-273	-273	8857	86		4		8944
22		-12	-12	-25			17	57	-65
		277	276	5	28		72	2	103
7719	18	170542	153679	-77298	337294	22528	11930	67567	289567
36408	4221	595612	533969	1330307	141335	39366	126301	71076	1569658
5417	620	40174	35733	207092	267589	2377	5484	30917	538683
		59	-18	6717	17	8	56	170	6667
399		66	-160	5594				59	5535
4466	821	35002	25968	325565	4253	10901	23128	20965	351943
72	7	3627	3315	18030	138	308	2265	885	23417
		28		538					538
650	10	8778	8310	-41976	13	356	10492	2633	-34764
650	10	8926	8555	-35709	13	356	10492	2633	-28497
		-148	-245	-6267					-6267
1354	213	6126	4586	28972	3594	393	626	3954	9747
1297	213	6177	4689	24634	3558	393	-107	3483	5178
		-34	-40	-2609			166	405	-2929
57		-17	-63	6947	36		567	66	7498
36201	3396	613950	466851	513610	1264539	30314	129850	70718	1899582
42798	5177	620255	563300	1050489	418126	94848	151773	166951	1549895
18055	2153	209771	167996	1039227	26139	23371	73597	53878	1176215
69232	8765	1295720	1078727	1621365	1602337	134176	263371	229738	3497993
44707	6807	1039613	880314	1128957	640638	95707	171725	152241	1969749
24525	1958	256107	198413	492408	961699	38469	91646	77497	1528244
15755	444	131102	109780	256764	558020	6497	68512	34805	859328
3168	610	84260	51281	-18098	164717	15300	4495	10810	153967
918	1	43207	42363	-22792	225582	7599	9658	21977	229038
3705	679	-7980	-8883	250427	12494	727	5182	7690	248482
979	224	5518	3872	26107	886	8346	3799	2215	37429
21103	1143	93751	78124	665139	96011	4709	66414	35903	790087
3678	646	37230	29109	136322	2523	1880	22132	12966	152399
3041	172	17275	12187	180500	7933	7768	3303	12940	185213
396	14	6446	2869	39059	1178	20	1224	6542	37086
132	4	6076	5884	27885	3282		565	326	30696
2513	154	4753	3434	113556	3473	7748	1514	6072	117431

2-3 续表 7

	其他业务收入	其他业务利润	管理费用	#税金	财产保险费	差旅费
四、按控股情况分						
国有绝对控股	3405164	536132	6426927	71428	17026	272649
国有相对控股	833315	64478	839570	12018	3290	45219
其他	2175774	590707	5606096	74044	29221	205024
五、按企业资质等级分						
施工总承包	4724941	705339	8583579	100766	32590	360884
特　级	1382539	71936	2403908	28515	4207	112829
一　级	2934419	504653	4628463	54307	21385	213867
二　级	282006	100272	1002208	11679	4639	26894
三　级	125977	28478	549000	6265	2359	7294
专业承包	636773	191981	2754991	37136	10323	109128
一　级	253633	105793	999421	14897	3256	46802
二　级	184936	49079	783369	8396	3654	31802
三　级	196827	36294	940320	13709	3320	29344
特种专业或不分等级	1377	815	31881	134	93	1180
六、按企业集团分						
集团母公司	1647828	206148	2860590	37092	12267	134020
成员企业	2189394	393598	2776508	27899	4760	117886
七、按地区分						
东城区	840040	142511	739797	7939	2073	23788
西城区	866164	203114	946486	9310	2712	42915
崇文区	119479	-1685	264623	3701	2132	8438
宣武区	153870	91270	899582	10384	2516	35430
朝阳区	524070	112613	2533253	26545	7928	111450
丰台区	578884	116209	1427246	19959	5085	76302
石景山区	248757	43849	328920	4056	249	9733
海淀区	2128949	301720	2959072	31496	9804	131487
门头沟区	13523	3700	111589	971	334	3181
房山区	588144	64479	571802	11793	4070	22284
通州区	43534	1595	292350	4959	1014	7656
顺义区	36924	20745	387443	5355	4015	12827
昌平区	83273	22263	356522	5018	3166	8606
大兴区	56438	26800	458458	4517	1530	10558
怀柔区	72633	32334	171328	4468	1305	5966
平谷区	5526	2351	109913	1230	646	5834
密云县	2801	2335	140556	847	210	1692
延庆县	1202	626	100234	3516	400	1253
北京经济技术开发区	10547	2536	49976	1281	208	3061
外埠	39495	1952	23443	145	140	431

计量单位：千元

工会经费	排污费	财务费用	利息支出(净额)	营业利润	投资收益	补贴收入	营业外收入	营业外支出	利润总额
60096	6181	990907	818851	272653	1395298	103992	199180	170611	1865026
8099	687	99087	92537	135390	62869	16315	28984	16410	208140
28859	3858	353982	286759	2195283	250637	28226	127056	104526	2552526
77676	8504	1345007	1160133	1495589	1497501	125801	258898	222570	3255244
18800	1481	412364	342572	74228	1247051	36258	73094	95548	1399050
49096	5802	843644	749927	996041	234358	81501	125798	90162	1345934
7323	793	71170	56041	187046	14189	4240	43883	24903	277227
2457	428	17829	11593	238274	1903	3802	16123	11957	233033
13057	1034	36648	14996	687506	18449	12482	55961	17608	749667
7040	658	44141	27443	214982	5499	9956	20668	-1499	254343
2104	165	9622	6386	188773	7284	1798	7881	4498	198253
3852	211	-17118	-18759	253879	5666	689	27137	14049	267445
61		3	-74	29872		39	275	560	29626
18538	2102	670475	539584	707673	1257926	25143	80666	102981	2029722
26189	2816	314555	298137	370093	261260	38620	71825	71195	676907
7036	431	179244	164791	83076	559505	5179	56000	21279	683008
8227	384	125037	124032	33535	66063	24603	52692	14008	160486
1604	134	10283	9901	-13400	4255	268	8794	6291	-7006
5121	387	186947	155226	40638	130002	10345	9970	24877	168006
23631	3243	180109	169130	327384	69519	7110	55001	58857	399066
8444	738	93727	69276	237400	145599	20726	30346	29466	402645
2340	99	32990	28569	-8385	107	2882	4529	3822	-4309
19435	2363	386216	288047	272852	668270	49538	40132	74847	1004842
1948	134	7177	5591	18066	320	712	3065	3220	18373
6171	917	72224	69511	209671	-690	2439	8923	11924	208325
1188	319	31865	13686	227140	1321	878	16397	5117	290418
3111	131	26116	18737	351103	53679	7536	24295	16700	419862
2271	873	26219	20196	300766	1142	98	3706	8318	309533
1740	203	21980	10142	111243	5612	12521	22008	-441	133696
1511	230	17924	11004	53125	1130	352	2917	3657	54454
531	48	21468	18993	164938	1120	66	1034	3787	170288
570	84	7517	5532	113479	1487	2695	2069	3781	117431
1878	1	17364	16556	75123	-42	585	1047	500	80721
169	7	-390	-732	16960			88	450	15716
128		-41	-41	-11388	405		12207	1087	137

2-3 续表 8

	应交所得税	应付利润	可供分配利润	#外方应分利润	#外方汇出利润	劳动、失业保险费
总计	**1236457**	**1233066**	**4978144**	**30269**	**9373**	**629497**
一、按登记注册类型分						
内资	1204690	1175786	4853755	-2913	-9821	626803
国有	264309	367001	608410	-3481	-3481	274720
集体	141806	122951	386449	5019		10222
股份合作	52627	26328	136651			3089
国有联营	568	2	12455			143
集体联营	3247	390	11948			72
国有与集体联营	2					117
其他联营	34					
国有独资公司	21876	-11186	878287			84391
其他有限责任公司	457035	484689	1796084	55	-1329	239200
股份有限公司	116546	38919	677590			7468
私营独资	1683	2851	5179			3
私营合伙	1702	2656	6196			12
私营有限责任公司	130778	135044	322942	-1417	-1690	7124
私营股份有限公司	12459	6093	11556	-3089	-3321	242
其他	18	48	8			
港澳台商投资	3942	1322	4496	1200	523	1377
与港澳台商合资经营	3838	1113	4287	991	523	1247
港澳台商独资	104	209	209	209		130
外商投资	27825	55958	119893	31982	18671	1317
中外合资经营	25846	55957	117458	28319	18671	1251
中外合作经营			17			19
外资企业	1979	1	2418	3663		47
二、按隶属关系分						
中央	365776	409754	1494286	-353		258674
地方	448985	382624	2339677	8518	-3467	306718
其他	421696	440688	1144181	22104	12840	64105
三、按行业小类分						
房屋和土木工程建筑业	833515	807876	4123478	2860	-3836	513252
房屋工程建筑	565271	553208	2579309	-537	-3836	384066
土木工程建筑	268244	254668	1544169	3397		129186
铁路、道路、隧道和桥梁工程建筑	111165	148274	882606	139		100716
水利和港口工程建筑	18010	20883	15090			13478
工矿工程建筑	59108	1207	335627			2687
架线和管道工程建筑	67620	53245	258147	3258		5989
其他土木工程建筑	12341	31059	52699			6316
建筑安装业	254689	254445	367269	19440	13789	98220
建筑装饰业	103505	86224	265099	10426	43	7865
其他建筑业	44748	84521	222298	-2457	-623	10160
工程准备	11018	25078	55727	-2781	-616	976
提供施工设备服务	8675	23657	31985	56		523
其他未列明的建筑业活动	25055	35786	134586	268	-7	8661

计量单位：千元

养老保险和医疗保险	住房公积金和住房补贴	本年应付工资总额（贷方累计发生额）		本年应付福利费总额（贷方累计发生额）		本年应交增值税（不含期初末抵扣税）	本年实缴关税	应收工程款	
			主营业务应付工资总额		主营业务应付福利费总额				竣工工程
1558529	**522114**	**12430148**	**11653006**	**1597230**	**1240795**	**196559**	**15513**	**52688181**	**23489705**
1524011	510911	12049054	11287975	1579979	1224295	190414	15460	51520688	22762433
561645	242369	3184410	2848783	653300	372926	29884	1023	15671427	5745810
55517	12733	964080	923611	79159	72176	7862	9781	1666675	1056389
14256	3878	319979	315805	27108	24166	2258	64	686643	348945
1082	417	4197	4197	459	441			216829	113944
1608	1136	11246	10634	2323	2323	27		42960	42920
2392	806	7341	7220	1051	1016	3		3995	3995
45		2438	2438	291	291				
108778	39601	540465	500579	68667	61826	56417		4172923	1489165
690096	188727	5003499	4723086	542927	500106	77631	3800	24123543	11528982
39508	16334	374555	368315	51981	51036	1213		2275729	1044095
522		15994	15662	930	741	31		9525	6323
213	18	14292	13978	1483	1434	18		3521	3471
46583	4659	1507511	1457603	142535	129237	14713	759	2506110	1321672
1766	233	98176	95547	7762	6573	357	33	133916	51830
		871	517	3	3			6892	4892
13906	6071	129524	121647	5234	4683	1073	37	511715	325826
12244	5426	119014	113382	4989	4438	1073	37	493539	325820
1662	645	10510	8265	245	245			18176	6
20612	5132	251570	243384	12017	11817	5072	16	655778	401446
19393	5007	240273	232095	11679	11481	4690	16	629537	386429
398	20	6938	6938	13	13	151		5751	2829
821	105	4359	4351	325	323	231		20490	12188
568322	187092	3687184	3369054	660563	388932	86034	6	18520300	5604485
736111	268569	4747577	4451923	547564	502049	78003	7630	22829821	10705457
254096	66453	3995387	3832029	389103	349814	32522	7877	11338060	7179763
1182393	415701	8653390	8076836	1204176	886381	120865	6949	43318782	18762975
843405	245928	6358234	5933339	916191	615497	92515	6291	35339417	15722169
338988	169773	2295156	2143497	287985	270884	28350	658	7979365	3040806
256256	133560	1437279	1350563	184940	172547	4999		5387114	2063268
31617	18560	191562	168152	24643	23242	11323		904604	217781
9475	4968	92224	89475	11655	11357	5884	562	515286	10281
33980	10321	462171	428813	53839	51632	5407	96	909100	577494
7660	2364	111920	106494	12908	12106	737		263261	171982
284210	82179	2088426	1980622	247405	227030	48084	7395	6672510	3096275
56678	11678	1234034	1184501	103231	93518	13481	1160	1766043	1175860
35248	12556	454298	411047	42418	33866	14129	9	930846	454595
9129	2902	122308	116297	13390	12160	1980		309327	204232
3484	837	80125	79739	3206	3096	983		87565	19775
22635	8817	251865	215011	25822	18610	11166	9	533954	230588

2-3 续表 9

	应交所得税	应付利润	可供分配利润	#外方应分利润	#外方汇出利润	劳动、失业保险费
四、按控股情况分						
国有绝对控股	369542	499087	2041700	-2390	-3880	501980
国有相对控股	70874	64637	396678	5956	3301	33553
其他	796041	669342	2539766	26703	9952	93964
五、按企业资质等级分						
施工总承包	793455	829163	3638258	14403	10039	554567
特　级	100624	284032	2373880			151897
一　级	481087	275867	812723	16600	15300	363542
二　级	120252	138419	291386	-1841	-3321	27040
三　级	91492	130845	160269	-356	-1940	12088
专业承包	257230	240540	755816	13672	1999	48721
一　级	84471	92892	298694	9940	1934	29041
二　级	64564	46272	124781	836	65	10274
三　级	97408	83526	307243	2896		9247
特种专业或不分等级	10787	17850	25098			159
六、按企业集团分						
集团母公司	313441	311210	2188246	-35	-35	127962
成员企业	229717	212065	747063	4883	-1944	245016
七、按地区分						
东城区	96480	4677	66901			33271
西城区	46026	43370	194320	1798	-399	106227
崇文区	13391	11087	-26128	1563	14	14210
宣武区	31443	22930	110864	3105		51187
朝阳区	184839	176490	382074	16409	11239	162591
丰台区	90353	150357	1065571	1436	3305	62941
石景山区	11016	-13733	25526	29	2	37676
海淀区	221319	317434	1884324	3401	-3342	86912
门头沟区	7005	2525	3419			10581
房山区	109047	8109	-12983	17		29407
通州区	94530	102322	147322	1145		1442
顺义区	102416	164571	311597	249	-26	4858
昌平区	77047	90209	396177	-1861	-1940	2671
大兴区	59296	84496	93314		9	12418
怀柔区	20541	-14629	38506			5015
平谷区	28612	62053	112072	1533	511	402
密云县	20012	11009	124412	1445		5473
延庆县	18506	6300	38540			401
北京经济技术开发区	4174	3756	19954			258
外埠	404	-267	2362			1556

计量单位：千元

养老保险和医疗保险	住房公积金和住房补贴	本年应付工资总额（贷方累计发生额）	主营业务应付工资总额	本年应付福利费总额（贷方累计发生额）	主营业务应付福利费总额	本年应交增值税（不含期初未抵扣税）	本年实缴关税	应收工程款	竣工工程
1037011	382979	5391145	4915445	944055	642229	132802	1023	29847888	11863033
145622	42733	1016001	960893	81968	74056	4337	16	5169837	2146829
375896	96402	6023002	5776668	571207	524510	59420	14474	17670456	9479843
1234687	432147	8544150	8058240	1204646	897800	114422	7282	45469591	19182816
259257	107756	2039208	1854099	455702	211535	64663		11777882	3584908
823776	279589	4581737	4340451	591745	552797	42177	1023	29279378	13110809
111201	34252	1213457	1168786	106220	88235	4435	3883	3331257	1822686
40453	10550	709748	694904	50979	45233	3147	2376	1081074	664413
208735	62335	2375807	2210950	261298	234099	63398	5811	4697280	2617177
101588	34402	866504	794207	91565	79375	17142		2190952	1170028
41477	12428	620054	588610	67581	60988	12613	4	1215176	645231
64491	15261	863387	804078	100079	91862	33180	5769	1216812	765881
1179	244	25862	24055	2073	1874	463	38	74340	36037
216322	91033	2526276	2437179	249485	241807	82859		15369987	4331640
553655	166829	2497864	2272846	558582	294025	21466	1884	14899936	6773712
86592	19034	575192	498143	66039	57140	987		2883041	808388
140179	50659	735247	674269	92882	84315	4461	1168	3531196	1472884
30980	9713	183884	175246	20088	18824	4252		1233558	430808
84530	23678	731216	718040	75183	74006	39905		4283315	1501475
403351	179807	2342622	2248488	286159	264751	8930	1036	11291550	5242837
168431	42946	1459569	1305956	154004	131638	14406	1149	6123231	2625811
60003	11230	311129	278864	32040	27205	17424		795221	237736
306719	110354	2406213	2224128	511250	258791	42172	5849	10370486	4462156
16998	3911	105903	95153	12623	10969	1073	1488	433095	217688
89485	25219	908937	888749	105279	100889	17243	3256	3449838	976128
30065	6795	523851	505528	33202	28735	3586	525	959556	525972
27933	3301	463904	453793	43738	38026	7948	867	1239958	758791
31512	10325	359323	338301	30760	25710	799	138	2295820	1976839
28308	10850	443304	395766	49119	40552	3029	37	1043859	708536
17646	4504	250140	245490	23941	21972	2944		610403	438334
3644	2643	132276	124684	12674	11644	78		560178	258667
9309	1158	232853	232487	18971	18954	177		451054	320978
4363	254	156149	154514	16366	15442	84		916900	434799
2062	782	30296	26867	1972	1208	-2967		173137	48093
16419	4951	78140	68540	10940	10024	30028		42785	42785

2-4 施工总承包、专业承包

	单位数（个）	有工作量的企业	签订合同额	上年结转合同额	本年新签合同额	直接从建设单位承揽工程产值
总计	**2623**	**2546**	**329177791**	**124689718**	**204488073**	**166253790**
一、按登记注册类型分						
内资	2518	2445	322600047	122632110	199967937	162198107
国有	233	224	101974889	39190451	62784438	46719313
集体	244	238	11771411	4417834	7353577	8449520
股份合作	94	92	5102623	1956832	3145791	3782253
国有联营	1	1	1406000	184000	1222000	226288
集体联营	2	2	41142	4604	36538	41142
国有与集体联营	1	1	7760	2360	5400	7760
其他联营	1	1	16880		16880	16880
国有独资公司	20	20	31249202	8143379	23105823	10244057
其他有限责任公司	785	769	141071263	55770121	85301142	74519518
股份有限公司	44	42	12755292	6974207	5781085	7088767
私营独资	5	5	4341	1850	2491	3873
私营合伙	5	4	14867	488	14379	21449
私营有限责任公司	1032	999	16424108	5795064	10629044	10518097
私营股份有限公司	51	47	760269	190920	569349	559190
港澳台商投资	57	55	2135819	488744	1647075	1357766
与港澳台商合资经营	54	52	1895072	488744	1406328	1277512
港澳台商独资	3	3	240747		240747	80254
外商投资	48	46	4441925	1568864	2873061	2697917
中外合资经营	42	40	4341481	1548010	2793471	2619147
中外合作经营	3	3	35524	6114	29410	29560
外资企业	3	3	64920	14740	50180	49210
二、按隶属关系分						
中央	195	189	136789207	52628225	84160982	61264194
地方	587	574	128414980	46488311	81926669	65658596
其他	1841	1783	63973604	25573182	38400422	39331000
三、按行业小类分						
房屋和土木工程建筑业	825	809	278807774	108511317	170296457	135698166
房屋工程建筑	513	505	202687628	81171905	121515723	102332731
土木工程建筑	312	304	76120146	27339412	48780734	33365435
铁路、道路、隧道和桥梁工程建筑	111	109	61395826	22379725	39016101	23717547
水利和港口工程建筑	22	21	5765138	2454930	3310208	3270504
工矿工程建筑	6	6	1701948	1133011	568937	576696
架线和管道工程建筑	108	106	5720631	985981	4734650	4353762
其他土木工程建筑	65	62	1536603	385765	1150838	1446926
建筑安装业	566	558	30708922	10415690	20293232	17399545
建筑装饰业	1050	1010	14129469	4066282	10063187	10418800
其他建筑业	182	169	5531626	1696429	3835197	2737279
工程准备	81	75	1693628	768581	925047	709813
提供施工设备服务	13	12	699254	227950	471304	445484
其他未列明的建筑业活动	88	82	3138744	699898	2438846	1581982

建筑业企业生产情况

计量单位：千元

自行完成施工产值	分包出去工程产值	从建设单位以外承揽工程产值	建筑业总产值	建筑工程产值	安装工程产值	其他产值	#装修装饰产值	装饰产值
158061388	**8192402**	**7921547**	**165982935**	**143802782**	**18199711**	**3980442**	**29694142**	**12122115**
154398247	7799860	7262489	161660736	140465841	17296510	3898385	27042215	10338912
44037238	2682075	2248212	46285450	39015388	6254956	1015106	4916631	1525961
8366641	82879	216971	8583612	6090412	2316827	176373	899330	313604
3552756	229497	126481	3679237	2976178	629888	73171	585153	193615
31781	194507		31781	31781				
41142			41142	86	41056		86	86
7760			7760	6630	1130		6630	6630
16880			16880	16880			16880	16880
10176262	67795	97869	10274131	10142985	79193	51953	1862351	192784
70197490	4322028	3003641	73201131	67278712	4051516	1870903	13321510	5127919
6997175	91592	174834	7172009	6424441	746149	1419	1329776	158187
3873			3873	3703	170		2203	2203
21449		380	21829	14162		7667	14162	14162
10388610	129487	1337244	11725854	8075339	2979425	671090	3960294	2721736
559190		56857	616047	389144	196200	30703	127209	65145
1304227	53539	217221	1521448	1110577	356134	54737	1012746	749032
1229237	48275	217221	1446458	1094041	297864	54553	999673	749032
74990	5264		74990	16536	58270	184	13073	
2358914	339003	441837	2800751	2226364	547067	27320	1639181	1034171
2289144	330003	394284	2683428	2159965	496143	27320	1620908	1029532
29560		17673	47233	33599	13634		18273	4639
40210	9000	29880	70090	32800	37290			
57442849	3821345	1400743	58843592	51505139	6147973	1190480	6335833	2580182
62992229	2666367	3082955	66075184	60513509	4127193	1434482	12092027	2948103
37626310	1704690	3437849	41064159	31784134	7924545	1355480	11266282	6593830
128494980	7203186	3393131	131888111	123667170	5748367	2472574	17380189	2750767
98476269	3856462	1823031	100299300	95983743	2649799	1665758	17257281	2713067
30018711	3346724	1570100	31588811	27683427	3098568	806816	122908	37700
21566324	2151223	866432	22432756	21879985	382994	169777	77001	28045
2354787	915717	56560	2411347	2402826	6560	1961	4489	3730
576696		359506	936202	360020	216776	359406	11214	627
4132722	221040	68854	4201576	1650166	2373826	177584	4590	3200
1388182	58744	218748	1606930	1390430	118412	98088	25614	2098
16667647	731898	2734157	19401804	6848643	11890922	662239	1180646	284087
10231337	187463	993640	11224977	10509343	147660	567974	10897827	9068735
2667424	69855	800619	3468043	2777626	412762	277655	235480	18526
683573	26240	397786	1081359	959726	8661	112972	5051	327
445484		49884	495368	358206	112808	24354	5130	
1538367	43615	352949	1891316	1459694	291293	140329	225299	18199

2-4 续表 1

	单位数 (个)	有工作量的企业	签订合同额	上年结转合同额	本年新签合同额	直接从建设单位承揽工程产值
四、按控股情况分						
国有绝对控股	401	388	187930359	68684213	119246146	83785558
国有相对控股	102	102	35023178	15443413	19579765	16552148
其他	2120	2056	106224254	40562092	65662162	65916084
五、按企业资质等级分						
施工总承包	748	734	290236350	113481872	176754478	140332247
特　级	24	23	100230724	34929076	65301648	38240127
一　级	178	175	154807349	63825361	90981988	78997045
二　级	222	220	23549821	9851464	13698357	15659271
三　级	324	316	11648456	4875971	6772485	7435804
专业承包	1875	1812	38941441	11207846	27733595	25921543
一　级	183	180	19861071	7208862	12652209	11987354
二　级	529	513	9608708	2222917	7385791	6232920
三　级	1149	1105	9219235	1736753	7482482	7555589
特种专业或不分等级	14	14	252427	39314	213113	145680
六、按企业集团分						
集团母公司	66	64	93985311	33581646	60403665	42657987
成员企业	151	148	89862078	32907798	56954280	41291072
七、按地区分						
东城区	136	131	13783029	3633949	10149080	6297921
西城区	175	167	24164204	9680476	14483728	10095363
崇文区	63	59	5538794	1372519	4166275	3079519
宣武区	122	120	18091059	6457709	11633350	8833085
朝阳区	559	546	63331770	26759905	36571865	31778380
丰台区	274	266	47936568	20063244	27873324	22132441
石景山区	42	42	4944130	1440492	3503638	3361210
海淀区	437	428	80684433	25693755	54990678	35984664
门头沟区	30	28	2498090	1091864	1406226	1387568
房山区	85	79	17609541	6062787	11546754	11506610
通州区	151	150	9823501	4572491	5251010	5500214
顺义区	96	96	8631812	3452349	5179463	5637787
昌平区	86	81	10956777	6619358	4337419	6707035
大兴区	182	173	9099652	3064526	6035126	6410578
怀柔区	53	51	4276895	1159549	3117346	2104563
平谷区	60	58	1913975	882294	1031681	1350840
密云县	26	26	2237423	873408	1364015	1704682
延庆县	34	33	2841339	1495470	1345869	1747337
北京经济技术开发区	11	11	501938	313573	188365	321132
外埠	1	1	312861		312861	312861

计量单位：千元

自行完成施工产值	分包出去工程产值	从建设单位以外承揽工程产值	建筑业总产值	建筑工程产值	安装工程产值	其他产值	#装修装饰产值	装饰产值
78336884	5448674	3629832	81966716	73085644	7263971	1617101	10337808	2768440
16325922	226226	456965	16782887	15728675	616493	437719	4119998	1806044
63398582	2517502	3834750	67233332	54988463	10319247	1925622	15236336	7547631
132579353	7752894	4277966	136857319	125500290	8890366	2466663	17487987	2732897
34853258	3386869	307803	35161061	34030286	855354	275421	4304465	689713
75296750	3700295	2624333	77921083	70171699	6228426	1520958	10265238	1546772
15134514	524757	749699	15884213	14443150	1058467	382596	1910810	389606
7294831	140973	596131	7890962	6855155	748119	287688	1007474	106806
25482035	439508	3643581	29125616	18302492	9309345	1513779	12206155	9389218
11732521	254833	1536291	13268812	10106400	2895672	266740	6538789	5233593
6175787	57133	1227488	7403275	4908877	2062079	432319	3340641	2671036
7428867	126722	781652	8210519	3125788	4321023	763708	2314225	1472089
144860	820	98150	243010	161427	30571	51012	12500	12500
40104487	2553500	420809	40525296	39227332	746155	551809	6940067	1639366
39569211	1721861	2351408	41920619	38262434	3270995	387190	5858915	2234446
6187832	110089	119413	6307245	5730655	256733	319857	1770940	1143656
8432016	1663347	1693972	10125988	8072130	1460918	592940	1847831	534613
2808581	270938	120539	2929120	2155699	725529	47892	976020	350460
8829208	3877	413434	9242642	8185221	996629	60792	1991227	850145
30049813	1728567	1808411	31858224	27494245	3642779	721200	6548318	2802670
20879046	1253395	835425	21714471	18833354	2654285	226832	3652759	1391181
3331100	30110	168780	3499880	3083956	302989	112935	89808	52331
34343270	1641394	1403287	35746557	31996040	3013754	736763	5584865	2666650
1384738	2830	20096	1404834	1365330	25634	13870	238682	136731
10892073	614537	57709	10949782	8694667	1824334	430781	1370288	267578
5108466	391748	297110	5405576	5213123	102894	89559	733802	145668
5568142	69645	35992	5604134	5165886	322802	115446	1347325	867027
6524399	182636	162493	6686892	5996747	597787	92358	765471	44579
6236931	173647	324227	6561158	5213943	1345415	1800	1654644	346458
2102205	2358	26885	2129090	1938586	132184	58320	164868	85619
1349980	860	199927	1549907	1218695	323752	7460	347597	145455
1703152	1530	219493	1922645	1769128	146603	6914	143405	93380
1747337		11494	1758831	1492375	227106	39350	375503	121942
296074	25058	2860	298934	183002	91834	24098	90789	75972
287025	25836		287025		5750	281275		

2-4 续表 2

	在外省完成产值	竣工产值（千元）	单位工程施工个数（个）	#本年新开工个数	#实行投标承包个数
总计	**37326649**	**107343773**	**45793**	**33647**	**16888**
一、按登记注册类型分					
内资	36535437	104504499	44983	33202	16620
国有	16740126	26091566	10249	7759	3910
集体	44435	7361884	5757	4487	1655
股份合作	1853	3112019	3934	3491	488
国有联营			2	1	2
集体联营		41142	35	29	
国有与集体联营		7760			
其他联营		16880			
国有独资公司	2683758	5816767	1271	556	1226
其他有限责任公司	14675576	49599409	14263	9584	7099
股份有限公司	2141449	4043528	1940	1188	605
私营独资		2310	4		
私营合伙					
私营有限责任公司	228170	7987980	7113	5768	1442
私营股份有限公司	20070	423254	415	339	193
港澳台商投资	187595	1149954	421	183	152
与港澳台商合资经营	184135	1149834	410	172	141
港澳台商独资	3460	120	11	11	11
外商投资	603617	1689320	389	262	116
中外合资经营	587243	1617520	278	214	76
中外合作经营	16374	15670	96	43	39
外资企业		56130	15	5	1
二、按隶属关系分					
中央	28565528	30129856	6771	3841	4887
地方	6463304	48013173	18967	14210	7061
其他	2297817	29200744	20055	15596	4940
三、按行业小类分					
房屋和土木工程建筑业	31606198	85809102	23043	15346	12483
房屋工程建筑	19351673	69630879	11465	6353	8660
土木工程建筑	12254525	16178223	11578	8993	3823
铁路、道路、隧道和桥梁工程建筑	11193594	10351182	4574	2975	2199
水利和港口工程建筑	271448	1069054	343	278	231
工矿工程建筑	567624	80927	49	24	22
架线和管道工程建筑	89964	3326596	5780	5030	1091
其他土木工程建筑	131895	1350464	832	686	280
建筑安装业	4517729	12853476	20051	16045	3479
建筑装饰业	982746	6655710	27	11	13
其他建筑业	219976	2025485	2672	2245	913
工程准备	45409	768416	920	822	267
提供施工设备服务		368723	214	131	53
其他未列明的建筑业活动	174567	888346	1538	1292	593

	单位工程		房屋建筑				房屋建筑	
本年新开工	竣工个数（个）	一次交验合格个数	施工面积（平方米）	#本年新开工面积	#实行招标承包面积	本年新开工	竣工面积（平方米）	一次交验合格面积
10130	**29785**	**27533**	**144243508**	**62729322**	**124807497**	**56821061**	**52576905**	**51671426**
9918	29340	27108	143159733	62265323	124173849	56357062	52196112	51310933
2178	7157	7134	37665364	17378637	33843170	16727405	11901034	11843482
888	4356	3593	8146031	3573630	4843547	2119272	4205492	3820458
340	2976	2846	3455120	1380323	2950989	1137936	1950891	1927391
1								
	22							
505	387	387	11575377	5454513	11503061	5397231	3423029	3423029
4439	8045	7497	72252476	29887209	62338752	27135331	26781645	26443618
271	1123	934	5742392	2095511	5661483	2074411	2090814	2090814
	4	4						
1120	5037	4481	3485742	1783027	2386364	1218576	1678129	1597063
176	233	232	837231	712473	646483	546900	165078	165078
142	161	151	536270	242123	242123	242123	184074	184074
131	160	150	520785	226638	226638	226638	184074	184074
11	1	1	15485	15485	15485	15485		
70	284	274	547505	221876	391525	221876	196719	176419
58	193	187	545505	221876	389525	221876	196719	176419
12	80	80						
	11	7	2000		2000			
2637	2864	2781	49280985	21429474	45969763	20844586	13734311	13688401
3902	13506	12650	70910801	29584904	60984563	27339773	27501968	27079314
3591	13415	12102	24051722	11714944	17853171	8636702	11340626	10903711
6673	13724	12658	140904980	61093613	122234840	55605186	51296997	50417360
4489	5819	5627	139193209	60176487	120806088	54773289	50580341	49728979
2184	7905	7031	1711771	917126	1428752	831897	716656	688381
1307	2369	2316	749230	471822	640800	423038	174900	163625
174	234	223	138789	98789	138289	98289	1001	1001
13	14	14	88020	29242	88020	29242	43313	43313
482	4649	3842	10927	2927			2927	2927
208	639	636	724805	314346	561643	281328	494515	477515
2675	14046	13204	2612594	1179606	2051880	855059	875159	856317
7	16	7	155536	29830	153648	29830	17937	17937
775	1999	1664	570398	426273	367129	330986	386812	379812
217	742	564	23001	14058			8945	8945
49	135	122	416547	317508	317508	317508	290638	290638
509	1122	978	130850	94707	49621	13478	87229	80229

2-4 续表 3

	在外省完成产值	竣工产值（千元）	单位工程施工个数（个）	#本年新开工个数	#实行投标承包个数
四、按控股情况分					
国有绝对控股	26935906	50258599	15376	10629	7660
国有相对控股	4219134	8466142	3039	2096	1152
其他	6171609	48619032	27378	20922	8076
五、按企业资质等级分					
施工总承包	34638270	88220455	25019	16857	12264
特　级	15422801	18483983	2354	1024	2194
一　级	18746584	52628298	13953	9490	7295
二　级	371838	11609527	5085	3485	1731
三　级	97047	5498647	3627	2858	1044
专业承包	2688379	19123318	20774	16790	4624
一　级	2135753	7649670	6409	5338	1722
二　级	314931	4885588	4224	3264	976
三　级	213485	6426959	9473	7611	1625
特种专业或不分等级	24210	161101	668	577	301
六、按企业集团分					
集团母公司	12352393	26349153	3607	1651	3122
成员企业	14987100	24715148	6515	3829	3988
七、按地区分					
东城区	291827	3451704	1114	844	516
西城区	1530939	7538870	3257	2148	1571
崇文区	23900	2505072	4691	4501	260
宣武区	2163172	6246046	2051	1275	964
朝阳区	6757925	24119298	8091	5703	2534
丰台区	5778657	13170024	6795	5263	2259
石景山区	1459248	2185461	509	335	222
海淀区	11675407	16585107	7514	5244	3204
门头沟区	470551	942195	347	247	150
房山区	4322860	6579218	1915	1390	869
通州区	20601	4792594	1374	998	544
顺义区	583130	3230690	1445	928	911
昌平区	1010655	4811178	1604	947	412
大兴区	571072	5099723	2496	2040	1446
怀柔区	663171	1154224	568	443	203
平谷区		1543795	636	425	229
密云县	213	1244385	786	516	371
延庆县	1000	1676175	377	236	149
北京经济技术开发区	2321	180989	156	97	69
外埠		287025	67	67	5

	单位工程		房屋建筑				房屋建筑	
本年新开工	竣工个数(个)	一次交验合格个数	施工面积(平方米)	#本年新开工面积	#实行招标承包面积	本年新开工	竣工面积(平方米)	一次交验合格面积
4099	9559	9319	73177023	31612901	68083117	30670830	23546297	23474820
720	1618	1540	14727570	5466907	13072117	5144534	4021281	3881521
5311	18608	16674	56338915	25649514	43652263	21005697	25009327	24315085
6772	15114	14278	141181798	61353907	122456624	55781761	52010266	51123687
944	855	849	38426559	17141177	34795565	16741851	11071662	11062687
3951	8377	8127	79384013	33523394	70297463	30549617	30318940	30279940
1098	3223	2855	16532317	6610472	13077768	5660156	7360273	6793536
779	2659	2447	6838909	4078864	4285828	2830137	3259391	2987524
3358	14671	13255	3061710	1375415	2350873	1039300	566639	547739
1455	4161	4018	2299220	862322	2153115	848709	131542	131542
786	2720	2499	205141	165631	145363	144196	172502	170102
879	7207	6158	544849	340962	39895	39895	256595	240095
238	583	580	12500	6500	12500	6500	6000	6000
1377	1565	1549	53265418	22529589	48171004	20986443	17405442	17395316
2293	2872	2792	30042513	12059793	27459365	11921088	10201116	10159021
388	575	558	3716584	1321768	3000672	1163645	1359080	1358383
971	2140	2010	6436422	2699773	6295189	2673531	2450269	2441294
192	4393	4334	3135465	1852474	2197165	1746243	1194484	1169179
481	1200	1198	10585004	4575988	10111723	4390221	3380678	3380678
1451	5627	5128	24852174	9313581	21296980	7728635	9465433	9286133
1351	4243	3794	21119224	8139208	18854140	7848449	6060267	6056261
104	267	240	2151481	761855	1988490	747652	897168	897168
2199	3649	3611	33574684	16319010	28890682	15485217	8568264	8549264
100	232	232	981411	497577	716775	436754	395807	395807
494	1384	1344	11926272	5038042	11680327	4871838	4376001	4376001
285	919	885	4572922	1814860	4278829	1679856	2334992	2197986
554	820	667	4246320	2118816	2926721	1688974	2399900	2136055
275	1036	979	4991428	2716936	2456370	1346104	3843841	3812335
677	1700	1019	5004866	2379217	4205822	2272486	2247418	2049889
129	355	351	1000843	493031	764298	468575	353892	351392
140	414	407	1679607	771564	1308631	611807	1020188	1020188
203	388	359	1949969	1026835	1728665	834531	1004503	978593
80	276	275	2030440	733644	1827526	676400	1049240	1041740
51	100	75	288392	155143	278492	150143	175480	173080
5	67	67						

2-4 续表 4

	自有施工机械设备净值（千元）	自有施工机械设备总台数（台）	自有施工机械设备总功率（千瓦）	施工机械总功率	计算劳动生产率的平均人数（人）	管理人员（人）	工程技术人员（人）	持有一级证书的项目经理（人）
总计	**7615551**	**302542**	**4840972**	**3442400**	**1121535**	**134667**	**118371**	**11690**
一、按登记注册类型分								
内资	7514413	290337	4797175	3412502	1095809	131287	115538	11280
国有	2173214	43619	1312430	855827	282566	30813	26216	3532
集体	358221	20321	282505	203992	68636	7882	8567	281
股份合作	196805	12588	126494	97760	28707	4442	3899	159
国有联营					100	27	63	25
集体联营					189	27	33	4
国有与集体联营					45	3	10	5
其他联营					325	55	25	5
国有独资公司	369742	4126	174455	112984	64708	6780	4425	421
其他有限责任公司	3033732	149760	2081218	1485482	487886	60472	48327	5057
股份有限公司	372639	12266	184622	137161	43339	3787	4905	323
私营独资	2326	4	774	774	88	29	33	
私营合伙	158	265	1016	548	279	45	53	
私营有限责任公司	976379	45204	603476	489929	112664	16139	18103	1406
私营股份有限公司	31197	2184	30185	28045	6277	786	879	62
港澳台商投资	27532	5422	20699	14260	11332	1668	1276	191
与港澳台商合资经营	27432	5402	20199	14260	10473	1594	1104	177
港澳台商独资	100	20	500		859	74	172	14
外商投资	73606	6783	23098	15638	14394	1712	1557	219
中外合资经营	70273	5859	20240	14017	13234	1604	1458	204
中外合作经营	2012	895	2080	1343	549	78	55	8
外资企业	1321	29	778	278	611	30	44	7
二、按隶属关系分								
中央	2519973	47127	1364840	926751	329838	32857	29261	4704
地方	2860215	150439	2049471	1385299	448368	57736	43020	3265
其他	2235363	104976	1426661	1130350	343329	44074	46090	3721
三、按行业小类分								
房屋和土木工程建筑业	5906711	202385	3945171	2796273	890864	100610	83032	8355
房屋工程建筑	3364987	171126	2601958	1876492	728854	80843	62636	6385
土木工程建筑	2541724	31259	1343213	919781	162010	19767	20396	1970
铁路、道路、隧道和桥梁工程建筑	1973018	15137	908917	562320	110224	12804	12697	1273
水利和港口工程建筑	145905	4775	143306	113019	13344	1762	2173	215
工矿工程建筑	29278	1318	55798	55720	6973	499	505	71
架线和管道工程建筑	218037	6188	139279	99958	21413	3231	3687	261
其他土木工程建筑	175486	3841	95913	88764	10056	1471	1334	150
建筑安装业	846619	40659	486174	329152	111163	16545	18395	1624
建筑装饰业	323614	49433	192024	136665	94007	13971	13185	1376
其他建筑业	538607	10065	217603	180310	25501	3541	3759	335
工程准备	226142	3593	108847	95122	7933	1133	1294	138
提供施工设备服务	114387	427	19811	18021	6118	337	362	8
其他未列明的建筑业活动	198078	6045	88945	67167	11450	2071	2103	189

现场施工工人（人）	持证上岗人员	主要建筑材料消耗量 钢材（吨）	木材（立方米）	水泥（吨）	平板玻璃（重量箱）	平板玻璃（平方米）	铝材（吨）	企业总产值（千元）	企业营业额（千元）	在境外完成营业额	在境外完成的施工产值（千元）
246775	**141798**	**7540453**	**1857881**	**14308367**	**2194093**	**6970219**	**87027**	**177481438**	**203788157**	**26306719**	**25291013**
242321	139932	7494841	1736997	14113023	2142885	6797563	84107	173010486	199297967	26287481	25263488
48435	36675	1894978	347537	3813267	223180	920344	14739	49712227	75006820	25294593	24407056
23477	8627	649971	129435	685264	630990	381916	3424	9499191	9499191		
11770	5291	148214	119421	499440	39669	340557	316	3693954	3719784	25830	
								226288	226288		
69	69		1	3				41142	41142		
8	8			35				7760	7760		
240		200	1300	620	780	5200	200	16880	16880		
4538	3285	511964	97570	849238	16645	75621	2145	12907868	13419569	511701	511701
92601	54055	3671533	833224	6692377	756462	3145291	27841	76452990	76862491	409501	335731
16736	12158	281041	36318	927746	59642	261251	3246	7854183	7863973	9790	9000
36	7	25		70			1	3873	3873		
46	10	140	11	300	500	2000	16	21829	21829		
42662	18646	318808	155708	600966	404713	1638793	31866	11947454	11983520	36066	
1703	1101	17967	16472	43697	10304	26590	313	624847	624847		
2663	971	17578	106273	58077	16301	67561	862	1539756	1558994	19238	27525
2426	854	14915	105423	52527	16201	57561	860	1459502	1478740	19238	20000
237	117	2663	850	5550	100	10000	2	80254	80254		7525
1791	895	28034	14611	137267	34907	105095	2058	2931196	2931196		
1542	665	26690	14572	136777	34902	104964	2056	2804354	2804354		
237	219	1084	4	409	1	1	1	47752	47752		
12	11	260	35	81	4	130	1	79090	79090		
51820	38292	2651538	421810	5517244	343623	1346456	15758	61998103	87426376	25428273	24552736
97095	56326	3616504	929680	5391242	1064860	2258158	16550	72301560	73108339	806779	730752
97860	47180	1272411	506391	3399881	785610	3365605	54719	43181775	43253442	71667	7525
179043	107745	6868514	1490479	13080495	1371653	3760782	33057	141304176	163294738	21990562	21021400
135571	83794	6014198	1390751	9620903	1357389	3702310	30509	107592738	120968261	13375523	12429881
43472	23951	854316	99728	3459592	14264	58472	2548	33711438	42326477	8615039	8591519
25796	15564	717656	68470	3078080	9036	17052	483	23492324	26910152	3417828	3409828
2917	1324	57353	12781	147476			124	3035041	7800857	4765816	4765816
3427	50	11955	6024	31849	450	2876	1768	1141787	1516297	374510	374510
8093	5016	23851	2754	60895	166	808	20	4390447	4447332	56885	41365
3239	1997	43501	9699	141292	4612	37736	153	1651839	1651839		
32286	18817	462517	51774	463230	33366	231629	4631	21235233	25504523	4269290	4249613
27800	10491	74072	254880	377610	602395	2228051	42389	11351580	11351580		
7646	4745	135350	60748	387032	186679	749757	6950	3590449	3637316	46867	20000
2702	1365	39995	6009	147231	10	80	9	1082001	1082001		20000
772	512	14820	16707	108959	140342	561368	220	524342	543580	19238	
4172	2868	80535	38032	130842	46327	188309	6721	1984106	2011735	27629	

2-4 续表 5

	自有施工机械设备净值（千元）	自有施工机械设备总台数（台）	自有施工机械设备总功率（千瓦）	施工机械总功率	计算劳动生产率的平均人数（人）	管理人员（人）	工程技术人员（人）	持有一级证书的项目经理（人）
四、按控股情况分								
国有绝对控股	3431827	69164	1908897	1259324	508058	61868	46557	6184
国有相对控股	512553	17771	336976	256274	109935	10831	8835	867
其他	3671171	215607	2595099	1926802	503542	61968	62979	4639
五、按企业资质等级分								
施工总承包	6050038	215422	3992370	2804395	920011	105288	86178	8620
特　级	1827607	39982	1134909	686141	183341	15387	11647	1562
一　级	2871410	76802	1721542	1305508	504992	62698	46622	5439
二　级	883819	37714	709981	575030	140609	18280	18113	1309
三　级	467202	60924	425938	237716	91069	8923	9796	310
专业承包	1565513	87120	848602	638005	201524	29379	32193	3070
一　级	610718	31661	267321	201177	71150	9057	9618	1510
二　级	456490	25193	271135	207126	59418	8815	9475	859
三　级	484926	27876	301163	222707	68696	11235	12832	672
特种专业或不分等级	13379	2390	8983	6995	2260	272	268	29
六、按企业集团分								
集团母公司	1867030	53127	1357877	862086	246893	23885	18414	2359
成员企业	1633147	34224	779119	584727	271945	32165	24454	3126
七、按地区分								
东城区	460174	11430	347619	131100	48584	6397	5067	561
西城区	371293	14923	198630	114175	74889	11672	8415	984
崇文区	65194	3963	39376	30225	22604	3170	2635	242
宣武区	219884	11547	173584	91146	64362	6032	5033	471
朝阳区	1154398	48098	743953	525076	213414	27604	21682	2296
丰台区	933664	26933	409122	310072	144127	16991	16396	1901
石景山区	317263	3427	97239	75234	21331	3170	2393	235
海淀区	1476085	56447	1218171	943222	235988	25502	22452	2452
门头沟区	83712	1808	33013	31226	9291	1339	927	91
房山区	512167	18197	302286	239021	53500	7252	5391	499
通州区	515392	54598	338203	182222	46671	5537	6439	447
顺义区	268228	13806	169286	136002	35638	4686	5106	182
昌平区	385257	10042	234398	178736	47929	3397	3422	341
大兴区	364280	8751	204646	142378	42742	4388	5327	522
怀柔区	170561	3832	129800	127177	16788	2167	1865	162
平谷区	94067	7766	67775	64229	14433	1878	1667	105
密云县	113938	2723	65855	59962	14192	1353	1613	114
延庆县	100086	3886	63713	57069	11873	1544	2055	70
北京经济技术开发区	9004	360	4296	4128	2016	405	393	15
外埠	904	5	7		1163	183	93	

现场施工工人（人）	持证上岗人员	主要建筑材料消耗量 钢材（吨）	木材（立方米）	水泥（吨）	平板玻璃（重量箱）	平板玻璃（平方米）	铝材（吨）	企业总产值（千元）	企业营业额（千元）	在境外完成营业额	在境外完成的施工产值（千元）
77501	56840	3734608	701553	6835590	314360	1237618	21066	89196611	115217985	26021374	25084568
14046	7348	883358	204861	1799792	241152	883886	5343	17639625	17667863	28238	29000
155228	77610	2922487	951467	5672985	1638581	4848715	60618	70645202	70902309	257107	177445
175761	103575	7136776	1530516	13324112	1515807	4388783	35594	146830248	173070946	26240698	25267593
15156	12285	1924915	265374	2608271	198039	830270	3453	38648263	55392931	16744668	16411098
94325	64887	4088575	877138	7925011	959089	2039671	15432	83755786	93106313	9350527	8795295
41332	18094	810869	254305	1732477	148410	674500	9814	16167565	16241169	73604	61200
24948	8309	312417	133699	1058353	210269	844342	6895	8258634	8330533	71899	
71014	38223	403677	327365	984255	678286	2581436	51433	30651190	30717211	66021	23420
25015	16170	201550	166055	483083	495813	1788900	39395	14418984	14441642	22658	3420
17970	8688	111384	88121	250521	123928	539618	4026	7558648	7558862	214	20000
27503	12976	85169	73008	244206	58545	252918	7963	8404477	8419997	15520	
526	389	5574	181	6445			49	269081	296710	27629	
41497	26834	2485715	447259	3643565	1096196	2122046	15743	44822215	62908244	18086029	17236735
35908	27085	1861352	309702	3888744	77057	494001	3573	44066657	44448414	381757	335688
9604	6310	213724	219191	621974	87201	295514	3016	7251704	15589505	8337801	8337433
8765	6118	330373	65956	511721	51806	333838	7315	10904893	11554599	649706	649706
2987	2192	139276	44815	190489	30537	155724	1057	2970975	2970975		7525
5182	2938	373357	78734	653487	55840	252104	1283	11543720	15133994	3590274	3590274
37905	19362	1754141	285446	2840501	746735	679810	14926	32816256	39371367	6555111	6492510
32918	21224	1010385	111898	1138644	259799	1037971	19843	22142735	23376725	1233990	1250000
5322	4004	249934	19898	295347	13727	55641	1659	3778356	3778356		
44742	30626	1818418	366937	2996241	177733	777604	11613	38611751	44312565	5700814	4813645
2654	1202	53135	20634	135059	8643	29261	563	1423024	1423024		
25585	18603	465301	160011	1043982	49705	235661	1151	11868147	12018067	149920	149920
18230	5717	182660	45768	926325	72823	387922	2521	5855610	5881440	25830	
17621	4325	208421	78954	397950	298846	951182	12801	5611959	5658028	46069	
7375	4082	243905	102908	940470	159675	893627	2416	7057674	7074878	17204	
10274	4778	224259	67422	564116	122934	530422	3052	7570914	7570914		
3297	2583	41883	13339	153474	3184	86727	511	2160524	2160524		
5189	2642	84294	109793	229798	23137	146361	1858	1550432	1550432		
4353	2494	63532	45196	443295	15092	48088	805	1922645	1922645		
3434	2048	72137	17347	196790	15436	70237	637	1760339	1760339		
550	550	11318	3634	28704	1240	2525		392755	392755		
788								287025	287025		

2-5 施工总承包、专业承包

	房屋建筑竣工面积	厂房、仓库	住宅	办公用房
总计	**52576905**	**5114060**	**34099099**	**5333250**
一、按登记注册类型分				
内资	52196112	5044979	34032666	5224658
国有	11901034	901867	7088156	1731353
集体	4205492	451051	3242567	235046
股份合作	1950891	175493	1448871	78363
国有联营				
集体联营				
国有与集体联营				
其他联营				
国有独资公司	3423029	106272	2067062	233593
其他有限责任公司	26781645	2870234	17355626	2747999
股份有限公司	2090814	103785	1650832	136587
私营独资				
私营合伙				
私营有限责任公司	1678129	418535	1068581	61717
私营股份有限公司	165078	17742	110971	
港澳台商投资	184074	13909	66433	103732
与港澳台商合资经营	184074	13909	66433	103732
港澳台商独资				
外商投资	196719	55172		4860
中外合资经营	196719	55172		4860
中外合作经营				
外资企业				
二、按隶属关系分				
中央	13734311	1543129	7419215	2070053
地方	27501968	2234246	18739627	2578820
其他	11340626	1336685	7940257	684377
三、按行业小类分				
房屋和土木工程建筑业	51296997	4643120	33446365	5275713
房屋工程建筑	50580341	4545367	33079233	5202003
土木工程建筑	716656	97753	367132	73710
铁路、道路、隧道和桥梁工程建筑	174900	4375	82190	30943
水利和港口工程建筑	1001			1001
工矿工程建筑	43313	19958		
架线和管道工程建筑	2927	1327	253	273
其他土木工程建筑	494515	72093	284689	41493
建筑安装业	875159	151330	588751	48489
建筑装饰业	17937		11438	6499
其他建筑业	386812	319610	52545	2549
工程准备	8945		8945	
提供施工设备服务	290638	282420		2549
其他未列明的建筑业活动	87229	37190	43600	

建筑业企业房屋建筑完成情况

计量单位：平方米

批发和零售用房	住宿和餐饮用房	居民服务业用房	教育用房	文化、体育和娱乐用房	卫生医疗用房	科研用房	其他用房
1302884	**353746**	**585213**	**1966083**	**587196**	**470356**	**347922**	**2417096**
1302884	353746	585213	1966083	577505	369197	346422	2392759
232500	92738	137232	465310	281822	269000	110596	590460
644	10379	27585	99687	20964	6394	4258	106917
	7850	43373	85308	5025	750		105858
537937	103299	63	139521	28691	5551	8364	192676
484612	123168	341600	1055284	223173	42419	203906	1333624
29978	5166	4501	81671	14830	32086	17671	13707
3724	11146	29059	31223	3000		1627	49517
13489		1800	8079		12997		
				9691	101159	1500	24337
				9691	101159	1500	24337
384681	126232	99606	847395	186414	278109	122291	657186
822332	169259	390655	694624	289282	107620	173609	1301894
95871	58255	94952	424064	111500	84627	52022	458016
1289004	328369	585213	1961742	583896	468356	347522	2367697
1281439	302227	580393	1891202	555709	461723	347522	2333523
7565	26142	4820	70540	28187	6633		34174
	1350	1430	20557	1750			32305
			23355				
					1074		
7565	24792	3390	26628	26437	5559		1869
13880	22377		1672	300	2000	400	45960
	3000		2669	3000			3439
			2669				3000
	3000			3000			439

2-5 续表 1

	房屋建筑竣工面积	厂房、仓库	住　宅	办公用房
四、按控股情况分				
国有绝对控股	23546297	2072644	13897165	2870942
国有相对控股	4021281	149792	2898953	559589
其他	25009327	2891624	17302981	1902719
五、按企业资质等级分				
施工总承包	52010266	4858450	33947474	5285513
特　级	11071662	821911	5882822	1932231
一　级	30318940	2450509	20747857	2746604
二　级	7360273	822808	5199910	459200
三　级	3259391	763222	2116885	147478
专业承包	566639	255610	151625	47737
一　级	131542		18998	22895
二　级	172502	165947	4235	500
三　级	256595	89663	128392	24342
特种专业或不分等级	6000			
六、按企业集团分				
集团母公司	17405442	1471423	10319880	2115120
成员企业	10201116	784852	6654991	1251769
七、按地区分				
东城区	1359080	71456	1005745	109915
西城区	2450269	86765	1801296	252644
崇文区	1194484	70846	907555	25056
宣武区	3380678	219931	1849211	489083
朝阳区	9465433	428589	6433513	829816
丰台区	6060267	726622	3593209	473976
石景山区	897168	353566	491733	42991
海淀区	8568264	378031	5030674	1754800
门头沟区	395807	56210	252730	44357
房山区	4376001	621847	2673217	451501
通州区	2334992	226714	1781321	128736
顺义区	2399900	549335	1470514	240796
昌平区	3843841	671916	2818161	112959
大兴区	2247418	272699	1584212	217088
怀柔区	353892	73865	230040	32098
平谷区	1020188	50140	811426	32562
密云县	1004503	118177	708947	66707
延庆县	1049240	69846	602789	27665
北京经济技术开发区	175480	67505	52806	500
外埠				

计量单位：平方米

批发和零售用房	住宿和餐饮用房	居民服务业用房	教育用房	文化、体育和娱乐用房	卫生医疗用房	科研用房	其他用房
1041757	210381	204954	1041805	345826	339219	194286	1327318
86200	29657	11367	52478	13970	47200	80513	91562
174927	113708	368892	871800	227400	83937	73123	998216
1302884	350446	575674	1964754	546985	422796	346022	2409268
695686	171759	89410	411756	255605	113758	36452	660272
510862	69683	368738	1197321	227131	255609	285369	1459257
91968	84028	104131	314382	43035	44744	15616	180451
4368	24976	13395	41295	21214	8685	8585	109288
	3300	9539	1329	40211	47560	1900	7828
		2039	1129	36581	47200	1500	1200
	300		200	420		400	500
		7500		210	360		6128
	3000			3000			
846448	152537	169853	875637	320825	67640	63842	1002237
116913	73536	214897	370178	75963	85883	108597	463537
11843	13724	10000	59269	1488		14503	61137
60655	2100	19385	65377	35861		4258	121928
4328		6700	34731	4283	540		140445
166925	102712	15961	22514	28691		13124	472526
669325	34365	125003	250887	31043	60584	97587	504721
200393	25715	45489	498100	41222	131098	42611	281832
	2126	1088	3181				2483
37737	46130	104452	479637	320377	193487	62980	159959
7144			3080	5433	2280	23036	1537
29978	36000	146351	91920	12881	30640	59259	222407
3424	16695	42336	76860	8760	750		49396
	16148		45616	10744	2179		64568
45231	24792	509	69228	18398	13331	17943	51373
	13293	29531	68125	39499	5140	12221	5610
		3390	8052				6447
8100			26415	4000			87545
17290	9001	24083	28573	12000	14300		5425
40511	10645	10935	134318	12216	16027		124288
	300		200	300		400	53469

2-5 续表 2

	房屋建筑竣工造价	厂房、仓库	住　宅	办公用房
总　计	**66686466**	**6526097**	**38902817**	**8893386**
一、按登记注册类型分				
内资	65913616	6371675	38791922	8695998
国有	16285664	1371923	8624401	3057747
集体	4469536	432892	3385831	306885
股份合作	1937827	169349	1399343	102148
国有联营				
集体联营				
国有与集体联营				
其他联营				
国有独资公司	4690090	239041	2491899	369676
其他有限责任公司	33925543	3803879	19519524	4514815
股份有限公司	2804249	117114	2107473	270940
私营独资				
私营合伙				
私营有限责任公司	1602515	226147	1116333	73787
私营股份有限公司	198192	11330	147118	
港澳台商投资	319883	25820	110895	183168
与港澳台商合资经营	319883	25820	110895	183168
港澳台商独资				
外商投资	452967	128602		14220
中外合资经营	452967	128602		14220
中外合作经营				
外资企业				
二、按隶属关系分				
中央	19150439	2460821	9253143	3440194
地方	34849681	3037135	21457554	4294528
其他	12686346	1028141	8192120	1158664
三、按行业小类分				
房屋和土木工程建筑业	65384747	6168017	38218764	8816508
房屋工程建筑	64453535	6073952	37796886	8726528
土木工程建筑	931212	94065	421878	89980
铁路、道路、隧道和桥梁工程建筑	254273	4999	101831	56490
水利和港口工程建筑	2732			2732
工矿工程建筑	55601	33201		
架线和管道工程建筑	3110	650	380	380
其他土木工程建筑	615496	55215	319667	30378
建筑安装业	939813	135953	631831	60900
建筑装饰业	21110		8650	12460
其他建筑业	340796	222127	43572	3518
工程准备	8674		8674	
提供施工设备服务	262363	208346		3518
其他未列明的建筑业活动	69759	13781	34898	

计量单位：千元

批发和零售用房	住宿和餐饮用房	居民服务业用房	教育用房	文化、体育和娱乐用房	卫生医疗用房	科研用房	其他用房
1751109	**602760**	**750299**	**3271409**	**1068265**	**849474**	**535369**	**3535481**
1751109	602760	750299	3271409	1052805	567384	533869	3524386
368966	133241	174726	803456	492529	387703	122750	748222
373	12440	57780	114753	29058	8401	4020	117103
	6933	42670	89800	8619	600		118365
740806	206706	110	228331	94410	11096	11773	296242
592662	224194	421090	1852345	393198	63604	361226	2179006
35140	550	5131	114672	24991	81140	32193	14905
3450	18696	46452	55200	10000		1907	50543
9712		2340	12852		14840		
				15460	282090	1500	11095
				15460	282090	1500	11095
513526	200388	107480	1492706	259715	401443	189505	831518
1130341	322121	513344	1024122	506433	331971	198425	2033707
107242	80251	129475	754581	302117	116060	147439	670256
1727866	566587	750299	3255408	1058103	849214	535153	3438828
1714127	518096	745659	3163849	970825	838196	535153	3370264
13739	48491	4640	91559	87278	11018		68564
	2424	1620	19752	2290			64867
			22400				
					1700		
13739	46067	3020	49407	84988	9318		3697
23243	25673		12318	162	260	216	49257
	10500		3683	10000			47396
			3683				46816
	10500			10000			580

2-5 续表 3

	房屋建筑 竣工造价	厂房、仓库	住　宅	办公用房
四、按控股情况分				
国有绝对控股	32889758	3821140	16761275	4781981
国有相对控股	5265800	199383	3665271	829149
其他	28530908	2505574	18476271	3282256
五、按企业资质等级分				
施工总承包	66182787	6442104	38743611	8834555
特　级	15355202	1235549	7288963	3442557
一　级	39493292	3754660	23834944	4629471
二　级	8086639	769734	5563345	599557
三　级	3247654	682161	2056359	162970
专业承包	503679	83993	159206	58831
一　级	226462		16967	39369
二　级	57896	53528	2850	270
三　级	198821	30465	139389	19192
特种专业或不分等级	20500			
六、按企业集团分				
集团母公司	23788489	2389615	12459370	3810785
成员企业	13402048	1404570	7521242	1986499
七、按地区分				
东城区	1775614	118257	1110420	201887
西城区	2878889	101664	1845680	411238
崇文区	1557401	85018	1068171	58669
宣武区	4519007	330893	2469544	603234
朝阳区	12876026	518942	7942284	1503508
丰台区	8640138	1288704	4524262	729179
石景山区	1565582	869675	621552	53204
海淀区	12574236	702165	5916117	3654161
门头沟区	465349	81239	279718	45500
房山区	4810453	657200	2915431	456616
通州区	2417401	190551	1871175	147127
顺义区	2290604	494852	1314436	289566
昌平区	3858821	501365	2843188	134463
大兴区	2719611	276874	1820318	336743
怀柔区	349506	63055	217224	45377
平谷区	1041446	54730	782170	44546
密云县	923562	110254	589900	75450
延庆县	1319400	54752	714075	102648
北京经济技术开发区	103420	25907	57152	270
外埠				

计量单位：千元

批发和零售用房	住宿和餐饮用房	居民服务业用房	教育用房	文化、体育和娱乐用房	卫生医疗用房	科研用房	其他用房
1462205	366800	274424	1844727	634261	630749	301220	2010976
91940	75770	22318	86937	23175	66360	69683	135814
196964	160190	453557	1339745	410829	152365	164466	1388691
1751109	592098	746181	3270060	959241	782682	533653	3527493
959433	288795	101857	688956	325543	120206	55968	847375
695737	123591	464963	2105808	530721	591609	427294	2334494
92116	147449	164521	402825	65723	60608	39390	181371
3823	32263	14840	72471	37254	10259	11001	164253
	10662	4118	1349	109024	66792	1716	7988
		2243	1241	98282	66360	1500	500
	162		108	492		216	270
		1875		250	432		7218
	10500			10000			
1122146	277963	221814	1546067	487305	140776	168956	1163692
136638	131922	252146	632391	130914	74980	178591	952155
19960	23563	21708	132800	5700		22044	119275
77385	3824	19552	104282	116277		5430	193557
5190		13800	62853	8700	1300		253700
260141	204487	24063	37803	94410		27463	466969
946651	66776	178320	405510	54880	228526	140442	890187
207428	63376	65318	900155	60114	169423	73098	559081
	2210	1600	11584				5757
46072	70753	115740	819162	464202	299640	162108	324116
10600			5302	9150	1813	28941	3086
35140	44429	185539	122121	31930	80062	47580	234405
2950	15870	42270	77563	10741	600		58554
	33650		75710	15740	3500		63150
68439	46067	770	112494	42867	21674	11797	75697
	13470	50875	105891	84882	6370	16250	7938
		3020	12580				8250
9000			42500	5800			102700
15570	7843	21929	35291	39480	19916		7929
46583	6280	5795	207700	23230	16650		141687
	162		108	162		216	19443

2-6 施工总承包、专业承包

	单位数(个)	年初存货	流动资产合计	#现金	短期投资
总计	**2623**	**37805423**	**197631220**	**8577830**	**741815**
一、按登记注册类型分					
内资	2518	37061070	193151923	8470044	733933
国有	233	9404096	61142535	3633886	104552
集体	244	4642029	10001188	395488	136179
股份合作	94	885307	2906333	302836	12346
国有联营	1	6130	367122	629	
集体联营	2	120505	242740	15	1
国有与集体联营	1	189	5346	6	24
其他联营	1	1578	5754		
国有独资公司	20	3413457	23254798	1981227	4441
其他有限责任公司	785	14778503	75793622	1520338	413571
股份有限公司	44	1431418	8435089	371394	1980
私营独资	5	230	7292	2304	
私营合伙	5	2410	19549	865	
私营有限责任公司	1032	2330411	10496964	238552	56487
私营股份有限公司	51	44807	473591	22504	4352
港澳台商投资	57	274985	1978425	3332	7044
与港澳台商合资经营	54	274985	1834328	3269	7044
港澳台商独资	3		144097	63	
外商投资	48	469368	2500872	104454	838
中外合资经营	42	452244	2254479	103054	838
中外合作经营	3	10091	41933	1329	
外资企业	3	7033	204460	71	
二、按隶属关系分					
中央	195	9903649	72309869	4201463	203854
地方	587	18404080	82691071	2889942	252503
其他	1841	9497694	42630280	1486425	285458
三、按行业小类分					
房屋和土木工程建筑业	825	27703239	161537395	7166804	389129
房屋工程建筑	513	21462254	122036870	5562543	276252
土木工程建筑	312	6240985	39500525	1604261	112877
铁路、道路、隧道和桥梁工程建筑	111	3779262	26218831	955535	91025
水利和港口工程建筑	22	454741	4303054	105044	8350
工矿工程建筑	6	7529	1594104	86295	
架线和管道工程建筑	108	1679587	6119859	429482	8300
其他土木工程建筑	65	319866	1264677	27905	5202
建筑安装业	566	7136612	23316823	608773	257126
建筑装饰业	1050	2256659	9158408	440569	88472
其他建筑业	182	708913	3618594	361684	7088
工程准备	81	139582	820630	120124	969
提供施工设备服务	13	288204	866773	21523	
其他未列明的建筑业活动	88	281127	1931191	220037	6119

建筑业企业主要财务状况

计量单位：千元

应收帐款（净额）	存货	一年内到期的长期债权投资	长期投资合计	#长期股权投资	长期债权投资	固定资产合计	#固定资产原价	生产经营用
57130656	**47468977**	**251811**	**68357713**	**62296525**	**1706735**	**25374431**	**35166481**	**26595906**
55922277	46491995	249689	68290620	62244494	1698363	25001483	34596621	26278334
17768087	11004402	389	49239640	45484415	40773	8953356	13195578	9958602
678649	4806544	180236	390494	205532	105490	1538428	1900901	1342927
448906	979751		129787	52395	26513	518414	727471	573036
215097	2230		117673	117673		20046	22003	22003
3968	172998					8626	21233	
289	297					43	76	
73	940					33	245	
5057464	4833366		10522474	10416270	96203	2513489	2922391	2220780
27073206	19622066	39033	5849527	4834137	723181	7986287	11567829	8691337
2672701	1864995		1416699	665410	647150	945117	1252445	1182152
247	2406					2660	3909	3538
3332	3006					4593	5780	2250
1928317	3098695	30031	596596	444867	55118	2396070	2838633	2207977
71941	100299		27730	23795	3935	114321	138127	73732
543342	404136	2122	9192	4192	5000	113385	225034	143489
525270	402054	2122	9192	4192	5000	110132	221682	141439
18072	2082					3253	3352	2050
665037	572846		57901	47839	3372	259563	344826	174083
607222	553420		54529	47839		243262	312165	150930
6569	11843		1351		1351	13472	28439	20403
51246	7583		2021		2021	2829	4222	2750
21700815	12662741	629	53831404	49481878	686949	9714717	14185054	10869090
24971116	23383148	184634	12151188	10940095	841324	9206809	12631080	9930266
10458725	11423088	66548	2375121	1874552	178462	6452905	8350347	5796550
49438796	36123866	202806	66331350	60645384	1600394	19540845	27402292	20942491
40464713	27622479	7984	31253730	29994372	876837	13982675	18630779	13789207
8974083	8501387	194822	35077620	30651012	723557	5558170	8771513	7153284
6377734	6089628		19670748	15449026	560153	3753210	6322971	5542492
1003034	581897		10989674	10876569	96203	907489	1086968	600415
519419	90469		3631916	3631916		95102	129967	128053
787747	1473896	194822	653091	564295	64916	507802	842514	583946
286149	265497		132191	129206	2285	294567	389093	298378
5515970	7427738	24389	1176399	890385	64273	3364271	4583972	3383489
1525088	2782654	24616	477480	415781	25734	1550501	1893425	1235565
650802	1134719		372484	344975	16334	918814	1286792	1034361
180060	146537		271381	271038	103	387842	516207	404572
34173	450851		3259	2379	480	133948	242509	218217
436569	537331		97844	71558	15751	397024	528076	411572

2-6 续表 1

	单位数(个)	年初存货	流动资产合计	#现金	短期投资
四、按控股情况分					
国有绝对控股	401	17511108	112676037	6231765	117019
国有相对控股	102	3381230	16543961	710310	1370
其他	2120	16913085	68411222	1635755	623426
五、按企业资质等级分					
施工总承包	748	29992002	167790597	6988782	406064
特级	24	6042023	57082237	4128957	166231
一级	178	17252017	86540618	2376354	182598
二级	222	4662114	17106345	228253	48936
三级	324	2035848	7061397	255218	8299
专业承包	1875	7813421	29840623	1589048	335751
一级	183	2589169	11154797	492524	46459
二级	529	2149286	8195247	355452	86691
三级	1149	3053373	10285297	735702	202601
特种专业或不分等级	14	21593	205282	5370	
六、按企业集团分					
集团母公司	66	8763661	69003681	4391178	205685
成员企业	151	9037304	43938070	1600565	10642
七、按地区分					
东城区	136	2964182	12034824	33529	19605
西城区	175	2705531	12926806	25381	20169
崇文区	63	717878	3800065	7510	88313
宣武区	122	4681445	19169951	1252807	5518
朝阳区	559	7143766	35473499	187238	112155
丰台区	274	2885255	23349668	172610	101529
石景山区	42	1137663	3924000	70960	533
海淀区	437	6387649	48813369	5436675	30714
门头沟区	30	178460	1005752	4092	
房山区	85	1493190	8097868	20765	125929
通州区	151	1049569	4743139	558653	17692
顺义区	96	1419945	4666764	105460	190169
昌平区	86	1374434	6380523	306011	2180
大兴区	182	1515343	5020332	10339	23714
怀柔区	53	515032	1960500	269556	27
平谷区	60	452719	1685830	15333	3272
密云县	26	674492	1756293	85635	6
延庆县	34	430260	2169743	7675	
北京经济技术开发区	11	54937	545666	7594	290
外埠	1	23673	106628	7	

计量单位：千元

应收帐款(净额)	存货	一年内到期的长期债权投资	长期投资合计	#长期股权投资	长期债权投资	固定资产合计	#固定资产原价	生产经营用
34460652	21919009	389	63342278	58871184	696701	13800489	19802684	15344650
5472083	4046090		1656736	978565	647170	1789162	2612002	2016131
17197921	21503878	251422	3358699	2446776	362864	9784780	12751795	9235125
52282399	37912070	37318	66677400	60910555	1564262	20566624	28887781	21865425
14093535	9269982		46641455	42355538	555321	7006315	8808493	7195530
33832316	20566642	9153	18778916	17636176	872529	9505831	14912663	11261980
3337449	5574661	10	971284	734853	91048	2777125	3617790	2240527
1019099	2500785	28155	285745	183988	45364	1277353	1548835	1167388
4848257	9556907	214493	1680313	1385970	142473	4807807	6278700	4730481
2292249	3321583	16006	964247	910119	16456	1898281	2591428	2036435
1548975	2693547	12667	447817	352280	49024	1362639	1735495	1267626
956443	3490892	185820	266848	123521	75642	1526450	1906319	1385860
50590	50885		1401	50	1351	20437	45458	40560
20678210	11083083	1093	46294934	41171434	1351629	8091670	10298330	8417524
15206689	13043019		2264432	2080819	116139	4201559	7062697	5777859
3788155	2897001		8569511	4900017	2114	1685042	2599892	2014613
4239181	3352358	790	2795553	2762583	6065	1386085	2032836	1425537
1204087	952475		179758	152546	1300	362389	549920	393397
3952654	6021014	2122	9206180	9157712	34785	1143951	1589208	1338531
11696050	9058543	1645	3003798	2879617	28736	3424976	5395155	4265094
6667852	3807302	500	17361351	16535242	694917	3223558	4142717	2948389
890169	1480676		351478	350135	654	603896	879622	728135
12861037	8980451	28979	25280918	24379334	720843	6999075	8997845	6786421
274957	337199	6491	82431	82307	124	210732	264752	187740
3912216	1443735	9550	297641	280158	12014	1425409	2022235	1386889
1048377	1558187	4007	111703	67085	32935	1062401	1442369	1258651
979885	2036928	67	268865	139325	62593	757665	977465	785421
2161099	1711756	217	191793	158816	703	752056	1086342	857599
878962	1496457	175946	350553	274708	1275	1012037	1359571	937113
568669	508796	21274	149073	59737	85428	475510	712531	461159
538880	426852		13284	1135	12049	260326	366860	270365
429642	716563		29144	15459		251468	332178	273250
805336	611989	223	100976	96906	200	213655	301535	203844
163614	70496		13703	3703	10000	116719	100502	60812
69834	199					7481	12946	12946

2-6 续表 2

	累计折旧	本年折旧	在建工程	无形资产	递延资产
总　　计	**12811783**	**2139182**	**2654879**	**2001132**	**831166**
一、按登记注册类型分					
内资	12561959	2106838	2602694	1869006	822120
国有	5250781	852496	889793	286670	217629
集体	642213	92528	258276	55554	16919
股份合作	260896	38417	44472	62751	6390
国有联营	12463	1947	10506	389	
集体联营	12607	3396			
国有与集体联营	33	8			
其他联营	212	48			
国有独资公司	767466	105702	334131	187619	409556
其他有限责任公司	4308116	699814	594573	1036303	125170
股份有限公司	437576	94911	127107	86727	8960
私营独资	1460	255	211		7
私营合伙	1249	196	62		9
私营有限责任公司	837722	210048	339444	150836	32879
私营股份有限公司	29165	7072	4119	2157	4601
港澳台商投资	123659	12265	11529	130405	1695
与港澳台商合资经营	123560	12176	11529	130405	1595
港澳台商独资	99	89			100
外商投资	126165	20079	40656	1721	7351
中外合资经营	109805	17596	40656	1233	6881
中外合作经营	14967	2239		23	391
外资企业	1393	244		465	79
二、按隶属关系分					
中央	5580741	927875	1005838	580590	581100
地方	4384469	644319	813086	865207	146174
其他	2846573	566988	835955	555335	103892
三、按行业小类分					
房屋和土木工程建筑业	10010834	1602528	1876661	1351084	695300
房屋工程建筑	6321929	971375	1480456	844638	177082
土木工程建筑	3688905	631153	396205	506446	518218
铁路、道路、隧道和桥梁工程建筑	2814397	478479	176278	247295	41582
水利和港口工程建筑	369176	47234	178985	228558	419703
工矿工程建筑	38621	12695	3756	829	27372
架线和管道工程建筑	358233	67429	23247	29572	25241
其他土木工程建筑	108478	25316	13939	192	4320
建筑安装业	1759312	331565	463534	400371	82743
建筑装饰业	591956	116578	235511	188720	40870
其他建筑业	449681	88511	79173	60957	12253
工程准备	195578	37902	65157	14685	1815
提供施工设备服务	108587	16467	26	5946	2
其他未列明的建筑业活动	145516	34142	13990	40326	10436

计量单位：千元

其　他 长期资产	资产总计	流动负债 合　计	 #短期借款	 应付账款	长期负债 合　计	 #长期借款	 应付债券	负债合计
1209648	**295405310**	**170423848**	**29620853**	**56509363**	**19752901**	**12478097**		**190176749**
1200285	290335437	167235248	28885731	55620451	19714354	12463880		186949602
561556	120401386	52313022	8976295	16317751	13947257	9547216		66260279
74593	12077176	9010421	762288	1253958	83300	60404		9093721
12703	3636378	2122659	232964	411215	13260	11078		2135919
3425	508655	372636		209902	16764	16764		389400
	251366	236829	18	3646				236829
	5389	136		48	305	305		441
	5787	4848		1797				4848
59639	36947575	23811078	6730231	4231376	2123803	1697730		25934881
420813	91211722	65192132	9704145	28627182	3217264	915516		68409396
27966	10920558	7185252	1618001	2574963	227134	157692		7412386
2042	12001	2583	226	1516				2583
	24151	3432	-2	212				3432
37459	13710804	6745899	796117	1928606	83766	57269		6829665
89	622489	234321	65448	58279	1501	-94		235822
4583	2237685	1235017	237707	291854	15453	12945		1250470
4583	2090235	1201127	237707	268358	15453	12945		1216580
	147450	33890		23496				33890
4780	2832188	1953583	497415	597058	23094	1272		1976677
4780	2565164	1764647	494415	538783	22199	534		1786846
	57170	13795		4434	738	738		14533
	209854	175141	3000	53841	157			175298
567182	137584862	62042801	10171660	20828980	15755169	10893662		77797970
414748	105475197	76431821	15347769	24416641	3514292	1369116		79946113
227718	52345251	31949226	4101424	11263742	483440	215319		32432666
1121341	250577315	141594278	26655197	49465043	18469771	11418320		160064049
989766	169284761	106792942	21978244	38666773	11634584	7509396		118427526
131575	81292554	34801336	4676953	10798270	6835187	3908924		41636523
63505	49995171	22256993	3313146	7869569	3237622	2247872		25494615
13109	16861587	5415466	672287	1598147	2342769	516160		7758235
157	5349480	919327	121549	60796	1173252	1140402		2092579
47303	7382868	5261894	343090	980647	74133	-550		5336027
7501	1703448	947656	226881	289111	7411	5040		955067
70282	28410889	19854592	1828103	5083280	1002404	858413		20856996
11055	11427034	6169050	928918	1363531	182822	131828		6351872
6970	4990072	2805928	208635	597509	97904	69536		2903832
857	1497210	486493	62558	101010	60780	59731		547273
2281	1012209	920301	46621	115524	22793	768		943094
3832	2480653	1399134	99456	380975	14331	9037		1413465

2-6 续表 3

	累计折旧	本年折旧	在建工程	无形资产	递延资产
四、按控股情况分					
国有绝对控股	7556635	1197025	1341949	800793	679928
国有相对控股	1018103	157471	189470	318309	22516
其他	4237045	784686	1123460	882030	128722
五、按企业资质等级分					
施工总承包	10635891	1716874	2036151	1600756	747416
特 级	2932560	489246	1052114	221679	104035
一 级	6004321	942945	482535	998085	578213
二 级	1212930	184325	330165	334169	40970
三 级	486080	100358	171337	46823	24198
专业承包	2175892	422308	618728	400376	83750
一 级	948557	164347	236045	213293	29815
二 级	603194	121663	180580	92714	27754
三 级	599120	132597	202103	94314	25752
特种专业或不分等级	25021	3701		55	429
六、按企业集团分					
集团母公司	3377982	592720	1076829	384195	199827
成员企业	3241448	499856	265359	618453	437674
七、按地区分					
东城区	976756	190676	19858	199023	43582
西城区	768750	116974	93619	193591	41360
崇文区	190660	33487	3125	36930	1508
宣武区	630262	117215	102293	15856	89195
朝阳区	2295204	374490	267995	537613	41971
丰台区	1411740	225287	464237	184128	373283
石景山区	366526	56875	75647	5951	31273
海淀区	3041294	483509	988266	353299	128837
门头沟区	89886	18223	33991	20900	3435
房山区	800846	98074	200382	68099	40931
通州区	492440	94164	92783	51616	1568
顺义区	272360	50732	46316	72578	4564
昌平区	405863	77169	69614	95549	4285
大兴区	463053	92556	100109	73961	18248
怀柔区	238689	47925	1088	10034	1759
平谷区	125536	23502	14341	53698	401
密云县	106166	20305	23966	15362	492
延庆县	113667	10525	25782	4923	990
北京经济技术开发区	16620	4634	31467	8021	3484
外埠	5465	2860			

计量单位：千元

其　他 长期资产	资产总计	流动负债 合　计	#短期借款	应付账款	长期负债 合　计	#长期借款	应付债券	负债合计
836751	192136276	101462013	19067834	32306165	17988727	11977000		119450740
84383	20415067	14667273	2478715	5681695	1014087	243299		15681360
288514	82853967	54294562	8074304	18521503	750087	257798		55044649
1130620	258513413	147416296	28004286	51395768	19335327	12254812		166751623
114289	111170010	50004819	12372173	13329102	10878306	8474720		60883125
849834	117251497	78464351	13387139	32713503	8143768	3659923		86608119
139399	21369292	13504555	1770724	4048550	230097	75872		13734652
27098	8722614	5442571	474250	1304613	83156	44297		5525727
79028	36891897	23007552	1616567	5113595	417574	223285		23425126
8541	14268974	9684546	1137207	2519804	312419	160095		9996965
25012	10151183	5586784	320479	1473254	73478	45185		5660262
45359	12244020	7592311	158641	1077226	31521	18099		7623832
116	227720	143911	240	43311	156	-94		144067
133428	124107735	61636966	15808484	16869834	15121270	10679161		76758236
489137	51949325	39193124	4694317	16308319	2185579	839585		41378703
48610	22580592	9686748	2497915	2826497	3795454	2828286		13482202
244673	17588068	11312721	1950348	3424814	1166832	632265		12479553
42343	4422993	3344763	250388	1593081	94390	33320		3439153
77860	29702993	19132831	3606812	3553400	2050902	306283		21183733
243101	42724958	31131910	4186124	13746095	1007253	232022		32139163
114227	44606215	21854901	2973704	8100870	956920	497575		22811821
33607	4950205	2993765	371650	1074830	290225	82000		3283990
275300	81850798	39190906	8533950	10759734	9867226	7509479		49058132
795	1324045	978550	114480	395837	14000	10069		992550
13724	9943672	7411037	1856156	3218852	149306	104256		7560343
18960	5989387	3545493	403397	1323079	114205	104999		3659698
5726	5776162	3830079	579483	1024146	87126	51977		3917205
12607	7436813	5473101	604377	2097341	81810	60761		5554911
21135	6496266	3994269	415399	1212040	56166	7216		4050435
5859	2602735	1865887	411664	661100	2030	2030		1867917
26185	2039724	1108157	316534	267840	14105	13224		1122262
6346	2059105	1486782	174155	552489	3055	1957		1489837
18336	2508623	1681907	364317	446506				1681907
154	687747	311423	10000	162653	1896	378		313319
100	114209	88618		68159				88618

2-6 续表 4

	所有者权益					
	合计	#实收资本	国家资本	集体资本	法人资本	国家法人
总计	**105210176**	**72722411**	**38231040**	**2742926**	**20739195**	**11354746**
一、按登记注册类型分						
内资	103367450	70889484	38175322	2702987	19963434	11012329
国有	54141107	37330015	33174901		4155114	4148744
集体	2983455	2070109		1560977	509132	24555
股份合作	1500459	1131504	3024	98709	373143	22439
国有联营	119255	100595			100595	100295
集体联营	14537	14200		14200		
国有与集体联营	4948	5000		4200	800	
其他联营	939	1288		288	1000	
国有独资公司	10994309	3945217	3459981		485236	485236
其他有限责任公司	22802326	17700544	1506214	985597	11679364	5658117
股份有限公司	3508172	1854293	31202	39016	1397042	534540
私营独资	9418	8410			1180	
私营合伙	20719	10500			3724	
私营有限责任公司	6881139	6348772			1184481	28403
私营股份有限公司	386667	369037			72623	10000
港澳台商投资	987215	991309	13108	13872	444285	171734
与港澳台商合资经营	873655	872152	13108	13872	444285	171734
港澳台商独资	113560	119157				
外商投资	855511	841618	42610	26067	331476	170683
中外合资经营	778318	767416	42610	19842	321196	162403
中外合作经营	42637	42024		6225	10280	8280
外资企业	34556	32178				
二、按隶属关系分						
中央	59786892	40822370	32827680	264431	7426855	7017218
地方	25510699	14868453	5184324	1633996	6495416	3094346
其他	19912585	17031588	219036	844499	6816924	1243182
三、按行业小类分						
房屋和土木工程建筑业	90494881	59467260	36650190	1949354	15647257	9194886
房屋工程建筑	50838850	30066031	14525819	1475832	10707297	5564642
土木工程建筑	39656031	29401229	22124371	473522	4939960	3630244
铁路、道路、隧道和桥梁工程建筑	24500556	18624613	14049413	204818	3443233	2733925
水利和港口工程建筑	9103352	6092152	5534936		505511	314450
工矿工程建筑	3256901	2461024	2386224		6180	6180
架线和管道工程建筑	2046841	1566622	99775	214409	717288	494236
其他土木工程建筑	748381	656818	54023	54295	267748	81453
建筑安装业	7553893	6391374	770020	513120	2807745	1600262
建筑装饰业	5075162	4934684	286796	196032	1679393	293662
其他建筑业	2086240	1929093	524034	84420	604800	265936
工程准备	949937	871874	408778	23200	166790	37091
提供施工设备服务	69115	132723	35591		60354	4464
其他未列明的建筑业活动	1067188	924496	79665	61220	377656	224381

计量单位：千元

集体法人	个人资本	港澳台资本	外商资本	主营业务收入	主营业务成本	营业费用	主营业务税金及附加	主营业务利润
4599052	**10011730**	**536601**	**460919**	**193600803**	**172966589**	**1235021**	**5393193**	**14006000**
4348008	10006141	5600	36000	188743626	168627838	1210512	5266230	13639046
6370				67802182	62039734	123688	1652424	3986336
437903				8680958	7478479	87359	267166	847954
158903	656628			3923534	3402361	31373	125771	364029
				226287	201980	1	7885	16421
				81536	58829	2200	1696	18811
				7134	6665	14	235	220
				19827	18054	115	481	1177
				11858255	10545794	51661	338191	922609
2938193	3487769	5600	36000	76578120	68298839	577081	2264417	5437783
414562	387033			7448649	6558177	128979	240579	520914
	7230			3736	3000	109	116	511
3724	6776			21630	17177	3	991	3459
344880	5164291			11541507	9539587	186902	348061	1466957
43473	296414			550271	459162	21027	18217	51865
215369	3105	516939		1593291	1439635	13912	45497	94247
215369	3105	397782		1532234	1381506	13727	43931	93070
		119157		61057	58129	185	1566	1177
35675	2484	14062	424919	3263886	2899116	10597	81466	272707
35675	2484	14062	367222	2934752	2618221	9513	71381	235637
			25519	47838	40810	117	1457	5454
			32178	281296	240085	967	8628	31616
347837	179701	91703	32000	83278037	76316448	198005	2089502	4674082
1895257	1264531	120330	169856	69962593	61982865	482270	2084276	5413182
2355958	8567498	324568	259063	40360173	34667276	554746	1219415	3918736
3198817	4899147	129205	192107	153718496	138278606	854854	4426550	10158486
2577527	3037313	129205	190565	110773541	99516112	509478	3376572	7371379
621290	1861834		1542	42944955	38762494	345376	1049978	2787107
241082	927149			28943202	26208177	210824	757816	1766385
180261	51705			6713895	6262527	38499	90277	322592
	68620			1013847	938653	18067	4447	52680
93059	535150			4771436	4043359	68827	151941	507309
106888	279210		1542	1502575	1309778	9159	45497	138141
722378	2118175	104268	78046	25723972	22608128	206789	565947	2343108
568927	2341791	259163	171509	10675165	9175635	115565	297032	1086933
108930	652617	43965	19257	3483170	2904220	57813	103664	417473
26930	243587	29519		1029276	863631	21819	33846	109980
35600	32314	4464		574300	503557	1811	18906	50026
46400	376716	9982	19257	1879594	1537032	34183	50912	257467

2-6 续表 5

	所有者权益					
	合计	#实收资本	国家资本	集体资本	法人资本	国家法人
四、按控股情况分						
国有绝对控股	72667151	47576500	38100545	383562	8833738	8524866
国有相对控股	4733707	3239787	79462	91719	2372900	1013683
其他	27809318	21906124	51033	2267645	9532557	1816197
五、按企业资质等级分						
施工总承包	91743405	60750290	37024226	1863980	16591229	10010549
特　级	50268500	29280704	25010626	82845	3987593	3375711
一　级	30643378	21852759	10183020	580657	9527436	5759110
二　级	7634640	6842450	1442302	763375	2324582	752588
三　级	3196887	2774377	388278	437103	751618	123140
专业承包	13466771	11972121	1206814	878946	4147966	1344197
一　级	4272009	3580890	682072	205897	1494201	720795
二　级	4490921	4298368	325032	236753	1492643	471624
三　级	4620188	4037305	198710	430071	1150784	146150
特种专业或不分等级	83653	55558	1000	6225	10338	5628
六、按企业集团分						
集团母公司	47331114	25184922	18848037	368902	5386791	3069462
成员企业	10570622	7170739	1454459	255411	5004810	4368838
七、按地区分						
东城区	9098390	6180039	4571643	74189	927873	532952
西城区	5108515	3974636	1863521	167668	1449000	828967
崇文区	983840	924982	199835	18151	365086	110027
宣武区	8519260	4495545	2852247	81405	1275242	896068
朝阳区	10567410	8469887	1651832	671880	4179794	2491253
丰台区	21794394	17647686	13130257	385298	2909379	2076449
石景山区	1666215	1024929	499557	21759	378111	315380
海淀区	32792666	18602000	12116928	318481	4376109	2609450
门头沟区	331495	328481	99329	40746	134108	134081
房山区	2383329	1972475	130500	106338	1395661	600293
通州区	2329689	1866902	237907	145207	832354	372588
顺义区	1858957	1283238	224181	319268	389558	51299
昌平区	1881902	1217544	177380	82173	647571	78166
大兴区	2445831	2145457	333536	100942	633119	64725
怀柔区	734818	729307	81245	119588	178201	83438
平谷区	917462	780543	408	49225	283124	9800
密云县	569268	422609	33518	24248	245321	78388
延庆县	826716	517354	4576	16360	95674	3000
北京经济技术开发区	374428	116157			43910	18422
外埠	25591	22640	22640			

计量单位：千元

集体法人	个人资本	港澳台资本	外商资本	主营业务收入	主营业务成本	营业费用	主营业务税金及附加	主营业务利润
141036	136668	18370	103617	108432342	98256894	510699	2830711	6834038
535216	438554	157350	99802	16745652	15223886	65466	520583	935717
3922800	9436508	360881	257500	68422809	59485809	658856	2041899	6236245
3353873	4855700	222744	192411	163786379	147717617	804095	4545831	10718836
574922	199640			47969730	43833429	114403	1203334	2818564
1826073	1307163	153183	101300	91944867	82888311	499163	2593898	5963495
726595	2186378	69561	56252	15527425	13732649	142748	491876	1160152
226283	1162519		34859	8344357	7263228	47781	256723	776625
1245179	5156030	313857	268508	29814424	25248972	430926	847362	3287164
422021	919084	132537	147099	13286101	11681324	93871	358155	1152751
463967	1988320	157227	98393	7485787	6183927	152091	217084	932685
355481	2224838	22803	10099	8752189	7175008	173116	263278	1140787
3710	23788	1290	12917	290347	208713	11848	8845	60941
1180727	573514		7678	61091313	55434036	192232	1473855	3991190
348145	361011	51638	43410	46428773	41692514	363607	1381213	2991439
342898	506529	81426	18379	15636745	14586581	36514	185264	828386
225049	427037	43003	24407	11815076	10508733	226924	311657	767762
35852	193992	135539	12379	3129819	2749084	42702	101595	236438
102507	275697	3550	7404	12264515	10875921	41749	342887	1003958
466589	1647543	106085	212753	36063975	32188003	123935	1077953	2674084
484584	1037395	111693	73664	23565352	21267116	179788	638831	1479617
37944	125502			3589868	3128003	106403	107815	247647
1146971	1695796	37643	57043	43134799	38732319	143295	1279654	2979531
	54298			1136611	991046	1120	35851	108594
639514	336476	3500		12053437	10931320	23733	351393	746991
148177	626892		24542	5970472	5203123	114386	182424	470539
180918	350231			5480920	4623025	45529	155183	657183
157704	303034	1290	6096	5753503	4944629	13599	186374	608901
319252	1077860			6201585	5462250	44869	195522	498944
20540	350273			2346448	2119172	34154	73120	120002
132812	444661	3125		1382044	1136819	5151	44667	195407
139833	100370	4147	15005	2080383	1848302	22196	64727	145158
4020	400744			1321979	1072627	27622	42846	178884
13888	57400	5600	9247	406319	345049	1352	12006	47912
				266953	253467		3424	10062

2-6 续表 6

	其他业务收入	其他业务利润	管理费用	#税金	财产保险费	差旅费
总计	**5361714**	**897320**	**11338570**	**137902**	**42913**	**470012**
一、按登记注册类型分						
内资	5340599	891420	10969946	135063	41570	448354
国有	2355635	284065	3555644	39291	10470	145155
集体	84716	33546	493971	9247	3892	11973
股份合作	14301	5142	176867	2125	996	7520
国有联营	1000	945	16326	8	49	1124
集体联营	3185	6	16273	211		800
国有与集体联营			225	1		5
其他联营	655	448	1343	51		
国有独资公司	225752	78542	917430	11951	1736	27923
其他有限责任公司	1968840	380354	4150711	54806	16754	203265
股份有限公司	475135	35070	371668	4466	2651	12431
私营独资			529			
私营合伙	172	171	1677	3		342
私营有限责任公司	204701	69468	1228308	12749	4896	36591
私营股份有限公司	6507	3663	38974	154	126	1225
港澳台商投资	9633	1568	120612	1027	539	6730
与港澳台商合资经营	9572	1517	113899	962	530	6514
港澳台商独资	61	51	6713	65	9	216
外商投资	11482	4332	248012	1812	804	14928
中外合资经营	10801	4127	214419	1705	778	14056
中外合作经营	519	44	7012	89	23	321
外资企业	162	161	26581	18	3	551
二、按隶属关系分						
中央	2444197	249871	3946765	44123	10423	192785
地方	2111891	426812	4273273	51817	18867	169158
其他	805626	220637	3118532	41962	13623	108069
三、按行业小类分						
房屋和土木工程建筑业	4251093	677540	8130488	94460	31684	342280
房屋工程建筑	3045151	496337	5784389	70133	23724	241060
土木工程建筑	1205942	181203	2346099	24327	7960	101220
铁路、道路、隧道和桥梁工程建筑	435239	102529	1499760	15725	4598	70755
水利和港口工程建筑	592701	27114	288805	2318	1070	14378
工矿工程建筑	2845	2751	92984	282	64	3225
架线和管道工程建筑	155835	42124	359289	5190	1070	9526
其他土木工程建筑	19322	6685	105261	812	1158	3336
建筑安装业	921506	160973	1908398	32070	5174	68851
建筑装饰业	91491	47185	982509	8456	4787	41486
其他建筑业	97624	11622	317175	2916	1268	17395
工程准备	24296	710	85009	953	824	4593
提供施工设备服务	2965	2523	30141	280	30	824
其他未列明的建筑业活动	70363	8389	202025	1683	414	11978

计量单位：千元

工会经费	排污费	财务费用	利息支出（净额）	营业利润	投资收益	补贴收入	营业外收入	营业外支出	利润总额
90733	**9538**	**1381655**	**1175129**	**2183095**	**1515950**	**138283**	**314859**	**240178**	**4004911**
88803	9315	1370789	1165736	2189731	1515497	138035	304271	235267	4026100
32929	3755	531242	416332	183515	923310	67632	123372	54320	1245219
2903	374	20156	3576	367373	14360	4100	28194	18577	383571
1316	72	9772	7828	182532	646	17	3001	2802	154337
63		-304	-304	1344	8061		213	232	9386
190		-270	-270	2814					2811
		-1	-1	-4					-4
		277	276	5	28		72	2	103
7450	18	169674	153966	-85953	325425	22528	11666	67486	268859
35453	4188	571369	527286	1096057	135864	38728	115047	66284	1320200
5049	619	34791	30553	149525	103054	2273	5053	12843	333972
				-18					65
3		163	-63	1790					1790
3406	283	30538	23342	277579	4614	2750	15487	12446	289371
41	6	3382	3215	13172	135	7	2166	275	16420
619	10	8624	8161	-33421	13	212	10224	2413	-26402
619	10	8769	8403	-28081	13	212	10224	2413	-21062
		-145	-242	-5340					-5340
1311	213	2242	1232	26785	440	36	364	2498	5213
1258	213	2263	1302	23082	404	36	-358	2085	1247
		-34	-40	-1480			166	400	-1795
53		13	-30	5183	36		556	13	5761
34939	3220	590320	457387	386868	1092770	30169	122357	51481	1612826
40023	4896	592521	553623	974200	401418	94394	134071	151576	1458783
15771	1422	198814	164119	822027	21762	13720	58431	37121	933302
66615	8029	1240355	1058097	1465183	1421178	133440	244740	200802	3167189
43748	6548	993499	866390	1089828	629888	95183	156734	148594	1906429
22867	1481	246856	191707	375355	791290	38257	88006	52208	1260760
15296	435	128192	108416	240962	558062	6454	67943	33560	843856
3095	609	83493	51424	-22592	164450	15300	4288	8885	150527
609		37690	36846	-75243	61047	7526	9108	3866	29364
2963	216	-8137	-8952	198281	6901	631	3751	4234	191746
904	221	5618	3973	33947	830	8346	2916	1663	45267
18456	964	97085	82717	498598	87338	3810	52536	25037	609402
2998	474	34598	27776	117011	1595	926	16262	9796	122847
2664	71	9617	6539	102303	5839	107	1321	4543	105473
339	3	2666	200	23015	1469		536	1350	23429
127	4	2627	2449	19781	127		332	91	20149
2198	64	4324	3890	59507	4243	107	453	3102	61895

2-6 续表 7

	其他业务收入	其他业务利润	管理费用	#税金	财产保险费	差旅费
四、按控股情况分						
国有绝对控股	3259104	463553	6122901	66956	16033	263983
国有相对控股	817642	60945	789804	11716	3150	41894
其他	1284968	372822	4425865	59230	23730	164135
五、按企业资质等级分						
施工总承包	4724941	705339	8583579	100766	32590	360884
特　级	1382539	71936	2403908	28515	4207	112829
一　级	2934419	504653	4628463	54307	21385	213867
二　级	282006	100272	1002208	11679	4639	26894
三　级	125977	28478	549000	6265	2359	7294
专业承包	636773	191981	2754991	37136	10323	109128
一　级	253633	105793	999421	14897	3256	46802
二　级	184936	49079	783369	8396	3654	31802
三　级	196827	36294	940320	13709	3320	29344
特种专业或不分等级	1377	815	31881	134	93	1180
六、按企业集团分						
集团母公司	1631419	204725	2837375	36922	11978	133534
成员企业	1491296	234430	2576523	25901	4532	111471
七、按地区分						
东城区	796562	121131	687779	7190	2037	21091
西城区	841853	187839	849218	7618	2459	37978
崇文区	93283	-6381	237144	3541	2116	7487
宣武区	112478	68645	842512	9359	2442	33950
朝阳区	434620	80444	2286592	24133	7413	102859
丰台区	555372	106246	1280824	18577	3638	71511
石景山区	239438	41550	285087	3286	100	7267
海淀区	1433552	152529	2544012	28834	8746	116617
门头沟区	10540	3864	95708	795	286	2901
房山区	581601	63047	539085	11205	3833	20868
通州区	39778	1362	228743	3927	751	6876
顺义区	21155	16466	325858	3813	3494	10924
昌平区	59510	8461	299686	3297	2463	6910
大兴区	52781	25770	397903	3561	1368	8988
怀柔区	31366	17338	107309	2710	375	4208
平谷区	4686	2063	81633	1010	556	4125
密云县	2543	2211	98294	526	133	1393
延庆县	554	247	86764	3109	382	1054
北京经济技术开发区	10547	2536	40976	1266	181	2574
外埠	39495	1952	23443	145	140	431

计量单位：千元

工会经费	排污费	财务费用	利息支出(净额)	营业利润	投资收益	补贴收入	营业外收入	营业外支出	利润总额
58065	5872	954095	810612	220595	1372542	103640	177696	157699	1784989
7911	685	96137	89612	110721	59687	16304	28607	15138	181081
24757	2981	331423	274905	1851779	83721	18339	108556	67341	2038841
77676	8504	1345007	1160133	1495589	1497501	125801	258898	222570	3255244
18800	1481	412364	342572	74228	1247051	36258	73094	95548	1399050
49096	5802	843644	749927	996041	234358	81501	125798	90162	1345934
7323	793	71170	56041	187046	14189	4240	43883	24903	277227
2457	428	17829	11593	238274	1903	3802	16123	11957	233033
13057	1034	36648	14996	687506	18449	12482	55961	17608	749667
7040	658	44141	27443	214982	5499	9956	20668	-1499	254343
2104	165	9622	6386	188773	7284	1798	7881	4498	198253
3852	211	-17118	-18759	253879	5666	689	27137	14049	267445
61		3	-74	29872		39	275	560	29626
18526	2102	665836	535036	692704	1254531	24905	80611	102819	2011971
25356	2743	304245	289073	345101	90955	31267	69284	51773	486335
6755	418	178424	163980	83314	556798	5177	55648	19438	682265
7989	334	106959	120094	-576	65204	24603	45143	13648	118498
1424	131	10817	10464	-17904	146	244	8411	4734	-14479
4810	362	173106	155616	56985	122401	10345	5680	24667	171997
23080	3183	174897	164697	293039	65248	6855	52033	56905	359647
7921	705	93540	69754	211499	144268	20651	29713	26447	376683
2215	91	33630	29219	-29520	107	2589	4180	2897	-25211
18339	2105	376715	282301	211333	497070	48620	36073	52323	789715
998	123	6968	5702	9782	309	703	2936	3111	10617
5969	888	70231	67600	200722	-695	2390	8186	10668	199920
1101	318	31449	13885	211709	1293	859	14058	4018	273753
2629	124	23204	16481	324587	53679	256	20380	13122	388251
1725	394	24932	19150	292744	1014	39	2039	5460	301596
1627	197	21463	10296	105348	5597	12256	13505	-6591	127442
1052	34	12834	6156	17197	525		1580	660	18812
528	41	19202	18363	96635	1094	48	884	3512	95951
557	82	6210	5382	42865	1487	2320	1387	3289	45412
1780	1	17222	16477	75145		328	807	347	75639
106	7	-107	-447	9579			9	436	8266
128		-41	-41	-11388	405		12207	1087	137

2-6 续表 8

	应交所得税	应付利润	可供分配利润	#外方应分利润	#外方汇出利润	劳动、失业保险费
总计	**1050685**	**1069703**	**4394074**	**28075**	**12038**	**603288**
一、按登记注册类型分						
内资	1022653	1014093	4288051	-1900	-7154	600918
国有	248768	358882	631772	-1537	-1537	261567
集体	115366	100028	330557	3613		8793
股份合作	48662	22521	125529			2658
国有联营	567	1	12453			143
集体联营	935	258	2281			49
国有与集体联营						12
其他联营	34					
国有独资公司	17843	-12499	861019			77057
其他有限责任公司	422932	409773	1629402	610	-758	237395
股份有限公司	57711	36791	483979			7219
私营独资	10	82	1			
私营合伙	747	410	1033			4
私营有限责任公司	101091	95295	204961	-1497	-1538	5925
私营股份有限公司	7987	2551	5064	-3089	-3321	96
港澳台商投资	3154	488	1504	1200	523	1281
与港澳台商合资经营	3050	279	1295	991	523	1151
港澳台商独资	104	209	209	209		130
外商投资	24878	55122	104519	28775	18669	1089
中外合资经营	23967	55121	103722	27995	18669	1031
中外合作经营			17			19
外资企业	911	1	780	780		39
二、按隶属关系分						
中央	291008	403798	1233646	-353		257194
地方	413294	291773	2316834	10273	-1537	285851
其他	346383	374132	843594	18155	13575	60243
三、按行业小类分						
房屋和土木工程建筑业	728567	776646	3827332	3095	-1892	491216
房屋工程建筑	537683	534219	2504707	1223	-1892	364338
土木工程建筑	190884	242427	1322625	1872		126878
铁路、道路、隧道和桥梁工程建筑	104450	146368	882490			100025
水利和港口工程建筑	17077	19848	15332			12713
工矿工程建筑	2243	1118	147738			2440
架线和管道工程建筑	56411	46713	224045	1872		5518
其他土木工程建筑	10703	28380	53020			6182
建筑安装业	205717	165566	248017	16571	13806	95999
建筑装饰业	87224	69965	182896	10518	124	6738
其他建筑业	29177	57526	135829	-2109		9335
工程准备	6198	18281	45386	-2165		855
提供施工设备服务	7051	16769	18570	56		484
其他未列明的建筑业活动	15928	22476	71873			7996

计量单位：千元

养老保险和医疗保险	住房公积金和住房补贴	本年应付工资总额(贷方累计发生额)		本年应付福利费总额(贷方累计发生额)		本年应交增值税(不含期初未抵扣税)	本年实缴关税	应收工程款	
			主营业务应付工资总额		主营业务应付福利费总额				竣工工程
1443422	**494482**	**10919957**	**10269190**	**1465944**	**1131899**	**177820**	**13093**	**50166871**	**21799993**
1415025	484876	10604014	9966066	1450693	1117180	173599	13056	49172720	21140131
514304	233593	2975700	2696036	627592	355226	27898	1023	15462650	5608533
38185	8666	735297	700978	59783	54229	5634	8799	1248629	731672
12709	3471	268716	268099	22887	20472	861		461917	216621
1082	417	3156	3156	441	441			216612	113727
1113	370	7090	6478	1736	1736	27		41096	41056
232	87	691	691	103	103			571	571
45		2438	2438	291	291				
102555	38247	515533	479669	66936	60512	56371		3949832	1266765
672343	183344	4706981	4451579	517676	479000	71633	3028	23526695	11139371
33758	12680	340451	334691	48134	47244	2440		2247859	1026560
465		954	954	218	84			164	80
112		3101	3101	109	109	17		1443	1443
37424	3861	983552	959137	100065	93307	8636	206	1933907	979116
698	140	60354	59059	4722	4426	82		81345	14616
11880	5531	108431	102137	4555	4103	160	37	465370	308049
10218	4886	98196	94147	4361	3909	160	37	447299	308043
1662	645	10235	7990	194	194			18071	6
16517	4075	207512	200987	10696	10616	4061		528781	351813
15470	3950	197223	190698	10464	10384	3910		506115	336796
398	20	6794	6794	13	13	151		5751	2829
649	105	3495	3495	219	219			16915	12188
550894	180209	3593438	3278063	650548	379228	86838	6	18341920	5532368
671339	255485	4293463	4067162	504281	468846	71200	7236	21862889	9971797
221189	58788	3033056	2923965	311115	283825	19782	5851	9962062	6295828
1120051	403010	8075701	7562666	1149860	842448	113201	6259	42104369	17899757
798654	239692	5998096	5626843	882727	590678	91817	6259	34416782	15100286
321397	163318	2077605	1935823	267133	251770	21384		7687587	2799471
250571	132100	1352216	1270158	178323	166442	2328		5268464	1965062
30067	18228	177782	154791	23497	22227	11218		847437	181040
3736	1434	65284	63141	8037	7823	6985		507645	3600
30144	9349	392962	363134	46664	45251	170		818918	493790
6879	2207	89361	84599	10612	10027	683		245123	155979
254949	73360	1716344	1627404	215060	197947	43635	6817	6032265	2696744
47364	10460	853193	827188	74342	69469	11284	12	1437540	977338
21058	7652	274719	251932	26682	22035	9700	5	592697	226154
5206	1572	73854	69493	9060	8036	105		199975	143458
2644	604	65810	65771	2218	2218	621		34672	
13208	5476	135055	116668	15404	11781	8974	5	358050	82696

2-6 续表 9

	应交所得税	应付利润	可供分配利润	#外方应分利润	#外方汇出利润	劳动、失业保险费
四、按控股情况分						
国有绝对控股	345070	485979	1988956	-476	-1936	481125
国有相对控股	67498	51315	368828	5817	3301	33315
其他	638117	532409	2036290	22734	10673	88848
五、按企业资质等级分						
施工总承包	793455	829163	3638258	14403	10039	554567
特　级	100624	284032	2373880			151897
一　级	481087	275867	812723	16600	15300	363542
二　级	120252	138419	291386	-1841	-3321	27040
三　级	91492	130845	160269	-356	-1940	12088
专业承包	257230	240540	755816	13672	1999	48721
一　级	84471	92892	298694	9940	1934	29041
二　级	64564	46272	124781	836	65	10274
三　级	97408	83526	307243	2896		9247
特种专业或不分等级	10787	17850	25098			159
六、按企业集团分						
集团母公司	311435	299414	2174471			127906
成员企业	169142	191837	533687	6552		236652
七、按地区分						
东城区	93473	5080	39203			24562
西城区	43232	41900	152444	1798	-399	103244
崇文区	10907	9934	-34954	1563	12	13898
宣武区	27849	22890	151491	3105		43861
朝阳区	167678	154048	332632	15870	13797	161331
丰台区	79927	142557	1034155	-45	3369	62352
石景山区	7810	-14244	7880			37169
海淀区	145881	308310	1641871	3416	-3321	84782
门头沟区	5135	2402	-777			10459
房山区	105160	7134	-9413	17		29226
通州区	88265	98798	143610	1145		1251
顺义区	92164	132209	274454			4488
昌平区	71258	84897	371646	-1708	-1940	2569
大兴区	48473	78100	80167		9	11896
怀柔区	7165	-26802	13567			4260
平谷区	23531	5896	95597	1533	511	334
密云县	12686	7463	59500	1381		5448
延庆县	16956	5668	34099			344
北京经济技术开发区	2731	3730	4540			258
外埠	404	-267	2362			1556

计量单位：千元

养老保险和医疗保险	住房公积金和住房补贴	本年应付工资总额(贷方累计发生额)	主营业务应付工资总额	本年应付福利费总额(贷方累计发生额)	主营业务应付福利费总额	本年应交增值税(不含期初未抵扣税)	本年实缴关税	应收工程款	竣工工程
977204	370360	5112483	4701030	912670	619479	127650	1023	29320703	11494119
141962	41453	983556	929528	80049	72354	3307		5049989	2098967
324256	82669	4823918	4638632	473225	440066	46863	12070	15796179	8206907
1234687	432147	8544150	8058240	1204646	897800	114422	7282	45469591	19182816
259257	107756	2039208	1854099	455702	211535	64663		11777882	3584908
823776	279589	4581737	4340451	591745	552797	42177	1023	29279378	13110809
111201	34252	1213457	1168786	106220	88235	4435	3883	3331257	1822686
40453	10550	709748	694904	50979	45233	3147	2376	1081074	664413
208735	62335	2375807	2210950	261298	234099	63398	5811	4697280	2617177
101588	34402	866504	794207	91565	79375	17142		2190952	1170028
41477	12428	620054	588610	67581	60988	12613	4	1215176	645231
64491	15261	863387	804078	100079	91862	33180	5769	1216812	765881
1179	244	25862	24055	2073	1874	463	38	74340	36037
215334	90686	2495412	2407302	248757	241169	81610		15316250	4312646
533978	159864	2402996	2187929	550179	286955	22510	1884	14513231	6437771
56759	14388	452571	420794	50214	47645	910		2859739	802567
137429	49870	690331	630349	88490	79997	3902	1168	3434317	1448351
27778	8931	156661	149679	17056	16015	781		1210193	418440
78294	23063	691838	683317	70953	70225	39371		4058728	1286649
391855	176296	2165087	2076964	271172	251872	5652	5	10901178	4987571
162227	41429	1318230	1176233	141976	121151	12257	836	5953150	2490644
57193	10388	278695	247836	28695	24030	17214		757454	209832
279906	100818	2102569	1940329	485700	236276	39860	5614	9962857	4225092
14994	3210	80285	70404	9847	8251	601	1488	409608	198513
86025	24190	860694	841731	101483	97387	16531	3074	3408543	947619
26196	6432	466040	452310	27851	24511	3344		897570	476679
25140	2782	386032	379829	37723	32676	7547	867	976151	580344
29513	9825	262622	245651	24372	20510	80	37	2169805	1902925
23645	8923	365036	330707	41521	36423	1383	4	868669	553174
12575	4347	151134	149270	15583	15061	391		419591	336258
3279	2629	100180	96497	11346	10437	75		533618	244287
8912	1149	161581	161348	13712	13712	96		298432	244604
3324	219	133338	131928	15933	15027	46		853237	377457
1959	642	18893	15474	1377	669	-2249		151246	26202
16419	4951	78140	68540	10940	10024	30028		42785	42785

2-7 劳务分包建筑业

	单位数（个）	有工作量的企业	建筑业总产值（千元）	计算劳动生产率的平均人数（人）
总 计	**84**	**81**	**1381910**	**14673**
一、按登记注册类型分				
内资	84	81	1381910	14673
国有	2	2	8884	132
集体	7	7	7864	276
股份合作	4	4	31283	1072
国有独资公司	2	2	4780	100
其他有限责任公司	39	36	1162467	9239
股份有限公司	1	1	236	60
私营有限责任公司	29	29	166396	3794
二、按隶属关系分				
中央	1	1	2092	10
地方	18	17	263799	3443
其他	65	63	1116019	11220
三、按行业小类分				
房屋和土木工程建筑业	37	34	1181272	9435
房屋工程建筑	32	29	1175939	9263
土木工程建筑	5	5	5333	172
铁路、道路、隧道和桥梁工程建筑	1	1	1757	65
架线和管道工程建筑	2	2	1254	94
其他土木工程建筑	2	2	2322	13
建筑安装业	29	29	121630	1909
建筑装饰业	2	2	4945	84
其他建筑业	16	16	74063	3245
工程准备	2	2	22436	692
其他未列明的建筑业活动	14	14	51627	2553
四、按控股情况分				
国有绝对控股	5	5	15756	242
其他	79	76	1366154	14431
五、按企业资质等级分				
一 级	9	9	47200	1807
二 级	54	51	1241726	11740
不分等级	21	21	92984	1126
六、按地区分				
西城区	1	1	649	12
崇文区	3	3	4765	92
宣武区	2	2	403	15
朝阳区	11	11	30756	450
丰台区	12	12	859799	4621
石景山区	6	6	15020	296
海淀区	6	6	6471	154
门头沟区	1	1	236	60
房山区	20	17	330739	5069
通州区	7	7	11633	435
顺义区	2	2	6385	69
昌平区	1	1	2378	40
大兴区	3	3	6692	185
怀柔区	5	5	57721	2819
密云县	1	1	15540	85
延庆县	3	3	32723	271

企业生产经营情况

管理人员（人）	工程技术人员（人）	现场施工工人（人）	持证上岗人员	自有施工机械设备净值（千元）	自有施工机械设备总台数（台）	自有施工机械设备总功率（千瓦）	施工机械总功率
1672	**1732**	**9551**	**5299**	**50143**	**2265**	**32212**	**27990**
1672	1732	9551	5299	50143	2265	32212	27990
14	26	52	43	13	8	3000	3000
50	36	158	141	1986	211	12007	10591
20	11	524	54	34	39	56	56
20	45	75	75	309	23	73	68
1248	1198	5928	3034	42068	1647	12603	10453
5	10	45	10				
315	406	2769	1942	5733	337	4473	3822
8	8						
464	316	2489	459	12919	812	11856	11021
1200	1408	7062	4840	37224	1453	20356	16969
1358	1282	5928	3061	45914	1921	24170	21445
1336	1260	5788	2924	45493	1912	15670	12945
22	22	140	137	421	9	8500	8500
6	5	51	51	421	9	8500	8500
6	7	89	86				
10	10						
174	265	1312	913	3337	223	7097	5600
13	11	57	57	232	58	153	153
127	174	2254	1268	660	63	792	792
21	90	172	172				
106	84	2082	1096	660	63	792	792
42	79	127	118	322	31	3073	3068
1630	1653	9424	5181	49821	2234	29139	24922
84	122	892	892	421	69	655	655
1489	1453	7829	3818	48123	2020	25567	22837
99	157	830	589	1599	176	5990	4498
4	4	36	36	20	15	40	40
16	10	58	58	342	56	649	649
6	3	15	15				
49	77	505	327	750	117	886	886
691	830	2304	1600	25059	815	2398	1641
53	30	199	173	1193	218	10427	10427
22	30	114	97	588	38	509	509
5	10	45	10				
637	430	3366	666	17992	890	11655	9746
36	26	156	91	3573	48	2260	785
11	43	47	47	245	38	48	43
8	6	32	23				
26	11	153	130				
89	178	2372	1881	190	5	235	235
2	11	80	80				
17	33	69	65	191	25	3105	3029

附录 主要指标解释

主要指标解释

工业总产值：指工业企业在报告期内生产的以货币形式表现的工业最终产品和提供工业劳务活动的总价值量。工业总产值的内容包括三部分：本期生产成品价值、对外加工费收入、自制半成品在制品期末期初差额价值。工业总产值是按现行价格计算的，采用报告期内不含增值税(销项锐)的产品实际销售价格。报告期的产品销售价格前后有变动，或同一种产品在同一时期有几种销售价格的，分别按不同价格计算总产值。

工业销售产值：是以货币形式表现的，工业企业在报告期内销售的、本企业生产的工业产品或提供工业性劳务价值的总量。其内容包括：(1)销售成品价值：指企业在报告期内实际销售的全部成品、半成品的价值。(2)对外加工费收入：指企业在报告期内完成的对外承接的工业品加工(包括用定货者来料加工的产品)的加工费收入；对外工业品修理作业所收取的加工费收入和对内非工业部门提供的加工修理、设备安装等收入。

工业中间投入：指工业企业在报告期内用于工业生产活动所一次性消耗的外购原材料、燃料、动力及其他实物产品和对外支付的服务费用，是计算工业增加值的基础指标。

计算工业中间投入的三条原则：(1)必须是从企业外部购入的产品和服务的价值，不包括生产过程中回收的废料以及自制品的价值。(2)必须是本期投入生产，并一次性消耗的产品和服务的价值，不包括固定资产等的转移价值。(3)工业中间投入的计算口径必须与工业总产值的计算口径一致，即计入了工业中间投入产品和服务的价值必须是计入了工业总产值的部分。

建筑业总产值：指自行完成的以工程预(概)算为依据，按工程进度计算的建筑安装总价值。包括建筑工程产值、设备安装工程产值和其他产值。(1) 建筑工程产值是指列入建筑工程预算内的各种工程价值。(2) 安装工程产值是指设备安装工程价值，不包括被安装设备本身的价值。(3) 其他产值是指建筑业总产值中除建筑工程、安装工程以外的产值。包括房屋构筑物修理产值、非标准设备制造产值、总包企业向分包企业收取的管理费，以及不能明确划分的施工活动所完成的产值。

北京经济普查年鉴

Beijing Economic Census Yearbook 2004

第三产业卷

北京市第一次全国经济普查领导小组办公室
北　　京　　市　　统　　计　　局　编

中国统计出版社
China Statistics Press

第三产业卷目录

第一篇　交通运输、仓储和邮政业

第二篇　信息传输、计算机服务和软件业

第三篇　批发和零售业

第四篇　住宿和餐饮业

第五篇　金融业

第六篇　房地产业

第七篇　租赁和商务服务业

第八篇　科学研究、技术服务和地质勘查业

第九篇　水利、环境和公共设施管理业

第十篇　居民服务和其他服务业

第十一篇　教育

第十二篇　卫生、社会保障和社会福利业

第十三篇　文化、体育和娱乐业

第十四篇　公共管理与社会组织

交通运输、仓储和邮政业

《北京经济普查年鉴—2004》

第三产业卷

1-1 铁路运输企业经营情况

	计量单位	总计	北京地区
货物发送量	万吨	3940	1959
货物周转量	万吨公里	5447886	2571459
旅客发送量	万人	6392	5437
旅客周转量	万人公里	1440847	738956
换算周转量	万吨公里	6888733	3310415
营业里程	公里	1870	964
复线里程	公里	654	405
电气化线路营业里程	公里	461	293
配属机车台数	台	657	
其中：内燃机车	台	548	
电力机车	台	109	
配属客车数	辆	1489	
内燃机车每万吨公里耗油	千克	27	
电力机车每万吨公里耗电	千瓦小时	104	
货车周转时间	天	1.57	
货车静载重	吨	57	
平均日装车数	辆	1887	
平均日卸车数	辆	3657	

1-2 道路运输企业经营情况

	计量单位	总计
营运汽车	辆	11944
载客汽车	辆	1196
	客位	42695
载货汽车	辆	10665
	吨位	71758
载货汽车按燃油分：汽油车	辆	3965
柴油车	辆	6700
载货汽车按用途分：普通载货汽车	辆	8553
专用载货汽车	辆	2112
客运量	人	9422529
旅客周转量	人公里	3456939905
货运量	吨	33516330
货物周转量	吨公里	2256679166

1-3 航空运输企业经营情况

	计量单位	总计		计量单位	总计
旅客运输量	人	28499934	飞行班次	班次	224231
国际航线	人	4239267	国际航线	班次	24291
国内航线	人	24260667	国内航线	班次	199940
其中：港澳航线	人	759208	其中：港澳航线	班次	6575
旅客周转量	人公里	52716603300	航线条数	条	575
国际航线	人公里	19682280626	国际航线	条	94
国内航线	人公里	33034322674	国内航线	条	481
其中：港澳航线	人公里	1529528900	其中：港澳航线	条	6
货邮运输量	吨	768717	通航国家	个	29
国际航线	吨	262055	通航城市	个	223
国内航线	吨	506662	国际航线	个	42
其中：港澳航线	吨	28974	国内航线	个	181
货邮周转量	吨公里	2752190500	其中：港澳航线	个	1
国际航线	吨公里	1976578656	飞机架数	架	187
国内航线	吨公里	775611844	其中：客机	架	167
其中：港澳航线	吨公里	61216000	货机	架	12
运输总周转量	吨公里	7452038800	通用航空飞机	架	8
吨公里耗航油	千克	0.32	客机座位数	个	29789
			货机可供业载	吨	711

1-4 机场经营情况

	计量单位	总　计		计量单位	总　计
旅客吞吐量	人	34883190	货邮吞吐量	吨	668690
进港	人	16503994	进港	吨	379451
国际航线	人	12487142	国际航线	吨	282998
国内航线	人	4016852	国内航线	吨	96453
出港	人	18379196	出港	吨	289240
国际航线	人	14073423	国际航线	吨	165075
国内航线	人	4305773	国内航线	吨	124165
飞机起降架次	次	304882			
进港	次	152441			
出港	次	152441			
飞机起降架次中：外航	次	35062			

1-5 邮政企业经营情况

	计量单位	总　计		计量单位	总　计
邮政业务总量	千元	3136241	特快专递	万件	4485
函件总数	万件	88468	汇票	万张	951
国内函件总数	万件	87430	订销报纸累计份数	万件	100544
其中：国内函件	万件	59847	订销杂志累计份数	万件	3881
邮送广告	万件	17367	订销报纸期发数	万件	585
国际及港澳台函件	万件	1038	订销杂志期发数	万件	213
商函制作	万件	20628	邮政储蓄期末余额	千元	31856370
商业信函	万件	19456	集邮邮票	万枚	11610
邮资广告封片	万件	1165	集邮品册	万册	261
包件	万件	2785	邮路总长度	公里	404617

1-6 交通运输、仓储和邮政业

	单位数（个）	年初存货	流动资产			
			合计	#现金	短期投资	应收帐款（净额）
总计	**3882**	**3242414**	**61091213**	**6953427**	**323452**	**10999190**
一、按登记注册类型分						
内资	3777	3137337	49946837	4835932	315032	7093837
国有	397	2572634	12185780	2016788	209033	2898503
集体	443	16257	1331743	54617	29867	174235
股份合作	249	2926	589656	88763	10066	193919
国有联营	4	9260	226163	67		55471
集体联营	1		1521	5		
国有与集体联营	2		4797	1		154
其他联营	2	90	18788	120		4984
国有独资公司	19	179402	2672012	499103		146972
其他有限责任公司	619	273233	10186654	707133	32129	1600541
股份有限公司	82	37571	20523847	1306577	446	1592575
私营独资	80	515	10881	2604	38	2668
私营合伙	33	565	66912	984	9607	15588
私营有限责任公司	1697	41975	1974646	140858	22991	371408
私营股份有限公司	146	2909	150591	18253	855	36399
其他	3		2846	59		420
港澳台商投资	45	87417	5879044	1835644	8420	1816658
与港澳台商合资经营	34	14836	3706053	655466	8420	1127029
与港澳台商合作经营	3	102	11288	34		3342
港澳台商独资	6		11467	226		2835
港澳台商投资股份有限公司	2	72479	2150236	1179918		683452
外商投资	60	17660	5265332	281851		2088695
中外合资经营	51	17647	3587916	37226		1575946
中外合作经营	3	13	506631	243911		237620
外资企业	5		1168705	697		275129
外商投资股份有限公司	1		2080	17		
二、按隶属关系分						
中央	271	1288046	36507583	4520647	223645	6161276
地方	745	1499263	10838768	1776481	49098	1572040
其他	2866	455105	13744862	656299	50709	3265874
三、按行业小类分						
铁路运输业	34	264666	5385547	1278632	193725	1456235
铁路旅客运输	2	241235	2042720	882030	193106	419158
铁路货物运输	16	23287	1918930	393631		211768
铁路运输辅助活动	16	144	1423897	2971	619	825309
客运火车站	2		169	12		116
货运火车站	6	144	6667	224	119	1428
其他铁路运输辅助活动	8		1417061	2735	500	823765
道路运输业	1575	111920	7071467	265914	37718	1424867
公路旅客运输	13	4617	203617	3789	650	20225
道路货物运输	1392	65683	3782038	245550	27504	1296898
道路运输辅助活动	170	41620	3085812	16575	9564	107744
客运汽车站	8	1353	119529	625	9503	61139
公路管理与养护	18	29063	2734993	5642		22687
其他道路运输辅助活动	144	11204	231290	10308	61	23918

法人单位主要财务状况(企业会计制度)

计量单位：千元

存货	一年内到期的长期债权投资	长期投资合计	#长期股权投资	长期债权投资	固定资产合计	#固定资产原价	累计折旧	本年折旧
4306959	**71113**	**30777232**	**26506519**	**272645**	**152113045**	**172982877**	**34140397**	**6558070**
4189208	71113	29919290	25957599	244878	139696299	155443303	28807529	5663379
2948978	46836	11753105	8113043	74955	32219148	42575317	12552801	1081313
21324	2853	352189	204274	88730	1044219	1555694	692178	115136
4357		41042	33044	1252	341565	624746	299980	57957
1450		114471	114471		144095	204717	60874	8615
		450	450		9419	13571	4152	
					987	4559	3572	373
90					8846	15586	6834	857
215754		3312965	3312870	45	33399540	33572552	2180395	1004104
390193	10906	2588475	2477302	61357	22853322	23846971	8043154	1580932
541827		11315359	11303537		48169696	50772227	4041910	1585832
947	100	102		102	15055	18980	5767	1191
791		5358	5358		15508	37347	21849	2993
54735	10410	424135	385680	18387	1376159	2079026	857776	211332
8762	8	11639	7570	50	98510	121484	35991	12685
					230	526	296	59
105066		819691	520538	18295	9765270	13120234	3537017	588204
19082		516027	216874	18295	2111772	2464604	450523	33834
196					68926	114069	45143	7431
27					1931	2405	474	221
85761		303664	303664		7582641	10539156	3040877	546718
12685		38251	28382	9472	2651476	4419340	1795851	306487
12668		30279	28382	1500	2486113	4072686	1614560	263549
17					128981	251211	122230	28310
		7972		7972	35971	94984	59013	14580
					411	459	48	48
2004259	8538	22435279	20990825	43310	85971589	100031699	16766908	2911248
1733817	47366	6428107	3724749	169223	44220284	48700988	8226010	1818650
568883	15209	1913846	1790945	60112	21921172	24250190	9147479	1828172
299154		7702238	6642695	3105	28980556	37632638	9586852	1068433
253665		1056538		100	22541655	29478392	7796511	455289
28827		1070447	1069222	1225	6147374	7834225	1761289	601174
16662		5575253	5573473	1780	291527	320021	29052	11970
					168	185	17	1
66		1780		1780	35138	44242	9172	1521
16596		5573473	5573473		256221	275594	19863	10448
148714	12781	4135601	3767571	28613	36794930	39199632	4718598	1152180
3848		210680	209632	349	500864	763436	279921	44260
93586	12781	976424	621104	22143	2431612	3153065	1031047	229084
51280		2948497	2936835	6121	33862454	35283131	3407630	878836
1217		3463	2833	630	268836	99049	37771	5848
44285		2914285	2914285		33385502	34962282	3313430	857400
5778		30749	19717	5491	208116	221800	56429	15588

1-6 续表 1

	单位数（个）	年初存货	流动资产合计	#现金	短期投资	应收帐款（净额）
城市公共交通业	296	172326	6188140	1755207	12184	1024119
公共电汽车客运	37	30474	2274786	1062776		707883
轨道交通	4	119993	796149	372110		49747
出租车客运	254	21141	3112684	320320	12184	266364
其他城市公共交通	1	718	4521	1		125
水上运输业	2	2927	29737	31		476
水上运输辅助活动	2	2927	29737	31		476
其他水上运输辅助活动	2	2927	29737	31		476
航空运输业	21	154619	21246627	1842233	3416	3324138
航空客货运输	5	55368	18499366	661634		2425976
航空旅客运输	3	33920	16273826	7702		1790514
航空货物运输	2	21448	2225540	653932		635462
通用航空服务	1		16987	48		100
航空运输辅助活动	15	99251	2730274	1180551	3416	898062
机场	1	72368	2072950	1179784		681147
其他航空运输辅助活动	14	26883	657324	767	3416	216915
管道运输业	1	126710	682980	39		48100
管道运输业	1	126710	682980	39		48100
装卸搬运和其他运输服务业	1255	49572	12167850	1163979	43849	2544671
装卸搬运	122	5048	226120	12068	742	32897
运输代理服务	1133	44524	11941730	1151911	43107	2511774
仓储业	498	2178390	5593126	44256	32011	341927
谷物、棉花等农产品仓储	60	2096793	3085622	8104	520	77709
其他仓储	438	81597	2507504	36152	31491	264218
邮政业	200	181284	2725739	603136	549	834657
国家邮政	2	175740	1023050	354958		242420
其他寄递服务	198	5544	1702689	248178	549	592237
四、按地区分						
东城区	193	418466	4089525	1243599	197649	985826
西城区	215	150523	2360842	375833	9769	555265
崇文区	61	414	92904	2197	29	10173
宣武区	90	259490	2705322	5660		880040
朝阳区	1197	498897	12210599	1255249	32675	3164449
丰台区	619	135052	5294329	873077	47826	940041
石景山区	75	2663	173073	4644	10340	38574
海淀区	427	64994	8375402	1941964	8619	640913
门头沟区	36	55761	105418	1202	520	9439
房山区	135	94946	353193	14891	607	87165
通州区	106	1713	243408	48773	1120	51782
顺义区	214	592395	21443753	991917	3206	3383620
昌平区	124	339405	812277	17618	690	73959
大兴区	229	202571	1091789	141099	10138	109637
怀柔区	59	4797	46417	7681	216	11559
平谷区	25	63475	180830	21982		27492
密云县	31	177659	226892	3702	5	6471
延庆县	30	179190	273913	2143		7632
北京经济技术开发区	16	3	1011327	196	43	15153

计量单位：千元

存货	一年内到期的长期债权投资	长期投资合计	#长期股权投资	长期债权投资	固定资产合计	#固定资产原价	累计折旧	本年折旧
268869	1671	3791770	1285477	24533	12240592	19626784	8536250	1812613
91921		2809287	373053	983	7027056	9421149	3138825	616623
150906		38250	38250		370815	261308	134079	10641
25306	1671	943851	874174	23550	4824938	9894515	5231317	1178685
736		382			17783	49812	32029	6664
2496					317442	426081	108639	30844
2496					317442	426081	108639	30844
2496					317442	426081	108639	30844
643871		5869156	5869156		56238659	59754975	5829885	1624993
535551		5512566	5512566		48797393	49409556	2816698	1123957
514321		5512566	5512566		47017814	47315859	2492930	1115562
21230					1779579	2093697	323768	8395
65					17639	11715	1578	533
108255		356590	356590		7423627	10333704	3011609	500503
85665		303664	303664		7239299	9930523	2778570	466429
22590		52926	52926		184328	403181	233039	34074
215730					10050000	6283240	1760750	342760
215730					10050000	6283240	1760750	342760
39172	21063	6333911	6207286	73977	1044583	1472493	563810	107839
9464	3198	39598	34392	1002	109763	195448	93618	8936
29708	17865	6294313	6172894	72975	934820	1277045	470192	98903
2500724	35568	2709859	2499979	142075	3258545	3719474	1128938	153556
2361913		79861	6530	61500	946197	1163412	314107	30816
138811	35568	2629998	2493449	80575	2312348	2556062	814831	122740
188229	30	234697	234355	342	3187738	4867560	1906675	264852
185350		169720	169720		2785240	4117460	1552440	188290
2879	30	64977	64635	342	402498	750100	354235	76562
439950		1595822	522563	16821	24722661	33024539	9331583	630408
169447		376112	336720	33037	2114296	2607706	804554	136757
2320		6259	4257	2	38372	117529	80343	14896
328421		6149837	6134791	11494	3351932	4981871	1696383	253899
591523	20552	2200948	1763536	53600	23490259	26032339	8546071	1594725
137783	28524	5730258	3121973	138260	39649645	42332550	5556558	1595533
3149	15039	63176	51235	600	870450	1360220	490409	129132
171838	-128	8228699	8208261	4987	4221310	6087378	2073775	657271
57189					73915	106846	48431	3351
77779		17515	5831	1292	271588	342687	129503	20151
6990		1379	680		275721	397324	142324	36221
1214611		5568067	5553996	1460	49799394	50445077	3155057	1203209
469490		29056	27649	130	326656	455997	139412	33564
229960	7096	53187	34206	5930	586867	1092095	575131	84650
3301		2841			74118	124036	54062	9232
60268		291488	291488		236048	350876	181926	41139
164593	30	1290	523	32	101633	132591	35478	7231
178344		12488		5000	74601	98135	33706	8784
3		448810	448810		1833579	2893081	1065691	97917

1-6 续表 2

	在建工程	无形资产	资产总计	流动负债 合计	#短期借款	应付账款	长期负债 合计
总计	**13112282**	**3056486**	**249335375**	**67640287**	**21520431**	**14606665**	**52388132**
一、按登记注册类型分							
内资	12909094	2637366	224382605	60267712	19855013	12776563	51889359
国有	2144840	107399	56486268	12067745	3995497	1949655	1749273
集体	161918	32235	2803973	1478883	451571	153667	82699
股份合作	13200	53541	1034069	336019	53353	106668	136201
国有联营	252	1300	486747	159239	15000	80067	6333
集体联营			11390	2132			
国有与集体联营			5784	2088		88	
其他联营		541	28175	16465			
国有独资公司	2004454	388989	39802597	6153430	3305360	869766	14711066
其他有限责任公司	7002875	746575	38118834	13024384	3917634	3328040	9954518
股份有限公司	1429618	939413	81014064	24846040	7655111	5840211	24977658
私营独资	1637	6	26279	7660	1209	3169	100
私营合伙	10		93608	23123	1223	4138	
私营有限责任公司	138470	364430	4202725	2034049	446388	387892	255932
私营股份有限公司	11820	2937	265015	114151	12667	51202	15579
其他			3077	2304		2000	
港澳台商投资	184693	356794	16876802	4760741	1482892	906014	194560
与港澳台商合资经营	97352	118123	6465691	2820536	712745	648821	190352
与港澳台商合作经营		936	81462	21507		195	4208
港澳台商独资		210	13629	7241	147	1702	
港澳台商投资股份有限公司	87341	237525	10316020	1911457	770000	255296	
外商投资	18495	62326	8075968	2611834	182526	924088	304213
中外合资经营	18495	54998	6217384	2205612	156126	829406	304069
中外合作经营		7328	642940	117684	26400	19942	
外资企业			1213153	286161		72427	
外商投资股份有限公司			2491	2377		2313	144
二、按隶属关系分							
中央	2699161	1340387	146776536	37361234	9031289	9418793	28751787
地方	3661114	863224	62508858	15633390	7957630	1609652	15703028
其他	6752007	852875	40049981	14645663	4531512	3578220	7933317
三、按行业小类分							
铁路运输业	934661	40673	42318175	4526725	153049	2057006	3649381
铁路旅客运输	859773		25839355	2829877		1249975	14376
铁路货物运输	74428	31447	9178605	1345683	113447	700247	3558647
铁路运输辅助活动	460	9226	7300215	351165	39602	106784	76358
客运火车站			337				
货运火车站	68	200	44058	13116	9602	305	
其他铁路运输辅助活动	392	9026	7255820	338049	30000	106479	76358
道路运输业	2280405	765492	48874040	8890005	3911718	1663548	14154925
公路旅客运输	14599	197843	1117854	452342	23203	40899	102211
道路货物运输	283688	180456	7464983	2926894	578566	863519	399144
道路运输辅助活动	1982118	387193	40291203	5510769	3309949	759130	13653570
客运汽车站	205316	4487	396674	79542	13250	31507	159951
公路管理与养护	1736650	381595	39416505	5235034	3227822	688685	13485719
其他道路运输辅助活动	40152	1111	478024	196193	68877	38938	7900

计量单位：千元

#长期借款	应付债券	负债合计	所有者权益合计	#实收资本	国家资本	集体资本	法人资本	#国家法人	集体法人
36686514	**1543083**	**120601306**	**128734069**	**91201154**	**46985585**	**1092046**	**31235956**	**25136811**	**2970832**
36314651	1543083	112729925	111652680	81743612	44403897	1036510	28484068	22891959	2632970
1533748	1603	13818337	42667931	35476068	33883097	3692	1577129	1551383	1883
65188		1567977	1235996	772707	9985	608436	140207	8500	117645
75118		472330	561739	329461	500	100863	34692	10	10845
		165572	321175	171520	57100		114420	114420	
		2132	9258	6925		6925			
		2088	3696	3500	500		3000		3000
		16465	11710	13000		5000	5000		5000
12229208	1537800	20864585	18938012	13997416	9148368		4847548	4846248	1300
9178554	173	23533706	14585128	12747050	480344	189208	11375509	6620798	2187114
13010043		49823978	31190086	16197893	817286	5386	9977500	9749850	138887
100		7797	18482	11840		126	1335		350
		23156	70452	41954		6880	495		330
212083	2480	2299626	1903099	1822322	6417	108994	388069	750	160266
10609	1027	129789	135226	148006	300	100	16164		3350
		2387	690	3950		900	3000		3000
190251		4955333	11921469	7160298	2554944	17522	2029243	1980064	5823
190251		3010889	3454802	3004984	54405	17522	1907837	1858658	5823
		25715	55747	130364	539		7489	7489	
		7241	6388	12800					
		1911488	8404532	4012150	2500000		113917	113917	
181612		2916048	5159920	2297244	26744	38014	722645	264788	332039
181468		2509682	3707702	2163328	26744	16489	720242	264788	331289
		117684	525256	71750		21525			
		286161	926992	62166			2403		750
144		2521	-30						
17062663		66113060	80663476	58048326	35128332	23825	15836383	15654797	52105
12801794	1539403	31344258	31164600	21047930	10856362	714212	8392479	7706765	386727
6822057	3680	23143988	16905993	12104898	1000891	354009	7007094	1775249	2532000
3629895		8176451	34141724	32820940	30628005	7800	2093034	2086469	4060
794		2844253	22995102	23338239	23338239				
3552743		4904675	4273930	3761539	1781359	800	1888489	1885989	100
76358		427523	6872692	5721162	5508407	7000	204545	200480	3960
			337	205			105		
		13116	30942	13710	6000	7000	700	170	530
76358		414407	6841413	5707247	5502407		203740	200310	3430
11591950	1539973	23065353	25808687	17359970	8064268	337050	6603622	5955369	286087
47845		554553	563301	593488	35263	1008	488582	388865	4686
300642	2173	3346379	4118604	3093631	92312	302516	1422935	944678	275146
11243463	1537800	19164421	21126782	13672851	7936693	33526	4692105	4621826	6255
120536		239493	157181	136878		5386	118038	115280	520
11117316	1537800	18720753	20695752	13316649	7920385	415	4434528	4425528	
5611		204175	273849	219324	16308	27725	139539	81018	5735

1-6 续表 3

	在建工程	无形资产	资产总计	流动负债			长期负债
				合　计	#短期借款	应付账款	合　计
城市公共交通业	1104264	499810	23730608	8728537	4085306	623709	2755618
公共电汽车客运	734042	30568	12159018	3484874	2185450	237868	1253787
轨道交通	243586	117	1206604	794324	1000	71382	137894
出租车客运	126636	469113	10342288	4446637	1898856	314459	1363937
其他城市公共交通		12	22698	2702			
水上运输业			347238	71442		13581	175000
水上运输辅助活动			347238	71442		13581	175000
其他水上运输辅助活动			347238	71442		13581	175000
航空运输业	2313256	718818	84869368	28792044	8795779	6596082	25434067
航空客货运输	2204227	462819	73830195	26653016	7986429	6252951	25432873
航空旅客运输	2194577	448054	69792416	25157950	7736429	5956897	25432873
航空货物运输	9650	14765	4037779	1495066	250000	296054	
通用航空服务	7502	1134	37140	18121			
航空运输辅助活动	101527	254865	11002033	2120907	809350	343131	1194
机场	87341	237525	9895392	1767924	750000	255296	
其他航空运输辅助活动	14186	17340	1106641	352983	59350	87835	1194
管道运输业	5527510		10733270	2627320	400000	1200750	5362310
管道运输业	5527510		10733270	2627320	400000	1200750	5362310
装卸搬运和其他运输服务业	113073	582644	20207423	5968643	637004	1802428	254044
装卸搬运	3	9931	385799	129721	5026	18453	3659
运输代理服务	113070	572713	19821624	5838922	631978	1783975	250385
仓储业	612146	431025	12044605	5863285	3383104	363110	518613
谷物、棉花等农产品仓储	81067	14633	4127600	2907087	2365217	46100	176204
其他仓储	531079	416392	7917005	2956198	1017887	317010	342409
邮政业	226967	18024	6210648	2172286	154471	286451	84174
国家邮政	220490	16930	3994940	1649390	151500	199020	83760
其他寄递服务	6477	1094	2215708	522896	2971	87431	414
四、按地区分							
东城区	1029566	19689	30652428	5330878	276586	1822464	106243
西城区	310878	193450	5071183	2358810	358659	371984	312361
崇文区	450	589	142709	74800	481	27600	1374
宣武区	61387	49148	13094348	2433771	1357422	515761	754619
朝阳区	5963183	766452	39061043	11237171	2570126	2808622	6343981
丰台区	2837206	488657	51239767	9343180	5055546	1076907	16366729
石景山区	617	14075	1131553	333265	71599	45657	110311
海淀区	173524	515643	21402020	3947183	1302154	530232	2373618
门头沟区	12158	3424	182804	105555	65501	3738	31058
房山区	50498	8266	652589	347882	103223	65801	7099
通州区	11781	20287	547564	258767	26107	133343	8231
顺义区	2499266	598359	77980159	28834761	8839777	6935595	25676226
昌平区	6783	14013	1203366	896439	489334	69442	8923
大兴区	67184	162142	1953330	895766	399842	93364	228527
怀柔区	3958	1151	124595	82176	9861	36024	11502
平谷区	67098	131500	839867	560380	196824	29618	12837
密云县	1384	5736	336003	240661	185735	5585	34493
延庆县	10026	27831	390257	238827	182254	26676	
北京经济技术开发区	5335	36074	3329790	120015	29400	8252	

计量单位：千元

#长期借款	应付债券	负债合计	所有者权益合计	#实收资本	国家资本	集体资本	法人资本	#国家法人	集体法人
1713405		11484818	12245790	7387394	3219698	264949	2842524	1955343	643555
1238650		4738868	7420150	3663904	2905809	11689	595732	580514	5430
28960		932218	274386	318000	200000	7500	100000	100000	
445795		5811030	4531258	3385490	100555	245760	2140126	1274829	631459
		2702	19996	20000	13334		6666		6666
175000		246442	100796	27460	500		26960	26960	
175000		246442	100796	27460	500		26960	26960	
175000		246442	100796	27460	500		26960	26960	
13757883		54777046	30092322	18114668	2955050	650	10405523	8943517	1426880
13757883		52636793	21193402	13775518	394900		10024938	8626938	1398000
13757883		51141727	18650689	11180618			8374938	6976938	1398000
		1495066	2542713	2594900	394900		1650000	1650000	
		18121	19019	28880			28880		28880
		2122132	8879901	4310270	2560150	650	351705	316579	
		1767955	8127437	3846150	2500000				
		354177	752464	464120	60150	650	351705	316579	
5362310		7989630	2743640	1988830			1988830		
5362310		7989630	2743640	1988830			1988830		
20519	2800	6222687	13984736	8336257	326018	134181	4936371	4416903	317299
3559		133380	252419	130056	4537	17220	75221	47820	26303
16960	2800	6089307	13732317	8206201	321481	116961	4861150	4369083	290996
351813	300	6381898	5662707	3477800	574983	325761	2003473	1419978	291907
102014		3083291	1044309	668886	394703	1086	272597	251212	21051
249799	300	3298607	4618398	2808914	180280	324675	1730876	1168766	270856
83739	10	2256981	3953667	1687835	1217063	21655	335619	332272	1044
83640		1733150	2261790	1472650	1202650		270000	270000	
99	10	523831	1691877	215185	14413	21655	65619	62272	1044
90157		5437185	25215243	24612554	23775374	7023	690543	657406	21000
201767		2671592	2399591	2591289	1525495	10695	930835	744167	53700
1274		76174	66535	86386	1373	16998	35885	22987	7425
700306	21	3189703	9904645	8074429	5578312	8533	2434569	2292246	136051
5844254	3973	17590952	21470091	12427075	2955635	269079	5859782	2941185	557730
13551725	1537800	25710758	25529009	17731177	11912211	394311	5038894	4679852	237418
7364		443663	687890	603704	27937	19624	238270	16624	215132
2133715	979	6322004	15080016	7297738	76503	71658	4817747	4634595	118612
6422		136613	46191	53379	22994	10282	7703	1003	5600
3323		354982	297607	251479	23252	27628	147042	6152	39149
7829		267040	280524	289166	16017	21648	118067	81939	12875
13949129		55062099	22918060	14609950	101392	49421	10469654	8875630	1477634
3358		905882	297484	234279	63260	45052	79512	50435	12700
155665		1131171	822159	713569	106613	94497	270471	91094	42172
10710	300	93678	30917	74369		9300	21418	6891	4147
7388		573217	266650	178006	25598	30050	2058	2058	
12128	10	275751	60252	52645	6205	1127	36566	32547	577
		238827	151430	119341	17414	5120	30040		28910
		120015	3209775	1200619	750000		6900		

1-6 续表 4

				主营业务	主营业务
	个人资本	港澳台资本	外商资本	收入	成本
总计	**3195206**	**2592475**	**6099886**	**75081703**	**56169975**
一、按登记注册类型分					
内资	3160527	29502	4629108	59233096	47298275
国有	12150			22113126	19350822
集体	14079			928168	481871
股份合作	193406			883875	526706
国有联营				99074	30933
集体联营					
国有与集体联营				2298	1321
其他联营			3000	10745	5682
国有独资公司	1500			4195555	4001966
其他有限责任公司	646367	24600	31022	17179472	13307459
股份有限公司	802635		4595086	10764735	7920419
私营独资	10349	30		28361	14750
私营合伙	34579			28881	12638
私营有限责任公司	1313970	4872		2850310	1570434
私营股份有限公司	131442			144281	72201
其他	50			4215	1073
港澳台商投资	8977	2549612		8792184	6470470
与港澳台商合资经营	8977	1016243		5859102	4866316
与港澳台商合作经营		122336		16071	17139
港澳台商独资		12800		8427	5503
港澳台商投资股份有限公司		1398233		2908584	1581512
外商投资	25702	13361	1470778	7056423	2401230
中外合资经营	19702	12611	1367540	4770725	2263642
中外合作经营	6000		44225	1189823	24184
外资企业		750	59013	1095268	113402
外商投资股份有限公司				607	2
二、按隶属关系分					
中央	275289	2044552	4739945	46566218	37476225
地方	183254	164986	736637	10106357	8432046
其他	2736663	382937	623304	18409128	10261704
三、按行业小类分					
铁路运输业	31210	60891		14470136	12747038
铁路旅客运输				7839553	6375319
铁路货物运输	30000	60891		6027476	5831563
铁路运输辅助活动	1210			603107	540156
客运火车站	100			331	184
货运火车站	10			10435	3136
其他铁路运输辅助活动	1100			592341	536836
道路运输业	1418323	151879	784828	7275600	4414174
公路旅客运输	25277	43358		174757	161824
道路货物运输	998486	105215	172167	4368016	2641476
道路运输辅助活动	394560	3306	612661	2732827	1610874
客运汽车站	13454			65570	29395
公路管理与养护	348660		612661	2327118	1376798
其他道路运输辅助活动	32446	3306		340139	204681

计量单位：千元

营业费用	主营业务税金及附加	其他业务收入	其他业务利润	管理费用				
					#税金	差旅费	工会经费	排污费
3700902	**2066521**	**2024163**	**1179672**	**8077435**	**145164**	**175553**	**115009**	**13031**
2504295	1614176	1190380	645918	6030724	84312	93356	100964	12893
392840	517352	210599	283312	2413019	43118	17658	55499	3775
179485	34386	55325	40036	215486	5455	2294	1274	1028
59032	31640	12846	6139	172963	1387	942	1657	34
28998	4014	3661	1958	28751	570	768	200	8
				189				
100	103			681			3	
2448	527			1722	100	4		
36396	143893	185668	60875	428888	2649	5779	6417	6898
691856	498514	543497	199407	1462652	18302	37198	17006	472
504419	294383	145137	33596	759082	5084	10635	17284	456
6757	914	456	230	3567	137	119		10
2540	1369	14	-2	7286	9	57	1	
566670	81898	32167	19070	500841	7001	16970	1465	204
31480	4951	1000	1287	33937	420	868	119	8
1274	232	10	10	1660	80	64	39	
362013	228103	812464	522810	673746	53908	14178	7627	128
352671	136989	728458	460724	451141	2809	10580	3886	100
7494	546			3985	583	101	1	
1848	166			2338	4	77		
	90402	84006	62086	216282	50512	3420	3740	28
834594	224242	21319	10944	1372965	6944	68019	6418	10
424956	138424	19911	13287	749026	2875	31718	6352	
308584	36562	703	-2938	373631	3876	22712		10
100670	49226	705	595	250092	193	13544	63	
384	30			216		45	3	
1296000	1067456	1329461	655728	3462039	79724	65594	64939	2649
503188	407118	545840	420593	2000021	39376	16169	40780	9795
1901714	591947	148862	103351	2615375	26064	93790	9290	587
11470	456872	195728	67924	1035070	2774	8435	26303	5
	250741		10460	781969	651	2450	21626	
8819	195946	195666	57725	223496	1225	5575	4545	4
2651	10185	62	-261	29605	898	410	132	1
8	6			82	3			
906	380	12	287	6312	22	93	48	1
1737	9799	50	-548	23211	873	317	84	
662575	210307	260945	88942	1058676	15256	27634	6559	1096
4878	6037	44113	12335	45597	1971	617	532	63
622765	127545	173735	41478	772762	11575	22713	4139	886
34932	76725	43097	35129	240317	1710	4304	1888	147
6420	3055	128	128	22300	337	126	489	125
44	56833	41141	33490	154299	894	2613	1091	16
28468	16837	1828	1511	63718	479	1565	308	6

1-6 续表 5

				主营业务 收　入	主营业务 成　本
	个人资本	港澳台 资　本	外商资本		
城市公共交通业	727655	68814	263754	8632388	7186522
公共电汽车客运	137934	12740		3759568	4023692
轨道交通	6000		4500	1051494	875080
出租车客运	583721	56074	259254	3787378	2262113
其他城市公共交通				33948	25637
水上运输业				187397	150215
水上运输辅助活动				187397	150215
其他水上运输辅助活动				187397	150215
航空运输业	1931	1910058	2841456	19269443	14711409
航空客货运输		550000	2805680	15704125	12795932
航空旅客运输			2805680	10645457	8320474
航空货物运输		550000		5058668	4475458
通用航空服务				1450	747
航空运输辅助活动	1931	1360058	35776	3563868	1914730
机场		1346150		2681123	1435409
其他航空运输辅助活动	1931	13908	35776	882745	479321
管道运输业				1543060	589230
管道运输业				1543060	589230
装卸搬运和其他运输服务业	751230	201847	1986610	14315980	10984888
装卸搬运	28748	30	4300	330145	186607
运输代理服务	722482	201817	1982310	13985835	10798281
仓储业	239317	198986	135280	3153562	2431240
谷物、棉花等农产品仓储	500			613832	622128
其他仓储	238817	198986	135280	2539730	1809112
邮政业	25540		87958	6234137	2955259
国家邮政				3032740	2144560
其他寄递服务	25540		87958	3201397	810699
四、按地区分					
东城区	96992	12139	30483	11340570	8770504
西城区	83351	40913		3774431	3265530
崇文区	32130			97106	63351
宣武区	19626	33389		5531088	4790155
朝阳区	734551	1621596	986432	14854686	7629209
丰台区	364932	20829		6182320	5983602
石景山区	61293		256580	492721	347612
海淀区	520293	3038	1808499	11351112	9920535
门头沟区	12400			47513	27577
房山区	53557			287125	190993
通州区	98654		34780	223262	114717
顺义区	256415	786512	2946556	18022523	13323158
昌平区	46455			823080	710702
大兴区	230632		11356	901218	525359
怀柔区	39151		4500	94098	59512
平谷区	120300			190259	83620
密云县	8747			72737	56033
延庆县	66737	30		103987	93446
北京经济技术开发区	348990	74029	20700	691867	214360

计量单位：千元

营业费用	主营业务税金及附加	其他业务收入	其他业务利润	管理费用	#税金	差旅费	工会经费	排污费
234472	434924	321214	272620	1764740	21528	12337	37045	7654
17037	187503	69148	213841	760581	11573	5716	30074	551
464	86886	24272	15801	213648	1213	640	1249	6892
216971	159415	227484	42685	785419	8711	5450	5621	204
	1120	310	293	5092	31	531	101	7
	4163	2700	2521	6113	90	259	59	
	4163	2700	2521	6113	90	259	59	
	4163	2700	2521	6113	90	259	59	
1083034	485456	896747	526968	902596	55231	12932	18096	358
885696	382367	812347	456168	619326	4040	5521	13311	358
605599	266275	105400	7661	415715	3621	4232	9939	311
280097	116092	706947	448507	203611	419	1289	3372	47
	36	137	137	3245	38	69	6	
197338	103053	84263	70663	280025	51153	7342	4779	
	80377	72629	60826	183989	50481	3183	3017	
197338	22676	11634	9837	96036	672	4159	1762	
860	50920	9760	9760	39720	995	2680	1560	9
860	50920	9760	9760	39720	995	2680	1560	9
875405	166749	51720	29236	1302762	7131	54136	4541	41
68559	8318	5150	4635	61326	646	400	965	10
806846	158431	46570	24601	1241436	6485	53736	3576	31
430781	61073	188042	142954	617047	23140	10301	3106	1857
110414	394	31752	30031	185046	6640	1219	1374	365
320367	60679	156290	112923	432001	16500	9082	1732	1492
402305	196057	97307	38747	1350711	19019	46839	17740	2011
	99300	80450	29220	573650	16510	5120	13012	2010
402305	96757	16857	9527	777061	2509	41719	4728	1
116602	365048	90337	46120	1475246	17894	12597	34825	2077
84608	133323	66750	31702	433009	4563	7471	3014	6901
13772	3113	575	207	22992	245	1652	160	
33833	170459	198369	64323	364187	2735	6356	5801	221
1127508	449527	432492	199556	2114662	74689	72901	17829	923
320562	235460	159181	263010	1042770	17645	9879	23037	1708
26204	17503	5159	5532	48419	632	2537	224	107
228339	129232	175006	65869	704901	5553	16725	11596	376
12091	1420	1462	1806	14684	592	52	116	54
45238	9002	9548	6492	59093	1528	1255	431	22
42100	10648	4755	1569	63834	1154	1057	399	10
1347044	444334	828785	463916	1282768	9637	34692	13802	458
64639	21231	20045	10532	83790	1963	1665	480	31
184123	28241	15817	12186	178406	1630	3030	2045	48
11618	2824	2986	2971	21268	339	1121	108	7
19354	5627	51	4	62740	260	123	642	36
16529	1167	3190	804	19483	580	91	226	31
4830	1467	7194	739	17828	89	518	44	11
1908	36895	2461	2334	67355	3436	1831	230	10

1-6 续表 6

	财务费用	利息支出（净额）	营业利润	投资收益	补贴收入	利润总额
总　计	**2693758**	**2422419**	**3552784**	**2601875**	**1849458**	**7597666**
一、按登记注册类型分						
内资	2331646	2063968	99898	2502423	1842742	4060960
国有	12133	7542	-289728	788384	1162392	1451957
集体	14191	11108	42785	3647	720	43114
股份合作	7096	6727	92577	1028	72	92536
国有联营	-408	-5016	8744	17095		24656
集体联营			-189			
国有与集体联营	-7	-7	100			100
其他联营	157	157	209		12	232
国有独资公司	1152618	1130217	-1507331	267370	592974	-853240
其他有限责任公司	445100	413960	973298	209920	44705	1245897
股份有限公司	668684	469634	651344	1191282	39733	1901940
私营独资	22	8	2581			2531
私营合伙	-472	-14	5518			5347
私营有限责任公司	32022	29187	117515	23844	2107	147918
私营股份有限公司	519	474	2480	-147	27	-2023
其他	-9	-9	-5			-5
港澳台商投资	368155	368226	1212507	102402	133	1301978
与港澳台商合资经营	327818	332019	184891	52403		230176
与港澳台商合作经营	-20	-36	-13073		133	-13040
港澳台商独资	-3	-3	-1425			-1446
港澳台商投资股份有限公司	40360	36246	1042114	49999		1086288
外商投资	-6043	-9775	2240379	-2950	6583	2234728
中外合资经营	3242	-285	1204722	-2950	6583	1197875
中外合作经营	1379	1269	442545			443360
外资企业	-10663	-10758	593136			593517
外商投资股份有限公司	-1	-1	-24			-24
二、按隶属关系分						
中央	1089266	882811	2830960	2111082	87523	4549395
地方	1202498	1171334	-2017921	426128	1740350	168541
其他	401994	368274	2739745	64665	21585	2879730
三、按行业小类分						
铁路运输业	121680	121093	165930	756572		473519
铁路旅客运输	-5735	-6244	447719	105891		355590
铁路货物运输	130728	130654	-305351	37086		-522868
铁路运输辅助活动	-3313	-3317	23562	613595		640797
客运火车站			51			51
货运火车站	599	599	-611			-270
其他铁路运输辅助活动	-3912	-3916	24122	613595		641016
道路运输业	1141437	1114651	-122627	375437	555555	802997
公路旅客运输	2362	1660	-33606	3085	23561	-15368
道路货物运输	37177	33385	207769	92995	8361	294284
道路运输辅助活动	1101898	1079606	-296790	279357	523633	524081
客运汽车站	1986	1986	2542	241		3158
公路管理与养护	1098219	1075953	-325585	278502	523573	493915
其他道路运输辅助活动	1693	1667	26253	614	60	27008

计量单位：千元

应交所得税	可供分配利润	劳动、失业保险费	养老保险和医疗保险	住房公积金和住房补贴	本年应付工资总额(贷方累计发生额)	本年应付福利费总额(贷方累计发生额)	本年应交增值税(不含期初未抵扣税)	本年实缴关税
1904233	**7848436**	**642602**	**1204267**	**512381**	**9393467**	**1175262**	**146559**	**240594**
1038296	4445345	599433	990788	430385	8054612	827139	118749	240118
240180	320824	422995	440666	274117	3156363	275279	10088	28120
14738	47860	4091	20554	4262	198869	21502	454	56
12979	10016	1049	11928	930	190671	9224	162	19
4817	75014	129	1986	623	10986	1417	544	80
			120		189			
51	61	7	147	29	532	70		
101	130	252	171		1840	248		
2664	32041	90737	133457	36143	678976	71061	884	309
455726	1027063	23731	188746	58558	1259340	140887	12442	172473
266871	2696225	54079	162796	52013	2185358	271506	90373	38447
282	578	24	24		8701	420	66	
347	4493	84	997	212	5610	586	2	
33015	229574	2119	27459	3103	334224	32486	3497	567
6515	1466	106	1424	217	20932	2185	237	47
10		30	313	178	2021	268		
425595	945409	27162	88350	37842	473246	47108	27582	3
49968	499186	3785	47790	20175	280057	32154	2617	2
		45	809	100	5478	556		1
	-16	23	142	37	1210	12		
375627	446239	23309	39609	17530	186501	14386	24965	
440342	2457682	16007	125129	44154	865609	301015	228	473
284600	1155298	13850	90689	33928	651893	224006	228	304
19217	425158	1933	20659	6446	112385	28412		169
136519	877226	222	13736	3780	101166	48584		
6		2	45		165	13		
1055848	4563162	429672	511807	263389	4710535	703193	121178	67686
103388	522600	189566	459843	175545	2915961	228955	13663	73
744997	2762674	23364	232617	73447	1766971	243114	11718	172835
163560	410993	253729	112176	95786	1440259	176135	1815	
82400	-442435	249613	78086	84562	1144797	160272		
76182	219922	4048	32602	10692	286547	14790	323	
4978	633506	68	1488	532	8915	1073	1492	
	25				82			
197	-2712	35	856	274	4099	502		
4781	636193	33	632	258	4734	571	1492	
266962	1139505	18384	104596	26888	945554	90647	7333	228
2287	-2935	2116	6770	1730	53126	6826	266	
81853	516672	8462	56932	18765	635505	51190	5564	190
182822	625768	7806	40894	6393	256923	32631	1503	38
829	2206	62	3182	554	14876	1980	426	12
167840	607731	7328	32609	4749	169190	21965		
14153	15831	416	5103	1090	72857	8686	1077	26

1-6 续表 7

	财务费用	利息支出（净额）	营业利润	投资收益	补贴收入	利润总额
城市公共交通业	184655	181117	-900305	152417	972802	239451
公共电汽车客运	50738	49493	-1066142	75142	900991	-87853
轨道交通	-8100	-8867	-100683		69401	-31087
出租车客运	141847	140321	264298	77275	2410	356186
其他城市公共交通	170	170	2222			2205
水上运输业	10715	10715	18712			18710
水上运输辅助活动	10715	10715	18712			18710
其他水上运输辅助活动	10715	10715	18712			18710
航空运输业	1176599	961416	1437317	142260	35542	1663350
航空客货运输	1139326	928839	337646	89871	35515	518845
航空旅客运输	844546	629883	200509	89871	35515	387287
航空货物运输	294780	298956	137137			131558
通用航空服务	-1	-1	-2440		27	-2413
航空运输辅助活动	37274	32578	1102111	52389		1146918
机场	39256	35179	1002918	49999		1051921
其他航空运输辅助活动	-1982	-2601	99193	2390		94997
管道运输业	64230	64062	807860			806120
管道运输业	64230	64062	807860			806120
装卸搬运和其他运输服务业	-54978	-74569	1070390	1164263	2245	2241046
装卸搬运	-366	-434	10336	64	338	12558
运输代理服务	-54612	-74135	1060054	1164199	1907	2228488
仓储业	54632	48878	-298257	5867	283288	-17790
谷物、棉花等农产品仓储	1736	1633	-275855	1534	281057	10189
其他仓储	52896	47245	-22402	4333	2231	-27979
邮政业	-5212	-4944	1373764	5059	26	1370263
国家邮政	4080	3960	240370	-420		233820
其他寄递服务	-9292	-8904	1133394	5479	26	1136443
四、按地区分						
东城区	5260	3327	654030	159948		609071
西城区	487	-580	-110824	6363	92980	-13273
崇文区	-232	-241	-5683	6	4969	-1390
宣武区	52705	52199	184072	653592	46430	854681
朝阳区	165446	152580	3567890	218016	27723	3793664
丰台区	1209919	1180070	-2346983	312106	1411341	-813228
石景山区	5933	5649	52582	24551	91	80818
海淀区	71042	60457	362932	1120769	9061	1481096
门头沟区	-146	-151	-6307	2	7391	545
房山区	2234	2096	-12943	3365	16156	6438
通州区	891	565	-7359	780	3823	-4916
顺义区	1157362	945204	931773	94741	103684	1177863
昌平区	3999	3594	-50749	2381	46476	3104
大兴区	5618	5287	-8343	1212	29403	20513
怀柔区	2011	1187	-164	114	1271	1117
平谷区	13275	13258	5647	26	19217	25099
密云县	683	673	-20354	-10	16197	-4147
延庆县	241	217	-13086		13245	236
北京经济技术开发区	-2970	-2972	376653	3913		380375

计量单位：千元

应交所得税	可供分配利润	劳动、失业保险费	养老保险和医疗保险	住房公积金和住房补贴	本年应付工资总额（贷方累计发生额）	本年应付福利费总额（贷方累计发生额）	本年应交增值税（不含期初未抵扣税）	本年实缴关税
103272	344582	160099	458659	165675	2746293	207167	8249	71
1689	145148	69619	212441	114485	1741044	75685	1812	
	-23454	77172	81052	22084	346194	48296		
99703	222884	13253	164110	28857	653982	82326	6437	71
1880	4	55	1056	249	5073	860		
7594	11161	30	535	281	2984	417		
7594	11161	30	535	281	2984	417		
7594	11161	30	535	281	2984	417		
513409	594601	39710	181840	85525	2110475	266552	116799	70960
124867	104385	9997	142290	59331	1826639	230118	90481	70576
110993	-52345	4093	116948	47733	1657714	214012	90217	70407
13874	156730	5904	25342	11598	168925	16106	264	169
	-9860		9		841	70		
388542	500076	29713	39541	26194	282995	36364	26318	384
363334	424165	21244	23541	15040	150418	7120	24965	
25208	75911	8469	16000	11154	132577	29244	1353	384
278630	878280	1696	94	459	7922	1094	106	120764
278630	878280	1696	94	459	7922	1094	106	120764
342111	3209550	10979	94418	36823	773406	143877	6260	19928
5764	12951	2257	13307	4512	96724	7744	618	
336347	3196599	8722	81111	32311	676682	136133	5642	19928
23446	72764	29878	60476	19225	302680	41244	3659	28474
5831	15768	13876	19091	6281	73816	9975	2110	
17615	56996	16002	41385	12944	228864	31269	1549	28474
205249	1187000	128097	191473	81719	1063894	248129	2338	169
180	93320	122530	136030	57910	621908	56995	2330	
205069	1093680	5567	55443	23809	441986	191134	8	169
96468	-286679	373328	223153	144938	1867417	229754	3378	42
30691	22393	84023	105864	31754	560053	74097	1499	169
1001	1116	134	3090	520	15485	1852	36	
80289	822755	6998	44846	7496	416136	45359	1536	
1134577	3841412	58559	236703	105104	1538715	358006	36450	122693
52943	150889	37495	243331	120530	1663970	71752	3571	104
21009	25947	1091	18136	884	74713	7162	1579	
154716	2181709	54482	77283	21671	783372	69674	4202	28305
352	1637	306	1695	365	10803	1236	178	
1676	2601	3340	8063	1989	59495	5509	292	12
1637	3637	1634	10147	1020	48391	4850	1066	71
185705	729983	11301	179788	68695	2083703	274386	90294	89158
2091	7251	3797	8731	1951	59273	6949	2183	
12597	17540	2798	25753	2355	115537	13543	184	40
1089	920	77	1577	193	11911	903	34	
637	77414	1625	6175	155	16667	1681	12	
102	855	1051	1556	1098	11909	1781	22	
296	-8665	97	1329	89	11555	1108	43	
126357	255721	466	7047	1574	44362	5660		

1-7 交通运输、仓储和邮政业

	单位数(个)	资产合计	#现 金	有价证券	对外投资
总 计	**7**	**95947**	**698**		
一、按登记注册类型分					
内资	7	95947	698		
国有	6	87471	697		
其他	1	8476	1		
二、按隶属关系分					
中央	1	78696	6		
地方	6	17251	692		
三、按行业小类分					
仓储业	7	95947	698		
其他仓储	7	95947	698		
四、按地区分					
西城区	1	4552	2		
海淀区	1	8476	1		
门头沟区	1	744			
昌平区	2	81588	695		
延庆县	2	587			

1-7 续表

	本年支出合计	#人员支出	公用支出	#福利费	劳务费	就业补助费	取暖费	差旅费
总 计	**24990**	**9033**	**11073**	**486**	**24**		**392**	**208**
一、按登记注册类型分								
内资	24990	9033	11073	486	24		392	208
国有	21292	7985	10529	416	24		390	206
其他	3698	1048	544	70			2	2
二、按隶属关系分								
中央	12374	3335	7121	51	21		310	77
地方	12616	5698	3952	435	3		82	131
三、按行业小类分								
仓储业	24990	9033	11073	486	24		392	208
其他仓储	24990	9033	11073	486	24		392	208
四、按地区分								
西城区	3398	2071	1229	347			27	2
海淀区	3698	1048	544	70			2	2
门头沟区	487	252	136	3			9	4
昌平区	15248	4618	8374	56	24		348	188
延庆县	2159	1044	790	10			6	12

法人单位主要财务状况(事业会计制度)

计量单位：千元

固定资产原价	累计折旧	负债合计	上年结余	本年收入合计	#财政拨款	上级补助收入	事业收入	事业单位经营收入
83492		**13632**	**1428**	**22660**	**8391**	**6260**	**7176**	**817**
83492		13632	1428	22660	8391	6260	7176	817
82069		8580		19339	8021	6260	5042	
1423		5052	1428	3321	370		2134	817
78690				12039	2880	6260	2899	
4802		13632	1428	10621	5511		4277	817
83492		13632	1428	22660	8391	6260	7176	817
83492		13632	1428	22660	8391	6260	7176	817
468		7459		1780			1780	
1423		5052	1428	3321	370		2134	817
573				487	486			
80697		884		14913	5739	6260	2899	
331		237		2159	1796		363	

计量单位：千元

各种设备交通工具图书资料购置费	对个人和家庭补助支出	#助学金	抚恤和生活补助	事业单位经营支出	#人员支出	对个人和家庭补助支出	收支结余	事业结余	经营收支结余	事业单位经营税金
1513	**2421**		**57**	**811**	**368**	**5**	**-902**	**-908**	**6**	**254**
1513	2421		57	811	368	5	-902	-908	6	254
1513	2421		57				-1953	-1953		98
				811	368	5	1051	1045	6	156
239	1918		47				-335	-335		
1274	503		10	811	368	5	-567	-573	6	254
1513	2421		57	811	368	5	-902	-908	6	254
1513	2421		57	811	368	5	-902	-908	6	254
							-1618	-1618		98
				811	368	5	1051	1045	6	156
	99									
1073	1997		50				-335	-335		
440	325		7							

信息传输
计算机服务和软件业

《北京经济普查年鉴—2004》

第三产业卷

2-1 电信企业经营情况

	计量单位	总 计		计量单位	总 计
增值电信业务服务收入	千元	5122684	七、本地线路		
其中：因特网接入服务	千元	2136263	本地网中继光缆长度	皮长公里	20531
信息服务	千元	1180341	本地网中继光缆纤芯长度	芯公里	846702
电信业务总量	千元	32919498	接入网光缆长度	皮长公里	20040
一、固定电话用户			接入网光缆纤芯长度	芯公里	662802
固定电话用户合计	万户	848	八、长途通信能力		
其中：无线市话用户	万户	152	长途电话交换机容量	路端	237360
公用电话用户	万户	51	九、本地网通信能力		
1.城市电话用户	万户	759	局用交换机容量	万门	1110
其中：住宅电话用户	万户	557	用户交换机容量	万门	221
2.农村电话用户	万户	87	接入用户交换机的话机	万部	157
其中：住宅电话用户	万户	87	十、移动通信用户		
二、数据业务用户			移动电话用户	万户	1341
互联网用户	户	4357700	GSM数字移动电话用户	万户	1217
互联网拨号用户	户	2546103	其中：智能网预付费用户	万户	875
互联网专线用户	户	3765	CDMA数字移动电话用户	万户	124
宽带接入用户	户	1805641	其中：智能网预付费用户	万户	75
三、固定电话本地通话量			无线寻呼用户	万户	3378
本地网内区内电话通话量	万次	3395143	十一、移动电话通话量		
本地网内拨号上网通话量	万次	765341	移动电话通话量合计	万次	1310066
四、固定电话长途通话量			本地通话量	万次	1195805
国内长途电话通话量	万次	75919	国内长途通话量	万次	112308
国际电话通话量	万次	1766	国际电话通话量	万次	1610
港澳台电话通话量	万次	663	港澳台电话通话量	万次	343
国内长途电话通话时长	万分钟	276636	移动短信业务量	万条	1451473
国际电话去话通话时长	万分钟	6097	十二、移动通信能力		
港澳台电话去话通话时长	万分钟	2206	GSM移动电话交换机容量	万户	1404
五、IP电话通话量(含移动)			CDMA移动电话交换机容量	万户	193
国内长途通话时长	万分钟	678016	GSM移动电话基站数	个	8928
国际电话通话时长	万分钟	11353	CDMA移动电话基站数	个	2499
港澳台电话通话时长	万分钟	4075	GSM短消息中心容量	万条	12618
六、长途电路、线路			CDMA短消息中心容量	万条	502
长途光缆长度	皮长公里	3855	无线寻呼系统容量	万户	137
长途光缆纤芯长度	芯公里	147837			

2-2　互联网信息服务活动情况

计量单位：千元

	单位数（个）	营业收入	广告收入	分类搜索收入	网上短信收入	网上销售收入	代理收入	其他收入
总　计	**833**	**4896346**	**380383**	**153906**	**1162793**	**316076**	**182534**	**2700654**
一、按登记注册类型分								
内资	801	4445194	379813	117994	1162793	305293	150633	2328668
国有	17	29416	607		2389		7881	18539
集体	3							
股份合作	28	6274	16	29	3258	1474	35	1462
国有联营	2	61166	3446					57720
其他有限责任公司	200	1138944	22432	1656	90787	364	2768	1020937
股份有限公司	16	841967	166	810	25522	2721	130214	682534
私营独资	8	314					14	300
私营合伙	6	353		291				62
私营有限责任公司	500	2353503	351844	115005	1037965	300733	9713	538243
私营股份有限公司	21	13257	1302	203	2872	1	8	8871
港澳台商投资	15	223835	570	35822		10783	31901	144759
与港澳台商合资经营	8	5608	470	2294		32		2812
与港澳台商合作经营	1	82141		33508			31901	16732
港澳台商独资	6	136086	100	20		10751		125215
外商投资	17	227317		90				227227
中外合资经营	5	3676		90				3586
外资企业	12	223641						223641
二、按隶属关系分								
中央	31	123971	4194		1695	1159	7881	109042
地方	38	318153	5003		9197	70	124875	179008
其他	764	4454222	371186	153906	1151901	314847	49778	2412604
三、按地区分								
东城区	37	906113	80009	357	488066	77720	4008	255953
西城区	67	176372	6060	1564	2545	11890	620	153693
崇文区	2	692	692					
宣武区	11	145935			41	128715	41	17138
朝阳区	217	733553	6504	107587	131101	53111	134447	300803
丰台区	21	204958	47		4687	90	165	199969
石景山区	2							
海淀区	446	1959695	286764	38753	510755	42638	37370	1043415
顺义区	5	605		565	6	1	22	11
昌平区	6	428065	103		25522	1911	5374	395155
平谷区	1							
北京经济技术开发区	18	340358	204	5080	70		487	334517

2-3 软件业

	单位数（个）	软件开发单位	营业收入	#软件销售收入
总　　计	**5338**	**3313**	**20956876**	**10772317**
一、按登记注册类型分				
内资	4659	2836	11041664	5494562
国有	45	24	223494	137019
集体	23	8	18394	4789
股份合作	154	74	31776	12784
国有独资公司	6	3	7915	6208
其他有限责任公司	1131	739	5182940	2436450
股份有限公司	94	68	1515379	791484
私营独资	38	15	8137	5780
私营合伙	31	14	4972	3208
私营有限责任公司	3002	1817	3778227	1941694
私营股份有限公司	126	71	268304	153412
其他	1			
港澳台商投资	131	96	2026241	603495
与港澳台商合资经营	34	24	254088	59874
与港澳台商合作经营	6	2	7593	4105
港澳台商独资	89	68	1744717	537750
外商投资	548	381	7888971	4674260
中外合资经营	146	108	1121321	801715
中外合作经营	9	4	96219	6723
外资企业	389	265	6665560	3861111
二、按隶属关系分				
中央	96	66	1189159	392907
地方	177	110	766065	320125
其他	5065	3137	19001652	10059285
三、按行业小类分				
公共软件服务	3798	2507	15930531	8583727
基础软件服务	635	345	1466601	736924
应用软件服务	3163	2162	14463930	7846803
其他软件服务	1540	806	5026345	2188590
四、按地区分				
东城区	120	42	576869	159834
西城区	250	154	766991	428730
崇文区	26	16	72755	27963
宣武区	85	46	111065	46022
朝阳区	707	412	2669005	1123013
丰台区	208	148	1074150	568274
石景山区	54	31	10344	6163
海淀区	3568	2271	15099061	8169482
通州区	26	14	13829	4766
顺义区	14	4	1547	43
昌平区	165	102	397673	119897
怀柔区	7	3	1156	667
平谷区	4	1	988	778
北京经济技术开发区	53	42	146707	112077

活动情况

计量单位：千元

自产软件	#计算机服务收入	#系统集成收入	软件出口额	享受政府各种减免税	已退减免税	全年吸引外资签约总额（千美元）
8208224	**3709205**	**1683312**	**937161**	**1094242**	**890327**	**48168**
4198716	1569582	1209208	146968	502425	389585	5537
130344	48734	6795	5769	11199	10965	
4648	2384	496		275	275	2
10380	7101	1915	16	638	558	
1108	484	15		29	29	
1764156	584518	688290	65191	224950	173717	1488
680667	311751	295264	126	61908	51265	
5717	315	326		779	779	
1171	886	470	28	189	165	
1450572	585732	209549	74903	188787	138253	4047
149783	27285	6088	935	13446	13354	
391910	969137	219929	53427	55191	48606	1799
58893	29504	17355		8649	5575	
4105	1172			425	425	
327146	937572	202574	53427	44886	41975	1799
3617598	1170486	254175	736766	536626	452136	40832
658447	141931	56023	353263	46389	24312	21946
907	52159	460		2868	75	
2953533	976236	197692	383503	487369	427749	18886
349304	108430	172943	27894	34292	31534	485
231800	124768	22780	42087	36394	26988	1452
7627120	3476007	1487589	867180	1023556	831805	46231
6706759	2304618	1543705	555792	837800	695704	27144
546836	370833	77002	49401	80501	74168	8864
6159923	1933785	1466703	506391	757299	621536	18280
1501465	1404587	139607	381369	256442	194623	21024
113361	89249	57593	8534	6441	4093	350
208120	132289	40994	4904	69469	54889	76
25840	6444	21539	415	57	57	50
33083	39893	4716	6340	2454	1775	300
812300	774841	154238	178193	102902	92717	6250
476670	141582	60366	5443	70627	45353	
5351	3598	98	106	679	589	
6344683	2430590	1264981	710957	816915	671149	41142
1193	3882	1186		59	59	
18	248					
100841	70310	70260	9998	15987	11001	
	489					
778	210					
81551	11376	6280	12271	8600	8600	

2-4 信息传输、计算机服务和软件业

	单位数（个）	年初存货	流动资产合计	#现金	短期投资	应收帐款（净额）
总计	**11550**	**11262496**	**299221291**	**5543109**	**10590545**	**25721155**
一、按登记注册类型分						
内资	10462	9019267	251244769	4591621	10051799	14438103
国有	186	385279	149939377	490833	7828646	2176122
集体	120	33062	277415	24693	10489	79716
股份合作	535	36100	303550	28867	3613	78407
国有联营	5	1195	9939	147	62	1591
集体联营	3	838	1108	42		65
国有与集体联营	4	2690	7352	23	500	1849
其他联营	4	20	16609	333		195
国有独资公司	34	80354	10989908	3041	201461	464468
其他有限责任公司	2448	3930287	54686837	2185406	1328664	6216166
股份有限公司	215	1015726	11857116	444130	109014	1353621
私营独资	133	3263	26559	3165	33	3057
私营合伙	99	8023	56772	15508	341	12930
私营有限责任公司	6341	3399964	20500724	1300411	455621	3877087
私营股份有限公司	324	122430	2569844	94653	113355	172408
其他	11	36	1659	369		421
港澳台商投资	250	1050424	20474847	381349	465226	3346806
与港澳台商合资经营	72	158246	1152874	9203	88925	384626
与港澳台商合作经营	9	2610	116163	1765		42805
港澳台商独资	167	887419	18338279	370299	374301	2877794
港澳台商投资股份有限公司	2	2149	867531	82	2000	41581
外商投资	838	1192805	27501675	570139	73520	7936246
中外合资经营	229	229652	4520562	236207	24130	1847411
中外合作经营	24	25308	235039	36167		38621
外资企业	577	908442	22300890	294521	49390	5803752
外商投资股份有限公司	8	29403	445184	3244		246462
二、按隶属关系分						
中央	321	836012	181793525	679029	7856149	3445632
地方	481	516207	9855280	250904	415146	1200088
其他	10748	9910277	107572486	4613176	2319250	21075435

法人单位主要财务状况(企业会计制度)

计量单位：千元

存货	一年内到期的长期债权投资	长期投资合计	#长期股权投资	长期债权投资	固定资产合计	#固定资产原价	累计折旧	本年折旧
12097110	**145222**	**376210337**	**371056382**	**3166322**	**147625757**	**157088468**	**49454498**	**15925260**
9480985	108352	373202653	368136428	3157017	123777011	124299316	36337786	11959755
400495	3172	292083573	288174164	2642670	27455454	38145172	14538888	2915925
62797	646	133698	74051	962	80190	139258	61043	3808
39452	352	109103	86455	527	137101	182886	65579	7499
1153		3700	1000	2700	7076	13535	6459	899
857					429	715	286	1
2650		707	707		795	6689	5894	133
1832	10333				8400	10726	2327	1952
84882	3	430892	425658	1150	77343952	64672093	14753690	7144766
4822579	73387	76359034	75913004	201177	11688810	12029652	3751234	1007732
1075997	4449	1111169	993005	112000	3172846	4677545	2082320	486866
6945	39	7045	2035	10	15739	20283	5186	1542
8859		274	274		9270	12192	3111	742
2830046	15158	2560586	2082197	180843	3678392	4125728	960370	364642
142441	813	402872	383878	14978	177496	261676	101264	23185
					1061	1166	135	63
1132205		314031	282581	7350	6905235	9010388	3555914	1071843
144086		81186	79812	250	244523	372846	162866	44003
2396		21300			78440	58879	16380	9692
983574		183597	174821	7100	6578074	8552813	3355015	1016848
2149		27948	27948		4198	25850	21653	1300
1483920	36870	2693653	2637373	1955	16943511	23778764	9560798	2893662
367338	45	59171	50850	1655	850133	1413239	613518	138031
30229		3173	3173		28003	47430	19499	5917
1045669	36825	2585194	2537235	300	16055925	22299926	8919062	2746567
40684		46115	46115		9450	18169	8719	3147
924667	13181	361591554	357679851	2727316	108242534	108994244	32293657	10711580
646863	1602	1501490	1420317	29046	3079774	3533537	1067641	332175
10525580	130439	13117293	11956214	409960	36303449	44560687	16093200	4881505

2-4 续表 1

	单位数(个)	年初存货	流动资产合计	#现金	短期投资	应收帐款(净额)
三、按行业小类分						
电信和其他信息传输服务业	1360	1100256	197929583	1074151	7888804	6668639
电信	246	225239	179951716	531251	7407266	4752741
固定电信服务	35	112951	37008259	459423	1238	1476443
移动电信服务	56	52232	137437479	19472	7397795	2728425
其他电信服务	155	60056	5505978	52356	8233	547873
互联网信息服务	946	705822	9809555	484331	333394	1357223
广播电视传输服务	113	91774	4405914	32807	1769	466782
有线广播电视传输服务	99	80772	3742189	32392	1410	130151
无线广播电视传输服务	14	11002	663725	415	359	336631
卫星传输服务	55	77421	3762398	25762	146375	91893
计算机服务业	4474	5328783	54424408	1748472	1044823	10759287
计算机系统服务	1492	2315610	28337891	816417	349331	6415051
数据处理	255	150082	1854051	50129	20936	1113963
计算机维修	271	26464	545505	38101	208	114524
其他计算机服务	2456	2836627	23686961	843825	674348	3115749
软件业	5716	4833457	46867300	2720486	1656918	8293229
公共软件服务	4030	3376802	33998492	1876047	960598	6407033
基础软件服务	665	384586	3057912	167461	23543	578202
应用软件服务	3365	2992216	30940580	1708586	937055	5828831
其他软件服务	1686	1456655	12868808	844439	696320	1886196
四、按地区分						
东城区	342	241790	10494397	11212	1871	2963205
西城区	628	407969	173043133	462485	7423891	3387720
崇文区	81	18698	151030	3104	4421	28537
宣武区	229	45189	1305446	2730	52	77528
朝阳区	1708	1115895	16286444	77711	383193	4412736
丰台区	487	208793	3446772	43296	8158	534333
石景山区	166	36467	271696	9768	1130	26257
海淀区	7094	8977288	88887543	4602024	2080751	12983824
门头沟区	32	6614	27779	871	481	4195
房山区	54	320	17763	1845	605	416
通州区	58	4324	102183	7925		11261
顺义区	66	2755	38767	1340	638	6992
昌平区	337	138846	2848851	298356	661476	355932
大兴区	102	3557	227062	5894	36	152086
怀柔区	25	387	14551	3142	8000	1448
平谷区	16	3573	15465	1118	566	813
密云县	17	382	6356	1567	1	573
延庆县	10	110	1148	266		37
北京经济技术开发区	98	49539	2034905	8455	15275	773262

计量单位：千元

存货	一年内到期的长期债权投资	长期投资合计	#长期股权投资	长期债权投资	固定资产合计	#固定资产原价	累计折旧	本年折旧
1264199	5583	355748773	352059581	2730049	133339336	138374169	42233451	14107719
228652		347254138	343823593	2597040	123401393	126606929	37762717	13090768
124336		87048195	87036558	7000	31658476	42586810	15555115	3160293
49678		258658798	256110625	2515016	89124807	81250351	21102041	9686015
54638		1547145	676410	75024	2618110	2769768	1105561	244460
732978	5583	2932931	2703545	125944	2917847	3064658	961273	286788
179736		340709	317518	995	3487742	4032970	1218326	425889
154762		340709	317518	995	3419008	3752411	1005959	405712
24974					68734	280559	212367	20177
122833		5220995	5214925	6070	3532354	4669612	2291135	304274
6122923	101566	11155611	10349393	243076	7707628	10250537	4240876	854812
2911135	92169	8260984	7891587	134114	2942229	4914609	2310371	446262
171955	23	148946	136377	4911	289880	415933	168347	43345
37371	6	43833	40465	2000	50100	71590	29615	7703
3002462	9368	2701848	2280964	102051	4425419	4848405	1732543	357502
4709988	38073	9305953	8647408	193197	6578793	8463762	2980171	962729
3962321	25957	5359241	5065745	129987	5038367	6688306	2356128	789094
434533	960	298823	258009	4991	649654	788157	254796	74106
3527788	24997	5060418	4807736	124996	4388713	5900149	2101332	714988
747667	12116	3946712	3581663	63210	1540426	1775456	624043	173635
379340	955	2575304	2534954	18830	14535965	18448280	6997638	2388594
314623		346770173	343432309	2543102	105045585	102494825	28072197	10276732
18079		8135	8135		30600	28961	11139	2699
95252		378767	183965	181673	909913	1572791	732851	118206
1328801	37150	3090737	2910798	71062	4772555	6925756	3508869	661185
295687	1245	606726	571445	100	994136	1134728	177175	42810
38745	3	400654	398605	820	148694	167195	47857	10221
9357531	104463	20849330	19509721	347485	19364453	24309299	9231633	2299922
6243	117	300	300		8088	9615	2159	597
743		820	80	340	11423	14129	2710	812
5238		23890	18390	500	84671	49353	13188	1808
4024	9	2057	2047	10	26249	25961	9260	1940
155559	10	1090259	1077551	2075	524580	627036	187969	71492
6490		99911	99003		52498	53587	15042	2008
717		318	318		6377	7325	1342	512
1787	1270	325		325	32506	44636	17555	4310
569		1500	1500		21795	23781	1986	1307
9					1676	1883	387	111
87673		311131	307261		1053993	1149327	423541	39994

2-4 续表 2

	在建工程	无形资产	资产总计	流动负债合计	#短期借款	应付账款	长期负债合计
总计	**36808407**	**13206882**	**864657485**	**149339827**	**24512924**	**34613614**	**80402524**
一、按登记注册类型分							
内资	32738050	12036381	786385698	111371986	22788797	26619728	64132460
国有	3725509	982884	472147868	25255692	5758632	2247761	14669722
集体	118	6597	516187	273737	95435	82565	2733
股份合作	16690	66013	629614	328263	63076	81553	8049
国有联营			20715	14748	2124	11225	
集体联营			1537	1473	122		148
国有与集体联营			8854	2944		1365	
其他联营		1634	26643	17941		5722	
国有独资公司	25413273	1836807	91165767	25551050	3293141	14792999	39819926
其他有限责任公司	2655422	3174461	168936377	43080002	11712853	5008590	7539479
股份有限公司	454114	382232	16703572	4502848	376258	789884	1488591
私营独资	31	6356	56067	51642	1681	2630	48
私营合伙		29884	96415	32459	1122	5131	592
私营有限责任公司	458719	5336942	32563650	11827611	1448516	3525999	566530
私营股份有限公司	14144	212547	3509559	430671	35837	63928	36642
其他	30	24	2873	905		376	
港澳台商投资	1418089	284837	29681796	16665320	1041604	4282016	15699464
与港澳台商合资经营	32608	97380	1595288	692802	132840	64697	23611
与港澳台商合作经营	35939	1468	218562	43031	3215	4127	23533
港澳台商独资	1349542	185974	26968253	15593277	595532	4213000	15651920
港澳台商投资股份有限公司		15	899693	336210	310017	192	400
外商投资	2652268	885664	48589991	21302521	682523	3711870	570600
中外合资经营	46952	371713	5897647	3347829	108974	865868	210237
中外合作经营	71	30101	298598	86195	5145	24083	2939
外资企业	2605245	480266	41889250	17501476	418404	2755861	357424
外商投资股份有限公司		3584	504496	367021	150000	66058	
二、按隶属关系分							
中央	29400812	2817124	679198538	69428843	15397994	17544577	56350551
地方	480058	673397	15170714	5150357	1103909	730831	1752448
其他	6927537	9716361	170288233	74760627	8011021	16338206	22299525

计量单位：千元

#长期借款	应付债券	负债合计	所有者权益合计	#实收资本	国家资本	集体资本	法人资本	#国家法人	集体法人
71143722	**6352448**	**231628941**	**633028544**	**357895872**	**219124596**	**3019746**	**41426239**	**19332991**	**11158045**
55756016	6330898	177391036	608994662	246978602	173545817	2958143	40157131	18908617	10702063
8836893	5000000	39925441	432222427	139694385	137149735	1200	2478771	2433669	1251
684	549	277113	239074	242495	5151	207843	18734	1754	14930
2654	432	336312	293302	314529		6233	55269	538	39249
		14748	5967	5185	1000		4185	3205	980
		1621	-84	1042			433		433
		2944	5910	7804	4150		2804	1684	1120
		17941	8702	20080			10050		50
39772402		67248196	23917571	24495895	19670092		4824678	2795560	28618
6622722	40492	50626825	118309552	55348139	16526116	2359423	24410361	12166269	6496612
126602	1260618	5991439	10712133	4634868	157135	100526	3277059	1436291	719769
17	31	51690	4377	41987	400	350	3642		1830
496		33051	63364	69557	420	280	14090	20	12010
368868	28715	12395497	20168153	20269978	31618	274678	4868661	68927	3252212
24678	61	467313	3042246	1830455		7610	187509	200	132699
		905	1968	2203			885	500	300
15008861		32364784	-2682988	92409307	45456643	42583	305381	88872	175819
20092		716413	878875	1180131	85649	42583	257668	88872	131538
23000		66564	151998	212658			3932		500
14965769		31245197	-4276944	90896384	45370994		12450		12450
		336610	563083	120134			31331		31331
378845	21550	21873121	26716870	18507963	122136	19020	963727	335502	280163
91814	21550	3558066	2339581	2699126	121486	19020	892143	305502	263870
439		89134	209464	266133	650		54900	30000	9488
286592		17858900	24030350	15454302			15484		6805
		367021	137475	88402			1200		
50239490	5004260	127656671	551541867	188726416	172473071	43961	15567765	12757470	412503
361255	1261009	6902805	8267909	12022408	471452	136431	4396214	1444583	2076816
20542977	87179	97069465	73218768	157147048	46180073	2839354	21462260	5130938	8668726

2-4 续表 3

	在建工程	无形资产	资产总计	流动负债合计	#短期借款	应付账款	长期负债合计
三、按行业小类分							
电信和其他信息传输服务业	34897297	3822889	695284435	83322277	13044206	20487740	72157674
电信	32422038	2504006	657349875	74246733	11649547	19009670	69366300
固定电信服务	4516285	2227247	159235726	21254914	5744231	2632355	15540695
移动电信服务	26957940	122150	488064099	48196145	3800939	15603765	53255732
其他电信服务	947813	154609	10050050	4795674	2104377	773550	569873
互联网信息服务	767499	898977	16746557	5181913	453622	1010455	850275
广播电视传输服务	554987	132558	8383254	1406962	257129	247684	1689712
有线广播电视传输服务	554520	110696	7622594	1227429	187129	154278	1689712
无线广播电视传输服务	467	21862	760660	179533	70000	93406	
卫星传输服务	1152773	287348	12804749	2486669	683908	219931	251387
计算机服务业	922931	4363748	78342501	35825269	6325402	8414073	5229239
计算机系统服务	306910	1634000	41624795	17274056	4216118	3320664	872997
数据处理	40418	120830	2425058	1165757	47880	661472	7385
计算机维修	7610	5122	648275	478736	9018	206041	1918
其他计算机服务	567993	2603796	33644373	16906720	2052386	4225896	4346939
软件业	988179	5020245	91030549	30192281	5143316	5711801	3015611
公共软件服务	606594	4199733	49235080	22342959	3607829	5049741	1401387
基础软件服务	111530	296074	4367941	1895255	222317	561875	77019
应用软件服务	495064	3903659	44867139	20447704	3385512	4487866	1324368
其他软件服务	381585	820512	41795469	7849322	1535487	662060	1614224
四、按地区分							
东城区	3067150	145476	28210204	8780305	1333605	979205	35843
西城区	28517951	2522373	630625723	65740598	9954739	16953914	68623152
崇文区	11760	5453	231202	101214	3256	16022	241
宣武区	68848	43567	2640576	1054838	19109	209333	554047
朝阳区	1309358	1052252	25529942	12716693	1212940	3336323	497941
丰台区	34009	212177	5290549	1494475	262574	205517	172839
石景山区	29072	36938	859119	192364	27616	48247	271122
海淀区	3298100	8942780	162169047	56176518	11385632	12063156	10100062
门头沟区		177	39511	15229	954	3464	
房山区		20	30851	10222	804	1029	100
通州区	48003	16852	232793	137937	248	7325	
顺义区	8827	2570	74586	21501	2392	8227	1410
昌平区	82412	178634	4729658	1658592	185393	153126	27591
大兴区	2921	8656	389848	168900	62712	5625	15375
怀柔区	394	264	21546	2966	523	1723	434
平谷区	2831	1713	51048	18088	1985	4669	27277
密云县		689	45400	13311		678	
延庆县			3105	2044	12	1359	500
北京经济技术开发区	326771	36291	3482777	1034032	58430	614672	74590

计量单位：千元

#长期借款	应付债券	负债合计	所有者权益合计	#实收资本	国家资本	集体资本	法人资本	#国家法人	集体法人
64285391	6272894	157366273	537918162	290114587	216454160	214236	18719481	12053616	1736320
63122130	5000000	145499355	511850520	270372933	210186939	111256	8444807	6802719	236564
10536469	5000000	38672618	120563108	128668262	83314306		2117530	2084380	3560
52583860		101453604	386610495	138167191	126793533	41200	3370475	3324303	26397
1801		5373133	4676917	3537480	79100	70056	2956802	1394036	206607
757755	12533	6032188	10714369	8277650	669413	96161	5018820	2992669	1038744
369626	1260361	3096674	5286580	3103858	1759986	6819	1067463	267586	389648
369626	1260361	2917141	4705453	2984294	1759986	6019	1054263	266836	378698
		179533	581127	119564		800	13200	750	10950
35880		2738056	10066693	8360146	3837822		4188391	1990642	71364
4750246	5916	41054508	37287993	35519059	1104333	2344187	10120124	3749174	4255532
694045	3944	18147053	23477742	19389928	873430	620409	5273680	2281367	1673018
5175	272	1173142	1251916	869172	31162	57954	422240	247447	66502
1817	31	480654	167621	314034	17125	13406	67930	6345	5030
4049209	1669	21253659	12390714	14945925	182616	1652418	4356274	1214015	2510982
2108085	73638	33208160	57822389	32262226	1566103	461323	12586634	3530201	5166193
833724	54493	23744346	25490734	23778591	1290441	347310	9728536	2781241	4271894
30164	12246	1972274	2395667	3281876	51430	22450	568428	167717	224197
803560	42247	21772072	23095067	20496715	1239011	324860	9160108	2613524	4047697
1274361	19145	9463814	32331655	8483635	275662	114013	2858098	748960	894299
32783		8816148	19394056	11347001	19352	96719	2398144	846389	347237
63415489	5000000	136241987	494383736	263870091	210639585	116386	7019069	6242226	416160
239		101455	129747	139457	4500	1600	29048	2550	15267
7017		1608885	1031691	1149081	450345	3000	424238	153207	192885
335004	22477	13221785	12308157	10778994	665030	70852	4769466	757617	892440
127742		1667314	3623235	2696423	1060578	75688	889046	423480	451347
10049		463486	395633	436719	1050	120	245516	65832	36474
7116243	1329469	66277686	95891361	63503514	6082827	2604556	23464431	10048122	8486064
		15229	24282	28320	500	500	300		
100		10322	20529	22673		1100	3608	1500	988
		137937	94856	138403		200	37832		2630
1410		22911	51675	92144	500	530	6310	1500	4300
12181	2	1686279	3043379	2344740	15830	10967	1574236	667668	176031
15085		184275	205573	225599	76653	27000	14600	1500	8700
380		3400	18146	17753		28	10259		9227
		45365	5683	11839			6150	4000	50
		13311	32089	37895			12725		10000
	500	2544	561	5076	546	500	1700		1700
70000		1108622	2374155	1050150	107300	10000	519561	117400	106545

2-4 续表 4

				主营业务	主营业务
	个人资本	港澳台资本	外商资本	收入	成本
总计	**30354015**	**48541930**	**15429346**	**132822541**	**87235926**
一、按登记注册类型分					
内资	30093347	146961	77203	81757977	59818957
国有	64679			13855390	8780682
集体	10767			174863	132000
股份合作	245251	7776		203800	110936
国有联营				4688	1990
集体联营	609			602	586
国有与集体联营	850			3987	2688
其他联营	10030			6704	3267
国有独资公司	1125			10468433	8899944
其他有限责任公司	11915626	74320	62293	29674205	23790000
股份有限公司	1097298	500	2350	9310192	6781937
私营独资	37562	10	23	31982	14368
私营合伙	54767			46479	25063
私营有限责任公司	15028412	54072	12537	17005530	10912953
私营股份有限公司	1625053	10283		965371	359261
其他	1318			5751	3282
港澳台商投资	51028	46514983	38689	16427863	11619301
与港澳台商合资经营	44277	735267	14687	841041	508338
与港澳台商合作经营	300	208426		89279	9715
港澳台商独资	6451	45482487	24002	15477700	11084517
港澳台商投资股份有限公司		88803		19843	16731
外商投资	209640	1879986	15313454	34636701	15797668
中外合资经营	166933	163332	1336212	4939497	2663081
中外合作经营	28512	31532	150539	168281	63391
外资企业	13945	1685122	13739751	29378396	12973397
外商投资股份有限公司	250		86952	150527	97799
二、按隶属关系分					
中央	534262	11922	95435	29235288	21380635
地方	6628044	206239	184028	3893155	2472335
其他	23191709	48323769	15149883	99694098	63382956

计量单位：千元

营业费用	主营业务税金及附加	其他业务收入	其他业务利润	管理费用				
					#税金	差旅费	工会经费	排污费
13525642	**2797564**	**2866440**	**2097391**	**20712720**	**201018**	**957450**	**101375**	**390**
5755861	1628688	1283605	782325	12607255	130667	403507	59542	183
472960	414111	244082	171420	3181260	43735	14060	22734	481
17518	3751	26130	10217	31201	564	1244	231	4
33279	9094	7925	5760	67720	2139	2998	31	-53
820	147			2194	1	117	14	
88	5	69	69	40				
	48			2033	2	4		
1398	219	661	661	2474	5	96		
251851	349019	118279	18815	991254	19015	16032	7513	107
2017584	352543	392928	210373	3701360	25611	161443	16601	11
638886	148409	52370	19397	1115250	13893	32427	4091	57
19143	663	623	310	21961	100	836	1	
7804	1261	6227	3741	16776	57	995	4	
2077500	329921	416815	325899	3150671	22666	163270	4711	-435
216081	19283	17496	15663	322249	2859	9901	3611	11
949	214			812	20	84		
2065693	268447	304374	227655	1901288	19348	86823	8283	42
153367	22555	30620	21351	239489	2033	6088	741	
22506	4060	748	402	70650	14	332	2	
1887915	241788	273006	205902	1579488	17300	80402	7540	42
1905	44			11661	1	1		
5704088	900429	1278461	1087411	6204177	51003	467120	33550	165
1293782	118221	52968	36440	841460	7740	44029	14142	
39416	6949	4302	2468	61039	13	2062	28	
4369250	772298	1220617	1048535	5275877	42370	419512	19380	165
1640	2961	574	-32	25801	880	1517		
1125483	869199	424841	211686	5162030	74480	57272	36120	655
395208	91888	102344	50323	774928	7352	19136	2387	-38
12004951	1836477	2339255	1835382	14775762	119186	881042	62868	-227

2-4 续表 5

				主营业务	主营业务
	个人资本	港澳台资本	外商资本	收入	成本
三、按行业小类分					
电信和其他信息传输服务业	2770669	45398743	6557298	53664349	31494878
电信	589920	44871854	6168157	42041585	24847526
固定电信服务	31250	43205176		16454710	10709353
移动电信服务	195439	1641848	6124696	22709712	12081520
其他电信服务	363231	24830	43461	2877163	2056653
互联网信息服务	1872487	334618	286151	8073845	4708279
广播电视传输服务	179927	7926	81737	2591896	1263562
有线广播电视传输服务	128183	7926	27917	1385081	717214
无线广播电视传输服务	51744		53820	1206815	546348
卫星传输服务	128335	184345	21253	957023	675511
计算机服务业	15794900	1398171	4757344	47839357	37414709
计算机系统服务	8969989	730058	2922362	22726733	16815666
数据处理	268906	14581	74329	961735	551366
计算机维修	80283	5479	129811	503738	343411
其他计算机服务	6475722	648053	1630842	23647151	19704266
软件业	11788446	1745016	4114704	31318835	18326339
公共软件服务	8324802	1052278	3035224	24280797	15002065
基础软件服务	1742259	91931	805378	2233343	1222354
应用软件服务	6582543	960347	2229846	22047454	13779711
其他软件服务	3463644	692738	1079480	7038038	3324274
四、按地区分					
东城区	405282	263391	8164113	15576454	6163448
西城区	832791	44899208	363052	24897006	17202842
崇文区	60626	16913	26770	136639	90961
宣武区	180726	20873	69899	1036315	742826
朝阳区	2136961	651918	2484767	14258351	9500342
丰台区	506533	74818	89760	2216697	1168763
石景山区	151444	19856	18733	145518	52344
海淀区	24984119	2414272	3953309	69084964	48590471
门头沟区	24020	3000		13911	7991
房山区	17965			9278	3790
通州区	90571		9800	27365	15311
顺义区	81083		3721	31771	12697
昌平区	655490	65646	22571	1775847	1134114
大兴区	99082	8264		24458	10219
怀柔区	5765	1701		5463	2232
平谷区	5189	500		29732	19624
密云县	25170			17886	3009
延庆县	2330			1941	1219
北京经济技术开发区	88868	101570	222851	3532945	2513723

计量单位：千元

营业费用	主营业务税金及附加	其他业务收入	其他业务利润	管理费用				
					#税金	差旅费	工会经费	排污费
4803320	1644955	1005877	605165	7804352	113745	131198	48132	629
3327867	1265515	806391	518214	5916924	102907	63809	39664	605
819914	447849	236720	121446	2669671	58669	26606	23237	333
2259984	713469	524017	368300	2732255	41578	27350	14682	272
247969	104197	45654	28468	514998	2660	9853	1745	
1223630	250259	119347	58721	1298872	7305	48936	4614	-3
211084	97043	22662	18493	399762	1104	12996	1927	
169302	46127	16140	12639	247966	627	12714	1921	
41782	50916	6522	5854	151796	477	282	6	
40739	32138	57477	9737	188794	2429	5457	1927	27
4096929	647351	646635	459601	4765448	44543	369469	27736	163
2157805	340325	314387	209943	2533984	30104	197309	16447	126
63453	27517	28469	18185	208310	2035	10024	1350	10
94166	7071	10063	5244	85414	340	6112	88	1
1781505	272438	293716	226229	1937740	12064	156024	9851	26
4625393	505258	1213928	1032625	8142920	42730	456783	25507	-402
3718633	341274	1014342	864899	6264932	34385	370071	18408	-390
404573	44989	64095	45059	600610	5906	31388	1154	3
3314060	296285	950247	819840	5664322	28479	338683	17254	-393
906760	163984	199586	167726	1877988	8345	86712	7099	-12
1732879	463749	378166	253305	1248441	12228	125436	7447	16
1504200	771939	385771	290124	5537435	86910	85785	33466	582
15403	2307	2792	2161	34299	139	9391	37	12
114983	23579	64226	10749	196231	1192	6506	2290	1
2222608	339158	375901	304534	2489249	24582	94991	21280	64
222736	45259	117491	78935	441015	2354	13968	2436	100
53645	5715	21708	19311	59920	1340	2471	85	2
7297160	1007319	1474555	1102989	9970083	66298	588798	32261	-395
1663	455	2522	1179	5706	26	255	4	
2905	398	3	-57	2847	34	145	14	
7224	703	117	115	9775	68	489	10	1
7058	935	1869	1413	8485	118	325	15	
158180	36456	15207	7818	287728	1614	17428	847	2
10448	1069	3254	3249	13101	40	703	2	
1928	315	279	264	1850	28	95		
694	1284	109	101	7311	33	242	30	5
8263	515	783	303	7184	11	447		
940	148			556	6	43		
162725	96261	21687	20898	391504	3997	9932	1151	

2-4 续表 6

	财务费用	利息支出（净额）	营业利润	投资收益	补贴收入	利润总额
总 计	**1300023**	**1135728**	**9348057**	**44537055**	**1319533**	**55026667**
一、按登记注册类型分						
内资	1264167	1161032	1465374	44652507	942101	46833936
国有	-831951	-782384	2009748	44174418	312631	45658913
集体	5366	3594	-4756	290	932	-8042
股份合作	5375	3384	-16844	1313	603	-2832
国有联营	-67	-67	-396		199	-198
集体联营			-48			2
国有与集体联营	-10	-10	-772	28		-743
其他联营	-14	-14	21			32
国有独资公司	1302171	1328495	-1306991	30041	3785	-1306654
其他有限责任公司	786230	635473	-763139	262180	276364	467041
股份有限公司	-34172	-41105	679279	56495	86545	769573
私营独资	-36	-43	-23807		779	-22472
私营合伙	-39	-54	-645	53	600	443
私营有限责任公司	40310	23107	820074	125739	195999	1143121
私营股份有限公司	-9051	-9344	73211	1950	63664	135287
其他	55		439			465
港澳台商投资	65078	30431	735711	26635	94481	959670
与港澳台商合资经营	4148	-1220	-65505	2689	8091	-14547
与港澳台商合作经营	1000	-15	-18250	-325	388	-7382
港澳台商独资	49385	22247	840509	22125	84369	960890
港澳台商投资股份有限公司	10545	9419	-21043	2146	1633	20709
外商投资	-29222	-55735	7146972	-142087	282951	7233061
中外合资经营	-1189	-5322	60582	-824	24349	102553
中外合作经营	-92	-143	46		262	-26
外资企业	-34677	-56967	7070786	-141518	258340	7114341
外商投资股份有限公司	6736	6697	15558	255		16193
二、按隶属关系分						
中央	741139	736200	168488	44280521	349495	44491916
地方	46329	29917	162790	-9327	64314	300225
其他	512555	369611	9016779	265861	905724	10234526

计量单位：千元

应　交 所得税	可供分配 利　　润	劳动、失业 保 险 费	养老保险 和 医疗保险	住房公积金 和 住房补贴	本年应付 工资总额 （贷方累计 发生额）	本年应付 福利费总额 （贷方累计 发生额）	本年应交 增值税 （不含期初 未抵扣税）	本　　年 实缴关税
6392053	**85306432**	**289009**	**1448082**	**951246**	**15283931**	**1511576**	**2135658**	**1091415**
2426330	74940798	129037	862439	365139	8809807	819807	1233866	476357
1908920	68633731	19951	212185	115765	2984615	127340	33037	1973
771	5577	205	2501	608	20907	2588	8531	390
1858	8161	93	1197	233	42171	3911	2699	22
20	128	4	121	130	1961	257	296	
					158	30	3	
57	8	5	119	74	1298	131	255	
	1	8	154	8	3010	179	10	
78168	-47960	18440	75639	70143	414317	62899	1306	
166426	2688321	63491	232443	89300	2450955	293405	493947	431654
113002	1822361	7956	82219	39921	692553	71705	228675	2482
157	133	109	2045	826	20419	2526	2115	
484	979	18	350	555	9845	1357	1439	12
142625	1463832	16811	237075	35139	1914092	219445	374172	35223
13749	365046	1946	16391	12437	252608	34031	87375	4601
93	480				898	3	6	
1749482	463185	13327	109528	119985	1147598	101078	180438	395274
8107	55262	974	12370	5077	135531	10783	11877	
777	7244	202	3240	1638	34761	9253	821	
1740598	400679	12129	93482	113125	974215	80439	166981	395274
		22	436	145	3091	603	759	
2216241	9902449	146645	476115	466122	5326526	590691	721354	219784
37044	574252	8341	91379	69433	1150981	43211	134611	9610
68	22712	199	3609	1385	44259	861	577	
2177513	9246053	138050	380100	394770	4119070	545206	582671	210174
1616	59432	55	1027	534	12216	1413	3495	
2037637	70733655	52553	361533	226376	3934452	255212	95505	12997
33540	670477	7196	58817	17321	582592	57638	83552	18491
4320876	13902300	229260	1027732	707549	10766887	1198726	1956601	1059927

2-4 续表 7

	财务费用	利息支出（净额）	营业利润	投资收益	补贴收入	利润总额
三、按行业小类分						
电信和其他信息传输服务业	713984	668956	7808025	44183165	345440	51035417
电信	694180	666330	6507787	44126650	254205	49545125
固定电信服务	733874	816241	1195495	9753431	254099	10874020
移动电信服务	-140895	-171237	5431679	34338472	62	38766404
其他电信服务	101201	21326	-119387	34747	44	-95299
互联网信息服务	21729	14782	629797	44947	80688	778217
广播电视传输服务	3773	-5709	635165	-3048	6529	659509
有线广播电视传输服务	4802	-4042	212309	-3102	6529	235924
无线广播电视传输服务	-1029	-1667	422856	54		423585
卫星传输服务	-5698	-6447	35276	14616	4018	52566
计算机服务业	393957	330342	980564	171686	91682	1892749
计算机系统服务	73386	40734	1015510	-12794	57807	1662041
数据处理	-10035	-8920	139309	2116	1999	148003
计算机维修	-1119	-1207	-19961	-39	35	-19075
其他计算机服务	331725	299735	-154294	182403	31841	101780
软件业	192082	136430	559468	182204	882411	2098501
公共软件服务	136071	90686	-317279	119737	731595	881572
基础软件服务	9107	372	-3231	289	67439	72069
应用软件服务	126964	90314	-314048	119448	664156	809503
其他软件服务	56011	45744	876747	62467	150816	1216929
四、按地区分						
东城区	2737	-4815	6218505	-129936	10584	5638198
西城区	597417	660631	-426703	44115993	285492	43113334
崇文区	-154	-194	-4016	6	4433	812
宣武区	8057	7643	-38612	7214	21315	-9260
朝阳区	28576	12470	-17048	42280	105523	195221
丰台区	9287	-2648	408572	53439	39649	492506
石景山区	727	693	-7522	104	1094	-13265
海淀区	638279	456123	2684641	196775	818545	4794813
门头沟区	6	-8	-731		1	-749
房山区	9	-10	-728		54	-689
通州区	1103	1101	-6636			-7145
顺义区	-21	-109	4030		-370	4905
昌平区	9910	2134	157277	196865	21730	378259
大兴区	-571	-716	-6559	665	31	-5919
怀柔区	-2	-2	-596		3	-167
平谷区	-23	-26	943			976
密云县	11	-2	-793			-795
延庆县			-922			-413
北京经济技术开发区	4675	3463	384955	53650	11449	446045

计量单位：千元

应交所得税	可供分配利润	劳动、失业保险费	养老保险和医疗保险	住房公积金和住房补贴	本年应付工资总额（贷方累计发生额）	本年应付福利费总额（贷方累计发生额）	本年应交增值税（不含期初未抵扣税）	本年实缴关税
5829733	77255888	52881	440212	338849	5068002	393652	102021	18372
5727958	75535124	38339	331759	296941	3937033	277681	8085	6
1823463	4637767	15225	211161	125743	2162702	134809	152	6
3879906	70660562	7384	92948	158685	1562793	111841	95	
24589	236795	15730	27650	12513	211538	31031	7838	
68027	835342	9071	65491	25444	746348	73607	72470	17012
19369	851139	2784	32132	10842	284858	34083	21222	1056
16314	425837	2432	25673	5993	190094	21920	21173	
3055	425302	352	6459	4849	94764	12163	49	1056
14379	34283	2687	10830	5622	99763	8281	244	298
335051	4006123	157318	425224	340948	4525226	489585	615141	437545
186997	3323171	136255	207010	114624	2165693	199277	349389	24522
21312	299668	1387	12607	6131	120887	18379	14069	414
1130	2437	202	3620	1181	95061	11486	17016	78
125612	380847	19474	201987	219012	2143585	260443	234667	412531
227269	4044421	78810	582646	271449	5690703	628339	1418496	635498
170696	2227235	69498	467203	212706	4354070	490824	1169302	628224
24036	275121	3447	43065	14509	436702	43351	101051	2494
146660	1952114	66051	424138	198197	3917368	447473	1068251	625730
56573	1817186	9312	115443	58743	1336633	137515	249194	7274
1948808	7970779	35713	91887	53551	700007	134424	24537	1041
3461350	67087149	22270	288042	225170	3885842	263638	59630	2688
158	1546	110	1670	586	20549	2447	3423	1166
18948	-2842	6046	31514	9730	168629	21283	9663	150
135301	1061809	38271	284067	260931	2882724	281017	351870	31215
18747	660969	4782	35967	13059	289654	35078	78050	5168
881	3537	798	11853	1967	50571	4736	2096	13
746370	7785843	178178	661029	364556	6780128	723418	1522096	1039130
36	9	23	161		3587	256	152	
106	342	18	209	58	3064	370	79	12
208	832	21	248	16	7051	539	543	
1264	3034	53	406	146	6716	436	235	
19753	233549	1000	19425	6551	215766	17089	30603	164
181	1265	51	876	212	7825	749	216	
100	240	5	63	195	1406	165	45	11
33	451	8	169	40	11117	211		
126	1044	1	29		2477	170	31	
4			3		637	46	10	
39679	496876	1661	20464	14478	246181	25504	52379	10657

2-5 信息传输、计算机服务和软件业

	单位数（个）	资产合计	#现金	有价证券	对外投资
总计	**61**	**8819720**	**91133**		**398906**
一、按登记注册类型分					
内资	61	8819720	91133		398906
国有	57	8817644	91085		398906
私营独资	1	145	21		
私营合伙	1	200			
其他	2	1731	27		
二、按隶属关系分					
中央	38	8464188	15875		385606
地方	18	210709	3017		800
其他	5	144823	72241		12500
三、按行业小类分					
电信和其他信息传输服务业	18	2474871	15173		130728
互联网信息服务	7	787919	15081		122547
广播电视传输服务	11	1686952	92		8181
有线广播电视传输服务	4	96894	44		8181
无线广播电视传输服务	7	1590058	48		
计算机服务业	39	6103421	3759		255678
计算机系统服务	10	2665210	599		208413
数据处理	11	423584	72		35500
计算机维修	1	9268	1		
其他计算机服务	17	3005359	3087		11765
软件业	4	241428	72201		12500
公共软件服务	2	74870			
基础软件服务	1	3539			
应用软件服务	1	71331			
其他软件服务	2	166558	72201		12500
四、按地区分					
东城区	10	535788	110		34200
西城区	10	3973295	63		7940
宣武区	6	32391	19		
朝阳区	7	157141	15012		26800
丰台区	1	78042	17		
石景山区	1	200			
海淀区	18	3236101	72870		233419
房山区	1	44979	4		
通州区	1	140300	1		
顺义区	1	145	21		
大兴区	2	3926	2945		800
平谷区	1	3539			
密云县	1	4637	21		
北京经济技术开发区	1	609236	50		95747

法人单位主要财务状况(事业会计制度)

计量单位：千元

固定资产原价	累计折旧	负债合计	上年结余	本年收入				
				合计	#财政拨款	上级补助收入	事业收入	事业单位经营收入
2878683	**271901**	**4023452**	**443400**	**1874345**	**872426**	**288008**	**291793**	**105230**
2878683	271901	4023452	443400	1874345	872426	288008	291793	105230
2878289	271890	4023319	443456	1871697	872426	288008	289255	105120
135	11			77				77
92			-7	42			42	
167		133	-49	2529			2496	33
2700796	271890	4006918	379175	1649670	757192	261971	286965	95747
124516		13774	34769	132259	115234	7398	2290	3447
53371	11	2760	29456	92416		18639	2538	6036
1388561	185829	352613	269140	740120	480177	94606	100610	60864
543043	165538	329940	88890	326487	250670	5000	9428	60864
845518	20291	22673	180250	413633	229507	89606	91182	
39155	20291	13107	784	78336	54576	375	23124	
806363		9566	179466	335297	174931	89231	68058	
1365197	85942	3645199	144744	1032458	383391	174763	188105	38440
841572	83023	1526096	27588	682053	157667	110562	163551	6341
285768	2919	23361	94319	184741	144607	2188	7603	27150
895		1033	1743	12647	12647			
236962		2094709	21094	153017	68470	62013	16951	4949
124925	130	25640	29516	101767	8858	18639	3078	5926
71554		3539	4	8208	8208			
223		3539		3850	3850			
71331			4	4358	4358			
53371	130	22101	29512	93559	650	18639	3078	5926
379496		25342	93723	214004	120308	53588	14676	24497
570398		2076072	195617	334152	172276	81092	74684	
17546	2919	1917	1743	24414	17556	2123		4600
61452	144	36894	46287	226351	214269		11868	
13893		12113	17541	48144	45992		2152	
92			-7	42			42	
1216810	103303	1550617	56310	903847	244023	148380	188371	13692
33976		223	3311	16628	13974	2635		
112821		57		35382	35292			
135	11			77				77
181				4514	3000			1500
223		3539		3850	3850			
4616		4637	104	2076	1886	190		
467044	165524	312041	28771	60864				60864

2-5 续表

	本年支出合计	#人员支出	公用支出	#福利费	劳务费	就业补助费	取暖费	差旅费
总计	**1714668**	**219557**	**954293**	**12267**	**57974**	**1**	**16353**	**17566**
一、按登记注册类型分								
内资	1714668	219557	954293	12267	57974	1	16353	17566
国有	1712048	219137	952140	12263	57948	1	16350	17546
私营独资	72	39	33				3	1
私营合伙	55	41	14		2			
其他	2493	340	2106	4	24			19
二、按隶属关系分								
中央	1563400	202068	885780	11532	57409		16022	17006
地方	98515	14651	20218	528	539	1	328	540
其他	52753	2838	48295	207	26		3	20
三、按行业小类分								
电信和其他信息传输服务业	669029	62828	456165	2020	1771		9256	8844
互联网信息服务	344110	23263	235572	1598	531		2093	2443
广播电视传输服务	324919	39565	220593	422	1240		7163	6401
有线广播电视传输服务	24772	5960	16030	114	187		441	82
无线广播电视传输服务	300147	33605	204563	308	1053		6722	6319
计算机服务业	983719	148182	447607	9948	56160	1	6827	8641
计算机系统服务	625654	100461	256293	8668	9494	1	5084	5298
数据处理	230198	15137	129036	316	34022		737	1243
计算机维修	6972	746	72					
其他计算机服务	120895	31838	62206	964	12644		1006	2100
软件业	61920	8547	50521	299	43		270	81
公共软件服务	8208	4121	2808	22	43		179	39
基础软件服务	3850	1317	2013	2	42		1	14
应用软件服务	4358	2804	795	20	1		178	25
其他软件服务	53712	4426	47713	277			91	42
四、按地区分								
东城区	260041	28115	172213	513	46099		362	2141
西城区	308320	28618	178066	597	1358		5716	6965
宣武区	18143	2762	2312	77	231		52	78
朝阳区	217703	14175	191659	679	227	1	2161	1084
丰台区	22069	4361	4875		274		547	222
石景山区	55	41	14		2			
海淀区	736861	118878	336206	8947	9684		6356	5657
房山区	16104	3335	10814	41			424	100
通州区	23800	5857	16102	21			678	68
顺义区	72	39	33				3	1
大兴区	4145	2054	2091	322				
平谷区	3850	1317	2013	2	42		1	14
密云县	1894	876	840	85	4		41	
北京经济技术开发区	101611	9129	37055	983	53		12	1236

计量单位：千元

各种设备交通工具图书资料购置费	对个人和家庭补助支出	#助学金	抚恤和生活补助	事业单位经营支出	#人员支出	对个人和家庭补助支出	收支结余	事业结余	经营收支结余	事业单位经营税金
156524	**94654**	**3436**	**3068**	**76546**	**7488**	**83**	**603077**	**596615**	**6462**	**7350**
156524	94654	3436	3068	76546	7488	83	603077	596615	6462	7350
156358	94654	3436	3068	76546	7488	83	603105	596648	6457	7297
29							5		5	
12							-20	-20		1
125							-13	-13		52
154289	92897	3436	3055	74265	6995	83	465445	462654	2791	6848
2069	1757		13	1325	493		68513	68040	473	144
166				956			69119	65921	3198	358
54816	18953		2697	55427	2403		340231	352207	-11976	3058
38148	2322			55427	2403		71267	83243	-11976	3058
16668	16631		2697				268964	268964		
523	181		4				54348	54348		
16145	16450		2693				214616	214616		
100177	74922	3436	371	20163	5085	83	193483	178294	15189	3818
16317	64801	3436	353	5954	1100		83987	83274	713	2069
63481	4721		18	10136	3462	83	48862	33343	15519	1437
	49						7418	7418		
20379	5351			4073	523		53216	54259	-1043	312
1531	779			956			69363	66114	3249	474
1531	779						4	4		
1457	20									
74	759						4	4		
				956			69359	66110	3249	474
81242	5493		9	7066	3790	83	47686	31399	16287	1577
12461	12072		176				221449	221449		110
138	358		9	4395	165		8014	8059	-45	4
3508	2183						54935	54879	56	227
554	976						43616	43616		
12							-20	-20		1
20939	69578	3436	2849	9658	1130		223296	221161	2135	2460
366	1955		15				3835	3835		
655	1841		6				11582	11582		
29							5		5	
							369	369		
1457	20									
392	178		4				286	286		
34771				55427	2403		-11976		-11976	2971

批发和零售业

《北京经济普查年鉴—2004》

第三产业卷

3-1 批发零售业经营机构和人员情况

	机构数（个）	法人单位	产业活动单位	个体	从业人员（人）	法人单位	个体
总计	**366927**	**65084**	**12575**	**289268**	**1390151**	**832167**	**557984**
一、按登记注册类型分							
内资	365688	64725	11695	289268	1347235	789251	557984
国有	4341	2631	1710	—	81850	81850	—
集体	4761	3544	1217	—	41391	41391	—
股份合作	8248	7622	626	—	44019	44019	—
国有联营	41	36	5	—	686	686	—
集体联营	60	48	12	—	338	338	—
国有与集体联营	89	53	36	—	939	939	—
其他联营	39	30	9	—	336	336	—
国有独资公司	209	178	31	—	8055	8055	—
其他有限责任公司	11695	8242	3453	—	181341	181341	—
股份有限公司	1857	1148	709	—	38656	38656	—
私营独资	2212	2077	135	—	8334	8334	—
私营合伙	1145	1092	53	—	5405	5405	—
私营有限责任公司	38469	35194	3275	—	356070	356070	—
私营股份有限公司	2897	2682	215	—	21275	21275	—
其他	357	148	209	—	556	556	—
个体	289268	—	—	289268	557984	—	557984
港澳台商投资	389	109	280	—	5041	5041	—
与港澳台商合资经营	138	46	92	—	3255	3255	—
与港澳台商合作经营	21	4	17	—	156	156	—
港澳台商独资	218	57	161	—	1608	1608	—
港澳台商投资股份有限公司	12	2	10	—	22	22	—
外商投资	850	250	600	—	37875	37875	—
中外合资经营	333	101	232	—	15688	15688	—
中外合作经营	35	9	26	—	1167	1167	—
外资企业	466	136	330	—	20898	20898	—
外商投资股份有限公司	16	4	12	—	122	122	—
二、按行业大类分							
批发业	67094	31590	3242	32262	492164	420775	71389
零售业	299833	33494	9333	257006	897987	411392	486595
三、按地区分							
东城区	8849	3664	1138	4047	74985	67083	7902
西城区	21669	4607	1523	15539	99793	69251	30542
崇文区	12440	2117	544	9779	48500	29703	18797
宣武区	11713	3018	602	8093	52628	37872	14756
朝阳区	78769	14028	2447	62294	335982	211237	124745
丰台区	54195	6368	1222	46605	172532	79360	93172
石景山区	9786	1738	416	7632	38944	24534	14410
海淀区	56919	18698	1792	36429	258530	187825	70705
门头沟区	4163	624	182	3357	11304	5445	5859
房山区	14930	1746	388	12796	40634	17731	22903
通州区	16571	1355	179	15037	45069	17833	27236
顺义区	13216	890	248	12078	37701	13856	23845
昌平区	17063	1644	278	15141	50042	19642	30400
大兴区	19385	2186	399	16800	55095	22972	32123
怀柔区	6362	728	128	5506	19006	7802	11204
平谷区	5448	467	222	4759	12012	3952	8060
密云县	9460	578	254	8628	21669	7911	13758
延庆县	5248	435	140	4673	12327	4927	7400
北京经济技术开发区	284	193	16	75	3398	3231	167
其他	457	—	457	—	—	—	—

注：本表产业活动单位指全部法人单位所属的，从事批发零售业的产业活动单位,包括外地法人在北京的产业活动单位。

3-2 批发零售企业法人及产业活动单位基本情况

	法人单位数（个）	单产业法人	多产业法人	批发零售业产业活动单位数（个）	其他行业附营产业活动单位数	从业人员（人）	#大学本科学历及以上人员	#中级技术职称及以上人员
总计	**65084**	**60923**	**4161**	**12575**	**3595**	**832167**	**141648**	**78407**
一、按登记注册类型分								
内资	64725	60618	4107	11695	2929	789251	125342	76621
国有	2631	2346	285	1710	454	81850	16954	13716
集体	3544	3263	281	1217	630	41391	2092	2241
股份合作	7622	7307	315	626	93	44019	3860	2999
国有联营	36	33	3	5	2	686	123	109
集体联营	48	45	3	12	2	338	21	14
国有与集体联营	53	47	6	36	25	939	126	112
其他联营	30	28	2	9	6	336	34	26
国有独资公司	178	160	18	31	7	8055	2656	2042
其他有限责任公司	8242	7630	612	3453	754	181341	29585	17872
股份有限公司	1148	1086	62	709	143	38656	5076	2671
私营独资	2077	2027	50	135	49	8334	577	403
私营合伙	1092	1071	21	53	8	5405	553	377
私营有限责任公司	35194	32866	2328	3275	639	356070	60788	32247
私营股份有限公司	2682	2566	116	215	60	21275	2848	1751
其他	148	143	5	209	57	556	49	41
港澳台商投资	109	97	12	280	269	5041	931	401
与港澳台商合资经营	46	40	6	92	84	3255	475	208
与港澳台商合作经营	4	3	1	17	17	156	19	8
港澳台商独资	57	53	4	161	160	1608	431	182
港澳台商投资股份有限公司	2	1	1	10	8	22	6	3
外商投资	250	208	42	600	397	37875	15375	1385
中外合资经营	101	84	17	232	148	15688	2223	480
中外合作经营	9	8	1	26	21	1167	196	24
外资企业	136	112	24	330	216	20898	12944	881
外商投资股份有限公司	4	4		12	12	122	12	
二、按隶属关系分								
中央	1714	1580	134	684	129	65372	22563	16506
地方	5298	4754	544	3509	1021	143940	11543	8966
其他	58072	54589	3483	8382	2445	622855	107542	52935
三、按行业大类分								
批发业	31590	29803	1787	3242	1302	420775	94874	51803
零售业	33494	31120	2374	9333	2293	411392	46774	26604

3-2 续表

	法人单位数(个)	单产业法人	多产业法人	批发零售业产业活动单位数(个)	其他行业附营产业活动单位数	从业人员(人)	#大学本科学历及以上人员	#中级技术职称及以上人员
四、按开业时间分								
2004年	10252	10065	187	2725	580	81017	14606	7153
2000-2003年	33580	31552	2028	6152	1816	355770	59098	31845
1990-1999年	17394	15868	1526	2486	900	304406	50791	26531
1978-1989年	1855	1587	268	676	196	52782	11589	8877
1966-1977年	77	63	14	36	10	5643	727	657
1950-1965年	229	119	110	310	24	19367	2354	1915
1949年以前	32	13	19	16	1	3770	352	404
五、按营业状态分								
营业	55303	51379	3924	10568	2582	775970	129715	71837
停业(筹建)	6664	6492	172	1263	678	34514	7357	4238
筹建	1665	1656	9	316	129	9412	2131	1025
当年关闭	133	127	6	142	88	636	44	32
当年破产	15	14	1	2	1	81	5	5
其他	1304	1255	49	284	117	11554	2396	1270
六、按控股情况分								
国有绝对控股	3828	3395	433	2726	508	155206	30456	22364
国有相对控股	505	451	54	321	13	16424	1926	1074
其他	60751	57077	3674	9528	3074	660537	109266	54969
七、按地区分								
东城区	3664	3330	334	1138	348	67083	12992	7311
西城区	4607	4100	507	1523	678	69251	11967	8087
崇文区	2117	1918	199	544	132	29703	3221	2007
宣武区	3018	2735	283	602	181	37872	5859	4388
朝阳区	14028	13065	963	2447	795	211237	45689	20275
丰台区	6368	6030	338	1222	466	79360	7363	5031
石景山区	1738	1531	207	416	77	24534	2510	1337
海淀区	18698	18016	682	1792	375	187825	43346	22843
门头沟区	624	561	63	182	41	5445	328	288
房山区	1746	1627	119	388	37	17731	823	1090
通州区	1355	1324	31	179	24	17833	1036	890
顺义区	890	840	50	248	30	13856	1146	655
昌平区	1644	1542	102	278	36	19642	1358	997
大兴区	2186	2077	109	399	59	22972	1798	1265
怀柔区	728	695	33	128	18	7802	672	568
平谷区	467	424	43	222	11	3952	169	135
密云县	578	530	48	254	29	7911	414	555
延庆县	435	399	36	140	39	4927	164	191
北京经济技术开发区	193	179	14	16	7	3231	793	494
其他	—	—	—	457	212	—	—	—

注：七、按地区分组“其他”中的“批发零售业产业活动单位数”指：经营地在外省市的批发零售业产业活动单位数；“其他行业附营产业活动单位数”指：外省市法人单位在京经营的批发零售业产业活动单位。

3-3 批发企业法人及产业活动单位基本情况

	法人			批发业		从业人员		
	单位数（个）	单产业法人	多产业法人	产业活动单位数（个）	其他行业附营产业活动单位数	（人）	#大学本科学历及以上人员	#中级技术职称及以上人员
总计	**31590**	**29803**	**1787**	**3242**	**1302**	**420775**	**94874**	**51803**
一、按登记注册类型分								
内资	31368	29611	1757	2775	916	398627	81135	50485
国有	1451	1332	119	281	110	47430	14543	11764
集体	1399	1298	101	234	45	16777	1131	1057
股份合作	1885	1821	64	109	23	13921	1445	1143
国有联营	18	16	2	1	1	283	76	65
集体联营	12	12		2	1	76	8	7
国有与集体联营	28	25	3	9	5	551	104	82
其他联营	12	11	1	2		130	23	16
国有独资公司	132	122	10	13	6	6082	2562	1992
其他有限责任公司	4692	4414	278	823	362	86912	19739	12072
股份有限公司	520	504	16	130	86	10208	2366	1452
私营独资	485	474	11	18	8	2460	221	144
私营合伙	316	308	8	10	1	1836	225	143
私营有限责任公司	19124	18031	1093	1025	221	200664	36950	19540
私营股份有限公司	1269	1218	51	82	29	11190	1726	994
其他	25	25		36	18	107	16	14
港澳台商投资	71	63	8	143	140	1822	479	264
与港澳台商合资经营	28	25	3	47	44	543	154	87
与港澳台商合作经营	3	2	1	5	5	48	18	7
港澳台商独资	39	35	4	88	88	1229	305	168
港澳台商投资股份有限公司	1	1		3	3	2	2	2
外商投资	151	129	22	324	246	20326	13260	1054
中外合资经营	48	45	3	90	83	1535	771	192
中外合作经营	5	5		16	16	119	36	21
外资企业	97	78	19	211	140	18670	12451	841
外商投资股份有限公司	1	1		7	7	2	2	
二、按隶属关系分								
中央	1163	1068	95	154	43	49013	20402	15043
地方	2344	2161	183	546	153	48304	6024	5206
其他	28083	26574	1509	2542	1106	323458	68448	31554

3-3 续表 1

	法人单位数(个)	单产业法人	多产业法人	批发业产业活动单位数(个)	其他行业附营产业活动单位数	从业人员(人)	#大学本科学历及以上人员	#中级技术职称及以上人员
三、按行业小类分								
农畜产品批发	637	614	23	52	23	8246	2463	1602
谷物、豆及薯类批发	87	85	2	5	3	1949	640	417
种子、饲料批发	375	361	14	31	15	3299	1167	754
棉、麻批发	44	42	2	5		1238	298	210
牲畜批发	9	8	1	1		304	36	25
其他农畜产品批发	122	118	4	10	5	1456	322	196
食品、饮料及烟草制品批发	2456	2302	154	321	150	40602	4591	2842
米、面制品及食用油批发	297	286	11	39	25	6147	710	553
糕点、糖果及糖批发	146	134	12	25	8	2803	225	179
果品、蔬菜批发	160	152	8	9	2	2345	153	112
肉、禽、蛋及水产品批发	192	185	7	15	7	4462	313	281
盐及调味品批发	182	167	15	19	4	2089	161	119
饮料及茶叶批发	585	544	41	100	55	8110	1233	448
烟草制品批发	101	90	11	5	1	3222	437	260
其他食品批发	793	744	49	109	48	11424	1359	890
纺织、服装及日用品批发	2890	2737	153	249	129	41921	5086	2771
纺织品、针织品及原料批发	689	657	32	49	22	7601	1306	938
服装批发	647	608	39	51	27	12615	1637	711
鞋帽批发	110	101	9	6	2	2982	175	53
厨房、卫生间用具及日用杂货批发	409	381	28	61	31	4656	492	224
化妆品及卫生用品批发	340	325	15	34	22	6547	494	348
其他日用品批发	695	665	30	48	25	7520	982	497
文化、体育用品及器材批发	2202	2076	126	187	86	26117	5088	2592
文具用品批发	627	591	36	58	22	4927	552	389
体育用品批发	192	177	15	20	8	1706	299	126
图书批发	489	469	20	33	24	8251	2149	1042
报刊批发	33	31	2	3	3	1471	300	127
音像制品及电子出版物批发	106	95	11	11	4	1466	284	138
首饰、工艺品及收藏品批发	329	311	18	23	7	4318	828	458
其他文化用品批发	426	402	24	39	18	3978	676	312
医药及医疗器材批发	1232	1173	59	71	40	23006	5495	3403
西药批发	152	139	13	15	8	7644	1417	1043
中药材及中成药批发	106	99	7	11	9	3957	964	543
医疗用品及器材批发	974	935	39	45	23	11405	3114	1817
矿产品、建材及化工产品批发	7715	7186	529	779	220	98484	18075	12577
煤炭及制品批发	274	256	18	66	4	5737	1150	842
石油及制品批发	459	424	35	50	7	13617	2235	1720
非金属矿及制品批发	109	105	4	11	7	1125	286	189
金属及金属矿批发	1827	1636	191	208	40	25832	4301	3609
建材批发	3029	2883	146	235	97	26796	3532	2519
化肥批发	116	105	11	23	5	1317	324	265
农药批发	72	67	5	15	2	1042	406	259
农用薄膜批发	18	16	2	6		226	36	40
其他化工产品批发	1811	1694	117	165	58	22792	5805	3134
机械设备、五金交电及电子产品批发	11921	11314	607	1137	517	148957	43149	19114
农业机械批发	115	105	10	17	5	1976	372	227
汽车、摩托车及零配件批发	914	837	77	108	33	11606	2488	1488
五金、交电批发	2121	2044	77	202	92	19300	2262	1611
家用电器批发	522	481	41	65	26	13056	3271	694
计算机、软件及辅助设备批发	2952	2844	108	245	133	28793	8649	3298
通讯及广播电视设备批发	618	572	46	72	33	16752	8906	1405
其他机械设备及电子产品批发	4679	4431	248	428	195	57474	17201	10391
贸易经纪与代理	924	893	31	82	50	13119	5874	3662
其他批发	1613	1508	105	364	87	20323	5053	3240
再生物资回收与批发	321	280	41	210	5	3932	157	125
其他未列明的批发	1292	1228	64	154	82	16391	4896	3115

3-3 续表 2

	法人			批发业		从业人员		
	单位数（个）	单产业法人	多产业法人	产业活动单位数（个）	其他行业附营产业活动单位数	（人）	#大学本科学历及以上人员	#中级技术职称及以上人员
四、按开业时间分								
2004年	4726	4661	65	821	203	39583	8225	4143
2000-2003年	16400	15479	921	1565	696	189739	37324	19955
1990-1999年	8603	7963	640	626	343	144000	35486	17217
1978-1989年	908	793	115	111	30	30894	10364	7770
1966-1977年	36	31	5	6	1	2708	619	575
1950-1965年	94	58	36	45	1	8329	1465	1271
1949年以前	5	3	2	4		785	273	336
五、按营业状态分								
营业	26820	25127	1693	2443	877	390579	87791	47675
停业(筹建)	3354	3286	68	536	308	19751	4875	2997
筹建	818	815	3	111	48	4737	1118	536
当年关闭	68	64	4	15	12	344	21	21
当年破产	7	6	1	1	1	58	2	5
其他	523	505	18	136	56	5306	1067	569
六、按控股情况分								
国有绝对控股	2209	2028	181	421	151	78785	24317	18758
国有相对控股	261	236	25	62	3	5940	1200	707
其他	29120	27539	1581	2759	1148	336050	69357	32338
七、按地区分								
东城区	1730	1621	109	205	95	32021	9857	5480
西城区	2231	2039	192	261	118	32143	8854	6200
崇文区	1061	964	97	154	65	13793	2181	1289
宣武区	1628	1506	122	159	87	21324	4473	3379
朝阳区	7114	6655	459	793	347	113177	32410	13321
丰台区	3824	3630	194	407	161	45961	4828	3423
石景山区	781	682	99	107	15	8909	1211	738
海淀区	8588	8310	278	421	171	94700	25902	14200
门头沟区	231	210	21	41	7	2377	174	143
房山区	802	762	40	73	8	8784	571	547
通州区	641	628	13	32	7	8755	636	544
顺义区	398	382	16	39	7	6685	586	349
昌平区	656	623	33	43	10	8379	704	497
大兴区	1125	1056	69	87	14	13126	1158	772
怀柔区	233	223	10	9	4	3091	454	395
平谷区	116	109	7	11	2	1275	50	38
密云县	215	203	12	14	4	3468	294	176
延庆县	105	98	7	23	6	1414	77	78
北京经济技术开发区	111	102	9	7	6	1393	454	234
其他	—	—	—	356	168	—	—	—

注：七、按地区分组“其他”中的“批发业产业活动单位数”指：经营地在外省市的批发业产业活动单位数；“其他行业附营产业活动单位数”指：外省市法人单位在北京经营的批发业产业活动单位数。

3-4 零售企业法人及产业活动单位基本情况

	法人单位数（个）	单产业法人	多产业法人	零售业产业活动单位数（个）	其他行业附营产业活动单位数	从业人员（人）	#大学本科学历及以上人员	#中级技术职称及以上人员
总计	**33494**	**31120**	**2374**	**9333**	**2293**	**411392**	**46774**	**26604**
一、按登记注册类型分								
内资	33357	31007	2350	8920	2013	390624	44207	26136
国有	1180	1014	166	1429	344	34420	2411	1952
集体	2145	1965	180	983	585	24614	961	1184
股份合作	5737	5486	251	517	70	30098	2415	1856
国有联营	18	17	1	4	1	403	47	44
集体联营	36	33	3	10	1	262	13	7
国有与集体联营	25	22	3	27	20	388	22	30
其他联营	18	17	1	7	6	206	11	10
国有独资公司	46	38	8	18	1	1973	94	50
其他有限责任公司	3550	3216	334	2630	392	94429	9846	5800
股份有限公司	628	582	46	579	57	28448	2710	1219
私营独资	1592	1553	39	117	41	5874	356	259
私营合伙	776	763	13	43	7	3569	328	234
私营有限责任公司	16070	14835	1235	2250	418	155406	23838	12707
私营股份有限公司	1413	1348	65	133	31	10085	1122	757
其他	123	118	5	173	39	449	33	27
港澳台商投资	38	34	4	137	129	3219	452	137
与港澳台商合资经营	18	15	3	45	40	2712	321	121
与港澳台商合作经营	1	1		12	12	108	1	1
港澳台商独资	18	18		73	72	379	126	14
港澳台商投资股份有限公司	1		1	7	5	20	4	1
外商投资	99	79	20	276	151	17549	2115	331
中外合资经营	53	39	14	142	65	14153	1452	288
中外合作经营	4	3	1	10	5	1048	160	3
外资企业	39	34	5	119	76	2228	493	40
外商投资股份有限公司	3	3		5	5	120	10	
二、按隶属关系分								
中央	551	512	39	530	86	16359	2161	1463
地方	2954	2593	361	2963	868	95636	5519	3760
其他	29989	28015	1974	5840	1339	299397	39094	21381

3-4 续表 1

	法人单位数（个）	单产业法人	多产业法人	零售业产业活动单位数（个）	其他行业附营产业活动单位数	从业人员（人）	#大学本科学历及以上人员	#中级技术职称及以上人员
三、按行业小类分								
综合零售	2997	2677	320	1659	290	112347	6674	3298
百货零售	1263	1135	128	283	78	51706	2904	1625
超级市场零售	305	242	63	652	12	45027	2831	1052
其他综合零售	1429	1300	129	724	200	15614	939	621
食品、饮料及烟草制品专门零售	2492	2272	220	1562	642	24773	1691	913
粮油零售	216	193	23	281	137	2353	94	104
糕点、面包零售	133	104	29	210	31	3329	59	30
果品、蔬菜零售	127	120	7	31	15	1313	39	14
肉、禽、蛋及水产品零售	144	138	6	46	26	1309	43	53
饮料及茶叶零售	603	557	46	211	64	4060	205	146
烟草制品零售	252	225	27	116	15	1338	58	39
其他食品零售	1017	935	82	667	354	11071	1193	527
纺织、服装及日用品专门零售	2971	2650	321	1247	395	39365	2756	1586
纺织品及针织品零售	431	389	42	111	35	4383	386	230
服装零售	1130	998	132	526	244	18589	1012	511
鞋帽零售	142	126	16	65	27	4469	186	140
钟表、眼镜零售	212	148	64	343	16	3816	279	234
化妆品及卫生用品零售	272	257	15	48	25	2272	298	136
其他日用品零售	784	732	52	154	48	5836	595	335
文化、体育用品及器材专门零售	4665	4397	268	917	176	39835	5079	2679
文具用品零售	939	894	45	82	24	4967	452	238
体育用品零售	293	271	22	58	18	3149	392	181
图书零售	1158	1100	58	330	40	13725	2146	976
报刊零售	35	34	1	3	2	1823	297	185
音像制品及电子出版物零售	621	581	40	186	6	2888	281	113
珠宝首饰零售	192	178	14	20	5	2588	399	335
工艺美术品及收藏品零售	764	715	49	154	60	6528	577	371
照相器材零售	141	123	18	33	8	1307	146	60
其他文化用品零售	522	501	21	51	13	2860	389	220
医药及医疗器材专门零售	2002	1843	159	1117	76	28209	4547	3376
药品零售	738	650	88	1022	54	15151	998	1464
医疗用品及器材零售	1264	1193	71	95	22	13058	3549	1912
汽车、摩托车、燃料及零配件专门零售	3121	2868	253	812	102	43189	3924	2841
汽车零售	792	699	93	137	15	21420	2610	1720
汽车零配件零售	1586	1464	122	242	72	10214	638	557
摩托车及零配件零售	160	151	9	10	3	1023	105	115
机动车燃料零售	583	554	29	423	12	10532	571	449
家用电器及电子产品专门零售	7697	7255	442	974	177	65564	15288	7162
家用电器零售	819	750	69	185	29	13350	1267	618
计算机、软件及辅助设备零售	4076	3877	199	333	70	27320	8005	3200
通信设备零售	974	870	104	326	28	10481	2039	1071
其他电子产品零售	1828	1758	70	130	50	14413	3977	2273
五金、家具及室内装修材料专门零售	4561	4304	257	552	257	33623	2810	1903
五金零售	2477	2339	138	260	94	15129	1036	901
家具零售	389	361	28	104	74	4340	460	192
涂料零售	219	209	10	22	11	1740	174	127
其他室内装修材料零售	1476	1395	81	166	78	12414	1140	683
无店铺及其他零售	2988	2854	134	493	178	24487	4005	2846
流动货摊零售	9	8	1			70	7	10
邮购及电子销售	67	64	3	5	1	1070	253	127
生活用燃料零售	309	287	22	100	12	3427	120	144
花卉零售	213	209	4	12	8	1982	118	102
旧货零售	24	20	4	10		290	9	4
其他未列明的零售	2366	2266	100	366	157	17648	3498	2459

3-4 续表 2

	法人单位数（个）	单产业法人	多产业法人	零售业产业活动单位数（个）	其他行业附营产业活动单位数	从业人员（人）	#大学本科学历及以上人员	#中级技术职称及以上人员
四、按开业时间分								
2004年	5526	5404	122	1904	377	41434	6381	3010
2000-2003年	17180	16073	1107	4587	1120	166031	21774	11890
1990-1999年	8791	7905	886	1860	557	160406	15305	9314
1978-1989年	947	794	153	565	166	21888	1225	1107
1966-1977年	41	32	9	30	9	2935	108	82
1950-1965年	135	61	74	265	23	11038	889	644
1949年以前	27	10	17	12	1	2985	79	68
五、按营业状态分								
营业	28483	26252	2231	8125	1705	385391	41924	24162
停业(筹建)	3310	3206	104	727	370	14763	2482	1241
筹建	847	841	6	205	81	4675	1013	489
当年关闭	65	63	2	127	76	292	23	11
当年破产	8	8		1		23	3	
其他	781	750	31	148	61	6248	1329	701
六、按控股情况分								
国有绝对控股	1619	1367	252	2305	357	76421	6139	3606
国有相对控股	244	215	29	259	10	10484	726	367
其他	31631	29538	2093	6769	1926	324487	39909	22631
七、按地区分								
东城区	1934	1709	225	933	253	35062	3135	1831
西城区	2376	2061	315	1262	560	37108	3113	1887
崇文区	1056	954	102	390	67	15910	1040	718
宣武区	1390	1229	161	443	94	16548	1386	1009
朝阳区	6914	6410	504	1654	448	98060	13279	6954
丰台区	2544	2400	144	815	305	33399	2535	1608
石景山区	957	849	108	309	62	15625	1299	599
海淀区	10110	9706	404	1371	204	93125	17444	8643
门头沟区	393	351	42	141	34	3068	154	145
房山区	944	865	79	315	29	8947	252	543
通州区	714	696	18	147	17	9078	400	346
顺义区	492	458	34	209	23	7171	560	306
昌平区	988	919	69	235	26	11263	654	500
大兴区	1061	1021	40	312	45	9846	640	493
怀柔区	495	472	23	119	14	4711	218	173
平谷区	351	315	36	211	9	2677	119	97
密云县	363	327	36	240	25	4443	120	379
延庆县	330	301	29	117	33	3513	87	113
北京经济技术开发区	82	77	5	9	1	1838	339	260
其他	—	—	—	101	44	—	—	—

注：七、按地区分组中的“其他”中的“零售业产业活动单位数”指：经营地在外省市的零售业产业活动单位数；“#其他行业附营产业活动单位数”指：外省市法人单位在北京经营的零售业产业活动单位数。

3-5 社会消费品零售额

计量单位：万元

	零售额	限额以上企业	限额以下企业	个体工商户	商品交易市场	其他
总计	**26266056**	**17683053**	**2028684**	**1883944**	**2710472**	**1959903**
一、按用途分						
吃类商品	6449321	3601576	342708	939147	505947	1059943
穿类商品	2421179	1816357	120787	92169	215062	176804
用类商品	15382750	10609111	1497493	839048	1957776	479322
烧类商品	2012806	1656009	67696	13580	31687	243834
二、按行业分						
批发零售贸易业	22270408	16216034	1813161	1161631	2710472	369110
餐饮业	2501949	1467019	215523	722313		97094
其他	1493699	—	—	—	—	1493699
三、按地区分						
城镇	23090853	15882733	1820624	1473471	2111187	1802838
郊区	3175203	1800320	208060	410473	599285	157065

3-6 按登记注册类型分社会消费品零售额

计量单位：万元

	零售额	#限额以上批发零售企业	限额以下批发零售企业	限额以上餐饮企业	限额以下餐饮企业
总计	**26266056**	**16216034**	**1813161**	**1467019**	**215523**
内资	23649642	14494522	1806548	1005847	209493
国有	2091394	1596778	76172	36807	9391
集体	712728	515472	105657	35841	17677
股份合作	692134	427674	130736	65374	38493
国有联营	99142	88323	2240	3037	179
集体联营	23571	20861	1743		253
国有与集体联营	41590	17920	2101	1042	83
其他联营	3240	1802	356		429
国有独资公司	175423	48383	3268	2258	103
其他有限责任公司	5718500	4779817	248821	227686	22624
股份有限公司	2743320	2574597	29561	73691	4381
私营独资	100437	21733	28403	29022	13370
私营合伙	43957	11566	17625	8414	4344
私营有限责任公司	6278464	4187615	1097654	484969	88685
私营股份有限公司	325778	200991	60733	37706	8575
其他	5548	990	1478		906
个体	4594416	—	—	—	—
港澳台商投资	427380	167907	2199	96605	1208
与港澳台商合资经营	290530	134190	1307	70063	681
与港澳台商合作经营	27769	18946	156	5822	137
港澳台商独资	72486	12761	736	20720	375
港澳台商投资股份有限公司	36595	2010			15
外商投资	2189034	1553605	4414	364567	4822
中外合资经营	1641306	1289379	1658	281017	2258
中外合作经营	282508	213614	132	49791	278
外资企业	256510	50612	2526	33389	2199
外商投资股份有限公司	8710		98	370	87

3-7 批发零售企业

	单位数	商品购进				商品销售
	（个）	总额	市内购进	市外购进	进口额	总额
总计	**60215**	**977246192**	**304746857**	**514563290**	**157936045**	**1072256989**
一、按登记注册类型分						
内资	59898	876308145	276978382	443694695	155635068	948522267
国有	2294	193299577	34701937	101113911	57483729	209909701
集体	3288	32053862	24980886	6807705	265271	31403820
股份合作	7320	11488449	5710641	4271580	1506228	12711958
国有联营	34	1735896	1080013	88041	567842	2041567
集体联营	45	115564	83307	25217	7040	237286
国有与集体联营	46	1385644	181218	1150360	54066	1459839
其他联营	26	75146	3498	71533	115	90938
国有独资公司	131	26256742	3929572	10310082	12017088	27112125
其他有限责任公司	7434	290002816	75461334	155281590	59259892	324230457
股份有限公司	1063	97114285	21406962	63868784	11838539	105611699
私营独资	1965	898102	509270	385843	2989	1027650
私营合伙	1045	1131210	843883	240835	46492	1175017
私营有限责任公司	32655	212348018	104394457	95745856	12207705	222114403
私营股份有限公司	2411	8371979	3667302	4326605	378072	9357162
其他	141	30855	24102	6753		38645
港澳台商投资	101	1952141	1266414	557848	127879	2405976
与港澳台商合资经营	44	1247555	1005357	230026	12172	1629175
与港澳台商合作经营	4	201151	199528	1623		192965
港澳台商独资	52	484719	42813	326199	115707	563741
港澳台商投资股份有限公司	1	18716	18716			20095
外商投资	216	98985906	26502061	70310747	2173098	121328746
中外合资经营	92	29949387	9202462	20617527	129398	32010572
中外合作经营	9	1704729	318283	1386446		2198697
外资企业	111	67331133	16980841	48306592	2043700	87118500
外商投资股份有限公司	4	657	475	182		977
二、按隶属关系分						
中央	1446	418085333	55306372	239768244	123010717	458116935
地方	4817	110300846	57832922	47754054	4713870	122010597
其他	53952	448860013	191607563	227040992	30211458	492129457

商品购进、销售、库存总值

计量单位：千元

批发额				零售额			年末
	市内批发	市外批发	出口额		对居民	对社会集团	库存额
891965035	**288048224**	**535086048**	**68830763**	**180291954**	**130778545**	**49513409**	**127686857**
785511573	273366198	452075252	60070123	163010694	115394733	47615961	119954468
193180197	39271706	128146183	25762308	16729504	11420125	5309379	34093071
25192534	19718047	5449353	25134	6211286	4539441	1671845	2711667
7127848	4527249	2325617	274982	5584110	3595044	1989066	1888548
1135937	461395	674542		905630	503930	401700	144453
11242	2975	8267		226044	186680	39364	24627
1259631	122773	216574	920284	200208	181736	18472	46493
69362	12639	56723		21576	19121	2455	9021
26595611	4367584	18293638	3934389	516514	440784	75730	2585737
273944080	72499825	180521229	20923026	50286377	39219963	11066414	45150755
79570117	26513445	47181858	5874814	26041582	21113037	4928545	6431649
526293	418646	103888	3759	501357	335747	165610	175371
883112	418788	445903	18421	291905	127202	164703	152815
169261714	100934705	66268600	2058409	52852689	32288883	20563806	25437187
6739921	4086831	2378493	274597	2617241	1413854	1203387	1089598
13974	9590	4384		24671	9186	15485	13476
704915	375870	322138	6907	1701061	1382672	318389	333946
274206	216948	57258		1354969	1320028	34941	176669
1947		1947		191018	47710	143308	1303
428762	158922	262933	6907	134979	866	134113	155855
				20095	14068	6027	119
105748547	14306156	82688658	8753733	15580199	14001140	1579059	7398443
19100197	3075691	16018462	6044	12910375	11602373	1308002	3320266
61231	15807	45424		2137466	2060027	77439	140630
86587119	11214658	66624772	8747689	531381	338187	193194	3935021
				977	553	424	2526
436814262	74181088	314333061	48300113	21302673	15779304	5523369	60729947
75079577	41822887	26660290	6596400	46931020	37224683	9706337	16136455
380071196	172044249	194092697	13934250	112058261	77774558	34283703	50820455

3-7 续表 1

	单位数（个）	商品购进总额	市内购进	市外购进	进口额	商品销售总额
三、按行业大类分						
批发业	27694	792085308	193670182	446394044	152021082	869627529
零售业	32521	185160884	111076675	68169246	5914963	202629460
四、按控股情况分						
国有绝对控股	3318	475649892	78282799	271625665	125741428	524232108
国有相对控股	464	21017298	6915639	11218691	2882968	24219446
其他	56433	480579002	219548419	231718934	29311649	523805435
五、按企业规模分						
大型企业	118	237244510	76375355	135429597	25439558	256611161
中型企业	298	19348889	11018038	7415224	915627	21995170
小型企业	59799	720652793	217353464	371718469	131580860	793650658
六、按限额标准分						
限额以上	5981	898515443	263017378	481356668	154141397	983129127
限额以下	54234	78730749	41729479	33206622	3794648	89127862
七、按地区分						
东城区	3394	114103513	16072210	59870433	38160870	115763209
西城区	4101	112914989	22886333	45548934	44479722	120301088
崇文区	1912	18242416	7067303	9269182	1905931	20778560
宣武区	2801	52164286	13435273	32703650	6025363	54131103
朝阳区	12839	308062552	83974842	197327411	26760299	338562037
丰台区	5765	49164852	19352782	27863314	1948756	52472589
石景山区	1600	18568420	13293837	4980670	293913	19797351
海淀区	17731	217895571	76054340	105158746	36682485	260082143
门头沟区	525	1999968	1071714	919386	8868	2135060
房山区	1667	19436627	16308638	3084166	43823	20469913
通州区	1285	9492308	5420672	3678956	392680	10147124
顺义区	827	11315624	7388774	3676799	250051	11934920
昌平区	1538	7505302	4959044	2400019	146239	8222614
大兴区	2007	16047190	9053399	6917341	76450	16568334
怀柔区	642	4066657	2151534	1815086	100037	4548776
平谷区	453	4133051	1032306	3089374	11371	4333094
密云县	559	4297075	3311004	967762	18309	3482716
延庆县	407	931941	705217	223528	3196	1043543
北京经济技术开发区	162	6903850	1207635	5068533	627682	7482815

计量单位：千元

批发额	市内批发	市外批发	出口额	零售额	对居民	对社会集团	年末库存额
851769751	259200923	524182130	68386698	17857778	6882376	10975402	102584967
40195284	28847301	10903918	444065	162434176	123896169	38538007	25101890
473332580	89377724	331529226	52425630	50899528	40255046	10644482	70241250
15615109	3742827	9561962	2310320	8604337	6769553	1834784	1582072
403017346	194927673	193994860	14094813	120788089	83753946	37034143	55863535
194245980	53473226	121895049	18877705	62365181	53290252	9074929	42190604
10381035	6937858	2998586	444591	11614135	9788167	1825968	3471832
687338020	227637140	410192413	49508467	106312638	67700126	38612512	82024421
820968783	239130033	514066834	67771916	162160344	123290226	38870118	106117357
70996252	48918191	21019214	1058847	18131610	7488319	10643291	21569500
100372177	10717601	77490027	12164549	15391032	10617369	4773663	22198039
106709605	18624780	81319981	6764844	13591483	9519255	4072228	20171386
15523284	7763277	6949906	810101	5255276	3013096	2242180	2903973
48535177	14146510	27591401	6797266	5595926	4190130	1405796	14225612
284868532	94093204	169140143	21635185	53693505	42834532	10858973	30080287
32520861	22370530	9672949	477382	19951728	16258446	3693282	7923246
8988911	5974174	2760202	254535	10808440	8310255	2498185	1263749
224708435	68337995	136988664	19381776	35373708	21774563	13599145	20635720
1592905	1083959	508946		542155	271704	270451	238208
17638966	11316237	6146397	176332	2830947	1927810	903137	1622764
7681273	4004382	3594943	81948	2465851	1811657	654194	833894
8757906	7119788	1611212	26906	3177014	2269879	907135	1304909
6122871	3948094	2139368	35409	2099743	1737478	362265	1102589
13672394	10043756	3567785	60853	2895940	1944490	951450	1374669
3237647	2106861	1120258	10528	1311129	856213	454916	449963
3557297	3447956	105541	3800	775797	476210	299587	265669
2432658	1636129	748582	47947	1050058	869399	180659	296964
542157	484727	57430		501386	361543	139843	180510
4501979	828264	3572313	101402	2980836	1734516	1246320	614706

3-7 续表 2

计量单位：千元

	商品销售总额中:					年末零售营业面积(平方米)
	#网上销售额	#BtoB(G)	BtoC	#其他无店铺销售额	#持卡零售额	
总计	**7227105**	**6111792**	**141184**	**45021853**	**12986248**	**9559831**
一、按登记注册类型分						
内资	7221091	6108013	138949	44410658	9281130	8900709
国有	4854985	4451785	1	4196796	955157	907552
集体	24970	7127	122	389042	563607	697001
股份合作	14689	8522	4185	346945	26027	545602
国有联营				6921	56394	13937
集体联营				1502	50	5833
国有与集体联营				2472	41895	10595
其他联营				2318		722
国有独资公司				661177	16789	51045
其他有限责任公司	1133704	996715	63059	21941468	3071764	2600560
股份有限公司	65047	64749	265	1441458	1378566	936780
私营独资	1303	83	1186	66018	9650	115446
私营合伙	1116	773	52	88530	3267	55115
私营有限责任公司	987544	573118	69615	14793297	3137814	2773388
私营股份有限公司	137733	5141	464	469266	20114	178589
其他				3448	36	8544
港澳台商投资	3248	3144	104	348686	512900	33834
与港澳台商合资经营	104		104	2444	512900	25508
与港澳台商合作经营				189460		150
港澳台商独资	3144	3144		156782		5944
港澳台商投资股份有限公司						2232
外商投资	2766	635	2131	262509	3192218	625288
中外合资经营	2734	603	2131	27350	2745409	563452
中外合作经营				223	237503	33736
外资企业	32	32		234936	209306	26051
外商投资股份有限公司						2049
二、按隶属关系分						
中央	4445775	4445316	244	20573712	1137188	519175
地方	609949	185062	4429	1901744	3944903	2615472
其他	2171381	1481414	136511	22546397	7904157	6425184

3-7 续表 3

计量单位：千元

	商品销售总额中:					年末零售营业面积(平方米)
	#网上销售额	#BtoB(G)	BtoC	#其他无店铺销售额	#持卡零售额	
三、按行业大类分						
批发业	6358710	5712121	34650	35854753	96847	852393
零售业	868395	399671	106534	9167100	12889401	8707438
四、按控股情况分						
国有绝对控股	5016260	4611776	1285	20803176	3846059	2078540
国有相对控股	27642	27427	65	545734	1314182	267510
其他	2183203	1472589	139834	23672943	7826007	7213781
五、按企业规模分						
大型企业	3687		3687	1788740	7996651	2445735
中型企业				1250341	497056	1091539
小型企业	7223418	6111792	137497	41982772	4492541	6022557
六、按限额标准分						
限额以上	6748962	5811700	88757	36667319	12868276	6205963
限额以下	478143	300092	52427	8354534	117972	3353868
七、按地区分						
东城区	308266	278459	5757	617866	1130614	580466
西城区	113354	32872	24870	318464	1690883	776184
崇文区	5146	4455	77	269507	321411	355393
宣武区	4310732	4308119	2340	515504	771337	316279
朝阳区	436601	220551	41892	11113754	4196207	2232609
丰台区	136218	117047	1407	2505556	1573348	801711
石景山区	6		6	597832	1403066	563575
海淀区	1453590	1126043	52344	26441487	1449804	1609544
门头沟区	63		63	32653	645	58118
房山区	19890	16247	819	1069264	20395	321278
通州区	12854	2117	7757	358136	26953	342752
顺义区	421359	1284		29602	76925	310154
昌平区	538	346	22	168682	152733	378447
大兴区	4640	4252	74	919060	8872	292716
怀柔区	19		19	11334	18697	143741
平谷区	6			4079	1038	112632
密云县	3663		3663	10862	2097	143559
延庆县	86			19929	1997	114397
北京经济技术开发区	74		74	18282	139226	106276

3-8 批发企业商品

	单位数（个）	商品购进总额	市内购进	市外购进	进口额	商品销售总额
总计	**27694**	**792085308**	**193670182**	**446394044**	**152021082**	**869627529**
一、按登记注册类型分						
内资	27507	705775997	176383605	379559477	149832915	763421915
国有	1166	178934917	25839626	97031615	56063676	193025405
集体	1227	26075653	19732071	6091612	251970	24833746
股份合作	1713	6077402	3446098	2421358	209946	6769499
国有联营	16	1005082	380249	56991	567842	1136446
集体联营	10	9298	393	1865	7040	11732
国有与集体联营	22	1203955	58235	1091654	54066	1256561
其他联营	9	56106	209	55897		67095
国有独资公司	89	25758748	3537888	10203772	12017088	26605286
其他有限责任公司	3997	237655743	46084603	133370861	58200279	266615390
股份有限公司	450	71194448	4098738	55339597	11756113	75412279
私营独资	432	488588	229924	256760	1904	554346
私营合伙	288	844723	633488	168081	43154	855010
私营有限责任公司	17043	151073770	69901143	70827699	10344928	160222617
私营股份有限公司	1024	5387930	2435057	2637964	314909	6044556
其他	21	9634	5883	3751		11947
港澳台商投资	64	519644	138915	259747	120982	707789
与港澳台商合资经营	27	125804	98190	17272	10342	273826
与港澳台商合作经营	3	1623		1623		3505
港澳台商独资	34	392217	40725	240852	110640	430458
港澳台商投资股份有限公司						
外商投资	123	85789667	17147662	66574820	2067185	105497825
中外合资经营	41	18799661	192259	18523810	83592	19016688
中外合作经营	5	39964	757	39207		62462
外资企业	76	66950040	16954646	48011801	1983593	86418634
外商投资股份有限公司	1	2		2		41
二、按隶属关系分						
中央	906	396962653	43666082	231906670	121389901	432523206
地方	1990	68022891	27345507	36152025	4525359	72950397
其他	24798	327099764	122658593	178335349	26105822	364153926

购进、销售、库存总值

计量单位：千元

批发额				零售额			年末
	市内批发	市外批发	出口额		对居民	对社会集团	库存额
851769751	**259200923**	**524182130**	**68386698**	**17857778**	**6882376**	**10975402**	**102584967**
745618920	244769048	441222368	59627504	17802995	6869180	10933815	97077184
190840981	37999432	127149789	25691760	2184424	684554	1499870	32006793
24448858	18999667	5424057	25134	384888	126771	258117	1677759
6188186	4274461	1650585	263140	581313	391651	189662	812291
1130687	456145	674542		5759	5574	185	58543
9852	2718	7134		1880	10	1870	3014
1252860	116002	216574	920284	3701	380	3321	31093
66712	12639	54073		383	53	330	7778
26585581	4358924	18292268	3934389	19705	11502	8203	2521261
261461408	62988281	177643170	20829957	5153982	2299444	2854538	37486825
71523989	18556135	47096428	5871426	3888290	1516070	2372220	4770356
489454	388832	97366	3256	64892	40777	24115	86127
839609	389814	431374	18421	15401	4472	10929	95578
155019639	92622853	60381801	2014985	5202978	1650292	3552686	16878993
5750598	3594498	2101348	54752	293958	137330	156628	633106
10506	8647	1859		1441	300	1141	7667
689703	361231	321565	6907	18086	8630	9456	248993
259716	202584	57132		14110	8528	5582	131404
1947		1947		1558		1558	1064
428040	158647	262486	6907	2418	102	2316	116525
105461128	14070644	82638197	8752287	36697	4566	32131	5258790
19008697	2993275	16010824	4598	7991	1014	6977	1400345
61231	15807	45424		1231	531	700	9969
86391200	11061562	66581949	8747689	27434	3021	24413	3848474
				41		41	2
427986981	66632343	313184807	48169831	4536225	2264262	2271963	59146501
68005124	35818389	25616986	6569749	4945273	1378110	3567163	9760088
355777646	156750191	185380337	13647118	8376280	3240004	5136276	33678378

3-8 续表 1

	单位数（个）	商品购进总额	市内购进	市外购进	进口额	商品销售总额
三、按行业小类分						
农畜产品批发	538	50587959	2192401	9617278	38778280	37616353
谷物、豆及薯类批发	60	31345478	209750	3793816	27341912	20748860
种子、饲料批发	340	3498914	911517	1352340	1235057	3975213
棉、麻批发	37	14697750	946858	4104219	9646673	11839177
牲畜批发	7	20787	2811	9285	8691	35090
其他农畜产品批发	94	1025030	121465	357618	545947	1018013
食品、饮料及烟草制品批发	2187	44003036	14631903	20999527	8371606	47886794
米、面制品及食用油批发	253	9881209	2489483	4148107	3243619	10202488
糕点、糖果及糖批发	134	3096473	732282	2107941	256250	3155048
果品、蔬菜批发	126	446567	210890	234172	1505	527548
肉、禽、蛋及水产品批发	171	2625512	697411	1217358	710743	2664986
盐及调味品批发	172	642531	172792	419587	50152	819101
饮料及茶叶批发	539	5474276	2015063	2467665	991548	6425373
烟草制品批发	94	14340409	6421639	5386993	2531777	16202662
其他食品批发	698	7496059	1892343	5017704	586012	7889588
纺织、服装及日用品批发	2550	31807545	6158692	17706360	7942493	35782147
纺织品、针织品及原料批发	595	13022765	1646612	5707846	5668307	13500900
服装批发	566	7894404	2148767	4948408	797229	10074026
鞋帽批发	104	1258100	152286	1026450	79364	1370563
厨房、卫生间用具及日用杂货批发	376	2615703	947745	1637417	30541	2936184
化妆品及卫生用品批发	299	2411200	455118	1907078	49004	2710988
其他日用品批发	610	4605373	808164	2479161	1318048	5189486
文化、体育用品及器材批发	2044	17745677	8050474	8469681	1225522	20171728
文具用品批发	580	4819972	1516313	2537222	766437	5642305
体育用品批发	174	677681	98079	493930	85672	775352
图书批发	461	4915281	3874152	886254	154875	5268089
报刊批发	28	222160	203988	18172		245332
音像制品及电子出版物批发	99	518064	284202	211650	22212	603981
首饰、工艺品及收藏品批发	302	3742939	1042519	2581722	118698	4520366
其他文化用品批发	400	2849580	1031221	1740731	77628	3116303
医药及医疗器材批发	1131	24883729	8980943	12843937	3058849	26960436
西药批发	143	14684233	5736544	7705800	1241889	15868817
中药材及中成药批发	94	4904161	1483499	3249354	171308	5080076
医疗用品及器材批发	894	5295335	1760900	1888783	1645652	6011543
矿产品、建材及化工产品批发	6835	399156996	92115642	236443148	70598206	446923828
煤炭及制品批发	243	37796148	917406	36252475	626267	40539098
石油及制品批发	409	98499419	15237485	68184106	15077828	106492595
非金属矿及制品批发	92	802259	127135	609689	65435	854339
金属及金属矿批发	1679	167152519	37422971	95347832	34381716	202184558
建材批发	2533	20679124	8838886	9799620	2040618	21258504
化肥批发	103	15089355	892189	5788136	8409030	16283819
农药批发	65	14802660	14320337	341835	140488	13065287
农用薄膜批发	16	284821	19826	40613	224382	300171
其他化工产品批发	1695	44050691	14339407	20078842	9632442	45945457
机械设备、五金交电及电子产品批发	11021	203211352	57232593	127838264	18140495	231439627
农业机械批发	106	1052803	503693	449813	99297	1749090
汽车、摩托车及零配件批发	835	32424149	4177886	25146338	3099925	32826919
五金、交电批发	1936	8857720	3219792	5244202	393726	9904909
家用电器批发	483	30793929	2288827	27937791	567311	34414978
计算机、软件及辅助设备批发	2783	32442269	17053170	11098714	4290385	34340438
通讯及广播电视设备批发	578	42068339	13641409	27440308	986622	52315074
其他机械设备及电子产品批发	4300	55572143	16347816	30521098	8703229	65888219
其他批发	1388	20689014	4307534	12475849	3905631	22846616
再生物资回收与批发	255	5049719	1589414	3458992	1313	4993023
其他未列明的批发	1133	15639295	2718120	9016857	3904318	17853593

计量单位：千元

批发额				零售额			年末
	市内批发	市外批发	出口额		对居民	对社会集团	库存额
37595300	1611487	33681291	2302522	21053	9097	11956	21441616
20743694	296425	18393498	2053771	5166	2931	2235	14947040
3966443	637622	3234784	94037	8770	3527	5243	788697
11839169	440361	11325635	73173	8	8		5529002
34991	29695	5070	226	99		99	14997
1011003	207384	722304	81315	7010	2631	4379	161880
47187343	28382850	14966099	3838394	699451	454919	244532	7364131
10071196	3348234	5064575	1658387	131292	46498	84794	3411065
3037317	1845186	1182707	9424	117731	89399	28332	524077
478757	369954	65229	43574	48791	33103	15688	47979
2644679	1363087	1085358	196234	20307	13190	7117	320230
802754	625810	175095	1849	16347	8639	7708	100422
6309054	3680060	1463617	1165377	116319	78836	37483	863903
16102900	12721429	3380715	756	99762	82698	17064	791756
7740686	4429090	2548803	762793	148902	102556	46346	1304699
34890369	9744889	15149743	9995737	891778	638463	253315	5094847
13443246	1622768	8198826	3621652	57654	28117	29537	1582630
9864463	1798048	3696703	4369712	209563	166995	42568	1614938
1350362	596110	204683	549569	20201	19395	806	227149
2799339	1504226	1104077	191036	136845	58248	78597	407921
2648562	2534496	111298	2768	62426	26076	36350	451030
4784397	1689241	1834156	1261000	405089	339632	65457	811179
19342796	9446834	8190313	1705649	828932	412272	416660	3948339
5479808	4229501	1225945	24362	162497	15191	147306	668238
747851	210125	206634	331092	27501	16342	11159	147582
4848516	1602872	3071729	173915	419573	262207	157366	1701028
235363	60011	175352		9969	9941	28	21676
566414	418834	147580		37567	29869	7698	363301
4437715	1166660	2141000	1130055	82651	58889	23762	631977
3027129	1758831	1222073	46225	89174	19833	69341	414537
21867227	11492852	9392920	981455	5093209	482877	4610332	3581347
12212565	6756975	5065597	389993	3656252	272423	3383829	1832996
4056600	1980685	1660767	415148	1023476	122509	900967	758291
5598062	2755192	2666556	176314	413481	87945	325536	990060
442962145	121232651	297516236	24213258	3961683	2199709	1761974	30650296
40481370	2692462	35695887	2093021	57728	6306	51422	1113189
103929056	28915187	72168470	2845399	2563539	1706559	856980	4022816
841802	468459	297313	76030	12537	2881	9656	70036
201832536	51426668	133894928	16510940	352022	121393	230629	14377606
20490861	13315499	6693764	481598	767643	302290	465353	2942177
16260791	524016	15593302	143473	23028	17375	5653	2705728
13059246	12444425	531423	83398	6041	4260	1781	81231
283702	165729	117608	365	16469	509	15960	27972
45782781	11280206	32523541	1979034	162676	38136	124540	5309541
225363720	71194461	134501628	19667631	6075907	2616271	3459636	23137667
1699415	355987	200105	1143323	49675	34553	15122	394944
30492277	7319977	22705093	467207	2334642	1580497	754145	3148579
9565252	5395512	3021493	1148247	339657	88080	251577	1732206
34048834	9805222	23955113	288499	366144	244859	121285	2936583
32673097	22282634	10325518	64945	1667341	388613	1278728	2494951
52077793	9653254	42406487	18052	237281	109435	127846	2482959
64807052	16381875	31887819	16537358	1081167	170234	910933	9947445
22560851	6094899	10783900	5682052	285765	68768	216997	7366724
4963299	1357317	3605982		29724	12631	17093	250461
17597552	4737582	7177918	5682052	256041	56137	199904	7116263

3-8 续表 2

	单位数(个)	商品购进总额	市内购进	市外购进	进口额	商品销售总额
四、按控股情况分						
国有绝对控股	1770	424413768	45249709	255272015	123892044	465871354
国有相对控股	225	15246443	3069228	9308351	2868864	15872920
其他	25699	352425097	145351245	181813678	25260174	387883255
五、按企业规模分						
大型企业	58	175522357	29013308	121086792	25422257	186953072
中型企业	86	9759375	4488719	4420796	849860	10625324
小型企业	27550	606803576	160168155	320886456	125748965	672049133
六、按限额标准分						
限额以上	2927	727550249	161451644	417476588	148622017	797269294
限额以下	24767	64535059	32218538	28917456	3399065	72358235
七、按商品销售额分						
1000000万元及以上	11	178895169	21880842	132384974	24629353	217961114
100000-999999万元	116	272654738	35595122	146663733	90395883	282785488
30000-99999万元	226	110571565	34036651	59976606	16558308	119316764
10000-29999万元	513	84496712	34229078	40677113	9590521	88443639
2000-9999万元	2061	80932065	35709951	37774162	7447952	88762289
100-1999万元	13059	61977214	30655992	27996371	3324851	69776768
99万元及以下	11708	2557845	1562546	921085	74214	2581467
八、按地区分						
东城区	1501	101787908	11299503	52843604	37644801	101272655
西城区	1835	101953934	15179858	42375387	44398689	105667335
崇文区	922	14962288	4848633	8555011	1558644	16781598
宣武区	1452	47345214	10079298	31309786	5956130	48724431
朝阳区	6072	238575531	43588185	170623237	24364109	267237269
丰台区	3318	30610874	11276631	17741042	1593201	32533737
石景山区	711	8219044	4923698	3040094	255252	8782106
海淀区	7746	182861034	53049141	95054030	34757863	220169215
门头沟区	183	1517431	700299	808264	8868	1585383
房山区	741	16758747	14079456	2652750	26541	17635482
通州区	584	7579378	3948051	3239931	391396	7946081
顺义区	349	8381336	5075399	3058455	247482	8889320
昌平区	570	5709032	3905096	1674394	129542	6143980
大兴区	1032	12894763	7175225	5659228	60310	13223265
怀柔区	184	2475323	1010349	1372908	92066	2816690
平谷区	110	3337479	364317	2971673	1489	3505241
密云县	205	3383594	2485144	880141	18309	2494199
延庆县	89	530882	384180	146318	384	554466
北京经济技术开发区	90	3201516	297719	2387791	516006	3665076

计量单位：千元

批发额	市内批发	市外批发	出口额	零售额	对居民	对社会集团	年末库存额
459079555	76818094	329979865	52281596	6791799	2804933	3986866	64844681
15502864	3638666	9553891	2310307	370056	304029	66027	864188
377187332	178744163	184648374	13794795	10695923	3773414	6922509	36876098
181573617	41153129	121543326	18877162	5379455	1632497	3746958	36400700
9076257	6025728	2606318	444211	1549067	901132	647935	1750643
661119877	212022066	400032486	49065325	10929256	4348747	6580509	64433624
783809543	212498625	503969337	67341581	13459751	5431152	8028599	87304858
67960208	46702298	20212793	1045117	4398027	1451224	2946803	15280109
217961114	23377609	183122134	11461371				9971749
278920320	53430220	193866127	31623973	3865168	1508924	2356244	46096803
116319729	45402888	59010523	11906318	2997035	1122046	1874989	12965209
85102701	40440165	36291175	8371361	3340938	1399750	1941188	8356642
85505679	49847743	31679378	3978558	3256610	1400432	1856178	9914455
65877605	45126652	19731593	1019360	3899163	1284543	2614620	12191625
2082603	1575646	481200	25757	498864	166681	332183	3088484
98924964	10001840	76762779	12160345	2347691	291447	2056244	20375240
105066655	17400157	80903948	6762550	600680	278321	322359	18159189
14825970	7220131	6806249	799590	1955628	264672	1690956	2192033
48071845	13754461	27522058	6795326	652586	198567	454019	13320624
261477463	76574929	163608824	21293710	5759806	3080614	2679192	22398940
31886748	21876718	9603761	406269	646989	270402	376587	4885447
8633991	5647011	2732445	254535	148115	24020	124095	648354
216435081	62736530	134326563	19371988	3734134	1412109	2322025	15363449
1566139	1059893	506246		19244	8254	10990	133162
17224907	10955350	6093225	176332	410575	345175	65400	1078592
7477065	3829653	3565771	81641	469016	126401	342615	574254
8621167	6983544	1610717	26906	268153	154513	113640	1003662
6010728	3878874	2098761	33093	133252	77397	55855	643209
12929392	9510133	3358523	60736	293873	102446	191427	994803
2665373	1890560	764285	10528	151317	62604	88713	177935
3433198	3325373	104025	3800	72043	43732	28311	124999
2390037	1594582	747508	47947	104162	68143	36019	140722
505950	458373	47577		48516	37660	10856	80881
3623078	502811	3018865	101402	41998	35899	6099	289472

3-8 续表 3 计量单位：千元

	商品销售总额中:					年末零售营业面积(平方米)
	#网上销售额	#BtoB(G)	BtoC	#其他无店铺销售额	#持卡零售额	
总　计	**6358710**	**5712121**	**34650**	**35854753**	**96847**	**852393**
一、按登记注册类型分						
内资	6355534	5708945	34650	35776253	96847	849046
国有	4701492	4298743		4045725	153	118232
集体	22094	4660	95	237056	172	54926
股份合作	4087	3250	397	172602	1867	49703
国有联营				6921		1110
集体联营						125
国有与集体联营						432
其他联营				330		
国有独资公司				655260		222
其他有限责任公司	1061753	968484	22523	20601368	29186	187427
股份有限公司	63010	62948	50	1059645		13897
私营独资	75	50	25	47139	143	12381
私营合伙	369	68	10	27654		4405
私营有限责任公司	495368	366744	11333	8777040	64862	372613
私营股份有限公司	7286	3998	217	142432	464	33000
其他				3081		573
港澳台商投资	3144	3144		37439		1275
与港澳台商合资经营				2332		75
与港澳台商合作经营						100
港澳台商独资	3144	3144		35107		1100
港澳台商投资股份有限公司						
外商投资	32	32		41061		2072
中外合资经营				2100		537
中外合作经营				65		10
外资企业	32	32		38896		1495
外商投资股份有限公司						30

3-8 续表 4

计量单位：千元

	商品销售总额中:					年末零售营业面积(平方米)
	#网上销售额	#BtoB(G)	BtoC	#其他无店铺销售额	#持卡零售额	
二、按隶属关系分						
中央	4296409	4296315	94	20309726	21390	20722
地方	596461	175641	732	1350521	153	240834
其他	1465840	1240165	33824	14194506	75304	590837
三、按行业小类分						
农畜产品批发	53206			185520		5122
谷物、豆及薯类批发				10197		1380
种子、饲料批发				129690		2545
棉、麻批发	53206			10772		74
牲畜批发				24959		200
其他农畜产品批发				9902		923
食品、饮料及烟草制品批发	432605	27982	168	1559264	179	72623
米、面制品及食用油批发				64186		4884
糕点、糖果及糖批发	1933	227		1782		2126
果品、蔬菜批发				11813		11731
肉、禽、蛋及水产品批发				23288		2019
盐及调味品批发				6958		2761
饮料及茶叶批发	400	280	120	117385		16045
烟草制品批发	402749			1256294	153	23189
其他食品批发	27523	27475	48	77558	26	9868
纺织、服装及日用品批发	19145	3762	16	1369838	25341	52464
纺织品、针织品及原料批发	3763	3762		136536	1079	4266
服装批发				69889	21625	20311
鞋帽批发				488242	2015	1869
厨房、卫生间用具及日用杂货批发	18			67750	622	11997
化妆品及卫生用品批发	16		16	34754		5688
其他日用品批发	15348			572667		8333
文化、体育用品及器材批发	176519	114787	1095	402096	17366	35901
文具用品批发	31608	31604	4	121086	43	5988
体育用品批发	716		716	15500	110	2246
图书批发	82127	81581	114	95162	2360	9182
报刊批发				6421		200
音像制品及电子出版物批发	75		30	16748		6100
首饰、工艺品及收藏品批发	230		230	22024	14569	6883
其他文化用品批发	61763	1602	1	125155	284	5302

3-8 续表 5 计量单位：千元

	商品销售总额中：#网上销售额	#BtoB(G)	BtoC	#其他无店铺销售额	#持卡零售额	年末零售营业面积（平方米）
医药及医疗器材批发	9985	7700	2167	722687	151	47202
西药批发	145		145	330145	31	16844
中药材及中成药批发	1894		1894	42960		10603
医疗用品及器材批发	7946	7700	128	349582	120	19755
矿产品、建材及化工产品批发	4504851	4490990	11650	24848788	1322	314356
煤炭及制品批发	62798	62798		210350		79948
石油及制品批发	3958	3958		1974429		30879
非金属矿及制品批发	9752	2118	7634	107342		3375
金属及金属矿批发	95320	91657	3663	17828570		53451
建材批发	2694	2091	245	1331005	1322	109026
化肥批发	1853			21432		10273
农药批发				15921		850
农用薄膜批发						1280
其他化工产品批发	4328476	4328368	108	3359739		25274
机械设备、五金交电及电子产品批发	1131324	1063512	19554	5453461	52488	269226
农业机械批发				666		13027
汽车、摩托车及零配件批发	4022	4022		131785	36131	96652
五金、交电批发	2060	1875	129	265540	1022	44353
家用电器批发	13721		13700	600532	10402	13557
计算机、软件及辅助设备批发	702596	666030	1484	1807174	4703	40416
通讯及广播电视设备批发	50278	49541	737	955491	18	7787
其他机械设备及电子产品批发	358647	342044	3504	1692273	212	53434
其他批发	31075	3388		1313099		55499
再生物资回收与批发	17291			119441		19670
其他未列明的批发	13784	3388		1193658		35829
四、按控股情况分						
国有绝对控股	4859483	4456734		20560003	21543	156447
国有相对控股	26794	26794		531708		12678
其他	1472433	1228593	34650	14763042	75304	683268

3-8 续表 6 计量单位：千元

	商品销售总额中:					年末零售营业面积(平方米)
	#网上销售额	#BtoB(G)	BtoC	#其他无店铺销售额	#持卡零售额	
五、按企业规模分						
大型企业				1776465		19843
中型企业				617940	13817	56620
小型企业	6358710	5712121	34650	33460348	83030	775930
六、按限额标准分						
限额以上	6005059	5486641	10408	30621287	83262	323104
限额以下	353651	225480	24242	5233466	13585	529289
七、按商品销售额分						
1000000万元及以上				13641437		
100000-999999万元	4294785	4294785		3549149		405
30000-99999万元	1008909	552954		5704554	153	32830
10000-29999万元	209971	157937		3241757	47920	92654
2000-9999万元	491394	480965	10408	4484390	35189	197215
100-1999万元	343027	219444	21772	4994851	12681	329694
99万元及以下	10624	6036	2470	238615	904	199595
八、按地区分						
东城区	128856	128855	1	139740	16807	16819
西城区	77693	22566	68	264000	2151	37993
崇文区	3870	3849		187169	1227	19169
宣武区	4300141	4300063	33	441164	21390	18919
朝阳区	215234	188627	15957	8517219	36624	204244
丰台区	134371	116003	1054	2419298	360	80208
石景山区				468190		7388
海淀区	1055784	941097	6240	21275511	15248	157320
门头沟区				14336		4594
房山区	11061	11061		1009484		30707
通州区	7634		7634	341636	450	93956
顺义区	420040			22309	153	21372
昌平区	49			129090	2307	61764
大兴区	314			597963	130	33980
怀柔区				9665		32194
平谷区				2533		8356
密云县	3663		3663	7095		4806
延庆县				3073		18504
北京经济技术开发区				5278		100

3-9 零售企业商品

	单位数			商品购进			
	(个)	#有POS系统	#有MIS系统	总额	市内购进	市外购进	进口额
总计	**32521**	**1169**	**373**	**185160884**	**111076675**	**68169246**	**5914963**
一、按登记注册类型分							
内资	32391	1144	357	170532148	100594777	64135218	5802153
国有	1128	86	23	14364660	8862311	4082296	1420053
集体	2061	51	12	5978209	5248815	716093	13301
股份合作	5607	129	38	5411047	2264543	1850222	1296282
国有联营	18	4	1	730814	699764	31050	
集体联营	35	1		106266	82914	23352	
国有与集体联营	24	3	1	181689	122983	58706	
其他联营	17	1		19040	3289	15636	115
国有独资公司	42	9	3	497994	391684	106310	
其他有限责任公司	3437	287	98	52347073	29376731	21910729	1059613
股份有限公司	613	40	24	25919837	17308224	8529187	82426
私营独资	1533	16	4	409514	279346	129083	1085
私营合伙	757	11	4	286487	210395	72754	3338
私营有限责任公司	15612	476	136	61274248	34493314	24918157	1862777
私营股份有限公司	1387	28	13	2984049	1232245	1688641	63163
其他	120	2		21221	18219	3002	
港澳台商投资	37	3	2	1432497	1127499	298101	6897
与港澳台商合资经营	17	2	2	1121751	907167	212754	1830
与港澳台商合作经营	1			199528	199528		
港澳台商独资	18			92502	2088	85347	5067
港澳台商投资股份有限公司	1	1		18716	18716		
外商投资	93	22	14	13196239	9354399	3735927	105913
中外合资经营	51	16	10	11149726	9010203	2093717	45806
中外合作经营	4	3	1	1664765	317526	1347239	
外资企业	35	3	3	381093	26195	294791	60107
外商投资股份有限公司	3			655	475	180	
二、按隶属关系分							
中央	540	44	20	21122680	11640290	7861574	1620816
地方	2827	197	60	42277955	30487415	11602029	188511
其他	29154	928	293	121760249	68948970	48705643	4105636
三、按行业小类分							
综合零售	2833	264	111	46660741	37414439	9104868	141434
百货零售	1174	115	56	21567292	17024981	4491591	50720
超级市场零售	295	107	40	22617028	19196605	3386617	33806
其他综合零售	1364	42	15	2476421	1192853	1226660	56908
食品、饮料及烟草制品专门零售	2401	62	14	3409510	2617554	765375	26581
粮油零售	205			436850	331047	94505	11298
糕点、面包零售	129	5		374155	354763	19375	17
果品、蔬菜零售	113	2		139012	115857	22651	504
肉、禽、蛋及水产品零售	137	2	1	191770	98421	93349	
饮料及茶叶零售	589	19	4	439942	178601	256969	4372
烟草制品零售	247	13	5	549564	543266	4573	1725
其他食品零售	981	21	4	1278217	995599	273953	8665
纺织、服装及日用品专门零售	2872	204	34	5278403	1433173	3617041	228189
纺织品及针织品零售	414	25	5	497070	144536	292681	59853
服装零售	1099	107	20	2381061	688627	1580188	112246
鞋帽零售	138	16	1	660012	174197	478488	7327
钟表、眼镜零售	211	30	5	945656	162581	775170	7905
化妆品及卫生用品零售	258	10	1	229333	57728	169088	2517
其他日用品零售	752	16	2	565271	205504	321426	38341

购进、销售、库存总值

计量单位：千元

商品销售								年末
总额	批发额	市内批发	市外批发	出口额	零售额	对居民	对社会集团	库存额
202629460	**40195284**	**28847301**	**10903918**	**444065**	**162434176**	**123896169**	**38538007**	**25101890**
185100352	39892653	28597150	10852884	442619	145207699	108525553	36682146	22877284
16884296	2339216	1272274	996394	70548	14545080	10735571	3809509	2086278
6570074	743676	718380	25296		5826398	4412670	1413728	1033908
5942459	939662	252788	675032	11842	5002797	3203393	1799404	1076257
905121	5250	5250			899871	498356	401515	85910
225554	1390	257	1133		224164	186670	37494	21613
203278	6771	6771			196507	181356	15151	15400
23843	2650		2650		21193	19068	2125	1243
506839	10030	8660	1370		496809	429282	67527	64476
57615067	12482672	9511544	2878059	93069	45132395	36920519	8211876	7663930
30199420	8046128	7957310	85430	3388	22153292	19596967	2556325	1661293
473304	36839	29814	6522	503	436465	294970	141495	89244
320007	43503	28974	14529		276504	122730	153774	57237
61891786	14242075	8311852	5886799	43424	47649711	30638591	17011120	8558194
3312606	989323	492333	277145	219845	2323283	1276524	1046759	456492
26698	3468	943	2525		23230	8886	14344	5809
1698187	15212	14639	573		1682975	1374042	308933	84953
1355349	14490	14364	126		1340859	1311500	29359	45265
189460					189460	47710	141750	239
133283	722	275	447		132561	764	131797	39330
20095					20095	14068	6027	119
15830921	287419	235512	50461	1446	15543502	13996574	1546928	2139653
12993884	91500	82416	7638	1446	12902384	11601359	1301025	1919921
2136235					2136235	2059496	76739	130661
699866	195919	153096	42823		503947	335166	168781	86547
936					936	553	383	2524
25593729	8827281	7548745	1148254	130282	16766448	13515042	3251406	1583446
49060200	7074453	6004498	1043304	26651	41985747	35846573	6139174	6376367
127975531	24293550	15294058	8712360	287132	103681981	74534554	29147427	17142077
56471942	3798487	3536185	260627	1675	52673455	47676324	4997131	5830293
28563176	250087	222051	27729	307	28313089	25434067	2879022	1465119
25001017	3247239	3048176	198520	543	21753778	19904184	1849594	4005297
2907749	301161	265958	34378	825	2606588	2338073	268515	359877
3971509	755157	655364	98297	1496	3216352	2601216	615136	528508
430231	106124	62721	43403		324107	103612	220495	55195
548847	14815	14672	143		534032	514031	20001	22084
157358	14118	7807	6311		143240	107841	35399	12571
218313	35284	35016	268		183029	164465	18564	18930
591432	266940	255393	11547		324492	269978	54514	122782
538498	85986	85815	171		452512	427748	24764	96533
1486830	231890	193940	36454	1496	1254940	1013541	241399	200413
6572606	1948399	1025428	894562	28409	4624207	4072285	551922	1955646
584427	171137	114492	43111	13534	413290	324562	88728	205555
2951656	754431	574315	165241	14875	2197225	2055657	141568	946839
717566	259710	166614	93096		457856	421124	36732	269971
1361040	513960	25778	488182		847080	837336	9744	285417
264220	117945	54816	63129		146275	88711	57564	77344
693697	131216	89413	41803		562481	344895	217586	170520

3-9 续表 1

	单位数			商品购进			
	(个)	#有POS系统	#有MIS系统	总额	市内购进	市外购进	进口额
文化、体育用品及器材专门零售	4551	179	36	7374626	4732486	1653945	988195
文具用品零售	917	8		665481	490856	169298	5327
体育用品零售	286	16	2	579108	298097	272054	8957
图书零售	1132	47	22	2940640	2572441	210913	157286
报刊零售	34	1		842855	58374	1972	782509
音像制品及电子出版物零售	603	10	2	209759	147387	62313	59
珠宝首饰零售	184	24	4	537344	112392	424803	149
工艺美术品及收藏品零售	742	57	2	479522	260535	214960	4027
照相器材零售	140	8	1	836300	652825	180370	3105
其他文化用品零售	513	8	3	283617	139579	117262	26776
医药及医疗器材专门零售	1968	119	28	7903324	4788672	2402902	711750
药品零售	730	109	25	4655868	3372027	1271145	12696
医疗用品及器材零售	1238	10	3	3247456	1416645	1131757	699054
汽车、摩托车、燃料及零配件专门零售	3036	157	41	67605884	26338937	38901043	2365904
汽车零售	758	98	21	44894964	10975978	31687275	2231711
汽车零配件零售	1549	14	8	2500954	1213912	1171811	115231
摩托车及零配件零售	159			140171	50819	88191	1161
机动车燃料零售	570	45	12	20069795	14098228	5953766	17801
家用电器及电子产品专门零售	7568	114	55	38115411	29190048	8000045	925318
家用电器零售	795	15	8	13680934	9948240	3410602	322092
计算机、软件及辅助设备零售	4027	54	27	10604127	8333796	2118978	151353
通信设备零售	954	26	6	5161086	3954993	1047980	158113
其他电子产品零售	1792	19	14	8669264	6953019	1422485	293760
五金、家具及室内装修材料专门零售	4394	45	30	5476509	3036747	2154120	285642
五金零售	2394	18	15	2168608	1376215	653732	138661
家具零售	379	9	3	851191	181740	626118	43333
涂料零售	208	2	2	296663	124238	150752	21673
其他室内装修材料零售	1413	16	10	2160047	1354554	723518	81975
无店铺及其他零售	2898	25	24	3336476	1524619	1569907	241950
流动货摊零售	9			1382	824	558	
邮购及电子销售	62	4	2	102449	34610	67839	
生活用燃料零售	305		1	761781	491109	270437	235
花卉零售	208	1	1	43868	28163	9221	6484
旧货零售	23			27603	24784	2819	
其他未列明的零售	2291	20	20	2399393	945129	1219033	235231
四、按控股情况分							
国有绝对控股	1548	163	59	51236124	33033090	16353650	1849384
国有相对控股	239	30	14	5770855	3846411	1910340	14104
其他	30734	976	300	128153905	74197174	49905256	4051475
五、按企业规模分							
大型企业	60	55	41	61722153	47362047	14342805	17301
中型企业	212	107	41	9589514	6529319	2994428	65767
小型企业	32249	1007	291	113849217	57185309	50832013	5831895
六、按限额标准分							
限额以上	3054	524	178	170965194	1.02E+08	63880080	5519380
限额以下	29467	645	195	14195690	9510941	4289166	395583

计量单位：千元

商品销售总额	批发额	市内批发	市外批发	出口额	零售额	对居民	对社会集团	年末库存额
8000256	1408937	995276	399036	14625	6591319	3731569	2859750	2535898
764721	137515	118103	19412		627206	169615	457591	182312
548209	51580	33916	16417	1247	496629	363069	133560	119462
3057084	543366	392519	150603	244	2513718	1695806	817912	1188308
1145745	49566	19125	17307	13134	1096179	29781	1066398	117655
253374	89413	66085	23328		163961	121787	42174	94014
384691	62288	38151	24137		322403	291244	31159	234403
609638	46530	39505	7025		563108	488724	74384	416752
891688	360484	268808	91676		531204	449463	81741	65701
345106	68195	19064	49131		276911	122080	154831	117291
9105190	2313776	1722781	583936	7059	6791414	2837778	3953636	1766271
5145125	816657	707684	104142	4831	4328468	2457479	1870989	882878
3960065	1497119	1015097	479794	2228	2462946	380299	2082647	883393
72208547	16926556	11647083	4986209	293264	55281991	44318713	10963278	6165768
47204541	7986137	3502365	4412659	71113	39218404	31901142	7317262	4597844
2783550	802225	391635	407771	2819	1981325	1115187	866138	550759
138677	6278	6013	265		132399	45582	86817	42790
22081779	8131916	7747070	165514	219332	13949863	11256802	2693061	974375
35865574	9417390	6496071	2860558	60761	26448184	15113533	11334651	3946937
13803627	2604285	1866984	693196	44105	11199342	9162790	2036552	1021273
12513616	3715151	2521941	1178853	14357	8798465	2752281	6046184	1327564
5425933	1675354	1107993	567129	232	3750579	2874655	875924	809627
4122398	1422600	999153	421380	2067	2699798	323807	2375991	788473
6460648	2173805	1823445	322666	27694	4286843	2680989	1605854	1538129
2480250	1011957	861784	138432	11741	1468293	444183	1024110	701341
1152330	51124	42369	8565	190	1101206	959365	141841	259263
338219	262530	157397	105133		75689	24701	50988	56261
2489849	848194	761895	70536	15763	1641655	1252740	388915	521264
3973188	1452777	945668	498027	9082	2520411	863762	1656649	834440
3689	2197	531	1666		1492	15	1477	598
130435	3274	2224	1050		127161	99532	27629	53090
797761	226436	183264	43172		571325	328345	242980	170050
59656	18643	6920	11723		41013	23885	17128	26732
27190					27190	26321	869	12928
2954457	1202227	752729	440416	9082	1752230	385664	1366566	571042
58360754	14253025	12559630	1549361	144034	44107729	37450113	6657616	5396569
8346526	112245	104161	8071	13	8234281	6465524	1768757	717884
135922180	25830014	16183510	9346486	300018	110092166	79980532	30111634	18987437
69658089	12672363	12320097	351723	543	56985726	51657755	5327971	5789904
11369846	1304778	912130	392268	380	10065068	8887035	1178033	1721189
121601525	26218143	15615074	10159927	443142	95383382	63351379	32032003	17590797
185859833	37159240	26631408	10097497	430335	148700593	117859074	30841519	18812499
16769627	3036044	2215893	806421	13730	13733583	6037095	7696488	6289391

3-9 续表 2

	单位数（个）	#有POS系统	#有MIS系统	商品购进总额	市内购进	市外购进	进口额
七、按经营方式分							
独立店	24858	896	260	97947920	53037248	41611749	3298923
连锁总店	136	83	38	50849266	35646970	13953830	1248466
连锁分店	246	51	15	4355629	4120633	221567	13429
其他	7281	139	60	32008069	18271824	12382100	1354145
八、按零售经营业态分							
百货商店	781	112	52	20284028	16096084	4137515	50429
购物中心	119	16	8	874815	596737	253419	24659
超级市场	379	103	45	26807127	22741111	4064461	1555
专业店	6504	330	83	44912116	24223646	19796737	891733
专卖店	2581	267	55	40245254	14372258	24017842	1855154
便利店	1484	78	21	2074607	1913914	111911	48782
仓储式商场	104	13	6	2839903	1774232	1015555	50116
无店铺销售	3976	33	29	7165522	4427914	2149322	588286
其他	16593	217	74	39957512	24930779	12622484	2404249
九、按商品销售额分							
100000万元及以上	25	21	17	50354575	34902893	13456487	1995195
50000-99999万元	38	28	17	23478298	10669198	12348297	460803
15000-49999万元	150	81	33	37234276	19756206	16918234	559836
10000-14999万元	82	37	11	9177306	4399072	4521500	256734
5000-9999万元	220	68	26	13778094	7336395	5955036	486663
1000-4999万元	1295	193	49	24224463	14853365	7989271	1381827
500-999万元	1244	96	25	12718182	9648605	2691255	378322
100-499万元	5359	253	68	11127280	7245728	3544943	336609
99万元及以下	24108	392	127	3068410	2265213	744223	58974
十、按零售营业面积分							
50000平方米及以上	19	15	10	37707749	29275191	8432374	184
20000-49999平方米	45	36	27	19064248	14147933	4916315	
10000-19999平方米	57	39	26	11209525	9072778	2066325	70422
5000-9999平方米	128	78	29	15089409	7525669	7365216	198524
1000-4999平方米	771	204	45	26534939	11196026	14966034	372879
500-999平方米	674	108	27	16037854	5316814	9341113	1379927
499平方米及以下	30827	689	209	59517160	34542264	21081869	3893027
十一、按地区分							
东城区	1893	150	18	12315605	4772707	7026829	516069
西城区	2266	74	28	10961055	7706475	3173547	81033
崇文区	990	46	12	3280128	2218670	714171	347287
宣武区	1349	56	14	4819072	3355975	1393864	69233
朝阳区	6767	253	73	69487021	40386657	26704174	2396190
丰台区	2447	101	34	18553978	8076151	10122272	355555
石景山区	889	20	7	10349376	8370139	1940576	38661
海淀区	9985	267	119	35034537	23005199	10104716	1924622
门头沟区	342	6	3	482537	371415	111122	
房山区	926	13	1	2677880	2229182	431416	17282
通州区	701	29	6	1912930	1472621	439025	1284
顺义区	478	13	4	2934288	2313375	618344	2569
昌平区	968	63	14	1796270	1053948	725625	16697
大兴区	975	21	18	3152427	1878174	1258113	16140
怀柔区	458	13	12	1591334	1141185	442178	7971
平谷区	343	7	1	795572	667989	117701	9882
密云县	354	3	1	913481	825860	87621	
延庆县	318	23	5	401059	321037	77210	2812
北京经济技术开发区	72	11	3	3702334	909916	2680742	111676

计量单位：千元

商品销售总额	批发额	市内批发	市外批发	出口额	零售额	对居民	对社会集团	年末库存额
112709360	17341630	11582936	5644051	114643	95367730	69294833	26072897	14543990
55581717	12882856	11496348	1385965	543	42698861	38713321	3985540	5624073
4580149	253418	229059	24359		4326731	3908756	417975	244043
29758234	9717380	5538958	3849543	328879	20040854	11979259	8061595	4689784
27363313	264183	204601	51599	7983	27099130	24330920	2768210	1406059
927327	80542	66575	13967		846785	710288	136497	123138
29519904	3284936	3078980	205413	543	26234968	23029551	3205417	3651674
48775787	15552868	12639494	2865731	47643	33222919	25839328	7383591	6156755
42803069	4979511	3426854	1470702	81955	37823558	32573359	5250199	4376118
2413032	176107	150733	25374		2236925	1981770	255155	349443
2981827	228444	212712	15732		2753383	2483706	269677	837009
8519479	2573254	1780772	788496	3986	5946225	1149622	4796603	1379974
39325722	13055439	7286580	5466904	301955	26270283	11797625	14472658	6821720
56699077	13600641	11285823	2301141	13677	43098436	37585136	5513300	3726129
26671084	3632572	1506709	2010645	115218	23038512	20202841	2835671	2350360
41177221	7317025	4905059	2189789	222177	33860196	27982945	5877251	4386266
10052369	1729029	1108511	618601	1917	8323340	6538317	1785023	967229
15289923	3022347	2163456	857771	1120	12267576	9488895	2778681	2058473
27351058	6084032	4442356	1596443	45233	21267026	12722882	8544144	3737234
8619101	1773594	1219494	523107	30993	6845507	3338058	3507449	1586808
13255037	2603246	1881138	711549	10559	10651791	4476309	6175482	3297157
3514590	432798	334755	94872	3171	3081792	1560786	1521006	2992234
41289217	11679979	11481539	197897	543	29609238	26347041	3262197	2377784
23410594	181194	109510	71684		23229400	21344388	1885012	2351402
13370900	573795	569771	4024		12797105	11697543	1099562	1077080
16551615	2465509	1899294	495102	71113	14086106	11451162	2634944	2626413
29162851	2859723	1752616	1094516	12591	26303128	21201548	5101580	3705688
16978441	2142681	868933	1271995	1753	14835760	12285819	2549941	1958506
61865842	20292403	12165638	7768700	358065	41573439	19568668	22004771	11005017
14490554	1447213	715761	727248	4204	13043341	10325922	2717419	1822799
14633753	1642950	1224623	416033	2294	12990803	9240934	3749869	2012197
3996962	697314	543146	143657	10511	3299648	2748424	551224	711940
5406672	463332	392049	69343	1940	4943340	3991563	951777	904988
71324768	23391069	17518275	5531319	341475	47933699	39753918	8179781	7681347
19938852	634113	493812	69188	71113	19304739	15988044	3316695	3037799
11015245	354920	327163	27757		10660325	8286235	2374090	615395
39912928	8273354	5601465	2662101	9788	31639574	20362454	11277120	5272271
549677	26766	24066	2700		522911	263450	259461	105046
2834431	414059	360887	53172		2420372	1582635	837737	544172
2201043	204208	174729	29172	307	1996835	1685256	311579	259640
3045600	136739	136244	495		2908861	2115366	793495	301247
2078634	112143	69220	40607	2316	1966491	1660081	306410	459380
3345069	743002	533623	209262	117	2602067	1842044	760023	379866
1732086	572274	216301	355973		1159812	793609	366203	272028
827853	124099	122583	1516		703754	432478	271276	140670
988517	42621	41547	1074		945896	801256	144640	156242
489077	36207	26354	9853		452870	323883	128987	99629
3817739	878901	325453	553448		2938838	1698617	1240221	325234

3-9 续表 3

计量单位：千元

	商品销售总额中:					年末零售
	#网上			#其他无店	#持卡	营业面积
	销售额	#BtoB(G)	BtoC	铺销售额	零售额	(平方米)
总计	**868395**	**399671**	**106534**	**9167100**	**12889401**	**8707438**
一、按登记注册类型分						
内资	865557	399068	104299	8634405	9184283	8051663
国有	153493	153042	1	151071	955004	789320
集体	2876	2467	27	151986	563435	642075
股份合作	10602	5272	3788	174343	24160	495899
国有联营					56394	12827
集体联营				1502	50	5708
国有与集体联营				2472	41895	10163
其他联营				1988		722
国有独资公司				5917	16789	50823
其他有限责任公司	71951	28231	40536	1340100	3042578	2413133
股份有限公司	2037	1801	215	381813	1378566	922883
私营独资	1228	33	1161	18879	9507	103065
私营合伙	747	705	42	60876	3267	50710
私营有限责任公司	492176	206374	58282	6016257	3072952	2400775
私营股份有限公司	130447	1143	247	326834	19650	145589
其他				367	36	7971
港澳台商投资	104		104	311247	512900	32559
与港澳台商合资经营	104		104	112	512900	25433
与港澳台商合作经营				189460		50
港澳台商独资				121675		4844
港澳台商投资股份有限公司						2232
外商投资	2734	603	2131	221448	3192218	623216
中外合资经营	2734	603	2131	25250	2745409	562915
中外合作经营				158	237503	33726
外资企业				196040	209306	24556
外商投资股份有限公司						2019
二、按隶属关系分						
中央	149366	149001	150	263986	1115798	498453
地方	13488	9421	3697	551223	3944750	2374638
其他	705541	241249	102687	8351891	7828853	5834347

3-9 续表 4

计量单位：千元

	商品销售总额中:					年末零售营业面积(平方米)
	#网上销售额	#BtoB(G)	BtoC	#其他无店铺销售额	#持卡零售额	
三、按行业小类分						
综合零售	7973	718	2132	175201	7731616	3448647
百货零售	1653	346	1056	68627	6170103	1672615
超级市场零售	418	340	78	12876	1535793	1514760
其他综合零售	5902	32	998	93698	25720	261272
食品、饮料及烟草制品专门零售	1180	59	882	119579	26837	314284
粮油零售				21973		40266
糕点、面包零售	864		864	3705		31239
果品、蔬菜零售				3084	29	19545
肉、禽、蛋及水产品零售				2134	228	25526
饮料及茶叶零售	59	59		16689	15297	48517
烟草制品零售				3743	1505	16525
其他食品零售	257		18	68251	9778	132666
纺织、服装及日用品专门零售	37099	8094	4773	116964	442531	409359
纺织品及针织品零售	151		110	11528	24580	59508
服装零售	28940	3112	2006	32311	150649	185257
鞋帽零售	1		1	8900	16468	48718
钟表、眼镜零售	623		623	3076	244179	41566
化妆品及卫生用品零售	1300	672	505	12657	5118	18773
其他日用品零售	6084	4310	1528	48492	1537	55537
文化、体育用品及器材专门零售	213139	191350	21212	548721	239021	522912
文具用品零售	1765	1270	495	202963	3835	51109
体育用品零售	2446	618	1672	33676	20415	51080
图书零售	156635	149078	7176	168469	61059	179830
报刊零售				6397	764	3622
音像制品及电子出版物零售	3713	3693	20	15690	667	46488
珠宝首饰零售	6427	102	6325	2381	54856	40207
工艺美术品及收藏品零售	430	109	282	14032	92632	106616
照相器材零售	41493	36339	5153	58464	2720	14287
其他文化用品零售	230	141	89	46649	2073	29673
医药及医疗器材专门零售	5885	4073	1752	1117730	76609	386716
药品零售	1196		1196	21607	55359	288042
医疗用品及器材零售	4689	4073	556	1096123	21250	98674
汽车、摩托车、燃料及零配件专门零售	313705	14278	12631	1086173	1891523	1507057
汽车零售	289183	2481		795825	1845048	803172
汽车零配件零售	17228	5317	11817	40509	120	150634
摩托车及零配件零售				7899		11603
机动车燃料零售	7294	6480	814	241940	46355	541648

3-9 续表 5 计量单位：千元

	商品销售总额中:					年末零售营业面积(平方米)
	#网上销售额	#BtoB(G)	BtoC	#其他无店铺销售额	#持卡零售额	
家用电器及电子产品专门零售	258505	164680	51884	4553195	2030853	953630
家用电器零售	8287	2872	3958	87860	1702904	456213
计算机、软件及辅助设备零售	144577	108396	6569	2778208	12373	272614
通信设备零售	19613	14215	5398	625934	314925	114178
其他电子产品零售	86028	39197	35959	1061193	651	110625
五金、家具及室内装修材料专门零售	3513	794	2317	660293	438377	723013
五金零售	2294	40	1942	136197	2312	228419
家具零售	40		40	86788	258165	171639
涂料零售	70	1	19	25448		41654
其他室内装修材料零售	1109	753	316	411860	177900	281301
无店铺及其他零售	27396	15625	8951	789244	12034	441820
流动货摊零售	234	234		702		416
邮购及电子销售	9062	228	8572	81619	192	7164
生活用燃料零售				58435		190322
花卉零售	55	45	10	4135		31969
旧货零售				17		3295
其他未列明的零售	18045	15118	369	644336	11842	208654
四、按控股情况分						
国有绝对控股	156777	155042	1285	243173	3824516	1922093
国有相对控股	848	633	65	14026	1314182	254832
其他	710770	243996	105184	8909901	7750703	6530513
五、按企业规模分						
大型企业	3687		3687	12275	7996651	2425892
中型企业				632401	483239	1034919
小型企业	864708	399671	102847	8522424	4409511	5246627
六、按限额标准分						
限额以上	743903	325059	78349	6046032	12785014	5882859
限额以下	124492	74612	28185	3121068	104387	2824579
七、按经营方式分						
独立店	732272	342796	59465	5540745	8122286	5523251
连锁总店	3227		3227	5394	3445837	1879721
连锁分店	158	158		7137	188216	276979
其他	132738	56717	43842	3613824	1133062	1027487

3-9 续表 6

计量单位：千元

	商品销售总额中:					年末零售营业面积(平方米)
	#网上销售额	#BtoB(G)	BtoC	#其他无店铺销售额	#持卡零售额	
八、按零售经营业态分						
百货商店	8410	8218	131	9133	5623950	1510731
购物中心	36339	36339		18011	50411	178121
超级市场	435	340	78	354	2447474	1523448
专业店	162039	13329	12622	405872	1418751	1800857
专卖店	172669	544	10770	206746	2266926	872617
便利店	668		613	2239	5061	252760
仓储式商场				1747	901188	262758
无店铺销售	212612	174371	4068	6827552	4668	265171
其他	275223	166530	78252	1695446	170972	2040975
九、按商品销售额分						
100000万元及以上	2513		2513		5996104	1420952
50000-99999万元	78		78	346175	2596513	615983
15000-49999万元	288291	495	1096	932986	2942866	1156451
10000-14999万元	149001	149001		500392	181867	387058
5000-9999万元	4		4	849894	474710	610435
1000-4999万元	211999	120531	43395	2379054	500857	1232264
500-999万元	92017	55032	31263	1037531	92097	459716
100-499万元	99267	62764	18279	2792637	83500	1093835
99万元及以下	25225	11848	9906	328431	20887	1730744
十、按零售营业面积分						
50000平方米及以上	3505		3505	279	3076008	1654708
20000-49999平方米				8351	4263340	1370553
10000-19999平方米	104		104		2089470	809252
5000-9999平方米	82		82	273979	970843	887824
1000-4999平方米	158722	720	1	99059	1703466	1575065
500-999平方米	21460	13896	7563	374126	452107	432084
499平方米及以下	684522	385055	95279	8411306	334167	1977952
十一、按地区分						
东城区	179410	149604	5756	478126	1113807	563647
西城区	35661	10306	24802	54464	1688732	738191
崇文区	1276	606	77	82338	320184	336224
宣武区	10591	8056	2307	74340	749947	297360
朝阳区	221367	31924	25935	2596535	4159583	2028365
丰台区	1847	1044	353	86258	1572988	721503
石景山区	6		6	129642	1403066	556187
海淀区	397806	184946	46104	5165976	1434556	1452224
门头沟区	63		63	18317	645	53524
房山区	8829	5186	819	59780	20395	290571
通州区	5220	2117	123	16500	26503	248796
顺义区	1319	1284		7293	76772	288782
昌平区	489	346	22	39592	150426	316683
大兴区	4326	4252	74	321097	8742	258736
怀柔区	19		19	1669	18697	111547
平谷区	6			1546	1038	104276
密云县				3767	2097	138753
延庆县	86			16856	1997	95893
北京经济技术开发区	74		74	13004	139226	106176

3-10 限额以上批发零售企业

	单位数（个）	商品购进 总额	市内购进	市外购进	进口额	商品销售 总额
总计	**5981**	**898515443**	**263017378**	**481356668**	**154141397**	**983129127**
一、按登记注册类型分						
内资	5873	797976345	235383530	410677856	151914959	859908472
国有	589	190006965	33058595	99646131	57302239	206125419
集体	246	28662522	22733969	5744426	184127	27544956
股份合作	201	8479225	3723107	3301984	1454134	9097358
国有联营	12	1710297	1070407	72048	567842	1993062
集体联营	4	92620	73970	18650		208612
国有与集体联营	14	1316380	133112	1129202	54066	1377005
其他联营	2	59900		59900		71844
国有独资公司	73	26153548	3902230	10247725	12003593	26971641
其他有限责任公司	1424	278275073	69488766	150087022	58699285	310826185
股份有限公司	132	96004367	20762206	63435243	11806918	104339629
私营独资	12	288739	120724	168015		327542
私营合伙	19	666969	599947	57379	9643	689475
私营有限责任公司	2997	160401791	77337235	73489795	9574761	163784726
私营股份有限公司	147	5848824	2370137	3220336	258351	6541122
其他	1	9125	9125			9896
港澳台商投资	26	1831779	1230376	501633	99770	2233172
与港澳台商合资经营	12	1203562	991189	212373		1544755
与港澳台商合作经营	1	199528	199528			189460
港澳台商独资	12	409973	20943	289260	99770	478862
港澳台商投资股份有限公司	1	18716	18716			20095
外商投资	82	98707319	26403472	70177179	2126668	120987483
中外合资经营	35	29840565	9157128	20578873	104564	31866232
中外合作经营	4	1687225	317944	1369281		2177794
外资企业	43	67179529	16928400	48229025	2022104	86943457
二、按隶属关系分						
中央	543	416179616	54510826	238883609	122785181	455898709
地方	811	104643183	54402308	45665529	4575346	115570738
其他	4627	377692644	154104244	196807530	26780870	411659680

商品购进、销售、库存总值

计量单位：千元

批发额				零售额			年末
	市内批发	市外批发	出口额		对居民	对社会集团	库存额
820968783	**239130033**	**514066834**	**67771916**	**162160344**	**123290226**	**38870118**	**106117357**
714963251	224703303	431225167	59034781	144945221	107925135	37020086	98691861
190157638	37245502	127305037	25607099	15967781	11018860	4948921	32553611
22390238	17368692	5021546		5154718	4002436	1152282	1294582
4820613	2705537	1861829	253247	4276745	2843564	1433181	901711
1109828	450130	659698		883234	486163	397071	124946
				208612	181792	26820	17544
1197804	67405	210115	920284	179201	168204	10997	21325
53827		53827		18017	18017		124
26487811	4326104	18245826	3915881	483830	422563	61267	2503712
263028016	65250452	177111989	20665575	47798169	38101181	9696988	41312005
78593659	25800692	46940479	5852488	25745970	20949757	4796213	6079532
110213	84322	25891		217329	170901	46428	19529
573818	211653	362165		115657	56431	59226	22322
121908580	68665435	51693976	1549169	41876146	28336361	13539785	13426680
4531206	2527379	1732789	271038	2009916	1168905	841011	414027
				9896		9896	211
554105	298446	255659		1679067	1375342	303725	177599
202858	188499	14359		1341897	1313564	28333	76102
				189460	47710	141750	239
351247	109947	241300		127615		127615	101139
				20095	14068	6027	119
105451427	14128284	82586008	8737135	15536056	13989749	1546307	7247897
18972440	2989882	15981112	1446	12893792	11597588	1296204	3261041
41652	7145	34507		2136142	2059403	76739	138915
86437335	11131257	66570389	8735689	506122	332758	173364	3847941
435037827	73303164	313602565	48132098	20860882	15591286	5269596	59643764
70223459	38009140	25758349	6455970	45347279	36346408	9000871	13815328
315707497	127817729	174705920	13183848	95952183	71352532	24599651	32658265

3-10 续表 1

	单位数（个）	商品购进总额	市内购进	市外购进	进口额	商品销售总额
三、按控股情况分						
国有绝对控股	1014	470998956	76004177	269505698	125489081	518835665
国有相对控股	109	20274196	6516214	10921439	2836543	23355901
其他	4858	407242291	180496987	200929531	25815773	440937561
四、零售业按经营方式分	**3054**	**170965194**	**101565734**	**63880080**	**5519380**	**185859833**
独立店	2166	87436430	45823185	38569088	3044157	100352816
连锁总店	116	50824823	35629017	13947340	1248466	55545267
连锁分店	41	4223355	3999696	211370	12289	4430858
其他	731	28480586	16113836	11152282	1214468	25530892
五、零售业按零售经营业态分	**3054**	**170965194**	**101565734**	**63880080**	**5519380**	**185859833**
百货商店	140	19879409	15812080	4020286	47043	26883883
购物中心	26	777285	540310	212680	24295	817747
超级市场	105	26529176	22515679	4012836	661	29235465
专业店	633	41642032	21983079	18830501	828452	44860677
专卖店	484	39130171	13634410	23655949	1839812	41499917
便利店	47	1680112	1592497	60598	27017	1971369
仓储式商场	22	2777232	1732711	994405	50116	2916529
无店铺销售	227	4185057	2457048	1254800	473209	4902503
其他	1370	34364720	21297920	10838025	2228775	32771743
六、按地区分						
东城区	456	109938526	14430475	57781076	37726975	110919692
西城区	459	107881251	20608479	43147147	44125625	114423406
崇文区	153	15434493	5737278	7926923	1770292	17491268
宣武区	238	48372639	11628899	30871070	5872670	49848946
朝阳区	1401	290991202	76571734	188925674	25493794	319385686
丰台区	428	41507590	15858097	23967442	1682051	43691598
石景山区	137	16478850	11961638	4251807	265405	17417566
海淀区	1755	194270800	61615203	96921727	35733870	233276718
门头沟区	32	1384634	670208	714426		1462622
房山区	233	16773281	14258764	2489295	25222	17650283
通州区	112	7942634	4481030	3096756	364848	8443920
顺义区	122	10160531	6665244	3288574	206713	10595324
昌平区	105	5846257	3894956	1818247	133054	6361846
大兴区	142	13358913	7628527	5700700	29686	13626619
怀柔区	66	3494327	1746826	1652258	95243	3912796
平谷区	31	3760298	768340	2982076	9882	3941343
密云县	47	3674667	2914213	756354	4100	2792515
延庆县	25	598246	462788	135458		684327
北京经济技术开发区	39	6646304	1114679	4929658	601967	7202652

计量单位：千元

批发额	市内批发	市外批发	出口额	零售额	对居民	对社会集团	年末库存额
468987867	86608507	330191167	52188193	49847798	39688932	10158866	67863849
14937262	3314413	9373353	2249496	8418639	6681023	1737616	1369293
337043654	149207113	174502314	13334227	103893907	76920271	26973636	36884215
37159240	**26631408**	**10097497**	**430335**	**148700593**	**117859074**	**30841519**	**18812499**
15087542	9889606	5095340	102596	85265274	64590456	20674818	9997733
12878936	11493548	1384845	543	42666331	38681368	3984963	5615672
246405	222265	24140		4184453	3786574	397879	198361
8946357	5025989	3593172	327196	16584535	10800676	5783859	3000733
37159240	**26631408**	**10097497**	**430335**	**148700593**	**117859074**	**30841519**	**18812499**
210387	161053	41351	7983	26673496	24001662	2671834	1228810
70104	60120	9984		747643	617672	129971	70438
3252968	3053257	199168	543	25982497	22816023	3166474	3532777
15042187	12235221	2760583	46383	29818490	24128538	5689952	4712504
4777435	3265015	1430664	81756	36722482	31788401	4934081	3877077
123679	112276	11403		1847690	1691596	156094	202574
216968	205273	11695		2699561	2447048	252513	815576
2010384	1419537	587055	3792	2892119	564955	2327164	442620
11455128	6119656	5045594	289878	21316615	9803179	11513436	3930123
96519821	8469396	76001346	12049079	14399871	10108015	4291856	20579678
101886096	15712605	79491003	6682488	12537310	9022661	3514649	18326045
12905963	5907736	6236258	761969	4585305	2697270	1888035	2139783
44920003	11636379	26541184	6742440	4928943	3886613	1042330	13079487
269854413	84537157	164020630	21296626	49531273	41254440	8276833	24792804
24941143	16718356	7806935	415852	18750455	15712384	3038071	5620452
7108614	4558853	2332473	217288	10308952	8154484	2154468	780799
203593053	53683031	130777908	19132114	29683665	19962007	9721658	15359773
1091694	712358	379336		370928	195152	175776	94638
15370074	9636601	5557141	176332	2280209	1592424	687785	1135795
6381175	2998857	3301197	81121	2062745	1618808	443937	556361
7737833	6268658	1453659	15516	2857491	2086830	770661	1052516
4745289	2862217	1868242	14830	1616557	1459910	156647	567744
11210189	8071900	3082932	55357	2416430	1722541	693889	777664
2841328	1796699	1044629		1071468	726888	344580	291268
3320917	3246522	74395		620426	383154	237272	188896
1950450	1285030	628573	36847	842065	726135	115930	153642
333348	312991	20357		350979	258015	92964	61328
4257380	714687	3448636	94057	2945272	1722495	1222777	558684

3-10 续表 2　　　　计量单位：千元

	商品销售总额中:					年末零售营业面积(平方米)
	#网上销售额	#BtoB(G)	BtoC	#其他无店铺销售额	#持卡零售额	
总　计	**6748962**	**5811700**	**88757**	**36667319**	**12868276**	**6205963**
一、按登记注册类型分						
内资	6746727	5811700	86522	36086391	9163158	5563886
国有	4846750	4443786		4015558	953127	680152
集体	16		16	256154	557831	394989
股份合作				123857	17525	130287
国有联营					56095	7845
集体联营						3200
国有与集体联营					41895	7409
其他联营						50
国有独资公司				660506	16092	48458
其他有限责任公司	1051886	948837	49843	20595966	3047262	2117066
股份有限公司	62802	62798	4	1350799	1374380	853062
私营独资				27602	9377	7813
私营合伙				17627		4622
私营有限责任公司	656552	356279	36659	8771275	3075546	1254619
私营股份有限公司	128721			267047	14028	53114
其他						1200
港澳台商投资	104		104	338580	512900	27873
与港澳台商合资经营	104		104		512900	24370
与港澳台商合作经营				189460		50
港澳台商独资				149120		1221
港澳台商投资股份有限公司						2232
外商投资	2131		2131	242348	3192218	614204
中外合资经营	2131		2131	22261	2745409	556883
中外合作经营				65	237503	33735
外资企业				220022	209306	23586
二、按隶属关系分						
中央	4444151	4443786	150	20426645	1129695	466441
地方	567786	163123	1914	1634561	3939703	2048409
其他	1737025	1204791	86693	14606113	7798878	3691113

3-10 续表 3 计量单位：千元

	商品销售总额中:					年末零售营业面积(平方米)
	#网上销售额	#BtoB(G)	BtoC	#其他无店铺销售额	#持卡零售额	
三、按控股情况分						
国有绝对控股	5005921	4601723	1234	20540578	3834640	1783619
国有相对控股				505572	1314004	228886
其他	1743041	1209977	87523	15621169	7719632	4193458
四、零售业按经营方式分	**743903**	**325059**	**78349**	**6046032**	**12785014**	**5882859**
独立店	661713	302315	44112	3551607	8035890	3260826
连锁总店	3227		3227	5394	3441678	1874491
连锁分店					185899	250077
其他	78963	22744	31010	2489031	1121547	497465
五、零售业按零售经营业态分	**743903**	**325059**	**78349**	**6046032**	**12785014**	**5882859**
百货商店	108		108	8351	5617713	1352076
购物中心	36339	36339		17882	49462	154679
超级市场	78		78		2447283	1437432
专业店	148247	9718	7931	371529	1379708	1151556
专卖店	166424		8424	187698	2233438	639700
便利店	608		608		4931	135426
仓储式商场					901188	248362
无店铺销售	187282	158810	1650	4102864	3216	34580
其他	204817	120192	59550	1357708	148075	729048
六、按地区分						
东城区	284443	260605	16	404255	1101309	416450
西城区	80168	6272	20690	99137	1682013	622929
崇文区	21			86147	315714	255066
宣武区	4294785	4294785		290489	762334	209970
朝阳区	362199	170800	30397	9310903	4167072	1574631
丰台区	82129	82123		2063433	1569361	528522
石景山区				364453	1402563	489740
海淀区	1234578	991929	36840	22171366	1437261	926884
门头沟区				6425	601	18145
房山区	7890	5186	814	918023	20175	172356
通州区				240782	26374	177171
顺义区	402749				75765	228275
昌平区				39817	136540	155268
大兴区				655533	8697	122240
怀柔区					18666	56297
平谷区					700	36933
密云县					2040	77861
延庆县				16556	1865	37880
北京经济技术开发区					139226	99345

3-11 按行业小类分限额以上批发零售

	单位数（个）	商品购进总额	市内购进	市外购进	进口额	商品销售总额
总计	**5981**	**898515443**	**263017378**	**481356668**	**154141397**	**983129127**
批发业合计	**2927**	**727550249**	**161451644**	**417476588**	**148622017**	**797269294**
农畜产品批发	60	49762875	1929701	9146221	38686953	36732012
谷物、豆及薯类批发	15	31175960	123457	3717591	27334912	20593949
种子、饲料批发	24	3164475	802943	1188560	1172972	3577625
棉、麻批发	17	14615731	924840	4044699	9646192	11761825
牲畜批发	1	11409	751	2965	7693	24959
其他农畜产品批发	3	795300	77710	192406	525184	773654
食品、饮料及烟草制品批发	198	39287394	12284291	18734826	8268277	42541749
米、面制品及食用油批发	39	9157107	2091817	3844246	3221044	9425076
糕点、糖果及糖批发	16	2701941	548316	1901838	251787	2708231
果品、蔬菜批发	6	127946	50985	76961		161321
肉、禽、蛋及水产品批发	22	2157934	543670	904446	709818	2140143
盐及调味品批发	7	227484	8217	178709	40558	341310
饮料及茶叶批发	32	4528737	1449493	2117164	962080	5367863
烟草制品批发	28	14204148	6365162	5308816	2530170	16046298
其他食品批发	48	6182097	1226631	4402646	552820	6351507
纺织、服装及日用品批发	187	27085197	4455565	14870476	7759156	30334531
纺织品、针织品及原料批发	65	11736702	1259285	4847086	5630331	12067667
服装批发	42	6859659	1753117	4369449	737093	8842723
鞋帽批发	8	936801	66131	800485	70185	1000148
厨房、卫生间用具及日用杂货批发	18	2055268	735816	1312128	7324	2288211
化妆品及卫生用品批发	22	1920565	290849	1588430	41286	2122624
其他日用品批发	32	3576202	350367	1952898	1272937	4013158
文化、体育用品及器材批发	143	13908115	6073234	6743486	1091395	15836803
文具用品批发	46	3710891	891585	2081694	737612	4420272
体育用品批发	5	421852	26144	348757	46951	480335
图书批发	26	4052001	3302963	608042	140996	4240860
报刊批发	3	195558	184348	11210		198403
音像制品及电子出版物批发	8	308780	186523	100045	22212	365622
首饰、工艺品及收藏品批发	24	3307365	929455	2269722	108188	4069991
其他文化用品批发	31	1911668	552216	1324016	35436	2061320
医药及医疗器材批发	161	22435080	7974851	11754749	2705480	24123916
西药批发	67	14390631	5598094	7565761	1226776	15533968
中药材及中成药批发	39	4747438	1419311	3156819	171308	4891548
医疗用品及器材批发	55	3297011	957446	1032169	1307396	3698400
矿产品、建材及化工产品批发	1136	382335417	83242677	229041457	70051283	428606486
煤炭及制品批发	72	37172052	784840	35761898	625314	39813475
石油及制品批发	114	97390877	14611180	67716452	15063245	105298616
非金属矿及制品批发	10	553432	59629	442192	51611	566196
金属及金属矿批发	516	161495008	33970296	93215267	34309445	196016207
建材批发	122	16669813	6628116	8088755	1952942	16918186
化肥批发	14	14921738	836133	5676956	8408649	16098954
农药批发	4	14704704	14298230	299948	106526	12936878
农用薄膜批发	4	252042	1238	26422	224382	262356
其他化工产品批发	280	39175751	12053015	17813567	9309169	40695618
机械设备、五金交电及电子产品批发	923	174916470	42582769	115945971	16387730	199578051
农业机械批发	14	880288	448901	345212	86175	1549966
汽车、摩托车及零配件批发	104	30434893	3388040	24095212	2951641	30596827
五金、交电批发	54	5141117	1488619	3369935	282563	5664389
家用电器批发	68	29706783	1834793	27322905	549085	33230121
计算机、软件及辅助设备批发	290	23410806	10407143	8929925	4073738	24352310
通讯及广播电视设备批发	90	40772152	13003927	26859621	908604	50906844
其他机械设备及电子产品批发	303	44570431	12011346	25023161	7535924	53277594
其他批发	119	17819701	2908556	11239402	3671743	19515746
再生物资回收与批发	25	4650566	1259144	3391422		4537847
其他未列明的批发	94	13169135	1649412	7847980	3671743	14977899

企业商品购进、销售、库存总值

计量单位：千元

批发额	市内批发	市外批发	出口额	零售额	对居民	对社会集团	年末库存额
820968783	**239130033**	**514066834**	**67771916**	**162160344**	**123290226**	**38870118**	**106117357**
783809543	**212498625**	**503969337**	**67341581**	**13459751**	**5431152**	**8028599**	**87304858**
36731582	1201311	33282807	2247464	430		430	21082838
20593519	195068	18353544	2044907	430		430	14892226
3577625	480390	3012109	85126				626706
11761825	419639	11269013	73173				5506570
24959	24959						7693
773654	81255	648141	44258				49643
42140673	24258454	14117822	3764397	401076	260167	140909	6237565
9330045	2768117	4915048	1646880	95031	31646	63385	3244327
2602637	1474820	1127817		105594	83123	22471	454198
161321	98479	45284	17558				7210
2129149	949528	983387	196234	10994	7098	3896	274326
338350	234043	104307		2960	769	2191	24591
5346968	2842995	1354148	1149825	20895	12782	8113	554233
15952501	12580933	3371568		93797	78955	14842	745588
6279702	3309539	2216263	753900	71805	45794	26011	933092
29873205	6048517	14016610	9808078	461326	391485	69841	3363456
12065938	738069	7814607	3513262	1729	154	1575	1139887
8795715	1064960	3401066	4329689	47008	34507	12501	1217836
996069	340207	106556	549306	4079	4079		110855
2246405	1025266	1041541	179598	41806	16012	25794	214006
2085836	2029653	56183		36788	17108	19680	257284
3683242	850362	1596657	1236223	329916	319625	10291	423588
15322593	6665296	7055855	1601442	514210	292065	222145	2689440
4324379	3227082	1077943	19354	95893		95893	435728
475543	45700	107881	321962	4792	4792		47555
3928590	1193150	2583949	151491	312270	215171	97099	1383996
192020	36950	155070		6383	6383		13558
345719	249626	96093		19903	15922	3981	110634
4020184	922529	2010969	1086686	49807	46347	3460	474124
2036158	990259	1023950	21949	25162	3450	21712	223845
19242369	9834514	8457335	950520	4881547	417103	4464444	2866637
11902531	6564040	4956486	382005	3631437	263634	3367803	1691398
3884853	1880452	1599364	405037	1006695	115177	891518	699614
3454985	1390022	1901485	163478	243415	38292	205123	475625
425452869	109116011	292300482	24036376	3153617	1920456	1233161	27280570
39772224	2299943	35395767	2076514	41251	539	40712	931181
102811458	28132162	71839204	2840092	2487158	1664443	822715	3854905
566196	362750	132949	70497				31771
195819187	46960389	132357599	16501199	197020	81450	115570	13663552
16515246	10096712	5985567	432967	402940	164191	238749	1644492
16098954	435956	15525635	137363				2676552
12936878	12381777	477028	78073				56855
255255	143108	111782	365	7101		7101	9480
40677471	8303214	30474951	1899306	18147	9833	8314	4411782
195645289	51338988	124990158	19316143	3932762	2133189	1799573	17236530
1513523	251320	143968	1118235	36443	26639	9804	335133
28481074	6040480	21996723	443871	2115753	1482321	633432	2537001
5591763	2495048	2026440	1070275	72626	18042	54584	869871
33005596	8859640	23861081	284875	224525	184997	39528	2449160
23329950	15422314	7864427	43209	1022360	260324	762036	1385129
50790026	8841771	41935185	13070	116818	75818	41000	2057096
52933357	9428415	27162334	16342608	344237	85048	259189	7603140
19400963	4035534	9748268	5617161	114783	16687	98096	6547822
4537747	1014812	3522935		100	45	55	216122
14863216	3020722	6225333	5617161	114683	16642	98041	6331700

3-11 续表 1

	单位数 (个)	商品购进 总额	市内购进	市外购进	进口额	商品销售 总额
零售业合计	**3054**	**170965194**	**101565734**	**63880080**	**5519380**	**185859833**
综合零售	269	45714472	36666327	8912111	136034	55366634
百货零售	129	21201600	16758065	4397045	46490	28126672
超级市场零售	88	22447294	19032939	3380549	33806	24811538
其他综合零售	52	2065578	875323	1134517	55738	2428424
食品、饮料及烟草制品专门零售	114	2714746	2171455	525639	17652	3163200
粮油零售	19	343710	276614	56654	10442	346249
糕点、面包零售	8	337880	323874	14006		496520
果品、蔬菜零售	8	99241	85797	13444		112015
肉、禽、蛋及水产品零售	14	136960	69484	67476		152222
饮料及茶叶零售	12	317928	104694	208901	4333	445733
烟草制品零售	23	473502	473502			459245
其他食品零售	30	1005525	837490	165158	2877	1151216
纺织、服装及日用品专门零售	218	4101903	854525	3060720	186658	5108943
纺织品及针织品零售	28	285190	53613	173861	57716	332112
服装零售	110	1876172	422769	1355415	97988	2330292
鞋帽零售	24	591194	144119	439748	7327	625200
钟表、眼镜零售	20	876183	119041	751453	5689	1267793
化妆品及卫生用品零售	6	149964	16376	133197	391	152729
其他日用品零售	30	323200	98607	207046	17547	400817
文化、体育用品及器材专门零售	226	5923777	3712902	1246044	964831	6288149
文具用品零售	35	414006	293343	118663	2000	478822
体育用品零售	15	474753	258628	213908	2217	422578
图书零售	74	2491237	2193064	142791	155382	2516423
报刊零售	4	830225	46861	855	782509	1123924
音像制品及电子出版物零售	11	136091	81432	54659		169234
珠宝首饰零售	21	441060	82914	358146		271250
工艺美术品及收藏品零售	18	219496	93866	125630		314050
照相器材零售	32	767039	599180	167859		815784
其他文化用品零售	16	149870	63614	63533	22723	176084
医药及医疗器材专门零售	240	6743780	3994232	2111499	638049	7695649
药品零售	88	4197560	2939081	1247072	11407	4617414
医疗用品及器材零售	152	2546220	1055151	864427	626642	3078235
汽车、摩托车、燃料及零配件专门零售	773	65968092	25267272	38359588	2341232	70358330
汽车零售	403	44564175	10784948	31555269	2223958	46835552
汽车零配件零售	93	1744659	767486	873781	103392	1897372
摩托车及零配件零售	1	23153	947	22206		25584
机动车燃料零售	276	19636105	13713891	5908332	13882	21599822
家用电器及电子产品专门零售	888	33888886	26034161	7015766	838959	30960593
家用电器零售	77	13246365	9649056	3276413	320896	13307463
计算机、软件及辅助设备零售	489	8319338	6443658	1763056	112624	9875912
通信设备零售	120	4693252	3623637	921859	147756	4889843
其他电子产品零售	202	7629931	6317810	1054438	257683	2887375
五金、家具及室内装修材料专门零售	180	3866176	2038807	1609400	217969	4570324
五金零售	86	1195236	744607	347270	103359	1379221
家具零售	30	716957	112703	566342	37912	968291
涂料零售	14	213541	79231	116703	17607	241082
其他室内装修材料零售	50	1740442	1102266	579085	59091	1981730
无店铺及其他零售	146	2043362	826053	1039313	177996	2348011
邮购及电子销售	3	74072	18391	55681		96376
生活用燃料零售	37	632751	381893	250858		648243
花卉零售	2	14135	4891	4015	5229	14554
旧货零售	1	24131	21836	2295		21319
其他未列明的零售	103	1298273	399042	726464	172767	1567519

计量单位：千元

批发额				零售额			年末
	市内批发	市外批发	出口额		对居民	对社会集团	库存额
37159240	**26631408**	**10097497**	**430335**	**148700593**	**117859074**	**30841519**	**18812499**
3620778	3385183	235052	543	51745856	47058554	4687302	5399398
154926	141931	12995		27971746	25214099	2757647	1246304
3239845	3040785	198517	543	21571693	19741578	1830115	3937359
226007	202467	23540		2202417	2102877	99540	215735
596621	522756	72419	1446	2566579	2126889	439690	239458
94056	56823	37233		252193	68033	184160	34157
10360	10360			486160	474727	11433	11189
8354	5662	2692		103661	80271	23390	6547
27010	27010			125212	122637	2575	8073
230141	223767	6374		215592	187992	27600	58337
78545	78545			380700	372705	7995	36533
148155	120589	26120	1446	1003061	820524	182537	84622
1713641	852562	835198	25881	3395302	3121966	273336	1248953
127050	81709	31807	13534	205062	185948	19114	80168
668837	506408	150082	12347	1661455	1591844	69611	609702
250759	162268	88491		374441	341446	32995	234812
496906	13858	483048		770887	768737	2150	221317
97690	37855	59835		55039	21786	33253	31577
72399	50464	21935		328418	212205	116213	71377
1170005	814607	342020	13378	5118144	2949837	2168307	1585847
97058	79267	17791		381764	92743	289021	72834
34552	19168	15384		388026	318096	69930	57572
475533	362122	113167	244	2040890	1466499	574391	894509
46080	15684	17262	13134	1077844	21510	1056334	110730
71539	53392	18147		97695	70034	27661	44660
46523	22889	23634		224727	198808	25919	163661
5589	2825	2764		308461	300459	8002	138962
343607	252857	90750		472177	410650	61527	46904
49524	6403	43121		126560	71038	55522	56015
2130714	1624383	504414	1917	5564935	2242296	3322639	1265684
797743	698828	98915		3819671	1974765	1844906	688161
1332971	925555	405499	1917	1745264	267531	1477733	577523
16626247	11428295	4905191	292761	53732083	43514155	10217928	5478516
7966975	3491023	4404839	71113	38868577	31686448	7182129	4379601
562396	220213	339867	2316	1334976	840106	494870	205869
				25584	25584		1558
8096876	7717059	160485	219332	13502946	10962017	2540929	891488
8502557	5859734	2582865	59958	22458036	14097795	8360241	2551961
2525912	1791835	689972	44105	10781551	8950094	1831457	832773
3213128	2173601	1025331	14196	6662784	2248219	4414565	700468
1574714	1039230	535344	140	3315129	2704921	610208	612007
1188803	855068	332218	1517	1698572	194561	1504011	406713
1673805	1413411	234873	25521	2896519	2208602	687917	713643
718817	621055	86668	11094	660404	205467	454937	272052
25111	17356	7565	190	943180	877901	65279	159252
220905	124920	95985		20177	7813	12364	23968
708972	650080	44655	14237	1272758	1117421	155337	258371
1124872	730477	385465	8930	1223139	538980	684159	329039
				96376	83442	12934	7482
209888	166795	43093		438355	232998	205357	121200
11465	2325	9140		3089	639	2450	1862
				21319	21319		10563
903519	561357	333232	8930	664000	200582	463418	187932

3-11 续表 2 计量单位：千元

	商品销售总额中:					年末零售
	#网 上 销售额	#BtoB(G)	BtoC	#其他无店铺销售额	#持 卡 零售额	营业面积 (平方米)
总　　计	**6748962**	**5811700**	**88757**	**36667319**	**12868276**	**6205963**
批发业合计	**6005059**	**5486641**	**10408**	**30621287**	**83262**	**323104**
农畜产品批发	53206			118021		474
谷物、豆及薯类批发						
种子、饲料批发				93062		400
棉、麻批发	53206					74
牲畜批发				24959		
其他农畜产品批发						
食品、饮料及烟草制品批发	428449	25700		1440936	153	30945
米、面制品及食用油批发				61969		1227
糕点、糖果及糖批发						1080
果品、蔬菜批发						
肉、禽、蛋及水产品批发						691
盐及调味品批发						
饮料及茶叶批发				80350		575
烟草制品批发	402749			1253435	153	22310
其他食品批发	25700	25700		45182		5062
纺织、服装及日用品批发				1074860	17053	11652
纺织品、针织品及原料批发				55139		200
服装批发					15186	6717
鞋帽批发				486890	1867	542
厨房、卫生间用具及日用杂货批发				30937		585
化妆品及卫生用品批发						1848
其他日用品批发				501894		1760
文化、体育用品及器材批发	163638	111604		59438	16804	11939
文具用品批发	31604	31604		25177		820
体育用品批发						
图书批发	80000	80000			2235	3598
报刊批发						50
音像制品及电子出版物批发						2538
首饰、工艺品及收藏品批发					14569	4183
其他文化用品批发	52034			34261		750
医药及医疗器材批发				481885	31	24937
西药批发				316152	31	14660
中药材及中成药批发				37461		9133
医疗用品及器材批发				128272		1144
矿产品、建材及化工产品批发	4448082	4448082		23676370		134736
煤炭及制品批发	62798	62798		143300		46009
石油及制品批发				1889416		22249
非金属矿及制品批发				67410		
金属及金属矿批发	62017	62017		17596705		34004
建材批发				1012656		25593
化肥批发						80
农药批发						
农用薄膜批发						120
其他化工产品批发	4323267	4323267		2966883		6681
机械设备、五金交电及电子产品批发	911684	901255	10408	2711198	49221	104892
农业机械批发						3329
汽车、摩托车及零配件批发				2221	36131	59546
五金、交电批发				31151	1022	9024
家用电器批发	10289		10268	537644	9800	2837
计算机、软件及辅助设备批发	613035	612895	140	819270	2155	13830
通讯及广播电视设备批发	42553	42553		833057		2743
其他机械设备及电子产品批发	245807	245807		487855	113	13583
其他批发				1058579		3529
再生物资回收与批发				92463		1350
其他未列明的批发				966116		2179

3-11 续表 3 计量单位：千元

	商品销售总额中:					年末零售营业面积(平方米)
	#网上销售额	#BtoB(G)	BtoC	#其他无店铺销售额	#持卡零售额	
零售业合计	**743903**	**325059**	**78349**	**6046032**	**12785014**	**5882859**
综合零售	2684		794	93084	7726646	3035517
百货零售	108		108	47366	6167058	1466181
超级市场零售	78		78	12014	1535562	1445117
其他综合零售	2498		608	33704	24026	124219
食品、饮料及烟草制品专门零售				51636	20303	113823
粮油零售				16016		14930
糕点、面包零售						18954
果品、蔬菜零售					29	6029
肉、禽、蛋及水产品零售						2683
饮料及茶叶零售				7638	14382	13157
烟草制品零售						5629
其他食品零售				27982	5892	52441
纺织、服装及日用品专门零售	23828			30199	391422	160347
纺织品及针织品零售					14510	7435
服装零售	23822			13218	119262	82090
鞋帽零售				6222	15184	29678
钟表、眼镜零售					238700	26445
化妆品及卫生用品零售					3298	2285
其他日用品零售	6			10759	468	12414
文化、体育用品及器材专门零售	203523	185348	17960	366762	205929	204828
文具用品零售				178778	2273	6969
体育用品零售	8	8		25868	20071	25320
图书零售	155711	149001	6495	84727	59805	103090
报刊零售					764	800
音像制品及电子出版物零售				7865	519	14093
珠宝首饰零售	6325		6325		44467	18965
工艺美术品及收藏品零售					73895	25588
照相器材零售	41479	36339	5140	57578	2092	5152
其他文化用品零售				11946	2043	4851
医药及医疗器材专门零售	1096		1096	880533	73753	213684
药品零售	1096		1096	7972	52569	191963
医疗用品及器材零售				872561	21184	21721
汽车、摩托车、燃料及零配件专门零售	307432	8099	12631	1014095	1891403	1138967
汽车零售	286702			780208	1845048	683760
汽车零配件零售	14730	2913	11817			33397
摩托车及零配件零售						150
机动车燃料零售	6000	5186	814	233887	46355	421660
家用电器及电子产品专门零售	196996	125348	44188	2718804	2026133	599090
家用电器零售	2409		2409	28713	1702828	401899
计算机、软件及辅助设备零售	109688	81428	800	1608595	11626	106679
通信设备零售	15431	10116	5315	496520	311679	66323
其他电子产品零售	69468	33804	35664	584976		24189
五金、家具及室内装修材料专门零售				516417	437944	315685
五金零售				69837	2234	39331
家具零售				63926	258120	105618
涂料零售				13809		26948
其他室内装修材料零售				368845	177590	143788
无店铺及其他零售	8344	6264	1680	374502	11481	100918
邮购及电子销售	1650		1650	77150	192	220
生活用燃料零售				54846		70646
花卉零售						14730
旧货零售						500
其他未列明的零售	6694	6264	30	242506	11289	14822

3-12 限额以下批发零售企业

	单位数	商品购进				商品销售
	(个)	总　额	市内购进	市外购进	进口额	总　额
总　计	**54234**	**78730749**	**41729479**	**33206622**	**3794648**	**89127862**
一、按登记注册类型分						
内资	54025	78331800	41594852	33016839	3720109	88613795
国有	1705	3292612	1643342	1467780	181490	3784282
集体	3042	3391340	2246917	1063279	81144	3858864
股份合作	7119	3009224	1987534	969596	52094	3614600
国有联营	22	25599	9606	15993		48505
集体联营	41	22944	9337	6567	7040	28674
国有与集体联营	32	69264	48106	21158		82834
其他联营	24	15246	3498	11633	115	19094
国有独资公司	58	103194	27342	62357	13495	140484
其他有限责任公司	6010	11727743	5972568	5194568	560607	13404272
股份有限公司	931	1109918	644756	433541	31621	1272070
私营独资	1953	609363	388546	217828	2989	700108
私营合伙	1026	464241	243936	183456	36849	485542
私营有限责任公司	29658	51946227	27057222	22256061	2632944	58329677
私营股份有限公司	2264	2523155	1297165	1106269	119721	2816040
其他	140	21730	14977	6753		28749
港澳台商投资	75	120362	36038	56215	28109	172804
与港澳台商合资经营	32	43993	14168	17653	12172	84420
与港澳台商合作经营	3	1623		1623		3505
港澳台商独资	40	74746	21870	36939	15937	84879
港澳台商投资股份有限公司						
外商投资	134	278587	98589	133568	46430	341263
中外合资经营	57	108822	45334	38654	24834	144340
中外合作经营	5	17504	339	17165		20903
外资企业	68	151604	52441	77567	21596	175043
外商投资股份有限公司	4	657	475	182		977
二、按隶属关系分						
中央	903	1905717	795546	884635	225536	2218226
地方	4006	5657663	3430614	2088525	138524	6439859
其他	49325	71167369	37503319	30233462	3430588	80469777

商品购进、销售、库存总值

计量单位：千元

批发额				零售额			年末
	市内批发	市外批发	出口额		对居民	对社会集团	库存额
70996252	**48918191**	**21019214**	**1058847**	**18131610**	**7488319**	**10643291**	**21569500**
70548322	48662895	20850085	1035342	18065473	7469598	10595875	21262607
3022559	2026204	841146	155209	761723	401265	360458	1539460
2802296	2349355	427807	25134	1056568	537005	519563	1417085
2307235	1821712	463788	21735	1307365	751480	555885	986837
26109	11265	14844		22396	17767	4629	19507
11242	2975	8267		17432	4888	12544	7083
61827	55368	6459		21007	13532	7475	25168
15535	12639	2896		3559	1104	2455	8897
107800	41480	47812	18508	32684	18221	14463	82025
10916064	7249373	3409240	257451	2488208	1118782	1369426	3838750
976458	712753	241379	22326	295612	163280	132332	352117
416080	334324	77997	3759	284028	164846	119182	155842
309294	207135	83738	18421	176248	70771	105477	130493
47353134	32269270	14574624	509240	10976543	3952522	7024021	12010507
2208715	1559452	645704	3559	607325	244949	362376	675571
13974	9590	4384		14775	9186	5589	13265
150810	77424	66479	6907	21994	7330	14664	156347
71348	28449	42899		13072	6464	6608	100567
1947		1947		1558		1558	1064
77515	48975	21633	6907	7364	866	6498	54716
297120	177872	102650	16598	44143	11391	32752	150546
127757	85809	37350	4598	16583	4785	11798	59225
19579	8662	10917		1324	624	700	1715
149784	83401	54383	12000	25259	5429	19830	87080
				977	553	424	2526
1776435	877924	730496	168015	441791	188018	253773	1086183
4856118	3813747	901941	140430	1583741	878275	705466	2321127
64363699	44226520	19386777	750402	16106078	6422026	9684052	18162190

3-12 续表 1

	单位数（个）	商品购进总额	市内购进	市外购进	进口额	商品销售总额
三、按控股情况分						
国有绝对控股	2304	4650936	2278622	2119967	252347	5396443
国有相对控股	355	743102	399425	297252	46425	863545
其他	51575	73336711	39051432	30789403	3495876	82867874
四、零售业按经营方式分	**29467**	**14195690**	**9510941**	**4289166**	**395583**	**16769627**
独立店	22692	10511490	7214063	3042661	254766	12356544
连锁总店	20	24443	17953	6490		36450
连锁分店	205	132274	120937	10197	1140	149291
其他	6550	3527483	2157988	1229818	139677	4227342
五、零售业按零售经营业态分	**29467**	**14195690**	**9510941**	**4289166**	**395583**	**16769627**
百货商店	641	404619	284004	117229	3386	479430
购物中心	93	97530	56427	40739	364	109580
超级市场	274	277951	225432	51625	894	284439
专业店	5871	3270084	2240567	966236	63281	3915110
专卖店	2097	1115083	737848	361893	15342	1303152
便利店	1437	394495	321417	51313	21765	441663
仓储式商场	82	62671	41521	21150		65298
无店铺销售	3749	2980465	1970866	894522	115077	3616976
其他	15223	5592792	3632859	1784459	175474	6553979
六、按地区分						
东城区	2938	4164987	1641735	2089357	433895	4843517
西城区	3642	5033738	2277854	2401787	354097	5877682
崇文区	1759	2807923	1330025	1342259	135639	3287292
宣武区	2563	3791647	1806374	1832580	152693	4282157
朝阳区	11438	17071350	7403108	8401737	1266505	19176351
丰台区	5337	7657262	3494685	3895872	266705	8780991
石景山区	1463	2089570	1332199	728863	28508	2379785
海淀区	15976	23624771	14439137	8237019	948615	26805425
门头沟区	493	615334	401506	204960	8868	672438
房山区	1434	2663346	2049874	594871	18601	2819630
通州区	1173	1549674	939642	582200	27832	1703204
顺义区	705	1155093	723530	388225	43338	1339596
昌平区	1433	1659045	1064088	581772	13185	1860768
大兴区	1865	2688277	1424872	1216641	46764	2941715
怀柔区	576	572330	404708	162828	4794	635980
平谷区	422	372753	263966	107298	1489	391751
密云县	512	622408	396791	211408	14209	690201
延庆县	382	333695	242429	88070	3196	359216
北京经济技术开发区	123	257546	92956	138875	25715	280163

计量单位：千元

批发额	市内批发	市外批发	出口额	零售额	对居民	对社会集团	年末库存额
4344713	2769217	1338059	237437	1051730	566114	485616	2377401
677847	428414	188609	60824	185698	88530	97168	212779
65973692	45720560	19492546	760586	16894182	6833675	10060507	18979320
3036044	**2215893**	**806421**	**13730**	**13733583**	**6037095**	**7696488**	**6289391**
2254088	1693330	548711	12047	10102456	4704377	5398079	4546257
3920	2800	1120		32530	31953	577	8401
7013	6794	219		142278	122182	20096	45682
771023	512969	256371	1683	3456319	1178583	2277736	1689051
3036044	**2215893**	**806421**	**13730**	**13733583**	**6037095**	**7696488**	**6289391**
53796	43548	10248		425634	329258	96376	177249
10438	6455	3983		99142	92616	6526	52700
31968	25723	6245		252471	213528	38943	118897
510681	404273	105148	1260	3404429	1710790	1693639	1444251
202076	161839	40038	199	1101076	784958	316118	499041
52428	38457	13971		389235	290174	99061	146869
11476	7439	4037		53822	36658	17164	21433
562870	361235	201441	194	3054106	584667	2469439	937354
1600311	1166924	421310	12077	4953668	1994446	2959222	2891597
3852356	2248205	1488681	115470	991161	509354	481807	1618361
4823509	2912175	1828978	82356	1054173	496594	557579	1845341
2617321	1855541	713648	48132	669971	315826	354145	764190
3615174	2510131	1050217	54826	666983	303517	363466	1146125
15014119	9556047	5119513	338559	4162232	1580092	2582140	5287483
7579718	5652174	1866014	61530	1201273	546062	655211	2302794
1880297	1415321	427729	37247	499488	155771	343717	482950
21115382	14654964	6210756	249662	5690043	1812556	3877487	5275947
501211	371601	129610		171227	76552	94675	143570
2268892	1679636	589256		550738	335386	215352	486969
1300098	1005525	293746	827	403106	192849	210257	277533
1020073	851130	157553	11390	319523	183049	136474	252393
1377582	1085877	271126	20579	483186	277568	205618	534845
2462205	1971856	484853	5496	479510	221949	257561	597005
396319	310162	75629	10528	239661	129325	110336	158695
236380	201434	31146	3800	155371	93056	62315	76773
482208	351099	120009	11100	207993	143264	64729	143322
208809	171736	37073		150407	103528	46879	119182
244599	113577	123677	7345	35564	12021	23543	56022

3-12 续表 2 计量单位：千元

	商品销售总额中:					年末零售营业面积(平方米)
	#网上销售额	#BtoB(G)	BtoC	#其他无店铺销售额	#持卡零售额	
总计	**478143**	**300092**	**52427**	**8354534**	**117972**	**3353868**
一、按登记注册类型分						
内资	474364	296313	52427	8324267	117972	3336823
国有	8235	7999	1	181238	2030	227400
集体	24954	7127	106	132888	5776	302012
股份合作	14689	8522	4185	223088	8502	415315
国有联营				6921	299	6092
集体联营				1502	50	2633
国有与集体联营				2472		3186
其他联营				2318		672
国有独资公司				671	697	2587
其他有限责任公司	81818	47878	13216	1345502	24502	483494
股份有限公司	2245	1951	261	90659	4186	83718
私营独资	1303	83	1186	38416	273	107633
私营合伙	1116	773	52	70903	3267	50493
私营有限责任公司	330992	216839	32956	6022022	62268	1518769
私营股份有限公司	9012	5141	464	202219	6086	125475
其他				3448	36	7344
港澳台商投资	3144	3144		10106		5961
与港澳台商合资经营				2444		1138
与港澳台商合作经营						100
港澳台商独资	3144	3144		7662		4723
港澳台商投资股份有限公司						
外商投资	635	635		20161		11084
中外合资经营	603	603		5089		6569
中外合作经营				158		1
外资企业	32	32		14914		2465
外商投资股份有限公司						2049
二、按隶属关系分						
中央	1624	1530	94	147067	7493	52734
地方	42163	21939	2515	267183	5200	567063
其他	434356	276623	49818	7940284	105279	2734071

3-12 续表 3　　　　计量单位：千元

	商品销售总额中:					年末零售营业面积(平方米)
	#网 上销售额	#BtoB(G)	BtoC	#其他无店铺销售额	#持 卡零售额	
三、按控股情况分						
国有绝对控股	10339	10053	51	262598	11419	294921
国有相对控股	27642	27427	65	40162	178	38624
其他	440162	262612	52311	8051774	106375	3020323
四、零售业按经营方式分	**124492**	**74612**	**28185**	**3121068**	**104387**	**2824579**
独立店	70559	40481	15353	1989138	86396	2262425
连锁总店					4159	5230
连锁分店	158	158		7137	2317	26902
其他	53775	33973	12832	1124793	11515	530022
五、零售业按零售经营业态分	**124492**	**74612**	**28185**	**3121068**	**104387**	**2824579**
百货商店	8302	8218	23	782	6237	158655
购物中心				129	949	23442
超级市场	357	340		354	191	86016
专业店	13792	3611	4691	34343	39043	649301
专卖店	6245	544	2346	19048	33488	232917
便利店	60		5	2239	130	117334
仓储式商场				1747		14396
无店铺销售	25330	15561	2418	2724688	1452	230591
其他	70406	46338	18702	337738	22897	1311927
六、按地区分						
东城区	23823	17854	5741	213611	29305	164016
西城区	33186	26600	4180	219327	8870	153255
崇文区	5125	4455	77	183360	5697	100327
宣武区	15947	13334	2340	225015	9003	106309
朝阳区	74402	49751	11495	1802851	29135	657978
丰台区	54089	34924	1407	442123	3987	273189
石景山区	6		6	233379	503	73835
海淀区	219012	134114	15504	4270121	12543	682660
门头沟区	63		63	26228	44	39973
房山区	12000	11061	5	151241	220	148922
通州区	12854	2117	7757	117354	579	165581
顺义区	18610	1284		29602	1160	81879
昌平区	538	346	22	128865	16193	223179
大兴区	4640	4252	74	263527	175	170476
怀柔区	19		19	11334	31	87444
平谷区	6			4079	338	75699
密云县	3663		3663	10862	57	65698
延庆县	86			3373	132	76517
北京经济技术开发区	74		74	18282		6931

3-13 按行业小类分限额以下批发零售

	单位数	商品购进				商品销售
	(个)	总　额	市内购进	市外购进	进口额	总　额
总　计	**54234**	**78730749**	**41729479**	**33206622**	**3794648**	**89127862**
批发业合计	**24767**	**64535059**	**32218538**	**28917456**	**3399065**	**72358235**
农畜产品批发	478	825084	262700	471057	91327	884341
谷物、豆及薯类批发	45	169518	86293	76225	7000	154911
种子、饲料批发	316	334439	108574	163780	62085	397588
棉、麻批发	20	82019	22018	59520	481	77352
牲畜批发	6	9378	2060	6320	998	10131
其他农畜产品批发	91	229730	43755	165212	20763	244359
食品、饮料及烟草制品批发	1989	4715642	2347612	2264701	103329	5345045
米、面制品及食用油批发	214	724102	397666	303861	22575	777412
糕点、糖果及糖批发	118	394532	183966	206103	4463	446817
果品、蔬菜批发	120	318621	159905	157211	1505	366227
肉、禽、蛋及水产品批发	149	467578	153741	312912	925	524843
盐及调味品批发	165	415047	164575	240878	9594	477791
饮料及茶叶批发	507	945539	565570	350501	29468	1057510
烟草制品批发	66	136261	56477	78177	1607	156364
其他食品批发	650	1313962	665712	615058	33192	1538081
纺织、服装及日用品批发	2363	4722348	1703127	2835884	183337	5447616
纺织品、针织品及原料批发	530	1286063	387327	860760	37976	1433233
服装批发	524	1034745	395650	578959	60136	1231303
鞋帽批发	96	321299	86155	225965	9179	370415
厨房、卫生间用具及日用杂货批发	358	560435	211929	325289	23217	647973
化妆品及卫生用品批发	277	490635	164269	318648	7718	588364
其他日用品批发	578	1029171	457797	526263	45111	1176328
文化、体育用品及器材批发	1901	3837562	1977240	1726195	134127	4334925
文具用品批发	534	1109081	624728	455528	28825	1222033
体育用品批发	169	255829	71935	145173	38721	295017
图书批发	435	863280	571189	278212	13879	1027229
报刊批发	25	26602	19640	6962		46929
音像制品及电子出版物批发	91	209284	97679	111605		238359
首饰、工艺品及收藏品批发	278	435574	113064	312000	10510	450375
其他文化用品批发	369	937912	479005	416715	42192	1054983
医药及医疗器材批发	970	2448649	1006092	1089188	353369	2836520
西药批发	76	293602	138450	140039	15113	334849
中药材及中成药批发	55	156723	64188	92535		188528
医疗用品及器材批发	839	1998324	803454	856614	338256	2313143
矿产品、建材及化工产品批发	5699	16821579	8872965	7401691	546923	18317342
煤炭及制品批发	171	624096	132566	490577	953	725623
石油及制品批发	295	1108542	626305	467654	14583	1193979
非金属矿及制品批发	82	248827	67506	167497	13824	288143
金属及金属矿批发	1163	5657511	3452675	2132565	72271	6168351
建材批发	2411	4009311	2210770	1710865	87676	4340318
化肥批发	89	167617	56056	111180	381	184865
农药批发	61	97956	22107	41887	33962	128409
农用薄膜批发	12	32779	18588	14191		37815
其他化工产品批发	1415	4874940	2286392	2265275	323273	5249839
机械设备、五金交电及电子产品批发	10098	28294882	14649824	11892293	1752765	31861576
农业机械批发	92	172515	54792	104601	13122	199124
汽车、摩托车及零配件批发	731	1989256	789846	1051126	148284	2230092
五金、交电批发	1882	3716603	1731173	1874267	111163	4240520
家用电器批发	415	1087146	454034	614886	18226	1184857
计算机、软件及辅助设备批发	2493	9031463	6646027	2168789	216647	9988128
通讯及广播电视设备批发	488	1296187	637482	580687	78018	1408230
其他机械设备及电子产品批发	3997	11001712	4336470	5497937	1167305	12610625
其他批发	1269	2869313	1398978	1236447	233888	3330870
再生物资回收与批发	230	399153	330270	67570	1313	455176
其他未列明的批发	1039	2470160	1068708	1168877	232575	2875694

企业商品购进、销售、库存总值

计量单位：千元

批发额	市内批发	市外批发	出口额	零售额	对居民	对社会集团	年末库存额
70996252	**48918191**	**21019214**	**1058847**	**18131610**	**7488319**	**10643291**	**21569500**
67960208	**46702298**	**20212793**	**1045117**	**4398027**	**1451224**	**2946803**	**15280109**
863718	410176	398484	55058	20623	9097	11526	358778
150175	101357	39954	8864	4736	2931	1805	54814
388818	157232	222675	8911	8770	3527	5243	161991
77344	20722	56622		8	8		22432
10032	4736	5070	226	99		99	7304
237349	126129	74163	37057	7010	2631	4379	112237
5046670	4124396	848277	73997	298375	194752	103623	1126566
741151	580117	149527	11507	36261	14852	21409	166738
434680	370366	54890	9424	12137	6276	5861	69879
317436	271475	19945	26016	48791	33103	15688	40769
515530	413559	101971		9313	6092	3221	45904
464404	391767	70788	1849	13387	7870	5517	75831
962086	837065	109469	15552	95424	66054	29370	309670
150399	140496	9147	756	5965	3743	2222	46168
1460984	1119551	332540	8893	77097	56762	20335	371607
5017164	3696372	1133133	187659	430452	246978	183474	1731391
1377308	884699	384219	108390	55925	27963	27962	442743
1068748	733088	295637	40023	162555	132488	30067	397102
354293	255903	98127	263	16122	15316	806	116294
552934	478960	62536	11438	95039	42236	52803	193915
562726	504843	55115	2768	25638	8968	16670	193746
1101155	838879	237499	24777	75173	20007	55166	387591
4020203	2781538	1134458	104207	314722	120207	194515	1258899
1155429	1002419	148002	5008	66604	15191	51413	232510
272308	164425	98753	9130	22709	11550	11159	100027
919926	409722	487780	22424	107303	47036	60267	317032
43343	23061	20282		3586	3558	28	8118
220695	169208	51487		17664	13947	3717	252667
417531	244131	130031	43369	32844	12542	20302	157853
990971	768572	198123	24276	64012	16383	47629	190692
2624858	1658338	935585	30935	211662	65774	145888	714710
310034	192935	109111	7988	24815	8789	16026	141598
171747	100233	61403	10111	16781	7332	9449	58677
2143077	1365170	765071	12836	170066	49653	120413	514435
17509276	12116640	5215754	176882	808066	279253	528813	3369726
709146	392519	300120	16507	16477	5767	10710	182008
1117598	783025	329266	5307	76381	42116	34265	167911
275606	105709	164364	5533	12537	2881	9656	38265
6013349	4466279	1537329	9741	155002	39943	115059	714054
3975615	3218787	708197	48631	364703	138099	226604	1297685
161837	88060	67667	6110	23028	17375	5653	29176
122368	62648	54395	5325	6041	4260	1781	24376
28447	22621	5826		9368	509	8859	18492
5105310	2976992	2048590	79728	144529	28303	116226	897759
29718431	19855473	9511470	351488	2143145	483082	1660063	5901137
185892	104667	56137	25088	13232	7914	5318	59811
2011203	1279497	708370	23336	218889	98176	120713	611578
3973489	2900464	995053	77972	267031	70038	196993	862335
1043238	945582	94032	3624	141619	59862	81757	487423
9343147	6860320	2461091	21736	644981	128289	516692	1109822
1287767	811483	471302	4982	120463	33617	86846	425863
11873695	6953460	4725485	194750	736930	85186	651744	2344305
3159888	2059365	1035632	64891	170982	52081	118901	818902
425552	342505	83047		29624	12586	17038	34339
2734336	1716860	952585	64891	141358	39495	101863	784563

3-13 续表 1

	单位数	商品购进				商品销售
	(个)	总 额	市内购进	市外购进	进口额	总 额
零售业合计	**29467**	**14195690**	**9510941**	**4289166**	**395583**	**16769627**
综合零售	2564	946269	748112	192757	5400	1105308
百货零售	1045	365692	266916	94546	4230	436504
超级市场零售	207	169734	163666	6068		189479
其他综合零售	1312	410843	317530	92143	1170	479325
食品、饮料及烟草制品专门零售	2287	694764	446099	239736	8929	808309
粮油零售	186	93140	54433	37851	856	83982
糕点、面包零售	121	36275	30889	5369	17	52327
果品、蔬菜零售	105	39771	30060	9207	504	45343
肉、禽、蛋及水产品零售	123	54810	28937	25873		66091
饮料及茶叶零售	577	122014	73907	48068	39	145699
烟草制品零售	224	76062	69764	4573	1725	79253
其他食品零售	951	272692	158109	108795	5788	335614
纺织、服装及日用品专门零售	2654	1176500	578648	556321	41531	1463663
纺织品及针织品零售	386	211880	90923	118820	2137	252315
服装零售	989	504889	265858	224773	14258	621364
鞋帽零售	114	68818	30078	38740		92366
钟表、眼镜零售	191	69473	43540	23717	2216	93247
化妆品及卫生用品零售	252	79369	41352	35891	2126	111491
其他日用品零售	722	242071	106897	114380	20794	292880
文化、体育用品及器材专门零售	4325	1450849	1019584	407901	23364	1712107
文具用品零售	882	251475	197513	50635	3327	285899
体育用品零售	271	104355	39469	58146	6740	125631
图书零售	1058	449403	379377	68122	1904	540661
报刊零售	30	12630	11513	1117		21821
音像制品及电子出版物零售	592	73668	65955	7654	59	84140
珠宝首饰零售	163	96284	29478	66657	149	113441
工艺美术品及收藏品零售	724	260026	166669	89330	4027	295588
照相器材零售	108	69261	53645	12511	3105	75904
其他文化用品零售	497	133747	75965	53729	4053	169022
医药及医疗器材专门零售	1728	1159544	794440	291403	73701	1409541
药品零售	642	458308	432946	24073	1289	527711
医疗用品及器材零售	1086	701236	361494	267330	72412	881830
汽车、摩托车、燃料及零配件专门零售	2263	1637792	1071665	541455	24672	1850217
汽车零售	355	330789	191030	132006	7753	368989
汽车零配件零售	1456	756295	446426	298030	11839	886178
摩托车及零配件零售	158	117018	49872	65985	1161	113093
机动车燃料零售	294	433690	384337	45434	3919	481957
家用电器及电子产品专门零售	6680	4226525	3155887	984279	86359	4904981
家用电器零售	718	434569	299184	134189	1196	496164
计算机、软件及辅助设备零售	3538	2284789	1890138	355922	38729	2637704
通信设备零售	834	467834	331356	126121	10357	536090
其他电子产品零售	1590	1039333	635209	368047	36077	1235023
五金、家具及室内装修材料专门零售	4214	1610333	997940	544720	67673	1890324
五金零售	2308	973372	631608	306462	35302	1101029
家具零售	349	134234	69037	59776	5421	184039
涂料零售	194	83122	45007	34049	4066	97137
其他室内装修材料零售	1363	419605	252288	144433	22884	508119
无店铺及其他零售	2752	1293114	698566	530594	63954	1625177
流动货摊零售	9	1382	824	558		3689
邮购及电子销售	59	28377	16219	12158		34059
生活用燃料零售	268	129030	109216	19579	235	149518
花卉零售	206	29733	23272	5206	1255	45102
旧货零售	22	3472	2948	524		5871
其他未列明的零售	2188	1101120	546087	492569	62464	1386938

计量单位：千元

批发额	市内批发	市外批发	出口额	零售额	对居民	对社会集团	年末库存额
3036044	**2215893**	**806421**	**13730**	**13733583**	**6037095**	**7696488**	**6289391**
177709	151002	25575	1132	927599	617770	309829	430895
95161	80120	14734	307	341343	219968	121375	218815
7394	7391	3		182085	162606	19479	67938
75154	63491	10838	825	404171	235196	168975	144142
158536	132608	25878	50	649773	474327	175446	289050
12068	5898	6170		71914	35579	36335	21038
4455	4312	143		47872	39304	8568	10895
5764	2145	3619		39579	27570	12009	6024
8274	8006	268		57817	41828	15989	10857
36799	31626	5173		108900	81986	26914	64445
7441	7270	171		71812	55043	16769	60000
83735	73351	10334	50	251879	193017	58862	115791
234758	172866	59364	2528	1228905	950319	278586	706693
44087	32783	11304		208228	138614	69614	125387
85594	67907	15159	2528	535770	463813	71957	337137
8951	4346	4605		83415	79678	3737	35159
17054	11920	5134		76193	68599	7594	64100
20255	16961	3294		91236	66925	24311	45767
58817	38949	19868		234063	132690	101373	99143
238932	180669	57016	1247	1473175	781732	691443	950051
40457	38836	1621		245442	76872	168570	109478
17028	14748	1033	1247	108603	44973	63630	61890
67833	30397	37436		472828	229307	243521	293799
3486	3441	45		18335	8271	10064	6925
17874	12693	5181		66266	51753	14513	49354
15765	15262	503		97676	92436	5240	70742
40941	36680	4261		254647	188265	66382	277790
16877	15951	926		59027	38813	20214	18797
18671	12661	6010		150351	51042	99309	61276
183062	98398	79522	5142	1226479	595482	630997	500587
18914	8856	5227	4831	508797	482714	26083	194717
164148	89542	74295	311	717682	112768	604914	305870
300309	218788	81018	503	1549908	804558	745350	687252
19162	11342	7820		349827	214694	135133	218243
239829	171422	67904	503	646349	275081	371268	344890
6278	6013	265		106815	19998	86817	41232
35040	30011	5029		446917	294785	152132	82887
914833	636337	277693	803	3990148	1015738	2974410	1394976
78373	75149	3224		417791	212696	205095	188500
502023	348340	153522	161	2135681	504062	1631619	627096
100640	68763	31785	92	435450	169734	265716	197620
233797	144085	89162	550	1001226	129246	871980	381760
500000	410034	87793	2173	1390324	472387	917937	824486
293140	240729	51764	647	807889	238716	569173	429289
26013	25013	1000		158026	81464	76562	100011
41625	32477	9148		55512	16888	38624	32293
139222	111815	25881	1526	368897	135319	233578	262893
327905	215191	112562	152	1297272	324782	972490	505401
2197	531	1666		1492	15	1477	598
3274	2224	1050		30785	16090	14695	45608
16548	16469	79		132970	95347	37623	48850
7178	4595	2583		37924	23246	14678	24870
				5871	5002	869	2365
298708	191372	107184	152	1088230	185082	903148	383110

3-13 续表 2 计量单位：千元

	商品销售总额中:					年末零售营业面积(平方米)
	#网上销售额	#BtoB(G)	BtoC	#其他无店铺销售额	#持卡零售额	
总计	**478143**	**300092**	**52427**	**8354534**	**117972**	**3353868**
批发业合计	**353651**	**225480**	**24242**	**5233466**	**13585**	**529289**
农畜产品批发				67499		4648
谷物、豆及薯类批发				10197		1380
种子、饲料批发				36628		2145
棉、麻批发				10772		
牲畜批发						200
其他农畜产品批发				9902		923
食品、饮料及烟草制品批发	4156	2282	168	118328	26	41678
米、面制品及食用油批发				2217		3657
糕点、糖果及糖批发	1933	227		1782		1046
果品、蔬菜批发				11813		11731
肉、禽、蛋及水产品批发				23288		1328
盐及调味品批发				6958		2761
饮料及茶叶批发	400	280	120	37035		15470
烟草制品批发				2859		879
其他食品批发	1823	1775	48	32376	26	4806
纺织、服装及日用品批发	19145	3762	16	294978	8288	40812
纺织品、针织品及原料批发	3763	3762		81397	1079	4066
服装批发				69889	6439	13594
鞋帽批发				1352	148	1327
厨房、卫生间用具及日用杂货批发	18			36813	622	11412
化妆品及卫生用品批发	16		16	34754		3840
其他日用品批发	15348			70773		6573
文化、体育用品及器材批发	12881	3183	1095	342658	562	23962
文具用品批发	4		4	95909	43	5168
体育用品批发	716		716	15500	110	2246
图书批发	2127	1581	114	95162	125	5584
报刊批发				6421		150
音像制品及电子出版物批发	75		30	16748		3562
首饰、工艺品及收藏品批发	230		230	22024		2700
其他文化用品批发	9729	1602	1	90894	284	4552
医药及医疗器材批发	9985	7700	2167	240802	120	22265
西药批发	145		145	13993		2184
中药材及中成药批发	1894		1894	5499		1470
医疗用品及器材批发	7946	7700	128	221310	120	18611
矿产品、建材及化工产品批发	56769	42908	11650	1172418	1322	179620
煤炭及制品批发				67050		33939
石油及制品批发	3958	3958		85013		8630
非金属矿及制品批发	9752	2118	7634	39932		3375
金属及金属矿批发	33303	29640	3663	231865		19447
建材批发	2694	2091	245	318349	1322	83433
化肥批发	1853			21432		10193
农药批发				15921		850
农用薄膜批发						1160
其他化工产品批发	5209	5101	108	392856		18593
机械设备、五金交电及电子产品批发	219640	162257	9146	2742263	3267	164334
农业机械批发				666		9698
汽车、摩托车及零配件批发	4022	4022		129564		37106
五金、交电批发	2060	1875	129	234389		35329
家用电器批发	3432		3432	62888	602	10720
计算机、软件及辅助设备批发	89561	53135	1344	987904	2548	26586
通讯及广播电视设备批发	7725	6988	737	122434	18	5044
其他机械设备及电子产品批发	112840	96237	3504	1204418	99	39851
其他批发	31075	3388		254520		51970
再生物资回收与批发	17291			26978		18320
其他未列明的批发	13784	3388		227542		33650

3-13　续表 3　　　　　　　　　　　　　　　　　　　　计量单位：千元

	商品销售总额中:					年末零售营业面积（平方米）
	#网上销售额	#BtoB(G)	BtoC	#其他无店铺销售额	#持卡零售额	
零售业合计	**124492**	**74612**	**28185**	**3121068**	**104387**	**2824579**
综合零售	5289	718	1338	82117	4970	413130
百货零售	1545	346	948	21261	3045	206434
超级市场零售	340	340		862	231	69643
其他综合零售	3404	32	390	59994	1694	137053
食品、饮料及烟草制品专门零售	1180	59	882	67943	6534	200461
粮油零售				5957		25336
糕点、面包零售	864		864	3705		12285
果品、蔬菜零售				3084		13516
肉、禽、蛋及水产品零售				2134	228	22843
饮料及茶叶零售	59	59		9051	915	35360
烟草制品零售				3743	1505	10896
其他食品零售	257		18	40269	3886	80225
纺织、服装及日用品专门零售	13271	8094	4773	86765	51109	249012
纺织品及针织品零售	151		110	11528	10070	52073
服装零售	5118	3112	2006	19093	31387	103167
鞋帽零售	1		1	2678	1284	19040
钟表、眼镜零售	623		623	3076	5479	15121
化妆品及卫生用品零售	1300	672	505	12657	1820	16488
其他日用品零售	6078	4310	1528	37733	1069	43123
文化、体育用品及器材专门零售	9616	6002	3252	181959	33092	318084
文具用品零售	1765	1270	495	24185	1562	44140
体育用品零售	2438	610	1672	7808	344	25760
图书零售	924	77	681	83742	1254	76740
报刊零售				6397		2822
音像制品及电子出版物零售	3713	3693	20	7825	148	32395
珠宝首饰零售	102	102		2381	10389	21242
工艺美术品及收藏品零售	430	109	282	14032	18737	81028
照相器材零售	14		13	886	628	9135
其他文化用品零售	230	141	89	34703	30	24822
医药及医疗器材专门零售	4789	4073	656	237197	2856	173032
药品零售	100		100	13635	2790	96079
医疗用品及器材零售	4689	4073	556	223562	66	76953
汽车、摩托车、燃料及零配件专门零售	6273	6179		72078	120	368090
汽车零售	2481	2481		15617		119412
汽车零配件零售	2498	2404		40509	120	117237
摩托车及零配件零售				7899		11453
机动车燃料零售	1294	1294		8053		119988
家用电器及电子产品专门零售	61509	39332	7696	1834391	4720	354540
家用电器零售	5878	2872	1549	59147	76	54314
计算机、软件及辅助设备零售	34889	26968	5769	1169613	747	165935
通信设备零售	4182	4099	83	129414	3246	47855
其他电子产品零售	16560	5393	295	476217	651	86436
五金、家具及室内装修材料专门零售	3513	794	2317	143876	433	407328
五金零售	2294	40	1942	66360	78	189088
家具零售	40		40	22862	45	66021
涂料零售	70	1	19	11639		14706
其他室内装修材料零售	1109	753	316	43015	310	137513
无店铺及其他零售	19052	9361	7271	414742	553	340902
流动货摊零售	234	234		702		416
邮购及电子销售	7412	228	6922	4469		6944
生活用燃料零售				3589		119676
花卉零售	55	45	10	4135		17239
旧货零售				17		2795
其他未列明的零售	11351	8854	339	401830	553	193832

3-14 按行业分批发零售企业

	合计			
	商品销售总额	批发额	零售额	库存额
总计	**1072256989**	**891965035**	**180291954**	**127686857**
食品、饮料、烟酒类	91237322	68619893	22617429	25148282
粮油类	33734781	31076741	2658040	18664185
肉禽蛋类	4721425	2140843	2580582	535283
其他食品类	25242055	13424250	11817805	2866604
饮料类	4784684	2545641	2239043	753416
烟酒类	22754377	19432418	3321959	2328794
服装鞋帽、针、纺织品类	39686154	20314716	19371438	4812911
服装类	23312732	10048686	13264046	2569945
鞋帽类	6124143	2581721	3542422	686610
针、纺织品类	10249279	7684309	2564970	1556356
化妆品类	5099988	2037770	3062218	716414
金银珠宝类	5151940	2090920	3061020	1031143
日用品类	16373531	8174643	8198888	2570421
其中：洗涤用品类	3668445	1709692	1958753	570396
儿童玩具类	505765	156668	349097	81769
五金、电料类	9555879	7978015	1577864	1685301
体育、娱乐用品类	6339249	4044411	2294838	1015204
其中：体育用品类	1135020	548343	586677	178232
书报杂志类	11020299	7138602	3881697	2923063
电子出版物及音像制品类	2555210	1640704	914506	763524
家用电器及音像器材类	47827660	35175213	12652447	4157554
中西药品类	28170626	18257362	9913264	3828518
其中：西药类	18634994	12121490	6513504	2239689
中草药及中成药类	5679557	3272048	2407509	868327
文化办公用品类	51590671	40136435	11454236	4657206
家俱类	1734760	351267	1383493	361646
通讯器材类	65561745	59510683	6051062	3899719
煤炭及制品类	46570434	46272276	298158	1567898
木材及制品类	1338213	1286664	51549	306685
石油及制品类	128181307	111242419	16938888	4304052
化工材料类	78245900	77811719	434181	8256729
其中：化肥类	15788283	15788283		2680681
金属材料类	196829775	196240034	589741	13864489
建筑及装潢材料类	17282277	15108072	2174205	2655207
机电产品及设备类	74430346	70560864	3869482	15341547
其中：农机类	694218	694218		97638
汽车类	81335374	37318740	44016634	7776369
种子饲料类	3749604	3749604		578673
棉麻类	12508202	12508202		5642995
其他类	49880523	44395807	5484716	9821307

商品销售、库存类值

计量单位：千元

批发企业				零售企业			
商品销售总额	批发额	零售额	库存额	商品销售总额	批发额	零售额	库存额
869627529	**851769751**	**17857778**	**102584967**	**202629460**	**40195284**	**162434176**	**25101890**
65492304	64813038	679266	22125679	25745018	3806855	21938163	3022603
30446887	30336426	110461	18341520	3287894	740315	2547579	322665
2085851	2060885	24966	411886	2635574	79958	2555616	123397
12306457	12077968	228489	1525373	12935598	1346282	11589316	1341231
1962929	1894751	68178	359433	2821755	650890	2170865	393983
18690180	18443008	247172	1487467	4064197	989410	3074787	841327
19273186	18943518	329668	2774108	20412968	1371198	19041770	2038803
9433339	9177356	255983	1340578	13879393	871330	13008063	1229367
2291086	2265152	25934	332050	3833057	316569	3516488	354560
7548761	7501010	47751	1101480	2700518	183299	2517219	454876
1920835	1867081	53754	326998	3179153	170689	3008464	389416
2024463	1980349	44114	396049	3127477	110571	3016906	635094
7462412	7245113	217299	1146633	8911119	929530	7981589	1423788
1580480	1524976	55504	275698	2087965	184716	1903249	294698
158130	150415	7715	36845	347635	6253	341382	44924
7716109	7427121	288988	1099844	1839770	550894	1288876	585457
3724839	3616750	108089	737480	2614410	427661	2186749	277724
540984	522845	18139	83777	594036	25498	568538	94455
6923480	6528181	395299	1702363	4096819	610421	3486398	1220700
1618484	1488890	129594	455801	936726	151814	784912	307723
33473841	32963479	510362	2703675	14353819	2211734	12142085	1453879
21790172	17035192	4754980	2718100	6380454	1222170	5158284	1110418
15354793	11554164	3800629	1763978	3280201	567326	2712875	475711
3835048	3030095	804953	532196	1844509	241953	1602556	336131
38303696	36447901	1855795	3194942	13286975	3688534	9598441	1462264
331914	293870	38044	48518	1402846	57397	1345449	313128
58227509	58003642	223867	2956833	7334236	1507041	5827195	942886
46320188	46260626	59562	1502866	250246	11650	238596	65032
1270655	1267447	3208	284868	67558	19217	48341	21817
105529553	102968221	2561332	3226331	22651754	8274198	14377556	1077721
77423579	77265899	157680	8128971	822321	545820	276501	127758
15779066	15779066		2679778	9217	9217		903
195922005	195572653	349352	13753363	907770	667381	240389	111126
14771369	14266114	505255	2002644	2510908	841958	1668950	652563
69036587	68098080	938507	14230110	5393759	2462784	2930975	1111437
624899	624899		97582	69319	69319		56
32033845	29197105	2836740	2782489	49301529	8121635	41179894	4993880
3736617	3736617		574386	12987	12987		4287
12508171	12508171		5642282	31	31		713
42791716	41974693	817023	8069634	7088807	2421114	4667693	1751673

3-15 按限额分批发零售企业

	合计			
	商品销售总额	批发额	零售额	库存额
总计	**1072256989**	**891965035**	**180291954**	**127686857**
食品、饮料、烟酒类	91237322	68619893	22617429	25148282
粮油类	33734781	31076741	2658040	18664185
肉禽蛋类	4721425	2140843	2580582	535283
其他食品类	25242055	13424250	11817805	2866604
饮料类	4784684	2545641	2239043	753416
烟酒类	22754377	19432418	3321959	2328794
服装鞋帽、针、纺织品类	39686154	20314716	19371438	4812911
服装类	23312732	10048686	13264046	2569945
鞋帽类	6124143	2581721	3542422	686610
针、纺织品类	10249279	7684309	2564970	1556356
化妆品类	5099988	2037770	3062218	716414
金银珠宝类	5151940	2090920	3061020	1031143
日用品类	16373531	8174643	8198888	2570421
其中：洗涤用品类	3668445	1709692	1958753	570396
儿童玩具类	505765	156668	349097	81769
五金、电料类	9555879	7978015	1577864	1685301
体育、娱乐用品类	6339249	4044411	2294838	1015204
其中：体育用品类	1135020	548343	586677	178232
书报杂志类	11020299	7138602	3881697	2923063
电子出版物及音像制品类	2555210	1640704	914506	763524
家用电器及音像器材类	47827660	35175213	12652447	4157554
中西药品类	28170626	18257362	9913264	3828518
其中：西药类	18634994	12121490	6513504	2239689
中草药及中成药类	5679557	3272048	2407509	868327
文化办公用品类	51590671	40136435	11454236	4657206
家俱类	1734760	351267	1383493	361646
通讯器材类	65561745	59510683	6051062	3899719
煤炭及制品类	46570434	46272276	298158	1567898
木材及制品类	1338213	1286664	51549	306685
石油及制品类	128181307	111242419	16938888	4304052
化工材料类	78245900	77811719	434181	8256729
其中：化肥类	15788283	15788283		2680681
金属材料类	196829775	196240034	589741	13864489
建筑及装潢材料类	17282277	15108072	2174205	2655207
机电产品及设备类	74430346	70560864	3869482	15341547
其中：农机类	694218	694218		97638
汽车类	81335374	37318740	44016634	7776369
种子饲料类	3749604	3749604		578673
棉麻类	12508202	12508202		5642995
其他类	49880523	44395807	5484716	9821307

商品销售、库存类值

计量单位：千元

限额以上				限额以下			
商品销售			库存额	商品销售			库存额
总　额	批发额	零售额		总　额	批发额	零售额	
983129127	**820968783**	**162160344**	**106117357**	**89127862**	**70996252**	**18131610**	**21569500**
84483503	63137932	21345571	23519286	6753819	5481961	1271858	1628996
32761884	30251731	2510153	18417639	972897	825010	147887	246546
4146198	1669401	2476797	460962	575227	471442	103785	74321
21937397	10686336	11251061	2153571	3304658	2737914	566744	713033
3892747	1875555	2017192	542061	891937	670086	221851	211355
21745277	18654909	3090368	1945053	1009100	777509	231591	383741
35660351	17496784	18163567	3342758	4025803	2817932	1207871	1470153
21350610	8844113	12506497	1828885	1962122	1204573	757549	741060
5581805	2183901	3397904	503738	542338	397820	144518	182872
8727936	6468770	2259166	1010135	1521343	1215539	305804	546221
4420444	1510570	2909874	539713	679544	527200	152344	176701
4685746	1767361	2918385	777544	466194	323559	142635	253599
13891998	6355147	7536851	1702268	2481533	1819496	662037	868153
3176483	1329028	1847455	452518	491962	380664	111298	117878
402873	80733	322140	36502	102892	75935	26957	45267
5344859	4617991	726868	682277	4211020	3360024	850996	1003024
5536062	3475909	2060153	770613	803187	568502	234685	244591
889902	400030	489872	76376	245118	148313	96805	101856
9309537	6037595	3271942	2300483	1710762	1101007	609755	622580
1783063	1073337	709726	336919	772147	567367	204780	426605
45434801	33559288	11875513	3350718	2392859	1615925	776934	806836
26382477	17222173	9160304	3220843	1788149	1035189	752960	607675
17970236	11790387	6179849	1940594	664758	331103	333655	299095
5363167	3148277	2214890	746230	316390	123771	192619	122097
39184274	30536028	8648246	2906796	12406397	9600407	2805990	1750410
1424906	217129	1207777	229437	309854	134138	175716	132209
63274151	57834649	5439502	3277903	2287594	1676034	611560	621816
45700943	45452585	248358	1384006	869491	819691	49800	183892
987045	959441	27604	168537	351168	327223	23945	138148
126310154	109998422	16311732	4000906	1871153	1243997	627156	303146
72252580	72125528	127052	7315857	5993320	5686191	307129	940872
15633104	15633104		2662022	155179	155179		18659
188928168	188715232	212936	12847558	7901607	7524802	376805	1016931
13577614	12177903	1399711	1216052	3704663	2930169	774494	1439155
58254834	56740503	1514331	12146303	16175512	13820361	2355151	3195244
550717	550717		74242	143501	143501		23396
78722242	35788343	42933899	6849218	2613132	1530397	1082735	927151
3295165	3295165		425165	454439	454439		153508
12404421	12404421		5600728	103781	103781		42267
41879789	38469347	3410442	7205469	8000734	5926460	2074274	2615838

3-16 按规模分批发零售企业

	合计			
	商品销售总额	批发额	零售额	库存额
总　计	**1072256989**	**891965035**	**180291954**	**127686857**
食品、饮料、烟酒类	91237322	68619893	22617429	25148282
粮油类	33734781	31076741	2658040	18664185
肉禽蛋类	4721425	2140843	2580582	535283
其他食品类	25242055	13424250	11817805	2866604
饮料类	4784684	2545641	2239043	753416
烟酒类	22754377	19432418	3321959	2328794
服装鞋帽、针、纺织品类	39686154	20314716	19371438	4812911
服装类	23312732	10048686	13264046	2569945
鞋帽类	6124143	2581721	3542422	686610
针、纺织品类	10249279	7684309	2564970	1556356
化妆品类	5099988	2037770	3062218	716414
金银珠宝类	5151940	2090920	3061020	1031143
日用品类	16373531	8174643	8198888	2570421
其中：洗涤用品类	3668445	1709692	1958753	570396
儿童玩具类	505765	156668	349097	81769
五金、电料类	9555879	7978015	1577864	1685301
体育、娱乐用品类	6339249	4044411	2294838	1015204
其中：体育用品类	1135020	548343	586677	178232
书报杂志类	11020299	7138602	3881697	2923063
电子出版物及音像制品类	2555210	1640704	914506	763524
家用电器及音像器材类	47827660	35175213	12652447	4157554
中西药品类	28170626	18257362	9913264	3828518
其中：西药类	18634994	12121490	6513504	2239689
中草药及中成药类	5679557	3272048	2407509	868327
文化办公用品类	51590671	40136435	11454236	4657206
家俱类	1734760	351267	1383493	361646
通讯器材类	65561745	59510683	6051062	3899719
煤炭及制品类	46570434	46272276	298158	1567898
木材及制品类	1338213	1286664	51549	306685
石油及制品类	128181307	111242419	16938888	4304052
化工材料类	78245900	77811719	434181	8256729
其中：化肥类	15788283	15788283		2680681
金属材料类	196829775	196240034	589741	13864489
建筑及装潢材料类	17282277	15108072	2174205	2655207
机电产品及设备类	74430346	70560864	3869482	15341547
其中：农机类	694218	694218		97638
汽车类	81335374	37318740	44016634	7776369
种子饲料类	3749604	3749604		578673
棉麻类	12508202	12508202		5642995
其他类	49880523	44395807	5484716	9821307

商品销售、库存类值

计量单位：千元

大型企业			
商品销售总额	批发额	零售额	库存额
256611161	**194245980**	**62365181**	**42190604**
31757558	18098751	13658807	15784904
6642644	5047025	1595619	13488494
1671162	39268	1631894	77571
9795719	2265731	7529988	863678
1703674	513573	1190101	295477
11944359	10233154	1711205	1059684
14997895	3729523	11268372	847191
10777920	2853507	7924413	474115
2835262	803897	2031365	194372
1384713	72119	1312594	178704
2643630	609362	2034268	313349
1588841	383864	1204977	101142
6496328	1741862	4754466	709291
1821511	547286	1274225	215149
178521	1362	177159	33190
843682	729034	114648	168685
2333271	1370299	962972	468959
434958	170590	264368	39715
2225271	1269760	955511	1521834
218899	10560	208339	44246
37582868	27851329	9731539	2270854
8000962	4389796	3611166	966160
6613071	3553399	3059672	799881
883625	355126	528499	89192
2374487	1635388	739099	349626
147685	210	147475	37009
38392691	35539042	2853649	1093952
21094082	21070759	23323	246886
98504	98504		28296
30527053	21337629	9189424	1679918
1189469	1189436	33	119042
8614777	8614777		601688
1723873	1569066	154807	320449
20843786	20839770	4016	7652085
18152956	18028424	124532	1256179
1593145	1593145		3115416
3169448	2545690	623758	2493443

3-16 续表

	中型企业			
	商品销售			库存额
	总 额	批发额	零售额	
总 计	**21995170**	**10381035**	**11614135**	**3471832**
食品、饮料、烟酒类	4246399	1637082	2609317	433998
粮油类	462817	183399	279418	105614
肉禽蛋类	415831	81326	334505	13903
其他食品类	1979506	668544	1310962	140095
饮料类	666998	339127	327871	63143
烟酒类	721247	364686	356561	111243
服装鞋帽、针、纺织品类	2868313	730817	2137496	559395
服装类	2097964	599531	1498433	452942
鞋帽类	514487	101200	413287	72518
针、纺织品类	255862	30086	225776	33935
化妆品类	325571	98445	227126	33011
金银珠宝类	276769		276769	64237
日用品类	1029494	313053	716441	202788
其中：洗涤用品类	302196	68205	233991	40406
儿童玩具类	55714	10479	45235	-3534
五金、电料类	332165	252274	79891	36576
体育、娱乐用品类	146807	15717	131090	11236
其中：体育用品类	65950	4365	61585	3468
书报杂志类	367663	111849	255814	176575
电子出版物及音像制品类	149569	58770	90799	47556
家用电器及音像器材类	995626	541169	454457	80235
中西药品类	2629957	1544110	1085847	480784
其中：西药类	1693176	1011422	681754	237772
中草药及中成药类	796583	454987	341596	147229
文化办公用品类	1084853	561131	523722	161413
家俱类	193663	17743	175920	25493
通讯器材类	585194	311939	273255	115483
煤炭及制品类	117048	57322	59726	8572
木材及制品类	8243	4663	3580	4207
石油及制品类	220136	67830	152306	72251
化工材料类	1011681	1005509	6172	102919
其中：化肥类	266649	266649		37479
金属材料类	603290	596380	6910	84502
建筑及装潢材料类	542661	139562	403099	59663
机电产品及设备类	1347804	1228791	119013	242165
其中：农机类	372	372		39
汽车类	1580287	122479	1457808	245799
种子饲料类	93367	93367		43400
棉麻类	65072	65072		9295
其他类	1173538	805961	367577	170279

计量单位：千元

小型企业			
商品销售总额	批发额	零售额	库存额
793650658	**687338020**	**106312638**	**82024421**
55233365	48884060	6349305	8929380
26629320	25846317	783003	5070077
2634432	2020249	614183	443809
13466830	10489975	2976855	1862831
2414012	1692941	721071	394796
10088771	8834578	1254193	1157867
21819946	15854376	5965570	3406325
10436848	6595648	3841200	1642888
2774394	1676624	1097770	419720
8608704	7582104	1026600	1343717
2130787	1329963	800824	370054
3286330	1707056	1579274	865764
8847709	6119728	2727981	1658342
1544738	1094201	450537	314841
271530	144827	126703	52113
8380032	6996707	1383325	1480040
3859171	2658395	1200776	535009
634112	373388	260724	135049
8427365	5756993	2670372	1224654
2186742	1571374	615368	671722
9249166	6782715	2466451	1806465
17539707	12323456	5216251	2381574
10328747	7556669	2772078	1202036
3999349	2461935	1537414	631906
48131331	37939916	10191415	4146167
1393412	333314	1060098	299144
26583860	23659702	2924158	2690284
25359304	25144195	215109	1312440
1231466	1183497	47969	274182
97434118	89836960	7597158	2551883
76044750	75616774	427976	8034768
15521634	15521634		2643202
187611708	187028877	582831	13178299
15015743	13399444	1616299	2275095
52238756	48492303	3746453	7447297
693846	693846		97599
61602131	19167837	42434294	6274391
3656237	3656237		535273
10849985	10849985		2518284
45537537	41044156	4493381	7157585

3-17 批发零售

	单位数（个）	亏损企业	年初存货	流动资产合计	#现金	短期投资	应收帐款（净额）
总计	**61139**	**30436**	**85506775**	**550639389**	**5395212**	**12019380**	**83436487**
一、按登记注册类型分							
内资	60809	30234	81503637	509660125	5373530	8284296	75847974
国有	2362	974	27342550	164674410	709978	4075669	22098610
集体	3299	1272	4694809	14097916	228999	75731	3242145
股份合作	7342	3488	1434355	7027951	238067	237021	682519
国有联营	35	19	335550	725582	2230	13385	46074
集体联营	45	19	18856	64792	1271		2747
国有与集体联营	47	19	71795	466868	3362	13	178936
其他联营	26	15	22018	31957	1394		10967
国有独资公司	143	49	2493934	23289873	15620	123293	5157499
其他有限责任公司	7613	3817	21116381	172525903	1122072	2449012	23529200
股份有限公司	1081	494	5285262	29166004	236529	619495	3905598
私营独资	1973	794	122758	436031	46032	8515	87619
私营合伙	1049	499	99812	462238	30617	15730	62926
私营有限责任公司	33103	17402	17656592	92811555	2556753	641810	16081152
私营股份有限公司	2550	1325	796465	3837437	176940	24575	753712
其他	141	48	12500	41608	3666	47	8270
港澳台商投资	104	66	267354	1564855	5967	3486	287435
与港澳台商合资经营	44	30	157230	1016890	2202	983	113235
与港澳台商合作经营	4	3	23485	60466	38		36826
港澳台商独资	54	33	86537	462470	3724	2503	137206
港澳台商投资股份有限公司	2		102	25029	3		168
外商投资	226	136	3735784	39414409	15715	3731598	7301078
中外合资经营	95	57	675877	7280939	6760	15	322042
中外合作经营	9	6	118218	529873	1796	8000	18324
外资企业	118	71	2939086	31595097	7147	3723583	6960281
外商投资股份有限公司	4	2	2603	8500	12		431
二、按隶属关系分							
中央	1544	612	36187014	273867607	774823	5792676	38452637
地方	4860	1941	13506707	57487427	526512	501105	9667405
其他	54735	27883	35813054	219284355	4093877	5725599	35316445

注：本表包括贸易经纪与代理行业。

企业主要财务状况

计量单位：千元

存　　货	一年内到期的长期债权投资	长期投资合　　计	#长期股权投　　资	长期债权投　　资	固定资产合　　计	#固定资产原　　价	累计折旧	本年折旧
118383103	**521840**	**168502645**	**161690717**	**3340369**	**64369191**	**72323604**	**19687607**	**3521344**
112367878	521690	147283302	140701889	3113364	60302924	66189944	17055877	3025650
32582039	190280	59102389	57117243	866084	20438796	23542388	6647607	894800
4975561	16184	1572783	1275294	120669	2979655	3730269	930533	150265
1626287	7786	1451285	1238813	64857	1354705	1426654	329388	65199
186282		164609	151454		161827	223401	64179	10944
20980	74	14440	14440		22920	28151	5236	1295
49081		109709	107469	960	48809	75087	28724	3393
8987		500	500		1666	4913	3779	402
2817287	77123	8311573	8076608	29895	2979716	2578796	683502	81752
39457642	43293	29055432	27287705	913413	15322899	16527342	3810489	791008
6432503	1152	41628776	40927730	340400	7721948	8248604	2419250	403295
161181	1190	16413	2825	4338	90318	104275	19694	4887
145795	340	15100	4280	4110	61808	82359	23674	4162
22876599	172619	5607235	4337025	706702	8715379	9156225	1993619	585616
1013387	11620	232864	160503	61936	381761	437707	92898	27653
14267	29	194			20717	23773	3305	979
333264	150	48283	43018	1840	280795	955708	682141	53404
171828		6988	5148	1840	219948	867192	648342	48298
9975		3425			3931	8911	4981	645
151359	150	36852	36852		49366	62884	19582	3744
102		1018	1018		7550	16721	9236	717
5681961		21171060	20945810	225165	3785472	5177952	1949589	442290
1942290		1004187	934027	70160	1565250	1831324	595518	108070
100454		1567	1500		83152	121651	39247	8926
3636679		20165306	20010283	155005	2134973	3220379	1312246	324953
2538					2097	4598	2578	341
58352357	127745	116019382	113441488	1452815	21240535	25238727	7667512	1001928
14643870	154241	10422913	9468337	298916	18122733	20096984	5424848	766042
45386876	239854	42060350	38780892	1588638	25005923	26987893	6595247	1753374

3-17 续表 1

	单位数(个)	亏损企业	年初存货	流动资产合计	#现金	短期投资	应收帐款(净额)
三、按行业大类分							
批发业	28618	13802	67422924	452802103	3641711	10626531	73986651
零售业	32521	16634	18083851	97837286	1753501	1392849	9449836
四、按控股情况分							
国有绝对控股	3442	1405	42968722	293474089	1124810	5867154	43315492
国有相对控股	474	188	1131875	8356434	40380	256908	1329434
其他	57223	28843	41406178	248808866	4230022	5895318	38791561
五、按企业规模分							
大型企业	118	28	20346473	126832706	52092	5154953	18252786
中型企业	298	123	2840706	13326435	59481	59076	1891781
小型企业	60723	30285	62319596	410480248	5283639	6805351	63291920
六、按限额标准分							
限额以上	5981	1742	67024507	406780166	1656780	7187903	56689513
限额以下	55158	28694	18482268	143859223	3738432	4831477	26746974
七、按地区分							
东城区	3442	1838	8431639	72323025	136316	1637108	10527809
西城区	4185	2365	13136308	99785061	72767	466803	13931729
崇文区	1931	998	2375140	11214274	132483	19403	2628472
宣武区	2818	1401	11520910	45808394	59935	169797	4589919
朝阳区	13086	6597	22224974	144831788	758135	4951928	26996980
丰台区	6009	3214	5120683	22697974	378091	94856	3879766
石景山区	1605	984	1080189	11348448	58947	135376	859513
海淀区	17949	8360	15715906	112071440	2040272	4277668	15460629
门头沟区	525	278	195521	909076	18054	6568	286645
房山区	1671	762	1060485	5129835	289506	122115	717612
通州区	1292	544	802175	2885928	346403	14570	426548
顺义区	835	317	687247	4502853	107890	21935	547180
昌平区	1546	821	834173	4422578	110335	23808	487856
大兴区	2013	1071	944447	6127405	583036	32527	1035882
怀柔区	644	261	418473	1942557	74871	3477	330652
平谷区	453	186	135460	911086	17917	2496	88002
密云县	560	161	254915	1185428	171340	19866	260151
延庆县	407	166	137260	393075	28494	14112	59931
北京经济技术开发区	168	112	430870	2149164	10420	4967	321211

计量单位：千元

存货	一年内到期的长期债权投资	长期投资合计	#长期股权投资	长期债权投资	固定资产合计	#固定资产原价	累计折旧	本年折旧
97283190	411718	154709799	150049210	2421372	35113425	40671941	11593523	1978339
21099913	110122	13792846	11641507	918997	29255766	31651663	8094084	1543005
65527676	275733	121608705	118500980	1554918	35624069	40231161	11928006	1583989
1384201	3828	1205595	1080944	121427	1630568	2097342	578013	86885
51471226	242279	45688345	42108793	1664024	27114554	29995101	7181588	1850470
37567052		39989087	38735379	170369	19401079	24193767	7570670	1273746
3033031	1381	4641879	4515678	86224	4092129	4704572	1153043	207895
77783020	520459	123871679	118439660	3083776	40875983	43425265	10963894	2039703
95683754	173446	98630063	95404256	1305644	43986440	51685609	14546701	2601890
22699349	348394	69872582	66286461	2034725	20382751	20637995	5140906	919454
19784869	5478	58568456	57828963	713996	6443165	6984628	1938764	329564
18462692	4271	16822608	16255964	537520	7800379	8861606	2671515	451365
2711526	5993	911050	741318	84952	1692003	1794478	520251	77476
13225477	14855	13326764	13041933	102558	4853302	5366738	1259850	223225
28070733	158544	47400331	44975332	878913	19279790	22582131	7135210	1203551
5816863	19323	2633546	2458951	119204	3853121	4439048	1157428	244069
1313052	1941	1369037	1044341	10025	1380276	1299416	325984	72577
21783632	257958	25077200	23647530	679541	10751822	12017737	2843961	528169
223468	1740	56506	44481	8563	136209	172589	55079	7728
1321404	5712	418111	332313	35659	1888941	2084577	435468	81013
753953	5426	133585	85008	43364	918661	974351	196604	41808
898295	4733	169531	84595	17770	1350892	1420085	234721	50464
1030670	712	771880	482234	29093	1150599	1215572	277988	54144
1260434	22419	241907	155757	32014	966855	1027646	225205	55482
533442	2426	115690	100442	2120	433926	505948	95166	16739
206829	1063	185853	177359	1752	280437	312794	57983	20498
328495	7600	97875	71128	11780	438692	513892	124495	20476
147000	1646	16484	4097	4285	290711	315874	62723	14462
510269		186231	158971	27260	459410	434494	69212	28534

3-17 续表 2

	在建工程	无形资产	资产总计	流动负债 合　计	#短期借款	应付账款	长期负债 合　计
总　计	**10145077**	**8812091**	**810298416**	**478145439**	**131935411**	**87991963**	**53649089**
一、按登记注册类型分							
内资	9861466	8333938	741865436	442679383	127337648	77475766	52427671
国有	2905401	3003592	249899347	149088451	51195379	22525355	25265846
集体	144800	142581	19059969	13313629	5191721	2514709	974517
股份合作	237982	142828	10138474	6815253	1956265	1190036	349191
国有联营	2602	35265	1101131	599744	142510	110993	5209
集体联营	2		105657	143226	42691	3236	378
国有与集体联营	1858	5364	631977	449142	81278	253568	52254
其他联营		23	34186	30324		1758	71
国有独资公司	1061420	201750	35410387	17321151	3653702	2613870	4103250
其他有限责任公司	2258875	2371231	223748460	149498845	51321410	23724117	17147668
股份有限公司	1857417	1076252	85157574	30189692	5642932	5992714	2919825
私营独资	557	18388	586235	277237	47519	79857	10555
私营合伙	1771	15242	560539	247766	40371	64943	12440
私营有限责任公司	1365647	1206706	110722713	72098817	7721187	17661188	1518938
私营股份有限公司	23019	114553	4645794	2571836	297687	720911	67221
其他	115	163	62993	34270	2996	18511	308
港澳台商投资	5578	127856	2069376	1289632	53485	493503	66011
与港澳台商合资经营	1091	66683	1352107	788298	5337	269679	55274
与港澳台商合作经营		2559	70790	64978	2152	18130	
港澳台商独资	4422	58614	612173	420517	45996	205680	10737
港澳台商投资股份有限公司	65		34306	15839		14	
外商投资	278033	350297	66363604	34176424	4544278	10022694	1155407
中外合资经营	50450	159371	10857161	7084203	309712	2364815	196235
中外合作经营	748	18	623829	613273	101360	167619	49864
外资企业	226835	190908	54872017	26471919	4133206	7489059	909308
外商投资股份有限公司			10597	7029		1201	
二、按隶属关系分							
中央	3128973	3180522	423089627	239456924	87582160	31094352	41689442
地方	3172839	1693666	89649261	55362961	16683931	12921226	4256884
其他	3843265	3937903	297559528	183325554	27669320	43976385	7702763

计量单位：千元

#长期借款	应付债券	负债合计	所有者权益合计	#实收资本	国家资本	集体资本	法人资本	#国家法人	集体法人
43015757	**718751**	**531795747**	**278502669**	**210489407**	**41992392**	**4461666**	**92668554**	**62330889**	**15222432**
42359105	718751	495108273	246757163	188527531	41725445	4445383	91116011	61182707	15111328
19567164	510374	174354349	75544998	53510102	32462132	44587	20980444	20611066	34411
805931	-3677	14288146	4771823	3346394	43055	2090650	878363	44475	773341
157274	115461	7164444	2974030	3234500	17223	208617	910743	26176	511105
4259		604953	496178	278047	189653	2497	85272	85272	
378		143604	-37947	47774	450	10292	33318	8930	13858
38408	-630	501396	130581	70919	5323	13588	48964	23682	24282
71		30395	3791	19278	1690	440	13475	1500	330
3692063		21424401	13985986	9406739	4719377	70050	4586763	4565148	13609
15235427	30656	166646513	57101947	47140938	2876835	1062672	32676146	16061950	8409457
1731168	261	33110684	52046890	25599686	1308102	417448	22449141	19534477	1780990
7470	604	287792	298443	283512	1565	11744	30565	620	4177
7696	794	260206	300333	327091	1237	3770	43301	1150	22121
1053410	63685	73617755	37104958	43133134	69404	465739	7832054	201391	3297849
58179	1123	2639057	2006737	2105784	28420	40405	539572	14300	225368
207	100	34578	28415	23633	979	2884	7890	2570	430
48746		1355643	713733	757468	6632	6051	308809	262356	3839
39797		843572	508535	483434	6632	6051	283111	248652	3839
		64978	5812	19352			10945	6070	
8949		431254	180919	234556			873		
		15839	18467	20126			13880	7634	
607906		35331831	31031773	21204408	260315	10232	1243734	885826	107265
90504		7280438	3576723	3578059	260315	10232	1213681	884326	102731
49864		663137	-39308	120051			22230	1500	1277
467538		27381227	27490790	17502870			6998		2432
		7029	3568	3428			825		825
34304868	510187	281146366	141943261	84626733	32314204	399752	50867273	48681049	955523
2859598	158	59621064	30028197	24489129	7906866	1567943	12505343	8817527	1608562
5851291	208406	191028317	106531211	101373545	1771322	2493971	29295938	4832313	12658347

3-17 续表 3

	在建工程	无形资产	资产总计	流动负债合计	#短期借款	应付账款	长期负债合计
三、按行业大类分							
批发业	5221385	5755294	659988927	388033265	115846997	67945719	47639806
零售业	4923692	3056797	150309489	90112174	16088414	20046244	6009283
四、按控股情况分							
国有绝对控股	6336991	4455763	463756073	267617775	89698782	39250917	33801966
国有相对控股	95504	244699	11878245	7344967	1899956	2205735	319909
其他	3712582	4111629	334664098	203182697	40336673	46535311	19527214
五、按企业规模分							
大型企业	2452219	2911856	193245780	107043581	35933204	22999638	18542153
中型企业	467420	519002	23106907	13991882	3718222	2751870	2558026
小型企业	7225438	5381233	593945729	357109976	92283985	62240455	32548910
六、按限额标准分							
限额以上	5768949	5382164	568550482	350980106	101730195	64352407	44922900
限额以下	4376128	3429927	241747934	127165333	30205216	23639556	8726189
七、按地区分							
东城区	1385332	638133	138950767	68841405	30376154	10197319	4103232
西城区	1108407	2161848	130318634	81911012	31382139	15275050	19598722
崇文区	377928	190773	14285283	10036442	2286062	3115950	581672
宣武区	723772	164644	64513616	31730748	5775935	5417924	10796648
朝阳区	3304287	2260943	221581845	126060287	24378644	26602427	11024658
丰台区	381282	258373	30061184	20207075	3046957	5589163	1020691
石景山区	394474	207749	14453750	10304260	2152800	1905945	301575
海淀区	1445783	2218605	153489531	102265486	26750049	15035300	5169583
门头沟区	17609	961	1111075	809985	196369	214555	44405
房山区	188385	78992	7579047	4510620	1248882	869167	93641
通州区	134240	114523	4230426	2472145	465685	535662	115372
顺义区	145576	85838	6181960	4027417	836072	506331	113892
昌平区	199177	142047	6602057	3828307	595861	663210	371655
大兴区	149650	99206	7523960	5213599	943388	968438	122920
怀柔区	13110	32302	2605365	1614962	507994	257226	120242
平谷区	20723	13367	1409958	766018	243569	125247	7326
密云县	39793	19070	1751519	1146113	254130	339413	27602
延庆县	22368	20890	731008	394233	147789	98179	18907
北京经济技术开发区	93181	103827	2917431	2005325	346932	275457	16346

计量单位：千元

#长期借款	应付债券	负债合计	所有者权益合计	#实收资本	国家资本	集体资本	法人资本	#国家法人	集体法人
39169560	565377	435673071	224315856	156801215	37399155	2271781	72898391	55518697	8271065
3846197	153374	96122676	54186813	53688192	4593237	2189885	19770163	6812192	6951367
26065272	517900	301420960	162335113	101053662	40376198	238991	58498386	56531872	676732
80454		7664876	4213369	3674102	326963	51728	2668311	1535106	442123
16870031	200851	222709911	111954187	105761643	1289231	4170947	31501857	4263911	14103577
15098724	510125	125585786	67659994	33032248	8052844	397435	11659633	9735644	1454605
1652719		16549908	6556999	7226315	709304	129509	4989861	3621233	428127
26264314	208626	389660053	204285676	170230844	33230244	3934722	76019060	48974012	13339700
36933796	514386	395904225	172646257	111478471	28709676	1757489	50536469	36137035	6791039
6081961	204365	135891522	105856412	99010936	13282716	2704177	42132085	26193854	8431393
3549942	266	72944637	66006130	42030448	10002639	148538	25353724	23049125	1285283
17349784	641	101510953	28807681	22804953	11068905	507043	7838164	5546206	1456388
232469	-3	10618114	3667169	4020611	451531	140196	2078165	954529	647698
8793126	-132	42527396	21986220	13684385	5409066	193440	6486891	5214876	611489
8065210	533009	137084945	84496900	58239168	5062864	1003808	23697135	16007668	3002157
833726	8795	21227766	8833418	9670554	696514	456841	4857441	1798719	1577510
222740		10605835	3847915	3473911	103746	343749	1820291	181602	1343653
3202036	158916	107435069	46054462	43003389	7843927	910083	16474865	8802182	3586658
26831	956	854390	256685	402010	39542	46533	70395	12360	37774
35803	30	4604261	2974786	2455459	339933	152482	871094	121193	255743
43623	6442	2587517	1642909	1474570	185849	73417	468271	41085	121401
72553	1226	4141309	2040651	1777265	280135	104258	531783	212752	237071
300970	340	4199962	2402095	2454549	80458	102972	711317	124960	416298
105179	5034	5336519	2187441	2217936	205628	84703	433527	34391	182103
133152	-13504	1735204	870161	754968	67655	90100	270730	2841	191112
6450	25	773344	636614	509325	13682	28991	270205	70172	133829
12356	14573	1173715	577804	508728	18642	27019	149701	93446	25652
14311	2137	413140	317868	301535	102313	36843	57867	22232	15203
15496		2021671	895760	705643	19363	10650	226988	40550	95410

3-17 续表 4

				营业收入		主营业务
					主营业务	
	个人资本	港澳台资本	外商资本	合　计	收　入	成　本
总　计	**50979209**	**720382**	**19667204**	**976023206**	**963624333**	**879564040**
一、按登记注册类型分						
内资	50838038	206845	195809	864173458	853885573	790756498
国有	22433	6	500	197787548	194763620	178095532
集体	332085	2241		29564197	29268171	27451109
股份合作	2093676	2609	1632	11189066	11069908	10026580
国有联营	625			1763094	1750373	1641248
集体联营	3714			205986	205322	191344
国有与集体联营	3044			1409977	1406889	1344064
其他联营	3673			80522	80390	72141
国有独资公司	11168		19381	26546866	26185428	24508328
其他有限责任公司	10345330	23104	156851	296720319	292633588	273774414
股份有限公司	1407765	17230		92767185	91889783	84618400
私营独资	237879	1754	5	929105	918823	802847
私营合伙	274683	4100		1055007	1043626	920832
私营有限责任公司	34595456	153361	17120	195857921	194408125	179744743
私营股份有限公司	1494947	2440		8258449	8224085	7538397
其他	11560		320	38216	37442	26519
港澳台商投资	17681	413877	4418	2394957	2372384	1759578
与港澳台商合资经营	12892	174468	280	1590439	1580274	1103562
与港澳台商合作经营		8407		164986	164986	154756
港澳台商独资	4789	224756	4138	622356	609948	485342
港澳台商投资股份有限公司		6246		17176	17176	15918
外商投资	123490	99660	19466977	109454791	107366376	87047964
中外合资经营	107428	96595	1889808	27469146	27160917	24604113
中外合作经营	500	1655	95666	1909227	1879082	1489417
外资企业	13784	1410	17480678	80072977	78325876	60954166
外商投资股份有限公司	1778		825	3441	501	268
二、按隶属关系分						
中央	354184	51391	639929	422782957	418196677	389462366
地方	2215286	32042	261649	111222743	108635329	98449565
其他	48409739	636949	18765626	442017506	436792327	391652109

计量单位：千元

营业费用	主营业务税金及附加	主营业务利润	其他业务收入	其他业务利润	管理费用	#税金	差旅费	工会经费	排污费
44047492	**1478451**	**38576200**	**13489194**	**10129839**	**34754938**	**612204**	**2006716**	**167204**	**15517**
32043656	1300929	29826340	10507243	7828731	26815387	515292	1353167	143521	14273
7130428	300162	9237498	3322523	2567231	7338025	168682	236416	48894	3753
953067	43406	820589	370013	295522	838523	20407	15567	3668	825
670885	27812	344631	161580	149745	583446	10118	23802	1557	431
39736	3028	66361	14634	26654	52378	1194	841	353	1
8439	242	5297	689	444	7692	75	268	14	1
36818	775	25232	10086	9130	32656	463	3099	871	19
4453	226	3570	132	152	12807	12	977	49	17
630495	32158	1056297	324384	265954	849541	23101	24456	6241	728
10156650	382290	8320234	3717857	2554649	7231099	102954	335440	53683	2962
3196064	171249	3904070	765128	635206	1878303	66380	44378	14861	1838
65831	4850	45295	12658	9804	57081	1717	2750	207	69
62041	18913	41840	12105	8862	61353	878	3299	76	25
8729007	300585	5633790	1741532	1268147	7519642	114739	638979	12417	3527
354192	14818	316678	53100	36543	349022	4257	22843	602	50
5550	415	4958	822	688	3819	315	52	28	27
153154	10464	449188	30676	29512	383681	6421	7826	2273	630
58573	10377	407762	12197	13156	307450	5773	3374	2268	630
5470		4760		46	9151	78	702		
88520	87	35999	12479	10610	64380	328	3750	5	
591		667	6000	5700	2700	242			
11850682	167058	8300672	2951275	2271596	7555870	90491	645723	21410	614
2185258	10938	360608	608298	537877	938893	23434	18721	3580	614
302410		87255	30145	50483	120879	1494	5830	247	
9360597	156117	7854996	2309892	1680650	6493050	65547	621082	17540	
2417	3	-2187	2940	2586	3048	16	90	43	
11425911	490300	16859950	3821410	2620222	9033028	229965	329428	72451	2890
5810750	239989	4135025	3090168	2566177	5257543	121237	102517	43842	5819
26810831	748162	17581225	6577616	4943440	20464367	261002	1574771	50911	6808

3-17 续表 5

				营业收入		主营业务
					主营业务	
	个人资本	港澳台资本	外商资本	合　计	收　入	成　本
三、按行业大类分						
批发业	26027890	389255	17814743	798518608	789764941	725822995
零售业	24951319	331127	1852461	177504598	173859392	153741045
四、按控股情况分						
国有绝对控股	950595	34367	955125	482464251	475865717	441153800
国有相对控股	391666	22812	212622	21668222	21363535	19497633
其他	49636948	663203	18499457	471890733	466395081	418912607
五、按企业规模分						
大型企业	1131442	23238	11767656	228027194	224104975	192146897
中型企业	708967	92095	596579	19844933	18991632	16334481
小型企业	49138800	605049	7302969	728151079	720527726	671082662
六、按限额标准分						
限额以上	13857392	393648	16223797	869750564	860860539	790237582
限额以下	37121817	326734	3443407	106272642	102763794	89326458
七、按地区分						
东城区	3452492	126952	2946103	107385191	104642132	94793573
西城区	3210611	33802	146428	111775103	109155106	100105110
崇文区	1289590	23614	37515	18744717	18303348	16179846
宣武区	1568360	7754	18874	48722891	47866027	42940948
朝阳区	12349840	274627	15850894	310417443	306781384	271524947
丰台区	3538342	30137	91279	46518965	46222151	42718551
石景山区	1158769	8477	38879	17648141	17208565	16207787
海淀区	17222818	169826	381870	236901576	236159662	222972945
门头沟区	245040	500		1910420	1872220	1730699
房山区	1082950	9000		17705368	17593830	16807429
通州区	650925	4893	91215	8673045	8555628	7904020
顺义区	814283	13465	33341	10097247	10081234	9354687
昌平区	1547635	2430	9737	7244696	7219362	6584140
大兴区	1472549	11182	10347	14063797	13997881	13240666
怀柔区	323609	1823	1051	3777149	3761571	3375855
平谷区	195642	800	5	3749596	3733764	3480109
密云县	312821		545	3243433	3074136	2812229
延庆县	104512			853318	844553	753228
北京经济技术开发区	438421	1100	9121	6591110	6551779	6077271

计量单位：千元

营业费用	主营业务税金及附加	主营业务利润	其他业务收入	其他业务利润	管理费用	#税金	差旅费	工会经费	排污费
30902771	1017755	32063270	8576494	5980591	24213571	409608	1653942	115710	6767
13144721	460696	6512930	4912700	4149248	10541367	202596	352774	51494	8750
15100566	643095	19010106	6114045	4404783	12683609	307605	377811	104773	7058
798355	65422	1002125	428397	293162	813545	23090	23881	5685	782
28148571	769934	18563969	6946752	5431894	21257784	281509	1605024	56746	7677
17350821	404341	14202916	4787466	3767692	11465038	232071	717835	56005	4484
2090818	45940	520393	1016857	742545	1657793	31088	52918	11477	1810
24605853	1028170	23852891	7684871	5619602	21632107	349045	1235963	99722	9223
36511415	1081917	33071475	9550334	7423532	24636830	456868	1331988	137155	10877
7536077	396534	5504725	3938860	2706307	10118108	155336	674728	30049	4640
4972097	212804	4663658	1944625	1282996	3645121	65051	177813	22953	1254
4836619	118024	4095353	1854306	1380113	3558926	56893	143482	20327	2129
1502262	37300	583940	440413	325491	865515	13581	50881	4794	243
1846883	126025	2994021	743865	596052	1964109	38262	86158	12709	725
18719475	518078	16018884	4959298	3499565	13668645	223742	1021244	47834	3117
2441622	61166	1000812	650067	660091	1794627	26198	85463	7767	1733
640249	17691	342838	441945	327870	667585	33434	24058	1965	447
6415423	264463	6506831	1612079	1389101	6288994	105436	328685	39662	2176
72312	4078	65131	37842	23164	80885	1494	4017	359	75
407042	14496	364863	110934	59167	349641	6854	13811	1102	677
370272	10774	270562	119570	100182	275359	5588	8450	1240	201
326705	17499	382343	98857	114592	328803	6304	14285	1067	1562
364808	13935	256479	88244	73760	321447	7082	12510	1083	483
467325	33328	256562	176768	149750	379906	4443	16140	941	144
176846	6227	202643	24028	33985	116928	7495	5266	1484	125
68082	5280	180293	15748	11245	77791	898	1665	208	69
141503	8008	112396	122103	57790	106720	2515	3988	1014	33
75370	2400	13555	8957	9106	71331	3660	1336	599	206
202597	6875	265036	39545	35819	192605	3274	7464	96	118

3-17 续表 6

	财务费用	利息支出（净额）	营业利润	投资收益	补贴收入	利润总额	应交所得税
总　计	**4627528**	**3918157**	**11324149**	**11013445**	**834219**	**22173862**	**7058921**
一、按登记注册类型分							
内资	4478432	3841487	8289917	6520129	827010	14732153	5268654
国有	1701648	1451049	3706479	3976746	409752	7249585	1949816
集体	177438	154360	132302	33312	130848	223916	82931
股份合作	100899	92796	-151100	18165	1462	-135222	34058
国有联营	6934	4864	34271	10711		46519	20446
集体联营	4118	4116	-6022	-8735		-14400	273
国有与集体联营	1656	1066	1130	27		2753	2390
其他联营	-13	-14	-8991		33	-9366	23
国有独资公司	64760	76788	464424	696532	37010	1247534	239348
其他有限责任公司	1591745	1378841	2503918	1690132	161263	4598707	1805722
股份有限公司	428034	399877	2242821	37466	41653	2027698	686946
私营独资	972	172	3119	54	89	1473	1308
私营合伙	819	385	-8576	933	-5	-9308	3271
私营有限责任公司	389744	270586	-634150	64484	41254	-474562	425126
私营股份有限公司	9684	6612	8079	307	3651	-25234	16861
其他	-6	-11	2213	-5		2060	135
港澳台商投资	-746	-2633	96679	-297	106	94326	44830
与港澳台商合资经营	-3794	-4001	117439	-197	106	115556	42122
与港澳台商合作经营	286	313	-4630			-4755	688
港澳台商独资	2794	1087	-19829	-100		-20174	799
港澳台商投资股份有限公司	-32	-32	3699			3699	1221
外商投资	149842	79303	2937553	4493613	7103	7347383	1745437
中外合资经营	6501	-21579	-38252	488469	1027	446000	138357
中外合作经营	13716	3668	3144	-2350	245	130	
外资企业	129630	97219	2975303	4007494	5831	6903874	1607080
外商投资股份有限公司	-5	-5	-2642			-2621	
二、按隶属关系分							
中央	2257821	1979643	9439227	5717541	428576	14226234	3752684
地方	902867	797504	670811	174546	272354	1473872	653875
其他	1466840	1141010	1214111	5121358	133289	6473756	2652362

计量单位：千元

可供分配利润	#外方应分利润	#外方汇出利润	劳动、失业保险费	养老保险和医疗保险	住房公积金和住房补贴	本年应付工资总额（贷方累计发生额）	本年应付福利费总额（贷方累计发生额）	本年应交增值税（不含期初未抵扣税）	本年实缴关税
24258323	**7884408**	**-237175**	**602088**	**2023546**	**818748**	**17969172**	**1934634**	**10355650**	**5980358**
14984864	-664421	-734542	557876	1662146	647835	14277367	1603108	7784995	5876604
5343847	-809672	-660118	254852	527927	270166	2928459	412570	1369223	2228532
346380	3627	-633	19441	78623	15806	591145	52172	221327	34278
65422	-2047	-1618	5872	33311	5127	617825	37417	143791	15544
105673	23570		230	3054	1874	22066	2837	83970	79116
329			5	146	3	4503	419	1964	
-1176	10		325	3446	969	15874	1757	7569	1782
197			637	1324	763	4286	500	756	16
1483315	4		30070	70737	31040	363951	47520	186855	389473
4830321	-49580	-43436	113409	464254	175441	3713302	460479	2689079	1898845
1686680	12806	-3045	47081	192972	59772	1131879	135115	950030	594310
11542	-5	-37	250	1012	229	69531	3309	17479	152
8002	3194	157	124	1316	184	43721	3550	13825	1828
1070079	156583	-22806	79902	272306	80713	4515863	425532	2022840	614295
33442	-2910	-3005	5574	11545	5651	251411	19731	75696	18351
811	-1	-1	104	173	97	3551	200	591	82
171311	35971		4558	22709	9970	195985	44146	68546	11468
149980	17365		2813	18366	7740	132544	41959	51164	2489
4896	3867		33	511	96	2857	130	2200	
14205	13736		1706	3771	2119	59806	2057	15007	8979
2230	1003		6	61	15	778		175	
9102148	8512858	497367	39654	338691	160943	3495820	287380	2502109	92286
437356	63287	48647	4424	86691	29877	456253	90980	684589	3307
-138623			330	6659	3216	47144	4587	70506	
8803415	8449571	448720	34829	244252	127582	2989772	191711	1746995	88979
			71	1089	268	2651	102	19	
11402415	-595932	-615167	203271	504858	304862	3435897	529919	1422702	4479495
1355231	-116517	3427	228145	650963	206181	3088357	390532	2941842	238970
11500677	8596857	374565	170672	867725	307705	11444918	1014183	5991106	1261893

3-17 续表 7

	财务费用	利息支出（净额）	营业利润	投资收益	补贴收入	利润总额	应交所得税
三、按行业大类分							
批发业	3777457	3246508	11704546	10249422	737944	21630559	6098156
零售业	850071	671649	-380397	764023	96275	543303	960765
四、按控股情况分							
国有绝对控股	2757865	2422006	9303970	5833115	496691	14543557	4096080
国有相对控股	96151	74325	397591	54554	48824	449612	190059
其他	1773512	1421826	1622588	5125776	288704	7180693	2772782
五、按企业规模分							
大型企业	797727	702181	5950563	5023901	137839	10895867	3126174
中型企业	149157	131145	-524802	92643	18630	-373973	87118
小型企业	3680644	3084831	5898388	5896901	677750	11651968	3845629
六、按限额标准分							
限额以上	3212523	2698615	13610473	8006957	655338	21824395	6341230
限额以下	1415005	1219542	-2286324	3006488	178881	349467	717691
七、按地区分							
东城区	681325	598647	1739843	1474159	57772	3292229	1192312
西城区	491680	460874	1766503	968336	145376	2862709	1001266
崇文区	106984	108007	-50456	1085	45307	2881	103784
宣武区	239231	179159	1438824	760817	76611	2252396	470861
朝阳区	1248056	1095951	4930561	5309057	141233	9997538	2748712
丰台区	196498	117661	-318531	22582	45442	-215124	130815
石景山区	92851	84969	-82732	44399	4548	-28684	57454
海淀区	1262562	1016414	1414364	2347684	188143	3313019	975694
门头沟区	10884	10578	-3155	-6423	5991	-1566	7219
房山区	70069	67516	7270	-13682	3888	-1026	47028
通州区	21352	15740	83779	17434	20431	121453	40112
顺义区	25055	18347	150032	2736	7557	137019	52779
昌平区	47973	36667	-37425	4034	21812	-2778	52922
大兴区	61121	52133	-12143	4550	25922	35939	55623
怀柔区	14941	8114	108434	1821	17618	131180	17014
平谷区	3930	1217	110880	37119	1657	149263	40729
密云县	8539	6438	57918	1699	5689	66061	20853
延庆县	5709	4804	-49353	616	17518	-41047	3887
北京经济技术开发区	38768	34921	69536	35422	1704	102400	39857

计量单位：千元

可供分配利润	#外方应分利润	#外方汇出利润	劳动、失业保险费	养老保险和医疗保险	住房公积金和住房补贴	本年应付工资总额(贷方累计发生额)	本年应付福利费总额(贷方累计发生额)	本年应交增值税(不含期初未抵扣税)	本年实缴关税
21744390	7941427	-266777	377190	1183532	593137	11545866	1162237	6752309	5687848
2513933	-57019	29602	224898	840014	225611	6423306	772397	3603341	292510
11824491	-766451	-660918	393943	987571	460186	5489237	799402	3936677	4601495
500598	51048	39582	11809	78654	30348	385949	63082	229475	73657
11933234	8599811	384161	196336	957321	328214	12093986	1072150	6189498	1305206
12311889	8160485	529546	198924	703152	292156	5291093	607875	2495923	445454
-111558			40885	164960	43937	1033242	125561	359131	45712
12057992	-276077	-766721	362279	1155434	482655	11644837	1201198	7500596	5489192
21834331	8139730	399392	454548	1517064	632004	11327353	1342566	8761914	5370602
2423992	-255322	-636567	147540	506482	186744	6641819	592068	1593736	609756
3002774	-34178		106955	252533	98013	2162238	199392	81273	1000542
2931295	109856	39633	60552	242546	102601	1639971	218943	542699	1487323
-111096	-214	-297	9862	62560	19147	483310	55159	256100	121129
1533396			68021	123735	59486	906966	120680	533467	305282
12988837	8464471	408383	245998	765475	334772	6078833	664342	4463065	1329630
-93338	-545144	-548178	19348	110515	29559	1636221	124779	544017	140404
147256	-436	-3448	9336	28835	7787	295786	33246	128357	2609
3059046	-99326	-117262	47263	306614	142264	3190208	371456	3141948	1337734
10310	-72		1758	5352	1233	49058	5732	23748	317
33550	-63	-9	4055	16850	2876	191274	17621	79625	22428
116844	2466	-454	4628	26610	6819	190165	23089	83129	18367
93836	-560	-636	6187	13936	1850	165612	16592	88266	53215
30919	-714	-714	6379	18324	1729	316561	22285	85005	5081
143240	-12838	-13897	2060	10318	1357	224925	22110	94807	58344
161806	-238	-268	4148	11436	5785	186951	10304	50162	2602
46854	164	-17	465	4261	336	42335	3964	35111	213
38621	1238		1120	7615	1018	88311	10842	47898	1740
9891	-5	-11	3143	9320	485	45614	4764	11077	65
114282	1		810	6711	1631	74833	9334	65896	93333

3-18 批发企业

	单位数(个)	亏损企业	年初存货	流动资产合计	#现金	短期投资	应收帐款(净额)
总计	**28618**	**13802**	**67422924**	**452802103**	**3641711**	**10626531**	**73986651**
一、按登记注册类型分							
内资	28418	13679	64061337	418444011	3628872	6900718	66682376
国有	1234	531	25486288	155897144	642929	4054594	21058156
集体	1238	458	3824496	10627853	130753	65837	2860259
股份合作	1735	779	672722	3230046	66964	182424	464137
国有联营	17	11	145752	415714	776	13383	39740
集体联营	10	4	3511	8878	409		3435
国有与集体联营	23	10	56782	433011	1592	13	173328
其他联营	9	7	16208	25562	568		8570
国有独资公司	101	33	2443418	23099691	4537	119778	5154579
其他有限责任公司	4176	1980	15735540	139348480	812059	1810700	20849539
股份有限公司	468	201	3677884	18552135	201871	206660	3106457
私营独资	440	172	54066	216561	15853	320	59743
私营合伙	292	132	59152	251499	10286	13745	36452
私营有限责任公司	17491	8735	11426145	63974179	1639781	412962	12381485
私营股份有限公司	1163	620	451155	2343126	100008	20281	481666
其他	21	6	8218	20132	486	21	4830
港澳台商投资	67	42	203996	756088	3949	2230	190517
与港澳台商合资经营	27	20	127029	422235	1410		99539
与港澳台商合作经营	3	3	9718	37361	38		16957
港澳台商独资	36	19	67249	296492	2501	2230	74021
港澳台商投资股份有限公司	1						
外商投资	133	81	3157591	33602004	8890	3723583	7113758
中外合资经营	44	28	251601	2098658	2539		210725
中外合作经营	5	5	25953	294369	146		17030
外资企业	83	48	2880037	31208957	6199	3723583	6886003
外商投资股份有限公司	1			20	6		
二、按隶属关系分							
中央	1004	390	34955460	266369167	746509	5584727	37733662
地方	2033	836	8692798	38061940	360391	149327	7692908
其他	25581	12576	23774666	148370996	2534811	4892477	28560081

注：本表包括贸易经纪与代理行业。

主要财务状况

计量单位：千元

存　　货	一年内到期的长期债权投资	长期投资合计	#长期股权投资	长期债权投资	固定资产合计	#固定资产原价	累计折旧	本年折旧
97283190	**411718**	**154709799**	**150049210**	**2421372**	**35113425**	**40671941**	**11593523**	**1978339**
92272401	411718	134462971	129960897	2266367	32843110	37301269	10243496	1644084
30772449	179140	57649988	55862948	731220	15177188	18008853	5101660	664571
4105117	6424	1001426	851841	50752	744579	1023570	340391	44123
754588	2256	886780	819324	51113	620691	669214	140951	31308
112306		146344	146344		116544	143254	27742	5348
2745	74				640	1071	432	16
33816		107769	106489		43798	65604	23664	2806
7759		100	100		797	3093	2778	239
2742115	77123	8305311	8074746	29895	2689891	2224129	593574	72417
33205608	36477	24102298	23087639	581774	7043121	8099175	2036201	383014
4563160	-452	37844539	37449339	310855	1317955	1724584	775969	79904
74791	-249	11927	2671	142	34375	39050	7663	1948
86617	35	7940	4030	3890	11887	21921	10400	1705
15222906	102278	4296762	3461001	502822	4872131	5079703	1134727	341685
580354	8612	101787	94425	3904	167083	194344	45937	14944
8070					2430	3704	1407	56
263237		41807	38382		70265	113296	45422	6176
140623		1530	1530		43417	69930	27147	3033
9770		3425			380	1554	1175	40
112844		36852	36852		26468	41812	17100	3103
4747552		20205021	20049931	155005	2200050	3257376	1304605	328079
1176115		38148	38148		88306	92945	25147	9283
9969		1567	1500		12506	19002	6496	1549
3561454		20165306	20010283	155005	2099238	3145429	1272962	317247
14								
56942580	122417	113543356	111187954	1245067	17507121	20509482	6032409	766747
9787163	138165	6560024	5830577	194511	6588384	7114477	1910307	257347
30553447	151136	34606419	33030679	981794	11017920	13047982	3650807	954245

3-18 续表 1

	单位数(个)	亏损企业	年初存货	流动资产合计	#现金	短期投资	应收帐款(净额)
三、按行业小类分							
农畜产品批发	538	250	5816908	53944690	40920	1136093	4250394
谷物、豆及薯类批发	60	27	2103102	24354005	3348	1084092	2060993
种子、饲料批发	340	151	723056	3777285	18543	17890	409834
棉、麻批发	37	14	2721289	24113801	8989	100	1518206
牲畜批发	7	5	15606	121031	42		61827
其他农畜产品批发	94	53	253855	1578568	9998	34011	199534
食品、饮料及烟草制品批发	2187	1126	5953547	22484429	197922	248837	2871817
米、面制品及食用油批发	253	130	2790719	7285220	17852	183098	528040
糕点、糖果及糖批发	134	59	353770	2757243	8028	24235	606685
果品、蔬菜批发	126	68	39346	279476	7369	715	79007
肉、禽、蛋及水产品批发	171	75	195919	1182144	10926	194	336440
盐及调味品批发	172	78	77547	380316	7886	1661	120203
饮料及茶叶批发	539	307	598269	2502028	25723	14462	306328
烟草制品批发	94	39	611218	4046219	80573	5652	92947
其他食品批发	698	370	1286759	4051783	39565	18820	802167
纺织、服装及日用品批发	2550	1329	3746570	16246628	121657	209334	3332231
纺织品、针织品及原料批发	595	276	1090064	6519958	27837	125310	1167025
服装批发	566	301	1262403	4407161	27485	34412	1173543
鞋帽批发	104	58	149245	437936	7588	565	89097
厨房、卫生间用具及日用杂货批发	376	183	263031	1120948	18077	8198	244157
化妆品及卫生用品批发	299	187	318876	1137663	14863	22496	277421
其他日用品批发	610	324	662951	2622962	25807	18353	380988
文化、体育用品及器材批发	2044	1037	2878692	12473865	98275	46875	2493982
文具用品批发	580	284	594116	2170719	26528	27722	686770
体育用品批发	174	96	105456	346884	9794	684	41883
图书批发	461	226	919463	3351871	18603	4371	758012
报刊批发	28	21	16259	328726	1026	2000	8648
音像制品及电子出版物批发	99	57	260721	742326	3851	849	119997
首饰、工艺品及收藏品批发	302	176	684086	4534156	12671	2072	709412
其他文化用品批发	400	177	298591	999183	25802	9177	169260
医药及医疗器材批发	1131	590	2969562	12530725	116135	29770	3875102
西药批发	143	72	1625470	6257795	11736	5059	2236982
中药材及中成药批发	94	46	568399	2630720	12472	2408	683791
医疗用品及器材批发	894	472	775693	3642210	91927	22303	954329
矿产品、建材及化工产品批发	6835	3071	21000043	160290107	1198726	4055901	20674950
煤炭及制品批发	243	92	532993	8466037	38559	70262	1060175
石油及制品批发	409	190	3006928	31285977	144646	196786	5013670
非金属矿及制品批发	92	39	59324	329219	3864	213	100553
金属及金属矿批发	1679	616	6826650	74976075	499094	3384603	7621730
建材批发	2533	1331	2202328	15719424	227655	103567	2121581
化肥批发	103	44	2977765	7227875	4507	32658	446441
农药批发	65	28	2573152	5923849	5691	30000	1747160
农用薄膜批发	16	2	32309	146226	694	79	20039
其他化工产品批发	1695	729	2788594	16215425	274016	237733	2543601
机械设备、五金交电及电子产品批发	11021	5235	16952238	106103372	860121	4047824	24113138
农业机械批发	106	60	147537	980152	7664	3659	307567
汽车、摩托车及零配件批发	835	406	1627246	9828561	88085	99292	1585328
五金、交电批发	1936	847	992785	6203556	112179	95626	1530048
家用电器批发	483	280	2235141	11255847	37003	2757034	1995478
计算机、软件及辅助设备批发	2783	1245	2007491	11077996	231320	63076	2592319
通讯及广播电视设备批发	578	300	2207854	22473775	132092	780617	5013763
其他机械设备及电子产品批发	4300	2097	7734184	44283485	251778	248520	11088635
贸易经纪与代理	924	540	1102534	38894813	907233	758846	9157687
其他批发	1388	624	7002830	29833474	100722	93051	3217350
再生物资回收与批发	255	84	65323	1018539	12077	37	410158
其他未列明的批发	1133	540	6937507	28814935	88645	93014	2807192

计量单位：千元

存　　货	一年内到期的长期债权投资	长期投资 合计	#长期股权投资	长期债权投资	固定资产 合计	#固定资产原价	累计折旧	本年折旧
19489781	3026	9305366	9242851	60461	2670149	2904774	470868	86897
13236435		6778340	6775878	2462	1726671	1844419	294606	54111
746616	1017	1518976	1515362	1570	262898	353801	101495	19024
5288306		311495	311485		546340	594303	52915	10187
12341		51991	51991		43628	17412	5806	557
206083	2009	644564	588135	56429	90612	94839	16046	3018
7097594	8789	6719138	5868464	122573	3548157	3873550	1166559	180855
3238355	2463	2593075	2520462	64503	999495	1059133	328958	43028
454798	13	675678	674368	1310	481972	525790	186027	20315
52225		9625	7532	2093	130970	152363	46590	5370
223176		316085	301827	4995	226713	374353	172624	14661
100285	413	12931	11166	412	76529	86549	25665	4554
857644	1884	462588	439110	16410	259728	338613	93770	18296
679002	2235	1009851	306663	2241	620622	750760	152782	42301
1492109	1781	1639305	1607336	30609	752128	585989	160143	32330
4633875	6299	3772081	3464852	136075	1321035	1618981	508020	81562
1423291	4729	1491656	1227063	125517	405302	543610	186762	21571
1493938	952	576419	565702	4017	383621	473378	128963	27105
214690	1995	6139	6058		32080	47219	15742	2004
355916	677	707893	706155	1231	83943	106413	25507	7459
387611	-4854	105292	81592	700	107277	146483	47268	8857
758429	2800	884682	878282	4610	308812	301878	103778	14566
3351422	142171	2121953	1835833	123794	1288661	1441997	427936	71847
609668	1932	189280	93642	95048	238520	324603	89195	14112
127218	2945	16820	13589		14645	21812	7798	2569
1164274	53199	198505	165609	2946	528729	533705	161706	23876
22842	3	48075	46015	2060	13602	15386	6020	1888
277449		110092	106435	1687	35863	53220	21707	6150
780167	82649	1017640	880005	14300	369407	376875	112425	15706
369804	1443	541541	530538	7753	87895	116396	29085	7546
3316488	-2177	2686687	2653184	21224	972562	1182876	352760	78569
1692210	2750	1985009	1973098	2623	408151	495769	170506	37120
660704		409238	406838	1900	184458	254353	82101	15061
963574	-4927	292440	273248	16701	379953	432754	100153	26388
29216863	62624	43169561	41933161	718586	11091344	12872136	3328679	530561
1029789	691	2139759	2106058	11717	814706	883275	183947	41429
3881599	1067	5713965	5581455	7072	4072150	4778703	1377506	160070
67327	1820	70804	41384	29310	35295	54142	20004	3499
12777683	18091	20161431	19639320	382204	2743628	3299689	792681	152390
2602046	28003	2830251	2409604	245520	1629644	1773318	398802	75073
2654486	64	668215	648074	3826	199561	256726	59074	9378
2697593	2	757139	757089		127294	160163	38596	6366
29948	14	75283	75283		34562	39687	5125	1477
3476392	12872	10752714	10674894	38937	1434504	1626433	452944	80879
21322097	189660	30936365	30224501	294427	8351683	10157929	3455988	655355
319849	542	263757	261763	1994	131478	109850	28697	5623
2861505	-12952	4175127	3976276	26940	1882600	2043537	782361	65022
1153375	12843	1593443	1566115	16909	541958	653712	184641	38157
2551070	156059	5369342	5340497	25500	832145	907838	237123	55897
2282236	1223	1800506	1670051	84341	665893	513764	161036	40346
2722653	9965	8681727	8654600	2200	1705027	2739990	1075141	250287
9431409	21980	9052463	8755199	136543	2592582	3189238	986989	200023
1843745	31	45894168	44893023	856560	3631907	3476822	859232	151054
7011325	1295	10104480	9933341	87672	2237927	3142876	1023481	141639
125919	359	297000	245491	10479	147795	170912	42160	5715
6885406	936	9807480	9687850	77193	2090132	2971964	981321	135924

3-18 续表 2

	单位数（个）	亏损企业	年初存货	流动资产合计	#现金	短期投资	应收帐款（净额）
四、按控股情况分							
国有绝对控股	1894	777	38116472	272930662	1013637	5547442	41277013
国有相对控股	235	86	680080	4714766	29605	54436	1106253
其他	26489	12939	28626372	175156675	2598469	5024653	31603385
五、按企业规模分							
大型企业	58	14	16590188	104815088	3835	4775637	17139764
中型企业	86	28	1523754	7900116	21616	8971	1374408
小型企业	28474	13760	49308982	340086899	3616260	5841923	55472479
六、按限额标准分							
限额以上	2927	710	54180635	342921754	1207706	6366377	50639803
限额以下	25691	13092	13242289	109880349	2434005	4260154	23346848
七、按地区分							
东城区	1549	801	7020340	63850607	90818	1418546	9711429
西城区	1919	1029	11592207	92629846	32917	441920	12935131
崇文区	941	442	1886227	7809532	46273	12576	2390833
宣武区	1469	707	10886407	42772517	36580	128265	4319004
朝阳区	6319	3116	16577586	114487400	438396	4639562	23898529
丰台区	3562	1855	3244633	14742925	220854	70550	3156663
石景山区	716	385	474076	3322232	29011	16568	607819
海淀区	7964	3571	11933981	92342359	1442508	3701669	13378372
门头沟区	183	91	106236	616773	10571	4221	232799
房山区	745	336	725811	3920915	245475	116081	544144
通州区	591	228	598976	1908044	264487	2521	332407
顺义区	357	145	489527	3534811	83120	20472	448183
昌平区	578	285	477664	3006065	64933	3857	400650
大兴区	1038	508	653449	4386411	456968	24021	853684
怀柔区	186	73	273167	1156943	38442	2357	240882
平谷区	110	46	71756	354319	6664	405	46791
密云县	206	71	134187	796504	119272	18987	218025
延庆县	89	50	59987	169975	11492	33	22558
北京经济技术开发区	96	63	216707	993925	2930	3920	248748

计量单位：千元

存　货	一年内到期的长期债权投资	长期投资合计	#长期股权投资	长期债权投资	固定资产合计	#固定资产原价	累计折旧	本年折旧
60663208	262515	116597316	113788522	1338017	22968384	26214685	7525599	948046
778076	3828	522593	445956	75792	305756	419626	146450	26988
35841906	145375	37589890	35814732	1007563	11839285	14037630	3921474	1003305
33418863		35014283	34193842	31908	8808698	11806999	3817827	624626
1607744	294	4090625	4063378	8520	1003459	1322999	383642	58841
62256583	411424	115604891	111791990	2380944	25301268	27541943	7392054	1294872
80877041	146691	89786173	87500703	842342	22570186	27421064	8083238	1342045
16406149	265027	64923626	62548507	1579030	12543239	13250877	3510285	636294
18194821	4831	56815411	56189325	609771	3544707	4306337	1316787	231933
16663538	952	15416141	14988494	399246	5316162	5516791	1628953	231850
2078208	4080	599846	565863	10662	583043	790325	274873	41947
12414864	14498	12876422	12654985	68923	3464242	3689859	954064	143613
21478380	123287	42940118	40967339	604064	10940673	13288659	4277450	700671
3858788	14322	1644866	1567404	49882	1445809	2027657	679452	113832
570210	1043	140821	129701	9442	274317	281848	86260	15543
17337109	225875	22742352	21703578	573331	5605032	6478427	1452249	286399
119848	1278	17692	10790	3460	50689	68616	20691	3571
925489	2832	334923	274589	13337	1339664	1447031	279054	55183
513706	4531	108301	76966	30265	424871	480762	84769	22580
654069	2579	57629	39214	93	398681	434260	79501	21698
621719	382	487649	466468	11471	429988	502009	115247	24817
910888	2800	152788	83594	20398	592131	621600	153272	38248
308692	462	79932	74610	120	164084	193041	41761	8213
126365	899	81855	80325	1530	93379	110585	28217	14975
167606	6194	71011	45214	11180	189461	226649	70786	10774
76643	873	11308	2009	2205	91417	91782	21490	2952
262247		130734	128742	1992	165075	115703	28647	9540

3-18 续表 3

	在建工程	无形资产	资产总计	流动负债合计	#短期借款	应付账款	长期负债合计
总计	**5221385**	**5755294**	**659988927**	**388033265**	**115846997**	**67945719**	**47639806**
一、按登记注册类型分							
内资	4976867	5562247	602133972	359317638	111621383	59557927	47046622
国有	1712391	2514794	233466855	138913819	49046336	20197585	24236208
集体	42673	67918	12501675	9835934	4321552	1544847	297667
股份合作	88608	97185	4861521	3231379	721542	635359	72883
国有联营	1031	31249	712971	359576	140350	71528	2559
集体联营			9581	5806	15	3575	
国有与集体联营	1858	5270	590592	426259	77533	242558	49587
其他联营		23	26489	23710		237	
国有独资公司	1061089	193613	34909670	16975438	3619642	2568798	4097363
其他有限责任公司	913743	1247028	174649645	117639393	44895247	17862707	15129073
股份有限公司	338109	762656	62086900	19450553	3638632	3528539	2207813
私营独资	159	631	269777	149883	21184	48825	2414
私营合伙	187	711	273209	151401	27827	39841	1940
私营有限责任公司	806990	609069	75070428	50592963	4998545	12409137	915402
私营股份有限公司	9914	32100	2682064	1540365	110478	392414	33713
其他	115		22595	21159	2500	11977	
港澳台商投资	755	39812	910507	690703	39122	223522	10972
与港澳台商合资经营	628	1421	470138	421746	4610	117512	235
与港澳台商合作经营		13	41406	38542	2152	6046	
港澳台商独资	127	38378	398962	230415	32360	99964	10737
港澳台商投资股份有限公司			1				
外商投资	243763	153235	56944448	28024924	4186492	8164270	582212
中外合资经营	16996	18283	2254263	1841708	165591	794702	56984
中外合作经营		18	308916	207930	2033	3364	49864
外资企业	226767	134934	54381249	25975286	4018868	7366204	475364
外商投资股份有限公司			20				
二、按隶属关系分							
中央	2492253	2971833	408411151	231424321	86460300	29242875	41224160
地方	1295770	814546	52766844	36149843	12622668	7459042	2299039
其他	1433362	1968915	198810932	120459101	16764029	31243802	4116607

计量单位：千元

#长期借款	应付债券	负债合计	所有者权益合计	#实收资本	国家资本	集体资本	法人资本	#国家法人	集体法人
39169560	**565377**	**435673071**	**224315856**	**156801215**	**37399155**	**2271781**	**72898391**	**55518697**	**8271065**
38639229	565377	406364260	195769712	138484060	37297097	2267069	72621536	55314520	8258053
18839840	510255	163150027	70316828	49436384	29694875	12931	19714880	19504370	13415
264315	1212	10133601	2368074	1438562	19288	1032793	304463	11272	258735
52540	2101	3304262	1557259	1500392	4763	80002	534532	11215	339094
1609		362135	350836	176386	129945		46216	46216	
		5806	3775	4474		1447	2228		1728
38033		475846	114746	57550	2280	8842	43928	21931	21497
		23710	2779	14958	1690	400	11630	500	
3686176		21072801	13836869	9215440	4698318	62000	4429301	4409786	13009
13839288	5043	132768466	41881179	30704909	2217250	614261	22369158	12512051	4621706
1233003	74	21658366	40428534	20903521	457002	96592	19860661	18631192	741864
1652	110	152297	117480	93385	30	1542	12779	300	530
1509	31	153341	119868	137077		1440	26018		15848
650346	46551	51508365	23562063	23641312	52757	321532	5013617	157687	2115251
30918		1574078	1107986	1153151	17920	32257	251095	8000	115376
		21159	1436	6559	979	1030	1030		
9184		701675	208832	312500	3932	3498	66566	29859	2009
235		421981	48157	142512	3932	3498	60818	29859	2009
		38542	2864	11246			4875		
8949		241152	157810	158742			873		
			1						
521147		28607136	28337312	18004655	98126	1214	210289	174318	11003
3745		1898692	355571	682490	98126	1214	203253	174318	7294
49864		257794	51122	35926			2105		1277
467538		26450650	27930599	17285661			4931		2432
			20	578					
34129417	510106	272648481	135762670	81306963	31397089	349125	48959135	47110288	901513
1628566	280	38448882	14317962	13329419	5008921	519739	6773901	5267689	842387
3411577	54991	124575708	74235224	62164833	993145	1402917	17165355	3140720	6527165

3-18 续表 4

	在建工程	无形资产	资产总计	流动负债 合 计	#短期借款	应付账款	长期负债 合 计
三、按行业小类分							
农畜产品批发	186580	1405284	68968735	45253785	37630098	2289394	12080235
谷物、豆及薯类批发	131307	19251	32880914	24751612	22235085	1372052	623031
种子、饲料批发	7526	53435	5638698	3366684	1312627	328339	187253
棉、麻批发	4056	1328274	27904796	15430871	13299407	448707	10845452
牲畜批发	32022		219235	180171	164910	12468	
其他农畜产品批发	11669	4324	2325092	1524447	618069	127828	424499
食品、饮料及烟草制品批发	827432	274244	33351286	18877663	6821044	2853000	1744751
米、面制品及食用油批发	281286	28011	10917190	7607610	4240302	631063	279898
糕点、糖果及糖批发	141587	138324	4209816	2130028	978116	140725	895991
果品、蔬菜批发	13087	5723	436214	260993	78373	62009	8018
肉、禽、蛋及水产品批发	20988	10368	1742447	926096	360557	203602	315649
盐及调味品批发	15057	6255	489226	268386	45755	98072	29921
饮料及茶叶批发	13203	28929	3301983	1910108	194820	800050	57264
烟草制品批发	18902	4389	5696199	1940806	28517	106552	18524
其他食品批发	323322	52245	6558211	3833636	894604	810927	139486
纺织、服装及日用品批发	199813	176557	21699689	14507258	4500086	4123255	596853
纺织品、针织品及原料批发	39470	100795	8565003	6212169	2618824	1333667	151625
服装批发	40358	62901	5508442	3784983	856540	1527441	78500
鞋帽批发	230	428	480785	331073	71940	96067	15110
厨房、卫生间用具及日用杂货批发	2544	5040	1934869	802364	139689	268453	17235
化妆品及卫生用品批发	7599	5152	1364007	1031593	205875	313977	32176
其他日用品批发	109612	2241	3846583	2345076	607218	583650	302207
文化、体育用品及器材批发	266076	90265	16243137	10001414	2362269	2781997	227922
文具用品批发	1041	8204	2641747	2179399	639835	815349	28738
体育用品批发	324	506	381699	226575	9913	60073	3143
图书批发	153626	36176	4279330	2499267	278888	1296689	88168
报刊批发	4236	1863	398940	103758		27053	51758
音像制品及电子出版物批发	2030	12384	907129	521483	30649	126426	1660
首饰、工艺品及收藏品批发	104574	20207	5973259	3720584	1271247	220937	21055
其他文化用品批发	245	10925	1661033	750348	131737	235470	33400
医药及医疗器材批发	134718	138021	16757616	10211520	1741074	4682592	870298
西药批发	80839	33133	8793669	5404593	998381	2563135	358239
中药材及中成药批发	12202	85073	3451766	1840855	217092	838360	347034
医疗用品及器材批发	41677	19815	4512181	2966072	525601	1281097	165025
矿产品、建材及化工产品批发	1394898	1670930	221951576	142874731	37395227	20085674	10480438
煤炭及制品批发	112440	54954	11531179	5231437	1310790	411928	723061
石油及制品批发	650416	706729	45536879	26088550	9602823	4744466	3489362
非金属矿及制品批发	790	1200	468387	424268	152098	89495	446
金属及金属矿批发	167767	189599	98822135	70527226	14993631	7469772	3443147
建材批发	240978	233961	21125131	14128411	2132228	2266912	567428
化肥批发	1690	61633	8218366	6363378	2112062	1614715	91459
农药批发	4881	25022	6836046	6095839	3681514	191078	6422
农用薄膜批发		311	256382	102441	899	35925	180
其他化工产品批发	215936	397521	29157071	13913181	3409182	3261383	2158933
机械设备、五金交电及电子产品批发	1135818	1453500	148747660	88986704	14162729	21670706	7027893
农业机械批发	47712	1659	1382289	886411	355142	147156	92632
汽车、摩托车及零配件批发	192297	136498	16226507	10445651	2869714	2127016	316278
五金、交电批发	46270	238070	8835241	5557305	1399166	1879715	138344
家用电器批发	157260	429208	18094794	11603004	2583372	3534395	82922
计算机、软件及辅助设备批发	300187	135534	13950997	8320765	1448851	1969945	390516
通讯及广播电视设备批发	7063	86736	33229076	16940114	1588517	2699534	110801
其他机械设备及电子产品批发	385029	425795	57028756	35233454	3917967	9312945	5896400
贸易经纪与代理	986050	425703	89227793	38466453	6348147	5817735	2628795
其他批发	90000	120790	43041435	18853737	4886323	3641366	11982621
再生物资回收与批发	16525	16505	1482075	937590	94146	362038	71720
其他未列明的批发	73475	104285	41559360	17916147	4792177	3279328	11910901

计量单位：千元

#长期借款	应付债券	负债合计	所有者权益合计	#实收资本	国家资本	集体资本	法人资本	#国家法人	集体法人
11069472		57334020	11634715	6238664	3767301	80476	1698291	1257476	276571
612602		25374643	7506271	2439398	1481295	2737	934812	885712	47100
184972		3553937	2084761	1618199	780299	71755	202580	88167	46477
9920900		26276323	1628473	1457829	1000000	1327	420429	241479	167450
		180171	39064	41568	34308	260	500		
350998		1948946	376146	681670	471399	4397	139970	42118	15544
525294	6287	20622414	12728872	7929247	3624510	125602	2640823	1909739	410612
41978	177	7887508	3029682	2506977	1824519	7371	391050	185911	135385
121801		3026019	1183797	829384	220910	6700	527108	514519	3500
7929		269011	167203	167039	20144	35415	45120	6655	25115
290268	4090	1241745	500702	504896	169467	7663	203417	180206	13386
12055	25	298307	190919	179491	2461	26130	64346	39880	6501
26701		1967372	1334611	1060388	166948	17518	478914	275650	117728
1365		1959330	3736869	558489	82398	1490	430908	420980	8928
23197	1995	3973122	2585089	2122583	1137663	23315	499960	285938	100069
500829	587	15104111	6595578	6162026	1090500	194116	2145900	1444385	409231
148016		6363794	2201209	1981903	645852	105720	824093	653799	112210
34429	557	3863483	1644959	1339765	82280	47524	790079	602415	129843
9418		346183	134602	106491	5213	11341	33434	15056	8078
11713	30	819599	1115270	725324	21510	7284	58924	17145	24620
12842		1063769	300238	480929	28000	9560	191628	32429	104600
284411		2647283	1199300	1527614	307645	12687	247742	123541	29880
138438	4125	10229336	6013801	5091654	1645739	63306	1448305	666544	396315
19855	910	2208137	433610	812080	171334	9882	300763	198041	36606
2010	1008	229718	151981	160504	5200	1400	65269	50540	6488
80943	1738	2587435	1691895	943509	334799	22345	244411	75070	109513
200		155516	243424	321555	52320	300	215740	20200	142040
1284	82	523143	383986	417479	11454	1800	287573	110374	31500
11386	387	3741639	2231620	1558058	1065609	19683	199747	144319	36510
22760		783748	877285	878469	5023	7896	134802	68000	33658
237189	30	11081818	5675798	4733465	466350	56301	2999184	1872767	294223
133675	30	5762832	3030837	2380718	164373	35493	1824070	1176862	84785
29530		2187889	1263877	1059143	98186	981	852008	662085	114355
73984		3131097	1381084	1293604	203791	19827	323106	33820	95083
8656188	8977	153355169	68596407	49135520	17193334	872373	22275414	17012127	2680722
675206		5954498	5576681	2776392	105500	87431	2051467	1733442	120792
2546180	435	29577912	15958967	7941534	2342739	101341	4726521	4108961	375813
446		424714	43673	161663	2986	3490	92900	45707	4300
2769650	1963	73970373	24851762	19620446	12007849	220297	4774547	3464146	754422
504147	4975	14695839	6429292	6302765	606090	174655	2756170	752832	972883
90706		6454837	1763529	653946	71826	39318	477999	409270	57628
6347		6102261	733785	502487	1214	122105	45039	18685	6357
180		102621	153761	182369	50000	300	76799	260	76539
2063326	1604	16072114	13084957	10993918	2005130	123436	7273972	6478824	311988
6675421	23775	96014597	52733063	40737043	6418447	701038	11604767	7032517	2240413
87988		979043	403246	427395	241708	3326	123741	64940	52856
158647	1320	10761929	5464578	5624438	1226220	257192	2569671	2107863	216261
107480	713	5695649	3139592	3443802	1280706	108369	641562	290154	223305
68030	279	11685926	6408868	4814425	81017	65212	234294	56404	137397
360011	20108	8711281	5239716	5518416	415940	83791	1977547	560196	679728
91694	-1	17050915	16178161	7298305	899684	41075	920900	356492	237642
5801571	1356	41129854	15898902	13610262	2273172	142073	5137052	3596468	693224
1468280	10000	41095248	48132545	29067128	2708838	44181	23192984	21340337	1082353
9898449	511596	30836358	12205077	7706468	484136	134388	4892723	2982805	480625
20137	717	1009310	472765	424888	206457	94876	37496	13067	10373
9878312	510879	29827048	11732312	7281580	277679	39512	4855227	2969738	470252

3-18 续表 5

	在建工程	无形资产	资产总计	流动负债合计	#短期借款	应付账款	长期负债合计
四、按控股情况分							
国有绝对控股	3678214	3554892	423014854	246304768	85888669	33568108	31994175
国有相对控股	25130	42269	5610295	4067868	1136065	1350282	64815
其他	1518041	2158133	231363778	137660629	28822263	33027329	15580816
五、按企业规模分							
大型企业	822582	2283036	152258064	83832629	33347689	15513005	17211621
中型企业	62775	79901	13238332	7266419	2618979	1220470	1496416
小型企业	4336028	3392357	494492531	296934217	79880329	51212244	28931769
六、按限额标准分							
限额以上	2736483	3669796	468106213	286792944	91097091	48452886	40930118
限额以下	2484902	2085498	191882714	101240321	24749906	19492833	6709688
七、按地区分							
东城区	562968	297390	125013583	61290385	28992673	8531243	3557277
西城区	981993	1960134	117594179	74177507	30411975	13022656	18995467
崇文区	62479	125696	9195550	6617078	1380940	2370358	360566
宣武区	714948	89838	59389265	29179119	5476882	4634028	10412884
朝阳区	1782788	1563005	175424637	97818070	20472297	20026036	9369764
丰台区	60696	87853	18074547	12039708	2015664	4236231	362600
石景山区	68212	12794	3810759	2577101	424930	633866	59270
海淀区	509860	1219938	124349771	86865004	23774750	11224705	4094202
门头沟区	2759	634	686201	518416	128485	134598	17375
房山区	130419	35176	5674933	3419967	879168	620631	23006
通州区	25386	22440	2608106	1589858	199713	307221	44594
顺义区	36387	74756	4089689	2948621	322123	318732	45482
昌平区	38094	113860	4095253	2364179	365132	409032	202992
大兴区	113490	85376	5271809	3745078	342727	771075	66708
怀柔区	3851	16701	1493321	918318	322517	126794	4335
平谷区	6860	273	534949	264260	21908	106646	2497
密云县	25785	4823	1064606	730782	156168	254695	3654
延庆县	17334	1570	278892	168698	55437	28642	787
北京经济技术开发区	77076	43037	1338877	801116	103508	188530	16346

计量单位：千元

#长期借款	应付债券	负债合计	所有者权益合计	#实收资本	国家资本	集体资本	法人资本	#国家法人	集体法人
24881314	511972	278298943	144715911	90718878	36494954	171341	53432183	52139725	405204
37400		4132683	1477612	1370850	59511	26922	989508	313084	383434
14250846	53405	153241445	78122333	64711487	844690	2073518	18476700	3065888	7482427
14122224	510125	101044250	51213814	25618351	6338280	12213	8524829	7840538	605291
1142995		8762835	4475497	4151886	501809	28152	3087034	2500609	31985
23904341	55252	325865986	168626545	127030978	30559066	2231416	61286528	45177550	7633789
34480920	513354	327723062	140383151	87252688	25714923	777988	39226316	30735466	3528000
4688640	52023	107950009	83932705	69548527	11684232	1493793	33672075	24783231	4743065
3198190		64847662	60165921	37383906	8881611	55862	23756048	22030012	953107
16920851	-19	93172974	24421205	19295957	10874481	395458	5905795	4579485	793489
56311		6977644	2217906	2075725	401033	84578	859278	565201	165437
8472241	-132	39592003	19797262	12053894	5242168	108207	5730883	4955892	304127
7383543	528669	107187834	68236803	44268329	4045807	421214	18631604	14165343	1898984
234611	1355	12402308	5672239	5819407	653562	253312	2957700	1054145	833748
21427		2636371	1174388	1133016	37503	33981	305004	97231	111202
2563858	28820	90959206	33390565	27028551	6516985	573392	12245488	7506114	2245799
6413		535791	150410	210228	17927	14064	37081	6194	21697
13526		3442973	2231960	1773151	276868	81469	709097	101014	208955
22288	1608	1634452	973654	723796	35185	50057	259152	21233	47564
12384	926	2994103	1095586	857108	67584	30999	346565	205730	97219
181897	314	2567171	1528082	1446026	57515	68618	398435	61936	244530
56611	3651	3811786	1460023	1420493	168616	67402	244102	24693	116030
4335		922653	570668	392550	60665	3298	203842	1200	184442
2480		266757	268192	158546	2176	3220	97529	68962	11505
2992	484	734436	330170	272515	11815	13057	73373	52580	4660
106	-299	169485	109407	106299	43654	9393	17017	1822	7910
15496		817462	521415	381718	4000	4200	120398	19910	20660

3-18 续表 6

	个人资本	港澳台资本	外商资本	营业收入合计	主营业务收入	主营业务成本
总计	**26027890**	**389255**	**17814743**	**798518608**	**789764941**	**725822995**
一、按登记注册类型分						
内资	25972433	144569	181356	702020218	695113128	649292889
国有	13198		500	182842668	180683095	166153684
集体	79827	2191		23780422	23701003	22753209
股份合作	878819	676	1600	5999259	5972716	5473372
国有联营	225			985768	976208	892336
集体联营	799			10174	10169	8130
国有与集体联营	2500			1235178	1232311	1190295
其他联营	1238			59498	59498	56894
国有独资公司	6440		19381	26073347	25749860	24146603
其他有限责任公司	5340380	8234	155626	245832423	242761307	229108701
股份有限公司	477536	11730		67378450	66883420	62488700
私营独资	78034	1000		495630	494525	446693
私营合伙	105619	4000		767574	758005	686969
私营有限责任公司	18132849	116308	4249	141205661	140497049	131006650
私营股份有限公司	851449	430		5342541	5322346	4871909
其他	3520			11625	11616	8744
港澳台商投资	16021	222483		745074	733339	594440
与港澳台商合资经营	11232	63032		238305	235405	194609
与港澳台商合作经营		6371		3055	3055	2195
港澳台商独资	4789	153080		503714	494879	397636
港澳台商投资股份有限公司						
外商投资	39436	22203	17633387	95753316	93918474	75935666
中外合资经营	24574	20388	334935	16263591	16154121	15285973
中外合作经营	500	1655	31666	53645	53512	51918
外资企业	13784	160	17266786	79436041	77710802	60597775
外商投资股份有限公司	578			39	39	
二、按隶属关系分						
中央	268722	14785	318107	401144007	396851285	371164769
地方	967795	9222	49841	68716027	67482830	63201310
其他	24791373	365248	17446795	328658574	325430826	291456916

计量单位：千元

营业费用	主营业务税金及附加	主营业务利润	其他业务收入	其他业务利润	管理费用				
						#税金	差旅费	工会经费	排污费
30902771	**1017755**	**32063270**	**8576494**	**5980591**	**24213571**	**409608**	**1653942**	**115710**	**6767**
20978877	863200	24020012	6033730	4259967	17469240	332384	1021558	97839	6656
5964572	245852	8318987	2399943	1934379	5929514	139654	219435	37915	1859
468540	17832	461422	117735	86148	362422	6394	10868	1339	243
284017	10707	204620	41332	33861	217404	2724	13195	643	162
18455	1862	63555	11028	9715	36531	989	675	198	
1592	60	387	5	5	454	10	169	1	
22046	366	19604	9770	9047	27275	384	1828	866	19
553	151	1900			10332	9	830	47	
592726	29392	1022989	289979	232256	777832	18584	24178	5696	439
6269863	271825	7110918	2137715	1285711	4523330	64518	261002	38243	1403
1810916	84186	2499618	118082	97355	858914	38269	30723	5662	397
24773	2213	20846	1438	1155	23887	766	1401	69	21
32654	17361	21021	9529	6914	31842	530	1595	35	7
5271408	172335	4046656	866588	544093	4457334	56868	441051	6826	2055
215586	8845	226006	30577	19319	211298	2683	14601	299	47
1176	213	1483	9	9	871	2	7		4
73725	176	64998	13822	13165	78382	549	4381	103	111
23560	95	17141	4916	6128	30912	230	1229	98	111
1009		-149			5151	3	637		
49156	81	48006	8906	7037	42319	316	2515	5	
9850169	154379	7978260	2528942	1707459	6665949	76675	628003	17768	
789200	642	78306	246220	46858	238637	12118	9399	230	
15794		-14200	133	131	5944	96	239		
9045175	153735	7914117	2282589	1660470	6421277	64461	618365	17538	
	2	37			91				
10247687	431771	15048908	3365624	2324107	8013625	206634	314491	66184	2003
1962854	93358	2225308	1157723	801596	2256557	42493	65551	14517	2106
18692230	492626	14789054	4053147	2854888	13943389	160481	1273900	35009	2658

3-18 续表 7

	个人资本	港澳台资本	外商资本	营业收入合计	主营业务收入	主营业务成本
三、按行业小类分						
农畜产品批发	329914	17948	344734	35281951	34349846	33027623
谷物、豆及薯类批发	17780	2774		19312540	19241317	18531490
种子、饲料批发	217022	1809	344734	3714737	3688319	3415043
棉、麻批发	36073			10597306	10479818	10188014
牲畜批发	6500			41772	38632	34914
其他农畜产品批发	52539	13365		1615596	901760	858162
食品、饮料及烟草制品批发	1313451	27855	197006	43009105	42452976	38577290
米、面制品及食用油批发	222957	1080	60000	9427155	9356381	8936715
糕点、糖果及糖批发	69857	4309	500	2874803	2796591	2539801
果品、蔬菜批发	64233	735	1392	469637	465109	395673
肉、禽、蛋及水产品批发	88779		35570	2468522	2446445	2285899
盐及调味品批发	79323	7231		715405	711660	594540
饮料及茶叶批发	328446	3000	65562	5830406	5701124	5066836
烟草制品批发	43693			13887912	13875498	12230683
其他食品批发	416163	11500	33982	7335265	7100168	6527143
纺织、服装及日用品批发	1606251	10376	1114883	32122939	31823228	28441689
纺织品、针织品及原料批发	399320	5618	1300	12166707	12074748	11390492
服装批发	378003	2713	39166	9031145	8924170	7525117
鞋帽批发	54687	655	1161	1237806	1234772	1072648
厨房、卫生间用具及日用杂货批发	187800	90	449716	2550373	2535291	2169507
化妆品及卫生用品批发	248841		2900	2365672	2349469	2054441
其他日用品批发	337600	1300	620640	4771236	4704778	4229484
文化、体育用品及器材批发	1323532	13082	597690	17870998	17512916	15117063
文具用品批发	282496		47605	4908712	4855066	4568933
体育用品批发	88635			733840	731016	627227
图书批发	341904		50	4573634	4346007	3618229
报刊批发	4195		49000	228128	219120	208204
音像制品及电子出版物批发	113178	3474		531947	525260	465066
首饰、工艺品及收藏品批发	269936	3083		4172364	4138111	3140252
其他文化用品批发	223188	6525	501035	2722373	2698336	2489152
医药及医疗器材批发	1160381	3696	47553	23696360	23590253	21443981
西药批发	311780		45002	13950101	13916357	12872615
中药材及中成药批发	106314	1654		4396734	4384350	4020380
医疗用品及器材批发	742287	2042	2551	5349525	5289546	4550986
矿产品、建材及化工产品批发	8235327	94497	464575	394420108	392843723	371828219
煤炭及制品批发	526564	5430		36225671	36066447	33450932
石油及制品批发	763376	5041	2516	93208091	93069780	87206022
非金属矿及制品批发	61787	500		788098	784670	712894
金属及金属矿批发	2614923	2830		175552896	174922822	166843528
建材批发	2539540	70851	155459	18937069	18565048	17504259
化肥批发	63563		1240	16204530	16165664	15146814
农药批发	40564		293565	13062041	13060749	12706438
农用薄膜批发	55270			269625	259023	245284
其他化工产品批发	1569740	9845	11795	40172087	39949520	38012048
机械设备、五金交电及电子产品批发	9674693	168945	12169153	206399436	202896984	177880777
农业机械批发	44219	14401		1704509	1690062	1402325
汽车、摩托车及零配件批发	840471	12305	718579	28442596	28069218	26567118
五金、交电批发	1020833	4675	387657	8918495	8764657	7861530
家用电器批发	569993	28460	3835449	29471420	29426356	25758805
计算机、软件及辅助设备批发	2895992	60680	84466	29667709	29590069	28342947
通讯及广播电视设备批发	1061771	5123	4369752	49373860	47201716	36761628
其他机械设备及电子产品批发	3241414	43301	2773250	58820847	58154906	51186424
贸易经纪与代理	1095057	17248	2008820	24312418	23151152	20466270
其他批发	1289284	35608	870329	21405293	21143863	19040083
再生物资回收与批发	84525	1534		4914569	4898782	4795663
其他未列明的批发	1204759	34074	870329	16490724	16245081	14244420

计量单位：千元

营业费用	主营业务税金及附加	主营业务利润	其他业务收入	其他业务利润	管理费用	#税金	差旅费	工会经费	排污费
699160	11210	611853	245930	223696	731365	13777	26747	4870	1100
236401	3536	469890	76674	61541	352037	6575	8770	1929	8
138449	732	134095	31252	30084	180940	4765	10881	1735	1092
291783	3370	-3349	110442	106215	108106	1791	4361	532	
3291	5	422	3140	3055	38229	47	45	120	
29236	3567	10795	24422	22801	52053	599	2690	554	
1674954	58593	2142139	337616	326527	1429064	32121	44727	9049	494
267267	2952	149447	75171	84362	271015	7981	6391	1869	42
176700	6500	73590	78587	78706	117914	2470	3881	748	15
54615	1710	13111	23937	21519	35360	517	1067	218	89
104227	4069	52250	37251	35370	113595	3252	2971	695	18
56660	1567	58893	4190	2657	56180	414	2564	285	5
472598	6726	154964	48078	40333	228683	3584	12678	1236	162
155062	26320	1463433	14506	14637	340161	8187	4871	2786	114
387825	8749	176451	55896	48943	266156	5716	10304	1212	49
2218428	35186	1127925	344201	214220	1303831	18983	83991	5980	609
334072	7661	342523	74523	60734	336492	8365	18308	1377	84
931557	14333	453163	164895	75793	472084	4945	34234	2697	272
110488	1292	50344	3170	2969	41793	281	2671	149	53
252103	2199	111482	15713	12751	86085	1151	3236	306	82
195663	4376	94989	20038	15279	152399	1085	7362	390	45
394545	5325	75424	65862	46694	214978	3156	18180	1061	73
1016265	56152	1323436	211451	154683	952682	12992	46221	4144	244
160903	4660	120570	65478	59077	148699	2611	5800	304	102
43360	2317	58112	3735	2020	45086	322	4487	183	1
389561	12286	325931	62906	27803	338304	3690	19660	2467	121
25834	679	-15597	11852	9776	62694	146	2064	92	
39937	1206	19051	7696	6236	60119	2659	2569	93	
201326	32485	764048	30219	22096	200222	1806	5276	871	25
155344	2519	51321	29565	27675	97558	1758	6365	134	-5
1089155	31709	1025408	115653	96787	963764	12122	70412	4227	224
544845	14103	484794	49174	42280	417851	4263	17558	2477	193
185652	3090	175228	21953	21109	176805	1979	10593	1093	14
358658	14516	365386	44526	33398	369108	5880	42261	657	17
9413769	379120	11264465	1786183	1348460	5602132	127900	304798	42540	2183
1008185	52926	1554404	268240	151256	480576	12578	24368	3499	253
2770955	178755	2914048	158306	109882	865298	43686	36062	5912	1081
37219	824	33733	5881	5074	49105	212	25784	32	-44
3249624	87139	4742531	662777	568793	2374082	40609	114077	26751	276
598133	24889	437767	463392	326609	723389	12170	34685	2002	218
578735	641	439474	31495	30340	109262	3163	4272	631	50
259419	1018	93874	4507	4303	81930	2313	7726	147	6
6020	352	7367	10596	9344	14221	633	238		1
905479	32576	1041267	180989	142859	904269	12536	57586	3566	342
12987282	291159	11737766	4150426	2794660	10740981	136415	953575	34580	1494
57094	615	230028	19440	18711	125114	487	2943	352	120
1136721	11079	354300	583407	299425	691059	19997	27146	2915	280
530189	17455	355483	171658	158496	434979	6642	27881	1266	202
4053729	11149	-397327	335991	264134	908392	24326	93401	3861	58
719807	28861	498454	181551	120304	729062	13109	51128	1775	163
3419465	140742	6879881	1866479	1384567	4765765	29095	424209	12124	63
3070277	81258	3816947	991900	549023	3086610	42759	326867	12287	608
809401	116038	1759443	1161266	677246	1399813	32055	70884	5571	160
994357	38588	1070835	223768	144312	1089939	23243	52587	4749	259
58879	19597	24643	19743	19036	59633	1292	1564	313	131
935478	18991	1046192	204025	125276	1030306	21951	51023	4436	128

3-18 续表 8

				营业收入		主营业务
	个人资本	港澳台资本	外商资本	合计	主营业务收入	成本
四、按控股情况分						
国有绝对控股	240601	10263	369536	432159485	426850794	398833665
国有相对控股	245760	4812	44337	14357213	14309845	13575865
其他	25541529	374180	17400870	352001910	348604302	313413465
五、按企业规模分						
大型企业	110939		10632090	168370643	165553919	141053356
中型企业	219779		315112	9499036	9294835	8492890
小型企业	25697172	389255	6867541	620648929	614916187	576276749
六、按限额标准分						
限额以上	6823789	156806	14552866	708810002	702571659	648841428
限额以下	19204101	232449	3261877	89708606	87193282	76981567
七、按地区分						
东城区	1832047	56967	2801371	94425382	92196411	84453256
西城区	2035092	24172	60959	98566868	96815089	89932991
崇文区	672292	21029	37515	15030243	14829131	13284132
宣武区	951147	6726	14763	43901456	43229224	39204190
朝阳区	6396871	138004	14634829	248117905	245118131	217157400
丰台区	1920174	14195	20464	29028655	28917130	26841629
石景山区	749868	1000	5660	7765421	7719342	7223528
海淀区	7405057	94459	193170	201874743	201481114	191892269
门头沟区	141156			1410965	1390640	1303868
房山区	698597	7120		15284066	15219684	14625399
通州区	375529	3873		6861193	6841443	6360706
顺义区	369526	13465	28969	7877362	7869527	7348995
昌平区	916028	330	5100	5397364	5386606	5013384
大兴区	923211	6815	10347	11460985	11423436	10864450
怀柔区	123194	500	1051	2451946	2447929	2161304
平谷区	55621			3011865	3009268	2799936
密云县	173725		545	2344944	2175903	1996761
延庆县	36235			491246	491135	451468
北京经济技术开发区	252520	600		3215999	3203798	2907329

计量单位：千元

营业费用	主营业务税金及附加	主营业务利润	其他业务收入	其他业务利润	管理费用	#税金	差旅费	工会经费	排污费
11458728	499765	16100486	4358427	3087764	9566367	239661	342667	76377	3534
344721	11528	377731	103128	69285	324756	6344	18647	1978	155
19099322	506462	15585053	4114939	2823542	14322448	163603	1292628	37355	3078
12946728	261116	11292719	3102929	2110601	8493525	148447	693932	33626	1318
482079	10816	309050	259864	192180	562658	11143	31184	4130	507
17473964	745823	20461501	5213701	3677810	15157388	250018	928826	77954	4942
25642494	725989	27403598	5788335	4162955	17100884	300592	1149808	95072	4362
5260277	291766	4659672	2788159	1817636	7112687	109016	504134	20638	2405
3624613	164837	3953705	1432793	867131	2551399	53441	139312	15934	566
3574866	71185	3236047	1092172	853577	2330324	39103	119248	13580	603
979562	21756	543681	200317	105534	526434	6816	41318	3507	79
1343388	83196	2640300	594393	467263	1526049	32438	75627	9448	367
14215174	386340	13359217	3721875	2563443	10583442	178405	910203	32690	1831
1137072	40430	897999	370169	302701	1093366	14918	62282	4941	976
266794	8585	220435	47623	35718	195001	1888	13721	528	63
4083525	166247	5339073	772768	596917	4128722	61318	229045	30636	656
36040	2287	48445	20053	8366	44477	799	3129	140	18
286765	9147	298373	63551	15266	224500	3394	10347	532	124
239640	6335	234762	22184	20625	157784	2186	6851	551	73
223469	10498	286565	25968	22271	171206	2931	10872	596	1093
198493	6492	168237	36072	26840	159723	3872	8247	481	96
323359	24472	211155	55218	45743	235786	3068	11656	623	105
106745	4005	175875	5620	2631	62156	1102	3429	550	27
45981	3607	159744	2597	2486	39287	436	1146	109	55
96153	3392	79597	99664	32800	62911	1140	2846	649	29
23640	565	15462	1055	850	27277	389	325	208	6
97492	4379	194598	12402	10429	93727	1964	4338	7	

3-18 续表 9

	财务费用	利息支出（净额）	营业利润	投资收益	补贴收入	利润总额	应交所得税
总　计	**3777457**	**3246508**	**11704546**	**10249422**	**737944**	**21630559**	**6098156**
一、按登记注册类型分							
内资	3668779	3174363	8733636	6241505	730839	14773918	4430146
国有	1596809	1363486	3654717	3872271	347660	7147849	1870951
集体	109043	95891	92569	29541	129907	206628	53531
股份合作	50442	48396	-23063	11235	435	-14768	23679
国有联营	4939	4531	32368	-1888		31078	16586
集体联营	-4	-4	-57			-53	15
国有与集体联营	1141	1009	235	27		1709	1570
其他联营	-17	-17	-8391		33	-8812	5
国有独资公司	57871	69961	476015	695969	36995	1259172	236157
其他有限责任公司	1226946	1054644	3056563	1608332	148736	4964082	1552441
股份有限公司	338353	325715	1406211	-30943	33591	1100921	351893
私营独资	264	104	-397	15	60	-2663	380
私营合伙	341	140	-3772	-8	3	-3938	2115
私营有限责任公司	281092	211036	9820	56908	30502	86036	307045
私营股份有限公司	1563	-525	40164	46	2917	6086	13682
其他	-4	-4	654			591	96
港澳台商投资	2558	922	-2528	-99	2	-2622	2456
与港澳台商合资经营	74	23	-7540	1	2	-7593	1657
与港澳台商合作经营	-27		-5272			-5272	
港澳台商独资	2511	899	10284	-100		10243	799
港澳台商投资股份有限公司							
外商投资	106120	71223	2973438	4008016	7103	6859263	1665554
中外合资经营	-14729	-17952	-98744	2872	1027	-97006	60121
中外合作经营	334	379	-20346	-2350	245	-22445	
外资企业	120515	88796	3092580	4007494	5831	6978714	1605433
外商投资股份有限公司			-52				
二、按隶属关系分							
中央	2210785	1943287	8385382	5660443	427464	13349771	3424667
地方	729306	667943	139971	123617	200839	697510	351055
其他	837366	635278	3179193	4465362	109641	7583278	2322434

计量单位：千元

可供分配利润	#外方应分利润	#外方汇出利润	劳动、失业保险费	养老保险和医疗保险	住房公积金和住房补贴	本年应付工资总额（贷方累计发生额）	本年应付福利费总额（贷方累计发生额）	本年应交增值税（不含期初未抵扣税）	本年实缴关税
21744390	**7941427**	**-266777**	**377190**	**1183532**	**593137**	**11545866**	**1162237**	**6752309**	**5687848**
12932318	-530322	-715808	340380	932254	463006	8524864	964655	4870132	5584793
5136430	-675080	-658141	175454	364311	214756	2183088	313712	1029611	2199335
302417	3102	-447	7693	34429	9679	216475	22145	97236	17679
51735	-602	-251	2418	9760	1589	267839	13516	68434	6419
94160	23570		74	1446	1257	12049	1601	59987	79116
29			2	42		667	15	388	
-2022			295	2651	865	10925	1358	3357	1782
1			626	1086	749	2238	332	107	
1479271			29672	64819	30045	325442	43380	173951	389473
4147502	-47469	-39818	54177	233760	120935	2084710	252038	1565722	1789935
842157	-711	-726	6050	49357	23096	503481	51647	468933	584773
2745	56	41	140	404	131	19816	1493	8084	32
4999	3314	-5	64	627	148	19079	1709	7485	1615
847012	165861	-14003	59149	161563	55011	2716924	250914	1332250	501030
25826	-2363	-2458	4562	7939	4745	161377	10742	54373	13604
56			4	60		754	53	214	
26037	21216		1926	5364	2490	51306	3682	16267	11122
6937	3613		272	1700	537	17603	1700	7040	2315
4896	3867		9	105	37	1366	8	132	
14204	13736		1642	3533	1916	32229	1974	9095	8807
			3	26		108			
8786035	8450533	449031	34884	245914	127641	2969696	193900	1865910	91933
241	719		656	10587	4178	83606	12366	144466	2961
			18	282	4	4396		2325	
8785794	8449814	449031	34210	235045	123459	2881664	181534	1719119	88972
						30			
10511302	-658983	-653874	169272	419118	273775	2955891	421801	655845	4416558
683155	3481	-4428	83390	214076	80325	1042814	132579	2016044	224893
10549933	8596929	391525	124528	550338	239037	7547161	607857	4080420	1046397

3-18 续表 10

	财务费用	利息支出(净额)	营业利润	投资收益	补贴收入	利润总额	应交所得税
三、按行业小类分							
农畜产品批发	346777	332236	-201079	214544	152564	277747	139970
谷物、豆及薯类批发	131414	127468	47995	206206	65368	361339	106096
种子、饲料批发	67080	59393	-76876	-17590	2426	-92004	15072
棉、麻批发	129504	126282	-127559	23151	84328	51926	12838
牲畜批发	7764	7759	-42515	-188	4	-48323	
其他农畜产品批发	11015	11334	-2124	2965	438	4809	5964
食品、饮料及烟草制品批发	171719	157268	894719	176077	180111	1245124	516949
米、面制品及食用油批发	80774	71812	-106586	387	69990	-15728	53893
糕点、糖果及糖批发	49663	49084	-14601	6093	14030	-628	4853
果品、蔬菜批发	486	394	190		449	454	697
肉、禽、蛋及水产品批发	17187	16189	-40309	9828	37849	-4421	2219
盐及调味品批发	586	247	5079	1780	13	5029	4985
饮料及茶叶批发	7225	5187	-39503	48569	27695	38810	38928
烟草制品批发	-17392	-17487	1155328	39265	13558	1196537	392359
其他食品批发	33190	31842	-64879	70155	16527	25071	19015
纺织、服装及日用品批发	196326	178119	-80888	85573	6404	36033	157110
纺织品、针织品及原料批发	122474	109423	-3389	5179	187	6760	42063
服装批发	42047	41417	26478	-8013	5742	69129	61989
鞋帽批发	3277	2923	8340	1847	591	16173	3256
厨房、卫生间用具及日用杂货批发	4465	3378	35354	74070	19	113289	17014
化妆品及卫生用品批发	14325	12599	-54397	1039	28	-44279	4713
其他日用品批发	9738	8379	-93274	11451	-163	-125039	28075
文化、体育用品及器材批发	170155	128082	391029	99271	18818	499508	156698
文具用品批发	60302	59201	-27569	1901	31	-56613	20258
体育用品批发	100	-172	18056	84	-14	18266	7833
图书批发	4627	3184	34145	509	18082	61234	37607
报刊批发	-2097	-2112	-66399	-880		-68742	2435
音像制品及电子出版物批发	936	689	-34508	1297	122	-32347	870
首饰、工艺品及收藏品批发	101510	67399	488631	65149	631	565851	85125
其他文化用品批发	4777	-107	-21327	31211	-34	11859	2570
医药及医疗器材批发	73519	71508	125542	195656	5145	334238	107544
西药批发	43868	40816	80055	136105	3222	217576	56898
中药材及中成药批发	3772	5382	17098	35097	500	57955	20840
医疗用品及器材批发	25879	25310	28389	24454	1423	58707	29806
矿产品、建材及化工产品批发	1519266	1297365	6529931	3789653	200442	9449708	2456441
煤炭及制品批发	63170	58177	1204487	733380	4304	1931451	684793
石油及制品批发	77668	47133	2292345	983060	4642	2991076	479501
非金属矿及制品批发	8623	8413	4311	1071	-912	5023	28313
金属及金属矿批发	943445	854973	2663742	1830532	5110	3816224	976212
建材批发	154472	93054	-88744	119870	10421	44190	48426
化肥批发	34011	29758	336875	64846	8380	415581	109097
农药批发	90416	79794	-63387	14879	115398	23245	832
农用薄膜批发	-1128	-1214	3652	2143		5630	2547
其他化工产品批发	148589	127277	176650	39872	53099	217288	126720
机械设备、五金交电及电子产品批发	593007	519986	3492365	4085131	29972	7561011	2116783
农业机械批发	11897	11325	112221	-1885	3187	108978	16268
汽车、摩托车及零配件批发	128244	113881	-153235	81140	8388	-51887	104864
五金、交电批发	52066	42698	30917	20596	225	46309	33269
家用电器批发	51462	46912	-1089296	417636	262	-682816	5620
计算机、软件及辅助设备批发	86379	75860	-156177	23977	6765	-155235	37294
通讯及广播电视设备批发	113675	100011	3396025	2105581	3406	5573216	1114486
其他机械设备及电子产品批发	149284	129299	1351910	1438086	7739	2722446	804982
贸易经纪与代理	389139	272718	648798	1263963	58933	1872340	402438
其他批发	317549	289226	-95871	339554	85555	354850	44223
再生物资回收与批发	2434	1632	-13914	2012	36086	21831	4453
其他未列明的批发	315115	287594	-81957	337542	49469	333019	39770

计量单位：千元

可供分配利润	#外方应分利润	#外方汇出利润	劳动、失业保险费	养老保险和医疗保险	住房公积金和住房补贴	本年应付工资总额（贷方累计发生额）	本年应付福利费总额（贷方累计发生额）	本年应交增值税（不含期初未抵扣税）	本年实缴关税
386469	-805	-825	13308	31120	14559	258907	31739	-1903920	870658
265346	-45	-45	8235	13789	8374	109439	14662	-1335085	716498
-48867	-65	-65	2153	9021	2864	81092	9715	-836	56508
70440	20		1638	3532	1652	42149	3456	-575144	89013
-24	-24	-24	76	1703	346	2820	1051	132	94
99574	-691	-691	1206	3075	1323	23407	2855	7013	8545
971319	-19794	-1194	43268	101568	36984	1186203	90401	565474	352298
-17110	186313	-760	14468	19332	6866	288873	14085	54864	54150
15485	-38	-38	767	5415	1621	63264	7920	16141	20
5720	-284	-4	4577	6145	3704	24417	3272	4025	17
-198217	-206237		2595	10089	3219	66062	6473	36657	69860
22044			2766	5364	220	36166	3414	19446	513
245848	-25451	-114	1433	11348	3414	368740	15406	52102	5554
774260	23456	-114	10819	21333	9284	158237	19693	298678	182411
123289	2447	-164	5843	22542	8656	180444	20138	83561	39773
45603	-5283	-3971	33653	95407	38306	740890	79100	246473	313528
67772	-1095	-1012	11960	32010	14494	144314	17928	20505	154107
-98931	-940	-52	11385	32100	13434	267673	29175	67197	20224
12513			798	2450	373	37123	3580	14078	8223
9308	-668	-312	3194	6276	3042	66846	6854	47316	2785
12505	-89	-89	1108	6732	1128	81062	6312	41872	19136
42436	-2491	-2506	5208	15839	5835	143872	15251	55505	109053
355693	-1438	-1763	12619	46395	27540	525835	61892	203697	28020
515	-946	-946	2056	5928	3050	67698	7600	38817	6875
6713	-623	-576	246	2082	817	23892	2486	8831	1844
13260	-241	-241	6752	17823	16687	180760	22514	61187	1906
790			396	1052	553	30246	2394	3054	44
-11391	-9		295	2403	727	22714	3242	9504	879
327494			2224	12926	4768	96973	19208	58304	13064
18312	381		650	4181	938	103552	4448	24000	3408
432358	-19713	-1626	14780	61889	21856	471477	56760	284377	127572
213800			7154	30378	12396	208106	28101	149250	36567
121211			3756	13541	3930	82243	10146	31215	26023
97347	-19713	-1626	3870	17970	5530	181128	18513	103912	64982
8847387	73401	-54617	103826	276580	162460	2353151	292918	4288795	2379925
1300950	212	-3656	16578	33333	14995	296223	31993	337886	17707
3373135	-42	-166	22618	46858	32809	345025	56110	2764655	799132
140003	125710		478	1392	542	21761	1302	6580	3953
2419331	-7415	-13680	32918	94273	72461	886765	119418	828060	747935
229913	-45887	-35194	18405	41263	16451	318406	33700	139470	77953
621867			1271	5113	4806	43955	5162	2473	263178
117229	-1779	-1779	298	5694	1558	62192	1400	17090	4263
7202			92	804	307	5569	596	1331	6102
637757	2602	-142	11168	47850	18531	373255	43237	191250	459702
9185580	8216166	344916	102027	436881	218364	5038761	440214	2963401	1234372
100572	-7742		683	3965	1152	28200	4024	-14000	8784
189589	71053	-139	10384	33064	13587	280648	34515	334196	531563
37804	3771	-274	7363	25780	10826	363362	24716	147910	17625
-458355	-461487	-26	6338	32690	12710	684605	52154	241163	34025
104577	-5141	-4752	5242	32063	9506	438037	42543	209854	26529
7590237	7181689	479902	27902	158170	77621	1820816	117594	1446281	54447
1621156	1434023	-129795	44115	151149	92962	1423093	164668	597997	561399
1014401	-300261	-544094	19759	78007	45453	614844	66522	78448	305146
505580	-846	-3603	33950	55685	27615	355798	42691	25564	76329
12525	17	-11	2289	4811	1625	35621	3764	8996	4
493055	-863	-3592	31661	50874	25990	320177	38927	16568	76325

3-18 续表 11

	财务费用	利息支出（净额）	营业利润	投资收益	补贴收入	利润总额	应交所得税
四、按控股情况分							
国有绝对控股	2606504	2306101	8330207	5736461	429895	13482919	3630657
国有相对控股	63146	52684	69538	30180	48407	97462	55293
其他	1107807	887723	3304801	4482781	259642	8050178	2412206
五、按企业规模分							
大型企业	619654	583111	4533634	4485176	127917	8854527	2548746
中型企业	72796	66963	-119580	92314	17649	-39365	31102
小型企业	3085007	2596434	7290492	5671932	592378	12815397	3518308
六、按限额标准分							
限额以上	2564892	2205588	12711747	7322755	585950	20204625	5440260
限额以下	1212565	1040920	-1007201	2926667	151994	1425934	657896
七、按地区分							
东城区	649121	586002	1724585	1458761	57249	3253986	1099054
西城区	418201	406654	1681396	905816	143541	2675698	892801
崇文区	52079	55103	83042	-2247	44755	123704	85027
宣武区	206060	153973	1422972	743930	75300	2200878	430401
朝阳区	1032827	917141	4560126	4729787	129267	9095550	2344147
丰台区	117277	68878	297	48246	45893	95848	103886
石景山区	15280	11935	49900	4178	1045	51754	17944
海淀区	1114020	907169	1551962	2330361	151938	3362528	826108
门头沟区	6439	6238	5983	1734	184	8884	4799
房山区	63545	61881	27611	-16067	477	19141	39268
通州区	9851	7899	91288	15312	20236	127098	33660
顺义区	3740	-170	138030	240	3582	128254	49604
昌平区	27048	21894	8459	3248	10912	29301	42012
大兴区	28691	22178	-1492	2569	17936	27012	22964
怀柔区	3737	-2468	114168	1665	16158	136031	15904
平谷区	3237	1428	119853	9250	12	129118	40087
密云县	2911	1187	48599	3576	5010	61485	17158
延庆县	183	-261	-10345	26	12882	2297	3275
北京经济技术开发区	23210	19847	88112	9037	1567	101992	30057

计量单位：千元

可供分配利润	#外方应分利润	#外方汇出利润	劳动、失业保险费	养老保险和医疗保险	住房公积金和住房补贴	本年应付工资总额（贷方累计发生额）	本年应付福利费总额（贷方累计发生额）	本年应交增值税（不含期初未抵扣税）	本年实缴关税
10739470	-647983	-658917	233630	576496	335002	3638376	520650	2621255	4524366
117664	652	-1	4284	24623	14091	142333	15190	43733	73192
10887256	8588758	392141	139276	582413	244044	7765157	626397	4087321	1090290
10547624	8067540	480718	96316	359017	196471	3634377	324382	794443	443904
-122550			15597	43703	11320	260489	33074	115000	42950
11319316	-126113	-747495	265277	780812	385346	7651000	804781	5842866	5200994
19326146	8180351	352450	275570	832954	444772	7178661	759559	5551525	5123652
2418244	-238924	-619227	101620	350578	148365	4367205	402678	1200784	564196
2788207	-32309		64131	134525	64488	1445812	119986	-228008	990111
2913290	59413		36235	119971	68867	993531	122425	131321	1481734
10552	-104	-104	5920	33131	12186	287242	35005	173482	79385
1643703			57274	78542	48015	657170	90973	399791	303492
11304804	8577939	405588	158474	510096	253926	4278651	412875	2883465	1222435
-170267	-543844	-545519	12747	64975	18771	1030800	71560	272777	78666
49264	-447	-3444	1414	9983	2106	113221	11120	58531	2414
2625135	-107101	-108993	27078	169903	112477	1880100	221720	2624290	1288584
10171	-73		1077	2014	465	22067	2507	15307	303
29077	-6	-9	2634	10855	2196	99874	10373	57574	21986
109632	587		1663	14493	4629	102357	10250	60059	18217
73828	-122	-150	896	6853	1078	90277	10229	62208	53065
8891	-527	-527	3209	8988	1167	183096	11296	44928	3181
63527	-12515	-13574	1675	7592	1063	133597	12795	65325	57660
159305	-45	-45	955	3291	496	106540	5282	40278	2230
15746			128	1842	129	17761	1416	28881	205
20710	580		214	1491	319	45407	5316	30251	1720
6713			1171	2081	179	14852	2169	7368	13
82102	1		295	2906	580	43511	4940	24481	82447

3-19 零售企业

	单位数(个)	亏损企业	年初存货	流动资产合计	#现金	短期投资	应收帐款(净额)
总计	**32521**	**16634**	**18083851**	**97837286**	**1753501**	**1392849**	**9449836**
一、按登记注册类型分							
内资	32391	16555	17442300	91216114	1744658	1383578	9165598
国有	1128	443	1856262	8777266	67049	21075	1040454
集体	2061	814	870313	3470063	98246	9894	381886
股份合作	5607	2709	761633	3797905	171103	54597	218382
国有联营	18	8	189798	309868	1454	2	6334
集体联营	35	15	15345	55914	862		-688
国有与集体联营	24	9	15013	33857	1770		5608
其他联营	17	8	5810	6395	826		2397
国有独资公司	42	16	50516	190182	11083	3515	2920
其他有限责任公司	3437	1837	5380841	33177423	310013	638312	2679661
股份有限公司	613	293	1607378	10613869	34658	412835	799141
私营独资	1533	622	68692	219470	30179	8195	27876
私营合伙	757	367	40660	210739	20331	1985	26474
私营有限责任公司	15612	8667	6230447	28837376	916972	228848	3699667
私营股份有限公司	1387	705	345310	1494311	76932	4294	272046
其他	120	42	4282	21476	3180	26	3440
港澳台商投资	37	24	63358	808767	2018	1256	96918
与港澳台商合资经营	17	10	30201	594655	792	983	13696
与港澳台商合作经营	1		13767	23105			19869
港澳台商独资	18	14	19288	165978	1223	273	63185
港澳台商投资股份有限公司	1		102	25029	3		168
外商投资	93	55	578193	5812405	6825	8015	187320
中外合资经营	51	29	424276	5182281	4221	15	111317
中外合作经营	4	1	92265	235504	1650	8000	1294
外资企业	35	23	59049	386140	948		74278
外商投资股份有限公司	3	2	2603	8480	6		431
二、按隶属关系分							
中央	540	222	1231554	7498440	28314	207949	718975
地方	2827	1105	4813909	19425487	166121	351778	1974497
其他	29154	15307	12038388	70913359	1559066	833122	6756364

主要财务状况

计量单位：千元

存货	一年内到期的长期债权投资	长期投资合计	#长期股权投资	长期债权投资	固定资产合计	#固定资产原价	累计折旧	本年折旧
21099913	**110122**	**13792846**	**11641507**	**918997**	**29255766**	**31651663**	**8094084**	**1543005**
20095477	109972	12820331	10740992	846997	27459814	28888675	6812381	1381566
1809590	11140	1452401	1254295	134864	5261608	5533535	1545947	230229
870444	9760	571357	423453	69917	2235076	2706699	590142	106142
871699	5530	564505	419489	13744	734014	757440	188437	33891
73976		18265	5110		45283	80147	36437	5596
18235		14440	14440		22280	27080	4804	1279
15265		1940	980	960	5011	9483	5060	587
1228		400	400		869	1820	1001	163
75172		6262	1862		289825	354667	89928	9335
6252034	6816	4953134	4200066	331639	8279778	8428167	1774288	407994
1869343	1604	3784237	3478391	29545	6403993	6524020	1643281	323391
86390	1439	4486	154	4196	55943	65225	12031	2939
59178	305	7160	250	220	49921	60438	13274	2457
7653693	70341	1310473	876024	203880	3843248	4076522	858892	243931
433033	3008	131077	66078	58032	214678	243363	46961	12709
6197	29	194			18287	20069	1898	923
70027	150	6476	4636	1840	210530	842412	636719	47228
31205		5458	3618	1840	176531	797262	621195	45265
205					3551	7357	3806	605
38515	150				22898	21072	2482	641
102		1018	1018		7550	16721	9236	717
934409		966039	895879	70160	1585422	1920576	644984	114211
766175		966039	895879	70160	1476944	1738379	570371	98787
90485					70646	102649	32751	7377
75225					35735	74950	39284	7706
2524					2097	4598	2578	341
1409777	5328	2476026	2253534	207748	3733414	4729245	1635103	235181
4856707	16076	3862889	3637760	104405	11534349	12982507	3514541	508695
14833429	88718	7453931	5750213	606844	13988003	13939911	2944440	799129

3-19 续表 1

	单位数(个)	亏损企业	年初存货	流动资产合计	#现金	短期投资	应收帐款(净额)
三、按行业小类分							
综合零售	2833	1294	3817257	25052889	232731	455320	1393878
百货零售	1174	542	1391675	13610962	75210	300242	682766
超级市场零售	295	136	2192653	9823826	100883	148584	616732
其他综合零售	1364	616	232929	1618101	56638	6494	94380
食品、饮料及烟草制品专门零售	2401	1176	386690	2243667	79827	10517	208520
粮油零售	205	69	28498	378425	5411	4519	40168
糕点、面包零售	129	62	12184	118727	6016	313	4664
果品、蔬菜零售	113	45	12339	102371	6623	620	13651
肉、禽、蛋及水产品零售	137	59	13377	75705	11398	65	14652
饮料及茶叶零售	589	307	84327	309812	14498	523	26343
烟草制品零售	247	114	63197	208798	8949	23	33887
其他食品零售	981	520	172768	1049829	26932	4454	75155
纺织、服装及日用品专门零售	2872	1574	1383950	6521974	120956	14241	726608
纺织品及针织品零售	414	207	151770	942472	21512	1607	133194
服装零售	1099	618	666449	3596609	55315	1633	368119
鞋帽零售	138	66	69181	445867	6068	2823	40176
钟表、眼镜零售	211	105	279178	546160	5481	893	92368
化妆品及卫生用品零售	258	166	56480	191804	8538	508	19549
其他日用品零售	752	412	160892	799062	24042	6777	73202
文化、体育用品及器材专门零售	4551	2457	1800259	6972627	167321	62097	628626
文具用品零售	917	484	158009	527975	26545	1899	58053
体育用品零售	286	170	73518	454872	12462	1348	38682
图书零售	1132	590	767605	2562552	47974	13191	280458
报刊零售	34	13	101807	1120209	7815		52362
音像制品及电子出版物零售	603	310	71045	249897	16989	1575	20366
珠宝首饰零售	184	103	157580	503516	7151	34147	32741
工艺美术品及收藏品零售	742	420	323914	1067042	20911	8216	74495
照相器材零售	140	75	52841	178739	10123	30	21096
其他文化用品零售	513	292	93940	307825	17351	1691	50373
医药及医疗器材专门零售	1968	999	1368400	5086342	90597	70725	1182125
药品零售	730	354	720376	2209549	29704	5932	517892
医疗用品及器材零售	1238	645	648024	2876793	60893	64793	664233
汽车、摩托车、燃料及零配件专门零售	3036	1471	4522320	22679646	299448	187512	2198544
汽车零售	758	485	3401767	18784537	152475	172188	1742726
汽车零配件零售	1549	669	453150	1484288	75209	10024	203458
摩托车及零配件零售	159	88	40876	146392	7867	90	13645
机动车燃料零售	570	229	626527	2264429	63897	5210	238715
家用电器及电子产品专门零售	7568	3968	2965208	19602325	387351	184625	1889993
家用电器零售	795	434	722881	7591168	46691	3621	270367
计算机、软件及辅助设备零售	4027	2072	1050357	7169025	203762	144600	810207
通信设备零售	954	511	659000	2351605	49618	17357	383735
其他电子产品零售	1792	951	532970	2490527	87280	19047	425684
五金、家具及室内装修材料专门零售	4394	2213	1210484	5672705	218198	82131	617018
五金零售	2394	1133	533260	2025557	121437	9643	309518
家具零售	379	195	213864	1256196	18062	60782	29109
涂料零售	208	113	33311	228187	10526	774	39905
其他室内装修材料零售	1413	772	430049	2162765	68173	10932	238486
无店铺及其他零售	2898	1482	629283	4005111	157072	325681	604524
流动货摊零售	9	1	818	4076	418		1768
邮购及电子销售	62	40	48316	135967	3198	300	15824
生活用燃料零售	305	107	74304	342654	21265	9618	28234
花卉零售	208	110	23342	140685	8565	3242	31423
旧货零售	23	6	11393	140034	396	495	3846
其他未列明的零售	2291	1218	471110	3241695	123230	312026	523429

计量单位：千元

存货	一年内到期的长期债权投资	长期投资合计	#长期股权投资	长期债权投资	固定资产合计	#固定资产原价	累计折旧	本年折旧
3988766	14089	4626294	3989871	181158	12818780	14671083	4332252	692917
1321499	6379	3053559	2779004	162404	8280951	9875698	3004259	438516
2328116	3328	1454052	1115980	3246	3727144	4144211	1158551	228386
339151	4382	118683	94887	15508	810685	651174	169442	26015
499656	4074	788905	728266	48904	1179415	1260243	326786	47163
58975	643	40804	37076	180	120905	162866	44131	3266
22521	755	27583	3530	23553	179066	182879	21421	6346
19738		4060	850	500	55569	57712	11015	2433
16272	513	523	450		24773	28073	7177	1176
106849	1159	10566	7863	1059	71925	81456	14873	3391
87124	58	16225	4875	8100	169645	71297	29122	6320
188177	946	689144	673622	15512	557532	675960	199047	24231
1685005	10630	743948	646370	58840	1319854	1251831	286213	62184
179695	4170	293604	264069	6474	183780	235825	74363	12070
787937	4823	271986	255711	12566	801806	577103	87287	25763
187062	141	500			52244	69954	19066	3440
255530	14	45622	45302	100	140662	199094	61334	12984
74104	36	2167	1170	397	17456	19721	5768	1205
200677	1446	130069	80118	39303	123906	150134	38395	6722
2204252	13751	657750	562308	28179	1657778	1711026	404076	96486
175611	8371	26337	22140	3134	46323	68574	25626	5252
113440	101	14386	5276	3900	171065	96212	25093	8118
890123	2798	229512	200893	3937	773935	728931	173667	46770
104333		283773	283773		89739	138380	49590	7916
88834	1376	5057	4247	218	24213	31868	8546	2137
244795		33330	820	290	182102	191925	12653	3498
411985	203	54205	35807	15945	319494	385389	88783	18647
58663	890	5138	4533	605	11278	17403	6632	1122
116468	12	6012	4819	150	39629	52344	13486	3026
1601160	5861	316705	294310	12765	585064	761336	210359	55266
782341	3824	255507	249324	3366	379937	508229	146801	36655
818819	2037	61198	44986	9399	205127	253107	63558	18611
5427152	9781	3168591	2499219	294302	6404986	6382457	1379067	342005
4038884	5841	1775812	1394384	285505	3087999	2909752	515689	153050
514126	2031	298779	47999	4614	268176	312628	89939	19192
44608	565	1216	417	213	13507	14911	3631	948
829534	1344	1092784	1056419	3970	3035304	3145166	769808	168815
3498688	26334	2401732	2134019	192716	1499089	1891754	496684	103758
924894	3049	1089025	1087584	917	309084	410686	107633	23025
1176195	19963	922270	847468	33285	752199	883996	209421	45366
713389	545	207240	61473	134991	148906	232694	89159	16626
684210	2777	183197	137494	23523	288900	364378	90471	18741
1402043	18186	504582	349878	75032	2721648	2567364	376386	92116
575401	4465	167452	83865	54642	541387	520582	124035	21093
256170	1843	138773	134067	4706	982824	775794	104413	28365
53391	156	60160	59013	1147	88074	99055	11925	2064
517081	11722	138197	72933	14537	1109363	1171933	136013	40594
793191	7416	584339	437266	27101	1069152	1154569	282261	51110
858					1604	1818	214	91
53145		13113	13105	8	23736	28501	8415	4216
117922	871	22308	16370	3469	234750	262673	66648	12020
34281	129	15871	3251	12600	360548	340566	68822	3809
13749		6156	6156		8139	16318	8400	843
573236	6416	526891	398384	11024	440375	504693	129762	30131

3-19 续表 2

	单位数（个）	亏损企业	年初存货	流动资产合计	#现金	短期投资	应收帐款（净额）
四、按控股情况分							
国有绝对控股	1548	628	4852250	20543427	111173	319712	2038479
国有相对控股	239	102	451795	3641668	10775	202472	223181
其他	30734	15904	12779806	73652191	1631553	870665	7188176
五、按企业规模分							
大型企业	60	14	3756285	22017618	48257	379316	1113022
中型企业	212	95	1316952	5426319	37865	50105	517373
小型企业	32249	16525	13010614	70393349	1667379	963428	7819441
六、按限额标准分							
限额以上	3054	1032	12843872	63858412	449074	821526	6049710
限额以下	29467	15602	5239979	33978874	1304427	571323	3400126
七、按经营方式分							
独立店	24858	12527	10574329	59727448	1261864	844745	6079500
连锁总店	136	48	3418298	15753638	51640	6277	889004
连锁分店	246	111	291728	2337007	19148	114477	57816
其他	7281	3948	3799496	20019193	420849	427350	2423516
八、按零售经营业态分							
百货商店	781	338	1329813	12139784	54759	328980	633139
购物中心	119	56	83723	555574	8708	17000	34340
超级市场	379	175	2171295	8460082	103933	117238	468273
专业店	6504	3257	4543266	18713549	327369	238257	1790925
专卖店	2581	1314	3092388	14816210	176568	57255	1417533
便利店	1484	632	253608	1428909	42271	13856	103143
仓储式商场	104	51	226923	950845	4373	1545	172571
无店铺销售	3976	2154	1127550	7709388	238315	68839	976173
其他	16593	8657	5255285	33062945	797205	549879	3853739

计量单位：千元

存货	一年内到期的长期债权投资	长期投资合计	#长期股权投资	长期债权投资	固定资产合计	#固定资产原价	累计折旧	本年折旧
4864468	13218	5011389	4712458	216901	12655685	14016476	4402407	635943
606125		683002	634988	45635	1324812	1677716	431563	59897
15629320	96904	8098455	6294061	656461	15275269	15957471	3260114	847165
4148189		4974804	4541537	138461	10592381	12386768	3752843	649120
1425287	1087	551254	452300	77704	3088670	3381573	769401	149054
15526437	109035	8266788	6647670	702832	15574715	15883322	3571840	744831
14806713	26755	8843890	7903553	463302	21416254	24264545	6463463	1259845
6293200	83367	4948956	3737954	455695	7839512	7387118	1630621	283160
12531163	73085	7386664	6116609	636463	18627459	19523400	4768809	923640
4048029		3759270	3680252	54049	6292231	6788419	1728665	377174
362992	1912	356081	8991	1500	741964	842217	110191	38731
4157729	35125	2290831	1835655	226985	3594112	4497627	1486419	203460
1251778	5693	2891103	2746028	109677	7764869	9332194	2870163	432386
96153	148	19112	2932		580843	570183	43166	12077
2355969	3195	875251	503939	36306	2758339	3272429	952659	194496
5238106	13530	2562225	2458006	57110	6918199	6976323	1426575	364336
3900396	14077	1665457	1499187	96670	1852857	1744337	457702	125892
294189	2802	55678	42850	4072	908930	753780	176172	27058
205274	546	2277	312	1735	1349764	1252485	248237	49151
1332232	23790	1034675	828599	73125	583978	792252	251758	57359
6425816	46341	4687068	3559654	540302	6537987	6957680	1667652	280250

3-19 续表 3

	单位数（个）	亏损企业	年初存货	流动资产合计	#现金	短期投资	应收帐款（净额）
九、按商品销售额分							
100000万元及以上	25	4	2493114	16850070	2874	377419	663448
50000-99999万元	38	11	1678732	8238749	5172	8928	508649
15000-49999万元	150	56	2866094	13452669	78824	68943	1586028
10000-14999万元	82	36	717851	2994074	19371	22960	331196
5000-9999万元	220	96	1290797	4908752	72561	36507	608554
1000-4999万元	1295	407	2703301	12589492	170772	225431	1715217
500-999万元	1244	422	1093983	4824606	99500	81338	636618
100-499万元	5359	2280	2542690	12442273	383207	101604	1765816
99万元及以下	24108	13322	2697289	21536601	921220	469719	1634310
十、按零售营业面积分							
50000平方米及以上	19	8	2124354	12925418	42408	115285	629669
20000-49999平方米	45	19	1096684	6990344	5554	263134	366386
10000-19999平方米	57	23	834821	5272235	9250	9045	174886
5000-9999平方米	128	69	1149975	5022681	67720	31157	477211
1000-4999平方米	771	328	2826371	11587866	118465	107180	1132969
500-999平方米	674	298	1466203	6828484	58683	78035	515961
499平方米及以下	30827	15889	8585443	49210258	1451421	789013	6152754
十一、按地区分							
东城区	1893	1037	1411299	8472418	45498	218562	816380
西城区	2266	1336	1544101	7155215	39850	24883	996598
崇文区	990	556	488913	3404742	86210	6827	237639
宣武区	1349	694	634503	3035877	23355	41532	270915
朝阳区	6767	3481	5647388	30344388	319739	312366	3098451
丰台区	2447	1359	1876050	7955049	157237	24306	723103
石景山区	889	599	606113	8026216	29936	118808	251694
海淀区	9985	4789	3781925	19729081	597764	575999	2082257
门头沟区	342	187	89285	292303	7483	2347	53846
房山区	926	426	334674	1208920	44031	6034	173468
通州区	701	316	203199	977884	81916	12049	94141
顺义区	478	172	197720	968042	24770	1463	98997
昌平区	968	536	356509	1416513	45402	19951	87206
大兴区	975	563	290998	1740994	126068	8506	182198
怀柔区	458	188	145306	785614	36429	1120	89770
平谷区	343	140	63704	556767	11253	2091	41211
密云县	354	90	120728	388924	52068	879	42126
延庆县	318	116	77273	223100	17002	14079	37373
北京经济技术开发区	72	49	214163	1155239	7490	1047	72463

计量单位：千元

存货	一年内到期的长期债权投资	长期投资合计	#长期股权投资	长期债权投资	固定资产合计	#固定资产原价	累计折旧	本年折旧
2889915		3593528	3250606	70000	6367084	7504857	2277302	417287
1650195		1405191	1377927	1500	3664415	4198074	1339416	220689
3328576		1381918	1228852	107691	3450290	4047026	914670	211196
826809		621999	574669	24733	1335679	1311790	379905	71734
1455110	6868	551048	498293	42252	1702784	1928439	355402	94760
3244728	3717	1005245	718732	195595	3151307	3539633	852199	171954
1411380	16170	284961	254474	21531	1744695	1734726	344569	72225
3016844	22173	1039218	828312	145272	2730285	2481171	589947	136712
3276356	61194	3909738	2909642	310423	5109227	4905947	1040674	146448
2432166		2898868	2606116	19830	5125276	5513775	1213788	323810
1056631		1227548	1093108	93768	6520847	7022520	1717087	278195
879679		967042	867915	57328	2918111	3762619	1353093	166140
1587483	1087	585614	569556	3541	2333562	2563133	657951	151088
3104898	3944	688644	588134	55107	3321112	3467145	751379	170475
1868719	2693	376212	261571	104358	1199694	1242469	352144	72064
10170337	102398	7048918	5655107	585065	7837164	8080002	2048642	381233
1590048	647	1753045	1639638	104225	2898458	2678291	621977	97631
1799154	3319	1406467	1267470	138274	2484217	3344815	1042562	219515
633318	1913	311204	175455	74290	1108960	1004153	245378	35529
810613	357	450342	386948	33635	1389060	1676879	305786	79612
6592353	35257	4460213	4007993	274849	8339117	9293472	2857760	502880
1958075	5001	988680	891547	69322	2407312	2411391	477976	130237
742842	898	1228216	914640	583	1105959	1017568	239724	57034
4446523	32083	2334848	1943952	106210	5146790	5539310	1391712	241770
103620	462	38814	33691	5103	85520	103973	34388	4157
395915	2880	83188	57724	22322	549277	637546	156414	25830
240247	895	25284	8042	13099	493790	493589	111835	19228
244226	2154	111902	45381	17677	952211	985825	155220	28766
408951	330	284231	15766	17622	720611	713563	162741	29327
349546	19619	89119	72163	11616	374724	406046	71933	17234
224750	1964	35758	25832	2000	269842	312907	53405	8526
80464	164	103998	97034	222	187058	202209	29766	5523
160889	1406	26864	25914	600	249231	287243	53709	9702
70357	773	5176	2088	2080	199294	224092	41233	11510
248022		55497	30229	25268	294335	318791	40565	18994

3-19 续表 4

	在建工程	无形资产	资产总计	流动负债合计	#短期借款	应付账款	长期负债合计
总计	**4923692**	**3056797**	**150309489**	**90112174**	**16088414**	**20046244**	**6009283**
一、按登记注册类型分							
内资	4884599	2771691	139731464	83361745	15716265	17917839	5381049
国有	1193010	488798	16432492	10174632	2149043	2327770	1029638
集体	102127	74663	6558294	3477695	870169	969862	676850
股份合作	149374	45643	5276953	3583874	1234723	554677	276308
国有联营	1571	4016	388160	240168	2160	39465	2650
集体联营	2		96076	137420	42676	-339	378
国有与集体联营		94	41385	22883	3745	11010	2667
其他联营			7697	6614		1521	71
国有独资公司	331	8137	500717	345713	34060	45072	5887
其他有限责任公司	1345132	1124203	49098815	31859452	6426163	5861410	2018595
股份有限公司	1519308	313596	23070674	10739139	2004300	2464175	712012
私营独资	398	17757	316458	127354	26335	31032	8141
私营合伙	1584	14531	287330	96365	12544	25102	10500
私营有限责任公司	558657	597637	35652285	21505854	2722642	5252051	603536
私营股份有限公司	13105	82453	1963730	1031471	187209	328497	33508
其他		163	40398	13111	496	6534	308
港澳台商投资	4823	88044	1158869	598929	14363	269981	55039
与港澳台商合资经营	463	65262	881969	366552	727	152167	55039
与港澳台商合作经营		2546	29384	26436		12084	
港澳台商独资	4295	20236	213211	190102	13636	105716	
港澳台商投资股份有限公司	65		34305	15839		14	
外商投资	34270	197062	9419156	6151500	357786	1858424	573195
中外合资经营	33454	141088	8602898	5242495	144121	1570113	139251
中外合作经营	748		314913	405343	99327	164255	
外资企业	68	55974	490768	496633	114338	122855	433944
外商投资股份有限公司			10577	7029		1201	
二、按隶属关系分							
中央	636720	208689	14678476	8032603	1121860	1851477	465282
地方	1877069	879120	36882417	19213118	4061263	5462184	1957845
其他	2409903	1968988	98748596	62866453	10905291	12732583	3586156

计量单位：千元

#长期借款	应付债券	负债合计	所有者权益合计	#实收资本	国家资本	集体资本	法人资本	#国家法人	集体法人
3846197	**153374**	**96122676**	**54186813**	**53688192**	**4593237**	**2189885**	**19770163**	**6812192**	**6951367**
3719876	153374	88744013	50987451	50043471	4428348	2178314	18494475	5868187	6853275
727324	119	11204322	5228170	4073718	2767257	31656	1265564	1106696	20996
541616	-4889	4154545	2403749	1907832	23767	1057857	573900	33203	514606
104734	113360	3860182	1416771	1734108	12460	128615	376211	14961	172011
2650		242818	145342	101661	59708	2497	39056	39056	
378		137798	-41722	43300	450	8845	31090	8930	12130
375	-630	25550	15835	13369	3043	4746	5036	1751	2785
71		6685	1012	4320		40	1845	1000	330
5887		351600	149117	191299	21059	8050	157462	155362	600
1396139	25613	33878047	15220768	16436029	659585	448411	10306988	3549899	3787751
498165	187	11452318	11618356	4696165	851100	320856	2588480	903285	1039126
5818	494	135495	180963	190127	1535	10202	17786	320	3647
6187	763	106865	180465	190014	1237	2330	17283	1150	6273
403064	17134	22109390	13542895	19491822	16647	144207	2818437	43704	1182598
27261	1123	1064979	898751	952633	10500	8148	288477	6300	109992
207	100	13419	26979	17074		1854	6860	2570	430
39562		653968	504901	444968	2700	2553	242243	232497	1830
39562		421591	460378	340922	2700	2553	222293	218793	1830
		26436	2948	8106			6070	6070	
		190102	23109	75814					
		15839	18466	20126			13880	7634	
86759		6724695	2694461	3199753	162189	9018	1033445	711508	96262
86759		5381746	3221152	2895569	162189	9018	1010428	710008	95437
		405343	-90430	84125			20125	1500	
		930577	-439809	217209			2067		
		7029	3548	2850			825		825
175451	81	8497885	6180591	3319770	917115	50627	1908138	1570761	54010
1231032	-122	21172182	15710235	11159710	2897945	1048204	5731442	3549838	766175
2439714	153415	66452609	32295987	39208712	778177	1091054	12130583	1691593	6131182

3-19 续表 5

	在建工程	无形资产	资产总计	流动负债合计	#短期借款	应付账款	长期负债合计
三、按行业小类分							
综合零售	2063809	1295352	47430143	27354428	5195265	8047859	2575287
百货零售	1334113	878774	28424006	15055648	2899869	3456112	1893573
超级市场零售	420197	389203	16333048	10713826	2089493	4327060	574935
其他综合零售	309499	27375	2673089	1584954	205903	264687	106779
食品、饮料及烟草制品专门零售	202610	200329	4531253	1992738	497396	384607	162397
粮油零售	2133	1905	550967	306161	48319	47888	30417
糕点、面包零售	17091	20644	349270	130857	6385	32638	605
果品、蔬菜零售	8568	2758	175565	93650	37507	16580	14852
肉、禽、蛋及水产品零售	247	130	103378	49108	7824	19357	2510
饮料及茶叶零售	3002	1823	403298	178529	17091	61328	23130
烟草制品零售	125439	377	401400	226893	9258	54602	7523
其他食品零售	46130	172692	2547375	1007540	371012	152214	83360
纺织、服装及日用品专门零售	347950	90445	8898024	5960655	1464456	1219348	416322
纺织品及针织品零售	21345	16255	1467207	1075585	175668	174074	16339
服装零售	309301	42960	4814100	3331578	1027475	633993	348262
鞋帽零售		4169	518527	374698	24279	172011	11550
钟表、眼镜零售	2092	784	745164	390652	169180	91977	26765
化妆品及卫生用品零售	3346	1316	219550	132438	9538	44634	1139
其他日用品零售	11866	24961	1133476	655704	58316	102659	12267
文化、体育用品及器材专门零售	332888	56038	9561423	5352976	548609	1493369	411586
文具用品零售	1850	2436	639277	343953	44921	85649	12051
体育用品零售	98561	2421	653730	476159	174895	77546	2479
图书零售	210378	8385	3650326	2173723	73590	977311	326756
报刊零售	939	7744	1502464	789125	50062	23555	30241
音像制品及电子出版物零售	390	1823	286852	120586	2834	40469	2581
珠宝首饰零售	685	1851	750758	453272	35930	56366	10936
工艺美术品及收藏品零售	20031	19928	1508752	691484	89733	147728	19891
照相器材零售		639	198318	114016	28452	24817	1671
其他文化用品零售	54	10811	370946	190658	48192	59928	4980
医药及医疗器材专门零售	29668	162405	6305952	3936649	283443	1821078	142127
药品零售	16017	93195	3026068	1732622	117605	1013411	56876
医疗用品及器材零售	13651	69210	3279884	2204027	165838	807667	85251
汽车、摩托车、燃料及零配件专门零售	1362291	349011	33717103	21404389	4289321	2888316	757137
汽车零售	679541	228077	24624236	16969458	3873822	1987678	564722
汽车零配件零售	39384	12375	2108206	1301160	215605	248304	56869
摩托车及零配件零售	1351	120	162340	94403	5261	58466	3986
机动车燃料零售	642015	108439	6822321	3039368	194633	593868	131560
家用电器及电子产品专门零售	81723	426430	24528134	15740501	2647872	2565672	837791
家用电器零售	4709	47706	9090758	7050584	851876	950723	15926
计算机、软件及辅助设备零售	71309	195722	9368328	5490776	1452719	803991	677803
通信设备零售	1766	60466	2857315	1533554	213919	403644	56777
其他电子产品零售	3939	122536	3211733	1665587	129358	407314	87285
五金、家具及室内装修材料专门零售	362457	172252	9297455	5616539	783404	930400	583196
五金零售	130898	27516	2792111	1312265	246992	347896	103800
家具零售	178262	3309	2461263	2008413	205125	203973	272277
涂料零售	548	1363	384885	190950	20770	39768	1425
其他室内装修材料零售	52749	140064	3659196	2104911	310517	338763	205694
无店铺及其他零售	140296	304535	6040002	2753299	378648	695595	123440
流动货摊零售			5683	126	91	-84	
邮购及电子销售	20	962	176523	148823	355	50829	11015
生活用燃料零售	36143	10672	616461	285369	54471	79649	28846
花卉零售	87757	37892	558518	278067	94744	14841	2344
旧货零售	72		159137	110652	20703	2912	1575
其他未列明的零售	16304	255009	4523680	1930262	208284	547448	79660

计量单位：千元

#长期借款	应付债券	负债合计	所有者权益合计						
				#实收资本					
					国家资本	集体资本	法人资本		
								#国家法人	集体法人
2038022	114723	29929767	17500376	12984029	2039253	706342	6618399	3410692	1994788
1481473	113760	16949273	11474733	7704949	1711595	185119	3807210	2104052	1163517
481880	511	11288761	5044287	4216838	159514	411610	2558586	1167644	783060
74669	452	1691733	981356	1062242	168144	109613	252603	138996	48211
72418	17130	2155135	2376118	5253503	478803	131556	966778	97338	322210
8960		336578	214389	160647	30386	15672	70340	33718	11311
460		131462	217808	71895	720	34387	9963	6063	2180
13712	95	108502	67063	54703	10230	4579	9278	2640	2088
2510		51618	51760	57328	621	5090	14805	1870	6155
8020	14177	201659	201639	230879	19148	7222	47174	3575	31418
397	2222	234416	166984	234401	3732	28253	145262	38297	78283
38359	636	1090900	1456475	4443650	413966	36353	669956	11175	190775
235314	1283	6376977	2521047	3783397	235521	112100	1686992	79252	1273166
7155		1091924	375283	566678	149569	45473	163080	35932	50930
202602	814	3679840	1134260	1857778	15122	20567	1188307	5580	1062754
627		386248	132279	106939	4092	3185	18264	4427	1630
15470	-3	417417	327747	275332	56272	2142	119732	23048	83241
422		133577	85973	409472	400	1393	21894	300	4758
9038	472	667971	465505	567198	10066	39340	175715	9965	69853
214726	2051	5764562	3796861	3140939	610938	153354	860894	263127	292211
4427	1027	356004	283273	297174	10996	13607	67792	16104	21726
3364	300	478638	175092	254882	4523	2693	79561	11043	57318
180111	58	2500479	1149847	823826	206304	47632	241037	130108	40335
300		819366	683098	326984	286472	600	25472	1982	23000
1298	426	123167	163685	179927	10339	11040	50195	14507	19336
7898		464208	286550	310277	30050	7795	123160	2200	15265
13384	140	711375	797377	679013	56390	60104	214233	79741	96489
1511		115687	82631	78112	1200	2347	28091	6091	3080
2433	100	195638	175308	190744	4664	7536	31353	1351	15662
113462	1038	4079943	2226009	2370995	342488	47718	897589	368154	309386
49790		1790665	1235403	1256592	314382	16044	648263	344001	170962
63672	1038	2289278	990606	1114403	28106	31674	249326	24153	138424
464332	196	22161526	11555577	9927802	367129	310925	4003760	1400388	1404079
338414	-7330	17534180	7090056	7826772	116860	97964	3355479	1040586	1263654
46884	807	1358029	750177	884534	18521	57932	203324	80607	53388
3037		98389	63951	77905	1490	6063	25708	11407	5279
75997	6719	3170928	3651393	1138591	230258	148966	419249	267788	81758
162261	11613	16578292	7949842	8975049	302514	207477	2307677	303459	716258
6647	7412	7066510	2024248	1425133	103859	13930	331232	121636	52491
33078	4074	6168579	3199749	4853711	113968	130750	1282498	132882	432051
46509	124	1590331	1266984	1129169	34711	14554	301922	20493	120179
76027	3	1752872	1458861	1567036	49976	48243	392025	28448	111537
482643	4757	6199735	3097720	3914474	100364	201597	1034964	170443	399730
39820	2387	1416065	1376046	1503739	49075	108855	373899	21921	165380
264234	120	2280690	180573	655931	1000	9970	113952	11229	44955
309	487	192375	192510	194263	1929	4046	71946	42139	20652
178280	1763	2310605	1348591	1560541	48360	78726	475167	95154	168743
63019	583	2876739	3163263	3338004	116227	318816	1393110	719339	239539
		126	5557	4159			650		150
11002		159838	16685	98047		580	58889	44000	12389
23916		314215	302246	289494	17718	37941	119975	51487	32037
2974	-630	280411	278107	286857	10374	170068	57344	31342	1859
20		112227	46910	31377	19908	330	3306	2900	151
25107	1213	2009922	2513758	2628070	68227	109897	1152946	589610	192953

3-19 续表 6

	在建工程	无形资产	资产总计	流动负债合计	#短期借款	应付账款	长期负债合计
四、按控股情况分							
国有绝对控股	2658777	900871	40741219	21313007	3810113	5682809	1807791
国有相对控股	70374	202430	6267950	3277099	763891	855453	255094
其他	2194541	1953496	103300320	65522068	11514410	13507982	3946398
五、按企业规模分							
大型企业	1629637	628820	40987716	23210952	2585515	7486633	1330532
中型企业	404645	439101	9868575	6725463	1099243	1531400	1061610
小型企业	2889410	1988876	99453198	60175759	12403656	11028211	3617141
六、按限额标准分							
限额以上	3032466	1712368	100444269	64187162	10633104	15899521	3992782
限额以下	1891226	1344429	49865220	25925012	5455310	4146723	2016501
七、按经营方式分							
独立店	3273928	2094681	92414344	54312307	10829605	10288295	4316794
连锁总店	1144129	363653	26998349	17405251	2420945	5303656	663844
连锁分店	4539	74959	3603411	1955686	178213	670750	122531
其他	501096	523504	27293385	16438930	2659651	3783543	906114
八、按零售经营业态分							
百货商店	1238527	759240	25732465	13442468	3219091	3162538	1559865
购物中心	39638	4924	1214195	774634	303754	93556	149320
超级市场	388435	364006	12958658	8937604	1281423	3852235	479919
专业店	1190008	314536	29272003	17971090	2694338	4045875	982096
专卖店	546334	101583	18867182	13592014	1763725	1819081	350345
便利店	311671	52531	2532816	1318087	140123	378944	84442
仓储式商场	92107	50069	2917020	1588186	58368	467762	147503
无店铺销售	28563	164033	9771356	6182295	1357486	1499440	718026
其他	1088409	1245875	47043794	26305796	5270106	4726813	1537767

计量单位：千元

#长期借款	应付债券	负债合计	所有者权益合计	#实收资本	国家资本	集体资本	法人资本	#国家法人	集体法人
1183958	5928	23122017	17619202	10334784	3881244	67650	5066203	4392147	271528
43054		3532193	2735757	2303252	267452	24806	1678803	1222022	58689
2619185	147446	69468466	33831854	41050156	444541	2097429	13025157	1198023	6621150
976500		24541536	16446180	7413897	1714564	385222	3134804	1895106	849314
509724		7787073	2081502	3074429	207495	101357	1902827	1120624	396142
2359973	153374	63794067	35659131	43199866	2671178	1703306	14732532	3796462	5705911
2452876	1032	68181163	32263106	24225783	2994753	979501	11310153	5401569	3263039
1393321	152342	27941513	21923707	29462409	1598484	1210384	8460010	1410623	3688328
2490594	145468	58630320	33784024	35155268	3514256	1369191	13179703	4738270	5030180
537935		18069095	8929254	4491291	698724	49551	2190504	1161458	616699
110445		2078217	1525194	821714	11580	321328	279402	11850	10361
707223	7906	17345044	9948341	13219919	368677	449815	4120554	900614	1294127
1170393		15002385	10730080	6477339	1721940	163829	3176675	1694453	939531
149048		923954	290241	327656	12784	13428	237152	42000	125916
363892	760	9417523	3541135	3197757	119943	317286	1772206	1061714	420987
584413	22072	18954353	10317650	8091310	629697	296484	3250106	1559456	930902
196953	-13970	13942359	4924823	4915218	177671	106744	1895579	535655	708447
61322	3548	1402529	1130287	1193796	240195	51303	381871	77117	57855
111376		1735689	1181331	983763	7102	36565	501194	305016	117165
106805	115317	6900321	2871035	5151331	78556	109340	967459	126921	458946
1101995	25647	27843563	19200231	23350022	1605349	1094906	7587921	1409860	3191618

3-19 续表 7

	在建工程	无形资产	资产总计	流动负债合计	#短期借款	应付账款	长期负债合计
九、按商品销售额分							
100000万元及以上	1117055	180630	29191422	17788401	1411200	5198735	878485
50000-99999万元	531614	394839	14556162	8288795	2199802	2070500	341295
15000-49999万元	283304	346578	19195131	13715185	2534732	3152813	746029
10000-14999万元	401478	186584	5305575	3567499	736304	724300	801394
5000-9999万元	81896	224010	7683274	5446918	834975	1285976	218898
1000-4999万元	413961	305860	17411427	10659204	2266385	2519758	577341
500-999万元	203158	73867	7101278	4721160	649706	947439	429340
100-499万元	793837	309453	16981623	10023391	2086935	1888217	579448
99万元及以下	1097389	1034976	32883597	15901621	3368375	2258506	1437053
十、按零售营业面积分							
50000平方米及以上	802875	212639	22881172	14846830	1427460	3803930	793570
20000-49999平方米	829182	326341	16421235	9095537	1703485	3010831	943883
10000-19999平方米	424167	397298	9856468	5745494	1273970	1693085	628329
5000-9999平方米	388711	229531	8496198	5539026	940996	1263357	746805
1000-4999平方米	573039	352653	16327795	10608379	2271508	1603756	500179
500-999平方米	276788	145363	8725734	6156398	961176	1010407	238206
499平方米及以下	1628930	1392972	67600887	38120510	7509819	7660878	2158311
十一、按地区分							
东城区	822364	340743	13937184	7551020	1383481	1666076	545955
西城区	126414	201714	12724455	7733505	970164	2252394	603255
崇文区	315449	65077	5089733	3419364	905122	745592	221106
宣武区	8824	74806	5124351	2551629	299053	783896	383764
朝阳区	1521499	697938	46157208	28242217	3906347	6576391	1654894
丰台区	320586	170520	11986637	8167367	1031293	1352932	658091
石景山区	326262	194955	10642991	7727159	1727870	1272079	242305
海淀区	935923	998667	29139760	15400482	2975299	3810595	1075381
门头沟区	14850	327	424874	291569	67884	79957	27030
房山区	57966	43816	1904114	1090653	369714	248536	70635
通州区	108854	92083	1622320	882287	265972	228441	70778
顺义区	109189	11082	2092271	1078796	513949	187599	68410
昌平区	161083	28187	2506804	1464128	230729	254178	168663
大兴区	36160	13830	2252151	1468521	600661	197363	56212
怀柔区	9259	15601	1112044	696644	185477	130432	115907
平谷区	13863	13094	875009	501758	221661	18601	4829
密云县	14008	14247	686913	415331	97962	84718	23948
延庆县	5034	19320	452116	225535	92352	69537	18120
北京经济技术开发区	16105	60790	1578554	1204209	243424	86927	

计量单位：千元

#长期借款	应付债券	负债合计	所有者权益合计	#实收资本	国家资本	集体资本	法人资本	#国家法人	集体法人
750187		18666886	10524536	3939048	522051	288727	1868947	805968	771314
75689		8630142	5926020	3466566	801497	10200	1583283	1107595	179690
476962	5809	14462381	4732750	4308544	949530	106613	1899923	901291	487564
239321		4368893	936682	1539304	109961	41643	922658	462738	253410
170882		5665816	2017458	2335635	196652	55265	1213821	486639	364304
359326	-14625	11236545	6174882	6240555	307750	251517	3138235	1490571	1004637
380509	9848	5150500	1950778	2396131	107312	225536	683286	146767	202120
465147	8987	10602839	6378784	8477824	447745	277927	2706318	452086	1640079
928174	143355	17338674	15544923	20984585	1150739	932457	5753692	958537	2048249
710625		15640400	7240772	2514163	68980	287987	1383960	456775	782730
652461		10039420	6381815	4374455	790943	9630	1996175	1372157	275660
417505		6373875	3482593	2727762	656503	226674	1237573	780431	137954
259236		6285831	2210367	2672430	434748	76717	1371345	671048	337448
251508		11109725	5218070	5206957	383416	195401	2326055	939012	757655
143323	753	6394604	2331130	2330472	148078	83779	1099901	480327	301328
1411539	152621	40278821	27322066	33861953	2110569	1309697	10355154	2112442	4358592
351752	266	8096975	5840209	4646542	1121028	92676	1597676	1019113	332176
428933	660	8337979	4386476	3508996	194424	111585	1932369	966721	662899
176158	-3	3640470	1449263	1944886	50498	55618	1218887	389328	482261
320885		2935393	2188958	1630491	166898	85233	756008	258984	307362
681667	4340	29897111	16260097	13970839	1017057	582594	5065531	1842325	1103173
599115	7440	8825458	3161179	3851147	42952	203529	1899741	744574	743762
201313		7969464	2673527	2340895	66243	309768	1515287	84371	1232451
638178	130096	16475863	12663897	15974838	1326942	336691	4229377	1296068	1340859
20418	956	318599	106275	191782	21615	32469	33314	6166	16077
22277	30	1161288	742826	682308	63065	71013	161997	20179	46788
21335	4834	953065	669255	750774	150664	23360	209119	19852	73837
60169	300	1147206	945065	920157	212551	73259	185218	7022	139852
119073	26	1632791	874013	1008523	22943	34354	312882	63024	171768
48568	1383	1524733	727418	797443	37012	17301	189425	9698	66073
128817	-13504	812551	299493	362418	6990	86802	66888	1641	6670
3970	25	506587	368422	350779	11506	25771	172676	1210	122324
9364	14089	439279	247634	236213	6827	13962	76328	40866	20992
14205	2436	243655	208461	195236	58659	27450	40850	20410	7293
		1204209	374345	323925	15363	6450	106590	20640	74750

3-19 续表 8

	个人资本	港澳台资本	外商资本	营业收入合计	主营业务收入	主营业务成本
总计	**24951319**	**331127**	**1852461**	**177504598**	**173859392**	**153741045**
一、按登记注册类型分						
内资	24865605	62276	14453	162153240	158772445	141463609
国有	9235	6		14944880	14080525	11941848
集体	252258	50		5783775	5567168	4697900
股份合作	1214857	1933	32	5189807	5097192	4553208
国有联营	400			777326	774165	748912
集体联营	2915			195812	195153	183214
国有与集体联营	544			174799	174578	153769
其他联营	2435			21024	20892	15247
国有独资公司	4728			473519	435568	361725
其他有限责任公司	5004950	14870	1225	50887896	49872281	44665713
股份有限公司	930229	5500		25388735	25006363	22129700
私营独资	159845	754	5	433475	424298	356154
私营合伙	169064	100		287433	285621	233863
私营有限责任公司	16462607	37053	12871	54652260	53911076	48738093
私营股份有限公司	643498	2010		2915908	2901739	2666488
其他	8040		320	26591	25826	17775
港澳台商投资	1660	191394	4418	1649883	1639045	1165138
与港澳台商合资经营	1660	111436	280	1352134	1344869	908953
与港澳台商合作经营		2036		161931	161931	152561
港澳台商独资		71676	4138	118642	115069	87706
港澳台商投资股份有限公司		6246		17176	17176	15918
外商投资	84054	77457	1833590	13701475	13447902	11112298
中外合资经营	82854	76207	1554873	11205555	11006796	9318140
中外合作经营			64000	1855582	1825570	1437499
外资企业		1250	213892	636936	615074	356391
外商投资股份有限公司	1200		825	3402	462	268
二、按隶属关系分						
中央	85462	36606	321822	21638950	21345392	18297597
地方	1247491	22820	211808	42506716	41152499	35248255
其他	23618366	271701	1318831	113358932	111361501	100195193

计量单位：千元

营业费用	主营业务税金及附加	主营业务利润	其他业务收入	其他业务利润	管理费用	#税金	差旅费	工会经费	排污费
13144721	**460696**	**6512930**	**4912700**	**4149248**	**10541367**	**202596**	**352774**	**51494**	**8750**
11064779	437729	5806328	4473513	3568764	9346147	182908	331609	45682	7617
1165856	54310	918511	922580	632852	1408511	29028	16981	10979	1894
484527	25574	359167	252278	209374	476101	14013	4699	2329	582
386868	17105	140011	120248	115884	366042	7394	10607	914	269
21281	1166	2806	3606	16939	15847	205	166	155	1
6847	182	4910	684	439	7238	65	99	13	1
14772	409	5628	316	83	5381	79	1271	5	
3900	75	1670	132	152	2475	3	147	2	17
37769	2766	33308	34405	33698	71709	4517	278	545	289
3886787	110465	1209316	1580142	1268938	2707769	38436	74438	15440	1559
1385148	87063	1404452	647046	537851	1019389	28111	13655	9199	1441
41058	2637	24449	11220	8649	33194	951	1349	138	48
29387	1552	20819	2576	1948	29511	348	1704	41	18
3457599	128250	1587134	874944	724054	3062308	57871	197928	5591	1472
138606	5973	90672	22523	17224	137724	1574	8242	303	3
4374	202	3475	813	679	2948	313	45	28	23
79429	10288	384190	16854	16347	305299	5872	3445	2170	519
35013	10282	390621	7281	7028	276538	5543	2145	2170	519
4461		4909		46	4000	75	65		
39364	6	-12007	3573	3573	22061	12	1235		
591		667	6000	5700	2700	242			
2000513	12679	322412	422333	564137	889921	13816	17720	3642	614
1396058	10296	282302	362078	491019	700256	11316	9322	3350	614
286616		101455	30012	50352	114935	1398	5591	247	
315422	2382	-59121	27303	20180	71773	1086	2717	2	
2417	1	-2224	2940	2586	2957	16	90	43	
1178224	58529	1811042	455786	296115	1019403	23331	14937	6267	887
3847896	146631	1909717	1932445	1764581	3000986	78744	36966	29325	3713
8118601	255536	2792171	2524469	2088552	6520978	100521	300871	15902	4150

3-19 续表 9

	个人资本	港澳台资本	外商资本	营业收入 合计	主营业务收入	主营业务成本
三、按行业小类分						
综合零售	2261277	151679	1207079	49307608	47712284	40134502
百货零售	1415075	145079	440871	24254705	23332055	18565299
超级市场零售	416567	5100	665461	22365313	21841447	19523438
其他综合零售	429635	1500	100747	2687590	2538782	2045765
食品、饮料及烟草制品专门零售	3597531	3245	75590	3704275	3517056	2923036
粮油零售	44249			420932	385807	388559
糕点、面包零售	25585		1240	489774	488247	365751
果品、蔬菜零售	30616			152125	142492	118065
肉、禽、蛋及水产品零售	34792		2020	200499	195678	174636
饮料及茶叶零售	157305	30		531573	522162	395291
烟草制品零售	55330	1824		470514	465445	410084
其他食品零售	3249654	1391	72330	1438858	1317225	1070650
纺织、服装及日用品专门零售	1724446	13767	10571	6013448	5797477	4303529
纺织品及针织品零售	204977	2000	1579	574586	541186	421416
服装零售	624740	2496	6546	2727904	2619319	1922075
鞋帽零售	81398			594086	584011	435281
钟表、眼镜零售	95490	870	826	1177691	1172356	860961
化妆品及卫生用品零售	384434	851	500	254122	252152	191438
其他日用品零售	333407	7550	1120	685059	628453	472358
文化、体育用品及器材专门零售	1472224	14963	28566	7342471	6967829	5480031
文具用品零售	203939	840		693808	674866	563743
体育用品零售	163642	100	4363	483551	479136	373237
图书零售	309962	300	18591	2807926	2591916	1987944
报刊零售	14440			1053652	1013530	829693
音像制品及电子出版物零售	106908	1445		248868	223153	169720
珠宝首饰零售	143164	6108		357690	354693	256376
工艺美术品及收藏品零售	339223	5000	4063	606075	554902	334789
照相器材零售	46444	30		773747	765363	721555
其他文化用品零售	144502	1140	1549	317154	310270	242974
医药及医疗器材专门零售	1025571	46289	11340	8069093	7991464	6659049
药品零售	270555	2848	4500	4506672	4467258	3807399
医疗用品及器材零售	755016	43441	6840	3562421	3524206	2851650
汽车、摩托车、燃料及零配件专门零售	5174152	47911	23925	61874392	61520048	57906592
汽车零售	4252419	4050		41159543	40868351	39195479
汽车零配件零售	602597	2160		2521855	2504603	2282527
摩托车及零配件零售	42644	2000		125023	124433	105805
机动车燃料零售	276492	39701	23925	18067971	18022661	16322781
家用电器及电子产品专门零售	5762893	36425	358063	31546423	30959339	28498700
家用电器零售	765025	300	210787	11924693	11752578	10938912
计算机、软件及辅助设备零售	3182103	27144	117248	11076652	10912829	10061461
通信设备零售	760409	2924	14649	4825584	4644301	4309657
其他电子产品零售	1055356	6057	15379	3719494	3649631	3188670
五金、家具及室内装修材料专门零售	2441829	6616	129104	5862566	5720377	4786956
五金零售	916264	2346	53300	2249349	2196994	1915759
家具零售	506309	700	24000	1070028	1044132	730060
涂料零售	115840		502	323754	301226	255640
其他室内装修材料零售	903416	3570	51302	2219435	2178025	1885497
无店铺及其他零售	1491396	10232	8223	3784322	3673518	3048650
流动货摊零售	3509			4048	4048	1709
邮购及电子销售	38578			124103	121660	90848
生活用燃料零售	113860			755439	727646	649065
花卉零售	48946		125	67583	61100	43543
旧货零售	7833			36411	28197	22027
其他未列明的零售	1278670	10232	8098	2796738	2730867	2241458

计量单位：千元

营业费用	主营业务税金及附加	主营业务利润	其他业务收入	其他业务利润	管理费用	#税金	差旅费	工会经费	排污费
5488438	194705	1894639	2470066	2429182	3713392	79776	41580	27265	5257
2427895	147316	2191545	1153561	1073518	2576650	56843	22645	18098	3744
2626821	38862	-347674	1155673	1216606	916764	17426	10720	7619	1178
433722	8527	50768	160832	139058	219978	5507	8215	1548	335
488791	17388	87841	202818	177324	341855	5449	9999	2311	388
43445	1011	-47208	37103	34727	40570	892	1417	412	14
65030	3079	54387	1525	769	41297	878	391	246	26
20085	521	3821	9685	9109	12737	508	326	118	80
14138	1912	4992	4815	3495	11244	129	235	61	57
81904	3288	41679	9535	9197	48440	541	1737	340	28
28716	1208	25437	3595	3818	23635	228	512	151	4
235473	6369	4733	136560	116209	163932	2273	5381	983	179
1038665	28133	427150	212066	184367	735163	7857	31343	2817	160
75393	2703	41674	28197	24624	99564	1807	3157	354	29
514350	11862	171032	105183	82112	346765	2934	18343	1184	79
120342	1861	26527	12044	28794	49802	512	1841	222	3
179837	7421	124137	9631	9174	108657	691	1897	562	26
40576	1017	19121	2207	1978	31029	551	1283	56	1
108167	3269	44659	54804	37685	99346	1362	4822	439	22
885238	33981	568579	232477	186291	848210	12817	32454	4687	504
63060	3152	44911	24394	22153	69216	763	1768	241	19
68254	2135	35510	5160	4592	62195	383	3133	267	41
314214	9510	280248	77708	62451	378460	6643	9934	2743	123
109955	2802	71080	24170	13102	87418	705	1336	427	32
41887	2406	9140	27155	24896	30784	307	737	101	5
74200	4085	20032	2997	3259	43411	1481	2947	15	93
148757	5405	65951	52256	42246	117618	1688	10206	723	129
26855	2367	14586	9817	6596	19674	209	703	102	4
38056	2119	27121	8820	6996	39434	638	1690	68	58
788693	23853	519869	89174	76393	627911	5167	48508	2658	100
414723	12974	232162	51616	48548	281393	3032	5986	1989	88
373970	10879	287707	37558	27845	346518	2135	42522	669	12
1838998	62782	1711676	514759	281164	1571421	20048	39501	5174	1073
1097397	27228	548247	411300	240034	1011396	9383	27499	2561	420
127612	5103	89361	35214	19870	139327	3600	5806	302	69
9747	505	8376	651	548	15444	230	1242	35	1
604242	29946	1065692	67594	20712	405254	6835	4954	2276	583
1507344	63078	890217	812040	555464	1632992	50103	87345	2378	190
365954	12281	435431	229251	177613	492696	30015	9086	241	46
654776	26275	170317	254589	178032	602277	14024	37560	942	30
243686	12450	78508	243223	133428	239400	2764	13554	563	140
242928	12072	205961	84977	66391	298619	3300	27145	632	-26
762468	18668	152285	196129	134546	586360	9136	24554	2061	442
166331	8571	106333	70718	46749	184596	2705	8440	777	197
319833	2750	-8511	38637	31390	171908	2729	5557	699	70
27897	1033	16656	22853	19870	31033	929	1507	149	2
248407	6314	37807	63921	36537	198823	2773	9050	436	173
346086	18108	260674	183171	124517	484063	12243	37490	2143	636
1172	158	1009	110	30	686	24	199		
31242	699	-1129	7323	1903	26008	30	1665	141	1
41247	2589	34745	31412	25217	74178	1557	1008	520	112
16850	642	65	61440	38194	44559	5763	509	734	2
5129	237	804	8867	7808	9824	363	36	100	
250446	13783	225180	74019	51365	328808	4506	34073	648	521

3-19 续表 10

				营业收入	主营业务	主营业务
	个人资本	港澳台资本	外商资本	合计	收入	成本
四、按控股情况分						
国有绝对控股	709994	24104	585589	50304766	49014923	42320135
国有相对控股	145906	18000	168285	7311009	7053690	5921768
其他	24095419	289023	1098587	119888823	117790779	105499142
五、按企业规模分						
大型企业	1020503	23238	1135566	59656551	58551056	51093541
中型企业	489188	92095	281467	10345897	9696797	7841591
小型企业	23441628	215794	435428	107502150	105611539	94805913
六、按限额标准分						
限额以上	7033603	236842	1670931	160940562	158288880	141396154
限额以下	17917716	94285	181530	16564036	15570512	12344891
七、按经营方式分						
独立店	16032140	218685	841293	99495241	97209924	85780032
连锁总店	655906	4000	892606	47232477	46512224	41246597
连锁分店	209304	100		4211326	3971084	3681467
其他	8053969	108342	118562	26565554	26166160	23032949
八、按零售经营业态分						
百货商店	1099720	138039	177136	23077080	22252604	17818588
购物中心	64292			802110	796308	688654
超级市场	386033	5240	597049	26272002	25677842	23067859
专业店	3822160	32604	60259	41819259	41199246	36614443
专卖店	2494659	12029	228536	37260631	36926376	34417571
便利店	415632	1163	103632	2320248	2114792	1801707
仓储式商场	176360		262542	2564655	2547353	2344866
无店铺销售	3822455	60782	112739	7740883	7577817	6463654
其他	12670008	81270	310568	35647730	34767054	30523703

计量单位：千元

营业费用	主营业务税金及附加	主营业务利润	其他业务收入	其他业务利润	管理费用	#税金	差旅费	工会经费	排污费
3641838	143330	2909620	1755618	1317019	3117242	67944	35144	28396	3524
453634	53894	624394	325269	223877	488789	16746	5234	3707	627
9049249	263472	2978916	2831813	2608352	6935336	117906	312396	19391	4599
4404093	143225	2910197	1684537	1657091	2971513	83624	23903	22379	3166
1608739	35124	211343	756993	550365	1095135	19945	21734	7347	1303
7131889	282347	3391390	2471170	1941792	6474719	99027	307137	21768	4281
10868921	355928	5667877	3761999	3260577	7535946	156276	182180	42083	6515
2275800	104768	845053	1150701	888671	3005421	46320	170594	9411	2235
7214788	298573	3916531	2932146	2291208	6720783	111487	204590	30560	6110
3791101	81100	1393426	1123810	1213971	1680334	55775	24077	13764	1189
313070	5796	-29249	247676	160573	134874	2324	2054	816	369
1825762	75227	1232222	609068	483496	2005376	33010	122053	6354	1082
2124391	146872	2162753	1089217	1007365	2464653	61512	24209	17587	3420
57103	4043	46508	12537	17204	95993	3288	2765	265	90
2698796	38720	-127533	1073818	1230636	902727	44172	9789	7302	1139
2512975	91445	1980383	632676	388485	2055433	28435	52487	9687	1211
1746137	36689	725979	412640	269670	1122172	9402	36060	2908	519
324661	8738	-20314	236218	132004	164848	3954	9136	1684	348
278395	1408	-77316	101959	87585	155517	2993	2912	631	2
765024	26816	322323	248259	181610	793075	8706	63987	1276	141
2637239	105965	1500147	1105376	834689	2786949	40134	151429	10154	1880

3-19 续表 11

				营业收入		主营业务
	个人资本	港澳台资本	外商资本	合计	主营业务收入	成本
九、按商品销售额分						
100000万元及以上	624522	18600	616201	48452101	47723117	42238410
50000-99999万元	620578		451008	22998270	22778586	20197845
15000-49999万元	1100581	75186	176711	35334600	34744287	31828535
10000-14999万元	270829	41388	152825	8854798	8601667	7693948
5000-9999万元	798597	18000	53300	13378768	13071778	11777119
1000-4999万元	2312342	76169	154542	24193239	23782716	21092046
500-999万元	1306154	7499	66344	7728786	7586729	6568251
100-499万元	4958898	38340	48596	12230388	11835316	9855626
99万元及以下	12958818	55945	132934	4333648	3735196	2489265
十、按零售营业面积分						
50000平方米及以上	384812		388424	35023248	34501684	31191502
20000-49999平方米	821012	69150	687545	20203532	19669127	16555231
10000-19999平方米	403752	18600	184660	11688789	11370181	9358209
5000-9999平方米	527818	4000	257802	14364655	14059029	12413803
1000-4999平方米	2079229	94495	128361	25557629	24975437	22792045
500-999平方米	973834	1391	23489	14876520	14645613	13422703
499平方米及以下	19760862	143491	182180	55790225	54638321	48007552
十一、按地区分						
东城区	1620445	69985	144732	12959809	12445721	10340317
西城区	1175519	9630	85469	13208235	12340017	10172119
崇文区	617298	2585		3714474	3474217	2895714
宣武区	617213	1028	4111	4821435	4636803	3736758
朝阳区	5952969	136623	1216065	62299538	61663253	54367547
丰台区	1618168	15942	70815	17490310	17305021	15876922
石景山区	408901	7477	33219	9882720	9489223	8984259
海淀区	9817761	75367	188700	35026833	34678548	31080676
门头沟区	103884	500		499455	481580	426831
房山区	384353	1880		2421302	2374146	2182030
通州区	275396	1020	91215	1811852	1714185	1543314
顺义区	444757		4372	2219885	2211707	2005692
昌平区	631607	2100	4637	1847332	1832756	1570756
大兴区	549338	4367		2602812	2574445	2376216
怀柔区	200415	1323		1325203	1313642	1214551
平谷区	140021	800	5	737731	724496	680173
密云县	139096			898489	898233	815468
延庆县	68277			362072	353418	301760
北京经济技术开发区	185901	500	9121	3375111	3347981	3169942

计量单位：千元

营业费用	主营业务税金及附加	主营业务利润	其他业务收入	其他业务利润	管理费用	#税金	差旅费	工会经费	排污费
3307354	94386	2082967	1016290	1038069	1773394	53795	17104	11906	2263
1368415	77850	1134476	535116	478584	1183187	25257	16424	7132	520
1963836	57316	894600	751921	628900	1400168	24436	21672	8547	756
780392	11525	115802	324992	228031	437954	8041	7819	2828	341
998285	32265	264109	393645	284557	691943	7624	16952	3706	548
1726882	57903	905885	523695	443398	1417345	24094	68672	5803	1406
723757	24683	270038	216340	159038	631955	13029	33537	2161	681
1274738	54142	650810	439967	352455	1398656	21208	90848	4306	1028
1001062	50626	194243	710734	536216	1606765	25112	79746	5105	1207
2063865	58843	1187474	770286	665086	1208561	38843	6166	7869	1148
2444999	70681	598216	939735	1000049	1263141	35816	14861	8213	1347
1061269	44837	905866	457243	460989	1156164	33867	11315	9344	1465
1296147	49943	299136	373792	375642	810754	14709	14627	5524	665
1531199	40112	612081	632358	398874	1150306	18335	21286	6743	1001
781414	22322	419174	249803	159025	587422	7752	16695	2402	1051
3965828	173958	2490983	1489483	1089583	4365019	53274	267824	11399	2073
1347484	47967	709953	511832	415865	1093722	11610	38501	7019	688
1261753	46839	859306	762134	526536	1228602	17790	24234	6747	1526
522700	15544	40259	240096	219957	339081	6765	9563	1287	164
503495	42829	353721	149472	128789	438060	5824	10531	3261	358
4504301	131738	2659667	1237423	936122	3085203	45337	111041	15144	1286
1304550	20736	102813	279898	357390	701261	11280	23181	2826	757
373455	9106	122403	394322	292152	472584	31546	10337	1437	384
2331898	98216	1167758	839311	792184	2160272	44118	99640	9026	1520
36272	1791	16686	17789	14798	36408	695	888	219	57
120277	5349	66490	47383	43901	125141	3460	3464	570	553
130632	4439	35800	97386	79557	117575	3402	1599	689	128
103236	7001	95778	72889	92321	157597	3373	3413	471	469
166315	7443	88242	52172	46920	161724	3210	4263	602	387
143966	8856	45407	121550	104007	144120	1375	4484	318	39
70101	2222	26768	18408	31354	54772	6393	1837	934	98
22101	1673	20549	13151	8759	38504	462	519	99	14
45350	4616	32799	22439	24990	43809	1375	1142	365	4
51730	1835	-1907	7902	8256	44054	3271	1011	391	200
105105	2496	70438	27143	25390	98878	1310	3126	89	118

3-19 续表 12

	财务费用	利息支出(净额)	营业利润	投资收益	补贴收入	利润总额	应交所得税
总计	**850071**	**671649**	**-380397**	**764023**	**96275**	**543303**	**960765**
一、按登记注册类型分							
内资	809653	667124	-443719	278624	96171	-41765	838508
国有	104839	87563	51762	104475	62092	101736	78865
集体	68395	58469	39733	3771	941	17288	29400
股份合作	50457	44400	-128037	6930	1027	-120454	10379
国有联营	1995	333	1903	12599		15441	3860
集体联营	4122	4120	-5965	-8735		-14347	258
国有与集体联营	515	57	895			1044	820
其他联营	4	3	-600			-554	18
国有独资公司	6889	6827	-11591	563	15	-11638	3191
其他有限责任公司	364799	324197	-552645	81800	12527	-365375	253281
股份有限公司	89681	74162	836610	68409	8062	926777	335053
私营独资	708	68	3516	39	29	4136	928
私营合伙	478	245	-4804	941	-8	-5370	1156
私营有限责任公司	108652	59550	-643970	7576	10752	-560598	118081
私营股份有限公司	8121	7137	-32085	261	734	-31320	3179
其他	-2	-7	1559	-5		1469	39
港澳台商投资	-3304	-3555	99207	-198	104	96948	42374
与港澳台商合资经营	-3868	-4024	124979	-198	104	123149	40465
与港澳台商合作经营	313	313	642			517	688
港澳台商独资	283	188	-30113			-30417	
港澳台商投资股份有限公司	-32	-32	3699			3699	1221
外商投资	43722	8080	-35885	485597		488120	79883
中外合资经营	21230	-3627	60492	485597		543006	78236
中外合作经营	13382	3289	23490			22575	
外资企业	9115	8423	-117277			-74840	1647
外商投资股份有限公司	-5	-5	-2590			-2621	
二、按隶属关系分							
中央	47036	36356	1053845	57098	1112	876463	328017
地方	173561	129561	530840	50929	71515	776362	302820
其他	629474	505732	-1965082	655996	23648	-1109522	329928

计量单位：千元

可供分配利润	#外方应分利润	#外方汇出利润	劳动、失业保险费	养老保险和医疗保险	住房公积金和住房补贴	本年应付工资总额（贷方累计发生额）	本年应付福利费总额（贷方累计发生额）	本年应交增值税（不含期初未抵扣税）	本年实缴关税
2513933	**-57019**	**29602**	**224898**	**840014**	**225611**	**6423306**	**772397**	**3603341**	**292510**
2052546	-134099	-18734	217496	729892	184829	5752503	638453	2914863	291811
207417	-134592	-1977	79398	163616	55410	745371	98858	339612	29197
43963	525	-186	11748	44194	6127	374670	30027	124091	16599
13687	-1445	-1367	3454	23551	3538	349986	23901	75357	9125
11513			156	1608	617	10017	1236	23983	
300			3	104	3	3836	404	1576	
846	10		30	795	104	4949	399	4212	
196			11	238	14	2048	168	649	16
4044	4		398	5918	995	38509	4140	12904	
682819	-2111	-3618	59232	230494	54506	1628592	208441	1123357	108910
844523	13517	-2319	41031	143615	36676	628398	83468	481097	9537
8797	-61	-78	110	608	98	49715	1816	9395	120
3003	-120	162	60	689	36	24642	1841	6340	213
223067	-9278	-8803	20753	110743	25702	1798939	174618	690590	113265
7616	-547	-547	1012	3606	906	90034	8989	21323	4747
755	-1	-1	100	113	97	2797	147	377	82
145274	14755		2632	17345	7480	144679	40464	52279	346
143043	13752		2541	16666	7203	114941	40259	44124	174
			24	406	59	1491	122	2068	
1			64	238	203	27577	83	5912	172
2230	1003		3	35	15	670		175	
316113	62325	48336	4770	92777	33302	526124	93480	636199	353
437115	62568	48647	3768	76104	25699	372647	78614	540123	346
-138623			312	6377	3212	42748	4587	68181	
17621	-243	-311	619	9207	4123	108108	10177	27876	7
			71	1089	268	2621	102	19	
891113	63051	38707	33999	85740	31087	480006	108118	766857	62937
672076	-119998	7855	144755	436887	125856	2045543	257953	925798	14077
950744	-72	-16960	46144	317387	68668	3897757	406326	1910686	215496

3-19 续表 13

	财务费用	利息支出（净额）	营业利润	投资收益	补贴收入	利润总额	应交所得税
三、按行业小类分							
综合零售	271804	200841	372794	-3677	14264	512814	389687
百货零售	194713	136883	511672	12108	5408	574454	257021
超级市场零售	68389	59626	-109416	-10307	7816	-34598	123675
其他综合零售	8702	4332	-29462	-5478	1040	-27042	8991
食品、饮料及烟草制品专门零售	21203	19995	-86437	41177	61084	57670	35556
粮油零售	2359	2353	-55127	904	56291	1943	1692
糕点、面包零售	-753	-772	14766	447	45	15829	7772
果品、蔬菜零售	1080	940	-662		1174	-122	396
肉、禽、蛋及水产品零售	29	25	-133	237	487	321	333
饮料及茶叶零售	201	34	3144	72	16	10586	8833
烟草制品零售	3275	3212	2803	1676	-8	1420	5348
其他食品零售	15012	14203	-51228	37841	3079	27693	11182
纺织、服装及日用品专门零售	95652	87941	-203391	4726	-2335	-216910	40578
纺织品及针织品零售	7317	6803	-32478	376	-6	-26032	3696
服装零售	77335	74483	-167090	1807	-1706	-196981	5706
鞋帽零售	686	247	5585	-186	6	6895	5626
钟表、眼镜零售	9541	6485	15814	2266	-658	22753	18100
化妆品及卫生用品零售	161	106	-8847		32	-8512	914
其他日用品零售	612	-183	-16375	463	-3	-15033	6536
文化、体育用品及器材专门零售	30404	24542	-95350	27311	436	-18283	69505
文具用品零售	320	-296	-361	2907	249	4684	5858
体育用品零售	8428	7464	-29386	-151	-3	-26206	1237
图书零售	6015	2923	-30098	13749	35	2634	26952
报刊零售	751	4564	-3205	82	49	15289	13984
音像制品及电子出版物零售	-131	-264	4412	-18	8	5810	976
珠宝首饰零售	6822	4546	-26902	167	50	-21124	4419
工艺美术品及收藏品零售	5402	3267	-5927	10539	49	4990	13697
照相器材零售	1735	1476	219	16		902	951
其他文化用品零售	1062	862	-4102	20	-1	-5262	1431
医药及医疗器材专门零售	11288	6522	-30727	11530	2502	-26624	33987
药品零售	5920	2284	-1840	11071	1839	7917	18769
医疗用品及器材零售	5368	4238	-28887	459	663	-34541	15218
汽车、摩托车、燃料及零配件专门零售	227686	176699	221515	97486	4793	330102	286429
汽车零售	204856	160952	-418769	68319	2018	-305828	38628
汽车零配件零售	10979	9425	-26962	-2173	90	-33282	5865
摩托车及零配件零售	459	-16	-6210	-97	468	-5139	198
机动车燃料零售	11392	6338	673456	31437	2217	674351	241738
家用电器及电子产品专门零售	120801	102536	-136333	564473	8528	299074	64939
家用电器零售	44896	38059	79765	482195	174	373724	28190
计算机、软件及辅助设备零售	64831	59580	-180513	70585	7659	-61777	19022
通信设备零售	7304	4704	-18687	12636	113	807	7578
其他电子产品零售	3770	193	-16898	-943	582	-13680	10149
五金、家具及室内装修材料专门零售	59710	44563	-335902	20651	2694	-296739	17807
五金零售	5524	2420	-31010	5659	669	-11079	8353
家具零售	31322	25285	-179457	14505	65	-162868	1209
涂料零售	-1797	-1807	7837	2	29	9229	3677
其他室内装修材料零售	24661	18665	-133272	485	1931	-132021	4568
无店铺及其他零售	11523	8010	-86566	346	4309	-97801	22277
流动货摊零售	51	-4	307	20	103	-24	23
邮购及电子销售	264	265	-21075		21	-17149	172
生活用燃料零售	1265	956	-15322	-1512	1847	-18960	9187
花卉零售	4068	3986	-4008	573	225	-10005	102
旧货零售	3	3	-1024	468	708	237	230
其他未列明的零售	5872	2804	-45444	797	1405	-51900	12563

计量单位：千元

可供分配利润	#外方应分利润	#外方汇出利润	劳动、失业保险费	养老保险和医疗保险	住房公积金和住房补贴	本年应付工资总额（贷方累计发生额）	本年应付福利费总额（贷方累计发生额）	本年应交增值税（不含期初未抵扣税）	本年实缴关税
350977	75934	48321	101967	438126	115436	2152124	342946	1746770	15210
48826	76199	48468	47975	267344	71827	1145761	204646	797754	1744
258012	-17	-17	44449	138863	34633	795132	117519	878853	121
44139	-248	-130	9543	31919	8976	211231	20781	70163	13345
109443	-697	-696	8283	31589	7678	286391	27436	92462	1449
6781	-1		2298	5498	1292	26345	2858	3397	81
812	-438	-438	116	1930	422	32430	3036	21665	4
246	-12	-12	348	1411	258	12502	962	1669	
231			404	548	124	10110	796	1947	43
26136	-33	-33	332	4213	872	38214	3580	17463	920
13606			179	1513	344	15643	1493	6378	9
61631	-213	-213	4606	16476	4366	151147	14711	39943	392
76616	-2477	-2346	10879	50354	11080	513724	47228	197349	12516
-2919	10	-54	2244	6750	2652	49114	4777	16712	2829
5715	-312	-314	3444	20983	3069	250317	21804	92668	7610
7540	-160	-160	624	5165	783	51085	4821	14677	
59249	-25	-25	3908	9413	2670	70127	6488	51845	601
693	-320	-88	153	1217	220	21868	2794	4141	111
6338	-1670	-1705	506	6826	1686	71213	6544	17306	1365
169928	-3477	-3607	32824	71526	23226	605039	62414	177406	15424
13118	-678	-732	466	5497	1400	89476	5562	16189	102
4360	-38	-44	545	5385	902	42517	3332	19583	939
110653	-2235	-2290	18653	36326	11935	243032	28779	69940	13135
5751	-150	-150	8698	6376	4068	44808	5627	11879	587
16863	-78	-92	98	1420	373	27718	3011	6045	12
1334			883	1389	133	30355	3753	12558	300
12353	-248	-249	2736	11511	3691	84534	8635	27194	163
3376			455	2026	321	15743	1439	6507	137
2120	-50	-50	290	1596	403	26856	2276	7511	49
138976	15142	-1877	8165	52138	13826	424027	43976	185784	30424
82585	15911	-1237	5039	38839	10136	228678	26302	102242	1086
56391	-769	-640	3126	13299	3690	195349	17674	83542	29338
932550	-63	-2425	24352	74296	17164	757645	88171	614430	164428
68454	-1076	-2233	6030	37525	8040	426167	52891	268304	153158
15571	1037	1128	663	9142	1438	119380	11234	38164	7392
-1316	-431	-441	28	404	62	31688	884	3647	66
849841	407	-879	17631	27225	7624	180410	23162	304315	3812
770394	-4453	-3298	11285	61860	15925	1001675	95074	386796	26703
536775	-250	-308	1896	13193	2379	177118	20135	107239	9805
145184	-2903	-1580	2639	23415	6746	521797	41738	176271	6048
59431	-164	-197	3101	13005	3268	134403	15312	39636	3389
29004	-1136	-1213	3649	12247	3532	168357	17889	63650	7461
-77604	-133645	-1991	9859	36191	14109	404600	35904	123862	15869
37580	1878	-282	3147	16972	8333	146081	12935	39417	8077
-137471	-1196	-12	2473	5642	1444	84634	6623	44328	1615
14268	-64	-49	481	1606	523	21580	2248	5628	524
8019	-134263	-1648	3758	11971	3809	152305	14098	34489	5653
42653	-3283	-2479	17284	23934	7167	278081	29248	78482	10487
25			27	19		884	42	116	
27	-12	-12	76	1141	105	17425	1647	4332	1
-4076	-2	-2	4291	6122	1944	43056	5445	10926	174
1897	-466	-466	329	1808	361	21565	2099	1034	53
94			7583	772	142	6244	982	270	
44686	-2803	-1999	4978	14072	4615	188907	19033	61804	10259

3-19 续表 14

	财务费用	利息支出（净额）	营业利润	投资收益	补贴收入	利润总额	应交所得税
四、按控股情况分							
国有绝对控股	151361	115905	973763	96654	66796	1060638	465423
国有相对控股	33005	21641	328053	24374	417	352150	134766
其他	665705	534103	-1682213	642995	29062	-869485	360576
五、按企业规模分							
大型企业	178073	119070	1416929	538725	9922	2041340	577428
中型企业	76361	64182	-405222	329	981	-334608	56016
小型企业	595637	488397	-1392104	224969	85372	-1163429	327321
六、按限额标准分							
限额以上	647631	493027	898726	684202	69388	1619770	900970
限额以下	202440	178622	-1279123	79821	26887	-1076467	59795
七、按经营方式分							
独立店	627474	511062	-873161	154382	80331	-646408	439727
连锁总店	94856	60490	834932	511048	4845	1447637	381457
连锁分店	-5164	-6889	6409	6528	3727	29371	31588
其他	132905	106986	-348577	92065	7372	-287297	107993
八、按零售经营业态分							
百货商店	209189	155540	511065	49615	2313	622500	262076
购物中心	14656	14206	-45244	-750	-1887	-42531	1031
超级市场	29523	16561	173845	-42491	9024	217566	127470
专业店	181917	142592	262065	73643	7366	202124	316422
专卖店	104981	64340	-217873	518124	2033	293205	55017
便利店	439	-1288	-34127	2690	6053	-17906	14770
仓储式商场	13800	11243	-155448	-17	1421	-156163	774
无店铺销售	45610	40208	-295667	36136	3407	-207282	21257
其他	249956	228247	-579013	127073	66545	-368210	161948

计量单位：千元

可供分配利润	#外方应分利润	#外方汇出利润	劳动、失业保险费	养老保险和医疗保险	住房公积金和住房补贴	本年应付工资总额(贷方累计发生额)	本年应付福利费总额(贷方累计发生额)	本年应交增值税(不含期初未抵扣税)	本年实缴关税
1085021	-118468	-2001	160313	411075	125184	1850861	278752	1315422	77129
382934	50396	39583	7525	54031	16257	243616	47892	185742	465
1045978	11053	-7980	57060	374908	84170	4328829	445753	2102177	214916
1764265	92945	48828	102608	344135	95685	1656716	283493	1701480	1550
10992			25288	121257	32617	772753	92487	244131	2762
738676	-149964	-19226	97002	374622	97309	3993837	396417	1657730	288198
2508185	-40621	46942	178978	684110	187232	4148692	583007	3210389	246950
5748	-16398	-17340	45920	155904	38379	2274614	189390	392952	45560
459059	-79768	38465	109256	514302	139322	3943535	458292	1815456	199069
1542874	16755		89068	222685	58945	1243030	157430	1058632	779
68370	-628	-628	1243	10793	1785	108602	14837	42867	417
443630	6622	-8235	25331	92234	25559	1128139	141838	686386	92245
330808	76163	48784	43171	254709	66353	1075168	191681	772292	3217
4647			3751	4957	991	45599	4572	13634	169
35848	-159	-159	43561	125754	32339	764748	101900	930970	269
1013609	14204	-3343	58156	167975	42029	1227337	143270	747280	75447
510172	-992	-2716	6603	49593	11769	642972	62720	362856	88150
52714	-240	-305	6839	31736	5724	229111	25484	39773	273
7317	-64	-64	1214	17626	4967	104892	18732	20310	167
75194	-4101	-3336	4281	30506	9225	510702	52319	153275	20396
483624	-141830	-9259	57322	157158	52214	1822777	171719	562951	104422

3-19 续表 15

	财务费用	利息支出（净额）	营业利润	投资收益	补贴收入	利润总额	应交所得税
九、按商品销售额分							
100000万元及以上	131053	91836	1215816	523874	3698	1799186	458745
50000-99999万元	85769	51563	344832	26066	1747	195927	109932
15000-49999万元	174406	132501	-38192	79061	11118	112253	132091
10000-14999万元	40875	34717	-134679	-39463	27831	-91858	29922
5000-9999万元	59326	48840	-193311	18911	1144	-178692	38988
1000-4999万元	110632	94070	-73357	60785	6752	-16879	110891
500-999万元	45570	39500	-222383	14968	17098	-200167	20401
100-499万元	113468	101146	-430543	16220	14263	-351170	36998
99万元及以下	88972	77476	-848580	63601	12624	-725297	22797
十、按零售营业面积分							
50000平方米及以上	132399	107580	510173	540787	3615	1142002	291049
20000-49999平方米	110564	77480	228027	17898	4086	265132	187924
10000-19999平方米	54669	35423	157161	-40560	1174	126534	97858
5000-9999平方米	62410	42672	-180064	26865	2893	-82107	70331
1000-4999平方米	130969	96713	-255634	17871	35291	-164766	101124
500-999平方米	58860	41571	-62625	50226	8983	32150	39403
499平方米及以下	300200	270210	-777435	150936	40233	-775642	173076
十一、按地区分							
东城区	32204	12645	15258	15398	523	38243	93258
西城区	73479	54220	85107	62520	1835	187011	108465
崇文区	54905	52904	-133498	3332	552	-120823	18757
宣武区	33171	25186	15852	16887	1311	51518	40460
朝阳区	215229	178810	370435	579270	11966	901988	404565
丰台区	79221	48783	-318828	-25664	-451	-310972	26929
石景山区	77571	73034	-132632	40221	3503	-80438	39510
海淀区	148542	109245	-137598	17323	36205	-49509	149586
门头沟区	4445	4340	-9138	-8157	5807	-10450	2420
房山区	6524	5635	-20341	2385	3411	-20167	7760
通州区	11501	7841	-7509	2122	195	-5645	6452
顺义区	21315	18517	12002	2496	3975	8765	3175
昌平区	20925	14773	-45884	786	10900	-32079	10910
大兴区	32430	29955	-10651	1981	7986	8927	32659
怀柔区	11204	10582	-5734	156	1460	-4851	1110
平谷区	693	-211	-8973	27869	1645	20145	642
密云县	5628	5251	9319	-1877	679	4576	3695
延庆县	5526	5065	-39008	590	4636	-43344	612
北京经济技术开发区	15558	15074	-18576	26385	137	408	9800

计量单位：千元

可供分配利润	#外方应分利润	#外方汇出利润	劳动、失业保险费	养老保险和医疗保险	住房公积金和住房补贴	本年应付工资总额（贷方累计发生额）	本年应付福利费总额（贷方累计发生额）	本年应交增值税（不含期初未抵扣税）	本年实缴关税
1526648	73081	48828	66074	187685	52293	918809	173970	867916	426
134508			23543	119596	37439	577255	83366	689171	50073
355576	20921	-168	29833	119522	29898	726786	96820	766719	57869
108277			13673	52371	15494	342013	42497	133123	11403
169565	-1103	-881	11232	58551	13639	389310	45889	183384	47279
164723	-132525	151	22892	110291	28870	836066	95970	432134	71720
48888	-995	-988	11731	36094	9599	358453	44495	137942	8180
-32168	-4024	-5715	20907	76474	18229	896874	92178	268354	37258
37916	-12374	-11625	25013	79430	20150	1377740	97212	124598	8302
1454060	9195	9195	58100	131665	32730	615707	97649	850311	
96375	53552	39633	19456	142941	36442	701398	116408	785495	
151295	13443		29453	110100	35250	601822	106185	271306	249
232273	16755		20687	90154	26353	528834	66616	260176	48946
95072	1166	-1090	21694	102553	23549	690659	81108	348321	17617
4063	542	447	13542	48756	12616	362582	39860	131957	29037
480795	-151672	-18583	61966	213845	58671	2922304	264571	955775	196661
214567	-1869		42824	118008	33525	716426	79406	309281	10431
18005	50443	39633	24317	122575	33734	646440	96518	411378	5589
-121648	-110	-193	3942	29429	6961	196068	20154	82618	41744
-110307			10747	45193	11471	249796	29707	133676	1790
1684033	-113468	2795	87524	255379	80846	1800182	251467	1579600	107195
76929	-1300	-2659	6601	45540	10788	605421	53219	271240	61738
97992	11	-4	7922	18852	5681	182565	22126	69826	195
433911	7775	-8269	20185	136711	29787	1310108	149736	517658	49150
139	1		681	3338	768	26991	3225	8441	14
4473	-57		1421	5995	680	91400	7248	22051	442
7212	1879	-454	2965	12117	2190	87808	12839	23070	150
20008	-438	-486	5291	7083	772	75335	6363	26058	150
22028	-187	-187	3170	9336	562	133465	10989	40077	1900
79713	-323	-323	385	2726	294	91328	9315	29482	684
2501	-193	-223	3193	8145	5289	80411	5022	9884	372
31108	164	-17	337	2419	207	24574	2548	6230	8
17911	658		906	6124	699	42904	5526	17647	20
3178	-5	-11	1972	7239	306	30762	2595	3709	52
32180			515	3805	1051	31322	4394	41415	10886

3-20 限额以上批发零售

	单位数（个）	亏损企业	年初存货	流动资产合计	#现金	短期投资	应收帐款（净额）
总计	**5981**	**1742**	**67024507**	**406780166**	**1656780**	**7187903**	**56689513**
一、按登记注册类型分							
内资	5873	1699	63322950	368312169	1645653	3525361	49336568
国有	589	160	25104407	128708980	178120	869940	16854555
集体	246	67	3354795	9211648	86056	50977	2199826
股份合作	201	60	569353	2625946	65675	28772	267107
国有联营	12	4	309451	607784	1619	13000	34273
集体联营	4	2	11989	35098	291		106
国有与集体联营	14	1	45642	363819	1061		140083
其他联营	2	1	13790	13340	134		8430
国有独资公司	73	13	2313734	15704123	12700	120697	2754348
其他有限责任公司	1424	454	17487362	135382839	475942	1829629	15689441
股份有限公司	132	45	4978211	26203597	29963	425324	3586394
私营独资	12	5	9387	46789	1326	7500	9738
私营合伙	19	1	14740	88969	1276	13254	4855
私营有限责任公司	2997	847	8818533	47558190	752051	165995	7470975
私营股份有限公司	147	39	291556	1760897	39424	273	316437
其他	1			150	15		
港澳台商投资	26	10	115708	1148930	1408	983	227134
与港澳台商合资经营	12	5	63248	802770	721	983	87268
与港澳台商合作经营	1		13767	23105			19869
港澳台商独资	12	5	38591	298026	684		119829
港澳台商投资股份有限公司	1		102	25029	3		168
外商投资	82	33	3585849	37319067	9719	3661559	7125811
中外合资经营	35	15	597450	6829135	4151		289798
中外合作经营	4	1	113321	517615	1718	8000	16300
外资企业	43	17	2875078	29972317	3850	3653559	6819713
二、按隶属关系分							
中央	543	128	34645354	228294959	76671	2436713	28431596
地方	811	193	10790732	41288202	271011	389955	6725633
其他	4627	1421	21588421	137197005	1309098	4361235	21532284

企业主要财务状况

计量单位：千元

存货	一年内到期的长期债权投资	长期投资合计	#长期股权投资	长期债权投资	固定资产合计	#固定资产原价	累计折旧	本年折旧
95683754	**173446**	**98630063**	**95404256**	**1305644**	**43986440**	**51685609**	**14546701**	**2601890**
89988160	173446	79664954	76511147	1233644	40166226	45846056	12023174	2122499
30180028	36580	42526011	41214825	376865	14096039	16964476	4835744	670067
3595184	2953	910756	849272	33701	1788771	2199359	446675	98455
672554	953	275485	271337	2488	637602	677269	112982	31249
169539		148871	148871		120620	152774	33186	6388
14611					19171	21609	2438	1162
23195		107250	107250		31380	45079	13847	1723
124					1045	2642	2075	279
2595942	77100	3346001	3165912	29895	1729445	1503836	451718	53883
35010687	15747	22877995	22062808	498476	11161602	12718335	3014896	604295
6025959	-2036	6993651	6690139	23807	6856284	7459048	2263068	380459
14952					3599	3932	333	147
17003					15037	19788	6247	1863
11278388	40672	2451166	1979598	265242	3558432	3920154	811802	263989
389869	1477	27768	21135	3170	147089	157635	28153	8540
125					110	120	10	
168835		13348	11508	1840	226479	864357	642683	48593
82531		5458	3618	1840	179113	801394	622745	45440
205					3551	7357	3806	605
85997		6872	6872		36265	38885	6896	1831
102		1018	1018		7550	16721	9236	717
5526759		18951761	18881601	70160	3593735	4975196	1880844	430798
1877549		966039	895879	70160	1512971	1755989	567539	104780
96601		1500	1500		78786	117099	38313	8414
3552609		17984222	17984222		2001978	3102108	1274992	317604
56388480	115673	60162473	58628824	527191	16469349	20420299	6265252	819293
11893566	6720	7554628	7238268	88662	12968288	14433206	4020547	592092
27401708	51053	30912962	29537164	689791	14548803	16832104	4260902	1190505

3-20 续表 1

	单位数（个）	亏损企业	年初存货	流动资产合计	#现金	短期投资	应收帐款（净额）
三、按控股情况分							
国有绝对控股	1014	254	39611177	236918367	281130	2442477	31171508
国有相对控股	109	31	902899	6469971	24014	249747	1022329
其他	4858	1457	26510431	163391828	1351636	4495679	24495676
四、零售业按经营方式分	**3054**	**1032**	**12843872**	**63858412**	**449074**	**821526**	**6049710**
独立店	2166	735	6848371	36170768	287864	603657	3601754
连锁总店	116	40	3409204	14285802	49339	4277	866821
连锁分店	41	15	259808	2222064	11995	112285	42241
其他	731	242	2326489	11179778	99876	101307	1538894
五、零售业按经营业态分	**3054**	**1032**	**12843872**	**63858412**	**449074**	**821526**	**6049710**
百货商店	140	43	1186732	11499806	27086	325432	576376
购物中心	26	9	58245	263211	1299	16000	21332
超级市场	105	42	2088688	7864501	87369	115289	433908
专业店	633	221	3335043	14317113	74060	215176	1230176
专卖店	484	206	2685929	12954799	87076	33855	1219894
便利店	47	16	124822	733832	5113	-10	27542
仓储式商场	22	11	214018	885241	1819		161347
无店铺销售	227	64	370631	1877570	24802	2155	393381
其他	1370	420	2779764	13462339	140450	113629	1985754
六、按地区分							
东城区	456	140	7018822	58489498	25656	1482103	8558275
西城区	459	111	11441186	84435669	20973	309947	11043805
崇文区	153	48	1684398	8280356	58385	2815	2128327
宣武区	238	43	10538998	39690026	12994	115143	3664399
朝阳区	1401	430	17684027	103589874	195996	4220662	15940143
丰台区	428	155	3251941	14490232	49449	48537	1988935
石景山区	137	45	687840	5285081	10286	114521	370092
海淀区	1755	474	11165539	73807346	275706	710565	10558908
门头沟区	32	14	69027	314677	792	2004	82225
房山区	233	59	674789	3099140	176165	113062	402855
通州区	112	29	508834	1737718	221034	4355	208259
顺义区	122	39	526354	3071490	74363	18150	370980
昌平区	105	33	411930	2181000	14587	7377	196405
大兴区	142	37	525794	3858044	372529	10312	534465
怀柔区	66	26	160080	1197636	26604	2045	195528
平谷区	31	13	77962	649598	3237		40724
密云县	47	18	153616	694802	100552	12090	139805
延庆县	25	11	47184	113079	9928	12991	21436
北京经济技术开发区	39	17	396186	1794900	7544	1224	243947

计量单位：千元

存货	一年内到期的长期债权投资	长期投资合计	#长期股权投资	长期债权投资	固定资产合计	#固定资产原价	累计折旧	本年折旧
61819564	117944	64165271	62450836	544488	26795857	31287694	9573908	1282818
1150498		1026156	907141	117976	1413208	1824465	509380	76032
32713692	55502	33438636	32046279	643180	15777375	18573450	4463413	1243040
14806713	**26755**	**8843890**	**7903553**	**463302**	**21416254**	**24264545**	**6463463**	**1259845**
8060049	19824	4483513	4065000	346384	12539703	13811948	3542310	713682
4025996		3162466	3083448	54049	6286453	6779529	1725552	376588
322259	1182	349943	3978	1500	725237	820126	104243	35991
2398409	5749	847968	751127	61369	1864861	2852942	1091358	133584
14806713	**26755**	**8843890**	**7903553**	**463302**	**21416254**	**24264545**	**6463463**	**1259845**
1082348	1087	2868548	2730434	105894	6848491	8670380	2785358	414774
57527		2000	2000		511045	547841	39801	11489
2248056		865322	496557	33959	2616655	3216670	938853	191484
3873407	986	2216125	2190570	3246	5753228	5669294	1133895	301938
3423254	11124	1547983	1469027	63527	1387025	1415451	382931	111256
153594		7778	7278	500	568766	374158	91270	14725
185242	325	1600	100	1500	1284240	1235883	244972	48243
407880	9721	77749	48593	24979	144375	239767	106285	22338
3375405	3512	1256785	958994	229697	2302429	2895101	740098	143598
18171254		19246927	18961489	278865	4381438	4723863	1442081	255061
16372699		13680563	13452257	200362	6020839	7259532	2163593	354101
1904085		698359	602703	76390	928591	1093226	369874	59069
12072902	7553	11455032	11327634	63281	4052877	4327247	987769	182337
22225293	101241	37965559	36345464	463857	14299013	17872205	5857861	968913
3609434	35	2000727	1940171	52481	2599766	2942339	741511	172392
822199		462648	146298	4105	679624	821512	243300	53484
16184899	45786	11660528	11322042	97229	6113581	7082671	1630765	296669
85579		14443	4991	7490	31580	55867	24339	3120
852136	1892	313692	271698	3646	1218700	1377654	289571	58383
483647	3721	64500	36760	27500	467084	578212	129785	28784
664306	2910	89338	70317		1009181	1091227	159590	37352
496090		444363	429125	3670	496368	609310	153833	28762
684351	8041	71857	67257	1500	453507	480794	84918	26685
235493	343	77289	76687		254490	306142	53345	9450
130616		182066	177066		173888	199996	38069	17974
190732	1924	71023	66416		268913	341829	95865	16194
39645		2162	2162		128911	132662	20509	7777
458394		128987	103719	25268	408089	389321	60123	25383

3-20 续表 2

	在建工程	无形资产	资产总计	流动负债合计	#短期借款	应付账款	长期负债合计
总　计	**5768949**	**5382164**	**568550482**	**350980106**	**101730195**	**64352407**	**44922900**
一、按登记注册类型分							
内资	5543751	4971603	505210734	316793659	97310365	54077965	43911820
国有	1490578	2151294	189453592	107764155	36300532	16730065	20974680
集体	31974	55042	12060042	8885172	4011245	1326606	540278
股份合作	66360	33831	3604545	2543551	908890	419054	55930
国有联营	1031	32001	920569	525625	141260	95741	2650
集体联营			57647	45393		-2671	
国有与集体联营		5314	508055	357415	61867	225458	45400
其他联营			14385	16319		567	71
国有独资公司	671681	182904	21574392	11710744	2718309	1644812	2630472
其他有限责任公司	1220260	1212183	173565421	116960212	43053264	18153258	16235408
股份有限公司	1653918	960711	46452507	24196847	5439956	5462833	2769817
私营独资		192	50581	35599	19642	4899	531
私营合伙	1495	1238	107364	68703	21931	6878	11
私营有限责任公司	395402	326019	54872327	42263693	4444640	9672356	627447
私营股份有限公司	11052	10874	1969047	1420231	188829	338109	29125
其他			260				
港澳台商投资	4804	125071	1557119	909550	24753	369473	62713
与港澳台商合资经营	463	64977	1092750	601110	357	212175	55039
与港澳台商合作经营		2546	29384	26436		12084	
港澳台商独资	4276	57548	400680	266165	24396	145200	7674
港澳台商投资股份有限公司	65		34305	15839		14	
外商投资	220394	285490	61782629	33276897	4395077	9904969	948367
中外合资经营	45536	154087	10302526	6906168	297301	2324185	139201
中外合作经营		18	606682	607175	99327	165673	49864
外资企业	174858	131385	50873421	25763554	3998449	7415111	759302
二、按隶属关系分							
中央	1877763	2731474	315925996	188359607	71626388	24428037	37158199
地方	2412783	964790	63892330	38483789	11202203	10045366	2700110
其他	1478403	1685900	188732156	124136710	18901604	29879004	5064591

计量单位：千元

#长期借款	应付债券	负债合计	所有者权益						
			合计	#实收资本					
					国家资本	集体资本	法人资本		
								#国家法人	集体法人
36933796	**514386**	**395904225**	**172646257**	**111478471**	**28709676**	**1757489**	**50536469**	**36137035**	**6791039**
36432294	514386	360706698	144504036	93366295	28499896	1747816	49230513	35044145	6702142
16586694	510030	128738887	60714705	39478681	22561806	11891	16903038	16792708	3037
468771	-14625	9425450	2634592	1017561	757	643127	338532	8750	328882
42262		2599481	1005064	997286	8226	50477	379312	10664	119344
2650		528275	392294	178743	118850	1837	58056	58056	
		45393	12254	12815		3885	8930	8930	
35375		402815	105240	22080	2250	1300	16030	7467	8563
71		16390	-2005	12000			10000	500	
2541890		14341216	7233176	5018117	2738584	70000	2200685	2186076	13609
14590923	10534	133195620	40369801	28642187	2244274	563485	21865675	13189256	3988509
1628987		26967831	19484676	6657642	801739	302626	4713056	2714420	1067429
531		36130	14451	16977			500		
11		68714	38650	27651			7300	500	6500
505004	8447	42891140	11981187	10871416	23410	86386	2610374	66818	1133194
29125		1449356	519691	412939		12602	119025		33075
			260	200		200			
47236		972263	584856	497386	4727	2553	241663	234821	420
39562		656149	436601	342266	4727	2553	221713	221117	420
		26436	2948	8106			6070	6070	
7674		273839	126841	126888					
		15839	18466	20126			13880	7634	
454266		34225264	27557365	17614790	205053	7120	1064293	858069	88477
86554		7045369	3257157	3113165	205053	7120	1045418	858069	88227
49864		657039	-50357	103125			18875		250
317848		26522856	24350565	14398500					
31294084	510106	225517806	90408190	50799957	22419396	262260	27370232	26040325	381452
1616437	-8911	41185118	22707212	16381457	5529228	622288	8697607	6816933	978606
4023275	13191	129201301	59530855	44297057	761052	872941	14468630	3279777	5430981

3-20 续表 3

	在建工程	无形资产	资产总计	流动负债合计	#短期借款	应付账款	长期负债合计
三、按控股情况分							
国有绝对控股	4308106	3513058	338915632	204328322	70127956	30548716	27855052
国有相对控股	84031	179239	9424519	5645674	1532759	1877281	311817
其他	1376812	1689867	220210331	141006110	30069480	31926410	16756031
四、零售业按经营方式分	**3032466**	**1712368**	**100444269**	**64187162**	**10633104**	**15899521**	**3992782**
独立店	1791685	1061887	57471773	36198408	7002187	7507820	2730618
连锁总店	1144129	350142	24914075	15654328	1799602	4993558	663844
连锁分店	4327	72538	3448242	1895275	171559	653761	122173
其他	92325	227801	14610179	10439151	1659756	2744382	476147
五、零售业按经营业态分	**3032466**	**1712368**	**100444269**	**64187162**	**10633104**	**15899521**	**3992782**
百货商店	905965	708421	23901872	12488503	2954096	3064196	1198775
购物中心	2995	3469	831317	498897	127257	53658	148707
超级市场	290194	362837	12157540	8346436	907337	3798550	428864
专业店	1075672	210837	23137009	15242171	2322411	3395540	760611
专卖店	343976	90902	16304287	12281767	1665328	1592842	283451
便利店	272493	8190	1380227	794566	46742	195588	53983
仓储式商场	39990	36890	2759574	1530986	51736	454576	136113
无店铺销售	5229	29609	2237559	1736580	417376	517882	480537
其他	95952	261213	17734884	11267256	2140821	2826689	501741
六、按地区分							
东城区	1094509	330352	83032727	53824620	28075863	8211801	2657558
西城区	463382	1693366	109429081	67674558	28010795	11833735	18507173
崇文区	173631	152650	10253961	7534798	1840022	2368884	449340
宣武区	703504	91566	55549816	27304199	5214370	4560449	10622738
朝阳区	1925383	1642993	164068646	92399523	17386114	20303211	8791930
丰台区	254668	184267	19724660	13688756	1816492	3148757	775731
石景山区	100119	145269	6649948	4437387	504646	1168134	75766
海淀区	636058	722829	93993145	66705189	15167894	9960211	2423154
门头沟区	50	131	365021	259605	79396	76624	18821
房山区	121001	38491	4692805	2743675	599770	562101	56215
通州区	17708	85744	2443316	1660254	372029	322033	73790
顺义区	64136	43517	4265479	2990139	693240	362571	73403
昌平区	34974	111463	3287905	2085982	272359	306016	197299
大兴区	50968	25779	4444599	3456951	710253	450865	50960
怀柔区	1582	19180	1620624	1004908	234639	159718	113000
平谷区	11911	6278	1015555	605761	187447	83839	1937
密云县	22790	4980	1039928	702622	157457	199803	4674
延庆县	13688	13812	260021	157098	67436	51508	14361
北京经济技术开发区	78887	69497	2413245	1744081	339973	222147	15050

计量单位：千元

#长期借款	应付债券	负债合计	所有者权益合计	#实收资本	国家资本	集体资本	法人资本	#国家法人	集体法人
21855512	515820	232184593	106731039	62669091	28004178	143030	32957961	31582601	410981
75803		5957491	3467028	2798221	237143	5090	2112381	1322346	298326
15002481	-1434	157762141	62448190	46011159	468355	1609369	15466127	3232088	6081732
2452876	**1032**	**68181163**	**32263106**	**24225783**	**2994753**	**979501**	**11310153**	**5401569**	**3263039**
1444421	-1404	38930245	18541528	15921708	2180825	491148	7521171	3685681	2233764
537935		16318172	8595903	4332227	698724	49551	2037954	1161458	465099
110333		2017448	1430794	709157	9460	316441	244195	10600	3525
360187	2436	10915298	3694881	3262691	105744	122361	1506833	543830	560651
2452876	**1032**	**68181163**	**32263106**	**24225783**	**2994753**	**979501**	**11310153**	**5401569**	**3263039**
820482		13687330	10214542	5838242	1566066	121465	2962068	1634417	884156
148435		647604	183713	205689		5390	182576	42000	117076
361701		8775300	3382240	2999482	117934	310449	1671370	1052332	347766
458997		16003949	7133060	4551978	487285	104539	2241000	1282563	495629
176536	-14625	12565218	3739069	3389291	82150	38752	1424031	443680	520456
38270	2436	848549	531678	543592	145474	6673	269881	55581	10600
100000		1667099	1092475	895303	5562	34624	487579	303616	116300
34128		2217117	20442	742533	3650	3312	218003	59064	72104
314327	13221	11768997	5965887	5059673	586632	354297	1853645	528316	698952
2330302		56482178	26550549	16697805	6855745	55336	6643366	5792386	431781
16391498	-19	86182950	23246131	15859475	9488125	220084	5092473	3816789	990467
154028		7984138	2269823	2239169	356382	57956	1379688	792169	372240
8687273		37926937	17622879	10488850	4793025	9500	5376420	4507119	338405
6329640	512433	101191453	62877193	36995375	2538782	365881	16311089	13078688	1261302
686531		14464487	5260173	4747465	353912	89758	3054205	1233838	1047486
27564		4513153	2136795	1255724	61057	302925	431372	153800	65279
1867539	14256	69128343	24864802	17066955	3496263	316576	9986512	6271900	1231062
16536		278426	86595	72038	19020	1497	7036	4866	1610
13546		2799890	1892915	1363165	277765	81283	562370	99560	202612
19909		1734044	709272	583183	145093	30678	224726	33306	23147
56547		3063542	1201937	983678	175925	61169	239896	95552	114994
149149		2283281	1004624	843809	38365	28041	307482	49555	216393
44559		3507911	936688	871137	16176	19506	233300	8878	103497
127625	-14625	1117908	502716	412942	16684	82744	216887	1978	181860
1937		607698	407857	249500	9536	10328	192212	69462	117250
4475		707296	332632	214024	9263	11270	101624	84580	12040
10938	2341	171459	88562	84127	39395	6457	23483	18069	4614
14200		1759131	654114	450050	19163	6500	152328	24540	75000

3-20 续表 4

				营业收入		主营业务
	个人资本	港澳台资本	外商资本	合　计	主营业务收　入	成　本
总　计	**13857392**	**393648**	**16223797**	**869750564**	**860860539**	**790237582**
一、按登记注册类型分						
内资	13803067	76055	8948	759036698	752219815	702273566
国有	1946			187129275	185002643	169539248
集体	35145			25809927	25711414	24437671
股份合作	557671		1600	7788079	7753689	7322244
国有联营				1717465	1705785	1601320
集体联营				179241	179215	170330
国有与集体联营	2500			1288627	1288627	1237866
其他联营	2000			61689	61689	57016
国有独资公司	8848			23903272	23615445	22329224
其他有限责任公司	3963753	4550	450	273215806	270449315	254394241
股份有限公司	840221			89223238	88394514	81395300
私营独资	16477			283525	283525	271160
私营合伙	20351			605776	605476	557299
私营有限责任公司	8072843	71505	6898	142158143	141498329	133647865
私营股份有限公司	281312			5664177	5661691	5304384
其他				8458	8458	8398
港澳台商投资		248443		2112203	2096347	1540274
与港澳台商合资经营		113273		1514411	1507146	1055053
与港澳台商合作经营		2036		161931	161931	152561
港澳台商独资		126888		418685	410094	316742
港澳台商投资股份有限公司		6246		17176	17176	15918
外商投资	54325	69150	16214849	108601663	106544377	86423742
中外合资经营	54325	69150	1732099	27323581	27027225	24498966
中外合作经营			84250	1890905	1861068	1472581
外资企业			14398500	79387177	77656084	60452195
二、按隶属关系分						
中央	248834	36600	462635	405567889	402339285	375342452
地方	1271927	12256	248151	101279379	99418160	90423417
其他	12336631	344792	15513011	362903296	359103094	324471713

计量单位：千元

营业费用	主营业务税金及附加	主营业务利润	其他业务收入	其他业务利润	管理费用	#税金	差旅费	工会经费	排污费
36511415	**1081917**	**33071475**	**9550334**	**7423532**	**24636830**	**456868**	**1331988**	**137155**	**10877**
24621109	912173	24454817	6611482	5149685	16993913	361888	695555	114013	9744
6479596	246970	8736829	2255428	1708132	5487410	126520	193088	39951	2533
622454	20808	630481	114032	103722	460602	12043	6583	1856	203
284738	9626	137081	66896	61307	199071	4461	5892	424	85
28748	2257	73460	13663	10363	42469	1046	648	174	1
5171	77	3637	49	10	4019	32	77	13	
27200	559	23002	6997	6972	22897	321	2801	826	
2454	154	2065		20	10003		810	24	
509719	19599	798753	211290	185702	658400	13773	19679	5162	644
8656984	287194	7110896	2379467	1820437	5267300	76045	206010	47626	2358
3065237	159791	3774186	712540	587589	1646002	62806	34831	14158	1796
10594	229	1542	805	790	3548	13	460	4	2
14508	16716	16953	291	274	13253	82	162	22	5
4761934	142356	2946174	836932	654755	3039472	63046	216509	3679	2107
151767	5827	199713	13092	9612	139437	1700	8005	94	10
5	10	45			30				
128685	10280	417108	21872	22641	328656	5972	4630	2216	519
49641	10280	392172	7281	8993	284592	5540	2663	2216	519
4461		4909		46	4000	75	65		
73992		19360	8591	7902	37364	115	1902		
591		667	6000	5700	2700	242			
11761621	159464	8199550	2916980	2251206	7314261	89008	631803	20926	614
2158930	10629	358700	595918	533063	892421	23283	16722	3488	614
301737		86750	29837	50191	117882	1477	5748	247	
9300954	148835	7754100	2291225	1667952	6303958	64248	609333	17191	
10769276	421142	15848265	2422466	1780316	7403203	192408	279794	65137	2713
5050063	191588	3753092	2132543	1835128	3910376	89806	68599	35999	3958
20692076	469187	13470118	4995325	3808088	13323251	174654	983595	36019	4206

3-20 续表 5

				营业收入		主营业务
	个人资本	港澳台资本	外商资本	合计	主营业务收入	成本
三、按控股情况分						
国有绝对控股	804390	23288	736244	459598965	454876215	422369364
国有相对控股	222184	18000	203423	20601345	20340890	18656348
其他	12830818	352360	15284130	389550254	385643434	349211870
四、零售业按经营方式分	**7033603**	**236842**	**1670931**	**160940562**	**158288880**	**141396154**
独立店	4867571	162298	698695	87340351	85795816	76709517
连锁总店	649392	4000	892606	47199409	46479427	41222527
连锁分店	139061			4072643	3833570	3575808
其他	1377579	70544	79630	22328159	22180067	19888302
五、零售业按经营业态分	**7033603**	**236842**	**1670931**	**160940562**	**158288880**	**141396154**
百货商店	874391	137116	177136	22611752	21826919	17476225
购物中心	17723			703009	701261	611860
超级市场	298680	4000	597049	25992506	25417015	22850579
专业店	1647296	12528	59330	38111150	37636432	33795783
专卖店	1610993	7151	226214	36024754	35746616	33483842
便利店	27417		94147	1871667	1706898	1478635
仓储式商场	104996		262542	2505278	2489585	2294552
无店铺销售	381229	45080	91259	4356737	4304534	3789684
其他	2070878	30967	163254	28763709	28459620	25614994
六、按地区分						
东城区	1082874	78474	1982010	101416902	99045022	90350402
西城区	940622	10000	108171	103370045	101189531	93322593
崇文区	390189	17439	37515	15355572	15016066	13334189
宣武区	305260	2479	2166	44281643	43716981	39576603
朝阳区	3860103	156913	13762607	281811226	279908727	248413565
丰台区	1172663	7142	69785	38398771	38162803	35788824
石景山区	416918	7227	36225	15466709	15076250	14330117
海淀区	3063236	108243	96125	204272746	203824141	194002299
门头沟区	44485			1294204	1284651	1221005
房山区	441747			15206532	15138469	14521668
通州区	89667	1804	91215	7142022	7041177	6553641
顺义区	473347		33341	8685716	8673788	8107124
昌平区	465284		4637	5507467	5501859	5113238
大兴区	598728	3427		11454792	11415166	10940521
怀柔区	96627			3209604	3201989	2880150
平谷区	37424			3392384	3380971	3161346
密云县	91867			2629633	2460611	2270673
延庆县	14792			523764	521696	475974
北京经济技术开发区	271559	500		6330832	6300641	5873650

计量单位：千元

营业费用	主营业务税金及附加	主营业务利润	其他业务收入	其他业务利润	管理费用	#税金	差旅费	工会经费	排污费
14021107	553848	17973746	4007804	3026181	10127789	248863	313186	92168	5624
685677	59890	938975	389765	261755	679887	21922	17186	5091	629
21804631	468179	14158754	5152765	4135596	13829154	186083	1001616	39896	4624
10868921	**355928**	**5667878**	**3761999**	**3260577**	**7535946**	**156276**	**182180**	**42083**	**6515**
5516291	221518	3348490	2069046	1630176	4605684	76864	101290	23283	4204
3784343	80834	1391723	1123180	1213269	1660931	55678	23401	13722	1189
291602	4565	-38405	246790	159996	116764	2137	1617	800	365
1276685	49011	966069	322983	257136	1152567	21597	55872	4278	757
10868921	**355928**	**5667878**	**3761999**	**3260577**	**7535946**	**156276**	**182180**	**42083**	**6515**
2034353	143828	2172513	1028386	949137	2361179	57695	21035	16363	3074
42372	3473	43556	12139	16624	83912	2987	2007	247	90
2661377	37468	-132409	1049020	1215110	876625	43050	8564	7112	1116
2012126	69503	1759020	442013	255536	1487659	16990	29434	7999	690
1544588	29543	688643	345928	200967	916569	6934	28250	2687	176
258415	4538	-34690	197612	99099	86667	2197	1025	1216	265
272185	1148	-78300	98487	84502	147791	2803	2404	599	19
410654	8544	95652	133474	98717	270012	2838	20732	352	70
1632851	57883	1153892	454940	340885	1305532	20782	68729	5508	1015
4356763	172970	4164887	1578878	996862	2758199	55217	119133	20002	1075
4195712	80196	3591030	1414406	1047721	2566225	46713	85436	16677	1633
1228711	26785	426381	338798	240711	573160	9371	35940	4052	140
1446434	96070	2639724	470723	386706	1445443	27636	58383	10687	429
16639172	406046	14449944	3302484	2515442	10924835	181212	792669	40721	2570
1759270	34836	579873	467655	536476	1086828	14962	36880	5247	683
487379	11829	246925	391469	288465	437759	31406	8966	1487	428
4556186	174474	5091182	990626	945533	3463087	60596	149973	32843	1138
26310	1039	36297	9535	8722	31349	381	1304	169	21
303904	9710	303187	67459	29105	185719	3542	9119	729	577
276720	5988	204828	102867	85075	173664	3229	3745	921	93
244243	9048	313373	78381	84183	237445	4099	8473	681	1533
213483	6948	168190	35792	34515	153776	3547	4623	684	260
287768	25932	160945	127543	104555	187939	1565	5828	456	28
132006	4535	185298	14612	26875	73599	6192	3334	392	85
48315	3891	167419	11413	7479	58838	269	631	164	50
103830	5207	80901	114331	52086	75658	1633	1596	915	15
33789	812	11121	3171	4685	35013	2411	293	253	1
171420	5601	249970	30191	28336	168294	2887	5662	75	118

3-20 续表 6

	财务费用	利息支出（净额）	营业利润	投资收益	补贴收入	利润总额	应交所得税
总　　计	**3212523**	**2698615**	**13610473**	**8006957**	**655338**	**21824395**	**6341230**
一、按登记注册类型分							
内资	3064163	2620610	10442140	3962356	648122	14511236	4554000
国有	1105425	964457	4185984	2087926	267350	6247411	1778598
集体	149160	132416	135564	24264	127395	263672	48342
股份合作	50604	45745	-38475	1794	190	-40079	22714
国有联营	5656	5021	35698	8108		44225	20426
集体联营	-103	-103	-269			-278	210
国有与集体联营	1718	1153	6144			5977	2250
其他联营	5	5	-7900			-8354	5
国有独资公司	64370	87334	318131	224901	36979	631788	166261
其他有限责任公司	1068871	887690	2941406	1502013	145855	4600638	1544089
股份有限公司	324129	296782	2391210	64328	40701	2238976	680075
私营独资	52	1	-1268			-1285	91
私营合伙	278	189	3696			3514	1411
私营有限责任公司	286204	193496	408861	49020	28318	500221	277059
私营股份有限公司	7794	6424	63343	2	1334	24795	12469
其他			15			15	
港澳台商投资	-1385	-3262	113176	-198	104	111317	43766
与港澳台商合资经营	-3980	-4167	120553	-198	104	118856	41224
与港澳台商合作经营	313	313	642			517	688
港澳台商独资	2314	624	-11718			-11755	633
港澳台商投资股份有限公司	-32	-32	3699			3699	1221
外商投资	149745	81267	3055157	4044799	7112	7201842	1743464
中外合资经营	6039	-21184	1677	489147	1000	485088	137588
中外合作经营	13707	3686	5352	-2350	245	2338	
外资企业	129999	98765	3048128	3558002	5867	6714416	1605876
二、按隶属关系分							
中央	1666417	1505293	9190211	3330882	367335	12211685	3442039
地方	422521	346113	1335098	103809	178613	1743806	556688
其他	1123585	847209	3085164	4572266	109390	7868904	2342503

计量单位：千元

可供分配利润	#外方应分利润	#外方汇出利润	劳动、失业保险费	养老保险和医疗保险	住房公积金和住房补贴	本年应付工资总额（贷方累计发生额）	本年应付福利费总额（贷方累计发生额）	本年应交增值税（不含期初未抵扣税）	本年实缴关税
21834331	**8139730**	**399392**	**454548**	**1517064**	**632004**	**11327353**	**1342566**	**8761914**	**5370602**
12979853	-150826	-102362	411466	1166187	464666	7783857	1025386	6216563	5272889
5104278	-244066	-98770	197074	382284	197248	2195367	321728	1269818	2096190
327730	1367	1293	7243	31838	5597	212708	22736	152211	11204
40101	-403	-424	1938	11280	2325	102612	11490	73790	12085
107577	23570		191	2177	1565	15930	1992	82364	79116
166			2	80		1514	92	1156	
3564			36	2469	724	9863	1110	5874	
23			47	692	162	2405	373	562	
731184	4		20697	57994	23919	282301	38490	189195	344679
4197197	-793	-2366	94613	359971	134055	2674347	345876	2389650	1747113
1666773	16755		44562	179385	53665	859560	123492	927242	546338
215			3	185	13	3609	374	4947	
2398				29	2	2930	333	3788	
770703	52650	-2095	42266	132753	42668	1366542	150151	1083416	421224
27944	90		2794	5050	2723	54079	7149	32550	14940
						90			
140157	8757		4168	20532	9333	165985	42534	56997	9016
144407	14605		2578	17456	7358	120985	41408	45681	988
			24	406	59	1491	122	2068	
-6480	-6851		1563	2635	1901	42839	1004	9073	8028
2230	1003		3	35	15	670		175	
8714321	8281799	501754	38914	330345	158005	3377511	274646	2488354	88697
441890	62747	48828	4319	84973	29274	430210	89145	678753	1098
-138623			325	6565	3212	45383	4584	70198	
8411054	8219052	452926	34270	238807	125519	2901918	180917	1739403	87599
10061336	-28764	-58428	177238	403662	237926	2794591	454129	1319023	4253584
1398473	-112916	9856	166443	505289	159037	2296278	304340	2823622	209391
10374522	8281410	447964	110867	608113	235041	6236484	584097	4619269	907627

3-20 续表 7

	财务费用	利息支出（净额）	营业利润	投资收益	补贴收入	利润总额	应交所得税
三、按控股情况分							
国有绝对控股	1897603	1703984	9673747	3398357	346677	12912163	3758771
国有相对控股	85755	64763	442152	40017	48961	480545	180131
其他	1229165	929868	3494574	4568583	259700	8431687	2402328
四、零售业按经营方式分	**647631**	**493027**	**898726**	**684202**	**69388**	**1619770**	**900970**
独立店	475555	376570	37309	114103	55900	106437	398739
连锁总店	79122	44838	866829	478814	4845	1447409	381419
连锁分店	-5206	-6849	13964	6528	3714	40954	31172
其他	98160	78468	-19376	84757	4929	24970	89640
五、零售业按经营业态分	**647631**	**493027**	**898726**	**684202**	**69388**	**1619770**	**900970**
百货商店	206338	153042	563104	48738	1325	667748	261234
购物中心	14175	13731	-38596	1030	-1894	-35092	895
超级市场	22718	9809	184196	-42459	8967	227443	126287
专业店	169770	139110	452714	67073	5398	342552	304570
专卖店	96444	56959	-116947	515881	903	388849	51532
便利店	-1662	-2084	-19123	1918	5574	-6127	12575
仓储式商场	12083	9592	-150173	3		-153557	548
无店铺销售	19854	17561	-93097	1046	1292	-56040	13972
其他	107911	95307	116648	90972	47823	243994	129357
六、按地区分							
东城区	484896	406300	2008129	1342730	50042	3434768	1099759
西城区	450890	424186	1961250	968109	139677	3063149	924546
崇文区	78529	81223	26814	6970	43358	84527	86637
宣武区	246906	189371	1366196	469780	56878	1819699	379137
朝阳区	789484	662478	5483323	4421951	80686	9570751	2488028
丰台区	152622	79606	-121470	22144	41109	-51963	100092
石景山区	-1273	-8675	99523	10313	-705	117132	51471
海淀区	782452	671577	2036585	695831	178978	2912701	897966
门头沟区	3499	3436	10171	1734	284	12038	4153
房山区	35375	34159	111212	-17332	976	87034	43096
通州区	18686	17305	97553	14302	7499	121526	32189
顺义区	27809	23476	132587	-167	1544	113292	40388
昌平区	37430	29622	12018	3703	17401	35986	25847
大兴区	42590	35564	45813	1759	20643	81966	51280
怀柔区	11391	4792	127183		1699	134306	16238
平谷区	2232	225	113940	37044	331	150986	40487
密云县	6303	5123	51537	1700	5429	58919	17601
延庆县	4302	4203	-23503		7945	-18464	3489
北京经济技术开发区	38400	34644	71612	26386	1564	96042	38826

计量单位：千元

可供分配利润	#外方应分利润	#外方汇出利润	劳动、失业保险费	养老保险和医疗保险	住房公积金和住房补贴	本年应付工资总额（贷方累计发生额）	本年应付福利费总额（贷方累计发生额）	本年应交增值税（不含期初未抵扣税）	本年实缴关税
10597686	-203940	-98770	319164	790311	361545	4447640	669523	3772410	4363886
488405	50443	39633	9066	63096	20546	308265	55541	209529	64012
10748240	8293227	458529	126318	663657	249913	6571448	617502	4779975	942704
2508185	**-40621**	**46942**	**178978**	**684110**	**187232**	**4148692**	**583007**	**3210389**	**246950**
489717	-69954	47949	77938	390443	107767	2255205	318906	1529332	170846
1527124	16755		89042	222103	58938	1237466	156584	1057688	779
68430	-437	-437	1099	9861	1633	94267	13751	38733	364
422914	13015	-570	10899	61703	18894	561754	93766	584636	74961
2508185	**-40621**	**46942**	**178978**	**684110**	**187232**	**4148692**	**583007**	**3210389**	**246950**
333981	76190	48828	41327	238393	63759	996285	184276	762130	2952
4383			2908	2625	855	27713	3074	11307	71
34319	1	1	43074	122465	31395	737329	98033	926572	
1093930	18240	179	47844	138229	35547	815677	105605	647938	58460
510655	-1587	-1305	4804	41414	10530	478271	51435	334803	85822
49387			5261	22604	4027	120727	15832	28458	187
5983			1141	16666	4936	95971	17899	19528	154
43962	1		1951	16241	6700	191912	21139	77546	13034
431585	-133466	-761	30668	85473	29483	684807	85714	402107	86270
2433914	-61868		87413	199009	82529	1711894	152634	-44291	977125
3008659	107119	39633	50329	186230	84560	1146340	164823	397933	1346069
-143958			5719	45205	15080	301021	38103	207728	112843
1351977			58772	89938	44571	605781	87429	453294	293045
11778145	8169841	458211	180574	620270	266611	4579406	517292	4082405	1142443
393455	886	-289	12056	78623	22022	590715	71721	371404	63990
121100			7847	20047	6311	172288	20756	94887	1522
2106188	-77147	-96720	27854	200215	97952	1553204	205577	2706357	1229979
9860			593	1892	722	14717	2039	11004	
98130			2725	9577	1936	87969	10423	57525	21850
102629	169	-424	2449	15831	3533	100536	14021	61868	16741
68295			5616	9866	1274	89006	10146	71414	13558
38899			4399	12727	992	86578	11684	60355	3223
128317	726	-1019	446	5075	723	82707	9635	57881	56263
159185			3196	4072	318	56128	6185	42539	1867
44741			291	1882	329	18088	2688	32038	
29687	4		947	5928	883	56543	8200	35322	593
8665			2551	4735	115	17645	1826	4247	
96443			771	5942	1543	56787	7384	58004	89491

3-21 按行业小类分限额以上

	单位数(个)	亏损企业	年初存货	流动资产合计	#现金	短期投资	应收帐款(净额)
总　　计	**5981**	**1742**	**67024507**	**406780166**	**1656780**	**7187903**	**56689513**
批发业合计	**2927**	**710**	**54180635**	**342921754**	**1207706**	**6366377**	**50639803**
农畜产品批发	60	19	5370766	51373154	11401	1085372	3877221
谷物、豆及薯类批发	15	3	1893011	23725433	817	1084092	1978112
种子、饲料批发	24	12	575381	3231588	959	1180	333351
棉、麻批发	17	3	2713985	24034534	8836	100	1504537
牲畜批发	1	1	8002	14243	4		436
其他农畜产品批发	3		180387	367356	785		60785
食品、饮料及烟草制品批发	198	40	5000680	18438465	97704	220633	2024865
米、面制品及食用油批发	39	12	2583066	6377566	4691	170023	298072
糕点、糖果及糖批发	16	2	295008	2508225	1211	23062	553474
果品、蔬菜批发	6	1	5049	26069	797		14991
肉、禽、蛋及水产品批发	22	3	160711	883142	850		248235
盐及调味品批发	7	2	23421	145580	844		58153
饮料及茶叶批发	32	14	353784	1627316	4358	11727	193681
烟草制品批发	28		585293	3912923	77722	5621	73980
其他食品批发	48	6	994348	2957644	7231	10200	584279
纺织、服装及日用品批发	187	48	2390463	11057611	15016	166593	2327573
纺织品、针织品及原料批发	65	15	738787	4510796	3724	103576	803512
服装批发	42	12	945326	3471944	1924	20877	998997
鞋帽批发	8	1	74827	199494	414		39390
厨房、卫生间用具及日用杂货批发	18	5	131798	690938	390	4000	148147
化妆品及卫生用品批发	22	7	158264	629526	3360	20664	183800
其他日用品批发	32	8	341461	1554913	5204	17476	153727
文化、体育用品及器材批发	143	27	1874191	8216867	11683	28668	1725834
文具用品批发	46	8	375199	1341543	3030	17621	410503
体育用品批发	5		42851	155394	73		13317
图书批发	26	7	696812	2425292	625	2304	591586
报刊批发	3	1	4644	56439	17	2000	3610
音像制品及电子出版物批发	8	2	44941	162478	265	743	87207
首饰、工艺品及收藏品批发	24	4	548773	3579714	594		558716
其他文化用品批发	31	5	160971	496007	7079	6000	60895
医药及医疗器材批发	161	46	2418750	9747796	63224	4279	3239218
西药批发	67	24	1503597	5711310	6322	4219	2039913
中药材及中成药批发	39	11	521097	2174910	10194		627411
医疗用品及器材批发	55	11	394056	1861576	46708	60	571894
矿产品、建材及化工产品批发	1136	247	18375804	136863213	726941	984902	16833685
煤炭及制品批发	72	11	348739	7107505	6636	56154	897749
石油及制品批发	114	29	2874133	28648775	98536	27604	4698970
非金属矿及制品批发	10	2	27383	147965	556		34791
金属及金属矿批发	516	108	6310205	65508905	380945	578744	6594814
建材批发	122	33	1195334	10132923	70672	70224	1228938
化肥批发	14	3	2952160	6896106	619	31868	317908
农药批发	4	2	2544606	5631321	342	30000	1581702
农用薄膜批发	4		12310	96880	327		7634
其他化工产品批发	280	59	2110934	12692833	168308	190308	1471179
机械设备、五金交电及电子产品批发	923	261	12401203	81430231	259905	3800060	18396080
农业机械批发	14	7	89928	716065	867		253719
汽车、摩托车及零配件批发	104	42	1096442	7922103	47344	82088	1225307
五金、交电批发	54	13	295029	3454394	20235	28233	892493
家用电器批发	68	23	1813733	9718069	7810	2747968	1614100
计算机、软件及辅助设备批发	290	75	1175633	6041936	49579	18518	1171465
通讯及广播电视设备批发	90	25	1893428	20450874	94923	768408	4802411
其他机械设备及电子产品批发	303	76	6037010	33126790	39147	154845	8436585
其他批发	119	22	6348778	25794417	21832	75870	2215327
再生物资回收与批发	25	1	31465	739034	2551	12	352587
其他未列明的批发	94	21	6317313	25055383	19281	75858	1862740

批发零售企业主要财务状况

计量单位：千元

存货	一年内到期的长期债权投资	长期投资			固定资产			
		合计	#长期股权投资	长期债权投资	合计	#固定资产原价	累计折旧	本年折旧
95683754	**173446**	**98630063**	**95404256**	**1305644**	**43986440**	**51685609**	**14546701**	**2601890**
80877041	**146691**	**89786173**	**87500703**	**842342**	**22570186**	**27421064**	**8083238**	**1342045**
18990779		8378095	8375633	2462	2163058	2396938	373439	72997
13039392		6727387	6724925	2462	1428234	1544975	244080	47500
585410		1292611	1292611		218241	295839	84836	15046
5267748		309182	309182		505577	541364	40700	9628
5074					3423	3969	568	38
93155		48915	48915		7583	10791	3255	785
6029369	2046	6242384	5478337	63929	2931795	3115321	923486	138835
3079249	1580	2371240	2334302	29478	862882	897325	271501	33288
389421		655751	655751		444071	487078	176360	17975
7060					1048	1486	438	195
178482		294004	279921	4920	195427	334386	161746	12328
28128		11166	11166		45214	44437	10827	2212
553527	466	347071	347071		143302	196230	53222	11398
646248		990398	306663	240	615391	742505	148530	41496
1147254		1572754	1543463	29291	624460	411874	100862	19943
3025199		3153656	3018717	2460	849580	1014984	311730	51585
1015030		1127360	997431	600	245964	332710	111563	13491
1125430		461134	460474	660	248805	322134	82945	19242
108004		3836	3836		3062	6189	3127	386
184652		703605	702255	1200	45045	55185	10978	4202
203505		6501	3501		59771	86204	28465	5064
388578		851220	851220		246933	212562	74652	9200
2160134	117649	1709042	1608202	94840	920500	959180	287376	41577
364318		150149	58169	91980	177841	233570	57578	8663
47286		13391	13391		2896	4581	1686	459
862151	35000	138859	138859		460633	446484	136191	15420
11920		16979	14919	2060	2829	3716	887	442
50616		800		800	3861	6837	2977	1030
626610	82649	871475	865475		239506	221352	78149	11804
197233		517389	517389		32934	42640	9908	3759
2621544	-5457	2421600	2409702	2370	662156	811295	251009	54423
1553207	294	1903413	1893525	600	348562	428807	150283	33813
606391		362415	360765	1650	93690	144870	51183	9839
461946	-5751	155772	155412	120	219904	237618	49543	10771
25993544	19457	32749829	31976275	538853	7752687	9186174	2383953	380835
836789	691	1868428	1853821	348	356481	428284	94719	22284
3729880	1039	5017980	4890940	6839	3815280	4564350	1314374	150077
26874		29710	400	29310	1767	2658	1084	166
12121848	11661	13101862	12711940	311685	2052040	2373442	467357	115739
1332502	244	1730128	1561813	167985	422736	517610	126886	29353
2622691		655676	639861		137831	179175	43001	6519
2672250		736080	736080		109091	140767	32036	5470
11850		71461	71461		18852	23484	4632	1318
2638860	5822	9538504	9509959	22686	838609	956404	299864	49909
15813498	12996	26389582	25956579	121694	5493115	7330100	2686470	488063
263983		17662	16672	990	92285	57898	14056	3205
2283913		2983486	2809423	20650	1587047	1711970	694425	47333
365416	3573	1310339	1310304	35	171322	226599	58337	14063
2078886		5134792	5131852		727550	784795	204713	51088
1271547		1163700	1116377	6120	121064	186539	69229	15094
2322061	7767	8504395	8484845		1426375	2440806	1033685	239537
7227692	1656	7275208	7087106	93899	1367472	1921493	612025	117743
6242974		8741985	8677258	15734	1797295	2607072	865775	113730
91884		67875	39469		29798	42619	18151	2482
6151090		8674110	8637789	15734	1767497	2564453	847624	111248

3-21 续表 1

	单位数(个)	亏损企业	年初存货	流动资产合计	#现金	短期投资	应收帐款(净额)
零售业合计	**3054**	**1032**	**12843872**	**63858412**	**449074**	**821526**	**6049710**
综合零售	269	105	3438403	18492817	114400	394771	1123920
百货零售	129	48	1179495	10400432	18344	279486	541374
超级市场零售	88	42	2144093	7262811	86072	115285	563567
其他综合零售	52	15	114815	829574	9984		18979
食品、饮料及烟草制品专门零售	114	14	164297	848613	15894	1428	78585
粮油零售	19	4	11356	206147	873	251	18640
糕点、面包零售	8	1	4766	91936	3143		2946
果品、蔬菜零售	8	1	4989	25372	1101		2957
肉、禽、蛋及水产品零售	14	4	6613	35069	6315	4	7884
饮料及茶叶零售	12	1	42120	116967	263		8677
烟草制品零售	23	1	16628	88645	2344	-47	19681
其他食品零售	30	2	77825	284477	1855	1220	17800
纺织、服装及日用品专门零售	218	87	803081	2253103	18644	51	344166
纺织品及针织品零售	28	7	41444	130843	2329		15491
服装零售	110	51	437462	1108797	11190	51	181101
鞋帽零售	24	10	37674	364298	1898		33612
钟表、眼镜零售	20	6	218817	426304	892		84047
化妆品及卫生用品零售	6	2	21908	53043	118		9304
其他日用品零售	30	11	45776	169818	2217		20611
文化、体育用品及器材专门零售	226	66	1068273	4213566	22455	36546	377297
文具用品零售	35	6	59189	218102	1284		29494
体育用品零售	15	5	33497	273619	641	660	27211
图书零售	74	23	540056	1739913	7440	800	202399
报刊零售	4		94069	1054485	4732		32416
音像制品及电子出版物零售	11	4	37905	103341	313		8169
珠宝首饰零售	21	7	97567	254927	1180	33792	17436
工艺美术品及收藏品零售	18	5	123363	338779	257	1294	17695
照相器材零售	32	12	38634	123643	5994		15910
其他文化用品零售	16	4	43993	106757	614		26567
医药及医疗器材专门零售	240	63	955974	3342663	17044	7300	968561
药品零售	88	28	545661	1718092	6722	4791	490080
医疗用品及器材零售	152	35	410313	1624571	10322	2509	478481
汽车、摩托车、燃料及零配件专门零售	773	340	3906469	17555892	148645	35896	1620761
汽车零售	403	241	3187979	15043266	88912	25371	1354785
汽车零配件零售	93	23	164296	542657	21354	5843	83145
摩托车及零配件零售	1		597	46595	5		1164
机动车燃料零售	276	76	553597	1923374	38374	4682	181667
家用电器及电子产品专门零售	888	258	1833808	13485945	74884	78166	1140656
家用电器零售	77	34	575554	6917261	11130	284	202511
计算机、软件及辅助设备零售	489	137	540202	4116202	40186	69595	458031
通信设备零售	120	34	487200	1496381	9618	5407	274426
其他电子产品零售	202	53	230852	956101	13950	2880	205688
五金、家具及室内装修材料专门零售	180	55	468251	2462427	15817	62837	202324
五金零售	86	15	135546	427780	8233	2834	72803
家具零售	30	12	127449	954409	3637	59934	6016
涂料零售	14	5	11211	113283	544	10	26122
其他室内装修材料零售	50	23	194045	966955	3403	59	97383
无店铺及其他零售	146	44	205316	1203386	21291	204531	193440
邮购及电子销售	3	1	3944	19104	29		1396
生活用燃料零售	37	12	32530	152928	7399	2441	6372
花卉零售	2		1296	9525	60		2168
旧货零售	1		5899	10457	26		535
其他未列明的零售	103	31	161647	1011372	13777	202090	182969

计量单位：千元

存　　货	一年内到期的长期债权投资	长期投资合计	#长期股权投资	长期债权投资	固定资产合计	#固定资产原价	累计折旧	本年折旧
14806713	**26755**	**8843890**	**7903553**	**463302**	**21416254**	**24264545**	**6463463**	**1259845**
3529327	1087	3401967	2927034	137828	10908379	13091345	4058051	656100
1086743	1087	2568142	2432614	135528	6908074	8780702	2845423	416026
2250733		819150	482844	1500	3462961	3920468	1116620	224027
191851		14675	11576	800	537344	390175	96008	16047
212542	575	167946	141193	24133	469300	520690	110016	22276
34733	575	20895	20815	80	21180	33390	12971	656
12088		27053	3500	23553	171177	171805	17705	5726
5020					24614	23397	3705	897
8140					3699	5238	2156	405
49409		7100	7100		23436	28260	5637	1617
31307		3130	510		9302	14957	7381	4740
71845		109768	109268	500	215892	243643	60461	8235
985230	2583	58226	50419	5656	380465	480754	117368	26786
64305					9262	14815	5631	1064
475509	2583	7193	4596	446	210173	233772	38629	10058
155606					40117	55423	16422	2761
193707		44852	44852		107800	153479	46429	10636
30192					1469	2014	545	296
65911		6181	971	5210	11644	21251	9712	1971
1260124	8041	489016	426081	9327	1004074	1068439	258611	65189
68422	8041	13610	11083	2227	15518	26174	11758	2909
53733		1160	860		120715	34346	11126	4950
609302		138156	116768	600	511896	545385	128351	36502
97365		282973	282973		82114	130062	47948	7228
44285		700	700		3894	6996	3103	837
161399		32220			156517	160399	4509	2461
131358		15252	8752	6500	98087	141575	43538	8525
40596		4100	4100		5153	8867	3814	731
53664		845	845		10180	14635	4464	1046
1104743	2945	269504	263849	5416	387802	521542	149963	39961
592383	2945	250529	248244	2166	307050	423912	123917	30964
512360		18975	15605	3250	80752	97630	26046	8997
4752971	6837	2330783	2117164	167152	5331538	5477401	1202159	308991
3791497	5783	1226062	1028963	164202	2393061	2424884	456479	141240
200638		36407	36287		95585	128554	38521	10346
1558					182	223	41	41
759278	1054	1068314	1051914	2950	2842710	2923740	707118	157364
2137594	2803	1656067	1538978	97567	887246	1093408	264474	63173
732682		980466	980436	30	195460	246899	52320	16476
584681	1660	511141	499414	1205	551286	620028	121600	29283
514918		116317	12726	94591	86925	149153	63629	10810
305313	1143	48143	46402	1741	53575	77328	26925	6604
559307	9	214899	192373	7688	1692577	1568338	194260	59327
149983	9	16691	12322	4369	90949	126998	36439	7126
146593		123575	123575		828891	602717	76099	20981
20648		43041	42881	160	60982	69400	8424	1091
242083		31592	13595	3159	711755	769223	73298	30129
264875	1875	255482	246462	8535	354873	442628	108561	18042
7195		105	105		9232	10206	4518	3385
70227	343	8132	7097	1000	77333	95826	28191	6685
1954		6800		6800	215811	260453	47300	31
9507					88	129	41	14
175992	1532	240445	239260	735	52409	76014	28511	7927

3-21 续表 2

	在建工程	无形资产	资产总计	流动负债 合计	#短期借款	应付账款	长期负债 合计
总 计	**5768949**	**5382164**	**568550482**	**350980106**	**101730195**	**64352407**	**44922900**
批发业合计	**2736483**	**3669796**	**468106213**	**286792944**	**91097091**	**48452886**	**40930118**
农畜产品批发	138663	1371777	64906266	42801988	36580760	2011420	11451153
谷物、豆及薯类批发	127339	18784	31899884	24174946	21969421	1296279	460960
种子、饲料批发	7238	24111	4775108	2925316	1204903	236186	143978
棉、麻批发	4017	1328265	27782434	15342294	13285266	442736	10845452
牲畜批发	22		20041	23891	14710	6586	
其他农畜产品批发	47	617	428799	335541	106460	29633	763
食品、饮料及烟草制品批发	750919	208242	28020618	15562709	6290592	1935849	1622916
米、面制品及食用油批发	254491	23452	9640231	6928072	4060236	475905	267722
糕点、糖果及糖批发	132857	138075	3898330	1901396	958711	87421	893384
果品、蔬菜批发			27287	18766		13277	
肉、禽、蛋及水产品批发	20000	49	1377452	720082	312216	135117	303597
盐及调味品批发	11600	5909	210329	75047	20274	23228	24390
饮料及茶叶批发		2567	2129979	1111193	111416	563706	16990
烟草制品批发	18902	4367	5537513	1842736	25150	72826	17056
其他食品批发	313069	33823	5199497	2965417	802589	564369	99777
纺织、服装及日用品批发	144159	139002	15279038	9994334	3318865	2980349	304961
纺织品、针织品及原料批发	23213	77156	5987007	4266490	1944459	990579	1700
服装批发	9423	59943	4266501	2941735	723038	1258408	45872
鞋帽批发		16	210033	139126	47636	19419	
厨房、卫生间用具及日用杂货批发	837	1360	1447476	530232	124868	178963	5200
化妆品及卫生用品批发	2031	148	697872	576837	97642	155822	24541
其他日用品批发	108655	379	2670149	1539914	381222	377158	227648
文化、体育用品及器材批发	244248	49276	11073494	6071077	1163769	1737667	99817
文具用品批发	123	669	1686514	1073262	263012	316974	10029
体育用品批发		135	171914	104388		23788	
图书批发	147836	26055	3192795	1924809	247754	1051297	73489
报刊批发		1863	78269	41300		12793	
音像制品及电子出版物批发		5208	172456	165274	11145	53807	
首饰、工艺品及收藏品批发	96289	14782	4716161	2334904	541730	160355	15379
其他文化用品批发		564	1055385	427140	100128	118653	920
医药及医疗器材批发	98271	109925	13264504	8302345	1441526	4043422	769377
西药批发	68369	30502	8089810	4957412	941838	2374469	293503
中药材及中成药批发		74435	2841736	1626200	174011	787889	343613
医疗用品及器材批发	29902	4988	2332958	1718733	325677	881064	132261
矿产品、建材及化工产品批发	881445	1330267	183537312	119391860	26598224	16817235	9336867
煤炭及制品批发	21458	13902	9380994	4038394	1104713	281860	676806
石油及制品批发	550840	694827	41844863	24823572	9395089	4513284	3427584
非金属矿及制品批发			209492	206899	86739	48495	-37
金属及金属矿批发	99476	117235	81293250	57740404	6477358	6405954	2870348
建材批发	32010	116455	12783330	9830926	1567059	1271994	171081
化肥批发	1657	32064	7722068	6078000	2055837	1468300	86811
农药批发	360	23456	6499949	5711744	3433830	170170	
农用薄膜批发		311	187504	54705	250	12435	
其他化工产品批发	175644	332017	23615862	10907216	2477349	2644743	2104274
机械设备、五金交电及电子产品批发	424962	400681	115005707	69577745	11246904	16381612	5649000
农业机械批发	47234	644	826657	575725	295246	94333	3692
汽车、摩托车及零配件批发	152937	107877	12746608	8859396	2666980	1583571	182988
五金、交电批发	3057	42983	5200536	3621036	1132453	1094497	77830
家用电器批发	143842	19432	15650793	10197088	2363930	3085094	56260
计算机、软件及辅助设备批发	70	43908	7425999	4887038	1086073	1254341	262540
通讯及广播电视设备批发	6833	73544	30710943	15434831	1460445	2456204	78647
其他机械设备及电子产品批发	70989	112293	42444171	26002631	2241777	6813572	4987043
其他批发	53816	60626	37019274	15090886	4456451	2545332	11696027
再生物资回收与批发	5235	2292	839044	671473	36687	328087	13594
其他未列明的批发	48581	58334	36180230	14419413	4419764	2217245	11682433

计量单位：千元

#长期借款	应付债券	负债合计	所有者权益合计	#实收资本	国家资本	集体资本	法人资本	#国家法人	集体法人
36933796	**514386**	**395904225**	**172646257**	**111478471**	**28709676**	**1757489**	**50536469**	**36137035**	**6791039**
34480920	**513354**	**327723062**	**140383151**	**87252688**	**25714923**	**777988**	**39226316**	**30735466**	**3528000**
10524018		54253141	10653125	4921704	3129190	15030	1392118	1107518	220300
460795		24635906	7263978	2255233	1426014	2098	825621	777771	46850
141823		3069294	1705814	1167832	703176	10000	97250	66600	10650
9920900		26187746	1594688	1424339	1000000	300	403579	230479	162800
		23891	-3850	5000					
500		336304	92495	69300		2632	65668	32668	
482465	-95	17185625	10834993	5607648	3282077	14100	1918529	1637729	181550
40145	-95	7195794	2444437	1983768	1618392		244600	161100	78500
121181		2794780	1103550	742011	218344		510017	508917	
		18766	8521	3400					
284654		1023679	353773	311078	120107	3100	132571	123274	8947
9383		99437	110892	33600			30600	30000	
16671		1128183	1001796	552172	122746	1000	319300	224880	78820
		1859792	3677721	484662	82068		402094	398466	3628
10431		3065194	2134303	1496957	1120420	10000	279347	191092	11655
239529		10299295	4979743	3568190	816086	11008	1389925	1107980	146275
1700		4268190	1718817	1028111	485926	2200	460148	408648	27100
12180		2987607	1278894	810904	10800		711586	583305	107475
		139126	70907	22156			14156	14156	
5200		535432	912044	501504	19000	308	13483	10483	1000
9031		601378	96494	104633		4000	63354	18300	5700
211418		1767562	902587	1100882	300360	4500	127198	73088	5000
88583		6170894	4902600	2806516	1504631	5255	506077	331791	103510
9188		1083291	603223	522766	162434	300	243690	182250	19100
		104388	67526	51540			50140	48540	1600
70175		1998298	1194497	351746	308051	459	35836	8016	22100
		41300	36969	34080			33000		32000
		165274	7182	29298			17464	14324	2900
8300		2350283	2365878	1231062	1033926	1100	99961	76161	23300
920		428060	627325	586024	220	3396	25986	2500	2510
176904		9071722	4192782	3184293	284137	30442	2508096	1728960	203263
102939		5250915	2838895	2078069	75618	29359	1769108	1155860	66493
29155		1969813	871923	766109	29329	33	693263	567085	100560
44810		1850994	481964	340115	179190	1050	45725	6015	36210
7806815	3343	128728727	54808585	35426008	11963007	422011	19323525	16138795	1609581
670408		4715200	4665794	1897016	63119	22650	1708317	1544011	56146
2536573		28251156	13593707	6015852	1124854	90109	4535869	4093951	237145
-37		206862	2630	58012		1240	50272	41512	1000
2339882	1035	60610752	20682498	15194386	9360704	74441	4098086	3345721	410848
151422	2308	10002007	2781323	2705446	332996	25527	1677891	296591	690825
86727		6164811	1557257	522000	51000	30000	421370	408000	13370
		5711744	788205	448565		120000	19500	300	700
		54705	132799	114340	50000		62100	260	61840
2021840		13011490	10604372	8470391	980334	58044	6750120	6408449	137707
5476078		75226745	39778962	26840503	4565936	207714	7718923	5863015	712488
		579417	247240	122056	14210		84811	42950	38650
65534		9042384	3704224	4102048	887718	183291	2032661	1829096	119025
65545		3698866	1501670	1883949	1144758	6850	284221	229931	47890
52490		10253348	5397445	4130239	41089	300	77176	17876	48600
259625		5149578	2276421	2184560	1570	500	1225300	454906	284235
75536		15513478	15197465	6254490	848348	1000	676694	344554	55375
4957348		30989674	11454497	8163161	1628243	15773	3338060	2943702	118713
9686528	510106	26786913	10232361	4897826	169859	72428	4469123	2819678	351033
9977		685067	153977	99865		63849	11716	1700	3516
9676551	510106	26101846	10078384	4797961	169859	8579	4457407	2817978	347517

3-21 续表 3

	在建工程	无形资产	资产总计	流动负债合计	#短期借款	应付账款	长期负债合计
零售业合计	**3032466**	**1712368**	**100444269**	**64187162**	**10633104**	**15899521**	**3992782**
综合零售	1508546	1110128	36791635	20499188	3446234	7296753	1716002
百货零售	918901	739905	22529921	11237709	2252113	3157243	1222687
超级市场零售	357926	363922	12809143	8247004	1109588	3975148	460891
其他综合零售	231719	6301	1452571	1014475	84533	164362	32424
食品、饮料及烟草制品专门零售	26064	90148	1634259	838852	176504	227928	65348
粮油零售	761	566	250776	136656	2113	20451	20078
糕点、面包零售	17076	20434	311369	106253	3626	24370	120
果品、蔬菜零售	4922	2677	58836	36859	6343	7398	14038
肉、禽、蛋及水产品零售			38995	24718	200	14047	2500
饮料及茶叶零售	813	62	148127	79898	4651	38925	3586
烟草制品零售			103056	67020	8127	28663	
其他食品零售	2492	66409	723100	387448	151444	94074	25026
纺织、服装及日用品专门零售	14466	3431	2766914	1989677	300257	804583	149612
纺织品及针织品零售		10	144314	101046	7761	59395	4885
服装零售	13636	1569	1382501	1049513	99776	466601	112180
鞋帽零售		1211	407128	320815	18143	152695	10994
钟表、眼镜零售	730	578	589265	328662	161844	68096	17090
化妆品及卫生用品零售		61	54575	43401	2292	15357	
其他日用品零售	100	2	189131	146240	10441	42439	4463
文化、体育用品及器材专门零售	190199	10584	5796410	3630422	351994	1048267	354514
文具用品零售	686	5	249599	167464	15693	49115	3495
体育用品零售	96762	40	402090	354268	158375	46521	-350
图书零售	92074	969	2430443	1542548	27860	799342	313820
报刊零售		7744	1427413	743493	50000	8395	29941
音像制品及电子出版物零售		22	110504	69093		27976	308
珠宝首饰零售	627	124	466394	377894	26559	33930	849
工艺美术品及收藏品零售	50	966	455527	204234	13720	39114	5167
照相器材零售		24	134779	76323	23743	17620	1251
其他文化用品零售		690	119661	95105	36044	26254	33
医药及医疗器材专门零售	15438	90293	4172842	2879186	176906	1506324	33600
药品零售	6459	69794	2400530	1428948	87221	901396	4627
医疗用品及器材零售	8979	20499	1772312	1450238	89685	604928	28973
汽车、摩托车、燃料及零配件专门零售	1031678	258528	26399119	17697585	3512140	2368735	533789
汽车零售	417642	173294	19434307	14417296	3247719	1662436	389072
汽车零配件零售	4420	6295	695384	457022	115202	100894	34783
摩托车及零配件零售			46777	45635		44521	
机动车燃料零售	609616	78939	6222651	2777632	149219	560884	109934
家用电器及电子产品专门零售	52775	88742	16482187	12211979	2122486	1915025	680485
家用电器零售	565	30104	8161020	6638559	771218	878292	10012
计算机、软件及辅助设备零售	50644	13521	5433389	3768979	1128594	539360	628340
通信设备零售	933	28493	1793413	1110587	175913	320744	35181
其他电子产品零售	633	16624	1094365	693854	46761	176629	6952
五金、家具及室内装修材料专门零售	179089	36311	4555839	3699947	489621	476797	429138
五金零售	308	14725	553649	317679	56421	87557	7306
家具零售	169386	1279	1968828	1761982	192299	164165	262569
涂料零售		10	217806	112607	17220	22336	51
其他室内装修材料零售	9395	20297	1815556	1507679	223681	202739	159212
无店铺及其他零售	14211	24203	1845064	740326	56962	255109	30294
流动货摊零售							
邮购及电子销售		606	29097	32808		26542	
生活用燃料零售	9615	7369	249978	136611	17953	37484	7162
花卉零售	2658	240	232376	27045	20900	1171	
旧货零售			10545	8347		1654	1555
其他未列明的零售	1938	15988	1323068	535515	18109	188258	21577

计量单位：千元

#长期借款	应付债券	负债合计	所有者权益合计	#实收资本	国家资本	集体资本	法人资本	#国家法人	集体法人
2452876	**1032**	**68181163**	**32263106**	**24225783**	**2994753**	**979501**	**11310153**	**5401569**	**3263039**
1348538		22215242	14576393	9969608	1748038	450414	5330977	3104897	1451192
963642		12460448	10069473	6103251	1492617	92655	3137637	1893101	953526
369521		8707895	4101248	3507287	140913	342719	2123837	1143293	497666
15375		1046899	405672	359070	114508	15040	69503	68503	
50450		904200	730059	436315	20781	48265	285891	32751	163826
6260		156734	94042	54556	9169		37996	16982	900
120		106373	204996	45988		33200	5963	5463	
13000		50897	7939	3015	300	400			
2500		27218	11777	9860		539	2980	1870	
3570		83484	64643	43850	3285	1865	9750	500	8750
		67020	36036	17670	1780	3000	8870	3600	
25000		412474	310626	261376	6247	9261	220332	4336	154176
19531		2139289	627625	686599	69487	3525	242597	31223	115577
606		105931	38383	32563	685		11209	2805	2617
9395		1161693	220808	359926	9500	800	122996	3650	40546
71		331809	75319	57339	3592	700	9537	4427	
6409		345752	243513	190050	55710	1300	89890	16026	70864
		43401	11174	8050			500		500
3050		150703	38428	38671		725	8465	4315	1050
181490		3984936	1811474	983519	394356	12469	366892	185869	83599
1000		170959	78640	61440	1500	3600	28270	13600	9260
1000		353918	48172	72947			34722	10697	22975
172215		1856368	574075	285350	88888	7969	144189	114105	4030
		773434	653979	286372	285372				
308		69401	41103	25320	3720		11800	11000	
849		378743	87651	84280			45685		
4867		209401	246126	108284	14376	400	78859	32005	44854
1251		77574	57205	36991		500	19991	4091	500
		95138	24523	22535	500		3376	371	1980
25045		2913953	1258889	1131349	307077	17283	545145	338706	94460
1669		1434742	965788	899756	301077	4790	521435	335566	90900
23376		1479211	293101	231593	6000	12493	23710	3140	3560
344232	-8816	18231374	8167745	5850282	235389	204427	2530981	921941	952549
250193	-8816	14806368	4627939	4843393	94753	76100	2090179	595060	903494
28168		491805	203579	199229	3807	12259	94745	62093	1749
		45635	1142	300		300			
65871		2887566	3335085	807360	136829	115768	346057	264788	47306
56019	9848	12892464	3589723	3012278	144864	45870	960111	74043	242749
2600	7412	6648571	1512449	796105	23720		145012	13464	5070
17417	2436	4397319	1036070	1427070	95821	41680	612750	42026	195627
29543		1145768	647645	427658	24213	200	147866	13907	24950
6459		700806	393559	361445	1110	3990	54483	4646	17102
413672		4129085	426754	1141983	17695	24527	401098	106619	148386
5300		324985	228664	200217	6625	11921	67588	3870	55742
260283		2024551	-55723	394876			55447		30000
51		112658	105148	96246			59233	40339	17544
148038		1666891	148665	450644	11070	12606	218830	62410	45100
13899		770620	1074444	1013850	57066	172721	646461	605520	10701
		32808	-3711	5800			5170	5000	170
2706		143773	106205	91710	14189	13665	31181	20635	5046
		27045	205331	195016	7000	156016	30000	30000	
		9902	643	500			240		
11193		557092	765976	720824	35877	3040	579870	549885	5485

3-21 续表 4

				营业收入		主营业务
					主营业务	
	个人资本	港澳台资本	外商资本	合　计	收　入	成　本
总　计	**13857392**	**393648**	**16223797**	**869750564**	**860860539**	**790237582**
批发业合计	**6823789**	**156806**	**14552866**	**708810002**	**702571659**	**648841428**
农畜产品批发	47168		338198	34429705	33521570	32300915
谷物、豆及薯类批发	1500			19161582	19095952	18382757
种子、饲料批发	19208		338198	3329404	3306091	3097991
棉、麻批发	20460			10519544	10411634	10123423
牲畜批发	5000			24959	24959	26486
其他农畜产品批发	1000			1394216	682934	670258
食品、饮料及烟草制品批发	233570		159372	38196910	37714348	34474384
米、面制品及食用油批发	60776		60000	8702148	8650834	8285119
糕点、糖果及糖批发	13650			2482796	2405954	2191486
果品、蔬菜批发	3400			137651	137651	121298
肉、禽、蛋及水产品批发	19730		35570	1977325	1972461	1866679
盐及调味品批发	3000			295488	292114	228706
饮料及茶叶批发	55324		53802	4875548	4767203	4265566
烟草制品批发	500			13753619	13741531	12114130
其他食品批发	77190		10000	5972335	5746600	5401400
纺织、服装及日用品批发	252345	1000	1097826	27226599	26995459	24363288
纺织品、针织品及原料批发	79837			10862261	10798149	10272570
服装批发	52380	1000	35138	7922714	7832295	6624409
鞋帽批发	8000			910017	910017	792063
厨房、卫生间用具及日用杂货批发	21525		447188	1982225	1974031	1699095
化妆品及卫生用品批发	36979		300	1841056	1827024	1631772
其他日用品批发	53624		615200	3708326	3653943	3343379
文化、体育用品及器材批发	234156	7757	548640	13939155	13649337	11818658
文具用品批发	68737		47605	3838428	3794415	3601882
体育用品批发	1400			466890	466710	413892
图书批发	7400			3600625	3392954	2897344
报刊批发	1080			174845	174845	155882
音像制品及电子出版物批发	8360	3474		312741	312741	286899
首饰、工艺品及收藏品批发	96075			3749494	3725911	2801980
其他文化用品批发	51104	4283	501035	1796132	1781761	1660779
医药及医疗器材批发	322418		39200	21113468	21036722	19368692
西药批发	164784		39200	13652229	13620651	12622886
中药材及中成药批发	43484			4231742	4221620	3885966
医疗用品及器材批发	114150			3229497	3194451	2859840
矿产品、建材及化工产品批发	3370922	52478	294065	377675100	376586620	357030364
煤炭及制品批发	102930			35548096	35411941	32883259
石油及制品批发	265020			92141609	92018086	86237163
非金属矿及制品批发	6500			519252	518582	481799
金属及金属矿批发	1660155	1000		170045696	169493866	161744397
建材批发	622251	46281	500	14751493	14660781	14057174
化肥批发	19630			16011330	15988475	14987172
农药批发	15500		293565	12936637	12936596	12599632
农用薄膜批发	2240			236315	226375	215098
其他化工产品批发	676696	5197		35484672	35331918	33824670
机械设备、五金交电及电子产品批发	2220508	89372	12038050	177920764	174922649	153029692
农业机械批发	11000	12035		1516357	1510028	1245051
汽车、摩托车及零配件批发	282080		716298	26441047	26117007	24817665
五金、交电批发	62662	500	384958	5099699	5021902	4579984
家用电器批发	152260	23965	3835449	28423692	28390108	24840925
计算机、软件及辅助设备批发	879889	50000	27301	20931487	20909444	20286581
通讯及广播电视设备批发	380691		4347757	48112225	45964915	35669678
其他机械设备及电子产品批发	451926	2872	2726287	47396257	47009245	41589808
其他批发	142702	6199	37515	18308301	18144954	16455435
再生物资回收与批发	24300			4476849	4469838	4407563
其他未列明的批发	118402	6199	37515	13831452	13675116	12047872

计量单位：千元

营业费用	主营业务税金及附加	主营业务利润	其他业务收入	其他业务利润	管理费用	#税金	差旅费	工会经费	排污费
36511415	**1081917**	**33071475**	**9550334**	**7423532**	**24636830**	**456868**	**1331988**	**137155**	**10877**
25642494	**725989**	**27403598**	**5788335**	**4162955**	**17100884**	**300592**	**1149808**	**95072**	**4362**
622399	9467	588789	224135	205014	576823	11784	21258	4066	1064
220429	3393	489373	69228	54363	325228	5876	8458	1789	
102043	305	105752	26390	26268	131439	3990	7306	1622	1064
288869	2896	-3554	108010	103915	95874	1455	4236	519	
2023		-3550			1315		40		
9035	2873	768	20507	20468	22967	463	1218	136	
1187438	46785	2005741	233282	233819	1033803	26484	27652	7532	257
218075	1918	145722	52353	64252	206268	7109	4860	1522	17
141752	5950	66766	76843	77765	98401	2230	2862	694	10
11174	87	5092	7	7	1711	4	24		
64448	2857	38477	18518	18345	82556	2493	2051	562	13
19301	839	43268	3463	1398	30114	150	1615	230	
365239	4137	132261	26899	20757	143763	2363	8556	971	66
138961	25943	1462497	13959	14170	332163	8148	4434	2749	110
228488	5054	111658	41240	37125	138827	3987	3250	804	41
1700462	21378	910331	266017	150516	852407	11935	52952	4889	427
235688	3930	285961	44719	34354	224460	5294	9926	1080	25
808084	11104	388698	145721	60085	356022	3631	27350	2467	270
73545	789	43620	83		17290	27	1492	45	
190927	771	83238	8939	7287	40234	424	967	116	25
107172	2942	85138	16756	12704	94579	695	1864	255	41
285046	1842	23676	49799	36086	119822	1864	11353	926	66
630716	42406	1157557	149386	104638	522388	9279	20014	3102	213
97708	2725	92100	50198	47434	82986	1914	3386	182	91
15837	1094	35887	1090	1	16472	80	1756	129	
238969	6703	249938	52519	20807	213415	2507	9253	1879	103
10326	265	8372	2219	2100	7914	88	274	32	
16414	331	9097	2215	1874	15661	2035	419	65	
144916	30433	748582	20073	12754	145704	1223	2827	782	24
106546	855	13581	21072	19668	40236	1432	2099	33	-5
831004	21808	815218	78734	63611	675589	7990	36973	3820	204
508762	13312	475691	46247	39517	380075	3936	15516	2434	187
165587	2737	167330	12041	11312	146803	1030	8757	994	14
156655	5759	172197	20446	12782	148711	3024	12700	392	3
8572258	339875	10685973	1175511	966052	4104836	106135	211605	38585	1537
946171	49832	1532679	133773	124554	402642	10542	20709	2877	98
2721850	176609	2882464	141630	93493	805813	42902	31871	5781	1080
15123	225	21435	2837	3494	8740	54	569	29	
3068025	79389	4602055	565073	501191	1830534	33844	99211	26117	78
329359	9583	264665	190557	125761	260732	4316	13103	765	76
567526	358	433419	12662	12353	88659	2865	3525	546	23
248002	777	88185	2205	2091	69585	2253	6771	118	
4663	225	6389	9940	8688	12586	630	194		
671539	22877	854682	116834	94427	625545	8729	35652	2352	182
11332353	218616	10341988	3550049	2371910	8567813	109119	751375	29256	543
45714	169	219094	11670	10464	102025	226	1705	102	
1009624	7124	282594	521192	248786	523997	18251	18122	2533	270
299064	6420	136434	96810	96860	172466	2348	8261	754	51
3968928	8194	-427939	321642	253025	834900	23244	89243	3649	
403936	15510	203417	80725	53874	282724	6362	19807	893	3
3328357	136259	6830621	1830791	1352512	4633261	27637	407396	11917	51
2276730	44940	3097767	687219	356389	2018440	31051	206841	9408	168
765864	25654	898001	111221	67395	767225	17866	27979	3822	117
35000	16400	10875	8611	8055	26838	505	893	104	9
730864	9254	887126	102610	59340	740387	17361	27086	3718	108

3-21 续表 5

				营业收入	主营业务	主营业务
	个人资本	港澳台资本	外商资本	合　　计	收　　入	成　　本
零售业合计	**7033603**	**236842**	**1670931**	**160940562**	**158288880**	**141396154**
综合零售	1095584	141116	1203479	48136851	46672510	39314256
百货零售	802355	137116	440871	23777542	22927778	18246886
超级市场零售	230357	4000	665461	22182172	21669266	19379193
其他综合零售	62872		97147	2177137	2075466	1688177
食品、饮料及烟草制品专门零售	76054		5324	2829056	2753786	2333421
粮油零售	7391			317468	304276	306987
糕点、面包零售	5585		1240	442037	440553	331691
果品、蔬菜零售	2315			101791	97546	84686
肉、禽、蛋及水产品零售	4321		2020	137103	135007	123840
饮料及茶叶零售	28950			383543	381022	295277
烟草制品零售	4020			395492	393949	352475
其他食品零售	23472		2064	1051622	1001433	838465
纺织、服装及日用品专门零售	358373	7151	5466	4472965	4424759	3324615
纺织品及针织品零售	20669			308972	308218	247618
服装零售	220323	841	5466	2055057	2033743	1514872
鞋帽零售	43510			505703	500981	372951
钟表、眼镜零售	43150			1091441	1086257	805946
化妆品及卫生用品零售	7550			147384	147384	122510
其他日用品零售	23171	6310		364408	348176	260718
文化、体育用品及器材专门零售	188419	4452	16931	5620306	5375510	4342457
文具用品零售	28070			427870	415006	362093
体育用品零售	38000		225	363274	361491	289568
图书零售	31068		13236	2253789	2080427	1620861
报刊零售	1000			1008353	992772	815563
音像制品及电子出版物零售	9800			169191	145126	116820
珠宝首饰零售	34143	4452		250077	249977	178936
工艺美术品及收藏品零售	11900		2749	287543	276873	170301
照相器材零售	16500			703855	698438	661584
其他文化用品零售	17938		721	156354	155400	126731
医药及医疗器材专门零售	219628	42216		6720440	6670767	5708044
药品零售	71626	828		4006652	3974573	3445101
医疗用品及器材零售	148002	41388		2713788	2696194	2262943
汽车、摩托车、燃料及零配件专门零售	2817423	39751	22311	60147426	59860722	56436078
汽车零售	2582311	50		40797703	40525949	38874545
汽车零配件零售	88418			1714634	1714500	1603781
摩托车及零配件零售				24140	24138	22199
机动车燃料零售	146694	39701	22311	17610949	17596135	15935553
家用电器及电子产品专门零售	1571276	2156	288001	26858250	26471165	24716408
家用电器零售	432373		195000	11440152	11304546	10564937
计算机、软件及辅助设备零售	585484	500	90835	8586353	8513405	7989680
通信设备零售	251557	1656	2166	4303951	4152458	3902920
其他电子产品零售	301862			2527794	2500756	2258871
五金、家具及室内装修材料专门零售	570899		127764	4023554	3963313	3376813
五金零售	60783		53300	1186886	1184682	1071015
家具零售	315429		24000	883704	862767	607979
涂料零售	36511		502	228066	209667	183153
其他室内装修材料零售	158176		49962	1724898	1706197	1514666
无店铺及其他零售	135947		1655	2131714	2096348	1844062
流动货摊零售						
邮购及电子销售	630			88241	88077	63312
生活用燃料零售	32675			608340	584882	535525
花卉零售	2000			12567	12567	11655
旧货零售	260			18222	18222	17954
其他未列明的零售	100382		1655	1404344	1392600	1215616

计量单位：千元

营业费用	主营业务税金及附加	主营业务利润	其他业务收入	其他业务利润	管理费用	#税金	差旅费	工会经费	排污费
10868921	**355928**	**5667877**	**3761999**	**3260577**	**7535946**	**156276**	**182180**	**42083**	**6515**
5276055	184150	1898049	2279113	2260467	3411087	70953	34216	25265	4523
2329579	143003	2208310	1041004	968286	2410737	51133	18955	16752	3150
2592932	37480	-340339	1135137	1199705	878436	16375	9630	7440	1186
353544	3667	30078	102972	92476	121914	3445	5631	1073	187
281712	9814	128839	78272	65189	148143	3016	2552	1442	179
25348	273	-28332	13886	13030	18383	303	342	140	3
55636	2825	50401	1484	729	34173	805	279	243	22
11310	159	1391	4245	4130	6115	375	218	55	18
6938	1559	2670	2121	1939	4445	64	18	17	1
50957	1405	33383	2521	2383	14076	118	907	234	4
19719	889	20866	200	138	9083	72	171	85	1
111804	2704	48460	53815	42840	61868	1279	617	668	130
765601	18280	316263	50378	51122	357946	1676	15817	1848	62
34870	832	24898	1405	1487	20784	119	880	150	1
390068	7704	121099	21466	12727	184077	805	10273	828	53
104353	1175	22502	4795	22054	34661	229	802	176	2
159015	6911	114385	5188	4972	88538	396	1665	535	3
14144	254	10476		241	8753	5	313		
63151	1404	22903	17524	9641	21133	122	1884	159	3
539743	18434	474876	110767	87275	492457	8487	10463	3919	313
31839	1310	19764	17883	17218	27550	198	472	157	11
41673	1131	29119	1783	1710	35154	168	1631	241	40
207005	5252	247309	34223	25258	255855	4889	3624	2527	104
83313	1120	92776	15581	5273	80325	620	1206	427	32
20939	1677	5690	24065	22749	15017	87	175	67	
57647	2937	10457	100	100	24755	1401	1997	7	
60166	2249	44157	10670	10609	32209	717	524	391	123
21104	2130	13620	5417	3377	12240	59	532	73	
16057	628	11984	1045	981	9352	348	302	29	3
572792	15500	374431	60840	54394	385091	2804	28667	1989	71
329128	9554	190790	44161	40422	206953	2308	4470	1838	68
243664	5946	183641	16679	13972	178138	496	24197	151	3
1677763	56922	1689959	433736	211237	1310244	15529	30284	4590	663
1057909	26228	567267	380311	221254	898302	7734	24232	2323	255
55203	2281	53235	17994	10434	52224	1596	2590	110	25
1234	145	560	2	2	459				
563417	28268	1068897	35429	-20453	359259	6199	3462	2157	383
1092774	39853	622130	578659	412247	974986	43037	40487	1179	49
309247	10351	420011	188616	156577	429638	28949	6537	55	18
474938	15931	32856	158553	126856	294530	11323	15992	595	8
186302	8389	54847	203603	104027	144205	1459	6668	256	14
122287	5182	114416	27887	24787	106613	1306	11290	273	9
537206	6918	42376	79577	59002	296411	3566	9516	680	22
57842	2664	53161	11244	10400	56499	592	1209	342	20
274633	1386	-21231	18897	13758	122633	1111	3689		
21035	355	5124	18399	17454	15106	555	424	133	2
183696	2513	5322	31037	17390	102173	1308	4194	205	
125275	6057	120954	90657	59644	159581	7208	10178	1171	633
15486	340	8939	405	405	14950	4	1048		
23713	1199	24445	23377	17429	40471	539	513	342	91
2058	25	-1171	51245	31189	23054	5511		687	
502		-234			357	1	4	5	
83516	4493	88975	15630	10621	80749	1153	8613	137	542

3-21 续表 6

	财务费用	利息支出（净额）	营业利润	投资收益	补贴收入	利润总额	应交所得税
总　　计	**3212523**	**2698615**	**13610473**	**8006957**	**655338**	**21824395**	**6341230**
批发业合计	**2564892**	**2205588**	**12711747**	**7322755**	**585950**	**20204625**	**5440260**
农畜产品批发	313035	298444	-68741	207527	120815	359380	138184
谷物、豆及薯类批发	128941	125014	89574	205208	34934	357713	104947
种子、饲料批发	51886	44504	-51256	-23671	1553	-71574	14569
棉、麻批发	128672	125459	-124185	23151	84328	53299	12815
牲畜批发	-93	-95	-4772			-4772	
其他农畜产品批发	3629	3562	21898	2839		24714	5853
食品、饮料及烟草制品批发	155328	143027	1060249	170502	144923	1377931	504317
米、面制品及食用油批发	73522	64921	-62644	1909	39720	2279	49888
糕点、糖果及糖批发	48779	48219	-2580	5054	14032	6551	4434
果品、蔬菜批发	-100	-100	3564		15	3569	89
肉、禽、蛋及水产品批发	16748	15843	-41354	9720	36386	3301	1530
盐及调味品批发	-54	-71	14606	1858		14200	4247
饮料及茶叶批发	4849	3477	4461	48112	27770	80836	36048
烟草制品批发	-17419	-17474	1161923	39265	13558	1204394	392320
其他食品批发	29003	28212	-17727	64584	13442	62801	15761
纺织、服装及日用品批发	123141	106639	148273	89423	6131	255622	130410
纺织品、针织品及原料批发	64462	52036	82106	11938	32	102518	37400
服装批发	35963	35422	67865	-7900	6002	106319	59061
鞋帽批发	1636	1288	24777	-40		24459	3907
厨房、卫生间用具及日用杂货批发	4273	3527	46028	74124	71	121364	16028
化妆品及卫生用品批发	7764	6344	-4497		8	1486	4399
其他日用品批发	9043	8022	-68006	11301	18	-100524	9615
文化、体育用品及器材批发	63663	23368	692683	98247	17582	794906	143456
文具用品批发	16141	15624	40415	1043	1	10972	18574
体育用品批发	169	-74	21971	78		22627	6812
图书批发	4783	3660	62474	544	16968	85506	29646
报刊批发	-514	-514	3072	-202		2869	2375
音像制品及电子出版物批发	847	605	-5537			-5186	562
首饰、工艺品及收藏品批发	37538	4153	581964	65525	617	658360	83936
其他文化用品批发	4699	-86	-11676	31259	-4	19758	1551
医药及医疗器材批发	62678	62810	174639	195414	3438	383887	94940
西药批发	42776	39754	106992	137995	3073	246978	55345
中药材及中成药批发	1635	4623	30263	34969	326	70485	19268
医疗用品及器材批发	18267	18433	37384	22450	39	66424	20327
矿产品、建材及化工产品批发	1063731	851330	6861498	2140762	192588	8678486	2371756
煤炭及制品批发	57440	53110	1226686	727264	3234	1941079	680411
石油及制品批发	54881	24547	2323893	847011	2945	2884658	467338
非金属矿及制品批发	333	231	15859	1068	107	16979	1869
金属及金属矿批发	604225	518050	2753715	376896	4331	2990886	963446
建材批发	108757	49688	22228	52460	8140	87041	32015
化肥批发	33007	28904	334195	63855	7979	410128	105462
农药批发	89510	79089	-58337	19631	114355	32106	389
农用薄膜批发	-1050	-1136	3541	2143		5621	2502
其他化工产品批发	116628	98847	239718	50434	51497	309988	118324
机械设备、五金交电及电子产品批发	487529	450575	3866594	4063893	20522	7954795	2027676
农业机械批发	9998	9882	117535	38	2959	116114	16104
汽车、摩托车及零配件批发	122192	108838	-106678	78317	8421	-4191	94582
五金、交电批发	46346	39108	15220	19479	9	50285	22409
家用电器批发	45754	41951	-1053147	412780	458	-653699	4459
计算机、软件及辅助设备批发	64104	60353	-79069	24084	1926	-57731	24204
通讯及广播电视设备批发	105429	91875	3449577	2101353	2920	5620375	1110229
其他机械设备及电子产品批发	93706	98568	1523156	1427842	3829	2883642	755689
其他批发	295787	269395	-23448	356987	79951	399618	29521
再生物资回收与批发	1769	1131	-9197	955	31866	22783	2603
其他未列明的批发	294018	268264	-14251	356032	48085	376835	26918

计量单位：千元

可供分配利润	#外方应分利润	#外方汇出利润	劳动、失业保险费	养老保险和医疗保险	住房公积金和住房补贴	本年应付工资总额(贷方累计发生额)	本年应付福利费总额(贷方累计发生额)	本年应交增值税(不含期初未抵扣税)	本年实缴关税
21834331	**8139730**	**399392**	**454548**	**1517064**	**632004**	**11327353**	**1342566**	**8761914**	**5370602**
19326146	**8180351**	**352450**	**275570**	**832954**	**444772**	**7178661**	**759559**	**5551525**	**5123652**
293460	20		8951	21005	10961	202562	24894	-1910305	868679
255274			5235	10061	6655	95973	12934	-1336194	716024
-51464			2029	6837	2407	56238	7408	-3534	55559
71209	20		1628	3296	1463	39931	3130	-575549	88981
			7	131	165	2767	355		
18441			52	680	271	7653	1067	4972	8115
926163	-29825	-636	35139	76536	30763	535618	60761	482583	345096
-32099	186436	-636	12885	13094	5432	95049	9983	50832	53897
14330			572	4556	1574	46142	6508	9228	
3697			2659	2669	2659	2461	321	898	
-199064	-206238		1869	8438	2694	35835	4071	28500	69620
21112			1996	3442		12743	1724	8509	
244450	-33593		539	8228	2523	101491	10352	37373	4120
772477	23570		10810	21144	9278	151475	19073	296871	182263
101260			3809	14965	6603	90422	8729	50372	35196
59119	-3952	-3303	23680	69467	29473	439248	52480	134742	291730
57136	-983	-983	7680	23845	9143	77618	11366	-10973	151978
-76811	-649		10190	26339	12059	197220	23897	39007	18374
12636			141	852	164	19314	1707	8443	8188
6918			1814	3776	2274	29669	3918	36039	579
13053	-80	-80	794	4967	711	36975	2465	26033	7764
46187	-2240	-2240	3061	9688	5122	78452	9127	36193	104847
374088	593		9786	30972	22812	247680	29835	130688	23056
597			1234	3559	2325	27946	2997	23930	5887
5673			116	1022	477	7769	1039	2124	56
14376			6397	12130	15249	104399	14119	36630	1707
799			14	229	84	5130	666	2660	
7488			105	1091	321	6959	1714	2949	879
326592			1614	10705	3905	71248	8439	49008	12147
18563	593		306	2236	451	24229	861	13387	2380
419455	-18001		11639	49563	18338	313844	40588	218938	111235
224087			7074	28835	12060	185246	25448	140861	36367
120108			3658	11690	3548	69520	8852	28143	25825
75260	-18001		907	9038	2730	59078	6288	49934	49043
7705625	7058	-1216	75165	190074	117308	1554102	215197	4051809	2303746
1240360			8412	20796	10344	148875	24341	324512	17707
3016831	122		21253	41765	31045	305056	52398	2748361	798268
11087			43	629	69	3862	196	638	3375
1803340	4196	-1216	27262	70125	48236	699694	96607	768687	737782
217809			8713	17619	9205	89754	11363	73802	31841
630639			966	3306	4589	33660	4349	1817	263173
116331			248	5056	1374	55640	689	16657	2971
7099			47	733	301	4716	529	949	6102
662129	2740		8221	30045	12145	212845	24725	116386	442527
9062641	8224455	357605	82151	356767	194236	3700575	311407	2477277	1112524
98979	-7751		222	2301	904	17936	2807	-15636	8242
186439	70327		8967	26408	11464	185136	26391	302358	504320
61968			5147	15406	7930	102196	6826	82915	13676
-458786	-461364		4630	28602	10924	629554	47192	226106	33308
80499	107		3796	20383	7630	167596	15501	97232	20920
7575363	7182062	480235	27413	153600	76104	1736183	110483	1424362	52907
1518179	1441074	-122630	31976	110067	79280	861974	102207	359940	479151
485595	3		29059	38570	20881	185032	24397	-34207	67586
10543			1952	1945	1022	13276	1378	3681	
475052	3		27107	36625	19859	171756	23019	-37888	67586

3-21 续表 7

	财务费用	利息支出（净额）	营业利润	投资收益	补贴收入	利润总额	应交所得税
零售业合计	**647631**	**493027**	**898726**	**684202**	**69388**	**1619770**	**900970**
综合零售	219644	149922	539815	-28906	9430	640053	384222
百货零售	170033	112845	605214	15150	986	657043	255135
超级市场零售	45240	36570	-62390	-42609	7752	-18542	122484
其他综合零售	4371	507	-3009	-1447	692	1552	6603
食品、饮料及烟草制品专门零售	10866	10555	36594	5593	43002	90317	31502
粮油零售	-33	-36	-33616	274	40648	6801	1388
糕点、面包零售	-774	-776	17731	447		18686	7698
果品、蔬菜零售	197	65	-791		1174	359	209
肉、禽、蛋及水产品零售	-35	-36	1705			1219	216
饮料及茶叶零售	194	74	21496			22301	8384
烟草制品零售	-116	-121	12037	1672		14384	4983
其他食品零售	11433	11385	18032	3200	1180	26567	8624
纺织、服装及日用品专门零售	14389	8891	-4602	3815	-1730	2170	35544
纺织品及针织品零售	507	138	5100	5	5	4785	2785
服装零售	3850	1636	-53785	1504	-1735	-53204	3956
鞋帽零售	609	203	9312			9601	5094
钟表、眼镜零售	9425	7073	21394	2306		27658	17846
化妆品及卫生用品零售	125	105	1839			1818	501
其他日用品零售	-127	-264	11538			11512	5362
文化、体育用品及器材专门零售	26571	22379	43658	21056	96	83965	58456
文具用品零售	252	-272	9207	64	38	10623	4876
体育用品零售	7973	7093	-12260	-145		-9858	792
图书零售	7200	4310	9957	11840		33205	23283
报刊零售	848	4664	16876	81	26	16472	13657
音像制品及电子出版物零售	-135	-193	13557		8	13667	789
珠宝首饰零售	6649	4554	-20847	163		-15009	3920
工艺美术品及收藏品零售	1323	-132	21234	9053	24	29308	9668
照相器材零售	1597	1548	3185			3981	877
其他文化用品零售	864	807	2749			1576	594
医药及医疗器材专门零售	5847	4146	41951	11072	2135	46708	27949
药品零售	3923	2452	23757	10935	1680	32553	16288
医疗用品及器材零售	1924	1694	18194	137	455	14155	11661
汽车、摩托车、燃料及零配件专门零售	206073	160520	390356	93388	4440	465363	283075
汽车零售	188740	145419	-293872	66483	2234	-219207	39216
汽车零配件零售	8458	7057	3055	-1864	28	-1282	3904
摩托车及零配件零售	-7	-7	110			110	38
机动车燃料零售	8882	8051	681063	28769	2178	685742	239917
家用电器及电子产品专门零售	105122	91803	66169	565087	7013	492235	52526
家用电器零售	43143	36472	105350	485426	219	403919	25854
计算机、软件及辅助设备零售	54204	50050	-90211	67346	5998	24496	13285
通信设备零售	6889	4678	17296	12212	20	26294	6568
其他电子产品零售	886	603	33734	103	776	37526	6819
五金、家具及室内装修材料专门零售	52441	40000	-235203	14234	2550	-212246	12306
五金零售	1947	1228	5667	109	640	14719	5473
家具零售	29757	23788	-159770	14395		-146181	564
涂料零售	-1811	-1812	9283			10443	3519
其他室内装修材料零售	22548	16796	-90383	-270	1910	-91227	2750
无店铺及其他零售	6678	4811	19988	-1137	2452	11205	15390
流动货摊零售							
邮购及电子销售	-32	-14	-5574			-5590	165
生活用燃料零售	570	311	903	-360	1051	-4905	8422
花卉零售	3134	3134	8042			3526	5
旧货零售			-591		677	86	25
其他未列明的零售	3006	1380	17208	-777	724	18088	6773

计量单位：千元

可供分配利润	#外方应分利润	#外方汇出利润	劳动、失业保险费	养老保险和医疗保险	住房公积金和住房补贴	本年应付工资总额（贷方累计发生额）	本年应付福利费总额（贷方累计发生额）	本年应交增值税（不含期初未抵扣税）	本年实缴关税
2508185	**-40621**	**46942**	**178978**	**684110**	**187232**	**4148692**	**583007**	**3210389**	**246950**
326819	76258	48828	92040	398541	107373	1916367	315212	1722655	3027
49391	76258	48828	43835	246169	67903	1046538	193638	788916	182
240432			43156	132768	33452	765178	108766	875113	117
36996			5049	19604	6018	104651	12808	58626	2728
85472			4818	18405	4571	120646	13619	73796	984
11254			1626	1600	473	9423	1204	2525	
803			103	1760	389	25665	2709	20165	
443			34	644	116	5259	495	1232	
471			389	299	87	3703	413	1117	
29673			133	2838	575	13150	1791	13850	779
13087			49	524	20	5741	654	4805	
29741			2484	10740	2911	57705	6353	30102	205
53026			6618	30910	6460	296131	29376	155408	9182
1858			138	1828	560	14343	1844	10110	2591
-6504			1982	13971	2203	156764	14152	74887	5096
6770			495	4071	758	40098	4020	11796	
42176			3847	8127	2340	55681	5313	48892	442
834			25	515	38	5076	1495	1362	59
7892			131	2398	561	24169	2552	8361	994
146402	-88	-88	28021	52648	18140	300811	38757	129050	789
8563			169	3425	1041	19286	2613	9205	99
3415			361	4578	725	24155	2206	15312	236
88768	-88	-88	17193	29712	9775	158612	21001	54177	
5081			8658	5665	3951	25083	3447	11196	329
20481			72	848	223	11345	1871	3635	
1784			79	693	36	18444	2665	9620	
13728			1043	5507	2035	28643	3477	17278	
3217			414	1503	244	10020	995	5649	125
1365			32	717	110	5223	482	2978	
132857	16095	-990	6897	42790	12602	261299	29158	142833	27925
83818	16335	-750	4286	34271	9536	165827	21173	85127	948
49039	-240	-240	2611	8519	3066	95472	7985	57706	26977
1049385	1940	-284	21228	65787	14954	562166	72991	581872	162475
191465	276	-881	3210	33645	6946	371789	47498	263899	151958
13028	1293	1293	479	6423	1002	33583	4768	18411	6705
65				16		268	37	1448	
844827	371	-696	17539	25703	7006	156526	20688	298114	3812
766484	-779	-374	7915	43604	13002	458698	54738	291715	21449
541587	-168	-168	940	10283	1609	126307	15513	97704	9659
135054	-687	-206	1729	16536	5929	202529	23513	132324	2731
59657			2680	10472	2747	74176	9040	27324	3158
30186	76		2566	6313	2717	55686	6672	34363	5901
-88767	-133994	-92	5058	18835	5895	155363	18127	80798	13177
31820			1833	5548	2042	33040	3869	17044	7033
-138666	-1210		337	4081	906	45392	4427	38031	1128
11053			311	1227	342	12285	1391	3635	236
7026	-132784	-92	2577	7979	2605	64646	8440	22088	4780
36507	-53	-58	6383	12590	4235	77211	11029	32262	7942
3			41	765		9202	1118	3743	
2065			2937	4703	1558	26038	3933	7986	
			268	1403	213	3776	603	23	
61			1	36		263	37		
34378	-53	-58	3136	5683	2464	37932	5338	20510	7942

3-22 限额以下批发零售

	单位数（个）	亏损企业	年初存货	流动资产合计	#现金	短期投资	应收帐款（净额）
总计	**55158**	**28694**	**18482268**	**143859223**	**3738432**	**4831477**	**26746974**
一、按登记注册类型分							
内资	54936	28535	18180687	141347956	3727877	4758935	26511406
国有	1773	814	2238143	35965430	531858	3205729	5244055
集体	3053	1205	1340014	4886268	142943	24754	1042319
股份合作	7141	3428	865002	4402005	172392	208249	415412
国有联营	23	15	26099	117798	611	385	11801
集体联营	41	17	6867	29694	980		2641
国有与集体联营	33	18	26153	103049	2301	13	38853
其他联营	24	14	8228	18617	1260		2537
国有独资公司	70	36	180200	7585750	2920	2596	2403151
其他有限责任公司	6189	3363	3629019	37143064	646130	619383	7839759
股份有限公司	949	449	307051	2962407	206566	194171	319204
私营独资	1961	789	113371	389242	44706	1015	77881
私营合伙	1030	498	85072	373269	29341	2476	58071
私营有限责任公司	30106	16555	8838059	45253365	1804702	475815	8610177
私营股份有限公司	2403	1286	504909	2076540	137516	24302	437275
其他	140	48	12500	41458	3651	47	8270
港澳台商投资	78	56	151646	415925	4559	2503	60301
与港澳台商合资经营	32	25	93982	214120	1481		25967
与港澳台商合作经营	3	3	9718	37361	38		16957
港澳台商独资	42	28	47946	164444	3040	2503	17377
港澳台商投资股份有限公司	1						
外商投资	144	103	149935	2095342	5996	70039	175267
中外合资经营	60	42	78427	451804	2609	15	32244
中外合作经营	5	5	4897	12258	78		2024
外资企业	75	54	64008	1622780	3297	70024	140568
外商投资股份有限公司	4	2	2603	8500	12		431
二、按隶属关系分							
中央	1001	484	1541660	45572648	698152	3355963	10021041
地方	4049	1748	2715975	16199225	255501	111150	2941772
其他	50108	26462	14224633	82087350	2784779	1364364	13784161

注：本表包括贸易经纪与代理行业。

企业主要财务状况

计量单位：千元

存货	一年内到期的长期债权投资	长期投资合计	#长期股权投资	长期债权投资	固定资产合计	#固定资产原价	累计折旧	本年折旧
22699349	**348394**	**69872582**	**66286461**	**2034725**	**20382751**	**20637995**	**5140906**	**919454**
22379718	348244	67618348	64190742	1879720	20136698	20343888	5032703	903151
2402011	153700	16576378	15902418	489219	6342757	6577912	1811863	224733
1380377	13231	662027	426022	86968	1190884	1530910	483858	51810
953733	6833	1175800	967476	62369	717103	749385	216406	33950
16743		15738	2583		41207	70627	30993	4556
6369	74	14440	14440		3749	6542	2798	133
25886		2459	219	960	17429	30008	14877	1670
8863		500	500		621	2271	1704	123
221345	23	4965572	4910696		1250271	1074960	231784	27869
4446955	27546	6177437	5224897	414937	4161297	3809007	795593	186713
406544	3188	34635125	34237591	316593	865664	789556	156182	22836
146229	1190	16413	2825	4338	86719	100343	19361	4740
128792	340	15100	4280	4110	46771	62571	17427	2299
11598211	131947	3156069	2357427	441460	5156947	5236071	1181817	321627
623518	10143	205096	139368	58766	234672	280072	64745	19113
14142	29	194			20607	23653	3295	979
164429	150	34935	31510		54316	91351	39458	4811
89297		1530	1530		40835	65798	25597	2858
9770		3425			380	1554	1175	40
65362	150	29980	29980		13101	23999	12686	1913
155202		2219299	2064209	155005	191737	202756	68745	11492
64741		38148	38148		52279	75335	27979	3290
3853		67			4366	4552	934	512
84070		2181084	2026061	155005	132995	118271	37254	7349
2538					2097	4598	2578	341
1963877	12072	55856909	54812664	925624	4771186	4818428	1402260	182635
2750304	147521	2868285	2230069	210254	5154445	5663778	1404301	173950
17985168	188801	11147388	9243728	898847	10457120	10155789	2334345	562869

3-22 续表 1

	单位数(个)	亏损企业	年初存货	流动资产合计	#现金	短期投资	应收帐款(净额)
三、按控股情况分							
国有绝对控股	2428	1151	3357545	56555722	843680	3424677	12143984
国有相对控股	365	157	228976	1886463	16366	7161	307105
其他	52365	27386	14895747	85417038	2878386	1399639	14295885
四、零售业按经营方式分	**29467**	**15602**	**5239979**	**33978874**	**1304427**	**571323**	**3400126**
独立店	22692	11792	3725958	23556680	974000	241088	2477746
连锁总店	20	8	9094	1467836	2301	2000	22183
连锁分店	205	96	31920	114943	7153	2192	15575
其他	6550	3706	1473007	8839415	320973	326043	884622
五、零售业按经营业态分	**29467**	**15602**	**5239979**	**33978874**	**1304427**	**571323**	**3400126**
百货商店	641	295	143081	639978	27673	3548	56763
购物中心	93	47	25478	292363	7409	1000	13008
超级市场	274	133	82607	595581	16564	1949	34365
专业店	5871	3036	1208223	4396436	253309	23081	560749
专卖店	2097	1108	406459	1861411	89492	23400	197639
便利店	1437	616	128786	695077	37158	13866	75601
仓储式商场	82	40	12905	65604	2554	1545	11224
无店铺销售	3749	2090	756919	5831818	213513	66684	582792
其他	15223	8237	2475521	19600606	656755	436250	1867985
六、按地区分							
东城区	2986	1698	1412817	13833527	110660	155005	1969534
西城区	3726	2254	1695122	15349392	51794	156856	2887924
崇文区	1778	950	690742	2933918	74098	16588	500145
宣武区	2580	1358	981912	6118368	46941	54654	925520
朝阳区	11685	6167	4540947	41241914	562139	731266	11056837
丰台区	5581	3059	1868742	8207742	328642	46319	1890831
石景山区	1468	939	392349	6063367	48661	20855	489421
海淀区	16194	7886	4550367	38264094	1764566	3567103	4901721
门头沟区	493	264	126494	594399	17262	4564	204420
房山区	1438	703	385696	2030695	113341	9053	314757
通州区	1180	515	293341	1148210	125369	10215	218289
顺义区	713	278	160893	1431363	33527	3785	176200
昌平区	1441	788	422243	2241578	95748	16431	291451
大兴区	1871	1034	418653	2269361	210507	22215	501417
怀柔区	578	235	258393	744921	48267	1432	135124
平谷区	422	173	57498	261488	14680	2496	47278
密云县	513	143	101299	490626	70788	7776	120346
延庆县	382	155	90076	279996	18566	1121	38495
北京经济技术开发区	129	95	34684	354264	2876	3743	77264

计量单位：千元

存货	一年内到期的长期债权投资	长期投资合计	#长期股权投资	长期债权投资	固定资产合计	#固定资产原价	累计折旧	本年折旧
3708112	157789	57443434	56050144	1010430	8828212	8943467	2354098	301171
233703	3828	179439	173803	3451	217360	272877	68633	10853
18757534	186777	12249709	10062514	1020844	11337179	11421651	2718175	607430
6293200	**83367**	**4948956**	**3737954**	**455695**	**7839512**	**7387118**	**1630621**	**283160**
4471114	53261	2903151	2051609	290079	6087756	5711452	1226499	209958
22033		596804	596804		5778	8890	3113	586
40733	730	6138	5013		16727	22091	5948	2740
1759320	29376	1442863	1084528	165616	1729251	1644685	395061	69876
6293200	**83367**	**4948956**	**3737954**	**455695**	**7839512**	**7387118**	**1630621**	**283160**
169430	4606	22555	15594	3783	916378	661814	84805	17612
38626	148	17112	932		69798	22342	3365	588
107913	3195	9929	7382	2347	141684	55759	13806	3012
1364699	12544	346100	267436	53864	1164971	1307029	292680	62398
477142	2953	117474	30160	33143	465832	328886	74771	14636
140595	2802	47900	35572	3572	340164	379622	84902	12333
20032	221	677	212	235	65524	16602	3265	908
924352	14069	956926	780006	48146	439603	552485	145473	35021
3050411	42829	3430283	2600660	310605	4235558	4062579	927554	136652
1613615	5478	39321529	38867474	435131	2061727	2260765	496683	74503
2089993	4271	3142045	2803707	337158	1779540	1602074	507922	97264
807441	5993	212691	138615	8562	763412	701252	150377	18407
1152575	7302	1871732	1714299	39277	800425	1039491	272081	40888
5845440	57303	9434772	8629868	415056	4980777	4709926	1277349	234638
2207429	19288	632819	518780	66723	1253355	1496709	415917	71677
490853	1941	906389	898043	5920	700652	477904	82684	19093
5598733	212172	13416672	12325488	582312	4638241	4935066	1213196	231500
137889	1740	42063	39490	1073	104629	116722	30740	4608
469268	3820	104419	60615	32013	670241	706923	145897	22630
270306	1705	69085	48248	15864	451577	396139	66819	13024
233989	1823	80193	14278	17770	341711	328858	75131	13112
534580	712	327517	53109	25423	654231	606262	124155	25382
576083	14378	170050	88500	30514	513348	546852	140287	28797
297949	2083	38401	23755	2120	179436	199806	41821	7289
76213	1063	3787	293	1752	106549	112798	19914	2524
137763	5676	26852	4712	11780	169779	172063	28630	4282
107355	1646	14322	1935	4285	161800	183212	42214	6685
51875		57244	55252	1992	51321	45173	9089	3151

3-22 续表 2

	在建工程	无形资产	资产总计	流动负债合计	#短期借款	应付账款	长期负债合计
总　计	**4376128**	**3429927**	**241747934**	**127165333**	**30205216**	**23639556**	**8726189**
一、按登记注册类型分							
内资	4317715	3362335	236654702	125885724	30027283	23397801	8515851
国有	1414823	852298	60445755	41324296	14894847	5795290	4291166
集体	112826	87539	6999927	4428457	1180476	1188103	434239
股份合作	171622	108997	6533929	4271702	1047375	770982	293261
国有联营	1571	3264	180562	74119	1250	15252	2559
集体联营	2		48010	97833	42691	5907	378
国有与集体联营	1858	50	123922	91727	19411	28110	6854
其他联营		23	19801	14005		1191	
国有独资公司	389739	18846	13835995	5610407	935393	969058	1472778
其他有限责任公司	1038615	1159048	50183039	32538633	8268146	5570859	912260
股份有限公司	203499	115541	38705067	5992845	202976	529881	150008
私营独资	557	18196	535654	241638	27877	74958	10024
私营合伙	276	14004	453175	179063	18440	58065	12429
私营有限责任公司	970245	880687	55850386	29835124	3276547	7988832	891491
私营股份有限公司	11967	103679	2676747	1151605	108858	382802	38096
其他	115	163	62733	34270	2996	18511	308
港澳台商投资	774	2785	512257	380082	28732	124030	3298
与港澳台商合资经营	628	1706	259357	187188	4980	57504	235
与港澳台商合作经营		13	41406	38542	2152	6046	
港澳台商独资	146	1066	211493	154352	21600	60480	3063
港澳台商投资股份有限公司			1				
外商投资	57639	64807	4580975	899527	149201	117725	207040
中外合资经营	4914	5284	554635	178035	12411	40630	57034
中外合作经营	748		17147	6098	2033	1946	
外资企业	51977	59523	3998596	708365	134757	73948	150006
外商投资股份有限公司			10597	7029		1201	
二、按隶属关系分							
中央	1251210	449048	107163631	51097317	15955772	6666315	4531243
地方	760056	728876	25756931	16879172	5481728	2875860	1556774
其他	2364862	2252003	108827372	59188844	8767716	14097381	2638172

计量单位：千元

#长期借款	应付债券	负债合计	所有者权益合计	#实收资本	国家资本	集体资本	法人资本	#国家法人	集体法人
6081961	**204365**	**135891522**	**105856412**	**99010936**	**13282716**	**2704177**	**42132085**	**26193854**	**8431393**
5926811	204365	134401575	102253127	95161236	13225549	2697567	41885498	26138562	8409186
2980470	344	45615462	14830293	14031421	9900326	32696	4077406	3818358	31374
337160	10948	4862696	2137231	2328833	42298	1447523	539831	35725	444459
115012	115461	4564963	1968966	2237214	8997	158140	531431	15512	391761
1609		76678	103884	99304	70803	660	27216	27216	
378		98211	-50201	34959	450	6407	24388		13858
3033	-630	98581	25341	48839	3073	12288	32934	16215	15719
		14005	5796	7278	1690	440	3475	1000	330
1150173		7083185	6752810	4388622	1980793	50	2386078	2379072	
644504	20122	33450893	16732146	18498751	632561	499187	10810471	2872694	4420948
102181	261	6142853	32562214	18942044	506363	114822	17736085	16820057	713561
6939	604	251662	283992	266535	1565	11744	30065	620	4177
7685	794	191492	261683	299440	1237	3770	36001	650	15621
548406	55238	30726615	25123771	32261718	45994	379353	5221680	134573	2164655
29054	1123	1189701	1487046	1692845	28420	27803	420547	14300	192293
207	100	34578	28155	23433	979	2684	7890	2570	430
1510		383380	128877	260082	1905	3498	67146	27535	3419
235		187423	71934	141168	1905	3498	61398	27535	3419
		38542	2864	11246			4875		
1275		157415	54078	107668			873		
			1						
153640		1106567	3474408	3589618	55262	3112	179441	27757	18788
3950		235069	319566	464894	55262	3112	168263	26257	14504
		6098	11049	16926			3355	1500	1027
149690		858371	3140225	3104370			6998		2432
		7029	3568	3428			825		825
3010784	81	55628560	51535071	33826776	9894808	137492	23497041	22640724	574071
1243161	9069	18435946	7320985	8107672	2377638	945655	3807736	2000594	629956
1828016	195215	61827016	47000356	57076488	1010270	1621030	14827308	1552536	7227366

3-22 续表 3

	在建工程	无形资产	资产总计	流动负债合计	#短期借款	应付账款	长期负债合计
三、按控股情况分							
国有绝对控股	2028885	942705	124840441	63289453	19570826	8702201	5946914
国有相对控股	11473	65460	2453726	1699293	367197	328454	8092
其他	2335770	2421762	114453767	62176587	10267193	14608901	2771183
四、零售业按经营方式分	**1891226**	**1344429**	**49865220**	**25925012**	**5455310**	**4146723**	**2016501**
独立店	1482243	1032794	34942571	18113899	3827418	2780475	1586176
连锁总店		13511	2084274	1750923	621343	310098	
连锁分店	212	2421	155169	60411	6654	16989	358
其他	408771	295703	12683206	5999779	999895	1039161	429967
五、零售业按经营业态分	**1891226**	**1344429**	**49865220**	**25925012**	**5455310**	**4146723**	**2016501**
百货商店	332562	50819	1830593	953965	264995	98342	361090
购物中心	36643	1455	382878	275737	176497	39898	613
超级市场	98241	1169	801118	591168	374086	53685	51055
专业店	114336	103699	6134994	2728919	371927	650335	221485
专卖店	202358	10681	2562895	1310247	98397	226239	66894
便利店	39178	44341	1152589	523521	93381	183356	30459
仓储式商场	52117	13179	157446	57200	6632	13186	11390
无店铺销售	23334	134424	7533797	4445715	940110	981558	237489
其他	992457	984662	29308910	15038540	3129285	1900124	1036026
六、按地区分							
东城区	290823	307781	55918040	15016785	2300291	1985518	1445674
西城区	645025	468482	20889553	14236454	3371344	3441315	1091549
崇文区	204297	38123	4031322	2501644	446040	747066	132332
宣武区	20268	73078	8963800	4426549	561565	857475	173910
朝阳区	1378904	617950	57513199	33660764	6992530	6299216	2232728
丰台区	126614	74106	10336524	6518319	1230465	2440406	244960
石景山区	294355	62480	7803802	5866873	1648154	737811	225809
海淀区	809725	1495776	59496386	35560297	11582155	5075089	2746429
门头沟区	17559	830	746054	550380	116973	137931	25584
房山区	67384	40501	2886242	1766945	649112	307066	37426
通州区	116532	28779	1787110	811891	93656	213629	41582
顺义区	81440	42321	1916481	1037278	142832	143760	40489
昌平区	164203	30584	3314152	1742325	323502	357194	174356
大兴区	98682	73427	3079361	1756648	233135	517573	71960
怀柔区	11528	13122	984741	610054	273355	97508	7242
平谷区	8812	7089	394403	160257	56122	41408	5389
密云县	17003	14090	711591	443491	96673	139610	22928
延庆县	8680	7078	470987	237135	80353	46671	4546
北京经济技术开发区	14294	34330	504186	261244	6959	53310	1296

计量单位：千元

#长期借款	应付债券	负债合计	所有者权益合计	#实收资本	国家资本	集体资本	法人资本	#国家法人	集体法人
4209760	2080	69236367	55604074	38384571	12372020	95961	25540425	24949271	265751
4651		1707385	746341	875881	89820	46638	555930	212760	143797
1867550	202285	64947770	49505997	59750484	820876	2561578	16035730	1031823	8021845
1393321	**152342**	**27941513**	**21923707**	**29462409**	**1598484**	**1210384**	**8460010**	**1410623**	**3688328**
1046173	146872	19700075	15242496	19233560	1333431	878043	5658532	1052589	2796416
		1750923	333351	159064			152550		151600
112		60769	94400	112557	2120	4887	35207	1250	6836
347036	5470	6429746	6253460	9957228	262933	327454	2613721	356784	733476
1393321	**152342**	**27941513**	**21923707**	**29462409**	**1598484**	**1210384**	**8460010**	**1410623**	**3688328**
349911		1315055	515538	639097	155874	42364	214607	60036	55375
613		276350	106528	121967	12784	8038	54576		8840
2191	760	642223	158895	198275	2009	6837	100836	9382	73221
125416	22072	2950404	3184590	3539332	142412	191945	1009106	276893	435273
20417	655	1377141	1185754	1525927	95521	67992	471548	91975	187991
23052	1112	553980	598609	650204	94721	44630	111990	21536	47255
11376		68590	88856	88460	1540	1941	13615	1400	865
72677	115317	4683204	2850593	4408798	74906	106028	749456	67857	386842
787668	12426	16074566	13234344	18290349	1018717	740609	5734276	881544	2492666
1219640	266	16462459	39455581	25332643	3146894	93202	18710358	17256739	853502
958286	660	15328003	5561550	6945478	1580780	286959	2745691	1729417	465921
78441	-3	2633976	1397346	1781442	95149	82240	698477	162360	275458
105853	-132	4600459	4363341	3195535	616041	183940	1110471	707757	273084
1735570	20576	35893492	21619707	21243793	2524082	637927	7386046	2928980	1740855
147195	8795	6763279	3573245	4923089	342602	367083	1803236	564881	530024
195176		6092682	1711120	2218187	42689	40824	1388919	27802	1278374
1334497	144660	38306726	21189660	25936434	4347664	593507	6488353	2530282	2355596
10295	956	575964	170090	329972	20522	45036	63359	7494	36164
22257	30	1804371	1081871	1092294	62168	71199	308724	21633	53131
23714	6442	853473	933637	891387	40756	42739	243545	7779	98254
16006	1226	1077767	838714	793587	104210	43089	291887	117200	122077
151821	340	1916681	1397471	1610740	42093	74931	403835	75405	199905
60620	5034	1828608	1250753	1346799	189452	65197	200227	25513	78606
5527	1121	617296	367445	342026	50971	7356	53843	863	9252
4513	25	165646	228757	259825	4146	18663	77993	710	16579
7881	14573	466419	245172	294704	9379	15749	48077	8866	13612
3373	-204	241681	229306	217408	62918	30386	34384	4163	10589
1296		262540	241646	255593	200	4150	74660	16010	20410

3-22 续表 4

				营业收入		主营业务
	个人资本	港澳台资本	外商资本	合计	主营业务收入	成本
总计	**37121817**	**326734**	**3443407**	**106272642**	**102763794**	**89326458**
一、按登记注册类型分						
内资	37034971	130790	186861	105136760	101665758	88482932
国有	20487	6	500	10658273	9760977	8556284
集体	296940	2241		3754270	3556757	3013438
股份合作	1536005	2609	32	3400987	3316219	2704336
国有联营	625			45629	44588	39928
集体联营	3714			26745	26107	21014
国有与集体联营	544			121350	118262	106198
其他联营	1673			18833	18701	15125
国有独资公司	2320		19381	2643594	2569983	2179104
其他有限责任公司	6381577	18554	156401	23504513	22184273	19380173
股份有限公司	567544	17230		3543947	3495269	3223100
私营独资	221402	1754	5	645580	635298	531687
私营合伙	254332	4100		449231	438150	363533
私营有限责任公司	26522613	81856	10222	53699778	52909796	46096878
私营股份有限公司	1213635	2440		2594272	2562394	2234013
其他	11560		320	29758	28984	18121
港澳台商投资	17681	165434	4418	282754	276037	219304
与港澳台商合资经营	12892	61195	280	76028	73128	48509
与港澳台商合作经营		6371		3055	3055	2195
港澳台商独资	4789	97868	4138	203671	199854	168600
港澳台商投资股份有限公司						
外商投资	69165	30510	3252128	853128	821999	624222
中外合资经营	53103	27445	157709	145565	133692	105147
中外合作经营	500	1655	11416	18322	18014	16836
外资企业	13784	1410	3082178	685800	669792	501971
外商投资股份有限公司	1778		825	3441	501	268
二、按隶属关系分						
中央	105350	14791	177294	17215068	15857392	14119914
地方	943359	19786	13498	9943364	9217169	8026148
其他	36073108	292157	3252615	79114210	77689233	67180396

计量单位：千元

营业费用	主营业务税金及附加	主营业务利润	其他业务收入	其他业务利润	管理费用	#税金	差旅费	工会经费	排污费
7536077	**396534**	**5504725**	**3938860**	**2706307**	**10118108**	**155336**	**674728**	**30049**	**4640**
7422547	388756	5371523	3895761	2679046	9821474	153404	657612	29508	4529
650832	53192	500669	1067095	859099	1850615	42162	43328	8943	1220
330613	22598	190108	255981	191800	377921	8364	8984	1812	622
386147	18186	207550	94684	88438	384375	5657	17910	1133	346
10988	771	-7099	971	16291	9909	148	193	179	
3268	165	1660	640	434	3673	43	191	1	1
9618	216	2230	3089	2158	9759	142	298	45	19
1999	72	1505	132	132	2804	12	167	25	17
120776	12559	257544	113094	80252	191141	9328	4777	1079	84
1499666	95096	1209338	1338390	734212	1963799	26909	129430	6057	604
130827	11458	129884	52588	47617	232301	3574	9547	703	42
55237	4621	43753	11853	9014	53533	1704	2290	203	67
47533	2197	24887	11814	8588	48100	796	3137	54	20
3967073	158229	2687616	904600	613392	4480170	51693	422470	8738	1420
202425	8991	116965	40008	26931	209585	2557	14838	508	40
5545	405	4913	822	688	3789	315	52	28	27
24469	184	32080	8804	6871	55025	449	3196	57	111
8932	97	15590	4916	4163	22858	233	711	52	111
1009		-149			5151	3	637		
14528	87	16639	3888	2708	27016	213	1848	5	
89061	7594	101122	34295	20390	241609	1483	13920	484	
26328	309	1908	12380	4814	46472	151	1999	92	
673		505	308	292	2997	17	82		
59643	7282	100896	18667	12698	189092	1299	11749	349	
2417	3	-2187	2940	2586	3048	16	90	43	
656635	69158	1011685	1398944	839906	1629825	37557	49634	7314	177
760687	48401	381933	957625	731049	1347167	31431	33918	7843	1861
6118755	278975	4111107	1582291	1135352	7141116	86348	591176	14892	2602

3-22 续表 5

				营业收入		主营业务
	个人资本	港澳台资本	外商资本	合计	主营业务收入	成本
三、按控股情况分						
国有绝对控股	146205	11079	218881	22865286	20989502	18784436
国有相对控股	169482	4812	9199	1066877	1022645	841285
其他	36806130	310843	3215327	82340479	80751647	69700737
四、零售业按经营方式分	**17917716**	**94285**	**181530**	**16564036**	**15570512**	**12344891**
独立店	11164569	56387	142598	12154890	11414108	9070515
连锁总店	6514			33068	32797	24070
连锁分店	70243	100		138683	137514	105659
其他	6676390	37798	38932	4237395	3986093	3144647
五、零售业按经营业态分	**17917716**	**94285**	**181530**	**16564036**	**15570512**	**12344891**
百货商店	225329	923		465328	425685	342363
购物中心	46569			99101	95047	76794
超级市场	87353	1240		279496	260827	217280
专业店	2174864	20076	929	3708109	3562814	2818660
专卖店	883666	4878	2322	1235877	1179760	933729
便利店	388215	1163	9485	448581	407894	323072
仓储式商场	71364			59377	57768	50314
无店铺销售	3441226	15702	21480	3384146	3273283	2673970
其他	10599130	50303	147314	6884021	6307434	4908709
六、按地区分						
东城区	2369618	48478	964093	5968289	5597110	4443171
西城区	2269989	23802	38257	8405058	7965575	6782517
崇文区	899401	6175		3389145	3287282	2845657
宣武区	1263100	5275	16708	4441248	4149046	3364345
朝阳区	8489737	117714	2088287	28606217	26872657	23111382
丰台区	2365679	22995	21494	8120194	8059348	6929727
石景山区	741851	1250	2654	2181432	2132315	1877670
海淀区	14159582	61583	285745	32628830	32335521	28970646
门头沟区	200555	500		616216	587569	509694
房山区	641203	9000		2498836	2455361	2285761
通州区	561258	3089		1531023	1514451	1350379
顺义区	340936	13465		1411531	1407446	1247563
昌平区	1082351	2430	5100	1737229	1717503	1470902
大兴区	873821	7755	10347	2609005	2582715	2300145
怀柔区	226982	1823	1051	567545	559582	495705
平谷区	158218	800	5	357212	352793	318763
密云县	220954		545	613800	613525	541556
延庆县	89720			329554	322857	277254
北京经济技术开发区	166862	600	9121	260278	251138	203621

计量单位：千元

营业费用	主营业务税金及附加	主营业务利润	其他业务收入	其他业务利润	管理费用	#税金	差旅费	工会经费	排污费
1079459	89247	1036360	2106241	1378602	2555820	58742	64625	12605	1434
112678	5532	63150	38632	31407	133658	1168	6695	594	153
6343940	301755	4405215	1793987	1296298	7428630	95426	603408	16850	3053
2275800	**104768**	**845053**	**1150701**	**888671**	**3005421**	**46320**	**170594**	**9411**	**2235**
1698497	77055	568041	863100	661032	2115099	34623	103300	7277	1906
6758	266	1703	630	702	19403	97	676	42	
21468	1231	9156	886	577	18110	187	437	16	4
549077	26216	266153	286085	226360	852809	11413	66181	2076	325
2275800	**104768**	**845053**	**1150701**	**888671**	**3005421**	**46320**	**170594**	**9411**	**2235**
90038	3044	-9760	60831	58228	103474	3817	3174	1224	346
14731	570	2952	398	580	12081	301	758	18	
37419	1252	4876	24798	15526	26102	1122	1225	190	23
500849	21942	221363	190663	132949	567774	11445	23053	1688	521
201549	7146	37336	66712	68703	205603	2468	7810	221	343
66246	4200	14376	38606	32905	78181	1757	8111	468	83
6210	260	984	3472	3083	7726	190	508	32	-17
354370	18272	226671	114785	82893	523063	5868	43255	924	71
1004388	48082	346255	650436	493804	1481417	19352	82700	4646	865
615334	39834	498771	365747	286134	886922	9834	58680	2951	179
640907	37828	504323	439900	332392	992701	10180	58046	3650	496
273551	10515	157559	101615	84780	292355	4210	14941	742	103
400449	29955	354297	273142	209346	518666	10626	27775	2022	296
2080303	112032	1568940	1656814	984123	2743810	42530	228575	7113	547
682352	26330	420939	182412	123615	707799	11236	48583	2520	1050
152870	5862	95913	50476	39405	229826	2028	15092	478	19
1859237	89989	1415649	621453	443568	2825907	44840	178712	6819	1038
46002	3039	28834	28307	14442	49536	1113	2713	190	54
103138	4786	61676	43475	30062	163922	3312	4692	373	100
93552	4786	65734	16703	15107	101695	2359	4705	319	108
82462	8451	68970	20476	30409	91358	2205	5812	386	29
151325	6987	88289	52452	39245	167671	3535	7887	399	223
179557	7396	95617	49225	45195	191967	2878	10312	485	116
44840	1692	17345	9416	7110	43329	1303	1932	1092	40
19767	1389	12874	4335	3766	18953	629	1034	44	19
37673	2801	31495	7772	5704	31062	882	2392	99	18
41581	1588	2434	5786	4421	36318	1249	1043	346	205
31177	1274	15066	9354	7483	24311	387	1802	21	

3-22 续表 6

	财务费用	利息支出（净额）	营业利润	投资收益	补贴收入	利润总额	应交所得税
总　　计	**1415005**	**1219542**	**-2286324**	**3006488**	**178881**	**349467**	**717691**
一、按登记注册类型分							
内资	1414269	1220877	-2152223	2557773	178888	220917	714654
国有	596223	486592	-479505	1888820	142402	1002174	171218
集体	28278	21944	-3262	9048	3453	-39756	34589
股份合作	50295	47051	-112625	16371	1272	-95143	11344
国有联营	1278	-157	-1427	2603		2294	20
集体联营	4221	4219	-5753	-8735		-14122	63
国有与集体联营	-62	-87	-5014	27		-3224	140
其他联营	-18	-19	-1091		33	-1012	18
国有独资公司	390	-10546	146293	471631	31	615746	73087
其他有限责任公司	522874	491151	-437488	188119	15408	-1931	261633
股份有限公司	103905	103095	-148389	-26862	952	-211278	6871
私营独资	920	171	4387	54	89	2758	1217
私营合伙	541	196	-12272	933	-5	-12822	1860
私营有限责任公司	103540	77090	-1043011	15464	12936	-974783	148067
私营股份有限公司	1890	188	-55264	305	2317	-50029	4392
其他	-6	-11	2198	-5		2045	135
港澳台商投资	639	629	-16497	-99	2	-16991	1064
与港澳台商合资经营	186	166	-3114	1	2	-3300	898
与港澳台商合作经营	-27		-5272			-5272	
港澳台商独资	480	463	-8111	-100		-8419	166
港澳台商投资股份有限公司							
外商投资	97	-1964	-117604	448814	-9	145541	1973
中外合资经营	462	-395	-39929	-678	27	-39088	769
中外合作经营	9	-18	-2208			-2208	
外资企业	-369	-1546	-72825	449492	-36	189458	1204
外商投资股份有限公司	-5	-5	-2642			-2621	
二、按隶属关系分							
中央	591404	474350	249016	2386659	61241	2014549	310645
地方	480346	451391	-664287	70737	93741	-269934	97187
其他	343255	293801	-1871053	549092	23899	-1395148	309859

计量单位：千元

可供分配利润	#外方应分利润	#外方汇出利润	劳动、失业保险费	养老保险和医疗保险	住房公积金和住房补贴	本年应付工资总额（贷方累计发生额）	本年应付福利费总额（贷方累计发生额）	本年应交增值税（不含期初未抵扣税）	本年实缴关税
2423992	**-255322**	**-636567**	**147540**	**506482**	**186744**	**6641819**	**592068**	**1593736**	**609756**
2005011	-513595	-632180	146410	495959	183169	6493510	577722	1568432	603715
239569	-565606	-561348	57778	145643	72918	733092	90842	99405	132342
18650	2260	-1926	12198	46785	10209	378437	29436	69116	23074
25321	-1644	-1194	3934	22031	2802	515213	25927	70001	3459
-1904			39	877	309	6136	845	1606	
163			3	66	3	2989	327	808	
-4740	10		289	977	245	6011	647	1695	1782
174			590	632	601	1881	127	194	16
752131			9373	12743	7121	81650	9030	-2340	44794
633124	-48787	-41070	18796	104283	41386	1038955	114603	299429	151732
19907	-3949	-3045	2519	13587	6107	272319	11623	22788	47972
11327	-5	-37	247	827	216	65922	2935	12532	152
5604	3194	157	124	1287	182	40791	3217	10037	1828
299376	103933	-20711	37636	139553	38045	3149321	275381	939424	193071
5498	-3000	-3005	2780	6495	2928	197332	12582	43146	3411
811	-1	-1	104	173	97	3461	200	591	82
31154	27214		390	2177	637	30000	1612	11549	2452
5573	2760		235	910	382	11559	551	5483	1501
4896	3867		9	105	37	1366	8	132	
20685	20587		143	1136	218	16967	1053	5934	951
			3	26		108			
387827	231059	-4387	740	8346	2938	118309	12734	13755	3589
-4534	540	-181	105	1718	603	26043	1835	5836	2209
			5	94	4	1761	3	308	
392361	230519	-4206	559	5445	2063	87854	10794	7592	1380
			71	1089	268	2651	102	19	
1341079	-567168	-556739	26033	101196	66936	641306	75790	103679	225911
-43242	-3601	-6429	61702	145674	47144	792079	86192	118220	29579
1126155	315447	-73399	59805	259612	72664	5208434	430086	1371837	354266

3-22 续表 7

	财务费用	利息支出（净额）	营业利润	投资收益	补贴收入	利润总额	应交所得税
三、按控股情况分							
国有绝对控股	860262	718022	-369777	2434758	150014	1631394	337309
国有相对控股	10396	9562	-44561	14537	-137	-30933	9928
其他	544347	491958	-1871986	557193	29004	-1250994	370454
四、零售业按经营方式分	**202440**	**178622**	**-1279123**	**79821**	**26887**	**-1076467**	**59795**
独立店	151919	134492	-910470	40279	24431	-752845	40988
连锁总店	15734	15652	-31897	32234		228	38
连锁分店	42	-40	-7555		13	-11583	416
其他	34745	28518	-329201	7308	2443	-312267	18353
五、零售业按经营业态分	**202440**	**178622**	**-1279123**	**79821**	**26887**	**-1076467**	**59795**
百货商店	2851	2498	-52039	877	988	-45248	842
购物中心	481	475	-6648	-1780	7	-7439	136
超级市场	6805	6752	-10351	-32	57	-9877	1183
专业店	12147	3482	-190649	6570	1968	-140428	11852
专卖店	8537	7381	-100926	2243	1130	-95644	3485
便利店	2101	796	-15004	772	479	-11779	2195
仓储式商场	1717	1651	-5275	-20	1421	-2606	226
无店铺销售	25756	22647	-202570	35090	2115	-151242	7285
其他	142045	132940	-695661	36101	18722	-612204	32591
六、按地区分							
东城区	196429	192347	-268286	131429	7730	-142539	92553
西城区	40790	36688	-194747	227	5699	-200440	76720
崇文区	28455	26784	-77270	-5885	1949	-81646	17147
宣武区	-7675	-10212	72628	291037	19733	432697	91724
朝阳区	458572	433473	-552762	887106	60547	426787	260684
丰台区	43876	38055	-197061	438	4333	-163161	30723
石景山区	94124	93644	-182255	34086	5253	-145816	5983
海淀区	480110	344837	-622221	1651853	9165	400318	77728
门头沟区	7385	7142	-13326	-8157	5707	-13604	3066
房山区	34694	33357	-103942	3650	2912	-88060	3932
通州区	2666	-1565	-13774	3132	12932	-73	7923
顺义区	-2754	-5129	17445	2903	6013	23727	12391
昌平区	10543	7045	-49443	331	4411	-38764	27075
大兴区	18531	16569	-57956	2791	5279	-46027	4343
怀柔区	3550	3322	-18749	1821	15919	-3126	776
平谷区	1698	992	-3060	75	1326	-1723	242
密云县	2236	1315	6381	-1	260	7142	3252
延庆县	1407	601	-25850	616	9573	-22583	398
北京经济技术开发区	368	277	-2076	9036	140	6358	1031

计量单位：千元

可供分配利润	#外方应分利润	#外方汇出利润	劳动、失业保险费	养老保险和医疗保险	住房公积金和住房补贴	本年应付工资总额(贷方累计发生额)	本年应付福利费总额(贷方累计发生额)	本年应交增值税(不含期初未抵扣税)	本年实缴关税
1226805	-562511	-562148	74779	197260	98641	1041597	129879	164267	237609
12193	605	-51	2743	15558	9802	77684	7541	19946	9645
1184994	306584	-74368	70018	293664	78301	5522538	454648	1409523	362502
5748	**-16398**	**-17340**	**45920**	**155904**	**38379**	**2274614**	**189390**	**392952**	**45560**
-30658	-9814	-9484	31318	123859	31555	1688330	139386	286124	28223
15750			26	582	7	5564	846	944	
60	-191	-191	144	932	152	14335	1086	4134	53
20716	-6393	-7665	14432	30531	6665	566385	48072	101750	17284
5748	**-16398**	**-17340**	**45920**	**155904**	**38379**	**2274614**	**189390**	**392952**	**45560**
-3173	-27	-44	1844	16316	2594	78883	7405	10162	265
264			843	2332	136	17886	1498	2327	98
1529	-160	-160	487	3289	944	27419	3867	4398	269
-80321	-4036	-3522	10312	29746	6482	411660	37665	99342	16987
-483	595	-1411	1799	8179	1239	164701	11285	28053	2328
3327	-240	-305	1578	9132	1697	108384	9652	11315	86
1334	-64	-64	73	960	31	8921	833	782	13
31232	-4102	-3336	2330	14265	2525	318790	31180	75729	7362
52039	-8364	-8498	26654	71685	22731	1137970	86005	160844	18152
568860	27690		19542	53524	15484	450344	46758	125564	23417
-77364	2737		10223	56316	18041	493631	54120	144766	141254
32862	-214	-297	4143	17355	4067	182289	17056	48372	8286
181419			9249	33797	14915	301185	33251	80173	12237
1210692	294630	-49828	65424	145205	68161	1499427	147050	380660	187187
-486793	-546030	-547889	7292	31892	7537	1045506	53058	172613	76414
26156	-436	-3448	1489	8788	1476	123498	12490	33470	1087
952858	-22179	-20542	19409	106399	44312	1637004	165879	435591	107755
450	-72		1165	3460	511	34341	3693	12744	317
-64580	-63	-9	1330	7273	940	103305	7198	22100	578
14215	2297	-30	2179	10779	3286	89629	9068	21261	1626
25541	-560	-636	571	4070	576	76606	6446	16852	39657
-7980	-714	-714	1980	5597	737	229983	10601	24650	1858
14923	-13564	-12878	1614	5243	634	142218	12475	36926	2081
2621	-238	-268	952	7364	5467	130823	4119	7623	735
2113	164	-17	174	2379	7	24247	1276	3073	213
8934	1234		173	1687	135	31768	2642	12576	1147
1226	-5	-11	592	4585	370	27969	2938	6830	65
17839	1		39	769	88	18046	1950	7892	3842

3-23 按行业小类分限额以下

	单位数（个）	亏损企业	年初存货	流动资产合计	#现金	短期投资	应收帐款（净额）
总计	**55158**	**28694**	**18482268**	**143859223**	**3738432**	**4831477**	**26746974**
批发业合计	**25691**	**13092**	**13242289**	**109880349**	**2434005**	**4260154**	**23346848**
农畜产品批发	478	231	446142	2571536	29519	50721	373173
谷物、豆及薯类批发	45	24	210091	628572	2531		82881
种子、饲料批发	316	139	147675	545697	17584	16710	76483
棉、麻批发	20	11	7304	79267	153		13669
牲畜批发	6	4	7604	106788	38		61391
其他农畜产品批发	91	53	73468	1211212	9213	34011	138749
食品、饮料及烟草制品批发	1989	1086	952867	4045964	100218	28204	846952
米、面制品及食用油批发	214	118	207653	907654	13161	13075	229968
糕点、糖果及糖批发	118	57	58762	249018	6817	1173	53211
果品、蔬菜批发	120	67	34297	253407	6572	715	64016
肉、禽、蛋及水产品批发	149	72	35208	299002	10076	194	88205
盐及调味品批发	165	76	54126	234736	7042	1661	62050
饮料及茶叶批发	507	293	244485	874712	21365	2735	112647
烟草制品批发	66	39	25925	133296	2851	31	18967
其他食品批发	650	364	292411	1094139	32334	8620	217888
纺织、服装及日用品批发	2363	1281	1356107	5189017	106641	42741	1004658
纺织品、针织品及原料批发	530	261	351277	2009162	24113	21734	363513
服装批发	524	289	317077	935217	25561	13535	174546
鞋帽批发	96	57	74418	238442	7174	565	49707
厨房、卫生间用具及日用杂货批发	358	178	131233	430010	17687	4198	96010
化妆品及卫生用品批发	277	180	160612	508137	11503	1832	93621
其他日用品批发	578	316	321490	1068049	20603	877	227261
文化、体育用品及器材批发	1901	1010	1004501	4256998	86592	18207	768148
文具用品批发	534	276	218917	829176	23498	10101	276267
体育用品批发	169	96	62605	191490	9721	684	28566
图书批发	435	219	222651	926579	17978	2067	166426
报刊批发	25	20	11615	272287	1009		5038
音像制品及电子出版物批发	91	55	215780	579848	3586	106	32790
首饰、工艺品及收藏品批发	278	172	135313	954442	12077	2072	150696
其他文化用品批发	369	172	137620	503176	18723	3177	108365
医药及医疗器材批发	970	544	550812	2782929	52911	25491	635884
西药批发	76	48	121873	546485	5414	840	197069
中药材及中成药批发	55	35	47302	455810	2278	2408	56380
医疗用品及器材批发	839	461	381637	1780634	45219	22243	382435
矿产品、建材及化工产品批发	5699	2824	2624239	23426894	471785	3070999	3841265
煤炭及制品批发	171	81	184254	1358532	31923	14108	162426
石油及制品批发	295	161	132795	2637202	46110	169182	314700
非金属矿及制品批发	82	37	31941	181254	3308	213	65762
金属及金属矿批发	1163	508	516445	9467170	118149	2805859	1026916
建材批发	2411	1298	1006994	5586501	156983	33343	892643
化肥批发	89	41	25605	331769	3888	790	128533
农药批发	61	26	28546	292528	5349		165458
农用薄膜批发	12	2	19999	49346	367	79	12405
其他化工产品批发	1415	670	677660	3522592	105708	47425	1072422
机械设备、五金交电及电子产品批发	10098	4974	4551035	24673141	600216	247764	5717058
农业机械批发	92	53	57609	264087	6797	3659	53848
汽车、摩托车及零配件批发	731	364	530804	1906458	40741	17204	360021
五金、交电批发	1882	834	697756	2749162	91944	67393	637555
家用电器批发	415	257	421408	1537778	29193	9066	381378
计算机、软件及辅助设备批发	2493	1170	831858	5036060	181741	44558	1420854
通讯及广播电视设备批发	488	275	314426	2022901	37169	12209	211352
其他机械设备及电子产品批发	3997	2021	1697174	11156695	212631	93675	2652050
贸易经纪与代理	924	540	1102534	38894813	907233	758846	9157687
其他批发	1269	602	654052	4039057	78890	17181	1002023
再生物资回收与批发	230	83	33858	279505	9526	25	57571
其他未列明的批发	1039	519	620194	3759552	69364	17156	944452

批发零售企业主要财务状况

计量单位：千元

存货	一年内到期的长期债权投资	长期投资合计	#长期股权投资	长期债权投资	固定资产合计	#固定资产原价	累计折旧	本年折旧
22699349	**348394**	**69872582**	**66286461**	**2034725**	**20382751**	**20637995**	**5140906**	**919454**
16406149	**265027**	**64923626**	**62548507**	**1579030**	**12543239**	**13250877**	**3510285**	**636294**
499002	3026	927271	867218	57999	507091	507836	97429	13900
197043		50953	50953		298437	299444	50526	6611
161206	1017	226365	222751	1570	44657	57962	16659	3978
20558		2313	2303		40763	52939	12215	559
7267		51991	51991		40205	13443	5238	519
112928	2009	595649	539220	56429	83029	84048	12791	2233
1068225	6743	476754	390127	58644	616362	758229	243073	42020
159106	883	221835	186160	35025	136613	161808	57457	9740
65377	13	19927	18617	1310	37901	38712	9667	2340
45165		9625	7532	2093	129922	150877	46152	5175
44694		22081	21906	75	31286	39967	10878	2333
72157	413	1765		412	31315	42112	14838	2342
304117	1418	115517	92039	16410	116426	142383	40548	6898
32754	2235	19453		2001	5231	8255	4252	805
344855	1781	66551	63873	1318	127668	174115	59281	12387
1608676	6299	618425	446135	133615	471455	603997	196290	29977
408261	4729	364296	229632	124917	159338	210900	75199	8080
368508	952	115285	105228	3357	134816	151244	46018	7863
106686	1995	2303	2222		29018	41030	12615	1618
171264	677	4288	3900	31	38898	51228	14529	3257
184106	-4854	98791	78091	700	47506	60279	18803	3793
369851	2800	33462	27062	4610	61879	89316	29126	5366
1191288	24522	412911	227631	28954	368161	482817	140560	30270
245350	1932	39131	35473	3068	60679	91033	31617	5449
79932	2945	3429	198		11749	17231	6112	2110
302123	18199	59646	26750	2946	68096	87221	25515	8456
10922	3	31096	31096		10773	11670	5133	1446
226833		109292	106435	887	32002	46383	18730	5120
153557		146165	14530	14300	129901	155523	34276	3902
172571	1443	24152	13149	7753	54961	73756	19177	3787
694944	3280	265087	243482	18854	310406	371581	101751	24146
139003	2456	81596	79573	2023	59589	66962	20223	3307
54313		46823	46073	250	90768	109483	30918	5222
501628	824	136668	117836	16581	160049	195136	50610	15617
3223319	43167	10419732	9956886	179733	3338657	3685962	944726	149726
193000		271331	252237	11369	458225	454991	89228	19145
151719	28	695985	690515	233	256870	214353	63132	9993
40453	1820	41094	40984		33528	51484	18920	3333
655835	6430	7059569	6927380	70519	691588	926247	325324	36651
1269544	27759	1100123	847791	77535	1206908	1255708	271916	45720
31795	64	12539	8213	3826	61730	77551	16073	2859
25343	2	21059	21009		18203	19396	6560	896
18098	14	3822	3822		15710	16203	493	159
837532	7050	1214210	1164935	16251	595895	670029	153080	30970
5508599	176664	4546783	4267922	172733	2858568	2827829	769518	167292
55866	542	246095	245091	1004	39193	51952	14641	2418
577592	-12952	1191641	1166853	6290	295553	331567	87936	17689
787959	9270	283104	255811	16874	370636	427113	126304	24094
472184	156059	234550	208645	25500	104595	123043	32410	4809
1010689	1223	636806	553674	78221	544829	327225	91807	25252
400592	2198	177332	169755	2200	278652	299184	41456	10750
2203717	20324	1777255	1668093	42644	1225110	1267745	374964	82280
1843745	31	45894168	44893023	856560	3631907	3476822	859232	151054
768351	1295	1362495	1256083	71938	440632	535804	157706	27909
34035	359	229125	206022	10479	117997	128293	24009	3233
734316	936	1133370	1050061	61459	322635	407511	133697	24676

3-23 续表 1

	单位数(个)	亏损企业	年初存货	流动资产合计	#现金	短期投资	应收帐款(净额)
零售业合计	**29467**	**15602**	**5239979**	**33978874**	**1304427**	**571323**	**3400126**
综合零售	2564	1189	378854	6560072	118331	60549	269958
百货零售	1045	494	212180	3210530	56866	20756	141392
超级市场零售	207	94	48560	2561015	14811	33299	53165
其他综合零售	1312	601	118114	788527	46654	6494	75401
食品、饮料及烟草制品专门零售	2287	1162	222393	1395054	63933	9089	129935
粮油零售	186	65	17142	172278	4538	4268	21528
糕点、面包零售	121	61	7418	26791	2873	313	1718
果品、蔬菜零售	105	44	7350	76999	5522	620	10694
肉、禽、蛋及水产品零售	123	55	6764	40636	5083	61	6768
饮料及茶叶零售	577	306	42207	192845	14235	523	17666
烟草制品零售	224	113	46569	120153	6605	70	14206
其他食品零售	951	518	94943	765352	25077	3234	57355
纺织、服装及日用品专门零售	2654	1487	580869	4268871	102312	14190	382442
纺织品及针织品零售	386	200	110326	811629	19183	1607	117703
服装零售	989	567	228987	2487812	44125	1582	187018
鞋帽零售	114	56	31507	81569	4170	2823	6564
钟表、眼镜零售	191	99	60361	119856	4589	893	8321
化妆品及卫生用品零售	252	164	34572	138761	8420	508	10245
其他日用品零售	722	401	115116	629244	21825	6777	52591
文化、体育用品及器材专门零售	4325	2391	731986	2759061	144866	25551	251329
文具用品零售	882	478	98820	309873	25261	1899	28559
体育用品零售	271	165	40021	181253	11821	688	11471
图书零售	1058	567	227549	822639	40534	12391	78059
报刊零售	30	13	7738	65724	3083		19946
音像制品及电子出版物零售	592	306	33140	146556	16676	1575	12197
珠宝首饰零售	163	96	60013	248589	5971	355	15305
工艺美术品及收藏品零售	724	415	200551	728263	20654	6922	56800
照相器材零售	108	63	14207	55096	4129	30	5186
其他文化用品零售	497	288	49947	201068	16737	1691	23806
医药及医疗器材专门零售	1728	936	412426	1743679	73553	63425	213564
药品零售	642	326	174715	491457	22982	1141	27812
医疗用品及器材零售	1086	610	237711	1252222	50571	62284	185752
汽车、摩托车、燃料及零配件专门零售	2263	1131	615851	5123754	150803	151616	577783
汽车零售	355	244	213788	3741271	63563	146817	387941
汽车零配件零售	1456	646	288854	941631	53855	4181	120313
摩托车及零配件零售	158	88	40279	99797	7862	90	12481
机动车燃料零售	294	153	72930	341055	25523	528	57048
家用电器及电子产品专门零售	6680	3710	1131400	6116380	312467	106459	749337
家用电器零售	718	400	147327	673907	35561	3337	67856
计算机、软件及辅助设备零售	3538	1935	510155	3052823	163576	75005	352176
通信设备零售	834	477	171800	855224	40000	11950	109309
其他电子产品零售	1590	898	302118	1534426	73330	16167	219996
五金、家具及室内装修材料专门零售	4214	2158	742233	3210278	202381	19294	414694
五金零售	2308	1118	397714	1597777	113204	6809	236715
家具零售	349	183	86415	301787	14425	848	23093
涂料零售	194	108	22100	114904	9982	764	13783
其他室内装修材料零售	1363	749	236004	1195810	64770	10873	141103
无店铺及其他零售	2752	1438	423967	2801725	135781	121150	411084
流动货摊零售	9	1	818	4076	418		1768
邮购及电子销售	59	39	44372	116863	3169	300	14428
生活用燃料零售	268	95	41774	189726	13866	7177	21862
花卉零售	206	110	22046	131160	8505	3242	29255
旧货零售	22	6	5494	129577	370	495	3311
其他未列明的零售	2188	1187	309463	2230323	109453	109936	340460

计量单位：千元

存货	一年内到期的长期债权投资	长期投资合计	#长期股权投资	长期债权投资	固定资产合计	#固定资产原价	累计折旧	本年折旧
6293200	**83367**	**4948956**	**3737954**	**455695**	**7839512**	**7387118**	**1630621**	**283160**
459439	13002	1224327	1062837	43330	1910401	1579738	274201	36817
234756	5292	485417	346390	26876	1372877	1094996	158836	22490
77383	3328	634902	633136	1746	264183	223743	41931	4359
147300	4382	104008	83311	14708	273341	260999	73434	9968
287114	3499	620959	587073	24771	710115	739553	216770	24887
24242	68	19909	16261	100	99725	129476	31160	2610
10433	755	530	30		7889	11074	3716	620
14718		4060	850	500	30955	34315	7310	1536
8132	513	523	450		21074	22835	5021	771
57440	1159	3466	763	1059	48489	53196	9236	1774
55817	58	13095	4365	8100	160343	56340	21741	1580
116332	946	579376	564354	15012	341640	432317	138586	15996
699775	8047	685722	595951	53184	939389	771077	168845	35398
115390	4170	293604	264069	6474	174518	221010	68732	11006
312428	2240	264793	251115	12120	591633	343331	48658	15705
31456	141	500			12127	14531	2644	679
61823	14	770	450	100	32862	45615	14905	2348
43912	36	2167	1170	397	15987	17707	5223	909
134766	1446	123888	79147	34093	112262	128883	28683	4751
944128	5710	168734	136227	18852	653704	642587	145465	31297
107189	330	12727	11057	907	30805	42400	13868	2343
59707	101	13226	4416	3900	50350	61866	13967	3168
280821	2798	91356	84125	3337	262039	183546	45316	10268
6968		800	800		7625	8318	1642	688
44549	1376	4357	3547	218	20319	24872	5443	1300
83396		1110	820	290	25585	31526	8144	1037
280627	203	38953	27055	9445	221407	243814	45245	10122
18067	890	1038	433	605	6125	8536	2818	391
62804	12	5167	3974	150	29449	37709	9022	1980
496417	2916	47201	30461	7349	197262	239794	60396	15305
189958	879	4978	1080	1200	72887	84317	22884	5691
306459	2037	42223	29381	6149	124375	155477	37512	9614
674181	2944	837808	382055	127150	1073448	905056	176908	33014
247387	58	549750	365421	121303	694938	484868	59210	11810
313488	2031	262372	11712	4614	172591	184074	51418	8846
43050	565	1216	417	213	13325	14688	3590	907
70256	290	24470	4505	1020	192594	221426	62690	11451
1361094	23531	745665	595041	95149	611843	798346	232210	40585
192212	3049	108559	107148	887	113624	163787	55313	6549
591514	18303	411129	348054	32080	200913	263968	87821	16083
198471	545	90923	48747	40400	61981	83541	25530	5816
378897	1634	135054	91092	21782	235325	287050	63546	12137
842736	18177	289683	157505	67344	1029071	999026	182126	32789
425418	4456	150761	71543	50273	450438	393584	87596	13967
109577	1843	15198	10492	4706	153933	173077	28314	7384
32743	156	17119	16132	987	27092	29655	3501	973
274998	11722	106605	59338	11378	397608	402710	62715	10465
528316	5541	328857	190804	18566	714279	711941	173700	33068
858					1604	1818	214	91
45950		13008	13000	8	14504	18295	3897	831
47695	528	14176	9273	2469	157417	166847	38457	5335
32327	129	9071	3251	5800	144737	80113	21522	3778
4242		6156	6156		8051	16189	8359	829
397244	4884	286446	159124	10289	387966	428679	101251	22204

3-23 续表 2

	在建工程	无形资产	资产总计	流动负债			长期负债
				合计	#短期借款	应付账款	合计
总计	**4376128**	**3429927**	**241747934**	**127165333**	**30205216**	**23639556**	**8726189**
批发业合计	**2484902**	**2085498**	**191882714**	**101240321**	**24749906**	**19492833**	**6709688**
农畜产品批发	47917	33507	4062469	2451797	1049338	277974	629082
谷物、豆及薯类批发	3968	467	981030	576666	265664	75773	162071
种子、饲料批发	288	29324	863590	441368	107724	92153	43275
棉、麻批发	39	9	122362	88577	14141	5971	
牲畜批发	32000		199194	156280	150200	5882	
其他农畜产品批发	11622	3707	1896293	1188906	511609	98195	423736
食品、饮料及烟草制品批发	76513	66002	5330668	3314954	530452	917151	121835
米、面制品及食用油批发	26795	4559	1276959	679538	180066	155158	12176
糕点、糖果及糖批发	8730	249	311486	228632	19405	53304	2607
果品、蔬菜批发	13087	5723	408927	242227	78373	48732	8018
肉、禽、蛋及水产品批发	988	10319	364995	206014	48341	68485	12052
盐及调味品批发	3457	346	278897	193339	25481	74844	5531
饮料及茶叶批发	13203	26362	1172004	798915	83404	236344	40274
烟草制品批发		22	158686	98070	3367	33726	1468
其他食品批发	10253	18422	1358714	868219	92015	246558	39709
纺织、服装及日用品批发	55654	37555	6420651	4512924	1181221	1142906	291892
纺织品、针织品及原料批发	16257	23639	2577996	1945679	674365	343088	149925
服装批发	30935	2958	1241941	843248	133502	269033	32628
鞋帽批发	230	412	270752	191947	24304	76648	15110
厨房、卫生间用具及日用杂货批发	1707	3680	487393	272132	14821	89490	12035
化妆品及卫生用品批发	5568	5004	666135	454756	108233	158155	7635
其他日用品批发	957	1862	1176434	805162	225996	206492	74559
文化、体育用品及器材批发	21828	40989	5169643	3930337	1198500	1044330	128105
文具用品批发	918	7535	955233	1106137	376823	498375	18709
体育用品批发	324	371	209785	122187	9913	36285	3143
图书批发	5790	10121	1086535	574458	31134	245392	14679
报刊批发	4236		320671	62458		14260	51758
音像制品及电子出版物批发	2030	7176	734673	356209	19504	72619	1660
首饰、工艺品及收藏品批发	8285	5425	1257098	1385680	729517	60582	5676
其他文化用品批发	245	10361	605648	323208	31609	116817	32480
医药及医疗器材批发	36447	28096	3493112	1909175	299548	639170	100921
西药批发	12470	2631	703859	447181	56543	188666	64736
中药材及中成药批发	12202	10638	610030	214655	43081	50471	3421
医疗用品及器材批发	11775	14827	2179223	1247339	199924	400033	32764
矿产品、建材及化工产品批发	513453	340663	38414264	23482871	10797003	3268439	1143571
煤炭及制品批发	90982	41052	2150185	1193043	206077	130068	46255
石油及制品批发	99576	11902	3692016	1264978	207734	231182	61778
非金属矿及制品批发	790	1200	258895	217369	65359	41000	483
金属及金属矿批发	68291	72364	17528885	12786822	8516273	1063818	572799
建材批发	208968	117506	8341801	4297485	565169	994918	396347
化肥批发	33	29569	496298	285378	56225	146415	4648
农药批发	4521	1566	336097	384095	247684	20908	6422
农用薄膜批发			68878	47736	649	23490	180
其他化工产品批发	40292	65504	5541209	3005965	931833	616640	54659
机械设备、五金交电及电子产品批发	710856	1052819	33741953	19408959	2915825	5289094	1378893
农业机械批发	478	1015	555632	310686	59896	52823	88940
汽车、摩托车及零配件批发	39360	28621	3479899	1586255	202734	543445	133290
五金、交电批发	43213	195087	3634705	1936269	266713	785218	60514
家用电器批发	13418	409776	2444001	1405916	219442	449301	26662
计算机、软件及辅助设备批发	300117	91626	6524998	3433727	362778	715604	127976
通讯及广播电视设备批发	230	13192	2518133	1505283	128072	243330	32154
其他机械设备及电子产品批发	314040	313502	14584585	9230823	1676190	2499373	909357
贸易经纪与代理	986050	425703	89227793	38466453	6348147	5817735	2628795
其他批发	36184	60164	6022161	3762851	429872	1096034	286594
再生物资回收与批发	11290	14213	643031	266117	57459	33951	58126
其他未列明的批发	24894	45951	5379130	3496734	372413	1062083	228468

计量单位：千元

#长期借款	应付债券	负债合计	所有者权益合计	#实收资本	国家资本	集体资本	法人资本	#国家法人	集体法人
6081961	**204365**	**135891522**	**105856412**	**99010936**	**13282716**	**2704177**	**42132085**	**26193854**	**8431393**
4688640	**52023**	**107950009**	**83932705**	**69548527**	**11684232**	**1493793**	**33672075**	**24783231**	**4743065**
545454		3080879	981590	1316960	638111	65446	306173	149958	56271
151807		738737	242293	184165	55281	639	109191	107941	250
43149		484643	378947	450367	77123	61755	105330	21567	35827
		88577	33785	33490		1027	16850	11000	4650
		156280	42914	36568	34308	260	500		
350498		1612642	283651	612370	471399	1765	74302	9450	15544
42829	6382	3436789	1893879	2321599	342433	111502	722294	272010	229062
1833	272	691714	585245	523209	206127	7371	146450	24811	56885
620		231239	80247	87373	2566	6700	17091	5602	3500
7929		250245	158682	163639	20144	35415	45120	6655	25115
5614	4090	218066	146929	193818	49360	4563	70846	56932	4439
2672	25	198870	80027	145891	2461	26130	33746	9880	6501
10030		839189	332815	508216	44202	16518	159614	50770	38908
1365		99538	59148	73827	330	1490	28814	22514	5300
12766	1995	907928	450786	625626	17243	13315	220613	94846	88414
261300	587	4804816	1615835	2593836	274414	183108	755975	336405	262956
146316		2095604	482392	953792	159926	103520	363945	245151	85110
22249	557	875876	366065	528861	71480	47524	78493	19110	22368
9418		207057	63695	84335	5213	11341	19278	900	8078
6513	30	284167	203226	223820	2510	6976	45441	6662	23620
3811		462391	203744	376296	28000	5560	128274	14129	98900
72993		879721	296713	426732	7285	8187	120544	50453	24880
49855	4125	4058442	1111201	2285138	141108	58051	942228	334753	292805
10667	910	1124846	-169613	289314	8900	9582	57073	15791	17506
2010	1008	125330	84455	108964	5200	1400	15129	2000	4888
10768	1738	589137	497398	591763	26748	21886	208575	67054	87413
200		114216	206455	287475	52320	300	182740	20200	110040
1284	82	357869	376804	388181	11454	1800	270109	96050	28600
3086	387	1391356	-134258	326996	31683	18583	99786	68158	13210
21840		355688	249960	292445	4803	4500	108816	65500	31148
60285	30	2010096	1483016	1549172	182213	25859	491088	143807	90960
30736	30	511917	191942	302649	88755	6134	54962	21002	18292
375		218076	391954	293034	68857	948	158745	95000	13795
29174		1280103	899120	953489	24601	18777	277381	27805	58873
849373	5634	24626442	13787822	13709512	5230327	450362	2951889	873332	1071141
4798		1239298	910887	879376	42381	64781	343150	189431	64646
9607	435	1326756	2365260	1925682	1217885	11232	190652	15010	138668
483		217852	41043	103651	2986	2250	42628	4195	3300
429768	928	13359621	4169264	4426060	2647145	145856	676461	118425	343574
352725	2667	4693832	3647969	3597319	273094	149128	1078279	456241	282058
3979		290026	206272	131946	20826	9318	56629	1270	44258
6347		390517	-54420	53922	1214	2105	25539	18385	5657
180		47916	20962	68029		300	14699		14699
41486	1604	3060624	2480585	2523527	1024796	65392	523852	70375	174281
1199343	23775	20787852	12954101	13896540	1852511	493324	3885844	1169502	1527925
87988		399626	156006	305339	227498	3326	38930	21990	14206
93113	1320	1719545	1760354	1522390	338502	73901	537010	278767	97236
41935	713	1996783	1637922	1559853	135948	101519	357341	60223	175415
15540	279	1432578	1011423	684186	39928	64912	157118	38528	88797
100386	20108	3561703	2963295	3333856	414370	83291	752247	105290	395493
16158	-1	1537437	980696	1043815	51336	40075	244206	11938	182267
844223	1356	10140180	4444405	5447101	644929	126300	1798992	652766	574511
1468280	10000	41095248	48132545	29067128	2708838	44181	23192984	21340337	1082353
211921	1490	4049445	1972716	2808642	314277	61960	423600	163127	129592
10160	717	324243	318788	325023	206457	31027	25780	11367	6857
201761	773	3725202	1653928	2483619	107820	30933	397820	151760	122735

3-23 续表 3

	在建工程	无形资产	资产总计	流动负债			长期负债
				合计	#短期借款	应付账款	合计
零售业合计	**1891226**	**1344429**	**49865220**	**25925012**	**5455310**	**4146723**	**2016501**
综合零售	555263	185224	10638508	6855240	1749031	751106	859285
百货零售	415212	138869	5894085	3817939	647756	298869	670886
超级市场零售	62271	25281	3523905	2466822	979905	351912	114044
其他综合零售	77780	21074	1220518	570479	121370	100325	74355
食品、饮料及烟草制品专门零售	176546	110181	2896994	1153886	320892	156679	97049
粮油零售	1372	1339	300191	169505	46206	27437	10339
糕点、面包零售	15	210	37901	24604	2759	8268	485
果品、蔬菜零售	3646	81	116729	56791	31164	9182	814
肉、禽、蛋及水产品零售	247	130	64383	24390	7624	5310	10
饮料及茶叶零售	2189	1761	255171	98631	12440	22403	19544
烟草制品零售	125439	377	298344	159873	1131	25939	7523
其他食品零售	43638	106283	1824275	620092	219568	58140	58334
纺织、服装及日用品专门零售	333484	87014	6131110	3970978	1164199	414765	266710
纺织品及针织品零售	21345	16245	1322893	974539	167907	114679	11454
服装零售	295665	41391	3431599	2282065	927699	167392	236082
鞋帽零售		2958	111399	53883	6136	19316	556
钟表、眼镜零售	1362	206	155899	61990	7336	23881	9675
化妆品及卫生用品零售	3346	1255	164975	89037	7246	29277	1139
其他日用品零售	11766	24959	944345	509464	47875	60220	7804
文化、体育用品及器材专门零售	142689	45454	3765013	1722554	196615	445102	57072
文具用品零售	1164	2431	389678	176489	29228	36534	8556
体育用品零售	1799	2381	251640	121891	16520	31025	2829
图书零售	118304	7416	1219883	631175	45730	177969	12936
报刊零售	939		75051	45632	62	15160	300
音像制品及电子出版物零售	390	1801	176348	51493	2834	12493	2273
珠宝首饰零售	58	1727	284364	75378	9371	22436	10087
工艺美术品及收藏品零售	19981	18962	1053225	487250	76013	108614	14724
照相器材零售		615	63539	37693	4709	7197	420
其他文化用品零售	54	10121	251285	95553	12148	33674	4947
医药及医疗器材专门零售	14230	72112	2133110	1057463	106537	314754	108527
药品零售	9558	23401	625538	303674	30384	112015	52249
医疗用品及器材零售	4672	48711	1507572	753789	76153	202739	56278
汽车、摩托车、燃料及零配件专门零售	330613	90483	7317984	3706804	777181	519581	223348
汽车零售	261899	54783	5189929	2552162	626103	325242	175650
汽车零配件零售	34964	6080	1412822	844138	100403	147410	22086
摩托车及零配件零售	1351	120	115563	48768	5261	13945	3986
机动车燃料零售	32399	29500	599670	261736	45414	32984	21626
家用电器及电子产品专门零售	28948	337688	8045947	3528522	525386	650647	157306
家用电器零售	4144	17602	929738	412025	80658	72431	5914
计算机、软件及辅助设备零售	20665	182201	3934939	1721797	324125	264631	49463
通信设备零售	833	31973	1063902	422967	38006	82900	21596
其他电子产品零售	3306	105912	2117368	971733	82597	230685	80333
五金、家具及室内装修材料专门零售	183368	135941	4741616	1916592	293783	453603	154058
五金零售	130590	12791	2238462	994586	190571	260339	96494
家具零售	8876	2030	492435	246431	12826	39808	9708
涂料零售	548	1353	167079	78343	3550	17432	1374
其他室内装修材料零售	43354	119767	1843640	597232	86836	136024	46482
无店铺及其他零售	126085	280332	4194938	2012973	321686	440486	93146
流动货摊零售			5683	126	91	-84	
邮购及电子销售	20	356	147426	116015	355	24287	11015
生活用燃料零售	26528	3303	366483	148758	36518	42165	21684
花卉零售	85099	37652	326142	251022	73844	13670	2344
旧货零售	72		148592	102305	20703	1258	20
其他未列明的零售	14366	239021	3200612	1394747	190175	359190	58083

计量单位：千元

#长期借款	应付债券	负债合计	所有者权益合计	#实收资本	国家资本	集体资本	法人资本	#国家法人	集体法人
1393321	**152342**	**27941513**	**21923707**	**29462409**	**1598484**	**1210384**	**8460010**	**1410623**	**3688328**
689484	114723	7714525	2923983	3014421	291215	255928	1287422	305795	543596
517831	113760	4488825	1405260	1601698	218978	92464	669573	210951	209991
112359	511	2580866	943039	709551	18601	68891	434749	24351	285394
59294	452	644834	575684	703172	53636	94573	183100	70493	48211
21968	17130	1250935	1646059	4817188	458022	83291	680887	64587	158384
2700		179844	120347	106091	21217	15672	32344	16736	10411
340		25089	12812	25907	720	1187	4000	600	2180
712	95	57605	59124	51688	9930	4179	9278	2640	2088
10		24400	39983	47468	621	4551	11825		6155
4450	14177	118175	136996	187029	15863	5357	37424	3075	22668
397	2222	167396	130948	216731	1952	25253	136392	34697	78283
13359	636	678426	1145849	4182274	407719	27092	449624	6839	36599
215783	1283	4237688	1893422	3096798	166034	108575	1444395	48029	1157589
6549		985993	336900	534115	148884	45473	151871	33127	48313
193207	814	2518147	913452	1497852	5622	19767	1065311	1930	1022208
556		54439	56960	49600	500	2485	8727		1630
9061	-3	71665	84234	85282	562	842	29842	7022	12377
422		90176	74799	401422	400	1393	21394	300	4258
5988	472	517268	427077	528527	10066	38615	167250	5650	68803
33236	2051	1779626	1985387	2157420	216582	140885	494002	77258	208612
3427	1027	185045	204633	235734	9496	10007	39522	2504	12466
2364	300	124720	126920	181935	4523	2693	44839	346	34343
7896	58	644111	575772	538476	117416	39663	96848	16003	36305
300		45932	29119	40612	1100	600	25472	1982	23000
990	426	53766	122582	154607	6619	11040	38395	3507	19336
7049		85465	198899	225997	30050	7795	77475	2200	15265
8517	140	501974	551251	570729	42014	59704	135374	47736	51635
260		38113	25426	41121	1200	1847	8100	2000	2580
2433	100	100500	150785	168209	4164	7536	27977	980	13682
88417	1038	1165990	967120	1239646	35411	30435	352444	29448	214926
48121		355923	269615	356836	13305	11254	126828	8435	80062
40296	1038	810067	697505	882810	22106	19181	225616	21013	134864
120100	9012	3930152	3387832	4077520	131740	106498	1472779	478447	451530
88221	1486	2727812	2462117	2983379	22107	21864	1265300	445526	360160
18716	807	866224	546598	685305	14714	45673	108579	18514	51639
3037		52754	62809	77605	1490	5763	25708	11407	5279
10126	6719	283362	316308	331231	93429	33198	73192	3000	34452
106242	1765	3685828	4360119	5962771	157650	161607	1347566	229416	473509
4047		417939	511799	629028	80139	13930	186220	108172	47421
15661	1638	1771260	2163679	3426641	18147	89070	669748	90856	236424
16966	124	444563	619339	701511	10498	14354	154056	6586	95229
69568	3	1052066	1065302	1205591	48866	44253	337542	23802	94435
68971	4757	2070650	2670966	2772491	82669	177070	633866	63824	251344
34520	2387	1091080	1147382	1303522	42450	96934	306311	18051	109638
3951	120	256139	236296	261055	1000	9970	58505	11229	14955
258	487	79717	87362	98017	1929	4046	12713	1800	3108
30242	1763	643714	1199926	1109897	37290	66120	256337	32744	123643
49120	583	2106119	2088819	2324154	59161	146095	746649	113819	228838
		126	5557	4159			650		150
11002		127030	20396	92247		580	53719	39000	12219
21210		170442	196041	197784	3529	24276	88794	30852	26991
2974	-630	253366	72776	91841	3374	14052	27344	1342	1859
20		102325	46267	30877	19908	330	3066	2900	151
13914	1213	1452830	1747782	1907246	32350	106857	573076	39725	187468

3-23 续表 4

				营业收入	主营业务	主营业务
	个人资本	港澳台资本	外商资本	合　计	收　入	成　本
总　计	**37121817**	**326734**	**3443407**	**106272642**	**102763794**	**89326458**
批发业合计	**19204101**	**232449**	**3261877**	**89708606**	**87193282**	**76981567**
农畜产品批发	282746	17948	6536	852246	828276	726708
谷物、豆及薯类批发	16280	2774		150958	145365	148733
种子、饲料批发	197814	1809	6536	385333	382228	317052
棉、麻批发	15613			77762	68184	64591
牲畜批发	1500			16813	13673	8428
其他农畜产品批发	51539	13365		221380	218826	187904
食品、饮料及烟草制品批发	1079881	27855	37634	4812195	4738628	4102906
米、面制品及食用油批发	162181	1080		725007	705547	651596
糕点、糖果及糖批发	56207	4309	500	392007	390637	348315
果品、蔬菜批发	60833	735	1392	331986	327458	274375
肉、禽、蛋及水产品批发	69049			491197	473984	419220
盐及调味品批发	76323	7231		419917	419546	365834
饮料及茶叶批发	273122	3000	11760	954858	933921	801270
烟草制品批发	43193			134293	133967	116553
其他食品批发	338973	11500	23982	1362930	1353568	1125743
纺织、服装及日用品批发	1353906	9376	17057	4896340	4827769	4078401
纺织品、针织品及原料批发	319483	5618	1300	1304446	1276599	1117922
服装批发	325623	1713	4028	1108431	1091875	900708
鞋帽批发	46687	655	1161	327789	324755	280585
厨房、卫生间用具及日用杂货批发	166275	90	2528	568148	561260	470412
化妆品及卫生用品批发	211862		2600	524616	522445	422669
其他日用品批发	283976	1300	5440	1062910	1050835	886105
文化、体育用品及器材批发	1089376	5325	49050	3931843	3863579	3298405
文具用品批发	213759			1070284	1060651	967051
体育用品批发	87235			266950	264306	213335
图书批发	334504		50	973009	953053	720885
报刊批发	3115		49000	53283	44275	52322
音像制品及电子出版物批发	104818			219206	212519	178167
首饰、工艺品及收藏品批发	173861	3083		422870	412200	338272
其他文化用品批发	172084	2242		926241	916575	828373
医药及医疗器材批发	837963	3696	8353	2582892	2553531	2075289
西药批发	146996		5802	297872	295706	249729
中药材及中成药批发	62830	1654		164992	162730	134414
医疗用品及器材批发	628137	2042	2551	2120028	2095095	1691146
矿产品、建材及化工产品批发	4864405	42019	170510	16745008	16257103	14797855
煤炭及制品批发	423634	5430		677575	654506	567673
石油及制品批发	498356	5041	2516	1066482	1051694	968859
非金属矿及制品批发	55287	500		268846	266088	231095
金属及金属矿批发	954768	1830		5507200	5428956	5099131
建材批发	1917289	24570	154959	4185576	3904267	3447085
化肥批发	43933		1240	193200	177189	159642
农药批发	25064			125404	124153	106806
农用薄膜批发	53030			33310	32648	30186
其他化工产品批发	893044	4648	11795	4687415	4617602	4187378
机械设备、五金交电及电子产品批发	7454185	79573	131103	28478672	27974335	24851085
农业机械批发	33219	2366		188152	180034	157274
汽车、摩托车及零配件批发	558391	12305	2281	2001549	1952211	1749453
五金、交电批发	958171	4175	2699	3818796	3742755	3281546
家用电器批发	417733	4495		1047728	1036248	917880
计算机、软件及辅助设备批发	2016103	10680	57165	8736222	8680625	8056366
通讯及广播电视设备批发	681080	5123	21995	1261635	1236801	1091950
其他机械设备及电子产品批发	2789488	40429	46963	11424590	11145661	9596616
贸易经纪与代理	1095057	17248	2008820	24312418	23151152	20466270
其他批发	1146582	29409	832814	3096992	2998909	2584648
再生物资回收与批发	60225	1534		437720	428944	388100
其他未列明的批发	1086357	27875	832814	2659272	2569965	2196548

计量单位：千元

营业费用	主营业务税金及附加	主营业务利润	其他业务收入	其他业务利润	管理费用	#税金	差旅费	工会经费	排污费
7536077	**396534**	**5504725**	**3938860**	**2706307**	**10118108**	**155336**	**674728**	**30049**	**4640**
5260277	**291766**	**4659672**	**2788159**	**1817636**	**7112687**	**109016**	**504134**	**20638**	**2405**
76761	1743	23064	21795	18682	154542	1993	5489	804	36
15972	143	-19483	7446	7178	26809	699	312	140	8
36406	427	28343	4862	3816	49501	775	3575	113	28
2914	474	205	2432	2300	12232	336	125	13	
1268	5	3972	3140	3055	36914	47	5	120	
20201	694	10027	3915	2333	29086	136	1472	418	
487516	11808	136398	104334	92708	395261	5637	17075	1517	237
49192	1034	3725	22818	20110	64747	872	1531	347	25
34948	550	6824	1744	941	19513	240	1019	54	5
43441	1623	8019	23930	21512	33649	513	1043	218	89
39779	1212	13773	18733	17025	31039	759	920	133	5
37359	728	15625	727	1259	26066	264	949	55	5
107359	2589	22703	21179	19576	84920	1221	4122	265	96
16101	377	936	547	467	7998	39	437	37	4
159337	3695	64793	14656	11818	127329	1729	7054	408	8
517966	13808	217594	78184	63704	451424	7048	31039	1091	182
98384	3731	56562	29804	26380	112032	3071	8382	297	59
123473	3229	64465	19174	15708	116062	1314	6884	230	2
36943	503	6724	3087	2969	24503	254	1179	104	53
61176	1428	28244	6774	5464	45851	727	2269	190	57
88491	1434	9851	3282	2575	57820	390	5498	135	4
109499	3483	51748	16063	10608	95156	1292	6827	135	7
385549	13746	165879	62065	50045	430294	3713	26207	1042	31
63195	1935	28470	15280	11643	65713	697	2414	122	11
27523	1223	22225	2645	2019	28614	242	2731	54	1
150592	5583	75993	10387	6996	124889	1183	10407	588	18
15508	414	-23969	9633	7676	54780	58	1790	60	
23523	875	9954	5481	4362	44458	624	2150	28	
56410	2052	15466	10146	9342	54518	583	2449	89	1
48798	1664	37740	8493	8007	57322	326	4266	101	
258151	9901	210190	36919	33176	288175	4132	33439	407	20
36083	791	9103	2927	2763	37776	327	2042	43	6
20065	353	7898	9912	9797	30002	949	1836	99	
202003	8757	193189	24080	20616	220397	2856	29561	265	14
841511	39245	578492	610672	382408	1497296	21765	93193	3955	646
62014	3094	21725	134467	26702	77934	2036	3659	622	155
49105	2146	31584	16676	16389	59485	784	4191	131	1
22096	599	12298	3044	1580	40365	158	25215	3	-44
181599	7750	140476	97704	67602	543548	6765	14866	634	198
268774	15306	173102	272835	200848	462657	7854	21582	1237	142
11209	283	6055	18833	17987	20603	298	747	85	27
11417	241	5689	2302	2212	12345	60	955	29	6
1357	127	978	656	656	1635	3	44		1
233940	9699	186585	64155	48432	278724	3807	21934	1214	160
1654929	72543	1395778	600377	422750	2173168	27296	202200	5324	951
11380	446	10934	7770	8247	23089	261	1238	250	120
127097	3955	71706	62215	50639	167062	1746	9024	382	10
231125	11035	219049	74848	61636	262513	4294	19620	512	151
84801	2955	30612	14349	11109	73492	1082	4158	212	58
315871	13351	295037	100826	66430	446338	6747	31321	882	160
91108	4483	49260	35688	32055	132504	1458	16813	207	12
793547	36318	719180	304681	192634	1068170	11708	120026	2879	440
809401	116038	1759443	1161266	677246	1399813	32055	70884	5571	160
228493	12934	172834	112547	76917	322714	5377	24608	927	142
23879	3197	13768	11132	10981	32795	787	671	209	122
204614	9737	159066	101415	65936	289919	4590	23937	718	20

3-23 续表 5

				营业收入		主营业务
					主营业务	
	个人资本	港澳台资本	外商资本	合计	收入	成本
零售业合计	**17917716**	**94285**	**181530**	**16564036**	**15570512**	**12344891**
综合零售	1165693	10563	3600	1170757	1039774	820246
百货零售	612720	7963		477163	404277	318413
超级市场零售	186210	1100		183141	172181	144245
其他综合零售	366763	1500	3600	510453	463316	357588
食品、饮料及烟草制品专门零售	3521477	3245	70266	875219	763270	589615
粮油零售	36858			103464	81531	81572
糕点、面包零售	20000			47737	47694	34060
果品、蔬菜零售	28301			50334	44946	33379
肉、禽、蛋及水产品零售	30471			63396	60671	50796
饮料及茶叶零售	128355	30		148030	141140	100014
烟草制品零售	51310	1824		75022	71496	57609
其他食品零售	3226182	1391	70266	387236	315792	232185
纺织、服装及日用品专门零售	1366073	6616	5105	1540483	1372718	978914
纺织品及针织品零售	184308	2000	1579	265614	232968	173798
服装零售	404417	1655	1080	672847	585576	407203
鞋帽零售	37888			88383	83030	62330
钟表、眼镜零售	52340	870	826	86250	86099	55015
化妆品及卫生用品零售	376884	851	500	106738	104768	68928
其他日用品零售	310236	1240	1120	320651	280277	211640
文化、体育用品及器材专门零售	1283805	10511	11635	1722165	1592319	1137574
文具用品零售	175869	840		265938	259860	201650
体育用品零售	125642	100	4138	120277	117645	83669
图书零售	278894	300	5355	554137	511489	367083
报刊零售	13440			45299	20758	14130
音像制品及电子出版物零售	97108	1445		79677	78027	52900
珠宝首饰零售	109021	1656		107613	104716	77440
工艺美术品及收藏品零售	327323	5000	1314	318532	278029	164488
照相器材零售	29944	30		69892	66925	59971
其他文化用品零售	126564	1140	828	160800	154870	116243
医药及医疗器材专门零售	805943	4073	11340	1348653	1320697	951005
药品零售	198929	2020	4500	500020	492685	362298
医疗用品及器材零售	607014	2053	6840	848633	828012	588707
汽车、摩托车、燃料及零配件专门零售	2356729	8160	1614	1726966	1659326	1470514
汽车零售	1670108	4000		361840	342402	320934
汽车零配件零售	514179	2160		807221	790103	678746
摩托车及零配件零售	42644	2000		100883	100295	83606
机动车燃料零售	129798		1614	457022	426526	387228
家用电器及电子产品专门零售	4191617	34269	70062	4688173	4488174	3782292
家用电器零售	332652	300	15787	484541	448032	373975
计算机、软件及辅助设备零售	2596619	26644	26413	2490299	2399424	2071781
通信设备零售	508852	1268	12483	521633	491843	406737
其他电子产品零售	753494	6057	15379	1191700	1148875	929799
五金、家具及室内装修材料专门零售	1870930	6616	1340	1839012	1757064	1410143
五金零售	855481	2346		1062463	1012312	844744
家具零售	190880	700		186324	181365	122081
涂料零售	79329			95688	91559	72487
其他室内装修材料零售	745240	3570	1340	494537	471828	370831
无店铺及其他零售	1355449	10232	6568	1652608	1577170	1204588
流动货摊零售	3509			4048	4048	1709
邮购及电子销售	37948			35862	33583	27536
生活用燃料零售	81185			147099	142764	113540
花卉零售	46946		125	55016	48533	31888
旧货零售	7573			18189	9975	4073
其他未列明的零售	1178288	10232	6443	1392394	1338267	1025842

计量单位：千元

营业费用	主营业务税金及附加	主营业务利润	其他业务收入	其他业务利润	管理费用	#税金	差旅费	工会经费	排污费
2275800	**104768**	**845053**	**1150701**	**888671**	**3005421**	**46320**	**170594**	**9411**	**2235**
212383	10555	-3410	190953	168715	302305	8823	7364	2000	734
98316	4313	-16765	112557	105232	165913	5710	3690	1346	594
33889	1382	-7335	20536	16901	38328	1051	1090	179	-8
80178	4860	20690	57860	46582	98064	2062	2584	475	148
207079	7574	-40998	124546	112135	193712	2433	7447	869	209
18097	738	-18876	23217	21697	22187	589	1075	272	11
9394	254	3986	41	40	7124	73	112	3	4
8775	362	2430	5440	4979	6622	133	108	63	62
7200	353	2322	2694	1556	6799	65	217	44	56
30947	1883	8296	7014	6814	34364	423	830	106	24
8997	319	4571	3395	3680	14552	156	341	66	3
123669	3665	-43727	82745	73369	102064	994	4764	315	49
273064	9853	110887	161688	133245	377217	6181	15526	969	98
40523	1871	16776	26792	23137	78780	1688	2277	204	28
124282	4158	49933	83717	69385	162688	2129	8070	356	26
15989	686	4025	7249	6740	15141	283	1039	46	1
20822	510	9752	4443	4202	20119	295	232	27	23
26432	763	8645	2207	1737	22276	546	970	56	1
45016	1865	21756	37280	28044	78213	1240	2938	280	19
345495	15547	93703	121710	99016	355753	4330	21991	768	191
31221	1842	25147	6511	4935	41666	565	1296	84	8
26581	1004	6391	3377	2882	27041	215	1502	26	1
107209	4258	32939	43485	37193	122605	1754	6310	216	19
26642	1682	-21696	8589	7829	7093	85	130		
20948	729	3450	3090	2147	15767	220	562	34	5
16553	1148	9575	2897	3159	18656	80	950	8	93
88591	3156	21794	41586	31637	85409	971	9682	332	6
5751	237	966	4400	3219	7434	150	171	29	4
21999	1491	15137	7775	6015	30082	290	1388	39	55
215901	8353	145438	28334	21999	242820	2363	19841	669	29
85595	3420	41372	7455	8126	74440	724	1516	151	20
130306	4933	104066	20879	13873	168380	1639	18325	518	9
161235	5860	21717	81023	69927	261177	4519	9217	584	410
39488	1000	-19020	30989	18780	113094	1649	3267	238	165
72409	2822	36126	17220	9436	87103	2004	3216	192	44
8513	360	7816	649	546	14985	230	1242	35	1
40825	1678	-3205	32165	41165	45995	636	1492	119	200
414570	23225	268087	233381	143217	658006	7066	46858	1199	141
56707	1930	15420	40635	21036	63058	1066	2549	186	28
179838	10344	137461	96036	51176	307747	2701	21568	347	22
57384	4061	23661	39620	29401	95195	1305	6886	307	126
120641	6890	91545	57090	41604	192006	1994	15855	359	-35
225262	11750	109909	116552	75544	289949	5570	15038	1381	420
108489	5907	53172	59474	36349	128097	2113	7231	435	177
45200	1364	12720	19740	17632	49275	1618	1868	699	70
6862	678	11532	4454	2416	15927	374	1083	16	
64711	3801	32485	32884	19147	96650	1465	4856	231	173
220811	12051	139720	92514	64873	324482	5035	27312	972	3
1172	158	1009	110	30	686	24	199		
15756	359	-10068	6918	1498	11058	26	617	141	1
17534	1390	10300	8035	7788	33707	1018	495	178	21
14792	617	1236	10195	7005	21505	252	509	47	2
4627	237	1038	8867	7808	9467	362	32	95	
166930	9290	136205	58389	40744	248059	3353	25460	511	-21

3-23 续表 6

	财务费用	利息支出（净额）	营业利润	投资收益	补贴收入	利润总额	应交所得税
总计	**1415005**	**1219542**	**-2286324**	**3006488**	**178881**	**349467**	**717691**
批发业合计	**1212565**	**1040920**	**-1007201**	**2926667**	**151994**	**1425934**	**657896**
农畜产品批发	33742	33792	-132338	7017	31749	-81633	1786
谷物、豆及薯类批发	2473	2454	-41579	998	30434	3626	1149
种子、饲料批发	15194	14889	-25620	6081	873	-20430	503
棉、麻批发	832	823	-3374			-1373	23
牲畜批发	7857	7854	-37743	-188	4	-43551	
其他农畜产品批发	7386	7772	-24022	126	438	-19905	111
食品、饮料及烟草制品批发	16391	14241	-165530	5575	35188	-132807	12632
米、面制品及食用油批发	7252	6891	-43942	-1522	30270	-18007	4005
糕点、糖果及糖批发	884	865	-12021	1039	-2	-7179	419
果品、蔬菜批发	586	494	-3374		434	-3115	608
肉、禽、蛋及水产品批发	439	346	1045	108	1463	-7722	689
盐及调味品批发	640	318	-9527	-78	13	-9171	738
饮料及茶叶批发	2376	1710	-43964	457	-75	-42026	2880
烟草制品批发	27	-13	-6595			-7857	39
其他食品批发	4187	3630	-47152	5571	3085	-37730	3254
纺织、服装及日用品批发	73185	71480	-229161	-3850	273	-219589	26700
纺织品、针织品及原料批发	58012	57387	-85495	-6759	155	-95758	4663
服装批发	6084	5995	-41387	-113	-260	-37190	2928
鞋帽批发	1641	1635	-16437	1887	591	-8286	-651
厨房、卫生间用具及日用杂货批发	192	-149	-10674	-54	-52	-8075	986
化妆品及卫生用品批发	6561	6255	-49900	1039	20	-45765	314
其他日用品批发	695	357	-25268	150	-181	-24515	18460
文化、体育用品及器材批发	106492	104714	-301654	1024	1236	-295398	13242
文具用品批发	44161	43577	-67984	858	30	-67585	1684
体育用品批发	-69	-98	-3915	6	-14	-4361	1021
图书批发	-156	-476	-28329	-35	1114	-24272	7961
报刊批发	-1583	-1598	-69471	-678		-71611	60
音像制品及电子出版物批发	89	84	-28971	1297	122	-27161	308
首饰、工艺品及收藏品批发	63972	63246	-93333	-376	14	-92509	1189
其他文化用品批发	78	-21	-9651	-48	-30	-7899	1019
医药及医疗器材批发	10841	8698	-49097	242	1707	-49649	12604
西药批发	1092	1062	-26937	-1890	149	-29402	1553
中药材及中成药批发	2137	759	-13165	128	174	-12530	1572
医疗用品及器材批发	7612	6877	-8995	2004	1384	-7717	9479
矿产品、建材及化工产品批发	455535	446035	-331567	1648891	7854	771222	84685
煤炭及制品批发	5730	5067	-22199	6116	1070	-9628	4382
石油及制品批发	22787	22586	-31548	136049	1697	106418	12163
非金属矿及制品批发	8290	8182	-11548	3	-1019	-11956	26444
金属及金属矿批发	339220	336923	-89973	1453636	779	825338	12766
建材批发	45715	43366	-110972	67410	2281	-42851	16411
化肥批发	1004	854	2680	991	401	5453	3635
农药批发	906	705	-5050	-4752	1043	-8861	443
农用薄膜批发	-78	-78	111			9	45
其他化工产品批发	31961	28430	-63068	-10562	1602	-92700	8396
机械设备、五金交电及电子产品批发	105478	69411	-374229	21238	9450	-393784	89107
农业机械批发	1899	1443	-5314	-1923	228	-7136	164
汽车、摩托车及零配件批发	6052	5043	-46557	2823	-33	-47696	10282
五金、交电批发	5720	3590	15697	1117	216	-3976	10860
家用电器批发	5708	4961	-36149	4856	-196	-29117	1161
计算机、软件及辅助设备批发	22275	15507	-77108	-107	4839	-97504	13090
通讯及广播电视设备批发	8246	8136	-53552	4228	486	-47159	4257
其他机械设备及电子产品批发	55578	30731	-171246	10244	3910	-161196	49293
贸易经纪与代理	389139	272718	648798	1263963	58933	1872340	402438
其他批发	21762	19831	-72423	-17433	5604	-44768	14702
再生物资回收与批发	665	501	-4717	1057	4220	-952	1850
其他未列明的批发	21097	19330	-67706	-18490	1384	-43816	12852

计量单位：千元

可供分配利润	#外方应分利润	#外方汇出利润	劳动、失业保险费	养老保险和医疗保险	住房公积金和住房补贴	本年应付工资总额(贷方累计发生额)	本年应付福利费总额(贷方累计发生额)	本年应交增值税(不含期初未抵扣税)	本年实缴关税
2423992	**-255322**	**-636567**	**147540**	**506482**	**186744**	**6641819**	**592068**	**1593736**	**609756**
2418244	**-238924**	**-619227**	**101620**	**350578**	**148365**	**4367205**	**402678**	**1200784**	**564196**
93009	-825	-825	4357	10115	3598	56345	6845	6385	1979
10072	-45	-45	3000	3728	1719	13466	1728	1109	474
2597	-65	-65	124	2184	457	24854	2307	2698	949
-769			10	236	189	2218	326	405	32
-24	-24	-24	69	1572	181	53	696	132	94
81133	-691	-691	1154	2395	1052	15754	1788	2041	430
45156	10031	-558	8129	25032	6221	650585	29640	82891	7202
14989	-123	-124	1583	6238	1434	193824	4102	4032	253
1155	-38	-38	195	859	47	17122	1412	6913	20
2023	-284	-4	1918	3476	1045	21956	2951	3127	17
847	1		726	1651	525	30227	2402	8157	240
932			770	1922	220	23423	1690	10937	513
1398	8142	-114	894	3120	891	267249	5054	14729	1434
1783	-114	-114	9	189	6	6762	620	1807	148
22029	2447	-164	2034	7577	2053	90022	11409	33189	4577
-13516	-1331	-668	9973	25940	8833	301642	26620	111731	21798
10636	-112	-29	4280	8165	5351	66696	6562	31478	2129
-22120	-291	-52	1195	5761	1375	70453	5278	28190	1850
-123			657	1598	209	17809	1873	5635	35
2390	-668	-312	1380	2500	768	37177	2936	11277	2206
-548	-9	-9	314	1765	417	44087	3847	15839	11372
-3751	-251	-266	2147	6151	713	65420	6124	19312	4206
-18395	-2031	-1763	2833	15423	4728	278155	32057	73009	4964
-82	-946	-946	822	2369	725	39752	4603	14887	988
1040	-623	-576	130	1060	340	16123	1447	6707	1788
-1116	-241	-241	355	5693	1438	76361	8395	24557	199
-9			382	823	469	25116	1728	394	44
-18879	-9		190	1312	406	15755	1528	6555	
902			610	2221	863	25725	10769	9296	917
-251	-212		344	1945	487	79323	3587	10613	1028
12903	-1712	-1626	3141	12326	3518	157633	16172	65439	16337
-10287			80	1543	336	22860	2653	8389	200
1103			98	1851	382	12723	1294	3072	198
22087	-1712	-1626	2963	8932	2800	122050	12225	53978	15939
1141762	66343	-53401	28661	86506	45152	799049	77721	236986	76179
60590	212	-3656	8166	12537	4651	147348	7652	13374	
356304	-164	-166	1365	5093	1764	39969	3712	16294	864
128916	125710		435	763	473	17899	1106	5942	578
615991	-11611	-12464	5656	24148	24225	187071	22811	59373	10153
12104	-45887	-35194	9692	23644	7246	228652	22337	65668	46112
-8772			305	1807	217	10295	813	656	5
898	-1779	-1779	50	638	184	6552	711	433	1292
103			45	71	6	853	67	382	
-24372	-138	-142	2947	17805	6386	160410	18512	74864	17175
122939	-8289	-12689	19876	80114	24128	1338186	128807	486124	121848
1593	9		461	1664	248	10264	1217	1636	542
3150	726	-139	1417	6656	2123	95512	8124	31838	27243
-24164	3771	-274	2216	10374	2896	261166	17890	64995	3949
431	-123	-26	1708	4088	1786	55051	4962	15057	717
24078	-5248	-4752	1446	11680	1876	270441	27042	112622	5609
14874	-373	-333	489	4570	1517	84633	7111	21919	1540
102977	-7051	-7165	12139	41082	13682	561119	62461	238057	82248
1014401	-300261	-544094	19759	78007	45453	614844	66522	78448	305146
19985	-849	-3603	4891	17115	6734	170766	18294	59771	8743
1982	17	-11	337	2866	603	22345	2386	5315	4
18003	-866	-3592	4554	14249	6131	148421	15908	54456	8739

3-23 续表 7

	财务费用	利息支出(净额)	营业利润	投资收益	补贴收入	利润总额	应交所得税
零售业合计	**202440**	**178622**	**-1279123**	**79821**	**26887**	**-1076467**	**59795**
综合零售	52160	50919	-167021	25229	4834	-127239	5465
百货零售	24680	24038	-93542	-3042	4422	-82589	1886
超级市场零售	23149	23056	-47026	32302	64	-16056	1191
其他综合零售	4331	3825	-26453	-4031	348	-28594	2388
食品、饮料及烟草制品专门零售	10337	9440	-123031	35584	18082	-32647	4054
粮油零售	2392	2389	-21511	630	15643	-4858	304
糕点、面包零售	21	4	-2965		45	-2857	74
果品、蔬菜零售	883	875	129			-481	187
肉、禽、蛋及水产品零售	64	61	-1838	237	487	-898	117
饮料及茶叶零售	7	-40	-18352	72	16	-11715	449
烟草制品零售	3391	3333	-9234	4	-8	-12964	365
其他食品零售	3579	2818	-69260	34641	1899	1126	2558
纺织、服装及日用品专门零售	81263	79050	-198789	911	-605	-219080	5034
纺织品及针织品零售	6810	6665	-37578	371	-11	-30817	911
服装零售	73485	72847	-113305	303	29	-143777	1750
鞋帽零售	77	44	-3727	-186	6	-2706	532
钟表、眼镜零售	116	-588	-5580	-40	-658	-4905	254
化妆品及卫生用品零售	36	1	-10686		32	-10330	413
其他日用品零售	739	81	-27913	463	-3	-26545	1174
文化、体育用品及器材专门零售	3833	2163	-139008	6255	340	-102248	11049
文具用品零售	68	-24	-9568	2843	211	-5939	982
体育用品零售	455	371	-17126	-6	-3	-16348	445
图书零售	-1185	-1387	-40055	1909	35	-30571	3669
报刊零售	-97	-100	-20081	1	23	-1183	327
音像制品及电子出版物零售	4	-71	-9145	-18		-7857	187
珠宝首饰零售	173	-8	-6055	4	50	-6115	499
工艺美术品及收藏品零售	4079	3399	-27161	1486	25	-24318	4029
照相器材零售	138	-72	-2966	16		-3079	74
其他文化用品零售	198	55	-6851	20	-1	-6838	837
医药及医疗器材专门零售	5441	2376	-72678	458	367	-73332	6038
药品零售	1997	-168	-25597	136	159	-24636	2481
医疗用品及器材零售	3444	2544	-47081	322	208	-48696	3557
汽车、摩托车、燃料及零配件专门零售	21613	16179	-168841	4098	353	-135261	3354
汽车零售	16116	15533	-124897	1836	-216	-86621	-588
汽车零配件零售	2521	2368	-30017	-309	62	-32000	1961
摩托车及零配件零售	466	-9	-6320	-97	468	-5249	160
机动车燃料零售	2510	-1713	-7607	2668	39	-11391	1821
家用电器及电子产品专门零售	15679	10733	-202502	-614	1515	-193161	12413
家用电器零售	1753	1587	-25585	-3231	-45	-30195	2336
计算机、软件及辅助设备零售	10627	9530	-90302	3239	1661	-86273	5737
通信设备零售	415	26	-35983	424	93	-25487	1010
其他电子产品零售	2884	-410	-50632	-1046	-194	-51206	3330
五金、家具及室内装修材料专门零售	7269	4563	-100699	6417	144	-84493	5501
五金零售	3577	1192	-36677	5550	29	-25798	2880
家具零售	1565	1497	-19687	110	65	-16687	645
涂料零售	14	5	-1446	2	29	-1214	158
其他室内装修材料零售	2113	1869	-42889	755	21	-40794	1818
无店铺及其他零售	4845	3199	-106554	1483	1857	-109006	6887
流动货摊零售	51	-4	307	20	103	-24	23
邮购及电子销售	296	279	-15501		21	-11559	7
生活用燃料零售	695	645	-16225	-1152	796	-14055	765
花卉零售	934	852	-12050	573	225	-13531	97
旧货零售	3	3	-433	468	31	151	205
其他未列明的零售	2866	1424	-62652	1574	681	-69988	5790

计量单位：千元

可供分配利润	#外方应分利润	#外方汇出利润	劳动、失业保险费	养老保险和医疗保险	住房公积金和住房补贴	本年应付工资总额(贷方累计发生额)	本年应付福利费总额(贷方累计发生额)	本年应交增值税(不含期初未抵扣税)	本年实缴关税
5748	**-16398**	**-17340**	**45920**	**155904**	**38379**	**2274614**	**189390**	**392952**	**45560**
24158	-324	-507	9927	39585	8063	235757	27734	24115	12183
-565	-59	-360	4140	21175	3924	99223	11008	8838	1562
17580	-17	-17	1293	6095	1181	29954	8753	3740	4
7143	-248	-130	4494	12315	2958	106580	7973	11537	10617
23971	-697	-696	3465	13184	3107	165745	13817	18666	465
-4473	-1		672	3898	819	16922	1654	872	81
9	-438	-438	13	170	33	6765	327	1500	4
-197	-12	-12	314	767	142	7243	467	437	
-240			15	249	37	6407	383	830	43
-3537	-33	-33	199	1375	297	25064	1789	3613	141
519			130	989	324	9902	839	1573	9
31890	-213	-213	2122	5736	1455	93442	8358	9841	187
23590	-2477	-2346	4261	19444	4620	217593	17852	41941	3334
-4777	10	-54	2106	4922	2092	34771	2933	6602	238
12219	-312	-314	1462	7012	866	93553	7652	17781	2514
770	-160	-160	129	1094	25	10987	801	2881	
17073	-25	-25	61	1286	330	14446	1175	2953	159
-141	-320	-88	128	702	182	16792	1299	2779	52
-1554	-1670	-1705	375	4428	1125	47044	3992	8945	371
23526	-3389	-3519	4803	18878	5086	304228	23657	48356	14635
4555	-678	-732	297	2072	359	70190	2949	6984	3
945	-38	-44	184	807	177	18362	1126	4271	703
21885	-2147	-2202	1460	6614	2160	84420	7778	15763	13135
670	-150	-150	40	711	117	19725	2180	683	258
-3618	-78	-92	26	572	150	16373	1140	2410	12
-450			804	696	97	11911	1088	2938	300
-1375	-248	-249	1693	6004	1656	55891	5158	9916	163
159			41	523	77	5723	444	858	12
755	-50	-50	258	879	293	21633	1794	4533	49
6119	-953	-887	1268	9348	1224	162728	14818	42951	2499
-1233	-424	-487	753	4568	600	62851	5129	17115	138
7352	-529	-400	515	4780	624	99877	9689	25836	2361
-116835	-2003	-2141	3124	8509	2210	195479	15180	32558	1953
-123011	-1352	-1352	2820	3880	1094	54378	5393	4405	1200
2543	-256	-165	184	2719	436	85797	6466	19753	687
-1381	-431	-441	28	388	62	31420	847	2199	66
5014	36	-183	92	1522	618	23884	2474	6201	
3910	-3674	-2924	3370	18256	2923	542977	40336	95081	5254
-4812	-82	-140	956	2910	770	50811	4622	9535	146
10130	-2216	-1374	910	6879	817	319268	18225	43947	3317
-226	-164	-197	421	2533	521	60227	6272	12312	231
-1182	-1212	-1213	1083	5934	815	112671	11217	29287	1560
11163	349	-1899	4801	17356	8214	249237	17777	43064	2692
5760	1878	-282	1314	11424	6291	113041	9066	22373	1044
1195	14	-12	2136	1561	538	39242	2196	6297	487
3215	-64	-49	170	379	181	9295	857	1993	288
993	-1479	-1556	1181	3992	1204	87659	5658	12401	873
6146	-3230	-2421	10901	11344	2932	200870	18219	46220	2545
25			27	19		884	42	116	
24	-12	-12	35	376	105	8223	529	589	1
-6141	-2	-2	1354	1419	386	17018	1512	2940	174
1897	-466	-466	61	405	148	17789	1496	1011	53
33			7582	736	142	5981	945	270	
10308	-2750	-1941	1842	8389	2151	150975	13695	41294	2317

3-24 零售连锁企业

	总店个数（个）	所属门店（个）	自有配送中心（个）	商品销售总额（千元）	零售额
总计	**136**	**4541**	**70**	**81305355**	**78649439**
一、按登记注册类型分					
内资	125	4444	70	72266988	69762484
国有	10	257	2	2789145	2288975
集体	8	48	3	997454	926723
股份合作	3	17		1262817	716548
国有独资公司	1	8		10808	10808
其他有限责任公司	56	2390	54	25193707	24043671
股份有限公司	9	653	6	15103754	14948184
私营独资	2	10		707	707
私营有限责任公司	34	1047	4	26813864	26732136
私营股份有限公司	2	14	1	94732	94732
外商投资	11	97		9038367	8886955
中外合资经营	7	47		7298958	7286911
中外合作经营	2	6		1542069	1542069
外资企业	2	44		197340	57975
二、按隶属关系分					
中央	3	472	1	8670173	8670173
地方	45	1589	50	20521334	18690403
其他	88	2480	19	52113848	51288863
三、按控股情况分					
国有绝对控股	30	1753	44	22918299	21832973
国有相对控股	6	154	1	477918	432929
其他	100	2634	25	57909138	56383537
四、按商品销售额分					
1000000万元及以上	2	1176	4	31097241	31069271
100000-999999万元	14	856	6	35022028	34032265
10000-99999万元	42	1357	16	13121922	11627832
5000-9999万元	16	464	5	1189654	1138856
1000-4999万元	36	461	38	805747	721872
999万元及以下	26	227	1	68763	59343
五、按营业面积分					
100000平方米及以上	8	1916	8	54187687	53632907
50000-99999平方米	7	340	3	5872974	5867104
10000-49999平方米	26	701	9	12665356	12276346
5000-9999平方米	22	749	9	4375911	3810283
4999平方米及以下	73	835	41	4203427	3062799
六、按地区分					
东城区	19	626	7	10761304	9986093
西城区	18	518	3	1140468	867109
崇文区	11	205	5	1077567	1062281
宣武区	11	241	4	868668	616300
朝阳区	16	940	2	17601897	17288464
丰台区	14	182	4	4624028	4551149
石景山区	6	734	5	19909417	19816490
海淀区	16	220	5	5285501	4614046
房山区	3	47	33	398829	350201
通州区	3	59	1	270001	222981
顺义区	5	49	1	967060	905600
昌平区	3	585		18116831	18088861
大兴区	1	9		269134	269134
平谷区	4	113		10197	6277
密云县	6	13		4453	4453

总店基本情况

商品购进额（千元）	#自有配送中心配送额	非自有配送中心配送额	从业人员（人）	运输车辆（辆）	冷藏车	营业面积（平方米）
82458650	**22826443**	**23621419**	**110207**	**718**	**60**	**3786932**
73255327	22266497	18090464	97752	707	60	3479102
2208283	274403	612406	5663	127	9	205634
3062600	81273		2523	30	5	90770
1258291	42747	1215544	328	11		4514
9677			145	1		1854
21689683	6962892	9765958	41990	324	24	1313508
19162680	13555462	328458	23148	170	20	723533
686	3	13	26	1		415
25799435	1329303	6126268	23436	37	2	1121411
63992	20414	41817	493	6		17463
9203323	559946	5530955	12455	11		307830
7781521	559946	5419077	10194	11		258747
1307551		1	997			37725
114251		111877	1264			11358
13901740	12730998	1170742	7549	6		210473
16848102	3510273	4336285	41594	492	51	1284003
51708808	6585172	18114392	61064	220	9	2292456
25251068	15437351	3259122	39763	426	35	1236148
446696	319875	68363	1952	26	3	46263
56760886	7069217	20293934	68492	266	22	2504521
24941228	2614290	5307801	23159			1242823
38294590	16296956	13915127	45068	309	26	1368955
17090323	3393380	3720856	29607	294	19	985818
1109968	116716	460889	6202	49	6	101191
970098	387101	206740	5205	52	5	71929
52443	18000	10006	966	14	4	16216
51194244	17195043	11560756	53326	324	30	2336830
8783739	611898	3647686	14581	67		469291
14301644	3194700	6083082	23629	159	12	707297
4206336	1093100	799733	9459	92	6	163326
3972687	731702	1530162	9212	76	12	110188
8395442	891976	1590442	19728	54	2	509006
1014037	192828	210449	5127	57	6	104460
899993	260195	393234	4586	70		140017
738092	496109	22603	2991	36	5	59332
23279265	15895301	5391553	25849	141	17	627838
4183014	949609	2895034	8449	41	7	214443
14046591	2891300	10728871	16729	60	4	814043
5430859	780722	2103477	9395	152	9	304082
3532656	191534	228064	1116	26	2	40824
276379	194562	41817	1033	29	3	45709
985615	73122	12675	1252	33	1	77933
19418414			12901	13		808043
243291			799			35762
11056	9185	1871	207	5	4	3938
3946		1329	45	1		1502

3-25 零售连锁企业分店基本情况

	分店个数(个)	商品销售总额(千元)	零售额	从业人员(人)	运输车辆(辆)	冷藏车	营业面积(平方米)
总　计	**4667**	**81305355**	**78649439**	**110207**	**718**	**60**	**3786932**
一、按分店性质分							
直营店(包括控股店)	2960	61008936	59427479	82541	292	23	2598005
加盟店	1581	18769155	18769155	16562	16		932500
配送中心(公司)	70	1022310	127082	2909	322	30	218321
其他	56	504954	325723	8195	88	7	38106
二、按连锁业态分							
百货商店	40	6351135	6349477	11797	43		447672
购物中心	4	319152	277320	330	2		21400
超级市场	416	25836835	25805005	37052	201	17	1248425
专业店	2719	39967933	38999302	40838	82	3	1489590
专卖店	288	3432923	2691242	5332	40	6	58933
便利店	1145	3454791	3419378	9571	23	3	260236
仓储式商场	8	800773	781145	1482	7	1	54038
其他	47	1141813	326570	3805	320	30	206638
三、按分店开业时间分							
2000年以后	3347	44387844	44013773	60240	248	14	2460659
1994年-2000年	979	27901713	26520964	37310	323	28	1119850
1994年以前	341	9015798	8114702	12657	147	18	206423
四、按地区分							
北京分店小计	**3918**	**55661619**	**53005703**	**88367**	**698**	**57**	**2564706**
东城区	309	4287632	3610412	9910	19	2	112710
西城区	298	3422686	3152459	6257	39	6	103854
崇文区	272	1623461	1599806	3418	46		92350
宣武区	140	2672718	2529940	3652	14	5	91413
朝阳区	662	11932782	11519434	19289	138	12	461960
丰台区	340	5714084	5679278	9733	58	7	307727
石景山区	135	3413312	3399572	3882	21		124396
海淀区	499	10413009	9719990	14741	156	9	404922
门头沟区	75	786733	786602	938	3		30668
房山区	172	2192069	2143441	2031	29	4	85698
通州区	264	2016481	1860760	3384	45	3	187056
顺义区	171	1706176	1644716	2163	30	1	93711
昌平区	126	1803614	1771317	2947	26		145085
大兴区	123	1898034	1813068	3137	59	4	147790
怀柔区	63	369100	369100	779	2		45211
平谷区	159	216212	212292	657	10	4	33017
密云县	64	998365	998365	1151	3		81300
延庆县	46	195151	195151	298			15838

3-25 续表

	分店个数（个）	商品销售总额（千元）	零售额	从业人员（人）	运输车辆（辆）	冷藏车	营业面积（平方米）
外地分店小计	**749**	**25643736**	**25643736**	**21840**	**20**	**3**	**1222226**
天津市	78	1004164	1004164	1616			49568
河北省	91	1661877	1661877	3348	20	3	157523
山西省	75	1388376	1388376	890			77840
内蒙古自治区	21	1161500	1161500	1402			80624
辽宁省	58	2479767	2479767	1322			43030
吉林省	12	356863	356863	337			12008
黑龙江省	13	836684	836684	233			6420
上海市	9	2554327	2554327	1609			41470
江苏省	61	3387257	3387257	1772			99682
浙江省	14	341760	341760	156			9400
安徽省	21	1073909	1073909	551			29670
福建省	14	302440	302440	88			6980
江西省	7	101482	101482	157			7700
山东省	60	1540617	1540617	1051			116696
河南省	39	1582146	1582146	1476			83870
湖北省	13	563757	563757	898			68002
湖南省	16	466018	466018	820			72600
广东省	39	1151895	1151895	771			58447
广西壮族自治区	8	238753	238753	389			31380
海南省	3	35610	35610	61			12650
重庆市	5	503904	503904	678			30232
四川省	30	1126709	1126709	708			25274
贵州省	6	465988	465988	201			4450
云南省	18	568227	568227	563			9200
西藏自治区	3	124206	124206	77			1450
陕西省	8	149000	149000	187			26900
甘肃省	10	225500	225500	212			28400
青海省	1	8500	8500	6			600
宁夏回族自治区	4	57000	57000	49			2800
新疆维吾尔自治区	12	185500	185500	212			27360

3-26 按零售业态分零售

	分店个数（个）	百货商店	购物中心	超级市场	专业店	专卖店	便利店	仓储式商场	其他
总计	**4667**	**40**	**4**	**416**	**2719**	**288**	**1145**	**8**	**47**
一、按分店性质分									
直营店(包括控股店)	2960	29	4	386	1432	272	819	7	11
加盟店	1581	11		16	1225	10	318		1
配送中心(公司)	70			1	39	1		1	28
其他	56			13	23	5	8		7
二、按分店开业时间分									
2000年以后	3638	24	2	314	2000	247	1023	3	25
1994年-2000年	688	8	2	83	445	36	91	5	18
1994年以前	341	8		19	274	5	31		4
三、按商品销售额分									
10000万元及以上	157	11	1	73	58	6	2	2	4
5000-9999万元	183	2		44	124	4	3	2	4
1000-4999万元	849	8	2	134	624	10	60	4	7
500-999万元	502	5		50	287	16	142		2
499万元及以下	2976	14	1	115	1626	252	938		30
四、按营业面积分									
20000平方米及以上	23	12		3	5		1		2
10000-19999平方米	54	5	1	24	16			3	5
5000-9999平方米	86	2		47	28	1			8
2000-4999平方米	243	7	1	114	101	4	4	5	7
1000-1999平方米	297	5	1	77	184	4	21		5
500-999平方米	428	3		46	310	7	54		8
499平方米及以下	3536	6	1	105	2075	272	1065		12
五、按地区分									
北京分店小计	**3918**	**29**	**4**	**376**	**2071**	**282**	**1102**	**8**	**46**
东城区	309	2		14	144	50	98		1
西城区	298	1		22	136	35	101		3
崇文区	272			6	68	14	176		8
宣武区	140			18	75	16	27		4
朝阳区	662			71	328	61	197	1	4
丰台区	340			32	174	24	101	3	6
石景山区	135			24	68	6	33	1	3
海淀区	499	8	1	74	271	47	92		6
门头沟区	75			6	32	2	35		
房山区	172			45	120	2	2	2	1
通州区	264			13	108	4	135		4
顺义区	171	6	2	5	114	1	41	1	1
昌平区	126	11		8	82	3	22		
大兴区	123			20	63	1	34		5
怀柔区	63			7	53	1	2		
平谷区	159	1		3	137	12	6		
密云县	64		1	7	54	2			
延庆县	46			1	44	1			

连锁分店基本情况

商品销售总额（千元）	百货商店	购物中心	超级市场	专业店	专卖店	便利店	仓储式商场	其　他
81305355	**6351135**	**319152**	**25836835**	**39967933**	**3432923**	**3454791**	**800773**	**1141813**
61008936	6075350	319152	25624709	21226687	3394927	3301632	766803	299676
18769155	275785		84028	18263294	27683	117468		897
1022310			5870	217193	9416		33970	755861
504954			122228	260759	897	35691		85379
51208524	876168	37302	18766283	26880041	1067916	2603820	424183	552811
21081033	2720325	281850	6577082	7370142	2352091	821401	376590	581552
9015798	2754642		493470	5717750	12916	29570		7450
41572871	5957146	244350	18455134	12930609	2515042	224272	576516	669802
12915413	154109		3364592	8561990	241583	179094	119861	294184
19722874	176476	74017	3441567	14556809	237080	984871	104396	147658
3547533	36151		358128	2059080	119807	963256		11111
3546664	27253	785	217414	1859445	319411	1103298		19058
5554622	3164592		1713150	315152		53932		307796
10910011	3030644	244350	5521230	1461022			640511	12254
11673511	41597		7402392	3857273	139365			232884
16521168	66429	37500	8019068	6669762	921126	307000	160262	340021
10829063	23538	36517	2203834	7909605	367450	252353		35766
9556412	12802		501918	8341362	107881	449732		142717
16260568	11533	785	475243	11413757	1897101	2391774		70375
55661619	**4066198**	**319152**	**20382068**	**22299103**	**3420545**	**3232864**	**800773**	**1140916**
4287632	1447223		327425	1999507	312467	147803		53207
3422686	733915		617190	1776756	73551	215122		6152
1623461			250952	376804	29657	718453		247595
2672718			1060974	1041388	501677	50643		18036
11932782			6154525	4193758	740044	403124	37732	403599
5714084			2381175	2220564	174586	597061	321718	18980
3413312			1576507	1291930	32170	178358	334347	
10413009	1004771	36517	3928325	3641363	1495875	123774		182384
786733			378196	208598	2306	197633		
2192069			366234	1737162	3454		73006	12213
2016481			566100	839831	20692	476074		113784
1706176	575073	281850	182525	620161	1831	10766	33970	
1803614	274112		578985	915037	21891	13589		
1898034			1226855	492490	463	93260		84966
369100			111942	252511	71	4576		
216212	31104		65078	110746	6656	2628		
998365		785	606346	388125	3109			
195151			2734	192372	45			

3-26 续表 1

	分店个数 (个)	百货商店	购物中心	超级市场	专业店	专卖店	便利店	仓储式商场	其 他
外地分店小计	**749**	**11**		**40**	**648**	**6**	**43**		**1**
天津市	78			9	27		42		
河北省	91	2		17	68	3	1		
山西省	75				75				
内蒙古自治区	21	2		1	18				
辽宁省	58				56	2			
吉林省	12			1	11				
黑龙江省	13				13				
上海市	9			6	3				
江苏省	61			2	59				
浙江省	14				13				1
安徽省	21			1	20				
福建省	14				14				
江西省	7				7				
山东省	60			2	58				
河南省	39	1			37	1			
湖北省	13	1		1	11				
湖南省	16	1			15				
广东省	39	1			38				
广西壮族自治区	8	1			7				
海南省	3				3				
重庆市	5	1			4				
四川省	30	1			29				
贵州省	6				6				
云南省	18				18				
西藏自治区	3				3				
陕西省	8				8				
甘肃省	10				10				
青海省	1				1				
宁夏回族自治区	4				4				
新疆维吾尔自治区	12				12				

商品销售总额（千元）	百货商店	购物中心	超级市场	专业店	专卖店	便利店	仓储式商场	其　他
25643736	**2284937**		**5454767**	**17668830**	**12378**	**221927**		**897**
1004164			772017	12338		219809		
1661877	72749		579847	998745	8418	2118		
1388376				1388376				
1161500	275105		101054	785341				
2479767				2476885	2882			
356863			15955	340908				
836684				836684				
2554327			2537814	16513				
3387257			948113	2439144				
341760				340863				897
1073909			398429	675480				
302440				302440				
101482				101482				
1540617			52107	1488510				
1582146	3471			1577597	1078			
563757	201969		49431	312357				
466018	48233			417785				
1151895	490695			661200				
238753	91853			146900				
35610				35610				
503904	260176			243728				
1126709	840686			286023				
465988				465988				
568227				568227				
124206				124206				
149000				149000				
225500				225500				
8500				8500				
57000				57000				
185500				185500				

3-26 续表 2

	零售额（千元）	百货商店	购物中心	超级市场	专业店	专卖店	便利店	仓储式商场	其 他
总　　计	**78649439**	**6349477**	**277320**	**25805005**	**38999302**	**2691242**	**3419378**	**781145**	**326570**
一、按分店性质分									
直营店(包括控股店)	59427479	6073692	277320	25600449	20445444	2662662	3301632	766803	299477
加盟店	18769155	275785		84028	18263294	27683	117468		897
配送中心(公司)	127082				88572			14342	24168
其他	325723			120528	201992	897	278		2028
二、按分店开业时间分									
2000年以后	50802219	876168	37302	18741248	26841336	1026104	2568407	404555	307099
1994年-2000年	19732518	2720325	240018	6570817	7332167	1653272	821401	376590	17928
1994年以前	8114702	2752984		492940	4825799	11866	29570		1543
三、按商品销售额分									
10000万元及以上	39418310	5955893	202518	18430874	12066525	1841420	224272	576516	120292
5000-9999万元	12628033	154109		3364592	8518995	224821	179094	119861	66561
1000-4999万元	19556948	176476	74017	3441567	14508227	203566	949458	84768	118869
500-999万元	3518094	36151		352258	2055041	105944	963256		5444
499万元及以下	3528054	26848	785	215714	1850514	315491	1103298		15404
四、按营业面积分									
20000平方米及以上	5247410	3164592		1713150	315152		53932		584
10000-19999平方米	10820009	3029391	202518	5514537	1433052			640511	
5000-9999平方米	11277406	41597		7378955	3856854				
2000-4999平方米	16241616	66429	37500	8019068	6518997	921126	307000	140634	230862
1000-1999平方米	10817833	23538	36517	2203834	7909290	358332	252353		33969
500-999平方米	8953015	12802		501918	7849084	103669	436829		48713
499平方米及以下	15292150	11128	785	473543	11116873	1308115	2369264		12442
五、按地区分									
北京分店小计	**53005703**	**4064540**	**277320**	**20350238**	**21330472**	**2678864**	**3197451**	**781145**	**325673**
东城区	3610412	1445970		327425	1517223	169052	147803		2939
西城区	3152459	733915		616020	1516587	70330	215122		485
崇文区	1599806			245082	368435	20241	718453		247595
宣武区	2529940			1057772	905008	500278	50643		16239
朝阳区	11519434			6152950	4193373	731671	403124	37732	584
丰台区	5679278			2378752	2220137	157409	597061	321718	4201
石景山区	3399572			1576507	1281810	28550	178358	334347	
海淀区	9719990	1004366	36517	3922948	3634891	950104	123774		47390
门头沟区	786602			378196	208467	2306	197633		
房山区	2143441			354021	1712960	3454		73006	
通州区	1860760			566100	828224	19535	440661		6240
顺义区	1644716	575073	240018	182525	620161	1831	10766	14342	
昌平区	1771317	274112		578985	886952	17679	13589		
大兴区	1813068			1226855	492490	463	93260		
怀柔区	369100			111942	252511	71	4576		
平谷区	212292	31104		65078	110746	2736	2628		
密云县	998365		785	606346	388125	3109			
延庆县	195151			2734	192372	45			

从业人员（人）	百货商店	购物中心	超级市场	专业店	专卖店	便利店	仓储式商场	其 他
110207	**11797**	**330**	**37052**	**40838**	**5332**	**9571**	**1482**	**3805**
82541	10900	330	34359	21853	4824	8321	1305	649
16562	897		459	14216	83	901		6
2909			70	480	55		177	2127
8195			2164	4289	370	349		1023
70996	3165	81	27120	27716	3244	7250	687	1733
26554	3248	249	8927	8144	1926	1979	795	1286
12657	5384		1005	4978	162	342		786
34352	9167	192	16511	5766	1008	281	812	615
13302	676		4938	6132	696	237	332	291
27587	1044	127	10015	13327	267	2060	338	409
7970	157		2139	3312	450	1821		91
26996	753	11	3449	12301	2911	5172		2399
7544	5783		1102	245		82		332
15857	5254	192	7283	1379			1064	685
12935	41		8867	2720	784			523
20728	343	57	11341	6822	440	546	418	761
11226	129	70	4257	5750	167	693		160
9314	90		1546	5603	629	1149		297
32603	157	11	2656	18319	3312	7101		1047
88367	**7961**	**330**	**31444**	**29195**	**5280**	**8876**	**1482**	**3799**
9910	3392		674	3098	1912	815		19
6257	1396		1380	1743	530	979		229
3418			536	741	479	1093		569
3652			1682	1318	234	274		144
19289			7938	8210	949	1739	66	387
9733			4121	2837	373	1420	671	311
3882			1936	1064	44	356	430	52
14741	1650	70	6722	4101	551	559		1088
938			511	203	11	213		
2031			916	863	28	2	138	84
3384			1061	1098	67	935		223
2163	591	249	252	759	6	120	177	9
2947	907		722	1227	37	54		
3137			1533	651	6	263		684
779			480	279	1	19		
657	25		179	376	42	35		
1151		11	771	360	9			
298			30	267	1			

3-26 续表 3

	零售额（千元）	百货商店	购物中心	超级市场	专业店	专卖店	便利店	仓储式商场	其 他
外地分店小计	**25643736**	**2284937**		**5454767**	**17668830**	**12378**	**221927**		**897**
天津市	1004164			772017	12338		219809		
河北省	1661877	72749		579847	998745	8418	2118		
山西省	1388376				1388376				
内蒙古自治区	1161500	275105		101054	785341				
辽宁省	2479767				2476885	2882			
吉林省	356863			15955	340908				
黑龙江省	836684				836684				
上海市	2554327			2537814	16513				
江苏省	3387257			948113	2439144				
浙江省	341760				340863				897
安徽省	1073909			398429	675480				
福建省	302440				302440				
江西省	101482				101482				
山东省	1540617			52107	1488510				
河南省	1582146	3471			1577597	1078			
湖北省	563757	201969		49431	312357				
湖南省	466018	48233			417785				
广东省	1151895	490695			661200				
广西壮族自治区	238753	91853			146900				
海南省	35610				35610				
重庆市	503904	260176			243728				
四川省	1126709	840686			286023				
贵州省	465988				465988				
云南省	568227				568227				
西藏自治区	124206				124206				
陕西省	149000				149000				
甘肃省	225500				225500				
青海省	8500				8500				
宁夏回族自治区	57000				57000				
新疆维吾尔自治区	185500				185500				

从业人员（人）	百货商店	购物中心	超级市场	专业店	专卖店	便利店	仓储式商场	其　他
21840	**3836**		**5608**	**11643**	**52**	**695**		**6**
1616			886	47		683		
3348	356		1571	1379	30	12		
890				890				
1402	702		107	593				
1322				1307	15			
337			154	183				
233				233				
1609			1572	37				
1772			497	1275				
156				150				6
551			331	220				
88				88				
157				157				
1051			206	845				
1476	398			1071	7			
898	339		284	275				
820	400			420				
771	430			341				
389	336			53				
61				61				
678	435			243				
708	440			268				
201				201				
563				563				
77				77				
187				187				
212				212				
6				6				
49				49				
212				212				

3-26 续表 4

	营业面积(平方米)	百货商店	购物中心	超级市场	专业店	专卖店	便利店	仓储式商场	其他
总计	**3786932**	**447672**	**21400**	**1248425**	**1489590**	**58933**	**260236**	**54038**	**206638**
一、按分店性质分									
直营店(包括控股店)	2598005	393322	21400	1222145	634134	56425	206331	51838	12410
加盟店	932500	54350		12790	810723	788	53349		500
配送中心(公司)	218321			6140	24885	90		2200	185006
其他	38106			7350	19848	1630	556		8722
二、按分店开业时间分									
2000年以后	2732465	260936	2200	1008689	1098649	40293	221893	23938	75867
1994年-2000年	848044	123102	19200	218264	291156	18122	31879	30100	116221
1994年以前	206423	63634		21472	99785	518	6464		14550
三、按商品销售额分									
10000万元及以上	1110222	230416	16000	555146	214094	17154	5675	28088	43649
5000-9999万元	581780	52863		195693	280714	4017	22500	15650	10343
1000-4999万元	1156285	93443	5100	333244	626039	4752	57050	10300	26357
500-999万元	275718	20352		91593	116901	4122	41980		770
499万元及以下	662927	50598	300	72749	251842	28888	133031		125519
四、按营业面积分									
20000平方米及以上	575167	323311		82066	100000		20000		49790
10000-19999平方米	707642	77411	16000	318047	189589			40088	66507
5000-9999平方米	560172	16800		321871	160029	7379			54093
2000-4999平方米	734050	20550	3200	363377	289122	11676	11075	13950	21100
1000-1999平方米	388003	6550	1900	106582	235193	4549	26470		6759
500-999平方米	306110	2152		34364	204453	4923	54533		5685
499平方米及以下	515788	898	300	22118	311204	30406	148158		2704
五、按地区分									
北京分店小计	**2564706**	**162108**	**21400**	**1071305**	**748398**	**58375**	**242944**	**54038**	**206138**
东城区	112710	25824		21848	39600	14679	10555		204
西城区	103854	16866		35221	34954	3845	11518		1450
崇文区	92350			22780	25106	2881	32963		8620
宣武区	91413			43604	31246	3597	5085		7881
朝阳区	461960			239885	134329	15458	36764	3600	31924
丰台区	307727			133643	91120	6041	34987	24300	17636
石景山区	124396			53072	31264	404	10568	18088	11000
海淀区	404922	23568	1900	195088	118495	8583	13829		43459
门头沟区	30668			16204	6712	133	7619		
房山区	85698			26479	39617	230	165	5850	13357
通州区	187056			49764	38646	732	61682		36232
顺义区	93711	26300	19200	14450	26531	135	4177	2200	718
昌平区	145085	61550		31306	47589	657	3983		
大兴区	147790			83542	22978	110	7503		33657
怀柔区	45211			30560	13843	12	796		
平谷区	33017	8000		10800	12685	782	750		
密云县	81300		300	62359	18556	85			
延庆县	15838			700	15127	11			

3-26 续表 5

	营业面积（平方米）	百货商店	购物中心	超级市场	专业店	专卖店	便利店	仓储式商场	其他
外地分店小计	**1222226**	**285564**		**177120**	**741192**	**558**	**17292**		**500**
天津市	49568			28870	3641		17057		
河北省	157523	36663		53542	66845	238	235		
山西省	77840				77840				
内蒙古自治区	80624	42041		8000	30583				
辽宁省	43030				42780	250			
吉林省	12008			6058	5950				
黑龙江省	6420				6420				
上海市	41470			38162	3308				
江苏省	99682			22000	77682				
浙江省	9400				8900				500
安徽省	29670			8000	21670				
福建省	6980				6980				
江西省	7700				7700				
山东省	116696			6946	109750				
河南省	83870	38000			45800	70			
湖北省	68002	26460		5542	36000				
湖南省	72600	43000			29600				
广东省	58447	28897			29550				
广西壮族自治区	31380	25000			6380				
海南省	12650				12650				
重庆市	30232	26782			3450				
四川省	25274	18721			6553				
贵州省	4450				4450				
云南省	9200				9200				
西藏自治区	1450				1450				
陕西省	26900				26900				
甘肃省	28400				28400				
青海省	600				600				
宁夏回族自治区	2800				2800				
新疆维吾尔自治区	27360				27360				

3-27 按零售分店性质分

	分店个数					商品销售总额
	(个)	直营店	加盟店	配送中心	其 他	(千元)
总 计	**4667**	**2960**	**1581**	**70**	**56**	**81305355**
一、按分店开业时间分						
2000年以后	3347	1965	1323	34	25	44387844
1994年-2000年	979	678	247	28	26	27901713
1994年以前	341	317	11	8	5	9015798
二、按商品销售额分						
10000万元及以上	157	129	23	4	1	41572871
5000-9999万元	183	104	73	3	3	12915413
1000-4999万元	849	489	352	4	4	19722874
500-999万元	502	406	91	4	1	3547533
499万元及以下	2976	1832	1042	55	47	3546664
三、按营业面积分						
20000平方米及以上	23	15	6	2		5554622
10000-19999平方米	54	37	10	6	1	10910011
5000-9999平方米	86	63	14	8	1	11673511
2000-4999平方米	243	191	44	7	1	16521168
1000-1999平方米	297	137	152	4	4	10829063
500-999平方米	428	203	219	4	2	9556412
499平方米及以下	3536	2314	1136	39	47	16260568
四、按地区分						
北京分店小计	**3918**	**2861**	**931**	**70**	**56**	**55661619**
东城区	309	282	23	3	1	4287632
西城区	298	243	44	1	10	3422686
崇文区	272	251	13	4	4	1623461
宣武区	140	116	17	3	4	2672718
朝阳区	662	449	196	5	12	11932782
丰台区	340	242	87	4	7	5714084
石景山区	135	114	16	3	2	3413312
海淀区	499	412	81	4	2	10413009
门头沟区	75	47	28			786733
房山区	172	122	7	33	10	2192069
通州区	264	174	85	4	1	2016481
顺义区	171	101	68	2		1706176
昌平区	126	74	51		1	1803614
大兴区	123	89	29	4	1	1898034
怀柔区	63	33	30			369100
平谷区	159	43	115		1	216212
密云县	64	45	19			998365
延庆县	46	24	22			195151

零售连锁分店基本情况

				零售额				
直营店	加盟店	配送中心	其　他	(千元)	直营店	加盟店	配送中心	其　他
61008936	**18769155**	**1022310**	**504954**	**78649439**	**59427479**	**18769155**	**127082**	**325723**
31349939	12668630	265945	103330	44013773	31287065	12668630	14363	43715
21048752	6079163	553776	220022	26520964	20295134	6079163	43835	102832
8610245	21362	202589	181602	8114702	7845280	21362	68884	179176
36696575	4017084	684331	174881	39418310	35219521	4017084	6824	174881
7575872	4948236	203672	187633	12628033	7544085	4948236	59400	76312
11088569	8432260	75479	126566	19556948	11030675	8432260	27062	66951
2847185	665944	29387	5017	3518094	2842303	665944	8434	1413
2800735	705631	29441	10857	3528054	2790895	705631	25362	6166
4746228	500598	307796		5247410	4746228	500598	584	
10249452	595745	12254	52560	10820009	10199674	595745		24590
10376029	1058728	155403	83351	11277406	10218678	1058728		
14645600	1564184	287485	23899	16241616	14622832	1564184	30701	23899
4729035	6033789	14517	51722	10817833	4719602	6033789	12720	51722
3964337	5492627	98963	485	8953015	3455568	5492627	4335	485
12298255	3523484	145892	292937	15292150	11464897	3523484	78742	225027
53003630	**1130725**	**1022310**	**504954**	**53005703**	**51422173**	**1130725**	**127082**	**325723**
4147543	29797	110292		3610412	3521215	29797	59400	
3275462	92517	5667	49040	3152459	3015063	92517		44879
1588726	11015	23720		1599806	1580357	11015	8434	
2513627	8897	142514	7680	2529940	2504777	8897	12720	3546
11327283	197565	407934		11519434	11316950	197565	4919	
5590332	55566	16464	51722	5679278	5570305	55566	1685	51722
3209736	4796		198780	3399572	3195996	4796		198780
10176086	96412	138968	1543	9719990	9617862	96412	4173	1543
775456	11277			786602	775325	11277		
2121850	17972	27382	24865	2143441	2109637	17972	15169	663
1846078	21206	113784	35413	1860760	1833314	21206	6240	
1650267	21939	33970		1644716	1608435	21939	14342	
1446957	304097		52560	1771317	1442630	304097		24590
1789974	23094	1615	83351	1813068	1789974	23094		
353502	15598			369100	353502	15598		
206460	9752			212292	202540	9752		
798904	199461			998365	798904	199461		
185387	9764			195151	185387	9764		

3-27 续表 1

	分店个数 (个)	直营店	加盟店	配送中心	其 他	商品销售总额 (千元)
外地分店小计	**749**	**99**	**650**			**25643736**
天津市	78	50	28			1004164
河北省	91	22	69			1661877
山西省	75	1	74			1388376
内蒙古自治区	21	3	18			1161500
辽宁省	58	2	56			2479767
吉林省	12	1	11			356863
黑龙江省	13		13			836684
上海市	9	6	3			2554327
江苏省	61	2	59			3387257
浙江省	14		14			341760
安徽省	21	1	20			1073909
福建省	14		14			302440
江西省	7		7			101482
山东省	60	2	58			1540617
河南省	39	2	37			1582146
湖北省	13	2	11			563757
湖南省	16	1	15			466018
广东省	39	1	38			1151895
广西壮族自治区	8	1	7			238753
海南省	3		3			35610
重庆市	5	1	4			503904
四川省	30	1	29			1126709
贵州省	6		6			465988
云南省	18		18			568227
西藏自治区	3		3			124206
陕西省	8		8			149000
甘肃省	10		10			225500
青海省	1		1			8500
宁夏回族自治区	4		4			57000
新疆维吾尔自治区	12		12			185500

直营店	加盟店	配送中心	其　他	零售额（千元）	直营店	加盟店	配送中心	其　他
8005306	**17638430**			**25643736**	**8005306**	**17638430**		
986314	17850			1004164	986314	17850		
657586	1004291			1661877	657586	1004291		
42355	1346021			1388376	42355	1346021		
376159	785341			1161500	376159	785341		
2882	2476885			2479767	2882	2476885		
15955	340908			356863	15955	340908		
	836684			836684		836684		
2537814	16513			2554327	2537814	16513		
948113	2439144			3387257	948113	2439144		
	341760			341760		341760		
398429	675480			1073909	398429	675480		
	302440			302440		302440		
	101482			101482		101482		
52107	1488510			1540617	52107	1488510		
4549	1577597			1582146	4549	1577597		
251400	312357			563757	251400	312357		
48233	417785			466018	48233	417785		
490695	661200			1151895	490695	661200		
91853	146900			238753	91853	146900		
	35610			35610		35610		
260176	243728			503904	260176	243728		
840686	286023			1126709	840686	286023		
	465988			465988		465988		
	568227			568227		568227		
	124206			124206		124206		
	149000			149000		149000		
	225500			225500		225500		
	8500			8500		8500		
	57000			57000		57000		
	185500			185500		185500		

3-27 续表 2

	从业人员(人)	直营店	加盟店	配送中心	其他	营业面积(平方米)	直营店	加盟店	配送中心	其他
总计	**110207**	**82541**	**16562**	**2909**	**8195**	**3786932**	**2598005**	**932500**	**218321**	**38106**
一、按分店开业时间分										
2000年以后	60240	45315	11890	1090	1945	2460659	1732322	639315	85216	3806
1994年-2000年	37310	25974	4563	1349	5424	1119850	683074	290198	112606	33972
1994年以前	12657	11252	109	470	826	206423	182609	2987	20499	328
二、按商品销售额分										
10000万元及以上	34352	31962	1626	559	205	1110222	970023	96150	44049	
5000-9999万元	13302	10419	2293	83	507	581780	390529	162710	969	27572
1000-4999万元	27587	19247	7476	361	503	1156285	680986	448042	23057	4200
500-999万元	7970	6552	1083	265	70	275718	204959	61329	9380	50
499万元及以下	26996	14361	4084	1641	6910	662927	351508	164269	140866	6284
三、按营业面积分										
20000平方米及以上	7544	6454	758	332		575167	402177	123200	49790	
10000-19999平方米	15857	14381	395	783	298	707642	494235	112500	81507	19400
5000-9999平方米	12935	11498	844	492	101	560172	417679	82260	53161	7072
2000-4999平方米	20728	18282	1431	726	289	734050	594800	113950	21100	4200
1000-1999平方米	11226	6445	4307	114	360	388003	187414	190280	5759	4550
500-999平方米	9314	5616	3562	99	37	306110	160010	142575	2825	700
499平方米及以下	32603	19865	5265	363	7110	515788	341690	167735	4179	2184
四、按地区分										
北京分店小计	**88367**	**72387**	**4876**	**2909**	**8195**	**2564706**	**2127939**	**180340**	**218321**	**38106**
东城区	9910	9610	142	95	63	112710	107145	4503	1062	
西城区	6257	5416	349	76	416	103854	93180	8896	350	1428
崇文区	3418	2736	80	222	380	92350	78564	2936	9330	1520
宣武区	3652	3158	71	125	298	91413	79575	2107	9681	50
朝阳区	19289	13074	1061	397	4757	461960	393811	35489	32604	56
丰台区	9733	8592	277	230	634	307727	257616	13735	31996	4380
石景山区	3882	3293	43	52	494	124396	106015	3181	11000	4200
海淀区	14741	13177	421	494	649	404922	350586	13967	40369	
门头沟区	938	873	65			30668	27857	2811		
房山区	2031	1684	101	226	20	85698	67589	1915	16194	
通州区	3384	2848	231	223	82	187056	140693	10131	36232	
顺义区	2163	1757	220	186		93711	82750	8043	2918	
昌平区	2947	1516	1133		298	145085	72998	52687		19400
大兴区	3137	2299	154	583	101	147790	109483	4650	26585	7072
怀柔区	779	679	100			45211	42058	3153		
平谷区	657	422	232		3	33017	28339	4678		
密云县	1151	1012	139			81300	76210	5090		
延庆县	298	241	57			15838	13470	2368		

3-27 续表 3

	从业人员					营业面积				
	(人)	直营店	加盟店	配送中心	其　他	(平方米)	直营店	加盟店	配送中心	其　他
外地分店小计	**21840**	**10154**	**11686**			**1222226**	**470066**	**752160**		
天津市	1616	1519	97			49568	42927	6641		
河北省	3348	1936	1412			157523	82780	74743		
山西省	890	46	844			77840	430	77410		
内蒙古自治区	1402	809	593			80624	50041	30583		
辽宁省	1322	15	1307			43030	250	42780		
吉林省	337	154	183			12008	6058	5950		
黑龙江省	233		233			6420		6420		
上海市	1609	1572	37			41470	38162	3308		
江苏省	1772	497	1275			99682	22000	77682		
浙江省	156		156			9400		9400		
安徽省	551	331	220			29670	8000	21670		
福建省	88		88			6980		6980		
江西省	157		157			7700		7700		
山东省	1051	206	845			116696	6946	109750		
河南省	1476	405	1071			83870	38070	45800		
湖北省	898	623	275			68002	32002	36000		
湖南省	820	400	420			72600	43000	29600		
广东省	771	430	341			58447	28897	29550		
广西壮族自治区	389	336	53			31380	25000	6380		
海南省	61		61			12650		12650		
重庆市	678	435	243			30232	26782	3450		
四川省	708	440	268			25274	18721	6553		
贵州省	201		201			4450		4450		
云南省	563		563			9200		9200		
西藏自治区	77		77			1450		1450		
陕西省	187		187			26900		26900		
甘肃省	212		212			28400		28400		
青海省	6		6			600		600		
宁夏回族自治区	49		49			2800		2800		
新疆维吾尔自治区	212		212			27360		27360		

3-28 个体批发零售情况

计量单位：万元

	户 数（个）	营业面积（平方米）	从业人员（人）		营业收入	营业支出	固定资产
				外地人员			
总 计	**289268**	**10006030**	**557984**	**398002**	**4079627**	**2930909**	**339963**
一、按行业大类分							
批发业	32262	1450157	71389	60838	1037622	732323	44012
零售业	257006	8555873	486595	337164	3042005	2198586	295951
二、按地区分							
东城区	4047	63952	7902	4317	31140	23438	2913
西城区	15539	145305	30542	24628	198594	159511	22534
崇文区	9779	160517	18797	15091	123341	79509	1701
宣武区	8093	112816	14756	11693	85486	74667	6269
朝阳区	62294	1998745	124745	105450	850066	563586	65054
丰台区	46605	1213930	93172	77797	700776	483097	37717
石景山区	7632	211247	14410	11966	52358	39334	5058
海淀区	36429	798165	70705	58884	668111	442915	40569
门头沟区	3357	100814	5859	2856	34916	25841	2934
房山区	12796	723355	22903	8532	200147	149957	15579
通州区	15037	823346	27236	12795	274363	238889	22382
顺义区	12078	917255	23845	10661	155313	122347	27137
昌平区	15141	745274	30400	22113	124516	96063	22793
大兴区	16800	919756	32124	21680	121381	84266	15720
怀柔区	5506	218476	11204.16	3207	93223	73136	18618
平谷区	4759	209991	8060	1264	84979	70122	9054
密云县	8628	456488	13758	3428	154969	112681	16041
延庆县	4673	184181	7400	1513	125549	91199	7599
北京经济技术开发区	75	2417	167	127	399	353	289

3-29 个体批发情况

计量单位：万元

	户　数（个）	营业面积（平方米）	从业人员（人）	外地人员	营业收入	营业支出	固定资产
总　计	**32262**	**1450157**	**71389**	**60838**	**1037622**	**732323**	**44012**
东城区	12	316	27	24	453	358	8
西城区	2998	19203	6678	5989	62756	42399	717
崇文区	3491	77411	6766	6238	46387	36044	237
宣武区	539	14669	1143	1073	9724	8353	701
朝阳区	6703	290739	15691	14534	237470	149052	9017
丰台区	10521	219106	22675	18457	308170	201508	11818
石景山区	36	6692	118	111	666	364	60
海淀区	3168	64891	5827	5569	146373	111344	7818
门头沟区	26	3714	78	39	1858	1784	97
房山区	204	19450	506	262	22954	19727	506
通州区	507	87505	1345	1034	62620	44086	1376
顺义区	660	80449	1862	1172	43129	39741	3135
昌平区	1546	228436	3982	3508	26550	22705	3970
大兴区	1016	208726	2597	2044	12399	9766	1834
怀柔区	174	10775	514.64	215	9028	7670	874
平谷区	125	15840	403	28	5031	4564	488
密云县	330	82618	761	343	19800	14828	1193
延庆县	206	19617	416	198	22254	18029	163

3-30 个体零售情况

计量单位：万元

	户　数（个）	营业面积（平方米）	从业人员（人）	外地人员	营业收入	营业支出	固定资产
总　计	**257006**	**8555873**	**486595**	**337164**	**3042005.29**	**2198585.945**	**295951**
东城区	4035	63636	7875	4293	30687	23079	2905
西城区	12541	126102	23864	18639	135839	117113	21817
崇文区	6288	83106	12031	8853	76954	43464	1464
宣武区	7554	98147	13613	10620	75762	66314	5568
朝阳区	55591	1708006	109054	90916	612596	414534	56038
丰台区	36084	994824	70497	59340	392605	281589	25899
石景山区	7596	204555	14292	11855	51692	38970	4998
海淀区	33261	733274	64878	53315	521738	331571	32751
门头沟区	3331	97100	5781	2817	33059	24057	2838
房山区	12592	703905	22397	8270	177193	130229	15073
通州区	14530	735841	25891	11761	211743	194803	21006
顺义区	11418	836806	21983	9489	112184	82606	24002
昌平区	13595	516838	26418	18605	97966	73358	18823
大兴区	15784	711030	29527	19636	108982	74500	13885
怀柔区	5332	207701	10689.52	2992	84195	65466	17745
平谷区	4634	194151	7657	1236	79948	65557	8566
密云县	8298	373870	12997	3085	135169	97853	14848
延庆县	4467	164564	6984	1315	103295	73171	7436
北京经济技术开发区	75	2417	167	127	399	353	289

3-31 按行业分批发零售业产业活动单位商品销售类值

计量单位：千元

	合计			批发企业			零售企业		
	商品销售			商品销售			商品销售		
	总额	批发额	零售额	总额	批发额	零售额	总额	批发额	零售额
总计	**76111427**	**69709187**	**6402240**	**69877696**	**69458666**	**419030**	**6233731**	**250521**	**5983210**
一、按商品用途分									
吃类商品	6649387	5971123	678264	5996157	5969446	26711	653230	1677	651553
穿类商品	2146708	801922	1344786	826219	735784	90435	1320489	66138	1254351
用类商品	65131608	61640751	3490857	61757242	61458943	298299	3374366	181808	3192558
烧类商品	2183724	1295391	888333	1298078	1294493	3585	885646	898	884748
二、按商品分类分									
食品、饮料、烟酒类	6649387	5971123	678264	5996157	5969446	26711	653230	1677	651553
服装鞋帽、针、纺织品类	2146708	801922	1344786	826219	735784	90435	1320489	66138	1254351
化妆品类	614785	484629	130156	500797	481414	19383	113988	3215	110773
金银珠宝类	153468	36854	116614	48538	36764	11774	104930	90	104840
日用品类	1974455	1624122	350333	1642680	1622233	20447	331775	1889	329886
五金、电料类	900312	774378	125934	726814	720974	5840	173498	53404	120094
体育、娱乐用品类	171303	65059	106244	75260	63810	11450	96043	1249	94794
书报杂志类	916119	707869	208250	671347	667455	3892	244772	40414	204358
电子出版物及音像制品类	46951	30075	16876	29452	29095	357	17499	980	16519
家用电器及音像器材类	10493084	10170851	322233	10174797	10170851	3946	318287		318287
中西药品类	2967829	2718843	248986	2705897	2702793	3104	261932	16050	245882
文化办公用品类	4011749	3457652	554097	3482347	3436709	45638	529402	20943	508459
家俱类	300552	52360	248192	17056	17050	6	283496	35310	248186
通讯器材类	945596	876711	68885	901922	876711	25211	43674		43674
煤炭及制品类	91339	91226	113	91339	91226	113			
木材及制品类	22827	22827		22827	22827				
石油及制品类	2092385	1204165	888220	1206739	1203267	3472	885646	898	884748
化工材料类	20830531	20806463	24068	20816916	20804034	12882	13615	2429	11186
金属材料类	5591683	5588228	3455	5588281	5588228	53	3402		3402
建筑及装潢材料类	778356	676368	101988	688954	675929	13025	89402	439	88963
机电产品及设备类	3811716	3622420	189296	3702708	3622004	80704	109008	416	108592
汽车类	9064526	8655313	409213	8669072	8654606	14466	395454	707	394747
种子饲料类	133117	133117		133024	133024		93	93	
棉麻类	98745	98745		98745	98745				
其他类	1303904	1037867	266037	1059808	1033687	26121	244096	4180	239916

注：3-31、32、33表统计范围：1.在京的批发零售业法人单位在外地经营的批发零售业产业活动单位；
2.在京的非批发零售业法人单位经营的全部批发零售业产业活动单位；
3.国外组织机构在京经营的批发零售业产业活动单位。

3-32 按限额分批发零售业产业活动单位商品销售类值

计量单位：千元

	合计			限额以上			限额以下		
	商品销售总额	批发额	零售额	商品销售总额	批发额	零售额	商品销售总额	批发额	零售额
总计	**76111427**	**69709187**	**6402240**	**72535343**	**67116329**	**5419014**	**3576084**	**2592858**	**983226**
一、按商品用途分									
吃类商品	6649387	5971123	678264	6111797	5551286	560511	537590	419837	117753
穿类商品	2146708	801922	1344786	1814090	710730	1103360	332618	91192	241426
用类商品	65131608	61640751	3490857	62486018	59593472	2892546	2645590	2047279	598311
烧类商品	2183724	1295391	888333	2123438	1260841	862597	60286	34550	25736
二、按商品分类分									
食品、饮料、烟酒类	6649387	5971123	678264	6111797	5551286	560511	537590	419837	117753
服装鞋帽、针、纺织品类	2146708	801922	1344786	1814090	710730	1103360	332618	91192	241426
化妆品类	614785	484629	130156	550499	429361	121138	64286	55268	9018
金银珠宝类	153468	36854	116614	140832	36764	104068	12636	90	12546
日用品类	1974455	1624122	350333	1763319	1443416	319903	211136	180706	30430
五金、电料类	900312	774378	125934	700935	599238	101697	199377	175140	24237
体育、娱乐用品类	171303	65059	106244	111555	28441	83114	59748	36618	23130
书报杂志类	916119	707869	208250	754123	563599	190524	161996	144270	17726
电子出版物及音像制品类	46951	30075	16876	34550	22056	12494	12401	8019	4382
家用电器及音像器材类	10493084	10170851	322233	10403895	10109639	294256	89189	61212	27977
中西药品类	2967829	2718843	248986	2871726	2685896	185830	96103	32947	63156
文化办公用品类	4011749	3457652	554097	3640529	3161155	479374	371220	296497	74723
家俱类	300552	52360	248192	246374	35310	211064	54178	17050	37128
通讯器材类	945596	876711	68885	869686	822249	47437	75910	54462	21448
煤炭及制品类	91339	91226	113	88899	88899		2440	2327	113
木材及制品类	22827	22827		22827	22827				
石油及制品类	2092385	1204165	888220	2034539	1171942	862597	57846	32223	25623
化工材料类	20830531	20806463	24068	20682307	20672981	9326	148224	133482	14742
金属材料类	5591683	5588228	3455	5488597	5488597		103086	99631	3455
建筑及装潢材料类	778356	676368	101988	594698	536032	58666	183658	140336	43322
机电产品及设备类	3811716	3622420	189296	3376538	3221929	154609	435178	400491	34687
汽车类	9064526	8655313	409213	8982304	8599365	382939	82222	55948	26274
种子饲料类	133117	133117		125340	125340		7777	7777	
棉麻类	98745	98745		91393	91393		7352	7352	
其他类	1303904	1037867	266037	1033991	897884	136107	269913	139983	129930

3-33 按规模分批发零售业

	合计			大型企业		
	商品销售总额	批发额	零售额	商品销售总额	批发额	零售额
总计	**76111427**	**69709187**	**6402240**	**33482195**	**32419292**	**1062903**
一、按商品用途分						
吃类商品	6649387	5971123	678264	290687		290687
穿类商品	2146708	801922	1344786	358994		358994
用类商品	65131608	61640751	3490857	31802385	31389163	413222
烧类商品	2183724	1295391	888333	1030129	1030129	
二、按商品分类分						
食品、饮料、烟酒类	6649387	5971123	678264	290687		290687
服装鞋帽、针、纺织品类	2146708	801922	1344786	358994		358994
化妆品类	614785	484629	130156	70161		70161
金银珠宝类	153468	36854	116614	32019		32019
日用品类	1974455	1624122	350333	231960	119153	112807
五金、电料类	900312	774378	125934	218251	217916	335
体育、娱乐用品类	171303	65059	106244	12249		12249
书报杂志类	916119	707869	208250	793		793
电子出版物及音像制品类	46951	30075	16876	3108		3108
家用电器及音像器材类	10493084	10170851	322233	4443879	4389088	54791
中西药品类	2967829	2718843	248986	1448481	1420744	27737
文化办公用品类	4011749	3457652	554097	32985		32985
家俱类	300552	52360	248192	9		9
通讯器材类	945596	876711	68885	8505		8505
煤炭及制品类	91339	91226	113			
木材及制品类	22827	22827				
石油及制品类	2092385	1204165	888220	1030129	1030129	
化工材料类	20830531	20806463	24068	19788205	19788205	
金属材料类	5591683	5588228	3455			
建筑及装潢材料类	778356	676368	101988			
机电产品及设备类	3811716	3622420	189296	1744421	1744421	
汽车类	9064526	8655313	409213	3709636	3709636	
种子饲料类	133117	133117				
棉麻类	98745	98745				
其他类	1303904	1037867	266037	57723		57723

产业活动单位商品销售类值

计量单位：千元

中型企业			小型企业		
商品销售			商品销售		
总　额	批发额	零售额	总　额	批发额	零售额
1160223	**1033137**	**127086**	**41469009**	**36256758**	**5212251**
199046	125563	73483	6159654	5845560	314094
129451	78688	50763	1658263	723234	935029
831726	828886	2840	32497497	29422702	3074795
			1153595	265262	888333
199046	125563	73483	6159654	5845560	314094
129451	78688	50763	1658263	723234	935029
72		72	544552	484629	59923
			121449	36854	84595
2313		2313	1740182	1504969	235213
			682061	556462	125599
			159054	65059	93995
			915326	707869	207457
			43843	30075	13768
391792	391684	108	5657413	5390079	267334
347		347	1519001	1298099	220902
			3978764	3457652	521112
			300543	52360	248183
55804	55804		881287	820907	60380
			91339	91226	113
			22827	22827	
			1062256	174036	888220
			1042326	1018258	24068
			5591683	5588228	3455
			778356	676368	101988
173331	173331		1893964	1704668	189296
125464	125464		5229426	4820213	409213
82603	82603		50514	50514	
			98745	98745	
			1246181	1037867	208314

住宿和餐饮业

《北京经济普查年鉴—2004》

第三产业卷

4-1 住宿业

	单位数（个）	接待住宿人数（人）	国内人数	入境人数	接待住宿人天数（人天）	国内人天数	入境人天数
总　　计	**2769**	**31758754**	**28895370**	**2863384**	**67703627**	**59708467**	**7995160**
一、按登记注册类型分							
内资	2698	28849964	27503993	1345971	60389452	56457831	3931621
国有	878	11750201	11215391	534810	28068672	26028534	2040138
集体	579	3788237	3725362	62875	8450616	8268528	182088
股份合作	400	2269039	2147337	121702	4426628	4161379	265249
国有联营	4	138565	136533	2032	157460	152655	4805
集体联营	4	28935	28883	52	81979	81882	97
国有与集体联营	12	103460	102404	1056	157213	153965	3248
其他联营	2	57820	57603	217	71780	71498	282
国有独资公司	18	531054	397706	133348	1041330	774045	267285
其他有限责任公司	301	5547328	5190968	356360	9995021	9191381	803640
股份有限公司	35	277655	263767	13888	549388	511967	37421
私营独资	84	335248	334933	315	550682	550093	589
私营合伙	35	142104	142071	33	230760	230727	33
私营有限责任公司	297	3352636	3235491	117145	5791948	5471513	320435
私营股份有限公司	42	421866	419728	2138	590641	584330	6311
其他	7	105816	105816		225334	225334	
港澳台商投资	42	1746174	880132	866042	4669749	2176695	2493054
与港澳台商合资经营	40	1682166	873941	808225	4452122	2164313	2287809
与港澳台商合作经营	2	64008	6191	57817	217627	12382	205245
外商投资	29	1162616	511245	651371	2644426	1073941	1570485
中外合资经营	24	884830	404116	480714	2089437	886620	1202817
中外合作经营	3	165644	38921	126723	354233	74433	279800
外资企业	2	112142	68208	43934	200756	112888	87868
二、按隶属关系分							
中央	475	7937691	7251693	685998	20962892	18614555	2348337
地方	835	11007783	9733099	1274684	22321785	18954212	3367573
其他	1459	12813280	11910578	902702	24418950	22139700	2279250
三、按行业小类分							
旅游饭店	740	18021146	15239091	2782055	40419673	32687427	7732246
一般旅馆	1650	11638261	11559046	79215	23428469	23185310	243159
其他住宿服务	379	2099347	2097233	2114	3855485	3835730	19755

活动情况

营业收入				实际出租间天数	公寓数	客房数	床位数	餐饮营业面积
(千元)	#客房收入	餐费收入	商品销售收入	(间天)	(套)	(间)	(张)	(平方米)
18528566	**9872388**	**5068255**	**381872**	**36298288**	**7764**	**183509**	**372587**	**961602**
12001994	6422834	3295049	265024	30538541	4647	161737	336422	821388
5929615	3199890	1636697	147889	13416587	2452	67022	136369	347777
882270	544874	149413	7988	4125685	405	24106	55158	78078
320926	223783	64415	3084	2335597	229	13538	30147	39212
23692	16502	1961	24	97124		420	804	850
2757	2053	688	16	30130		204	435	722
26646	21230	2798	681	124474	1	590	1253	902
26782	10151	15076	258	30320		184	673	2466
333638	176333	104756	2340	583638	36	2768	4925	21289
2811729	1390804	847860	45375	5454130	758	27270	53968	220098
161561	86241	34563	4570	355333	65	1796	3543	5371
86362	36203	45151	1400	281114		2197	4791	8585
8655	8314		28	123877		974	2074	200
1261362	648698	365507	47378	3203740	425	18023	36461	77506
94197	43177	18301	1993	265481	6	2108	4582	15532
31802	14581	7863	2000	111311	270	537	1239	2800
3848158	2046811	1076964	22710	3611417	2100	13367	21699	81305
3589895	1890981	1037498	19744	3412191	1806	12941	21096	78918
258263	155830	39466	2966	199226	294	426	603	2387
2678414	1402743	696242	94138	2148330	1017	8405	14466	58909
2130197	1156798	580904	21204	1775663	1017	6854	11878	49456
451611	193115	83325	72090	246176		1006	1673	6495
96606	52830	32013	844	126491		545	915	2958
5555151	3034718	1378026	65682	9920057	2249	44150	87309	253786
6871176	3658072	1997695	122320	12653272	2193	64645	130731	361756
6102239	3179598	1692534	193870	13724959	3322	74714	154547	346060
16143742	8187942	4678740	349557	22345952	5325	102482	191152	764101
1998092	1421614	315696	27653	11610051	1806	66759	149726	157160
386732	262832	73819	4662	2342285	633	14268	31709	40341

4-1 续表 1

	单位数 (个)	接待住宿人数 (人)	国内人数	入境人数	接待住宿人天数 (人天)	国内人天数	入境人天数
四、按控股情况分							
国有绝对控股	1007	15049325	13646162	1403163	30965048	26816604	4148444
国有相对控股	83	1333188	1024225	308963	2926401	2102379	824022
其他	1679	15376241	14224983	1151258	33812178	30789484	3022694
五、按住宿设施星级分							
五星级	33	2274971	1124148	1150823	5272966	2389231	2883735
四星级	57	3139351	2243605	895746	6484575	4183336	2301239
三星级	191	6158476	5725482	432994	11945390	10550262	1395128
二星级	201	3096509	3000229	96280	6223611	5923362	300249
一星级	33	385667	378639	7028	684796	639424	45372
未评定星级	2254	16703780	16423267	280513	37092289	36022852	1069437
六、按地区分							
东城区	318	3661092	2977639	683453	8317995	6265838	2052157
西城区	300	2921056	2776981	144075	6987417	6561990	425427
崇文区	125	1344927	1273564	71363	2457996	2299186	158810
宣武区	288	2704205	2571735	132470	6864563	6498888	365675
朝阳区	430	5450859	4274797	1176062	11492921	8671694	2821227
丰台区	257	2508471	2409388	99083	5127140	4560637	566503
石景山区	43	522306	514721	7585	1118638	1083578	35060
海淀区	512	5889815	5554797	335018	15605518	14497004	1108514
门头沟区	41	280079	279019	1060	393947	392107	1840
房山区	57	501529	500990	539	694686	692621	2065
通州区	27	402525	399320	3205	597831	591729	6102
顺义区	35	1066723	996007	70716	1395426	1243566	151860
昌平区	80	1749269	1627928	121341	2441929	2196859	245070
大兴区	24	215639	208051	7588	324169	313342	10827
怀柔区	117	934264	932038	2226	1374616	1370165	4451
平谷区	27	316887	315613	1274	431080	428144	2936
密云县	52	829174	826670	2504	1429550	1411610	17940
延庆县	32	402861	402611	250	570061	569689	372
北京经济技术开发区	4	57073	53501	3572	78144	59820	18324

营业收入（千元）	#客房收入	餐费收入	商品销售收入	实际出租间天数（间天）	公寓数（套）	客房数（间）	床位数（张）	餐饮营业面积（平方米）
9129343	4944886	2492945	169564	17907636	2926	86046	170703	477085
1543825	742365	390583	84549	1845587	362	8020	15193	61523
7855398	4185137	2184727	127759	16545065	4476	89443	186691	422994
5346853	2618365	1723764	54649	3919189	1664	14873	23515	99116
3982964	1976077	1144992	53261	4523603	1377	18011	32682	141859
3896542	1967000	1067099	181723	6776778	1153	31746	60940	240896
1252626	690605	302078	23417	3518612	309	18362	36784	131262
113470	59543	26267	2083	349305		2229	4686	16954
3936111	2560798	804055	66739	17210801	3261	98288	213980	331515
3270371	1935439	856334	17132	5213518	317	23359	44272	102595
1581825	928676	453328	29321	3925721	424	17200	34716	73720
311535	193808	80498	7425	1307319	868	7204	15724	18886
821050	474919	230372	11647	3128991	99	15063	31306	37020
5532603	2974060	1312678	130427	7715827	2478	33326	65103	150711
635896	358522	146078	11951	2514851	139	13290	27804	61420
188312	84776	69097	2949	643222	166	3521	7989	20052
3641086	1953512	979723	65116	7028851	2780	36090	71929	175874
129140	39243	62351	2320	201219	1	1904	4438	18209
168946	61233	69307	7001	343420	26	3330	7457	44149
122279	42804	48195	1029	254780	105	2052	4437	15183
437761	223351	141795	14445	684097	3	3145	6769	27941
768819	256853	262718	23006	1254672	25	7555	15707	66768
87151	37655	32908	2592	194638	6	1546	3235	8760
315885	131407	109300	13602	617144	45	6046	12366	51373
105261	41406	50183	2463	224949		1875	4364	24019
208014	70679	78525	34983	667949	213	3177	7423	33695
160632	43350	70010	4463	312425	69	3496	6961	27189
42000	20695	14855		64695		330	587	4038

4-1 续表 2

	会议室数量（个）	#多功能厅	#座位数超过500座会议室	接待会议数量（个）	#国际会议	#参会人数超过500人的会议	接待展览数量（个）	国际展览
总计	**3771**	**684**	**63**	**129099**	**4069**	**1336**	**752**	**137**
一、按登记注册类型分								
内资	3400	527	46	107512	1784	1043	242	17
国有	1908	272	18	57396	712	702	48	7
集体	291	45	2	10232	155			
股份合作	83	27	1	1390	130	10		
国有联营	6			79				
集体联营	2	1		25				
国有与集体联营	13	1		270				
其他联营	2	1	1	12				
国有独资公司	73	8	2	2478	16	15		
其他有限责任公司	678	103	13	24237	481	175	85	5
股份有限公司	41	8	1	971	120	5	51	5
私营独资	15	3		26				
私营合伙	1	1		24			3	
私营有限责任公司	229	47	4	8219	170	112		
私营股份有限公司	44	8	3	753		24	55	
其他	14	2	1	1400				
港澳台商投资	226	78	8	13210	673	205	204	120
与港澳台商合资经营	219	77	7	12580	523	205	204	120
与港澳台商合作经营	7	1	1	630	150			
外商投资	145	79	9	8377	1612	88	306	
中外合资经营	116	64	8	6962	1212	86	303	
中外合作经营	19	14	1	1390	400	2	3	
外资企业	10	1		25				
二、按隶属关系分								
中央	1095	185	13	39997	1303	386	124	96
地方	1573	279	25	51381	1272	473	432	7
其他	1103	220	25	37721	1494	477	196	34
三、按行业小类分								
旅游饭店	2965	551	59	115983	4061	1329	739	137
一般旅馆	612	113	1	9285	5	1	8	
其他住宿服务	194	20	3	3831	3	6	5	

4-1 续表 3

	会议室数量（个）	#多功能厅	#座位数超过500座会议室	接待会议数量（个）	#国际会议	#参会人数超过500人的会议	接待展览数量（个）	国际展览
四、按控股情况分								
国有绝对控股	2276	366	28	73032	1605	800	235	103
国有相对控股	135	27	3	8155	1165	51	349	21
其他	1360	291	32	47912	1299	485	168	13
五、按住宿设施星级分								
五星级	341	138	19	17806	1840	418	528	110
四星级	485	86	16	29710	1853	147	125	24
三星级	1111	139	17	42428	142	533	20	
二星级	532	89	3	13636	17	52	17	
一星级	64	10	1	796	2	14	2	
未评定星级	1238	222	7	24723	215	172	60	3
六、按地区分								
东城区	354	100	5	14018	1024	63	154	117
西城区	305	47	4	9902	151	88	51	5
崇文区	67	11		2321	180		8	
宣武区	129	23	2	4175		28	20	
朝阳区	600	135	12	25663	2111	609	79	10
丰台区	220	34	2	4593	57		7	2
石景山区	100	15	1	2214	5	10	7	
海淀区	563	89	12	20739	316	221	339	
门头沟区	91	21	1	1075		9		
房山区	194	25	1	5464	3	23		
通州区	69	9	2	1881	2	15	3	
顺义区	131	22	3	3740	1	76		
昌平区	360	56	10	19851	191	89	55	2
大兴区	38	10	2	1985		4		
怀柔区	293	39	2	6867	1	4	13	
平谷区	90	12	2	2077		7		
密云县	89	16	2	1755		73	16	1
延庆县	63	18		464		17		
北京经济技术开发区	15	2		315	27			

4-2 住宿业法人

	单位数(个)	年初存货	流动资产合计	#现金	短期投资	应收帐款(净额)
总计	**2769**	**802304**	**13261651**	**426341**	**175536**	**1506594**
一、按登记注册类型分						
内资	2698	600401	8831249	406396	164436	1137836
国有	878	285342	4063962	162884	81173	358943
集体	579	40397	750657	38999	11835	102037
股份合作	400	14754	419722	22391	1840	226518
国有联营	4	3515	34199	203		28094
集体联营	4	4	6032	120		4968
国有与集体联营	12	1845	7636	795		785
其他联营	2	988	1782	22		100
国有独资公司	18	13688	174132	29699	4714	16550
其他有限责任公司	301	157194	2161477	97235	50846	196292
股份有限公司	35	4262	129241	3648		7972
私营独资	84	1165	17080	1977	88	2144
私营合伙	35	216	6193	734	481	1634
私营有限责任公司	297	73597	997333	41722	3859	187210
私营股份有限公司	42	3348	50297	5473	9600	4227
其他	7	86	11506	494		362
港澳台商投资	42	128316	3482977	2908	11100	274572
与港澳台商合资经营	40	123184	3094389	2761	11100	265931
与港澳台商合作经营	2	5132	388588	147		8641
外商投资	29	73587	947425	17037		94186
中外合资经营	24	59071	685596	16262		72844
中外合作经营	3	11251	206926	633		16905
外资企业	2	3265	54903	142		4437
二、按隶属关系分						
中央	475	220217	3512714	184103	57887	295547
地方	835	283087	4161013	115048	77286	381701
其他	1459	299000	5587924	127190	40363	829346
三、按行业小类分						
旅游饭店	740	655436	11239082	267091	148625	1291570
一般旅馆	1650	129261	1548363	100274	23256	118157
其他住宿服务	379	17607	474206	58976	3655	96867

单位主要财务状况

计量单位：千元

存货	一年内到期的长期债权投资	长期投资合计	#长期股权投资	长期债权投资	固定资产合计	#固定资产原价	累计折旧	本年折旧
781045	**13490**	**1921001**	**1611466**	**149038**	**42332850**	**54623853**	**18896339**	**2595182**
584004	13490	1776375	1527830	124208	31721926	35187124	9249610	1841855
237189	1526	484821	417229	33483	16360016	19410291	5529543	953756
36475	3075	193313	133950	58429	2271151	2204746	727386	109803
18864	4400	8514	7548		526244	558269	150900	20545
3368					45854	48114	23659	3622
91					1740	6570	5002	295
1484		1060	800	260	37121	59021	30498	2087
1660					32672	21470	1418	108
12983		13682	13682		1260293	1365324	260301	36093
173719	40	183864	122481	4090	8425765	8385312	1728139	487296
5735		695013	694041	917	385923	595031	210742	22709
4118		1849	1349		101382	83263	5204	1223
176	97				6812	7813	1084	424
81697	3677	180069	122560	27029	2056440	2187742	525190	191887
4045	675	14190	14190		207262	250091	49728	11976
2400					3251	4067	816	31
128720		132200	71210	24830	6366505	11615286	6021456	475543
124122		132050	71060	24830	5953041	10513698	5233450	451000
4598		150	150		413464	1101588	788006	24543
68321		12426	12426		4244419	7821443	3625273	277784
53594		11805	11805		3064098	5948175	2904726	218733
11164					1033533	1496247	485838	49736
3563		621	621		146788	377021	234709	9315
184900	407	355946	293956	34229	11458293	16291173	6277095	860227
271833	3153	1122909	1045269	60199	15593790	20779630	7045403	937446
324312	9930	442146	272241	54610	15280767	17553050	5573841	797509
647732	6377	1684817	1481930	65756	38070171	49925795	17603206	2425028
114247	4212	207565	109949	81179	3218642	3860295	1064611	137232
19066	2901	28619	19587	2103	1044037	837763	228522	32922

4-2 续表 1

	单位数（个）	年初存货	流动资产合计	#现金	短期投资	应收帐款（净额）
四、按控股情况分						
国有绝对控股	1007	367867	6172316	253233	112416	510107
国有相对控股	83	37897	563540	6354	980	93229
其他	1679	396540	6525795	166754	62140	903258
五、按住宿设施星级分						
五星	33	179758	3070927	32237	34208	383190
四星	57	165495	2462668	38371	5836	183164
三星	191	151891	2601758	136070	7562	408918
二星	201	56681	797620	40801	69070	112419
一星	33	8121	242242	2952		12112
其他	2254	240358	4086436	175910	58860	406791
六、按地区分						
东城区	318	119932	2346790	5913	3467	144569
西城区	300	63180	1320376	5254	14386	86924
崇文区	125	8924	278890	3341	3426	44402
宣武区	288	33748	620746	3304	2469	45420
朝阳区	430	194295	3716433	12318	50871	373830
丰台区	257	45197	525286	17021	455	107737
石景山区	43	8649	198367	4303	20186	5329
海淀区	512	149225	2203507	237616	52323	157827
门头沟区	41	5551	89401	585	234	47422
房山区	57	9131	100343	2179	61	7509
通州区	27	6254	107318	8766	679	3050
顺义区	35	17799	206381	981	11000	30478
昌平区	80	48556	571915	41835	12631	251070
大兴区	24	4460	45477	2449		7998
怀柔区	117	43452	407601	51806	2465	25015
平谷区	27	6863	78475	2509	30	4753
密云县	52	18439	346624	24784	853	144791
延庆县	32	16934	86170	1202		16184
北京经济技术开发区	4	1715	11551	175		2286

计量单位：千元

存　货	一年内到期的长期债权投资	长期投资合计	#长期股权投资	长期债权投资	固定资产合计	#固定资产原价	累计折旧	本年折旧
366591	1526	1258064	1162632	59093	22316229	29365616	9262662	1548133
39295		18007	17421	265	2538004	4450120	2014986	165190
375159	11964	644930	431413	89680	17478617	20808117	7618691	881859
140417	588	178268	132238	24830	11241239	16202117	6110742	735792
185773		774711	737598		9537202	13430573	5258895	844437
157984	200	277922	242714	840	9047591	12226793	4111899	542351
52505	811	99649	88713	5839	2744159	2994724	938567	115131
8643		1321	579	642	413878	299428	96757	10552
235723	11891	589130	409624	116887	9348781	9470218	2379479	346919
114012	2021	137902	110722	27180	6606148	9612329	3315098	382671
69047	372	786188	780358	4830	3026769	4244386	1442641	180432
11791	409	7296	6232	265	695908	829940	200359	30932
45347	571	46640	44321	2277	1506969	2121573	697628	106634
192960	1056	327735	277867	5923	9626522	16053187	7248659	596582
39604	169	29882	13055	4275	1744412	1725774	369734	71959
6235		72905	17972	54933	414394	464727	128736	14595
108940	6918	327768	290857	17279	9221246	10261736	3672474	817895
6301	40	1831	1621	210	279049	429569	162805	12537
10109		30225	200	25	788047	738840	260904	88450
10487					458365	271745	36234	13052
22297	200	949			1154375	1435524	371480	53307
70236	730	63241	23609	12647	2515339	1962967	282424	100917
5696		1442	1442		303332	350294	48963	6467
23233	-2	5007	3407	700	1757569	1757774	232791	43986
10303	413	554	400		547860	533291	105573	12466
16976	60	60563	38803		1243136	1327900	212554	42226
13117	533	20273		18494	434931	492733	105032	19212
4354		600	600		8479	9564	2250	862

4-2 续表 2

	在建工程	无形资产	资产总计	流动负债合计	#短期借款	应付账款	长期负债合计
总计	**5646496**	**4257191**	**63455611**	**24872101**	**6130551**	**3096625**	**16065402**
一、按登记注册类型分							
内资	4792954	2772750	46386881	17218935	3838915	2633685	7088846
国有	1767724	909791	22540869	6501432	1338078	837523	2545663
集体	701902	207334	3541968	1388102	518496	204623	815526
股份合作	116725	40295	1006916	385899	123137	50887	330538
国有联营	20345	19118	102050	57397	25000	21518	6112
集体联营	172	8792	16564	14073	5371	6541	
国有与集体联营	8565	4160	51571	25349	5582	3752	17370
其他联营	12620		34600	33230	3000	29686	
国有独资公司	155268	146818	1602662	363206	10900	15486	786854
其他有限责任公司	1722873	883972	11917895	5143643	1147819	778454	1681298
股份有限公司	3767	17140	1239839	314194	156572	18636	69141
私营独资	8448	218	127169	55503	28104	16864	13294
私营合伙	72	227	13780	8527	100	5036	273
私营有限责任公司	268229	481158	3835660	2773169	451529	612353	679170
私营股份有限公司	6244	53727	340495	140692	25227	30479	143607
其他			14843	14519		1847	
港澳台商投资	754082	890482	11112850	5303389	1780517	230045	6774228
与港澳台商合资经营	665697	890482	10303239	5098735	1780517	208702	6774228
与港澳台商合作经营	88385		809611	204654		21343	
外商投资	99460	593959	5955880	2349777	511119	232895	2202328
中外合资经营	71860	253945	4163425	1942181	411119	160210	1589655
中外合作经营	23124	296462	1542518	366511	100000	67179	370018
外资企业	4476	43552	249937	41085		5506	242655
二、按隶属关系分							
中央	1166166	1326264	17289445	5240326	770334	513884	4898319
地方	1409424	972962	22328539	8689364	1839334	847409	4329474
其他	3070906	1957965	23837627	10942411	3520883	1735332	6837609
三、按行业小类分							
旅游饭店	4845821	3870873	56265420	22028476	5821036	2525501	15344015
一般旅馆	368348	253465	5491709	2155771	186151	429023	617935
其他住宿服务	432327	132853	1698482	687854	123364	142101	103452

计量单位：千元

#长期借款	应付债券	负债合计	所有者权益合计	#实收资本	国家资本	集体资本	法人资本	#国家法人	集体法人
10691846	**20250**	**40937503**	**22518108**	**33969353**	**8564709**	**832864**	**17614864**	**6858945**	**1462728**
5020185	20250	24307781	22079100	26007800	7787539	804232	15694382	5336888	1388329
1635810	14014	9047095	13493774	18072758	7017307	6271	11044290	2800329	9277
737849	41	2203628	1338340	934203	32815	541797	343085	10203	323423
321341	3490	716437	290479	336747	139	127167	73333	14578	14569
6112		63509	38541	65310	55000	10310			
		14073	2491	9533		7830	1483		1483
17370		42719	8852	55289	2592	242	52105	7200	20869
		33230	1370	13166			12566		12566
632519		1150060	452602	513366	151782	1500	360084	351941	
1455345		6824941	5092954	4333231	514305	99918	3397123	2144167	868763
5359		383335	856504	259364	2400	1779	173671	5470	2800
13194	100	68797	58372	70587	30	74	7419		6595
273		8800	4980	8531			1172		1142
122705	2569	3452339	383321	1271508	149	7344	210347	3000	126282
72308	36	284299	56196	53097			17704		560
		14519	324	11110	11020				
3887135		12077617	-964767	4238833	194759	20700	1315299	1083922	49469
3887135		11872963	-1569724	3321505	194759	20700	1254973	1023596	49469
		204654	604957	917328			60326	60326	
1784526		4552105	1403775	3722720	582411	7932	605183	438135	24930
1171853		3531836	631589	2059341	295636	7932	605183	438135	24930
370018		736529	805989	1478929	286775				
242655		283740	-33803	184450					
3212199	2145	10138645	7150800	16844064	4788473	7867	10271176	1821380	121428
3441751	11869	13018838	9309701	8508996	3083864	604356	3654721	3009511	307622
4037896	6236	17780020	6057607	8616293	692372	220641	3688967	2028054	1033678
10168287	6200	37372491	18892929	30446250	7219291	580653	16140870	6050298	1107543
438491	13892	2773706	2718003	2624305	1227284	207666	890210	515860	293577
85068	158	791306	907176	898798	118134	44545	583784	292787	61608

4-2 续表 3

	在建工程	无形资产	资产总计	流动负债合计	#短期借款	应付账款	长期负债合计
四、按控股情况分							
国有绝对控股	1670098	1790477	32211104	10658795	2384309	1021885	7186626
国有相对控股	80205	105175	3285303	1421846	374937	115473	1228219
其他	3896193	2361539	27959204	12791460	3371305	1959267	7650557
五、按住宿设施星级分							
五星	949846	1431321	16444261	4594525	1511085	494120	6762247
四星	1279940	867273	13908162	6404658	2229447	737327	3789508
三星	759859	775762	13023575	5475436	1082318	704616	2968494
二星	257048	160807	3863519	1456442	285756	219096	288836
一星	207725	51889	723497	312080	67329	16088	153725
其他	2192078	970139	15492597	6628960	954616	925378	2102592
六、按地区分							
东城区	295875	1089875	10768084	3876207	1252214	363580	4606732
西城区	203560	117317	5330076	2639423	364094	224561	517337
崇文区	63337	255780	1288882	792326	90690	42798	225014
宣武区	140568	81213	2356924	1565627	97615	117407	453478
朝阳区	756469	935547	14807545	5499762	1892553	465103	5022915
丰台区	360655	44638	2381879	753587	81408	76663	351730
石景山区	78240	8454	732979	371110	53131	13475	84220
海淀区	2018074	873482	13037149	3884787	712370	578084	2657704
门头沟区	12284	13967	385822	197240	94268	15200	52082
房山区	123656	17345	943143	540411	272655	53361	71245
通州区	222800	14310	606007	234887	100733	24096	226546
顺义区	80210	111576	1507636	877818	413234	139643	375738
昌平区	826798	518139	3670468	1570458	288012	567596	937234
大兴区	1600	8022	361397	153404	30353	12548	6834
怀柔区	230894	73430	2276058	444148	66121	93946	352205
平谷区	119474	17133	703407	322989	42828	62037	85413
密云县	64212	64804	1716177	685103	186905	207768	18427
延庆县	46625	11262	560451	422287	91367	35548	20483
北京经济技术开发区	1165	897	21527	40527		3211	65

计量单位：千元

#长期借款	应付债券	负债合计	所有者权益合计	#实收资本	国家资本	集体资本	法人资本	#国家法人	集体法人
5084184	2303	17845421	14365683	21395354	5504408	81328	14993622	6166926	44644
775843		2650065	635238	1060460	68495	108543	417936	129873	113386
4831819	17947	20442017	7517187	11513539	2991806	642993	2203306	562146	1304698
3738949		11356772	5087489	6992789	1859019		2573080	2204896	162811
3240643		10194166	3713996	4445574	1246116	40090	1230196	854304	207500
2030986		8443930	4579645	13545897	2332943	158478	10349937	2011481	219294
236138	41	1745278	2118241	1501344	537674	226760	613581	364147	77001
152275		465805	257692	261328	155341	8745	75220	14043	55377
1292855	20209	8731552	6761045	7222421	2433616	398791	2772850	1410074	740745
3248451		8482939	2285145	5013272	1370558	13612	1954385	1613532	162879
443715		3156760	2173316	1583518	829903	10833	622594	247532	179420
219659		1017340	271542	511465	104361	52813	211957	129908	60915
262057		2019105	337819	1249659	106122	60095	779578	750966	26414
3030665	41	10522677	4284868	6373145	1551893	223378	1572816	1094138	174641
331482	36	1105317	1276562	997708	224280	193313	549572	484562	59350
17252		455330	277649	297603	73014	27914	152720	144780	2440
1603290	158	6542491	6494658	13681104	2224607	171892	10526799	1934440	315252
48271		249322	136500	154706	29356	1053	28150	21270	680
11093		611656	331487	956819	558895	34425	57331	23599	1540
144336		461433	144574	157826	115651	5238	7655	4900	955
32886		1253556	254080	623260	117726	1240	374929	141604	73325
865309	2831	2507692	1162776	497415	44535	17728	295615	113152	150620
		160238	201159	180751	162853	4106	4817	1500	3317
323177	11711	796353	1479705	895862	706426	2575	144759	49786	86095
84935		408402	295005	224520	162174		31316	10300	12300
13660	100	703530	1012647	447254	143029	1509	246570	88270	105490
11543	5373	442770	117681	112466	39326	11140	47301	1706	44095
65		40592	-19065	11000			6000	3000	3000

4-2 续表 4

				主营业务收　入	主营业务成　本	营业费用
	个人资本	港澳台资本	外商资本			
总　　计	**1754749**	**3935341**	**1266826**	**18701655**	**3467279**	**6133969**
一、按登记注册类型分						
内资	1628549	73098	20000	12180041	2808155	4694526
国有	4890			6026780	1457343	2199615
集体	16506			878584	172814	382896
股份合作	116108		20000	318830	66430	163607
国有联营				23692	3270	12419
集体联营	220			2757	237	2532
国有与集体联营	350			26581	1915	10116
其他联营	600			26680	8546	11449
国有独资公司				319374	60504	123587
其他有限责任公司	249887	71998		2820228	608239	1149231
股份有限公司	81514			240099	30907	73143
私营独资	63064			86346	27820	24796
私营合伙	7359			8248	904	3551
私营有限责任公司	1052568	1100		1276871	321008	489714
私营股份有限公司	35393			93169	25684	46897
其他	90			31802	22534	973
港澳台商投资		2708074	1	3846945	429475	836859
与港澳台商合资经营		1851072	1	3588682	410738	724373
与港澳台商合作经营		857002		258263	18737	112486
外商投资	126200	1154169	1246825	2674669	229649	602584
中外合资经营	126200	44721	979669	2126447	189576	479816
中外合作经营		1109448	82706	451616	26433	92921
外资企业			184450	96606	13640	29847
二、按隶属关系分						
中央	123030	1545074	108444	5643226	1059497	1722655
地方	137733	220212	808110	6956373	1244659	2223466
其他	1493986	2170055	350272	6102056	1163123	2187848
三、按行业小类分						
旅游饭店	1407411	3831199	1266826	16294358	2851489	4979291
一般旅馆	280545	18600		2004847	508725	975703
其他住宿服务	66793	85542		402450	107065	178975

计量单位：千元

主营业务税金及附加	主营业务利润	其他业务收入	其他业务利润	管理费用	#税金	财产保险费	差旅费	工会经费	排污费
973378	**8127029**	**97800**	**70505**	**7232838**	**382249**	**40733**	**51958**	**33719**	**26766**
649838	4027522	91320	65110	4357719	191907	19857	35710	23121	18153
305910	2063912	66983	44747	2246421	107031	10754	18131	15340	10226
48192	274682	4417	4077	273245	10605	1817	1942	1372	1621
17424	71369	1381	1163	80303	3824	674	658	223	359
1303	6700			8325	1003	22	57	6	85
153	-165			798	106	5	15	8	
1462	13088	65	65	15810	256	17	166	52	102
1468	5217	102	102	6032	3		78	225	3
17798	117485	2036	1100	120585	9490	374	1377	645	90
154320	908438	10578	7911	1041823	41695	4384	7584	3874	4194
14307	121742	773	81	86373	749	516	1414	748	193
4822	28908	421	258	22361	163	6	91	5	51
447	3346	48	46	3979	1		14		7
75151	390998	4193	5302	425339	16375	1131	3201	582	1041
4747	15841	323	258	16787	282	157	449	38	140
2334	5961			9538	324		533	3	41
192027	2388584	1213	556	1788043	99481	12559	9975	7174	5858
179385	2274186	1213	556	1736572	90110	12559	9891	7103	5858
12642	114398			51471	9371		84	71	
131513	1710923	5267	4839	1087076	90861	8317	6273	3424	2755
106646	1350409	5267	4839	858897	59386	6381	4076	2758	2487
20075	312187			186700	29633	1816	2108	600	56
4792	48327			41479	1842	120	89	66	212
276435	2584639	31270	21007	2298003	127626	13242	15102	13229	8708
367665	3120583	33354	21497	2678511	143301	15655	18390	13131	9615
329278	2421807	33176	28001	2256324	111322	11836	18466	7359	8443
843004	7620574	64640	43666	6576649	360076	38533	43865	29880	22045
108639	411780	31167	25595	538767	18942	1812	6777	3352	3913
21735	94675	1993	1244	117422	3231	388	1316	487	808

4-2 续表 5

				主营业务收　入	主营业务成　本	营业费用
	个人资本	港澳台资本	外商资本			
四、按控股情况分						
国有绝对控股	82155	622172	111669	9125569	1764617	3150095
国有相对控股	9045	79150	377291	1543574	208169	334584
其他	1663549	3234019	777866	8032512	1494493	2649290
五、按住宿设施星级分						
五星	103244	1848101	609345	5476863	722618	1219969
四星	279245	1324001	325926	4072510	609189	1160745
三星	353517	113735	237287	3874104	826183	1438659
二星	97329	6000	20000	1209551	309793	542305
一星	13712		8310	111927	28406	57357
其他	907702	643504	65958	3956700	971090	1714934
六、按地区分						
东城区	40060	1425485	209172	3254894	411640	885854
西城区	102012	15931	2245	1645258	327304	634580
崇文区	31377	110957		309543	63524	180479
宣武区	59371	244493		782019	165263	309286
朝阳区	187954	1983970	853134	5522763	689528	1528594
丰台区	30543			631732	173196	276412
石景山区	43355	600		186327	57085	80077
海淀区	590313	138833	28660	3810539	757429	1236830
门头沟区	1625	9072	85450	129085	67977	34413
房山区	306168			165779	48980	70506
通州区	29282			137058	50445	64922
顺义区	55200	6000	68165	431110	117356	132132
昌平区	139537			764588	238461	310314
大兴区	8975			96640	30183	24388
怀柔区	42102			340690	131957	132531
平谷区	11030		20000	105762	36414	42119
密云县	56146			207578	47074	109190
延庆县	14699			138290	43172	68787
北京经济技术开发区	5000			42000	10291	12555

计量单位：千元

主营业务税金及附加	主营业务利润	其他业务收入	其他业务利润	管理费用	#税金	财产保险费	差旅费	工会经费	排污费
489680	3721177	66198	44319	3755828	197640	20135	29909	20309	15461
79983	920838	832	807	561987	29348	3706	3585	1712	1836
403715	3485014	30770	25379	2915023	155261	16892	18464	11698	9469
264343	3269933	2099	1283	2198311	146687	13579	9065	9099	5387
214597	2087979	4977	835	1772422	104671	11455	11898	8322	6828
208877	1400385	31704	18481	1540826	73213	8692	12540	7572	6091
64627	292826	14073	12767	322926	11742	1818	2821	2536	1831
5936	20228	3124	2696	27196	991	124	293	85	175
214998	1055678	41823	34443	1371157	44945	5065	15341	6105	6454
167030	1790370	11226	10163	1460479	97339	9023	6729	6171	4789
87434	595940	3156	2147	587983	20077	3497	7545	3520	1883
17049	48491	2022	1866	85814	5978	454	601	708	491
42596	264874	5990	4927	327581	14187	1522	2730	1521	1710
281748	3022893	24730	18854	2165036	126405	13209	16587	8552	7605
36146	145978	6379	6492	205499	7543	1323	2134	946	1693
10406	38759	3705	2785	65468	2346	88	605	301	163
193510	1622770	11696	4404	1510002	73252	6335	8137	8469	6152
6696	19999	71	-135	28167	656	379	207	287	168
9656	36637	3228	1544	79033	781	361	136	186	137
7907	13784	389	389	39121	462	213	525	197	49
22546	159076	11470	6447	194177	9416	1131	1128	688	92
40716	175097	4792	3122	158902	9630	1576	1832	270	236
4690	37379	339	326	47466	253	43	109	244	109
17173	59029	7974	7250	117154	3982	1000	1604	876	456
5618	21611	190	-276	39820	3208	132	113	136	73
11975	39339	375	135	62319	4561	359	810	350	437
8141	18190	68	65	40466	2169	58	324	239	353
2341	16813			18351	4	30	102	58	170

4-2 续表 6

	财务费用	利息支出（净额）	营业利润	投资收益	补贴收入	利润总额
总　　计	**827592**	**565026**	**137104**	**53319**	**50438**	**269036**
一、按登记注册类型分						
内资	385181	247805	-650268	51377	46470	-510464
国有	91378	74994	-229140	11804	41236	-122532
集体	18710	14626	-13196	862	1140	-27429
股份合作	17128	15988	-24899	140	24	-24803
国有联营	68	58	-1693			-1150
集体联营			-963			-763
国有与集体联营	408	382	-3065			-2582
其他联营	363	363	-1076			-1076
国有独资公司	29894	3724	-31894	84	32	-49222
其他有限责任公司	107992	66446	-233466	755	2622	-237794
股份有限公司	8411	8216	27039	38765		75682
私营独资	1345	45	5460		5	6084
私营合伙	3	3	-590		30	-579
私营有限责任公司	103319	56855	-132358	-1033	1381	-113936
私营股份有限公司	6180	6123	-6868			-6789
其他	-18	-18	-3559			-3575
港澳台商投资	342514	253202	258583	2705	654	250689
与港澳台商合资经营	347966	258664	190204	2659	654	184642
与港澳台商合作经营	-5452	-5462	68379	46		66047
外商投资	99897	64019	528789	-763	3314	528811
中外合资经营	68636	39999	427715	-763	3314	428145
中外合作经营	27535	20294	97952			98041
外资企业	3726	3726	3122			2625
二、按隶属关系分						
中央	145764	95722	161879	4421	9187	166649
地方	278439	180119	185130	39622	19660	273123
其他	403389	289185	-209905	9276	21591	-170736
三、按行业小类分						
旅游饭店	817025	556069	270566	52850	37906	372846
一般旅馆	5708	4397	-107100	462	11356	-77462
其他住宿服务	4859	4560	-26362	7	1176	-26348

计量单位：千元

应交所得税	可供分配利润	劳动、失业保险费	养老保险和医疗保险	住房公积金和住房补贴	本年应付工资总额（贷方累计发生额）	本年应付福利费总额（贷方累计发生额）	本年应交增值税（不含期初未抵扣税）	本年实缴关税
326221	**-239268**	**97995**	**473848**	**157660**	**3232311**	**516126**	**25588**	**27382**
76013	-285519	73767	283469	96441	2299358	315121	5997	27055
20761	-335761	47010	158666	68509	1214019	184677	4195	241
7575	-5478	6003	21086	5786	206079	21528	400	660
2908	4099	454	3432	1569	66346	7119	59	8771
2		159	314	8	4120	381		
68		21	59	18	956	101		
43	47	97	871	269	5950	553	13	
		67	244		6759	18		
3662	22260	3251	8239	2729	59272	11150	76	
12930	-117947	14571	72125	13713	480881	59607	617	17254
13889	132257	751	6974	2060	42516	5523	296	4
154	752	3	65		10273	386	1	
16	9	2	10		1875	120		
13925	14038	1294	10301	1525	184132	21522	340	125
79	204	28	323	3	13653	2112		
1	1	56	760	252	2527	324		
113607	-169004	18635	125265	42283	572246	122800	1795	240
91812	-213255	18023	117485	39873	538670	118980	1158	240
21795	44251	612	7780	2410	33576	3820	637	
136601	215255	5593	65114	18936	360707	78205	17796	87
126665	208334	5022	53768	15372	300563	40073	497	80
7544	6921	449	8599	2976	47869	32361	17221	7
2392		122	2747	588	12275	5771	78	
38656	-534943	40531	157750	67430	1016199	215881	19562	10
197292	450966	38046	205840	59531	1210245	157293	3093	9532
90273	-155291	19418	110258	30699	1005867	142952	2933	17840
303110	-247200	84058	419182	142823	2674811	459233	24556	987
19744	9029	12367	47098	11932	455517	44779	986	9167
3367	-1097	1570	7568	2905	101983	12114	46	17228

4-2 续表 7

	财务费用	利息支出(净额)	营业利润	投资收益	补贴收入	利润总额
四、按控股情况分						
国有绝对控股	325935	255272	-316267	50718	30221	-214876
国有相对控股	75185	34460	284473	186	1234	291225
其他	426472	275294	168898	2415	18983	192687
五、按住宿设施星级分						
五星	433377	303371	639528	5173	592	613945
四星	195626	123937	120766	42940	787	163523
三星	114832	74504	-236792	3828	27380	-194219
二星	27190	24263	-44523	-136	2529	-38623
一星	1095	1085	-5367	14		-5635
其他	55472	37866	-336508	1500	19150	-269955
六、按地区分						
东城区	233126	178180	106928	6773	458	107724
西城区	76163	70652	-66059	41197	4776	-18947
崇文区	6529	4616	-41986	63	86	-40785
宣武区	52636	54290	-110416	138	14734	-92660
朝阳区	272842	161915	603869	2051	-2257	574362
丰台区	5923	2422	-58952	172	5491	-55004
石景山区	911	839	-24835	14	-1699	-23036
海淀区	60120	49646	57052	-120	6333	93510
门头沟区	4656	4604	-12959	211	56	-10962
房山区	24168	58	-65020		80	-59570
通州区	4895	-4845	-29843		5036	-14579
顺义区	9932	4990	-38586	151	860	-37717
昌平区	61841	28277	-42524	90		-37997
大兴区	688	-242	-10449			-8668
怀柔区	2762	2166	-53637	63	15165	-26628
平谷区	3047	2932	-21532		165	-20905
密云县	4425	2652	-27270	2502	1151	-41747
延庆县	2633	1890	-24844	14	3	-20299
北京经济技术开发区	295	-16	-1833			2944

计量单位：千元

应交所得税	可供分配利润	劳动、失业保险费	养老保险和医疗保险	住房公积金和住房补贴	本年应付工资总额（贷方累计发生额）	本年应付福利费总额（贷方累计发生额）	本年应交增值税（不含期初未抵扣税）	本年实缴关税
74465	-626530	66055	281385	100944	1712105	241178	5236	287
78174	119987	7581	30331	11007	217234	38961	246	80
173582	267275	24359	162132	45709	1302972	235987	20106	27015
200711	-169803	18516	135566	39728	834053	203364	18720	284
78383	164826	19466	112544	40290	617385	97589	2430	43
21909	-294155	27792	97215	40214	688179	100296	1895	
-8114	9664	10225	42402	13435	229769	29836	624	660
975	896	1004	3943	830	25112	1961	6	
32357	49304	20992	82178	23163	837813	83080	1913	26395
24001	-1088002	16254	99941	30981	557998	103137	18046	7
23928	124008	15456	42194	16568	291882	37328	815	
1309	-9715	3330	8964	3280	70731	7363	332	4
500	-226915	5492	19704	5303	139589	17373	403	20
218016	911119	22827	144909	48536	784118	127489	2174	1597
2388	-23442	1415	10061	3468	129331	13682	187	
627	34	649	4262	1169	37200	4710	147	
56012	109407	24942	108582	33515	691029	150277	2397	25750
70	354	295	4106	1107	20992	941	178	4
141	-11872	159	2970	517	41708	4621	99	
175	222	347	2259	410	31122	3084	1	
-94	-3983	1528	7345	2160	76332	9715	361	
1397	1754	391	5682	830	113869	14371	107	
272	978	1544	1528	588	19966	2868		
-3401	-3700	911	5211	1106	114145	7048	97	
	560	351	1221	428	27891	3220		
1418	-20115	1061	2379	7171	44633	4736	163	
-745	40	1000	1804	436	30480	2757	81	
207		43	726	87	9295	1406		

4-3 住宿业产业活动单位经营情况

	单位数(个)	客房数(间)	床位数(个)	营业收入(千元)	#客房收入	餐费收入	商品销售收入
总计	**298**	**21122**	**40654**	**2195482**	**1301515**	**578723**	**31376**
一、按法人所属行业分							
制造业	26	959	2172	22326	14721	6339	261
电力、燃气及水的生产和供应业	2	396	806	22083	8638	13429	
建筑业	10	370	847	10041	8172	1869	
交通运输、仓储和邮政业	5	258	668	11059	4897	3773	610
信息传输、计算机服务和软件业	2	184	418	5808	3591	2217	
批发与零售业	82	3455	7343	264346	143408	81272	16611
房地产业	54	6126	9466	1204055	717434	313855	2913
租赁与商务服务业	34	4371	8719	365430	246275	72230	2650
科学研究、技术服务和地质勘查业	16	822	1932	20081	12748	6473	23
水利、环境和公共设施管理业	6	239	611	9545	6664	2691	180
居民服务和其他服务业	20	804	1671	49109	32751	9311	
教育	2	131	301	4859	4331	524	
卫生、社会保障和社会福利业	2	347	684	19085	9909	6425	144
文化、体育与娱乐业	13	1001	1535	97846	33241	36962	2059
公共管理与社会组织	6	198	424	4073	2956	1088	
外地法人在京的产业活动单位	18	1461	3057	85736	51779	20265	5925
二、按地区分							
东城区	27	1920	3227	496414	306709	152757	433
西城区	66	3381	7198	193120	131015	40756	14532
崇文区	15	649	1459	15025	13337	1418	
宣武区	24	1619	3157	113826	70830	37311	31
朝阳区	51	7305	12175	977240	560438	198781	7579
丰台区	27	1036	2475	37792	22274	8983	935
石景山区	12	711	1518	20492	15677	4293	181
海淀区	25	1632	2922	162705	106668	49204	750
门头沟区	4	115	274	1590	790	300	500
房山区	10	275	664	1363	1008	258	
通州区	5	208	415	60682	16785	33346	1924
顺义区	3	294	504	35256	20620	11162	3159
昌平区	10	1229	2833	44335	19804	21706	831
大兴区	2	25	60	97	38	10	49
怀柔区	3	163	463	7950	1804	6146	
平谷区	2	24	60	45	30	15	
密云县	7	236	565	9697	6066	3611	10
延庆县	3	152	331	15726	6505	7672	462
外埠	2	148	354	2127	1117	994	

注：本表统计范围：1.在京的非住宿餐饮业法人单位经营的全部住宿业产业活动单位；
2.外地法人在京经营的住宿业产业活动单位。

4-4 餐饮业机构和人员情况

	机构数 (个)	法人单位	产业活动单位	个体	从业人员 (人)	法人单位	个体
总计	**47025**	**5936**	**2070**	**39019**	**400359**	**219482**	**180877**
一、按登记注册类型分							
内资	46343	5734	1590	39019	363265	182388	180877
国有企业	439	229	210	—	6750	6750	—
集体企业	782	565	217	—	9384	9384	—
股份合作企业	1223	1123	100	—	19569	19569	—
国有联营企业	13	10	3	—	372	372	—
集体联营企业	3	3		—	84	84	—
国有与集体联营企业	6	5	1	—	94	94	—
其他联营企业	5	4	1	—	76	76	—
国有独资公司	15	9	6	—	274	274	—
其他有限责任公司	1048	589	459	—	36163	36163	—
股份有限公司	164	113	51	—	6849	6849	—
私营独资企业	502	472	30	—	8625	8625	—
私营合伙企业	165	157	8	—	2296	2296	—
私营有限责任公司	2630	2170	460	—	84188	84188	—
私营股份有限公司	275	258	17	—	7332	7332	—
其他	54	27	27	—	332	332	—
个体	39019	—	—	39019	180877	—	180877
港澳台商投资	106	70	36	—	7261	7261	—
与港澳台商合资经营	64	39	25	—	4537	4537	—
与港澳台商合作经营	13	10	3	—	580	580	—
港澳台商独资	27	20	7	—	2136	2136	—
港澳台商投资股份有限公司	2	1	1	—	8	8	—
外商投资	576	132	444	—	29833	29833	—
中外合资经营	410	65	345	—	20629	20629	—
中外合作经营	88	12	76	—	4884	4884	—
外资企业	75	52	23	—	4186	4186	—
外商投资有限公司	3	3		—	134	134	—
二、按地区分							
东城区	1681	469	229	983	41253	35962	5291
西城区	1706	567	366	773	24585	19980	4605
崇文区	677	175	76	426	10020	7282	2738
宣武区	1341	273	100	968	16035	10529	5506
朝阳区	8951	1531	496	6924	84916	50599	34317
丰台区	6036	435	110	5491	38868	14813	24055
石景山区	1127	162	44	921	10464	5050	5414
海淀区	6448	1343	330	4775	73346	47909	25437
门头沟区	765	49	45	671	3957	1454	2503
房山区	2673	114	50	2509	12411	3180	9231
通州区	2442	96	14	2332	12613	3794	8819
顺义区	2461	70	45	2346	11930	2421	9509
昌平区	2703	158	32	2513	18950	6218	12732
大兴区	3180	96	21	3063	15305	2936	12369
怀柔区	1251	183	18	1050	7368	2701	4667
平谷区	882	43	6	833	4383	557	3826
密云县	1394	68	18	1308	7752	1552	6200
延庆县	1222	87	22	1113	5089	1745	3344
北京经济技术开发区	40	17	3	20	1114	800	314

注：本表产业活动单位指全部法人单位所属的、从事餐饮业的产业活动单位，包括外地法人在北京的产业活动单位。

4-5 餐饮企业法人及产业活动单位基本情况

	单位数（个）	单产业法人	多产业法人	餐饮业产业活动单位数（个）	其他行业附营产业活动单位数	从业人员（人）	#大学本科学历及以上人员	#中级技术职称及以上人员
总计	**5936**	**5512**	**424**	**2068**	**678**	**219482**	**5589**	**5730**
一、按登记注册类型分								
内资	5734	5350	384	1588	645	182388	2893	5317
国有企业	229	201	28	212	163	6750	140	159
集体企业	565	541	24	216	190	9384	118	331
股份合作企业	1123	1082	41	98	51	19569	208	489
国有联营企业	10	8	2	3		372		17
集体联营企业	3	3				84	1	6
国有与集体联营企业	5	4	1	1	1	94		6
其他联营企业	4	2	2	1	1	76		6
国有独资公司	9	8	1	6	4	274	9	28
其他有限责任公司	589	532	57	463	118	36163	738	1339
股份有限公司	113	106	7	54	14	6849	278	322
私营独资企业	472	458	14	31	12	8625	117	239
私营合伙企业	157	150	7	7	3	2296	35	63
私营有限责任公司	2170	1983	187	451	80	84188	1161	2115
私营股份有限公司	258	245	13	17	2	7332	77	186
其他	27	27		28	6	332	11	11
港澳台商投资	70	54	16	36	4	7261	187	222
与港澳台商合资经营	39	29	10	24	1	4537	120	152
与港澳台商合作经营	10	9	1	4	2	580	31	34
港澳台商独资	20	15	5	7		2136	36	36
港澳台商投资股份有限公司	1	1		1	1	8		
外商投资	132	108	24	444	29	29833	2509	191
中外合资经营	65	48	17	346	14	20629	2030	129
中外合作经营	12	11	1	76	4	4884	335	15
外资企业	52	46	6	22	11	4186	136	47
外商投资有限公司	3	3				134	8	
二、按隶属关系分								
中央	79	72	7	50	43	3575	129	68
地方	683	619	64	601	327	31200	1707	1018
其他	5174	4821	353	1417	308	184707	3753	4644
三、按行业小类分								
正餐	4674	4354	320	1058	502	174343	2766	4530
快餐	519	452	67	663	62	32917	2301	780
饮料及冷饮服务	345	332	13	116	32	3621	182	114
其他餐饮服务	398	374	24	231	82	8601	340	306
四、按控股情况分								
国有绝对控股	307	265	42	352	192	13447	389	365
国有相对控股	63	51	12	187	17	14915	874	292
其他	5566	5196	370	1529	469	191120	4326	5073

4-5 续表

	单位数 (个)	单产业法人	多产业法人	餐饮业产业活动单位数 (个)	其他行业附营产业活动单位数	从业人员 (人)	#大学本科学历及以上人员	#中级技术职称及以上人员
五、按开业时间分								
2004年	1002	985	17	316	86	32097	597	1015
2000-2003年	3033	2856	177	1114	288	99710	1394	2911
1990-1999年	1566	1370	196	480	228	65289	2558	1541
1978-1989年	183	156	27	106	63	18020	877	147
1966-1977年	10	10		10	2	82		1
1950-1965年	14	10	4	30	6	480	7	9
1949年以前	6	5	1	2	1	635	28	5
六、按营业状态分								
营业	5470	5060	410	1884	563	211961	5330	5480
停业(歇业)	268	259	9	131	86	2101	82	62
筹建	122	120	2	16	10	3169	128	101
当年关闭	13	13		17	2	615	5	4
其他	63	60	3	20	17	1636	44	83
七、按经营方式								
独立店	5491	5161	330	684	515	166917	2766	4939
连锁总店	59	5	54	-53	1	37234	2456	308
连锁分店	130	123	7	1271	98	7413	88	283
其他	256	223	33	166	64	7918	279	200
八、按地区分								
东城区	469	408	61	228	97	35962	2244	381
西城区	567	500	67	366	191	19980	344	444
崇文区	175	154	21	74	26	7282	147	220
宣武区	273	233	40	100	24	10529	230	331
朝阳区	1531	1432	99	494	94	50599	1267	1419
丰台区	435	419	16	109	41	14813	144	351
石景山区	162	150	12	44	19	5050	39	71
海淀区	1343	1287	56	330	54	47909	841	1602
门头沟区	49	41	8	45	36	1454	4	43
房山区	114	108	6	51	25	3180	19	67
通州区	96	94	2	14	2	3794	30	76
顺义区	70	64	6	45	6	2421	21	69
昌平区	158	148	10	32	12	6218	79	205
大兴区	96	92	4	21	10	2936	18	78
怀柔区	183	178	5	17	8	2701	14	214
平谷区	43	43		6	3	557	4	23
密云县	68	66	2	19	13	1552	16	49
延庆县	87	80	7	25	17	1745	17	80
北京经济技术开发区	17	15	2	3		800	111	7
其他	-	-	-	45	-	-	-	-

注：按地区分组中“其他”指外地法人在北京经营的餐饮业产业活动单位。

4-6 餐饮企业

	单位数（个）	经营早点户	营业收入（千元）	客房收入	餐费收入
总　　计	**5774**	**758**	**17358145**	**158045**	**16256396**
一、按登记注册类型分					
内资	5580	736	12576956	154606	11708034
国有企业	223	56	496995	14879	422706
集体企业	541	86	561783	10448	511628
股份合作企业	1091	158	1064092	17736	1020665
国有联营企业	10	3	42435	7294	31142
集体联营企业	3	1	2651	20	2531
国有与集体联营企业	5	2	11476	145	5942
其他联营企业	4		4295		4295
国有独资公司	9		24219	612	20196
其他有限责任公司	575	82	2661516	51570	2391700
股份有限公司	110	16	808948	5338	750014
私营独资企业	462	56	435975	3830	404454
私营合伙企业	149	12	127679	65	125975
私营有限责任公司	2121	239	5855351	41059	5553494
私营股份有限公司	251	23	470484	1610	454355
其他	26	2	9057		8937
港澳台商投资	68	10	1032668	2415	943120
与港澳台商合资经营	38	5	738309		675496
与港澳台商合作经营	10	1	83266	2415	56531
港澳台商独资	19	4	210945		210945
港澳台商投资股份有限公司	1		148		148
外商投资	126	12	3748521	1024	3605242
中外合资经营	62	6	2842136		2811479
中外合作经营	11	1	536122	914	486504
外资企业	50	4	365610	30	303526
外商投资有限公司	3	1	4653	80	3733
二、按隶属关系分					
中央	76	16	470631	9413	436448
地方	655	127	2841419	49162	2616392
其他	5043	615	14046095	99470	13203556
三、按行业小类分					
正餐	4555	543	13256320	140317	12344577
快餐	504	152	3257782		3171972
饮料及冷饮服务	333	11	256292		229736
其他餐饮服务	382	52	587751	17728	510111
四、按控股情况分					
国有绝对控股	297	74	1231919	45434	1073172
国有相对控股	62	14	1994383	4143	1900253
其他	5415	670	14131843	108468	13282971
五、按企业规模分					
大型企业	5	3	2914511		2906008
中型企业	19	4	1310627	4048	1201183
小型企业	5750	751	13133007	153997	12149205
六、按限额标准分					
限额以上	1415	192	15171133	143383	14128606
限额以下	4359	566	2187012	14662	2127790
七、按经营方式分					
独立店	5349	698	11763511	133724	10880527
连锁总店	59	20	4250592	17062	4125244
连锁分店	130	15	704948	2172	658837
其他	236	25	639094	5087	591788

销售情况

		客房数	床位数	餐位数	餐饮营业面积	
商品销售收入	其他收入	(间)	(张)	(位)	(平方米)	操作间
569018	**374686**	**6849**	**13569**	**950705**	**3314145**	**889495**
445359	268957	6728	13312	843528	2977012	786204
39266	20144	586	1344	31876	110620	31407
23550	16157	571	1260	51843	164389	44788
18001	7690	739	1592	95950	321641	87866
1017	2982	158	299	1363	3473	1720
	100	20	40	380	1000	250
5305	84	29	80	492	1214	335
				370	1320	415
3411		46	94	1536	5260	1673
111407	106839	1215	2642	165495	578093	153356
30713	22883	209	406	27001	108046	30702
19459	8232	482	988	48377	154883	38250
1606	33	32	108	11332	37470	10099
183047	77751	2482	4010	369137	1355746	351421
8457	6062	159	449	36743	126578	32076
120				1633	7279	1846
35007	52126	8	8	22559	88379	20693
31945	30868			13606	55499	12849
3062	21258	8	8	2082	7138	1826
				6767	25512	5958
				104	230	60
88652	53603	113	249	84618	248754	82598
21269	9388			65046	184115	64887
14186	34518	63	119	6832	24982	7380
52357	9697	20	40	12030	33307	9726
840		30	90	710	6350	605
5252	19518	219	534	11728	51631	25479
93975	81890	1808	3929	134823	475032	133346
469791	273278	4822	9106	804154	2787482	730670
491695	279731	5889	11379	753455	2761914	710729
39595	46215			120377	341735	116571
18590	7966			21621	72780	10273
19138	40774	960	2190	55252	137716	51922
73457	39856	1202	2523	56610	221890	78909
46785	43202	487	1234	41713	129428	34301
448776	291628	5160	9812	852382	2962827	776285
	8503			53159	141918	41920
68792	36604	437	1094	25258	98746	34230
500226	329579	6412	12475	872288	3073481	813345
541582	357562	4242	7568	552765	2034513	557297
27436	17124	2607	6001	397940	1279632	332198
450407	298853	5622	12397	772933	2724017	715067
65053	43233	196	384	113408	338338	106819
41102	2837	54	85	30068	113332	26781
12456	29763	977	703	34296	138458	40828

4-6 续表

	单位数（个）	经营早点户	营业收入（千元）	客房收入	餐费收入
八、按经营风味分					
中式风味	5138	732	13688537	149388	12682141
鲁菜	155	34	907697	27614	832010
川菜	980	134	1929225	24072	1803898
苏菜	38	5	108862		101075
粤菜	323	39	3176839	19608	2927679
闽菜	10	2	12389	688	10713
徽菜	12	2	6835		6815
湘菜	159	9	655632	10821	625724
京菜	620	90	1032837	11341	926274
浙菜	113	16	422483	772	396625
鄂菜	44	2	167005	939	163423
其他	2684	399	5268733	53533	4887905
西式风味	636	26	3669608	8657	3574255
法式	21		26446		26416
美式	48	7	1779291		1736625
俄式	9		27581		13436
意式	50	1	35953		34432
德式	2		7049		4054
韩式	137	5	330464	8510	308093
日式	86	2	262238		254732
泰式	20		38290		38290
其他	263	11	1162296	147	1158177
九、按营业收入分					
50000万元及以上	2	2	1970393		1970393
15000-49999万元	4	1	1134922		1126419
10000-14999万元	7	4	826470		790934
3000-9999万元	62	11	2989478	21110	2681073
1000-2999万元	209	25	3415336	51257	3077022
200-999万元	1131	149	4834534	71016	4482765
100-199万元	783	80	1120410	7988	1090847
99万元及以下	3576	486	1066602	6674	1036943
十、按营业面积分					
10000平方米及以上	18	7	3471357		3415463
5000-9999平方米	35	8	1756747	21289	1613534
1000-4999平方米	756	99	6372638	43685	5846929
500-999平方米	940	99	2840797	55909	2661086
499平方米及以下	4025	545	2916606	37162	2719384
十一、按地区分					
东城区	457	71	3887660		3775411
西城区	557	72	1708700	11410	1570822
崇文区	169	31	599594	19194	572173
宣武区	270	63	971490	15089	929344
朝阳区	1476	190	4357010	16386	4087363
丰台区	419	51	931445	11194	747803
石景山区	155	24	256413	900	251945
海淀区	1321	141	3428142	53922	3218223
门头沟区	45	7	62380	225	59379
房山区	112	7	163541	3503	135067
通州区	95	12	159014	2499	145113
顺义区	66	11	137046	1198	120337
昌平区	153	18	266097	7032	251138
大兴区	93	9	128787	4695	122208
怀柔区	175	23	113188	6414	92676
平谷区	43	1	18481	45	17626
密云县	66	9	51231	760	49441
延庆县	85	16	69938	3579	62339
北京经济技术开发区	17	2	47988		47988

		客房数	床位数	餐位数	餐饮营业面积	
商品销售收入	其他收入	(间)	(张)	(位)	(平方米)	操作间
497131	359877	6805	13484	837129	2966442	800437
32735	15338	597	1168	34637	127440	37090
53306	47949	1790	2486	149432	516945	139222
7724	63			7178	31852	8355
131577	97975	547	1007	101580	468297	102778
	988	32	62	1477	5152	1268
20				1402	3695	1003
7259	11828	224	451	28206	115473	27079
68568	26654	704	1535	87955	290165	77851
20674	4412	62	132	19195	82328	22633
2640	3	43	95	9859	28969	7943
172628	154667	2806	6548	396208	1296126	375215
71887	14809	44	85	113576	347703	89058
30				1593	7561	1871
41995	671			35003	97397	24295
14145				1342	5330	1335
1021	500			3444	10995	2664
2958	37			230	867	180
6892	6969			17610	61885	14884
1625	5881			13004	38952	12043
				1942	7261	2069
3221	751	44	85	39408	117455	29717
				39046	94745	27242
	8503			15613	54715	15651
35536				14165	57587	27020
157604	129691	633	1478	77034	268097	74915
160838	126219	674	1213	112164	460322	118849
187604	93149	2935	4877	294743	1099047	293620
14863	6712	643	1491	133030	389461	103107
12573	10412	1964	4510	264910	890171	229091
28321	27573			91238	312733	91564
82177	39747	717	1676	54567	225545	51541
316333	165691	1854	2488	320869	1381173	350605
58561	65241	1847	3722	209067	639987	167645
83626	76434	2431	5683	274964	754707	228140
86676	25573			110447	364704	100886
77537	48931	205	412	81029	296947	78388
5802	2425	252	489	29996	99006	33368
649	26408	645	1475	40968	152395	45370
121509	131752	725	1405	244176	813717	212207
118149	54299	301	682	62008	235127	69615
2798	770	83	162	22182	76862	19848
93279	62718	1672	2115	192051	734560	205665
2672	104	57	139	6556	21498	7924
21954	3017	439	1298	20174	75898	19990
9640	1762	239	504	32711	58478	12251
12135	3376	109	318	11430	60579	12227
4422	3505	422	841	36616	115750	24771
372	1512	104	220	15617	58899	15237
7738	6360	746	1611	17921	50914	11924
770	40	41	96	4263	11326	2565
692	338	126	286	7844	30765	5270
2224	1796	683	1516	11688	45669	8615
				3028	11051	3374

4-7 限额以上

	单位数（个）	经营早点户	营业收入（千元）	客房收入	餐费收入
总　计	**1415**	**192**	**15171133**	**143383**	**14128606**
一、按登记注册类型分					
内资	1305	172	10450471	139974	9639802
国有企业	58	19	395524	10044	331618
集体企业	71	13	380394	8502	337795
股份合作企业	127	16	674093	14742	638839
国有联营企业	3	1	40439	7208	29368
集体联营企业					
国有与集体联营企业	1		10416		5131
其他联营企业					
国有独资公司	3		23191	612	19168
其他有限责任公司	231	43	2433054	50841	2169152
股份有限公司	32	4	764389	4993	706209
私营独资企业	46	3	301579	3336	273605
私营合伙企业	20		84141		82665
私营有限责任公司	646	66	4959536	38565	4676445
私营股份有限公司	67	7	383715	1131	369807
其他					
港澳台商投资	47	10	1020593	2415	931045
与港澳台商合资经营	29	5	731497		668684
与港澳台商合作经营	7	1	81898	2415	55163
港澳台商独资	11	4	207198		207198
港澳台商投资股份有限公司					
外商投资	63	10	3700069	994	3557759
中外合资经营	41	6	2819507		2788898
中外合作经营	7	1	533189	914	483721
外资企业	14	3	343593		282280
外商投资有限公司	1		3780	80	2860
二、按隶属关系分					
中央	22	3	432282	7950	402178
地方	163	48	2617128	45223	2403173
其他	1230	141	12121723	90210	11323255

餐饮企业销售情况

		客房数	床位数	餐位数	餐饮营业面积	
商品销售收入	其他收入	(间)	(张)	(位)	(平方米)	操作间
541582	**357562**	**4242**	**7568**	**552765**	**2034513**	**557297**
418664	252031	4141	7351	453478	1728776	461862
36448	17414	149	299	18001	65466	17719
20613	13484	93	182	17861	59794	17143
14898	5614	315	581	32699	125107	32250
1004	2859	117	212	970	2127	1212
5285				300	850	260
3411		46	94	1118	4140	1353
107710	105351	1060	2279	104599	421763	112129
30704	22483	183	346	18606	80481	22568
16611	8027	170	314	16624	55701	13437
1476				3527	11968	3009
173249	71277	1889	2699	218919	830005	223696
7255	5522	119	345	20254	71374	17086
35007	52126	8	8	20464	77836	17446
31945	30868			12834	52735	11982
3062	21258	8	8	1792	6038	1606
				5838	19063	3858
87911	53405	93	209	78823	227901	77989
21269	9340			63185	176180	63392
14186	34368	63	119	6701	24222	7225
51616	9697			8437	21499	6872
840		30	90	500	6000	500
3926	18228	80	144	6497	37387	21368
90069	78663	1215	2636	89449	327683	93265
447587	260671	2947	4788	456819	1669443	442664

4-7 续表

	单位数（个）	经营早点户	营业收入（千元）	客房收入	餐费收入
三、按行业小类分					
正餐	1263	148	11484307	126391	10617543
快餐	93	35	3042272		2960931
饮料及冷饮服务	14	2	177080		154094
其他餐饮服务	45	7	467474	16992	396038
四、按控股情况分					
国有绝对控股	93	27	1112010	40228	964406
国有相对控股	24	6	1972148	4128	1879569
其他	1298	159	12086975	99027	11284631
五、按经营方式分					
独立店	1241	161	9723601	119264	8893477
连锁总店	54	18	4244073	17062	4120697
连锁分店	66	4	654783	2172	608777
其他	54	9	548676	4885	505655
六、按营业面积分					
10000平方米及以上	18	7	3471357		3415463
5000-9999平方米	34	8	1756038	21289	1612825
1000-4999平方米	554	82	6196856	42928	5676605
500-999平方米	460	54	2392803	51680	2227339
499平方米及以下	349	41	1354079	27486	1196374
七、按地区分					
东城区	120	21	3682782		3574223
西城区	154	18	1508487	10932	1376285
崇文区	33	5	536406	19194	510345
宣武区	68	15	867668	14366	827716
朝阳区	386	59	3737257	15003	3477780
丰台区	109	15	788755	8866	611807
石景山区	33	6	210575	878	207457
海淀区	343	28	2938069	52418	2736261
门头沟区	11	2	53384	75	50712
房山区	22	4	122823	1915	97914
通州区	22	7	128305	2072	116827
顺义区	17	3	110985	48	96637
昌平区	37	4	206813	6512	193309
大兴区	20	1	97462	4695	91579
怀柔区	15	2	64180	4776	48090
平谷区	1		2774		2774
密云县	9		33190		32902
延庆县	11	2	45910	1633	40680
北京经济技术开发区	4		35308		35308

		客房数	床位数	餐位数	餐饮营业面积	
商品销售收入	其他收入	(间)	(张)	(位)	(平方米)	操作间
472502	267871	3437	5737	444645	1708766	438305
36198	45143			88080	245887	82218
17482	5504			5514	16075	2430
15400	39044	805	1831	14526	63785	34344
70450	36926	699	1351	37005	161382	60946
45659	42792	467	1184	37028	117290	31512
425473	277844	3076	5033	478732	1755841	464839
426135	284725	3098	6632	399939	1535459	407059
63081	43233	196	384	112967	334204	106305
40997	2837	54	85	22715	89006	20633
11369	26767	894	467	17144	75844	23300
28321	27573			91238	312733	91564
82177	39747	717	1676	54121	220545	50741
312538	164785	1583	1904	257083	1064659	283997
51364	62420	1384	2735	105469	327284	94690
67182	63037	558	1253	44854	109292	36305
85441	23118			82830	269719	73112
73012	48258	160	295	50457	196364	52470
5381	1486	252	489	20622	61752	21215
263	25323	578	1331	25970	99592	30195
115840	128634	591	1101	141943	498282	134609
114415	53667	158	325	35520	144335	45127
1835	405	42	57	12907	44646	12008
89407	59983	1462	1656	110673	456079	129354
2554	43	16	31	4334	12987	5667
21522	1472	188	584	11187	42342	12482
8548	858	43	85	7907	33681	7610
11113	3187	42	115	6017	33965	5420
3837	3155	307	607	22176	63732	13139
312	876	104	220	7460	29560	6692
6301	5013	152	342	4262	11115	2531
				35	200	50
	288			3050	12488	1830
1801	1796	147	330	4310	19213	2505
				1105	4461	1281

4-8 限额以下

	单位数(个)	经营早点户	营业收入(千元)	客房收入	餐费收入
总　计	**4359**	**566**	**2187012**	**14662**	**2127790**
一、按登记注册类型分					
内资	4275	564	2126485	14632	2068232
国有企业	165	37	101471	4835	91088
集体企业	470	73	181389	1946	173833
股份合作企业	964	142	389999	2994	381826
国有联营企业	7	2	1996	86	1774
集体联营企业	3	1	2651	20	2531
国有与集体联营企业	4	2	1060	145	811
其他联营企业	4		4295		4295
国有独资公司	6		1028		1028
其他有限责任公司	344	39	228462	729	222548
股份有限公司	78	12	44559	345	43805
私营独资企业	416	53	134396	494	130849
私营合伙企业	129	12	43538	65	43310
私营有限责任公司	1475	173	895815	2494	877049
私营股份有限公司	184	16	86769	479	84548
其他	26	2	9057		8937
港澳台商投资	21		12075		12075
与港澳台商合资经营	9		6812		6812
与港澳台商合作经营	3		1368		1368
港澳台商独资	8		3747		3747
港澳台商投资股份有限公司	1		148		148
外商投资	63	2	48452	30	47483
中外合资经营	21		22629		22581
中外合作经营	4		2933		2783
外资企业	36	1	22017	30	21246
外商投资有限公司	2	1	873		873
二、按隶属关系分					
中央	54	13	38349	1463	34270
地方	492	79	224291	3939	213219
其他	3813	474	1924372	9260	1880301

餐饮企业销售情况

		客房数	床位数	餐位数	餐饮营业面积	
商品销售收入	其他收入	(间)	(张)	(位)	(平方米)	操作间
27436	**17124**	**2607**	**6001**	**397940**	**1279632**	**332198**
26695	16926	2587	5961	390050	1248236	324342
2818	2730	437	1045	13875	45154	13688
2937	2673	478	1078	33982	104595	27645
3103	2076	424	1011	63251	196534	55616
13	123	41	87	393	1346	508
	100	20	40	380	1000	250
20	84	29	80	192	364	75
				370	1320	415
				418	1120	320
3697	1488	155	363	60896	156330	41227
9	400	26	60	8395	27565	8134
2848	205	312	674	31753	99182	24813
130	33	32	108	7805	25502	7090
9798	6474	593	1311	150218	525741	127725
1202	540	40	104	16489	55204	14990
120				1633	7279	1846
				2095	10543	3247
				772	2764	867
				290	1100	220
				929	6449	2100
				104	230	60
741	198	20	40	5795	20853	4609
	48			1861	7935	1495
	150			131	760	155
741		20	40	3593	11808	2854
				210	350	105
1326	1290	139	390	5231	14244	4111
3906	3227	593	1293	45374	147349	40081
22204	12607	1875	4318	347335	1118039	288006

4-8 续表

	单位数（个）	经营早点户	营业收入（千元）	客房收入	餐费收入
三、按行业小类分					
正餐	3292	395	1772013	13926	1727034
快餐	411	117	215510		211041
饮料及冷饮服务	319	9	79212		75642
其他餐饮服务	337	45	120277	736	114073
四、按控股情况分					
国有绝对控股	204	47	119909	5206	108766
国有相对控股	38	8	22235	15	20684
其他	4117	511	2044868	9441	1998340
五、按经营方式分					
独立店	4108	537	2039910	14460	1987050
连锁总店	5	2	6519		4547
连锁分店	64	11	50165		50060
其他	182	16	90418	202	86133
六、按地区分					
东城区	337	50	204878		201188
西城区	403	54	200213	478	194537
崇文区	136	26	63188		61828
宣武区	202	48	103822	723	101628
朝阳区	1090	131	619753	1383	609583
丰台区	310	36	142690	2328	135996
石景山区	122	18	45838	22	44488
海淀区	978	113	490073	1504	481962
门头沟区	34	5	8996	150	8667
房山区	90	3	40718	1588	37153
通州区	73	5	30709	427	28286
顺义区	49	8	26061	1150	23700
昌平区	116	14	59284	520	57829
大兴区	73	8	31325		30629
怀柔区	160	21	49008	1638	44586
平谷区	42	1	15707	45	14852
密云县	57	9	18041	760	16539
延庆县	74	14	24028	1946	21659
北京经济技术开发区	13	2	12680		12680

		客房数	床位数	餐位数	餐饮营业面积	
商品销售收入	其他收入	(间)	(张)	(位)	(平方米)	操作间
19193	11860	2452	5642	308810	1053148	272424
3397	1072			32297	95848	34353
1108	2462			16107	56705	7843
3738	1730	155	359	40726	73931	17578
3007	2930	503	1172	19605	60508	17963
1126	410	20	50	4685	12138	2789
23303	13784	2084	4779	373650	1206986	311446
24272	14128	2524	5765	372994	1188558	308008
1972				441	4134	514
105				7353	24326	6148
1087	2996	83	236	17152	62614	17528
1235	2455			27617	94985	27774
4525	673	45	117	30572	100583	25918
421	939			9374	37254	12153
386	1085	67	144	14998	52803	15175
5669	3118	134	304	102233	315435	77598
3734	632	143	357	26488	90792	24488
963	365	41	105	9275	32216	7840
3872	2735	210	459	81378	278481	76311
118	61	41	108	2222	8511	2257
432	1545	251	714	8987	33556	7508
1092	904	196	419	24804	24797	4641
1022	189	67	203	5413	26614	6807
585	350	115	234	14440	52018	11632
60	636			8157	29339	8545
1437	1347	594	1269	13659	39799	9393
770	40	41	96	4228	11126	2515
692	50	126	286	4794	18277	3440
423		536	1186	7378	26456	6110
				1923	6590	2093

4-9 餐饮业法人

	单位数（个）	亏损企业	年初存货	流动资产合计	#现金	短期投资
总计	**5774**	**2901**	**585717**	**5802414**	**269597**	**27040**
一、按登记注册类型分						
内资	5580	2771	456689	4698450	254464	22536
国有企业	223	98	22107	241904	6739	15
集体企业	541	161	36285	278936	14345	4108
股份合作企业	1091	538	39705	251500	36141	987
国有联营企业	10	1	2643	15843	121	
集体联营企业	3	1	80	954	23	
国有与集体联营企业	5	2	2074	2451	57	
其他联营企业	4	2	149	657	48	
国有独资公司	9	5	372	165177	88	
其他有限责任公司	575	330	104431	1246738	36374	4785
股份有限公司	110	55	30087	285081	7022	391
私营独资企业	462	171	12399	70712	14268	1963
私营合伙企业	149	59	2987	22360	4757	14
私营有限责任公司	2121	1204	191236	1989744	119614	9028
私营股份有限公司	251	131	11937	124336	14154	1245
其他	26	13	197	2057	713	
港澳台商投资	68	41	47429	440638	3040	3500
与港澳台商合资经营	38	22	35202	335664	1855	3200
与港澳台商合作经营	10	5	4923	35768	349	300
港澳台商独资	19	13	7032	68927	834	
港澳台商投资股份有限公司	1	1	272	279	2	
外商投资	126	89	81599	663326	12093	1004
中外合资经营	62	44	59932	483507	6571	4
中外合作经营	11	5	10715	77470	903	
外资企业	50	37	8877	97508	4581	1000
外商投资有限公司	3	3	2075	4841	38	
二、按隶属关系分						
中央	76	34	9204	303990	2720	
地方	655	238	146142	1161904	26072	4101
其他	5043	2629	430371	4336520	240805	22939
三、按行业小类分						
正餐	4555	2238	475304	4714693	229960	23393
快餐	504	256	77189	633446	19447	1779
饮料及冷饮服务	333	223	15961	119693	8944	407
其他餐饮服务	382	184	17263	334582	11246	1461
四、按控股情况分						
国有绝对控股	297	126	60655	938195	8920	15
国有相对控股	62	24	56976	318617	3342	500
其他	5415	2751	468086	4545602	257335	26525
五、按企业规模分						
大型企业	5	1	57540	268891	2454	
中型企业	19	6	41507	487557	1399	200
小型企业	5750	2894	486670	5045966	265744	26840
六、按限额标准分						
限额以上	1415	673	466376	4352131	130906	14948
限额以下	4359	2228	119341	1450283	138691	12092
七、按经营方式分						
独立店	5349	2711	432665	4499539	242931	25050
连锁总店	59	22	96232	646448	6011	100
连锁分店	130	53	18325	164969	11500	1486
其他	236	115	38495	491458	9155	404

单位主要财务状况

计量单位：千元

应收帐款(净额)	存货	一年内到期的长期债权投资	长期投资合计	#长期股权投资	长期债权投资	固定资产合计	#固定资产原价	累计折旧	本年折旧
508697	**739255**	**45864**	**786413**	**721583**	**46495**	**4969961**	**5964033**	**1846942**	**369902**
395677	596920	45654	518968	454538	46095	3855939	4302555	1041838	248303
29051	21352	194	11280	10907	342	227637	297584	91038	10156
21830	40220	611	36400	13893	17673	261956	354775	110869	18469
22470	50835	2343	13170	6257	5415	192655	224994	57349	16188
812	2405		400		400	16613	24407	8824	959
120	100					8458	10005	1547	164
524						312	415	110	5
342	146					157	189	32	1
2	369	36447	135664	135664		18017	32434	14417	1449
78689	119911	547	105073	95433	6186	1155935	1169972	278162	59551
51162	47032	39	41191	38448	2243	488624	573775	130615	29310
7134	16593	1053	4450	2488	455	106180	123936	23889	6500
1287	5002	160	210	210		15697	17001	3401	955
170298	275815	4009	168557	150938	12515	1266250	1367532	305951	99075
11708	16795	251	2573	300	866	95184	103405	15136	5411
248	345					2264	2131	498	110
46939	47670		143069	143063	6	404099	373960	166982	19138
27499	30631		143063	143063		163092	279573	131835	14829
11375	4730					219822	69132	23634	1866
8046	12109		6		6	21136	24516	10823	2442
19	200					49	739	690	1
66081	94665	210	124376	123982	394	709923	1287518	638122	102461
44897	67403		122404	122404		594548	1114825	573316	89290
11967	14566					50454	81240	34706	7630
7661	10237	210	1972	1578	394	39611	57240	21196	4231
1556	2459					25310	34213	8904	1310
51032	11111	1	87656	87656		158897	313799	155460	17669
69502	140867	37083	311570	283519	20847	1738436	2144940	651664	101903
388163	587277	8780	387187	350408	25648	3072628	3505294	1039818	250330
416237	603443	45666	532314	473999	41691	3442892	4164658	1176808	250402
37088	92012	64	148697	144245	4449	681926	1057009	472137	85612
7522	19473	107	1446	1091	355	77373	130235	57326	10049
47850	24327	27	103956	102248		767770	612131	140671	23839
86295	47527	36664	253889	251774	742	644738	877994	282858	37552
33014	56236	54	7029	5689	50	852703	1070662	349377	63208
389388	635492	9146	525495	464120	45703	3472520	4015377	1214707	269142
14167	70568		114825	114825		732617	1161991	463658	85689
51961	53271		84621	73636	9800	517991	595630	201394	31177
442569	615416	45864	586967	533122	36695	3719353	4206412	1181890	253036
390565	561309	5053	504817	455363	38832	3712277	4783190	1612909	319122
118132	177946	40811	281596	266220	7663	1257684	1180843	234033	50780
445936	572595	8641	488581	434579	41619	3071903	3674749	1142430	228356
41186	117299		133167	129248	250	1147173	1633806	594716	117098
8764	20932	745	63901	63285	614	176505	203598	38750	10813
12811	28429	36478	100764	94471	4012	574380	451880	71046	13635

4-9 续表 1

	单位数（个）	亏损企业	年初存货	流动资产合计	#现金	短期投资
八、按经营风味分						
中式风味	5138	2525	491934	5154157	242545	25386
鲁菜	155	56	44928	309754	7315	954
川菜	980	487	60094	565763	48006	8583
苏菜	38	23	2698	21889	3390	241
粤菜	323	237	132347	1600030	32473	7993
闽菜	10	7	386	3532	110	
徽菜	12	5	111	2526	439	50
湘菜	159	81	19745	206313	8729	372
京菜	620	222	32020	270356	20031	1480
浙菜	113	49	18215	235745	5329	
鄂菜	44	28	5005	27635	5489	115
其他	2684	1330	176385	1910614	111234	5598
西式风味	636	376	93783	648257	27052	1654
法式	21	11	682	11183	386	
美式	48	30	41819	214696	4050	
俄式	9	4	653	6243	378	
意式	50	26	2072	20233	1798	215
德式	2	1	433	3123	19	
韩式	137	62	9591	97309	6131	1257
日式	86	53	10223	79571	5067	10
泰式	20	14	1215	10779	618	
其他	263	175	27095	205120	8605	172
九、按营业收入分						
50000万元及以上	2	1	31132	121874	1598	
15000-49999万元	4		29052	222832	918	
10000-14999万元	7	1	22516	333208	851	
3000-9999万元	62	21	79404	990127	9299	3300
1000-2999万元	209	81	135575	1223876	30239	5291
200-999万元	1131	569	168697	1460214	88001	6357
100-199万元	783	402	51148	437684	38776	2170
99万元及以下	3576	1826	68193	1012599	99915	9922
十、按营业面积分						
10000平方米及以上	18	10	74733	591349	3188	100
5000-9999平方米	35	17	47188	553053	5410	583
1000-4999平方米	756	439	252437	2319877	73402	12843
500-999平方米	940	511	108495	894554	53306	6376
499平方米及以下	4025	1924	102864	1443581	134291	7138
十一、按地区分						
东城区	457	248	105603	825939	20457	489
西城区	557	355	49833	855222	13145	4387
崇文区	169	97	13850	137286	8412	1392
宣武区	270	126	33190	328399	11336	1043
朝阳区	1476	758	163866	1684266	62345	4204
丰台区	419	199	42595	313115	23036	743
石景山区	155	99	11771	78111	3916	114
海淀区	1321	632	111840	1164459	77709	10924
门头沟区	45	16	2205	18140	1197	80
房山区	112	50	8079	42568	5276	409
通州区	95	38	6158	54895	6070	127
顺义区	66	22	3472	43163	3892	262
昌平区	153	83	12862	116627	11377	237
大兴区	93	51	5926	38795	6724	18
怀柔区	175	46	4809	33730	7710	984
平谷区	43	16	559	14773	611	472
密云县	66	18	2782	17590	2929	2
延庆县	85	31	4811	26539	2910	1153
北京经济技术开发区	17	16	1506	8797	545	

计量单位：千元

应收帐款(净额)	存货	一年内到期的长期债权投资	长期投资合计	#长期股权投资	长期债权投资	固定资产合计	#固定资产原价	累计折旧	本年折旧
475422	631322	44358	622419	558496	45589	4346981	4880426	1322445	277117
22597	37104		114841	104609	3803	687610	797104	180947	33665
47075	77473	1976	31612	16383	9608	463977	564786	154354	33551
569	4193	32				13005	13651	3701	1434
130773	188607	1904	201406	189437	11290	788380	938700	296493	60661
2066	865					935	1259	335	110
90	376					1167	1338	282	128
20128	22486	706	37700	37350	200	68768	102123	41862	8484
27774	39860	1215	27570	15214	11620	313288	381147	97798	21715
9350	21443	36448	41952	41767	89	83210	108908	33556	6769
2844	4290	451	30		30	14298	18150	7593	2569
212156	234625	1626	167308	153736	8949	1912343	1953260	505524	108031
33275	107933	1506	163994	163087	906	622980	1083607	524497	92785
1078	1152	10	10	7	2	6157	8194	2148	985
2234	47982	208	743		743	216685	433488	231063	42572
2362	681					2641	5154	2871	342
626	3313					13679	16157	2987	1134
47	378					818	3144	2326	298
2874	10044	119	1878	1878		33915	44221	15241	4396
8538	10568	145	1126	1021	105	36295	57363	22346	4545
327	572		2710	2710		7089	6765	2742	574
15189	33243	1024	157527	157471	56	305701	509121	242773	37939
	33238		113917	113917		322179	625623	326334	54445
14952	40269		63793	63793		506512	642206	152112	34122
42727	34344		49844	49844		195985	354117	164190	24220
61543	85676		75403	59559	14659	884405	862066	247844	52287
112681	142474		125571	115403	4800	804729	1107298	354803	70065
158662	225308	5053	76289	52847	19373	998467	1191880	367626	83983
38580	62066	823	18312	11905	1191	325730	377946	89693	22898
79552	115880	39988	263284	254315	6472	931954	802897	144340	27882
50865	89943		133747	133747		1095962	1526541	569750	101515
34976	89223		92547	91362		783362	774504	198440	42217
203271	296491	4114	139982	104876	29595	1425566	1857661	565479	128662
103066	129417	1663	132412	113524	10337	599837	748910	257086	42262
116519	134181	40087	287725	278074	6563	1065234	1056417	256187	55246
55979	106304	41	221830	219731	757	722738	1143604	463047	84882
67471	62913	36783	108569	103339	4780	417477	561331	188054	39227
9120	17073	8	2734	2734		135706	161849	51669	12123
32091	46135		106427	100755		761021	819227	187181	35412
147124	197872	2356	184835	164839	19042	1120231	1407799	491994	86636
27042	46161	695	63340	59561	3132	368128	374457	99393	20967
9340	10981	42	5660	5160	500	35133	60667	27700	5235
120067	180483	2894	75380	56348	12155	755184	704711	197565	53529
878	5820	21	400	300	100	10879	15614	4787	774
6218	10740	231	1091	400	429	78284	96634	23501	5306
4285	9884	90	3111	1597	614	44951	56191	12122	2362
4437	6180	520	2201	1870	300	82926	79823	10958	3741
8029	14311	49	6294	2288	3163	150914	170554	29273	7146
6744	5186	1524	96			41843	40183	5780	2221
1721	5911	488	1960	1820	100	94879	88333	11124	2776
1100	1023	12				11422	13305	2195	314
3213	4380	82	1435	1	1423	24747	24137	3448	1068
2758	5391	28	1050	840		105998	127388	26425	4074
1080	2507					7500	18226	10726	2109

4-9 续表 2

	在建工程	无形资产	资产总计	流动负债合计	#短期借款	应付账款	长期负债合计
总计	**757724**	**426065**	**14310257**	**8703265**	**1294046**	**1719325**	**1380294**
一、按登记注册类型分							
内资	536209	312668	10876728	6595000	783580	1409941	1104508
国有企业	19051	10809	531212	313682	20356	66643	25477
集体企业	14008	3543	603342	369189	83444	47124	28452
股份合作企业	16975	19116	545617	351299	46670	84801	38912
国有联营企业	1009	133	71178	46652	1149	863	7652
集体联营企业		170	10417	567		160	540
国有与集体联营企业	7	463	4156	1313		368	200
其他联营企业			814	973		778	
国有独资公司		1020	325095	151353		840	
其他有限责任公司	246241	97831	3023757	1637479	205315	310739	440364
股份有限公司	44598	57063	918724	474119	49472	112014	70089
私营独资企业	1811	11069	242707	143828	22062	54870	22506
私营合伙企业	1516	817	40973	26316	2718	7929	3478
私营有限责任公司	186747	100730	4292563	2879168	337045	683824	412409
私营股份有限公司	4246	9884	261699	197677	15254	38663	54298
其他		20	4474	1385	95	325	131
港澳台商投资	178065	70410	1256457	932470	210477	137524	260070
与港澳台商合资经营	5189	28828	815498	574802	74886	94110	251194
与港澳台商合作经营	171778	36077	297217	252789	121560	27571	165
港澳台商独资	1098	5505	143414	102357	14031	15832	8711
港澳台商投资股份有限公司			328	2522		11	
外商投资	43450	42987	2177072	1175795	299989	171860	15716
中外合资经营	36669	30394	1724838	868157	264703	105063	12283
中外合作经营	3900	1128	237510	147189	27530	32149	
外资企业	2881	10545	183406	125698	7756	32838	3430
外商投资有限公司		920	31318	34751		1810	3
二、按隶属关系分							
中央	558	8179	582244	204209	25	33873	216268
地方	220742	84497	3742108	1922305	364394	289281	409180
其他	536424	333389	9985905	6576751	929627	1396171	754846
三、按行业小类分							
正餐	394889	329209	10736744	6909145	763545	1484355	1188275
快餐	65137	36694	2019019	1212647	330771	145397	29631
饮料及冷饮服务	3994	5133	226803	120225	10862	27757	17242
其他餐饮服务	293704	55029	1327691	461248	188868	61816	145146
四、按控股情况分							
国有绝对控股	43364	54739	2093780	904427	31625	164255	418455
国有相对控股	130392	15872	1419965	531040	83324	100367	190303
其他	583968	355454	10796512	7267798	1179097	1454703	771536
五、按企业规模分							
大型企业	20855	21446	1691011	863476	276162	99256	58997
中型企业	123755	16112	1288400	375429	28000	138208	162648
小型企业	613114	388507	11330846	7464360	989884	1481861	1158649
六、按限额标准分							
限额以上	486299	311262	10908197	6801321	951773	1404811	1186273
限额以下	271425	114803	3402060	1901944	342273	314514	194021
七、按经营方式分							
独立店	473750	331475	9866519	6193616	644184	1339843	1118195
连锁总店	93263	39806	2661267	1543382	413152	235666	122659
连锁分店	6974	6357	501046	327039	79659	76079	16277
其他	183737	48427	1281425	639228	157051	67737	123163

计量单位：千元

#长期借款	应付债券	负债合计	所有者权益合计	#实收资本	国家资本	集体资本	法人资本	#国家法人	集体法人
739128	**4849**	**10083559**	**4226698**	**5564472**	**196551**	**222465**	**1945436**	**750612**	**702339**
665695	4849	7699508	3177220	3912385	139961	216677	1471734	556982	572622
24557	486	339159	192053	190890	121999	4215	62132	55472	1687
23576	33	397641	205701	236061	2692	139899	81501	3	74935
30582	1444	390211	155406	301262	44	14713	45990	744	25952
7437		54304	16874	36488	1118	57	13313	13313	
540		1107	9310	7790		3380	4260		4260
200		1513	2643	1863	1250	500	113	67	46
		973	-159	470		200			
		151353	173742	118726	530		116316	116316	
111507	678	2077843	945914	1018753	9294	29792	547025	328726	127737
55455	-34	544208	374516	326310	1000	16205	156947	39360	114297
21975	118	166334	76373	88706	200	590	7856		820
2482	10	29794	11179	18950		60	3977	1597	1230
335382	1709	3291577	1000986	1462228	1834	5326	411494	1095	217848
52002	274	251975	9724	101530		1410	20192	289	3810
	131	1516	2958	2358		330	618		
59365		1192540	63917	677725	54732	3871	94185	30217	28622
54405		825996	-10498	359480	18159	3871	83443	29602	19395
165		252954	44263	236111	36573		4916	615	4301
4795		111068	32346	80634			4926		4926
		2522	-2194	1500			900		
14068		1191511	985561	974362	1858	1917	379517	163413	101095
10635		880440	844398	749772	1431	1917	370271	161516	97175
		147189	90321	80596	427		5087	355	2720
3430		129128	54278	141523			4159	1542	1200
3		34754	-3436	2471					
19479		420477	161767	355795	55429	830	174327	171338	1719
122273	32	2331485	1410623	1095121	84718	114752	651684	389015	238915
597376	4817	7331597	2654308	4113556	56404	106883	1119425	190259	461705
684937	4358	8097420	2639324	4135050	152611	208108	1393406	573700	468811
8306	387	1242278	776741	618531	2926	5581	170658	45297	91159
7906	104	137467	89336	163023	2195	1253	100487	196	4146
37979		606394	721297	647868	38819	7523	280885	131419	138223
55415	486	1322882	770898	870414	146097	4907	574783	564750	2360
72577		721343	698622	372354	2976	2014	223874	140374	80740
611136	4363	8039334	2757178	4321704	47478	215544	1146779	45488	619239
51073		922473	768538	323096			180912	54542	126370
46782	882	538077	750323	556556	26754	8720	271263	122528	52564
641273	3967	8623009	2707837	4684820	169797	213745	1493261	573542	523405
583592	1434	7987594	2920603	3633603	93091	105060	1393399	595279	454864
155536	3415	2095965	1306095	1930869	103460	117405	552037	155333	247475
616356	3925	7311811	2554708	4227799	118907	202862	1363819	492633	438394
71451	882	1666041	995226	647965	16664	947	275343	116719	141590
15585		343316	157730	119599	500	3449	24987		4764
35736	42	762391	519034	569109	60480	15207	281287	141260	117591

4-9 续表 3

	在建工程	无形资产	资产总计	流动负债合计	#短期借款	应付账款	长期负债合计
八、按经营风味分							
中式风味	715208	396019	12147282	7443615	995389	1543996	1340186
鲁菜	69357	16170	1200223	495562	75794	60206	142935
川菜	43757	64163	1333501	900105	149288	223362	115563
苏菜	1605	1970	55736	48664	3239	13094	3462
粤菜	129612	48572	3289996	2185845	289013	488657	620834
闽菜			4493	2816	22	1014	1600
徽菜	111		3855	720		196	
湘菜	5661	22894	436869	375959	13165	66610	36365
京菜	23319	38276	734835	357777	45785	80957	48464
浙菜	7542	2929	411250	301611	6074	48382	18064
鄂菜	582	843	67571	38355	1716	7842	23212
其他	433662	200202	4608953	2736201	411293	553676	329687
西式风味	42516	30046	2162975	1259650	298657	175329	40108
法式	111	311	20284	11048	134	2459	6939
美式	13005	2334	763812	322396	60118	78433	3825
俄式		1800	13400	16665		5347	
意式	456	965	42345	27329	5012	1428	460
德式		678	4648	6646	90	365	
韩式	3393	6052	172327	112750	21841	16102	7672
日式	788	1011	148870	133036	6607	28924	6289
泰式	2993	331	25752	22249		724	3052
其他	21770	16564	971537	607531	204855	41547	11871
九、按营业收入分							
50000万元及以上	9461	2565	1009613	531044	207162	40881	223
15000-49999万元	16418	18881	944586	519129	138400	100033	58774
10000-14999万元	6058	7753	710910	137931		50210	47
3000-9999万元	257595	64017	2321880	1215410	211475	324996	307340
1000-2999万元	38858	77371	2715611	1916451	133151	336557	546767
200-999万元	157909	140675	3205597	2481356	261585	552134	273122
100-199万元	24099	27972	913132	623420	101262	109845	52448
99万元及以下	247326	86831	2488928	1278524	241011	204669	141573
十、按营业面积分							
10000平方米及以上	125659	26898	2448500	1295496	410802	263901	65888
5000-9999平方米	205379	81693	1773716	883238	110870	171335	169042
1000-4999平方米	97225	171040	4950978	3365783	267880	737593	648799
500-999平方米	97651	49824	2010423	1361182	186153	271286	364474
499平方米及以下	231810	96610	3126640	1797566	318341	275210	132091
十一、按地区分							
东城区	28433	36740	2627639	1400680	283587	245839	496667
西城区	30670	25367	1593310	1066982	53376	188519	78971
崇文区	24224	13458	322836	209555	20260	39568	13259
宣武区	128879	14501	1289754	561984	103427	87753	264147
朝阳区	173547	79091	3637657	2431786	366115	471720	256702
丰台区	84280	60990	954233	620760	78360	109141	71661
石景山区	1166	22110	159506	119408	6701	22516	2236
海淀区	232713	131443	2488009	1602867	275213	412341	96913
门头沟区	23	2225	37258	28695	1370	5894	1223
房山区	4889	3923	136010	87455	21298	19990	13463
通州区	357	1592	124639	66918	2788	21357	10375
顺义区	12034	5754	139436	75860	18551	8782	2236
昌平区	7403	8848	293560	143703	13557	32177	28021
大兴区	5828	2539	87964	50586	8409	10077	2842
怀柔区	15460	5014	142715	46738	6239	18222	15541
平谷区	45	5	26242	6867	1716	2685	500
密云县	3000	2601	77366	62909	7560	7811	250
延庆县	4773	8592	152843	95300	24919	12559	23790
北京经济技术开发区		1272	19280	24212	600	2374	1497

计量单位：千元

#长期借款	应付债券	负债合计	所有者权益合计	#实收资本	国家资本	集体资本	法人资本	#国家法人	集体法人
712579	4804	8783801	3363481	4695400	194620	216258	1655011	708054	581060
67488	891	638497	561726	437871	7122	15310	291836	221616	64650
91021	2453	1015668	317833	513249	38263	28997	119789	8335	59635
2767		52126	3610	119768	6688	160	3665		225
299403		2806679	483317	977752	4139	25560	342504	76166	173775
1600		4416	77	3417	1000		200		200
		720	3135	2945			60		
30904	410	412324	24545	255728	3713	17332	50537	12660	10491
38897	202	406241	328594	336055	9145	29656	176553	135066	13348
17664		319675	91575	134340	1527	5867	80086	54566	2680
22521		61567	6004	16931	500	405	4482	500	920
140314	848	3065888	1543065	1897344	122523	92971	585299	199145	255136
26549	45	1299758	863217	869072	1931	6207	290425	42558	121279
2417		17987	2297	12426		30	2759		2569
1276		326221	437591	267662		500	125639	30472	
		16665	-3265	9899	100	200	355	355	
		27789	14556	40296			4925	917	2938
		6646	-1998	1543	414				
5988		120422	51905	101137	200	500	21493	3539	13021
6135	45	139325	9545	97165		1560	22450	4205	4841
3052		25301	451	23678		1170	4754		4754
7681		619402	352135	315266	1217	2247	108050	3070	93156
		531267	478346	191027			83782	17602	66180
51073		577903	366683	182069			107130	36940	60190
		137978	572932	475706	17550		263099	171528	
75363	882	1522750	799130	666767	9204	21220	299436	180234	91049
223636		2463218	252393	888343	17937	9873	291977	117373	71267
233520	552	2754478	451119	1229691	48400	73967	347975	71602	166178
34643	1788	675868	237264	523634	10992	27641	102675	14246	49508
120893	1627	1420097	1068831	1407235	92468	89764	449362	141087	197967
51073		1361384	1087116	642188	1000	8720	314580	180430	132370
62022		1052280	721436	491777			321670	168370	38266
389927	1382	4014582	936396	1756705	74705	55635	490524	179154	154262
134401	1490	1725656	284767	808874	30916	58250	261059	82682	99496
101705	1977	1929657	1196983	1864928	89930	99860	557603	139976	277945
70863		1897347	730292	750956	43999	4655	332386	206219	92738
72092		1145953	447357	709959	35086	28283	309239	193050	96066
11520	914	222814	100022	114761	1620	3957	67653	55054	4345
139339		826131	463623	293227	2412	13211	206073	94619	82306
215036	1961	2688488	949169	1603796	32998	57256	468856	156744	98333
58922	976	692421	261812	415149	3792	31894	184426	19146	137647
990	7	121644	37862	62612	511	4570	10229	1920	1056
80343	661	1699780	788229	1074647	60316	41446	257902	20748	147119
1223		29918	7340	11004	1898	1618	804	100	
7288		100918	35092	39555	517	3572	8995	1085	690
10200		77293	47346	48775	1218	5270	6076	1200	2460
2129		78096	61340	60349	998	8616	6240		2160
27991		171724	121836	151172	7578	4064	33647	427	17671
1876		53428	34536	42714		1185	8368		1550
13592	207	62279	80436	66679		1960	24353		7190
500		7367	18875	17940	200	1247	2012		1182
60		63159	14207	53957			3850		1030
23667	123	119090	33753	33659	3408	8814	13827	300	8796
1497		25709	-6429	13561		847	500		

4-9 续表 4

	个人资本	港澳台资本	外商资本	主营业务收入	主营业务成本	营业费用
总计	**2128214**	**546641**	**525165**	**17442455**	**8633827**	**6069274**
一、按登记注册类型分						
内资	2082670		1343	12657793	6584702	4292701
国有企业	2544			486995	242188	165364
集体企业	11969			559944	321778	162054
股份合作企业	240172		343	1062905	572732	347969
国有联营企业	22000			39556	16788	13519
集体联营企业	150			2651	1616	840
国有与集体联营企业				11401	7316	1894
其他联营企业	270			4295	2206	1108
国有独资公司	1880			24219	11713	11788
其他有限责任公司	432642			2676827	1295773	1017774
股份有限公司	152158			873107	435732	244871
私营独资企业	80060			440742	245846	126320
私营合伙企业	14913			127651	73516	33701
私营有限责任公司	1042574		1000	5866822	3095787	2005045
私营股份有限公司	79928			471819	256838	158082
其他	1410			8859	4873	2372
港澳台商投资	13740	510697	500	1034057	464174	350269
与港澳台商合资经营	12913	240594	500	738226	331428	247499
与港澳台商合作经营		194622		83266	31395	18652
港澳台商独资	827	74881		212417	101280	83903
港澳台商投资股份有限公司		600		148	71	215
外商投资	31804	35944	523322	3750605	1584951	1426304
中外合资经营	20643	7669	347841	2841370	1217029	1073070
中外合作经营	1811	12283	60988	536123	186395	223660
外资企业	7872	15992	113500	368459	178821	126188
外商投资有限公司	1478		993	4653	2706	3386
二、按隶属关系分						
中央	730	15860	108619	468595	222268	136406
地方	88105	50838	105024	2910619	1368188	1101509
其他	2039379	479943	311522	14063241	7043371	4831359
三、按行业小类分						
正餐	1742761	420803	217361	13339450	6807724	4559553
快餐	214573	35950	188843	3245414	1350856	1281823
饮料及冷饮服务	46703	3826	8559	257059	143248	70094
其他餐饮服务	124177	86062	110402	600532	331999	157804
四、按控股情况分						
国有绝对控股	47833	16965	79829	1227273	583601	395805
国有相对控股	16048	24845	102597	2071804	807251	719777
其他	2064333	504831	342739	14143378	7242975	4953692
五、按企业规模分						
大型企业	8730	2700	130754	2984221	1149509	1207527
中型企业	135654	31420	82745	1302434	735845	346586
小型企业	1983830	512521	311666	13155800	6748473	4515161
六、按限额标准分						
限额以上	1162886	414551	464616	15208573	7454126	5252583
限额以下	965328	132090	60549	2233882	1179701	816691
七、按经营方式分						
独立店	1852786	373769	315656	11784338	6127267	3969132
连锁总店	113008	36452	205551	4316447	1818735	1661424
连锁分店	50663	40000		704486	387953	201075
其他	111757	96420	3958	637184	299872	237643

计量单位：千元

主营业务税金及附加	主营业务利润	其他业务收入	其他业务利润	管理费用	#税金	差旅费	工会经费	排污费
917477	**1821877**	**119262**	**72948**	**2224579**	**42801**	**42621**	**14442**	**5706**
686137	1094253	100912	69973	1655547	35653	28488	9740	5301
25120	54323	22066	14484	69996	1159	244	858	222
29218	46894	3999	4747	58672	1485	666	181	252
57565	84639	5647	2543	125128	3715	1227	2101	644
2163	7086	2859	2702	7886	107	27	93	41
112	83	100	100	320	30			
369	1822	7	82	1690	2	1		
290	691			614	178			10
1301	-583	4014	2922	8752	157	49	69	10
145982	217298	41068	26479	369595	8394	6513	2849	733
44544	147960	11061	10370	110815	2274	1436	1826	719
26652	41924	71	44	59213	1725	828	40	359
6947	13487	154	436	19514	296	347	10	133
320227	445763	9476	4927	756660	14549	16363	1580	1925
25140	31759	390	137	65587	1544	783	133	249
507	1107			1105	38	4		4
51329	168285	948	370	176703	3045	3546	969	314
36524	122775	652	74	125106	2192	2676	817	238
4145	29074			28951	586	290	150	29
10647	16587	296	296	22490	267	580	2	40
13	-151			156				7
180011	559339	17402	2605	392329	4103	10587	3733	91
135766	415505	13131	-635	263420	3469	6743	3204	72
26156	99912	800	328	67630	64	1971	368	16
17899	45551	1263	814	58328	331	1852	154	3
190	-1629	2208	2098	2951	239	21	7	
17327	92594	2190	1810	76851	1377	1060	944	65
147703	293219	65852	43159	323561	8376	3454	4173	1147
752447	1436064	51220	27979	1824167	33048	38107	9325	4494
715267	1256906	71377	53758	1765060	36477	31534	10370	5145
165882	446853	43239	14328	301558	3185	8074	3077	355
12448	31269	3655	3918	58971	412	1165	189	68
23880	86849	991	944	98990	2727	1848	806	138
55892	191975	56949	35907	217327	5171	2112	2992	500
103024	441752	21127	6110	220070	4062	3746	4562	428
758561	1188150	41186	30931	1787182	33568	36763	6888	4778
148153	479032	14096	-211	226122	2081	5807	4104	336
61767	158236	18225	8398	143556	2396	3371	1896	268
707557	1184609	86941	64761	1854901	38324	33443	8442	5102
794998	1706866	85972	53011	1792623	33242	37452	11946	4177
122479	115011	33290	19937	431956	9559	5169	2496	1529
628786	1059153	64863	47132	1621315	27601	30869	7765	4556
216892	619396	31706	15532	398249	9731	8151	5401	810
37404	78054	2291	997	104177	1758	1828	496	209
34395	65274	20402	9287	100838	3711	1773	780	131

4-9 续表 5

				主营业务收入	主营业务成本	营业费用
	个人资本	港澳台资本	外商资本			
八、按经营风味分						
中式风味	1977291	484886	167334	13770478	7129087	4576586
鲁菜	123603			981576	460575	314037
川菜	312700	8500	5000	1927853	1031123	653826
苏菜	109255			109649	56333	42727
粤菜	355302	238114	12133	3179779	1673623	1111217
闽菜	2217			12209	5785	5374
徽菜	2700		185	6836	3838	1158
湘菜	149917	34229		656812	343061	207797
京菜	119548	900	253	1032173	541727	316672
浙菜	32184	10691	3985	422635	223249	148930
鄂菜	9114	2430		166993	80672	71036
其他	760751	190022	145778	5273963	2709101	1703812
西式风味	150923	61755	357831	3671977	1504740	1492688
法式	5540		4097	26400	9906	12086
美式	7672	993	132858	1778747	657164	678315
俄式	1640		7604	27582	11095	10944
意式	22961	2500	9910	35899	16739	19286
德式	300		829	7012	2179	3218
韩式	33747	786	44411	332669	133913	119627
日式	21884	17052	34219	262578	142060	94374
泰式	5289	3105	9360	38968	16556	22141
其他	51890	37319	114543	1162122	515128	532697
九、按营业收入分						
50000万元及以上			107245	1970393	780876	831670
15000-49999万元	8730	42700	23509	1204632	481090	402266
10000-14999万元	107000	9450	78607	826570	441686	215460
3000-9999万元	177891	81896	77120	2976538	1536287	894944
1000-2999万元	290808	197922	79826	3406994	1684678	1168022
200-999万元	578457	82583	98309	4823446	2529509	1740221
100-199万元	350896	6726	24704	1117445	590431	399060
99万元及以下	614432	125364	35845	1116437	589270	417631
十、按营业面积分						
10000平方米及以上	110183		207705	3528952	1526546	1324236
5000-9999平方米	102403	60074	7630	1774028	902466	561543
1000-4999平方米	718514	271226	146101	6350835	3183825	2253400
500-999平方米	356150	51367	51132	2858008	1464741	1012429
499平方米及以下	840964	163974	112597	2930632	1556249	917666
十一、按地区分						
东城区	128502	38128	203286	3870554	1659352	1537242
西城区	161266	150640	25445	1705381	829712	574346
崇文区	34491	5384	1656	607026	255014	244284
宣武区	68287	3244		1049255	478404	369977
朝阳区	609987	200952	233747	4346971	2221524	1417786
丰台区	134774	49684	10579	946104	530219	295545
石景山区	41801		5501	255965	135946	91143
海淀区	596014	96873	22096	3444292	1830828	1160824
门头沟区	6374		310	62381	31667	15415
房山区	26471			161659	95755	43420
通州区	36211			160250	92390	48448
顺义区	33555		10940	136952	73682	50212
昌平区	101832		4051	270075	155585	96588
大兴区	32261	900		128487	74783	41193
怀柔区	39530	836		109528	61306	36792
平谷区	14481			18481	13203	2456
密云县	50107			51172	32186	10135
延庆县	7610			69937	38961	23558
北京经济技术开发区	4660		7554	47985	23310	9910

计量单位：千元

主营业务税金及附加	主营业务利润	其他业务收入	其他业务利润	管理费用	#税金	差旅费	工会经费	排污费
730467	1334338	104731	73149	1814773	39754	33021	11182	5419
49996	156968	12185	9939	118206	4716	606	2307	479
103703	139201	11199	10696	255424	7478	3573	795	716
6703	3886	2	2	12817	194	317	2	29
169407	225532	2398	1241	379981	5138	12298	1131	1152
735	315	180	180	1072	3	29	2	11
320	1520			882	1	20		
37924	68030	1069	756	100819	673	2076	439	200
53432	120342	6105	5629	129479	3158	1354	926	374
23588	26868	3389	2879	51238	990	661	94	371
9283	6002	100	83	10883	189	290		39
275376	585674	68104	41744	753972	17214	11797	5486	2048
187010	487539	14531	-201	409806	3047	9600	3260	287
1391	3017	484	464	8282	91	303	34	16
89476	353792	9539	-4127	175646	196	4651	2304	5
700	4843			5647	78		71	15
2175	-2301	2785	2785	10334	294	116	21	10
330	1285	89	85	1534	1	37	15	
18101	61028	152	150	66659	1799	851	174	140
13635	12509	798	370	34195	237	537	195	12
2067	-1796			6731	8	228	69	14
59135	55162	684	72	100778	343	2877	377	75
98520	259327	8757	-4640	108114	80	3568	2069	
59173	262103	5339	4429	154245	3100	3242	2230	389
36057	133367	3803	3266	94265	1627	2326	1499	40
157455	387852	35007	24362	343810	11469	6566	2444	618
183187	371107	8619	7591	452877	6934	12324	2021	1021
260606	293110	24447	18003	639312	10032	9426	1683	2109
60952	67002	9487	10301	182985	4103	2168	317	627
61527	48009	23803	9636	248971	5456	3001	2179	902
170461	507709	29123	13842	313156	9387	7200	4488	636
93766	216253	7099	7364	199977	4101	4758	2108	161
338287	575323	42401	17219	852409	13394	18074	4350	2032
157472	223366	9528	10616	379965	6766	5370	2637	1381
157491	299226	31111	23907	479072	9153	7219	859	1496
197136	476824	32368	9048	382893	2852	8132	3833	587
89529	211794	16161	14678	279023	8976	3413	1452	814
31637	76091	1029	554	59659	1360	1708	798	110
53168	147706	7985	6511	138462	4012	792	1979	755
227665	479996	24500	8919	639689	10899	13425	2355	1124
51410	68930	1199	2570	119083	1731	1958	1940	386
13806	15070	771	484	26477	407	362	36	44
191892	260748	23778	20179	422330	6629	10143	1540	1405
3398	11901	337	306	13222	79	423	18	2
8064	14420	2029	1436	22355	1212	221	92	26
8079	11333	10	72	13234	424	107	26	60
6850	6208	368	255	14006	522	455	99	93
14229	3673	442	419	21849	685	524	15	92
6718	5793	308	11	20199	1114	348	28	20
5280	6150	5495	5059	11358	677	176	31	162
726	2096		335	1083	18	30	1	3
2180	6671	29	8	9012	217	221	9	6
3194	4224	2453	2104	11080	937	36	145	10
2516	12249			19565	50	147	45	7

4-9 续表 6

	财务费用	利息支出（净额）	营业利润	投资收益	补贴收入	利润总额	应交所得税
总　　计	**82154**	**57092**	**-411908**	**33522**	**6918**	**-296811**	**162685**
一、按登记注册类型分							
内资	59638	39807	-550959	37038	7644	-429727	85699
国有企业	255	-99	-1444	533	325	1301	4513
集体企业	2919	2199	-9950	797	98	-4155	3033
股份合作企业	1789	1164	-39735	162	86	-31060	4879
国有联营企业	1394	1251	508			2796	889
集体联营企业	-1	-1	-136			-86	
国有与集体联营企业	-10	-10	224	1		225	37
其他联营企业			77			27	28
国有独资公司	1257	1223	-7670	16028		10804	
其他有限责任公司	14308	9098	-140126	16506	928	-88748	24814
股份有限公司	7091	5156	40424	134	899	45724	19825
私营独资企业	1478	302	-18723	241	-1416	-13410	2088
私营合伙企业	77	9	-5668	-2	-40	-3452	565
私营有限责任公司	25903	16948	-331873	2498	6599	-320854	21745
私营股份有限公司	3178	2567	-36869	140	165	-28975	3062
其他			2			136	221
港澳台商投资	6175	3182	-14223	-831	61	-16567	7985
与港澳台商合资经营	4446	2915	-6703	-831		-9381	3509
与港澳台商合作经营	979	31	-856			-927	258
港澳台商独资	750	236	-6357		61	-5952	4218
港澳台商投资股份有限公司			-307			-307	
外商投资	16341	14103	153274	-2685	-787	149483	69001
中外合资经营	13934	12624	137516	-2685		130714	53227
中外合作经营	1506	1124	31104			31132	13226
外资企业	903	357	-12866		-787	-9902	2548
外商投资有限公司	-2	-2	-2480			-2461	
二、按隶属关系分							
中央	-1135	-1714	18688	52	89	18222	2967
地方	26221	23067	-13404	15493	1253	25097	31469
其他	57068	35739	-417192	17977	5576	-340130	128249
三、按行业小类分							
正餐	68087	44280	-522483	19928	5695	-400883	100585
快餐	14542	14009	145081	4744	800	122580	55827
饮料及冷饮服务	216	-52	-24000	-127		-22455	816
其他餐饮服务	-691	-1145	-10506	8977	423	3947	5457
四、按控股情况分							
国有绝对控股	5771	4099	4784	15950	325	39901	14263
国有相对控股	7893	5585	219899	1770	869	224429	71577
其他	68490	47408	-636591	15802	5724	-561141	76845
五、按企业规模分							
大型企业	18511	17292	234188	-1325	869	227195	75352
中型企业	1889	-842	21189	5485	543	27986	8796
小型企业	61754	40642	-667285	29362	5506	-551992	78537
六、按限额标准分							
限额以上	73200	50708	-105946	9132	6406	-47094	150759
限额以下	8954	6384	-305962	24390	512	-249717	11926
七、按经营方式分							
独立店	52399	31991	-567429	31520	5774	-469068	73312
连锁总店	23534	20896	213145	-676	970	211294	83459
连锁分店	4493	3733	-29619	-851	85	-24753	1964
其他	1728	472	-28005	3529	89	-14284	3950

计量单位：千元

可供分配利润	#外方应分利润	#外方汇出利润	劳动、失业保险费	养老保险和医疗保险	住房公积金和住房补贴	本年应付工资总额（贷方累计发生额）	本年应付福利费总额（贷方累计发生额）	本年应交增值税（不含期初未抵扣税）	本年实缴关税
611092	**284484**	**7533**	**20359**	**151839**	**43596**	**2558336**	**229758**	**33481**	**6445**
169858	-6265	-5029	16499	88750	25676	1973563	156854	14443	2233
37274	-361	-361	3561	9489	2723	94279	9068	3411	
4339	-90	-21	455	3134	541	84835	6181	111	35
851	-336	-92	631	4178	492	287040	9671	414	62
1819			95	995	470	6655	878	9	
20			6			700			
229			4	79	1	1039	196	280	
23			2	35		715	10		
8221	-34	-34	68	736	242	5728	795		
32447	-2670	-1480	5934	32317	14401	425387	42597	1408	90
68247	-3	-3	946	16143	3985	114436	14534	6101	
1380	91	-5	34	541	167	69463	3326	87	960
917	34		214	335	161	18025	843	55	
14548	-2908	-3033	4301	19869	2438	792897	63980	2558	1086
-723			222	865	31	70140	4560	9	
266	12		26	34	24	2224	215		
10210	4782		902	10409	3349	137952	7666	2560	
2254	-996		686	7420	3089	91153	6111	2077	
462	462		65	1428	252	20564	569	6	
7494	5316		151	1561	8	26169	986	477	
						66			
431024	285967	12562	2958	52680	14571	446821	65238	16478	4212
359369	221107	12362	2030	38941	11521	311234	50922	14228	4202
63761	62598	200	708	8856	2568	75577	11807	1609	
7894	2262		186	4415	403	58060	2389	607	10
			34	468	79	1950	120	34	
17096	3912	1316	1208	12728	5202	80970	7124	9726	134
198475	45175	4005	9289	55557	21086	451997	41981	12240	824
395521	235397	2212	9862	83554	17308	2025369	180653	11515	5487
225079	66546	2562	16852	98214	23001	2022563	160511	17041	2183
358342	216074	4924	2364	36235	16177	386605	50511	2338	2708
-1066	-1142	-1148	285	5426	1749	41634	9608	3958	1519
28737	3006	1195	858	11964	2669	107534	9128	10144	35
57372	2330	1010	8321	33900	17318	233298	22769	13278	
320706	171590	4513	2074	40375	10927	265438	49580	7854	134
233014	110564	2010	9964	77564	15351	2059600	157409	12349	6311
464848	275819	5000	2317	40352	12121	330327	56483	6061	2518
55143	3127	1316	1602	21056	7277	169418	25055	14986	1490
91101	5538	1217	16440	90431	24198	2058591	148220	12434	2437
595548	288218	10572	18709	141185	41842	1899984	201252	31595	5016
15544	-3734	-3039	1650	10654	1754	658352	28506	1886	1429
123893	4920	931	12471	84013	17452	1856614	140495	26140	3867
481167	277989	5000	4000	57134	21477	516281	77772	6948	2578
2781	9	-3	161	1027	230	75474	3371	3	
3251	1566	1605	3727	9665	4437	109967	8120	390	

4-9 续表 7

	财务费用	利息支出（净额）	营业利润	投资收益	补贴收入	利润总额	应交所得税
八、按经营风味分							
中式风味	63760	41493	-471046	27463	7635	-364537	98660
鲁菜	11057	8842	37644	13219	939	69112	23749
川菜	4403	3134	-109930	651	4240	-95638	6613
苏菜	285	132	-9214			-7042	321
粤菜	32722	21653	-185930	677	161	-172518	12696
闽菜	48	48	-625			-625	23
徽菜	1		637			71	60
湘菜	2946	1760	-34979	12	-1467	-28684	4073
京菜	818	488	-4326	1852	512	4334	11067
浙菜	1444	-59	-22935	3621		-15943	1634
鄂菜	183	143	-4981	45	1	-3880	269
其他	9853	5352	-136407	7386	3249	-113724	38155
西式风味	18394	15599	59138	6059	-717	67726	64025
法式	98	58	-4899		47	-4847	16
美式	2788	2205	171231	1		170288	54534
俄式	8	-7	-812			-841	322
意式	812	123	-10662			-10710	229
德式	14		-178			-137	46
韩式	1315	892	-6796		-771	-2290	6899
日式	599	289	-21915	20		-20239	1165
泰式	207	170	-8734			-8763	86
其他	12553	11869	-58097	6038	7	-54735	728
九、按营业收入分							
50000万元及以上	12228	12183	134345	-1313		127299	41112
15000-49999万元	9817	8634	102470	-912	869	101670	35145
10000-14999万元	-154	-1353	42522	1145		46320	11365
3000-9999万元	22808	13546	45596	6330	746	55734	28985
1000-2999万元	18662	11907	-92841	712	294	-88201	16001
200-999万元	9839	5791	-338038	3170	4497	-289916	18151
100-199万元	3685	2355	-109367	648	423	-100873	6636
99万元及以下	5269	4029	-196595	23742	89	-148844	5290
十、按营业面积分							
10000平方米及以上	23528	21063	184867	-1362	869	178413	73562
5000-9999平方米	6845	3795	16795	1970	302	26189	21614
1000-4999平方米	35127	21891	-294994	6009	1687	-256470	36445
500-999平方米	6790	3356	-152773	-66	4038	-123529	14232
499平方米及以下	9864	6987	-165803	26971	22	-121414	16832
十一、按地区分							
东城区	22635	17247	80344	-1948	112	87695	63050
西城区	3392	-128	-55943	6909	4005	-42280	18576
崇文区	610	343	16376	379	-3	19770	10150
宣武区	10749	8678	5006	12941	960	25460	20094
朝阳区	24946	20499	-175720	6679	-399	-173249	26597
丰台区	1947	1027	-49530	10	1801	-40778	3585
石景山区	173	-6	-11096		100	-9743	368
海淀区	11494	4003	-152897	7262	-348	-105883	12826
门头沟区		-14	-1015		41	-754	194
房山区	1054	962	-7553	186	1	-6046	918
通州区	825	754	-2654	242		-1217	2084
顺义区	683	560	-8226	5	122	-6785	580
昌平区	816	692	-18573	832		-15962	2084
大兴区	224	162	-14619	-6	62	-12900	420
怀柔区	270	181	-419	31	21	-796	820
平谷区	115	103	1233			-17	64
密云县	1705	1538	-4038		244	-1631	38
延庆县	522	500	-5274		199	-4384	187
北京经济技术开发区	-6	-9	-7310			-7311	50

计量单位：千元

可供分配利润	#外方应分利润	#外方汇出利润	劳动、失业保险费	养老保险和医疗保险	住房公积金和住房补贴	本年应付工资总额（贷方累计发生额）	本年应付福利费总额（贷方累计发生额）	本年应交增值税（不含期初未抵扣税）	本年实缴关税
191878	3183	-3618	17899	110805	31318	2116968	161768	26469	3912
78135	-25	-25	4325	24725	6344	151124	18521	6193	72
-3859	-100	-99	2393	9536	2263	296615	20144	651	853
-2197			60	371	49	17965	1124	3	
13194	3534	-2471	1674	13753	1988	372463	29673	2177	
65			2	60	4	2163	72		
-69				17		969	41		
4498	-217	-217	196	1723	27	78882	6648	391	120
21828	-299	-569	705	10757	2570	161747	12056	634	284
-2619	-3197	42	1133	2655	1253	58667	5200	292	412
-2693			10	35	39	20208	689		
85595	3487	-279	7401	47173	16781	956165	67600	16128	2171
419214	281301	11151	2460	41034	12278	441368	67990	7012	2533
			19	438	132	4379	404		
299737	228295		1279	20855	7195	191176	50884	4739	1634
-2005		200	62	1026	326	5533	424	1575	
-1036	-652		178	446	112	7402	650	41	
			5	86	7	1027	139	21	
12775	6707	5954	141	2298	399	46667	3387	23	
5990	253	92	120	2381	293	35948	1700	408	35
67			4	152		6960	556		
103686	46698	4905	652	13352	3814	142276	9846	205	864
332880	214006	5000	926	20306	6518	197380	35080		778
132837	61813		1391	20046	5603	142948	21403	6061	1740
33045	5297	1316	1500	20435	6973	107877	15882	13102	1490
80065	14110	4313	3960	31669	13117	351507	37181	6865	134
18979	-1265	929	5322	23181	4654	402650	39517	3467	60
-2258	-5743	-986	5610	25548	4977	697622	52189	2100	814
1818	-1303	-1386	990	5108	981	212669	12974	726	906
13726	-2431	-1653	660	5546	773	445683	15532	1160	523
457132	278946	6316	3303	48301	20656	406803	67195	15937	778
41736	2170		1623	25371	6264	219880	25877	4170	3230
62327	10463	2146	9811	47226	10749	851802	76340	9554	519
8679	-2694	14	3215	15168	3374	412936	29607	1722	1385
41218	-4401	-943	2407	15773	2553	666915	30739	2098	533
413595	276567	5292	5486	40388	11682	463148	64400	4063	778
30783	2141		2908	18174	4579	247798	25035	3213	
18942	2170		550	8640	1452	84204	6161	319	1740
50753			1393	21146	4826	161200	19927	6136	
54687	5815	3947	6765	39834	11847	594491	51769	17236	2362
11429	-305	-298	278	3657	488	147207	11656	794	
-295			24	676	46	42352	2908	70	
24551	-879	-113	2329	13449	8237	469858	33976	791	840
347			25	345		8762	436		35
-3520	180		105	692	80	27741	1707	52	364
6538			111	176	21	25370	2268	291	24
-845	-1161	-1161	12	404	59	22948	1520		
12			84	1141	39	172321	3379	102	29
566	-3	-3	48	430	15	22264	1481	94	72
1757	-11	-31	86	267		31671	744	100	111
301	-100	-100	4	94		4932	77	57	
1059	70		5	164	10	10089	404	23	30
432			126	1599	125	14550	830	139	
			20	563	90	7430	1080	1	60

4-10 限额以上餐饮业

	单位数（个）	亏损企业	年初存货	流动资产合计	#现金	短期投资
总计	**1415**	**673**	**466376**	**4352131**	**130906**	**14948**
一、按登记注册类型分						
内资	1305	613	346431	3333742	118617	11748
国有企业	58	23	14335	183151	3616	
集体企业	71	22	27715	179207	2896	3074
股份合作企业	127	53	17814	125633	12165	224
国有联营企业	3		613	9847	63	
集体联营企业						
国有与集体联营企业	1		2053	938		
其他联营企业						
国有独资公司	3	2	342	2207	16	
其他有限责任公司	231	120	89793	971449	21670	1344
股份有限公司	32	12	28812	264359	3268	391
私营独资企业	46	18	8783	32990	3721	1137
私营合伙企业	20	10	1716	9644	2637	1
私营有限责任公司	646	320	145386	1473394	61220	4568
私营股份有限公司	67	33	9069	80923	7345	1009
其他						
港澳台商投资	47	24	43678	406097	2783	3200
与港澳台商合资经营	29	15	32442	318093	1763	3200
与港澳台商合作经营	7	3	4612	29609	329	
港澳台商独资	11	6	6624	58395	691	
港澳台商投资股份有限公司						
外商投资	63	36	76267	612292	9506	
中外合资经营	41	25	56575	461070	5300	
中外合作经营	7	2	10045	73239	846	
外资企业	14	8	7578	74034	3351	
外商投资有限公司	1	1	2069	3949	9	
二、按隶属关系分						
中央	22	10	7939	280386	1750	
地方	163	69	121153	838152	12020	3571
其他	1230	594	337284	3233593	117136	11377

法人单位主要财务状况

计量单位：千元

			长期投资			固定资产			
应收帐款(净额)	存货	一年内到期的长期债权投资	合计	#长期股权投资	长期债权投资	合计	#固定资产原价	累计折旧	本年折旧
390565	**561309**	**5053**	**504817**	**455363**	**38832**	**3712277**	**4783190**	**1612909**	**319122**
288736	430135	5053	239350	189896	38832	2875934	3235530	834073	200930
22754	15028		11027	10907	120	144532	195515	64675	6889
13201	30429	120	29969	12390	17379	132507	196751	73292	14209
9623	29789	1726	9625	4000	5365	98916	127326	37564	10930
80	741					13663	20406	6763	817
120									
2	356					9782	16817	7035	501
57622	83680	151	52884	43981	5697	1037623	1049068	250962	53452
49796	44842		38948	38448		474532	560674	127652	28384
4499	9794	320	875	779		37457	50588	14209	3968
281	2316					3062	4328	1270	449
122113	202838	2686	94098	79391	9754	858080	941159	240430	77482
8645	10322	50	1924		517	65780	72898	10221	3849
38816	42313		143063	143063		172552	297517	150307	18364
24428	27908		143063	143063		146639	254157	122871	14518
7673	4651					8311	23473	17708	1716
6715	9754					17602	19887	9728	2130
63013	88861		122404	122404		663791	1250143	628529	99828
43593	65133		122404	122404		563077	1093971	568129	87787
11642	14071					46832	75232	32320	7222
6322	7394					28651	46853	19223	3532
1456	2263					25231	34087	8857	1287
49340	9902		86313	86313		147451	294166	147240	16667
58256	117472	247	167662	147636	17499	1556091	1914333	584188	94350
282969	433935	4806	250842	221414	21333	2008735	2574691	881481	208105

4-10 续表 1

	单位数（个）	亏损企业	年初存货	流动资产合计	#现金	短期投资
三、按行业小类分						
正餐	1263	610	382252	3593048	119738	12386
快餐	93	36	64153	496655	8129	1752
饮料及冷饮服务	14	7	8593	60619	760	
其他餐饮服务	45	20	11378	201809	2279	810
四、按控股情况分						
国有绝对控股	93	34	46855	690481	4782	
国有相对控股	24	7	55544	309409	2221	400
其他	1298	632	363977	3352241	123903	14548
五、按经营方式分						
独立店	1241	607	323878	3364333	113146	13637
连锁总店	54	20	96076	633827	5565	100
连锁分店	66	23	16292	148517	9267	1211
其他	54	23	30130	205454	2928	
六、按地区分						
东城区	120	57	90848	701809	11245	362
西城区	154	88	41398	618196	6443	3124
崇文区	33	16	11722	113421	2015	
宣武区	68	35	29910	212215	6260	1043
朝阳区	386	171	128420	1316631	26557	2380
丰台区	109	51	34939	217248	12594	3
石景山区	33	18	10057	47669	1832	
海淀区	343	154	86627	890352	43206	6307
门头沟区	11	3	1845	13076	711	
房山区	22	9	5564	25767	2488	241
通州区	22	11	3426	37881	1941	
顺义区	17	8	2572	30058	1948	223
昌平区	37	15	9597	64094	8088	
大兴区	20	14	1196	17907	1866	
怀柔区	15	6	2615	15481	2048	242
平谷区	1	1	6	589	6	
密云县	9	6	1214	8124	814	
延庆县	11	7	3092	16773	710	1023
北京经济技术开发区	4	3	1328	4840	134	

计量单位：千元

应收帐款（净额）	存货	一年内到期的长期债权投资	长期投资合计	#长期股权投资	长期债权投资	固定资产合计	#固定资产原价	累计折旧	本年折旧
317169	462122	5053	348676	304657	34582	2609260	3265955	986352	210598
27162	73193		145572	141322	4250	609563	971297	451453	80649
3651	11146		230	230		49576	96652	49292	7787
42583	14848		10339	9154		443878	449286	125812	20088
77130	35698		117572	116110	120	533384	739916	243471	32580
29338	55157		6815	5630		842039	1056426	344802	63062
284097	470454	5053	380430	333623	38712	2336854	2986848	1024636	223480
337139	410531	4858	299687	260904	33968	2169254	2683870	927983	182894
40533	116891		133024	129248	250	1144599	1630538	594022	116700
7761	17301	195	63899	63285	614	164194	194005	36558	10169
5132	16586		8207	1926	4000	234230	274777	54346	9359
39116	88146		213795	212348	105	652466	1053443	439742	79783
52465	48969		68933	64497	4436	344565	479608	164349	34136
7708	14657		2734	2734		121564	146876	47520	11274
29102	34662		2323	1138		734470	778472	172353	33294
120433	146996	1104	126161	107669	17742	890357	1162397	428317	71580
20197	35458	120	3522	2180	800	239668	241342	83471	17947
3051	9043		5410	5160	250	24777	44885	21954	4494
94472	137861	1813	72161	55794	9920	388055	492626	160361	44453
286	5209					5423	7506	2083	473
3943	7191	231	939	300	379	41766	56824	17920	4010
2845	6780		1607	993	614	21120	29147	8227	1459
2763	3561	320	750	750		37190	35979	6176	2247
4694	9522		4163	1000	3163	104352	119211	22336	5421
5463	2444	1465	96			16952	15653	2764	1268
411	3167					14668	12654	3102	1240
	37					4	4		
1369	2332		1423		1423	7966	9571	1628	783
2099	3500		800	800		60834	80628	20322	3475
148	1774					6080	16364	10284	1785

4-10 续表 2

	在建工程	无形资产	资产总计	流动负债			长期负债
				合计	#短期借款	应付账款	合计
总计	**486299**	**311262**	**10908197**	**6801321**	**951773**	**1404811**	**1186273**
一、按登记注册类型分							
内资	454910	246453	7927981	4962159	581488	1123253	910985
国有企业	13122	7463	380814	202952	18558	53357	16229
集体企业	7348	2192	352828	252429	51567	29484	3296
股份合作企业	8111	14739	300976	218416	30121	48267	19154
国有联营企业		19	29118	8249		699	4307
集体联营企业							
国有与集体联营企业			1856	502		10	
其他联营企业							
国有独资公司			16323	8909		838	
其他有限责任公司	228541	83382	2502062	1335000	165314	263124	380209
股份有限公司	41310	55962	873709	446034	43400	102214	65582
私营独资企业	784	9440	126454	106825	10535	45471	1712
私营合伙企业		190	14199	12006	935	3133	1563
私营有限责任公司	153288	69724	3154790	2216628	249284	549273	372947
私营股份有限公司	2406	3342	174852	154209	11774	27383	45986
其他							
港澳台商投资	6287	28483	926106	751962	88096	116203	259614
与港澳台商合资经营	5189	28464	776098	550364	74872	91264	251194
与港澳台商合作经营		15	40155	115180		11892	165
港澳台商独资	1098	4	109853	86418	13224	13047	8255
港澳台商投资股份有限公司							
外商投资	25102	36326	2054110	1087200	282189	165355	15674
中外合资经营	20866	28763	1659407	815542	251175	101485	12244
中外合作经营	3900	61	228070	141899	27490	31190	
外资企业	336	7502	137453	95452	3524	31314	3430
外商投资有限公司			29180	34307		1366	
二、按隶属关系分							
中央	525	7978	544612	157460		30099	214715
地方	208450	75133	3064459	1608474	336670	260172	380012
其他	277324	228151	7299126	5035387	615103	1114540	591546

计量单位：千元

			所有者权益						
#长期借款	应付债券	负债合计	合计	#实收资本	国家资本	集体资本	法人资本	#国家法人	集体法人
583592	**1434**	**7987594**	**2920603**	**3633603**	**93091**	**105060**	**1393399**	**595279**	**454864**
510162	1434	5873144	2054837	2272297	73501	99272	960519	406519	351545
15960		219181	161633	92224	61926	2297	27076	25581	1425
448		255725	97103	114583	800	60011	50484		49984
18754	400	237570	63406	82854	44	1944	17056	406	7904
4307		12556	16562	13113			13113	13113	
		502	1354	1000	1000				
		8909	7414	17916	500		17116	17116	
65610		1715209	786853	782617	8107	21143	446765	311837	84606
54604		511616	362093	304354		11381	150780	37940	111050
1712		108537	17917	28097			300		300
1543		13569	630	4434			1180		680
302696	1034	2589575	565215	793102	1124	1996	230963	426	93066
44528		200195	-25343	38003		500	5686	100	2530
59365		1011576	-85470	485693	18159	3871	72197	28299	9752
54405		801558	-25460	320681	18159	3871	70796	28299	8351
165		115345	-75190	109313			1401		1401
4795		94673	15180	55699					
14065		1102874	951236	875613	1431	1917	360683	160461	93567
10635		827786	831621	701643	1431	1917	358839	159657	92527
		141899	86171	73821			1395	355	1040
3430		98882	38571	100149			449	449	
		34307	-5127						
17926		372175	172437	318030	26215	100	168198	167028	
97520		1988486	1075973	785142	56620	50786	462861	249283	201796
468146	1434	5626933	1672193	2530431	10256	54174	762340	178968	253068

4-10 续表 3

	在建工程	无形资产	资产总计	流动负债 合计	#短期借款	应付账款	长期负债 合计
三、按行业小类分							
正餐	300214	260970	8275319	5460517	561935	1233866	1020753
快餐	63680	33170	1787311	1091358	326416	124849	25438
饮料及冷饮服务	2194	2037	121228	48561	1237	14112	7341
其他餐饮服务	120211	15085	724339	200885	62185	31984	132741
四、按控股情况分							
国有绝对控股	36333	50175	1554924	592927	28668	145151	405753
国有相对控股	129693	15794	1395919	526101	83000	98701	187383
其他	320273	245293	7957354	5682293	840105	1160959	593137
五、按经营方式分							
独立店	377458	257509	7294115	4748149	450330	1065905	934866
连锁总店	93263	39806	2645928	1529001	413152	234707	122659
连锁分店	6036	3113	463589	301712	78602	71668	11247
其他	9542	10834	504565	222459	9689	32531	117501
六、按地区分							
东城区	25163	34436	2388657	1210129	260691	220091	478634
西城区	15954	18561	1201302	773809	44319	144858	68496
崇文区	21566	12553	276518	182928	19590	32918	8618
宣武区	128350	12348	1013617	467467	78375	78317	223245
朝阳区	137560	53797	2884988	1983227	307781	401478	225503
丰台区	79106	54763	653457	515901	66505	83525	60390
石景山区	893	17000	108995	92339	5480	19599	1200
海淀区	51029	82977	1736823	1152496	106511	334981	80374
门头沟区		1661	25495	22741		4188	716
房山区	2711	3356	79872	56322	13417	16415	2363
通州区	58	1592	78231	50636	1306	15821	475
顺义区	7381		73268	63396	12732	7873	74
昌平区	7071	7733	188425	82749	10653	21892	17846
大兴区	4063	1988	38582	24740	5042	3558	
怀柔区	4846	2898	37291	22287	1297	7222	1000
平谷区			593				
密云县	23	1287	19000	18190	2650	6232	
延庆县	525	3040	90869	64441	15424	4585	16342
北京经济技术开发区		1272	12214	17523		1258	997

计量单位：千元

#长期借款	应付债券	负债合计	所有者权益合计	#实收资本	国家资本	集体资本	法人资本	#国家法人	集体法人
551704	1034	6481270	1794049	2752809	92291	102023	1018500	435073	346451
5038	400	1116796	670515	457744	650	2587	128566	30718	85743
1076		55902	65326	100318		150	92571		500
25774		333626	390713	322732	150	300	153762	129488	22170
43688		998680	556244	624918	83576	2297	421687	418542	1975
72492		713484	682435	354191	2040	724	220611	138842	79919
467412	1434	6275430	1681924	2654494	7475	102039	751101	37895	372970
467174	552	5683015	1611100	2706937	53740	93961	1007684	403052	300933
71451	882	1651660	994268	645145	16664	947	275343	116719	141590
10896		312959	150630	102414		2040	22964		4271
34071		339960	164605	179107	22687	8112	87408	75508	8070
66387		1688763	699894	594355	13389	1250	311869	200167	81313
63097		842305	358997	542553	27228	18258	228860	122353	91002
8211		191546	84972	81853	1000	1680	60493	54074	2620
101493		690712	322905	196898	924	3406	148235	43366	80380
189637	882	2208730	676258	1165832	29696	38138	366280	136627	45652
53069		576291	77166	212768	1649	14853	51015	17109	21937
		93539	15456	26915		2271	3261	1000	330
64997	552	1232870	503953	586481	10284	16867	185051	18883	116240
716		23457	2038	3970	40		804	100	
500		58685	21187	17208	514	902	2235		
300		51111	27120	24082	818	4266	2346	1200	50
		63470	9798	28455	998	47	600		300
17846		100595	87830	88885	3968	1025	24910	100	14010
		24740	13842	19758			4830		30
		23287	14004	11660		600	510		
			593	500					
		18190	810	16400			1500		1000
16342		80783	10086	5529	2583	750	600	300	
997		18520	-6306	9501		747			

4-10 续表 4

				主营业务收入	主营业务成本	营业费用
	个人资本	港澳台资本	外商资本			
总　计	**1162886**	**414551**	**464616**	**15208573**	**7454126**	**5252583**
一、按登记注册类型分						
内资	1138005		1000	10488663	5433420	3521883
国有企业	925			378005	183999	130886
集体企业	3288			379770	222018	109827
股份合作企业	63810			672151	368591	224781
国有联营企业				37580	16167	12329
集体联营企业						
国有与集体联营企业				10416	6963	1514
其他联营企业						
国有独资公司	300			23191	11328	8643
其他有限责任公司	306602			2447304	1168142	917080
股份有限公司	142193			828810	411477	227690
私营独资企业	27797			301512	169642	87637
私营合伙企业	3254			84140	49999	21239
私营有限责任公司	558019		1000	4942085	2613111	1654285
私营股份有限公司	31817			383699	211983	125972
其他						
港澳台商投资	12077	378889	500	1020557	457887	341303
与港澳台商合资经营	12077	215278	500	731498	328954	243802
与港澳台商合作经营		107912		81898	30107	17934
港澳台商独资		55699		207161	98826	79567
港澳台商投资股份有限公司						
外商投资	12804	35662	463116	3699353	1562819	1389397
中外合资经营	12804	7387	319265	2818790	1206824	1054958
中外合作经营		12283	60143	533190	185165	222582
外资企业		15992	83708	343593	168504	108751
外商投资有限公司				3780	2326	3106
二、按隶属关系分						
中央	200	15660	107657	431620	201354	126684
地方	65858	44336	104681	2682669	1242407	1028162
其他	1096828	354555	252278	12094284	6010365	4097737

计量单位：千元

主营业务税金及附加	主营业务利润	其他业务收入	其他业务利润	管理费用	#税金	差旅费	工会经费	排污费
794998	**1706866**	**85972**	**53011**	**1792623**	**33242**	**37452**	**11946**	**4177**
567077	966283	71320	53262	1253810	26320	23815	7272	3798
19192	43928	19554	11071	52100	745	168	763	171
19393	28532	961	2511	38006	660	526	99	158
36100	42679	3635	1249	60385	1794	535	370	327
2056	7028	2859	2702	6967	100	22	82	27
310	1629	5	5	1588	1			
1242	1978			3512	60	4	7	10
133788	228294	27277	23047	320371	7439	6059	2782	651
42226	147417	10670	10320	104121	2173	1340	1815	700
18475	25758	1	1	41257	977	617	5	153
4644	8258			9275	23	257		47
269104	405585	6091	2292	570463	11325	13764	1223	1399
20547	25197	267	64	45765	1023	523	126	155
50616	170751	883	305	170190	2932	3503	961	301
36162	122580	587	9	122185	2083	2654	815	232
4077	29780			28596	586	287	146	29
10377	18391	296	296	19409	263	562		40
177305	569832	13769	-556	368623	3990	10134	3713	78
134499	422509	10298	-3468	255326	3437	6518	3184	65
25997	99446			66043	25	1971	368	13
16662	49676	1263	814	44740	289	1624	154	
147	-1799	2208	2098	2514	239	21	7	
15330	88252	783	508	70263	1356	1054	902	58
135616	276484	47460	35558	287234	7082	3160	3947	1008
644052	1342130	37729	16945	1435126	24804	33238	7097	3111

4-10 续表 5

				主营业务收入	主营业务成本	营业费用
	个人资本	港澳台资本	外商资本			
三、按行业小类分						
正餐	993984	363074	182937	11527208	5828674	3900620
快餐	118136	35950	171855	3027591	1238144	1214312
饮料及冷饮服务	2700	3244	1653	177178	114858	25993
其他餐饮服务	48066	12283	108171	476596	272450	111658
四、按控股情况分						
国有绝对控股	21444	16965	78949	1100130	515119	352496
国有相对控股	13405	14814	102597	2050072	794902	712090
其他	1128037	382772	283070	12058371	6144105	4187997
五、按经营方式分						
独立店	967997	326149	257406	9700668	5029513	3208465
连锁总店	110188	36452	205551	4309928	1814066	1659601
连锁分店	37410	40000		653408	361260	182259
其他	47291	11950	1659	544569	249287	202258
六、按地区分						
东城区	57720	21407	188720	3665472	1557762	1446837
西城区	102299	147562	18346	1505509	730246	493426
崇文区	11640	5384	1656	544492	222989	221312
宣武区	41089	3244		945729	424037	332651
朝阳区	348791	179587	203340	3717005	1901876	1179397
丰台区	85588	49084	10579	788289	443852	244028
石景山区	16752		4631	210507	110914	74590
海淀区	347097	7383	19799	2935988	1566539	983864
门头沟区	3126			53385	26318	12225
房山区	13557			122823	69983	30981
通州区	16652			127913	73436	40025
顺义区	20870		5940	110887	56400	42230
昌平区	54931		4051	206776	117165	71325
大兴区	14028	900		97454	55769	29293
怀柔区	10550			59171	33576	22535
平谷区	500			2774	2236	400
密云县	14900			33182	20328	7043
延庆县	1596			45910	25616	15957
北京经济技术开发区	1200		7554	35307	15084	4464

计量单位：千元

主营业务税金及附加	主营业务利润	其他业务收入	其他业务利润	管理费用	#税金	差旅费	工会经费	排污费
615214	1182700	54287	39189	1431645	28344	27517	8131	3808
154505	420630	31339	13542	258555	2489	7597	3039	267
8254	28073	9	7	30508	103	746	13	22
17025	75463	337	273	71915	2306	1592	763	80
48967	183548	39149	29011	191173	4652	1984	2812	132
101882	441198	20726	5834	217270	3985	3739	4553	426
644149	1082120	26097	18166	1384180	24605	31729	4581	3319
514354	948336	48339	32894	1222465	18785	26158	5367	3114
216623	619638	31702	15528	397600	9713	8145	5401	809
34636	75253	2291	997	95641	1602	1788	488	173
29385	63639	3640	3592	76917	3142	1361	690	81
186081	474792	27447	3918	339311	2551	7529	3766	445
78475	203362	11654	10847	237504	8516	3005	1374	671
28260	71931	375	232	50771	1084	1617	780	90
47698	141343	5719	4864	120286	3766	662	1929	656
192919	442813	9917	5610	501745	8551	11708	2140	760
42214	58195	219	910	90276	836	1691	296	237
11291	13712	291	183	19509	352	326		36
163012	222573	21398	17484	318400	3726	9135	1261	972
2937	11905			11831	32	420	11	
5996	15863	1154	1210	16559	1035	163	92	10
6321	8131	10	72	8795	172	18	15	56
5492	6765	195	190	10605	336	388	97	81
11145	7141	353	361	14973	452	279	7	62
5134	7258	11	11	14722	863	327	21	20
2919	141	5013	5013	6426	146	45	10	65
150	-12			25				
1328	4483	8	8	6140	72	16		
1798	2539	2208	2098	8197	752	24	102	9
1828	13931			16548		99	45	7

4-10 续表 6

	财务费用	利息支出（净额）	营业利润	投资收益	补贴收入	利润总额	应交所得税
总　　计	**73200**	**50708**	**-105946**	**9132**	**6406**	**-47094**	**150759**
一、按登记注册类型分							
内资	51391	33436	-285656	11534	7139	-217655	73855
国有企业	294	-1	2605	521	325	4263	4246
集体企业	1597	1084	-8560	665		-3581	1643
股份合作企业	1490	995	-17947	-148	1	-12966	2112
国有联营企业	-5	-17	2768			2775	886
集体联营企业							
国有与集体联营企业	-10	-10	56			56	20
其他联营企业							
国有独资公司	15	-18	-1549			-1456	
其他有限责任公司	13290	8235	-82320	7754	909	-41732	23983
股份有限公司	7074	5151	46542	134	899	48605	19548
私营独资企业	1121	249	-16619		-1437	-11445	1060
私营合伙企业	41	12	-1058		44	-1007	343
私营有限责任公司	23361	15049	-185947	2469	6235	-186535	17379
私营股份有限公司	3123	2707	-23627	139	163	-14632	2635
其他							
港澳台商投资	6422	3429	-5556	-831	54	-7788	7964
与港澳台商合资经营	4691	3160	-4287	-831		-6872	3509
与港澳台商合作经营	981	33	203			128	258
港澳台商独资	750	236	-1472		54	-1044	4197
港澳台商投资股份有限公司							
外商投资	15387	13843	185266	-1571	-787	178349	68940
中外合资经营	13075	12442	150640	-1571		143858	53213
中外合作经营	1500	1128	31903			31934	13182
外资企业	814	275	4936		-787	4750	2545
外商投资有限公司	-2	-2	-2213			-2193	
二、按隶属关系分							
中央	-1062	-1633	19559	22		18586	2828
地方	24274	21323	534	-549	1135	19504	30406
其他	49988	31018	-126039	9659	5271	-85184	117525

计量单位：千元

可供分配利润	#外方应分利润	#外方汇出利润	劳动、失业保险费	养老保险和医疗保险	住房公积金和住房补贴	本年应付工资总额（贷方累计发生额）	本年应付福利费总额（贷方累计发生额）	本年应交增值税（不含期初未抵扣税）	本年实缴关税
595548	**288218**	**10572**	**18709**	**141185**	**41842**	**1899984**	**201252**	**31595**	**5016**
153058	-3150	-1990	14879	78640	23985	1335195	129457	12658	814
36108			3314	8057	2308	65973	7326	3305	
2021	-38	42	330	1709	346	44502	4342	31	
1704			448	2401	375	77756	5227	90	
1817			93	964	460	5950	835	9	
36			4	79	1	824	113	280	
			2	52		2907	315		
24474	-2058	-819	5664	31450	14107	365256	38221	1078	
68179			940	16100	3942	104676	14110	6067	
-979			18	454	164	35311	2220		
641	34		162	236	157	7516	502		
19086	-1088	-1213	3706	16423	2096	575968	52457	1798	814
-29			198	715	29	48556	3789		
10177	4749		897	10264	3318	132316	7405	2560	
2254	-996		686	7378	3079	89228	6106	2077	
462	462		62	1354	231	18618	335	6	
7461	5283		149	1532	8	24470	964	477	
432313	286619	12562	2933	52281	14539	432473	64390	16377	4202
360700	221759	12362	2013	38657	11496	306442	50652	14228	4202
63721	62598	200	708	8855	2568	74828	11807	1575	
7892	2262		178	4301	396	49463	1819	540	
			34	468	79	1740	112	34	
16742	3912	1316	1168	12143	5006	72211	6271	9693	134
188772	45677	4513	8815	52992	20325	394534	38458	12072	778
390034	238629	4743	8726	76050	16511	1433239	156523	9830	4104

4-10 续表 7

	财务费用	利息支出（净额）	营业利润	投资收益	补贴收入	利润总额	应交所得税
三、按行业小类分							
正餐	59213	37625	-268969	4041	5291	-190716	91156
快餐	14450	13996	161167	4731	799	139355	54298
饮料及冷饮服务	134	104	-2562			-2634	537
其他餐饮服务	-597	-1017	4418	360	316	6901	4768
四、按控股情况分							
国有绝对控股	3191	1711	18195	-94	325	31278	13912
国有相对控股	7751	5608	222011	1768	869	225886	71398
其他	62258	43389	-346152	7458	5212	-304258	65449
五、按经营方式分							
独立店	43783	25690	-285018	10789	5351	-237019	62046
连锁总店	23534	20896	214032	-806	970	212219	83384
连锁分店	4461	3724	-23852	-851	85	-20891	2104
其他	1422	398	-11108			-1403	3225
六、按地区分							
东城区	21802	17295	117597	-1963	50	124708	62077
西城区	4292	868	-27587	3249	4002	-18922	17673
崇文区	613	358	20779	293		22903	10032
宣武区	7696	5651	18225	488	960	23436	19707
朝阳区	23487	19220	-76809	-919	-588	-89264	21270
丰台区	1806	902	-32977	10	1754	-27887	2778
石景山区	156	10	-5770		100	-4467	270
海淀区	9933	3425	-88276	7024	-449	-52303	12346
门头沟区	1	-11	73		41	159	142
房山区	776	707	-262	180	1	-103	580
通州区	798	756	-1390	241		135	1773
顺义区	531	435	-4181	-7	19	-2991	467
昌平区	804	696	-8275	540		-5538	979
大兴区	46	-2	-7499	-7	62	-7369	294
怀柔区	50	29	-1322	3		-1804	281
平谷区			-37			-38	
密云县	258	223	-1907		244	-1663	8
延庆县	157	155	-3717		210	-3474	79
北京经济技术开发区	-6	-9	-2611			-2612	3

计量单位：千元

可供分配利润	#外方应分利润	#外方汇出利润	劳动、失业保险费	养老保险和医疗保险	住房公积金和住房补贴	本年应付工资总额（贷方累计发生额）	本年应付福利费总额（贷方累计发生额）	本年应交增值税（不含期初未抵扣税）	本年实缴关税
217471	68953	4256	15479	90161	21643	1460544	138001	15959	948
357764	216138	5000	2213	35076	16049	342680	47654	1918	2578
-254			226	4822	1628	19904	8348	3749	1490
20567	3127	1316	791	11126	2522	76856	7249	9969	
49211	3380	1408	7999	31575	16628	196746	19962	13152	
320544	171590	4513	2051	39970	10850	259922	49170	7853	134
225793	113248	4651	8659	69640	14364	1443316	132120	10590	4882
108752	8626	3931	11022	74698	15991	1242041	114576	24462	2438
481101	277989	5000	4000	57134	21477	515393	77655	6873	2578
2592			160	927	230	64613	2741		
3103	1603	1641	3527	8426	4144	77937	6280	260	
411898	276534	5292	5228	39486	11569	421791	61970	4044	778
29888	2141		2721	16521	4340	205752	22209	3071	
18842	2170		521	8004	1369	71078	5446	280	1740
46997			1293	20048	4639	139893	18654	6124	
45616	8554	6101	6001	36994	11194	444196	43693	16627	2156
10586			235	3055	386	105180	9234	717	
11			11	324		31191	2269	27	
24116	-200	340	2193	12294	8033	352472	27135	317	
300			18	315		6683	352		
926	180		60	503	26	15381	1295		282
5918			111	176	21	16619	1738	254	
-1066	-1161	-1161	12	380	53	16027	1233		
490			64	876		31774	2571		
222			36	104		14620	1165		
282			82	142		9352	508		
						220			
488			3	135		4802	282		
34			100	1268	122	8652	630	134	
			20	560	90	4301	868		60

4-11 限额以下餐饮业

	单位数(个)	亏损企业	年初存货	流动资产合计	#现金	短期投资
总计	**4359**	**2228**	**119341**	**1450283**	**138691**	**12092**
一、按登记注册类型分						
内资	4275	2158	110258	1364708	135847	10788
国有企业	165	75	7772	58753	3123	15
集体企业	470	139	8570	99729	11449	1034
股份合作企业	964	485	21891	125867	23976	763
国有联营企业	7	1	2030	5996	58	
集体联营企业	3	1	80	954	23	
国有与集体联营企业	4	2	21	1513	57	
其他联营企业	4	2	149	657	48	
国有独资公司	6	3	30	162970	72	
其他有限责任公司	344	210	14638	275289	14704	3441
股份有限公司	78	43	1275	20722	3754	
私营独资企业	416	153	3616	37722	10547	826
私营合伙企业	129	49	1271	12716	2120	13
私营有限责任公司	1475	884	45850	516350	58394	4460
私营股份有限公司	184	98	2868	43413	6809	236
其他	26	13	197	2057	713	
港澳台商投资	21	17	3751	34541	257	300
与港澳台商合资经营	9	7	2760	17571	92	
与港澳台商合作经营	3	2	311	6159	20	300
港澳台商独资	8	7	408	10532	143	
港澳台商投资股份有限公司	1	1	272	279	2	
外商投资	63	53	5332	51034	2587	1004
中外合资经营	21	19	3357	22437	1271	4
中外合作经营	4	3	670	4231	57	
外资企业	36	29	1299	23474	1230	1000
外商投资有限公司	2	2	6	892	29	
二、按隶属关系分						
中央	54	24	1265	23604	970	
地方	492	169	24989	323752	14052	530
其他	3813	2035	93087	1102927	123669	11562

法人单位财务状况

计量单位：千元

应收帐款（净额）	存货	一年内到期的长期债权投资	长期投资合计	#长期股权投资	长期债权投资	固定资产合计	#固定资产原价	累计折旧	本年折旧
118132	**177946**	**40811**	**281596**	**266220**	**7663**	**1257684**	**1180843**	**234033**	**50780**
106941	166785	40601	279618	264642	7263	980005	1067025	207765	47373
6297	6324	194	253		222	83105	102069	26363	3267
8629	9791	491	6431	1503	294	129449	158024	37577	4260
12847	21046	617	3545	2257	50	93739	97668	19785	5258
732	1664		400		400	2950	4001	2061	142
120	100					8458	10005	1547	164
404						312	415	110	5
342	146					157	189	32	1
	13	36447	135664	135664		8235	15617	7382	948
21067	36231	396	52189	51452	489	118312	120904	27200	6099
1366	2190	39	2243		2243	14092	13101	2963	926
2635	6799	733	3575	1709	455	68723	73348	9680	2532
1006	2686	160	210	210		12635	12673	2131	506
48185	72977	1323	74459	71547	2761	408170	426373	65521	21593
3063	6473	201	649	300	349	29404	30507	4915	1562
248	345					2264	2131	498	110
8123	5357		6		6	231547	76443	16675	774
3071	2723					16453	25416	8964	311
3702	79					211511	45659	5926	150
1331	2355		6		6	3534	4629	1095	312
19	200					49	739	690	1
3068	5804	210	1972	1578	394	46132	37375	9593	2633
1304	2270					31471	20854	5187	1503
325	495					3622	6008	2386	408
1339	2843	210	1972	1578	394	10960	10387	1973	699
100	196					79	126	47	23
1692	1209	1	1343	1343		11446	19633	8220	1002
11246	23395	36836	143908	135883	3348	182345	230607	67476	7553
105194	153342	3974	136345	128994	4315	1063893	930603	158337	42225

4-11 续表 1

	单位数（个）	亏损企业	年初存货	流动资产合计	#现金	短期投资
三、按行业小类分						
正餐	3292	1628	93052	1121645	110222	11007
快餐	411	220	13036	136791	11318	27
饮料及冷饮服务	319	216	7368	59074	8184	407
其他餐饮服务	337	164	5885	132773	8967	651
四、按控股情况分						
国有绝对控股	204	92	13800	247714	4138	15
国有相对控股	38	17	1432	9208	1121	100
其他	4117	2119	104109	1193361	133432	11977
五、按经营方式分						
独立店	4108	2104	108787	1135206	129785	11413
连锁总店	5	2	156	12621	446	
连锁分店	64	30	2033	16452	2233	275
其他	182	92	8365	286004	6227	404
六、按地区分						
东城区	337	191	14755	124130	9212	127
西城区	403	267	8435	237026	6702	1263
崇文区	136	81	2128	23865	6397	1392
宣武区	202	91	3280	116184	5076	
朝阳区	1090	587	35446	367635	35788	1824
丰台区	310	148	7656	95867	10442	740
石景山区	122	81	1714	30442	2084	114
海淀区	978	478	25213	274107	34503	4617
门头沟区	34	13	360	5064	486	80
房山区	90	41	2515	16801	2788	168
通州区	73	27	2732	17014	4129	127
顺义区	49	14	900	13105	1944	39
昌平区	116	68	3265	52533	3289	237
大兴区	73	37	4730	20888	4858	18
怀柔区	160	40	2194	18249	5662	742
平谷区	42	15	553	14184	605	472
密云县	57	12	1568	9466	2115	2
延庆县	74	24	1719	9766	2200	130
北京经济技术开发区	13	13	178	3957	411	

计量单位：千元

应收帐款（净额）	存货	一年内到期的长期债权投资	长期投资合计	#长期股权投资	长期债权投资	固定资产合计	#固定资产原价	累计折旧	本年折旧
99068	141321	40613	183638	169342	7109	833632	898703	190456	39804
9926	18819	64	3125	2923	199	72363	85712	20684	4963
3871	8327	107	1216	861	355	27797	33583	8034	2262
5267	9479	27	93617	93094		323892	162845	14859	3751
9165	11829	36664	136317	135664	622	111354	138078	39387	4972
3676	1079	54	214	59	50	10664	14236	4575	146
105291	165038	4093	145065	130497	6991	1135666	1028529	190071	45662
108797	162064	3783	188894	173675	7651	902649	990879	214447	45462
653	408		143			2574	3268	694	398
1003	3631	550	2			12311	9593	2192	644
7679	11843	36478	92557	92545	12	340150	177103	16700	4276
16863	18158	41	8035	7383	652	70272	90161	23305	5099
15006	13944	36783	39636	38842	344	72912	81723	23705	5091
1412	2416	8				14142	14973	4149	849
2989	11473		104104	99617		26551	40755	14828	2118
26691	50876	1252	58674	57170	1300	229874	245402	63677	15056
6845	10703	575	59818	57381	2332	128460	133115	15922	3020
6289	1938	42	250		250	10356	15782	5746	741
25595	42622	1081	3219	554	2235	367129	212085	37204	9076
592	611	21	400	300	100	5456	8108	2704	301
2275	3549		152	100	50	36518	39810	5581	1296
1440	3104	90	1504	604		23831	27044	3895	903
1674	2619	200	1451	1120	300	45736	43844	4782	1494
3335	4789	49	2131	1288		46562	51343	6937	1725
1281	2742	59				24891	24530	3016	953
1310	2744	488	1960	1820	100	80211	75679	8022	1536
1100	986	12				11418	13301	2195	314
1844	2048	82	12	1		16781	14566	1820	285
659	1891	28	250	40		45164	46760	6103	599
932	733					1420	1862	442	324

4-11 续表 2

	在建工程	无形资产	资产总计	流动负债合计	#短期借款	应付账款	长期负债合计
总计	**271425**	**114803**	**3402060**	**1901944**	**342273**	**314514**	**194021**
一、按登记注册类型分							
内资	81299	66215	2948747	1632841	202092	286688	193523
国有企业	5929	3346	150398	110730	1798	13286	9248
集体企业	6660	1351	250514	116760	31877	17640	25156
股份合作企业	8864	4377	244641	132883	16549	36534	19758
国有联营企业	1009	114	42060	38403	1149	164	3345
集体联营企业		170	10417	567		160	540
国有与集体联营企业	7	463	2300	811		358	200
其他联营企业			814	973		778	
国有独资公司		1020	308772	142444		2	
其他有限责任公司	17700	14449	521695	302479	40001	47615	60155
股份有限公司	3288	1101	45015	28085	6072	9800	4507
私营独资企业	1027	1629	116253	37003	11527	9399	20794
私营合伙企业	1516	627	26774	14310	1783	4796	1915
私营有限责任公司	33459	31006	1137773	662540	87761	134551	39462
私营股份有限公司	1840	6542	86847	43468	3480	11280	8312
其他		20	4474	1385	95	325	131
港澳台商投资	171778	41927	330351	180508	122381	21321	456
与港澳台商合资经营		364	39400	24438	14	2846	
与港澳台商合作经营	171778	36062	257062	137609	121560	15679	
港澳台商独资		5501	33561	15939	807	2785	456
港澳台商投资股份有限公司			328	2522		11	
外商投资	18348	6661	122962	88595	17800	6505	42
中外合资经营	15803	1631	65431	52615	13528	3578	39
中外合作经营		1067	9440	5290	40	959	
外资企业	2545	3043	45953	30246	4232	1524	
外商投资有限公司		920	2138	444		444	3
二、按隶属关系分							
中央	33	201	37632	46749	25	3774	1553
地方	12292	9364	677649	313831	27724	29109	29168
其他	259100	105238	2686779	1541364	314524	281631	163300

计量单位：千元

#长期借款	应付债券	负债合计	所有者权益合计	#实收资本	国家资本	集体资本	法人资本		
								#国家法人	集体法人
155536	**3415**	**2095965**	**1306095**	**1930869**	**103460**	**117405**	**552037**	**155333**	**247475**
155533	3415	1826364	1122383	1640088	66460	117405	511215	150463	221077
8597	486	119978	30420	98666	60073	1918	35056	29891	262
23128	33	141916	108598	121478	1892	79888	31017	3	24951
11828	1044	152641	92000	218408		12769	28934	338	18048
3130		41748	312	23375	1118	57	200	200	
540		1107	9310	7790		3380	4260		4260
200		1011	1289	863	250	500	113	67	46
		973	-159	470		200			
		142444	166328	100810	30		99200	99200	
45897	678	362634	159061	236136	1187	8649	100260	16889	43131
851	-34	32592	12423	21956	1000	4824	6167	1420	3247
20263	118	57797	58456	60609	200	590	7556		520
939	10	16225	10549	14516		60	2797	1597	550
32686	675	702002	435771	669126	710	3330	180531	669	124782
7474	274	51780	35067	63527		910	14506	189	1280
	131	1516	2958	2358		330	618		
		180964	149387	192032	36573		21988	1918	18870
		24438	14962	38799			12647	1303	11044
		137609	119453	126798	36573		3515	615	2900
		16395	17166	24935			4926		4926
		2522	-2194	1500			900		
3		88637	34325	98749	427		18834	2952	7528
		52654	12777	48129			11432	1859	4648
		5290	4150	6775	427		3692		1680
		30246	15707	41374			3710	1093	1200
3		447	1691	2471					
1553		48302	-10670	37765	29214	730	6129	4310	1719
24753	32	342999	334650	309979	28098	63966	188823	139732	37119
129230	3383	1704664	982115	1583125	46148	52709	357085	11291	208637

4-11 续表 3

	在建工程	无形资产	资产总计	流动负债合计	#短期借款	应付账款	长期负债合计
三、按行业小类分							
正餐	94675	68239	2461425	1448628	201610	250489	167522
快餐	1457	3524	231708	121289	4355	20548	4193
饮料及冷饮服务	1800	3096	105575	71664	9625	13645	9901
其他餐饮服务	173493	39944	603352	260363	126683	29832	12405
四、按控股情况分							
国有绝对控股	7031	4564	538856	311500	2957	19104	12702
国有相对控股	699	78	24046	4939	324	1666	2920
其他	263695	110161	2839158	1585505	338992	293744	178399
五、按经营方式分							
独立店	96292	73966	2572404	1445467	193854	273938	183329
连锁总店			15339	14381		959	
连锁分店	938	3244	37457	25327	1057	4411	5030
其他	174195	37593	776860	416769	147362	35206	5662
六、按地区分							
东城区	3270	2304	238982	190551	22896	25748	18033
西城区	14716	6806	392008	293173	9057	43661	10475
崇文区	2658	905	46318	26627	670	6650	4641
宣武区	529	2153	276137	94517	25052	9436	40902
朝阳区	35987	25294	752669	448559	58334	70242	31199
丰台区	5174	6227	300776	104859	11855	25616	11271
石景山区	273	5110	50511	27069	1221	2917	1036
海淀区	181684	48466	751186	450371	168702	77360	16539
门头沟区	23	564	11763	5954	1370	1706	507
房山区	2178	567	56138	31133	7881	3575	11100
通州区	299		46408	16282	1482	5536	9900
顺义区	4653	5754	66168	12464	5819	909	2162
昌平区	332	1115	105135	60954	2904	10285	10175
大兴区	1765	551	49382	25846	3367	6519	2842
怀柔区	10614	2116	105424	24451	4942	11000	14541
平谷区	45	5	25649	6867	1716	2685	500
密云县	2977	1314	58366	44719	4910	1579	250
延庆县	4248	5552	61974	30859	9495	7974	7448
北京经济技术开发区			7066	6689	600	1116	500

计量单位：千元

#长期借款	应付债券	负债合计	所有者权益合计	#实收资本	国家资本	集体资本	法人资本	#国家法人	集体法人
133233	3324	1616150	845275	1382241	60320	106085	374906	138627	122360
3268	-13	125482	106226	160787	2276	2994	42092	14579	5416
6830	104	81565	24010	62705	2195	1103	7916	196	3646
12205		272768	330584	325136	38669	7223	127123	1931	116053
11727	486	324202	214654	245496	62521	2610	153096	146208	385
85		7859	16187	18163	936	1290	3263	1532	821
143724	2929	1763904	1075254	1667210	40003	113505	395678	7593	246269
149182	3373	1628796	943608	1520862	65167	108901	356135	89581	137461
		14381	958	2820					
4689		30357	7100	17185	500	1409	2023		493
1665	42	422431	354429	390002	37793	7095	193879	65752	109521
4476		208584	30398	156601	30610	3405	20517	6052	11425
8995		303648	88360	167406	7858	10025	80379	70697	5064
3309	914	31268	15050	32908	620	2277	7160	980	1725
37846		135419	140718	96329	1488	9805	57838	51253	1926
25399	1079	479758	272911	437964	3302	19118	102576	20117	52681
5853	976	116130	184646	202381	2143	17041	133411	2037	115710
990	7	28105	22406	35697	511	2299	6968	920	726
15346	109	466910	284276	488166	50032	24579	72851	1865	30879
507		6461	5302	7034	1858	1618			
6788		42233	13905	22347	3	2670	6760	1085	690
9900		26182	20226	24693	400	1004	3730		2410
2129		14626	51542	31894		8569	5640		1860
10145		71129	34006	62287	3610	3039	8737	327	3661
1876		28688	20694	22956		1185	3538		1520
13592	207	38992	66432	55019		1360	23843		7190
500		7367	18282	17440	200	1247	2012		1182
60		44969	13397	37557			2350		30
7325	123	38307	23667	28130	825	8064	13227		8796
500		7189	-123	4060		100	500		

4-11 续表 4

				主营业务收入	主营业务成本	营业费用
	个人资本	港澳台资本	外商资本			
总计	**965328**	**132090**	**60549**	**2233882**	**1179701**	**816691**
一、按登记注册类型分						
内资	944665		343	2169130	1151282	770818
国有企业	1619			108990	58189	34478
集体企业	8681			180174	99760	52227
股份合作企业	176362		343	390754	204141	123188
国有联营企业	22000			1976	621	1190
集体联营企业	150			2651	1616	840
国有与集体联营企业				985	353	380
其他联营企业	270			4295	2206	1108
国有独资公司	1580			1028	385	3145
其他有限责任公司	126040			229523	127631	100694
股份有限公司	9965			44297	24255	17181
私营独资企业	52263			139230	76204	38683
私营合伙企业	11659			43511	23517	12462
私营有限责任公司	484555			924737	482676	350760
私营股份有限公司	48111			88120	44855	32110
其他	1410			8859	4873	2372
港澳台商投资	1663	131808		13500	6287	8966
与港澳台商合资经营	836	25316		6728	2474	3697
与港澳台商合作经营		86710		1368	1288	718
港澳台商独资	827	19182		5256	2454	4336
港澳台商投资股份有限公司		600		148	71	215
外商投资	19000	282	60206	51252	22132	36907
中外合资经营	7839	282	28576	22580	10205	18112
中外合作经营	1811		845	2933	1230	1078
外资企业	7872		29792	24866	10317	17437
外商投资有限公司	1478		993	873	380	280
二、按隶属关系分						
中央	530	200	962	36975	20914	9722
地方	22247	6502	343	227950	125781	73347
其他	942551	125388	59244	1968957	1033006	733622

计量单位：千元

主营业务税金及附加	主营业务利润	其他业务收入	其他业务利润	管理费用				
					#税金	差旅费	工会经费	排污费
122479	**115011**	**33290**	**19937**	**431956**	**9559**	**5169**	**2496**	**1529**
119060	127970	29592	16711	401737	9333	4673	2468	1503
5928	10395	2512	3413	17896	414	76	95	51
9825	18362	3038	2236	20666	825	140	82	94
21465	41960	2012	1294	64743	1921	692	1731	317
107	58			919	7	5	11	14
112	83	100	100	320	30			
59	193	2	77	102	1	1		
290	691			614	178			10
59	-2561	4014	2922	5240	97	45	62	
12194	-10996	13791	3432	49224	955	454	67	82
2318	543	391	50	6694	101	96	11	19
8177	16166	70	43	17956	748	211	35	206
2303	5229	154	436	10239	273	90	10	86
51123	40178	3385	2635	186197	3224	2599	357	526
4593	6562	123	73	19822	521	260	7	94
507	1107			1105	38	4		4
713	-2466	65	65	6513	113	43	8	13
362	195	65	65	2921	109	22	2	6
68	-706			355		3	4	
270	-1804			3081	4	18	2	
13	-151			156				7
2706	-10493	3633	3161	23706	113	453	20	13
1267	-7004	2833	2833	8094	32	225	20	7
159	466	800	328	1587	39			3
1237	-4125			13588	42	228		3
43	170			437				
1997	4342	1407	1302	6588	21	6	42	7
12087	16735	18392	7601	36327	1294	294	226	139
108395	93934	13491	11034	389041	8244	4869	2228	1383

4-11 续表 5

	个人资本	港澳台资本	外商资本	主营业务收入	主营业务成本	营业费用
三、按行业小类分						
正餐	748777	57729	34424	1812242	979050	658933
快餐	96437		16988	217823	112712	67511
饮料及冷饮服务	44003	582	6906	79881	28390	44101
其他餐饮服务	76111	73779	2231	123936	59549	46146
四、按控股情况分						
国有绝对控股	26389		880	127143	68482	43309
国有相对控股	2643	10031		21732	12349	7687
其他	936296	122059	59669	2085007	1098870	765695
五、按经营方式分						
独立店	884789	47620	58250	2083670	1097754	760667
连锁总店	2820			6519	4669	1823
连锁分店	13253			51078	26693	18816
其他	64466	84470	2299	92615	50585	35385
六、按地区分						
东城区	70782	16721	14566	205082	101590	90405
西城区	58967	3078	7099	199872	99466	80920
崇文区	22851			62534	32025	22972
宣武区	27198			103526	54367	37326
朝阳区	261196	21365	30407	629966	319648	238389
丰台区	49186	600		157815	86367	51517
石景山区	25049		870	45458	25032	16553
海淀区	248917	89490	2297	508304	264289	176960
门头沟区	3248		310	8996	5349	3190
房山区	12914			38836	25772	12439
通州区	19559			32337	18954	8423
顺义区	12685		5000	26065	17282	7982
昌平区	46901			63299	38420	25263
大兴区	18233			31033	19014	11900
怀柔区	28980	836		50357	27730	14257
平谷区	13981			15707	10967	2056
密云县	35207			17990	11858	3092
延庆县	6014			24027	13345	7601
北京经济技术开发区	3460			12678	8226	5446

计量单位：千元

主营业务税金及附加	主营业务利润	其他业务收入	其他业务利润	管理费用	#税金	差旅费	工会经费	排污费
100053	74206	17090	14569	333415	8133	4017	2239	1337
11377	26223	11900	786	43003	696	477	38	88
4194	3196	3646	3911	28463	309	419	176	46
6855	11386	654	671	27075	421	256	43	58
6925	8427	17800	6896	26154	519	128	180	68
1142	554	401	276	2800	77	7	9	2
114412	106030	15089	12765	403002	8963	5034	2307	1459
114432	110817	16524	14238	398850	8816	4711	2398	1442
269	-242	4	4	649	18	6		1
2768	2801			8536	156	40	8	36
5010	1635	16762	5695	23921	569	412	90	50
11055	2032	4921	5130	43582	301	603	67	142
11054	8432	4507	3831	41519	460	408	78	143
3377	4160	654	322	8888	276	91	18	20
5470	6363	2266	1647	18176	246	130	50	99
34746	37183	14583	3309	137944	2348	1717	215	364
9196	10735	980	1660	28807	895	267	1644	149
2515	1358	480	301	6968	55	36	36	8
28880	38175	2380	2695	103930	2903	1008	279	433
461	-4	337	306	1391	47	3	7	2
2068	-1443	875	226	5796	177	58		16
1758	3202			4439	252	89	11	4
1358	-557	173	65	3401	186	67	2	12
3084	-3468	89	58	6876	233	245	8	30
1584	-1465	297		5477	251	21	7	
2361	6009	482	46	4932	531	131	21	97
576	2108		335	1058	18	30	1	3
852	2188	21		2872	145	205	9	6
1396	1685	245	6	2883	185	12	43	1
688	-1682			3017	50	48		

4-11 续表 6

	财务费用	利息支出(净额)	营业利润	投资收益	补贴收入	利润总额	应交所得税
总计	**8954**	**6384**	**-305962**	**24390**	**512**	**-249717**	**11926**
一、按登记注册类型分							
内资	8247	6371	-265303	25504	505	-212072	11844
国有企业	-39	-98	-4049	12		-2962	267
集体企业	1322	1115	-1390	132	98	-574	1390
股份合作企业	299	169	-21788	310	85	-18094	2767
国有联营企业	1399	1268	-2260			21	3
集体联营企业	-1	-1	-136			-86	
国有与集体联营企业			168	1		169	17
其他联营企业			77			27	28
国有独资公司	1242	1241	-6121	16028		12260	
其他有限责任公司	1018	863	-57806	8752	19	-47016	831
股份有限公司	17	5	-6118			-2881	277
私营独资企业	357	53	-2104	241	21	-1965	1028
私营合伙企业	36	-3	-4610	-2	-84	-2445	222
私营有限责任公司	2542	1899	-145926	29	364	-134319	4366
私营股份有限公司	55	-140	-13242	1	2	-14343	427
其他			2			136	221
港澳台商投资	-247	-247	-8667		7	-8779	21
与港澳台商合资经营	-245	-245	-2416			-2509	
与港澳台商合作经营	-2	-2	-1059			-1055	
港澳台商独资			-4885		7	-4908	21
港澳台商投资股份有限公司			-307			-307	
外商投资	954	260	-31992	-1114		-28866	61
中外合资经营	859	182	-13124	-1114		-13144	14
中外合作经营	6	-4	-799			-802	44
外资企业	89	82	-17802			-14652	3
外商投资有限公司			-267			-268	
二、按隶属关系分							
中央	-73	-81	-871	30	89	-364	139
地方	1947	1744	-13938	16042	118	5593	1063
其他	7080	4721	-291153	8318	305	-254946	10724

计量单位：千元

可供分配利润	#外方应分利润	#外方汇出利润	劳动、失业保险费	养老保险和医疗保险	住房公积金和住房补贴	本年应付工资总额(贷方累计发生额)	本年应付福利费总额(贷方累计发生额)	本年应交增值税(不含期初未抵扣税)	本年实缴关税
15544	**-3734**	**-3039**	**1650**	**10654**	**1754**	**658352**	**28506**	**1886**	**1429**
16800	-3115	-3039	1620	10110	1691	638368	27397	1785	1419
1166	-361	-361	247	1432	415	28306	1742	106	
2318	-52	-63	125	1425	195	40333	1839	80	35
-853	-336	-92	183	1777	117	209284	4444	324	62
2			2	31	10	705	43		
20			6			700			
193						215	83		
23			2	35		715	10		
8221	-34	-34	66	684	242	2821	480		
7973	-612	-661	270	867	294	60131	4376	330	90
68	-3	-3	6	43	43	9760	424	34	
2359	91	-5	16	87	3	34152	1106	87	960
276			52	99	4	10509	341	55	
-4538	-1820	-1820	595	3446	342	216929	11523	760	272
-694			24	150	2	21584	771	9	
266	12		26	34	24	2224	215		
33	33		5	145	31	5636	261		
				42	10	1925	5		
			3	74	21	1946	234		
33	33		2	29		1699	22		
						66			
-1289	-652		25	399	32	14348	848	101	10
-1331	-652		17	284	25	4792	270		
40				1		749		34	
2			8	114	7	8597	570	67	10
						210	8		
354			40	585	196	8759	853	33	
9703	-502	-508	474	2565	761	57463	3523	168	46
5487	-3232	-2531	1136	7504	797	592130	24130	1685	1383

4-11 续表 7

	财务费用	利息支出（净额）	营业利润	投资收益	补贴收入	利润总额	应交所得税
三、按行业小类分							
正餐	8874	6655	-253514	15887	404	-210167	9429
快餐	92	13	-16086	13	1	-16775	1529
饮料及冷饮服务	82	-156	-21438	-127		-19821	279
其他餐饮服务	-94	-128	-14924	8617	107	-2954	689
四、按控股情况分							
国有绝对控股	2580	2388	-13411	16044		8623	351
国有相对控股	142	-23	-2112	2		-1457	179
其他	6232	4019	-290439	8344	512	-256883	11396
五、按经营方式分							
独立店	8616	6301	-282411	20731	423	-232049	11266
连锁总店			-887	130		-925	75
连锁分店	32	9	-5767			-3862	-140
其他	306	74	-16897	3529	89	-12881	725
六、按地区分							
东城区	833	-48	-37253	15	62	-37013	973
西城区	-900	-996	-28356	3660	3	-23358	903
崇文区	-3	-15	-4403	86	-3	-3133	118
宣武区	3053	3027	-13219	12453		2024	387
朝阳区	1459	1279	-98911	7598	189	-83985	5327
丰台区	141	125	-16553		47	-12891	807
石景山区	17	-16	-5326			-5276	98
海淀区	1561	578	-64621	238	101	-53580	480
门头沟区	-1	-3	-1088			-913	52
房山区	278	255	-7291	6		-5943	338
通州区	27	-2	-1264	1		-1352	311
顺义区	152	125	-4045	12	103	-3794	113
昌平区	12	-4	-10298	292		-10424	1105
大兴区	178	164	-7120	1		-5531	126
怀柔区	220	152	903	28	21	1008	539
平谷区	115	103	1270			21	64
密云县	1447	1315	-2131			32	30
延庆县	365	345	-1557		-11	-910	108
北京经济技术开发区			-4699			-4699	47

计量单位：千元

可供分配利润	#外方应分利润	#外方汇出利润	劳动、失业保险费	养老保险和医疗保险	住房公积金和住房补贴	本年应付工资总额（贷方累计发生额）	本年应付福利费总额（贷方累计发生额）	本年应交增值税（不含期初未抵扣税）	本年实缴关税
7608	-2407	-1694	1373	8053	1358	562019	22510	1082	1235
578	-64	-76	151	1159	128	43925	2857	420	130
-812	-1142	-1148	59	604	121	21730	1260	209	29
8170	-121	-121	67	838	147	30678	1879	175	35
8161	-1050	398	322	2325	690	36552	2807	126	
162			23	405	77	5516	410	1	
7221	-2684	-2641	1305	7924	987	616284	25289	1759	1429
15141	-3706	-3000	1449	9315	1461	614573	25919	1678	1429
66						888	117	75	
189	9	-3	1	100		10861	630	3	
148	-37	-36	200	1239	293	32030	1840	130	
1697	33		258	902	113	41357	2430	19	
895			187	1653	239	42046	2826	142	
100			29	636	83	13126	715	39	
3756			100	1098	187	21307	1273	12	
9071	-2739	-2154	764	2840	653	150295	8076	609	206
843	-305	-298	43	602	102	42027	2422	77	
-306			13	352	46	11161	639	43	
435	-679	-453	136	1155	204	117386	6841	474	840
47			7	30		2079	84		35
-4446			45	189	54	12360	412	52	82
620						8751	530	37	24
221				24	6	6921	287		
-478			20	265	39	140547	808	102	29
344	-3	-3	12	326	15	7644	316	94	72
1475	-11	-31	4	125		22319	236	100	111
301	-100	-100	4	94		4712	77	57	
571	70		2	29	10	5287	122	23	30
398			26	331	3	5898	200	5	
				3		3129	212	1	

4-12 餐饮业连锁企业

	总 店 (个)	所属门店 (个)	自有配送中心 (个)	营业收入 (千元)	
					零售额
总 计	**60**	**891**	**14**	**4730249**	**4728847**
一、按登记注册类型分					
内资	47	472	11	1801517	1800115
国有企业	1	6		17413	17413
股份合作企业	4	12		57885	57885
其他有限责任公司	17	205	5	380455	379453
股份有限公司	2	49	4	812152	812152
私营独资企业	1	4		6825	6825
私营有限责任公司	21	191	2	526747	526347
私营股份有限公司	1	5		40	40
港澳台商投资	1	12		38416	38416
与港澳台商合资经营	1	12		38416	38416
外商投资	12	407	3	2890316	2890316
中外合资经营	7	304	3	2284874	2284874
中外合作经营	1	44		399960	399960
外资企业	4	59		205482	205482
二、按隶属关系分					
中央					
地方	8	237	3	1788144	1787577
其他	52	654	11	2942105	2941270
三、按控股情况分					
国有绝对控股	6	95	1	158429	158429
国有相对控股	3	176	2	1933385	1933385
其他	51	620	11	2638435	2637033
四、按餐饮业态分					
中式正餐	24	166	1	1556971	1556536
中式快餐	17	313	7	441353	440786
外国风味正餐	9	97		553382	552982
外国风味快餐	6	260	2	2108320	2108320
茶馆	1	7		7426	7426
其他	3	48	4	62797	62797

总店基本情况

商品购进额（千元）	#自有配送中心配送额	非自有配送中心配送额	从业人员（人）	运输车辆（辆）	冷藏车	营业面积（平方米）
1961746	**749440**	**557411**	**43735**	**113**	**38**	**441569**
871376	168866	90747	19217	82	22	284582
3895			170			6932
14844		6000	510	2		6384
287850	45081	849	5245	49	12	79261
235802	56756	19357	6218	7	7	102386
3071			61	2	1	929
325874	66989	64541	7008	22	2	88520
40	40		5			170
8544			433			5298
8544			433			5298
1081826	580574	466664	24085	31	16	151689
881201	579286	276154	17988	31	16	119236
120116		120116	4069			19800
80509	1288	70394	2028			12653
670379	67720	295843	15078	40	13	178566
1291367	681720	261568	28657	73	25	263003
193607	11388	375	2067	30	3	36390
663876	481622	19357	15079	19	19	155742
1104263	256430	537679	26589	64	16	249437
652269	114645	83196	14852	21	9	209529
307010	109656	39715	5806	53	15	68264
185363	7909	158346	5410	2		36336
795302	505376	276154	16788	26	14	108025
2503	2503		66	1		1530
19299	9351		813	10		17885

4-12 续表

	总店(个)	所属门店(个)	自有配送中心(个)	营业收入(千元)	零售额
五、按营业收入分					
100000万元及以上	1	126	1	1113403	1113403
50000万—99999万元	2	147	1	1668842	1668842
10000万—49999万元	3	125	1	689600	689600
5000万元—9999万元	8	63		574723	574723
1000万元—4999万元	27	301	3	584166	583731
999万元及以下	19	129	8	99515	98548
六、按营业面积分					
50000平方米及以上	2	172	2	1925255	1925255
20000-49999平方米	1	101		856990	856990
10000-19999平方米	7	186	1	687449	687014
5000-9999平方米	10	143	1	671299	671299
4999平方米及以下	40	289	10	589256	588289
七、按地区分					
东城区	10	301	1	2627509	2627509
西城区	7	64	2	173239	172272
崇文区	5	95	1	362515	362515
宣武区	5	71	1	859255	859255
朝阳区	7	151	1	142465	142465
丰台区	2	19		72352	72352
石景山区	3	27	2	45433	45433
海淀区	12	86	1	280980	280980
门头沟区	1	4	1	10674	10674
房山区	1	13		40167	39732
通州区	2	7		26229	26229
顺义区	2	34		29806	29806
昌平区	1	10		35848	35848
密云县	1	3	3	300	300
北京经济技术开发区	1	6	1	23477	23477

商品购进额 (千元)	#自有配送中心配送额	非自有配送中心配送额	从业人员 (人)	运输车辆 (辆)	冷藏车	营业面积 (平方米)
424896	424896		8724	11	11	52076
511926	56726	295511	13169	7	7	144915
230337	73910	152982	6547	5	2	35791
399538	100031	81350	6129	20	3	61014
333186	81505	7077	7798	50	8	124634
61863	12372	20491	1368	20	7	23139
660668	481622	19357	14932	18	18	154322
276154		276154	6961			42669
408456	31357	169841	9476	28	3	104905
331819	152673	32866	6178	24	5	64959
284649	83788	59193	6188	43	12	74714
981822	424896	396270	22255	18	13	135733
118745	2162	1034	2439	6	2	30554
145486	73910	32866	3239	8	3	26508
249424	56726	19357	6922	11	9	112249
80937	59679	6420	2009	17	3	24208
37625		37625	517			4796
25463	9191		769	3	2	9808
273536	93444	62665	3608	40	6	53880
2571	1397	1174	184	2		2270
10478	10478		360			12350
8760	8760		267			6890
15570			339	7		4668
1224			603			14970
30	30		10			140
10075	8767		214	1		2545

4-13 餐饮连锁企业分店基本情况

	分店数（个）	营业收入（千元）	零售额	从业人员（人）	运输车辆（辆）	冷藏车	营业面积（平方米）
总 计	**927**	**4730249**	**4728847**	**43735**	**113**	**38**	**441569**
一、按分店性质分							
直营店(包括控股店)	825	4150217	4148815	36428	67	9	306140
加盟店	66	374372	374372	5069			98937
配送中心(公司)	14	129955	129955	707	39	27	17663
其他	22	75705	75705	1531	7	2	18829
二、按连锁业态分							
中式正餐	184	1457837	1457402	14957	14	2	213688
中式快餐	323	444485	443918	5835	51	13	68364
外国风味正餐	97	555880	555480	5413	2		36316
外国风味快餐	263	2108320	2108320	16788	26	14	108025
茶馆	7	7305	7305	58	1		1261
其他	53	156422	156422	684	19	9	13915
三、按分店开业时间分							
2000年以后	675	2682842	2682007	27627	44	16	281076
1994年-2000年	199	1724553	1723986	13372	60	17	125975
1994年以前	53	322854	322854	2736	9	5	34518

4-13 续表

	分店数（个）	营业收入（千元）		从业人员（人）	运输车辆（辆）		营业面积（平方米）
			零售额			冷藏车	
四、按地区分							
北京分店小计	**852**	**4241442**	**4240040**	**37727**	**113**	**38**	**351924**
东城区	74	570297	570297	4212	3	2	32823
西城区	92	516611	515844	4277	2		38298
崇文区	31	329544	329544	2168	3	1	17608
宣武区	59	289816	289816	2448	4	2	20361
朝阳区	202	822634	822534	7748	20	3	69062
丰台区	51	247425	247425	2789	10	2	19893
石景山区	18	47356	47356	511	3	2	6261
海淀区	212	921104	921004	9403	40	6	86237
门头沟区	2	11603	11603	118			730
房山区	18	67875	67440	568			13989
通州区	14	75089	75089	697			9252
顺义区	39	54665	54665	555	7		5413
昌平区	11	69799	69799	736			14227
大兴区	12	169773	169773	831	21	20	12581
怀柔区	2	17442	17442	138			757
平谷区	3	10049	10049	161			2623
密云县	10	13936	13936	176			1120
延庆县	2	6424	6424	191			689
外地分店小计	**75**	**488807**	**488807**	**6008**			**89645**
天津市	7	36567	36567	331			3074
河北省	19	121367	121367	1454			19367
山西省	8	61699	61699	516			4193
内蒙古自治区	7	16964	16964	589			7456
辽宁省	3	15282	15282	206			4700
黑龙江省	1	5658	5658	89			1800
上海市	3	38086	38086	324			6236
江苏省	2	13369	13369	154			2950
福建省	1	8743	8743	98			1329
山东省	10	59852	59852	942			14284
河南省	5	26866	26866	361			6000
云南省	1	2312	2312	90			1300
陕西省	2	16418	16418	179			1733
甘肃省	1	10778	10778	175			1800
青海省	1	2204	2204	85			1500
宁夏回族自治区	1	5930	5930	60			1100
新疆维吾尔自治区	3	46712	46712	355			10823

4-14 按餐饮业态分

	分店数（个）	中式正餐	中式快餐	外国风味正餐	外国风味快餐	茶馆
总计	**927**	**184**	**323**	**97**	**263**	**7**
一、按分店性质分						
直营店(包括控股店)	825	115	302	97	257	7
加盟店	66	51	11		3	
配送中心(公司)	14	1	7		2	
其他	22	17	3		1	
二、按分店开业时间分						
2000年以后	675	116	253	87	165	5
1994-2000年	199	49	43	8	93	2
1994年以前	53	19	27	2	5	
三、按营业收入分						
10000—49999万元	3	2				
5000—9999万元	1	1				
1000—4999万元	120	27	1	22	70	
500—999万元	234	54	25	17	136	
499万元及以下	569	100	297	58	57	7
四、按营业面积分						
5000-9999平方米	4	3				
3000-4999平方米	9	8	1			
1000-2999平方米	90	79	7	1	1	
500-999平方米	106	38	8	17	41	
499平方米及以下	718	56	307	79	221	7

餐饮连锁分店基本情况

其他	营业收入（千元）	中式正餐	中式快餐	外国风味正餐	外国风味快餐	茶馆	其他
53	**4730249**	**1457837**	**444485**	**555880**	**2108320**	**7305**	**156422**
47	4150217	1016227	439113	555880	2104629	7305	27063
1	374372	365905	2927		3691		1849
4	129955		2445				127510
1	75705	75705					
49	2682842	733351	304824	455323	1166844	3800	18700
4	1724553	505224	106458	74670	896974	3505	137722
	322854	219262	33203	25887	44502		
1	385608	259098					126510
	78211	78211					
	1711501	484587	10241	291405	925268		
2	1742108	399472	162876	127935	1033576		18249
50	812821	236469	271368	136540	149476	7305	11663
1	163898	37388					126510
	236117	233792	2325				
2	862403	819936	14746	4425	12084		11212
2	729717	217339	23843	111349	375859		1327
48	2738114	149382	403571	440106	1720377	7305	17373

4-14 续表 1

	分店数（个）	中式正餐	中式快餐	外国风味正餐	外国风味快餐	茶馆
五、按地区分						
北京分店小计	**852**	**148**	**311**	**86**	**247**	**7**
东城区	74	22	20	8	23	1
西城区	92	12	35	13	31	1
崇文区	31	8	7	3	10	
宣武区	59	13	30	6	10	
朝阳区	202	19	56	26	54	2
丰台区	51	6	15	5	23	
石景山区	18	2	11	1	3	
海淀区	212	38	89	24	58	3
门头沟区	2				2	
房山区	18	13	1		4	
通州区	14	7	2		5	
顺义区	39	2	32		5	
昌平区	11	4	2		4	
大兴区	12	1	3		7	
怀柔区	2				2	
平谷区	3	1			2	
密云县	10		8		2	
延庆县	2				2	
外地分店小计	**75**	**36**	**12**	**11**	**16**	
天津市	7	1	4	2		
河北省	19	6	3	2	8	
山西省	8	1		1	6	
内蒙古自治区	7	4	1	1	1	
辽宁省	3	3				
黑龙江省	1	1				
上海市	3	3				
江苏省	2	2				
福建省	1	1				
山东省	10	3	4	3		
河南省	5	3		1	1	
云南省	1	1				
陕西省	2	1		1		
甘肃省	1	1				
青海省	1	1				
宁夏回族自治区	1	1				
新疆维吾尔自治区	3	3				

其他	营业收入（千元）	中式正餐	中式快餐	外国风味正餐	外国风味快餐	茶馆	其他
53	**4241442**	**1181436**	**409215**	**456497**	**2030567**	**7305**	**156422**
	570297	233112	57587	50616	228751	231	
	516611	78109	66363	75918	295678	543	
3	329544	175534	28588	25447	85301		14674
	289816	164255	17795	17218	90548		
45	822634	148928	83225	156639	418848	2605	12389
2	247425	45889	15913	23300	162323		
1	47356	3777	11746	629	30204		1000
	921104	219333	106674	106730	484441	3926	
	11603				11603		
	67875	40167	191		27517		
	75089	26229	5331		43529		
	54665	12499	9868		32298		
1	69799	31009	1454		35487		1849
1	169773	795	2686		39782		126510
	17442				17442		
	10049	1800			8249		
	13936		1794		12142		
	6424				6424		
	488807	**276401**	**35270**	**99383**	**77753**		
	36567	7504	7274	21789			
	121367	64530	8687	13442	34708		
	61699	7138		12297	42264		
	16964	14505	956	1067	436		
	15282	15282					
	5658	5658					
	38086	38086					
	13369	13369					
	8743	8743					
	59852	15230	18353	26269			
	26866	15994		10527	345		
	2312	2312					
	16418	2426		13992			
	10778	10778					
	2204	2204					
	5930	5930					
	46712	46712					

4-14 续表 2

	零售额 (千元)	中式正餐	中式快餐	外国风味正餐	外国风味快餐	茶馆
总计	**4728847**	**1457402**	**443918**	**555480**	**2108320**	**7305**
一、按分店性质分						
直营店(包括控股店)	4148815	1015792	438546	555480	2104629	7305
加盟店	374372	365905	2927		3691	
配送中心(公司)	129955		2445			
其他	75705	75705				
二、按分店开业时间分						
2000年以后	2682007	732916	304824	454923	1166844	3800
1994-2000年	1723986	505224	105891	74670	896974	3505
1994年以前	322854	219262	33203	25887	44502	
三、按营业收入分						
10000—49999万元	385608	259098				
5000—9999万元	78211	78211				
1000—4999万元	1711066	484152	10241	291405	925268	
500—999万元	1742108	399472	162876	127935	1033576	
499万元及以下	811854	236469	270801	136140	149476	7305
四、按营业面积分						
5000-9999平方米	163898	37388				
3000-4999平方米	236117	233792	2325			
1000-2999平方米	861968	819501	14746	4425	12084	
500-999平方米	729150	217339	23276	111349	375859	
499平方米及以下	2737714	149382	403571	439706	1720377	7305

其　　他	从业人员（人）	中式正餐	中式快餐	外国风味正餐	外国风味快餐	茶　　馆	其　　他
156422	**43735**	**14957**	**5835**	**5413**	**16788**	**58**	**684**
27063	36428	8795	5446	5413	16503	58	213
1849	5069	4865	42		149		13
127510	707	36	191		51		429
	1531	1261	156		85		29
18700	27627	9659	3515	4702	9531	34	186
137722	13372	3904	1829	474	6643	24	498
	2736	1394	491	237	614		
126510	1282	884					398
	306	306					
	12099	4412	36	2109	5542		
18249	15906	4889	1124	1243	8552		98
11663	14142	4466	4675	2061	2694	58	188
126510	984	586					398
	1656	1542	114				
11212	9513	8366	716	115	245		71
1327	7477	2593	249	1449	3161		25
17373	24105	1870	4756	3849	13382	58	190

4-14 续表 3

	零售额（千元）	中式正餐	中式快餐	外国风味正餐	外国风味快餐	茶馆
五、按地区分						
北京分店小计	**4240040**	**1181001**	**408648**	**456097**	**2030567**	**7305**
东城区	570297	233112	57587	50616	228751	231
西城区	515844	78109	65796	75718	295678	543
崇文区	329544	175534	28588	25447	85301	
宣武区	289816	164255	17795	17218	90548	
朝阳区	822534	148928	83225	156539	418848	2605
丰台区	247425	45889	15913	23300	162323	
石景山区	47356	3777	11746	629	30204	
海淀区	921004	219333	106674	106630	484441	3926
门头沟区	11603				11603	
房山区	67440	39732	191		27517	
通州区	75089	26229	5331		43529	
顺义区	54665	12499	9868		32298	
昌平区	69799	31009	1454		35487	
大兴区	169773	795	2686		39782	
怀柔区	17442				17442	
平谷区	10049	1800			8249	
密云县	13936		1794		12142	
延庆县	6424				6424	
外地分店小计	**488807**	**276401**	**35270**	**99383**	**77753**	
天津市	36567	7504	7274	21789		
河北省	121367	64530	8687	13442	34708	
山西省	61699	7138		12297	42264	
内蒙古自治区	16964	14505	956	1067	436	
辽宁省	15282	15282				
黑龙江省	5658	5658				
上海市	38086	38086				
江苏省	13369	13369				
福建省	8743	8743				
山东省	59852	15230	18353	26269		
河南省	26866	15994		10527	345	
云南省	2312	2312				
陕西省	16418	2426		13992		
甘肃省	10778	10778				
青海省	2204	2204				
宁夏回族自治区	5930	5930				
新疆维吾尔自治区	46712	46712				

其他	从业人员（人）	中式正餐	中式快餐	外国风味正餐	外国风味快餐	茶馆	其他
156422	**37727**	**11244**	**5412**	**4354**	**15975**	**58**	**684**
	4212	1808	466	307	1627	4	
	4277	828	628	638	2177	6	
14674	2168	877	308	196	701		86
	2448	1161	226	213	848		
12389	7748	1573	1116	1685	3215	22	137
	2789	861	272	204	1413		39
1000	511	64	230	21	185		11
	9403	2736	1850	1090	3701	26	
	118				118		
	568	360	10		198		
	697	267	79		351		
	555	198	54		303		
1849	736	435	26		262		13
126510	831	8	93		332		398
	138				138		
	161	68			93		
	176		54		122		
	191				191		
	6008	**3713**	**423**	**1059**	**813**		
	331	56	79	196			
	1454	777	67	181	429		
	516	60		99	357		
	589	431	35	107	16		
	206	206					
	89	89					
	324	324					
	154	154					
	98	98					
	942	426	242	274			
	361	258		92	11		
	90	90					
	179	69		110			
	175	175					
	85	85					
	60	60					
	355	355					

4-14 续表 4

	营业面积(平方米)	中式正餐	中式快餐	外国风味正餐	外国风味快餐	茶馆	其他
总计	**441569**	**213688**	**68364**	**36316**	**108025**	**1261**	**13915**
一、按分店性质分							
直营店(包括控股店)	306140	99213	60771	36316	105464	1261	3115
加盟店	98937	95246	321		870		2500
配送中心(公司)	17663	700	7272		1691		8000
其他	18829	18529					300
二、按分店开业时间分							
2000年以后	281076	139382	42652	31762	63934	831	2515
1994-2000年	125975	55987	13990	3413	40755	430	11400
1994年以前	34518	18319	11722	1141	3336		
三、按营业收入分							
10000—49999万元	12747	5747					7000
5000—9999万元	2723	2723					
1000—4999万元	103911	61282	256	10719	31654		
500—999万元	136137	66206	6971	6875	54340		1745
499万元及以下	186051	77730	61137	18722	22031	1261	5170
四、按营业面积分							
5000-9999平方米	26540	19540					7000
3000-4999平方米	31870	27170	4700				
1000-2999平方米	139579	123023	9556	1600	1300		4100
500-999平方米	69817	28169	5170	10208	25020		1250
499平方米及以下	173763	15786	48938	24508	81705	1261	1565

4-14 续表 5

	营业面积（平方米）	中式正餐	中式快餐	外国风味正餐	外国风味快餐	茶馆	其他
五、按地区分							
北京分店小计	**351924**	**140826**	**64009**	**31165**	**100748**	**1261**	**13915**
东城区	32823	16460	4262	2245	9656	200	
西城区	38298	10357	8759	4833	14118	231	
崇文区	17608	8947	1203	1068	4040		2350
宣武区	20361	11450	2194	1866	4851		
朝阳区	69062	23924	11371	11286	21325	391	765
丰台区	19893	4750	3537	1616	8990		1000
石景山区	6261	1050	3139	536	1236		300
海淀区	86237	29979	25209	7715	22895	439	
门头沟区	730				730		
房山区	13989	12350	130		1509		
通州区	9252	6890	501		1861		
顺义区	5413	2900	868		1645		
昌平区	14227	9830	363		1534		2500
大兴区	12581	139	2080		3362		7000
怀柔区	757				757		
平谷区	2623	1800			823		
密云县	1120		393		727		
延庆县	689				689		
外地分店小计	**89645**	**72862**	**4355**	**5151**	**7277**		
天津市	3074	1100	1022	952			
河北省	19367	14260	551	882	3674		
山西省	4193	1200		480	2513		
内蒙古自治区	7456	6164	430	522	340		
辽宁省	4700	4700					
黑龙江省	1800	1800					
上海市	6236	6236					
江苏省	2950	2950					
福建省	1329	1329					
山东省	14284	10600	2352	1332			
河南省	6000	4800		450	750		
云南省	1300	1300					
陕西省	1733	1200		533			
甘肃省	1800	1800					
青海省	1500	1500					
宁夏回族自治区	1100	1100					
新疆维吾尔自治区	10823	10823					

4-15 按餐饮分店性质分

	分店数（个）	直营店	加盟店	配送中心	其　他	营业收入（千元）
总　　计	**927**	**825**	**66**	**14**	**22**	**4730249**
一、按分店开业时间分						
2000年以后	675	603	48	10	14	2682842
1994-2000年	199	171	17	3	8	1724553
1994年以前	53	51	1	1		322854
二、按营业收入分						
10000—49999万元	3	2		1		385608
5000—9999万元	1	1				78211
1000—4999万元	120	109	11			1711501
500—999万元	234	209	20		5	1742108
499万元及以下	569	504	35	13	17	812821
三、按营业面积分						
5000—9999平方米	4		3	1		163898
3000—4999平方米	9	2	6	1		236117
1000—2999平方米	90	43	34	2	11	862403
500—999平方米	106	95	3	4	4	729717
499平方米及以下	718	685	20	6	7	2738114
四、按地区分						
北京分店小计	**852**	**786**	**30**	**14**	**22**	**4241442**
东城区	74	70	2		2	570297
西城区	92	85	5		2	516611
崇文区	31	31				329544
宣武区	59	54	2		3	289816
朝阳区	202	194	4	1	3	822634
丰台区	51	45		4	2	247425
石景山区	18	15	1	1	1	47356
海淀区	212	193	10	1	8	921104
门头沟区	2	2				11603
房山区	18	18				67875
通州区	14	14				75089
顺义区	39	37	1		1	54665
昌平区	11	7	4			69799
大兴区	12	8		4		169773
怀柔区	2	2				17442
平谷区	3	2	1			10049
密云县	10	7		3		13936
延庆县	2	2				6424
外地分店小计	**75**	**39**	**36**			**488807**
天津市	7	6	1			36567
河北省	19	13	6			121367
山西省	8	7	1			61699
内蒙古自治区	7	3	4			16964
辽宁省	3		3			15282
黑龙江省	1		1			5658
上海市	3		3			38086
江苏省	2		2			13369
福建省	1		1			8743
山东省	10	7	3			59852
河南省	5	2	3			26866
云南省	1		1			2312
陕西省	2	1	1			16418
甘肃省	1		1			10778
青海省	1		1			2204
宁夏回族自治区	1		1			5930
新疆维吾尔自治区	3		3			46712

餐饮连锁分店基本情况

				零售额				
直营店	加盟店	配送中心	其　他	(千元)	直营店	加盟店	配送中心	其　他
4150217	**374372**	**129955**	**75705**	**4728847**	**4148815**	**374372**	**129955**	**75705**
2400335	219230	1120	62157	2682007	2399500	219230	1120	62157
1443325	141170	126510	13548	1723986	1442758	141170	126510	13548
306557	13972	2325		322854	306557	13972	2325	
259098		126510		385608	259098		126510	
78211				78211	78211			
1534609	176892			1711066	1534174	176892		
1557356	148345		36407	1742108	1557356	148345		36407
720943	49135	3445	39298	811854	719976	49135	3445	39298
	37388	126510		163898		37388	126510	
142415	91377	2325		236117	142415	91377	2325	
591624	212618		58161	861968	591189	212618		58161
696673	19281		13763	729150	696106	19281		13763
2719505	13708	1120	3781	2737714	2719105	13708	1120	3781
3937811	**97971**	**129955**	**75705**	**4240040**	**3936409**	**97971**	**129955**	**75705**
549079	12934		8284	570297	549079	12934		8284
512324	49		4238	515844	511557	49		4238
329544				329544	329544			
276532	5738		7546	289816	276532	5738		7546
790427	25066		7141	822534	790327	25066		7141
241644			5781	247425	241644			5781
45636	720	1000		47356	45636	720	1000	
855713	22635	2325	40431	921004	855613	22635	2325	40431
11603				11603	11603			
67875				67440	67440			
75089				75089	75089			
52110	271		2284	54665	52110	271		2284
41041	28758			69799	41041	28758		
43263		126510		169773	43263		126510	
17442				17442	17442			
8249	1800			10049	8249	1800		
13816		120		13936	13816		120	
6424				6424	6424			
212406	**276401**			**488807**	**212406**	**276401**		
29063	7504			36567	29063	7504		
56837	64530			121367	56837	64530		
54561	7138			61699	54561	7138		
2459	14505			16964	2459	14505		
	15282			15282		15282		
	5658			5658		5658		
	38086			38086		38086		
	13369			13369		13369		
	8743			8743		8743		
44622	15230			59852	44622	15230		
10872	15994			26866	10872	15994		
	2312			2312		2312		
13992	2426			16418	13992	2426		
	10778			10778		10778		
	2204			2204		2204		
	5930			5930		5930		
	46712			46712		46712		

4-15 续表

	从业人员（人）	直营店	加盟店	配送中心	其他	营业面积（平方米）	直营店	加盟店	配送中心	其他
总计	**43735**	**36428**	**5069**	**707**	**1531**	**441569**	**306140**	**98937**	**17663**	**18829**
一、按分店开业时间分										
2000年以后	27627	23126	3353	138	1010	281076	197832	63223	3915	16106
1994-2000年	13372	10815	1581	455	521	125975	81590	32614	9048	2723
1994年以前	2736	2487	135	114		34518	26718	3100	4700	
二、按营业收入分										
10000—49999万元	1282	884		398		12747	5747		7000	
5000—9999万元	306	306				2723	2723			
1000—4999万元	12099	10498	1601			103911	67111	36800		
500—999万元	15906	13606	1870		430	136137	98832	29229		8076
499万元及以下	14142	11134	1598	309	1101	186051	131727	32908	10663	10753
三、按营业面积分										
5000—9999平方米	984		586	398		26540		19540	7000	
3000—4999平方米	1656	732	810	114		31870	7247	19923	4700	
1000—2999平方米	9513	5511	3045	65	892	139579	69146	53529	2268	14636
500—999平方米	7477	6879	275	97	226	69817	60609	2624	3091	3493
499平方米及以下	24105	23306	353	33	413	173763	169138	3321	604	700
四、按地区分										
北京分店小计	**37727**	**34133**	**1356**	**707**	**1531**	**351924**	**289357**	**26075**	**17663**	**18829**
东城区	4212	3916	146		150	32823	27893	2500		2430
西城区	4277	4087	5		185	38298	37256	42		1000
崇文区	2168	2168				17608	17608			
宣武区	2448	2150	87		211	20361	17128	1510		1723
朝阳区	7748	7223	282	10	233	69062	61689	5273		2100
丰台区	2789	2610		80	99	19893	15665		2728	1500
石景山区	511	475	12	11	13	6261	5711	250	300	
海淀区	9403	8432	275	114	582	86237	69381	2980	4700	9176
门头沟区	118	118				730	730			
房山区	568	568				13989	13989			
通州区	697	697				9252	9252			
顺义区	555	414	83		58	5413	4313	200		900
昌平区	736	338	398			14227	2707	11520		
大兴区	831	346		485		12581	2750		9831	
怀柔区	138	138				757	757			
平谷区	161	93	68			2623	823	1800		
密云县	176	169		7		1120	1016		104	
延庆县	191	191				689	689			
外地分店小计	**6008**	**2295**	**3713**			**89645**	**16783**	**72862**		
天津市	331	275	56			3074	1974	1100		
河北省	1454	677	777			19367	5107	14260		
山西省	516	456	60			4193	2993	1200		
内蒙古自治区	589	158	431			7456	1292	6164		
辽宁省	206		206			4700		4700		
黑龙江省	89		89			1800		1800		
上海市	324		324			6236		6236		
江苏省	154		154			2950		2950		
福建省	98		98			1329		1329		
山东省	942	516	426			14284	3684	10600		
河南省	361	103	258			6000	1200	4800		
云南省	90		90			1300		1300		
陕西省	179	110	69			1733	533	1200		
甘肃省	175		175			1800		1800		
青海省	85		85			1500		1500		
宁夏回族自治区	60		60			1100		1100		
新疆维吾尔自治区	355		355			10823		10823		

4-16 个体餐饮情况

	户 数（个）	营业面积（平方米）	从业人员（人）	外地人员	营业收入（千元）	营业支出（千元）	固定资产（千元）
总 计	**39019**	**3238663**	**180877**	**142561**	**722313**	**548356**	**178849**
东城区	983	60591	5291	4044	22458	17183	4591
西城区	773	64771	4605	3521	19437	15071	5205
崇文区	426	42208	2738	1969	7509	4347	269
宣武区	968	69941	5506	4880	21559	17870	4813
朝阳区	6924	521321	34317	30536	118387	93273	30285
丰台区	5491	345261	24055	21478	68955	53553	10965
石景山区	921	81795	5414	4905	17962	18177	3890
海淀区	4775	337890	25437	23109	110373	86516	19484
门头沟区	671	58436	2503	1600	7849	5500	2935
房山区	2509	196895	9231	5039	43022	32615	10190
通州区	2332	173422	8819	6008	66456	46523	6661
顺义区	2346	215177	9509	6890	31015	22842	11846
昌平区	2513	274972	12732	10301	35677	27964	14798
大兴区	3063	230243	12369	9800	40680	28910	10503
怀柔区	833	107533	3826	1784	10887	7987	5419
平谷区	1050	128938	4667	2486	18070	12764	9896
密云县	1308	199305	6200	2924	41594	28928	20563
延庆县	1113	123470	3344	1015	38733	27124	6010
北京经济技术开发区	20	6494	314	272	1688	1207	528

4-17 餐饮业产业活动单位经营情况

	单位数 (个)	营业额 (千元)					营业面积 (平方米)	餐位数 (位)
			客房收入	餐费收入	商品销售收入	其他收入		
总计	**528**	**725049**	**9661**	**693578**	**12955**	**8855**	**174694**	**44691**
一、按法人所属行业分								
制造业	33	16626	1905	13517	4	1200	10065	2292
电力、燃气及水的生产和供应业	1	456		456			130	60
建筑业	8	2434		2434			1430	300
交通运输、仓储和邮政业	5	1178		1178			573	243
批发与零售业	201	125698	1045	120682	3813	158	49468	15078
房地产业	39	113325	839	104756	1740	5990	28743	5147
租赁与商务服务业	92	77200	3595	68175	4964	466	12720	5786
科学研究、技术服务和地质勘查业	16	21034		20963	1	70	4720	1740
水利、环境和公共设施管理业	5	491		491			650	332
居民服务和其他服务业	45	7744	2133	5524	39	48	3603	1295
教育	3	2119		2099	20		2352	440
文化、体育与娱乐业	20	30551		29408	1142	1	9137	2441
公共管理与社会组织	5	157	11	132	14		530	304
外地法人在京的产业活动单位	55	326036	133	323763	1218	922	50573	9233
二、按地区分								
东城区	82	89793	39	89316	398	40	19380	6015
西城区	166	231479	984	229617	650	228	39569	11322
崇文区	20	19878	2130	16811	889	48	4286	1282
宣武区	14	22141		20735	1406		5302	1148
朝阳区	71	125792		118649	3297	3846	29932	5816
丰台区	30	50918	4395	40214	3205	3104	11591	2887
石景山区	12	5644		5385	1	258	3973	981
海淀区	42	138526	1045	136769	686	26	32248	7137
门头沟区	23	3596	12	3158	426		2531	1048
房山区	17	2703		2678	20	5	1351	461
顺义区	5	4037		3601	436		1430	575
昌平区	7	6109		5973	36	100	4410	626
大兴区	9	3474	1050	2401	23		5411	835
怀柔区	6	5503		5503			2708	777
平谷区	2	2530	3	2113	414		1420	346
密云县	9	6932	3	5729		1200	4596	1730
延庆县	13	5994		4926	1068		4556	1705

注：本表统计范围： 1.在京的非住宿餐饮业法人单位经营的全部餐饮业产业活动单位；
2.外地法人在京经营的餐饮业产业活动单位。

金融业

《北京经济普查年鉴—2004》

第三产业卷

5-1　保险公司财产险业务情况

计量单位：千元

	保险金额	保费收入	赔款支出	未决赔款
总　　计	**2753174507**	**6620253**	**3325442**	**1209269**
财产保险小计	1184762832	1183602	228018	151292
企业财产保险	839645432	493239	103467	59710
家庭财产保险	132105549	408015	6955	3874
船舶保险	2788003	11779	318	120
飞机保险及飞机责任保险	137147854	165656	103871	76913
其他保险	73075994	104913	13407	10675
机动车辆保险	276539702	4642636	2925942	698776
责任保险	442507174	144662	20563	50354
建、安工程保险	67629553	121069	8038	20220
信用保险	912369	2515		184785
保证保险	1546222	6807	4206	665
货运保险	586560233	447508	134501	96990
农业保险	17033	1187	2998	
其他险种	192699389	70267	1176	6187

5-2　保险公司人身险业务情况

计量单位：千元

	保险金额	保费收入		赔款支出	退保金	年金给付	满期给付	死　伤、医疗给付
			新单保费					
总　计	**939019315**	**20873451**	**14909119**	**713814**	**2778680**	**356808**	**530626**	**182642**
个人业务	348892904	8406833	3001205	139514	675811	128456	305290	142681
人寿保险	40649426	5939659	2260298		620084	128456	305030	62185
非分红产品	27985989	2328441	450708		255061	101031	179852	43795
分红产品	9794287	2857362	1458757		120707	27425	124707	13070
投资连接产品	769898	484486	81958		161614		351	4300
万能产品	2099252	269370	268875		82702		120	1020
意外伤害保险	290953214	176711	119596	30156	1			
健康保险	17290264	2290463	621311	109358	55726		260	80496
团体业务	578052546	4424485	3976959	574250	1749831	226209	213325	19872
人寿保险	9352019	3589514	3188217	788	1511177	226209	209419	10398
非分红产品	8195367	497388	349286	788	333415	119542	121249	3745
分红产品	644958	2530837	2316617		1099548	89410	26550	3708
投资连接产品	408608	455219	416244		50065	16667		2915
万能产品	103086	106070	106070		28149	590	61620	30
意外伤害保险	512917053	308677	293400	55978				16
健康保险	55783474	526294	495342	517484	238654		3906	9458
银行、邮储业务	12073865	8042133	7930955	50	353038	2143	12011	20089
人寿保险	8129398	8035915	7925401		351500	2143	12011	19514
非分红产品	264856	184136	167352		23311	2143	11996	3738
分红产品	7785984	7392038	7298310		324994		15	15719
投资连接产品	908	413199	413197		1525			57
万能产品	77650	46542	46542		1670			
意外伤害保险	3794458	4144	4091	50				30
健康保险	150009	2074	1463		1538			545
补充资料	—	—	—	—	—	—	—	—
补充养老保险		15874	15874		9065	4614	12306	1056
补充医疗保险	8474	179281	161872	189520	4			101

5-3 银行、保险系统机构人员

	机构合计(个)	总行 总公司	分行 分公司	支行 支公司	分理处	储蓄所	其他
总计	**3022**	**26**	**89**	**922**	**1102**	**812**	**71**
东城区	213	4	18	78	45	60	8
西城区	270	11	19	98	57	73	12
崇文区	94		1	23	27	42	1
宣武区	127	2	3	41	33	44	4
朝阳区	460	4	31	169	148	99	9
丰台区	240	1	1	44	109	81	4
石景山区	89			16	32	40	1
海淀区	519	3	7	178	196	124	11
门头沟区	52		1	17	19	15	
房山区	132		2	21	41	65	3
通州区	130		1	29	68	29	3
顺义区	110	1		38	54	14	3
昌平区	125		1	37	59	23	5
大兴区	125			40	48	35	2
怀柔区	103		1	27	57	17	1
平谷区	84		2	23	37	20	2
密云县	86		1	24	44	16	1
延庆县	63			19	28	15	1

5-3 续表

	人员合计(人)	总行 总公司	分行 分公司	支行 支公司	分理处	储蓄所	其他
总计	**83095**	**15701**	**14964**	**34401**	**13141**	**4218**	**670**
东城区	8094	1437	1974	3148	939	385	211
西城区	23213	10363	6762	4086	1401	538	63
崇文区	2311		3	1292	677	336	3
宣武区	5191	689	1676	1889	637	265	35
朝阳区	12529	899	3451	5917	1814	412	36
丰台区	5149	464	523	2301	1392	434	35
石景山区	1278			699	370	206	3
海淀区	11624	1716	509	6409	2247	593	150
门头沟区	636		51	343	179	63	
房山区	1849		2	732	814	279	22
通州区	1610		2	1000	462	124	22
顺义区	1926	133		1279	434	62	18
昌平区	1675		2	1035	551	65	22
大兴区	1825			1272	393	145	15
怀柔区	1087		2	789	210	78	8
平谷区	1129		5	840	182	87	15
密云县	1106		2	770	254	74	6
延庆县	863			600	185	72	6

5-4 保险系统机构代理制人员

计量单位：人

	合计	总公司	分公司	支公司	其他
总计	**46754**	**219**	**10299**	**25108**	**11128**
东城区	5817		2362	569	2886
西城区	6410		1070	3297	2043
崇文区	495		230	88	177
宣武区	1401			1401	
朝阳区	6985	218	4671	2096	
丰台区	907			907	
石景山区	942			768	174
海淀区	9113		909	5416	2788
门头沟区	428			428	
房山区	2024		111	963	950
通州区	3127		136	2467	524
顺义区	2149	1	240	1718	190
昌平区	1023		39	713	271
大兴区	1542			1196	346
怀柔区	974		81	529	364
平谷区	1376		299	825	252
密云县	1622		151	1399	72
延庆县	419			328	91

5-5 金融业法人单位主要

	流动资产合计	#现金	短期投资	应收帐款(净额)	一年内到期的长期债权投资	长期投资合计	#长期股权投资
总计	**5008808963**	**13651944**	**487099889**	**159186039**	**234565117**	**2304041681**	**85156066**
一、按登记注册类型分							
内资	4954648362	13581274	486712323	154399444	233572112	2302744211	83858596
国有	2025096920	7002468	257000830	30945961	209758991	465807097	11482462
集体	28985582	210845	137678	337864	863842	5588604	41900
股份合作	192252720	858277	14314722	77968	12198886	13288707	76800
国有独资公司	447771403	437	747455	18942852		15020139	10850539
其他有限责任公司	281879684	1037982	47103861	5970946	305890	29690027	5351135
股份有限公司	1978299639	4471191	167407777	98121031	10444503	1773139596	55845719
私营有限责任公司	362414	74		2822		210041	210041
港澳台商投资	6572130	15227		34708			
港澳台商独资	6572130	15227		34708			
外商投资	47588471	55443	387566	4751887	993005	1297470	1297470
中外合资经营	14909638	44214		3894958	993005	1297470	1297470
外资企业	31822312	11229	387566	849135			
外商投资股份有限公司	856521			7794			
二、按隶属关系分							
中央	4288973017	10602773	463243681	123840416	230195116	2173214173	78014002
地方	159745508	769846	9523996	8602553	3285179	31144820	1705701
其他	560090438	2279325	14332212	26743070	1084822	99682688	5436363
三、按行业大类分							
银行业	4245388683	12554532	438987014	121695022	233266222	2256782944	66897861
证券业	42221559	239879	357645	15008967		4990424	4921851
其他金融活动	721198721	857533	47755230	22482050	1298895	42268313	13336354

财务状况(银行业会计制度)

计量单位：千元

长期债权投资	固定资产原价	累计折旧	本年折旧	在建工程	无形资产	资产总计	流动负债合计	#短期借款	应付账款
1270674043	**64935001**	**16887257**	**4862284**	**8124198**	**50159291**	**10614796923**	**4416994328**	**509741723**	**97689286**
1270674043	64302854	16637105	4828548	8116935	50148658	10542464409	4357433905	490111953	95894247
453315226	32187705	8008876	2387245	3958582	42841957	3622361747	2272144222	113401619	36935826
3724729	1041384	449973	52932	350563		41777715	37098447	9619909	775015
2719632	2899170	1018298	81487	653009	19905	250526080	235237816	2094385	1638589
4169600	1869699	570491	138403		93479	1629550989	79865547	1755140	3875477
22614308	2748108	977498	188573	156915	217990	370931577	317708300	43216337	6484416
784130548	23534877	5604222	1978599	2997866	6975307	4626727356	1415130546	320024563	46183915
	21911	7747	1309		20	588945	249027		1009
	334487	85262	15899			10100356	9067208	232390	60891
	334487	85262	15899			10100356	9067208	232390	60891
	297660	164890	17837	7263	10633	62232158	50493215	19397380	1734148
	126516	88261	7866			18637834	10962841	5138049	170256
	117956	66593	9317	7263	9881	42181893	38260674	14259331	1554501
	53188	10036	654		752	1412431	1269700		9391
1153787823	54797668	14359866	4418182	5260906	49846160	9553319532	3528209732	385090776	88775377
22936348	4174087	801708	98015	580390	40227	218465608	192896483	1041190	5490168
93949872	5963246	1725683	346087	2282902	272904	843011783	695888113	123609757	3423741
1243887660	58946294	14936609	4480210	7828686	49651704	8573615546	3991576103	458562874	81636199
2475	3774840	1316090	241665	184099	387986	51291644	34991333	2541500	7902699
26783908	2213867	634558	140409	111413	119601	1989889733	390426892	48637349	8150388

5-5 续表 1

	长期负债合计	#长期借款	应付债券	发行长期债券	负债合计	所有者权益合计	#实收资本
总　　计	**4106406947**	**529031951**	**784163928**	**185392991**	**9779105510**	**835691413**	**850204136**
一、按登记注册类型分							
内资	4101040210	525398690	784163928	185392991	9714178350	828286059	843878020
国有	1014556024	59105304		106728974	3286700246	335661501	361546517
集体	2940792	1287942			40039239	1738476	1038414
股份合作	12726471	161940			247964287	2561793	1402257
国有独资公司	1589437618	367244463	784163928		1669303165	-39752176	45199961
其他有限责任公司	18808204	1678805		82895	336518154	34413423	30534297
股份有限公司	1462570102	95920236		78581122	4133403233	493324123	403814318
私营有限责任公司	999				250026	338919	342256
港澳台商投资	445117	106365			9512325	588031	601149
港澳台商独资	445117	106365			9512325	588031	601149
外商投资	4921620	3526896			55414835	6817323	5724967
中外合资经营	4837854	3526896			15800695	2837139	2097487
外资企业	83766				38344440	3837453	3524023
外商投资股份有限公司					1269700	142731	103457
二、按隶属关系分							
中央	3988329614	513914788	784163928	179267358	8765751875	787567657	822508247
地方	10366001	22000			203262484	15203124	10893470
其他	107711332	15095163		6125633	810091151	32920632	16802419
三、按行业大类分							
银行业	2492891763	156416332		185310096	7740170451	833445095	766231507
证券业	1842395	1520355			36833728	14457916	18552930
其他金融活动	1611672789	371095264	784163928	82895	2002101331	-12211598	65419699

计量单位：千元

国家资本	集体资本	法人资本	个人资本	港澳台资本	外商资本	营业收入	#利息收入	金融企业往来收入	手续费收入
762685745	**1184805**	**75922591**	**3163149**	**2455644**	**4792202**	**333954588**	**96555732**	**117137324**	**7006588**
762520767	1184805	75095494	3163149	1757581	156224	331722863	95581020	116870071	6568574
343724197		17822320				114761348	38565039	69394471	2711659
	367208	276435	394771			1130208	826247	291847	10589
	677417	73673	651167			6863188	4413573	2145199	176529
43457964		1741997				10153672	9299244	104462	187970
1940222	140180	28345395	108500			9376078	5309176	1935157	760776
373398384		26497418	2004711	1757581	156224	189435797	37168372	42997664	2720966
		338256	4000			2572	-631	1271	85
				601149		285106	104646	55110	90856
				601149		285106	104646	55110	90856
164978		827097		96914	4635978	1946619	870066	212143	347158
164978		624065		96914	1211530	897330	293781	59109	119512
		203032			3320991	980702	551850	151368	189196
					103457	68587	24435	1666	38450
761747510	994625	55439211	1267738	1833802	1225361	293466514	76754342	100172409	5214932
		9693480	1199990			5716638	2875959	1646498	931399
938235	190180	10789900	695421	621842	3566841	34771436	16925431	15318417	860257
716768313	994625	40144056	3050649	2358730	2915134	312511992	81617078	114871908	5212372
4793035	140180	12865724		76221	677770	2241269	72193	317355	1299932
41124397	50000	22912811	112500	20693	1199298	19201327	14866461	1948061	494284

5-5 续表 2

	营业支出	#利息支出	金融企业往来支出	营业费用	#税金	差旅费	工会经费	排污费	营业税金及附加
总计	**358079954**	**54212283**	**138289356**	**27984923**	**827551**	**559096**	**143409**	**1724**	**5566403**
一、按登记注册类型分									
内资	356173607	53786411	137966349	26905990	824636	526495	143063	1717	5497026
国有	117368212	20483376	57957310	10669697	211111	144850	66555	1370	2402862
集体	997472	307014	123753	329530	6231	1944	1664	18	28088
股份合作	5422808	2261914	1129970	1434483	29902	44854	7672	310	235172
国有独资公司	7034473	9821802	11573	-3576616	11694	28241	3764		47445
其他有限责任公司	8171868	3939892	754722	2033190	21638	51599	7247	19	419309
股份有限公司	217164165	16972413	77989021	16001099	543796	254540	56161		2364013
私营有限责任公司	14609			14607	264	467			137
港澳台商投资	224221	15151	67058	141515	1374	1072	209	7	9052
港澳台商独资	224221	15151	67058	141515	1374	1072	209	7	9052
外商投资	1682126	410721	255949	937418	1541	31529	137		60325
中外合资经营	820743	231449	15467	524961	918	16400	137		32747
外资企业	837271	167594	240482	400023	623	15034			24782
外商投资股份有限公司	24112	11678		12434		95			2796
二、按隶属关系分									
中央	321517892	45163306	122740432	19886300	396206	381350	108754	1716	4330395
地方	5653815	1687734	1375127	2189436	31384	77144	10434	1	237507
其他	30908247	7361243	14173797	5909187	399961	100602	24221	7	998501
三、按行业大类分									
银行业	340488763	39912964	137390510	28006390	784178	429925	129187	1513	5010721
证券业	3624722	507191	213907	2626036	18750	66335	6878		141142
其他金融活动	13966469	13792128	684939	-2647503	24623	62836	7344	211	414540

计量单位：千元

营业利润	投资收益	补贴收入	利润总额	应交所得税	可供分配利润	劳动、失业保险费	养老保险和医疗保险	住房公积金和住房补贴	本年应付工资总额（贷方累计发生额）	本年应付福利费总额（贷方累计发生额）
-29691546	**75927131**	**1279372**	**12212606**	**20179717**	**-6524229**	**483709**	**1043771**	**1104116**	**14779047**	**1340977**
-29947547	75644946	1279370	11754637	20125488	-7426325	482017	1023117	1066533	14347580	1261278
-5009734	18957739	1278050	8260793	-44277	-12719748	276517	569871	331186	3414308	665716
104648	216191		318893	47505	252311	2635	22009	10079	74160	35815
1205208	953108		2215005	717405	1222432	71451	90916	121965	7058764	38447
3071754	306503		3351245	-10047	-1783241	2009	23056	23938	217908	26246
785132	2027872	1320	2731059	1079335	3872558	5749	57693	33970	405576	44516
-30092381	53171399		-5122314	18335567	1726723	123540	258992	545151	3172965	449936
-12174	12134		-44		2640	116	580	244	3899	602
51833			51833		7300	205	3651	1881	29341	49
51833			51833		7300	205	3651	1881	29341	49
204168	282185	2	406136	54229	894796	1487	17003	35702	402126	79650
43840	275731		233736	28589	724748	612	9079	27760	212333	63193
118649	6454	2	130721	23236	130773	863	7676	7843	186173	15560
41679			41679	2404	39275	12	248	99	3620	897
-32381781	71697756	1279370	5881597	18095197	-9520514	392635	890921	777087	13014458	1130846
-174684	1190406		901819	743375	56248	54446	41353	141453	471989	41895
2864919	3038969	2	5429190	1341145	2940037	36628	111497	185576	1292600	168236
-32987492	73286080	1278002	6528550	19074725	-8701398	472224	925383	1003304	13710973	1191233
-1524364	356213		-1307092	-70955	-2130820	4695	58303	57060	640414	87129
4820310	2284838	1370	6991148	1175947	4307989	6790	60085	43752	427660	62615

5-6　金融业法人单位主要

	流动资产合计	短期投资	应收帐款（净额）	一年内到期的长期债权投资	长期股权投资	长期债权投资
总　　计	**380592957**	**27278004**	**27389737**	**773722**	**87795955**	**279998522**
一、按登记注册类型分						
内资	379046392	27199420	27260651	773722	87795955	279282818
国有	13226578	5281311	190759		1201205	3944970
国有独资公司	86704688	1316097	9906871	33851	69762991	59361923
其他有限责任公司	33817		3716			
股份有限公司	279081107	20602012	17159305	739871	16831759	215975925
私营有限责任公司	202					
外商投资	1546565	78584	129086			715704
中外合资经营	679748	71384	6923			99954
外资企业	866817	7200	122163			615750
二、按隶属关系分						
中央	350498127	21414245	19121276	756779	87736159	252444737
地方	-11999930	2596182	148172		59796	22588512
其他	42094760	3267577	8120289	16943		4965273

5-6　续表 1

	#短期借款	应付分保账款	长期负债合计	#长期借款	应付债券	负债合计
总　　计	**-5345205**	**1210894**	**327938654**	**2000000**	**2650000**	**713654906**
一、按登记注册类型分						
内资	-5345205	1204854	326844533	2000000	2650000	712167858
国有		349813	10042813			15516096
国有独资公司		56837	246501724			254139793
其他有限责任公司			26571			63816
股份有限公司	-5345205	798204	70273425	2000000	2650000	442448147
私营有限责任公司						6
外商投资		6040	1094121			1487048
中外合资经营		5000	304065			506222
外资企业		1040	790056			980826
二、按隶属关系分						
中央		1020269	273662868	2000000	1300000	656624706
地方	-5345205	80142	18571053		1350000	12052216
其他		110483	35704733			44977984

财务状况(保险业会计制度)

计量单位：千元

固定资产合计	#固定资产原价	累计折旧	本年折旧	在建工程	无形资产	资产总计	流动负债合计
8009160	**8261214**	**1933873**	**338407**	**1692772**	**375331**	**770004329**	**385741447**
7964568	8204636	1921887	328817	1692772	370714	767462382	385348520
1346302	652520	139708	25677	833490	569	19599737	5473283
3587327	4481514	1194996	144403	311857	240265	219376650	7638069
3004	5287	2283	1182		817	37638	37245
3027878	3065258	584889	157547	547425	129063	528448098	372199917
57	57	11	8			259	6
44592	56578	11986	9590		4617	2541947	392927
33727	40707	6980	6584		4231	877718	202157
10865	15871	5006	3006		386	1664229	190770
6424675	6732712	1579485	250233	1282491	322226	709317674	382960425
817326	761559	147087	26709	202776	18507	12057527	-6492229
767159	766943	207301	61465	207505	34598	48629128	9273251

计量单位：千元

所有者权益合计	#实收资本	国家资本	集体资本	法人资本	个人资本	港澳台资本	外商资本
56349423	**72967813**	**36046620**		**23958630**	**78100**	**8825472**	**4058991**
55294524	71765702	36046620		23608630	78100	8825472	3206880
4083641	3900000	3900000					
-34763143	24100000	24100000					
-26178							
85999951	43764702	8046620		23608630	77100	8825472	3206880
253	1000				1000		
1054899	1202111			350000			852111
371496	700000			350000			350000
683403	502111						502111
52692968	68358702	36046620		20873530		8825472	2613080
5311	1200000			901200			298800
3651144	3409111			2183900	78100		1147111

5-6 续表 2

	保险业务收入合计	#保费收入	分保费收入	保险业务支出合计	#死伤、满期、年金给付	退保金
总计	**74791578**	**55186669**	**19308900**	**49496956**	**12928535**	**5119484**
一、按登记注册类型分						
内资	73493120	54081312	19115799	48802376	12927335	5109954
国有	15559759	1423015	14136744	15902684	5473	35089
国有独资公司	27939490	27666294		16183820	11857851	2326006
其他有限责任公司	74863	74606		54590		
股份有限公司	29918434	24916823	4979055	16660235	1064011	2748859
私营有限责任公司	574	574		1047		
外商投资	1298458	1105357	193101	694580	1200	9530
中外合资经营	405666	405666		386079	202	6618
外资企业	892792	699691	193101	308501	998	2912
二、按隶属关系分						
中央	51645610	32293901	19078513	37580159	12005670	2720854
地方	7520043	7519473	137	3624048	259605	1626198
其他	15625925	15373295	230250	8292749	663260	772432

5-6 续表 3

	排污费	准备金提转差	承保利润	投资收益	利息收入	利息支出
总计	**24**	**36481603**	**-11186981**	**3946001**	**15312444**	**433012**
一、按登记注册类型分						
内资	24	35510975	-10820231	3928510	15290609	433012
国有		-83059	-259866	-139118	224977	39
国有独资公司	24	17302086	-5546416	2514217	4148776	5677
其他有限责任公司		17312	2961		29	17
股份有限公司		18274636	-5016437	1553411	10916823	427279
私营有限责任公司			-473		4	
外商投资		970628	-366750	17491	21835	
中外合资经营		302838	-283251	1404	9291	
外资企业		667790	-83499	16087	12544	
二、按隶属关系分						
中央	24	23774237	-9708786	3428194	14952945	431410
地方		4732564	-836569	453587	273584	17
其他		7974802	-641626	64220	85915	1585

计量单位：千元

赔款支出	分保赔款支出	分保费用支出	佣金支出	营业税金及附加	营业费用	#税金	差旅费	工会经费
4841326	**11444017**	**6749041**	**1014930**	**440763**	**5226589**	**51218**	**122496**	**25902**
4837619	11431703	6693021	857673	436057	4800955	50467	113825	25752
170731	10070187	5161795	17364	27496	274070	3030	6258	601
758190			20318	15834	1063334	24427	15963	8758
22236				3997	19769	76	867	29
3886462	1361516	1531226	819888	388698	3443675	22934	90630	16364
			103	32	107		107	
3707	12314	56020	157257	4706	425634	751	8671	150
354			61015	1253	305614	337	5054	150
3353	12314	56020	96242	3453	120020	414	3617	
1060550	11494440	6767713	190904	71668	2943225	38504	66832	19353
400364	122	41	271334	27389	756493	1052	28778	1999
3380412	-50545	-18713	552692	341706	1526871	11662	26886	4550

计量单位：千元

营业利润	利润总额	应交所得税	可供分配利润	劳动、失业保险费	养老保险和医疗保险	住房公积金和住房补贴	本年应付工资总额(贷方累计发生额)	本年应付福利费总额(贷方累计发生额)
9537696	**9435787**	**410553**	**6990162**	**166237**	**169477**	**83234**	**1326764**	**163671**
9872133	9770270	410553	7029526	165698	161059	77925	1246901	157662
-85098	-83062			2078	2724	2625	53830	4210
1207592	1202111		-6368341	146505	89959	32077	228109	48810
3108	3124			69	1384	442	6581	245
8747004	8648570	410553	13397867	17029	66992	42781	958105	104358
-473	-473			17			276	39
-334437	-334483		-39364	539	8418	5309	79863	6009
-276651	-276682		-39364	165	4449	2416	48586	4597
-57786	-57801			374	3969	2893	31277	1412
10112187	10127052	401632	6016537	156829	112322	52281	779877	120959
-87859	-200036		413044	509	15928	4088	128641	21126
-486632	-491229	8921	560581	8899	41227	26865	418246	21586

5-7 金融业法人单位主要

	年初存货	流动资产合计	#现金	短期投资	应收帐款(净额)	存货	一年内到期的长期债权投资	长期投资合计
总计	**113567**	**29417575**	**696220**	**4083163**	**3030316**	**233235**	**54995**	**44721563**
一、按登记注册类型分								
内资	113567	29278295	695560	4083163	3012275	233213	54995	44719563
国有	435	3997506	843	1128561	89891	222	53000	27860663
国有独资公司		3458867	69	504545	1066100			13310169
其他有限责任公司	60880	10421479	391520	1894524	1733550	158989	11	1826690
股份有限公司		899458	4261	269781	13387	200		467734
私营合伙	181	100371	27			181		
私营有限责任公司	52071	10361318	297636	285752	109281	73621	1984	1213807
私营股份有限公司		39296	1204		66			40500
港澳台商投资		61127	189		229	22		
与港澳台商合资经营		61127	189		229	22		
外商投资		78153	471		17812			2000
中外合资经营		31891	452		4596			2000
外资企业		46262	19		13216			
二、按隶属关系分								
中央		6631412	3949	1588740	114586	22	53000	30537924
地方	20704	4087661	200791	367126	1271732	21274		11186435
其他	92863	18698502	491480	2127297	1643998	211939	1995	2997204
三、按行业大类分								
证券业	21	3334823	12258	213866	721197	11030		507712
保险业	2068	1132932	125096	173910	106319	2986	1995	79108
其他金融活动	111478	24949820	558866	3695387	2202800	219219	53000	44134743

财务状况(企业会计制度)

计量单位：千元

#长期股权投资	长期债权投资	固定资产合计	#固定资产原价	累计折旧	本年折旧	在建工程	无形资产	资产总计	流动负债合计	#短期借款	应付账款
40647540	**2659699**	**2046956**	**2460199**	**468977**	**115541**	**51930**	**390513**	**78870125**	**11060850**	**4384916**	**960358**
40647540	2657699	2039463	2447222	463449	113258	51930	390450	78719164	11003112	4384916	945921
25772861	2087802	705118	987631	284486	51393		361949	33441807	1408582	530000	97228
12794579	485590	170608	178712	20655	6355	12550	39	18467049	4185535	3160000	40085
1332754	25000	522529	661139	142632	45209	3252	25024	12913759	3458169	451079	757476
423353	43353	32412	34223	2496	1375		416	1402014	1283805	208716	15143
		24	54	30	12			100399	25		21
319493	9954	600251	576241	12449	8657	36128	3022	12298621	660209	35121	34414
4500	6000	8521	9222	701	257			95515	6787		1554
		2978	5229	2295	517			64260	33968		
		2978	5229	2295	517			64260	33968		
	2000	4515	7748	3233	1766		63	86701	23770		14437
	2000	1949	2405	456	408		63	36542	11729		10183
		2566	5343	2777	1358			50159	12041		4254
27974532	2563392	839969	1204865	367278	70202		8105	38532709	3408622	778676	114679
10990422	10000	385813	407425	34164	21198	12550	359006	17565382	4317858	3295382	72112
1682586	86307	821174	847909	67535	24141	39380	23402	22772034	3334370	310858	773567
435461		220552	333422	112884	31110		2486	4081441	1540400	108000	280250
26863	50807	488604	505090	17859	8794	1291	21059	1743480	158246	1425	43681
40185216	2608892	1337800	1621687	338234	75637	50639	366968	73045204	9362204	4275491	636427

5-7 续表 1

	长期负债合计	#长期借款	应付债券	负债合计	所有者权益合计	#实收资本	国家资本	集体资本
总计	**7149414**	**6835720**		**18210277**	**60598360**	**38667800**	**10963039**	**551250**
一、按登记注册类型分								
内资	7149414	6835720		18152539	60505137	38608519	10963039	551250
国有	5703304	5555945		7111886	26329921	10328294	5926259	
国有独资公司	1271416	1271416		5456951	13010098	5802000	5032000	
其他有限责任公司	14316	7375		3472485	9441273	8843447	4780	373200
股份有限公司	159333			1443138	-41124	1227861		
私营合伙				25	100374	100481		
私营有限责任公司	1045	984		661267	11575867	12215394		178050
私营股份有限公司				6787	88728	91042		
港澳台商投资				33968	30292	23281		
与港澳台商合资经营				33968	30292	23281		
外商投资				23770	62931	36000		
中外合资经营				11729	24813	26000		
外资企业				12041	38118	10000		
二、按隶属关系分								
中央	6012637	5705945		9421259	29111450	11875422	5049745	
地方	1123298	1123298		5441156	12124226	6865014	5908514	
其他	13479	6477		3347862	19362684	19927364	4780	551250
三、按行业大类分								
证券业	6478	6478		1546878	2534563	1925785	20000	48000
保险业	68	-1		158327	1571709	1601881	500	2050
其他金融活动	7142868	6829243		16505072	56492088	35140134	10942539	501200

计量单位：千元

				主营业务	主营业务		主营业务	主营业务	其他业务	其他业务
法人资本	个人资本	港澳台资本	外商资本	收入	成本	营业费用	税金及附加	利润	收入	利润
15206469	**11924269**	**7589**	**15184**	**1712888**	**544618**	**524354**	**79945**	**635448**	**49518**	**-5686**
15176792	11916968	470		1613765	539650	523248	75493	546851	49518	-5686
4402035				213101	266862	75447	3969	-133177	33777	2872
770000				15368	8083	6878	1208	-801	6804	-13816
7603693	861774			518868	107467	206520	23081	182096	8667	5019
1227361	500			58508	18589	11908	3258	24753	4	4
481	100000			461	282		25	154		
1172522	10864352	470		804540	138367	220499	43792	473063	266	235
700	90342			2919		1996	160	763		
17461		5820		32126			1608	30518		
17461		5820		32126			1608	30518		
12216	7301	1299	15184	66997	4968	1106	2844	58079		
12216	7301	1299	5184	14193	4968	1106	204	7915		
			10000	52804			2640	50164		
6819857		5820		325347	303981	133442	7970	-120046	22777	-24603
887400	69100			104806	28637	30746	6173	39250	20950	16690
7499212	11855169	1769	15184	1282735	212000	360166	65802	716244	5791	2227
1643530	214255			285416	128004	103005	11721	42686	183	117
923646	652912	7589	15184	620088	79898	117488	36791	457344	1584	1559
12639293	11057102			807384	336716	303861	31433	135418	47751	-7362

5-7 续表 2

	管理费用						财务费用
		#税　金	财　产 保险费	差旅费	工会经费	排污费	
总　　计	**1277681**	**10898**	**921**	**35310**	**3198**	**5**	**75303**
一、按登记注册类型分							
内资	1200808	10887	845	33534	2982	5	75709
国有	134773	2096	218	5989	1999		-13010
国有独资公司	50118	1319	81	1713	333		80153
其他有限责任公司	217914	1225	460	22119	519	5	11387
股份有限公司	35279	117	31	637	66		-354
私营合伙	184						1
私营有限责任公司	761053	6130	55	2850	56		-2365
私营股份有限公司	1487			226	9		-103
港澳台商投资	26239	1	47	757	216		-197
与港澳台商合资经营	26239	1	47	757	216		-197
外商投资	50634	10	29	1019			-209
中外合资经营	7556	10	29	1019			-84
外资企业	43078						-125
二、按隶属关系分							
中央	196924	1358	358	9450	2464		-24488
地方	68695	2335	153	6216	210	5	93225
其他	1012062	7205	410	19644	524		6566
三、按行业大类分							
证券业	86707	611	164	3372	179		-10644
保险业	486652	1594	213	13485	534		-3068
其他金融活动	704322	8693	544	18453	2485	5	89015

计量单位：千元

营业利润	投资收益	补贴收入	利润总额	应交所得税	可供分配利润	劳动、失业保险费	养老保险和医疗保险	住房公积金和住房补贴	本年应付工资总额(贷方累计发生额)	本年应付福利费总额(贷方累计发生额)
-723061	**2858061**	**1199**	**2112023**	**143563**	**2713048**	**3085**	**18855**	**12925**	**710689**	**47923**
-735191	2858061	1199	2099932	139060	2704429	1663	16700	11713	688630	46755
-252068	2440323	1422	2165324	68831	2427217	504	3401	2903	41373	6892
-144888	406480		261518	30632	233989	98	1986	1038	11749	2002
-42061	6972	-259	-33151	25306	32173	922	9496	7317	430282	11568
-10168			-11247	8121	9869	61	447	131	10086	1258
-31			-48						131	
-285354	4286	36	-281843	6168	1181	74	1290	284	194587	24941
-621			-621	2		4	80	40	422	94
4476			4472	1476	3811	31	664	411	11827	199
4476			4472	1476	3811	31	664	411	11827	199
7654			7619	3027	4808	1391	1491	801	10232	969
443			443	659		25	237	106	1986	134
7211			7176	2368	4808	1366	1254	695	8246	835
-317085	2626930	1422	2284295	100454	2580501	643	6474	4866	75320	10477
-105980	220499		120353	8521	112914	132	2486	1087	22788	2711
-299996	10632	-223	-292625	34588	19633	2310	9895	6972	612581	34735
-33260	20259	1422	-13381	16228	21589	609	4456	1701	35258	4911
-24977	1645	-259	-19802	13011	16730	1750	6531	6177	117141	10508
-664824	2836157	36	2145206	114324	2674729	726	7868	5047	558290	32504

5-8 金融业法人单位主要

	资产合计	#现金	有价证券	固定资产原价	累计折旧	负债合计
总计	**2663321922**	**1100**	**374852314**	**4444871**	**465590**	**2660903633**
一、按登记注册类型分						
内资	2663321922	1100	374852314	4444871	465590	2660903633
国有	2663321922	1100	374852314	4444871	465590	2660903633
二、按隶属关系分						
中央	2663321922	1100	374852314	4444871	465590	2660903633
三、按行业大类分						
银行业	2662075517	321	374852314	3477526	465590	2660837419
证券业	770964	47		704704		23779
保险业	475441	732		262641		42435

5-8 续表

	公用支出	#福利费	劳务费	取暖费	差旅费	各种设备交通工具图书资料购置费
总计	**2856374**	**22078**	**2545**	**23638**	**53438**	**177285**
一、按登记注册类型分						
内资	2856374	22078	2545	23638	53438	177285
国有	2856374	22078	2545	23638	53438	177285
二、按隶属关系分						
中央	2856374	22078	2545	23638	53438	177285
三、按行业大类分						
银行业	2623589	10062		18776	11631	129843
证券业	74690	3965	2545	3252	18820	14288
保险业	158095	8051		1610	22987	33154

财务状况(行政和事业会计制度)

计量单位：千元

上年结余	本年收入					本年支出	
	合计	#财政拨款	上级补助收入	事业收入	事业单位经营收入	合计	#人员支出
155745	**1250491**	**879900**	**34289**	**315519**		**3767858**	**161546**
155745	1250491	879900	34289	315519		3767858	161546
155745	1250491	879900	34289	315519		3767858	161546
155745	1250491	879900	34289	315519		3767858	161546
960	755700	404730	28989	315519		3178645	76108
	156685	137064	5300			150712	27888
154785	338106	338106				438501	57550

计量单位：千元

对个人和家庭补助支出	#助学金	抚恤和生活补助	事业单位经营支出	收支结余	行政(事业)结余	经营收支结余	事业单位经营税金
37523		**212**		**-2361622**	**-2361622**		**30222**
37523		212		-2361622	-2361622		30222
37523		212		-2361622	-2361622		30222
37523		212		-2361622	-2361622		30222
24862		212		-2421985	-2421985		30222
3928				5973	5973		
8733				54390	54390		

房地产业

《北京经济普查年鉴—2004》

第三产业卷

6-1 房地产开发企业

	单位数（个）	本年完成土地开发面积（平方米）	本年购置土地面积（平方米）	土地成交价款	资金来源合计	#本年资金来源
总　计	**2733**	**15597712**	**27623253**	**3149642**	**32689074**	**27676268**
一、按登记注册类型分						
内资	2402	14639245	25593052	2832150	26723560	22879107
国有	147	865423	656948	104408	2200468	1911515
集体	31		6960	246	260476	241340
股份合作	5		400000	5000	92062	76256
国有联营	2	1740	82270	7141	33414	32671
集体联营	1					
国有与集体联营	2					
其他联营	1	16944	16944	823	5800	5000
国有独资公司	26	569325	1167460	120631	811021	715900
其他有限责任公司	1318	9328940	14063766	1768614	15773978	13264917
股份有限公司	103	101338	1394464	130686	2614280	2252518
私营有限责任公司	726	3746339	7706134	678096	4766508	4246399
私营股份有限公司	40	9196	98106	16505	165553	132591
港澳台商投资	185	168659	1148922	102222	2639740	1973881
与港澳台商合资经营	77	55383	819036	53360	918658	769342
与港澳台商合作经营	101	113276	329886	48862	1608099	1094935
港澳台商独资	7				112983	109604
外商投资	146	789808	881279	215270	3325774	2823280
中外合资经营	57	415923	470255	55965	1175458	950397
中外合作经营	80	373885	411024	159305	1727386	1461754
外资企业	7				214841	207870
外商投资股份有限公司	2				208089	203259
二、按隶属关系分						
中央	100	679859	1098635	135419	1008469	782310
地方	566	4237186	5794312	733055	9573440	8034976
其他	2067	10680667	20730306	2281168	22107165	18858982
三、按控股情况分						
国有绝对控股	386	5895237	5608643	835819	8565594	7258059
国有相对控股	90	229770	472230	57663	1416291	1135012
其他	2257	9472705	21542380	2256160	22707189	19283197
四、按资质等级分						
一级	65	2134445	2542081	253881	4472344	3960584
二级	108	1544576	2609875	336588	3462947	2820241
三级	104	2081663	1524916	166718	1634565	1388312
四级	34	10958	10958	500	340854	236597
暂定	1932	9633815	19995211	2284863	21196822	18017228
其他	490	192255	940212	107092	1581542	1253306

土地开发及购置情况

计量单位：万元

国内贷款	利用外资	外商直接投资	自筹资金	其他资金来源	定金及预收款	本年各项应付款
6549957	**495704**	**209906**	**5484344**	**15146263**	**12876082**	**921204**
5268121	5000	5000	4930771	12675215	10671125	740960
596207			243434	1071874	1001006	55256
106000			66887	68453	23447	12237
18110			31934	26212	26212	5021
3700			4800	24171	17671	
1500			2800	700		32
193471			72357	450072	351157	9021
2868115			2994339	7402463	6171517	444070
886926	5000	5000	304937	1055655	810042	21653
585092			1185144	2476163	2177423	189813
9000			24139	99452	92650	3857
494173	273205	90271	214590	991913	966112	53578
161955	55313	34621	102611	449463	449463	16520
299527	214996	55650	100134	480278	454477	29790
32691	2896		11845	62172	62172	7268
787663	217499	114635	338983	1479135	1238845	126666
219520	16184	16184	166537	548156	432776	29628
307783	153353	66143	172446	828172	724691	95919
101360	47962	32308		58548	37119	1119
159000				44259	44259	
127389	1095	1095	289956	363870	294407	34944
2154433	98342	54560	1316257	4465944	3688414	259919
4268135	396267	154251	3878131	10316449	8893261	626341
2206168	30855	30855	1105789	3915247	3332012	148864
308809	16612		192702	616889	525375	74072
4034980	448237	179051	4185853	10614127	9018695	698268
972748	23582	9512	541842	2422412	2133438	21122
836024			393291	1590926	1394846	58378
403589	4121	4121	208168	772434	730561	108410
90907			17952	127738	65172	5474
4002582	306055	154106	4057896	9650695	8084711	688702
244107	161946	42167	265195	582058	467354	39118

6-2 房地产开发企业

	施工面积 合 计	#住 宅	#别 墅、 高档公寓	经 济 适用房
总 计	**107300784**	**74559777**	**8183015**	**7592718**
一、按登记注册类型分				
内资	91239272	66479329	5101023	7592718
国有	8196549	5868045	63323	2134374
集体	699556	366686		
股份合作	228082	185200	62500	
国有联营	65749	30851		
集体联营				
国有与集体联营				
其他联营	51288	33327		
国有独资公司	2600753	1737146	169431	79369
其他有限责任公司	56782798	41659929	3929803	4031826
股份有限公司	6420140	3541167	298537	412655
私营有限责任公司	15847407	12821996	566929	934494
私营股份有限公司	346950	234982	10500	
港澳台商投资	6981400	3791381	1378900	
与港澳台商合资经营	2136755	1691868	397284	
与港澳台商合作经营	4415097	1928914	981616	
港澳台商独资	429548	170599		
外商投资	9080112	4289067	1703092	
中外合资经营	3384726	1187266	528441	
中外合作经营	5245023	2899628	1174651	
外资企业	302314	114230		
外商投资股份有限公司	148049	87943		
二、按隶属关系分				
中央	1769426	908581	120313	
地方	34426346	23294323	1340329	3121002
其他	71105012	50356873	6722373	4471716
三、按控股情况分				
国有绝对控股	24777946	15796883	1267438	2905168
国有相对控股	3817796	2533395	588822	435964
其他	78705042	56229499	6326755	4251586
四、按资质等级分				
一级	14239337	10877021	329141	3356421
二级	11677813	7649377	317613	850990
三级	5936150	4864801	240972	190518
四级	559005	343210	37877	
暂定	69567832	47787910	6395354	3194789
其他	5320647	3037458	862058	

房屋施工及竣工情况

计量单位：平方米

办公楼（写字楼）	商业营业用房	#新开工	#住宅			办公楼（写字楼）	商业营业用房
				#别墅、高档公寓	经济适用房		
12032968	**7552850**	**31745865**	**23218928**	**1676571**	**2119811**	**2407069**	**2330594**
8060674	6278546	27756992	20828155	1342533	2119811	1680441	2031958
646067	645657	2836811	2138485		839013	81980	279045
187419	83307	221027	208027				6400
34125	8757	53432	53432				
19600		33171	30851				
833	13887						
141799	227510	733337	334315			137134	144479
4868658	3742659	17780955	13507711	1043422	1176832	1210292	1123105
1260593	437110	1654131	919683	123445		152728	163075
887970	1027771	4373945	3576560	165166	103966	95124	307945
13610	91888	70183	59091	10500		3183	7909
1224150	621133	1718759	1408413	155040		27300	76973
102346	62130	1016323	928782	127040			8006
1121804	433316	702436	479631	28000		27300	68967
	125687						
2748144	653171	2270114	982360	178998		699328	221663
1342948	442771	1134036	335677	74626		568285	179360
1323622	193133	1067035	601387	104372		131043	42303
75023	7328	69043	45296				
6551	9939						
630728	60962	147408	117529	51774			
3498777	2851177	10585340	7623096	198412	1254559	569288	1099558
7903463	4640711	21013117	15478303	1426385	865252	1837781	1231036
3002975	1891811	7926708	5236474	226347	1069462	636209	890664
360382	440224	1223050	844239	94723	209484	35840	231845
8669611	5220815	22596107	17138215	1355501	840865	1735020	1208085
739939	711609	4343821	3293946	106434	1149992	152213	298901
1195950	1028804	3402251	2055371	72011	104567	360997	398286
515961	245348	2017659	1873209	128164			40981
1300	52389	91967	16365				23407
8555853	5019449	20891481	15177902	1196897	865252	1874129	1476647
1023965	495251	998686	802135	173065		19730	92372

6-2 续表

	竣工面积合计	#住宅	#别墅、高档公寓	经济适用房
总计	**34302877**	**26670350**	**1973622**	**3045982**
一、按登记注册类型分				
内资	30111909	23819868	1195948	3045982
国有	3201403	2227926	63323	912489
集体	77016	77016		
股份合作	106100	88318	32500	
国有联营	34898			
集体联营				
国有与集体联营				
其他联营				
国有独资公司	765179	672534		79369
其他有限责任公司	16713972	13232221	851820	1282599
股份有限公司	1823881	1195995	187826	
私营有限责任公司	7204092	6166907	60479	771525
私营股份有限公司	185368	158951		
港澳台商投资	1405055	1044105	381801	
与港澳台商合资经营	570133	395447	98393	
与港澳台商合作经营	834922	648658	283408	
港澳台商独资				
外商投资	2785913	1806377	395873	
中外合资经营	953596	359556	125666	
中外合作经营	1755667	1389941	270207	
外资企业				
外商投资股份有限公司	76650	56880		
二、按隶属关系分				
中央	630298	346388		
地方	10933403	8018313	501264	1195401
其他	22739176	18305649	1472358	1850581
三、按控股情况分				
国有绝对控股	8103429	5711017	524493	1226594
国有相对控股	1565989	1017260	229360	226480
其他	24633459	19942073	1219769	1592908
四、按资质等级分				
一级	6256071	5159467	97438	1716418
二级	3701433	2692901	192620	102733
三级	2555068	2241898	33108	
四级	274688	240810		
暂定	19628512	14797885	1425125	1226831
其他	1887105	1537389	225331	

计量单位：平方米

办公楼(写字楼)	商业营业用房	竣工房屋价值(万元)	#住宅	#别墅、高档公寓	经济适用房	办公楼(写字楼)	商业营业用房
2173643	**1951429**	**6714908**	**4904481**	**605957**	**383581**	**603928**	**450455**
1564513	1738366	5778122	4302748	375442	383581	475231	383216
267415	289516	470992	287890	11240	91920	53028	50058
		9616	9616				
9025	8757	40155	31044	18344		3000	6111
19600		6541				3474	
	16021	116997	100311		8566		2720
871411	935573	3389776	2531420	288970	165796	301702	217706
197559	49363	346885	211504	39462		44852	9158
185893	432799	1372294	1109795	17426	117299	67106	96274
13610	6337	24866	21168			2069	1189
32435	125097	321994	217099	106676		4322	46283
32435	48756	94394	63601	19620		4322	10524
	76341	227600	153498	87056			35759
576695	87966	614792	384634	123839		124375	20956
456308	15777	241299	100755	51534		91851	4713
120387	72189	354300	269889	72305		32524	16243
		19193	13990				
147377	60962	183168	82834			70550	13464
746659	631721	1871295	1232221	137838	123043	190040	135043
1279607	1258746	4660445	3589426	468119	260538	343338	301948
697168	423291	1485926	957618	151968	124104	180472	83170
181521	133407	373456	226009	83793	27637	61028	33110
1294954	1394731	4855526	3720854	370196	231840	362428	334175
230147	281240	980932	767726	18410	190602	45555	64646
309292	214986	719514	508295	72085	13740	69940	46073
131360	69714	494213	389431	7879		65825	19593
	24752	62027	54378				4839
1404539	1274644	4054261	2853874	425263	179239	405274	303482
98305	86093	403961	330777	82320		17334	11822

6-3 房地产开发企业

	商品房销售面积	住宅	#别墅、高档公寓	经济适用房	办公楼（写字楼）	商业营业用房
总计	**27708088**	**25525867**	**1909604**	**3077396**	**1172321**	**715784**
一、按登记注册类型分						
内资	24223166	22644869	1116510	3077396	659310	642715
国有	2919362	2659716	3903	939309	162735	91739
集体	175061	175061				
股份合作	96288	84746	18595			11542
国有联营	23472	3872			19600	
集体联营						
国有与集体联营						
其他联营						
国有独资公司	697070	678262	55094	74362		1076
其他有限责任公司	13009244	12252769	762544	1442021	332981	345259
股份有限公司	1240871	1056169	46272	421	63591	14235
私营有限责任公司	5847296	5530899	180412	621283	80403	173504
私营股份有限公司	214502	203375	49690			5360
港澳台商投资	1205642	1100993	412447		59366	44623
与港澳台商合资经营	475652	430644	117393		39588	5420
与港澳台商合作经营	729990	670349	295054		19778	39203
港澳台商独资						
外商投资	2279280	1780005	380647		453645	28446
中外合资经营	744281	347702	132819		396363	216
中外合作经营	1489996	1389391	247828		57282	28230
外资企业						
外商投资股份有限公司	45003	42912				
二、按隶属关系分						
中央	428453	290275	872		111690	26488
地方	8512798	7736691	355410	1269069	368149	269442
其他	18766837	17498901	1553322	1808327	692482	419854
三、按控股情况分						
国有绝对控股	6279767	5668287	434775	1230426	362429	122722
国有相对控股	1082099	866393	18739	226069	102551	113155
其他	20346222	18991187	1456090	1620901	707341	479907
四、按资质等级分						
一级	5087425	4836920	142688	1727529	67085	104063
二级	3175348	2932519	151734	136625	178402	44636
三级	2407259	2347717	187642		29850	26768
四级	275949	270394				5555
暂定	15256457	13749311	1374065	1212862	812337	503685
其他	1505650	1389006	53475	380	84647	31077

房屋销售情况

计量单位：平方米

其他用房	#销售给个人	住宅			办公楼（写字楼）	商业营业用房	其他用房
			#别墅、高档公寓	经济适用房			
294116	**25963561**	**25111969**	**1829901**	**3076587**	**260154**	**430598**	**160840**
276272	23002125	22290618	1082592	3076587	161323	400209	149975
5172	2700999	2619868	3903	938500	25641	55484	6
	175061	175061					
	96288	84746	18595			11542	
	3872	3872					
17732	679190	678114	55094	74362		1076	
78235	12424304	12028672	732300	1442021	109356	214173	72103
106876	1061638	1026325	43272	421	13904	11800	9609
62490	5646271	5470585	179738	621283	12422	100774	62490
5767	214502	203375	49690			5360	5767
660	1089382	1076212	396403		10627	1943	600
	430187	419480	107913		8764	1943	
660	659195	656732	288490		1863		600
17184	1872054	1745139	350906		88204	28446	10265
	401826	319953	110194		81657	216	
15093	1425225	1382274	240712		6547	28230	8174
2091	45003	42912					2091
	266584	259974	872			6610	
138516	7830097	7626411	333475	1268260	58838	128879	15969
155600	17866880	17225584	1495554	1808327	201316	295109	144871
126329	5679786	5562384	427212	1229617	36722	67340	13340
	862957	843477	4142	226069	8180	11300	
167787	19420818	18706108	1398547	1620901	215252	351958	147500
79357	4969273	4825393	142688	1726720	30969	51286	61625
19791	2839029	2791981	151734	136625	7295	37813	1940
2924	2400746	2347419	187642		27850	22553	2924
	275543	270282				5261	
191124	14005351	13497601	1297559	1212862	131351	282968	93431
920	1473619	1379293	50278	380	62689	30717	920

6-3 续表 1

	商品房出租面积	住 宅	#别 墅、高档公寓	经 济适用房	办公楼（写字楼）	商业营业用 房
总 计	**4221048**	**576784**	**462593**		**2020508**	**1277291**
一、按登记注册类型分						
内资	1895057	117768	14567		842415	729002
国有	473014	36908			174012	252934
集体	79714					79714
股份合作						
国有联营						
集体联营						
国有与集体联营						
其他联营						
国有独资公司	94612	3319			6705	
其他有限责任公司	851035	68830	14567		433366	247332
股份有限公司	153410	2741			83054	64917
私营有限责任公司	241950	5970			144202	83859
私营股份有限公司	1322				1076	246
港澳台商投资	1424620	251436	240800		775944	365575
与港澳台商合资经营	388024	44212	35568		219169	111687
与港澳台商合作经营	1027760	207224	205232		547939	253888
港澳台商独资	8836				8836	
外商投资	901371	207580	207226		402149	182714
中外合资经营	296528	65043	64689		133771	21052
中外合作经营	531262	142537	142537		212689	143770
外资企业	55689				55689	
外商投资股份有限公司	17892					17892
二、按隶属关系分						
中央	151376	5215	4705		112706	21673
地方	1369035	145334	82439		579402	463568
其他	2700637	426235	375449		1328400	792050
三、按控股情况分						
国有绝对控股	1015553	106641	37099		443988	316911
国有相对控股	220541	27935	27935		166213	18822
其他	2984954	442208	397559		1410307	941558
四、按资质等级分						
一级	299275	22941			70621	113830
二级	152539	29320			56010	67209
三级	102161	920			53703	41738
四级	3170	252			2200	718
暂定	2010791	294096	264568		872690	750568
其他	1653112	229255	198025		965284	303228

计量单位：平方米

其他用房	商品房预售面积	住宅	#别墅、高档公寓	经济适用房	办公楼（写字楼）	商业营业用房	其他用房
346465	**14882794**	**13416159**	**1160552**	**3120452**	**921408**	**317068**	**228159**
205872	12867971	11741943	615534	3120452	666245	307731	152052
9160	1687428	1587028		979267	87382	11223	1795
	25540	25540					
	41909	39409	32500			2500	
	14830	14830					
84588	250730	248733	21339		1997		
101507	7775368	7064325	442019	2011763	370752	193570	146721
2698	656547	517887	13619		133388	5272	
7919	2399611	2233393	106057	129422	72726	89956	3536
	16008	10798				5210	
31665	1003518	905314	127797		97154	1050	
12956	662116	651626	48433		10490		
18709	290440	203726	79364		86664	50	
	50962	49962				1000	
108928	1011305	768902	417221		158009	8287	76107
76662	334756	332066	243262		1881	360	449
32266	488399	340209	173959		86210	4202	57778
	169892	85097			67435		17360
	18258	11530			2483	3725	520
11782	332993	230692	13118		102301		
180731	4483631	4017728	108890	1334388	305041	122018	38844
153952	10066170	9167739	1038544	1786064	514066	195050	189315
148013	3686828	3311607	219639	1222335	250697	115530	8994
7571	322971	281142	318	26453		1350	40479
190881	10872995	9823410	940595	1871664	670711	200188	178686
91883	2350569	2304041	35643	1143832	18399	25814	2315
	1683087	1497705	66560	623468	92148	93234	
5800	481168	468905	23821	144718		12263	
	63217						63217
93437	9997586	8846266	1034528	1208434	810861	179253	161206
155345	307167	299242				6504	1421

6-3 续表 2

	商品房空置面积	住宅	#别墅、高档公寓	经济适用房	办公楼（写字楼）	商业营业用房
总计	**10699456**	**7567054**	**1434223**	**239288**	**1162518**	**1252217**
一、按登记注册类型分						
内资	8859654	6448325	687929	239288	727946	1093643
国有	1253612	885455	942	61654	99434	244408
集体	110359	106536				3823
股份合作	56224	28333	13905		9025	18866
国有联营	4734	4734				
集体联营						
国有与集体联营						
其他联营						
国有独资公司	263519	198976	40571	5018		31456
其他有限责任公司	4440420	3206960	395093	25349	347175	563472
股份有限公司	716010	473139	92400	303	142272	45547
私营有限责任公司	1901767	1454451	123650	146964	124761	175961
私营股份有限公司	113009	89741	21368		5279	10110
港澳台商投资	1061091	718935	543484		220988	99260
与港澳台商合资经营	348854	240591	155065		72762	23223
与港澳台商合作经营	712237	478344	388419		148226	76037
港澳台商独资						
外商投资	778711	399794	202810		213584	59314
中外合资经营	300535	194278	68453		70441	9011
中外合作经营	450094	191548	134357		139320	50303
外资企业	3823				3823	
外商投资股份有限公司	24259	13968				
二、按隶属关系分						
中央	86194	66223	6773		6028	7279
地方	3729567	2638952	312263	71625	387105	508487
其他	6883695	4861879	1115187	167663	769385	736451
三、按控股情况分						
国有绝对控股	2667584	1851976	238421	87866	312998	318245
国有相对控股	420188	184684	27654	303	106758	128746
其他	7611684	5530394	1168148	151119	742762	805226
四、按资质等级分						
一级	1280286	846913	57080	71625	108116	258419
二级	1039861	789866	134433		133991	62783
三级	1195118	1039313	1162		43172	69354
四级	126465	104598				21867
暂定	5908904	3927000	929826	167663	740020	775944
其他	1148822	859364	311722		137219	63850

计量单位：平方米

其他用房	#空置 三年以上	住宅			办公楼（写字楼）	商业营业用房	其他用房
			#别墅、高档公寓	经济适用房			
717667	**885227**	**742412**	**369486**	**644**	**60700**	**57737**	**24378**
589740	502085	421634	112158	644	15932	41863	22656
24315	145710	107450		644		27387	10873
	12064	12064					
	11350	1241				10109	
	715	715					
33087	10731	3307				2241	5183
322813	175113	169813	36235		708	1667	2925
55052	58123	54102	23803		3562	459	
146594	88279	72942	52120		11662		3675
7879							
21908	265920	204024	179095		44768	15406	1722
12278	83830	71761	49315		10347		1722
9630	182090	132263	129780		34421	15406	
106019	117222	116754	78233			468	
26805	60758	60290	21935			468	
68923	56464	56464	56298				
10291							
6664	21189	16541	1399			4648	
195023	325045	269701	78957	644	7884	26757	20703
515980	538993	456170	289130		52816	26332	3675
184365	286735	237179	54130	644	2816	30684	16056
	27395	20019	7729		7376		
533302	571097	485214	307627		50508	27053	8322
66838	103039	65903	16360	644	3562	22701	10873
53221	112403	103799	16118			3421	5183
43279	32048	32048					
	13853	13504				349	
465940	476770	405397	288023		32382	30669	8322
88389	147114	121761	48985		24756	597	

6-3 续表 3

	商品房					
	实际销售额	住宅	#别墅、高档公寓	经济适用房	办公楼（写字楼）	商业营业用房
总计	**14527998**	**12691023**	**1812764**	**914617**	**1115642**	**588341**
一、按登记注册类型分						
内资	12008914	10786134	920753	914617	585539	510067
国有	1158035	1053077	2419	289201	36348	65100
集体	62633	62633				
股份合作	58092	49370	12774			8722
国有联营	8460	1807			6653	
集体联营						
国有与集体联营						
其他联营						
国有独资公司	318167	311647	34553	29761		316
其他有限责任公司	6786370	6106655	627509	434014	366649	278242
股份有限公司	754417	577006	48802	109	100935	17063
私营有限责任公司	2785308	2551410	169479	161532	74954	137091
私营股份有限公司	77432	72529	25217			3533
港澳台商投资	978955	841854	446682		88512	48205
与港澳台商合资经营	303183	231342	86670		63152	8689
与港澳台商合作经营	675772	610512	360012		25360	39516
港澳台商独资						
外商投资	1540129	1063035	445329		441591	30069
中外合资经营	739159	342123	191348		396798	238
中外合作经营	749854	670641	253981		44793	29831
外资企业						
外商投资股份有限公司	51116	50271				
二、按隶属关系分						
中央	365752	208138	520		134487	23127
地方	3954740	3388194	334307	398785	284682	212969
其他	10207506	9094691	1477937	515832	696473	352245
三、按控股情况分						
国有绝对控股	3142709	2711357	389619	383503	270481	90560
国有相对控股	804207	594228	8245	94297	101974	108005
其他	10581082	9385438	1414900	436817	743187	389776
四、按资质等级分						
一级	2498465	2316140	107687	514894	69575	84124
二级	1454009	1313080	120568	41974	94795	35583
三级	1132737	1076065	153734		25819	30165
四级	108418	106412				2006
暂定	8441274	7102776	1383142	357633	826199	419544
其他	893095	776550	47633	116	99254	16919

计量单位：万元

其他用房	#销售给个人	住宅	#别墅、高档公寓	经济适用房	办公楼（写字楼）	商业营业用房	其他用房
132992	**13123849**	**12388549**	**1731118**	**914326**	**325205**	**341644**	**68451**
127174	11064090	10531356	876068	914326	161204	308235	63295
3510	1084873	1030804	2419	288910	15942	38125	2
	62633	62633					
	58092	49370	12774			8722	
	1807	1807					
6204	311860	311544	34553	29761		316	
34824	6233322	5927164	583728	434014	112983	161084	32091
59413	608735	562297	48802	109	22906	15553	7979
21853	2625336	2513208	168575	161532	9373	80902	21853
1370	77432	72529	25217			3533	1370
384	839543	820028	431785		15824	3340	351
	241641	224042	80295		14259	3340	
384	597902	595986	351490		1565		351
5434	1220216	1037165	423265		148177	30069	4805
	466177	324618	177649		141321	238	
4589	702923	662276	245616		6856	29831	3960
845	51116	50271					845
	187880	179688	520			8192	
68895	3442442	3296975	296884	398494	49107	88411	7949
64097	9493527	8911886	1433714	515832	276098	245041	60502
70311	2740522	2649017	386788	383212	31159	48374	11972
	606423	582368	3886	94297	12025	12030	
62681	9776904	9157164	1340444	436817	282021	281240	56479
28626	2394345	2310003	107687	514603	23659	38261	22422
10551	1277380	1234444	120568	41974	8901	32461	1574
688	1126976	1075864	153734		23819	26605	688
	108226	106379				1847	
92755	7364395	6895715	1306822	357633	199626	225659	43395
372	852527	766144	42307	116	69200	16811	372

6-4 房地产物业管理企业主要指标

计量单位：平方米

	单位数（个）	在管物业占地面积	在管房屋建筑面积	#住 宅	办公楼（写字楼）	商业营业用房	厂 房
总 计	**3147**	**179492598**	**255512908**	**189197582**	**35681133**	**10762080**	**3591470**
一、按登记注册类型分							
内资	3018	155604922	232358270	178680761	29649456	8890793	3341870
国有	393	33027356	45151099	37905153	3560717	1858150	602705
集体	266	12508042	16222934	13833998	969782	421020	175592
股份合作	96	1792310	2673016	2235781	344634	43632	12905
国有联营	5	35520	41018	15000	25700		
集体联营	2	133506	137354	126992	10362		
国有与集体联营	9	353577	468573	376359	26008	8213	
其他联营	4	529338	789335	649079	103238	16000	15919
国有独资公司	30	2786563	5476877	4447158	324572	163237	47002
其他有限责任公司	1083	69463348	111087249	82794683	16539096	3598569	1506492
股份有限公司	80	3729802	4475837	3224107	403517	199347	210897
私营独资	15	135730	430512	267817	32394	80151	20039
私营合伙	9	3927	27550	17530	8808	620	46
私营有限责任公司	958	30116096	43377735	31467783	6808746	2474177	746573
私营股份有限公司	61	731988	1661602	1122937	449390	27677	3300
其他	7	257819	337579	196384	42492		400
港澳台商投资	74	20333756	17567887	7959269	4455220	1241266	249600
与港澳台商合资经营	51	16379538	10747382	6818215	2134913	687321	247000
与港澳台商合作经营	11	3487231	4874721	230806	1442845	483971	
港澳台商独资	11	142777	531715	66223	348940	28452	2600
港澳台商投资股份有限公司	1	324210	1414069	844025	528522	41522	
外商投资	55	3553920	5586751	2557552	1576457	630021	
中外合资经营	26	3040185	4421445	2044065	1168002	395390	
中外合作经营	13	458915	729844	355021	243566	126936	
外资企业	16	54820	435462	158466	164889	107695	
二、按隶属关系分							
中央	248	13572204	25316511	15735263	6811576	1410238	309070
地方	795	64659035	93366838	77588115	7352249	3001101	1135192
其他	2104	101261359	136829559	95874204	21517308	6350741	2147208

6-4 续表 计量单位：平方米

	单位数（个）	在管物业占地面积	在管房屋建筑面积	#住宅	办公楼（写字楼）	商业营业用房	厂房
三、按控股情况分							
国有绝对控股	644	64781070	81446900	63902433	10177355	2518862	1092112
国有相对控股	107	6893948	12225793	9735453	1249839	425014	78852
其他	2396	107817580	161840215	115559696	24253939	7818204	2420506
四、按资质等级分							
一级	51	29661734	48416372	36420402	5137736	1338429	176871
二级	112	23207298	40817815	29902883	7573764	1245219	197168
三级	1268	89568794	119255281	93098255	14433548	3713318	1339311
其他	1716	37054772	47023440	29776042	8536085	4465114	1878120
五、按地区分							
东城区	286	12384687	22844072	14817787	4939437	2084992	91174
西城区	319	14889584	26256750	18092432	6205092	918838	85131
崇文区	77	2674829	5108049	4056603	401417	467946	4191
宣武区	139	3278384	8118170	5290141	1873948	384258	49308
朝阳区	820	39841101	61270545	40230041	9646210	2735982	893266
丰台区	261	16251637	25940728	22015444	1712891	720490	237945
石景山区	58	3132017	6340830	4980095	643034	196823	302767
海淀区	647	21573440	41401557	29116726	7678131	1368074	810264
门头沟区	18	859307	1518575	1259207	162032	20477	31479
房山区	75	8534667	8059592	7403005	174808	229442	146105
通州区	74	4508832	6603979	5784735	55961	292529	35865
顺义区	66	21514122	7438511	6495719	446525	164716	130077
昌平区	104	13719381	15160894	12975013	673598	686446	6612
大兴区	96	7581119	9661710	8810467	290885	220661	181469
怀柔区	25	1330728	1997312	1831863	24854	25751	26769
平谷区	17	1029956	1728965	1445017	91572	80636	54246
密云县	24	2856343	2888853	2297082	219973	74657	235562
延庆县	16	1346412	1021885	949443	41659	29410	1372
北京经济技术开发区	25	2186052	2151931	1346762	399106	59952	267868

6-5 房地产中介服务企业主要指标

	单位数(个)	房屋代理销售情况			房屋代理出租情况		
		成交合同面积(平方米)	成交合同数(个)	成交合同金额(千元)	成交合同面积(平方米)	成交合同数(个)	成交合同金额(千元)
总计	**1759**	**9948923**	**82021**	**45221223**	**3428722**	**43734**	**1215824**
一、按登记注册类型分							
内资	1718	9265235	78222	40551089	2858613	42787	1189602
国有	48	217143	1244	731246	91548	6298	69427
集体	30	51178	637	186451	30444	471	14244
股份合作	42	73544	910	257137	21290	294	2922
集体联营	1						
国有独资公司	3				2102	8	163
其他有限责任公司	276	4664559	42686	18761989	1228579	18506	301265
股份有限公司	20	94881	99	486670	22767	268	11608
私营独资	10				46530	490	1524
私营合伙	19	218	3	436	2000	45	275
私营有限责任公司	1206	3999396	31381	19654888	1244994	15611	601175
私营股份有限公司	63	164316	1262	472272	168359	796	186999
港澳台商投资	19	519135	3149	3785382	237042	724	17544
与港澳台商合资经营	9	198061	288	1839496	36573	112	4079
与港澳台商合作经营	3	8338	57	55750	12450	83	1251
港澳台商独资	7	312736	2804	1890136	188019	529	12214
外商投资	22	164553	650	884752	333067	223	8678
中外合资经营	8	87050	6	261150	16742	92	2366
外资企业	13	77503	644	623602	316325	131	6312
外商投资股份有限公司	1						
二、按隶属关系分							
中央	13	117171	932	299448	14009	114	12876
地方	121	622146	4899	2879012	125896	1459	174470
其他	1625	9209606	76190	42042763	3288817	42161	1028478

6-5 续表

	单位数（个）	房屋代理销售情况			房屋代理出租情况		
		成交合同面积（平方米）	成交合同数（个）	成交合同金额（千元）	成交合同面积（平方米）	成交合同数（个）	成交合同金额（千元）
三、按控股情况分							
国有绝对控股	62	395053	2406	1729449	173482	7252	175556
国有相对控股	16	30420	282	340684	17810	366	10635
其他	1681	9523450	79333	43151090	3237430	36116	1029633
四、按地区分							
东城区	197	533396	6687	3420550	1500898	14952	78135
西城区	217	340623	2006	2053510	55519	7194	61368
崇文区	42	2480320	20528	6876786	31909	428	86480
宣武区	113	158368	2052	863609	63027	1052	10051
朝阳区	559	3436968	28416	20056654	1187606	11438	454893
丰台区	80	620291	5568	2421707	46047	413	44016
石景山区	30	73435	552	331974	5257	84	82
海淀区	231	1027291	7577	5004971	264129	3584	243267
门头沟区	18	39674	445	121082	2978	38	1541
房山区	48	275086	2388	685556	44945	708	6666
通州区	49	158831	720	675605	46773	1027	18366
顺义区	27	60850	650	189770	55656	1455	179093
昌平区	46	119310	524	423074	30785	316	392
大兴区	50	512563	3048	1674422	44073	597	4506
怀柔区	23	25740	118	74183	42864	145	26851
平谷区	9	4335	55	16340			
密云县	5	15200	120	24800	6000	300	110
延庆县	3						
北京经济技术开发区	12	66642	567	306630	256	3	7

6-6 房地产开发企业

	单位数（个）	年初存货	流动资产合计	#现金	短期投资	应收帐款（净额）
总计	**2704**	**361496660**	**733412321**	**7156090**	**5247431**	**37197570**
一、按登记注册类型分						
内资	2375	249169573	543342854	4798755	4139274	26710112
国有	147	38677262	67947840	208453	330722	2050757
集体	30	2752962	5174168	27746	101429	150985
股份合作	5	771279	1472441	16187		82991
国有联营	2	201497	583010	10	10	414
集体联营	1		10000			10000
国有与集体联营	2	68049	207456	87	400	25525
其他联营	1	1396	36797	1		
国有独资公司	26	16177331	25047966	12809	40102	777392
其他有限责任公司	1303	137693920	313717073	2831125	2739483	14032073
股份有限公司	103	23051069	47721818	609644	480834	2740476
私营有限责任公司	715	28725828	79391280	937921	423428	6709453
私营股份有限公司	40	1048980	2033005	154772	22866	130046
港澳台商投资	184	63683172	101099143	241690	788190	6837274
与港澳台商合资经营	76	18475312	31591998	82286	758062	1412207
与港澳台商合作经营	101	39752862	61989938	159314	30128	5423407
港澳台商独资	7	5454998	7517207	90		1660
外商投资	145	48643915	88970324	2115645	319967	3650184
中外合资经营	56	18876449	28624434	456465	169239	2167327
中外合作经营	80	26456256	48047888	695635	150728	1349319
外资企业	7	598781	2578422	23625		115736
外商投资股份有限公司	2	2712429	9719580	939920		17802
二、按隶属关系分						
中央	100	8630467	23537969	143462	693346	819915
地方	558	140163532	249502396	1413257	2047991	9309702
其他	2046	212702661	460371956	5599371	2506094	27067953
三、按控股情况分						
国有绝对控股	386	113789417	204710435	1437513	2486236	6886012
国有相对控股	89	22764046	43582226	1036102	50770	1284015
其他	2229	224943197	485119660	4682475	2710425	29027543
四、按资质等级分						
一级	65	57879641	92736803	167530	1062432	1999854
二级	108	35189797	69908461	375043	387822	2573558
三级	104	18017335	35110208	618396	665559	1723082
四级	34	3726325	6109527	62160	649	354119
暂定	1932	199850265	457621484	5722893	2946601	26906161
其他	461	46833297	71925838	210068	184368	3640796

主要财务状况

计量单位：千元

存货	长期投资合计	#长期股权投资	长期债权投资	固定资产合计	#固定资产原价	累计折旧	本年折旧	在建工程
433140413	**46455061**	**41100662**	**1328468**	**57499113**	**44861313**	**6617115**	**1633024**	**19016443**
315470439	40919246	35627917	1306995	35901019	25235789	3221768	868516	13652712
35863732	10932959	9287376	255783	6832131	6055019	848754	146773	1668720
3173295	184979	162128	546	914067	670269	113854	21283	355442
857196	98779	87779	11000	223380	247708	31650	13864	7102
477739	5900	5900		68112	15434	3787	564	56465
68962	11291		1291	5228	8463	3666	528	420
9780				183	183			
17907716	2877948	2859196	1252	845844	981950	150816	73907	13947
189929870	16078953	13854295	607788	13849806	7895091	1288787	402925	7071530
25342934	5905906	5623223	47502	7836408	5893968	288873	57304	2213016
40718582	4670331	3622181	355472	5083419	3352647	477693	148141	2161738
1120633	152200	125839	26361	242441	115057	13888	3227	104332
64923429	1951948	1901472	21473	13966208	12054419	1900278	402523	3808042
20847827	999494	982491		1477060	1486636	394131	47483	384549
38568577	755890	722417	21473	12347022	10503190	1480106	342031	3319919
5507025	196564	196564		142126	64593	26041	13009	103574
52746545	3583867	3571273		7631886	7571105	1495069	361985	1555689
15088884	120616	120616		2497879	3252572	754849	165319	6
33367866	202293	189699		4028343	3037593	564944	146801	1555683
1727882	6200	6200		692830	797540	104710	34803	
2561913	3254758	3254758		412834	483400	70566	15062	
9328333	4832648	4330926	224270	3271189	1206844	234798	87486	2281408
157723966	18938306	17112591	244193	18467671	16295719	1713950	361600	3908230
266088114	22684107	19657145	860005	35760253	27358750	4668367	1183938	12826805
127204589	21342161	19598598	288087	17289815	14689342	1617012	372909	4246564
27524854	3220208	3197288		2524023	1825286	247195	57575	942338
278410970	21892692	18304776	1040381	37685275	28346685	4752908	1202540	13827541
55467776	12012077	11032575	88438	5555778	5938754	689992	147639	359190
41441781	6446315	5627482	10796	3870124	4113566	486846	80864	158906
18882222	1769377	1459327	32492	2275772	2263491	348891	112363	337040
3501686	897149	881603	606	816344	653708	79976	19531	237725
273432009	21186680	18561764	1003072	28806259	14981563	2518098	710378	16193960
40414939	4143463	3537911	193064	16174836	16910231	2493312	562249	1729622

6-6 续表 1

	无形资产	资产总计	流动负债合计	#短期借款	应付账款	长期负债合计	#长期借款	应付债券
总计	**21906098**	**875240675**	**530095480**	**86632289**	**59947520**	**154326095**	**114310526**	**198862**
一、按登记注册类型分								
内资	2203839	631082728	399897421	62458875	45830311	88406286	70708378	196524
国有	279117	87293218	58160294	9717979	4938960	16381282	13093921	
集体	8811	6321563	4034678	741859	1102216	1139333	1139333	
股份合作		1795410	1151963	245100	223537	115788	115788	
国有联营	13257	671715	371935	34000	36784	197857		
集体联营		10000						
国有与集体联营		329132	189901	39350	17337	147060	125112	
其他联营		37016	27135	20572				
国有独资公司	75445	28858899	22356628	3176826	1433356	2032939	1986987	
其他有限责任公司	1048917	349752022	225868477	29955182	26074813	49986020	38527103	36524
股份有限公司	53291	62202605	32514167	11102311	2120484	9160699	9128221	
私营有限责任公司	716360	91251266	53726546	7206006	9742754	9203373	6549472	160000
私营股份有限公司	8641	2559882	1495697	219690	140070	41935	42441	
港澳台商投资	18934718	140276265	68306746	10669354	6047590	45915662	24816969	2338
与港澳台商合资经营	453084	36509505	22806760	4521894	1932333	4886057	4525835	2338
与港澳台商合作经营	18481634	95459870	40017511	5886333	3184765	39109333	18509863	
港澳台商独资		8306890	5482475	261127	930492	1920272	1781271	
外商投资	767541	103881682	61891313	13504060	8069619	20004147	18785179	
中外合资经营	559541	32887359	21793394	4463523	2692307	5273331	5220361	
中外合作经营	169926	54145089	33729599	4965437	5151236	9485535	8459012	
外资企业	38030	3462017	1824069	555100	164310	907719	907719	
外商投资股份有限公司	44	13387217	4544251	3520000	61766	4337562	4198087	
二、按隶属关系分								
中央	145066	33629195	18206318	4616964	971001	6000141	4974960	
地方	675857	290753150	184140776	29301911	20047947	48582008	39424725	241
其他	21085175	550858330	327748386	52713414	38928572	99743946	69910841	198621
三、按控股情况分								
国有绝对控股	671361	248045557	160003580	30217611	13191858	40822843	32927379	
国有相对控股	110970	49952273	29449138	6445304	3478008	9150389	8136645	
其他	21123767	577242845	340642762	49969374	43277654	104352863	73246502	198862
四、按资质等级分								
一级	137521	110661577	76188235	15452201	6312772	15676888	14703894	
二级	193648	81069377	51904436	9807734	4695971	13110829	11320720	
三级	21573	39629555	25697467	3608480	2076406	5311814	4766467	
四级	21536	7882209	3800655	1056880	641830	2150525	1999509	150000
暂定	1882042	520652894	320137152	48330716	39224353	83080396	66503676	38867
其他	19649778	115345063	52367535	8376278	6996188	34995643	15016260	9995

计量单位：千元

负债合计	所有者权益合计	#实收资本	国家资本	集体资本	法人资本	#国家法人	集体法人	个人资本	港澳台资本	外商资本
684421575	**190819100**	**149833660**	**8922449**	**2559121**	**81701991**	**24960026**	**14595356**	**20974754**	**23909761**	**11765584**
488303707	142779021	100282940	8571627	2487172	68814907	21466443	12195174	20131722	243112	34400
74541576	12751642	7525125	4538116	32350	2944659	1912899	62000	10000		
5174011	1147552	706014	10100	501788	171246		170000	22880		
1267751	527659	218000			20000		2000	198000		
569792	101923	60000			60000	20000	40000			
	10000	10000			10000		10000			
336961	-7829	40000		30000	10000	10000				
27135	9881	10000		8000				2000		
24389567	4469332	1989195	1115125		777870	634390	30380	3100	93100	
275854497	73897525	56040328	1626562	1650150	45785710	11180100	9040366	6877394	100412	100
41674866	20527739	14915460	1249324	110058	12615812	7173915	897548	876366	49600	14300
62929919	28321347	18086242	32400	135760	6092510	525139	1798100	11825572		
1537632	1022250	682576		19066	327100	10000	144780	316410		20000
114222408	26053857	27694960	192194	66677	5537899	2241858	414732	74817	20722611	1100762
27692817	8816688	8638842	192194	43740	3484433	1796397	296230	64556	4261148	592771
79126844	16333026	18111348		22937	2053466	445461	118502	10261	15679174	345510
7402747	904143	944770							782289	162481
81895460	21986222	21855760	158628	5272	7349185	1251725	1985450	768215	2944038	10630422
27066725	5820634	6719052	61380	1532	2881432	1029592	287863	117223	741818	2915667
43215134	10929955	11433432	97248	3740	2107058	222133	397587	650992	1637565	6936829
2731788	730229	789976			12050					777926
8881813	4505404	2913300			2348645		1300000		564655	
24206459	9422736	7689985	2387456	30000	4872486	3869927	238350	14200	358463	27380
232722784	58030366	39954819	5585752	1587952	25376436	12955467	2314774	1806607	3471117	2126955
427492332	123365998	102188856	949241	941169	51453069	8134632	12042232	19153947	20080181	9611249
200826423	47219134	31969814	7854436	88099	21982535	16151892	1132376	553855	983483	507406
38599527	11352746	8172887	272173	65500	5071822	1958916	480482	235978	1689856	837558
444995625	132247220	109690959	795840	2405522	54647634	6849218	12982498	20184921	21236422	10420620
91865123	18796454	10757571	3551132	220100	5740685	2593379	1861670	449600	781754	14300
65015265	16054112	10770783	880713	32000	8415479	3232727	812580	1046451	100053	296087
31009281	8620274	5777954	420808	28000	3289209	1033825	676278	1808030	180192	51715
5951180	1931029	2062264	30000	30000	1721180	725100	160850	262580	18404	100
403217548	117435346	92399666	3270981	1717242	51690436	13119125	9142416	14965372	11230494	9525141
87363178	27981885	28065422	768815	531779	10845002	4255870	1941562	2442721	11598864	1878241

6-6 续表 2

	主营业务收入	土地转让收入	商品房销售收入	房屋出租收入	其他收入	主营业务成本	商品房销售成本
总 计	**151829881**	**6234182**	**134067021**	**5534756**	**5993922**	**115835829**	**99914401**
一、按登记注册类型分							
内资	128550709	6051674	115925574	1699448	4874013	100495311	86538810
国有	12515218	844367	11039350	363859	267642	10347300	8741742
集体	973382	12960	577848	351606	30968	786204	355934
股份合作	431374		431374			300345	300345
国有联营	130687		130687			94669	94669
集体联营							
国有与集体联营	7261		6936		325	5000	5000
其他联营							
国有独资公司	4275123	295683	3903450	37549	38441	3554975	3360765
其他有限责任公司	70302764	2308065	65801463	699763	1493473	54617061	49135362
股份有限公司	10810996	2196503	8408456	79357	126680	8156513	6381058
私营有限责任公司	28236198	394096	24763530	162753	2915819	21955814	17490138
私营股份有限公司	867706		862480	4561	665	677430	673797
港澳台商投资	9714007	103828	6796802	2603833	209544	5948519	4935002
与港澳台商合资经营	3959573	103828	3140488	673862	41395	2693651	2093225
与港澳台商合作经营	5658268		3586087	1907380	164801	3171461	2772720
港澳台商独资	96166		70227	22591	3348	83407	69057
外商投资	13565165	78680	11344645	1231475	910365	9391999	8440589
中外合资经营	4935137	78680	4341399	377330	137728	3167684	2997963
中外合作经营	6902799		5487340	744907	670552	4982186	4248632
外资企业	456422		334863	89474	32085	292695	260128
外商投资股份有限公司	1270807		1181043	19764	70000	949434	933866
二、按隶属关系分							
中央	4040476	16470	3503459	179353	341194	3051690	2670211
地方	45091397	4809498	37203120	1426712	1652067	35769419	28832359
其他	102698008	1408214	93360442	3928691	4000661	77014720	68411831
三、按控股情况分							
国有绝对控股	37323367	4734863	30735523	920537	932444	29497290	24430644
国有相对控股	6641332		6017406	278421	345505	4624571	4355184
其他	107865182	1499319	97314092	4335798	4715973	81713968	71128573
四、按资质等级分							
一级	25444671	982949	20932762	603156	2925804	20426619	16439469
二级	16733014	2053308	14353605	114628	211473	12753113	9498062
三级	11875724	371121	11325675	133669	45259	8828183	8430517
四级	1836936	492779	1201866	1915	140376	1521264	912176
暂定	84303177	1742224	78107442	2102360	2351151	64570693	58415522
其他	11636359	591801	8145671	2579028	319859	7735957	6218655

计量单位：千元

营业费用	主营业务税金及附加	主营业务利润	其他业务收入	其他业务利润	管理费用	#税金	差旅费	工会经费	排污费
6834414	**8652877**	**20506761**	**1437648**	**943622**	**8793481**	**429982**	**334393**	**26829**	**3246**
4411583	7361987	16281828	1094983	824794	6210634	249518	250675	22742	1584
260402	696630	1210886	198660	221614	1042906	51976	32096	5323	262
17409	43031	126738	52666	36146	62592	3299	668	16	101
13847	23931	93251	8290	3506	35567	774	1570	12	
2390	6816	26812	1961	1853	9556	223	921	59	
321	393	1547			3902	47	238	9	
					269	223			
131074	210281	378793	56289	6534	227740	5952	10703	1220	13
2785792	4091327	8808584	468539	359494	3293627	134973	130547	11087	168
339483	647111	1667889	128714	103044	448958	17339	30535	2884	198
845356	1594937	3840091	176414	89969	1026662	30202	41700	2042	825
15509	47530	127237	3450	2634	58855	4510	1697	90	17
1751956	566456	1447076	150582	32607	1373708	72286	43663	1965	1152
252810	184713	828399	23958	20290	389401	35129	8250	956	421
1495830	374352	616625	124104	13096	964057	36393	34565	1009	730
3316	7391	2052	2520	-779	20250	764	848		1
670875	724434	2777857	192083	86221	1209139	108178	40055	2122	510
257340	286641	1223472	120462	54967	525329	32344	16902	365	237
344517	346581	1229515	50663	30694	515290	62065	20484	1106	273
43788	25933	94006	20477	103	59554	7662	197	49	
25230	65279	230864	481	457	108966	6107	2472	602	
158625	257302	572859	49389	61751	357408	14828	10629	1845	12
1496014	2507386	5318578	595081	376118	2658307	144461	100217	12572	511
5179775	5888189	14615324	793178	505753	5777766	270693	223547	12412	2723
1187225	2112204	4526648	533498	423265	2341161	113628	90299	14660	584
340914	371387	1304460	40960	24584	499801	24331	26292	1431	37
5306275	6169286	14675653	863190	495773	5952519	292023	217802	10738	2625
578221	1415963	3023868	271560	244460	1138815	49039	45291	5960	152
500476	943480	2535945	177505	125806	829508	28472	37781	4706	533
301664	653680	2092197	101405	39433	444292	11066	11058	2117	18
65988	111190	138494	46165	35999	95640	2767	4551	398	1
3880880	4912830	10938774	556206	384367	4862970	257262	201986	11724	2178
1507185	615734	1777483	284807	113557	1422256	81376	33726	1924	364

6-6 续表 3

	财务费用	利息支出(净额)	营业利润	投资收益	营业外收入	营业外支出	利润总额	应交所得税
总　计	**3995791**	**3436391**	**8661111**	**2429431**	**452325**	**662255**	**10700706**	**3394706**
一、按登记注册类型分								
内资	2566958	2165734	8329030	2150933	377173	437044	10222529	2651735
国有	664476	627220	-274882	268839	79940	67312	-93641	147421
集体	40597	28418	59695	46036	1287	6414	100604	12333
股份合作	16667	16418	44523	24	1597	1329	44815	6199
国有联营	-69	-72	19178	330	2116	310	21314	7316
集体联营								
国有与集体联营	850	850	-3205			137	-3342	
其他联营	14	14	-283				-283	
国有独资公司	122797	107752	34790	188831	41547	37132	228166	20856
其他有限责任公司	1075072	874279	4799379	693182	187699	147321	5405213	1457415
股份有限公司	320056	278311	1001919	449265	9623	35809	1450976	419291
私营有限责任公司	317637	227715	2585761	503594	51191	140405	3004422	568880
私营股份有限公司	8861	4829	62155	832	2173	875	64285	12024
港澳台商投资	714605	679416	-608630	97495	25103	165676	-627589	249755
与港澳台商合资经营	307951	295046	151337	97358	8468	12570	261559	79972
与港澳台商合作经营	399978	383316	-734314	137	16514	151634	-862144	168612
港澳台商独资	6676	1054	-25653		121	1472	-27004	1171
外商投资	714228	591241	940711	181003	50049	59535	1105766	493216
中外合资经营	201452	191220	551658	823	10606	14730	548650	230392
中外合作经营	292716	191561	452203	54047	32803	44111	488187	214578
外资企业	18301	15273	16254		6175	693	21736	959
外商投资股份有限公司	201759	193187	-79404	126133	465	1	47193	47287
二、按隶属关系分								
中央	140896	109291	136306	64867	10948	10502	189521	88362
地方	1281559	1154242	1754830	1059290	193306	192372	2719734	1059126
其他	2573336	2172858	6769975	1305274	248071	459381	7791451	2247218
三、按控股情况分								
国有绝对控股	1316108	1237623	1292644	1099555	157680	156494	2291933	831477
国有相对控股	106343	84040	722900	214022	26070	8554	954485	202059
其他	2573340	2114728	6645567	1115854	268575	497207	7454288	2361170
四、按资质等级分								
一级	858446	822254	1271067	567573	101117	131367	1808699	560743
二级	409307	288189	1422936	222685	40204	39405	1654776	449716
三级	223558	203462	1463780	47302	48592	31740	1538264	207320
四级	19224	14709	59629	28414	23661	2462	-72145	37558
暂定	1915495	1583476	4544676	1602825	174863	280062	6001951	1897510
其他	569761	524301	-100977	-39368	63888	177219	-230839	241859

计量单位：千元

可供分配利润	#外方应分利润	#外方汇出利润	劳动、失业保险费	养老保险和医疗保险	住房公积金和住房补贴	本年应付工资总额（贷方累计发生额）	本年应付福利费总额（贷方累计发生额）	本年应交增值税（不含期初未抵扣税）	经济适用房减免税费	本年实缴关税
13470532	**12349**	**-22048**	**67167**	**337137**	**122454**	**3318719**	**391574**	**5426**	**47866**	**16477**
13843596	153501	17810	59922	254466	93196	2489613	307670	4163	47866	10338
704458			23281	69562	20681	301828	44469	602		
95807			238	2005	675	26246	2356	2		
120527			47	482	65	7986	1165			
32968			42	689	363	3964	656			
			3	45		1336	187			
						34	2			
156358			8423	9649	8040	82305	10372	223		
7266444	152583	-2967	18987	119339	44517	1443704	168191	2570	41724	5089
1610819			7529	34223	15358	225547	32377			
3777793	918	20777	1345	18029	3246	382815	46411	766	6142	5249
78422			27	443	251	13848	1484			
278526	169193	28119	2695	46261	14772	446616	49412	336		6139
140678	28079	28119	590	10590	3774	128783	4940	315		
130725	133991		1971	33061	10814	290490	44117	21		6139
7123	7123		134	2610	184	27343	355			
-651590	-310345	-67977	4550	36410	14486	382490	34492	927		
261692	96200		1122	18523	7179	144435	18993	913		
-144679	-406585	-68204	1361	13758	5578	183406	9787	14		
267	40	227	30	592	291	10060	866			
-768870			2037	3537	1438	44589	4846			
24029			5950	19212	10483	132904	18664	362		
4484563	291715	28119	41582	156961	56779	992134	128970	2767	41724	4943
8961940	-279366	-50167	19635	160964	55192	2193681	243940	2297	6142	11534
3312650	36331		44292	146369	59373	861021	117321	1159	2642	
1154654	-48108	28119	3935	29624	12658	171217	19318	50		15
9003228	24126	-50167	18940	161144	50423	2286481	254935	4217	45224	16462
968316	36260		31916	71911	27616	396461	57625	117	2642	
2079819	-6132	12	11269	41608	14623	290376	35952	361	39082	
1267182	19657		2581	13129	4264	150585	18214	742		4616
26668			1357	5436	2543	47543	7830			
8168912	-148752	-19081	16611	157418	59678	1980327	221787	4166	6142	5737
959635	111316	-2979	3433	47635	13730	453427	50166	40		6124

6-7 房地产中介服务、物业管理

	单位数(个)	年初存货	流动资产合计	#现金	短期投资	应收帐款(净额)
总计	**6049**	**5475260**	**55174384**	**1292971**	**961830**	**5403354**
一、按登记注册类型分						
内资	5857	2454000	43921568	1250388	937201	4620429
国有	649	236808	10108472	323510	250908	1187612
集体	473	67416	2167192	107358	112478	318192
股份合作	216	189829	1457183	17742	11289	426938
国有联营	7	833	163257	462	1272	3620
集体联营	4	339	23537	2839	2023	421
国有与集体联营	13	509	68879	3256	1005	4996
其他联营	4	4129	109756	18644		12096
国有独资公司	40	29616	1067822	709	655	47404
其他有限责任公司	1588	1250121	18242955	397936	445297	1489611
股份有限公司	122	49535	1120729	38535	3314	138910
私营独资	28	321	68341	3125	27	22449
私营合伙	33	156	36389	3658		1243
私营有限责任公司	2519	614715	8748106	311739	102487	852965
私营股份有限公司	153	8878	525746	20511	6446	111471
其他	8	795	13204	364		2501
港澳台商投资	105	1978691	6311325	7120	21096	392165
与港澳台商合资经营	69	136176	2330384	4060	21096	310785
与港澳台商合作经营	15	592821	978186	2015		53855
港澳台商独资	19	2792	391129	887		2445
港澳台商投资股份有限公司	2	1246902	2611626	158		25080
外商投资	87	1042569	4941491	35463	3533	390760
中外合资经营	39	497847	2737890	17108	2532	150816
中外合作经营	16	64238	623170	13484	1001	151218
外资企业	31	480484	1577368	4871		88726
外商投资股份有限公司	1		3063			

及其他房地产企业主要财务状况

计量单位：千元

存货	一年内到期的长期债权投资	长期投资合计	#长期股权投资	长期债权投资	固定资产合计	#固定资产原价	累计折旧	本年折旧
5669947	**268061**	**11036226**	**9240225**	**818202**	**45759893**	**49308581**	**12972962**	**1769829**
3186540	266669	10339942	8561809	800454	30490328	31593677	7961500	1078676
252122	1507	2954539	2143652	316456	10229849	11133150	2865738	302160
83949	5940	852194	644273	115880	2674832	2703754	684091	120538
296347	3	279773	200475	67772	303046	385686	144541	34749
101800		2240	2240		181738	206775	38635	7024
351		4000	4000		58695	92019	33350	6515
561		25463	1000	500	85161	110146	24985	3373
14231		18362	18362		34517	54576	20313	2850
118905	28	22804	20044	1200	580332	725879	196207	25177
1284818	251446	3451723	3133551	191420	9723910	9856304	1896444	350293
107644	16	950413	949310	500	4386400	4442910	1648841	123116
180					9551	8015	1270	224
170		471		471	3115	2958	829	290
898283	7015	1739732	1410501	104752	1907492	1685100	370062	95935
26162	714	37026	34399	303	300633	174154	31821	5957
1017		1202	2	1200	11057	12251	4373	475
1737641		642510	629974	12536	8030137	10133173	2578832	399947
105069		96375	85839	10536	5769565	7281263	1790292	232870
3329					1002554	1286350	303689	40580
2401		2750	750	2000	890819	865140	148293	5120
1626842		543385	543385		367199	700420	336558	121377
745766	1392	53774	48442	5212	7239428	7581731	2432630	291206
227247	1392	40854	35642	5212	3595427	5634950	2163234	231533
52668		12800	12800		203038	241108	41145	4149
465851		120			3440945	1705655	228251	55524
					18	18		

6-7 续表 1

	单位数（个）	年初存货	流动资产合计	#现金	短期投资	应收帐款（净额）
二、按隶属关系分						
中央	314	87836	4456088	190594	77108	253455
地方	1282	2250941	19690997	399078	500898	1943059
其他	4453	3136483	31027299	703299	383824	3206840
三、按控股情况分						
国有绝对控股	921	2090346	17670382	403147	291219	1333041
国有相对控股	145	319039	1192849	43612	14805	249329
其他	4983	3065875	36311153	846212	655806	3820984
四、按行业小类分						
物业管理	3219	2512831	29460833	934767	443575	3035959
房地产中介服务	1809	276877	6428476	165361	181601	1094503
其他房地产活动	1021	2685552	19285075	192843	336654	1272892
五、按地区分						
东城区	569	123290	4040187	25331	35426	470872
西城区	679	429570	8436658	104523	171313	939371
崇文区	197	648630	3224023	6960	1386	180044
宣武区	334	25706	1750634	9322	19352	326280
朝阳区	1584	2639819	17910025	56246	410266	1962174
丰台区	450	88086	3200946	34348	114375	257305
石景山区	137	17896	523753	16702	8211	11355
海淀区	1127	863056	10236824	851087	166649	628340
门头沟区	42	128016	207331	426		40535
房山区	147	14266	382382	16296	10984	31483
通州区	135	17787	306765	35996	10767	35617
顺义区	96	110444	331766	1118	62	44051
昌平区	203	31595	1852510	95253	5515	124819
大兴区	179	40919	1163255	3873	4291	173441
怀柔区	54	1014	215243	18924	255	15939
平谷区	26	2329	53623	2322	228	21871
密云县	31	703	213982	11219	450	25114
延庆县	21	253863	542604	596		7639
北京经济技术开发区	38	38271	581873	2429	2300	107104

计量单位：千元

存 货	一年内到期的长期债权投资	长期投资合计	#长期股权投资	长期债权投资	固定资产合计	#固定资产原价	累计折旧	本年折旧
139868	2192	1417448	1342064	37040	8722194	11305080	2791280	323004
2625208	4204	4800526	3732962	485839	12909854	14502577	3513019	587739
2904871	261665	4818252	4165199	295323	24127845	23500924	6668663	859086
2442429	2090	4831751	4203045	137610	16228174	18072447	4441124	626732
88773		102849	53579	7172	2966045	3565900	776845	93081
3138745	265971	6101626	4983601	673420	26565674	27670234	7754993	1050016
2626751	10679	4732570	3801168	228899	28822097	32757905	8444932	1163792
453151	63486	1266222	936546	277577	1379473	1261504	268011	68754
2590045	193896	5037434	4502511	311726	15558323	15289172	4260019	537283
152382	30	620727	591877	9529	8102082	7376836	1750941	216614
461221	129	1987612	1870561	99385	6927815	7296613	1783057	276884
34671		345858	303478	1635	1344145	1593165	349355	47499
19504		598743	173028	23114	2400552	2330127	409769	46553
3099216	195903	3680879	3072723	322043	15047833	19380257	6493779	834856
306035	374	342846	225536	87279	1243026	1309784	462755	39143
12761	38	53386	41506	11369	450949	492080	121809	11072
587116	6732	2410821	2146568	135424	6339511	6574331	1145343	207933
128750		992	50	942	76234	96049	33475	3888
11352		35241	15830	6186	123257	127285	36241	4444
8880	62374	28619	26169	500	233553	190730	28570	4948
92983	25	39807	28881	10656	165269	141200	37991	7236
61397		482805	361375	97862	801800	683159	117828	25057
106501	1743	113403	106031	894	949952	578210	92212	13574
44519		113699	103715	9984	63496	41912	7840	2059
3646		400		400	37549	47608	16251	2808
106679		88994	88994		529226	243929	4798	3321
331498		2	2		48407	50129	3828	484
100836	713	91392	83901	1000	875237	755177	77120	21456

6-7 续表 2

	在建工程	无形资产	资产总计	流动负债合计	#短期借款	应付账款	长期负债合计
总 计	**9126891**	**5317269**	**126395206**	**59427832**	**8501193**	**8750905**	**18193958**
一、按登记注册类型分							
内资	6564301	3041479	89415964	44894546	5407929	7246534	10076346
国有	1797510	428115	24035701	9246184	877332	1142721	2998028
集体	599095	602571	6360691	2889249	242258	832188	932342
股份合作	57285	133063	2192387	1444186	294818	473874	195596
国有联营	13598	72	347308	256060	702	197327	
集体联营	26		86244	69779	38357		
国有与集体联营		5501	185650	144642	31715	1424	635
其他联营	254	94	190596	126485	8000	14484	15855
国有独资公司	50586	59023	1762777	745232	63540	134907	335238
其他有限责任公司	1734013	1374106	33563959	20418130	1955966	2270071	3520746
股份有限公司	1592168	89688	6556469	1759287	807073	207729	1539570
私营独资	2667	72	84958	48855	2029	21153	
私营合伙	415	1977	41970	13611	6	756	
私营有限责任公司	564594	326223	13088962	7136641	874122	1789074	529283
私营股份有限公司	150932	20733	892229	585274	212011	152812	7791
其他	1158	241	26063	10931		8014	1262
港澳台商投资	472461	1867620	18480271	7770118	1537693	776163	4767869
与港澳台商合资经营	278502	868788	9302164	5188943	1336063	361529	2835378
与港澳台商合作经营	19388	25047	2066515	631186	52405	78804	1135029
港澳台商独资	171234	1045	1336006	470268	149225	20035	797462
港澳台商投资股份有限公司	3337	972740	5775586	1479721		315795	
外商投资	2090129	408170	18498971	6763168	1555571	728208	3349743
中外合资经营	123525	197364	12038042	4623818	748610	544550	1095763
中外合作经营	3075	1187	901771	448058	104500	92405	84584
外资企业	1963529	209619	5556077	1690520	702461	91253	2169396
外商投资股份有限公司			3081	772			

计量单位：千元

#长期借款	应付债券	负债合计	所有者权益合计	#实收资本					
					国家资本	集体资本	法人资本		
								#国家法人	集体法人
11146730	**144084**	**77621389**	**48773416**	**36955998**	**5163970**	**2017985**	**17879351**	**11745612**	**3018640**
5182293	130091	54970491	34445072	27220032	4970150	2008477	14066935	8535496	2794842
1604187	1386	12244212	11791489	7938054	4334540	25880	3546524	3358194	6922
690667	55200	3821591	2539100	1344674	27820	1151832	120948	15512	101381
23727	111	1639782	552605	483694	5297	90101	215976	67400	134536
		256060	91248	29180	14180	10000	1000		
		69779	16465	11154		500	10000		
		145277	40373	49921	11439	30914	7150	1350	2000
		142340	48256	65497	45497		19750	4750	
204734		1080470	682307	717177	33872		683205	530616	50660
2087384	7416	23938876	9625083	9878655	456842	503089	7111331	3856080	1994993
280810		3298857	3257612	1508892	3241	64953	1149319	652576	76525
		48855	36103	23660	13000	200	1000		500
		13611	28359	16016	100		6000		5970
290744	65434	7665523	5423038	4954038	23522	117358	1129836	43548	404959
40	184	593065	299164	194390	800	11300	62396	4000	15396
	360	12193	13870	5030		2350	2500	1470	1000
3282809		12537987	5942284	5151239	157160	4695	2235216	1934348	49941
2117083		8024321	1277843	2334440	145460	4695	1005175	740906	16222
1124662		1766215	300300	663505	11700		69578	33442	33256
41064		1267730	68276	281230					
		1479721	4295865	1872064			1160463	1160000	463
2681628	13993	10112911	8386060	4584727	36660	4813	1577200	1275768	173857
685977	13993	5719581	6318461	2832690		3156	1459504	1235269	137483
		532642	369129	481047	36660	1000	117696	40499	36374
1995651		3859916	1696161	1268511		657			
		772	2309	2479					

6-7 续表 3

	在建工程	无形资产	资产总计	流动负债合计	#短期借款	应付账款	长期负债合计
二、按隶属关系分							
中央	161122	493471	15248663	5447334	230466	296165	2566263
地方	1735600	2737578	41950837	20433236	3239423	2997497	5176655
其他	7230169	2086220	69195706	33547262	5031304	5457243	10451040
三、按控股情况分							
国有绝对控股	2411548	1734786	42031031	17672316	1867743	2256740	5187450
国有相对控股	175597	589570	4973767	3719663	1287131	356603	685871
其他	6539746	2992913	79390408	38035853	5346319	6137562	12320637
四、按行业小类分							
物业管理	4381672	2707497	72729642	37996530	5779111	4932649	10411754
房地产中介服务	372923	96080	9329294	4267007	268968	1239154	419536
其他房地产活动	4372296	2513692	44336270	17164295	2453114	2579102	7362668
五、按地区分							
东城区	2472138	929498	14337497	7358730	1953115	351161	2885438
西城区	1412803	310798	17950290	8080363	782053	1254616	3202048
崇文区	94676	158744	5197750	1989009	86312	217355	1530311
宣武区	420770	22158	4829928	1956565	74317	573480	1174875
朝阳区	2053375	1819593	45590352	18475198	2752235	2889389	4738793
丰台区	363191	63164	5010100	3267138	455227	384477	475027
石景山区	79236	44188	1081980	598042	64746	39524	-25634
海淀区	857108	1010752	20573103	11106158	1444419	1220871	2461812
门头沟区	13625	613	286261	238417	11021	46086	221
房山区	32073	6015	580154	322107	8872	143547	52126
通州区	61704	15274	598302	349306	21817	101002	44296
顺义区	61733	3537	540705	270868	47882	37178	65441
昌平区	232591	528790	3694703	2323260	254104	491692	252692
大兴区	463695	96034	2340275	697706	21934	231438	955440
怀柔区	29257	391	404136	318060	79065	94934	67344
平谷区	6057	58	98501	46333	3706	27264	100
密云县	276637	209292	1041773	551834	52066	45168	35844
延庆县	85	4010	596152	545599	34302	432962	175
北京经济技术开发区	196137	94360	1643244	933139	354000	168761	277609

计量单位：千元

#长期借款	应付债券	负债合计	所有者权益合计	#实收资本	国家资本	集体资本	法人资本	#国家法人	集体法人
1765632		8013597	7235066	6721496	3074984	25069	3390946	3242978	27920
2686462	55201	25609891	16340946	10768048	1528095	1123871	6203692	5073580	641358
6694636	88883	43997901	25197404	19466454	560891	869045	8284713	3429054	2349362
3160803	1386	22859766	19171265	13451301	4187557	61434	8283188	7703141	161717
277703	14098	4405534	568233	1422846	43415	24260	769719	688208	26653
7708224	128600	50356089	29033918	22081851	932998	1932291	8826444	3354263	2830270
7556407	138022	48407883	24321358	20805781	3756771	1012032	9679651	6989487	1667616
253027	5773	4686543	4642751	3523857	438024	24795	1489814	687081	279833
3337296	289	24526963	19809307	12626360	969175	981158	6709886	4069044	1071191
2318764		10243767	4093329	4472275	1854173	78842	1110914	672746	278322
2134610		11282411	6667879	5198507	391411	123402	3634543	2205637	724150
1092182		3519320	1678430	1474221	204739	83431	464331	177269	226292
56996		3131440	1698488	1312931	142446	64198	742321	669773	50469
2246467	19605	23213991	22376361	13551994	1533434	240931	6445923	4939482	546309
152459	100	3742165	1267935	1212831	189833	160672	597904	280758	183734
8113	5	572408	509572	246059	61012	38687	55693	29001	18392
1925946	121478	13567970	7005133	6524787	302637	806795	3632373	2290659	654541
220		238638	47623	45817	18660	4311	13161	11161	1000
35759		374233	205921	152515	4411	42011	68356	6349	28263
33037	490	393602	204700	171061	1316	25512	79882	3920	27463
32238		336309	204396	267482	20038	40346	79663	19482	58029
222935	2217	2575952	1118751	890739	138252	240743	222201	48006	73362
531052	105	1653146	687129	660006	35658	53833	403428	185859	66645
64628	84	385404	18732	78051	9530	2973	38129	500	13092
100		46433	52068	25423	9500	6960	3912	2970	500
14714		587678	454095	231106	156000	1650	58169	2040	52629
		545774	50378	37299	3911	1688	5900		5300
276510		1210748	432496	402894	87009	1000	222548	200000	10148

6-7 续表 4

				主营业务收入	主营业务成本	营业费用
	个人资本	港澳台资本	外商资本			
总　　计	**6158201**	**4193747**	**1542744**	**24182684**	**10541503**	**4388420**
一、按登记注册类型分						
内资	6043934	121509	9027	17602619	8041873	3063749
国有	29017	1661	432	3446990	1412043	542305
集体	44074			925694	324107	195091
股份合作	172320			1281348	997586	74752
国有联营	4000			40408	3514	15979
集体联营	654			1613	747	423
国有与集体联营	418			30206	12079	3050
其他联营	250			105187	47511	23815
国有独资公司	100			237308	141307	22870
其他有限责任公司	1769037	30856	7500	6381382	3125004	1054534
股份有限公司	291379			1017070	357085	175588
私营独资	9460			32232	17368	879
私营合伙	9916			29102	6554	3783
私营有限责任公司	3593385	88842	1095	3881608	1528688	890481
私营股份有限公司	119894			173108	53428	59333
其他	30	150		19363	14852	866
港澳台商投资	88008	2659009	7151	3998707	1856083	516898
与港澳台商合资经营	35137	1141862	2111	1488366	332155	264321
与港澳台商合作经营	52871	524316	5040	272425	86628	91272
港澳台商独资		281230		214479	40117	76121
港澳台商投资股份有限公司		711601		2023437	1397183	85184
外商投资	26259	1413229	1526566	2581358	643547	807773
中外合资经营	23673	1104852	241505	1534642	351705	666162
中外合作经营	2320	147489	175882	321061	174182	37950
外资企业	266	160888	1106700	725655	117660	103574
外商投资股份有限公司			2479			87

计量单位：千元

主营业务税金及附加	主营业务利润	其他业务收入	其他业务利润	管理费用	#税金	财产保险费	差旅费	工会经费	排污费
1101238	**8151523**	**913441**	**654537**	**7078681**	**305352**	**41526**	**119314**	**32192**	**11610**
822789	5674208	875743	633896	5554586	177248	21805	94684	27354	9369
140411	1352231	261242	172995	1367900	49811	3995	16489	9096	2275
41867	364629	121119	117440	446647	14536	1667	3112	1508	981
48345	160665	30744	25423	139695	2199	301	6153	369	290
2228	18687	1417	696	13885	1602	181	145	172	77
733	-290	10425	10425	8342	256	56			
1670	13407	2071	1966	13316	663	92	151	33	69
3290	30571	1018	228	33314	10	68	138	374	23
11214	61917	41411	26594	92685	1373	754	999	633	64
314688	1887156	298123	199519	2076522	64874	8652	33176	12428	3790
51809	432588	14512	9137	166630	29155	1735	2309	552	96
1735	12250	992	385	11335	32	10	63	1	3
1648	17117	170	170	6692	354	24	89		1
193604	1268835	88206	66691	1115100	11161	3866	30321	1925	1614
8647	51700	4073	2057	59502	1217	399	1525	256	86
900	2745	220	170	3021	5	5	14	7	
157531	1468195	30401	15406	1010894	85672	14866	12377	3954	1897
73083	818807	24330	11141	600450	51436	12495	6671	1402	1259
13584	80941	1147	1072	95932	5986	943	1588	540	
11279	86962	166	63	69788	6520	217	1401	291	7
59585	481485	4758	3130	244724	21730	1211	2717	1721	631
120918	1009120	7297	5235	513201	42432	4855	12253	884	344
74280	442495	5203	529	252666	11950	949	3347	561	303
10297	98632	984	3801	93685	1305	960	7726	322	40
36341	468080	1110	905	166769	29175	2943	1124		
	-87			81	2	3	56	1	1

6-7 续表 5

				主营业务收入	主营业务成本	营业费用
	个人资本	港澳台资本	外商资本			
二、按隶属关系分						
中央	3867	226630		3053489	1148228	393267
地方	490867	1233728	187795	7434442	3886463	949162
其他	5663467	2733389	1354949	13694753	5506812	3045991
三、按控股情况分						
国有绝对控股	55579	858815	4728	7483262	3670108	915861
国有相对控股	141755	388022	55675	841900	314627	72979
其他	5960867	2946910	1482341	15857522	6556768	3399580
四、按行业小类分						
物业管理	2701381	2523232	1132714	16396599	7620639	2916171
房地产中介服务	1399971	87200	84053	2440707	504136	759608
其他房地产活动	2056849	1583315	325977	5345378	2416728	712641
五、按地区分						
东城区	480858	708560	238928	2306756	543224	485643
西城区	535766	351294	162091	2870158	1168978	551260
崇文区	226046	495674		524765	278018	55845
宣武区	190242	173724		802374	313768	146691
朝阳区	2364856	2178128	788722	10389969	5048731	1814617
丰台区	225519	38403	500	1139636	560366	193195
石景山区	88475	2192		252128	125558	36456
海淀区	1308362	131813	342807	4012021	1552901	752376
门头沟区	9685			52196	42032	5374
房山区	37347	390		149408	64016	37448
通州区	64279		72	158107	78893	17187
顺义区	34515	86149	6771	244708	110003	82568
昌平区	265225	24318		361585	229574	41076
大兴区	166475	612		322907	169994	42933
怀柔区	27419			40271	17943	4565
平谷区	4215		836	34054	17694	4325
密云县	15287			167464	39564	63921
延庆县	25800			43127	35095	6135
北京经济技术开发区	87830	2490	2017	311050	145151	46805

计量单位：千元

主营业务税金及附加	主营业务利润	其他业务收入	其他业务利润	管理费用	#税金	财产保险费	差旅费	工会经费	排污费
154338	1357656	94606	62777	1040685	60146	5386	15354	6490	899
282165	2316652	510681	380554	2371527	104273	9586	29662	14849	4609
664735	4477215	308154	211206	3666469	140933	26554	74298	10853	6102
326814	2570479	404494	270565	2405486	123626	9908	23900	15851	3518
36904	417390	37427	19634	348155	19207	1515	4436	1620	290
737520	5163654	471520	364338	4325040	162519	30103	90978	14721	7802
761149	5098640	527898	332169	4737211	166015	31591	63953	24655	9136
129903	1047060	23473	17919	822724	9469	1306	33883	1055	214
210186	2005823	362070	304449	1518746	129868	8629	21478	6482	2260
112283	1165606	100236	83354	877686	34344	5233	14701	4121	911
131430	1018490	115580	74298	956302	45585	11096	12550	5314	1291
22757	168145	49882	28290	292191	12637	1008	3867	1547	151
41919	299996	36060	28820	306753	13735	1504	3314	1889	655
445514	3081107	266971	190775	2446578	129107	14197	45785	9856	2850
47788	338287	113503	76436	362475	7205	1117	5595	2147	778
11583	78531	30628	23566	110990	3199	192	1890	459	35
209973	1496771	105431	79516	1128993	46021	5004	23521	4387	3428
1741	3049	1093	1073	24341	457	70	531	178	483
5126	42818	13203	11457	43937	813	233	457	76	78
5075	56952	1336	1092	59556	302	185	970	324	194
10979	41158	10840	8513	63133	658	119	666	521	42
15037	75898	54116	37984	148639	3863	794	2235	507	358
11108	98872	10525	5730	131225	2074	289	1336	406	61
1509	16254	572	2412	12759	175	17	145	32	3
1181	10854	359	279	8867	367	57	249		23
7390	56589	1776	432	22582	331	105	85	147	
1808	89	612	20	11323	46	39	94		6
17037	102057	718	490	70351	4433	267	1323	281	263

6-7 续表 6

	财务费用	利息支出(净额)	营业利润	投资收益	补贴收入	利润总额
总　计	**586636**	**420382**	**1140743**	**656266**	**103121**	**1914904**
一、按登记注册类型分						
内资	291830	188046	461688	400345	101817	993457
国有	49110	-13733	108216	77626	50026	268088
集体	21586	7717	13836	11847	14063	33259
股份合作	24825	24378	21568	20942	1067	41965
国有联营	-303	-303	5801	86		5914
集体联营	2054	2006	-261			-261
国有与集体联营	2063	1722	-6			-54
其他联营	-299	-304	-2216		280	-635
国有独资公司	5731	3425	-9905	2144	2023	-6844
其他有限责任公司	120354	105027	-110201	151585	15374	48192
股份有限公司	21071	16724	254024	112108	349	370768
私营独资	-401	-401	1701			1785
私营合伙	-50	-51	10645	93	3280	7521
私营有限责任公司	34770	30668	185656	23840	15355	236298
私营股份有限公司	11292	11144	-17037	74		-13149
其他	27	27	-133			610
港澳台商投资	192923	173996	279784	24859	1304	293875
与港澳台商合资经营	188464	172804	41034	1388	1304	33071
与港澳台商合作经营	3829	3706	-17748			-14814
港澳台商独资	13620	13522	3617			-822
港澳台商投资股份有限公司	-12990	-16036	252881	23471		276440
外商投资	101883	58340	399271	231062		627572
中外合资经营	71512	33284	118846	230461		353691
中外合作经营	6646	2141	2102	600		-1174
外资企业	23724	22915	278492	1		275224
外商投资股份有限公司	1		-169			-169

计量单位：千元

应交所得税	可供分配利润	劳动、失业保险费	养老保险和医疗保险	住房公积金和住房补贴	本年应付工资总额（贷方累计发生额）	本年应付福利费总额（贷方累计发生额）	本年应交增值税（不含期初未抵扣税）	本年实缴关税
586653	**4500217**	**125312**	**578114**	**173957**	**4354474**	**560507**	**68665**	**21925**
439299	949459	116650	489932	148196	3635411	507316	42002	21881
49559	123328	53856	158684	58231	816997	139073	2020	5682
19731	61992	9953	37832	13877	201774	25364	3763	4390
14194	49014	3741	16664	4299	89705	12127	538	144
1996	4424	542	981	395	8223	1232		
54	1		2		1009	71	38	
897	1610	530	558	189	6305	866	50	
55	248	186	3153	846	34469	4915	1222	
3495	3265	3954	11135	3631	57999	7575	886	
153938	179171	30301	193978	54345	1588801	187622	6774	10776
114815	246650	1159	16285	3847	82416	9748	297	450
1148	74	24	127	43	2763	290	115	
8270	11352	12	206	17	4390	374	18	2
67856	263691	12159	46937	6977	703563	114338	26131	437
3214	2983	217	3019	1489	33701	3514	1	
77	1656	16	371	10	3296	207	149	
120473	748384	5787	61572	19600	440598	35364	25295	
33438	63440	3434	26433	8124	207528	20870	795	
2996	6116	394	7891	1632	69318	964	73	
3631	12201	808	6115	1535	44387	3046		
80408	666627	1151	21133	8309	119365	10484	24427	
26881	2802374	2875	26610	6161	278465	17827	1368	44
21864	2786385	630	12335	4175	193915	6627	1368	44
2187	8672	386	6178	1181	45459	4341		
2830	7317	1859	8097	805	39090	6859		
					1			

6-7 续表 7

	财务费用	利息支出（净额）	营业利润	投资收益	补贴收入	利润总额
二、按隶属关系分						
中央	142877	82358	236871	162978	17722	400971
地方	125398	103086	200281	100855	52356	353829
其他	318361	234938	703591	392433	33043	1160104
三、按控股情况分						
国有绝对控股	149282	79369	286276	242000	51285	579015
国有相对控股	73271	66402	15598	444	1193	11034
其他	364083	274611	838869	413822	50643	1324855
四、按行业小类分						
物业管理	502886	425536	190712	429191	80695	711779
房地产中介服务	-11963	-13912	254218	31893	5481	290067
其他房地产活动	95713	8758	695813	195182	16945	913058
五、按地区分						
东城区	92436	90696	278838	46670	-759	332666
西城区	106608	34893	29878	135362	10314	170358
崇文区	996	-457	-96752	6288	1863	-93322
宣武区	9314	9030	12749	8836	39	18655
朝阳区	198190	184327	627114	403598	29303	1070329
丰台区	14164	10852	38084	8205	3418	38158
石景山区	954	-381	-9847	3658	1531	-4026
海淀区	105457	47246	341837	19645	14798	377214
门头沟区	1734	1730	-21953	1	20840	-1737
房山区	-188	-191	10526	-1497	3153	14160
通州区	442	218	-1954	477	-137	4883
顺义区	1374	1047	-14836	-350	12867	-668
昌平区	12411	4016	-47168	16190	371	-28622
大兴区	14639	14474	-41262	6526	1768	-23418
怀柔区	4926	2	981		94	2298
平谷区	-86	-89	2352	93	3274	-843
密云县	4485	4424	29954	136	345	33135
延庆县	81	81	-11295	1		-10019
北京经济技术开发区	18699	18464	13497	2427	39	15703

计量单位：千元

应交所得税	可供分配利润	劳动、失业保险费	养老保险和医疗保险	住房公积金和住房补贴	本年应付工资总额（贷方累计发生额）	本年应付福利费总额（贷方累计发生额）	本年应交增值税（不含期初未抵扣税）	本年实缴关税
91062	274474	18352	73721	30696	556812	79566	2723	
173936	942465	65631	272514	88377	1512507	204208	33109	9528
321655	3283278	41329	231879	54884	2285155	276733	32833	12397
190341	844730	63598	225768	80318	1416579	204164	28597	10139
12017	50657	6626	27696	7148	158625	22253	1052	
384295	3604830	55088	324650	86491	2779270	334090	39016	11786
247685	3095143	75004	419152	125927	3252067	378371	38363	19366
77482	342742	5698	33354	7666	454295	73840	1827	7
261486	1062332	44610	125608	40364	648112	108296	28475	2552
48277	245465	13627	64855	21015	434154	49472	1330	
60907	-7183	18706	82371	30821	541544	65027	973	
7670	9299	5649	38439	8040	174644	17937	57	
17403	30934	9530	29494	6754	187438	23666	363	86
327665	3853115	31147	197377	57016	1428331	166100	52119	5575
13894	49846	5970	44198	9563	410517	64520	1546	4617
2772	-16452	5507	7850	8502	69053	8638	1265	5063
68380	221085	25586	76113	23161	684595	120141	7350	4206
750	1284	1874	2645	1248	17713	2428	-1710	
6061	18254	592	2357	621	34556	3766	1785	11
2054	2738	161	2096	382	33093	3202	670	154
6654	19833	436	6064	2914	95437	7125	372	9
5821	4622	1145	8163	665	93307	11526	794	
3127	17410	4343	8813	1129	84315	8623	1112	
490	9522	35	781	44	10017	1268	46	2203
8063	59	24	493	3	3722	363	541	
3886	37599	148	2367	544	17393	1958	19	
110	165	37	124	7	4271	296		
2669	2622	795	3514	1528	30374	4451	33	1

租赁和商务服务业

《北京经济普查年鉴—2004》

第三产业卷

7-1 广告业

	单位数（个）	一级企业	二级企业	三级企业	广告合同数（个）	公益广告	客户数（户）	成功服务两年以上
总计	**5652**	**151**	**35**	**31**	**200741**	**2501**	**144207**	**25620**
一、按登记注册类型分								
内资	5583	144	35	29	191887	2486	141198	24487
国有	182	4		1	13201	645	9373	3451
集体	118	8	1		3253	66	2864	599
股份合作	160	4	2		1886	96	1417	593
集体联营	4				11	1	9	3
国有与集体联营	1				1		1	
其他联营	1							
国有独资公司	15			1	400	17	474	211
其他有限责任公司	798	26	10	3	41340	504	26908	5514
股份有限公司	82	1	1		5163	68	3085	724
私营独资	55			1	429		2720	9
私营合伙	46	1			144	3	170	27
私营有限责任公司	3923	98	19	20	124220	1012	92130	13087
私营股份有限公司	194	2	2	3	1819	69	2036	265
其他	4				20	5	11	4
港澳台商投资	27	1		1	3652	7	1422	451
与港澳台商合资经营	21	1			2175	7	599	168
与港澳台商合作经营	2				1468		807	283
港澳台商独资	4			1	9		16	
外商投资	42	6		1	5202	8	1587	682
中外合资经营	32	3			4070	8	1088	470
中外合作经营	3	1			32		50	8
外资企业	7	2		1	1100		449	204
二、按隶属关系分								
中央	159	6	1	1	20308	646	12539	4402
地方	248	11	4	2	11585	303	8206	2287
其他	5245	134	30	28	168848	1552	123462	18931
三、按地区分								
东城区	534	9	1	3	24148	71	13141	2760
西城区	517	18	2	4	16429	599	10827	3439
崇文区	103	5			2370	13	2047	625
宣武区	349	13	1	1	7411	82	6019	1169
朝阳区	1900	47	9	6	95711	790	65236	7967
丰台区	293	7		2	8614	213	9007	1695
石景山区	125	2	1	1	1334	53	947	71
海淀区	1260	40	11	8	35556	422	29681	5962
门头沟区	32				208		100	17
房山区	43	1			232	17	210	31
通州区	90	2	3	2	1715	24	724	126
顺义区	70	2	1		1534	36	1458	622
昌平区	77		1	1	2115	54	1246	582
大兴区	134	1	3	1	1247	38	1080	228
怀柔区	47		2		468	18	649	83
平谷区	22	1			671	14	924	80
密云县	31	1		1	502	15	409	51
延庆县	13				204	28	365	79
北京经济技术开发区	12	2		1	272	14	137	33

活动情况

计量单位：千元

综合代理		广告							
服务品牌数（个）	成功案例数	营业额	电视广告	报纸广告	杂志广告	广播广告	互联网广告	户外广告	其他广告
40973	**32005**	**21196418**	**8678647**	**3997171**	**1896374**	**501626**	**951711**	**2534765**	**2636124**
39903	31468	13671055	5624819	2841711	1287973	450795	756792	1418092	1290873
594	381	811659	179200	287104	74299	41084	4692	55028	170252
1635	146	294459	210262	24412	3453	6299	245	35499	14289
438	420	220690	23835	11491	6204		112650	28583	37927
3	3	16441	1080	3966	495			10900	
		84	42					42	
14	14	31261	2600	6049	130			10682	11800
3921	2130	3388798	1192203	979324	495036	90241	48620	362453	220921
104	99	116931	18010	32861	29559	100	16891	13177	6333
6	1	13939	3636	445	2588		6172	549	549
8	1	68485	36646	827	1011			22814	7187
32935	28073	8303672	3681351	1462540	659897	307877	555216	869920	766871
245	200	352839	224157	32692	15301	5194	12306	8445	54744
		51797	51797						
741	320	2192237	721152	410537	81697	20731	6982	630208	320930
135	134	1728178	705200	404034	71300	20731	6560	199543	320810
600	180	424554						424554	
6	6	39505	15952	6503	10397		422	6111	120
329	217	5333126	2332676	744923	526704	30100	187937	486465	1024321
306	213	5176506	2318873	744923	526704	30100	107525	486465	961916
		13803	13803						
23	4	142817					80412		62405
2441	1011	2699200	1326052	741108	195046	19376	18880	188193	210545
827	467	910250	186161	239482	40051	37258	9987	339360	57951
37705	30527	17586968	7166434	3016581	1661277	444992	922844	2007212	2367628
1264	1021	6891071	2976923	1028914	913632	114464	133125	1017693	706320
1115	568	1507788	492428	399542	96811	84726	176731	102171	155379
42	25	539887	137431	94659	72533	27539	133797	11012	62916
580	351	450464	138791	166642	40923	5626	4963	46939	46580
32709	27279	7973017	3095898	1606114	527719	148398	302219	978623	1314046
811	662	281788	42552	105746	13811	8551	1436	58450	51242
19	5	76544	10164	25087	16073	800		12036	12384
3069	902	2910616	1657310	447216	179755	67603	183836	164818	210078
6	6	38160	19844	5652	1872		30	10081	681
8	6	12543	3146	1810	1442	778		4144	1223
83	26	64916	16433	6283	335	200	40	13176	28449
343	322	86820	877	27918		1050	9245	29566	18164
656	613	128255	5250	78104	27491	1137	649	8545	7079
56	47	97562	14212	2011	560	40535	2889	27452	9903
9	4	38699	3985	63		174		30704	3773
136	102	8830	2594	10	3130	45		2880	171
12	12	16939	3607	1400	195			6485	5252
53	53	56725	51687					2893	2145
2	1	15794	5515		92		2751	7097	339

7-2 租赁和商务服务业

	单位数（个）	年初存货	流动资产合计	#现金	短期投资	应收帐款（净额）
总计	**31771**	**17836849**	**618961876**	**8653094**	**34593056**	**92072841**
一、按登记注册类型分						
内资	30941	15360044	519295181	8463156	33358518	78600251
国有	1368	6039033	164602264	656533	8244682	20514394
集体	1777	829385	16018688	459786	216807	2101895
股份合作	2777	62652	3153136	126923	34266	687038
国有联营	6	1766	20434	1736		8300
集体联营	12	2472	48648	962		1063
国有与集体联营	18	4758	134123	251		15279
其他联营	9		29189	110		23178
国有独资公司	137	62072	117423558	4133910	9595440	33449929
其他有限责任公司	4472	5959730	106175023	1450595	11394277	13948430
股份有限公司	476	1381358	65900509	88855	1480875	2342668
私营独资	646	12558	282844	15036	961	53883
私营合伙	1161	29325	1859991	20363	11129	372026
私营有限责任公司	16748	897790	40298700	1284979	2223627	4464797
私营股份有限公司	936	66658	1580465	76637	118728	227091
其他	398	10487	1767609	146480	37726	390280
港澳台商投资	256	2075574	16132741	14273	684967	1024979
与港澳台商合资经营	103	25923	5023719	4855	270570	495500
与港澳台商合作经营	21	1954728	7135324	1425	47	382306
港澳台商独资	132	94923	3973698	7993	414350	147173
外商投资	574	401231	83533954	175665	549571	12447611
中外合资经营	196	194961	8750319	49827	49543	3032954
中外合作经营	45	555	1544924	752	13547	368997
外资企业	323	205485	72606894	32518	486481	9015637
二、按隶属关系分						
中央	1009	2275326	279949033	4492523	17441724	47922095
地方	3379	7795612	111425717	1797427	4940674	13792249
其他	27383	7765911	227587126	2363144	12210658	30358497
三、按行业小类分						
租赁业	1438	562450	6174772	114555	56554	1625339
机械设备租赁	1322	558423	6111709	109109	54383	1614301
汽车租赁	102	7351	987282	22109	44406	166991
农业机械租赁	4	191	2889	211		
建筑工程机械与设备租赁	960	378917	1297853	55272	9155	321594
计算机及通讯设备租赁	25	2993	791050	8830	275	5544
其他机械与设备租赁	231	168971	3032635	22687	547	1120172
文化及日用品出租	116	4027	63063	5446	2171	11038
图书及音像制品出租	41	1176	12562	532	206	2139
其他文化及日用品出租	75	2851	50501	4914	1965	8899

法人单位主要财务状况（企业会计制度）

计量单位：千元

存货	一年内到期的长期债权投资	长期投资合计	#长期股权投资	长期债权投资	固定资产合计	#固定资产原价	累计折旧	本年折旧
13066381	**1325862**	**1143246933**	**1040483212**	**70884556**	**120640099**	**96133284**	**21627913**	**3812661**
10267870	1141832	1053053702	964008950	59370172	116490535	89564489	18317968	3301488
3255627	16414	491937908	438082525	43915906	52885877	37087492	7415682	1090253
369634	26570	8990021	2745057	3004608	9842934	7275336	1631539	211177
100362	2186	1324739	635728	378366	2388972	2238394	610665	101327
850		14246	14166		19026	29004	9978	1557
1206		14862	14862		8771	14833	6062	668
5357		17990	15870	600	36290	51627	16430	749
22	1000	50	50		8624	17236	8612	2846
196331	539425	242096166	226233159	8830448	15293413	8669146	1716036	339540
5027268	11867	73928195	67959068	1598282	22386897	20486771	3345349	710118
166178	7806	210532117	206663558	313597	4650201	3831591	1024184	212498
13013	28	191820	191576	20	65004	80145	23566	13834
9799	2186	16853	11910	1912	311773	373597	198591	33466
1001373	530163	21818568	19674829	1259420	7178104	8042067	2009112	529211
67035	2657	1075762	787325	18745	444611	453158	123731	30540
53815	1530	1094405	979267	48268	970038	914092	178431	23704
2204776	1023	47118912	46923622	156276	2254740	3971669	2148460	245976
43113	832	3557040	3368619	149620	382148	402059	175911	26783
2133494		16479357	16479357		1755413	3423796	1924554	204692
28169	191	27082515	27075646	6656	117179	145814	47995	14501
593735	183007	43074319	29550640	11358108	1894824	2597126	1161485	265197
33863		5278284	5205808	72281	348278	837636	512711	58181
420		7992	5608	2384	313727	110678	59313	16127
558959	183007	37542423	24093604	11283443	1086872	1485744	529775	177032
1159012	19954	873356896	805382189	47366030	29783924	21969647	5501424	996181
4169661	30342	104944527	89439694	9777177	59190501	42976707	8520514	1185863
7737708	1275566	164945510	145661329	13741349	31665674	31186930	7605975	1630617
596292	3664	664488	441063	159873	3340482	4565172	1552882	386328
591304	3532	662429	439404	159573	3244579	4482203	1519595	379952
13478		142063	93972	16335	1245933	2013955	802398	231715
281		1	1		5252	7611	2479	302
408790	2446	262290	230179	17809	1312381	1668640	465791	106343
3738		11700	11300		14478	19945	6452	1347
165017	1086	246375	103952	125429	666535	772052	242475	40245
4988	132	2059	1659	300	95903	82969	33287	6376
1574		100			1611	1786	282	92
3414	132	1959	1659	300	94292	81183	33005	6284

7-2 续表 1

	单位数(个)	年初存货	流动资产合计	#现金	短期投资	应收帐款(净额)
商务服务业	30333	17274399	612787104	8538539	34536502	90447502
企业管理服务	3282	12083618	526061880	6381263	30211877	76506888
企业管理机构	815	4267522	274664113	4892632	8389717	58208329
投资与资产管理	1130	6937164	173339109	1071990	21279318	10059658
其他企业管理服务	1337	878932	78058658	416641	542842	8238901
法律服务	768	27314	2282376	13919	7465	387392
律师及相关的法律服务	710	27102	2152082	4047	7361	352642
公证服务	6	12	36594	3132		15702
其他法律服务	52	200	93700	6740	104	19048
咨询与调查	12478	2127376	38557793	997131	3297310	5066266
会计、审计及税务服务	1093	19808	2636533	86536	43647	552409
市场调查	438	9678	772896	14092	15257	128879
社会经济咨询	3874	1199739	17659561	167925	2122501	2386029
其他专业咨询	7073	898151	17488803	728578	1115905	1998949
广告业	5841	785750	20287523	501762	87171	5141793
知识产权服务	473	6109	763772	21502	13955	77016
职业中介服务	590	91458	1890288	46347	20720	247444
市场管理	754	111192	6706090	131892	21128	850075
旅行社	720	20371	3673973	51548	209626	1207002
其他商务服务	5427	2021211	12563409	393175	667250	963626
会议及展览服务	1461	160436	2814900	100769	220718	192570
包装服务	89	2207	94238	6331	689	18134
保安服务	72	12894	497751	24927	108	19586
办公服务	1041	29322	445516	39659	1720	38717
其他未列明的商务服务	2764	1816352	8711004	221489	444015	694619
四、按地区分						
东城区	3053	362890	83397077	129791	3393069	41692419
西城区	3443	1576983	146273326	116608	9207038	12642657
崇文区	846	69550	6446582	69205	1068036	214595
宣武区	1635	123071	18952226	35833	1271314	3675308
朝阳区	8869	7043450	215909291	2532991	10488551	11945340
丰台区	1879	253346	16531391	134537	646817	2423874
石景山区	691	22193	2212183	80302	37737	563650
海淀区	7069	4799871	96561680	4720271	7316270	10181119
门头沟区	374	14375	960712	7390	4551	139968
房山区	674	207326	2142634	38112	44452	446605
通州区	466	190997	2621248	148114	302206	285731
顺义区	371	295737	5470027	56874	304169	387553
昌平区	873	102828	4523508	212726	395156	867618
大兴区	648	201240	5539778	48476	41205	331813
怀柔区	384	518945	2127921	142136	69309	127680
平谷区	100	8221	571120	7461	550	65147
密云县	163	2024338	4580815	74581	2261	3716240
延庆县	113	13968	686606	94671	14	75022
北京经济技术开发区	120	7520	3453751	3015	351	2290502

计量单位：千元

存货	一年内到期的长期债权投资	长期投资合计	#长期股权投资	长期债权投资	固定资产合计	#固定资产原价	累计折旧	本年折旧
12470089	1322198	1142582445	1040042149	70724683	117299617	91568112	20075031	3426333
8133324	719315	1122724619	1022478142	69580959	95898006	69496257	14256322	2212407
1487951	282761	614999272	583382390	9766714	39410276	29704752	8013853	1261329
5398792	411382	484612386	433205103	46880323	46716358	31960847	4586579	726355
1246581	25172	23112961	5890649	12933922	9771372	7830658	1655890	224723
5562	1710	76559	72951	1912	728148	433658	197319	33119
5085	1710	33509	29901	1912	666181	368375	190717	30979
29					959	2225	1266	148
448		43050	43050		61008	63058	5336	1992
1434149	574368	10607986	9196446	688106	6901137	7931666	1690069	356067
3056	8845	167589	152606	13143	499181	754346	279085	76146
20229	595	178952	165860	1626	105764	188457	94038	21686
260804	546506	5332708	4744537	343318	3659010	3791061	414231	108425
1150060	18422	4928737	4133443	330019	2637182	3197802	902715	149810
296611	9404	753129	516682	112283	2163623	3109809	1053412	223655
6943	319	39590	21450	11150	262670	240346	59808	18094
96034	1757	228248	173404	20969	273791	363258	104083	22121
82181	3471	597364	505715	39879	5797572	5275711	1277487	297130
59597	5019	3601698	3568528	7386	1445471	1520648	439798	81774
2355688	6835	3953252	3508831	262039	3829199	3196759	996733	181966
204069	413	382532	356467	16151	2106288	1089383	361303	50201
2184	100	8050	7850	200	137279	149039	13854	8447
22694	43	12618	12618		361912	559382	207390	24022
31808	1302	45298	15114	500	223948	291093	104908	21062
2094933	4977	3504754	3116782	245188	999772	1107862	309278	78234
349939	240032	95952196	95448047	453083	7062545	7907188	2241710	386418
1207644	544690	126597413	109459578	17051962	15861394	10259641	2430820	497279
66717	8794	6780385	6610431	110738	461961	525682	180759	41134
255971	15365	22743842	19741281	1623816	4697841	3417271	588464	112598
5865319	188596	697554513	646826376	38504346	32700826	21338425	5297965	1164560
258603	15352	16200093	13448896	1095546	8067117	7393175	1794072	338250
24766	168	742125	324046	402221	1068604	623047	163346	27977
2526341	16558	162363140	137077169	10477357	37175196	34484840	7407539	948972
15100	1541	987604	612720	306802	417113	367697	91478	12459
238529	5082	890865	282259	196180	1963977	1474728	264638	52561
333869	43	500871	185083	207173	1358509	807279	125476	29016
508441	7708	7794674	7337212	44591	4703498	3241552	279489	61781
131416	7044	1130980	899014	146307	1944988	1620413	321632	60140
304123	1398	568437	389342	130225	799622	632286	104229	29354
716931	550	576514	373765	35126	563216	545568	89084	12937
9988	271524	173252	167994	3756	286057	198784	26309	4237
216181	585	1031374	909342	6632	538075	459771	35362	7707
16262	832	193003	80071	350	448719	347874	107745	13869
20241		465652	310586	88345	520841	488063	77796	11412

7-2 续表 2

	在建工程	无形资产	资产总计	流动负债合计	#短期借款	应付账款	长期负债合计
总计	**43947673**	**13788161**	**1916796040**	**499453521**	**145119309**	**41948791**	**320973957**
一、按登记注册类型分							
内资	43349755	11829584	1720212331	403982325	138605649	35825135	312324504
国有	22798850	2704653	724505955	139215314	58483316	13116388	121018674
集体	3435900	180233	35717378	24397498	2926366	2528815	3435151
股份合作	711070	247959	7228095	3165585	403033	1356810	138210
国有联营		374	54080	17475		872	1326
集体联营		18550	91274	27204	960	1389	50070
国有与集体联营	1093	69	188789	148506	4201	70850	3609
其他联营		680	38916	26028		22322	2668
国有独资公司	8281868	340135	375586501	78258945	35152605	1216240	87427847
其他有限责任公司	5100252	3209457	209053895	83584340	21646049	10091036	18924707
股份有限公司	1592680	3779706	286174482	37549374	14308458	805924	78339103
私营独资	5943	6390	558326	221685	43912	31160	107120
私营合伙	113196	18478	2248682	1001825	10662	304567	39270
私营有限责任公司	978699	1273390	71734788	33629720	5217772	5100364	2601070
私营股份有限公司	106859	26116	3151362	1580865	349499	615470	175614
其他	223345	23394	3879808	1157961	58816	562928	60065
港澳台商投资	173870	1595958	67150701	12081180	2969340	2072060	5210607
与港澳台商合资经营	155619	214204	9205299	4374839	135750	1534305	849813
与港澳台商合作经营	399	255679	25626602	4915822	2375958	430167	2980244
港澳台商独资	17852	1126075	32318800	2790519	457632	107588	1380550
外商投资	424048	362619	129433008	83390016	3544320	4051596	3438846
中外合资经营	17607	133046	14532649	5683792	2457666	2066563	2790061
中外合作经营	262362	8959	1990341	643477	199135	55840	128819
外资企业	101814	162026	111823998	76737833	777519	1835376	507966
二、按隶属关系分							
中央	12937746	4271220	1198761453	201667328	87573465	13614919	245379621
地方	24271154	3548306	283319664	96108187	27385765	7104242	46881942
其他	6738773	5968635	434714923	201678006	30160079	21229630	28712394
三、按行业小类分							
租赁业	288694	357047	10615864	5533955	1836833	921173	1304726
机械设备租赁	242798	338298	10435784	5451912	1806601	909127	1300748
汽车租赁	36852	16268	2421738	1171080	325937	180790	268208
农业机械租赁	120		8142	3455	798	134	5
建筑工程机械与设备租赁	78964	98499	2986824	1275876	199850	398924	235339
计算机及通讯设备租赁	985	731	818008	739391	2641	43122	6320
其他机械与设备租赁	125877	222800	4201072	2262110	1277375	286157	790876
文化及日用品出租	45896	18749	180080	82043	30232	12046	3978
图书及音像制品出租	6	1348	15664	4790	30	1350	48
其他文化及日用品出租	45890	17401	164416	77253	30202	10696	3930

计量单位：千元

#长期借款	应付债券	负债合计	所有者权益合计	#实收资本	国家资本	集体资本	法人资本	#国家法人	集体法人
255813769	**35168576**	**820427830**	**1096367912**	**772257997**	**501643829**	**12385411**	**150271341**	**88918560**	**38557430**
248448348	35165989	716307181	1003904852	709510168	501460791	12377777	138911995	78474650	38040751
101800475	3551047	260234074	464271881	330919607	301201272	50265	29624078	26407712	55055
2053235	125	27832637	7884741	6260224	485930	5113244	532969	11279	481076
66196	4626	3303795	3924300	3109797	110343	1192160	549274	53046	420763
1030		18801	35279	29000	4708		24292	24292	
		77274	14000	23783		6580	16873	1803	14970
2014		152115	36674	38607	3590	5751	19166	5065	12951
2668		28696	10220	15530			10100	3600	5000
55664059	27630495	165686792	209899709	141471177	122776930	35237	18653600	16772884	
12214316	399091	102509047	106544550	95207145	16985811	5204291	62676035	22854653	28747569
74587252	3500000	115888477	170286005	95053145	59820993	138054	13962859	11883360	505263
61227	45129	328805	229521	352725	680	2598	14581	230	9307
19180	371	1041373	1207309	236596		9673	25780	1043	5572
1763873	26924	36230790	35503998	34712444	54760	194599	12395738	313836	7714884
164636	5568	1756479	1394883	1342090	750	25943	152485	14867	46567
48187	2613	1218026	2661782	738298	15024	399382	254165	126980	21774
4972402	587	17291787	49858914	12371929	71705	1395	3657830	3427979	62685
693229	587	5224652	3980647	3090867	44746	1395	1115298	1010231	62685
2911101		7896066	17730536	3646255	26959		2542532	2417748	
1368072		4171069	28147731	5634807					
2393019	2000	86828862	42604146	50375900	111333	6239	7701516	7015931	453994
2127552		8473853	6058796	7098339	45147	6239	2509338	2107053	192466
125439	2000	772296	1218045	1325214	406		652488	635050	6500
128028		77245799	34578199	35315876			11372	1230	5028
196421707	32124309	447047023	751714430	520179096	438440428	107219	57999925	55393032	376654
38517752	1060375	142990129	140329535	92212249	52835473	6762748	27729234	19351032	2627593
20874310	1983892	230390678	204323947	159866652	10367928	5515444	64542182	14174496	35553183
487507	7948	6838681	3777183	4089365	245408	361276	1774274	933400	438170
487257	7924	6752660	3683124	4004035	241408	359626	1747284	928100	421485
191060	2551	1439288	982450	1147190	38600	87120	561818	230988	194650
5		3460	4682	3931		3131			
143689	5363	1511215	1475609	1419083	31567	212158	545093	341402	110431
6310	10	745711	72297	70403	500		35610	18500	11610
146193		3052986	1148086	1363428	170741	57217	604763	337210	104794
250	24	86021	94059	85330	4000	1650	26990	5300	16685
24	24	4838	10826	15677	168	630	5106	200	1400
226		81183	83233	69653	3832	1020	21884	5100	15285

7-2 续表 3

	在建工程	无形资产	资产总计	流动负债合计	#短期借款	应付账款	长期负债合计
商务服务业	43658979	13431114	1906180176	493919566	143282476	41027618	319669231
企业管理服务	39022360	10565021	1770209855	430501764	134046698	24759946	309107037
企业管理机构	16762654	7488095	948788932	192156942	68606306	12618298	195360089
投资与资产管理	19225894	2794364	709992824	141299317	62314636	9855697	112236423
其他企业管理服务	3033812	282562	111428099	97045505	3125756	2285951	1510525
法律服务	471658	17230	3143265	1567859	369206	469092	288331
律师及相关的法律服务	468372	8415	2899013	1504786	368464	433400	287683
公证服务		528	38081	19190		15709	
其他法律服务	3286	8287	206171	43883	742	19983	648
咨询与调查	580976	1050380	59280000	23410476	3837221	4112561	5144959
会计、审计及税务服务	20260	24171	3374149	1410357	76895	323586	574520
市场调查	10047	45296	1119514	419540	7756	68929	5426
社会经济咨询	226208	476687	27844316	10574903	1851914	2206105	1998712
其他专业咨询	324461	504226	26942021	11005676	1900656	1513941	2566301
广告业	61863	381456	24435312	16034551	1584773	6365913	680379
知识产权服务	105393	17112	1090015	549380	4598	183509	65057
职业中介服务	8303	9430	2442575	1570067	133664	241801	167290
市场管理	1669938	825670	15500939	8807980	1848480	1294311	1570722
旅行社	145442	133994	9106224	3201721	612080	1158642	444556
其他商务服务	1593046	430821	20971991	8275768	845756	2441843	2200900
会议及展览服务	1376462	18233	5344572	2716299	278322	1038515	610901
包装服务	2056	831	240770	38403	614	6770	92888
保安服务	9918	2296	896478	613770	6047	26262	22665
办公服务	36126	14223	766394	304425	14845	54964	32748
其他未列明的商务服务	168484	395238	13723777	4602871	545928	1315332	1441698
四、按地区分							
东城区	1102261	747242	188487676	44095337	10914453	4586395	34247939
西城区	7982562	1773166	300396282	137728532	16023488	11351701	49937701
崇文区	76356	24828	14965352	4159498	1671867	202142	1131815
宣武区	1891205	232763	46668002	13265739	4133864	459019	3692017
朝阳区	16142243	6165627	954511643	190147918	79075339	11829957	178359897
丰台区	2378294	853825	43041917	16433691	3612504	3191922	3821111
石景山区	567404	130678	4174209	2058598	733889	398180	471272
海淀区	9027490	2153537	301774058	72894196	24660278	5587369	35615835
门头沟区	126019	6525	2382126	645730	52034	180998	291334
房山区	737269	73417	5081366	1914748	514042	422533	711490
通州区	660786	398043	4924723	2459124	560284	401367	526032
顺义区	1738696	162651	18175210	4219402	1451061	1039647	2567416
昌平区	628045	47131	7733696	3004895	434854	897818	199046
大兴区	253621	59120	6989654	1387438	186380	275738	3817547
怀柔区	104900	54444	3621157	976454	102207	136866	593831
平谷区	113458	19155	1050400	698261	185439	313950	174181
密云县	113459	454586	6608935	1511349	281701	540052	1581558
延庆县	199863	134453	1462996	624519	312662	54623	73588
北京经济技术开发区	103742	296970	4746638	1228092	212963	78514	3160347

计量单位：千元

#长期借款	应付债券	负债合计	所有者权益合计	#实收资本	国家资本	集体资本	法人资本	#国家法人	集体法人
255326262	35160628	813589149	1092590729	768168632	501398421	12024135	148497067	87985160	38119260
249358859	34725010	739608801	1030601054	713490970	495645500	9891803	126007136	80650644	28985637
172615201	12090589	387517031	561271901	391194036	297568408	2183878	57514650	47939721	4616271
75651890	22633491	253535740	456457084	308776797	196501717	4639868	65299883	30825306	23767090
1091768	930	98556030	12872069	13520137	1575375	3068057	3192603	1885617	602276
15704	117	1856190	1287075	248703	1098	6996	94772	34263	2395
15704	117	1792469	1106544	172423	548	6976	41034	31243	2395
		19190	18891	7947	50		2000	1500	
		44531	161640	68333	500	20	51738	1520	
1776685	28221	28555799	30723903	30397933	1778992	728625	13518689	3562010	6356328
63511	5375	1985155	1388994	806845	126289	1740	198854	80855	37855
4283	53	424966	694548	533940	26138	2559	302760	246278	17466
1249711	1350	12573615	15270701	14095736	803072	255219	7348380	1600723	4143428
459180	21443	13572063	13369660	14961412	823493	469107	5668695	1634154	2157579
616263	7810	16714930	7720382	6332997	616569	193936	1800249	561222	732271
52394		614437	475578	337449	29126	3090	169694	120919	25780
43284		1737357	705218	713133	274017	36875	318631	262061	24671
1145860	301980	10378702	5122237	3792788	425754	888081	1526944	513019	788791
341020	45570	3646277	5459947	3999334	2216229	100740	1097093	746447	160407
1976193	51920	10476656	10495335	8855325	411136	173989	3963859	1534575	1042980
607165	51	3327188	2017384	1277050	205635	11801	535537	148761	194325
2907		131291	109479	102490	1548	1043	75510	36000	3500
11137		636435	260043	109491	28000	829	33147	17432	14560
17665	788	337173	429221	385092	13793	12197	128385	49353	51349
1337319	51081	6044569	7679208	6981202	162160	148119	3191280	1283029	779246
31607364		78343276	110144400	115171277	90878020	3276242	13507177	8219483	4020331
41599380	3059669	187666585	112729697	77343193	42130660	264254	27462625	18961766	3557890
1087546	100	5291313	9674039	9866062	3922754	89023	4024343	691666	3204513
2146652	1818	16957756	29710246	19354879	10568556	363951	5802381	4563340	448349
138174976	27414133	368507815	586003828	365631076	245942753	2153616	48458348	33256311	6598118
3342326	608	20254802	22787115	13673466	5979470	1898012	2824343	1246850	1222482
173359	-40	2529870	1644339	1221333	92006	284204	383618	61687	207490
24554231	4683461	108510031	193264027	148117740	93074694	1562011	41704535	19176960	17491221
264528	273	937064	1445062	1031365	259009	124171	501884	456319	38891
667899	120	2626238	2455128	1353332	61353	748501	379417	102312	164793
297320		2985156	1939269	1568376	567539	207712	528357	17208	119484
2436475	43	6786818	11388392	8761733	5739635	213352	2060699	1687495	361700
179314	1284	3203941	4529755	2833494	489082	693223	1161945	132289	528167
3751164	3676	5204985	1784669	1487763	241403	280210	448955	39206	338151
579577	3318	1570285	2050872	1184664	453228	93490	157849	13285	60919
157966	113	872442	177958	271410	142581	14914	40687	8597	10960
1577279		3092907	3516028	784870	291998	13174	152583	28735	75567
71216		698107	764889	805716	171304	25321	71507	53908	3604
3145197		4388439	358199	1796248	637784	80030	600088	201143	104800

7-2 续表 4

				主营业务收入	主营业务成本	营业费用
	个人资本	港澳台资本	外商资本			
总　计	**40710209**	**8427066**	**58820141**	**112314339**	**70506104**	**14784457**
一、按登记注册类型分						
内资	38968040	651869	17139696	82642837	51639083	11515285
国有	36297	7695		14991089	10454466	1184132
集体	127083	19	979	2739856	1434582	400865
股份合作	1250311	7609	100	1871667	787973	470273
国有联营				7276	2645	1500
集体联营	330			20982	11370	3330
国有与集体联营	10100			16115	12905	662
其他联营	3430		2000	15680	5599	4852
国有独资公司	5410			3478842	2220984	1579430
其他有限责任公司	10076478	257855	6675	27108211	18949118	2539032
股份有限公司	4222998	101582	16806659	4723143	2979974	978475
私营独资	334187	679		282583	62594	82153
私营合伙	198176	2967		4316654	579720	661677
私营有限责任公司	21649661	94710	322976	21964774	13515450	3409251
私营股份有限公司	983878	178727	307	887844	501905	179906
其他	69701	26		218121	119798	19747
港澳台商投资	19740	7206651	1414608	6392633	3902947	552676
与港澳台商合资经营	15618	1911310	2500	2288599	1679287	99379
与港澳台商合作经营		1047681	29083	1770829	891986	187285
港澳台商独资	4122	4247660	1383025	2333205	1331674	266012
外商投资	1722429	568546	40265837	23278869	14964074	2716496
中外合资经营	1717230	330402	2489983	5733326	3923370	482531
中外合作经营	1286	7897	663137	706861	166114	138691
外资企业	2584	230247	35071673	16634597	10831129	2028071
二、按隶属关系分						
中央	3457094	574660	19599770	17151326	12338278	3440770
地方	4032899	484738	367157	20885031	13558346	1836519
其他	33220216	7367668	38853214	74277982	44609480	9507168
三、按行业小类分						
租赁业	1268270	43690	396447	1831757	865276	430080
机械设备租赁	1236119	23151	396447	1758002	844304	406518
汽车租赁	308192	3300	148160	574890	292544	169125
农业机械租赁	800			1189	828	264
建筑工程机械与设备租赁	597030	18735	14500	764058	363760	174832
计算机及通讯设备租赁	34293			30032	21842	3925
其他机械与设备租赁	295804	1116	233787	387833	165330	58372
文化及日用品出租	32151	20539		73755	20972	23562
图书及音像制品出租	3971	5802		2759	1418	656
其他文化及日用品出租	28180	14737		70996	19554	22906

计量单位：千元

主营业务税金及附加	主营业务利润	其他业务收入	其他业务利润	管理费用	#税金	财产保险费	差旅费	工会经费	排污费
3334352	**23689426**	**5627649**	**4415456**	**40267061**	**394612**	**88683**	**1484582**	**99531**	**11605**
2649032	16839437	4885624	3705820	32706458	318612	75948	876131	91076	11578
371402	2981089	1777430	1459553	13890213	106308	30295	184804	39236	6889
101490	802919	843271	606558	1012438	23576	2224	11369	2620	1584
80472	532949	148998	126809	532431	8794	1117	23274	650	309
399	2732	3	2	1853	74	14	198	8	2
656	5626			5540	40		128	6	
302	2246	418	178	7105	124	13	111	2	
619	4610			5631	78	14	30		
54741	-376313	540156	444682	2265126	38975	5817	57380	12422	276
794114	4825947	893901	594929	4504349	73014	16266	183017	18236	1780
224034	540660	146238	98506	4712588	13557	2872	74893	7679	271
13195	124641	7236	5436	85131	625	243	2898	117	8
237887	2837370	3315	2824	399546	4787	1685	17013	749	19
730220	4309853	335981	248701	4911924	45759	12656	308158	6513	131
33282	172751	36587	18279	210892	2003	1610	9513	425	71
6219	72357	152090	99363	161691	898	1122	3345	2413	238
176733	1760277	226752	173575	1644761	13399	2143	46410	1519	6
58453	451480	34022	62050	406883	3044	449	18296	867	3
86039	605519	165315	97085	652915	5768	679	10867	543	3
32241	703278	27415	14440	584963	4587	1015	17247	109	
508587	5089712	515273	536061	5915842	62601	10592	562041	6936	21
189225	1138200	35950	32290	903834	4099	1972	61515	1689	2
17215	384841	1728	1117	127460	513	196	10663	397	
291940	3483457	476734	501828	4232760	57794	7878	450027	3650	-4
319588	1052690	2116923	1804479	19304207	112805	14371	334772	52081	777
684109	4806057	1862978	1293429	5136163	103615	33663	107956	23195	8939
2330655	17830679	1647748	1317548	15826691	178192	40649	1041854	24255	1889
85079	451322	105766	46607	500550	7172	5888	13141	1728	514
81565	425615	104448	45356	467021	6799	5811	11834	1641	512
30123	83098	8788	4938	112656	1467	3898	1095	383	5
24	73	208	208	370	8	8	2		
34931	190535	28254	10828	201042	3556	1623	6455	981	381
950	3315	2647	2642	8043	6		275	7	20
15537	148594	64551	26740	144910	1762	282	4007	270	106
3514	25707	1318	1251	33529	373	77	1307	87	2
41	644	36	36	831	1		1		
3473	25063	1282	1215	32698	372	77	1306	87	2

7-2 续表 5

	个人资本	港澳台资本	外商资本	主营业务收入	主营业务成本	营业费用
商务服务业	39441939	8383376	58423694	110482582	69640828	14354377
企业管理服务	19466171	6940481	55539879	38971732	25061003	5669870
企业管理机构	6858150	1763738	25305212	13080087	7738060	1438010
投资与资产管理	11237485	5165895	25931949	23792977	16230650	3924439
其他企业管理服务	1370536	10848	4302718	2098668	1092293	307421
法律服务	134344	3687	7806	4228111	468667	704361
律师及相关的法律服务	120798	2967	100	4108713	463734	660720
公证服务	3753		2144	48774	1842	16278
其他法律服务	9793	720	5562	70624	3091	27363
咨询与调查	12212029	576169	1583429	12987277	4546690	2597068
会计、审计及税务服务	456687	7833	15442	3694634	1407513	435187
市场调查	121110	33282	48091	937733	374890	197425
社会经济咨询	4671075	200416	817574	3348086	1018214	787806
其他专业咨询	6963157	334638	702322	5006824	1746073	1176650
广告业	3208505	321184	192554	23531999	16901969	2089173
知识产权服务	126773	5594	3172	847685	165801	323087
职业中介服务	72941	9843	826	4419934	3532381	338700
市场管理	930325	21684		5002508	2140540	1096394
旅行社	322847	199837	62588	13516536	12612898	453700
其他商务服务	2968004	304897	1033440	6976800	4210879	1082024
会议及展览服务	469780	31217	23080	2881809	1589517	497775
包装服务	23149		1240	128753	83453	14470
保安服务	30882		16633	1047115	840983	45922
办公服务	194210	15177	21330	391859	196533	87551
其他未列明的商务服务	2249983	258503	971157	2527264	1500393	436306
四、按地区分						
东城区	3540268	867613	3101957	16005417	10315094	1602163
西城区	3797162	711184	2977308	12605711	7230895	1356782
崇文区	659374	38344	1132224	1692534	989087	221174
宣武区	1318235	181966	1119790	3329099	2143065	406505
朝阳区	15289902	4398576	49387881	51195281	33983196	7669162
丰台区	2579072	280790	111779	5491051	3237312	800241
石景山区	448073	11975	1457	482395	178970	122941
海淀区	9917523	1379793	479184	17045039	10255994	1855868
门头沟区	107282	39019		169210	73036	27998
房山区	164011	50		562816	334504	47365
通州区	264668	100		528611	266896	55599
顺义区	744457	200	3390	998418	353899	296910
昌平区	484532	4221	491	835420	488520	98683
大兴区	510305	5959	931	395788	220049	72243
怀柔区	230270	249001	826	251840	142090	45785
平谷区	69252	3047	929	56153	31730	10574
密云县	320135		6980	163788	91926	20366
延庆县	82968	240116	214500	298265	92913	35411
北京经济技术开发区	182720	15112	280514	207503	76928	38687

计量单位：千元

主营业务税金及附加	主营业务利润	其他业务收入	其他业务利润	管理费用	#税金	财产保险费	差旅费	工会经费	排污费
3249273	23238104	5521883	4368849	39766511	387440	82795	1471441	97803	11091
1005348	7235511	4466356	3621791	27473869	260716	53057	845777	70837	7822
341535	3562482	1842302	1485215	13965061	123256	17201	531520	50393	6628
579261	3058627	1687605	1491211	12235026	115252	32206	295935	12209	285
84552	614402	936449	645365	1273782	22208	3650	18322	8235	909
235055	2820028	2726	2085	371609	3427	1606	16410	837	18
228687	2755572	2538	2084	334062	3333	1590	15233	654	18
2495	28159			17786	3	12	277	17	
3873	36297	188	1	19761	91	4	900	166	
632300	5211219	331159	213961	5236216	42398	9066	330514	8459	-66
197797	1654137	3181	2843	1320567	6377	1223	49765	2118	5
48032	317386	2576	2319	220495	1026	327	10389	776	4
162117	1379949	87103	79510	1545663	13061	3070	99566	2499	6
224354	1859747	238299	129289	2149491	21934	4446	170794	3066	-81
826110	3714747	256118	152672	2664844	24650	6902	137309	5675	147
44717	314080	7594	4393	250932	3049	362	20841	615	1
68967	479886	21100	13935	408370	3377	347	9744	2692	3
169808	1595766	296562	251301	1294779	27449	6407	13876	2727	3311
50325	399613	29677	26837	459186	7224	1760	17628	2023	6
216643	1467254	110591	81874	1606706	15150	3288	79342	3938	-151
99429	695088	34502	27650	553035	6419	1432	27605	1868	159
3900	26930	1576	477	18506	186	11	466	7	
17674	142536	9032	8370	145247	199	127	787	123	
17358	90417	17242	6663	121818	1836	251	4824	258	10
78282	512283	48239	38714	768100	6510	1467	45660	1682	-320
449305	3638855	352755	278282	4260732	61177	5893	216702	13917	345
429386	3588648	538229	470815	4514971	46490	9172	170395	21689	911
56532	425741	104212	26621	319847	3506	1063	15101	806	48
87290	692239	139176	98292	901846	13451	3831	40059	3661	258
1253119	8289804	2267011	1954815	21601217	153131	49090	749341	27539	2268
160158	1293340	561911	385377	1285764	22843	4031	39756	5918	893
23452	157032	67443	61105	183968	4627	324	6204	221	243
709866	4223311	996697	744168	5287658	65147	8641	206869	18924	294
6617	61559	34018	21742	84226	2025	487	1322	372	194
15295	165652	173797	77437	256564	3652	653	2825	492	44
17217	188899	34825	23942	188090	3182	820	2781	425	4992
43030	304579	65144	59626	266540	7153	1061	10845	1715	337
31478	216739	180567	99460	302658	3697	1596	7601	1651	552
15773	87723	19574	17449	120268	1277	603	4762	1378	47
9952	54013	54031	32473	80547	1330	353	2670	139	169
2556	11293	3355	2701	31919	548	456	1128	228	6
7274	44222	17604	16564	55614	773	147	1701	184	3
11910	158031	6688	34950	426775	403	313	1397	231	1
4142	87746	10612	9637	97857	200	149	3123	41	

7-2 续表 6

	财务费用	利息支出（净额）	营业利润	投资收益	补贴收入	利润总额
总　　计	**9120176**	**8532740**	**-20944603**	**34594097**	**1436217**	**24475260**
一、按登记注册类型分						
内资	8573223	8054480	-20734487	27634768	1462739	7539813
国有	4431444	4311130	-13881021	14533861	686527	1177617
集体	87303	47129	309679	221289	114045	599712
股份合作	12435	6989	114892	14804	3090	135091
国有联营	-15	-15	896	61	-204	1263
集体联营	715	715	-629			-636
国有与集体联营	-861	-865	-3820	82		-522
其他联营	-4	-4	-1017			-1064
国有独资公司	2937442	2880637	-5134199	9144181	99027	3896685
其他有限责任公司	777373	653271	139154	3393964	85264	3477521
股份有限公司	-22928	-118667	-4050494	-87394	450082	-4086783
私营独资	3185	2494	41761	3	390	77669
私营合伙	-2868	-4136	2443516	17975	4289	2346938
私营有限责任公司	340720	271235	-694090	385297	219	-69547
私营股份有限公司	11529	7852	-31391	1295	644	-13859
其他	-2247	-3285	12276	9350	19366	-272
港澳台商投资	380571	369358	-91480	4429277	1815	14407258
与港澳台商合资经营	-8064	-11207	114711	378792	2477	501273
与港澳台商合作经营	332220	327419	-282531	3602616	898	3320615
港澳台商独资	56415	53146	76340	447869	-1560	10585370
外商投资	166382	108902	-118636	2530052	-28337	2528189
中外合资经营	27927	4112	238729	226049	-37365	539900
中外合作经营	11089	9015	247409	-399		250494
外资企业	123940	92376	-371415	2286651	9028	1794443
二、按隶属关系分						
中央	6317969	6120830	-22765007	22969511	454215	-39717
地方	1104396	929445	196679	3531997	962918	4862859
其他	1697811	1482465	1623725	8092589	19084	19652118
三、按行业小类分						
租赁业	48641	25562	-51262	7856	15121	-13002
机械设备租赁	48684	25725	-44734	7841	12983	-13761
汽车租赁	19147	15684	-43767	-262	2079	-26169
农业机械租赁	79	78	-168			-147
建筑工程机械与设备租赁	12024	8148	-11703	5453	-1539	-1925
计算机及通讯设备租赁	-698	-699	-1388	81		-262
其他机械与设备租赁	18132	2514	12292	2569	12443	14742
文化及日用品出租	-43	-163	-6528	15	2138	759
图书及音像制品出租	128	16	-279		-6	18
其他文化及日用品出租	-171	-179	-6249	15	2144	741

计量单位：千元

应交所得税	可供分配利润	劳动、失业保险费	养老保险和医疗保险	住房公积金和住房补贴	本年应付工资总额（贷方累计发生额）	本年应付福利费总额（贷方累计发生额）	本年应交增值税（不含期初未抵扣税）	本年实缴关税
1804612	**43847187**	**460106**	**1395254**	**677100**	**14583883**	**1545610**	**684711**	**57706**
1184433	35994750	420138	1017016	447465	11007499	1265571	194579	55145
-142101	-4941337	254274	338088	206551	2924323	374364	117753	15512
82511	555483	7382	75710	9577	607700	151825	6148	3342
29342	116989	2109	14785	1894	315789	34017	2489	3311
410	747	38	156	34	1358	146		
50	47	8	113	16	1549	187	4	
234	-1744	611	414	26	2945	368	256	30
106		1	20	6	2516	354		
172149	12180774	63408	103004	71781	691501	90865	-1385	2267
499268	5299759	64220	247667	102963	2307440	223042	42584	10618
91782	19787414	4434	56450	21105	649036	66780	2080	2507
4198	37920	281	1851	22	28785	2392	412	7
193749	1854415	5003	37776	3752	849764	32526	343	73
242417	1009390	17509	126867	29190	2395037	242033	20023	15893
8675	22277	713	12053	299	95722	9033	2629	987
1643	72616	147	2062	249	134034	37639	1243	598
255271	4719553	11702	92294	49375	1119200	68123	37415	577
55644	545565	5134	17737	7457	187506	30105	718	
124052	3232046	4031	56525	19431	731503	21767		
75575	941942	2537	18032	22487	200191	16251	36697	577
364908	3132884	28266	285944	180260	2457184	211916	452717	1984
144585	532607	5962	39942	30345	476191	30551	4156	33
55189	273617	907	14008	4331	76792	8771	1787	5
160067	2253331	20426	220969	136788	1726711	160340	446774	1946
113635	24341203	209149	358286	261167	3250540	386349	107934	14701
387824	7413984	149342	353152	111348	2909857	417735	31957	8162
1303153	12092000	101615	683816	304585	8423486	741526	544820	34843
37620	117640	3187	26473	9379	277460	30520	3292	367
36863	114802	3025	24963	9197	265417	29545	3151	285
14348	12674	597	7285	2358	52971	6576	156	43
1	59				540	36		
8303	42707	1274	9734	2530	151126	16363	2147	198
298	551	42	321	51	4652	417	26	
13913	58811	1112	7623	4258	56128	6153	822	44
757	2838	162	1510	182	12043	975	141	82
2	-21				863	38	101	3
755	2859	162	1510	182	11180	937	40	79

7-2 续表 7

	财务费用	利息支出（净额）	营业利润	投资收益	补贴收入	利润总额
商务服务业	9071535	8507178	-20893341	34586241	1421096	24488262
企业管理服务	8806123	8347409	-25084932	33925706	1309258	19554261
企业管理机构	2957410	2764086	-11537016	23049112	555591	11360101
投资与资产管理	5638824	5435744	-13324012	10389324	633715	7871104
其他企业管理服务	209889	147579	-223904	487270	119952	323056
法律服务	-4418	-5764	2454922	18706	4504	2354145
律师及相关的法律服务	-3928	-5147	2427522	17877	4555	2325704
公证服务	-56	-81	10429	57		10486
其他法律服务	-434	-536	16971	772	-51	17955
咨询与调查	140894	82965	48070	198787	42916	229244
会计、审计及税务服务	-5933	-7954	342346	3065	803	341546
市场调查	-585	-1306	99795	18026	2297	125280
社会经济咨询	95048	49021	-181252	102119	12651	-152786
其他专业咨询	52364	43204	-212819	75577	27165	-84796
广告业	11120	251	1191455	103938	8869	1408117
知识产权服务	-2710	-3168	70251	758	596	34243
职业中介服务	7228	4310	78223	-4590	10151	90768
市场管理	102023	83887	450259	-22823	4727	421475
旅行社	8185	4679	-40921	77800	297	81903
其他商务服务	3090	-7391	-60668	287959	39778	314106
会议及展览服务	2730	-2552	166973	9631	99	168942
包装服务	-83	-93	8984		740	10001
保安服务	-1481	-1525	7140		708	9866
办公服务	1823	1292	-26561	753	148	-8220
其他未列明的商务服务	101	-4513	-217204	277575	38083	133517
四、按地区分						
东城区	261770	240955	-605365	1735446	8694	1034597
西城区	1664030	1685308	-2119538	7714328	298068	5856189
崇文区	104992	103181	27523	48751	647	85951
宣武区	22501	16956	-133816	793436	17973	644183
朝阳区	5576756	5273350	-16933354	11501077	476411	4692702
丰台区	106157	64150	286796	287858	44120	647627
石景山区	22987	19840	11182	5220	5145	20066
海淀区	1155209	1023622	-1475388	11669956	359385	10497688
门头沟区	5069	1269	-5994	39241	36913	55124
房山区	24295	17940	-37770	79985	63070	93155
通州区	30880	8675	-6129	8798	4604	16480
顺义区	36526	30685	61139	617487	23286	704354
昌平区	11489	8642	1995	18749	21264	14499
大兴区	7230	-4732	-22326	27612	3022	6552
怀柔区	1767	614	4172	7396	21044	30850
平谷区	18539	4309	-36464	-24	5031	-30919
密云县	20856	14534	-15690	279	14888	-3312
延庆县	19839	17936	84182	3441	11872	84303
北京经济技术开发区	29284	5506	-29758	35061	20780	25171

计量单位：千元

应交所得税	可供分配利润	劳动、失业保险费	养老保险和医疗保险	住房公积金和住房补贴	本年应付工资总额（贷方累计发生额）	本年应付福利费总额（贷方累计发生额）	本年应交增值税（不含期初未抵扣税）	本年实缴关税
1766992	43729547	456919	1368781	667721	14306423	1515090	681419	57339
434915	37988493	361845	726066	432938	6026151	776378	549521	14659
-183797	33053778	260646	388396	251678	3427187	401873	449304	9978
540275	4326052	59786	251495	125609	1890585	176905	93308	992
78437	608663	41413	86175	55651	708379	197600	6909	3689
198080	1877516	5275	38394	4439	827668	32475	99	
192650	1848739	5122	37151	3770	812782	30605	99	
3236	7294	18	371	213	3241	505		
2194	21483	135	872	456	11645	1365		
289681	1024921	28824	230905	91275	3081448	247556	33287	24928
86349	220744	10482	98275	28919	1134942	57139	45	
22655	175871	1244	21156	7149	158061	24755	1866	5
68711	196515	8146	43517	31836	681890	62614	3631	5990
111966	431791	8952	67957	23371	1106555	103048	27745	18933
455632	1242452	15829	101728	46663	1455645	157728	5100	7381
45588	79389	4201	11520	3747	137456	13103	262	
35577	67527	6895	106831	31033	728246	45750	2696	1123
147696	498141	11005	40216	19138	379146	48315	239	2242
26707	329465	8875	45738	17576	319141	36521	92	-79
133116	621643	14170	67383	20912	1351522	157264	90123	7085
80285	160153	8657	32580	10506	262629	29560	2738	70
2335	7224	72	996	304	14175	1326	1974	
3345	11363	548	3453	586	599380	78599	4143	33
8484	8799	1896	4693	1208	87222	7080	2881	72
38667	434104	2997	25661	8308	388116	40699	78387	6910
363789	5059447	98277	227005	121598	2422061	192427	12198	2160
-228975	2273773	125839	219721	112329	2256319	278228	14380	2130
16620	224778	2603	20407	5339	163808	16985	962	890
114428	-202863	19870	71384	29904	624417	60136	7151	5504
697603	25009615	139739	540043	290988	5169403	474126	528139	14279
140578	622804	13627	55828	28578	670142	83937	87077	8601
11895	41095	1313	30006	1594	108727	15223	1114	
545541	9470295	47842	164619	69331	2229207	227180	25479	23236
10239	35902	855	4156	283	45876	6318	690	
8444	84870	1012	4314	683	116028	59249	3562	
12989	57328	1597	6377	1318	70002	30745	607	
72750	974902	1803	15073	6651	138609	16850	795	
7302	58405	2305	10476	2934	178615	48866	1349	609
7765	24228	513	5269	879	87364	9066	802	287
7739	46898	524	4816	409	123004	12916	130	
530	3130	1615	1480	477	17325	1381	137	4
1770	19481	220	3651	383	26896	3330	47	3
12041	36203	125	2103	217	91356	4100	21	3
1564	6896	427	8526	3205	44724	4547	71	

7-3 租赁和商务服务业

	单位数(个)	资产合计	#现金	有价证券	对外投资	固定资产原价
总计	**756**	**27268848**	**278208**	**100641**	**2639301**	**10281241**
一、按登记注册类型分						
内资	756	27268848	278208	100641	2639301	10281241
国有	624	25631499	260151	42940	2358012	9963677
集体	42	527609	8902	2049	180443	34468
股份合作	1	221				146
国有联营	1	1075	7			2971
国有与集体联营	1	1051				
其他有限责任公司	3	27665	159			6577
股份有限公司	1	21	14			21
私营独资	2	175	28			8
私营合伙	16	16589	136		150	3175
私营有限责任公司	3	6983	237			2258
其他	62	1055960	8574	55652	100696	267940
二、按隶属关系分						
中央	271	20844963	84367	43438	2295602	8685646
地方	423	6146600	191002	1571	337371	1548879
其他	62	277285	2839	55632	6328	46716
三、按行业小类分						
租赁业	2	2161	6			1034
文化及日用品出租	2	2161	6			1034
图书及音像制品出租	1	2087	6			960
其他文化及日用品出租	1	74				74
商务服务业	754	27266687	278202	100641	2639301	10280207
企业管理服务	334	17862089	195373	94952	1964646	6335935
企业管理机构	52	2184448	3666	2049	250556	269200
投资与资产管理	37	1440222	99324		35712	149277
其他企业管理服务	245	14237419	92383	92903	1678378	5917458
法律服务	67	469780	806	63	150	240556
律师及相关的法律服务	33	19608	320	63	150	6001
公证服务	21	433352	358			225047
其他法律服务	13	16820	128			9508

法人单位主要财务状况（事业会计制度）

计量单位：千元

累计折旧	负债合计	上年结余	本年收入合计	#财政拨款	上级补助收入	事业收入	事业单位经营收入
253572	**7531147**	**847535**	**8030673**	**2744442**	**398287**	**3170581**	**1055689**
253572	7531147	847535	8030673	2744442	398287	3170581	1055689
191375	6989360	812148	7729859	2708685	385612	3099674	973837
7745	70174	1323	46540	3287	5148	18308	3582
75	28	61	131				131
2003		249	2558			2558	
	324						
462	3350	27845	10951	402		1131	9193
14	96	-20	28			28	
	60	1	266	266			
1218	12522	2837	19044			4368	14648
1151	1474	263	8395				8395
49529	453759	2828	212901	31802	7527	44514	45903
149941	4020891	695285	6032307	1993455	298243	2641400	717797
96449	3334365	115659	1907979	724786	94098	516610	293336
7182	175891	36591	90387	26201	5946	12571	44556
	3253		867				867
	3253		867				867
	3253		867				867
253572	7527894	847535	8029806	2744442	398287	3170581	1054822
129268	5619384	509314	4153361	1308429	272873	1720271	338220
18019	1257039	-10315	362243	70151	35330	120001	6087
6065	971283	119759	573743	439311	400	90836	36862
105184	3391062	399870	3217375	798967	237143	1509434	295271
16765	121201	18929	176489	41041	4563	62857	65026
2560	11387	3854	26978	439	128	7030	18358
14183	107788	14646	140974	38103		55321	45722
22	2026	429	8537	2499	4435	506	946

7-3 续表 1

	单位数（个）	资产合计	#现 金	有价证券	对外投资	固定资产原价
咨询与调查	139	4125885	10976	200	502085	1887904
会计、审计及税务服务	14	349257	151		104195	99554
市场调查	13	89648	24		1756	18176
社会经济咨询	35	836275	844	200	56977	350730
其他专业咨询	77	2850705	9957		339157	1419444
广告业	2	6639	1			3322
知识产权服务	16	2481849	161		33817	1130537
职业中介服务	103	986877	1988	3320	30512	196816
市场管理	14	215447	66535		15278	91152
旅行社	2	1295				244
其他商务服务	77	1116826	2362	2106	92813	393741
会议及展览服务	18	306382	755	1938	25296	111638
包装服务	1	6366	19		780	4638
办公服务	19	308277	991		43581	66788
其他未列明的商务服务	39	495801	597	168	23156	210677
四、按地区分						
东城区	135	5588622	1374	1000	912305	1141436
西城区	203	11515519	2707	40095	1142271	5220946
崇文区	37	876484	266	200	4697	376567
宣武区	41	398164	99	304	10189	86659
朝阳区	100	3083638	87023	188	213011	988662
丰台区	25	297422	435			48849
石景山区	10	25576	27			3949
海淀区	100	4528781	74800	58632	312291	2025410
门头沟区	5	24691	5			7610
房山区	18	264038	172	63	30402	122152
通州区	12	96583	331			40191
顺义区	13	60343	284		13779	30335
昌平区	16	173651	10396			58251
大兴区	11	34250	251	159		26807
怀柔区	9	10702	890			5681
平谷区	6	101242	99086			784
密云县	3	9808	8			4146
延庆县	8	143528	42		356	90680
北京经济技术开发区	4	35806	12			2126

计量单位：千元

累计折旧	负债合计	上年结余	本年收入合计	#财政拨款	上级补助收入	事业收入	事业单位经营收入
8294	659778	118564	1151540	529803	89193	388358	59403
	27402	28293	124018	79971	15525	25058	466
4562	16752	49859	34037	19865	4045	3430	5408
547	131884	18572	344095	165732	173	118348	3097
3185	483740	21840	649390	264235	69450	241522	50432
1108	2998	1694	14349			6137	8212
87776	243662	134539	1482270	595889	4973	472335	401898
5295	444998	28537	387660	130777	12942	201222	35404
3629	72706	-6606	130030	2000		10925	111968
	324	157	75			75	
1437	362843	42407	534032	136503	13743	308401	34691
728	108855	1984	128081	15632	738	90391	19688
	1017		5062	3909		1153	
	97794	9990	146065	17719	9199	95368	3368
709	155177	30433	254824	99243	3806	121489	11635
12803	1938940	54474	1343355	267901	90999	693492	50499
111323	2232369	564230	2807074	970887	183701	952130	547706
1895	241413	22438	307097	152141	3111	143008	3218
6762	171592	11988	193090	59711	10015	87818	14725
51457	986687	58840	951162	71939	11064	668660	121153
1070	188804	31322	51418	20516	708	8507	21218
60	8022	1466	9667	1068	392	4640	2941
39822	1092603	112205	1790572	919093	91484	472633	252784
14	11698	645	37869	33323	363	3243	569
2276	136557	-263	86080	29153	511	37198	2417
10000	7822	19437	15235	1767	390	2352	5768
800	14286	-5489	18005	6103	10	10651	262
1808	102430	-18933	145433	7390	474	59414	422
3556	13318	695	16083	6216	30	5514	2489
	6428	370	9532	6373	491	1345	863
	281443	-1767	190789	184672	3994	2103	
	7209	393	4409	4165	240		
9725	66805	-4403	43209	2024	110	17423	23631
201	22721	-113	10594		200	450	5024

7-3 续表 2

	本年支出							
	合计	#人员支出	公用支出	#福利费	劳务费	就业补助费	取暖费	差旅费
总计	**6762019**	**1339896**	**3057195**	**92710**	**172661**	**26431**	**138997**	**88146**
一、按登记注册类型分								
内资	6762019	1339896	3057195	92710	172661	26431	138997	88146
国有	6523223	1290346	2994174	79592	169863	24630	133103	85850
集体	43694	10452	10186	5220	116	586	520	182
股份合作	176							
国有联营	490	255	235	34				68
国有与集体联营								
其他有限责任公司	11802	1010	2369	52	1741		10	
股份有限公司	101		53		11			
私营独资	270	135	135	22	34			45
私营合伙	12725	3854	4391	237	66		10	355
私营有限责任公司	7349	2897	219	217				2
其他	162189	30947	45433	7336	830	1215	5354	1644
二、按隶属关系分								
中央	5007069	1042718	2320870	63802	149970	197	115813	76930
地方	1669873	278321	702538	26089	20020	26104	19715	9867
其他	85077	18857	33787	2819	2671	130	3469	1349
三、按行业小类分								
租赁业	1838	135	82	5				38
文化及日用品出租	1838	135	82	5				38
图书及音像制品出租	1799	135	43	5				38
其他文化及日用品出租	39		39					
商务服务业	6760181	1339761	3057113	92705	172661	26431	138997	88108
企业管理服务	3595496	807576	1470204	59779	16871	2008	106652	37160
企业管理机构	378002	74026	168558	5307	1992		4091	3898
投资与资产管理	552450	157201	149601	2688	153	11	545	15793
其他企业管理服务	2665044	576349	1152045	51784	14726	1997	102016	17469
法律服务	149034	39201	78116	3490	503		562	1372
律师及相关的法律服务	18486	8330	6083	559	65		12	389
公证服务	124760	28237	69929	2743	332		459	790
其他法律服务	5788	2634	2104	188	106		91	193

计量单位：千元

各种设备交通工具图书资料购置费	对个人和家庭补助支出	#助学金	抚恤和生活补助	事业单位经营支出	#人员支出	对个人和家庭补助支出	收支结余	事业结余	经营收支结余	事业单位经营税金
390952	**373659**	**409**	**7801**	**683793**	**62504**	**3008**	**2116189**	**1760685**	**355504**	**109969**
390952	373659	409	7801	683793	62504	3008	2116189	1760685	355504	109969
384141	363862	187	5647	649142	54441	2040	2018784	1731983	286801	103184
327	962		619	2836	989	302	4169	5710	-1541	229
				176	45		16		16	7
133							2317	2317		
62	69			49		49	26994	-441	27435	36
42				48	48		-93		-93	2
34							-3	-3		
479	844			2829	355		9156	3493	5663	1259
				4105	426		1309		1309	424
5734	7922	222	1535	24608	6200	617	53540	17626	35914	4828
314636	315206	35	5461	495974	42413	1093	1720523	1491691	228832	81009
74284	52896	371	2292	172638	18481	1904	353765	261626	92139	26587
2032	5557	3	48	15181	1610	11	41901	7368	34533	2373
39				815			-971	-39	-932	
39				815			-971	-39	-932	
				815			-932		-932	
39							-39	-39		
390913	373659	409	7801	682978	62504	3008	2117160	1760724	356436	109969
144565	237538	228	6121	235145	32632	1997	1067179	954019	113160	28661
6089	18246	6	188	6483	2087	507	-26074	-24262	-1812	492
25015	1475		2	20703	43	6	141052	132073	8979	689
113461	217817	222	5931	207959	30502	1484	952201	846208	105993	27480
9016	2579	146		26563	6344	2	46384	30168	16216	6719
521	889			2663	503		12346	4132	8214	1805
7897	1266	146		23322	5833	2	30860	22285	8575	4854
598	424			578	8		3178	3751	-573	60

7-3 续表 3

	本年支出合计	#人员支出	公用支出	#福利费	劳务费	就业补助费	取暖费	差旅费
咨询与调查	972928	141504	557068	10359	17150	126	14947	17701
会计、审计及税务服务	86006	13300	37553	523	2202		554	3574
市场调查	33017	6128	20268	361	167		158	445
社会经济咨询	305196	31177	174263	973	751	72	1374	2819
其他专业咨询	548709	90899	324984	8502	14030	54	12861	10863
广告业	9857	3596	1345	363	45			154
知识产权服务	1131612	167086	561930	5594	121489	2	6606	23201
职业中介服务	299624	58888	146754	3038	11335	24265	1504	2028
市场管理	92738	9448	29186	1481	955	12	607	654
旅行社	232	232						
其他商务服务	508660	112230	212510	8601	4313	18	8119	5838
会议及展览服务	119799	27047	29845	2953	272		1316	1235
包装服务	5058	2379	2479					21
办公服务	137901	47870	68084	3520	430		5739	2356
其他未列明的商务服务	245902	34934	112102	2128	3611	18	1064	2226
四、按地区分								
东城区	1166853	202335	516147	20405	9792	40	38080	8865
西城区	2439099	589630	999567	22975	14663	324	51283	34207
崇文区	275434	44977	193457	974	412		2057	2675
宣武区	142866	29401	68322	1764	8395		1708	2377
朝阳区	698092	152494	291696	17926	12216	2064	19324	22528
丰台区	45579	10737	13819	347	1786		331	399
石景山区	9398	2127	4004	16	13	4	32	143
海淀区	1426543	251338	779815	19858	122139	26	23417	15738
门头沟区	34826	1948	32516	44		23942	33	80
房山区	98440	14621	28884	334			1799	32
通州区	30271	3987	4151	3043	15	11	97	10
顺义区	12985	5757	4278	421	99	20	136	104
昌平区	158685	12129	103766	1790	2580		294	204
大兴区	12417	5783	2042	198	302		39	96
怀柔区	13084	3378	6391	1980	144		59	173
平谷区	147277	2553	3515	45			39	262
密云县	4505	1551	1715	18	2		184	13
延庆县	39502	4311	2454	572	103		85	240
北京经济技术开发区	6163	839	656					

计量单位：千元

各种设备交通工具图书资料购置费	对个人和家庭补助支出	#助学金	抚恤和生活补助	事业单位经营支出	#人员支出	对个人和家庭补助支出	收支结余	事业结余	经营收支结余	事业单位经营税金
97895	101632	25	672	50736	11353	140	297176	290863	6313	8036
1281	7481		102	252			66305	66370	-65	65
2868	1356			3035	326		50879	51124	-245	358
25476	19639		171	3636	296		57471	56693	778	1093
68270	73156	25	399	43813	10731	140	122521	116676	5845	6520
3				2596			6186	6051	135	1014
109492	13815		186	275669	1870	240	485197	301314	183883	45597
13890	5643	3	63	27568	5480	356	116573	105633	10940	9028
4064	937	1	277	46099	3432	252	30686	8463	22223	6272
11988	11515	6	482	18602	1393	21	67779	64213	3566	4642
2254	775		25	15395	618	3	10266	8145	2121	1714
104	200						4	4		
4631	6623		182	1440	313	18	18154	15947	2207	800
4999	3917	6	275	1767	462		39355	40117	-762	2128
68352	127948		1183	52611	11590	167	230976	224574	6402	13572
88126	110478	147	2341	366532	12808	793	932205	728152	204053	32963
28165	17320		213	1737	345		54101	53648	453	1260
7340	6386		228	9033	1248	98	62212	58849	3363	5299
31231	15158	224	1103	76800	11598	1052	311910	249503	62407	32018
1594	413			6833	32	120	37161	8132	29029	233
2952	397	1		2064	514		1735	2667	-932	109
156553	83177	34	2413	130915	21796	476	476234	434648	41586	22596
736	103			259			3688	3668	20	47
284	2455		9	100	47	2	-12623	-12132	-491	415
254	197			16844	269		4401	4193	208	395
995	468		4				-469	-1473	1004	55
2010	6121		205	1264	936	300	-32185	-32213	28	472
177	654		7	661	34		4361	4955	-594	162
1702	670		10	13			-3182	-3891	709	73
275	251		21	64	64		41745	41584	161	17
59	937	3	62	36			297	297		
147	526		2	15357	304		-696	-8982	8286	8
				2670	919		4318	4506	-188	275

科学研究
技术服务和地质勘查业

《北京经济普查年鉴—2004》

第三产业卷

8-1 科学研究、技术服务和地质勘查业

	单位数（个）	年初存货	流动资产合计	#现金	短期投资	应收帐款（净额）
总计	**12827**	**9103138**	**113497401**	**6127466**	**3217417**	**15480854**
一、按登记注册类型分						
内资	12357	8303245	106083534	5848681	3113886	13411141
国有	954	2885935	45868397	2294265	881082	5110991
集体	463	245233	1422644	81304	5002	222186
股份合作	1337	95133	2020540	893234	20456	222219
国有联营	16	4734	1057408	7721	171	73826
集体联营	6	312	11713	56		426
国有与集体联营	8	5537	22822	2959		5397
其他联营	5	51	4113	19		-151
国有独资公司	76	333909	4315552	121522	236193	386631
其他有限责任公司	2461	3061379	34035551	1627875	1736703	4775776
股份有限公司	231	377060	4122675	189212	29831	670208
私营独资	192	6519	43322	3801	551	7643
私营合伙	153	6367	63473	15366		6236
私营有限责任公司	6050	1249379	12512301	564250	172531	1849466
私营股份有限公司	362	30809	412998	30434	31366	51637
其他	43	888	170025	16663		28650
港澳台商投资	112	183055	1428814	38434	3475	244418
与港澳台商合资经营	43	159223	979772	12705	3295	186846
与港澳台商合作经营	10	762	49484	380		1261
港澳台商独资	59	23070	399558	25349	180	56311
外商投资	358	616838	5985053	240351	100056	1825295
中外合资经营	158	449237	2906972	172504	8880	894037
中外合作经营	18	61057	339597	32207	1187	50365
外资企业	179	106544	2737779	35595	89989	880867
二、按隶属关系分						
中央	929	3573054	58614422	3000761	1228020	7550225
地方	980	496576	12114955	417284	925062	1168820
其他	10918	5033508	42768024	2709421	1064335	6761809
三、按行业小类分						
研究与试验发展	1573	1492427	17441881	846554	378347	2237754
自然科学研究与试验发展	125	119007	2998263	127689	246	355908
工程和技术研究与试验发展	668	1128050	11995716	586605	341319	1670597
农业科学研究与试验发展	146	99721	792004	39883	4433	65522
医学研究与试验发展	539	144952	1628524	87276	32349	142423
社会人文科学研究与试验发展	95	697	27374	5101		3304

法人单位主要财务状况（企业会计制度）

计量单位：千元

存　货	一年内到期的长期债权投资	长期投资合计	#长期股权投资	长期债权投资	固定资产合计	#固定资产原价	累计折旧	本年折旧
11452519	**249799**	**59210373**	**54820773**	**2284897**	**30719962**	**32210738**	**9532920**	**1790947**
10423607	249784	58178341	54589242	1507171	28688262	29880438	8713857	1585798
2808141	163003	40113129	38894531	560330	13436014	13784801	4749877	635374
209574	25651	532346	88391	166579	402057	587011	244149	28282
140807	640	227780	84525	135020	546946	495039	185999	25871
5689		31291	28466	558	330243	335153	4911	812
495					3767	11644	7877	722
5597		6599	6299		5426	18521	13705	12346
51		6157	2051	626	2892	3386	668	138
657967	411	1924202	1840018	520	759005	852352	172821	46228
4490916	6703	10783934	9602579	498140	8306602	8848799	1887691	544461
321237	195	1749127	1597871	66952	1700942	2309313	822419	112023
10217	55	1630	1449	100	10234	13835	3872	846
6352		520		500	8752	15340	6642	1796
1709728	53126	2704743	2358988	69834	3000902	2371438	546719	160563
55903		29675	17563	7562	75980	88204	19397	6129
933		67208	66511	450	98500	145602	47110	10207
248334	15	56680	56680		323094	392610	135624	37296
220579	15	56680	56680		94894	100990	39011	7831
932					34366	77631	43265	14641
26823					193834	213989	53348	14824
780578		975352	174851	777726	1708606	1937690	683439	167853
505575		96738	81290		737062	734462	288343	77667
54626		1200	1000		515856	520560	116259	27194
220372		877414	92561	777726	455323	682257	278791	62946
4601969	162244	47232820	45845099	596942	15003888	17841712	6162610	1003066
754721	28283	3088098	2382273	409170	7198215	5908292	1034551	239355
6095829	59272	8889455	6593401	1278785	8517859	8460734	2335759	548526
1917671	69193	7718949	6552425	1079723	8542668	7654733	3021004	372543
158001	500	1812759	1028550	779091	1548838	1701245	759004	53597
1480291	48363	5445499	5124932	270477	6545483	5452396	2117726	288826
112318	3080	147016	145148	1855	110061	157498	59154	5079
166132	17250	312955	253645	27730	332696	336304	83402	24426
929		720	150	570	5590	7290	1718	615

8-1 续表 1

	单位数(个)	年初存货	流动资产合计	#现金	短期投资	应收帐款(净额)
专业技术服务业	6239	4433057	63957695	3413276	1286119	8109862
气象服务	24	9230	713367	147288	206	38804
地震服务	10	122	6916	4122		1358
海洋服务	11	13332	121748	69502	231	2566
测绘服务	65	6448	303299	49584	2	44009
技术检测	321	37473	1851919	57632	5747	319233
环境监测	69	23823	377103	105743	18	105711
工程技术与规划管理	1816	1572087	34071627	1080122	514949	4556960
工程管理服务	932	872078	19695635	489166	171863	3236355
工程勘察设计	828	675676	13880219	550447	341937	1147190
规划管理	56	24333	495773	40509	1149	173415
其他专业技术服务	3923	2770542	26511716	1899283	764966	3041221
科技交流和推广服务业	4875	3152423	30686650	1797570	1531102	4985776
技术推广服务	2861	1700006	19370895	1179976	382610	3458860
科技中介服务	781	437765	5285750	303916	825367	590864
其他科技服务	1233	1014652	6030005	313678	323125	936052
地质勘查业	140	25231	1411175	70066	21849	147462
矿产地质勘查	45	10985	961983	33935	14019	74529
能源矿产地质勘查	26	4674	587166	3602	9019	57746
固体矿产地质勘查	12	3251	174903	547		11896
其他矿产地质勘查	7	3060	199914	29786	5000	4887
基础地质勘查	14	9247	122265	20375		25163
地质勘查技术服务	81	4999	326927	15756	7830	47770
四、按地区分						
东城区	793	337556	6477555	16227	76789	1198083
西城区	1333	724830	11183245	21488	254501	956098
崇文区	210	16502	6538397	6972	604700	187038
宣武区	483	134562	6516673	8488	169041	1047076
朝阳区	2340	1058336	16126823	70470	268666	2863191
丰台区	1371	1771761	12430810	99869	116683	2567996
石景山区	289	49651	1112157	7879	1392	185337
海淀区	4586	4320595	45293685	5575748	1621786	5294166
门头沟区	54	2384	49711	1060	2586	10703
房山区	150	17397	974805	4926	4337	20177
通州区	122	4132	287784	45312	3166	26551
顺义区	137	78296	1029545	3288	18766	59302
昌平区	403	344204	3336446	164187	58216	332759
大兴区	232	24825	360077	23238	6542	29857
怀柔区	88	2877	463318	17147	542	424474
平谷区	40	5128	44517	2560	8000	2221
密云县	59	5421	274866	55783	1030	175535
延庆县	30	28977	152811	925		10832
北京经济技术开发区	107	175704	844176	1899	674	89458

计量单位：千元

存货	一年内到期的长期债权投资	长期投资合计	#长期股权投资	长期债权投资	固定资产合计	#固定资产原价	累计折旧	本年折旧
5151716	138314	22829044	21437764	422728	11689353	14131827	4291523	885829
10268		613514	613206		284683	253472	81008	24389
262		213	213		4004	5680	1840	478
15432		35800	35800		79914	97490	18575	2161
5608		116441	116441		67401	86562	24169	7458
34485	615	273164	228995	34747	1333115	1406711	463274	96600
62190		22819	22030	789	29029	47114	20006	3707
1715397	112444	10056051	9627827	252735	5745867	7294029	2365768	440719
1159729	86523	3647999	3387281	110574	2325601	2867661	1055227	180510
509537	25921	6388452	6225343	142161	3246940	4258373	1275679	249556
46131		19600	15203		173326	167995	34862	10653
3308074	25255	11711042	10793252	134457	4145340	4940769	1316883	310317
4331599	41913	10901575	9082885	769500	9385691	9256937	2059009	485679
2775903	7666	5947992	5125001	488114	4863288	4556006	1247522	308694
599549	19241	1429952	1215358	181039	3222436	3358992	335797	106461
956147	15006	3523631	2742526	100347	1299967	1341939	475690	70524
51533	379	17760805	17747699	12946	1102250	1167241	161384	46896
27381		17628459	17616663	11796	913191	955202	90035	34224
11762		17542219	17530423	11796	837269	863924	69927	27795
764		5585	5585		10036	5804	520	312
14855		80655	80655		65886	85474	19588	6117
7797		16261	16111	150	69587	98770	36671	5817
16355	379	116085	114925	1000	119472	113269	34678	6855
799670	14489	1328107	1185065	142842	1879795	2192256	718749	175905
1014987	11906	24584752	24244154	172838	2439243	3133141	930051	186155
15529		320077	163591	63974	2512858	2607014	174172	95770
406462	25091	1470876	1390928	44132	1063204	1251624	522194	77366
1047486	4539	4744649	4268489	196987	6791909	5883246	1935081	337327
2080944	90000	5003740	4564125	248381	1990300	2516173	887500	111464
94422		248401	162306	498	136454	227240	90961	11444
5275329	96621	19895426	17565009	1386795	10930268	11535849	3732860	674913
5181		1862	1860		31225	44272	13858	3896
48329	1939	37665	34615		488994	523472	39176	20054
8467	354	33158	25614	7019	127869	120070	37925	4184
77788		497932	218347	17798	416011	432225	98975	4133
338420	3609	748428	718831	253	703945	668688	120511	32357
24866	832	66704	61816	1050	235899	227216	45010	10593
6668	8	17824	11115	240	24431	28849	10039	2055
6057	411	3750	3500	250	58012	41174	5515	738
6647		20914	20030	100	63200	39632	8822	2346
49114		1750		1740	58563	46536	17070	2431
146153		184358	181378		767782	692061	144451	37816

8-1 续表 2

	在建工程	无形资产	资产总计	流动负债			长期负债
				合计	#短期借款	应付账款	合计
总计	**6483889**	**7497640**	**218160292**	**92900154**	**14356811**	**16637117**	**23891982**
一、按登记注册类型分							
内资	5978752	6971038	207071884	88012120	13689750	14880308	23653210
国有	3790441	846706	105301738	48202385	7996083	6482930	17612020
集体	42855	119232	2501872	1616531	130024	251429	83339
股份合作	235869	511525	3339268	863064	67499	304890	130014
国有联营		870	1419884	611573	15720	25246	447626
集体联营		834	16368	4886	1042	1567	
国有与集体联营	610	100	42879	20733	3359	5319	3753
其他联营	174	1343	14505	4401	370	221	847
国有独资公司	49000	5117	7018474	2861542	163138	277810	735649
其他有限责任公司	1330534	2183291	56552492	21333455	3213229	5034598	4015592
股份有限公司	213171	237886	7959394	2683317	908212	375447	177342
私营独资		602458	657795	29723	2666	6283	1145
私营合伙		7521	80618	41250	1039	23577	3924
私营有限责任公司	310820	2382058	21227108	9429958	1160796	2047288	402964
私营股份有限公司	5278	64127	587615	219415	13693	36627	26097
其他		7970	351874	89887	12880	7076	12898
港澳台商投资	56911	17934	1869390	994356	12863	188993	38123
与港澳台商合资经营	27061	7849	1144105	609110	8	150354	9176
与港澳台商合作经营		2024	107995	30616		1361	22356
港澳台商独资	29850	8061	617290	354630	12855	37278	6591
外商投资	448226	508668	9219018	3893678	654198	1567816	200649
中外合资经营	289946	386227	4149018	2119447	346449	809943	95206
中外合作经营	110121	23158	883401	436225	198147	26415	42818
外资企业	48159	98583	4184829	1337745	109602	731458	62350
二、按隶属关系分							
中央	2699250	836690	126740714	54852063	8957016	8581858	18663044
地方	2293185	1342350	24206944	9747050	994311	1164034	2818726
其他	1491454	5318600	67212634	28301041	4405484	6891225	2410212
三、按行业小类分							
研究与试验发展	3452325	1826404	40147507	12528224	1313265	1898425	8628003
自然科学研究与试验发展	237419	79623	6448777	1972237	73206	365110	732614
工程和技术研究与试验发展	3126336	1297366	29831984	9554997	1160242	1340913	7606786
农业科学研究与试验发展	11253	120992	1188401	155403	11247	39015	91240
医学研究与试验发展	77317	325967	2642000	827059	67532	150097	197156
社会人文科学研究与试验发展		2456	36345	18528	1038	3290	207

计量单位：千元

#长期借款	应付债券	负债合计	所有者权益合计	#实收资本	国家资本	集体资本	法人资本	#国家法人	集体法人
15872084	**39499**	**116792136**	**101368156**	**84527604**	**17435761**	**1496930**	**35230350**	**19974876**	**10935038**
15745441	35556	111665330	95406554	78388439	17407160	1493044	34150547	19400713	10637787
11746632	241	65814405	39487333	22610580	14260661	7191	8338400	8027909	30751
61316	7	1699870	802002	471144	16844	319055	84175	31661	38675
-13901	41	993078	2346190	2118681	1850	94964	1433741	204798	1095022
447626		1059199	360685	370130	321632	1000	47498	35875	
		4886	11482	10642	500	4549	3793	3793	
3710		24486	18393	22110	50	4230	7800	7500	300
847		5248	9257	11230		2120	980		980
380591		3597191	3421283	1865535	925352	669	921566	852540	10500
2710770	8870	25349047	31203445	34778041	1120901	607232	18835877	8242329	8280168
71873	19082	2860659	5098735	3439802	721012	315368	1683257	1434902	206919
1044		30868	626927	34589		300	4139		3749
633	977	45174	35444	34730	500	5522	2821		1391
307375	5767	9832922	11394186	12070881	37858	127049	2478621	386620	906300
22193	571	245512	342103	315639		3625	89374	1	19652
4732		102785	249089	234705		170	218505	172785	43380
26643		1032479	836911	1559058	9650	255	270744	49439	102219
		618286	525819	561152	9650	255	259476	49439	90951
22348		52972	55023	131893			1268		1268
4295		361221	256069	866013			10000		10000
100000	3943	4094327	5124691	4580107	18951	3631	809059	524724	195032
100	3943	2214653	1934365	1721038	17709	3631	723711	443868	192544
42251		479043	404358	288802			83608	80856	1988
57649		1400095	2784734	2569135	1242		1240		
12120147	143	73515107	53225607	32373658	15416214	147369	15891374	15176827	500017
2164590	98	12565776	11641168	9118586	1289690	343979	6774442	1703700	4472447
1587347	39258	30711253	36501381	43035360	729857	1005582	12564534	3094349	5962574
3563822	989	21156227	18991280	12998763	3849611	107110	5291332	3759008	901940
355536	619	2704851	3743926	2443941	640022	6000	860346	818475	10530
3127634	321	17161783	12670201	7965556	3124807	55877	3278484	2509703	478052
24664	40	246643	941758	635587	34988	11033	337886	194609	81632
55841	9	1024215	1617785	1927296	43594	32650	810647	235721	329667
147		18735	17610	26383	6200	1550	3969	500	2059

8-1 续表 3

	在建工程	无形资产	资产总计	流动负债合计	#短期借款	应付账款	长期负债合计
专业技术服务业	1751411	2252255	102065895	53221025	5919457	9640722	7023675
气象服务	112190	12351	1628789	188899		52146	800
地震服务			11133	3134	260	1232	
海洋服务	2	97234	334733	114385	24000	6648	2400
测绘服务	4991	2256	489485	141632	17465	12974	10342
技术检测	378226	71219	3557936	1296847	169536	316524	64867
环境监测	213	51321	487299	204198	9701	69333	8236
工程技术与规划管理	787884	718845	50945603	26928295	889633	4719261	3310791
工程管理服务	506602	337093	26183048	16752966	572628	3362024	1672386
工程勘察设计	241091	179687	23870626	9969093	310185	1276186	1451233
规划管理	40191	202065	891929	206236	6820	81051	187172
其他专业技术服务	467905	1299029	44610917	24343635	4808862	4462604	3626239
科技交流和推广服务业	1184538	3397544	55586916	19834897	3439754	5043774	3412266
技术推广服务	565355	2065263	33048374	12648983	1892819	3830075	2176602
科技中介服务	197839	899856	10944345	2496292	402078	401728	703673
其他科技服务	421344	432425	11594197	4689622	1144857	811971	531991
地质勘查业	95615	21437	20359974	7316008	3684335	54196	4828038
矿产地质勘查	48016	4475	19569202	6950143	3679720	12706	4769706
能源矿产地质勘查	43264	2586	19030077	6751091	3660220	9898	4758122
固体矿产地质勘查	4752	292	191018	29513	16000	382	10700
其他矿产地质勘查		1597	348107	169539	3500	2426	884
基础地质勘查	7486	4	208175	114764	4000	9844	4962
地质勘查技术服务	40113	16958	582597	251101	615	31646	53370
四、按地区分							
东城区	401718	226184	10569332	5096575	136459	1482874	1602439
西城区	237962	282925	38687228	13926357	4598327	1519766	6601325
崇文区	75437	528023	9902617	5181476	11347	100023	48844
宣武区	251220	27863	13813757	4956600	229307	813214	5739494
朝阳区	2820821	850511	28661002	13382663	1118295	2954641	3221889
丰台区	245202	565956	20114306	9025856	1585580	2417183	328749
石景山区	68	13676	1514156	945773	46201	213959	-412
海淀区	1822034	3715595	81132051	35000390	5626276	5727800	5330085
门头沟区	148	384	85739	24956	629	5611	946
房山区	3785	8945	1511643	541559	86279	125967	438750
通州区	43786	21613	472076	232292	6586	44903	2763
顺义区	82617	234784	2192586	807948	225655	170688	39338
昌平区	137959	136642	4950142	2145695	368901	467462	185225
大兴区	53356	637368	1304469	232708	62727	48187	22762
怀柔区	5504	2774	512148	435019	2223	409272	4079
平谷区	22343	5324	111788	43269	19200	1085	1333
密云县	32098	200553	559607	101638	11530	61358	171113
延庆县	27661	349	213482	97655	8600	30142	1460
北京经济技术开发区	220170	38171	1852163	721725	212689	42982	151800

计量单位：千元

#长期借款	应付债券	负债合计	所有者权益合计	#实收资本	国家资本	集体资本	法人资本	#国家法人	集体法人
5057267	4668	60244700	41821195	41744315	6334310	920609	15611284	10624741	3166831
800		189699	1439090	150382	124191	269	21860	2970	18290
		3134	7999	6948	1344	80	1735		10
		116785	217948	172706			69495	68050	200
		151974	337511	212464	6593	100	75020	61478	2150
37380	188	1361714	2196222	1095304	439069	26157	415065	258332	44556
8050		212434	274865	270139	10705	6489	158314	154753	1178
2372055	227	30239086	20706517	13401258	3920292	212526	7808602	6394657	906849
1346530	-19	18425352	7757696	5677062	2462935	137584	2458001	1862780	429628
864269	246	11420326	12450300	7344546	1414711	49232	5061779	4504455	427201
161256		393408	498521	379650	42646	25710	288822	27422	50020
2638982	4253	27969874	16641043	26435114	1832116	674988	7061193	3684501	2193598
2539167	33842	23247163	32339753	24855894	2836539	461444	13919948	5288448	6789415
1435969	27146	14825585	18222789	13255732	2161671	295355	5592177	2639362	2077923
659606	4300	3199965	7744380	6754102	207464	124820	5770713	805058	4255745
443592	2396	5221613	6372584	4846060	467404	41269	2557058	1844028	455747
4711828		12144046	8215928	4928632	4415301	7767	407786	302679	76852
4688658		11719849	7849353	4597494	4275736	998	265009	203014	58000
4677274		11509213	7520864	4373188	4196932	400	152469	147474	1000
10500		40213	150805	151904	60000		61040	11040	50000
884		170423	177684	72402	18804	598	51500	44500	7000
		119726	88449	84721	80730		1665	1065	600
23170		304471	278126	246417	58835	6769	141112	98600	18252
1043688		6699014	3870318	3417116	674347	77233	1643834	1283416	191300
6040113	6475	20527682	18159546	12070782	5715948	44675	4975477	3829846	625143
45074	34	5230320	4672297	4624440	26549	2453	4412983	141724	4266479
2641419	143	10696094	3117663	2382953	172914	38001	1504605	1316154	146411
1887874	4806	16604552	12056450	8118109	2110709	102231	3659701	2727482	408080
142731	965	9354605	10759701	7348887	2525507	209300	2733826	2028450	503188
191		945361	568795	525112	20222	3348	226639	74055	17172
3317489	26002	40330475	40801576	40133825	5622556	914114	12913268	7502679	3841101
500	88	25902	59837	55857	2840	1100	10780	10217	345
435884		980309	531334	490930	335906	19164	71591	33753	10908
423		235055	237021	233594	73650	6273	21426	900	12480
38350		847286	1345300	1217821	34796	31645	917087	73160	338077
90458		2330920	2619222	2200706	52243	26015	1283611	713816	276849
20560	357	255470	1048999	343383	33396	8812	160322	21653	67183
750	629	439098	73050	64453	464	1329	9129	345	6374
1331		44602	67186	49807	10172	826	19530	12000	1300
165239		272751	286856	259437	13939	3337	206115	2328	2200
10		99115	114367	115517	7573	5534	47798	42298	5500
		873525	978638	874875	2030	1540	412628	160600	214948

8-1 续表 4

				主营业务收入	主营业务成本	营业费用
	个人资本	港澳台资本	外商资本			
总　　计	**24571248**	**1369437**	**4423878**	**82989939**	**61699725**	**4661768**
一、按登记注册类型分						
内资	24369708	95490	872490	74646022	57024701	3756356
国有	4298	30		25647503	19658882	745069
集体	48149	2921		1183329	753735	107974
股份合作	576196	11830	100	873781	405624	146776
国有联营				76083	39494	5722
集体联营	1800			6993	3348	98
国有与集体联营	10030			14213	8894	1775
其他联营	8130			337	453	66
国有独资公司	17948			1955942	1447472	50060
其他有限责任公司	14179058	11743	23230	30683574	24802822	1264603
股份有限公司	698665	21000	500	2708783	1971968	264882
私营独资	29940	10	200	39964	22601	8319
私营合伙	25887			94410	32312	17050
私营有限责任公司	8542859	36034	848460	10859540	7589043	1089851
私营股份有限公司	222258	382		320934	180831	34817
其他	4490	11540		180636	107222	19294
港澳台商投资	21115	1205249	52045	1313833	999442	139266
与港澳台商合资经营	4050	235676	52045	860523	687044	62970
与港澳台商合作经营	11694	118931		48538	41473	981
港澳台商独资	5371	850642		404772	270925	75315
外商投资	180425	68698	3499343	7030084	3675582	766146
中外合资经营	174541	40264	761182	3313247	1682591	286431
中外合作经营	4229	13899	187066	504905	305731	44206
外资企业	1655	14535	2550463	3210401	1687260	435152
二、按隶属关系分						
中央	700461	17970	200270	36162090	27810307	1115403
地方	324572	67004	318899	5927153	3766602	351681
其他	23546215	1284463	3904709	40900696	30122816	3194684
三、按行业小类分						
研究与试验发展	1677001	509281	1564428	12709682	9918632	706069
自然科学研究与试验发展	109071		828502	1810669	1458581	178545
工程和技术研究与试验发展	766445	153939	586004	10323910	8155094	456150
农业科学研究与试验发展	211976	7731	31973	68126	40449	9319
医学研究与试验发展	574975	347581	117849	473854	257808	46242
社会人文科学研究与试验发展	14534	30	100	33123	6700	15813

计量单位：千元

主营业务税金及附加	主营业务利润	其他业务收入	其他业务利润	管理费用					
					#税金	财产保险费	差旅费	工会经费	排污费
1711713	**14916733**	**1965495**	**769047**	**14284912**	**127655**	**25709**	**627926**	**78894**	**180**
1499558	12365407	1780598	693835	11622859	112076	23719	545588	69370	406
628545	4615007	664118	372442	4990185	53441	9206	134124	43239	3517
35099	286521	21586	8325	249857	1394	379	6936	922	22
35117	286264	49870	-67311	258213	1426	629	16279	1204	242
1885	28982	1456	677	30440	68	5	1776	38	
244	3303			3222	32	10	115	46	2
305	3239	354	354	3375			36	2	
31	-213	231	15	1241	1				
42856	415554	50203	30531	326553	2504	502	20378	1858	29
498031	4118118	534560	304433	3202541	31956	8329	152073	16482	299
24216	447717	147372	-137622	405272	3001	251	14674	2426	56
1339	7705	602	575	8928	200	37	671	17	
4365	40683	2046	347	24502	169	56	1267	164	-6
208194	1972452	282464	167639	1976252	16479	3797	189167	2190	-3792
10202	95084	25395	13196	101639	710	352	6426	408	4
9129	44991	341	234	40639	695	166	1666	374	33
25011	150114	26517	16349	237817	1796	459	12325	149	-48
11425	99084	3418	1704	95380	1174	72	3224	132	-48
2095	3989	901	856	22165	34	67	773	15	
11491	47041	22198	13789	120272	588	320	8328	2	
187144	2401212	158380	58863	2424236	13783	1531	70013	9375	-178
107593	1236632	86471	13895	1119026	4087	969	17726	6341	959
9773	145195	1927	1878	69775	414	37	1929	657	42
69701	1018288	69982	43090	1234063	9282	525	50272	2377	-1179
787784	6448596	872453	180884	6117985	55129	10133	184102	47191	3311
222356	1586514	156954	88640	1641247	19923	4218	36504	11774	553
701573	6881623	936088	499523	6525680	52603	11358	407320	19929	-3684
147573	1937408	454954	-69552	2641244	17981	2737	77806	19301	1601
24298	149245	111710	-18322	672237	4262	640	8138	3335	448
107739	1604927	313164	-75105	1698292	11164	1701	59284	15619	951
799	17559	4809	1905	41304	791	59	2044	77	
13275	156529	25127	21884	213828	1665	324	7325	257	201
1462	9148	144	86	15583	99	13	1015	13	1

8-1 续表 5

	个人资本	港澳台资本	外商资本	主营业务收入	主营业务成本	营业费用
专业技术服务业	17274374	676679	927059	44210702	30606922	2793923
气象服务	1960	2102		299554	129969	1799
地震服务	3789			14048	8274	715
海洋服务	100810	661	1740	6945	4167	803
测绘服务	107548	500	22703	280445	153723	21401
技术检测	172695	1365	40953	2141601	664451	256218
环境监测	46829		47802	275512	195989	13273
工程技术与规划管理	1153571	38478	267789	23162327	15897791	1049751
工程管理服务	520791	28696	69055	10439856	7614493	542437
工程勘察设计	611137	9782	197905	12439883	8101283	491667
规划管理	21643		829	282588	182015	15647
其他专业技术服务	15687172	633573	546072	18030270	13552558	1449963
科技交流和推广服务业	5550294	183477	1904192	25498931	20782891	1131330
技术推广服务	3648160	58033	1500336	18977107	15823061	666266
科技中介服务	488320	33465	129320	1947218	1407659	159337
其他科技服务	1413814	91979	274536	4574606	3552171	305727
地质勘查业	69579		28199	570624	391280	30446
矿产地质勘查	27552		28199	206528	140469	15878
能源矿产地质勘查	20645		2742	141114	93348	13680
固体矿产地质勘查	5407		25457	20489	10590	2176
其他矿产地质勘查	1500			44925	36531	22
基础地质勘查	2326			113259	85097	6367
地质勘查技术服务	39701			250837	165714	8201
四、按地区分						
东城区	474206	376116	171380	5479988	4407365	237151
西城区	960295	140060	234327	7584057	4901791	463935
崇文区	135644	6026	40785	586589	385874	60547
宣武区	399028	261968	6437	4793759	3789414	269912
朝阳区	1626906	48241	570321	11456102	7626099	872579
丰台区	1802233	14436	63585	17934430	15627415	540958
石景山区	262344	10600	1959	1024112	866696	19988
海淀区	17401422	368494	2913971	31131309	22327515	1855047
门头沟区	40088	56	993	55618	27179	8972
房山区	64269			246117	118043	22047
通州区	120625	11420	200	123798	54882	25757
顺义区	213363	13271	7659	304724	157748	38538
昌平区	773274	23106	42457	1351321	880159	140461
大兴区	122920	29	17904	205488	95481	23924
怀柔区	21406	210	31915	53772	16761	7401
平谷区	19279			32315	21172	1388
密云县	35757		289	70607	37887	14918
延庆县	3512	100	51000	78496	57780	4004
北京经济技术开发区	94677	95304	268696	477337	300464	54241

计量单位：千元

主营业务税金及附加	主营业务利润	其他业务收入	其他业务利润	管理费用	#税金	财产保险费	差旅费	工会经费	排污费
1291855	9518002	985456	532844	8382729	76965	16772	323924	47319	-2143
21290	146496			47645	1663		319	255	
719	4340	233	-9	4848	4		93	77	
281	1694	1	-7	11731	141		801	27	
13162	92159	828	828	51459	75	33	2085	189	
101427	1119505	40655	27814	878516	2618	696	18644	1456	482
8217	58033	1414	-79	49018	253	94	3470	235	2
837755	5377030	268972	155192	4090138	44980	11816	167873	31491	1788
287980	1994946	151191	103912	1808816	16284	4762	90007	13026	618
537746	3309187	100013	51124	2226410	24960	7041	76054	18082	1160
12029	72897	17768	156	54912	3736	13	1812	383	10
309004	2718745	673353	349105	3249374	27231	4133	130639	13589	-4415
252789	3331921	468236	267645	2946459	27168	5623	212403	11400	613
142631	2345149	353086	184802	1903977	15929	3459	133866	6528	578
39356	340866	22553	18654	336439	2985	877	43774	1748	30
70802	645906	92597	64189	706043	8254	1287	34763	3124	5
19496	129402	56849	38110	314480	5541	577	13793	874	109
5419	44762	25839	16295	220947	4501	303	7384	147	-6
3570	30516	23711	14277	205192	4416	217	5178	97	-6
538	7185	554	523	8024	1	28	1255	28	
1311	7061	1574	1495	7731	84	58	951	22	
4399	17396	16566	15063	32927	625	58	866	498	39
9678	67244	14444	6752	60606	415	216	5543	229	76
95681	739791	64085	45273	683059	5558	963	34377	3277	156
276315	1942016	228987	112208	1887910	14081	4313	56564	13053	585
18733	121435	4235	3707	119893	847	203	4929	407	6
87440	646993	73174	17560	609827	8545	1124	25335	4669	241
307284	2650140	367645	154716	2971940	28061	4412	100578	22106	1962
148076	1617981	263840	158569	1157698	10659	2469	50117	5602	598
16943	120485	7429	5228	190865	1930	318	4559	1284	1
674837	6273910	833411	193105	5912802	48307	10087	312555	25742	-4127
2131	17336	9154	1757	20954	387	92	2433	165	102
10945	95082	3945	4039	79078	432	151	2022	356	
5864	37295	2266	1658	32037	656	19	1366	277	265
8350	100088	3775	2976	96416	1132	194	4904	230	7
30222	300479	43380	31409	262510	4143	605	12182	559	21
8137	77946	2819	2513	67911	1243	195	3516	293	363
2896	26714	869	598	25200	177	136	644	29	
1443	8312	214	1	7677	103	92	302	75	1
2783	15019	440	320	15133	167	30	491	388	-2
2469	14243	1237	967	18780	180	51	460	182	1
11164	111468	54590	32443	125222	1047	255	10592	200	

8-1 续表 6

	财务费用	利息支出（净额）	营业利润	投资收益	补贴收入	利润总额
总　　计	**638389**	**386635**	**762479**	**3689774**	**687684**	**5840053**
一、按登记注册类型分						
内资	628329	384432	808054	3661490	640025	5801855
国有	440456	253676	-443192	2696544	473629	3153498
集体	-852	-1927	45841	13668	23450	94139
股份合作	499	-419	-39759	940	3443	61275
国有联营	162	-38	-943	425	28	329
集体联营	-7	-7	88			-243
国有与集体联营	50	-50	168			-139
其他联营	-3	-3	-1436			-1436
国有独资公司	793	128	118739	28007	24477	215540
其他有限责任公司	106536	82631	1113474	746302	86636	1913591
股份有限公司	38120	28765	-133297	98863	6215	-16610
私营独资	17	-18	-665	12	31	41
私营合伙	-32	-68	16560	1		16578
私营有限责任公司	43052	22397	120787	72127	16905	340740
私营股份有限公司	-242	-374	6883	185	2102	14752
其他	-220	-261	4806	4416	3109	9800
港澳台商投资	-2854	-3386	-68500	6	313	-66839
与港澳台商合资经营	-1629	-1940	7037	4		6390
与港澳台商合作经营	-43	-51	-17277			-15697
港澳台商独资	-1182	-1395	-58260	2	313	-57532
外商投资	12914	5589	22925	28278	47346	105037
中外合资经营	6468	3587	125033	19808	39616	191342
中外合作经营	2962	2758	74336	8658		74758
外资企业	3490	-750	-176175	-188	7730	-160794
二、按隶属关系分						
中央	473105	299252	38390	3329082	506326	4412710
地方	-19619	-23698	53526	70783	61154	179674
其他	184903	111081	670563	289909	120204	1247669
三、按行业小类分						
研究与试验发展	126635	5978	-900023	571736	328637	510858
自然科学研究与试验发展	-3918	-4623	-537396	38918	127767	-12081
工程和技术研究与试验发展	133483	15634	-301953	510470	196539	541695
农业科学研究与试验发展	-5971	-6060	-15869	10690	1651	-6011
医学研究与试验发展	2991	1068	-38406	11658	2680	-7703
社会人文科学研究与试验发展	50	-41	-6399			-5042

计量单位：千元

应交所得税	可供分配利润	劳动、失业保险费	养老保险和医疗保险	住房公积金和住房补贴	本年应付工资总额(贷方累计发生额)	本年应付福利费总额(贷方累计发生额)	本年应交增值税(不含期初未抵扣税)	本年实缴关税
970839	**9085822**	**465573**	**1014811**	**508133**	**8539645**	**1013254**	**991810**	**113072**
866863	8338591	456240	916437	455144	7215834	915368	837236	79762
372895	4898913	347674	537066	288776	3129557	425056	290374	27146
32913	134103	1509	14101	4083	132976	13958	13022	1155
17154	80549	890	18571	3559	249975	20122	8050	2860
275	6477	77	1190	432	9187	1103	477	
-57			337		1704	211	115	
57		12	345		1609	216	156	
-182		1	11		345	20		
18952	289697	34348	19140	9084	188840	23713	3592	5374
298221	2129660	40188	226536	125184	2003312	257291	314661	12488
28972	186135	13785	29826	11053	277719	37922	39010	18
610	1286	80	534	134	9328	392	345	516
1845	2150	38	877	62	14282	1713	544	29
88725	578819	7191	55158	8864	1073671	121321	161401	30019
4430	24042	427	4453	777	69763	7917	5430	155
2053	6760	10020	8292	3136	53566	4413	59	2
6007	16317	940	18435	5699	207746	14056	5316	278
3984	7330	375	9889	3193	83120	5698	3727	277
167	991	64	901	285	17464	910	109	
1856	7996	501	7645	2221	107162	7448	1480	1
97969	730914	8393	79939	47290	1116065	83830	149258	33032
67726	325847	3916	35737	20233	544567	42518	76885	16085
2305	43921	356	6208	3900	54332	1686	32637	13067
27917	360793	4121	37994	23157	516527	39587	39736	3880
491146	6320807	381068	616993	333026	3619835	476636	423459	31505
125024	548660	58710	141398	66788	1233074	153957	25577	3656
354669	2216355	25795	256420	108319	3686736	382661	542774	77911
61952	1292558	127974	248396	166896	1418805	185378	219357	33665
8541	18025	58658	56392	47282	208025	27636	27827	5051
51477	1226218	68459	182991	117134	1087909	144604	182949	28512
-332	2684	339	1206	494	21409	3116	739	37
2169	45452	502	7441	1900	91855	9101	7749	65
97	179	16	366	86	9607	921	93	

8-1 续表 7

	财务费用	利息支出（净额）	营业利润	投资收益	补贴收入	利润总额
专业技术服务业	167883	54219	1500234	1213675	198345	3017019
气象服务	-8621	-8621	107472	339		107663
地震服务	-7	-7	-510	1		-478
海洋服务	1203	1201	-11247	-6201		-15769
测绘服务	-358	-716	41886	1022		43177
技术检测	-421	-1868	269224	8786	3964	281891
环境监测	-1565	-1636	10501	11	14	10024
工程技术与规划管理	-143277	-184681	1585361	855481	79279	2528372
工程管理服务	-85293	-117898	375335	200133	43024	642466
工程勘察设计	-57026	-65785	1190927	657069	34818	1865155
规划管理	-958	-998	19099	-1721	1437	20751
其他专业技术服务	320929	250547	-502453	354236	115088	62139
科技交流和推广服务业	69262	53060	583845	476438	160157	1304657
技术推广服务	-11088	24147	637062	206654	129656	1011945
科技中介服务	30315	24837	-7234	23173	3114	16600
其他科技服务	50035	4076	-45983	246611	27387	276112
地质勘查业	274609	273378	-421577	1427925	545	1007519
矿产地质勘查	275350	274604	-435240	1424496	525	990815
能源矿产地质勘查	276185	275517	-436584	1423153	84	988296
固体矿产地质勘查	-452	-526	136	-2247		-2111
其他矿产地质勘查	-383	-387	1208	3590	441	4630
基础地质勘查	-325	-666	-143	82		82
地质勘查技术服务	-416	-560	13806	3347	20	16622
四、按地区分						
东城区	-34615	8759	136620	9118	7543	140569
西城区	269095	265358	-102781	2121777	88471	2088477
崇文区	-24328	-25860	29577	13369	99	39826
宣武区	-18802	-24283	73528	96661	8378	193155
朝阳区	-47234	-81402	-119850	507923	226067	612784
丰台区	49577	22788	569275	219040	22887	826457
石景山区	-1070	-1400	-64082	-58429	33	-124154
海淀区	403010	186517	151203	696752	309424	1845030
门头沟区	-52	-72	-1809		167	3804
房山区	652	-345	19391	43	11256	29192
通州区	16	-71	6900	648	98	7245
顺义区	17065	16909	-10417	-7109	688	-5955
昌平区	12742	10642	56636	87636	6391	147050
大兴区	1686	1341	10862	-718	3363	20653
怀柔区	438	285	1674	204	22	-510
平谷区	1014	980	-378		30	-146
密云县	747	341	-541	-929	279	-1301
延庆县	158	158	-3728	81	2289	-665
北京经济技术开发区	8290	5990	10399	3707	199	18542

计量单位：千元

应交所得税	可供分配利润	劳动、失业保险费	养老保险和医疗保险	住房公积金和住房补贴	本年应付工资总额(贷方累计发生额)	本年应付福利费总额(贷方累计发生额)	本年应交增值税(不含期初未抵扣税)	本年实缴关税
700562	4041612	273292	603634	257498	5339232	625652	417105	54498
5967	76453	51	861	932	19983	2860	131	
86	12	3	27		3139	264	15	
62	268	21	290	176	3717	167	192	4
10085	31305	547	3198	1289	37377	2822	834	30
69647	239210	21154	37151	22940	391888	32527	9141	3086
1308	9126	796	2388	2053	24917	2879	16111	269
426880	2691331	226175	417680	172752	3183403	392050	109538	11753
132213	468436	84272	114363	55944	1324584	159743	86291	11067
289677	2178755	141171	300878	114538	1810680	227934	23214	686
4990	44140	732	2439	2270	48139	4373	33	
186527	993907	24545	142039	57356	1674808	192083	281143	39356
200867	1937273	61449	145180	74371	1684499	190517	353347	24909
149013	1472147	56042	101550	56567	1007066	121905	267233	14639
18541	57400	1897	23564	9184	188197	20453	13186	1367
33313	407726	3510	20066	8620	489236	48159	72928	8903
7458	1814379	2858	17601	9368	97109	11707	2001	
5906	1798572	110	10260	6537	36918	3632	1441	
5024	1794418	80	9915	6336	32505	3207	1428	
88	91	14	299	116	2927	278		
794	4063	16	46	85	1486	147	13	
389	907	2497	4223	1500	30012	4056	23	
1163	14900	251	3118	1331	30179	4019	537	
54990	272366	32118	65782	34938	411981	50702	74217	3188
139589	2819968	101553	155076	76328	1328416	162007	34818	14229
18625	65332	474	6706	2346	89005	5697	2648	14
50339	244957	26658	40779	16947	323359	38317	74386	2709
156646	1887739	97074	210948	77567	1627474	199116	114561	38986
111126	648539	23152	67730	30090	814581	98565	166448	7149
2653	21872	1592	15954	6467	101307	12720	5219	
395772	2769706	175334	414936	237146	3399581	396845	489682	40788
638	3819	526	2328	912	15218	1584	268	100
1596	20357	2131	3944	1443	40602	4574	810	1
3220	11664	292	1132	7807	27695	3211	538	1079
4410	39710	613	4778	2093	60460	5828	5442	29
21387	161326	714	9461	7890	142212	16449	16798	4631
3511	28694	2283	6494	1734	44195	4891	777	59
863	1977	49	1147	5	32620	3174	85	80
149	1301	67	325	366	5710	664	2	
782	2373	29	439	812	9532	1143	153	30
1144	22829	37	615	68	11838	623	34	
3399	61293	877	6237	3174	53859	7144	4924	

8-2 科学研究、技术服务和地质勘查业

	单位数（个）	资产合计	#现　金	有价证券	对外投资
总　计	**1001**	**75071987**	**799295**	**186266**	**3829554**
一、按登记注册类型分					
内资	1001	75071987	799295	186266	3829554
国有	909	74462719	786864	186266	3798460
集体	37	63521	3749		8135
股份合作	4	5313	132		
国有独资公司	1	294	50		
其他有限责任公司	2	19156	4		1399
股份有限公司	1	100			
私营独资	3	253	15		
私营合伙	3	1795	18		
私营有限责任公司	1	3774	10		500
其他	40	515062	8453		21060
二、按隶属关系分					
中央	486	69323952	754093	151161	3653947
地方	470	5557332	44025	35105	168636
其他	45	190703	1177		6971
三、按行业小类分					
研究与试验发展	399	55167798	473926	135041	2653452
自然科学研究与试验发展	68	13273501	307749	24967	383005
工程和技术研究与试验发展	107	34929589	146890	102450	2054182
农业科学研究与试验发展	52	2536391	13881	2726	104884
医学研究与试验发展	44	1865930	3904		69606
社会人文科学研究与试验发展	128	2562387	1502	4898	41775
专业技术服务业	352	14105744	301264	39776	882150
气象服务	32	1526811	36423		89903
地震服务	11	263058	52	15	1140
海洋服务	4	327131	21		400
测绘服务	14	371011	35376	5112	6270
技术检测	147	4658163	10313	13649	283150
环境监测	12	421505	84		5552
工程技术与规划管理	75	3880279	181910	21000	109694
工程管理服务	39	2274389	1353		40713
工程勘察设计	18	582857	299	14000	16998
规划管理	18	1023033	180258	7000	51983
其他专业技术服务	57	2657786	37085		386041

法人单位主要财务状况（事业会计制度）

计量单位：千元

固定资产原价	累计折旧	负债合计	上年结余	本年收入合计	#财政拨款	上级补助收入	事业收入	事业单位经营收入
25812931	**2804082**	**37494697**	**4015650**	**30299472**	**9978027**	**481421**	**15614213**	**2401649**
25812931	2804082	37494697	4015650	30299472	9978027	481421	15614213	2401649
25506507	2799249	37342742	3979176	30056703	9876005	456251	15553490	2372988
16115	3154	37815	5601	31758	1726	5729	4337	8167
3813	1	2	-75	805				2
			437	737			70	667
5364	860	71	622	2695	2035	100	349	
100		100						
66	6	30	95	121		58	52	
344	17	616	-53	2256			2125	128
143		1010	-329					
280479	795	112311	30176	204397	98261	19283	53790	19697
23548670	2715877	35531122	3644654	26903164	8336018	398001	14749030	2059203
2178251	87030	1815091	364038	3288052	1624836	80963	826722	302211
86010	1175	148484	6958	108256	17173	2457	38461	40235
19204646	2496807	29636652	2056488	22026085	6255728	317351	12817832	1686099
6170692	559164	5031989	975443	5508070	2868258	227577	1750586	469386
9610608	1908797	22341763	794787	13807163	1686129	32405	10348607	1138304
1112449	4291	1132959	30952	806203	389971	18921	322863	41595
871966	8	560516	43949	652141	353446	15149	223621	4441
1438931	24547	569425	211357	1252508	957924	23299	172155	32373
4631423	114968	5744693	1670304	5766108	2563061	104170	1974251	441810
502047		87183	139482	971742	783111	312	10193	42269
148131		70737	20001	120746	84208	190	24077	2093
241058		14668	10691	74901	29888	22909	489	2169
151804	793	232756	39606	233293	156782	734	28270	36258
1699683	73537	1835075	787574	1857001	614921	35795	863782	142252
188313	4	38452	71774	198798	128952	6793	40221	12867
520472	12783	2304383	234363	1439445	432088	15852	622881	95442
102433	5673	1920843	43171	403771	58611	1385	52496	28542
178199	3544	163770	-429	367420	106439		212390	42745
239840	3566	219770	191621	668254	267038	14467	357995	24155
1179915	27851	1161439	366813	870182	333111	21585	384338	108460

8-2 续表 1

	单位数 (个)	资产合计	#现 金	有价证券	对外投资
科技交流和推广服务业	229	4374913	23402	9949	256791
技术推广服务	126	1119790	16253	6949	47408
科技中介服务	53	1075503	2214	3000	95865
其他科技服务	50	2179620	4935		113518
地质勘查业	21	1423532	703	1500	37161
矿产地质勘查	8	346528	301		24337
能源矿产地质勘查	2	37177	3		
固体矿产地质勘查	4	76941	233		24337
其他矿产地质勘查	2	232410	65		
基础地质勘查	8	517229	200		5140
地质勘查技术服务	5	559775	202	1500	7684
四、按地区分					
东城区	96	2813564	7479	600	129262
西城区	140	8152198	1448	10695	202686
崇文区	29	468741	206		9378
宣武区	32	676116	157		42418
朝阳区	154	12220116	228573		667520
丰台区	65	14544003	62338	55770	1200113
石景山区	16	1403515	733	833	68993
海淀区	237	30090130	383938	106136	1429002
门头沟区	20	118910	135		8100
房山区	18	3612439	317		61122
通州区	17	73144	4285	5112	2350
顺义区	22	92122	376		1377
昌平区	38	472307	85758		3699
大兴区	31	129846	7618	6879	135
怀柔区	18	40666	794	226	135
平谷区	12	48111	14529		921
密云县	22	60863	539	15	2243
延庆县	32	38421	72		100
北京经济技术开发区	2	16775			

计量单位：千元

固定资产原价	累计折旧	负债合计	上年结余	本年收入合计	#财政拨款	上级补助收入	事业收入	事业单位经营收入
1500565	134118	1809901	174090	2032248	796926	32533	778889	251045
381549	71930	544800	29243	678250	227593	19410	315559	63303
240272	11376	403575	59624	531857	344535	8071	141893	27761
878744	50812	861526	85223	822141	224798	5052	321437	159981
476297	58189	303451	114768	475031	362312	27367	43241	22695
189311	6413	56671	7899	108754	67541	12969	5538	4670
6844		8745		17463	11354	570	5538	
41436	6372	22417	1801	32553	16104	12399		4050
141031	41	25509	6098	58738	40083			620
185658	17469	86149	103267	207238	157132	13229	28417	8460
101328	34307	160631	3602	159039	137639	1169	9286	9565
1318140	60049	702552	114800	1224371	681583	30867	376802	70499
2391304	54510	3342009	586096	2819205	1375151	71330	1065742	43161
239536	26	105276	22045	154258	87423	4018	42148	17028
275601	3281	215849	5606	295942	90375	4703	170580	5522
5835605	493141	5102253	1155819	5214084	2406163	83312	1967976	574015
3764966	1119988	10753962	9390	6326060	634059	5794	4641322	778306
820186	36471	1018908	194431	630512	267512	2987	33730	51763
10088393	900279	12850120	1738480	12519435	3799506	234245	7063482	734040
66133	3396	43786	2113	50175	15667	13864	15792	3320
534583	84430	2943998	168605	411636	238845	609	134714	15818
32759	1739	45349	1809	63570	10983	3473	11806	20451
61862	2614	24456	4891	55490	27436	3771	527	17824
233908	33114	237519	-8004	293042	193070	10389	56840	31080
59120	1863	55419	11261	57462	27580	4919	16621	6668
31335		14647	898	35274	26186	1290	2029	4367
16352	889	15667	-2808	42812	30542	1979	179	7180
17627	8063	17649	2962	42066	23874	1510	3865	12817
24352	229	4269	4454	56037	42072	2361	6669	3224
1169		1009	2802	8041			3389	4566

8-2 续表 2

	本年支出合计	#人员支出	公用支出	#福利费	劳务费	就业补助费	取暖费	差旅费
总　计	**27691527**	**4529211**	**14150106**	**378977**	**309084**	**2393**	**340670**	**531440**
一、按登记注册类型分								
内资	27691527	4529211	14150106	378977	309084	2393	340670	531440
国有	27462395	4489310	14039677	377155	302628	2380	337359	527172
集体	30258	5384	5782	330	660	13	33	225
股份合作	963	42	54					16
国有独资公司	922		511	79				64
其他有限责任公司	2303	601	1285	56	14		60	110
股份有限公司								
私营独资	121	31						
私营合伙	1532	405	967	8	58			385
私营有限责任公司	50	48	2					
其他	192983	33390	101828	1349	5724		3218	3468
二、按隶属关系分								
中央	24657757	3728177	13213029	362189	282081	1912	314051	507871
地方	2938261	785996	899963	16131	23847	481	26015	22109
其他	95509	15038	37114	657	3156		604	1460
三、按行业小类分								
研究与试验发展	20773632	3198691	11051841	290836	229446	1978	256269	400093
自然科学研究与试验发展	5212090	803837	2850797	53853	119707	920	73985	173044
工程和技术研究与试验发展	13179570	1831196	7062951	222770	65124	54	126119	165528
农业科学研究与试验发展	725530	139061	384857	5020	13213	226	13860	22224
医学研究与试验发展	538044	152525	266351	2613	7846		8842	7386
社会人文科学研究与试验发展	1118398	272072	486885	6580	23556	778	33463	31911
专业技术服务业	4580347	986237	2241529	59995	57128	286	64779	102119
气象服务	423396	64701	226092	625	1018		6380	3450
地震服务	108267	24830	56136	490	3260		2784	2954
海洋服务	79076	8024	20372	472	3		1396	627
测绘服务	191485	22514	40619	3533	2027	89	660	2400
技术检测	1594521	331371	1019492	33044	15365	56	31887	61527
环境监测	168393	29979	75025	4299	3595	46	2128	3175
工程技术与规划管理	1256771	392690	429700	8827	18011	2	8970	17553
工程管理服务	379182	36286	56558	2615	1728	2	1802	2010
工程勘察设计	321816	79146	140939	2802	4862		3172	3857
规划管理	555773	277258	232203	3410	11421		3996	11686
其他专业技术服务	758438	112128	374093	8705	13849	93	10574	10433

计量单位：千元

各种设备交通工具图书资料购置费	对个人和家庭补助支出	#助学金	抚恤和生活补助	事业单位经营支出	#人员支出	对个人和家庭补助支出	收支结余	事业结余	经营收支结余	事业单位经营税金
1462275	**2478021**	**109667**	**58445**	**2166579**	**297796**	**52683**	**6623595**	**6194539**	**429056**	**241271**
1462275	2478021	109667	58445	2166579	297796	52683	6623595	6194539	429056	241271
1448745	2458464	109045	58257	2145247	293338	52419	6573484	6142347	431137	238923
1535	120		5	4485	1325	8	7101	6932	169	225
3				856	131		-233	-218	-15	
46				336			252		252	38
78	417		1				1014	1014		10
				70	52		95	95		2
78							671	734	-63	32
2							-379	-379		
11788	19020	622	182	15585	2950	256	41590	44014	-2424	2041
1342610	2290786	109471	54152	1903543	234020	44913	5890061	5524012	366049	202537
117354	182580	193	4256	238211	61757	7767	713829	660917	52912	33670
2311	4655	3	37	24825	2019	3	19705	9610	10095	5064
1071753	2101528	105918	45324	1607753	194468	36915	3308941	3303940	5001	149195
568688	770767	91379	22074	385363	37295	1863	1271423	1223294	48129	40228
357201	973248	12603	14147	1156033	138681	29072	1422380	1475116	-52736	93789
41034	78811	530	5216	40422	14146	4006	111625	106158	5467	6036
43057	81700	364	767	4532	1105	4	158046	152598	5448	870
61773	197002	1042	3120	21403	3241	1970	345467	346774	-1307	8272
335350	261603	3749	8903	301312	76536	13038	2856065	2432465	423600	75006
42469	14198	20	146	43487	15983	6061	687828	688168	-340	2519
7996	17889	114	1398	2292	1605	196	32480	37075	-4595	139
2175	7388		45	2155	413		6516	6502	14	119
4863	6587		1	24459	4941	489	81414	73753	7661	5410
190631	83312		3643	116159	30145	4175	1050054	1041091	8963	23050
3404	16306		15	1057	295		102179	101882	297	1298
26401	55822	269	322	47194	14764	907	417037	364509	52528	18989
11870	7417		143	22307	5292	739	67760	53538	14222	3676
6088	17337		51	16724	8397	95	45175	22254	22921	5577
8443	31068	269	128	8163	1075	73	304102	288717	15385	9736
57411	60101	3346	3333	64509	8390	1210	478557	119485	359072	23482

8-2 续表 3

	本年支出合计	#人员支出	公用支出					
				#福利费	劳务费	就业补助费	取暖费	差旅费
科技交流和推广服务业	1885139	278013	597856	20915	15932	89	14208	18169
技术推广服务	663891	146554	319024	10536	1714	89	6677	5283
科技中介服务	501541	49523	119102	4414	8332		1871	6736
其他科技服务	719707	81936	159730	5965	5886		5660	6150
地质勘查业	452409	66270	258880	7231	6578	40	5414	11059
矿产地质勘查	94848	24093	51536	1925	439		1800	3673
能源矿产地质勘查	14369	4605	4771	658	20		358	295
固体矿产地质勘查	32468	13718	7639	822	71		1080	421
其他矿产地质勘查	48011	5770	39126	445	348		362	2957
基础地质勘查	202315	31576	141632	2337	2876	40	3460	2933
地质勘查技术服务	155246	10601	65712	2969	3263		154	4453
四、按地区分								
东城区	1114694	254905	514771	12178	12475	806	31644	23221
西城区	2399048	412116	1301582	23157	45565	23	27814	83311
崇文区	151029	50734	57270	644	1715	89	2866	6585
宣武区	284485	75518	143144	1982	6856	4	4032	6725
朝阳区	4843497	958646	2029425	51268	98281	861	66728	111157
丰台区	6138207	847217	3754804	96726	1081		46694	31956
石景山区	608980	71482	173724	3003	3440		8325	7147
海淀区	11210740	1686619	5897548	167157	133787	229	123089	249635
门头沟区	49280	19712	13544	837	39		1114	115
房山区	370138	7248	81810	14820	1910	40	23306	5997
通州区	63285	18480	16675	2701	125	51	615	473
顺义区	50560	9205	21976	132	160	13	166	302
昌平区	197884	51294	78340	2617	1625		3078	3577
大兴区	53795	16672	13977	838	910	49	489	459
怀柔区	34013	14665	11675	117	841	226	283	185
平谷区	30091	10020	12625	43	174		164	67
密云县	38106	11802	8104	378	78		148	265
延庆县	50547	12155	17509	301	22	2	115	237
北京经济技术开发区	3148	721	1603	78				26

计量单位：千元

各种设备交通工具图书资料购置费	对个人和家庭补助支出	#助学金	抚恤和生活补助	事业单位经营支出	#人员支出	对个人和家庭补助支出	收支结余	事业结余	经营收支结余	事业单位经营税金
34377	89302		3700	236149	20995	2614	321199	321428	-229	15011
15621	50247		1400	57769	7658	706	43602	44353	-751	4917
8765	17996		252	24492	2941	741	89940	88882	1058	3973
9991	21059		2048	153888	10396	1167	187657	188193	-536	6121
20795	25588		518	21365	5797	116	137390	136706	684	2059
3764	13730		261	3912	1278	1	21805	21731	74	245
64	4993		30				3094	3094		
606	7105		231	3301	1200	1	1886	1821	65	211
3094	1632			611	78		16825	16816	9	34
8105	11645		47	8150	2834	115	108190	107880	310	652
8926	213		210	9303	1685		7395	7095	300	1162
58806	198795	495	2146	46578	7437	2855	224477	212221	12256	5640
98800	262026	698	6323	33234	7251	673	1006253	1003741	2512	71960
9923	17590		103	16500	3582	1112	25274	22117	3157	1059
9705	27509	6	1027	2143	366		17063	18480	-1417	1799
352444	413187	24646	20638	493083	71074	7635	1526406	1185971	340435	56676
131569	416161	5056	1912	687694	60535	3201	197243	237156	-39913	6976
45889	66160	6987	1768	47262	6926	1084	215963	214502	1461	3073
681213	920563	71672	14383	729154	119187	34052	3047175	2934860	112315	86835
2888	9013		205	3911	1713	490	3008	3745	-737	180
31592	106260		356	16436	3616	12	210103	209069	1034	1843
8337	4286	107	685	14080	2569	3	2094	1887	207	899
1784	642			12108	3218	274	9821	3247	6574	1077
16672	23630		7682	38226	2609	238	87154	105509	-18355	1163
6035	3955		612	3699	1014	142	14928	13911	1017	398
2247	2076		27	2648	937	64	2159	2052	107	231
1114	1517		11	5684	1845	87	9913	9702	211	497
2009	3136		444	11913	3097	624	6922	5821	1101	398
967	1515		123	1588	515	137	9944	9647	297	316
281				638	305		7695	901	6794	251

水利、环境和
公共设施管理业

《北京经济普查年鉴—2004》

第三产业卷

9-1 水利、环境和公共设施管理业

	单位数（个）	年初存货	流动资产合计	#现金	短期投资	应收帐款（净额）
总计	**1011**	**2549566**	**13756401**	**531443**	**21134**	**1009715**
一、按登记注册类型分						
内资	974	2539255	12933574	490169	19134	954953
国有	106	28351	1540155	125318	7728	74157
集体	85	27856	206959	9138	800	25555
股份合作	64	3108	26388	2924	8	4637
集体联营	1	325	7076	101		6650
国有与集体联营	2		168102	20		44
其他联营	1		50	10		25
国有独资公司	8	4098	2775986	1226		11515
其他有限责任公司	216	2347435	6217622	242059	3598	364358
股份有限公司	26	40363	375098	18245	3000	39301
私营独资	18	362	4574	781	237	1361
私营合伙	7	191	1157	143		58
私营有限责任公司	395	65851	947769	63366	3669	100393
私营股份有限公司	42	21315	661551	26838	94	326899
其他	3		1087			
港澳台商投资	12	4594	533918	757		7302
与港澳台商合资经营	4	2127	479462	93		6369
与港澳台商合作经营	2	2447	42594	473		393
港澳台商独资	5	12	11522	190		530
港澳台商投资股份有限公司	1	8	340	1		10
外商投资	25	5717	288909	40517	2000	47460
中外合资经营	10	405	97826	4386		24039
中外合作经营	2	404	58332	3		21
外资企业	13	4908	132751	36128	2000	23400
二、按隶属关系分						
中央	31	6921	664739	49500	7154	61167
地方	254	2307320	8647881	174166	5752	297756
其他	726	235325	4443781	307777	8228	650792
三、按行业小类分						
水利管理业	54	19043	827165	128852	7193	29882
防洪管理	2	2057	2688	288		
水资源管理	33	16398	555175	117747	7144	8698
水库管理	3		1132	97		694
调水、引水管理	6	1040	462205	117042	7144	4600
其他水资源管理	24	15358	91838	608		3404
其他水利管理	19	588	269302	10817	49	21184

法人单位主要财务状况（企业会计制度）

计量单位：千元

存　货	一年内到期的长期债权投资	长期投资合计	#长期股权投资	长期债权投资	固定资产合计	#固定资产原价	累计折旧	本年折旧
3484654	**7052**	**5045189**	**1894747**	**110067**	**42625774**	**15951581**	**1959645**	**393586**
3458712	7052	4999140	1854457	107447	41440576	14497192	1438357	312727
33743		3866518	915233	82297	2377559	3044119	786299	185952
28154	230	15731	809	14551	219224	153847	30003	3988
6122	8	1170	990	100	19624	26512	7483	1091
325					129186	19514		
2082		8334	8334		75199	160599	87845	251
					240	300	60	20
6539		253665	238578	2168	15082833	9176741	233118	28590
3199059	2867	762905	627851	2046	22730083	1290066	208125	69289
56603		17826	17826		86179	86287	18267	4489
381	635				15720	16250	987	178
230					4260	3909	303	158
108364	3312	69436	42717	6285	573749	400535	47348	13046
17110		3555	2119		125950	117740	18516	5675
					770	773	3	
16557		32791	32791		897844	1158453	382073	63774
13655		32791	32791		63265	18427	4457	1172
2654					825377	1135938	377026	62356
80					6837	1723	586	246
168					2365	2365	4	
9385		13258	7499	2620	287354	295936	139215	17085
674		10119	7499	2620	166984	90124	51148	7393
235					111311	196215	84904	8627
8476		3139			9059	9597	3163	1065
8402		3163821	162283	25821	275888	430766	178788	49594
3128809	238	1121084	1014050	75915	18016280	12544635	1144743	223159
347443	6814	760284	718414	8331	24333606	2976180	636114	120833
22411	585	3084010	194373	26141	1298994	1780676	532717	144493
2057					1237	1498	261	209
17373		92347	90010		1231109	1696670	516178	142564
248					4992	5554	1527	142
1343		75857	73520		1219543	1677012	506934	140768
15782		16490	16490		6574	14104	7717	1654
2981	585	2991663	104363	26141	66648	82508	16278	1720

9-1 续表 1

	单位数（个）	年初存货	流动资产合计	#现金	短期投资	应收帐款（净额）
环境管理业	280	67140	2777956	140450	2758	479651
自然保护	18	3120	220426	1681		78183
自然保护区管理	2		2637	609		94
野生动植物保护	11	3115	194690	974		78086
其他自然保护	5	5	23099	98		3
环境治理	262	64020	2557530	138769	2758	401468
城市市容管理	11	79	60316	158		198
城市环境卫生管理	74	5633	430102	2904	53	16205
水污染治理	69	25930	1126266	79380	2000	287186
危险废物治理	12	292	453319	3345	106	49669
其他环境治理	96	32086	487527	52982	599	48210
公共设施管理业	677	2463383	10151280	262141	11183	500182
市政公共设施管理	58	42020	3980935	132629	3005	28025
城市绿化管理	471	2405543	5567336	86469	4683	438179
游览景区管理	148	15820	603009	43043	3495	33978
风景名胜区管理	56	11921	162421	3516	100	13715
公园管理	15	796	267471	9440	8	7189
其他游览景区管理	77	3103	173117	30087	3387	13074
四、按地区分						
东城区	34	1574	85805	196	300	7907
西城区	63	9385	243628	876	325	33020
崇文区	20	1524	31110	539	53	1234
宣武区	27	14883	327313	989	7144	7939
朝阳区	188	2295127	5142633	4538	3209	370770
丰台区	71	22130	3609250	3688	607	35317
石景山区	19	3859	66043	327		21387
海淀区	238	108546	2320391	214393	4291	330908
门头沟区	28	2032	33836	676	5	2794
房山区	38	1093	140271	1630	819	6935
通州区	27	9164	492955	149405	1064	12116
顺义区	41	17097	171790	1005	90	13229
昌平区	40	18057	225292	1633	20	2870
大兴区	42	28821	132069	8621		8339
怀柔区	60	4478	363188	137543	3068	7781
平谷区	12	125	48290	1945		30094
密云县	33	363	14678	2932	139	4458
延庆县	20	10207	123477	388		85277
北京经济技术开发区	10	1101	184382	119		27340

计量单位：千元

存　货	一年内到期的长期债权投资	长期投资合计	#长期股权投资	长期债权投资	固定资产合计	#固定资产原价	累计折旧	本年折旧
131207	2835	823386	672161	10213	1979603	2481766	839403	170012
4151		11019	8940		996616	1373053	450803	75430
					55	55		
3776		2079			995575	1372349	450765	75398
375		8940	8940		986	649	38	32
127056	2835	812367	663221	10213	982987	1108713	388600	94582
146		8000			3030	4879	1849	531
18245		63102	55889	7213	609902	854127	317128	51110
43522		193629	78771		120058	107921	22820	6229
321		353270	350270	3000	197461	90734	36699	34353
64822	2835	194366	178291		52536	51052	10104	2359
3331036	3632	1137793	1028213	73713	39347177	11689139	587525	79081
38219	30	955235	929431	24668	37220745	9613467	82866	20803
3279023	3364	147977	83626	44791	765683	720696	97346	24016
13794	238	34581	15156	4254	1360749	1354976	407313	34262
3210	8	19156	4373	1634	421779	572166	176567	16754
3181		9134	9134		497606	534887	175931	9549
7403	230	6291	1649	2620	441364	247923	54815	7959
2098		1315	1015	300	9533	9039	2189	649
13885		12598	12396	202	823333	1106206	361274	98858
3030		595	360		7884	11038	3159	398
24233		3044440	157463	25821	96068	98725	18247	2060
3098437	3062	236872	168145	59147	648080	620956	232292	42035
31114		1035934	1022258	13448	16273299	10313289	352220	37020
5100		5348			34066	33251	1175	260
173387	3504	601082	462725	5500	530142	670781	204575	38969
1898	8	1755		416	34404	35346	7717	1485
2144	230	11619	1619		384819	396749	24450	9266
16823		12729	10093		21561333	26080	6594	929
29501	187	2086	565	1075	63055	47157	15678	2709
33139		4319	4176		336551	263596	93747	10200
36503	61	10228	10228		536536	521250	16751	2300
6206		53739	37021	2620	922353	1383812	528345	132951
3059					49242	67856	21794	2164
2120		2138	600	1538	79437	77103	11297	1598
1888		5091	2782		215750	260120	56625	9054
89		3301	3301		19889	9227	1516	681

9-1 续表 2

	在建工程	无形资产	资产总计	流动负债合计	#短期借款	应付账款	长期负债合计
总计	**28619750**	**1038221**	**62570693**	**29361752**	**1995881**	**1413125**	**17718921**
一、按登记注册类型分							
内资	28367702	963869	60427511	27587409	1149278	1296558	17535876
国有	118419	32016	7822694	887638	92224	104544	1811095
集体	92422	2261	444360	219004	37772	20863	50036
股份合作	304	6761	54991	27216	5981	9589	217
集体联营	109672	187000	323262	60275	60000	275	
国有与集体联营	2445	149816	401451	47738	34872	1845	3320
其他联营			290				
国有独资公司	6139209	1054	18115896	322928	3550	41485	12236706
其他有限责任公司	21642940	81330	29826850	24435507	752968	541830	3314049
股份有限公司	18159	103163	586924	296446	20639	159675	25009
私营独资	453	971	21588	10590	583	8287	1730
私营合伙	617	231	5648	964	74	687	87
私营有限责任公司	217368	370669	1999894	833361	53385	182295	42467
私营股份有限公司	25694	28597	821806	445663	87230	225104	51160
其他			1857	79		79	
港澳台商投资	121416	33422	1501391	1577327	846103	85524	8112
与港澳台商合资经营	49277	516	576034	391318	84000	80248	8112
与港澳台商合作经营	66460	27648	899035	1128641	728948	2367	
港澳台商独资	5679	5185	23544	53872	33155	-5	
港澳台商投资股份有限公司		73	2778	3496		2914	
外商投资	130632	40930	641791	197016	500	31043	174933
中外合资经营	128008	38893	324551	35614	500	1454	1041
中外合作经营		494	170137	65436		5899	173892
外资企业	2624	1543	147103	95966		23690	
二、按隶属关系分							
中央	23888	2571	4118036	594513	78135	58289	1478289
地方	6608999	413042	28228357	2334929	798901	410762	15690253
其他	21986863	622608	30224300	26432310	1118845	944074	550379
三、按行业小类分							
水利管理业	50511	95246	5306297	620217	41053	229401	1776190
防洪管理			3925	1192			
水资源管理	50617	11772	1890427	409313	660	206545	414462
水库管理	965		6124	1428	410	800	25
调水、引水管理	49465	1760	1759365	378971		201829	414344
其他水资源管理	187	10012	124938	28914	250	3916	93
其他水利管理	-106	83474	3411945	209712	40393	22856	1361728

计量单位：千元

#长期借款	应付债券	负债合计	所有者权益合计	#实收资本	国家资本	集体资本	法人资本	#国家法人	集体法人
9908483	**6053**	**47080673**	**15490020**	**9289683**	**4161300**	**416309**	**2189983**	**432250**	**1314207**
9725781	6053	45123285	15304226	8108717	4161300	416309	1945521	401177	1106730
1579174		2698733	5123961	2801939	2605760	372	188996	172345	1300
44833	4976	269040	175320	71943	70	54841	7889	800	1288
177		27433	27558	20166		3854	2809	289	1780
		60275	262987	256442			256442		256442
3320		51058	350393	286177	78622	207555			
			290	250	250				
4720550		12559634	5556262	1343766	1308143		35623	35623	
3280451		27749556	2077294	2140322	128245	110443	1191808	131565	710862
22056		321455	265469	222995	30200	11800	68885	57585	1500
1730		12320	9268	12785					
87		1051	4597	4737			30		
38589	1077	875828	1124066	784840	8500	19650	100321	2050	48760
34814		496823	324983	160578	101	7426	92718	920	84798
		79	1778	1777	1409	368			
8000		1585439	-84048	552213			29072	7600	16802
8000		399430	176604	168343			28822	7600	16552
		1128641	-229606	361239					
		53872	-30328	20801					
		3496	-718	1830			250		250
174702		371949	269842	628753			215390	23473	190675
810		36655	287896	530939			199245	23473	175772
173892		239328	-69191	19870			14903		14903
		95966	51137	77944			1242		
1405390		2072802	2045234	1965582	1759881	500	163253	60453	
7977783	4976	18025182	10203175	3480619	2330872	281618	740801	246266	437263
525310	1077	26982689	3241611	3843482	70547	134191	1285929	125531	876944
1657921		2396407	2909890	2295795	1895964	11622	269385	164068	2325
		1192	2733	3000			1000		1000
297025		823775	1066652	522844	235393	1382	250185	146668	525
25		1453	4671	4172	2940	1232			
297000		793315	966050	411343	229150		182193	131668	525
		29007	95931	107329	3303	150	67992	15000	
1360896		1571440	1840505	1769951	1660571	10240	18200	17400	800

9-1 续表 3

	在建工程	无形资产	资产总计	流动负债合计	#短期借款	应付账款	长期负债合计
环境管理业	335781	358115	5972851	3228734	958073	463897	251572
自然保护	74339	36587	1278849	1280461	782233	11154	11047
自然保护区管理		20	2712	726	385	268	
野生动植物保护	73964	36465	1242989	1267707	781848	10859	11047
其他自然保护	375	102	33148	12028		27	
环境治理	261442	321528	4694002	1948273	175840	452743	240525
城市市容管理		1324	72674	56484	33155	2677	
城市环境卫生管理	72650	102135	1213901	219886	87	33651	93177
水污染治理	34935	129699	1570624	732426	123928	282899	64454
危险废物治理	143424	38432	1042482	596966	18210	1929	77035
其他环境治理	10433	49938	794321	342511	460	131587	5859
公共设施管理业	28233458	584860	51291545	25512801	996755	719827	15691159
市政公共设施管理	27688577	753	42158149	22610180	3527	237541	12243814
城市绿化管理	136127	28402	6544488	1900703	774766	363813	3106534
游览景区管理	408754	555705	2588908	1001918	218462	118473	340811
风景名胜区管理	23812	55944	660050	306618	76561	33210	277508
公园管理	138440	474542	1258364	299753	92645	61057	8820
其他游览景区管理	246502	25219	670494	395547	49256	24206	54483
四、按地区分							
东城区	2682	84761	191608	71392	263	22895	26
西城区	78401	25910	1105773	1184839	681350	26034	79621
崇文区		176	39767	21877	64	3557	27
宣武区	15589	2372	3471320	232297	40854	7625	1400675
朝阳区	256262	65696	6104700	1838127	790051	361356	3083891
丰台区	6312131	358568	21280283	605424	90250	94070	12275540
石景山区	1990	15166	120623	40924	810	18430	18658
海淀区	63263	270213	3759569	1919450	172980	441509	118817
门头沟区	6288	568	80232	51635	569	10621	3895
房山区	12471	1622	538486	258377	2867	206497	175427
通州区	21539876	506	22071077	22008276	2758	56690	1865
顺义区	29388	2771	246842	54686	1416	15352	29449
昌平区	166425	472	584778	355639	1441	18973	176130
大兴区	30807	113672	792593	133771	41773	40646	13440
怀柔区	66364	77578	1419036	300636	59256	26398	303457
平谷区	2707	200	97733	48027	18923	21257	10054
密云县	10677	702	97040	28780	10787	9382	15633
延庆县	12251	4331	348649	145864	76469	9334	12316
北京经济技术开发区	12178	12937	220584	61731	3000	22499	

计量单位：千元

#长期借款	应付债券	负债合计	所有者权益合计	#实收资本	国家资本	集体资本	法人资本	#国家法人	集体法人
126895		3480306	2492545	3213946	388633	70617	1259312	158454	879294
10816		1291508	-12659	480074	2600	500	47404	9973	35080
		726	1986	100			100		100
10816		1278754	-35765	458274	2600	500	47304	9973	34980
		12028	21120	21700					
116079		2188798	2505204	2733872	386033	70117	1211908	148481	844214
		56484	16190	65113		500	3049	49	
2002		313063	900838	470403	363155	6417	90681	50400	950
63576		796880	773744	819163	11878	60300	290516	33312	144334
50000		674001	368481	1037909			681611	24800	656811
501		348370	445951	341284	11000	2900	146051	39920	42119
8123667	6053	41203960	10087585	3779942	1876703	334070	661286	109728	432588
4727502		34853994	7304155	1737213	1540781	21433	9128	3745	4883
3091846	1077	5007237	1537251	1039833	117539	50491	272290	87060	131301
304319	4976	1342729	1246179	1002896	218383	262146	379868	18923	296404
257502	4976	584126	75924	181486	68995	14115	60647	17923	15533
8820		308573	949791	631425	133222	226730	259532		259532
37997		450030	220464	189985	16166	21301	59689	1000	21339
11		71418	120190	119732	6740	250	18549	12050	5499
52536		1264460	-158687	687315	27643	3893	25093	23900	1163
		21904	17863	17051	1682		8050	1500	6550
1354840		1632972	1838348	1743594	1671885		60978	49943	10935
3031833		4922018	1182682	1045018	164899	21031	340473	45460	248471
4715216		12880964	8399319	2445444	1852219	224055	335024	52402	280222
11850		59582	61041	51776	18810	2041	60	60	
89314		2038267	1721302	2036589	115380	65001	1044408	191188	660717
1378		55530	24702	23844	5270	3509	433		433
167998	4976	433804	104682	78712	570	11066	54530	1100	3400
1865		22010141	60936	58017	350	11955	13169		7950
29329		84135	162707	70295	5504	11350	34935	26085	8850
176130		531769	53009	122146	1719	3838	71573		21543
13343		147211	645382	87212	1200	25072	15889	1239	11350
232250	1077	604093	814943	371955	231522	13816	46064		1714
10054		58081	39652	38501	3918	2800	26223	20223	1000
8220		44413	52627	41570	9958	3000	17181	800	14110
12316		158180	190469	91852	42031	2432	32551	300	29900
		61731	158853	159060		11200	44800	6000	400

9-1 续表 4

	个人资本	港澳台资本	外商资本	主营业务收入	主营业务成本	营业费用
总计	**1694949**	**535248**	**291894**	**3862732**	**2942178**	**362005**
一、按登记注册类型分						
内资	1570936	13107	1544	3532398	2804826	311930
国有	6811			842650	834937	52179
集体	4804	4339		125852	75337	24614
股份合作	13063	440		27062	12678	4107
集体联营						
国有与集体联营				59454	12318	36704
其他联营				185	141	
国有独资公司				73228	148942	4589
其他有限责任公司	708282		1544	1131185	825020	72857
股份有限公司	112110			264025	205533	20400
私营独资	12785			7442	3016	2005
私营合伙	4707			3260	130	2621
私营有限责任公司	650857	5512		608004	436031	63545
私营股份有限公司	57517	2816		388555	249934	27812
其他				1496	809	497
港澳台商投资		522141	1000	179319	56332	31460
与港澳台商合资经营		138521	1000	57691	39351	4414
与港澳台商合作经营		361239		107997	4540	26919
港澳台商独资		20801		2107	306	127
港澳台商投资股份有限公司		1580		11524	12135	
外商投资	124013		289350	151015	81020	18615
中外合资经营	124013		207681	24326	6473	2833
中外合作经营			4967	3436		485
外资企业			76702	123253	74547	15297
二、按隶属关系分						
中央	1890		40058	431725	301016	22996
地方	68722	5919	52687	1355767	1268401	118538
其他	1624337	529329	199149	2075240	1372761	220471
三、按行业小类分						
水利管理业	117582		1242	400454	456042	27480
防洪管理	2000			1998		2394
水资源管理	34642		1242	344992	439100	4892
水库管理				1968	515	1640
调水、引水管理				311280	415365	400
其他水资源管理	34642		1242	31744	23220	2852
其他水利管理	80940			53464	16942	20194

计量单位：千元

主营业务税金及附加	主营业务利润	其他业务收入	其他业务利润	管理费用					
					#税金	财产保险费	差旅费	工会经费	排污费
97741	**460808**	**140279**	**79507**	**907867**	**8543**	**2285**	**25631**	**4921**	**600**
89199	326443	128721	74332	694272	7453	1648	20182	4579	585
12802	-57268	44514	37387	202532	2117	455	3366	1980	165
4686	21215	3930	1309	21612	551	176	238	194	4
912	9365	1294	780	7280	107	5	147		
1510	8922			15123	154				304
9	35			15	1				
2636	-82939	13167	7698	67677	232	-248	872	1284	59
29505	203803	22822	13942	190419	2637	458	8442	666	32
5597	32495	8842	4524	25516	189	327	1237	193	
280	2141			739	42	27	45		
127	382	57	57	316	11				
18561	89867	26244	8467	114781	962	307	5002	195	8
12495	98314	7851	168	48224	450	136	833	65	4
79	111			38		5		2	9
5018	86509	1460	1380	148692	777	544	1459	270	13
1371	12555	6	-7	12876	24	18	224		
3213	73325	1344	1277	115407	718	518	361	270	11
75	1599			18866			764		
359	-970	110	110	1543	35	8	110		2
3524	47856	10098	3795	64903	313	93	3990	72	2
838	14182	4121	2049	19812	82	58	257	40	
103	2848	1032	980	11915			11	27	2
2583	30826	4945	766	33176	231	35	3722	5	
10903	96810	5944	2948	76047	1208	160	3367	331	36
29936	-61108	64326	49300	333545	2923	599	3573	3615	535
56902	425106	70009	27259	498275	4412	1526	18691	975	29
3796	-86864	2873	1595	70616	693	131	2713	468	
110	-506			296			19		
1585	-100585	2108	1556	45454	361	57	1271	318	
50	-237	232	30	231	2	14			
642	-105127	783	781	29809	318	38	193	214	
893	4779	1093	745	15414	41	5	1078	104	
2101	14227	765	39	24866	332	74	1423	150	

9-1 续表 5

				主营业务	主营业务	营业费用
	个人资本	港澳台资本	外商资本	收　入	成　本	
环境管理业	823885	403529	267970	1420928	1096440	121766
自然保护	28573	361239	39758	150989	16853	31915
自然保护区管理				36		11
野生动植物保护	6873	361239	39758	150005	16624	31359
其他自然保护	21700			948	229	545
环境治理	795312	42290	228212	1269939	1079587	89851
城市市容管理	51931	9633		17496	11312	1904
城市环境卫生管理	9350		800	176893	294283	13046
水污染治理	305290	25061	126118	703559	515064	43130
危险废物治理	308557	6357	41384	68158	48370	3871
其他环境治理	120184	1239	59910	303833	210558	27900
公共设施管理业	753482	131719	22682	2041350	1389696	212759
市政公共设施管理	164631		1240	328836	245745	16933
城市绿化管理	467514	124052	7947	1441712	1095422	88303
游览景区管理	121337	7667	13495	270802	48529	107523
风景名胜区管理	32762		4967	120425	13084	57072
公园管理	11941			85817	13590	29756
其他游览景区管理	76634	7667	8528	64560	21855	20695
四、按地区分						
东城区	91971	1241	981	67094	48969	5533
西城区	255373	274072	101241	355727	217523	33630
崇文区	5739	1580		53657	37207	4736
宣武区	10731			110398	72355	5660
朝阳区	239049	218830	60736	597221	470705	36853
丰台区	27079	5000	2067	366609	371665	50689
石景山区	30425	440		36718	27822	4466
海淀区	682612	20061	109127	1411253	1020121	90813
门头沟区	10685		3947	23697	12124	1248
房山区	10318		2228	83774	55516	20901
通州区	32543			54355	41790	624
顺义区	18206		300	95549	62524	12226
昌平区	35710	4339	4967	27040	15862	3141
大兴区	38694	6357		64514	45135	7408
怀柔区	71437	2816	6300	348375	375839	32835
平谷区	5560			29431	8231	22893
密云县	10919	512		26325	6382	8944
延庆县	14838			58967	16103	19202
北京经济技术开发区	103060			52028	36305	203

计量单位：千元

主营业务税金及附加	主营业务利润	其他业务收入	其他业务利润	管理费用	#税金	财产保险费	差旅费	工会经费	排污费
33959	168763	61165	30989	424867	2236	534	10941	2747	77
4889	97332	8804	6455	138516	861	578	488	293	14
2	23			79			8		
4840	97182	8804	6455	137958	856	576	473	293	14
47	127			479	5	2	7		
29070	71431	52361	24534	286351	1375	-44	10453	2454	63
963	3317	17	16	20110	1		731		
3842	-134278	19139	11640	112331	444	327	734	2258	62
14833	130532	9084	914	86999	525	136	5641	119	
3543	12374	3332	2981	14351	21	18	713	24	
5889	59486	20789	8983	52560	384	129	2634	53	1
59986	378909	76241	46923	412384	5614	1620	11977	1706	523
7475	58683	31383	25444	88403	1941	198	5075	407	58
43557	214430	39399	18471	196133	1724	914	5583	834	131
8954	105796	5459	3008	127848	1949	508	1319	465	334
2690	47579	2076	1273	61222	644	407	275	286	11
3626	38845	1413	538	37087	705	31	420	103	323
2638	19372	1970	1197	29539	600	70	624	76	
1428	11164	158	92	10667	25	47	887	12	
9843	94731	13826	1553	136268	153	413	716	807	14
1664	10050	115	112	10303	346	16	267	61	5
3576	28807	1574	488	29844	613	282	2096	130	10
19074	70589	12413	7105	162139	1351	361	4974	842	21
7497	-63242	53870	39251	126163	1055	-234	1165	1508	431
911	3519	2113	811	7647	167	34	122	47	
36057	264262	37465	20324	212882	1558	547	9046	561	99
571	9754	2763	661	8361	234	24	42	41	
1898	5459	1085	1073	7378	228	27	136	45	
1519	10422	1139	-22	29662	1174	4	3749	52	
1776	19023	4623	965	16010	299	132	527	75	
672	7365	1113	1066	20381	52	4	700	42	2
2566	9405	586	579	12494	40	21	93	126	6
2898	-63197	3384	1818	68596	477	376	437	385	
845	-2538	155	123	5432	13	28	10	27	
846	10153	11	11	9409	296	57	301	44	9
1718	21944	3828	3467	23750	133	54	149	42	3
2382	13138	58	30	10481	329	92	214	74	

9-1 续表 6

	财务费用	利息支出（净额）	营业利润	投资收益	补贴收入	利润总额
总　计	**86780**	**78927**	**-454332**	**142282**	**250936**	**-30022**
一、按登记注册类型分						
内资	25309	18371	-318806	142880	250936	112312
国有	2072	1919	-224485	76994	86875	-51684
集体	2514	2041	-1602	183	3074	1809
股份合作	292	275	2573	12	1	2555
集体联营						
国有与集体联营	618	614	-6819			-6953
其他联营			20			20
国有独资公司	502	490	-143420	24464	152485	32882
其他有限责任公司	11897	9056	15429	31860	7728	77890
股份有限公司	432	-982	11071	460		12907
私营独资	20	17	1382		6	1598
私营合伙	-5	-5	128			128
私营有限责任公司	1282	1016	-17729	113	763	-13938
私营股份有限公司	5665	3930	44593	8794	4	54973
其他	20		53			125
港澳台商投资	60680	60669	-121483	-598		-128796
与港澳台商合资经营	286	275	-614	-598		-8850
与港澳台商合作经营	60405	60405	-101210			-101282
港澳台商独资	-9	-9	-17258			-16263
港澳台商投资股份有限公司	-2	-2	-2401			-2401
外商投资	791	-113	-14043			-13538
中外合资经营	217	-15	-3798			-3659
中外合作经营	-16	-16	-8071			-7785
外资企业	590	-82	-2174			-2094
二、按隶属关系分						
中央	4086	2739	19625	7189	124	28080
地方	2996	2122	-348349	95120	239238	-4050
其他	79698	74066	-125608	39973	11574	-54052
三、按行业小类分						
水利管理业	2302	1739	-158187	6987	11471	-136652
防洪管理	19		-821			-256
水资源管理	2885	2358	-147368	375	-46	-144987
水库管理	35	35	-473		-46	-265
调水、引水管理	2357	2357	-136512			-135093
其他水资源管理	493	-34	-10383	375		-9629
其他水利管理	-602	-619	-9998	6612	11517	8591

计量单位：千元

应交所得税	可供分配利润	劳动、失业保险费	养老保险和医疗保险	住房公积金和住房补贴	本年应付工资总额（贷方累计发生额）	本年应付福利费总额（贷方累计发生额）	本年应交增值税（不含期初未抵扣税）	本年实缴关税
34056	**188780**	**23192**	**75243**	**26446**	**584800**	**65654**	**9757**	**1045**
34052	207195	22924	69772	24282	533656	61561	6557	855
5010	-100768	10545	32193	13293	169886	21314	706	59
2400	12390	248	2214	736	21645	2166	100	13
306	1539	39	114	32	4944	399	22	2
					64			
300		171	4294	1278	13851	1942	70	
4	16				51			
2578	72026	10023	15458	4921	66746	7764	677	2
12400	70918	1303	8491	2648	123103	12789	2290	407
1693	14234	160	2132	640	19946	2082	167	
75	727	1	15	10	2458	50		
17	243				391	144		
2592	15620	202	2821	308	88992	10163	2213	366
6671	120250	230	2007	405	21458	2748	312	6
6		2	33	11	121			
		174	3517	971	24955	2946	1051	
		39	796	292	8441	279	506	
		110	2325	494	14720	2566	541	
		19	366	185	1122	31	4	
		6	30		672	70		
4	-18415	94	1954	1193	26189	1147	2149	190
4	-20672	38	356	130	5312	90	56	28
		7	142		1549	216		
	2257	49	1456	1063	19328	841	2093	162
7771	-5105	2686	4051	3262	33749	3213	405	2
11916	-21285	19194	55446	18782	293998	35159	1667	72
14369	215170	1312	15746	4402	257053	27282	7685	971
1279	-299073	3593	7285	3035	41363	5779	991	59
					141	51		
502	-314079	2949	4787	2254	29354	4307	697	59
		2	147	16	643	112	2	
333	-315409	2818	4129	1935	21938	3298	90	
169	1330	129	511	303	6773	897	605	59
777	15006	644	2498	781	11868	1421	294	

9-1 续表 7

	财务费用	利息支出（净额）	营业利润	投资收益	补贴收入	利润总额
环境管理业	71924	69405	-297039	32890	235713	-37388
自然保护	63900	63671	-98629		2	-98703
自然保护区管理			-56			-56
野生动植物保护	63907	63678	-98228			-98300
其他自然保护	-7	-7	-345		2	-347
环境治理	8024	5734	-198410	32890	235711	61315
城市市容管理	-16	-16	-16761			-16772
城市环境卫生管理	-2535	-2668	-232434	814	226827	-2742
水污染治理	6945	4899	37502	9168	8676	44902
危险废物治理	3846	3842	-2842	20499		17656
其他环境治理	-216	-323	16125	2409	208	18271
公共设施管理业	12554	7783	894	102405	3752	144018
市政公共设施管理	-2733	-2781	-1543	93236	1046	113756
城市绿化管理	2714	602	34054	9020	1966	48828
游览景区管理	12573	9962	-31617	149	740	-18566
风景名胜区管理	7451	5523	-19821	149	675	-12225
公园管理	950	946	1346			1216
其他游览景区管理	4172	3493	-13142		65	-7557
四、按地区分						
东城区	-228	-229	817			146
西城区	59931	59917	-99915	221	213	-100185
崇文区	-75	-76	-66			-3
宣武区	2661	2653	-3210	7031	124	4102
朝阳区	-916	-1723	-83529	11200	76505	4502
丰台区	-2618	-2692	-147536	93839	152659	100712
石景山区	424	332	-3741			-1655
海淀区	11762	8264	59942	29783	9366	93188
门头沟区	111	104	1943	2	43	2381
房山区	569	308	-1415		1895	320
通州区	-325	-328	-18937		6	3773
顺义区	973	903	3005		600	2356
昌平区	-9	-21	-11941	12	1019	-11379
大兴区	1036	625	-3546	57		-3525
怀柔区	7483	5529	-137458	4	-42	-131770
平谷区	1500	1301	-9347		9784	205
密云县	803	697	-48	133		2044
延庆县	3701	3366	-2040		-1236	2112
北京经济技术开发区	-3	-3	2690			2654

计量单位：千元

应交所得税	可供分配利润	劳动、失业保险费	养老保险和医疗保险	住房公积金和住房补贴	本年应付工资总额（贷方累计发生额）	本年应付福利费总额（贷方累计发生额）	本年应交增值税（不含期初未抵扣税）	本年实缴关税
9302	140020	13545	37116	14850	263331	30861	7888	198
2	-20672	120	2526	583	20217	3100	603	
1					79		2	
	-20672	120	2526	583	19773	3057	599	
1					365	43	2	
9300	160692	13425	34590	14267	243114	27761	7285	198
15		20	373	185	11122	1407		
287	-3756	12755	27889	10058	141317	19399	793	2
5212	94637	220	4375	3210	46251	2638	3595	164
2580	44115	112	574	186	7497	827	63	
1206	25696	318	1379	628	36927	3490	2834	32
23475	347833	6054	30842	8561	280106	29014	878	788
8190	289073	711	8188	2280	52238	5400	148	
9911	60505	3500	12084	3534	155259	16358	581	407
5374	-1745	1843	10570	2747	72609	7256	149	381
767	-306	1598	4932	1172	35743	3031	31	
4379	-1722	197	4856	1395	19126	2461	106	
228	283	48	782	180	17740	1764	12	381
422	556	23	273	178	7093	652	74	
2986	3668	2723	10996	2889	61671	9144	836	2
586	1863	1757	683	264	7067	743	31	127
838	16637	561	1780	634	14514	1968	243	
5155	53919	1530	13663	5543	120953	15003	832	
6064	273690	10313	23337	7685	104565	11958	2319	
38	113	33	729	61	5346	611	43	
12108	134308	877	9164	5245	119385	10436	4861	444
157	3496	16	465	133	5829	579	77	
607	946	2	103	39	8053	1525		28
1492	2048	40	878	217	18016	1989	238	
723	6514	754	1736	616	17770	1536		
145	373	66	515	107	8075	692	14	406
760	-461	39	613	70	7980	996	27	
459	-318338	3027	5255	1852	40596	4514	86	6
275	104	41	1031	219	5664	902	43	32
402	4163	33	790	5	6790	510		
408	666	1308	2324	444	18638	1195	22	
431	4515	49	908	245	6795	701	11	

9-2 水利、环境和公共设施管理业

	单位数（个）	资产合计			
			#现金	有价证券	对外投资
总计	**465**	**8828224**	**117335**	**3991**	**190997**
一、按登记注册类型分					
内资	465	8828224	117335	3991	190997
国有	423	8479917	101813	3991	190487
集体	25	105538	14954		510
私营有限责任公司	1	1950			
其他	16	240819	568		
二、按隶属关系分					
中央	17	573072	289		84272
地方	441	8202856	116928	3991	106725
其他	7	52296	118		
三、按行业小类分					
水利管理业	168	4096170	75640		45285
防洪管理	17	332441	297		535
水资源管理	98	3195381	9286		24047
水库管理	25	2000294	2804		23633
调水、引水管理	21	845053	107		30
其他水资源管理	52	350034	6375		384
其他水利管理	53	568348	66057		20703
环境管理业	133	1451981	8367	353	68767
自然保护	10	85757	640		4821
自然保护区管理	2	2097	569		
野生动植物保护	5	60353	60		4321
其他自然保护	3	23307	11		500
环境治理	123	1366224	7727	353	63946
城市市容管理	5	3504	87		
城市环境卫生管理	110	1161012	7568	353	4449
危险废物治理	1	1754			
其他环境治理	7	199954	72		59497
公共设施管理业	164	3280073	33328	3638	76945
市政公共设施管理	35	386649	3160		32525
城市绿化管理	68	1333411	1479		28762
游览景区管理	61	1560013	28689	3638	15658
风景名胜区管理	10	98260	13521	784	
公园管理	51	1461753	15168	2854	15658
四、按地区分					
东城区	29	347171	208		13800
西城区	26	783522	115		97288
崇文区	14	251131	49		1000
宣武区	31	444198	390	353	6250
朝阳区	45	959331	4756		1330
丰台区	26	288715	24	574	1130
石景山区	17	243612	8471		7230
海淀区	55	2333747	70638		28361
门头沟区	19	66306	122		435
房山区	25	470979	213	784	3265
通州区	42	354795	2340	2280	237
顺义区	19	257257	356		13271
昌平区	47	391056	18257		16600
大兴区	17	135186	2534		800
怀柔区	7	141809	625		
平谷区	9	112268	8029		
密云县	27	865018	159		
延庆县	10	382123	49		

法人单位主要财务状况（事业会计制度）

计量单位：千元

固定资产原价	累计折旧	负债合计	上年结余	本年收入				
				合计	#财政拨款	上级补助收入	事业收入	事业单位经营收入
6909078	**1813232**	**2560214**	**188006**	**5024432**	**1927946**	**501113**	**1736138**	**552431**
6909078	1813232	2560214	188006	5024432	1927946	501113	1736138	552431
6646510	1808979	2489447	167733	4843425	1874764	476664	1657035	538112
60361	3469	25957	8362	103439	8127	14676	63196	10076
1539		1950		2392	1315			1068
200668	784	42860	11911	75176	43740	9773	15907	3175
302467	55	58463	21526	197714	121364	2959	44725	8104
6572696	1812393	2489097	164988	4771780	1793510	483203	1667939	540895
33915	784	12654	1492	54938	13072	14951	23474	3432
4441826	1803062	1061211	19501	969159	242188	25228	215600	377423
296255	58796	79956	-9472	64776	6591	2178	9305	45269
3813223	1729735	779317	-22100	721054	184179	12320	185872	310528
2723532	1220755	301054	-42589	326065	48100	2205	32952	242790
951537	482654	274577	10128	270997	101849	4260	142350	11736
138154	26326	203686	10361	123992	34230	5855	10570	56002
332348	14531	201938	51073	183329	51418	10730	20423	21626
999990	3785	250459	66656	1225193	886403	57059	129635	103224
24127	4	20301	3459	40141	34314	862	1589	
38	4	1533	26	1620	200	430	990	
18066		7024	1420	19374	15582	432	157	
6023		11744	2013	19147	18532		442	
975863	3781	230158	63197	1185052	852089	56197	128046	103224
2583	22	641	811	6050	4366	647	132	903
924522	3438	189505	52173	1104512	817449	55060	99980	102077
1985	321			833	833			
46773		40012	10213	73657	29441	490	27934	244
1467262	6385	1248544	101849	2830080	799355	418826	1390903	71784
186358	2813	64085	3846	323571	78860	51999	164924	20998
380608	2613	582028	70758	1004930	347455	254173	330241	15288
900296	959	602431	27245	1501579	373040	112654	895738	35498
46213	183	11657	5238	192190	2850	7850	175667	5586
854083	776	590774	22007	1309389	370190	104804	720071	29912
114011	2284	154320	4679	335226	215265	9074	56968	433
181082		290999	12218	694326	310969	34338	295910	11686
87798		40795	947	263006	58486	24307	160468	1149
336040	55	41672	8469	295248	198601	27135	53885	4653
659748	16029	290926	9009	567671	246805	104432	130168	70398
263179	22006	19044	-6263	193645	61236	76116	25508	30338
122257		95150	226	99923	58482	130	35948	
1702775	445551	804112	168839	1352382	439933	103096	671702	17011
45135	1798	32481	-6364	56662	27832	13542	9042	6223
449673		35813	-1373	50228	20170	13389	6928	6998
187729	50119	167491	12454	168555	90520	5284	11482	49623
205605	31012	79078	2327	83970	34911	12321	7305	25786
217189	82108	137646	18572	373403	26641	63252	218785	56187
89512	6785	76841	6274	82052	34775	4454	23060	19490
117536	27821	1200	-2907	22730	13669	240	1077	7278
95862	321	15077	-7348	15908	12574	1065	1374	458
1481254	878582	263375	-1989	327179	63845	8371	11633	231097
552693	248761	14194	-29764	42318	13232	567	14895	13623

9-2 续表

	本年支出合计	#人员支出	公用支出	#福利费	劳务费	就业补助费	取暖费	差旅费
总计	**4817339**	**1238722**	**1819672**	**35737**	**28498**	**2569**	**55003**	**21989**
一、按登记注册类型分								
内资	4817339	1238722	1819672	35737	28498	2569	55003	21989
国有	4654051	1194462	1780328	32593	27707	2502	53283	20593
集体	83569	16068	26094	2294	76		797	723
私营有限责任公司	2392	619	560	78			37	
其他	77327	27573	12690	772	715	67	886	673
二、按隶属关系分								
中央	141650	27420	77218	1148	5785		1079	4631
地方	4622472	1192416	1715178	34120	22713	2569	53064	17168
其他	53217	18886	27276	469			860	190
三、按行业小类分								
水利管理业	955162	173339	186259	10258	5758	97	10382	7068
防洪管理	74555	11583	23598	1715	582		810	283
水资源管理	763663	124263	116653	7377	1359	24	8027	4273
水库管理	395237	57053	62413	2026	665	3	4213	2609
调水、引水管理	251343	45385	30394	3841	265		3127	1372
其他水资源管理	117083	21825	23846	1510	429	21	687	292
其他水利管理	116944	37493	46008	1166	3817	73	1545	2512
环境管理业	1198263	399503	430409	5777	9000	497	12803	3435
自然保护	33070	7858	13763	96	22		422	671
自然保护区管理	1055	263	365	37			6	
野生动植物保护	16744	5269	8811	39	22		340	474
其他自然保护	15271	2326	4587	20			76	197
环境治理	1165193	391645	416646	5681	8978	497	12381	2764
城市市容管理	6281	1638	675	61			19	
城市环境卫生管理	1104329	376018	390507	4712	4708	497	11870	1306
危险废物治理	1099		111				26	1
其他环境治理	53484	13989	25353	908	4270		466	1457
公共设施管理业	2663914	665880	1203004	19702	13740	1975	31818	11486
市政公共设施管理	289755	53476	136321	2930	223		2139	1390
城市绿化管理	961110	193430	574137	7003	9154	1967	8105	4857
游览景区管理	1413049	418974	492546	9769	4363	8	21574	5239
风景名胜区管理	172861	34225	41585	1686	2636		1411	984
公园管理	1240188	384749	450961	8083	1727	8	20163	4255
四、按地区分								
东城区	332698	74080	192333	1412	811		3091	930
西城区	652610	126383	354987	6557	10571		10834	4120
崇文区	241059	73488	101829	1313	528		2690	750
宣武区	260233	83000	112334	1086	1244	46	3137	2070
朝阳区	537987	136653	204551	1375	2728		4108	3429
丰台区	201032	69961	106128	2766	133		2190	237
石景山区	99478	41677	48484	481			999	689
海淀区	1257771	360755	428017	8826	5437	451	17269	5742
门头沟区	63847	18835	32626	239	24		691	24
房山区	48778	18003	20589	215	70		370	68
通州区	153721	45502	41336	2355	581	21	2490	490
顺义区	85135	21825	32620	1180	112	8	530	306
昌平区	340853	58613	59409	4499	3129	1	2129	1370
大兴区	77387	22254	30209	1217	2595	72	511	145
怀柔区	23602	8377	10358	258	90		130	75
平谷区	13032	5506	5555	187	58		196	7
密云县	381569	52765	28749	1491	212	1967	3145	1524
延庆县	46547	21045	9558	280	175	3	493	13

计量单位：千元

各种设备交通工具图书资料购置费	对个人和家庭补助支出	#助学金	抚恤和生活补助	事业单位经营支出	#人员支出	对个人和家庭补助支出	收支结余	事业结余	经营收支结余	事业单位经营税金
148902	**337835**	**42**	**6993**	**216192**	**44748**	**12211**	**395099**	**417455**	**-22356**	**26042**
148902	337835	42	6993	216192	44748	12211	395099	417455	-22356	26042
141509	332861	40	6873	193072	36101	12211	357107	382674	-25567	25209
6778	1634	2	93	17997	4585		28232	26611	1621	557
	145									59
615	3195		27	5123	4062		9760	8170	1590	217
8893	4745		294	7202	1794		77590	76800	790	2012
139161	330698	42	5330	205551	39515	12211	314296	337546	-23250	22972
848	2392		1369	3439	3439		3213	3109	104	1058
22990	19539	40	1609	106088	15142	366	33498	85289	-51791	5190
23	1369	36	814	32664	2816		-19251	-5124	-14127	233
17608	12181	4	462	62058	9971	357	-64709	-26766	-37943	4013
5984	5228		98	14417	1011		-111761	-73068	-38693	699
8287	5063	4	107	13996	1191		29782	27917	1865	1937
3337	1890		257	33645	7769	357	17270	18385	-1115	1377
5359	5989		333	11366	2355	9	117458	117179	279	944
49995	124225	2	2896	57345	16632	10388	93586	90205	3381	7231
1071	3133		9	434	427	7	10530	10530		320
				427	427		591	591		
660	1837		9	7		7	4050	4050		320
411	1296						5889	5889		
48924	121092	2	2887	56911	16205	10381	83056	79675	3381	6911
45	72			1527			580	329	251	
48258	120284	2	2886	54369	15190	10381	52356	48874	3482	5424
				494	494		-266		-266	
621	736		1	521	521		30386	30472	-86	1487
75917	194071		2488	52759	12974	1457	268015	241961	26054	13621
16480	9487		106	26030	5211	90	37662	35900	1762	1387
35140	64254		899	11123	2462	454	114578	110566	4012	3597
24297	120330		1483	15606	5301	913	115775	95495	20280	8637
16030	4080		119	4751	667	514	24567	24336	231	273
8267	116250		1364	10855	4634	399	91208	71159	20049	8364
4748	36862		321	638	360		7207	7412	-205	2660
18746	45382		522	2257	183	7	53934	53897	37	4075
3558	22246		506				22894	22361	533	537
10414	29321	2	800	2318	102	333	43484	42873	611	2996
19786	50976		233	50540	13971	9579	38693	35583	3110	6451
4529	19103	2	478	829	252		-13650	7397	-21047	1281
806	8724		51				671	671		424
29160	88261		2224	8643	4064		263450	241616	21834	3383
11648	4294		116	3773	986	386	-13549	-13786	237	265
6444	1541		18	4495	1146	705	77	-236	313	228
5018	10096	36	123	24558	5157	98	27288	23296	3992	625
3750	3837		685	24890	2834		1162	-2698	3860	179
13996	10065	2	239	58283	7909	659	51122	52022	-900	1649
7906	2036		237	12920	1217	241	10939	7532	3407	68
1518	1073		169	3794	743		-3779	596	-4375	18
31	418		29	916	494		-4472	-4206	-266	
6713	2386		192	14894	5321	203	-56379	-51837	-4542	1203
131	1214		50	2444	9		-33993	-5038	-28955	

居民服务和其他服务业

《北京经济普查年鉴—2004》

第三产业卷

10-1 居民服务和其他服务业

	单位数（个）	年初存货	流动资产合计	#现金	短期投资	应收帐款（净额）
总计	**12694**	**5408992**	**44489023**	**1353000**	**1474904**	**8882345**
一、按登记注册类型分						
内资	12520	5315164	43258894	1319546	1472336	8817235
国有	569	2793358	21238035	95671	644815	3875628
集体	1077	167376	4552242	136359	12527	296569
股份合作	2551	145604	581817	52844	16971	69664
国有联营	3	17	233	123		
集体联营	10	454	1586	148		70
国有与集体联营	12	2422	8115	69		2048
其他联营	9	13777	116864	121	2983	75
国有独资公司	28	8762	3879847	240861	3171	3088898
其他有限责任公司	1294	963894	7045561	352635	370331	597886
股份有限公司	262	19209	788084	14616	997	52407
私营独资	979	13251	91065	25282	2912	8667
私营合伙	399	7410	75054	19813	734	7238
私营有限责任公司	4685	1148278	4615449	343592	405994	772300
私营股份有限公司	570	30064	247138	34202	10871	45125
其他	72	1288	17804	3210	30	660
港澳台商投资	60	38495	643396	20603	2000	19596
与港澳台商合资经营	31	18408	419629	1457	2000	16384
与港澳台商合作经营	8	1971	145554	16958		1372
港澳台商独资	21	18116	78213	2188		1840
外商投资	114	55333	586733	12851	568	45514
中外合资经营	56	37607	210340	8967		36402
中外合作经营	10	3124	219192	463		808
外资企业	45	10501	143256	3405	568	8003
二、按隶属关系分						
中央	275	2609156	23793309	195590	655068	6589330
地方	1505	733587	6633631	336042	33814	357081
其他	10914	2066249	14062083	821368	786022	1935934

法人单位主要财务状况（企业会计制度）

计量单位：千元

存货	一年内到期的长期债权投资	长期投资合计	#长期股权投资	长期债权投资	固定资产合计	#固定资产原价	累计折旧	本年折旧
5996267	**96038**	**17967616**	**16915721**	**568076**	**11947753**	**11010017**	**2317576**	**478538**
5907949	95936	17942405	16890642	567944	11080729	10356485	1980045	445627
3686690	7752	12862637	12656056	58875	3043226	2280209	611313	101623
217651	6124	2150707	2024444	87139	1130589	956235	336841	44039
157595	868	39810	31171	1610	253525	334579	95950	20599
17					997	1762	776	14
495		100		100	132	382	264	44
2033		573	50	523	5430	11619	6209	755
13749		8400			9855	11975	2125	92
10944	49977	351884	351126	758	561343	681645	120355	29010
1130057	1695	1213414	996691	24671	1694674	1698155	376145	88706
23479	202	140334	137235		134617	76791	16002	4222
17810	246	2946	2066	530	73071	80176	16993	4609
8898	321	32	31	1	44268	37481	13170	3439
598163	27858	1164311	690742	392983	4032008	4066035	353681	141703
39682	893	7257	1030	754	86765	110379	28202	6471
686					10229	9062	2019	301
43350		13855	13855		442657	468781	236375	22538
22800					375696	374497	203922	16978
1855		695	695		48219	64888	20622	3157
18695		13160	13160		18742	29396	11831	2403
44968	102	11356	11224	132	424367	184751	101156	10373
34320	100	835	785	50	399073	115213	56461	7188
3658		10000	10000		9590	41158	31568	1054
4757	2	439	439		11882	21328	9802	1597
3484654	36697	13244838	13106383	46881	3321944	2641163	651518	114300
827854	22576	1741507	1550759	72693	2038843	2041841	700246	98423
1683759	36765	2981271	2258579	448502	6586966	6327013	965812	265815

10-1 续表 1

	单位数（个）	年初存货	流动资产合计	#现金	短期投资	应收帐款（净额）
三、按行业小类分						
居民服务业	5233	372788	2483662	153126	16388	362381
家庭服务	326	5339	95772	8520	511	3761
托儿所	4		121	111		
洗染服务	358	13076	125592	9794	908	16453
理发及美容保健服务	1946	98661	226220	32803	1017	11566
洗浴服务	572	38914	451511	29886	2971	56754
婚姻服务	210	2438	20057	4974	53	849
殡葬服务	40	136325	466899	851	14	154725
摄影扩印服务	689	32416	228308	16911	1612	12203
其他居民服务	1088	45619	869182	49276	9302	106070
其他服务业	7461	5036204	42005361	1199874	1458516	8519964
修理与维护	2845	487236	2037779	107396	24218	304001
汽车、摩托车维护与保养	2076	406017	1548986	78050	21061	173086
办公设备维修	160	16374	146873	7263	618	20674
家用电器修理	490	36735	275266	18275	2528	100345
其他日用品修理	119	28110	66654	3808	11	9896
清洁服务	994	17250	380065	36909	3552	95109
建筑物清洁服务	206	4350	74549	7634	1021	12165
其他清洁服务	788	12900	305516	29275	2531	82944
其他未列明的服务	3622	4531718	39587517	1055569	1430746	8120854
四、按地区分						
东城区	680	56560	762090	10206	1198	216641
西城区	808	923076	10836415	9020	77493	4182772
崇文区	324	17982	2795643	8929	621761	21771
宣武区	590	72460	667908	11064	1389	50529
朝阳区	3208	430344	5300219	76409	185418	1031387
丰台区	1143	221870	1534459	40120	15502	226071
石景山区	375	12513	112288	6559	2006	14578
海淀区	3486	3148422	19710070	897555	512869	2801215
门头沟区	123	4424	115844	2033	6	15416
房山区	246	10980	132268	6080	1407	7627
通州区	286	291714	728530	188018	1272	29513
顺义区	204	8064	587750	3442	50247	15078
昌平区	358	169693	562027	9771	823	152410
大兴区	361	10850	201210	17049	1197	76125
怀柔区	140	2432	28592	8314	137	8948
平谷区	128	5969	36373	3402	233	8687
密云县	128	13651	311255	53805	1691	17618
延庆县	74	6531	30215	1014	101	4224
北京经济技术开发区	32	1457	35867	210	154	1735

计量单位：千元

存货	一年内到期的长期债权投资	长期投资合计	#长期股权投资	长期债权投资	固定资产合计	#固定资产原价	累计折旧	本年折旧
292760	7383	287316	243784	13072	1411917	1663447	497661	97435
6495	-17	750	140	596	28161	39873	12783	2117
					992	903	166	55
14096	196	10728	9276	70	139943	200308	66606	14192
26006	441	6134	1436	4246	85430	109231	28848	8126
27798	1510	9018	8416	592	409731	401915	100456	23126
2644		502	150	50	4419	6496	2341	318
125886	4760	16990	16353		173525	181460	35613	8011
35375	196	9467	1941	133	216808	329626	121722	18652
54460	297	233727	206072	7385	352908	393635	129126	22838
5703507	88655	17680300	16671937	555004	10535836	9346570	1819915	381103
486966	5032	143510	109573	24571	1103474	937138	320425	47867
400264	4895	122844	100900	14258	667905	791219	270565	37927
19074	115	9017	7597	420	35691	51141	18651	3881
46967	22	11619	1046	9893	55083	76336	25617	4276
20661		30	30		344795	18442	5592	1783
27537	535	8551	3538	3670	114331	168124	59359	12282
5175		2233	1420	758	21687	36507	15893	2149
22362	535	6318	2118	2912	92644	131617	43466	10133
5189004	83088	17528239	16558826	526763	9318031	8241308	1440131	320954
66404	118	60915	15745	45170	339876	445461	106702	19787
1071916	22409	11882264	11873659	8215	2730539	1801446	539268	91419
21700	8	454991	450891	1525	213869	285074	88516	9169
88006	1051	70757	22320	18174	111643	175453	69671	14618
638392	4521	836780	780189	42656	4291754	4392458	524270	142297
206273	2340	219843	210427	5686	442787	546771	179409	31099
14811	408	12750	1809	461	47680	67301	24299	3680
3295538	53378	4200096	3438770	418197	2345501	2250533	583351	124384
4980		38172	32649	5023	124889	77837	17741	3326
21690	1844	22113	17728	51	182206	108670	29410	3452
354524	4131	30971	139	13027	113089	126442	24230	6479
7215	30	5953	576	2050	463680	142620	14782	5013
157347	334	14657	6521	7209	198177	222310	52382	9451
19011	558	58223	58221	2	98284	115489	27968	5926
5071	43	105	3	102	13330	15480	2869	754
6852	23	108	60	20	23292	23875	3432	882
10996	80	58068	5869	8	70580	84679	14170	2987
3521	4762	30	30		85671	73385	10934	1137
2020		820	115	500	50906	54733	4172	2678

10-1 续表 2

	在建工程	无形资产	资产总计	流动负债合计	#短期借款	应付账款	长期负债合计
总　计	**3168304**	**2531914**	**77644469**	**26628432**	**6314397**	**3836225**	**5262070**
一、按登记注册类型分							
内资	2623090	2372800	75295833	25790737	6182508	3762148	5001507
国有	1348320	52134	37251879	10869273	1508649	1752796	3448392
集体	497223	47918	7926199	2870848	719581	270433	346221
股份合作	9165	90131	1030938	630276	76350	212942	29112
国有联营			1230	1913	1350		
集体联营			1818	605	182	150	
国有与集体联营			16616	6780	79	2191	
其他联营			135121	128070	120076	7185	60
国有独资公司	32	344	4801527	2581619	1879255	57226	118852
其他有限责任公司	368278	784582	10951474	5120592	1138948	846756	700134
股份有限公司	71174	36027	1125499	454663	141162	24786	51694
私营独资	6723	2397	173717	74156	16142	14241	4969
私营合伙	16224	7687	132074	77553	2510	24090	4144
私营有限责任公司	303264	1327998	11345426	2824324	546900	519031	283601
私营股份有限公司	2687	23318	374017	144805	31239	28934	13932
其他		264	28298	5260	85	1387	396
港澳台商投资	209356	24421	1184496	450457	7976	29134	214579
与港澳台商合资经营	205120	9759	815428	318684	6450	21107	213301
与港澳台商合作经营	3662	13936	254475	50079		-890	330
港澳台商独资	574	726	114593	81694	1526	8917	948
外商投资	335858	134693	1164140	387238	123913	44943	45984
中外合资经营	335515	125517	737322	120070	12750	34710	44009
中外合作经营		5135	244919	153567	102352	3937	658
外资企业	343	4026	161350	99071	40	6045	1317
二、按隶属关系分							
中央	1319241	56653	40468781	12420363	3552422	1553831	3443903
地方	667243	318555	10818023	4003931	700666	626537	626575
其他	1181820	2156706	26357665	10204138	2061309	1655857	1191592

计量单位：千元

#长期借款	应付债券	负债合计	所有者权益合计	#实收资本	国家资本	集体资本	法人资本		
								#国家法人	集体法人
5755618	**8875**	**31890387**	**45754051**	**30782871**	**16384258**	**716932**	**8009628**	**3052763**	**3189980**
5496084	10479	30792129	44503673	29745868	16375239	710333	7745915	2945700	3091708
4222052	-493	14317665	22934214	13789056	13303418	12993	450820	420218	8881
301785	-108	3216954	4709214	774995	45090	438427	153840	4459	122059
14655	369	659388	371550	403794	2869	84861	64451	855	41106
		1913	-683	1200	1200				
		605	1213	1119		677	352		332
		6780	9836	11746	1549	380	9247	3687	5520
60		128130	6991	22720	16900	420	20		20
10325		2700471	2101056	3335435	2288318		1038560	1031060	
656080	2570	5820726	5130748	5716399	707130	99015	3928325	1384819	1354881
25573		506357	619142	607290	2152	20170	501825	44419	419341
3539	1163	79125	94592	101476	64	4588	9160	180	2703
978		81697	50377	55419		2481	4191		2236
248415	6609	3107925	8237501	4682170	2730	37496	1526951	51433	1113752
12313	369	158737	215280	232598	1030	7690	56023	3360	20847
309		5656	22642	10451	2789	1135	2150	1210	30
212099		665036	519460	597395		6299	200232	90754	66980
212099		531985	283443	357374		5666	157371	85086	31449
		50409	204066	132782		633	42861	5668	35531
		82642	31951	107239					
47435	-1604	433222	730918	439608	9019	300	63481	16309	31292
43856		164079	573243	217497	9019	300	61920	16309	30772
658		154225	90694	105000			750		
2921	-1604	100388	60962	112385			291		
4170108		15864266	24604515	17361810	15421677	20003	1890721	1769903	23403
512914	121	4630391	6187601	2168510	224455	413959	1287236	608090	300930
1072596	8754	11395730	14961935	11252551	738126	282970	4831671	674770	2865647

10-1 续表 3

	在建工程	无形资产	资产总计	流动负债合计	#短期借款	应付账款	长期负债合计
三、按行业小类分							
居民服务业	219667	258718	4689083	2510400	232483	523677	283693
家庭服务	5	1779	127279	66792	5074	25262	366
托儿所			1113	10			
洗染服务	4535	7374	285791	151692	20861	26204	7520
理发及美容保健服务	1135	18383	353537	203717	11182	40008	7880
洗浴服务	104676	107182	1168208	775120	72135	142428	108716
婚姻服务		247	25698	9414	629	1092	471
殡葬服务	24497	108138	765880	351846	52028	150866	92310
摄影扩印服务	1727	6791	469618	199487	20212	22828	35512
其他居民服务	83092	8824	1491959	752322	50362	114989	30918
其他服务业	2948637	2273196	72955386	24118032	6081914	3312548	4978377
修理与维护	465708	150630	3472850	1523050	302601	364000	105664
汽车、摩托车维护与保养	133138	25952	2398394	1175330	274312	217220	97425
办公设备维修		2079	195788	81547	2366	16207	1312
家用电器修理	722	1511	345264	230290	24071	110295	5479
其他日用品修理	331848	121088	533404	35883	1852	20278	1448
清洁服务	2095	13101	522663	166347	7792	35649	5278
建筑物清洁服务	267	4498	103586	38793	478	6674	198
其他清洁服务	1828	8603	419077	127554	7314	28975	5080
其他未列明的服务	2480834	2109465	68959873	22428635	5771521	2912899	4867435
四、按地区分							
东城区	568	9194	1216435	655073	57599	260911	159657
西城区	1465493	152336	25629908	4003915	1737327	647137	-580869
崇文区	13264	14133	3513117	2370120	878812	35041	210163
宣武区	4613	22264	900907	433912	8038	67220	30576
朝阳区	408977	171900	10772375	3948766	1046743	720783	575144
丰台区	66495	28527	2350150	1427473	299690	232413	44671
石景山区	3065	3541	177125	87103	3627	23736	4482
海淀区	639798	1584537	28093628	11963749	1903014	1488845	4318774
门头沟区	64754	13210	292347	130711	1861	36026	2023
房山区	101822	3397	340177	137540	16739	35573	3072
通州区	6899	165021	1039831	302038	122220	28221	302948
顺义区	333692	121413	1187859	64513	8030	26273	57099
昌平区	26013	102747	882303	428148	41319	173299	109717
大兴区	9989	4260	365141	178092	12757	28934	6397
怀柔区	642	91	42519	13311	1323	5699	985
平谷区	2101	663	60919	17453	3871	8444	73
密云县	55	102467	543490	316158	124978	10444	15887
延庆县	19721	28901	144831	91872	46164	5329	1271
北京经济技术开发区	343	3312	91407	58485	285	1897	

计量单位：千元

#长期借款	应付债券	负债合计	所有者权益合计	#实收资本	国家资本	集体资本	法人资本	#国家法人	集体法人
227129	6116	2794093	1894990	2215209	167189	163449	674971	190157	318650
345	20	67158	60121	79766	530	6486	10058	3140	3611
		10	1103	1095					
5966	18	159212	126579	165713	3740	8456	40691	22556	10074
9037	-2057	211597	141940	273029	1158	11972	39704	3460	20627
79223	2065	883836	284372	523948	30525	82391	113193	7030	69030
23	447	9885	15813	28775		880	5443	2399	1454
92310		444156	321724	209878	65931	8161	107755	287	101338
17777	220	234999	234619	257677	45732	13871	43596	18121	12954
22448	5403	783240	708719	675328	19573	31232	314531	133164	99562
5528489	2759	29096294	43859061	28567662	16217069	553483	7334657	2862606	2871330
89444	191	1628599	1844220	1538478	96306	153295	455912	112226	148763
82998	44	1272640	1125723	1225911	73233	133903	397498	93312	121121
826		82859	112929	93491	10372	3883	24163	14043	7743
5620	-353	235769	109495	121796	12151	11051	22600	2922	11312
	500	37331	496073	97280	550	4458	11651	1949	8587
3416	4	171625	351038	364454	11575	22647	64558	9988	27430
36	-5	38991	64595	66341	2940	1507	15247	3244	4363
3380	9	132634	286443	298113	8635	21140	49311	6744	23067
5435629	2564	27296070	41663803	26664730	16109188	377541	6814187	2740392	2695137
129681		814730	401705	517445	24630	10335	288906	20162	249144
285368		3423046	22206862	14206866	12206497	14242	1457255	1226185	130327
207517	220	2580283	932834	575592	375205	17226	78670	46147	25481
12238		464488	436419	480534	64808	30463	217174	63758	105746
392930	-234	4523910	6248465	3852019	510357	163165	1752979	522332	933486
28436	-376	1472144	878006	973839	93715	111071	282985	159973	75960
4275	29	91470	85624	105003	10792	15652	17296	3840	6979
4227052	3377	16282523	11811105	7877903	2481248	219712	3185748	895997	1484310
1717		132734	159613	108267	757	4374	39778		36228
1572		140612	199565	165623	4348	15819	115353	95000	1778
301833	100	604986	434845	431992	8210	27940	277830	3233	4540
53169	300	121612	1066247	677109	493171	16248	44233	717	22686
103341	4944	537865	344438	310522	57994	32094	80094	1438	46294
3389	497	184489	180652	178563	6054	8000	23435	12683	4092
447	18	14296	28223	32962	74	2028	7331		2824
50		17526	43393	40558	1167	11555	9645	318	4580
1723		332045	211445	145613	44531	9908	71962		2085
880		93143	51688	64729	380	6600	52944	950	51840
		58485	32922	37732	320	500	6010	30	1600

10-1 续表 4

				主营业务收入	主营业务成本	营业费用
	个人资本	港澳台资本	外商资本			
总　　计	**4927512**	**431671**	**312870**	**25151453**	**18198731**	**2520621**
一、按登记注册类型分						
内资	4861816	50873	1692	24285103	17869739	2305100
国有	7902	13595	328	11954959	9544520	296917
集体	137308	330		826747	472029	140866
股份合作	250803	591	219	623123	263563	199686
国有联营				482	-59	331
集体联营	90			1924	829	419
国有与集体联营	570			6770	3111	849
其他联营	5380			16046	10847	2167
国有独资公司	6074	2483		1001517	838658	59157
其他有限责任公司	970998	9931	1000	4184358	3159441	536615
股份有限公司	82713	430		273991	119171	104135
私营独资	86960	659	45	143594	65790	44433
私营合伙	48241	506		105465	39270	39207
私营有限责任公司	3093575	21318	100	4651823	2946137	827858
私营股份有限公司	166825	1030		475257	398407	47269
其他	4377			19047	8025	5191
港澳台商投资	14080	376784		378890	77121	97486
与港澳台商合资经营	14080	180257		201533	24473	53388
与港澳台商合作经营		89288		144022	33972	32168
港澳台商独资		107239		33335	18676	11930
外商投资	51616	4014	311178	487460	251871	118035
中外合资经营	41217	4014	101027	304313	166383	78359
中外合作经营	10399		93851	25531	11143	7969
外资企业			112094	104397	29177	31555
二、按隶属关系分						
中央	7981	16264	5164	10904274	8632974	230507
地方	169197	60761	12902	2756596	1736295	476195
其他	4750334	354646	294804	11490583	7829462	1813919

计量单位：千元

主营业务税金及附加	主营业务利润	其他业务收入	其他业务利润	管理费用	#税金	财产保险费	差旅费	工会经费	排污费
355343	**4076759**	**2626146**	**420107**	**3093598**	**52974**	**12351**	**99084**	**13262**	**3028**
328563	3781702	2608573	405727	2845373	50050	11332	85702	12347	2830
60792	2052730	2324015	220158	684674	16937	4217	18206	5650	615
29104	184749	49457	43695	247561	5346	899	4004	931	178
23009	136865	12120	8062	178081	3034	327	4509	564	67
56	154			176		3		3	1
58	618	258	118	467	1		102		
133	2677	167	164	3144	2	1	23	10	1
668	2364			2354	174				
8799	94903	16391	14933	104654	1298	202	2692	331	
66416	421886	117120	58174	604703	12254	1478	20649	2779	615
9204	41481	9236	3788	47078	547	202	1092	97	5
5260	28111	2711	2451	28791	892	788	1670	80	132
4746	22242	404	316	20911	721	70	671	11	19
112326	765502	63034	44828	860140	7901	2728	30429	1636	1099
7188	22393	8263	3738	53033	903	407	1545	233	96
804	5027	5397	5302	9606	40	10	110	22	2
15726	188557	2231	725	111636	496	891	5613	441	173
10345	113327	739	30	43469	219	786	915	152	170
4543	73339			40829	257	102	3324	288	3
838	1891	1492	695	27338	20	3	1374	1	
11054	106500	15342	13655	136589	2428	128	7769	474	25
7711	51860	5758	5338	62007	457	111	3280	282	14
640	5779	5066	4813	12205	432		260	20	11
2681	40984	4286	3272	57031	1456	17	4229	172	
55440	1985353	2236203	145876	588355	16013	4066	18470	4941	205
69162	474945	217871	158632	601396	8994	2544	11727	3611	1012
230741	1616461	172072	115599	1903847	27967	5741	68887	4710	1811

10-1 续表 5

				主营业务收入	主营业务成本	营业费用
	个人资本	港澳台资本	外商资本			
三、按行业小类分						
居民服务业	1071659	93131	44810	2345185	870721	881934
家庭服务	61365	500	827	65908	18639	33411
托儿所	1095			201	56	184
洗染服务	86350	17214	9262	152519	62880	63492
理发及美容保健服务	171830	24586	23779	298696	76649	151405
洗浴服务	280740	15999	1100	698332	233429	301732
婚姻服务	21113	100	1239	13985	4204	5980
殡葬服务	10562	17469		153293	56169	15174
摄影扩印服务	137639	12306	4533	360201	155912	124042
其他居民服务	300965	4957	4070	602050	262783	186514
其他服务业	3855853	338540	268060	22806268	17328010	1638687
修理与维护	659332	45151	128482	2333395	1662137	354700
汽车、摩托车维护与保养	505170	14049	102058	1823088	1333062	235623
办公设备维修	31410	1239	22424	180008	105087	39395
家用电器修理	74464	30	1500	249149	162658	68102
其他日用品修理	48288	29833	2500	81150	61330	11580
清洁服务	234319	3843	27512	583357	219960	218413
建筑物清洁服务	43245	1081	2321	171746	73761	59540
其他清洁服务	191074	2762	25191	411611	146199	158873
其他未列明的服务	2962202	289546	112066	19889516	15445913	1065574
四、按地区分						
东城区	139278	38849	15447	448701	174569	167576
西城区	426559	94245	8068	8952906	6758560	246440
崇文区	88628	14763	1100	297543	106061	77662
宣武区	162183	4011	1895	359796	186345	82969
朝阳区	1127513	132305	165700	4069289	2596753	732393
丰台区	389369	23752	72947	1661769	1239076	240532
石景山区	61263			122941	60242	29014
海淀区	1873881	97723	19591	8072830	6366130	766756
门头沟区	45889	17469		81210	21410	9210
房山区	29603	500		78983	54984	10913
通州区	117997		15	157753	107070	28482
顺义区	118587		4870	136294	98401	11179
昌平区	131981	7904	455	257686	132136	37466
大兴区	138934	50	2090	148677	74563	42564
怀柔区	23529			32560	18249	7413
平谷区	18091	100		30712	17899	7556
密云县	19212			197665	163205	11295
延庆县	4805			16617	6593	6358
北京经济技术开发区	10210		20692	27521	16485	4843

计量单位：千元

主营业务税金及附加	主营业务利润	其他业务收入	其他业务利润	管理费用	#税金	财产保险费	差旅费	工会经费	排污费
109443	483087	93252	55788	640646	8731	2630	15379	2788	1326
3302	10556	337	277	19223	358	14	585	56	-3
7	-46			17	1		9		
7584	18563	4626	4154	37397	431	745	1267	191	197
14813	55829	4322	3349	104161	1893	173	2435	174	118
38333	124838	1305	804	179216	1480	770	2228	569	579
521	3280	372	369	8971	145	17	233		
1699	80251	5026	4952	40746	276	125	795	182	
17781	62466	8624	6429	76970	1637	205	3078	1125	64
25403	127350	68640	35454	173945	2510	581	4749	491	371
245900	3593672	2532894	364319	2452952	44243	9721	83705	10474	1702
24211	292348	119049	103138	448774	5408	1281	9051	1557	541
16192	238212	39321	30840	314216	4753	943	5243	1171	457
2382	33144	8701	3676	38441	186	110	1564	259	47
4786	13603	67767	66592	79733	400	193	1514	97	30
851	7389	3260	2030	16384	69	35	730	30	7
29306	115678	7755	5455	125761	1581	225	4189	510	14
8759	29686	581	1026	28933	690	18	1499	58	11
20547	85992	7174	4429	96828	891	207	2690	452	3
192383	3185646	2406090	255726	1878417	37254	8215	70465	8407	1147
18199	88357	14659	13191	134033	4160	910	4088	585	154
63226	1884680	2182942	104022	409423	10477	1889	12281	3366	439
13175	100645	27678	17987	141905	2807	3071	1755	681	115
12180	78302	24018	17349	137908	2332	910	5134	1236	420
85369	654774	119950	100998	843738	8567	1650	30586	3053	725
23393	158768	49955	25479	214703	2825	670	5943	593	428
4486	29200	5610	3072	41037	354	85	559	65	5
103826	836118	145631	110040	913096	16249	2020	31254	2424	200
1151	49439	1556	1128	21253	141	72	736	17	2
1956	11130	1527	1449	17925	195	41	521	118	147
6240	15961	3880	2909	34040	675	96	1255	138	239
3923	22791	2209	1813	18477	746	131	1197	75	26
6419	81665	5232	2423	84364	1083	548	1447	603	25
5825	25725	6450	5846	42270	681	111	1026	92	66
910	5988	44	32	5008	64	8	37		8
1061	4196	100	42	3001	135	41	89	12	11
2443	20722	8020	4336	15044	588	50	614	202	11
652	3014	4518	4483	8368	446	19	374	2	7
909	5284	22167	3508	8005	449	29	188		

10-1 续表 6

	财务费用	利息支出(净额)	营业利润	投资收益	补贴收入	利润总额
总计	**117909**	**43714**	**1285359**	**96233**	**42210**	**1514826**
一、按登记注册类型分						
内资	87149	31686	1254907	74998	42170	1446553
国有	8244	5086	1579970	50292	27312	1659062
集体	169	-1265	-19286	4681	1521	-3427
股份合作	6908	4724	-40062	596	-1475	-40059
国有联营	12	12	-34			-42
集体联营	-1	-1	270			229
国有与集体联营	-12	-12	-291			5
其他联营	60		-50			-19
国有独资公司	-3460	-4089	8642	4933		12813
其他有限责任公司	51527	29972	-176170	-10643	9549	-154091
股份有限公司	6912	460	-8721	4803	1006	402
私营独资	781	527	990	1	227	1459
私营合伙	351	-40	1296	-25	61	2132
私营有限责任公司	15732	-3302	-65542	20351	3885	-7464
私营股份有限公司	-63	-342	-26839	8	75	-25410
其他	-11	-44	734	1	9	963
港澳台商投资	25908	7514	51738	21235	40	89870
与港澳台商合资经营	26172	7928	43716	165		59006
与港澳台商合作经营	-324	-332	32834	21070	-901	55021
港澳台商独资	60	-82	-24812		941	-24157
外商投资	4852	4514	-21286			-21597
中外合资经营	-873	-978	-3936			-4418
中外合作经营	5138	5045	-6751			-6745
外资企业	31	-93	-12806			-12637
二、按隶属关系分						
中央	13941	10355	1528933	32508	4906	1576499
地方	45931	14186	-13750	13863	31541	38214
其他	58037	19173	-229824	49862	5763	-99887

计量单位：千元

应交所得税	可供分配利润	劳动、失业保险费	养老保险和医疗保险	住房公积金和住房补贴	本年应付工资总额（贷方累计发生额）	本年应付福利费总额（贷方累计发生额）	本年应交增值税（不含期初未抵扣税）	本年实缴关税
702460	**1527413**	**28755**	**172028**	**68192**	**2269308**	**272071**	**452212**	**77984**
674278	1436029	27387	155722	62930	2078573	259202	434708	77804
565059	1194633	12820	50331	29921	349198	58505	309805	22968
15800	6695	3797	26390	6058	228245	24460	14684	887
453	3972	1927	8496	873	169651	12469	11961	523
1			14	11	247	31		
10	278	13	10		442	10	39	
5	10	19	326	106	2084	275	198	
12	38		8		1756	104	43	
13979	3326	870	4589	12751	36480	16407	773	
34616	99447	5021	39633	11250	448366	44438	43463	37311
2886	4215	61	769	90	35825	4476	2017	746
1268	8828	65	243	1	57099	1583	1621	143
565	2877	58	337	21	26568	2259	876	855
38105	109602	2646	23215	1694	655726	89821	46116	13848
931	1156	62	1167	85	60191	3971	2990	523
588	952	28	194	69	6695	393	122	
24473	78210	518	7318	1823	60748	5616	1905	160
12906	57722	286	3136	965	25709	2269	434	9
11359	24241	146	2609	172	20558	2191	154	2
208	-3753	86	1573	686	14481	1156	1317	149
3709	13174	850	8988	3439	129987	7253	15599	20
2247	8226	668	5933	2897	94006	2454	7911	9
113	240	23	455	74	5397	1647	65	
540	4708	159	2600	468	27359	2533	4713	11
562234	1158184	8256	34361	22705	240197	45944	287793	22627
44267	109315	11664	59807	18940	517453	59240	35950	464
95959	259914	8835	77860	26547	1511658	166887	128469	54893

10-1 续表 7

	财务费用	利息支出（净额）	营业利润	投资收益	补贴收入	利润总额
三、按行业小类分						
居民服务业	12313	6974	-114084	5996	954	-100391
家庭服务	136	119	-8526		879	-7069
托儿所	1	1	-64			-64
洗染服务	659	552	-15339	-35	-947	-14607
理发及美容保健服务	664	70	-45647	126	189	-39933
洗浴服务	3746	1781	-57320	-30	-53	-55876
婚姻服务	1	-18	-5323	25	-2906	-2307
殡葬服务	4866	4803	39591			31648
摄影扩印服务	-48	-109	-8027	163	101	-5100
其他居民服务	2288	-225	-13429	5747	3691	-7083
其他服务业	105596	36740	1399443	90237	41256	1615217
修理与维护	11521	9631	-64809	2280	1463	-45049
汽车、摩托车维护与保养	11733	10192	-56897	2406	1420	-42531
办公设备维修	-252	-317	-1369	-135	1	-977
家用电器修理	54	-181	408	-15	-29	4427
其他日用品修理	-14	-63	-6951	24	71	-5968
清洁服务	-414	-518	-4214	-153	5025	2934
建筑物清洁服务	-86	-101	1865	-10		2510
其他清洁服务	-328	-417	-6079	-143	5025	424
其他未列明的服务	94489	27627	1468466	88110	34768	1657332
四、按地区分						
东城区	4666	3621	-37151	3292		-35298
西城区	-11988	-30356	1591267	19172	1988	1619520
崇文区	516	250	-23789	13497	-47	-9164
宣武区	-925	-1146	-41332	97	17547	-22607
朝阳区	39205	18498	-127171	8494	2704	-88334
丰台区	12863	9322	-43319	5402	-3275	-16828
石景山区	25	13	-8790	590	95	-7948
海淀区	54117	30254	-21055	41176	11442	73258
门头沟区	-11	-30	29325	-52	1109	29315
房山区	-173	-251	-5173	259	2073	-2740
通州区	5459	105	-20629	26	4356	-15100
顺义区	-172	-463	6299	3053	705	9473
昌平区	7420	7292	-7696	165	1576	-14623
大兴区	822	658	-11521		92	-10910
怀柔区	80	31	932	4	1	1196
平谷区	-28	-66	1265			1331
密云县	5789	5776	4225	1058	-102	4482
延庆县	296	261	-1167		1930	-1115
北京经济技术开发区	-52	-55	839		16	918

计量单位：千元

应交所得税	可供分配利润	劳动、失业保险费	养老保险和医疗保险	住房公积金和住房补贴	本年应付工资总额（贷方累计发生额）	本年应付福利费总额（贷方累计发生额）	本年应交增值税（不含期初未抵扣税）	本年实缴关税
26356	32073	9413	37575	7015	588677	58814	7570	2413
1015	1638	65	1782	176	45005	1526	348	
		1	1	1	57			
551	-10053	858	3749	828	37961	3922	813	658
3069	2851	2411	4647	647	109798	6180	660	1028
1945	4917	211	1659	118	128401	10504	1821	100
-2826	197	13	258		4881	616	166	
12790	1051	272	1187	229	13768	6608	41	
2224	1660	3854	9652	2156	81433	15002	999	23
7588	29812	1728	14640	2860	167373	14456	2722	604
676104	1495340	19342	134453	61177	1680631	213257	444642	75571
18165	37727	3498	24881	7882	395277	34368	94496	2324
11840	30113	2720	15148	3280	295611	24133	73346	1786
2918	4134	295	4289	3001	37124	4297	8254	101
2944	3325	175	2175	260	42359	4582	11087	260
463	155	308	3269	1341	20183	1356	1809	177
3471	8816	918	8970	1502	282598	18939	2287	29
1476	4106	357	2542	518	79262	3081	59	
1995	4710	561	6428	984	203336	15858	2228	29
654468	1448797	14926	100602	51793	1002756	159950	347859	73218
7277	13607	3437	10131	2695	119804	10102	3409	2212
547861	1122905	2903	22775	10822	242836	26304	330466	10989
4674	24311	719	8298	3032	92903	9071	2621	9
3473	-3516	5673	12198	7079	110575	11158	5500	185
33579	6967	4683	45630	12079	587370	49776	68793	1394
7325	16989	1360	11271	4812	207038	19407	-42361	10255
582	-336	219	4483	265	54009	3015	2244	
75038	319323	7063	44141	24309	573736	117507	65068	52105
9869	4094	200	1549	162	12960	1071	779	89
442	-1950	64	1232	269	37661	1941	1043	41
1049	2792	352	1343	160	29464	2376	5490	207
2016	9121	30	680	226	29445	1407	1147	190
5485	-4331	577	1831	1006	41549	9910	3453	101
811	6831	838	3335	781	53952	4579	1540	21
254	1369	40	54		29531	628	640	2
174	1502	22	423	85	7155	344	303	146
1547	6153	520	1774	148	26963	2076	1591	30
303	678	10	111	2	4346	366	388	5
701	904	45	769	260	8011	1033	98	3

10-2 居民服务和其他服务业

	单位数（个）	资产合计	#现 金	有价证券	对外投资	固定资产原价
总 计	**307**	**4626378**	**136695**	**851440**	**338501**	**1556190**
一、按登记注册类型分						
内资	307	4626378	136695	851440	338501	1556190
国有	222	4238374	125762	850608	199123	1468264
集体	50	78898	10127	832	75	36973
集体联营	1	7616	218			5143
国有与集体联营	2	23713	1			6971
国有独资公司	1	430				230
其他有限责任公司	1	3138	3		400	2735
私营独资	5	636	72			354
私营合伙	1	5050	65			4700
其他	24	268523	447		138903	30820
二、按隶属关系分						
中央	22	1151726	5945		180013	462421
地方	265	3439280	126474	850608	158488	1079466
其他	20	35372	4276	832		14303
三、按行业小类分						
居民服务业	178	1618573	17222	1340	1446	868559
家庭服务	10	9794	132			1105
托儿所	5	722	21			116
洗染服务	1	12244	1			7487
理发及美容保健服务	3	1199	2			1197
婚姻服务	5	1777	5			910
殡葬服务	39	1016955	15023		513	605676
其他居民服务	115	575882	2038	1340	933	252068
其他服务业	129	3007805	119473	850100	337055	687631
修理与维护	4	4091	2			1291
汽车、摩托车维护与保养	2	666				461
家用电器修理	1	2320	2			165
其他日用品修理	1	1105				665
清洁服务	4	3789	7			517
其他清洁服务	4	3789	7			517
其他未列明的服务	121	2999925	119464	850100	337055	685823
四、按地区分						
东城区	15	54643	56			44034
西城区	16	90617	301		2874	21823
崇文区	8	84900	9		14426	11344
宣武区	17	114052	57	1340	4674	41232
朝阳区	40	400183	16004			177030
丰台区	32	348535	43216	832	42050	36761
石景山区	16	553869	43		287	320801
海淀区	58	1311268	6125	429	172863	487988
门头沟区	9	45616	12			35141
房山区	7	42029	8		400	31971
通州区	10	1024077	18596	848182	100000	31147
顺义区	16	127604	267	657	500	73547
昌平区	34	103251	12441		301	62938
大兴区	11	87102	272		60	63416
怀柔区	1	8642				6244
平谷区	2	55575	19			52772
密云县	12	161139	39252		66	49074
延庆县	3	13276	17			8927

法人单位主要财务状况（事业会计制度）

计量单位：千元

累计折旧	负债合计	上年结余	本年收入合计	#财政拨款	上级补助收入	事业收入	事业单位经营收入
46651	**2318981**	**41212**	**1533125**	**336275**	**86069**	**834491**	**184488**
46651	2318981	41212	1533125	336275	86069	834491	184488
29528	2254079	26644	1378156	314566	68243	757261	150158
15683	30887	5586	54903	6955	3091	24664	17543
1001	697	-1082	5556				5556
	8333		16184			16180	
		16	375			374	
	1577	10	3410			3410	
300	145		176				86
	125		50				50
139	23138	10038	74315	14754	14735	32602	11095
9789	336762	2322	272102	50093	15288	195013	4736
34237	1971110	34021	1238461	283463	69560	636726	164609
2625	11109	4869	22562	2719	1221	2752	15143
23594	419942	46290	682328	47870	19326	399684	141541
	2168	502	7798	5488		1832	126
	215	31	1279			1184	95
	7	499	5298			5274	
	1183	5	4569	3100	112	296	1061
24	774	415	1887	80		1105	699
22471	297789	-590	468941	7343	5250	282893	115157
1099	117806	45428	192556	31859	13964	107100	24403
23057	1899039	-5078	850797	288405	66743	434807	42947
	884	-33	2471	650	731	922	
	35	-33	1266	432	731		
	792		349			338	
	57		856	218		584	
82	566	1660	2798	1200	852	392	354
82	566	1660	2798	1200	852	392	354
22975	1897589	-6705	845528	286555	65160	433493	42593
	5694	466	10819	3200	3315	2541	1088
6	76518	8743	54600	16836	1366	30620	1936
180	75550	-26001	25168	1903	70	20131	1113
32	37760	6129	66454	15838	3351	38854	7020
11818	92480	10280	169519	13614	6085	112864	25947
11725	239539	15407	173844	47132	17818	94048	11720
57	152760	616	216050	11268	1339	106696	38603
10182	414297	28656	365411	58912	35682	252197	12057
6	6585	54	20106	614	560	12610	6220
53	27050	-3872	14912	80		6853	7979
	986310	-6022	45198	5756	4581	34663	31
2755	13614	5828	85235	8916	4927	52587	15084
4458	31520	3177	63415	3362	3080	15571	40651
112	36106	220	44679	3915	3581	30945	6124
			3132			1152	1980
	3984		13784	902		11132	1750
3911	114957	-2469	153454	142643	314	10052	199
1356	4257		7345	1384		975	4986

10-2 续表

	本年支出合计	#人员支出	公用支出	#福利费	劳务费	就业补助费	取暖费	差旅费
总计	**1451404**	**231813**	**523638**	**16317**	**6806**	**65**	**26495**	**5768**
一、按登记注册类型分								
内资	1451404	231813	523638	16317	6806	65	26495	5768
国有	1318660	209761	444863	12956	5550	61	25256	4849
集体	38583	8303	10432	650	450		769	117
集体联营	4555	729	295	102				4
国有与集体联营	16012	1382	13622	191	344		58	134
国有独资公司	378	163	150	1			2	
其他有限责任公司	3343	385	2958	31			77	490
私营独资	312	82	47				35	
私营合伙	119	33	28				9	6
其他	69442	10975	51243	2386	462	4	289	168
二、按隶属关系分								
中央	246264	43635	162342	7391	2421		13940	1508
地方	1183482	184077	358964	8692	3946	65	12465	4215
其他	21658	4101	2332	234	439		90	45
三、按行业小类分								
居民服务业	633509	98764	177268	2612	2775	61	4380	2479
家庭服务	6698	2983	2720	86	70	1	79	58
托儿所	1013	772	135	48			5	8
洗染服务	4529	1755	1069		255		3	10
理发及美容保健服务	4528	2827	871	81	277		53	89
婚姻服务	1802	432	874	11			2	2
殡葬服务	431760	61042	141587	1254	1331		2955	2193
其他居民服务	183179	28953	30012	1132	842	60	1283	119
其他服务业	817895	133049	346370	13705	4031	4	22115	3289
修理与维护	2317	1055	1066	297	73		50	8
汽车、摩托车维护与保养	1178	432	623	269			25	8
家用电器修理	335	188	135	25	71			
其他日用品修理	804	435	308	3	2		25	
清洁服务	2864	1395	874	3				
其他清洁服务	2864	1395	874	3				
其他未列明的服务	812714	130599	344430	13405	3958	4	22065	3281
四、按地区分								
东城区	10615	3559	3881	77	28		132	47
西城区	49826	7892	19264	1103	763		782	569
崇文区	29031	7900	15104	433	26	60	132	5
宣武区	62065	15760	33152	1679	56	1	4819	565
朝阳区	165216	18626	33876	523	1251		786	344
丰台区	151012	17262	54199	2494	203		6330	294
石景山区	213684	37802	47165	224	495		1317	819
海淀区	351527	65256	211530	7030	2024	4	9749	1260
门头沟区	20088	2856	9789	30	165		170	84
房山区	11296	2395	5724	37			83	490
通州区	45549	11483	29886	535			293	67
顺义区	79401	13477	15113	611	292		461	165
昌平区	53501	5677	13798	325	772		644	222
大兴区	43941	7288	19264	640	642		252	499
怀柔区	2111	373	1004	125			22	
平谷区	5323	910	499	114	27		32	18
密云县	151520	11753	9740	258	61		466	299
延庆县	5698	1544	650	79	1		25	21

计量单位：千元

各种设备交通工具图书资料购置费	对个人和家庭补助支出	#助学金	抚恤和生活补助	事业单位经营支出	#人员支出	对个人和家庭补助支出	收支结余	事业结余	经营收支结余	事业单位经营税金
38106	**55144**	**47**	**4337**	**136966**	**22768**	**4929**	**122933**	**101834**	**21099**	**7405**
38106	55144	47	4337	136966	22768	4929	122933	101834	21099	7405
33203	54357	47	4310	116665	19715	4863	86140	73230	12910	6092
1545	147		1	12449	2183	1	21906	17004	4902	760
				3531			-81		-81	
2230	342						172	172		
	45						13	16	-3	21
520							77		77	184
12				78	50		-136		-136	
				58			-69		-69	
596	253		26	4185	820	65	14911	11412	3499	348
8592	5628		3141	4420	200		28160	28330	-170	1228
29100	46807	46	1177	123944	22021	4835	89000	71949	17051	5809
414	2709	1	19	8602	547	94	5773	1555	4218	368
14672	24359	46	298	102704	20189	4549	95109	79528	15581	3902
328	80			68	62		1602	1499	103	69
57				53	50		297	319	-22	
62							1268	1268		
371	36	35	1	794	373	64	46	17	29	9
42	49			105	64		500	455	45	85
11379	12986	2	257	88848	15004	4430	36591	29631	6960	1915
2433	11208	9	40	12836	4636	55	54805	46339	8466	1824
23434	30785	1	4039	34262	2579	380	27824	22306	5518	3503
218	158						121	66	55	12
185	123						55		55	
10							14	14		12
23	35						52	52		
393				595	415		1594	1510	84	22
393				595	415		1594	1510	84	22
22823	30627	1	4039	33667	2164	380	26109	20730	5379	3469
273	123			1232	663		670	517	153	84
4611	7343		254	1899			13517	13648	-131	801
547	21		21	937	156	50	-29864	-34622	4758	219
1107	4214	39	41	4884	362		10518	9947	571	363
2565	1919		7	18553	4293	983	14583	13131	1452	1388
3237	1463		81	753	95	1	38239	38138	101	502
818	14315		225	37585	9909	3250	2982	3202	-220	913
10258	14071	2	3121	6635	1407	74	42540	38433	4107	1277
156	442		8	6326	1417	140	72	33	39	199
520	73			2448			-256	-102	-154	347
1840	1477		5	2683			-6373	-6276	-97	1
1256	475		37	10987	2232	374	11662	11229	433	285
2390	274	6		27706	1927	30	13091	5599	7492	735
6842	829			7369	27	1	958	932	26	12
857				734			1021		1021	76
	116			2941	204		8461	8461		69
829	7880		537	956	50		-535	-464	-71	97
	109			2338	26	26	1647	28	1619	37

教育

《北京经济普查年鉴—2004》

第三产业卷

11-1 教育行业法人单位

	单位数（个）	年初存货	流动资产合计	#现金	短期投资	应收帐款（净额）
总计	**1758**	**71699**	**3191985**	**184091**	**79284**	**578664**
一、按登记注册类型分						
内资	1721	66472	2842656	183193	79212	538739
国有	150	14043	620268	9725	3563	182841
集体	98	12113	237440	21086	7777	78270
股份合作	421	3666	197735	16504	801	30499
国有联营	3	16	5776	85		-99
集体联营	1		40	22		12
国有与集体联营	2	429	3361	585	69	2339
其他联营	2		1697	3		
国有独资公司	5	580	7516	279		2870
其他有限责任公司	141	22648	767117	77820	58143	43076
股份有限公司	36	213	106944	7400	180	801
私营独资	186	1533	50276	5016	109	3337
私营合伙	65	533	34288	4155	744	4700
私营有限责任公司	374	5925	315550	25454	2447	68410
私营股份有限公司	61	238	17886	1987	4159	1098
其他	176	4535	476762	13072	1220	120585
港澳台商投资	17	636	223748	374		32565
与港澳台商合资经营	2	32	2586	18		10
与港澳台商合作经营	3	594	179356	53		25358
港澳台商独资	12	10	41806	303		7197
外商投资	20	4591	125581	524	72	7360
中外合资经营	3	11	7152	80		1897
中外合作经营	4	4580	20608	187	72	1962
外资企业	13		97821	257		3501
二、按隶属关系分						
中央	58	16394	571373	7329	3563	168607
地方	291	28813	499052	29771	8528	110647
其他	1409	26492	2121560	146991	67193	299410

主要财务状况（企业会计制度）

计量单位：千元

存货	一年内到期的长期债权投资	长期投资合计	#长期股权投资	长期债权投资	固定资产合计	#固定资产原价	累计折旧	本年折旧
81598	**2805**	**262956**	**188445**	**39488**	**3864387**	**3813845**	**1123957**	**207105**
77752	2805	262956	188445	39488	3203464	2776370	649223	127809
16271	2512	48918	4460	32001	1272055	730323	182794	34034
12026	18	6130	2720	3410	320750	468444	172195	32980
5820		16604	14512	2052	204223	292587	94850	12227
66					22737	25426	2689	472
6								
368					2001	2627	641	232
					675	675	8	1
544		150	150		4581	6910	2330	367
17674	256	54102	37412	500	401858	439942	97339	24034
228		121638	121638		196905	123032	23677	5106
2204		4658	1753	291	149338	163280	18629	5684
724	15	100	100		35217	38632	4940	1033
15138	4	8627	5391	582	311526	185683	11410	4881
2212		852		252	2219	2669	472	210
4471		1177	309	400	279379	296140	37249	6548
3111					313976	694951	391176	67592
44					275	312	37	14
2977					275186	649406	377651	63783
90					38515	45233	13488	3795
735					346947	342524	83558	11704
9					294	348	71	40
685					4934	8171	3258	481
41					341719	334005	80229	11183
21928	761	48667	4060	32150	1088040	443860	70484	18286
21185	263	10162	6032	3261	621401	868383	287256	50853
38485	1781	204127	178353	4077	2154946	2501602	766217	137966

11-1 续表 1

	单位数（个）	年初存货	流动资产合计	#现金	短期投资	应收帐款（净额）
三、按行业小类分						
学前教育	92	679	101758	7137	182	7160
初等教育	20	1018	12473	3485	800	628
中等教育	66	4937	104601	1920	72	3093
初中教育	7	105	3562	47		1299
高中教育	2		947			
中等专业教育	12	230	6972	262		2
职业中学教育	4		60642	103		9
技工学校教育	6	6	10950	1084		758
其他中等教育	35	4596	21528	424	72	1025
高等教育	50	2199	510323	2818	714	252128
普通高等教育	9	1578	463510	1268	694	250385
成人高等教育	41	621	46813	1550	20	1743
其他教育	1530	62866	2462830	168731	77516	315655
职业技能培训	1026	38742	1539441	54243	27864	234013
特殊教育	7	4	3890	1022		2
其他未列明的教育	497	24120	919499	113466	49652	81640
四、按地区分						
东城区	101	1046	118158	1008	537	37279
西城区	120	1458	166440	4770	2604	17271
崇文区	36	463	11338	1412		1370
宣武区	50	8413	44892	895	396	4042
朝阳区	340	6788	852445	7860	22179	169296
丰台区	124	2187	113973	1523	8745	26999
石景山区	50	7258	72608	1967	694	22317
海淀区	596	30939	1167170	142268	40249	113529
门头沟区	22	178	9040	720	116	2314
房山区	42	519	26261	894	3	3062
通州区	36	432	59584	5981	278	536
顺义区	36	664	198462	682	2136	26209
昌平区	82	7696	224159	7829	974	126276
大兴区	44	1411	73049	2609		8097
怀柔区	21	412	8061	1261		3334
平谷区	18	761	7717	450		3346
密云县	15	358	16138	1514		9231
延庆县	21	714	7627	404	373	4125
北京经济技术开发区	4	2	14863	44		31

计量单位：千元

存货	一年内到期的长期债权投资	长期投资合计	#长期股权投资	长期债权投资	固定资产合计	#固定资产原价	累计折旧	本年折旧
1739	1744	769	200	500	49564	55711	7050	1861
1443		225	225		28702	36946	8250	7445
538		2000	2000		48717	52500	6224	2392
105					2176	914	174	12
					27	30	3	
365					25733	26114	381	266
15					4160	5220	1471	282
6					12578	14357	1779	1042
47		2000	2000		4043	5865	2416	790
2703	225	12025	1720		852606	218304	8986	2975
1843		10206			823790	183190	1933	1014
860	225	1819	1720		28816	35114	7053	1961
75175	836	247937	184300	38988	2884798	3450384	1093447	192432
48544	801	87535	42242	38674	1875301	2648127	983422	166079
511		1500	1500		1560	1833	353	102
26120	35	158902	140558	314	1007937	800424	109672	26251
820	240	4720	4320	400	70384	85531	19326	5341
2310		3936	3310	562	118932	125113	15955	4690
351		600			8314	15027	6728	1005
6251		711	459	252	38001	46900	8902	2858
16593	4	24229	8620	572	1485179	846357	191488	30752
4427		35112	2900	32162	90579	129834	41042	9660
7310					10791	17370	7706	1934
29201	2515	161901	142199	3863	520479	543054	158645	25597
289		347		347	31202	38095	17979	2711
2345					96119	106055	21060	4342
652		7569	7250	250	46367	75486	29991	4321
828		2014	2014		354969	735975	409270	68584
4493	7	4596	4544	52	555384	495655	65875	19522
3994	18	3158	2208	200	373279	472481	109448	22059
956		2614			19260	23914	4826	854
381					17739	16316	1350	794
199		1	1		7758	13413	5905	609
158	21	828		828	15076	19952	5712	960
40		10620	10620		4575	7317	2749	512

11-1 续表 2

	在建工程	无形资产	资产总计	流动负债合计	#短期借款	应付账款	长期负债合计
总　计	**529118**	**142229**	**7635163**	**2873492**	**772976**	**529607**	**364293**
一、按登记注册类型分							
内资	430971	105273	6586082	2450304	564853	505696	254763
国有	92096	3137	1977560	286042	26087	73259	89386
集体	23208	28673	593968	321084	113737	89061	32363
股份合作	4789	2715	459654	227270	6366	26286	37087
国有联营			28513	11953		11592	
集体联营			40	17			
国有与集体联营	15		5363	1793		1793	
其他联营			2389	26			
国有独资公司		946	13194	4497		274	
其他有限责任公司	58845	35617	1274376	527534	209410	26556	16875
股份有限公司	97517	159	428092	332534	59800	118	
私营独资	1839	3994	208517	53532	5192	14571	2290
私营合伙	1411	3279	74908	32533	6682	12809	230
私营有限责任公司	136481	21676	727945	254368	13528	50888	71885
私营股份有限公司		206	21358	8029	3234	2135	5
其他	14770	4871	770205	389092	120817	196354	4642
港澳台商投资	10189	14737	553858	153816	13150	13268	23530
与港澳台商合资经营			2861	270			
与港澳台商合作经营	3431	12039	467390	99331		11465	2103
港澳台商独资	6758	2698	83607	54215	13150	1803	21427
外商投资	87958	22219	495223	269372	194973	10643	86000
中外合资经营			7446	1699		532	
中外合作经营	21	2205	28193	24217		9578	
外资企业	87937	20014	459584	243456	194973	533	86000
二、按隶属关系分							
中央	83062	12546	1748528	176421	3000	59025	60101
地方	38073	11001	1161476	535350	111200	134403	42105
其他	407983	118682	4725159	2161721	658776	336179	262087

计量单位：千元

#长期借款	应付债券	负债合计	所有者权益合计	#实收资本	国家资本	集体资本	法人资本	#国家法人	集体法人
315821	**8568**	**3237638**	**4397378**	**3021589**	**258810**	**184699**	**1027747**	**366430**	**300431**
229821	8568	2704920	3881015	2196706	258810	184699	1009700	353103	300031
86429	25	375428	1602132	297439	171085	11882	111800	109700	969
25403	6960	353300	240521	165468	2376	84621	59351	7368	19615
36980	25	264357	195297	171585	167	12942	25268	2195	16834
		11953	16560	27110	24932	178	2000	2000	
		17	23	30					
		1793	3570	8000	3000		5000	5000	
		26	2363	1550	600	450	450		
		4497	8697	8227	500	5127	2600	1765	735
3197	683	544409	729967	827426	47039	60530	497551	187417	113761
		332534	95558	77528	50	100	68550	14350	100
1635	577	55822	152695	60434	3101	600	19911	500	6323
207		32763	42145	49279		4156	31620	20610	4810
71492	298	326253	401692	370870	20	854	120170	450	106350
5		8034	13324	14594		159	2920		1830
4473		393734	376471	117166	5940	3100	62509	1748	28704
		177346	376512	671131			13327	13327	
		270	2591	2800					
		101434	365956	620829			13327	13327	
		75642	7965	47502					
86000		355372	139851	153752			4720		400
		1699	5747	5008			1870		400
		24217	3976	14844			2850		
86000		329456	130128	133900					
60101		236522	1512006	343416	136099	56000	101172	63172	
32088	7085	577308	584021	490094	87890	65889	277206	126771	33584
223632	1483	2423808	2301351	2188079	34821	62810	649369	176487	266847

11-1 续表 3

	在建工程	无形资产	资产总计	流动负债合计	#短期借款	应付账款	长期负债合计
三、按行业小类分							
学前教育	178	5560	160834	77431	1182	12185	1985
初等教育		151	42289	16457	1078	11506	1268
中等教育	1847	4539	161986	63642	5614	13047	1682
初中教育	1436		5739	5738	136	4633	
高中教育			974	185			
中等专业教育		2228	36426	19060	5271	111	
职业中学教育	411		64802	2424		473	
技工学校教育			23528	2546		1908	1602
其他中等教育		2311	30517	33689	207	5922	80
高等教育	5906	5148	1380291	216712	61240	107476	60073
普通高等教育	5389	923	1298429	175903	60320	102721	60000
成人高等教育	517	4225	81862	40809	920	4755	73
其他教育	521187	126831	5889763	2499250	703862	385393	299285
职业技能培训	207782	90221	3697695	1637359	603583	318194	180471
特殊教育	80		6966	2573		2494	3128
其他未列明的教育	313325	36610	2185102	859318	100279	64705	115686
四、按地区分							
东城区	4109	335	194659	168082	103971	4202	3151
西城区	9641	3117	298439	108870	29810	17035	19742
崇文区		8	20650	8321	560	1210	
宣武区		61	111799	43551	4268	2478	1200
朝阳区	197386	29100	2448407	615681	212666	91860	175860
丰台区	1552	236	251622	60964	4689	11752	689
石景山区	1086	6841	91773	33152	372	7133	-45
海淀区	128345	29361	1920191	1057931	147849	206110	6562
门头沟区	11086		40689	22207	8341	3625	908
房山区	10922	3605	126008	73277	15394	44707	2313
通州区	198	27990	141586	104200	54736	1403	32744
顺义区	28051	10949	567437	110270	68537	4669	1225
昌平区	125488	20177	824298	290973	84379	90132	70441
大兴区	9031	4162	455634	103654	22939	25654	35355
怀柔区	170	354	31834	20181	2735	2441	21
平谷区	1252		25456	14457	8073	4850	
密云县		1000	24906	12796	2970	7517	
延庆县	794	3508	28292	17647	358	2829	1132
北京经济技术开发区	7	1425	31483	7278	329		12995

计量单位：千元

#长期借款	应付债券	负债合计	所有者权益合计	#实收资本	国家资本	集体资本	法人资本	#国家法人	集体法人
297		79269	81418	84783	25566	7581	14809	1750	3579
1268		17725	24564	12169	1412	450	1450		
80		65324	96662	124881	13400	3282	24807	20657	1000
		5738	1	2720		1000			
		185	789	1000					
		19060	17366	23290			21110	20110	1000
		2424	62378	62452		2152			
		4148	19380	13767	12770	30	547	547	
80		33769	-3252	21652	630	100	3150		
60073		276785	1103506	86912	16600	2380	28823	3668	4710
60000		235903	1062526	44800	500		23000		3000
73		40882	40980	42112	16100	2380	5823	3668	1710
254103	8568	2798535	3091228	2712844	201832	171006	957858	340355	291142
157503	8468	1817830	1879865	1836254	109838	110930	444835	233293	116383
3128		5701	1265	2200	20	300	1000	480	520
93472	100	975004	1210098	874390	91974	59776	512023	106582	174239
3128		171233	23426	85970	6310	1509	10629	4728	5871
		128612	169827	159402	6673	1855	88034	79747	6900
		8321	12329	16994	1150	3599	4125	2825	
1200		44751	67048	75212	62950		2910	1160	1650
171379	321	791541	1656866	516157	65410	9124	136437	12597	114380
606	83	61653	189969	135083	6731	26746	55107	37070	15600
30		32960	58666	73703	2536	300	59875	900	21150
5929	500	1064493	855698	751119	73532	71555	321580	31369	92717
900		23115	17574	10132	3605	3877	124		
56	577	75590	50418	100811	14570	9153	18890	3600	2430
32744		136944	4642	17533	4	10473	530		260
220		111495	455942	705794	3483	11908	67651	66178	1323
70414	27	361414	462884	169815	4850	7337	126716	5526	26960
28183	6960	139009	316625	155246		22056	124986	119730	4940
		20202	11632	11891	1000	250	2050	1000	50
		14457	10999	5949	50	4368	330		
		12796	12110	8238	554	487	300		300
1032	100	18779	9513	13610	5402	102	5930		5900
		20273	11210	8930			1543		

11-1 续表 4

	个人资本	港澳台资本	外商资本	主营业务收入	主营业务成本	营业费用	主营业务税金及附加
总计	**739804**	**660700**	**149829**	**3083121**	**1440452**	**544537**	**89426**
一、按登记注册类型分							
内资	739684	3016	797	2741907	1279732	511942	77727
国有	1557	828	287	750649	530312	71671	13206
集体	19120			302761	93581	93275	9432
股份合作	133108	100		324161	140754	64346	12520
国有联营				26219		15313	169
集体联营	30			14	19		1
国有与集体联营				9331	2578	1887	492
其他联营	50			3584	865	2566	
国有独资公司				7902	695	2765	284
其他有限责任公司	221796		510	342227	121867	101487	13161
股份有限公司	8828			33713	11554	4093	1354
私营独资	36818	4		79602	31314	29410	3081
私营合伙	13503			65045	28347	21204	1837
私营有限责任公司	249226	600		192750	104127	57062	6929
私营股份有限公司	11515			16214	6095	4682	667
其他	44133	1484		587735	207624	42181	14594
港澳台商投资	120	657684		154455	100262	24483	6278
与港澳台商合资经营	120	2680		2336	31	2606	90
与港澳台商合作经营		607502		103286	85181	5337	4725
港澳台商独资		47502		48833	15050	16540	1463
外商投资			149032	186759	60458	8112	5421
中外合资经营			3138	8209	12	2372	411
中外合作经营			11994	28695	11455	4543	776
外资企业			133900	149855	48991	1197	4234
二、按隶属关系分							
中央	15286	34859		531005	419507	34037	5377
地方	48318	828	9963	696471	248677	194435	22573
其他	676200	625013	139866	1855645	772268	316065	61476

计量单位：千元

主营业务利润	其他业务收入	其他业务利润	管理费用					
				#税金	财产保险费	差旅费	工会经费	排污费
1008706	**66519**	**26414**	**1063063**	**10084**	**4618**	**26779**	**2098**	**828**
872506	65217	25113	916377	5692	4001	23322	1984	825
135460	12871	-1276	156428	902	491	2307	712	351
106473	4168	3733	74815	863	284	1251	199	113
106541	6325	5890	94169	456	296	5843	172	123
10737	1183	1183	1545	1				
-6								
4374			4430			40		
153			1					
4158			2358			85	3	
105712	16798	4400	118512	1098	2114	4722	583	34
16712	803	658	12387	920	90	534	6	
15797	365	315	29802	53	206	690	90	49
13657	1847	1847	16384	141	60	681	13	8
24632	5585	4831	73591	516	348	4161	94	11
4770	104	93	5294	7	5	219		
323336	15168	3439	326661	735	107	2789	112	136
23432	72	71	58023	1917	612	904	84	
-391			1598			10		
8043	40	40	39544	1839	596	226	56	
15780	32	31	16881	78	16	668	28	
112768	1230	1230	88663	2475	5	2553	30	3
5414			3563	4		174		
11921	353	353	14663	3		390	30	3
95433	877	877	70437	2468	5	1989		
72084	11952	-1267	98372	552	98	2972	223	152
230786	21091	7565	207215	1534	1001	3932	1123	261
705836	33476	20116	757476	7998	3519	19875	752	415

11-1 续表 5

				主营业务收入	主营业务成本	营业费用	主营业务税金及附加
	个人资本	港澳台资本	外商资本				
三、按行业小类分							
学前教育	30213	5374	1240	134877	16123	28631	416
初等教育	8357	500		37129	17009	9469	562
中等教育	82926	300	166	48441	26843	9150	1301
初中教育	1720			6613	1252	411	51
高中教育	1000			38		7	1
中等专业教育	2180			11148	12116	1554	137
职业中学教育	60300			1189	20		2
技工学校教育	420			6550	555	1927	189
其他中等教育	17306	300	166	22903	12900	5251	921
高等教育	29599		9510	560382	419543	20481	3022
普通高等教育	21300			512476	407672	13376	982
成人高等教育	8299		9510	47906	11871	7105	2040
其他教育	588709	654526	138913	2302292	960934	476806	84125
职业技能培训	389567	644226	136858	1747094	730400	327472	62716
特殊教育	880			1889	1042	502	103
其他未列明的教育	198262	10300	2055	553309	229492	148832	21306
四、按地区分							
东城区	53901	3500	10121	74638	22218	24083	3100
西城区	61066	1774		149122	57683	26732	5508
崇文区	7290	830		21582	5329	10951	773
宣武区	9352			43407	4579	14832	2103
朝阳区	165448	10516	129222	866509	566444	70768	17773
丰台区	45989		510	156870	49851	46946	5417
石景山区	10992			47084	23839	17333	1439
海淀区	278046	6106	300	1004124	372845	195619	32638
门头沟区	2526			15881	10515	227	475
房山区	17216	31472	9510	55412	41500	15325	1306
通州区	6526			53428	9857	14555	2124
顺义区	16250	606502		134888	98761	16529	4494
昌平区	30746		166	219346	58183	54807	4164
大兴区	8204			184273	91324	28154	5997
怀柔区	8591			13971	12252	3579	387
平谷区	1201			9407	6931	402	317
密云县	6897			11657	5340	1254	251
延庆县	2176			17088	2760	2248	1144
北京经济技术开发区	7387			4434	241	193	16

计量单位：千元

主营业务利润	其他业务收入	其他业务利润	管理费用	#税金	财产保险费	差旅费	工会经费	排污费
89707	1480	1479	79415	462	56	2262	59	68
10089	167	167	15259	16		51	46	153
11147	1450	1446	30955	70	52	550	102	4
4899			6964					
30			241					
-2659	1367	1367	8956	2	27	91		4
1167			1446	1	11		5	
3879	68	64	2200	50	7	15	13	
3831	15	15	11148	17	7	444	84	
117336	1476	1419	95817	43	30	1838	146	120
90446	307	286	74673		8	810		111
26890	1169	1133	21144	43	22	1028	146	9
780427	61946	21903	841617	9493	4480	22078	1745	483
626506	49827	21586	621966	7778	4050	14218	1389	469
242	170	132	1912	4		25	3	
153679	11949	185	217739	1711	430	7835	353	14
25237	966	961	45636	1001	322	1166	185	14
59199	1687	1578	44497	148	208	1961	99	1
4529	45	-4	8062	2	60	503	92	
21893	77	71	25184	284	88	211	89	117
211524	10075	-1597	219772	3235	1753	7602	212	133
54656	1546	998	42723	245	263	1872	126	60
4473	32	31	8470	11	52	457	50	
403022	30414	17497	389126	2020	268	10019	425	48
4664	201	-934	5104	36	72	66	50	3
-2719	500	476	20787	286	34	435	32	4
26892	559	559	17128	100	58	94	32	25
15104	373	320	39959	1890	673	487	101	9
102192	781	745	96411	89	406	1024	110	228
58798	18429	4879	75951	543	299	615	484	178
-2247	68	68	6825	56	39	51		5
1757	8	8	819	21		5	3	
4812	644	644	4958			15		
10936	114	114	9706	71	11	23	8	3
3984			1945	46	12	173		

11-1 续表 6

	财务费用	利息支出(净额)	营业利润	投资收益	补贴收入	利润总额
总 计	**28742**	**26114**	**-56685**	**1883**	**42385**	**-82394**
一、按登记注册类型分						
内资	18060	16071	-36818	1883	40202	-42558
国有	-686	-888	-21558	1395	34154	-20770
集体	7002	6639	28389	6	1324	20782
股份合作	-465	-596	18727	1	31	20832
国有联营	2	-1	10373	420		175
集体联营			-6			
国有与集体联营			-56			-53
其他联营	-13	-13	165			167
国有独资公司	-20	-20	1820			1810
其他有限责任公司	7549	6902	-15949	120	1903	-9813
股份有限公司	790	789	4193			5322
私营独资	145	124	-13835	-102	659	-13333
私营合伙	-62	-68	-818		1	-666
私营有限责任公司	-39	-84	-44089	9	14	-43516
私营股份有限公司	-15	-19	-416			-274
其他	3872	3306	-3758	34	2116	-3221
港澳台商投资	1050	511	-35570		2183	-37995
与港澳台商合资经营	6		-1995			-1995
与港澳台商合作经营	166	-353	-31627		2183	-34050
港澳台商独资	878	864	-1948			-1950
外商投资	9632	9532	15703			-1841
中外合资经营	-24	-24	1875			1875
中外合作经营	-37	-37	-2352			-2352
外资企业	9693	9593	16180			-1364
二、按隶属关系分						
中央	-153	-169	-27402	1584	29764	-27001
地方	4158	3029	26978	441	5703	16689
其他	24737	23254	-56261	-142	6918	-72082

计量单位：千元

应交所得税	可供分配利润	劳动、失业保险费	养老保险和医疗保险	住房公积金和住房补贴	本年应付工资总额（贷方累计发生额）	本年应付福利费总额（贷方累计发生额）	本年应交增值税（不含期初未抵扣税）	本年实缴关税
35631	**92757**	**8078**	**50148**	**28032**	**579448**	**44374**	**3784**	**540**
31019	94840	7720	45834	26732	506689	41177	2998	465
4904	-16175	4515	24923	19530	118974	10284	9	
8235	33615	301	4069	683	68903	4510	87	
6692	27814	339	4373	362	61330	6173	1028	351
169		73	147	596	7527	184		
					10	1		
33	18	8	76	25	1299	205		
		1	14		1283			
2	2593	9	177	38	1304	168		
6388	37804	1831	6288	4988	71297	8147	1219	
203	-545	11	141	29	4741	453	30	
504	389	207	982	35	23518	1079	73	
466	966	11	296	23	10420	731	143	
2158	5800	70	2036	127	44211	3654	330	114
99	394	1	159	14	4417	358	29	
1166	2167	343	2153	282	87455	5230	50	
	-2112	105	1686	564	29807	2978	773	6
					1607	196		
		79	1028	511	18674	1509	1	5
	-2112	26	658	53	9526	1273	772	1
4612	29	253	2628	736	42952	219	13	69
946	1919	4	176	68	1826			
741	-1891	115	258	44	11298	215		69
2925	1	134	2194	624	29828	4	13	
1204	1816	1167	18134	16766	53234	4912	463	
14123	27225	5141	11492	5029	172412	13248	1212	
20304	63716	1770	20522	6237	353802	26214	2109	540

11-1 续表 7

	财务费用	利息支出（净额）	营业利润	投资收益	补贴收入	利润总额
三、按行业小类分						
学前教育	-116	-131	11887	422	1173	336
初等教育	-37	-43	-4966			-11849
中等教育	-77	-78	-18285	24		-17517
初中教育	-5	-5	-2060			-1953
高中教育			-211			-211
中等专业教育	-4	-4	-10244			-10241
职业中学教育	-1	-1	-278			-278
技工学校教育	-29	-29	1772	24		1855
其他中等教育	-38	-39	-7264			-6689
高等教育	3036	3027	19902	-24	66	-15460
普通高等教育	3367	3363	12692		66	-22774
成人高等教育	-331	-336	7210	-24		7314
其他教育	25936	23339	-65223	1461	41146	-37904
职业技能培训	23108	21082	3018	1316	10694	-2913
特殊教育	-5	-5	-1533			-1521
其他未列明的教育	2833	2262	-66708	145	30452	-33470
四、按地区分						
东城区	3624	3603	-23062	-24		-22880
西城区	1864	1842	14416	-294	786	14915
崇文区	-22	-23	-3515		1952	-1613
宣武区	154	154	-3374			-3346
朝阳区	10540	9234	-20385	-11	28761	-43134
丰台区	-486	-496	13417	1520	523	17118
石景山区	-46	-47	-3920	1	673	-1245
海淀区	1686	1111	29707	614	1782	30404
门头沟区	359	357	-1733		3295	1336
房山区	904	903	-23934	24	600	-25674
通州区	3940	3939	6383			6976
顺义区	589	319	-25124		2198	-28385
昌平区	4568	4372	1958		52	-9642
大兴区	455	252	-12729	53	1310	-11576
怀柔区	98	98	-9102			-9141
平谷区	524	505	422			422
密云县	56	56	442			247
延庆县	1	1	1343		453	751
北京经济技术开发区	-66	-66	2105			2073

计量单位：千元

应交所得税	可供分配利润	劳动、失业保险费	养老保险和医疗保险	住房公积金和住房补贴	本年应付工资总额（贷方累计发生额）	本年应付福利费总额（贷方累计发生额）	本年应交增值税（不含期初未抵扣税）	本年实缴关税
2934	-51	439	3369	1372	49971	1362	6	14
273	-46	33	294	291	18439	1133		
172	2098	50	1008	206	19802	1616	23	
13					3138	13		
					120	16		
4	44	6	126	17	6123	507		
		5	77		578	38		
89	1751	13	255	84	2007	135		
66	303	26	550	105	7836	907	23	
1857	8009	979	14986	15303	61728	2110	20	
20	679	805	13782	14905	46832	861	1	
1837	7330	174	1204	398	14896	1249	19	
30395	82747	6577	30491	10860	429508	38153	3735	526
27046	65368	5898	22437	8016	302010	26827	1606	526
66	77	9	146	25	1646	65		
3283	17302	670	7908	2819	125852	11261	2129	
1461	4309	167	2208	3047	19018	1635	14	
2936	6240	187	1826	321	25684	3459	1786	-23
431	291	15	399	73	9027	927	87	
233	324	208	1335	162	7971	1854	1	
6877	4735	1505	21831	17716	149236	6945	115	70
2794	12350	117	1980	206	37861	2383	89	
417	66	14	252	50	10121	501	35	
9739	49618	707	9352	2611	157607	13406	1101	488
592	2384	1165	514	69	5021	595	1	
301	-4190	142	622	158	19363	986		
1057	7692	79	469	53	12738	1311		
2025	3916	531	1537	581	24374	1311		5
2557	14948	154	2018	513	47727	2686	273	
2872	-13630	2926	4845	2448	39331	5409	122	
54	-467	1	197	5	4919	392	160	
63	577	24	191		2515	12		
378	1340	8	221	19	3342	223		
88	184	124	276		3224	303		
756	2070	4	75		369	36		

11-2 教育行业法人单位

	单位数（个）	资产合计	#现金	有价证券	对外投资	固定资产原价
总计	**3665**	**104443984**	**639605**	**75827**	**3631044**	**61001981**
一、按登记注册类型分						
内资	3652	103597487	639064	75827	3631044	60468235
国有	2651	96525191	354051	58187	3520120	56421467
集体	216	867683	21112	148	12561	573370
股份合作	24	265693	2865			195010
国有联营	5	41018	10			5478
集体联营	2	1443	43			243
国有与集体联营	1	3428				2673
其他联营	6	27584	242			8953
国有独资公司	2	4307	15			458
其他有限责任公司	6	8921	50		50	773
股份有限公司	4	3071	175			1039
私营独资	236	1844268	15765	8510	830	902213
私营合伙	67	323069	3290		15431	191958
私营有限责任公司	15	117923	416		17	99054
私营股份有限公司	4	11450	3	19		722
其他	413	3552438	241027	8963	82035	2064824
港澳台商投资	4	21125	75			17519
与港澳台商合作经营	4	21125	75			17519
外商投资	9	825372	466			516227
中外合作经营	5	9310	189			5698
外资企业	4	816062	277			510529
二、按隶属关系分						
中央	294	60582317	138794	43562	3073739	31407160
地方	2681	39359557	404250	14616	497093	27079794
其他	690	4502110	96561	17649	60212	2515027

主要财务状况（事业会计制度）

计量单位：千元

累计折旧	负债合计	上年结余	本年收入合计	#财政拨款	上级补助收入	事业收入	事业单位经营收入
362690	**18318730**	**10516674**	**45929965**	**22254692**	**759602**	**15023872**	**1214866**
275242	17726730	10522008	45541007	22254692	759602	14946781	908385
178510	15837481	10171288	42594181	22029106	717829	12600324	677802
24395	246062	65997	401005	63466	16125	245217	60990
6136	95617	2117	72938	441	569	62135	9174
	3173	6840	17698	15		10364	1656
	1140	9	817			463	345
	99	14	4516	41	6	4469	
1297	1946	9923	58139			57354	629
295	3452	67	11163			1911	9231
156	1238	-817	6527			5252	921
34	1929	139	8306			6448	1858
5757	460771	53843	636856	114	305	574522	43453
1780	125717	34012	89257		540	76794	10985
390	23072	-588	33045			25679	4381
	3814	2488	6819			6817	2
56492	921219	176676	1599740	161509	24228	1269032	86958
871	37570	-26480	19511			19511	
871	37570	-26480	19511			19511	
86577	554430	21146	369447			57580	306481
208	6823	87	18360			15909	
86369	547607	21059	351087			41671	306481
40301	8601181	8543343	23193877	8829553	360674	8230492	302244
199516	8204399	1752437	20842493	13337703	392600	5489081	462262
122873	1513150	220894	1893595	87436	6328	1304299	450360

11-2 续表 1

	单位数(个)	资产合计	#现 金	有价证券	对外投资	固定资产原价
三、按行业小类分						
学前教育	436	1643842	8504	3127	2336	1095734
初等教育	705	4954901	108163	2117	12360	4051914
中等教育	988	16229888	252038	8493	96156	11749331
初中教育	465	4306060	92961	1988	26812	3412024
高中教育	237	6494250	52533	2200	46374	4844037
中等专业教育	86	2781145	72822	1074	13147	1749826
职业中学教育	80	1484456	24337	2407	2374	1092258
技工学校教育	31	818425	243	691	1739	437071
其他中等教育	89	345552	9142	133	5710	214115
高等教育	249	69232522	74325	55580	3018079	36540068
普通高等教育	120	66216561	71109	53362	2984382	34887645
成人高等教育	129	3015961	3216	2218	33697	1652423
其他教育	1287	12382831	196575	6510	502113	7564934
职业技能培训	810	2882454	121099	5991	309540	1551315
特殊教育	26	142515	4062		70	118321
其他未列明的教育	451	9357862	71414	519	192503	5895298
四、按地区分						
东城区	310	1845413	1272	1891	68032	849608
西城区	372	5813396	2258	916	78492	2681305
崇文区	134	650948	435	208	12600	473710
宣武区	180	773932	1132	8624	1365	471042
朝阳区	540	15832939	176519	699	411840	10037276
丰台区	294	3530071	8788	691	3180	2694401
石景山区	142	1754962	1499		17266	1166874
海淀区	509	55851875	132613	50230	2957723	29493340
门头沟区	80	466584	113	51	296	419879
房山区	180	1729465	2980	6818	2430	1251165
通州区	110	1495138	68352	1558	25473	1002703
顺义区	160	2906721	1113	1892	17	2284121
昌平区	146	6487992	148029	1901	43308	4300906
大兴区	165	3102255	31181	167	7606	2085360
怀柔区	84	672898	46980	181	216	547561
平谷区	83	417762	4290			344277
密云县	78	540861	11991			482645
延庆县	91	511885	33			407983
北京经济技术开发区	7	58887	27		1200	7825

计量单位：千元

累计折旧	负债合计	上年结余	本年收入				
			合计	#财政拨款	上级补助收入	事业收入	事业单位经营收入
85908	737136	32915	1193641	311448	28446	458871	337823
10597	871563	330405	3709384	2988160	101340	409352	18628
105562	3229561	943097	9114413	6029077	206575	2251290	84822
37332	799939	227899	2817940	2074018	69409	562389	25857
59709	1051722	488189	3578981	2209893	53057	961225	24389
2135	725481	78162	1090961	707913	66832	278469	2726
2145	393261	116567	924257	617145	7055	228245	6877
2673	199759	11189	432746	285130	2340	131879	4347
1568	59399	21091	269528	134978	7882	89083	20626
43256	11555072	8222962	26951316	10998401	137553	9883173	348354
10468	10977658	8038972	25644902	10571755	123412	9168154	295225
32788	577414	183990	1306414	426646	14141	715019	53129
117367	1925398	987295	4961211	1927606	285688	2021186	425239
58494	694308	119156	1321309	345767	57007	599894	269678
33	24007	7667	94335	80023	146	8575	1079
58840	1207083	860472	3545567	1501816	228535	1412717	154482
14374	253182	456479	1566964	921620	37837	427574	60117
2349	893154	1027083	3377365	1484062	178233	1343417	116468
2002	69141	34561	640527	335409	35731	158242	23892
97	223510	33489	855011	494568	18823	236938	16952
85324	3445417	407495	6050413	2984330	68461	2415736	140241
19269	686293	81442	1592406	974977	32110	467448	41410
370	230310	263476	1007090	620116	7495	336022	13483
47996	8557312	7324798	22563793	9656500	144994	7245985	362911
70	118963	12418	297817	248745	1658	37887	6524
2399	398305	44759	920575	549853	133310	204483	16141
61633	245911	48735	852347	501949	13794	260894	7225
87524	737379	86739	1003607	453693	6509	195519	308214
15045	1140284	563677	2321402	954507	24492	1121061	44717
7166	966983	56471	1294808	854705	7497	315180	21428
16448	120577	19702	443084	328387	11474	68252	28224
336	42095	12568	394680	309308	14600	69868	50
288	88608	15138	368300	326704	1909	37274	2172
	88842	9978	334562	246981	20675	46935	3351
	12464	17666	45214	8278		35157	1346

11-2 续表 2

	本年支出合计	#人员支出	公用支出					
				#福利费	劳务费	就业补助费	取暖费	差旅费
总计	**42276471**	**12742558**	**19485153**	**194919**	**745004**	**15091**	**909757**	**492030**
一、按登记注册类型分								
内资	41915854	12545056	19456512	190228	741585	15090	909430	489015
国有	39205399	11705940	18234629	155002	683882	6805	862427	464479
集体	391507	145196	159541	8368	11382	2510	6322	2609
股份合作	93487	14418	29780	660	3383		4383	195
国有联营	15797	8947	6599	494	24		589	181
集体联营	1016	117	169		98		71	
国有与集体联营	3874	135	3173	11			39	30
其他联营	52180	12830	37511	1513	519		250	247
国有独资公司	10976	346	2141	78				608
其他有限责任公司	6410	2098	2543	262	249			86
股份有限公司	8399	2663	398	61	98		35	
私营独资	485663	111968	313826	5508	12896	4131	5904	7012
私营合伙	116789	37639	38139	2768	2414		2222	1512
私营有限责任公司	33558	10074	17772	268	14		593	482
私营股份有限公司	6666	2204	2534		44		110	109
其他	1484133	490481	607757	15235	26582	1644	26485	11465
港澳台商投资	27702	17722	9755	150	244	1	111	207
与港澳台商合作经营	27702	17722	9755	150	244	1	111	207
外商投资	332915	179780	18886	4541	3175		216	2808
中外合作经营	21592	6972	10928	1475	3000		104	153
外资企业	311323	172808	7958	3066	175		112	2655
二、按隶属关系分								
中央	20166258	4294446	10890859	62141	437918	3284	383423	359985
地方	20405463	7860750	7907359	109842	265278	6641	503805	112281
其他	1704750	587362	686935	22936	41808	5166	22529	19764

计量单位：千元

各种设备交通工具图书资料购置费	对个人和家庭补助支出	#助学金	抚恤和生活补助	事业单位经营支出	#人员支出	对个人和家庭补助支出	收支结余	事业结余	经营收支结余	事业单位经营税金
3531215	**6142097**	**988761**	**84172**	**715655**	**127520**	**15207**	**14170168**	**13961525**	**208643**	**102906**
3524546	6140917	987599	84172	629884	127520	15207	14147161	13998595	148566	83246
3292071	6062223	975582	82168	490683	93713	14652	13560070	13426500	133570	65455
35214	19664	452	899	39234	5916	381	75495	70558	4937	4375
1228	39			3843	986		-18432	-16025	-2407	934
1574	6		6	203	4		8741	7955	786	12
				345	177		-190	-208	18	11
	14						656	656		
2508							15882	15865	17	3
230				2084	976		254	69	185	380
246				795			-700	-288	-412	137
204				2520	484		46	504	-458	163
53991	1447	1172	7	13698	5889	40	205036	193834	11202	1927
8036	168	163	5	16229	2817	9	6480	10580	-4100	1439
2075	84	84		2987	974		-1101	1172	-2273	71
254				1123			2641	2644	-3	
126915	57272	10146	1087	56140	15584	125	292283	284779	7504	8339
4042	18						-34671	-34671		1
4042	18						-34671	-34671		1
2627	1162	1162		85771			57678	-2399	60077	19659
677							-3145	-1620	-1525	81
1950	1162	1162		85771			60823	-779	61602	19578
1619234	3123595	712194	23490	235527	29745	1101	11570962	11496631	74331	28738
1792753	2994523	271457	59906	307271	77200	14017	2189467	2127480	61987	41998
119228	23979	5110	776	172857	20575	89	409739	337414	72325	32170

11-2 续表 3

	本年支出合计	#人员支出	公用支出	#福利费	劳务费	就业补助费	取暖费	差旅费
三、按行业小类分								
学前教育	1143225	586303	288648	18031	6592	3545	21036	5150
初等教育	3613666	1845518	888392	18017	14152	429	93623	11339
中等教育	8798543	3875381	3049306	53794	104327	3360	236307	44576
初中教育	2700155	1397280	751482	15674	19625	79	75733	11501
高中教育	3506535	1545680	1267391	16856	36374	2084	95103	13587
中等专业教育	1066438	370848	408624	7907	12028	1110	26867	11962
职业中学教育	870927	364292	320360	2740	16986	2	28157	4820
技工学校教育	388088	97698	207233	5233	7598	85	7478	1420
其他中等教育	266400	99583	94216	5384	11716		2969	1286
高等教育	24364775	5485546	13189210	71877	491931	5701	454416	385124
普通高等教育	23220611	5185619	12599901	65968	456743	5651	433782	375956
成人高等教育	1144164	299927	589309	5909	35188	50	20634	9168
其他教育	4356262	949810	2069597	33200	128002	2056	104375	45841
职业技能培训	1284286	280428	583334	15380	44109	1357	18583	13887
特殊教育	90515	42842	25364	508	247		2991	933
其他未列明的教育	2981461	626540	1460899	17312	83646	699	82801	31021
四、按地区分								
东城区	1533840	538232	588223	12818	32479		40145	7306
西城区	3083800	870888	1234456	13996	73708	2542	68950	17152
崇文区	622465	270848	177895	3141	12544	19	15412	3559
宣武区	846135	342858	247938	4387	18771	1	24585	6946
朝阳区	5741876	1804879	2735222	29741	104536	2335	131458	53614
丰台区	1639277	616251	572981	11279	23063	136	46537	8328
石景山区	1034223	303454	435466	5548	16813	4	22419	8297
海淀区	19803330	4823291	10328740	67228	353544	3453	393311	331260
门头沟区	301248	140590	81867	2180	3862		7227	558
房山区	894284	407022	312653	5392	12489	1142	16096	5646
通州区	779620	329442	296669	7216	5532	102	13303	4186
顺义区	932840	462367	266086	2264	8114	108	26000	2521
昌平区	2186072	548064	1143662	12031	52534	4117	41692	29952
大兴区	1280029	472724	559107	7505	19041	1017	25202	8054
怀柔区	449267	189782	152356	2216	3450	72	10756	1604
平谷区	402433	220884	120607	3087	1689	5	10717	647
密云县	374955	217861	95330	1983	475	4	6486	1057
延庆县	336611	168314	118767	2237	2224	3	8253	1231
北京经济技术开发区	34166	14807	17128	670	136	31	1208	112

计量单位：千元

各种设备交通工具图书资料购置费	对个人和家庭补助支出	#助学金	抚恤和生活补助	事业单位经营支出	#人员支出	对个人和家庭补助支出	收支结余	事业结余	经营收支结余	事业单位经营税金
64322	69514	71	1790	99862	7749	539	83331	25971	57360	19718
190178	688912	4218	22434	25828	11772	7842	426123	424895	1228	10415
736835	1356828	64492	25253	46927	14389	3848	1258967	1245836	13131	8592
166690	395172	6879	9726	13843	3569	2810	345684	339684	6000	2563
283935	573876	6588	10710	6802	2185	111	560635	557427	3208	2352
123586	173213	40792	1152	5130	746	228	102685	99466	3219	91
70078	151156	6929	970	5681	2926	74	169897	170025	-128	788
80708	34277	3214	111	3908	1096	45	55847	56044	-197	761
11838	29134	90	2584	11563	3867	580	24219	23190	1029	2037
2243727	3691257	898989	24520	245389	30455	839	10809503	10695495	114008	23816
2176290	3595147	892375	22554	204577	22465	133	10463263	10350445	112818	20783
67437	96110	6614	1966	40812	7990	706	346240	345050	1190	3033
296153	335586	20991	10175	297649	63155	2139	1592244	1569328	22916	40365
94475	45299	437	6027	178012	35517	1201	156179	145487	10692	22633
7994	20749	1526	135	866	6		11487	11533	-46	
193684	269538	19028	4013	118771	27632	938	1424578	1412308	12270	17732
98332	296632	19755	2253	42054	6318	336	489603	480278	9325	7221
190260	480998	19959	5728	70188	18106	482	1320648	1290262	30386	10190
42651	102843	2594	3822	19651	5758	1773	52623	48062	4561	1962
38856	136827	1712	1675	12538	5512	1026	42365	43409	-1044	3776
534586	709048	144141	8623	98491	26155	1575	716032	655446	60586	13834
159092	255210	22593	11436	27977	5442	980	34571	32335	2236	3759
85270	133845	15874	917	7322	758		236343	235106	1237	1542
1749595	3082496	658586	24411	242044	29315	4975	10085261	10045996	39265	26834
8709	49303	8	655	3488	715	362	8987	9879	-892	485
84542	101390	7170	4498	8844	6028	579	71050	63437	7613	925
59203	110963	11258	1034	12337	2712		121462	118659	2803	272
42247	81819	848	1826	83993	1900		157506	102483	55023	19828
188583	259738	51425	1830	37998	6471	291	699007	699273	-266	3191
142160	151961	23224	6813	17423	2806	2642	71250	73533	-2283	1270
37914	57036	3290	1818	24782	8854	82	13519	12608	911	7546
25255	43686	306	4277	161	96	64	4815	5157	-342	135
8877	57015	4998	1329	404	275	40	8483	8545	-62	27
32917	30226	789	730	4945	98		7929	7898	31	103
2166	1061	231	497	1015	201		28714	29159	-445	6

卫生、社会保障和社会福利业

《北京经济普查年鉴—2004》

第三产业卷

12-1 卫生、社会保障和社会福利业

	单位数（个）	年初存货	流动资产合计	#现金	短期投资	应收帐款（净额）
总计	**727**	**83005**	**1466938**	**48095**	**6817**	**340898**
一、按登记注册类型分						
内资	710	77880	1200031	47508	6817	314174
国有	34	23389	210900	7891		31467
集体	114	14298	80837	12617	25	10196
股份合作	247	22151	259661	9421	597	28829
其他有限责任公司	39	5416	404019	4278		149280
股份有限公司	11	134	53328	1323		44641
私营独资	117	5273	78727	3795	5592	46109
私营合伙	22	1337	35499	1871	500	427
私营有限责任公司	74	1992	40803	4476		2419
私营股份有限公司	20	3657	12583	1269		141
其他	32	233	23674	567	103	665
港澳台商投资	4	134	35336	104		668
与港澳台商合资经营	3		23780	102		127
与港澳台商合作经营	1	134	11556	2		541
外商投资	13	4991	231571	483		26056
中外合资经营	7	274	72566	166		4931
中外合作经营	5	4717	157960	268		21125
外资企业	1		1045	49		
二、按隶属关系分						
中央	10	9785	83430	1740		11413
地方	174	23784	413071	22247	159	64707
其他	543	49436	970437	24108	6658	264778
三、按行业小类分						
卫生	665	81511	1365729	44059	1249	295340
医院	142	60257	658206	20270	5	118375
综合医院	62	43037	458610	15484		109012
中医医院	20	2547	22483	772	5	387
中西医结合医院	7	2128	47204	563		227
民族医院	3	1169	13252	464		1355
专科医院	46	11356	113655	2880		7392
疗养院	4	20	3002	107		2

法人单位主要财务状况（企业会计制度）

计量单位：千元

存货	一年内到期的长期债权投资	长期投资合计	#长期股权投资	长期债权投资	固定资产合计	#固定资产原价	累计折旧	本年折旧
140766	**305**	**18691**	**11103**	**5346**	**1699162**	**1751944**	**375183**	**89174**
135976	305	18691	11103	5346	1489740	1607375	311455	73713
33435	150	1922	1862	60	496578	642583	170686	33162
15445	-275	2604	130	250	286561	319485	52029	3375
34453	283	9841	4840	5001	225668	235694	32653	14283
34945		4111	4111		153510	168784	16879	10022
793					8211	8861	780	771
5387	121	43		35	99831	104844	12048	3012
3445					128867	25003	3510	971
2247	20	160	160		42006	46962	8609	4211
5274					17001	17802	1054	667
552	6	10			31507	37357	13207	3239
78					49339	43902	17254	4518
70					36599	23970	10062	3177
8					12740	19932	7192	1341
4712					160083	100667	46474	10943
228					8201	15985	10600	1347
4484					151830	84630	35874	9596
					52	52		
11238		1690	1690		108669	140594	47403	3477
28360	-125	2591	172	310	656977	676038	141520	29450
101168	430	14410	9241	5036	933516	935312	186260	56247
139133	155	18591	11103	5346	1550330	1602288	351993	84671
84618	-22	3209	1100		1282152	1260295	258509	56410
57597	-335	2109			972399	1033962	211412	41398
4763					7161	8836	1715	1248
5721					129241	25043	2647	786
1284	192	1000	1000		17879	17932	85	85
15253	121	100	100		149954	166870	40196	12659
					5518	7652	2454	234

12-1 续表 1

	单位数(个)	年初存货	流动资产合计	#现金	短期投资	应收帐款(净额)
卫生院及社区医疗活动	13	5330	58196	111		710
门诊部医疗活动	417	9349	183710	18538	1244	30983
计划生育技术服务活动	2		589	7		
妇幼保健活动	5	2463	57560	160		18969
专科疾病防治活动	6	637	8551	64		161
疾病预防控制及防疫活动	4	100	3817	2043		39
其他卫生活动	76	3375	395100	2866		126103
社会保障业	11	38	24930	910		-7
社会保障业	11	38	24930	910		-7
社会福利业	51	1456	76279	3126	5568	45565
提供住宿的社会福利	45	1428	75931	3062	5568	45565
收养收容服务	45	1428	75931	3062	5568	45565
不提供住宿的社会福利	6	28	348	64		
四、按地区分						
东城区	61	4434	90155	1604		4201
西城区	49	4363	69590	703	153	752
崇文区	13	239	37948	127		766
宣武区	23	4843	78438	978		9622
朝阳区	173	16503	656075	4855	6012	209972
丰台区	34	7729	48009	1760	1	2664
石景山区	19	563	6454	390		1301
海淀区	170	12038	193051	29355	508	28123
门头沟区	14	8057	65571	547		26827
房山区	17	4788	28250	176		28
通州区	49	342	5018	810	124	191
顺义区	8	74	1480	68		358
昌平区	26	7192	120810	1618		44271
大兴区	8	8461	43700	137		6938
怀柔区	23	1633	8444	600	10	63
平谷区	6	557	5713	250		4666
密云县	18	1081	7357	3998	5	139
延庆县	16	108	875	119	4	16

计量单位：千元

存货	一年内到期的长期债权投资	长期投资合计	#长期股权投资	长期债权投资	固定资产合计	#固定资产原价	累计折旧	本年折旧
1492					54245	55161	11138	830
19791	151	11409	6281	5095	121480	152563	35916	13588
					29	30	1	
2544					22592	36945	14353	3981
2		250		250	1642	2370	728	141
519		2	2		25840	32615	6775	2333
30167	26	3721	3720	1	42350	62309	24573	7388
39		100			12501	20511	8010	1187
39		100			12501	20511	8010	1187
1594	150				136331	129145	15180	3316
1574	150				135874	128955	15171	3313
1574	150				135874	128955	15171	3313
20					457	190	9	3
9649	1	300	300		32986	52933	20041	6138
6040		9440	4440	5000	43728	54119	13229	3803
778	90				41407	29094	8569	1997
5276		100			108483	116496	8013	7020
48859	26	2002	2001	1	435626	422641	106599	26385
11346	-185	60		60	258179	305715	64979	15892
811	121				3220	4545	1352	867
20592	192	5949	3572	260	384441	309232	35179	12296
9963					65214	109705	45849	9586
9613					41341	45128	6916	90
494		30		15	22298	11889	134	42
149		100	100		1463	1656	193	84
4033		690	690		97281	99105	17320	3255
9566					86964	114595	42122	1101
1714		20		10	25643	26178	681	157
290					35239	33024	3721	351
969					14503	14749	286	110
624	60				1146	1140		

12-1 续表 2

	在建工程	无形资产	资产总计	流动负债合计	#短期借款	应付账款	长期负债合计
总计	**306103**	**207080**	**3512310**	**1504424**	**143318**	**440847**	**138108**
一、按登记注册类型分							
内资	179350	52879	2880219	1086366	74114	367817	111589
国有	22573	11718	733082	216681	100	83847	1093
集体	18707	1108	371870	83707	261	26543	6060
股份合作	21535	12893	533735	282403	48040	83457	38238
其他有限责任公司	1522	17578	647889	160405	5882	74140	39105
股份有限公司	130	2225	64112	9867		1878	400
私营独资	6126	23	178833	87407	15069	67195	12201
私营合伙	107364	576	164948	147678	2175	12637	329
私营有限责任公司	512	4911	96366	62544	1970	5475	3928
私营股份有限公司	244	1124	32560	10849	150	5471	510
其他	637	723	56824	24825	467	7174	9725
港澳台商投资	20863	3512	88187	25901	10673	6185	5179
与港澳台商合资经营	20863	480	60859	20247	10673	6095	5179
与港澳台商合作经营		3032	27328	5654		90	
外商投资	105890	150689	543904	392157	58531	66845	21340
中外合资经营	2816	1292	82285	76901	3500	5567	
中外合作经营	103074	149397	460376	315254	55031	61278	21340
外资企业			1243	2			
二、按隶属关系分							
中央	14171	1120	196795	63525	3500	24356	
地方	113288	134107	1214663	548008	64276	136876	26584
其他	178644	71853	2100852	892891	75542	279615	111524
三、按行业小类分							
卫生	291261	205244	3252379	1392554	128253	370477	133735
医院	277158	123161	2095123	861553	111997	254875	95173
综合医院	147153	116519	1555458	555499	85127	196300	61630
中医医院		2455	34519	32275	4175	10021	
中西医结合医院	106845		187588	145557	771	11271	12525
民族医院		73	33472	6594	555	3484	
专科医院	22840	4114	275566	121259	21369	33437	19928
疗养院	320		8520	369		362	1090

计量单位：千元

#长期借款	应付债券	负债合计	所有者权益合计	#实收资本	国家资本	集体资本	法人资本	#国家法人	集体法人
103966	**1045**	**1642532**	**1869778**	**1752859**	**310463**	**248960**	**590878**	**296770**	**134051**
92559	1045	1197955	1682264	1508293	304363	248960	517230	240008	132051
1093		217774	515308	530530	293533	4012	202185	189609	11976
5320	547	89767	282103	249456	2280	228410	7769	2221	4586
25576		320641	213094	200572	50	10284	58228	2900	16144
35000		199510	448379	246120	6660	2680	154376	33200	21386
400		10267	53845	57000	40	60	46290	990	45300
12201		99608	79225	85982		1489	2598		995
329		148007	16941	19205			3719		3619
2903		66472	29894	79930		265	17120		15198
12	498	11359	21201	19825	1800		8425		7915
9725		34550	22274	19673		1760	16520	11088	4932
3719		31080	57107	64228	4000		14388	12388	2000
3719		25426	35433	46505	4000		7880	5880	2000
		5654	21674	17723			6508	6508	
7688		413497	130407	180338	2100		59260	44374	
		76901	5384	23077	2100		3775	3775	
7688		336594	123782	156020			55485	40599	
		2	1241	1241					
		63525	133270	189934	113848	68394	3946	2446	1000
26020	547	574592	640071	589884	170308	172042	113878	88070	14736
77946	498	1004415	1096437	973041	26307	8524	473054	206254	118315
99786	1045	1526289	1726090	1630303	300455	240648	562502	293930	121015
80400		956726	1138397	1177405	248255	224648	472386	282896	90047
60842		617129	938329	897701	139852	224128	403938	259226	56652
		32275	2244	12108	700	100	3340	990	1530
		158082	29506	20896	7803		720		720
		6594	26878	102400	99900				
18468		141187	134379	138670		420	61388	19680	31145
1090		1459	7061	5630			3000	3000	

12-1 续表 3

	在建工程	无形资产	资产总计	流动负债 合计	#短期借款	应付账款	长期负债 合计
卫生院及社区医疗活动	10171	13	112569	48867		3142	1350
门诊部医疗活动	744	28051	355556	180821	10435	48431	13090
计划生育技术服务活动			618	202	202		
妇幼保健活动		31227	111379	55886	4958	4737	5950
专科疾病防治活动		370	11084	4582	52		36
疾病预防控制及防疫活动			29780	3470	112	2683	2746
其他卫生活动	3188	22422	536270	237173	497	56609	15390
社会保障业			37540	18405		2591	
社会保障业			37540	18405		2591	
社会福利业	14842	1836	222391	93465	15065	67779	4373
提供住宿的社会福利	14570	1213	220935	92907	14855	67550	4143
收养收容服务	14570	1213	220935	92907	14855	67550	4143
不提供住宿的社会福利	272	623	1456	558	210	229	230
四、按地区分							
东城区	84	22553	151873	63139	1927	23610	15351
西城区	2816	1158	127063	51320	535	16013	
崇文区	20871	4625	88670	27344	2210	9031	230
宣武区		172	187296	49265	440	21540	38517
朝阳区	114043	135654	1319400	605820	100793	154875	44485
丰台区	17022	995	307382	81747	2678	6363	4167
石景山区		128	9818	19581	173	17068	
海淀区	109562	29346	619299	324895	23340	44007	18469
门头沟区	1327		130786	64083	555	45334	
房山区	2309	10395	79986	33006	60	19192	2350
通州区	3939		27461	2672	9	370	
顺义区		414	11204	3301	100	3037	
昌平区	13597	340	221050	111184	3507	55692	1510
大兴区	14491		130664	42824	50	11941	1190
怀柔区	100	100	34322	6556	5940	616	11500
平谷区	5936	1200	42152	13684	1000	11598	
密云县			21863	3986		555	329
延庆县	6		2021	17	1	5	10

计量单位：千元

#长期借款	应付债券	负债合计	所有者权益合计	#实收资本	国家资本	集体资本	法人资本	#国家法人	集体法人
1350		50217	62352	21165	200	10160	5070		
7549	1045	193911	161645	188835	19137	4650	38324	9205	22861
		202	416	550		50	500	500	
5950		61836	49543	45158		30	20000		
36		4618	6466	5250	2200	1000			
2746		6216	23564	26023	25423		12		12
1755		252563	283707	165917	5240	110	26210	1329	8095
		18405	19135	10136	9144	542	50		50
		18405	19135	10136	9144	542	50		50
4180		97838	124553	112420	864	7770	28326	2840	12986
3950		97050	123885	112158	814	7668	28246	2840	12906
3950		97050	123885	112158	814	7668	28246	2840	12906
230		788	668	262	50	102	80		80
171		78490	73383	95367	5757	100	23859	6784	1699
		51320	75743	75628	7900	480	45170	3560	6260
230		27574	61096	38635	800		7445	6933	110
37746		87782	99514	87847		200	81050	27250	1000
27034	498	650305	669095	665956	231335	8800	141084	55733	76660
3427	547	85914	221468	223520	670	58402	149829	145519	3850
		19581	-9763	3682		980	50		
18469		343364	275935	257854	49174	93586	32000	1890	27440
		64083	66703	45195	165	53	43910	43880	20
2350		35356	44630	41920	7542	3373			
		2672	24789	14729		1524	556	31	25
		3301	7903	9191			8696		8696
1510		112694	108356	58621	3500	1350	14145		30
1190		44014	86650	75496		68344	4000	3000	1000
11500		18056	16266	8056		1305	3534	2190	55
		13684	28468	42425		10195	32030		4000
329		4315	17548	8496	3620	268	3489		3175
10		27	1994	241			31		31

12-1 续表 4

	个人资本	港澳台资本	外商资本	主营业务收入	主营业务成本	营业费用
总计	**463043**	**47184**	**92331**	**2099014**	**1153502**	**378446**
一、按登记注册类型分						
内资	437696	44		1730832	1070673	308669
国有	30800			504490	425614	9211
集体	10997			282478	172752	59079
股份合作	132010			435961	218409	134978
其他有限责任公司	82404			229453	105139	20059
股份有限公司	10610			11655	3448	5301
私营独资	81851	44		42264	26886	7115
私营合伙	15486			97471	42200	40078
私营有限责任公司	62545			70749	35264	22948
私营股份有限公司	9600			17806	14470	6899
其他	1393			38505	26491	3001
港澳台商投资		45840		52884	11702	29033
与港澳台商合资经营		34625		31942	11324	20152
与港澳台商合作经营		11215		20942	378	8881
外商投资	25347	1300	92331	315298	71127	40744
中外合资经营	619	1300	15283	68535	32091	11264
中外合作经营	24728		75807	246763	39036	29480
外资企业			1241			
二、按隶属关系分						
中央		1300	2446	182256	127723	12754
地方	66834	14000	52822	711484	369225	103696
其他	396209	31884	37063	1205274	656554	261996
三、按行业小类分						
卫生	387183	47184	92331	2064911	1131299	372035
医院	145070	34625	52421	1282892	913531	178613
综合医院	73526	14000	42257	902685	690620	88952
中医医院	7968			42118	21591	13941
中西医结合医院	12373			106387	48730	38171
民族医院	2500			17990	18132	1241
专科医院	46073	20625	10164	211292	132476	36086
疗养院	2630			2420	1982	222

计量单位：千元

主营业务税金及附加	主营业务利润	其他业务收入	其他业务利润	管理费用	#税金	财产保险费	差旅费	工会经费	排污费
25274	**541792**	**23672**	**15188**	**585779**	**2223**	**957**	**8002**	**1587**	**1070**
20458	331032	23655	15171	367037	1606	756	5405	1490	1070
261	69404	12814	5945	115672	137	271	470	962	324
317	50330	2785	1767	26288	23	84	100	177	254
6197	76377	1820	1706	107729	520	62	2661	134	198
12019	92236	3912	3429	34034	34	271	574	173	188
64	2842			6236	161		12	5	
455	7808	758	758	12609	259	22	149		78
75	15118	228	228	18423	56	8	259		14
780	11757	603	603	30942	389	14	949	8	2
223	-3786	2	2	4353	18	8	146	2	3
67	8946	733	733	10751	9	16	85	29	9
906	11243			16488	89	79	655	67	
906	-440			10135	28	44	254		
	11683			6353	61	35	401	67	
3910	199517	17	17	202254	528	122	1942	30	
1417	23763	17	17	16383	25	3	746	30	
2493	175754			185871	503	119	1196		
307	41472	7188	6977	25386	13	63	128	202	253
4306	234257	8512	865	258168	691	209	2408	211	115
20661	266063	7972	7346	302225	1519	685	5466	1174	702
25215	536362	22748	14315	573195	2201	877	7790	1577	972
11735	179013	10968	9470	245111	906	458	3449	1314	701
7237	115876	5009	3964	169036	187	397	2175	1208	636
566	6020	45	45	14523	41	5	178	8	7
355	19131	228	228	20621	311	8	201	40	22
	-1383	5327	5218	528	5		4		
3468	39262	359	15	40388	362	48	891	58	36
109	107			15					

12-1 续表 5

				主营业务收　入	主营业务成　本	营业费用
	个人资本	港澳台资本	外商资本			
卫生院及社区医疗活动	1688		4047	73318	16796	52268
门诊部医疗活动	113063	11215	2446	323346	106363	102139
计划生育技术服务活动				13		
妇幼保健活动	25128			166941	20061	51
专科疾病防治活动	750	1300		4007	1554	463
疾病预防控制及防疫活动	588			7233	1251	174
其他卫生活动	100896	44	33417	207161	71743	38327
社会保障业	400			12109	10232	347
社会保障业	400			12109	10232	347
社会福利业	75460			21994	11971	6064
提供住宿的社会福利	75430			20672	10982	6022
收养收容服务	75430			20672	10982	6022
不提供住宿的社会福利	30			1322	989	42
四、按地区分						
东城区	36243	5850	23558	125813	54922	43441
西城区	13314		8764	84866	44078	19274
崇文区	3100	27290		39266	5490	17250
宣武区	6597			116808	86305	2487
朝阳区	210728	14000	60009	602345	203238	93812
丰台区	14619			217300	130234	44420
石景山区	2652			7473	4757	1789
海淀区	83094			391661	212617	95921
门头沟区	1067			165537	169806	240
房山区	30961	44		103978	96279	631
通州区	12649			9219	4675	2644
顺义区	495			6088	1650	1247
昌平区	39626			76189	17519	53684
大兴区	3152			124165	98139	320
怀柔区	3217			9600	6577	940
平谷区	200			10485	7785	4
密云县	1119			6471	8112	337
延庆县	210			1750	1319	5

计量单位：千元

主营业务税金及附加	主营业务利润	其他业务收入	其他业务利润	管理费用					
					#税金	财产保险费	差旅费	工会经费	排污费
2	4252	2	-15	6449		3	31	3	2
6270	108574	2238	1999	109338	648	317	2358	216	267
	13	4	4	58					
788	146041			137880			60		
174	1816			1217					
41	5767	6087	-592	7173	120		44	40	
6205	90886	3449	3449	65969	527	99	1848	4	2
31	1499			1392			9		
31	1499			1392			9		
28	3931	924	873	11192	22	80	203	10	98
28	3640	924	873	10213	22	80	145	10	98
28	3640	924	873	10213	22	80	145	10	98
	291			979			58		
3246	24204	359	359	41947	83	52	321	15	11
3924	17590	951	679	18847	41	53	547	24	61
855	15671	3349	3349	13858	71	42	663	67	
5943	22073	362	146	22803	35	25	362	125	7
8346	296949	7952	7839	298163	1397	388	4302	228	256
61	42585	1883	916	65149	41	131	164	452	299
211	716			2844	33		42		
2260	80863	6763	54	76463	305	17	1140	111	78
1	-4510	22	22	223	2		4		2
-6	7074			15421		78	75	370	
41	1859	132	125	1409	21		8		2
33	3158			2826					
186	4800	114	16	10908	63	8	264	23	82
117	25589	1782	1680	10533	13	63	51	172	251
22	2061			1715	112	14	24		1
33	2663			2646	6	86	34		20
1	-1979			19			1		
	426	3	3	5					

12-1 续表 6

	财务费用	利息支出（净额）	营业利润	投资收益	补贴收入	利润总额
总　计	**8079**	**2624**	**-36878**	**197**	**14715**	**-29434**
一、按登记注册类型分						
内资	4214	1439	-25048	197	14682	-17074
国有	-268	-363	-40055		12267	-28562
集体	520	515	25289	3	24	23926
股份合作	2228	743	-31874	153	1206	-39208
其他有限责任公司	-93	-317	61724		664	62967
股份有限公司	-2	-2	-3392			-2951
私营独资	768	732	-4811	40		-2376
私营合伙	899	181	-3976		2	-4054
私营有限责任公司	173	10	-18755	1	519	-18958
私营股份有限公司	-8	-12	-8129			-7317
其他	-3	-48	-1069			-541
港澳台商投资	56	13	-5301			-5320
与港澳台商合资经营	118	76	-10693			-10693
与港澳台商合作经营	-62	-63	5392			5373
外商投资	3809	1172	-6529		33	-7040
中外合资经营	6	-60	7391		33	7157
中外合作经营	3803	1232	-13920			-14197
外资企业						
二、按隶属关系分						
中央	424	414	22639			22629
地方	3238	590	-26284	3	12553	-13828
其他	4417	1620	-33233	194	2162	-38235
三、按行业小类分						
卫生	8109	2665	-30627	168	14675	-22532
医院	4445	2096	-61073	5	13232	-58378
综合医院	2608	1221	-51804	5	12661	-35757
中医医院	-28	-41	-8430		125	-7916
中西医结合医院	1612	845	-2874			-2874
民族医院	35		3272			3401
专科医院	218	71	-1329		446	-15324
疗养院			92			92

计量单位：千元

应交所得税	可供分配利润	劳动、失业保险费	养老保险和医疗保险	住房公积金和住房补贴	本年应付工资总额(贷方累计发生额)	本年应付福利费总额(贷方累计发生额)	本年应交增值税(不含期初未抵扣税)	本年实缴关税
10109	**-20724**	**22338**	**46115**	**14578**	**431533**	**37034**	**382**	**3867**
4039	-32988	21971	38720	11311	323745	35165	382	3867
197	-43005	19180	27524	8805	135303	16082	150	
417	1922	122	1833	660	26121	2186	47	
1235	5591	197	1593	607	70401	6805	53	
1528	177	2348	4500	746	42703	4472	31	
	2	2	70	7	5408	259	1	
171	1560	33	366	24	11439	662		3867
7	1	1	585	6	6572	364	3	
220	537	31	597	94	14732	1186	97	
	59	3	63		2645	2461		
264	168	54	1589	362	8421	688		
3508	5433	8	893	560	16704	495		
1726	2560	8	889	497	13349			
1782	2873		4	63	3355	495		
2562	6831	359	6502	2707	91084	1374		
1637	2710	39	780	379	13754	484		
925	4121	320	5722	2328	77280	890		
					50			
377	8225	126	2480	909	29772	4374	87	
1411	6912	13305	21123	8060	166339	9361	174	
8321	-35861	8907	22512	5609	235422	23299	121	3867
9726	-21637	22304	42800	13663	415622	35266	382	3867
2733	-44582	21631	32628	9828	236161	24652	83	3863
161	-49383	21384	29249	9346	176721	19314	83	3863
26	368	4	73		6558	655		
10	39	61	954	72	9476	326		
2			13		3680	1593		
2514	3599	182	2339	410	39213	2758		
20	795				513	6		

12-1 续表 7

	财务费用	利息支出（净额）	营业利润	投资收益	补贴收入	利润总额
卫生院及社区医疗活动	-20	-22	-2192			-2514
门诊部医疗活动	105	-361	1130	163	1442	7221
计划生育技术服务活动			-41			-41
妇幼保健活动	2412	226	5749			5411
专科疾病防治活动	-15	-15	614			604
疾病预防控制及防疫活动	42	41	-2040			-2007
其他卫生活动	1140	700	27226		1	27172
社会保障业	-10	-10	117			117
社会保障业	-10	-10	117			117
社会福利业	-20	-31	-6368	29	40	-7019
提供住宿的社会福利	-22	-31	-5678	29	40	-6343
收养收容服务	-22	-31	-5678	29	40	-6343
不提供住宿的社会福利	2		-690			-676
四、按地区分						
东城区	486	430	-17870		317	-17478
西城区	-307	-311	-271	150	17	-703
崇文区	-48	-62	5210			5410
宣武区	7	4	-591		128	-475
朝阳区	5304	1112	1321	4	1034	-9378
丰台区	-40	-134	-21608	1	-17	-20436
石景山区	8	-4	-2136			-1899
海淀区	1236	263	3218	8	931	8757
门头沟区			-4711	1	9067	4342
房山区	-28	-29	-8319			-6693
通州区	4	-1	571	1		-50
顺义区	58	5	274			-1730
昌平区	-16	-42	-6076	32		-5565
大兴区	610	610	16126			16161
怀柔区	742	734	-396			-488
平谷区	59	49	-42			588
密云县	4		-2002		3198	94
延庆县			424		40	109

计量单位：千元

应交所得税	可供分配利润	劳动、失业保险费	养老保险和医疗保险	住房公积金和住房补贴	本年应付工资总额（贷方累计发生额）	本年应付福利费总额（贷方累计发生额）	本年应交增值税（不含期初未抵扣税）	本年实缴关税
-323	-198	3	403	156	13420	1792		
3781	16575	298	2804	960	70045	5357	44	4
					45			
917	4099	172	3478	1761	48685	1	3	
277	488	1	29		2584	15		
1	-596	40	400	160	5417	332	69	
2340	2577	159	3058	798	39265	3117	183	
248	94	1	2951	839	8795	1218		
248	94	1	2951	839	8795	1218		
135	819	33	364	76	7116	550		
5	819	33	364	76	6496	550		
5	819	33	364	76	6496	550		
130					620			
2869	12658	81	950	353	24209	1341		
710	2429	175	1086	111	19003	1581		
2444	3996	9	25	90	8646	667	1	
320	145	2258	3612	671	26040	3550	4	
2622	4409	501	10978	4065	145906	6661	41	
3	-43391	889	6667	2216	49233	3956	17	3866
40	51	6	64	5	2639	383		
760	2219	187	5429	1290	60129	7156	229	1
3	30	12804	9874	3780	36957	4940		
	-5917	5309	5927	1475	24233	3139		
146	296	1	24		1766	6		
193	400	9	172	82	960	33		
-49	378	14	234		14904	2037	90	
21	766	82	665	440	9632	1276		
12	9	3	108		2324	2		
15	745	10	300		2260			
	48				2603	306		
	5				89			

12-2 卫生、社会保障和社会福利业

	单位数（个）	资产合计	#现 金	有价证券	对外投资
总　　计	**1018**	**42945880**	**249489**	**39281**	**275110**
一、按登记注册类型分					
内资	1017	42935939	249369	39281	275110
国有	693	41510349	220605	38269	266478
集体	239	1018592	26330		1988
股份合作	5	16082	220		200
集体联营	2	7835	43		
国有与集体联营	1	12732	2		
其他联营	2	1083	150		
其他有限责任公司	1	3242	82		
股份有限公司	1	497	3		
私营独资	18	28648	819		150
私营合伙	10	15253	94	12	
私营有限责任公司	1	61	2		
私营股份有限公司	1	125401	361		6194
其他	43	196164	658	1000	100
港澳台商投资	1	9941	120		
与港澳台商合资经营	1	9941	120		
二、按隶属关系分					
中央	58	17571342	49392	31010	201701
地方	888	24981833	196225	8259	66665
其他	72	392705	3872	12	6744
三、按行业小类分					
卫生	664	40647442	227708	36841	273404
医院	242	36016122	185223	30010	247669
综合医院	149	25719771	68213	30010	97595
中医医院	32	3871920	15000		66663
中西医结合医院	1	120203	10		
民族医院	1	2451	2		
专科医院	48	6109370	98505		82315
疗养院	11	192407	3493		1096

法人单位主要财务状况（事业会计制度）

计量单位：千元

固定资产原价	累计折旧	负债合计	上年结余	本年收入合计	#财政拨款	上级补助收入	事业收入	事业单位经营收入
25583990	**412595**	**8521922**	**719552**	**30242888**	**5715195**	**364073**	**22373727**	**686147**
25578608	410342	8508372	719552	30226722	5715195	364073	22373727	669981
24618986	355807	8002574	649547	29065451	5524651	340850	21627012	498050
701642	23641	252805	-14471	916727	142360	13565	684175	62928
6023	1515	6248	-48	13937			12387	264
7551		17		567				521
3846	106	4807		29271			29271	
420	60	672		744				744
2280	152	3242		455				
168	65	394	4	920				920
18951	3818	4873	-781	9847			3305	6352
7767	231	3914	-336	9071				9006
				480				480
142057	23211	165985		83353				83353
68917	1736	62841	85637	95899	48184	9658	17577	7363
5382	2253	13550		16166				16166
5382	2253	13550		16166				16166
9910580	207506	2715761	487410	10240816	1548022	56497	7836713	68136
15374996	169453	5566382	227655	19654642	4146676	305364	14396313	439194
298414	35636	239779	4487	347430	20497	2212	140701	178817
24479805	384223	8053340	239852	27375322	3390197	261976	22069475	592281
21992790	331329	6507972	4464	24362279	2570101	208702	20236738	348228
16417786	251471	4659471	-65454	18142351	1790700	159307	15014918	243473
1816113	8457	788848	-3458	2164651	234801	38547	1842065	6881
97721		24511		85684	9659	10		75561
2449		1185		4206	214		3992	
3498708	68161	905162	70734	3911566	519666	5633	3344828	19703
160013	3240	128795	2642	53821	15061	5205	30935	2610

12-2 续表 1

	单位数（个）	资产合计	#现金	有价证券	对外投资
卫生院及社区医疗活动	197	957040	15906	2542	628
门诊部医疗活动	86	121692	1748		5520
计划生育技术服务活动	6	20370	13		
妇幼保健活动	19	366710	8543		606
专科疾病防治活动	12	67129	504		20
疾病预防控制及防疫活动	42	2280240	735	4277	1676
其他卫生活动	60	818139	15036	12	17285
社会保障业	124	783369	8671	1440	
社会保障业	124	783369	8671	1440	
社会福利业	230	1515069	13110	1000	1706
提供住宿的社会福利	177	1155296	9084	1000	
干部休养所	40	350932	193	1000	
收养收容服务	137	804364	8891		
不提供住宿的社会福利	53	359773	4026		1706
四、按地区分					
东城区	60	7954165	445	10000	36887
西城区	53	6164371	18808	20010	81718
崇文区	38	1147244	124		20
宣武区	54	4645021	1642		70807
朝阳区	129	7383987	19552	1439	37771
丰台区	56	2238869	6454		4199
石景山区	42	1001598	209	12	13375
海淀区	96	5708989	44253	3543	13931
门头沟区	40	193461	324		
房山区	60	811891	2068	4277	870
通州区	43	984505	105845		160
顺义区	56	748059	350		12244
昌平区	60	2039191	13983		2858
大兴区	46	512231	4560		
怀柔区	32	346253	16539		
平谷区	50	482116	9166		130
密云县	43	394968	5046		140
延庆县	60	188961	121		

计量单位：千元

固定资产原价	累计折旧	负债合计	上年结余	本年收入合计	#财政拨款	上级补助收入	事业收入	事业单位经营收入
665186	15239	217542	1185	887930	169904	8579	624221	71814
69222	5272	56912	4321	179267	16879	7011	89667	52016
2917		14729	659	10715	4555	277	5012	
236156	4519	149036	-10436	275462	47090	2522	222473	508
43122	374	5368	-1223	39214	13163	422	25328	71
980107	1773	813796	218006	1081610	444146	30639	573000	4098
490305	25717	287985	22876	538845	124359	3824	293036	115546
186183	1413	143124	254852	2009325	1752023	43015	195663	4226
186183	1413	143124	254852	2009325	1752023	43015	195663	4226
918002	26959	325458	224848	858241	572975	59082	108589	89640
695103	22909	184478	190990	609012	398928	49888	99871	38769
122247		36538	103267	344736	279147	27502	6548	18558
572856	22909	147940	87723	264276	119781	22386	93323	20211
222899	4050	140980	33858	249229	174047	9194	8718	50871
4831649	2742	1065434	63436	4997944	937341	10246	3971442	35164
3684061	316	791211	65079	4918721	506046	7047	4359282	35347
758078	86710	80903	10879	1042435	105604	7059	884074	42759
2361503	14624	901881	455116	4201102	2014226	32066	2041251	54322
4404071	140178	2064747	36049	5096653	509311	38680	3550985	275851
1545686	67820	429814	19718	1479113	210439	35395	1151038	72997
571476	31576	234212	20532	598474	110268	30674	452467	1967
3227763	40297	1187857	108824	3805543	562353	110524	2958405	101432
133860	663	63239	-2250	174458	63648	2390	104863	2202
604655	992	278085	-7070	516868	49600	5210	457779	1343
708924	4621	335974	-22149	734765	64934	19287	635781	10152
552175	7248	144806	-10965	512120	104246	6361	394898	2924
807269	3750	303101	33393	679839	190409	5122	325680	20823
386923	4836	147861	-7083	499298	91656	33991	366181	6560
289122	1551	119552	-20874	262468	45490	5153	202361	7586
315279	3482	229051	-6835	244510	51564	5384	153588	10050
259249	1159	112468	-16937	286112	55078	4529	224347	1848
142247	30	31726	689	192465	42982	4955	139305	2820

12-2 续表 2

	本年支出合计	#人员支出	公用支出					
				#福利费	劳务费	就业补助费	取暖费	差旅费
总　　计	**29404680**	**5907247**	**18328693**	**96658**	**107030**	**5766**	**203988**	**53005**
一、按登记注册类型分								
内资	29386506	5907247	18328693	96658	107030	5766	203988	53005
国有	28220522	5611275	17696404	86722	97200	5757	189749	51102
集体	928050	246828	512896	8637	7357	4	9994	772
股份合作	13232	1831	6275				203	99
集体联营	499	100	26		24		2	
国有与集体联营	27267	4484	22743	18	1187		271	10
其他联营	820	73						
其他有限责任公司	749	204	195	10	20			40
股份有限公司	904	400	55	50			5	
私营独资	10349	2093	2188	50	118	5	374	40
私营合伙	13484	2321	8121	50	113		125	62
私营有限责任公司	467	32						
私营股份有限公司	75116	16002	59114					
其他	95047	21604	20676	1121	1011		3265	880
港澳台商投资	18174							
与港澳台商合资经营	18174							
二、按隶属关系分								
中央	9849389	1905339	6418967	45064	20756	1	74528	32519
地方	19246514	3939904	11745367	50340	82699	5760	126397	19485
其他	308777	62004	164359	1254	3575	5	3063	1001
三、按行业小类分								
卫生	26652341	5667234	17876873	91027	101984	81	184326	42961
医院	23724613	4976059	16113898	79034	66223	16	157472	21286
综合医院	17834542	3646851	12229570	72217	46173	15	111817	14380
中医医院	2088314	459735	1424807	2532	11589		8719	1726
中西医结合医院	89409	23268	57290	108	387		357	83
民族医院	4004	1241	1641	8	12		71	
专科医院	3649227	831690	2364340	3667	8059	1	35734	5089
疗养院	59117	13274	36250	502	3		774	8

计量单位：千元

各种设备交通工具图书资料购置费	对个人和家庭补助支出	#助学金	抚恤和生活补助	事业单位经营支出	#人员支出	对个人和家庭补助支出	收支结余	事业结余	经营收支结余	事业单位经营税金
944284	**1673980**	**74793**	**22067**	**198527**	**38964**	**5695**	**1557760**	**1535246**	**22514**	**10839**
944284	1673980	74793	22067	180353	31483	5695	1559768	1535246	24522	10031
831761	1563619	74753	19977	146244	25885	5114	1494476	1471856	22620	9496
51127	73845	16	1650	22980	3109	581	-25794	-22428	-3366	48
				397	101		657	1005	-348	5
	24	24					68		68	
80							2004	2004		
				405	185		-76		-76	
							-294		-294	
							20		20	
293				3447	293		-1283	-77	-1206	10
487	30			2517	1440		-4749	-124	-4625	451
				435			13		13	
59114							8237		8237	
1422	36462		440	3928	470		86489	83010	3479	21
				18174	7481		-2008		-2008	808
				18174	7481		-2008		-2008	808
394345	525629	3051	1900	50119	9917		878837	878031	806	2938
484222	1136106	71742	19757	98840	17999	5575	635783	645737	-9954	4300
65717	12245		410	49568	11048	120	43140	11478	31662	3601
914196	1364604	3100	19191	137691	35413	1751	962833	968363	-5530	6814
583896	1190146	518	16044	69865	19378	759	642130	683901	-41771	2453
418413	893410	19	13949	52358	16439	639	242355	281031	-38676	116
91085	108025	492	1214	3770	397	120	72879	70591	2288	100
	6577						-3725	-3725		
240				1122			202	202		
70961	175984	7	878	12045	2439		333073	338414	-5341	2237
3197	6150		3	570	103		-2654	-2612	-42	

12-2 续表 3

	本年支出合计	#人员支出	公用支出	#福利费	劳务费	就业补助费	取暖费	差旅费
卫生院及社区医疗活动	866090	247716	459865	4529	7321	44	8944	1371
门诊部医疗活动	176078	29272	42470	1570	4274	14	585	757
计划生育技术服务活动	8473	2200	4978	172	12		307	67
妇幼保健活动	271714	93606	147161	2090	2870		2223	652
专科疾病防治活动	39730	15773	18227	268	312		557	64
疾病预防控制及防疫活动	1077476	202195	765221	1685	15598	7	11808	17853
其他卫生活动	488167	100413	325053	1679	5374		2430	911
社会保障业	1968850	85650	287027	2814	2986	5685	1696	5029
社会保障业	1968850	85650	287027	2814	2986	5685	1696	5029
社会福利业	783489	154363	164793	2817	2060		17966	5015
提供住宿的社会福利	562553	133182	133556	2536	1913		16506	2028
干部休养所	329516	57372	28282	342	20		5865	165
收养收容服务	233037	75810	105274	2194	1893		10641	1863
不提供住宿的社会福利	220936	21181	31237	281	147		1460	2987
四、按地区分								
东城区	4888568	955433	3115199	10624	5044	14	29925	6042
西城区	4850950	923962	3477337	4373	7262		34923	8463
崇文区	1006317	230379	691102	1334	6994	32	6720	1136
宣武区	4067620	453146	1862489	3407	12979	22	14971	14261
朝阳区	4994996	1001090	3418738	24218	28747	49	41718	9179
丰台区	1448197	347909	905446	15231	4876	124	9747	1724
石景山区	592788	156622	333240	4858	821	1249	7318	687
海淀区	3450437	736238	2038134	12721	10115	1896	23823	3948
门头沟区	169119	55193	83017	741	398		1470	189
房山区	497546	135622	316759	1172	3021	208	4646	840
通州区	735344	166512	468996	3935	3267	2170	3775	851
顺义区	507135	136423	337660	5739	2452		6727	1138
昌平区	689916	188071	396157	2417	8771		6868	2475
大兴区	503641	132522	306074	1851	7645		2888	551
怀柔区	260223	70358	161267	603	1496	2	1781	197
平谷区	266456	66889	158567	1448	1249		2981	167
密云县	287500	89851	160068	1515	1013		1756	356
延庆县	187927	61027	98443	471	880		1951	801

计量单位：千元

各种设备交通工具图书资料购置费	对个人和家庭补助支出	#助学金	抚恤和生活补助	事业单位经营支出	#人员支出	对个人和家庭补助支出	收支结余	事业结余	经营收支结余	事业单位经营税金
31336	54131	6	2217	23155	6009	897	23025	19572	3453	270
1758	13814	24	112	38546	9168	1	7510	6828	682	910
342	1295						2901	2901		
17372	20561		212	508			-6688	-6707	19	
340	3859		40	324		69	-1739	-1739		
181613	64710	2552	367	3905			222140	221944	196	2520
97539	16088		199	1388	858	25	73554	41663	31891	661
13552	91377	71680	187	3934		607	295327	293904	1423	261
13552	91377	71680	187	3934		607	295327	293904	1423	261
16536	217999	13	2689	56902	3551	3337	299600	272979	26621	3764
12500	207135	13	2361	33138	2354	3216	237449	237971	-522	1298
1749	190540		1336	21119	416	2796	118487	118094	393	1176
10751	16595	13	1025	12019	1938	420	118962	119877	-915	122
4036	10864		328	23764	1197	121	62151	35008	27143	2466
99851	272324		1635	36813	8914		172812	176501	-3689	1193
133643	288649	66	3779	8097	308		132850	134819	-1969	991
12985	46794		399	6390	2456	75	46997	23477	23520	139
139168	123045	902	1039	21751	746	120	588598	564881	23717	3735
189908	221176	1104	1491	84514	16326	1195	137706	127126	10580	2066
36681	103457	3	456	7725	801	2430	50634	47599	3035	1640
19054	77194	7	712	1882	715	295	26218	27046	-828	732
91788	323509	71969	7256	5393	1281	425	463930	457056	6874	180
4809	14416		451	895	55		3089	2951	138	
6180	17303	4	362	1439	212	103	12252	11992	260	
14988	44195		845	2745	1208		-22728	14438	-37166	10
15494	21375		297	628	114		-5980	-4558	-1422	
122970	44241	723	1392	2981	968		23316	23501	-185	40
15941	16675	2	647	10124	4038	884	-11426	-11398	-28	
17777	15280	1	210	2448	533		-18629	-17705	-924	3
11482	20990	12	451	1779	289		-28781	-29347	566	
3360	12516		445	2357			-18325	-18090	-235	110
8205	10841		200	566		168	5227	4957	270	

文化、体育和娱乐业

《北京经济普查年鉴—2004》

第三产业卷

13-1 文化、体育和娱乐业

	单位数（个）	年初存货	流动资产合计	#现金	短期投资	应收帐款（净额）
总计	**5154**	**5943986**	**35402876**	**1225234**	**1853361**	**3305423**
一、按登记注册类型分						
内资	5023	5819105	33099108	1072873	1809597	3169927
国有	826	5247557	22511051	758889	1538624	2040140
集体	173	50467	356413	3735	329	28348
股份合作	694	7545	325205	28130	1216	14253
国有联营	3	764	37544	62		2107
集体联营	6	9262	14811	353		720
国有与集体联营	6	5377	55248	122	2200	572
其他联营	1		21	10		
国有独资公司	14	96091	1344772	174	192050	46444
其他有限责任公司	652	200607	5080887	152879	35953	366551
股份有限公司	97	65225	408730	6887	1398	15218
私营独资	142	371	25293	2717	55	1937
私营合伙	89	1280	20676	3708	18	1890
私营有限责任公司	2085	93568	2659270	101393	37528	637669
私营股份有限公司	195	16429	134415	12254	226	10763
其他	40	24562	124772	1560		3315
港澳台商投资	50	50387	727145	2219	41764	89427
与港澳台商合资经营	34	47726	629557	1423	41764	87732
与港澳台商合作经营	8	2621	85300	725		1043
港澳台商独资	7	40	12286	71		652
外商投资	81	74494	1576623	150142	2000	46069
中外合资经营	38	59591	590508	14335		20471
中外合作经营	26	13930	527966	135346	2000	20426
外资企业	17	973	458149	461		5172
二、按隶属关系分						
中央	716	4902438	21224425	889920	570743	1551427
地方	451	580924	6141967	34713	1173882	703486
其他	3987	460624	8036484	300601	108736	1050510
三、按行业小类分						
新闻出版业	881	5168934	20725471	837080	1504569	1626944
新闻业	3		428	37		
出版业	878	5168934	20725043	837043	1504569	1626944
图书出版	236	4504326	12300271	416907	291832	942396
报纸出版	110	198281	6040395	314761	1124624	468731
期刊出版	419	100582	1375357	78515	84634	103248
音像制品出版	60	258229	831384	16191	3453	92837
电子出版物出版	19	71721	156210	2466	26	18372
其他出版	34	35795	21426	8203		1360

法人单位主要财务状况（企业会计制度）

计量单位：千元

存货	一年内到期的长期债权投资	长期投资合计	#长期股权投资	长期债权投资	固定资产合计	#固定资产原价	累计折旧	本年折旧
7368411	**65808**	**7103344**	**5335875**	**1126431**	**16891983**	**17511628**	**5489052**	**861959**
7194033	53868	7004224	5264083	1099103	14203951	15076339	4594121	771945
6050857	50167	4919475	3428598	905982	9273064	10208980	3367809	491359
45334		24848	5821	1422	243516	285293	82126	8060
13138	231	4264	3559		84127	78501	11350	4336
8307		18514	18514		8676	9250	2352	1194
9304		2055			1213	1702	490	40
6150		100	100		85155	103856	37973	12809
					24	26	2	1
134552		870629	802561	68068	159086	264067	110194	16140
629634	1873	790887	752561	22999	2302063	2205597	538720	131787
29752	880	41686	28375	2384	189910	38242	9244	2129
661	6	1402	10	97	149392	162600	16179	6801
1597		550			56230	57133	2272	434
222177	632	276416	221696	47041	1083463	948692	228580	67187
16969	79	50304	1770	48534	84834	58131	13818	3244
25601		3094	518	2576	483198	654269	173012	26424
89647		34349	14736	19613	591764	689584	367165	30355
86062		34349	14736	19613	446307	520210	328683	19853
2597					133189	165686	38263	10316
987					4345	3676	218	185
84731	11940	64771	57056	7715	2096268	1745705	527766	59659
65388		8115	400	7715	1013027	950715	304962	26290
19209	11940	4923	4923		794688	610662	202659	25966
134		51733	51733		288553	184328	20145	7403
5765443	50737	4703108	3499264	638414	6684408	8303356	2880777	421931
915132	1284	1627734	1251908	341207	4588334	3890141	1202769	157873
687836	13787	772502	584703	146810	5619241	5318131	1405506	282155
6014844	50155	3665955	2690422	876031	7003999	8181265	2855679	427989
1					6	7	1	
6014843	50155	3665955	2690422	876031	7003993	8181258	2855678	427989
5318472	6740	1314221	987507	251448	2809286	2633251	814661	132954
209701	39408	1707125	1124864	576003	3824010	4968616	1779266	257572
136901	3849	198133	153332	44593	264454	387254	142721	28830
266830	158	445561	423869	3927	100397	178853	110696	6662
81609		910	850	60	3662	11270	7611	1689
1330		5			2184	2014	723	282

13-1 续表 1

	单位数(个)	年初存货	流动资产合计	#现金	短期投资	应收帐款(净额)
广播、电视、电影和音像业	900	417840	6388177	198140	222446	575434
广播	10	185	387606	1294	3745	7559
电视	389	121875	3190678	62513	197616	341196
电影	249	248828	2442551	114479	14624	183348
电影制作与发行	189	242326	2225003	112522	14540	178172
电影放映	60	6502	217548	1957	84	5176
音像制作	252	46952	367342	19854	6461	43331
文化艺术业	2111	204893	3290546	103487	109838	635787
文艺创作与表演	176	2319	223310	6547	8389	24657
艺术表演场馆	13	309	20251	332		323
文物及文化保护	13	93	19649	2302		4086
博物馆	19	32684	123369	599		9918
群众文化活动	161	2762	115333	3791	1202	4454
文化艺术经纪代理	494	92483	905865	23091	11184	77507
其他文化艺术	1235	74243	1882769	66825	89063	514842
体育	354	28538	932748	23767	2755	297385
体育组织	152	7352	525187	5122	1271	268909
体育场馆	29	4556	134940	4275		2571
其他体育	173	16630	272621	14370	1484	25905
娱乐业	908	123781	4065934	62760	13753	169873
室内娱乐活动	395	23102	501454	26469	4436	47529
游乐园	23	8651	873613	548	310	70306
休闲健身娱乐活动	419	60087	1645242	17442	777	40382
其他娱乐活动	71	31941	1045625	18301	8230	11656
四、按地区分						
东城区	579	1297478	7258844	13807	1264453	765365
西城区	559	1236163	4565714	7786	95057	202143
崇文区	88	173812	737776	5725	800	66497
宣武区	249	284444	2110732	4129	105247	162259
朝阳区	1397	647637	6681382	42929	51109	643352
丰台区	217	668014	2122580	7054	4037	150698
石景山区	131	5917	170665	3153	538	22788
海淀区	1457	1487560	9285755	1113667	319554	1147707
门头沟区	29	694	12242	482		4435
房山区	43	12573	230161	1994	5	9694
通州区	72	4200	448828	7053	12	2590
顺义区	48	8201	108137	932		31608
昌平区	112	24992	990042	5253	835	15790
大兴区	63	35212	188382	2316	614	8366
怀柔区	34	24548	156874	6270	100	1135
平谷区	8	15	26991	543	4500	311
密云县	17	1146	122631	942	305	65340
延庆县	32	28151	144032	551	30	4147
北京经济技术开发区	19	3229	41108	648	6165	1198

计量单位：千元

存　货	一年内到期的长期债权投资	长期投资合计	#长期股权投资	长期债权投资	固定资产合计	#固定资产原价	累计折旧	本年折旧
679318	1648	2051094	1415674	119876	1418894	1917907	715446	122746
62426		22326	22326		24257	39052	18206	2010
353908	25	1141057	1030241	97905	445573	713493	280677	58679
206810	1573	855451	336879	19221	857128	1021829	355869	55382
189056	1573	825669	314115	18921	622182	758974	261972	44565
17754		29782	22764	300	234946	262855	93897	10817
56174	50	32260	26228	2750	91936	143533	60694	6675
279702	567	1047440	1019519	21873	2505309	2094307	402589	99883
30547	27	32155	26655	5000	79478	91326	25238	9191
806		1297	1197		11629	13906	3273	568
8	86	10000	10000		7925	8157	232	28
40927		5777	2977	2800	1028270	1259162	230950	42268
5188		3704	3059	545	128358	132709	17820	3767
108458	42	267057	260018	2173	133300	175767	52564	14879
93768	412	727450	715613	11355	1116349	413280	72512	29182
26053	59	132498	100689	22590	670457	581384	90379	13556
9347		89624	89524		223542	223129	12464	4232
3726	52	20490	299	20191	279830	265569	56854	5277
12980	7	22384	10866	2399	167085	92686	21061	4047
368494	13379	206357	109571	86061	5293324	4736765	1424959	197785
25207	1386	8829	1412	7409	715926	958605	376201	44859
247018		55301	55079	222	771088	501395	326569	17080
68311	11980	118651	29833	78124	3014581	2383397	559474	104285
27958	13	23576	23247	306	791729	893368	162715	31561
1592043	1003	1938621	1520502	413596	3388996	3350629	1159300	175182
1587063	42541	504558	396570	102305	1080255	1268593	414014	65302
200831		80431	60206	15180	656054	952739	319903	26195
280629		249201	152388	88852	692710	705958	254718	35632
972882	19297	1574952	1417707	109392	4323202	4774008	1442422	239789
661366		139527	29823	100643	756363	828950	243808	49767
8981	152	9210	4330	1200	158394	211736	95625	13801
1835409	2013	2429470	1638084	245919	2421501	2327231	774445	137165
1919		1352	1100	222	11214	15096	5153	421
7237		21371	19755		205875	179926	44992	4725
4837		22100	22100		611805	622937	57921	14629
34604	737	47994		47994	188754	130673	53172	5761
23301	52	61573	61573		1324176	1250920	390352	43305
36871		10734	400	250	160047	155065	40941	14417
48266		883	495	388	162094	127013	41632	9084
142	13				24660	32510	7861	1166
43566		35			283897	94220	11036	6178
26660		1082	592	490	153109	196352	98577	10855
1804		10250	10250		288877	287072	33180	8585

13-1 续表 2

	在建工程	无形资产	资产总计	流动负债合计	#短期借款	应付账款	长期负债合计
总计	**4542835**	**2994286**	**63238394**	**23702158**	**3282122**	**4669171**	**3957745**
一、按登记注册类型分							
内资	3408778	1249657	56252511	20571274	2641310	4349548	2917728
国有	2168462	321620	37262955	11269269	1024573	2463793	1257139
集体	28407	44469	672839	526305	262963	30869	55884
股份合作	15796	5455	446024	270465	22402	27305	8181
国有联营	1778	745	65479	73781		13830	
集体联营		1614	19693	13930		5930	
国有与集体联营	18417	4824	145623	127063	102213	17786	63013
其他联营			45	11			
国有独资公司	5213	102915	2477404	1038460	10900	174064	
其他有限责任公司	612121	461393	8801705	3879620	917319	359001	1031385
股份有限公司	159166	27985	775490	393074	3529	31346	158764
私营独资	2661	789	177017	163711	6908	3921	490
私营合伙	886	117	99786	21180	113	4072	9260
私营有限责任公司	354589	262637	4408858	2179173	269379	772746	283915
私营股份有限公司	40294	13635	286902	105501	12019	30312	43842
其他	988	1459	612691	509731	8992	414573	5855
港澳台商投资	268988	101290	1535526	908691	235971	142307	197501
与港澳台商合资经营	254425	101289	1260702	779736	209473	133050	98952
与港澳台商合作经营	5764	1	239408	98917	20498	8851	97400
港澳台商独资	887		27491	21550	6000	406	1149
外商投资	865069	1643339	5450357	2222193	404841	177316	842516
中外合资经营	354880	1569335	3221214	902125	332403	77805	531755
中外合作经营	385819	54281	1410412	902067	800	72078	212237
外资企业	124370	19723	818731	418001	71638	27433	98524
二、按隶属关系分							
中央	1184751	402029	33207261	11373788	499219	2280395	728713
地方	1712711	1720608	14218418	4411708	1607946	562916	1327920
其他	1645373	871649	15812715	7916662	1174957	1825860	1901112
三、按行业小类分							
新闻出版业	1476777	308346	31856186	9733355	406618	2361489	618108
新闻业		32	466	2			
出版业	1476777	308314	31855720	9733353	406618	2361489	618108
图书出版	966510	91068	16568456	5086109	135408	1532493	297340
报纸出版	468472	168917	11811824	3241029	187146	537398	158922
期刊出版	12252	24133	1876697	811033	21447	177812	23259
音像制品出版	28653	15983	1405137	474158	52756	80475	138170
电子出版物出版		8192	169174	113056	9513	28301	417
其他出版	890	21	24432	7968	348	5010	

计量单位：千元

#长期借款	应付债券	负债合计	所有者权益						
			合计	#实收资本	国家资本	集体资本	法人资本	#国家法人	集体法人
2196292	**41127**	**27659903**	**35578491**	**20233219**	**9280351**	**270284**	**5608088**	**2514625**	**1566482**
1717670	41127	23489002	32763509	17596360	9177485	251977	4944227	2363867	1385613
520751		12526408	24736547	8771890	7689425	5033	1023203	893418	44646
26586	215	582189	90650	228332	2100	121532	93456	2300	87563
5183	2352	278646	167378	294891	980	8758	88539	215	22545
		73781	-8302	22000	2000		20000	20000	
		13930	5763	7692		140	1052	1052	
7885		190076	-44453	11387	9630	989	768	768	
		11	34	40					
		1038460	1438944	1031929	1022314	115	9500	9500	
726133	100	4911005	3890700	4207805	400143	51934	3094923	1422202	950826
121329	37259	551838	223652	241569	14760	3720	134995	1550	99740
246	-30	164201	12816	33824	120		4565		3975
7967		30440	69346	68860		85	5796	1000	2775
252168	1231	2463088	1945770	2490911	21430	42660	416018	6500	153693
43567		149343	137559	155832	5422	6188	45190		19490
5855		515586	97105	29398	9161	10823	6222	5362	360
190541		1106192	429334	754276	73260	12468	175879	45212	85817
92815		878688	382014	652089	73260	12468	150740	35042	78363
97400		196317	43091	75866			25139	10170	7454
326		22699	4792	26321					
288081		3064709	2385648	1882583	29606	5839	487982	105546	95052
196759		1433880	1787334	1040588	4106	5839	440670	101354	90501
91322		1114304	296108	675854	25500		47312	4192	4551
		516525	302206	166141					
468864		12102501	21104760	9433986	8068263	8258	1232483	918983	170190
606724	216	5739628	8478790	2993311	973488	105284	1398743	894523	278218
1120704	40911	9817774	5994941	7805922	238600	156742	2976862	701119	1118074
365386		10351463	21504723	7082559	6029985	16763	859673	616099	58027
		2	464	540					
365386		10351461	21504259	7082019	6029985	16763	859673	616099	58027
200142		5383449	11185007	2728221	2438274	120	260754	199241	3377
101700		3399951	8411873	3353067	2968386	30	326131	224181	18500
16527		834292	1042405	468549	266485	9583	129197	77099	30900
46600		612328	792809	457231	342340	3000	108441	98391	50
417		113473	55701	53850	14300	4000	29850	17187	
		7968	16464	21101	200	30	5300		5200

13-1 续表 3

	在建工程	无形资产	资产总计	流动负债合计	#短期借款	应付账款	长期负债合计
广播、电视、电影和音像业	156039	350582	10344301	4372229	332038	659548	376194
广播	3410	7096	441285	273720	5982	7778	618
电视	10714	197477	5009314	2173333	93846	344293	59905
电影	139859	138925	4382970	1727562	222998	234301	303041
电影制作与发行	80973	126245	3866472	1554643	153142	222136	241267
电影放映	58886	12680	516498	172919	69856	12165	61774
音像制作	2056	7084	510732	197614	9212	73176	12630
文化艺术业	802463	79047	7104941	3029036	869150	699471	573478
文艺创作与表演	12658	42673	418769	104609	3910	13565	50565
艺术表演场馆	354		34549	20402		3282	
文物及文化保护		36	70422	22538		8	1444
博物馆	58	80	1216765	640480	-8670	414942	33708
群众文化活动	7864	2288	267330	118753	49080	10813	1629
文化艺术经纪代理	9026	8664	1330978	679112	129866	102341	491
其他文化艺术	772503	25306	3766128	1443142	694964	154520	485641
体育	165731	138975	1949894	993508	110902	316461	99449
体育组织	12723	96690	939244	513944	44830	266643	425
体育场馆	57927	420	491337	208925	1303	23256	72983
其他体育	95081	41865	519313	270639	64769	26562	26041
娱乐业	1941825	2117336	11983072	5574030	1563414	632202	2290516
室内娱乐活动	114722	195740	1563288	1013143	160285	210215	200234
游乐园	596261	196817	1897921	822336	315955	98983	459120
休闲健身娱乐活动	1175758	1699414	6634020	2681309	651618	226070	1027355
其他娱乐活动	55084	25365	1887843	1057242	435556	96934	603807
四、按地区分							
东城区	1049927	146113	12976670	3183232	275839	855427	258032
西城区	190689	83437	6287216	2614563	71689	737184	123794
崇文区	22016	47922	1529288	645529	255390	176953	37479
宣武区	240635	1450904	4519381	1289781	205511	107335	31319
朝阳区	959673	362562	13203718	6249385	786237	1184538	1037540
丰台区	159011	55140	3078775	1160724	88274	268145	256060
石景山区	36736	1907	341223	108969	16555	21498	16362
海淀区	796105	319344	14600968	5576222	813127	941424	601492
门头沟区	1152	229	25125	12391	2225	5869	551
房山区	70649	1234	458716	423981	265818	6453	290
通州区	45089	2063	1140073	379700	166398	49308	371954
顺义区	111026	42177	387882	176782	21350	65644	102095
昌平区	451108	237920	2664566	1159911	109338	54057	705007
大兴区	42029	61049	420280	247630	100472	55346	74882
怀柔区	76593	55210	375161	106687	25382	8208	5490
平谷区	10	1688	56320	39202	25652	1045	343
密云县	200069	114238	520801	123186	12154	97875	211742
延庆县	55333	4864	304170	151752	40403	20678	15516
北京经济技术开发区	34985	6285	348061	52531	308	12184	107797

计量单位：千元

#长期借款	应付债券	负债合计	所有者权益合计	#实收资本	国家资本	集体资本	法人资本	#国家法人	集体法人
242528	1153	4748423	5595878	4878509	1978000	45672	1695838	778552	513066
		274338	166947	100600	1890	11400	84100	81000	
49013	100	2233238	2776076	2441396	1149569	19488	748454	432265	196195
181197	853	2030603	2352367	1980895	799848	5724	763932	218790	276616
149014	853	1795910	2070562	1709640	713975	2459	684766	176250	265600
32183		234693	281805	271255	85873	3265	79166	42540	11016
12318	200	210244	300488	355618	26693	9060	99352	46497	40255
167243	39733	3602514	3502427	3046556	873601	69242	997853	453003	357396
12704	37259	155174	263595	262030	6740	2665	165901	139853	21020
		20402	14147	16625	10365		3650	3550	100
1444		23982	46440	44020		141	20800		15600
11890		674188	542577	577461	372916	10082	21190	19010	650
136	228	120382	146948	100444	390	2244	52943	35353	12520
184	251	679603	651375	733912	195471	21420	325550	152377	117054
140885	1995	1928783	1837345	1312064	287719	32690	407819	102860	190452
53395	8	1092957	856937	874536	215119	57661	372889	122109	121046
		514369	424875	428857	24040	38186	253175	85550	53620
32183		281908	209429	203414	157094	13560	20430	20000	
21212	8	296680	222633	242265	33985	5915	99284	16559	67426
1367740	233	7864546	4118526	4351059	183646	80946	1681835	544862	516947
160464	217	1213377	349911	1051410	69322	20526	304812	59072	158170
234031		1281456	616465	728368	60111	18461	250661	41870	2070
397013	15	3708664	2925356	2153902	46053	31820	904156	375117	285425
576232	1	1661049	226794	417379	8160	10139	222206	68803	71282
149398		3441264	9535406	3703965	2088683	32721	785526	518906	201460
69280	2	2738357	3548859	1300090	714187	7355	344766	149646	93763
36352		683008	846280	846219	586511	4539	91952	73212	5510
26309		1321100	3198281	897602	654750	6640	133125	101970	20755
532164	885	7286925	5916793	5334175	2190516	102621	1449456	571058	425174
243606		1416784	1661991	556804	279925	25821	183328	103373	73663
12412		125331	215892	181733	71599		52676	19762	27580
130070	39470	6177714	8423254	5086235	2627815	37699	1461982	648243	387317
524	27	12942	12183	18109	2147	6532	5460	2000	
290		424271	34445	180318	3020	3215	56626	19835	33088
371526	428	751654	388419	174381	1792	3500	86185		
101880	215	278877	109005	157767	5250	7507	78165	500	73365
303677	100	1864918	799648	878045	2792	1190	426012	110414	149287
17758		322512	97768	187561	12733	14070	121425	67995	51330
4890		112177	262984	223823	776		151583		5430
343		39545	16775	8799	1099	3710	100		100
194243		334928	185873	192949	31505		27400		15000
1570		167268	136902	97481	5251	12864	13998	1243	3000
		160328	187733	207163		300	138323	126468	660

13-1 续表 4

				主营业务收入	主营业务成本	营业费用
	个人资本	港澳台资本	外商资本			
总　　计	**3212254**	**673267**	**1188975**	**23110219**	**13375251**	**3299006**
一、按登记注册类型分						
内资	3144284	77431	956	21968658	12907412	3017157
国有	54229			16875640	10161572	1850751
集体	11214	30		111735	62175	22377
股份合作	195802	812		163913	53355	72041
国有联营				190618	143962	42008
集体联营	6500			1100	387	228
国有与集体联营				70914	32067	9901
其他联营	40			47	16	12
国有独资公司				864622	378084	82176
其他有限责任公司	644198	16251	356	1820178	1130077	382339
股份有限公司	88094			105814	62822	41913
私营独资	26639	2000	500	32841	16111	7284
私营合伙	62979			28497	9460	15191
私营有限责任公司	1952385	58318	100	1437552	717767	438297
私营股份有限公司	99012	20		92823	49898	21509
其他	3192			172364	89659	31130
港澳台商投资	6414	474575	11680	406545	173331	87503
与港澳台商合资经营	612	403329	11680	320268	148523	49279
与港澳台商合作经营	5802	44925		83226	23634	33326
港澳台商独资		26321		3051	1174	4895
外商投资	61556	121261	1176339	735016	294508	194346
中外合资经营	18184	55937	515852	271633	107686	66256
中外合作经营	41719	65324	495999	443844	184109	108242
外资企业	1653		164488	19539	2713	19848
二、按隶属关系分						
中央	41504	28849	54629	16126606	9803910	1665302
地方	148429	103106	264261	3057796	1589907	549004
其他	3022321	541312	870085	3925817	1981434	1084700
三、按行业小类分						
新闻出版业	132187	17633	26318	16494875	9918876	1825196
新闻业	540			10		
出版业	131647	17633	26318	16494865	9918876	1825196
图书出版	19939	8557	577	8843951	5079759	882389
报纸出版	34020		24500	5453865	3469082	564431
期刊出版	61208	2076		1558075	952053	314915
音像制品出版	3450			547734	353766	49550
电子出版物出版	5700			79898	61112	10883
其他出版	7330	7000	1241	11342	3104	3028

计量单位：千元

主营业务税金及附加	主营业务利润	其他业务收入	其他业务利润	管理费用	#税金	财产保险费	差旅费	工会经费	排污费
745558	**5690404**	**1248635**	**824497**	**5497634**	**113454**	**16724**	**160515**	**42118**	**4778**
646254	5397835	1204336	790297	5103428	108939	15224	147922	40251	4320
379127	4484190	1075860	681670	3737356	96188	10841	83199	35678	3671
7425	19758	6394	6091	31242	575	214	1192	128	14
9665	28852	5547	5091	84412	534	243	3680	35	26
14869	-10221	3327	1182	10315	75		374	32	
128	357			584	6	2	1		1
3799	25147	178	168	38256	199	82	148		
3	16			17	3				
46428	357934	5515	4677	90642	1630	140	2168	639	
79653	228109	78803	70844	557649	5730	1300	18555	2358	231
4448	-3369	2243	2083	23763	230	181	1399	30	
1535	7911	114	84	16670	104	68	566	2	47
1291	2555	420	399	16176	84		370	117	3
85537	195951	20808	14045	427796	3099	1905	33036	921	110
4718	16698	413	324	39962	74	83	1340	13	-3
7628	43947	4714	3639	28588	408	165	1894	298	220
20916	124795	16839	16323	126197	3349	711	6464	274	19
16096	106370	16549	16131	98003	2960	585	5609	274	19
4471	21795	290	192	26581	386	125	435		
349	-3367			1100	3	1	377		
78388	167774	27460	17877	268009	1166	789	6129	1593	439
23728	73963	100	76	128608	514	316	1449	374	406
53552	97941	17482	8263	121900	592	445	3861	1092	33
1108	-4130	9878	9538	17501	60	28	819	127	
367383	4290011	770451	508286	3358463	39431	8754	82333	34252	3400
150634	768251	344305	199442	826771	61032	3466	15234	4834	596
227541	632142	133879	116769	1312400	12991	4504	62948	3032	782
385808	4364995	1018403	635308	3534367	87867	10030	87666	34011	2918
1	9			36			1		
385807	4364986	1018403	635308	3534331	87867	10030	87665	34011	2918
72340	2809463	377841	248212	1713034	15799	4786	37510	19470	635
251684	1168668	472148	260758	1303250	68148	4077	28762	10632	2134
50544	240563	147267	115016	418406	3619	923	17656	3273	104
10059	134359	19283	10071	86252	276	218	2922	364	45
733	7170	1864	1251	10619	16	26	757	272	
447	4763			2770	9		58		

13-1 续表 5

				主营业务收入	主营业务成本	营业费用
	个人资本	港澳台资本	外商资本			
广播、电视、电影和音像业	957895	132188	68916	3243395	2036912	424095
广播	3210			133996	118510	3509
电视	500139	22920	826	1811403	1103253	219578
电影	264501	90458	56432	1117406	724958	156654
电影制作与发行	263913		44527	957611	653707	103456
电影放映	588	90458	11905	159795	71251	53198
音像制作	190045	18810	11658	180590	90191	44354
文化艺术业	888637	32972	184251	1277553	702047	309081
文艺创作与表演	85384	1340		101371	51174	40834
艺术表演场馆	2610			37440	11002	8831
文物及文化保护	23079			689	235	55
博物馆	2400	2000	168873	72324	27389	25094
群众文化活动	44867			50709	17662	17353
文化艺术经纪代理	178041	12005	1425	462851	294530	92364
其他文化艺术	552256	17627	13953	552169	300055	124550
体育	195234	7026	26607	539758	329589	132114
体育组织	106190	1525	5741	137534	128525	29222
体育场馆	12330			150837	46023	59887
其他体育	76714	5501	20866	251387	155041	43005
娱乐业	1038301	483448	882883	1554638	387827	608520
室内娱乐活动	307764	236631	112355	520231	168862	198713
游乐园	144960	12373	241802	158331	14043	56688
休闲健身娱乐活动	452365	190782	528726	772213	185847	303153
其他娱乐活动	133212	43662		103863	19075	49966
四、按地区分						
东城区	413066	190715	193254	4846985	2829242	518241
西城区	214176	11736	7870	3363690	1900047	403239
崇文区	22220	9714	131283	653665	431411	106054
宣武区	71986	6370	24731	1218043	676921	210363
朝阳区	1046893	292683	252006	4446754	2661592	850468
丰台区	66130		1600	1754073	1068408	195355
石景山区	50388	7070		228286	116647	50663
海淀区	839505	24390	94844	5840450	3407089	779464
门头沟区	3970			6409	2477	2541
房山区	97622		19835	43501	14753	26302
通州区	64365		18539	86335	37216	26635
顺义区	27367	7000	32478	89372	44514	15169
昌平区	38453	53539	356059	292392	103922	40547
大兴区	39333			44513	11648	27173
怀柔区	21293	6100	44071	33157	6594	12655
平谷区	3890			5284	648	3483
密云县	133544		500	19847	4701	12982
延庆县	32233	21230	11905	113621	37563	14405
北京经济技术开发区	25820	42720		23842	19858	3267

计量单位：千元

主营业务税金及附加	主营业务利润	其他业务收入	其他业务利润	管理费用					
					#税金	财产保险费	差旅费	工会经费	排污费
132009	650379	73370	56651	680595	10520	1870	28042	4699	611
3879	8098	1521	22	21716	151	10	1019	289	
92578	395994	10896	7474	291959	3049	431	14109	1498	3
27408	208386	54074	43731	304977	6969	1401	9341	2771	608
21430	179018	38054	29026	250496	6335	1216	8718	2331	553
5978	29368	16020	14705	54481	634	185	623	440	55
8144	37901	6879	5424	61943	351	28	3573	141	
50358	216067	78455	66252	441109	2863	2613	27376	1094	416
4001	5362	55681	52572	46932	269	25	2976	133	2
1789	15818	373	359	14451	115	29	133	82	18
33	366	113	97	553			15		
2547	17294	7335	2773	54117	102	72	562	106	273
2619	13075	86	57	18331	279	43	740	51	
14794	61163	1713	1392	110772	960	372	7779	408	11
24575	102989	13154	9002	195953	1138	2072	15171	314	112
19239	58816	8145	6104	152358	2881	271	3858	674	144
5000	-25213	4522	4294	39310	92	97	1964	60	3
7683	37244	104	-209	61317	2453	30	396	479	125
6556	46785	3519	2019	51731	336	144	1498	135	16
158144	400147	70262	60182	689205	9323	1940	13573	1640	689
74640	78016	15966	15598	159508	3431	782	2350	291	291
15029	72571	85	85	62509	763	449	2056	670	167
62822	220391	52817	43193	390820	4644	688	7718	679	226
5653	29169	1394	1306	76368	485	21	1449		5
152614	1346888	308796	193435	1076144	63289	3687	27979	15304	758
66362	994042	137133	73416	733974	6747	2412	22260	6637	344
21450	94750	55907	23260	217333	2114	566	4344	810	225
32191	298568	72727	61323	348317	2803	1214	8168	2752	126
188958	745736	213739	146969	1243801	16754	2952	42224	6749	2209
37358	452952	228665	155429	286439	3523	571	7122	1957	187
10050	50926	11940	7489	43864	1132	181	2392	544	44
180054	1473843	196776	141841	1185233	11877	3724	37592	6611	758
413	978	5	5	3277	22	14	89		1
4321	-1875	330	330	9633	215	15	5	40	
5304	17180	4618	3905	58205	493	104	1747	9	5
9728	19961	567	475	30620	487	57	1041	93	34
21757	126166	14757	14043	161715	1804	694	1708	508	5
3318	2374	1306	1306	25097	183	33	259	9	1
1582	12326	201	125	20852	480	199	259	6	81
179	974	456	434	950	11	34	1	11	
832	1332	5	5	7475	11	6	245		
5883	55770	402	402	36308	1233	183	2456	38	
3204	-2487	305	305	8397	276	78	624	40	

13-1 续表 6

	财务费用	利息支出(净额)	营业利润	投资收益	补贴收入	利润总额
总　　计	**69093**	**39437**	**948174**	**619831**	**825196**	**2384585**
一、按登记注册类型分						
内资	22260	11727	1062444	618085	824720	2463730
国有	-53257	-54808	1481761	466868	821556	2612765
集体	25134	25029	-30527	139	1048	-28663
股份合作	168	-113	-50637	20	4	-48270
国有联营	-173	-181	-19181	-85		-19437
集体联营	-2	-2	-225			-228
国有与集体联营	117	81	-13058		804	-12284
其他联营			-1			-1
国有独资公司	-16198	-16698	288167	118238		409153
其他有限责任公司	46227	42010	-304923	5986	826	-229783
股份有限公司	-335	-379	-24714	26446		-1253
私营独资	205	147	-8880	10	30	-5916
私营合伙	754	679	-13976	34		-12232
私营有限责任公司	11883	9906	-229683	37	-539	-192768
私营股份有限公司	2202	580	-25142	1		-22804
其他	5535	5476	13463	391	991	15451
港澳台商投资	10285	9043	4636	1884	436	11493
与港澳台商合资经营	2573	2139	21925	1884	436	30441
与港澳台商合作经营	7688	6926	-12282			-13941
港澳台商独资	24	-22	-4491			-4491
外商投资	36548	18667	-118906	-138	40	-90638
中外合资经营	28433	18070	-83002	-305	40	-57622
中外合作经营	7847	365	-23543	167		-23254
外资企业	268	232	-12361			-9762
二、按隶属关系分						
中央	-52373	-57248	1492207	288410	794865	2443334
地方	53168	40189	87754	305681	14284	409629
其他	68298	56496	-631787	25740	16047	-468378
三、按行业小类分						
新闻出版业	-52373	-53727	1518309	362825	800381	2544469
新闻业			-27			-27
出版业	-52373	-53727	1518336	362825	800381	2544496
图书出版	-34190	-35164	1378831	46836	360907	1695263
报纸出版	-13487	-13518	139663	296002	320690	706424
期刊出版	-7501	-7749	-55326	15879	115825	77644
音像制品出版	-611	-694	58789	4098	2733	68577
电子出版物出版	3419	3412	-5617	2	225	-5510
其他出版	-3	-14	1996	8	1	2098

计量单位：千元

应交所得税	可供分配利润	劳动、失业保险费	养老保险和医疗保险	住房公积金和住房补贴	本年应付工资总额(贷方累计发生额)	本年应付福利费总额(贷方累计发生额)	本年应交增值税(不含期初未抵扣税)	本年实缴关税
1044337	**5224607**	**225847**	**264310**	**324947**	**3233453**	**364008**	**640407**	**14903**
1024498	5207964	220707	236655	312957	3023100	352249	631732	14185
856619	4826919	215022	189408	263158	2099708	268354	612794	11242
1604	1579	74	1301	239	27351	2149	2086	
1277	438	111	396	8	37719	2669	681	21
207	-26516	29	745	199	38263	2227	-1395	
7	13	1	2		372	2	1	
4467		113	2197	582	13641	799	726	
					28			
115128	329316	366	3605	2755	39238	5285	5101	
25183	25303	3467	27418	7541	289330	38580	4592	2074
1676	28953	96	510	37057	24777	1524	1016	5
402	1303	22	113		7623	561	38	10
413	149	15	211	40	7565	749	80	
6751	3532	1214	7294	591	304675	23927	2987	833
362	400	19	379	37	107155	2141	119	
10402	16575	158	3076	750	25655	3282	2906	
8721	17642	1562	8359	1303	55640	3214	7405	344
8294	16775	1528	7659	1279	42463	2917	6909	344
427	867	29	621		11216	124	473	
		5	79	24	1649	129	23	
11118	-999	3578	19296	10687	154713	8545	1270	374
3830	-5435	2293	4231	997	50917	1606	1105	67
7288	10156	1249	14308	9642	90978	6437	157	
	-5720	36	757	48	12818	502	8	307
845129	2683182	187410	152344	253045	1930051	238275	636625	12857
126314	2332936	30409	77296	26038	484510	61778	-29309	5
72894	208489	8028	34670	45864	818892	63955	33091	2041
864812	4501128	177336	167125	261878	2065178	257231	623827	7197
					32	2		
864812	4501128	177336	167125	261878	2065146	257229	623827	7197
553656	2419744	120897	56251	71147	894216	119822	484041	-70
223163	1878702	37492	86637	172304	885535	103721	49939	3876
57755	148455	17745	19408	15348	231232	26959	55705	3391
29972	37864	1150	3943	2933	42296	5202	30319	
256	16559	50	862	146	9246	1289	3719	
10	-196	2	24		2621	236	104	

13-1 续表 7

	财务费用	利息支出（净额）	营业利润	投资收益	补贴收入	利润总额
广播、电视、电影和音像业	-6129	-8277	32564	116708	12199	239896
广播	-2699	-2700	-10897	-474		-15130
电视	-13344	-15234	124853	113916	-10007	300102
电影	10240	10006	-63100	2833	22141	-28889
电影制作与发行	9448	9214	-51900	2341	18928	-26054
电影放映	792	792	-11200	492	3213	-2835
音像制作	-326	-349	-18292	433	65	-16187
文化艺术业	16175	15211	-174965	139974	7227	-6160
文艺创作与表演	1089	1026	9913	25803	8264	45923
艺术表演场馆	-90	-90	1816	177	24	2019
文物及文化保护	-6	-6	-84			-84
博物馆	5580	5573	-39630	22731	286	-16929
群众文化活动	1470	1467	-6669	-76	21	-4993
文化艺术经纪代理	4663	4633	-52880	13965	97	-37720
其他文化艺术	3469	2608	-87431	77374	-1465	5624
体育	2045	224	-89483	-199	2410	-84046
体育组织	564	538	-60793	-159		-53908
体育场馆	-6	-71	-24276	104	2400	-26188
其他体育	1487	-243	-4414	-144	10	-3950
娱乐业	109375	86006	-338251	523	2979	-309574
室内娱乐活动	17263	15371	-83157		1512	-82321
游乐园	9993	4206	154	309		-3901
休闲健身娱乐活动	31838	16830	-159074	-186	1317	-155216
其他娱乐活动	50281	49599	-96174	400	150	-68136
四、按地区分						
东城区	-741	-1534	464920	88970	140492	685990
西城区	-15394	-15901	348878	4868	144411	461552
崇文区	3635	-2250	-102958	38735	30800	-35010
宣武区	-9600	-9787	21174	23182	82168	64689
朝阳区	41892	32364	-392988	231653	263590	141470
丰台区	-2650	-2865	324592	6548	55377	388348
石景山区	-38	-41	14589	528	4604	14367
海淀区	-24411	-26851	454862	225903	100051	819034
门头沟区	-2	-2	-2292	21	1	-2329
房山区	26108	26015	-37286	351	150	-37579
通州区	9618	9335	-46738	18	20	-47910
顺义区	3919	-58	-14103		152	-11668
昌平区	25491	20968	-46997	4	1622	-18152
大兴区	3390	3276	-24807			-24352
怀柔区	3356	2648	-11757	40	216	-12837
平谷区	632	632	-174		351	-14
密云县	2206	2130	-8344	-305	661	-8676
延庆县	1607	1376	18257	-685	530	15913
北京经济技术开发区	75	-18	-10654			-8251

计量单位：千元

应交所得税	可供分配利润	劳动、失业保险费	养老保险和医疗保险	住房公积金和住房补贴	本年应付工资总额(贷方累计发生额)	本年应付福利费总额(贷方累计发生额)	本年应交增值税(不含期初未抵扣税)	本年实缴关税
144741	428480	36903	44546	51147	359896	42388	9441	1794
998		27	412	259	15986	1477	577	
125690	399717	1551	14745	4185	170424	20991	6326	3
16506	27284	35143	27177	46225	142638	16603	1414	1791
15077	27969	32711	21339	44720	115311	12981	1144	1788
1429	-685	2432	5838	1505	27327	3622	270	3
1547	1479	182	2212	478	30848	3317	1124	
15234	403776	2861	15706	5079	198297	24275	3203	817
2494	62942	331	1505	406	25343	2306	446	768
39	4543	316	1001	244	7522	1063		
4					227	16	8	
2598	5282	178	2910	1163	13940	1227	593	
379	1106	169	526	202	10628	996	43	10
7869	36317	275	2904	1616	46433	4737	169	8
1851	293586	1592	6860	1448	94204	13930	1944	31
4053	1473	3353	3198	1208	103759	9796	1720	4348
964	2024	130	1207	298	32568	3530	84	70
271	3080	3130	1234	539	46860	3964	385	
2818	-3631	93	757	371	24331	2302	1251	4278
15497	-110250	5394	33735	5635	506323	30318	2216	747
1475	-6557	471	5424	640	89838	6372	542	88
1920	-71639	479	9680	3749	50052	7578	404	5
11914	-4191	4400	17660	1112	347943	14321	1229	651
188	-27863	44	971	134	18490	2047	41	3
257049	1948795	107109	55209	43531	576374	76743	84370	
136832	439509	24937	36159	26894	428352	47254	168459	
7979	14508	14496	5208	9726	93228	8429	21193	7933
45501	405148	8746	7481	10394	210943	23896	40861	3202
100122	432428	13356	59424	141859	722222	87112	95225	1119
153551	614266	8801	9312	9719	160337	22584	63874	3
7503	27328	1029	3739	1912	41898	4476	3629	
321851	1401706	43954	74105	78899	664410	76491	162059	2006
213	645	20	385	99	2677	220	1	
127	-5381	10	516		6268	409	35	
124	259	93	713	16	29606	1394	12	10
10	13	77	481	244	18850	1562	69	286
1979	-41418	2426	5712	1487	56423	8933	420	
177	-24545	24	431	96	10527	1184	117	
-1	-6	49	584	1	181304	424		
	-3626	10	225	24	1355	84		
3771	191	65	170		8272	504	9	
7544	15236	144	3966	9	14968	1919	37	344
5	-449	501	490	37	5439	390	37	

13-2 文化、体育和娱乐业

	单位数（个）	资产合计	#现 金	有价证券	对外投资
总 计	**702**	**45079028**	**109144**	**68708**	**2091418**
一、按登记注册类型分					
内资	702	45079028	109144	68708	2091418
国有	625	44767303	107354	26560	2084598
集体	26	110994	129	42048	20
国有联营	2	321	128		
国有独资公司	1	1923	989		
其他有限责任公司	1	127	2		
私营独资	4	2043	84		
私营合伙	1	2	2		
私营有限责任公司	1	2907	19		
其他	41	193408	437	100	6800
二、按隶属关系分					
中央	281	36776991	47138	21354	1464300
地方	381	8193175	61721	46956	621452
其他	40	108862	285	398	5666
三、按行业小类分					
新闻出版业	213	8999620	39405	21837	339108
新闻业	6	5107192	2026		141541
出版业	207	3892428	37379	21837	197567
图书出版	31	2087347	784	2220	50442
报纸出版	60	1205837	30475	5890	108466
期刊出版	110	566499	6092	13727	38659
音像制品出版	4	29404	28		
电子出版物出版	1	2012			
其他出版	1	1329			
广播、电视、电影和音像业	70	24024870	1390	565	1533482
广播	11	2538961	286		248100
电视	31	20212897	255		1204513
电影	23	1235335	644	565	79369
电影制作与发行	8	1159280	342	3	79201
电影放映	15	76055	302	562	168
音像制作	5	37677	205		1500
文化艺术业	280	7839510	57140	46304	106114
文艺创作与表演	40	1433610	1077	111	7121
艺术表演场馆	8	96793	196	248	5300
图书馆与档案馆	45	2787911	44498		11043
图书馆	26	2175406	44347		10993
档案馆	19	612505	151		50

法人单位主要财务状况（事业会计制度）

计量单位：千元

固定资产原价	累计折旧	负债合计	上年结余	本年收入合计	#财政拨款	上级补助收入	事业收入	事业单位经营收入
22669631	**271124**	**6411406**	**1302188**	**21546991**	**4620565**	**1060339**	**13615446**	**1588042**
22669631	271124	6411406	1302188	21546991	4620565	1060339	13615446	1588042
22557199	255066	6278334	1299705	21380878	4554368	1047257	13571554	1547506
48061	13510	21327	861	15220	3082	797	6099	4310
41	23	130		1966				1965
934		500	69	11023		11023		
		185	-1	191		90		101
1729	14	192	20	668		50		618
		130	-3	1			1	
4298	1410	3435		78				78
57369	1101	107173	1537	136966	63115	1122	37792	33464
18025525	226168	4832083	1163378	17680215	3535517	878529	11243151	1439911
4588277	43341	1534376	143308	3757809	1060739	180873	2319448	119165
55829	1615	44947	-4498	108967	24309	937	52847	28966
4489894	176108	1865306	97973	3978628	1034078	37153	1332490	1371692
3085643	19	336097	12698	1259772	697159		480587	3531
1404251	176089	1529209	85275	2718856	336919	37153	851903	1368161
592672	91226	846577	51394	1322116	203568	6727	226325	863557
613372	53238	458815	-4055	879221	80547	13779	487889	277129
183267	27540	217673	36853	492593	46719	16647	121824	225444
14017	3940	5062		20385	2498		15856	2031
176	145	1082		945				
747			1083	3596	3587		9	
11201877	3020	1793524	295134	11971541	992235	415506	10240211	39503
1266429		347885	167441	1495999	663793	218543	590822	
9479803		1084533	118190	9486860	252983	192979	8792843	17745
427614	2276	357064	9104	979621	73174	2784	851384	21367
369799	851	336750	9816	955705	70025	1585	841648	11547
57815	1425	20314	-712	23916	3149	1199	9736	9820
28031	744	4042	399	9061	2285	1200	5162	391
5001935	84484	1551849	536011	3381950	1873447	186932	1135745	85097
983688	42658	230036	46367	801159	459548	58947	224820	5820
30625	10958	66877	10	58751			57849	158
2369398	1170	320748	114886	752523	597052	19590	108748	14855
2059377		84780	69169	604015	481705	14205	95482	9073
310021	1170	235968	45717	148508	115347	5385	13266	5782

13-2 续表 1

	单位数（个）	资产合计	#现 金	有价证券	对外投资
文物及文化保护	40	465391	454	300	230
博物馆	43	2132592	9644	42046	21020
烈士陵园、纪念馆	2	91911	11		
群众文化活动	79	515210	932	3599	38557
文化艺术经纪代理	4	70491	42		10323
其他文化艺术	19	245601	286		12520
体育	120	3212193	11055	2	81604
体育组织	66	2130928	2506	2	71199
体育场馆	22	892417	358		3730
其他体育	32	188848	8191		6675
娱乐业	19	1002835	154		31110
室内娱乐活动	4	172199	93		
游乐园	3	14225	2		
休闲健身娱乐活动	6	6371	23		
其他娱乐活动	6	810040	36		31110
四、按地区分					
东城区	99	2669769	1190	3411	39388
西城区	129	8991809	2797	6071	277298
崇文区	48	2158216	1196	150	79963
宣武区	51	938454	674	10518	39103
朝阳区	96	3407219	92976	47806	269807
丰台区	30	932697	241	200	16913
石景山区	29	1578071	1735		2847
海淀区	108	23649649	5502	351	1361718
门头沟区	15	43302	19	199	2899
房山区	15	159053	128		30
通州区	8	79645	60		
顺义区	10	82186	372		
昌平区	17	82128	1023		
大兴区	8	59855	179		1452
怀柔区	7	31804	510	2	
平谷区	12	32900	412		
密云县	5	46891	94		
延庆县	12	36031	36		
北京经济技术开发区	3	99349			

计量单位：千元

固定资产原价	累计折旧	负债合计	上年结余	本年收入合计	#财政拨款	上级补助收入	事业收入	事业单位经营收入
189873	25	90052	37953	242293	89827	44331	105752	602
906372	23849	508781	306058	990723	459373	8226	475529	27621
47576		89259	3526	54270	48293	4625	983	
357922	5707	98970	13383	275353	139130	18513	80112	26796
29640		20343	8495	74240	44831	9523	19525	261
86841	117	126783	5333	132638	35393	23177	62427	8984
1937771	2038	543070	241656	1613637	698267	420024	352280	91058
1048854	53	462900	229692	1428196	643727	410468	262525	72518
776490	569	46777	10686	114419	33418	6397	62416	5245
112427	1416	33393	1278	71022	21122	3159	27339	13295
38154	5474	657657	131414	601235	22538	724	554720	692
4416	318	31466	15085	18188	17394		338	109
13455		25	182	1239	796	197	228	18
3166		1647	1137	6054	4167	500	1001	197
17117	5156	624519	115010	575754	181	27	553153	368
1061511	35887	734369	300390	1372806	490569	38650	696909	126265
4729812	51130	1159129	307412	3300577	1277066	257885	1189298	440909
458644	5124	977340	261149	1810471	521784	274960	902970	35028
647777	5410	189988	10615	525811	165024	151991	128344	61747
1710095	35695	974604	97817	1436255	409261	60811	678448	234679
740550	15104	200976	39508	371036	173881	84348	58277	46037
986106	38	149449	154131	812703	542561	68107	70763	56194
11746098	115039	1811011	97011	11611993	847665	104455	9824726	562439
37006		26882	888	20447	16538	2374	987	470
141997	466	8860	1286	53679	32441	4229	13572	1121
32917	329	30807	1018	22065	8471	1218	7117	5259
49155	818	18118	1823	28464	6974	419	14069	6895
58758	542	28020	22498	50610	29419	6852	7434	6797
52308	318	27849		46098	42291	339	1588	1880
32555	3828	5899	380	22567	15767	831	5298	632
26624	1396	5890	942	12593	7991	478	2998	920
42541		3153	3828	11280	9242	543	1309	45
33355		10389	1398	10819	5796	1834	3075	111
81822		48673	94	26717	17824	15	8264	614

13-2 续表 2

	本年支出合计	#人员支出	公用支出	#福利费	劳务费	就业补助费	取暖费	差旅费
总计	**19885411**	**2616970**	**12104131**	**76193**	**181957**	**531**	**156477**	**336470**
一、按登记注册类型分								
内资	19885411	2616970	12104131	76193	181957	531	156477	336470
国有	19740119	2586102	12056986	74867	176392	531	152469	332102
集体	14403	5337	5552	197	712		919	96
国有联营	2092	139	2					
国有独资公司	10747	3160	7078	388	2502		8	3301
其他有限责任公司	219							
私营独资	549	169	271	200			30	10
私营合伙	138	27						
私营有限责任公司	239							
其他	116905	22036	34242	541	2351		3051	961
二、按隶属关系分								
中央	16197486	1775467	10222168	62789	123881	26	117222	297254
地方	3584815	822694	1848718	12023	55618	505	37948	37981
其他	103110	18809	33245	1381	2458		1307	1235
三、按行业小类分								
新闻出版业	3668927	673072	1154627	42011	53138	446	44598	89101
新闻业	1038835	348156	379192	2327	4468	15	27429	48036
出版业	2630092	324916	775435	39684	48670	431	17169	41065
图书出版	1279008	107849	224832	19943	5752		8269	17290
报纸出版	896984	148350	366623	15632	20952	431	6314	16645
期刊出版	429636	66574	167135	3970	21759		2465	6934
音像制品出版	19325	2143	12748	139	207		120	196
电子出版物出版	1042							
其他出版	4097		4097				1	
广播、电视、电影和音像业	11065250	990207	8248934	4954	64950		31278	135744
广播	1121280	263952	588432	936	53033		12431	38408
电视	9124632	651206	6955500	1577	5666		15466	96279
电影	809339	72892	700669	2387	6231		3298	921
电影制作与发行	783864	67000	688549	1970	6049		2605	774
电影放映	25475	5892	12120	417	182		693	147
音像制作	9999	2157	4333	54	20		83	136
文化艺术业	3181622	714668	1517353	24807	50096	82	60919	30640
文艺创作与表演	790528	242330	324723	5344	24307		20806	9350
艺术表演场馆	48525	16914	29641	1028	4309		1121	809
图书馆与档案馆	740491	150050	440484	11019	2304		13618	5649
图书馆	600537	111840	360877	9081	1251		10283	3105
档案馆	139954	38210	79607	1938	1053		3335	2544

计量单位：千元

各种设备交通工具图书资料购置费	对个人和家庭补助支出	#助学金	抚恤和生活补助	事业单位经营支出	#人员支出	对个人和家庭补助支出	收支结余	事业结余	经营收支结余	事业单位经营税金
1643418	**861105**	**2210**	**55752**	**1235621**	**111565**	**10258**	**2963768**	**2691869**	**271899**	**1029891**
1643418	861105	2210	55752	1235621	111565	10258	2963768	2691869	271899	1029891
1639488	856315	2210	55189	1221321	108554	10198	2940464	2672601	267863	1027375
701	388		16	2636	65	60	1678	1498	180	326
				1951	139		-126	-126		
879	509		509				345	345		
				219	80		-29		-29	1
31				60	60		139	100	39	7
							-140	-140		
				239	41		-161		-161	2
2319	3893		38	9195	2626		21598	17591	4007	2180
1401387	642633	175	48941	1131266	83552	9194	2646107	2348380	297727	882821
238118	211879	2035	4047	102639	27636	1064	316302	342017	-25715	145698
3913	6593		2764	1716	377		1359	1472	-113	1372
172298	250368		17060	1075258	68363	7625	407674	289502	118172	90522
81979	144309		11317	3244	1446		233635	234399	-764	1072
90319	106059		5743	1072014	66917	7625	174039	55103	118936	89450
56438	48107		2172	714508	29870	1593	94502	-7633	102135	35528
20081	37352		2963	213347	26555	5991	-21818	14257	-36075	35139
10692	19887		606	141768	9994	41	99810	46770	53040	18732
2843	713		2	1349	66		1060	1127	-67	50
				1042	432		-97		-97	1
265							582	582		
1070088	162346		30466	26020	3663	64	1201425	1062791	138634	908768
78873	69444		28926				542160	542160		58779
964113	74057		401	15399	151	28	480418	489905	-9487	782680
26179	18020		404	10186	3380	36	179386	31221	148165	67262
25556	17244		351	4392	998	4	181657	31229	150428	66620
623	776		53	5794	2382	32	-2271	-8	-2263	642
923	825		735	435	132		-539	-495	-44	47
353349	388947	175	6357	62044	10495	1526	736339	721864	14475	23230
33591	156113		4247	4501	776		56998	58327	-1329	5443
585	1755		43	212			10236	10226	10	3207
247928	65065	167	551	8331	1987	33	126918	121238	5680	5151
236904	51552	165	346	3240	657		72647	67563	5084	4387
11024	13513	2	205	5091	1330	33	54271	53675	596	764

13-2 续表 3

	本年支出合计	#人员支出	公用支出	#福利费	劳务费	就业补助费	取暖费	差旅费
文物及文化保护	202240	37233	138857	412	4416	12	3018	4439
博物馆	929567	156966	358787	1885	4697	13	13918	7781
烈士陵园、纪念馆	15654	5709	7436	413	47		636	89
群众文化活动	270688	80335	114514	2648	5931	55	6078	1387
文化艺术经纪代理	71611	3401	59522	125	2649		360	495
其他文化艺术	112318	21730	43389	1933	1436	2	1364	641
体育	1382910	229179	614978	4061	13323	3	18486	79394
体育组织	1206400	177743	543001	2626	8600	3	14716	74699
体育场馆	109838	38205	41861	1302	1670		3252	255
其他体育	66672	13231	30116	133	3053		518	4440
娱乐业	586702	9844	568239	360	450		1196	1591
室内娱乐活动	15719	4065	6477	35			1015	
游乐园	1571	450	436	26	7		10	4
休闲健身娱乐活动	6581	1789	4208	24	79		25	113
其他娱乐活动	562831	3540	557118	275	364		146	1474
四、按地区分								
东城区	1296127	255281	478250	13180	12638	4	20401	22524
西城区	2828744	655542	1075818	18724	52826	83	52337	76962
崇文区	1585813	96342	1121385	4060	4359	3	7057	54355
宣武区	503833	132417	272940	2566	15294	5	7327	7351
朝阳区	1316552	310716	546122	10322	34490		17847	21107
丰台区	322051	99093	134717	3454	6543	2	8645	6945
石景山区	626509	109242	351745	817	37862		7164	24257
海淀区	11088080	861361	7962811	20611	15042	434	31637	118607
门头沟区	18114	6340	10097	61	2		538	46
房山区	53377	17384	28499	353	533		729	198
通州区	18665	6104	6980	699	260		264	155
顺义区	28884	9994	11795	85	108		161	354
昌平区	46594	11692	24289	214	20		506	238
大兴区	48849	16266	24966	103	89		1188	2654
怀柔区	23054	3356	14690	227	314		254	310
平谷区	12291	6779	4141	224	484		151	120
密云县	11942	5364	4340	79	790		132	171
延庆县	14677	6021	3836	54	178		139	9
北京经济技术开发区	41255	7676	26710	360	125			107

计量单位：千元

各种设备交通工具图书资料购置费	对个人和家庭补助支出	#助学金	抚恤和生活补助	事业单位经营支出	#人员支出	对个人和家庭补助支出	收支结余	事业结余	经营收支结余	事业单位经营税金
12015	10727		289	154	137		78006	77938	68	91
36490	101475		682	19064	134	85	367214	358028	9186	2865
637	2509						42142	42142		
18520	38517		377	22329	4480	224	18048	18228	-180	4380
585	6544		41	1870	1510	301	11124	12733	-1609	287
2998	6242	8	127	5583	1471	883	25653	23004	2649	1806
46747	57713	2035	1867	72165	28938	1043	472383	471530	853	7337
29203	47839	2035	1832	56957	23300	625	451488	450903	585	5275
13620	5603		2	4314	1179	145	15267	15359	-92	1051
3924	4271		33	10894	4459	273	5628	5268	360	1011
936	1731		2	134	106		145947	146182	-235	34
619	337			109	81		17554	17749	-195	3
144	685						-150	-150		
173	182		2	25	25		610	545	65	30
	527						127933	128038	-105	1
51082	140263	2	1074	107178	13087	301	377069	369084	7985	16308
163470	281145	8	13730	398063	28482	2476	779245	742335	36910	53853
9109	28255		3408	32445	9231	5	485807	486044	-237	7766
19628	57256		2219	31887	4252	306	32593	14750	17843	5235
91773	77203	100	1980	148392	18800	1214	217520	206661	10859	58185
17529	50320	708	564	34344	6020	169	88493	59442	29051	8686
35268	42562		29121	19561	9702	408	340325	338024	2301	8155
1209152	160500	165	2791	444186	17735	5000	620924	450510	170414	869289
2931	1424		26	85		85	3221	3221		87
6123	3653		257	607	348		1588	1750	-162	161
2918	962		17	4619	727	4	4418	4240	178	196
976	1648		13	5388	1168		1403	1893	-490	1332
2323	2173		4	4032	1800	257	26514	26929	-415	308
16527	3231	1227	115	1835			-2751	-321	-2430	101
10416	1121		2				-107	-121	14	26
708	594		135	548	116	33	1244	1166	78	19
1390	887		210				3166	3166		151
691	1220		21	2270	97		-2460	-2460		16
1404	6688		65	181			-14444	-14444		17

公共管理与社会组织

《北京经济普查年鉴—2004》

第三产业卷

14-1 公共管理与社会组织

	单位数（个）	资产合计	#现　金	有价证券	对外投资
总　　计	**10765**	**169085531**	**1282653**	**606738**	**9823012**
一、按登记注册类型分					
内资	10760	169073147	1282537	606738	9823012
国有	3588	144954260	723593	415199	8304047
集体	172	771506	12061	1134	181897
股份合作	4	2897	17		
国有联营	2	315	1		
集体联营	3	22054			
其他联营	1	157			
国有独资公司	2	26902	2		
其他有限责任公司	7	726	65		
股份有限公司	2	12487	40	2744	3320
私营独资	4	2384	96	150	
私营合伙	2	32	5		
私营有限责任公司	1				
私营股份有限公司	1	2065	1906		
其他	6971	23277362	544751	187511	1333748
港澳台商投资	2	4966			
与港澳台商合资经营	1	20			
港澳台商独资	1	4946			
外商投资	3	7418	116		
外资企业	3	7418	116		
二、按隶属关系分					
中央	1305	70223655	465486	293541	2692064
地方	9034	90796909	773760	211982	1854402
其他	426	8064967	43407	101215	5276546
三、按行业小类分					
中国共产党机关	70	6150500	1353	2105	
中国共产党机关	70	6150500	1353	2105	
国家机构	2027	117277427	669653	62270	1786164
国家权力机构	18	1003458	648		
国家行政机构	1934	110852578	660119	62270	978208
综合事务管理机构	666	31685023	62017	29438	369753
对外事务管理机构	2	7141093	2446	1100	
公共安全管理机构	70	10815290	5234	693	6899
社会事务管理机构	379	13039650	18632	1512	58523
经济事务管理机构	507	40568869	543919	22622	417353
政府事务管理机构	164	6210112	13610	5770	71601
行政监督检查机构	146	1392541	14261	1135	54079

法人单位主要财务状况

计量单位：千元

固定资产原价	累计折旧	负债合计	上年结余	本年收入合计	#财政拨款	上级补助收入	事业收入	事业单位经营收入
77110292	**2557760**	**64103299**	**17284922**	**70819830**	**52232281**	**2576504**	**6464609**	**2936943**
77109434	2557503	64100788	17274980	70805606	52232281	2576252	6451032	2936943
68550278	1334138	54040185	16290315	66727714	51945430	2340432	5598612	1536193
105770	2235	380399	74586	192753	12039	11590	73440	70478
684	89	651	-117	537			79	458
2			262	359			312	
616	500	15313	33	15				
2				258	110			
26701		1104	31663	31620		4530	15584	1084
91		474	549	929		6	268	519
8057	1674		201	1693				1564
1547	90	994	-171	910		10		900
25	3	2		50				50
			123	107				
165	6							
8415496	1218768	9661666	877536	3848661	274702	219684	762737	1325697
87			5271	352		14		
			12	14		14		
87			5259	338				
771	257	2511	4671	13872		238	13577	
771	257	2511	4671	13872		238	13577	
37457321	799672	11604890	9663309	30067550	21501564	905153	4568751	670615
39010580	1705074	45386247	7207253	40057517	30641666	1646933	1691833	1974818
642391	53014	7112162	414360	694763	89051	24418	204025	291510
2948140	4883	919507	642593	2800008	2542557	10548	10730	17
2948140	4883	919507	642593	2800008	2542557	10548	10730	17
61492997	1291714	43295776	12860052	53876175	42642311	2123417	4264650	782741
816397		116978	84704	558710	557429			
58442444	1287143	41290100	12601055	51627347	40467895	2115845	4223261	781921
20022925	86689	10363329	2499748	14536362	11563721	643248	434048	124297
4139512		1225403	977850	3033737	2872497		7245	
8574232	33753	1556584	1164859	5713554	5319520	4665	10378	126679
5035697	184695	3361395	2598122	9513225	5944207	611273	2568134	35376
16417439	974247	22956546	4083711	15171865	11689553	692234	998853	442221
3650774	1635	1178027	1089629	2838149	2382543	137327	178069	27920
601865	6124	648816	187136	820455	695854	27098	26534	25428

14-1 续表 1

	单位数（个）	资产合计			
			#现 金	有价证券	对外投资
人民法院和人民检察院	48	2545314	8721		
人民法院	24	1570896	8308		
人民检察院	24	974418	413		
其他国家机构	27	2876077	165		807956
人民政协和民主党派	34	1401060	689	509	
人民政协	16	882989	414	509	
民主党派	18	518071	275		
群众团体、社会团体和宗教组织	2283	25963278	86763	380753	7060081
群众团体	316	5294018	4054	46140	36023
工会	216	1119933	1963	15246	10638
妇联	11	104789	752		
共青团	12	90266	61		
其他群众团体	77	3979030	1278	30894	25385
社会团体	1948	20484369	82454	332350	7020403
专业性团体	824	2683278	11717	132278	233004
行业性团体	760	5823837	27719	25130	854149
其他社会团体	364	11977254	43018	174942	5933250
宗教组织	19	184891	255	2263	3655
基层群众自治组织	6351	18293266	524195	161101	976767
社区自治组织	2384	1099297	5876		30709
村民自治组织	3967	17193969	518319	161101	946058
四、按地区分					
东城区	813	33242719	7198	146661	977349
西城区	904	27675772	7587	45182	626012
崇文区	214	3071841	2549	48114	21082
宣武区	378	16927414	2874	29214	6349671
朝阳区	1023	28604063	20281	26073	471776
丰台区	515	3395369	1733	2457	137154
石景山区	237	1646951	33833	276	1322
海淀区	1186	21709783	442583	160634	265157
门头沟区	507	1184192	9311		12124
房山区	707	3731958	28254	2980	46985
通州区	633	5653870	173081	100926	275478
顺义区	587	4996132	16103	23921	119037
昌平区	501	4185479	3049		147211
大兴区	732	5555372	320172	8629	150851
怀柔区	423	1655225	74242	6577	48662
平谷区	406	2369203	71172	6	63847
密云县	481	1048636	26049	128	16739
延庆县	512	1893746	42475	102	89899
北京经济技术开发区	4	104217	74	4858	

计量单位：千元

固定资产原价	累计折旧	负债合计	上年结余	本年收入合计	#财政拨款	上级补助收入	事业收入	事业单位经营收入
2026411	3271	901852	155883	1413934	1395286	3321	40	
1364926	1612	501100	77271	918600	909359	3306	40	
661485	1659	400752	78612	495334	485927	15		
207745	1300	986846	18410	276184	221701	4251	41349	820
1225681		206999	57267	482090	476897		455	
789223		33524	38612	316789	312655		83	
436458		173475	18655	165301	164242		372	
3763737	63755	12728486	3339528	10785221	6431080	262209	1971655	921966
1551303	10920	604497	1230556	6156501	5515771	51700	65635	24063
519885	4	138022	370962	516899	44771	38421	24949	7024
42721		9305	52633	119348	106599	658		
53174		48922	108894	236691	222230	6945		
935523	10916	408248	698067	5283563	5142171	5676	40686	17039
2139848	52788	12119407	2088331	4588755	901498	206068	1902272	896734
725397	15042	664968	584749	1110868	266045	45032	592148	117078
997535	30777	2561524	608156	1941885	243816	75787	909669	483830
416916	6969	8892915	895426	1536002	391637	85249	400455	295826
72586	47	4582	20641	39965	13811	4441	3748	1169
7679737	1197408	6952531	385482	2876336	139436	180330	217119	1232219
153622	22864	445874	6207	59787	3126	3318	1948	36532
7526115	1174544	6506657	379275	2816549	136310	177012	215171	1195687
12519026	64514	14562355	3167786	12052019	8190641	427138	2375438	300861
16013094	103821	4554346	4465213	12972369	10336842	701193	488020	321332
1203987	2486	1302955	1180719	1933330	1233704	14841	512876	20402
4530825	133324	11837291	779311	3142619	2210854	106284	422163	225178
14089327	943171	11385968	2882682	11195930	8114282	257363	1113983	525800
1924334	240289	1281881	221457	2119520	1704477	147550	185331	12252
931219	96	868827	190278	959360	864393	2079	22875	4139
10677032	152039	4770609	3295287	11786375	9831859	320590	673883	266759
640993	6849	618490	44749	1130803	772180	2448	5735	3041
1473474	43189	1407042	70190	1840477	1521887	52723	60948	60612
2207412	207900	2420153	206057	1804351	1032606	97363	96582	264244
2790496	131951	1765071	134775	2182125	1039089	102425	204256	390465
1498785	47895	2420166	130625	1328398	887348	49798	86706	40579
2287808	239273	2175635	160803	1751826	1080856	47233	20712	257850
1028690	70967	590146	71616	963940	780516	32491	28771	45042
1288552	126561	880531	59794	1273916	916850	106358	82339	66498
672428	7177	449386	64251	854800	682578	41998	54578	15326
968951	26523	604663	143144	1159388	721018	66629	26797	89532
69318		10194	16185	101215	86812		126	23

14-1 续表 2

	本年支出合计	#人员支出	公用支出	#福利费	劳务费	就业补助费	取暖费	差旅费
总计	**64699740**	**10839282**	**29672700**	**286536**	**595733**	**348082**	**753110**	**899712**
一、按登记注册类型分								
内资	64685133	10834653	29666181	286536	595733	348082	753110	899188
国有	61075625	10223760	28274368	205439	263811	300426	730529	855994
集体	215892	30523	92184	3477	3198	62	500	4912
股份合作	650	16	88					
国有联营	104	2	102					45
集体联营	4							
其他联营	104							
国有独资公司	16848	3947	10837	166	417		74	1720
其他有限责任公司	1513	211	307	31	38			31
股份有限公司	2444	224	204		24		90	60
私营独资	933	201						
私营合伙	94	83	1					1
私营有限责任公司	124							
私营股份有限公司	182		182					182
其他	3370616	575686	1287908	77423	328245	47594	21917	36243
港澳台商投资	692	35	655					
与港澳台商合资经营	6		4					
港澳台商独资	686	35	651					
外商投资	13915	4594	5864					524
外资企业	13915	4594	5864					524
二、按隶属关系分								
中央	24808904	2681652	14382756	109140	121967	409	349969	622547
地方	39076821	8104974	15111757	166816	450551	347069	396904	264711
其他	814015	52656	178187	10580	23215	604	6237	12454
三、按行业小类分								
中国共产党机关	2688798	323398	1021758	3588	14541	13	38474	31547
中国共产党机关	2688798	323398	1021758	3588	14541	13	38474	31547
国家机构	50690042	9287792	22373559	141407	218156	299747	649128	700146
国家权力机构	568767	51706	392395	2520	1554	5	4569	111051
国家行政机构	48613821	8822853	21198242	130490	209444	299607	621192	538678
综合事务管理机构	14304245	3119992	6185344	47598	96918	16839	195915	142536
对外事务管理机构	2587249	78768	2258252	728	495		28899	58410
公共安全管理机构	5667349	2450683	1590870	16334	12325	6	117039	49737
社会事务管理机构	7342137	845740	2793065	22431	8605	16513	62708	79416
经济事务管理机构	15135683	1653107	7106206	35256	62464	264116	141358	164938
政府事务管理机构	2769439	433765	884932	3114	19839	2123	67068	30405
行政监督检查机构	807719	240798	379573	5029	8798	10	8205	13236

计量单位：千元

各种设备交通工具图书资料购置费	对个人和家庭补助支出	#助学金	抚恤和生活补助	事业单位经营支出	#人员支出	对个人和家庭补助支出	收支结余	行政（事业）结余	经营收支结余	事业单位经营税金
2134195	**4884932**	**26175**	**666515**	**2222813**	**226340**	**62628**	**23405012**	**22586695**	**818317**	**145338**
2134195	4884930	26175	666513	2222503	226256	62628	23395453	22577265	818188	145338
1986098	4729699	13362	593689	1569224	109947	26964	21942404	21644928	297476	101612
3685	637	18	457	68306	2580	150	51447	45482	5965	667
81				546	228		-230	-142	-88	
24							517	517		1
							44	44		
							154	154		
							46435	44735	1700	84
59				665	140		-35	300	-335	27
30				1848			-550	162	-712	90
				92	42		-194	-248	54	
							-44		-44	
							106	106		
							-182	-100	-82	
144218	154594	12795	72367	581822	113319	35514	1355581	841327	514254	42857
	2		2				4931	4931		
	2		2				20	20		
							4911	4911		
				310	84		4628	4499	129	
				310	84		4628	4499	129	
713973	1343597	562	60340	484984	58673	15503	14921955	14605598	316357	83646
1399795	3523939	24767	598216	1327763	160759	45115	8187949	7563352	624597	60711
20427	17396	846	7959	410066	6908	2010	295108	417745	-122637	981
86081	134267	31	2910	2841	1818	385	753803	753803		190
86081	134267	31	2910	2841	1818	385	753803	753803		190
1739648	4405171	13104	571346	732937	59401	25719	16046185	15818611	227574	55336
35219	26227		508				74647	74633	14	
1621834	4263050	13104	562960	732063	58781	25719	15614581	15385441	229140	54394
531477	1223638	12641	157077	90742	12794	6467	2731865	2694506	37359	19196
55079	157076		1117	2285	1250		1424338	1424338		386
256962	524786	1	26893	35474	11624	1960	1211064	1217570	-6506	152
193015	960467	170	340108	9635	2828	1631	4769210	4758860	10350	2457
467013	714078	292	18676	560545	23370	1714	4119893	3939862	180031	26992
57011	647972		17042	26036	4854	13622	1158339	1155978	2361	3407
61277	35033		2047	7346	2061	325	199872	194327	5545	1804

14-1 续表 3

	本年支出合计	#人员支出	公用支出	#福利费	劳务费	就业补助费	取暖费	差旅费
人民法院和人民检察院	1308900	373590	714832	6330	5671	135	20746	46155
人民法院	852668	218199	545391	5885	4354		12013	27191
人民检察院	456232	155391	169441	445	1317	135	8733	18964
其他国家机构	198554	39643	68090	2067	1487		2621	4262
人民政协和民主党派	459698	69737	287820	480	870	5	9643	11549
人民政协	292957	35525	206511	183	179		5848	6801
民主党派	166741	34212	81309	297	691	5	3795	4748
群众团体、社会团体和宗教组织	8271005	703694	5055838	82118	41861	959	38200	145940
群众团体	4132644	210420	3376546	20410	8210	9	16908	36853
工会	365447	63697	160873	257	5246		3553	5817
妇联	109359	32301	25941	169	48	4	972	1079
共青团	263712	21847	236298	323	22		946	7268
其他群众团体	3394126	92575	2953434	19661	2894	5	11437	22689
社会团体	4111573	488190	1663113	59748	33418	950	20457	108789
专业性团体	926190	127909	454845	29145	7083	138	7189	31377
行业性团体	1685075	276266	737776	22632	20525	730	9013	56320
其他社会团体	1500308	84015	470492	7971	5810	82	4255	21092
宗教组织	26788	5084	16179	1960	233		835	298
基层群众自治组织	2590197	454661	933725	58943	320305	47358	17665	10530
社区自治组织	59303	8122	18490	67	4289	7890	1229	93
村民自治组织	2530894	446539	915235	58876	316016	39468	16436	10437
四、按地区分								
东城区	9745914	1900120	3614223	45717	40921	39782	137352	182700
西城区	12087218	1525465	6179218	35351	45798	15381	186624	281821
崇文区	2242885	307542	1270823	4663	4190	4403	18733	39859
宣武区	3058912	562122	1040436	22845	16470	1283	34405	35435
朝阳区	10377356	1692719	5611632	37302	90703	217858	119254	153046
丰台区	2017599	494625	633070	3142	7316	213	35251	23781
石景山区	976511	261953	413713	6408	2073		15511	15204
海淀区	9954715	826146	6001195	50496	43449	5451	63101	93124
门头沟区	1077723	187417	466403	2998	2157	1269	10182	2419
房山区	1826067	393086	516020	6464	10113	9383	24643	6364
通州区	1785754	358030	679418	16680	110016	5370	20176	13013
顺义区	2003392	388753	709647	14133	54441	4295	11766	9160
昌平区	1327408	316704	481631	8171	55668	3364	14136	7645
大兴区	1742815	522162	503399	9758	68843	10014	16780	7694
怀柔区	913575	238960	401500	5551	12691	16835	6913	6986
平谷区	1231723	256002	446321	7129	21269	1384	8124	7640
密云县	783422	240156	276319	4823	4015	6592	7038	5493
延庆县	1168738	238442	334845	4698	4632	5205	7865	6117
北京经济技术开发区	104458	5090	40382	207	115		4757	839

计量单位：千元

各种设备交通工具图书资料购置费	对个人和家庭补助支出	#助学金	抚恤和生活补助	事业单位经营支出	#人员支出	对个人和家庭补助支出	收支结余	行政(事业)结余	经营收支结余	事业单位经营税金
78980	103814		7822				260917	260917		
37441	50015		7589				143203	143203		
41539	53799		233				117714	117714		
3615	12080		56	874	620		96040	97620	-1580	942
23171	41752		2859	500	250	250	79659	79659		
18206	18997		1804				62444	62444		
4965	22755		1055	500	250	250	17215	17215		
174594	177062	4734	24019	987449	62990	773	5853744	5750284	103460	65256
39012	58314	179	9520	25750	9670	15	3254413	3241927	12486	510
11233	6337	174	2528	205	180	15	522414	521569	845	16
1105	10483		19				62622	62622		
1062	4165		5				81873	81873		
25612	37329	5	6968	25545	9490		2587504	2575863	11641	494
134408	114493	4555	12439	961699	53320	758	2565513	2474760	90753	64746
40196	49451	68	989	92844	14592	146	769427	694882	74545	14719
70986	37307	2	1981	388760	32366	338	864966	765967	98999	37039
23226	27735	4485	9469	480095	6362	274	931120	1013911	-82791	12988
1174	4255		2060				33818	33597	221	
110701	126680	8306	65381	499086	101881	35501	671621	184338	487283	24556
1879	1860	242	881	15322	5670	701	6691	-2990	9681	1911
108822	124820	8064	64500	483764	96211	34800	664930	187328	477602	22645
227540	879618	114	89123	169229	20682	958	5473891	5426021	47870	17798
347750	1070698	298	53761	292258	22119	1216	5350364	5321671	28693	14565
58206	160573	11833	30105	10245	1442	1233	871164	856492	14672	8211
92152	188503		30311	356603	8361	279	863018	988443	-125425	7685
352411	588707	5985	59989	216942	62794	3151	3701256	3461603	239653	58692
80402	354088	31	65869	57319	1062	4072	323378	266424	56954	1284
33582	181966	37	54439	3684	1279	143	173127	155628	17499	353
297869	390020	569	32251	179598	26958	14838	5126947	4989579	137368	18823
28195	62376	41	1342	2685	2022	372	97829	56912	40917	39
48319	105455	238	2425	30317	3840	422	84600	59519	25081	1402
93289	158155	1431	58984	173553	14189	13760	224654	194140	30514	7130
135602	131164	1683	59840	296644	15351	10118	313508	197171	116337	5948
46181	108914	1286	19685	207616	2387	526	131615	124540	7075	623
60449	178312	1699	14878	88146	11485	8273	169814	25699	144115	1421
80315	112678	166	49664	20827	5959	698	121981	100960	21021	294
66075	55376	763	7545	39359	11678	1896	101987	86441	15546	735
37265	89929	1	33245	19561	2688	475	135629	134792	837	16
44547	51081		2920	24694	420	198	133794	127700	6094	165
804	338			19			12942	12940	2	2

附录　主要指标解释

《北京经济普查年鉴—2004》

第三产业卷

主要指标解释

交通运输、仓储和邮政业

客运量: 指公路运输企业实际运送的旅客人数。公路客运量的计算方法: 不论乘车远近和票价的多少，以客票为依据，不足购票年龄的免票儿童不计算客运量。

旅客周转量: 指实际运送的旅客人数与旅客被运送距离的乘积之总和。

计算公式为: 旅客周转量=Σ(实际运送的每位旅客×该旅客出发站与到达站间的距离)

货运量: 指由各种公路运输工具实际运送到目的地并卸完的货物重量。包括集装箱的运量(集装箱自重与所运货物重量之和)。

货物周转量: 指由各种公路运输工具实际完成运送过程的货物总运输量。是运送的货物重量与货物被运输距离的乘积之总和。

计算公式为: 货物周转量=Σ(每批货物重量×该批货物的运送距离)。

信息传输、计算机服务和软件业

互联网信息服务: 指网络公司通过互联网为客户提供信息的服务。包括专营各类网站的信息服务（含电子邮件、电子公告、文件传输、新闻、商业、娱乐、服务、搜索分类等信息）; 还包括数据库管理（数据库开发、数据收集、数据存储、数据库连机服务）及其他未列明的网络信息服务。

软件业: 指专门从事计算机软件的设计、程序编制、分析、测试、修改、咨询; 为互联网和数据库提供软件设计与技术规范; 为软件所支持的系统及环境提供咨询、协调和指导; 为硬件嵌入式软件及系统提供咨询、设计、鉴定等活动。包括公共软件服务（包括基础软件服务和应用软件服务）和其他软件服务。

批发和零售业

商品购进总额: 指从本企业以外的单位或个人购进(包括从国外直接进口)的作为转卖或加工后转卖的商品金额。商品购进总额按购进地区划分为市内购进、市外购进和进口额。

商品购进总额包括: (1) 从工农业生产者购进的商品金额; (2) 从出版社、报社的出版发行部门购进图书、杂志和报纸的金额; (3) 从批发零售企业购进商品(物资)的金额; (4) 从其他单位购进的商品金额，如从机关、团体、企业等单位购进的剩余物资，从餐饮业、服务业购进的商品，从海关、市场管理部门购进的缉私和没收的商品，收购居民的废旧商品等; (5) 从国(境)外直接进口的商品金额。

商品购进总额不包括: (1) 企业为了本单位自身经营用，不是作为转卖而购进的商品。如材料物资、包装物、低值易耗品、办公用品等; (2) 未通过买卖行为而收入的商品金额。如接收其他部门移交的商品、借入的商品、收入代其他单位保管的商品、其他单位赠送的样品、加工收回的成品等; (3) 经本单位介绍，由买卖双方直接结算，本单位只收取手续费的业务; (4) 销货退回和买方拒付货款的商品金额; (5) 溢余商品金额。

商品销售总额: 指售予本企业以外的单位和个人的商品金额。商品销售总额包括批发额和零售额两部分，其中批发额按销售地区划分为市内批发、市外批发、出口额，零售额按销售对象划分为对居民的零售和对社会集团的零售。

商品销售总额包括: (1) 售予城乡居民和社会集团消费用的商品金额; (2) 售予国民经济各行业用于生产、经营用的商品金额; (3) 售予批发和零售业作为转卖或加工后转卖的商品金额; (4) 对国(境)外直接出口的商品金额。

商品销售总额不包括: (1) 未通过买卖行为付出的商品，如随机构变动移交给其他企业单位的商品、借出的商品、归还受其他单位委托代保管的商品、付出的加工原料和赠送给其他单位的样品等; (2) 经本单位介绍，由买卖双方直接结算，本单位只收取手续费的业务; (3) 购货退出的商品金额; (4) 商品损耗和损失; (5) 出售本单位自用的废旧包装用品和其他废旧物资。

年末库存额: 指批发零售企业已取得所有权的全部商品金额。

库存商品包括: (1) 存放在本单位的仓库、货场、货柜和货架中的商品; (2) 挑选、整理、包装中的商品; (3) 已计入购进而尚未运到本单位的商品，即发货单或银行承兑凭证已到而货未到的商品; (4) 寄放他处的商品，如因购货方拒绝付款而暂时存放在购货方的商品; (5) 委托其他单位代销(未作销售或调出)尚未售出的商品; (6) 代其他单位购进尚未交付的商品。

库存商品不包括: (1) 所有权不属于本单位的商品，如商品已作销售但买方尚未取走的商品，代替他人保管、运输、加工的商品，代其他单位销售(未作购进或调入)而未售出的商品；（2）委托外单位加工的商品，包括本单位所属加工厂和其他生产单位加工生产尚未收回成品的商品；（3）外贸企业代理其他单位从国外进口尚未付给订货单位的商品；（4）代国家储备部门保管的商品。

住宿和餐饮业

住宿业：是指有偿为顾客提供临时住宿的服务活动。包括按照国家有关规定评定的旅游饭店或具有同等质量、水平的饭店活动；还包括不具备评定旅游饭店和同等水平饭店的一般旅馆的活动及其他住宿服务(家庭旅馆、露营地、临时帐篷驻地、社会办的学生宿舍等)。

住宿餐饮业营业额：指住宿和餐饮企业在经营活动中因提供服务或销售商品取得的收入。包括客房收入、餐费收入、商品销售收入和其他收入。

房地产业

房屋施工面积：指报告期内施工的全部房屋建筑面积。包括本期新开工的面积和上年开工跨入本期继续施工房屋面积，以及上期已停建在本期恢复施工的房屋面积。包括本期竣工和本期施工后又停建、缓建的房屋面积，多层建筑应填各层建筑面积之和。

房屋新开工面积：指在报告期内房屋正式开始破土刨槽（地基处理或打永久桩）建设的房屋面积。不包括上期跨入报告期继续施工的房屋面积和上期停缓建而在本期恢复施工的房屋面积。

房屋竣工面积：指报告期内房屋建筑按照设计要求已全部完工，达到住人和使用条件，经过验收鉴定合格(或达到竣工验收标准)，可正式移交使用的各栋房屋建筑面积的总和。

竣工房屋价值：指在报告期内竣工房屋本身的建造价值。竣工房屋的价值一般按房屋设计和预算规定的内容计算。包括竣工房屋本身的基础、结构、屋面、装修以及水、电、卫等附属工程的建筑价值，也包括作为房屋建筑组成部分而列入房屋建筑工程预算内的设备(如电梯、通风设备等)的购置和安装费用；不包括厂房内的工艺设备、工艺管线的购置和安装，工艺设备基础的建造，办公和生活用的家具的购置等费用，购置土地的费用，迁移补偿费和场地平整的费用及城市建设配套投资。竣工房屋价值一般按结算价格计算。

房屋实际销售面积：指报告期已竣工的房屋面积中已正式交付给购房者或已签订正式销售合同的商品房屋面积。包括报告期或报告期以前签订了预售合同，在报告期又竣工的商品房屋面积。不包括已签订预售合同正在建设的商品房屋面积。

物业管理：指企业依照合同约定，对物业进行专业化维修、养护、管理，以及对相关区域内的环境、公共秩序等进行管理，并提供相关服务的活动。

中介服务：指房地产咨询、价格评估和经纪等活动。

租赁和商务服务业

广告活动：指在报纸、期刊、路牌、灯箱、橱窗、互联网、通讯设备及广播电影电视等媒介上为客户策划、制作的有偿宣传活动。

中国统计出版社最新资料书简目

(仅供参考，以最后出书为准)

中国统计年鉴-2006
中国统计摘要-2006
2006中国发展报告
中国城市统计年鉴-2005
中国劳动统计年鉴-2006
中国人口统计年鉴-2006
中国工业经济统计年鉴-2006
中国市场统计年鉴-2006
2005中国经济景气年鉴
中国建筑业统计年鉴-2005
中国城市调查年鉴-2006
中国商品交易市场统计年鉴-2006
中国连锁餐饮企业统计年鉴-2005、2006
中国连锁零售业统计年鉴-2005、2006
中国能源统计年鉴-2004、2005
全国农产品成本收益资料汇编-2005
国际统计年鉴-2006
中国对外经济贸易统计年鉴-2005
中国基本单位统计年鉴-2005
中国民政统计年鉴-2006
中国高技术产业统计年鉴-2006
中国房地产行业名录
中国农村统计年鉴-2006
中国农村住户调查年鉴-2006（中文）
中国农村住户调查年鉴-2006（英文）
中国乡镇统计资料-2006
中国县（市）社会经济调查年鉴-2006
中国西部农村统计资料-2006
中国建制镇统计资料-2006
中国农产品价格调查年鉴-2006
中国国民经济核算年鉴-2006
中国经济普查年鉴-2004
中国棉花年鉴-2004、2005
中国百强县（市）发展年鉴-2006
中国教育经费统计年鉴-2005

北京统计年鉴-2006
天津统计年鉴-2006
河北经济年鉴-2006
山西统计年鉴-2006
内蒙古统计年鉴-2006
辽宁统计年鉴-2006
吉林统计年鉴-2006
黑龙江统计年鉴-2006
上海统计年鉴-2006
江苏统计年鉴-2006
浙江统计年鉴-2006
安徽统计年鉴-2006
福建统计年鉴-2006
江西统计年鉴-2006
山东统计年鉴-2006
河南统计年鉴-2006
湖北统计年鉴-2006
湖南统计年鉴-2006
广东统计年鉴-2006
广西统计年鉴-2006
海南统计年鉴-2006
重庆统计年鉴-2006
四川统计年鉴-2006
贵州统计年鉴-2006
云南统计年鉴-2006
西藏统计年鉴-2006
陕西统计年鉴-2006
甘肃年鉴-2006
青海统计年鉴-2006
宁夏统计年鉴-2006
新疆统计年鉴-2006
新疆生产建设兵团统计年鉴-2006
石家庄统计年鉴-2006
唐山统计年鉴-2006
邯郸统计年鉴-2006
张家口统计年鉴-2006
朔州统计年鉴-2006
呼和浩特经济统计年鉴-2006
鄂尔多斯市统计年鉴-2006
包头统计年鉴-2006
沈阳年鉴-2006
大连统计年鉴-2006
鞍山统计年鉴-2006
长春统计年鉴-2006
吉林市社会经济统计年鉴-2006
四平统计年鉴-2006
延吉统计年鉴-2006
哈尔滨统计年鉴-2006
齐齐哈尔经济统计年鉴-2006
黑龙江垦区统计年鉴-2006
上海浦东新区统计年鉴-2006
南京统计年鉴-2006
苏州统计年鉴-2006
无锡统计年鉴-2006
常州统计年鉴-2006
徐州统计年鉴-2006
南通统计年鉴-2006
盐城统计年鉴-2006
镇江统计年鉴-2006
江阴统计年鉴-2006
杭州统计年鉴-2006
宁波统计年鉴-2006
绍兴统计年鉴-2006
台州统计年鉴-2006
舟山统计年鉴-2006
温州统计年鉴-2006
金华统计年鉴-2006
嘉兴统计年鉴-2006
湖州统计年鉴-2006
安庆经济统计年鉴-2006
福州统计年鉴-2006
福州年鉴-2006
厦门经济特区年鉴-2006
福州经济技术开发区年鉴-2006
南昌经济社会统计年鉴-2006
上饶经济社会统计年鉴-2006
九江经济统计年鉴-2006
济南统计年鉴-2006
青岛统计年鉴-2006
潍坊统计年鉴-2006
淄博统计年鉴-2006
郑州统计年鉴-2006
洛阳统计年鉴-2006
三门峡统计年鉴-2006
南阳经济统计年鉴-2006
武汉统计年鉴-2006
宜昌统计年鉴-2006
十堰统计年鉴-2006
荆州统计年鉴-2006
长沙统计年鉴-2006
广州统计年鉴-2006
东莞统计年鉴-2006
惠州统计年鉴-2006
深圳统计年鉴-2006
南宁统计年鉴-2006
桂林经济社会统计年鉴-2006
柳州经济统计年鉴-2006
来宾统计年鉴-2006
河池地区经济社会统计年鉴-2006
海口统计年鉴-2006
成都统计年鉴-2006
贵阳统计年鉴-2006
昆明统计年鉴-2006
西安统计年鉴-2006
兰州年鉴-2006
西宁统计年鉴-2006
银川统计年鉴-2006
乌鲁木齐统计年鉴-2006
吐鲁番统计年鉴-2006